Eusebius of Caesarea

# The Ecclesiastical History of Eusebius in Syriac

Eusebius of Caesarea

**The Ecclesiastical History of Eusebius in Syriac**

ISBN/EAN: 9783337227371

Printed in Europe, USA, Canada, Australia, Japan

Cover: Foto ©Lupo / pixelio.de

More available books at **www.hansebooks.com**

# THE ECCLESIASTICAL HISTORY OF EUSEBIUS IN SYRIAC

*EDITED FROM THE MANUSCRIPTS*

BY THE LATE

WILLIAM WRIGHT, LL.D.
PROFESSOR OF ARABIC IN THE UNIVERSITY OF CAMBRIDGE

AND

NORMAN McLEAN, M.A.
FELLOW OF CHRIST'S COLLEGE

WITH A COLLATION OF THE ANCIENT ARMENIAN VERSION

BY

Dr ADALBERT MERX
PROFESSOR IN THE UNIVERSITY OF HEIDELBERG

CAMBRIDGE:
AT THE UNIVERSITY PRESS
1898

# PREFACE.

THE Syriac version of the Ecclesiastical History of Eusebius survives in two ancient MSS, the one at St Petersburg (A) which is dated A.D. 462, and the other in the British Museum (B) numbered Add. 14639 which is assigned on palaeographical grounds to the sixth century.

The following description of A, the St Petersburg Eusebius, was prepared by Dr Wright for his proposed edition:

"A vellum MS in large quarto, consisting of 123 leaves, the first of which is merely a flyleaf taken from another volume. A few of these are a good deal stained and torn, especially foll. 1, 2, 3, and 121. The quires, originally 29 in number, and mostly of 8 leaves, are signed with Syriac arithmetical figures. A later hand has numbered them with letters, from ܐ to ܟܛ, but inaccurately. There is a huge lacuna after fol. 84, comprising quires xiii. to xxiv., and smaller defects in other places. Each page is divided into two cols., with from 29 to 34 lines. This MS is written in a fine, large, bold Esṭrangĕlā, with comparatively few diacritical points; and is dated A. Gr. 773, A.D. 462. It contains

"The Ecclesiastical History of Eusebius of Caesarea, ܫܪܒܐ ܕܥܕ̈ܬܐ ܕܟܠܐ ܕܥܒܝܕ ܠܐܘܣܒܝܘܣ ܩܣܪܝܐ. The running title, at the top of the last leaf of each quire, is merely ܐܩܠܣ̈ܝܣܛܝܩܝ.

Book I.; fol. 2 *b*.
Book II.; fol. 20 *a*.
Book III.; fol. 40 *b*.
Book IV.; fol. 62 *a*.
Book V.; fol. 82 *b*. Very imperfect.
Book VI. is wanting.
Book VII.; fol. 85 *a*. Very imperfect.
Book VIII.; fol. 85 *b*.
Book IX.; fol. 101 *a*.
Book X.; fol. 114 *a*.

"The colophon, fol. 123 *b*, states that the MS was written (probably at Edessa) by one Isaac, for a person whose name has been erased, in the year 773, A.D. 462.

"On fol. 1 *a* there is the rudely drawn effigy of the Cross, coloured with brown pigment; and beside it, a note stating that the volume was presented to the convent of S. Mary Deipara by one Sahlūn, a priest of Harrān.

ܠܐܝܩܪܐ ܕܬܠܝܬܝܘܬܐ ܩܕܝܫܬܐ ܦܢܝ ܕܝܢ ܟܬܒܐ ܗܢܐ ܠܥܘܡܪܐ ܩܕܝܫܐ
ܕܐܘܣܝܒܝܣ ܕܒܘܬܝܐ ܣܗܠܘܢ ܐܒܘܢ ܩ̈ܫܝܫܐ ܕܡܢ ܚܪܢ ܡܪܝܡܬܐ ܘܕܝܠܗ
ܒܫܡܐ ܡܥܡܪܐ (ܐ ܡܥܡܪܐ). ܡܛܠ ܦܘܪܩܢܐ ܕܢܦܫܗ ܘܕܡܝܬܘܗܝ. ܘܡܛܠ
ܗܝܡܢܘܬܐ ܕܬܠܝܬܝܘܬܐ ܡܫܒܚܬܐ ܚܝܠܬܐ ܕܡܢܗ ܗܝ ܕܝܗܒ ܐܠܗܐ ܠܬܠܡܝܕܘ̈ܗܝ ܩܕܝܫܐ.
ܟܠ ܡܢ ܐܢܫ ܕܡܥܩܒ ܠܟܬܒܐ ܗܢܐ ܡܢ ܥܘܡܪܐ ܗܢܐ ܐܘ ܡܚܡܣ (ܐ ܡܚܡܣ)
ܠܥܘܡܪܐ ܗܢܐ.
ܟܠ ܕܩܪܐ ܢܨܠܐ ܘܐܡܪ ܠܝܫܠܡ ܢܗܘܐ ܠܗ ܐܡܝܢ

"This page also contains some more modern writing (relating to the passage Acts iii. 1 foll.), and the rudely drawn figure of an animal, probably a horse or mule.

"On fol. 41 *a* there are written in inelegant Greek characters the following names: Γαβριηλης, Θεοδορος, Παυλος, Θεοφηλακτος, Λεον; and in Syriac characters ܦܛܪܠ. On fol. 42 *a* there is a single name which cannot be read with certainty.

"Fol. 121 has been roughly repaired with a fragment of an Armenian MS, beautifully written in uncial characters of about the ixth cent. Many other leaves have been patched with pieces of a Syriac paper MS, exhibiting coarse writing of the xiith cent.

"Fol. 1 is part of two leaves of a Syriac Chronicle, a considerable portion of which is contained in Add. 17216, fol. 2—14. The handwriting is a good, regular Esṭrangĕlā probably of the viiith cent. It comprises the reigns of Ptolemy Lagus and Ptolemy Philadelphus (the years actually specified are A.M. 5194, ܠܐܠܦܐ : ܗ : ܩܨܕ, A.M. 5198, ܠܐܠܦܝܢ : ܗ : ܩܨܚ; Olym. ܩܟܐ, ܩܟܗ), some account of the family of the Herods, and part of the history of our Lord."

Dr Wright's description of B, the other MS, is printed in his *Catalogue of the Syriac Manuscripts in the British Museum* vol. iii. p. 1039 f. It is a vellum MS of 130 leaves containing the first five books of the Ecclesiastical History, written in a fine regular Esṭrangělā of the sixth century. The colophon originally contained the date, but this and other particulars have been carefully erased. In its present state Book I. is imperfect; portions of the index, and of the first, second and third chapters are missing.

Small portions of the Ecclesiastical History occur as extracts in certain other British Museum MSS. Add. 12154 (C) contains part of Book I. chap. xii. on fol. 151 (Wright's *Catalogue* p. 983); Add. 7157 (D) contains II. xxii. on fol. 196 (*ib.* p. 1203); Add. 14650 (E) has part of II. xxiii. on fol. 70 f., the whole of III. xxiii. on fol. 71 f., part of III. xxxi. on fol. 72 f., and almost the whole of IV. xv. on fol. 73 ff. (*ib.* p. 1104); and Add. 14641 (F) has III. xxiii. on fol. 144 f., III. xxxi. on fol. 145 f., and IV. xv. on fol. 146 ff. (*ib.* p. 1045). The variant readings in these extracts, which are given in this edition, are of slight importance. A more important extract is that in Add. 14620, fol. 5 f. (*Catalogue*, p. 801), which gives us chaps. xvi., xvii. and xxv. of the sixth book. As the whole of this book is wanting in A, our only knowledge of the Syriac version apart from this extract is derived from the Armenian version of which I am about to speak. I have printed the three chapters as an Appendix, pp. 414—418.

High as is the authority of A and B in determining the original form of the Syriac version, the examination of both and their comparison with the Greek original shew that certain corruptions have crept into them: in Dr Wright's words, "the text presented by these MSS has evidently passed through the hands of several successive scribes" (*Syr. Lit.* 61). We are therefore fortunate in possessing another witness whose origin is probably older than the writing of either MS, viz. the ancient Armenian version of which an edition (𝔄) was printed from comparatively recent MSS at Venice in 1877. Dr Merx in his paper "De Eusebianae Historiae Eccles. Versionibus Syriaca et Armeniaca" (in *Atti del* IV. *Congresso Internazionale degli Orientalisti*, Florence, 1880) has shewn cause for believing that in 𝔄 we possess the version which, according to the statement of Moses of Chorene (II. 10)[1], was made into Armenian from Syriac at the beginning of

[1] With regard to the doubts which have recently been thrown on the genuineness of this passage, see Dr Merx's statement below (p. xv f.).

the fifth century. The main proof of the high antiquity of 𝔄 is that while on the one hand there is nothing to shew that it was corrected from the Greek original—e.g. the transliteration of the proper names throughout is solely from the Syriac—on the other hand it is free from several Syriac corruptions which are to be found in both MSS, and from a larger number which appear only in A. Unfortunately the Armenian text as printed is full of copyists' errors, and it has been thought well to devote to the correction of these a large number of the notes on 𝔄 which appear in this edition.

The older Syriac MS indeed, while marked by the use of at least one ancient grammatical form (the pronoun ܗܠܘܢ, I. viii. 1 and elsewhere) unknown to B, must be held to exhibit on the whole a younger or else a more carelessly transmitted text than B, since it shews more transcriptional errors. Except in the matter of plural points, in which the text of B shews some carelessness, it is possible to find few readings in which A is superior (ܕܡܠܟܐ ܕܡ̈ܠܟܘܬܗܘܢ in II. xiii. 5 seems to be one): whereas there are many cases in the first five books where B (usually with 𝔄) is better than A (e.g. in I. vii. 13, n.[66]; II. ii. 2, n.[12]; II. v. 6, n.[3]; II. xxiii. 19, n.[67]; II. xxv. 2, n.[5]; III. v. 5, n.[25]; III. vii. 3, n.[7]; IV. v. 2, n.[6] &c.), and in the other books errors of A can be exposed by comparison with 𝔄 (e.g. VIII. x. 2, n.[3]; VIII. xii. 10, n.[25]; VIII. xiv. 11, nn.[4, 5]; VIII. xv. 2, nn.[38, 39]; IX. iv. 1, n.[1]; IX. xi. 5, n.[27]; X. i. 2, n.[6]; X. iv. 6, n.[15] &c.). In the first five books B and 𝔄 as a rule keep closely together, except (as above mentioned) in regard to the distinction of plurals from singulars, on which neither of them is reliable. Occasionally 𝔄 points to a better reading than B (as I. xi. 1, n.[7]; II. xv. 2, n.[6]; III. xxxvii. 3, n.[16]; V. i. 29, n.[28]; V. v. 7, n.[16]); but the converse holds in other cases. There are places where the original of 𝔄 has partaken in an obvious Syriac corruption (e.g. ܪ̈ܣܘܬܐ for ܪ̈ܡܘܬܐ VIII.. iii. 1; and VIII. vi. 6, n.[6]). On the whole our best authority for the text of the first five books is the combination of B and 𝔄; the latter, being at the best not wholly free from inaccuracy and in its edited form full of transcriptional errors, is more difficult to use as an independent witness in the other books, but at least supplies a good many certain corrections of the text of A.

Our conclusion as to the date when the Ecclesiastical History was translated into Syriac is determined by two considerations to which reference has been made: (1) A, a MS written in A.D. 462, shews frequent evidence of transcriptional errors, which must be accounted for by the text having already passed through a succession of copies; (2) the Armenian version is referred to by Moses of Chorene (or his interpolator, who is on this point probably a true witness, see below p. xv f.) as having been made from the Syriac in the beginning of the fifth century. Hence, as Dr Wright states, "It seems to follow that these books (he is speaking of this along with some other translations of Greek works) were translated into Syriac in the life time of the authors themselves, or very soon after" (*Syr. Lit.* 62).

Of the two qualities most desirable in a version—faithfulness and literary skill—our Syriac translator shews both in a considerable degree, but the latter more markedly than the former. His Syriac is good and idiomatic, and in many cases he has rendered freely without altering the general sense. The involved syntax and cumbrous sentences of Eusebius give place to a more perspicuous arrangement of words. On the other hand liberties have often been taken, and misunderstandings are not uncommon, especially where unusual Greek words have to be rendered[1]. A common feature is the omission of words, clauses, and groups of clauses—in some cases no doubt accidental, as *per homoeoteleuton* (instances of this in I. vii. 6, IX. ix. 18, X. iv. 62 &c.), and in a few others natural and justifiable (as in IV. vi. 2, VIII. ii. 4). One class of omissions is in cases where the Greek specifies exactly the place in an author's writings from which a quotation is taken, whereas the Syriac is content with a vaguer reference or none at all (instances in I. xi. 4, II. i. 3, II. vi. 3 &c.). In another set of cases a word or phrase seems to have been left out or a sentence shortened because it was hard to understand or difficult to render (e.g. in I. viii. 4, II. xvii. 8, V. iv. 2 &c.). But in the majority of cases it is difficult to assign a reason for the omissions and shortenings, except that the writer consciously allowed himself a latitude in this respect. In one or two of the larger

[1] The ensuing remarks on the character of the version and its relation to the original are based on a series of notes supplied to Dr Wright by Dr Field.

omissions towards the close the Syriac is supported by certain Greek MSS (thus in VIII. xvi. 2 f. by [Laemmer's] E$^a$O, in the omission of IX. i. 3 ff. by OP and the Latin version of Rufinus), while the book "On the martyrs of Palestine" is wanting in E$^a$O and Rufinus as well as in the Syriac. But this last is alone in omitting chapters v.—vii. of Book X. and in the large omission in chapter iv. of that book (§§ 62—68). Occasionally on the other hand the Syriac translator has inserted an extra word or phrase.

In Book I. we find a series of intentional changes made in order to purge the language of Eusebius from Arian or semi-Arian taint. The most marked examples are in I. ii. 3, 4, 5, 9, 14, 21, 23; and I. iii. 19.

The misunderstanding of difficult words and phrases is not infrequent: thus *διαλλάττοντος* in I. ii. 23, *φανητιῶντες* in I. vii. 11, *ἰσχὺν οὐχ ὑπομενητὴν προστιθέμενος* in I. viii. 7, *τέταρτον τῆς ἡγεμονίας* in I. x. 1, *καὶ τῶν ἄλλων συστρεφομένων* in I. xi. 6, and *παρὰ τούτους* in I. xii. 4, have been misinterpreted, and similar instances might be gathered from the other books.

It does not lie within the scope of this edition to set forth the new material provided by the Syriac version for the emendation of the Greek text, and still less to use it as an arbiter between the rival claims of different Greek readings. But clearly there are many cases where the Syriac translator had before him a different reading from that shewn in existing Greek MSS. Thus in I. ii. 23 he read *γνώσεως* for *γενέσεως*, in I. iii. 20 his text was other than *οἱ καθωσιωμένοι αὐτῷ*, in I. vii. 2 he apparently read *θνητοί* for *θνητῇ*, in I. viii. 15 he read *πικρῶν* for *μικρῶν*, and so on. A favourite variant in the later books is *ἐνεργής* and *ἐνεργῶς* for *ἐναργής* and *ἐναργῶς* (v. xi. 3, &c.; yet in I. iv. 14 he read *ἐναργεστέροις*); again *ἡσθῆναι* and other forms from *ἥδομαι* are interpreted as if they came from *αἰσθάνομαι* (II. xv. 2 and elsewhere). These variant readings are often not improvements on our existing Greek text: but a really good emendation is gained, for instance, from the Syriac of v. xiii. 2 (*πολιάν* for *πολιτείαν*), and others will be gleaned from comparison of the texts. The testimony in relation to Greek MSS is at first sight somewhat confusing, but on the whole a noteworthy series of agreements with Laemmer's favourite MS O points to that as exhibiting a type of text at least as nearly akin to the Syriac as any other. But the accounts of many of the MSS given on the one hand by Burton and on the other by Laemmer and Heinichen are so diverse, that it seems at present premature to make any pronouncement on this subject.

A word may now be said on the plan of the present edition. In the first five books the text has been printed from B wherever extant, and its lacunae filled up from A; the surviving fragment of the seventh, and the last three books are printed from A. In every case the spelling, pointing, and interpunction of the MS followed have been faithfully reproduced: it was thought that every detail of pointing on the fuller system of B and the less full system of A might prove interesting. In the notes on the other hand which give variants of A where B exists, only differences of words and spelling are adduced, with occasionally an important difference in interpunction. Of the notes on the Armenian version the substance is due to the labours of Dr Merx, who has kindly consented to my modifying their form in cases where this seemed desirable[1]. Their object is on the one hand to exhibit every substantial divergence of reading in 𝔄, and on the other to help Armenian scholars who study this Armenian version by correcting as many as possible of the transcriptional blunders which mar its printed text. In numbering the chapters and paragraphs it has seemed best to follow Heinichen's edition of 1868 as the one most generally in use: it has this advantage, that in the division of *chapters* it coincides with Burton's edition of 1838, while in that of *paragraphs* it is for the most part near to Laemmer's of 1862. In numbering the notes I have however followed the chapter-divisions of the Syriac text.

Dr Wright finished his copy of A as early as January, 1867, and soon after collated it with B, but for some reason the work of preparing the edition was never completed in his lifetime. The University Press Syndicate, having decided to undertake the cost of publication, saw fit to entrust me with the completion of the work in June, 1895, and since then I have been engaged upon it, with Dr Merx's cooperation as regards the Armenian version. Dr Wright's collation of B did not extend to the pointing, which is on a fuller system than that of A; and I have in consequence twice re-collated the former MS, once with Dr Wright's copy, and again

[1] For the notes on pp. 414—418 I am alone responsible.

with the proof-sheets of this edition. For the readings and text of A, I have depended entirely on Dr Wright's copy. Two-thirds of the work were already in type when M. Bedjan's edition[4] appeared last year, so that it was too late for any modification of plan. Happily there is room for both editions, which differ somewhat in scope.

In conclusion I desire to express my thanks to Dr Robinson and Dr Kirkpatrick for guidance in arranging the plan of the book, and to the employés of the Press for the excellent manner in which the printing has been done. I venture to hope that in the completion of Dr Wright's work by the hand of a pupil no dishonour may have been done to his master's name.

[4] I have pleasure in attesting the substantial accuracy of this edition throughout the last three books, where I have had occasion to examine it.

N. M.

CHRIST'S COLLEGE, CAMBRIDGE.
*February* 1898.

# NOTES BY DR MERX ON THE ARMENIAN VERSION.

THE place of a third MS is due and has been given in the present edition to the Armenian version; it is therefore necessary to show briefly how and within what limits this has been possible.

It contains the whole work, including Books VI. and VII. which in the Syriac are wanting, and ends in X. iv. 14 with the words *καὶ τὸν κατὰ τῶν ἀμυνομένων θυμόν*. It has only two lacunae, one extending from I. iv. 9 to the middle of I. vi. 3 and the other from V. xx. 2 to V. xxiii. 1.

I saw this translation in 1876, when it was being printed from two MSS in the library of the Mechitharists at Venice, both modern and in cursive hand. The venerable Father Leone Alishan was kind enough to give at my request the following description of the two MSS: Il primo, No. 750 dei nostri Manoscritti, senza data pare scritto verso il principio del secolo passato; è in carta, pagine 310, in 4° grande cioè 0,33$^{m}$ in lunghezza, 0,22$^{m}$ largo. Nè data, nè luogo, soltanto il nome dello scrittore, certo Կարապետ [Garabed] *իրիցուկ*, cioè pretino, piccolo o humile prete.

La seconda copia, No. 1606 dei *Msti*, 0,28$^{m}$ in lunghezza, 0,19$^{m}$ in larghezza, non è numerato alla pagina, pare scritta sul fine del secolo XVII°, non ha nessuna memoria, nè data nè luogo: per altro pare scritta nella Persia, nel celebre convento di Nuova Ciugha (Նոր Ջուղա) a Spahan, perchè un signore Armeno di detto luogo ci ha regalato il Manoscritto. Questo Manoscritto contiene anche la Storia ecclesiastica di Socrate.

A third MS is in the Library of the Mechitharists at Vienna No. 49, copied in 1695 also by the priest Garabed,—at least this seems to be the meaning of the indication given in the Catalogue p. 36[1]. It is possible however that both these MSS are copied from a copy made by this Garabed from a very ancient original in Cilicia.

That all three MSS derive from the same original is shown by their having the same lacunae. The old orthography has evidently been changed in the course of time, for we find in them the letters օ and Ֆ = φ, which were not in use before the twelfth century.

The style and character of the translation,—as the editor Father Abraham Gareau told me—proved that it was not made directly from the Greek, but showed a decidedly Semitic, that is in this case a Syriac influence. My comparison of a specimen of the Syriac text, sent to me by Prof. Wright and published in my paper cited above, p. vii, proved that our Syriac was the original of the Armenian, and as a

[1] Comp. P. Jacobus Dr Dashian *Catalog der armenischen Handschriften in der Mechitharisten Bibliothek zu Wien*. Wien 1895.

result of this it was decided to prepare the edition of the Ecclesiastical History both from the Syriac and the Armenian authorities. I finished the collation of the Armenian text with the Syriac in the summer of 1884, and it became evident from this collation that, contrary to the natural supposition that the elder MS A should be the base of the edition, the younger MS B ought to be used as far as it goes on account of its close relation to the Armenian version. Professor Wright wrote to me in a letter of June 24, 1884: "For the *text* I think I had better follow the MS B in the first five books, because of the agreement of the Armenian, giving the readings of A in the notes. In the remaining books we must of course follow A and give the variants of the Armenian in the notes." That is what has been done in the present edition, in which Mr M[c]Lean has taken up the work of Professor Wright.

The Armenian having thus proved of decisive importance for the constitution of the Syriac text the reader is entitled to learn in what manner the Armenian translated his original, and how far conclusions may be drawn from his translation as to the readings of the Syriac. On this subject the following remarks may be made:

1. The utmost accuracy in rendering word by word is visible in every line, and students are thus enabled to compose an Armenian-Syriac vocabulary by help of which they may guess what the Armenian read where he differs from a Syriac MS. His exactness goes so far as to render even Syriac idiomatic phrases, e.g. the verb with its Infinitive ܡܪܒܝܘ ܪܒܐ = *աճեցուցանելով աճեցոյց* 300, ܡܦܠ ܢܦܝܠ ܗܘܐ = *անկելով անկեալ էր* 697.

2. On the other hand it must be noted that it was the custom of old Armenian translators—except in biblical texts—to render one foreign word by two expressions, especially if the sense is abstract. Here one word is not a gloss on the other, as has occasionally been suggested, but both of them serve to render one foreign expression, as we learn from frequent repetitions and from the double construction of such words. Sometimes they are both placed in the same case, as ܒܚܡܬܐ = *սրտմտութեամբ բարկութեամբ* 705; sometimes one in the Genitive depending on the other as ܚܡܬܐ = *սրտմտութիւն բարկութեան* 327, ܪܘܓܙܐ and ܪܘܫܥܘܬܐ = *ամբարշտութիւն անօրէնութեան* 285, 353; 203, 678; ܛܢܦܘܬܐ = *աղտեղութիւն զազրութեան* 249. The same double translation is used also for Adjectives, e.g. ܪܘܫܥܐ = *ամբարիշտ անօրէն* 644, 671, and for Verbs, as *բնաջինջ առնել սատակել* = ܢܣܚܘܢ 239, and ܢܫܬܠܡܘܢ = *լռել և դադարել* 342 (421). Still the simple *դադարեցան* is also used for ܫܠܡܘ 56, and *մնա լռիկ* for ܫܠܝ Imperative 192.

3. The translator's perception of the shades of meaning involved in synonymous words is vivid and refined; indeed one might infer that he worked with Syriac scholars who also knew Armenian. Hence notwithstanding his literal exactness he selects different Armenian words for the same Syriac expression according to the meaning, or uses the same Armenian word for different Syriac expressions, or he employs longer circumlocutions. Thus for ܚܙܝܐ = θεωρία he has (94) *տեսիլ խաղու*, that is *spectaculum joci*, and ܩܘܠܩܣܐ (κόλακες) is rendered by *մարդահաճոյք և սուտա-կապպաք*, that is *hominibus complacentes et mendacibus inservientes* 95: thus ܐܢܫܐ ܢܟܦܐ 102 is rendered by *հեզ մարդիկ* (Greek ἀνδράσι σώφροσι) that is *mild, meek, gentle, calm*, the same word which elsewhere is put for ܡܟܝܟܐ 726, 132 (like

Aphraates 91), where the Greek is ταπεινοί and ἐπιεικέστατοι, because he sees that ܐܢܫܐ ܢܟܦܐ does not mean *chaste people*, but σώφρονες. The noun ܢܟܦܘܬܐ = σωφροσύνη is rendered by զգաստութիւն 660, but on the same page ܐܢܬܬܐ ܢܟܦܬܐ corresponds to կին հեզ և հանդարտ *mulier tranquilla et sobria*. The word ܐܦܝܣ is translated by հրամայել *jubere* 262, but 190, 268, 271, 397 by հրապուրել *seducere, ad malum instigare*. Consequently if ܐܦܣ *permisit*, where the Greek is ἐπιτρέψας, is rendered by հրամայել 35, one might suggest that the Armenian found in his original ܐܦܝܣ: yet this is not certain, for the meaning may be, Herod did not *order* to keep the vestments under the hands of the High priests; and therefore no variant has been noted. In the same way ܡܫܝܢܘܬܐ 13 and ܡܦܝܣܘܬܐ 408 are rendered by յիմարութիւն, and one might ask whether the Armenian found the same word in both these passages, but the case must be regarded as doubtful.

4. The Armenian is not at all a slave to his Syriac original, but maintains a certain freedom, which is a consequence of his being aware that often the same Armenian word is the most convenient for expressing the sense of different Syriac expressions. Thus յականէ և յանուանէ is put for ܟܡܝܪܐ 648 and for ܡܬܟܪܝܐ ܠ 57, and յանձն առնուլ is ܐܬܦܩܕ 291, 642—which is rendered by 'ի հրապոյրս անկանել է 369—but is also ܩܒܠ 306. Thus յանձն առնել is ܐܫܠܡ 189 al. but also ܐܫܠܡܬܗ ܠܪܘܚܗ is rendered յանձն արար զհոգին 341, where the suffixes are omitted in the translation. In the same way գայթակղել is found for ܐܬܬܩܠ 690, ܬܩܠ 317, ܐܬܟܫܠ 687; and բարկանալ for ܐܬܚܡܬ 120 and for ܡܬܚܡܬܝܢ 397; and ܕܘܒܪܐ is rendered in different places գնացք, վարք and վարք գնացք. The verbs ܐܛܥܝ 220, ܫܓܫ 310, ܛܥܐ 684, are equally rendered by զրկել; and ապականել is ܚܒܠ 399 as well as ܐܦܝܣ 105, 145 al.

Thus his work is no mechanical transliteration in the style of Aquila, and one must be familiar with his style and manner to be able to recognize what was his Syriac original. Cases like that of ܡܫܝܢܘܬܐ and ܡܦܝܣܘܬܐ, and of ܐܦܝܣ and ܐܦܣ quoted above require serious consideration. So also ܟܢܬܐ or ܟܢܬܐ = անգի p. 230 note 11 in the Syriac text.

5. The translator did not understand Greek or Latin, as we learn from his transliterations of Greek and Latin proper names. A man who writes *Sabestos* and *Anktos* for σεβαστός and 'Ανίκητος, *Kleria'* for Καλλιροή, *Asplatea'* for 'Ασφαλτίτης 47, and who transliterates ܘܠܘܐܠܪܝܣܝܡܘܣ = καὶ Οὐηρισσίμῳ by Վաղերեսիմոսի *Waleresimos* 261, has not even a smattering of either of those languages. The words ὀρθοπνοία and δύσπνοια 46 are transcribed *orthaponia* and *daspinia*.

Though I have looked for traces of different translators' hands I have not succeeded in finding any; the whole version seems to be the work of one man or a set of men working on identical principles.

As to the age of the translator, the question was an easy one so long as there were no doubts raised against the authenticity of the History of Moses of Khoreue. Since 1876 however this book has by some eminent critics been regarded as a forgery, the author of which lived at least two centuries after the true Moses of Khorene, the celebrated translator in the beginning of Armenian literature. We cannot therefore ignore the fact that these doubts affect the certainty with which the age of our Armenian version was determined, for its determination rested entirely on the witness borne by the so-called Moses of Khorene.

This author says, II. 10, that in the following passage of his work he will give abstracts from the fifth book of Africanus the chronographer, because Africanus copied his history of the ancient Armenian kings from documents preserved in the archives (*diwân*) at Edessa or Urhai which had been transferred there from Nisibis—and from sacerdotal recitals written at Sinope[2]. He himself—viz. the author of the forgery—has, he affirms, seen these archives with his own eyes. Besides this testimony of Africanus there is still a *nearer* testimony,—so he goes on—for the existence of such archives at Edessa, that is the Ecclesiastical History of Eusebius, which the venerable Doctor Mashtots (Mesrop † 441) caused to be translated into Armenian. Then he refers to Eusebius I. 13, where it is stated that there were such archives at Edessa (as Africanus mentioned) in which were kept historical accounts of all achievements of the Armenian kings until Abgar. This is what Eusebius says, but Moses or Pseudomoses adds, that these archives contained also the history of the successors of Abgar until Erouant. Finally he declares, that he is of opinion, that a copy of the translation of Eusebius is still existing at Gelachouni, a town[3] in the district of Siuni, and this copy is the *nearer* testimony for the existence of the archives at Edessa, which the person for whom he wrote his history easily may find if he seeks it. This person is none other than Isaac the Bagratounian (I. 1), whose residence may have been near Gelachouni, so that he could convince himself there, it being more difficult to get the books of Africanus. That seems to be the meaning of the somewhat confused passage II. 10.

In noticing that the translation was made by order of Mesrop the author needs must have thought of the fact related in III. 60, that Mesrop and Isaac the Great (the latter died in 441, six months before Mesrop) sent interpreters to Edessa, who should return to them laden with all the books of their—that is the Syriac—holy fathers diligently translated into Armenian. If it be considered that we have to this day translations from the Syriac of Ephraem, Aphraates, Labubna, of the Ignatian epistles, of Irenaeus and perhaps of Hippolytus[4], together with the translation of the Ecclesiastical History of Eusebius, the style of which is absolutely identical with that of the translation of Aphraates[5], it would be bold to deny the essential correctness of this notice, even if the author be more than two centuries younger than has hitherto been admitted. For even at a later time the author could not have made such assertions, if they were not generally accepted in his time, because he does not speak of an isolated work, but of a whole class of his national literature.

Besides Moses not only cites our translation, II. 10, but he copies from it almost

[2] This is according to the translation of Tommaséo. It is however possible that he means, that another part of the archives at Edessa have been transferred there from Sinope from (the) sacerdotal recitals preserved there in a temple.

[3] The rendering of this clause is disputed. Cf. M. A. Carrière, *La Légende d'Abgar* in *Centénaire de l'école des langues orientales vivantes*, Paris 1895, p. 360.

[4] For Irenaeus comp. the fragments XXX and XXXI in the second volume of the edition of Harvey, Cambridge 1857. Hippolytus is cited by Moses of Khorene II. 10. Comp. Hippolytus *Werke* von Bonwetsch und Achelis Berlin 1897, XXIII.

[5] Comp. Graffin *Patrologia syriaca* Tomus primus (Aphraates) Paris 1894 p. XXXVII.

literally, with insignificant differences, the correspondence of Abgar and Christ (I. 30—33 = Eusebius I. 13); and there are, as far as I have seen, still two other passages of Eusebius which he has embodied in his work. The first is Eusebius IV. 6 = Moses II. 60, where Moses has even the extraordinary spelling Բարքոպայ, *Barchoba*, which is found in Eusebius in the form Բարքոքպայ instead of ܒܪܟܘܟܒܐ, *Barkochba*, and where the missing word for ܡܫܒܝܐ (comp. our text p. 188 Note 6) is really found in Moses, who has for ܐܝܟ ܕܐܠܝܨܐ ܘܡܫܒܝܐ իբրև նեղելոց և գերելոց i.e. *tamquam oppressis et captivis*. The second passage is Moses II. 66 = Eusebius IV. 26, where an old blunder in the text of Moses is corrected by our translation. The corrupted text says, that Bardesanes lived in the time of the last Antoninus, *Antonini posterioris*, վերջնոյ = *wertšno'*, where Eusebius has ܕܐܢܛܘܢܝܢܘܣ ܘܐܪܘܣ i.e. *of Antoninus Verus*, and here it is evident that վերջնոյ = *wertšno'* is a corrupt reading for Վերոսեայ = *Werosea'*. It is therefore by no means true that Moses confounded Marcus Aurelius with Elagabalus, as Alfred von Gutschmidt inferred from this corrupted text (*Gesammelte Abhandlungen* 1892, III. 303).

We are thus fully entitled to say, that Moses followed this our Armenian translation of Eusebius, which in his time,—even if it was after 640—was attributed to the age of Mesrop's first literary enterprises, that is before 430 after Christ. It represents therefore the state of a Syriac MS of the fourth century, and that may be about a century older than the Syriac MS A.

As to the Greek original of the Syriac version, my opinion is that it was the earliest recension, afterwards to some extent modified and so brought into the form which is now preserved in the Greek manuscripts.

ADALBERT MERX.

HEIDELBERG, *January* 29, 1898.

## NOTES AND CORRECTIONS.

The following notes should be deleted, the difference in 𝔄 being due merely to Armenian idiom:

p. 10, n. [42]
p. 29, n. [23]
p. 38, n. [16]
p. 41, n. [50]
p. 58, nn. [18, 19]
p. 59, n. [25]

On p. 46, n. [7], for ܐܬܓܠܘܠ read ܐܬܩܘܒܠ.

P. 157, n. [7a]. From this point onwards the omission of ܟܠܗ in 𝔄 is not noted, as the Armenian translator is obviously irregular in this respect.

On p. 180, last line, there should be a note '𝔄 om. the subscription'.

On p. 221, n. [87], for պատուե read պատուէ.

On pp. 408, 410, heading, for xx. read ix.

On p. 409, l. 17, the marginal number should be ix. 1 instead of xx. 1, and it should stand at the beginning of l. 18.

܀ ܀ ܀ ܀

ܪܫܐ[2] ܩܕܡܝܐ. ܕܡܒܘܐ ܪܘܫܡܐ ܕܟܬܒܢܘܬܗ ܀

ܕܬܪܝܢ. ܦܣܝܩܬܐ ܕܪ̈ܫܐ[3] ܕܐܡܝܪܝܢ ܥܠ ܩܕܡܝܘܬ ܐܠܗܘܬܗ ܕܦܪܘܩܢ ܘܡܪܢ ܝܫܘܥ ܡܫܝܚܐ ܒܪܗ ܕܐܠܗܐ ܀

ܕܬܠܬܐ. ܥܠ ܫܡܐ ܕܝܫܘܥ ܘܕܡܫܝܚܐ. ܕܝܕܝܥ ܗܘܐ ܘܡܬܩܪܐ ܠܘܬ ܢܒ̈ܝܐ ܩ̈ܕܡܝܐ ܀

ܕܐܪܒܥܐ. ܕܠܐ ܗܘܐ ܚܕܬܐ ܐܘ ܢܘܟܪܝ ܘܡܠܦܢܘܬܐ ܕܕܝܠܗ ܐܠܗܐ ܕܐܟܪܙ ܦܪܘܩܢ ܀

ܕܚܡܫܐ[4] ܥܠ ܙܒܢܐ ܕܐܬܓܠܝ ܒܗܘܢ ܒܝܬ ܒ̈ܢܝ ܐܢܫܐ.

ܕܫܬܐ. ܕܒܙ̈ܒܢܘܗܝ ܕܝܠܗ ܐܝܟ ܕܐܡܪܬ ܢܒܝܘܬܐ ܐܬܦܣܩܘ ܪ̈ܫܢܐ. ܗ̇ܢܘܢ ܕܡܢ ܫܪܒܐ. ܡܢ ܝܘܒܠܐ ܕܐܒ̈ܗܝܗܘܢ ܕܝܗܘ̈ܕܝܐ. ܗܘܝܢ ܗܘܘ ܡܕܒܪ̈ܢܐ ܠܥܡܗܘܢ ܥܠܝܗܘܢ܆ ܘܗܘܐ ܥܠܝܗܘܢ ܡܠܟܐ ܡܢ ܥܡ̈ܡܐ ܩܕܡܐܝܬ ܗܪܘܕܣ.

ܕܫܒܥܐ. ܥܠ ܣܦܪ ܬܘ̈ܠܕܬܗ ܕܡܫܝܚܐ. ܕܡܬܚܙܐ ܕܠܐ ܫܠܡ ܐܘ̈ܢܓܠܝܘ̈ܢ ܠܚ̈ܕܕܐ ܀

ܕܬܡܢܝܐ. ܥܠ ܢܟܠܐ ܕܩܛܠܐ ܕܐܬܥܒܕ ܡܢ ܗܪܘܕܣ ܥܠ ܛ̈ܠܝܐ ܕܡܝܬ ܠܒܝܫ. ܘܐܝܟܢܐ ܣܘܦܐ ܒܝܫܐ ܗܘܬ ܠܗ ܀

𝔄 2 ܕܬܫܥܐ. ܥܠ ܙ̈ܒܢܘܗܝ ܕܦܝܠܛܘܣ.

[1] 𝔄 *de historiis* [2] 𝔄 om. ܪܫܐ [3] 𝔄 *epitome initiorum* [4] 𝔄 om. title of this chapter (part of which is wanting in the Arm. text)

ܕܥܣܪܐ.⁵ ܥܠ ܪ̈ܒܝ ܟܘܡܪܐ ܕܝܗܘ̈ܕܝܐ ܕܒܫܢܝܗܘܢ ܐܠܦ ܡܪܢ ܀

ܕܚܕܥܣܪ. ܥܠ ܣܗܕܘܬܐ ܕܐܡܝܪ̈ܢ ܥܠ ܝܘܚܢܢ ܡܥܡܕܢܐ ܘܥܠ ܡܫܝܚܐ⁶ ܀܀

ܕܬܪܥܣܪ. ܥܠ ܬܠܡܝܕܘܗܝ ܕܦܪܘܩܢ.

ܕܬܠܬܥܣܪ⁷ ܬܫܥܝܬܐ ܥܠ ܡܠܟܐ ܕܐܘܪܗܝ ܀ (B fol. 1 a)

ܪܫܐ¹ ܩܕܡܝܐ ܕܡܐܡܪܐ ܗܘ² ܪܫܐ ܕܫܘܪܝܗ ܀܀ ܀܀

i. 1 ܡܫܠܡܘܬܐ³ ܕܫ̈ܠܝܚܐ ܕܡܢ ܡܐܬܝܬܗ ܕܦܪܘܩܢ ܘܥܕܡܐ ܠܘܬܢ
ܙ̈ܒܢܬ ܕܐܬܥܒܕܘ ܒܥܕܬܐ. ܘܕܟܡܐ ܘܐܝܟܢ ܐܝܠܝܢ ܨ̈ܒܘܢ
ܡܬܡܠܠ ܕܐܬܣܥܪ ܒܬܫܥܝܬܐ ܕܥܕ̈ܬܐ.⁴ ܘܕܐܝܠܝܢ ܐܢܘܢ
ܗܠܝܢ ܕܒܚܝܠܬܗ⁵ ܒܡܕ̈ܒܪܢܘܬܐ ܡܫܒ̈ܚܬܐ⁶ ܗܘܘ ܪ̈ܝܫܐ⁷ ܘܡܕ̈ܒܪܢܐ.
ܘܕܐܝܠܝܢ ܐܢܘܢ ܗܢܘܢ ܕܒܕܪ ܕܪ ܐܟܪܙܘ ܒܡܠܬܐ ܕܐܠܗܐ ܐܘ ܕܠܐ
ܒܬ̈ܢܝܬܐ ܐܘ ܒܟܬ̈ܒܬܐ. ܘܕܐܝܠܝܢ ܐܢܘܢ ܘܟܡܐ⁸ ܘܒܐܝܠܝܢ
2 ܘܫ̈ܡܐ ܡܢܘ⁹ ܣܓܝܐܐܝܬ¹⁰ ܥ̈ܠܝܡܐ ܕܒܪܓܝܓܘܬܐ ܕܚܘܕܬܐ ܕܡܠܬܐ.
ܘܕܠܐ ܣܘܟܡ ܐܝܟ ܕܐܡܪܐ¹¹ ܢܦܠܘ¹² ܗܘܘ ܥܠ ܡܛܥܝܢܘܬܗ
ܕܡܥܝܢܐ. ܘܟܡ¹³ ܗܠܝܢ ܡܢ ܕܓܒܪ ܢܚܫܐ ܠܥܡܐ ܕܝܗܘ̈ܕܝܐ
3 ܥܠ ܕܡܟܘ ܘܐܡܪܢܘܗ¹⁴ ܥܠ ܦܪܘܩܢ. ܘܕܐܝܟܢܐ¹⁵ ܘܒܐܝܠܝܢ ܙܒ̈ܢܐ
ܐܬܟܬܫܬ ܡܢ ܥ̈ܡܡܐ ܡܠܬܗ ܕܐܠܗܐ.¹⁶ ܘܕܐܝܠܝܢ ܐܢܫܝܢ¹⁷

⁵ 𝔄 om. title of this chapter here, but has it in its place ⁶ 𝔄 om. ܘܥܠ ܡܫܝܚܐ ⁷ With this word begins the text of B.

CHAP. I. ¹ 𝔄 om. ܩܕܡܝܐ ² A ܕܫܘܪܝܗ ³ 𝔄 plur. ⁴ A ܕܥܕܬܐ ⁵ A ܕܒܚܝܠܬܐ ⁶ A ܐܬܒ̈ܚܬܐ 𝔄 makes the adj. agree with ܪ̈ܫܐ, i.e. expresses ܡܫܒ̈ܚܐ ⁷ A ܪ̈ܝܫܐ ⁸ 𝔄 *quinam sint et quanti et quot* ⁹ A ܐܝܟܢ ¹⁰ A adds ܐܦ ¹¹ A fol. 3 *a* ¹² A ܡܬܬܟ̈ܠܢܐ ¹³ A ܘܟܡܐ ¹⁴ 𝔄 = ܕܐܡܪܢܘܗ ܘܫܟܘ ¹⁵ 𝔄 *et quemadmodum vel quomodo* ¹⁶ A ܕܦܪܘܩܢ ¹⁷ A ܐܢܫܐ

ܟܠ ܕܩܢܝܢ ܗܟܠܐ ܐܟܘܬܐ ܡܛܠ ܥܡܗ[18] ܕܡܢ̈ܝ. ܒܚ̈ܘܒܐ
ܘܡܫ̈ܩܠܘܬܐ[19] ܘܐܚܝܕ ܕܡܢܐ. ܘܒܗ ܗܠܝܢ ܐܦ ܟܠ[20] ܗܘ̈ܕܐ ܕܗܘܘ
ܒܥܡܡ̈ܐ. ܘܒܡܕܝ̈ܢܬܐ ܕܡܬܚܫܒܢܘܬܗ ܕܦܪܘܣ ܕܗܘܘ ܗܘܘ ܒܟܠ
ܕܟܢܫ[21] ܘ.ܘ ܗܢ ܗܠܝܢ ܕܡܢ ܕܐܬܝܬܘܢ[22] ܒܢ̈ܝܐ.[23][24] ܦܠܓܐ ܕܐܬܥܒܪ.
ܥܡܘܪܐ ܠܡܠܟܘܬܐ. ܡܢ ܡܦܪܫܘܬܗ ܡܕܡܟܬܐ ܕܦܪܘܣ ܡܢ̈ܝ[25]
4 ܢܥܘܠ ܡܥܢܝܢܐ ܒܪܗ ܕܐܠܗܐ ܀ ܫܐܠ ܐܢܐ[26] ܕܝܢ ܕܢܕܥܘܢ[27]
ܡܢ ܢܩܫ ܦܘܩܕܢܐ. ܡܢܘܢܐ ܐܢܐ ܒܪܢ[28] ܕܠܒܪ ܡܢ ܚܝܠ ܐܠܗܘܬܗ
ܗܢܘ. ܕܡܫܬܚܠܦܐܝܬ ܐܣܟܝܡ ܗܢܐ ܥܘܕܪܢܐ[29]. ܡܛܠ ܕܐܢܫܝܢ[30]
ܗܘ (B fol. 1 *b*) ܒܪ ܡܕܡܟܬܐ[31] ܐܘܦܝ ܒܗܢܐ ܥܘܕܪܢܐ. ܐܝܟ ܐܢܫ
ܕܕܢ̈ܐ ܒܐܘܪܚܐ ܕܠܐ ܕܪܫܐ. ܘܡܬܚܠܡ ܐܢܫ[32] ܕܐܠܗܐ ܢܗܘܐ
ܠܗ ܗܕܝܐ. ܘܚܝܠܐ ܕܡܢ̈ ܢܗܘܐ ܒܡܕܪ̈ܢ[33]. ܒܡܟ̈ܬܐ ܒܪ
ܟܠܡ̈ܬܐ ܕܐܢܫܢܐ ܐܣܝ̈ܢܐ ܕܕܪܘ[34] ܡܕܡܢ ܒܗܢܐ ܐܘܪܚܐ ܠܐ
ܐܚܝܕܢ. ܐܠܐ ܒܠܚܘܕ ܟܠܠܬܐ ܘܒܚܘ̈ܪܬܐ ܕܬܫ̈ܒܚܬܐ ܕܐܢܫ
ܐܢܫ ܒܪܒܢܐ ܕܗܘܘ ܒܗܘܢ ܒܪ̈ܝܢ ܡܢ̈ܝ ܕܢܒܘܥ[35] ܠܢ. 𝔄 5
ܘܐܝܟ ܕܡܢ ܛܘܪܐ ܡܫܬܐܐ[36] ܒܗܘܕܪܐ[37] ܕܥܠܡܘܢ[38] ܐܝܟ[39] ܕܡܢ
ܢܦܫܐ ܕܪܘܚܢܐ ܦܚܡ. ܘܦܣܩܝܢ ܕܒܐܕܢ̈ܐ ܐܘܪܚܐ[40] ܢܐܙܠ.
5 ܘܡܬܪ̈ܚܬܐ ܕܡܠܟܘܬܐ ܬܘܪܨ ܠܝ ܕܠܐ ܠܚܘܣܬܐ. ܟܠܗܝܢ ܕܝܢ[41]
ܐܝܠܝܢ ܕܪܝܢ ܐܢܫܝܢ[42] ܕܢܥܫܢ ܠܗܘܢ ܥܘܕܪܢܐ. ܡܢ ܐܝܠܝܢ ܕܒܕܝ̈ܢ

[18] 𝔄 om. ܘܡܛܠ ܥܡܗ and possibly reads ܐܪ̈ܡܢܝܐ [19] A ܘܡܫ̈ܩܠܘܬܐ [20] A om. ܟܠ [21] 𝔄 = ܐܟܢܝܢ [22] A ܕܐܬܟܬܒ [23] A ܕܒܐ ܐܢܐ [24] 𝔄 adds *sed* (= ܐܠܐ?) [25] A ܘܡܢܝܢ [26] A ܘܐܠܟܢܐ [27] A ܕܢܕܥܘܢ [28] A ܡܢܘܕܝܐ ܕܝܢ [29] A ܘܥܘܕܪܢܐ [30] A ܕܢܫܢ [31] A ܡܕܡܟܬܐ [32] A ܘܡܬܚܠܡܝܢ [33] A much later hand has added in A ܘܡܟܬܠܗܘܢ ܕܝܢ ܠܐܠܗܐ ܡܬܝܗܒ [34] A ܕܐܕܪܘ [35] A ܕܢܒܥܘܢ [36] 𝔄 *a multo tempore* [37] A ܒܗܘܕܪܐ [38] A ܕܥ̈ܠܡܘܢ 𝔄 = ܕܥܠܡܘܢ [39] 𝔄 = ܘܐܝܟ [40] A om. ܐܘܪܚܐ [41] 𝔄 = ܟܠܗܝܢ ܕܝܢ or ܕܟܠܗܝܢ [42] A ܕܐܢܫܝܢ

ܒܡܘܕܝܢܘܬܗܘܢ ܕܡܫܝܚܘܬܐ ܡܫܝ̈ܚܝܐ. ܐܝܟ ܕܗܢ ܡܬ̈ܠܐ ܡ̈ܠܠܬܐ[43]
ܠܠܦܘܬ ܡܬ̈ܒܐ ܕܠܡܘܬܗܘܢ ܘܢܣ̈ܒܢ ܒܦܘܫܩܐ ܕܡܫܝܚܘܬܐ ܘܢܫܠܡ
ܡܫܠܡܢܘܬܐ ܕܫ̈ܠܝܚܘܗܝ ܕܦܪ̈ܘܩܢ. ܕܠܟܝ ܒܣܘܓܐܗ ܒܫܪ̈ܒܐ
ܕܡ̈ܬܚܐ ܒܡܘܟܐ ܠܡܡܠܠܘܬܐ. | ܐܦ ܠܐ ܕܒܠܘܗܝ ܐܠܐ ܐܦ
6 ܕܐܠܡ ܕܡܚܝܢ ܒܗܘܢ. ܦܬܚ ܕܝܢ ܚܘܣܢ ܒܡܠܬܗ ܕܗܘܐ ܥܒܕܐ
ܕܚܒܪܐ ܠܝ. ܡܛܠ ܕܠܝܬ ܡܢ ܡܟܬܒܢܐ ܡܫܝܚܝܐ ܕܗܘܘ ܒܕܘܟܬܐ.[44]
ܠܐ ܐܫܟܚܢܢ ܕܗܘܬ ܫܘܠܦܬܐ ܥܠ ܡܟܬܒܢܘܬܗ[45] ܕܗܕܐ
ܥܒܕܐ. ܦܬܚ ܐܢܐ[46] ܕܝܢ ܕܒܗܝܐ ܘܬܪܝܢ. ܠܐܠܡ ܕܡܫܝܚ
7 ܘܠܒܢܐ ܕܬܚܠܬܐ ܕܫܒܝܚܘܬܐ ܗܕܐ. ܐܦ ܒܗ ܕܫܡܐ ܕܝܢ[47]
ܒܗܢ ܕܗܕܐ ܥܒܕܐ. ܒܡܫ̈ܝܚܘܬܐ[48] ܕܒ̈ܢܝܐ ܕܗܢ ܡܫܡܫ[49] ܦܫܝܛܝܢ 𝔄 6
ܠܝ ܒܣܘܓܐܗ ܦܫܝܛ ܪ̈ܫܡܐ ܗܘ ܠܝ. ܗܫܐ ܕܝܢ ܡܫܡܠܝܢܘܬܗ
ܐܬܚܫܒܬ ܕܐܒܥܐ[50] ܫܘܠܡܐ ܕܗܕܐ ܬܫܥܝܬܐ ܕܪܘܚܐ ܠܝ ·܀·

ܕܬܪܝܢ. ܦܣܘܩܐ ܕܪ̈ܫܐ.[1] ܕܐܡܝܢܝܢ ܥܠ ܡܕܒܪܢܘܬܗ ܐܠܗܝܬܐ
ܕܦܪܘܩܢ ܡܫܝܚܐ[2] ܝܫܘܥ ܡܫܝܚܐ ܒܪܗ ܕܐܠܗܐ ·܀·

8 ܐܪܝܐ ܗܟܝܠ ܒܡܠܬܐ ܐܝܟ ܕܡܕܒܪܢܘܬܗ ܐܡܪܬ. ܡܢ ܐܠܗܘܬܗ
ܡܫܠܡܢܘܬܐ ܘܡܫܝܚܘܬܐ ܕܡܫܝܚܐ. ܕܡܕܒܪܢܐ ܠܗܕܐ ܡܦܪܢܣܢܘܬܐ[3]
9 ܕܒܦܓܪ. ܐܦ ܗܘ ܗܘ ܚܕ ܠܐܢܫܐ ܕܒܬܪܗ ܕܢܫܠܡ ܒܗ
ܠܡܬܚ̈ܬܐ ܬܫܒ̈ܚܬܐ[4] ܕܫܪ̈ܒܘܗܝ ܕܒܗܬܐ. ܕܡܢ ܠܟܠ ܢܐܡܪ ܥܠ[5]
ܥܪܒܗ ܕܒܪ̈ܢܫܐ ܡܢ ܐܠܗܘܬܐ ܗܘ ܚܕ ܡܠܬܐ ܐܢܫܘܬܐ ܒܗ

[43] A ܡܢ ܡ̈ܠܝܐ ܡܠܠܝܬܐ 𝔄 'ի խօսման ձեռքայ e logices (?) pratis. Should we read 'ի խօսուն ձեռքայ e logicis pratis? [44] A ܩ̈ܕܡܬܐ [45] A fol. 3 b
[46] A ܡܫܪܝܐ [47] A om. ܕܝܢ [48] A ܒܡܫܒܚܬܐ [49] A om. ܡܢ ܡܫܡܫ
[50] Here begins a lacuna in B.

Chap. II. [1] 𝔄 epitome initiorum [2] 𝔄 = ܘܡܢ [3] 𝔄 տեսութիւն visionem: but read տնտեսութիւն dispensationem [4] 𝔄 sing. [5] 𝔄 = ܡܢ

ii. 1 ܡܫܝܚܘܬܐ ܗܕܐ܆[6] ܐܝܬܘܗܝ܂ ܒܪ ܠܦܓܪܗ ܒܬܪܝܢ[7] ܦܘܪ̈ܫܝܢ.
ܕܡܬܦܫܩ ܒܦܘܠܓܐ. ܕܪܒܐ ܐܝܬܘܗܝ ܐܠܗܘܬܗ. ܘܒܪ̈ܓܠܐ
A 7 ܡܬܦܫܩܢܐ ܐܢܫܘܬ[ܗ]...........[8] ܕܠܒܫ ܡܛܠ ܦܘܪܩܢ.
ܡܢܐ ܕܒܒܢܝ[9] ܗܒܝܠ ܫܘܪܝܐ ܠܡܠܟܘܬ ܡܢ ܡܕܒܪܢܘܬ ܐܠܗܘܬܗ.
ܗܘܝܐ ܡܫܡܠܝܐ ܬܫܡܫܬܐ ܒܡܕܒܪܢܘܬܗ̇.[10] ܒܗ̇ ܕܝܢ ܒܗܕܐ ܐܦ
ܡܕܒܪܢܘܬܗܘܢ ܘܡܬܘܡܬܗܘܢ[11] ܕܦܪ̈ܘܫܝܢܐ ܡܬܕܒܪܢܐ. ܕܐܦ
ܡܢ ܩܕܡ ܥܒܝܕܐ ܗܘܬ ܠܐܠܗܐ. ܘܠܐ ܗܘܐ ܐܝܟ ܕܡܕܒܪ
2 ܐܬ̈ܥܝܢ ܕܗܢܐ ܗܘ ܫܪܝܬܐܝܬ[12] ܐܬܚܙܝܬ ·܀· ܥܠ ܡܠܟܐ
ܕܝܢ ܘܐܡܪܐ ܕܐܝܬܘܬܗ ܕܡܫܝܚܐ ܠܐ ܐܝܬ ܡܠܬܐ ܕܬܦܫܩܗ
8 ܠܡܫܬܥܝܘ. ܐܝܟ ܕܐܡܪܬ ܢܒܝܐ ܕܐܠܗܐ ܒܢܒܝܘܬܐ. ܕܕܪܗ
xi 27 ܡܢܘ ܢܫܬܥܐ. ܡܛܠ ܒܪ ܕܐܝܬܝܗ ܕܐܠܗܐ ܠܐ ܝܕܥ ܐܢܫ
:2 ܐܠܐ ܐܢ ܐܒܐ. ܐܦ ܠܐ ܠܒܪܐ ܡܫܟܚ ܐܢܫ ܕܢܕܥ ܐܝܟ
3 ܡܢܐ ܕܐܝܬܘܗܝ. ܐܠܐ ܒܠܚܘܕ ܐܒܐ ܕܝܠܕܗ. ܠܗܘܢܐ ܒܪ[13]
ܕܡܢ ܡܕܡ (A fol. 4 a) ܒܠܚܘܕܐ. ܘܠܫܡܫܬܐ ܕܡܘܗܒܬܐ ܡܫܡܠܝܐ.
ܘܠܡܠܬܐ ܐܠܗܐ ܚܝܐ. ܗܘ ܕܐܝܬܘܗܝ ܗܘܐ ܡܢ ܒܪܫܝܬ
ܠܘܬ ܐܒܘܗܝ. ܗܢܘ ܡܠܟܐ ܕܬܪܒܝܬܗܘܢ ܡܫܝܢܐܝܬ.[14] ܐܠܐ
ܐܒܐ. ܠܗܘ ܕܗܘܝܘ ܒܠܚܘܕܘܗܝ ܝܠܝܕܐ ܕܐܠܗܘܬܐ. ܕܡܕܡ
ܠܟܠܗܝܢ ܒܪ̈ܝܬܐ ܕܐܬܒܪ̈ܝ. ܘܟܠܗ̇ ܬ̈ܚܬܝܢ. ܠܗܢ ܚܝ̈ܠܘܬܐ
ix 6 ܕܫܠܝܐ ܥܡ̈ܡܝܢܐ ܕܠܐ ܡܬܚܡܝܢ. ܠܗܘ ܕܗܘܝܘ ܕܡܕܒܪܐ ܘܡܠܟܐ.

[6] A om. ܗܕܐ  [7] A om. ܒܬܪܝܢ  [8] Two words have been erased in A, for which a later hand has substituted ܐܢܫܘܬܗ ܕܡܢ ܝܠܕܬ ܐܠܗܐ *the manhood which (was) from the mother of God.* The ܗ in ܐܢܫܘܬܗ is still legible, and the first of the erased words seems to have ended in ܬ. A has *Մարդկութիւն նորա բնակիցն մեր humanitas eius consubstantialis nobis*: was the Syriac ܐܢܫܘܬܗ ܒܪܬ ܟܝܢܢ?  [9] A fut.  [10] A *in ordinando meo*  [11] A *և օրհնութիւն et benedictio* (= ܘܒܘܪܟܬܗܘܢ?)  [12] A = ܘܢܚܬܬ ܐܝܟ or ܐܦ ܢܚܬܬ ܐܝܟ  [13] A *autem*  [14] A *sanctitate et verecundia*

ܠܡܚܘܪܐ ܕܪ̈ܚܡܘܗܝ ܒܡܫܚܐ ܕܐܒܐ. ܠܗܘ ܕܐܬܘܗܝ ܒܘܟܪܐ
ܕܟܠ ܥܡ ܐܒܐ.[15] ܠܗܘ ܕܗܘܝܘ ܥܠܬܐ ܕܟܠ ܕܗܘܐ. ܠܗܘ
8 ܕܐܬܘܗܝ ܒܪܐ ܫܪܝܪܐ ܘܝܚܝܕܝܐ ܕܐܠܗܐ.[16] ܗܿܘ ܕܐܬܘܗܝ[17]
ܥܠ ܟܠ ܡܪܐ ܘܐܠܗܐ ܘܡܠܟܐ. ܕܐܝܟ ܫܕܐ ܡܪ̈ܘܬܐ
ܘܫ̈ܘܠܛܢܐ[18] ܥܡ ܚܝܠܐ ܘܐܠܗܘܬܐ ܘܐܝܩܪܐ[19] ܡܢ ܒܝܢܐ
ܕܐܬܘܬܐ ܕܐܒܐ ܐܝܬ ܠܗ. ܕܐܝܟ ܪܙܐ[20] ܕܐܡܝܪ ܒܟ̈ܬܒܐ
ܥܠ ܐܠܗܘܬܗ. ܒܪܫܝܬ ܐܝܬܘܗܝ ܗܘܐ ܡܠܬܐ. ܘܗܘ ܡܠܬܐ Jn i
ܐܝܬܘܗܝ ܗܘܐ ܠܘܬ ܐܠܗܐ. ܘܐܠܗܐ ܐܝܬܘܗܝ ܗܘ̣ ܡܠܬܐ.
4 ܘܟܠ ܒܗ ܗܘܐ. ܘܒܠܥܕܘܗܝ ܐܦܠܐ ܡܕܡ ܗܘܐ. ܕܗܘܐ. ܗܢܘ ܗܢܐ
ܐܦ ܡܘܫܐ ܪܒܐ ܘܪܝܫܐ[21] ܕܢܒܝ̈ܐ. ܟܕ ܐܟܬܒ ܒܪܝܬܐ
ܕܐܠܗܐ ܠܗ ܗܘܝܐ ܘܬܘܩܢܐ ܕܒܪ̈ܝܬܐ ܟܠܗܘܢ ܥܠ ܡܫܝܚܐ
ܐܫܠܡ ܕܐܬܘܗܝ ܒܘܟܪܐ ܕܟܠ ܘܡܬܩܢܢܘܬܐ. ܗܢܘ ܕܝܢ ܥܠ
ܡܠܬܐ ܐܠܗܐ. ܕܠܘܬܗ ܡܢ ܒܪܫܝܬ. ܘܠܗ ܗܘ ܫܘܬܦ ܒܡܠܟܗ
ܒܬܘܩܢܐ ܕܒܪ̈ܝܬܐ. ܐܡܪ ܠܗ ܓܝܪ ܐܠܗܐ. ܕܢܥܒܕ ܐܢܫܐ Gen
5 ܒܨܠܡܢ ܐܝܟ ܕܡܘܬܢ[22]. ܘܡܠܟܗ̇ ܥܠ ܗܕܐ ܡܠܬܐ. ܫܠܡ
ܟܠܗ̇[23] ܢܒܝܐ ܐܚܪܢܐ. ܟܕ ܐܡܪ ܥܠ ܐܠܗܐ ܒܬܫ̈ܒܚܬܐ.
ܕܗܘ ܐܡܪ ܘܗܘܘ. ܘܗܘ ܦܩܕ ܘܐܬܒܪܝܘ. ܗܢܘ ܕܝܢ. ܕܡܫܬܥܐ Ps xi
6 ܠܒܪܐ[24] ܥܡ ܐܒܐ ܒܥܒ̈ܕܘܗܝ. ܠܗܢܐ ܕܝܢ ܪܒ ܡܠܐܟܐ
........[25] ܥܠ ܐܝܠܝܢ ܕܐܬܚܙܝܘ ܒܕܡܘܬܐ. ܘܒܙܒܢܐ

[15] A *cum patre ipsius* [16] A = ܠܐܠܗܐ [17] A = ܕܗܘ ܐܠܗܘܬܗ
[18] A makes both nouns sing. [19] A makes ܘܐܝܩܪܐ coordinate with ܡܪ̈ܘܬܐ ܘܫܘܠܛܢܐ [20] A = ܪ̈ܐܙܐ [21] A om. ܘ [22] A *արարցուք զմարդն ըստ նմանութեան և ըստ պատկերի կերպարանաց մերոց faciemus* (omitting ܕ) *hominem secundum similitudinem et secundum imaginem formae nostrae* [23] A om. ܟܠܗ̇ [24] Instead of ܠܒܪܐ A has *'ի գործ in opere* (= ܒܥܒܕܐ ?) [25] A word has been erased in A, apparently ܕܚܝܘܬܐ

𝔄 9 ܥܬܝ̈ܩܐ ܕܝܕܥܬ ܐܠܗܐ. (A fol. 4 *b*) ܕܒܬܪ ܡܘܫܐ ܘܡܫܡܗܝܢ.
ܐܒܪܗܡ ܘܒܢܘܗܝ. ܐܝܠܝܢ[26] ܕܐܬܚܙܝܘ ܡܢ ܒܬܪܟܢ ܙܕܝ̈ܩܐ
ܘܢܒܝ̈ܐ. ܒܥܝܢܐ ܢܗܝܪܬܐ[27] ܕܬܪܥܝܬܐ ܚܙܐܘܗܝ ܘܣܓܕܘܗܝ
ܐܝܟ[28] ܕܠܒܪܐ ܐܠܗܐ ܦܠܚܬܐ ܕܘܠܐ ܡܩܪܒܝܢ ܗܘܘ ܠܗ.
7 ܘܗܘ ܗܘܐ ܠܦܠܚܘܗܝ ܡܠܦܢܐ ܥܠ ܐܝܕܥܬܐ ܕܐܒܐ. ܐܡܪ
xviii ܓܝܪ. ܕܐܬܚܙܝ ܡܪܝܐ ܐܠܗܐ ܐܝܟ ܒܪܢܫܐ ܫܚܝܡܐ
ܠܐܒܪܗܡ. ܟܕ ܝܬܒ ܥܠ ܝܕ ܒܠܘܛܐ[29] ܕܡܡܪܐ. ܗܘ ܕܝܢ
ܢܦܠ ܣܓܕ. ܟܕ ܕܝܢ[30] ܒܥܝܢܘܗܝ ܒܪ ܐܢܫܐ ܚܙܐ ܗܘܐ.[31] ܣܓܕ
ܗܘܐ ܐܝܟ ܠܐܠܗܐ. ܘܡܬܟܫܦ ܗܘܐ ܐܝܟ ܕܠܡܪܝܐ.
ܘܡܘܕܐ ܕܠܐ ܠܚܘܕܐ ܗܘܬ ܠܗ ܕܝܕܥ ܗ̇ܘ. ܟܕ ܐܡܪ ܒܡ̈ܠܐ
xviii ܗܠܝܢ. ܡܪܝܐ.[32] ܕܝܢܐ ܕܟܠܗ̇ ܐܪܥܐ. ܠܐ ܬܥܒܕ ܕܝܢܐ[33]
𝔄 10 ܗܢܐ. ܐܠܗܐ ܕܝܢ ܘܡܪܝܐ ܕܕܝ̈ܢܐ ܒܟܠܗ̇ ܐܪܥܐ. ܐܬܚܙܝ[34] 8
ܠܐܒ̈ܗܬܐ ܕܒܪ̈ܝܬܐ. ܡܢܘ ܐܚܪܝܢ ܡܫܬܡܗ ܐܠܗܐ ܐܢ
ܡܠܬܐ ܐܠܗܐ.[35] ܗ̇ܘ ܕܐܬܝܬܘܗܝ ܗܘܐ ܡܢ ܩܕܡ. ܕܒܠܘܗܝ
vii 20 ܐܡܪ ܒܡܙܡܘܪܐ. ܕܫܕܪ ܡܠܬܗ ܘܐܣܝ ܐܢܘܢ[36] ܘܦܨܝ ܐܢܘܢ
ܡܢ ܚܒܠܐ.[37] ܥܠ ܗܢܐ ܕܐܬܝܬܘܗܝ ܡܪܝܐ ܕܬܪܝܢܐ ܒܬܪ ܐܒܐ. 9
xix 24 ܦܫܝܩܐܝܬ ܐܡܪ ܡܘܫܐ. ܕܐܡܛܪ ܡܪܝܐ ܥܠ ܣܕܘܡ ܘܥܠ
ܥܡܘܪܐ[38] ܢܘܪܐ ܘܟܒܪܝܬܐ ܡܢ ܩܕܡ ܡܪܝܐ. ܠܗܢܐ ܕܐܬܚܙܝ

*of humanity*, for traces of the two first and the two last letters are still visible ܕܐ . . . ܬܐ. For this a later hand has substituted ܕܡܢ ܒܬܘܠܬܐ *from the Virgin.* 𝔄 has զսա 'ի գլխոյ 'ի ծննդեանն մարդկութեան *hunc in* (s. *a*) *capite in* (s. *a*) *generatione humanitatis* [26] Read ܘܐܝܠܝܢ, according to the Greek καὶ ὅσοι μετέπειτα δίκαιοι? So 𝔄 [27] 𝔄 plur. [28] 𝔄 = ܘܐܝܟ
[29] 𝔄 (after ܒܠܘܛ) 'ի տօթժամանակի ընդ կաղնեաւն *tempore fervido sub quercu*
[30] 𝔄 om. ܕܝܢ [31] 𝔄 adds *eum* [32] 𝔄 adds *Deus* [33] 𝔄 plur.
[34] 𝔄 = ܕܐܬܚܙܝ [35] 𝔄 = ܕܐܠܗܐ [36] 𝔄 om. ܐܢܘܢ [37] 𝔄 = ܡܚܒܠܗܘܢ
[38] 𝔄 *super Sodomitas et Gomorrenses*

ܠܝܥܩܘܒ ܒܐܣܟܡܐ ܕܒܪ ܐܢܫܐ. ܐܠܗܐ ܡܫܡܫܗ ܠܗ ܒܡܠܬܐ.[39]
ܐܡܪ ܠܗ ܓܝܪ ܠܝܥܩܘܒ. ܕܠܐ ܡܟܝܠ ܢܬܩܪܐ ܫܡܟ ܝܥܩܘܒ. Gen xxxii 28, 30
ܐܠܐ ܢܗܘܐ ܫܡܟ ܐܝܣܪܝܠ ܕܐܬܚܝܠܬ ܥܡ ܐܠܗܐ. ܘܩܪܐ
ܝܥܩܘܒ ܫܡܗ ܕܐܬܪܐ ܗܘ ܚܙܘܐ ܕܐܠܗܐ. ܐܡܪ ܓܝܪ
10 ܕܚܙܝܬ ܠܐܠܗܐ ܦܪܨܘܦ ܒܦܪܨܘܦ ܘܐܬܦܨܝܬ ܢܦܫܝ. ܣܒܪܐ ܓܝܪ
ܕܐܠܗܐ ܕܐܬܚܙܝܘ. ܕܢܣܒܪ ܕܐܬܚܙܝܘܗܝ̈ ܕܡ̈ܠܐܟܐ ܡ̈ܫܥܒܕܐ
ܘܡܫܡ̈ܫܢܐ. ܠܐ ܫܠܝܛ ܠܝ. ܐܡܬܝ ܓܝܪ ܕܐܬܚܙܝ ܠܒ̈ܢܝ
ܐܢܫܐ ܚܕ ܡܢܗܘܢ ܠܐ ܡܟܣܝܐ (A fol. 5 *a*) ܫܡܗ ܒܡܠܬܐ.[40]
ܠܐ ܓܝܪ ܡܪܝܐ ܘܠܐ ܐܠܗܐ ܡܫܡܫܗ ܠܗܘܢ. ܐܠܐ
ܡ̈ܠܐܟܐ.[41] ܕܗܢ ܦ̈ܩܘܕܝܬܐ ܡܫܡܫ ܐܢܫ ܠܡܬܩܪܝܘ ܦܫܝܩܐܝܬ. 𝔄 11
11 ܠܗܢܐ. ܐܦ ܝܫܘܥ ܗܘ ܕܒܬܪ ܡܢ ܡܘܫܐ. ܐܝܟ ܡܫܠܛ ܥܠ
ܡ̈ܠܐܟܐ ܕܫܡܝܐ. ܘܥ̈ܠܝ ܡܠܐܟܐ ܘܫܘܠܛܢܘܬܐ ܥܠ̈ܝܝܢܐ. ܪܒ
ܚܝܠܘܬܐ ܕܡܪܝܐ ܡܫܡܫܗ ܠܗ. ܟܕ ܚܙܝܗ ܒܐܣܟܡܐ ܕܒܪ
12 ܐܢܫܐ. ܟܬܝܒ ܓܝܪ ܕܟܕ ܗܘܐ ܝܫܘܥ ܒܥܡܘܬܐ ܕܐܝܪܝܚܘ.[42] Josh v 15
ܐܪܝܡ ܥܝ̈ܢܘܗܝ ܘܚܙܐ ܠܓܒܪܐ ܕܩܐܡ ܠܘܩܒܠܗ. ܘܣܝܦܗ
ܫܠܝܦ ܘܐܚܝܕ ܒܐܝܕܗ.[43] ܘܩܪܒ ܠܘܬܗ ܝܫܘܥ ܘܐܡܪ ܠܗ.
ܡܢܠܢ ܐܢܬ ܐܘ ܡܢ ܒܥܠܕܒܒܝܢ. ܘܐܡܪ[44] ܠܗ. ܐܢܐ ܪܒ
ܚܝܠܘܬܗ ܐܢܐ ܕܡܪܝܐ. ܘܗܫܐ ܐܬܝܬ. ܘܝܫܘܥ ܢܦܠ ܥܠ
ܦܪ̈ܨܘܦܘܗܝ ܥܠ ܐܪܥܐ. ܘܐܡܪ ܠܗ ܡܪܝ[45] ܡܢܐ ܦܩܕ ܐܢܬ
ܠܗ ܠܥܒܕܟ. ܘܐܡܪ[46] ܪܒ ܚܝܠܘܬܗ ܕܡܪܝܐ ܠܝܫܘܥ. ܫܪܝ
ܡ̈ܣܐܢܝܟ ܡܢ ܪ̈ܓܠܝܟ. ܡܛܠ ܕܕܘܟܬܐ ܕܩܐܡ ܐܢܬ ܒܗ̇ ܡܩܕܫܐ
13 ܗܝ. ܡܢ ܗܪܟܐ ܡܬܝܕܥܬ ܕܗܘܝܢ ܡܢ ܡ̈ܠܐ. ܕܗܢܐ ܠܐ
ܗܘܐ ܗܘ ܕܐܬܚܙܝ[47] ܠܡܘܫܐ. ܕܗܝܢ ܗܠܝܢ ܡ̈ܠܐ ܐܡܪ

[39] 𝔄 plur. [40] 𝔄 plur. [41] 𝔄 sing. [42] 𝔄 adds *urbis* [43] 𝔄 *et gladius nudus in manu eius* [44] 𝔄 om. ܘ [45] 𝔄 adds *et nunc* [46] 𝔄 om. ܘ
[47] 𝔄 *եթէ սա ոչ եթէ այլ է այլ նոյնն է որ երեւեցաւ* *hunc non alium esse sed*

ii 4-6 ܒܡܠܬܐ[48] ܕܐܬܐܡܪ ܐܦ ܠܘܬ ܡܘܫܐ. ܟܕ ܚܙܐ ܠܗ ܡܪܝܐ
ܕܚܘܪܒ ܡܘܫܐ ܠܡܫܝܚܐ. ܘܩܪܐ ܠܗ ܡܪܝܐ[49] ܡܢ ܣܢܝܐ ܘܐܡܪ.
ܡܘܫܐ ܡܘܫܐ. ܘܐܡܪ ܗܐ ܐܢܐ.[50] ܘܐܡܪ ܠܐ ܬܬܩܪܒ
ܠܗܪܟܐ. ܫܪܝ ܡܣܐܢܝܟ ܡܢ ܪ̈ܓܠܝܟ. ܡܛܠ ܕܐܬܪܐ ܕܩܐܡ
ܐܢܬ ܒܗ ܐܬܪܐ ܗܘ ܩܕܝܫܐ. ܘܐܡܪ[51] (B fol. 2 a) ܠܗ.[52] ܐܢܐ
ܐܢܐ ܐܠܗܗ ܕܐܒܘܟ. ܐܠܗܗ ܕܐܒܪܗܡ. ܐܠܗܗ ܕܐܝܣܚܩ.
14 ܐܠܗܗ ܕܝܥܩܘܒ. ܗܟܢܐ ܒܡܕܒܪܢܘܬܐ ܗܘܬ ܡܬܝܕܥܐ.[53] ܕܐܝܬ
ܗܘܐ ܡܢܗ ܠܒܢܝܐ ܐܢܫܘܬܐ ܫܘܬܐ ܕܡܫܡܠܝܢܘܬܐ ܒܡܘܠܕܗ:
𝔄 12 ܗ̇ܘ ܕܡܫܬܘܕܥܐ ܗܘܬ ܠܗ ܒܗ ܐܒܐ ܘܐܠܗܐ ܕܟܠ ܒܬܘܪܝܐ
16 ܕܟܘܠ ܕܐܬܒܪܝ. ܕܗܘ ܐܬܩܪܝܬ ܡܠܬܐ ܕܐܠܗܐ[54] ܘܡܕܒܪܢܘܬܐ.
ܕܐܝܬܘܗܝ[55] ܗܘܐ ܗܘܝܠ ܡܢ ܩܕܡ ܡܠܬܐ ܐܠܗܐ: ܘܠܐܢܫ
ܐܢܫ ܡܬܚܙܝܢܐ ܗܘ̇ܐ ܐܦ ܠܐ ܠܟܠ ܐܢܫ.[56] ܗܠܝܢ ܒܪ̈ܚܡܘܬܐ
17 ܐܡܪܝܢ.[57] ܕܡܛܠ ܫܪܝܪܐ ܕܝܢ ܠܐ ܡܬܒܪܝ ܗܘܐ ܠܟܠ ܒܢ̈ܝܢܫܐ
ܡܢ ܩܕܝܡ ܐܝܟ ܕܗܘܝܐ[58] ܢܘܕܥ ܦܪܘܫܘܬܐ. ܕܒܪܝܐ ܩܕܝܡܝܐ
ܕܐܢܫܘܬܐ. ܠܐ[59] ܡܟܝܟܐ ܗܘܐ ܫܠܝܐ ܕܢܦܠ ܡܠܦܢܐ ܕܫܘܡܠܝܘܬܗ[60]
18 ܥܒܝܕܘܬܐ ܕܡܫܝܚܐ. ܟܕ ܒܗܘܐ ܓܝܪ ܒܢ̈ܝܢܫܐ ܩܕܡܝܐ ܟܠ
ܦܘܩܕܢܐ[61] ܕܐܠܗܐ. ܐܬܟܠܠ ܡܢ ܚܘܒܗ[62] ܫܢܝܐ ܡܫ̈ܬܥܝܢ
ܘܐܬܥܒܕܘ ܚܝܘܬܐ ܠܗܠܝܢ ܫܢܝܐ ܡܫ̈ܘܕܥܐ ܕܒܢܝܐ ܘܚܘܪܐ.[63]
ܘܢܦܠ ܠܗܘ ܦܘܪܥܢܐ[64] ܕܒܐܠܗܐ ܒܗܕܐ ܐܪܒܥܐ ܕܠܐܛܠܬܐ.

*eundem esse qui visus sit* (= ܕܗܘܝܐ ܠܐ ܗܘܐ ܐܝܢܐ ܗܘ ܐܠܐ ܗܘ̇ ܕܐܬܚܙܝ? Comp. the Greek) [48] 𝔄 plur. and adds *ei* [49] 𝔄 om. ܡܪܝܐ [50] 𝔄 adds *Domine* [51] 𝔄 om. ܘ [52] With this word the text of B recommences [53] A ܘܡܪܝܐ [54] A om. ܕ ܡܠܬܐ [55] A fol. 5 b [56] A ܠܟܠܢܫ [57] A ܒܪ̈ܚܡܘܬܐ ܗܘ ܗܠܝܢ ܐܡܪܝܢ [58] 𝔄 = ܕܡܢ ܡܢܣܒ ܐܝܟ ܗܘܐ [59] A ܡܫܡܠܝܐ ܕܩܕܡ ܡܢܝܢܐ ܕܐܢܫܘܬܐ. ܠܐ [60] A ܕܫܘܡܠܝܐ [61] 𝔄 plur. [62] A 𝔄 om. ܚܘܒܗ [63] 𝔄 'ի փոքր ժամանակեան prob. *in brevi tempore* [64] A ܦܘܪܥܢܐ

ܘܐܝܠܝܢ ܬܘܒ ܕܗܘܼܘ ܡܢ ܒܬܪܗ ܘܡܠܘ ܟܠܗ̇ ܐܪܥܐ ܐܬܒܕܪܘ
ܠܗܘܢ ܒܥܝܢ ܡܕܝܢ̇ܬ. ܠܒܪ ܡܢ ܚܕ ܐܘ ܬܪܝܢ. ܘܐܝܟ
ܕܒܠܓܘܣܐ ܕܫܝܘܬܐ. ܫܢܝܐ ܗܘܢ ܕܠܐ ܗܘ̣ܘ ܫܢܝ̈
19 ܒܟܘ ܠܗܘܢ. ܐܠܐ ܐܦ ܠܐ[65] ܡܕܝܢ̇ܬܐ[66] ܘܕܘܒܪ̈ܐ[67] ܐܘ
ܫܘܕܥܬܐ ܥܠ ܙܒܢܝܗܘܢ[68] ܝܕܥܝܢ ܗܘܘ. ܢ̈ܡܘܣܐ[69] ܕܝܢ 𝔄 13
ܘܕܝ̈ܢܐ[70] ܐܘ ܚܝܘܬܐ ܕܫܘܕܥܬ ܘܐܝܠܐ[71] ܥܡܗ̇[72] ܫܡܠܝܢ
ܗܘܘ. ܐܠܐ ܐܝܟ ܙܡܪܐ[73] ܒܪ̈ܝܬܐ ܘܩܫܝܐ ܒܡܕܒܪ̈ܐ
ܡܬܗܦܟܝܢ ܗܘܘ. ܘܫܘܥܒܕܐ ܕܚܝܘܬܐ ܕܘܘܢܝܢ[74] ܘܪܦܝܐ (B fol. 2b)
ܡܫܝ̈ܢܐ[75] ܕܐܬܢܚܬܐ[76] ܕܢܦܫܐ ܡܣܟܠܝܢ[77] ܗܘܘ. ܡܢ ܗܓܝܢܘܬ[78]
ܒܥܬܗ ܕܪܓܝܫܘܬܗܘܢ. ܘܟܠ ܗܘܡܝܢ ܢܗܘܝܢ ܗܘܘ ܢܦܫܗܘܢ
ܡܠܐܟܐ. ܕܒܝܢ ܠܬܪܬܐ ܡܣܟܠܝܢ ܗܘܘ. ܘܒܝܢ ܚܕ ܠܚܕ
ܡܩܛܠܝܢ ܗܘܘ. ܘܒܝܢ ܠܐܢܫܐ ܐܟܠܝܢ ܗܘܘ. ܘܡܡܪܚܐ[79] ܕܓܢ̈ܒܪܐ
ܗ̇ܢܘܢ ܕܥܠܬ[80] ܥܠܝܗ ܡܫܬܡܗܝܢ.[81] ܐܦ ܡܟܬܒܐ ܡܢ ܐܪܥܐ
ܠܫܡܝܐ ܕܢܒܢܘܢ ܡܬܢܟܪܝܢ ܗܘܘ. ܘܡܥܝܢܘܬܐ ܕܪܥܝܢܗܘܢ ܡܢ
ܐܬܪܗܘܢ. ܕܢܬܟܪܘܢ ܥܡ ܗܘ̇ ܕܐܝܬܘܗܝ ܐܠܗܐ ܥܠ ܟܠ
20 ܡܬܛܝܒܝܢ ܗܘܘ ⁘ ܘܡܛܠ ܗܠܝܢ ܕܗܟܢܐ ܠܦܘܫܐ ܡܬܕܒܪܝܢ
ܗܘܘ. ܒܠܘܩܒܠܐ[82] ܕܢܚܬܐ ܘܕܘܪܐ[83] ܐܝܟ ܕܠܒ̈ܘܬܐ ܕܕܒܪܐ 𝔄 14
ܕܐܬܝܗܝܢ ܒܟܠܗ̇ ܐܪܥܐ ܐܝܬܝ ܥܠܝܗܘܢ ܦܘܪ̈ܥܢܐ ܐܠܗܐ.

[65] A om. ܠܐ [66] A ܡܕܝܢ̈ܬܐ 𝔄 *aedificationem urbis* [67] A ܘܕܘܒܪ̈ܐ and so probably 𝔄 [68] A ܙܒܢ̈ܝܗܘܢ [69] A ܢܡܘܣܐ [70] A ܘܕܝ̈ܢܐ [71] A ܐܝܠܐ [72] A ܥܡܗ [73] A ܙܡܪܐ [74] 𝔄 *L.* զօրինաւորք *et legales* [75] A ܘܙܪ̈ܥܐ ܡܫܝ̈ܢܐ. Of ܡܫܝ̈ܢܐ only the ܐ is legible in B. 𝔄 *et semina pacis* (lit. *aedificationis*) [76] A ܕܐܬܢܚܬܐ [77] A ܡܣܟܠܝܢ [78] A ܗܓܝܢܘܬ [79] A has a point after ܘܡܡܪܚܐ [80] A ܐܝܟ ܕܠܘܬ 𝔄 supports B (its reading *վկայից testium* is a mistake for *սկայից gigantum*, Gen. vi. 4) [81] A adds ܗܘܘ. So probably 𝔄 [82] A ܒܠܘܩܒܠܐ [83] 𝔄 = ܘܒܘܪܐ

ܘܟܦ̈ܢܐ ܐܚܪ̈ܢܐ ܘܟܘܪ̈ܗܢܘܬܐ[84] ܘܟܘܡܪ̈ܐ.[85] ܘܒܘܪܐ ܕܡܢ ܠܒܠ[86]
ܡܣܬܟܠ[87] ܗܘܐ̇ ܡܬܚܙܐ ܗܘܐ ܠܗܘܢ. ܘܠܟܘܪܗܢܐ ܕܒܝܫܐ[88]
ܕܢܦ̈ܩܬܐ ܒܫܘܚܢܐ ܡܪ̈ܝܪܐ ܕܡܘܬܢܐ[89] ܬܚܝܬ ܗܘܐ. ܟܕ ܕܝܢ[90] 21
ܥܠ ܟܠܢܫ ܒܢܝ ܡܠܠ ܐܢܫܐ ܗܘܬ ܒܫܥܬܐ: ܘܐܝܟ ܪܘܝܘܬܐ
ܢܫܝܒܬܐ ܡܛܠܠܐ ܗܘܬ̈ ܘܡܚܫܟܐ ܢܦ̈ܫܬܐ ܕܒ̈ܢܝ ܐܢܫܐ.[91]
ܗܢܝܢ ܣܒܪ̈ܬܐ ܕܐܠܗܐ ܕܡܢ ܡܬܘܡ ܐܢܬܘܢ[92] ܡܠܬܐ: ܗܘ
ܕܡܢ ܩܕܝܡ ܐܢܬܘܢ ܗܘܐ: ܒܡܪܥܝܢܘܬܗ ܡܫܝܚܐܝܬ ܕܠܘܬ[93]
ܟ̈ܠܗ ܐܢܫܐ. ܒܬܪ ܟܕ ܣܘܬܐ ܕܡܠ̈ܟܐ. ܒܬܪ ܕܝܢ ܗܘ
ܣܠܩ ܕܐܠܗܐ ܕܐܢܬܘܢ ܦܘܩܝ. ܠܡܢ ܐܘ ܬܐܪ[94] ܡܢ ܡܕܢܚܐ
ܕܢܚܘܢ.[95] ܒܡܕܝܢܬܐ ܕܒܪ ܐܢܫܐ ܐܬܚܙܝ. ܐܦ ܠܐ ܒܪ
ܡܚܣܢ ܗܘܐ ܐܣܪܢܐܝܬ ܫܪܝ ܠܗ.[96] ܟܕ ܕܝܢ ܒܢܝ ܗܠܝܢ 22
ܒܡܘܠܟܢܐ ܕܟ̈ܠܗ ܐܢܫܐ ܙ̈ܒܢܐ ܕܫܠܛ ܐܠܗܐ ܐܘܕܝܥܘ[97] ܗܘܘ.
𝔄 15 ܒܥܟܐ ܫܪ ܥܠܗ ܕܒܢܝܢܐ ܐܬܦܫ ܠܫܘܠܛ ܐܠܗܐ. ܠܗܘܢ ܕܝܢ
ܠܗܠܝܢ. ܡܛܠ ܕܒܥܒܠ ܒܡܘܠܟܢܐ ܕܟܢܫܐ ܩܕܝܫܐ ܕܒܢ̈ܝܢܐ
ܡܬܗܦܟܝܢ ܗܘܘ. ܟܕ ܡܘܒܠܐ ܢܒܝܐ. ܕܡܬܘܐ ܘܐܪ̈ܙܐ[98] ܕܒܥܒܕܬܐ
ܘܕܟܪܘܬܐ. ܘܕܐܝܬܝܢܐ ܠܦܘܩܕܢܐ ܐܚܪ. ܠܘ ܕܝܢ ܠܗ ܠܣܥܘܪܘܬܐ

[84] A ܐܦ ܟܘ̈ܪܗܢܐ 𝔄 *et pestibus variis* [85] 𝔄 = ܟܘܡܪ̈ܐ [86] A ܕܟܠܠ ܡܢܗܘܢ [87] A fol. 6*a* [88] A ܘܠܟܘܪܗܢܐ ܒܝܫܐ 𝔄 *et malis morbis et infirmitate* [89] A ܫܘܚܢܐ ܡܪ̈ܝܪܐ ܕܡܘܬܢܐ 𝔄 read ܘ before ܫܘܚܢܐ [90] 𝔄 seems to omit ܕܝܢ [91] A has a full stop after ܐܢܫܐ, and begins a new paragraph. 𝔄 seems to read ܐܝܟ for ܘܐܝܟ at the head of the clause, which it renders *tanquam vis ebrietatis sparsa erat super omnes et obfuscabat animos hominum.* [92] A adds ܗܘܐ [93] A adds ܟܠܗܘܢ [94] For ܐܘ ܬܐܪ A has ܡܢ ܬܐܪ [95] A 𝔄 add ܕܟܠܗܘܢ [96] A ܐܣܪܢܐܝܬ ܠܗ ܫܪܝ [97] Here begins another lacuna in B [98] 𝔄 read ܘܟܘ̈ܪܗܢܐ ܘܐܪ̈ܙܐ and has *dedit* for ܐܚܠ

23 ܕܐܪܙܐ ܡܫܠܡ ܗܘܐ.[20] ܟܕ ܕܝܢ ܢܚܘܐ ܕܐܬܚܙܝ ܠܗܠܝܢ[1]
ܐܬܚܙܝܗ. ܘܐܝܟ ܒܪܢܫܐ ܒܕܡܘܬܐ ܒܟܠܗܘܢ ܒ̈ܢܝ ܐܢܫܐ
ܡܬܝܒܠ ܗܘܐ. ܡܢܗܘܢ ܕܝܢ ܕܡܢ ܗܠܝܢ ܐܦ ܗܘܠܟܐ
ܕܢܒ̈ܝܐ. ܟܕ ܗܢܘܢ ܢܒܝܘܬܐ. ܘܦܬ̈ܓܡܐ ܕܗܘܘ ܒܟܠ ܐܬܪ.
ܡܢ ܗ̇ܘ ܡܫܝܚܘܬܐ ܘܡܒܪܢܘܬܐ. ܐܬܦܫܛܘ ܙ̈ܒܢܐ ܕܫܠܝܐ 𝔄 16
ܠܥܡ̈ܡܐ ܘܡܟܝܟܘܬܐ. ܐܝܟ ܕܒܗܘܢܐ ܚܕ ܫܠܝܐ. ܘܪܚܡܘܬܐ
ܘܫܠܝܘܬܐ ܕܟܠ ܡܕ̈ܝܢܬܐ. ܘܡܟܝܠ ܠܟܠܗܘܢ ܒ̈ܢܝ ܐܢܫܐ. ܠܟܠ
ܥܡ̈ܡܝܢ ܕܐܝܬ ܒܒܪܝܬܐ. ܐܝܟ ܕܠܐܢܫܐ ܕܡܫܝܚܐ ܐܬܚܙܝܘ.
ܘܡܟܝܟܝܢ ܡܛܠ ܠܡܩܒܠܘ ܕܝܠܗ ܕܐܒܐ. ܗܘ ܗ̇ܘ ܡܠܦܢܐ
ܕܛܒ̈ܬܐ ܘܡܟܝܟܘܬܐ. ܗ̇ܘ ܕܡܫܝܚܘܬܐ ܥܡ ܐܒܐ[2] ܒܟܠܗܘܢ
ܦܬ̈ܓܡܐ.[3] ܡܠܬܗ ܕܐܠܗܐ ܘܡܟܬܒܗ. ܠܒܪ ܦܬܓܡܐ. ܘܟܕ
ܬܪܒܝܬܐ ܠܚܫܘܫܐ ܕܐܢܫܘܬܐ. ܐܬܚܙܝ ܕܝܢ ܒܥܘܒܕܐ ܡܠܦܢܘܬܐ
ܕܪ̈ܗܘܡܝܐ. ܘܗܒܪ ܘܫܒܠ. (A fol. 6 b) ܐܝܠܝܢ ܕܠܦ̈ܩܠܐ ܕܒܗܝܡܢܘܬܐ[4]
ܥܠܡ ܗܘܐ. ܡܟܝܟ ܗܘܐ ܒܪ ܘܐܡܝܢ ܒܢܝ̈ܢܫܐ. ܕܐܠܗܐ....[5]
ܒܪܢܫܐ ܕܐܬܐ ܠܗ ܠܥܠܡܐ. ܐܦ[6] ܗܟܘܪܐ ܕܒܢ̈ܝܐ ܥܡܡ̈ܝܐ.
ܘܡܠܦܢܐ ܕܚ̈ܘܒܐ ܒܠܗܘܢ ܕܡܚܒܬ ܐܒܐ. ܐܦ ܥܠ ܡܫܬܪܘܬܐ
ܕܝܢ ܕܐܬܡܗ. ܘܕܡܠܦܢܗ ܚܕܬܐ ܘܕܡܫܒܚܘܗܝ ܬܫܒܘܚܬܐ.
ܡܫܬܕܪ ܗܘܐ ܘܐܡܪܝܢ. ܘܒܪ ܗܠܝܢ. ܘܐܦ ܥܠ ܠܦܬܓܡܐ
ܕܡܬܗ. ܘܥܠ ܡܢܬܗ ܕܡܢ ܒܝܬ ܡ̈ܝܬܐ. ܘܡܣܩܬܗ ܕܠܫܡܝܐ.
24 ܘܕܐܬܟܪܙܬ ܐܒܘܗܝ ܒܐܠܗܘܬܗ. ܥܠ ܡܠܟܘܬܗ ܠܗ ܕܝܢ

[20] 𝔄 has incorrectly նկարէր *pingebat* (according to another MS. նկատէր *inspiciebat*)   [1] 𝔄 *propter hos*   [2] 𝔄 *patre suo*   [3] 𝔄 *bonis eius*   [4] 𝔄 sing.
[5] Erasure in A; a later hand has substituted ܗܘ̣ܐ. The word appears to have been ܢܠܒܫ, for traces of the letter ܠ are visible in the second place. So 𝔄 (which has ܘ before ܐܠܗܐ)   [6] 𝔄 om. ܐܦ

ܕܒܣܪܬܐ. ܕܢܝܐܝܠ[7] ܚܙܐ ܒܪܘܝܐ ܚܙܘܬܐ ܕܐܠܗܐ.[8] ܘܐܡܪ ܗ̇ܘ ܠ

vii 9 ܐܝܟܢܐܝܬ. ܐܡܪ ܕܝܢ ܕܚܙܐ ܗܘܝܬ ܕܐܬܬܣܝܡܘ ܟܘܪ̈ܣܘܬܐ.

ܘܥܬܝܩ ܝܘܡ̈ܬܐ ܝܬܒ. ܠܒܘܫܗ ܐܝܟ ܬܠܓܐ ܚܘܪܐ.[9] ܘܣܥܪܐ

𝔄 17 ܕܪܝܫܗ ܐܝܟ ܥܡܪܐ ܕܟܝܐ. ܟܘܪܣܝܗ ܫܠܗܒܝܬܐ ܕܢܘܪܐ

ܥܓ̈ܠܬܗ[10] ܕܢܘܪܐ ܝܩܕܬܐ. ܢܗܪܐ ܕܢܘܪܐ ܢܓܕ ܘܢܦܩ ܡܢ

ܩܕܡܘܗܝ. ܐܠܦ ܐ̈ܠܦܝܢ ܡܫܡܫܝܢ ܠܗ. ܘܪܒܘ ܪ̈ܒܘܢ ܩܝܡܝܢ

ܩܕܡܘܗܝ.[11] ܕܝܢܐ ܐܬܝܬܒ ܘܣܦܪ̈ܐ ܐܬܦܬܚܘ. ܘܡܢ ܒܬܪܟܢ 25

vii ܐܡܪ.[12] ܕܚܙܐ ܗܘܝܬ ܥܡ ܥ̈ܢܢܝ ܫܡܝܐ ܐܝܟ ܒܪ ܐ̈ܢܫܐ.[13] ܐܬܐ[14]

ܘܡܛܐ ܥܕܡܐ ܠܥܬܝܩ ܝܘܡ̈ܬܐ. ܘܩܪܒܘܗܝ ܐܬܩܪܒ.[15] ܘܠܗ

ܐܬܝܗܒ ܫܘܠܛܢܐ ܘܐܝܩܪܐ[16] ܘܡܠܟܘܬܐ. ܘܟܠ ܥܡ̈ܡܝܢ

ܘܠܫ̈ܢܝܢ ܠܗ ܢܦܠܚܘܢ. ܫܘܠܛܢܗ ܫܘܠܛܢ ܥܠܡ ܕܠܐ ܥܒܪ.

ܘܡܠܟܘܬܗ ܠܐ ܡܬܚܒܠܐ.[17] ܗܠܝܢ[18] ܦܫܝܩܬ ܥܠ ܦܘܪܩܢ ܗܘ 26

ܥܠܡܝܢ. ܗ̇ܘ ܕܐܬܝܗܒܘܗܝ ܗܘܐ ܡܢ ܒܪܢܫܐ ܠܘܬ ܐܠܗܐ ܡܠܟܐ

ܐܠܗܐ. ܘܐܫܬܥܒܕܘܗܝ[19] ܒܪ ܐ̈ܢܫܐ[20] ܥܠ ܕܠܒܫ ܐܢܫܘܬܢ ܒܣܪܬܐ.∴

ܡܛܠ ܕܝܢ ܕܡܟܐܡܬܪܐ ܐܚܪܢܐ ܠܡܛܠ ܘܒܥܝܢ ܡܢ ܢܒܝܐ ܟܠܗܘܢ 27

𝔄 18 ܕܐܡܝܪܢ[21] ܥܠ ܦܘܪܩܢ ܡܪܢ[22] ܝܫܘܥ ܡܫܝܚܐ. ܒܗܘܢܐ ܥܙܝܙܐ

ܗܠܝܢ ܗܫܐ. ܒܠܚܘܕ ܕܝܢ ܥܠ ܫܡܐ ܕܝܫܘܥ ܡܫܝܚܐ.[23] iii. 1

ܟܡܐ[24] ܕܡܫܡܪ ܗܘܐ ܠܘܬ ܢܒ̈ܝܐ ܪ̈ܚܡܘܗܝ ܕܐܠܗܐ. ܘܒܝܢܐ

ܗܘ ܗܢܐ ܕܝܫܘܥ.∴

[7] 𝔄 adds *propheta* [8] 𝔄 *vidit visionem spiritu Dei* [9] 𝔄 *candidum sicut nix* [10] 𝔄 *rotae currus eius* [11] 𝔄 *millia millium stant coram eo et myriades myriadum ministrant ei* [12] 𝔄 adds *iterum* [13] 𝔄 *cum nubibus caeli sicut filium hominis* [14] 𝔄 *quod veniebat* (= ܕܐܬܐ ?) [15] 𝔄 *et appropinquabat usque ad eum* [16] 𝔄 = ܐܝܩܪܐ [17] 𝔄 *et regni non est finis* [18] 𝔄 adds *omnia* [19] 𝔄 = ܕܐܫܬܥܒܕܗ [20] 𝔄 *filius hominis* [21] Read ܕܐܡܝܪܢ ? [22] 𝔄 = ܡܪܢ [23] 𝔄 *Christi et Jesu* [24] 𝔄 om. ܟܡܐ

ܕܬܠܬܐ. ܥܠ ܫܡܐ ܕܝܫܘܥ ܘܕܡܫܝܚܐ. ܕܢܕܥ ܗܘܐ
ܘܡܫܡܥ ܠܘܬ ܢܒܝܐ ܩܕܝܫܐ. (A fol. 7 a)

2 ܕܡܝܩܪ ܗܘܐ ܘܡܫܒܚ ܫܡܗ ܕܡܫܝܚܐ ܘܡܫܒܚܬ ܡܫܒܚܐ
ܗܘ̣. ܒܛܘ̈ܦܣܐ ܫܡ̈ܝܢܐ. ܘܒܐܬܘ̈ܬܐ ܘܕܡܘ̈ܬܐ ܕܐܪ̈ܙܐ.[1]
ܐܝܟ ܗ̇ܘ ܡܠܐ ܕܐܬܐܡܪ ܠܗ. ܕܚܙܝ ܕܐܬܚܘܝܬ ܥܒܕ ܟܠ Ex xxv · Heb viii
ܡܕܡ. ܒܕܡܘܬܐ ܗ̇ܝ ܕܐܬܚܘܝܬ ܠܟ ܒܛܘܪܐ. ܘܟܗܢܗ ܪܒ
ܟܗ̈ܢܐ ܕܐܠܗܐ. ܘܐܝܟ ܕܡܫܟܚܐ ܗܘܬ ܒܗ̇ ܒܢ̈ܝ ܐܢܫܐ
ܕܢܫܬܡܗ. ܠܗ ܠܗܢܐ ܡܫܝܚܐ ܩܪܐ ܠܗ. ܘܠܗܢܐ[2] ܐܝܩܪܐ
ܕܪܒܘܬ ܟܗܢܘܬܐ. ܕܡܟܠܠ[3] ܗܘܐ ܒܗ̇ ܒܢ̈ܝ ܐܢܫܐ ܡܢ ܟܠ 𝔄 19
ܕܥ̈ܠܡ. ܫܡܐ ܕܡܫܝܚܐ ܣܐܡ ܠܗ. ܠܐܝܩܪܐ ܘܠܫܘܒܚܐ.
ܗܟܢܐ ܡܝܩܪ[4] ܗܘܐ. ܕܫܡܐ ܕܡܫܝܚܐ ܫܡܐ ܗܘ ܐܠܗܝܐ.

3 ܬܘܒ ܕܝܢ ܗܘ ܡܘܫܐ. ܐܦ ܫܡܐ ܕܝܫܘܥ ܕܩܕܡ ܚܙܐ ܒܪܘܚܐ
ܕܐܠܗܐ. ܒܡܬܪܘܬܐ ܕܫܘܡܗܐ ܣܐܡ ܠܗ. ܕܒܗ̇ ܒܢ̈ܝ ܐܢܫܐ
ܡܫܬܡܗ ܠܐ ܐܫܬܡܗ. ܒܕܪ̈ܐ ܕܐܬܝܠܕ ܠܡܘܫܐ ܫܡܐ
ܕܝܫܘܥ. ܘܠܗ ܠܗܢܐ ܫܡܐ ܕܝܫܘܥ[5] ܡܩܕܡܐܝܬ. ܠܗܘ ܕܒܛܘ̈ܦܣܐ
ܘܒܐܬܘ̈ܬܐ[6] ܡܛܠ ܪܫܢܘܬܐ ܥܠ ܟܠܗ ܥܡܐ. ܡܢ ܒܬܪ ܡܘܬܗ

4 ܣܐܡ ܠܗ ܫܡܐ. ܫܡܐ ܕܝܢ ܐܚܪܢܐ ܐܝܬ ܗܘܐ ܠܗ ܡܢ
ܩܕܝܡ. ܗ̇ܘ ܕܐܬܩܪܝ ܠܗ ܡܢ ܐܒ̈ܗܘܗܝ. ܗܘܐ ܕܝܢ ܗܘܫܥ
ܒܪ ܢܘܢ[7] ܫܡܗ ܕܝܢ ܗܘ ܡܘܫܐ ܡܫܒܚܐ ܠܗ. ܠܐܝܩܪܐ ܕܡܫܝܚܘܬ
ܡܢ ܬܠܬܐ ܕܡܠܟܘܬܐ. ܗܘ ܒܪ ܝܫܘܥ ܒܪ ܢܘܢ.[8] ܕܡܫܡܫܢܘܬܐ ܗܘ
ܕܦܘܪܩܢ ܠܒܢ̈ܝ ܗܘܐ. ܗ̇ܘ ܕܗܘܐ ܒܬܪܘܗܝ[9] ܡܛܠ ܪܫܢܘܬܐ

CHAP. III. [1] 𝔄 խորհրդոց *mysteriorum* (= ܕܐܪ̈ܙܐ ?) [2] 𝔄 *et dat ei* [3] 𝔄 renders ܕ by *sicut* [4] 𝔄 = ܕܡܫܝܚܘܬܗ [5] 𝔄 om. ܕܝܫܘܥ [6] For ܒܛܘ̈ܦܣܐ ܘܒܐܬܘ̈ܬܐ 𝔄 has *in similitudinibus symbolorum typorum* [7] 𝔄 [illegible] որդի Նաւեայ [8] 𝔄 Նաւեայ [9] 𝔄 adds *post Moysem*

ܕܒܫܘܠܡܐ ܕܐܬܓܠܝܬܐ ܕܒܪ̈ܝܐ. ܗܘ ܕܠܒܘܫܐ ܒܪ̈ܙܐ ܘܦܠ̈ܐܬܐ[10]
ܐܫܬܠܡܬ. ܡܫܝܚܐ ܕܝܢ ܠܬܪ̈ܝܢ ܐܬ̈ܝܢ ܕܗܘܘ ܒܟܗܢܐ. ܩܕܡ[11] ܥܠܗ 5
ܒܟܠܐ ܡܫܬܪܝܢ ܗܘܘ ܒܥܘܒ̈ܕܐ ܥܬܝܩܐ. ܠܘܬ ܒܪܒܘܬ ܟܗܢܘܬܗ.
ܘܠܐܘܪܫܠܡ ܕܡܠܟ ܡܢ ܒܬܪܗ ܪܫܝܡܘܬܐ. ܫܡܥܘ ܕܦܪܘܩܢ ܡܛܠ[12]
ܢܣܒ ܡܫܝܚܐ ܐܝܟ ܕܐܘܪܫܠܡ ܗܘ ܠܗܘܢ̈ ܐܦ ܢܒ̈ܝܐ 6
ܕܗܘܘ ܡܢ ܒܬܪܗ. ܒܫܡܐ ܠܡܫܝܚܐ ܡܟܪܙܝܢ ܗܘܘ ܦܫܝܩܐܝܬ.
ܐܦ ܡܢܢ ܕܒܬܪܗ ܗܘܐ ܕܢܫܬܘܠ ܡܢ ܝܗ̈ܘܕܝܐ. ܘܬܘܒ ܐܦ
ܥܠ ܦܘܪܥܢܘܬܐ ܕܒܥܡ̈ܡܐ. ܕܗܘܝܐ (A fol. 7 *b*) ܗܘܬ ܒܐܝܕܗ ܡܕܝܢܐ
n iv 20 ܗܘܕܘ. ܒܝܬ ܐܪܡܝܐ ܟܕ ܐܡܪ ܗܘܝܘ. ܪܘܚܐ ܕܐܦ̈ܝܢ
ܡܫܝܚܗ ܕܡܪܝܐ. ܐܬܬܨܝܕ ܒܚܒܠܝܗܘܢ[13] ܗܘ ܕܐܡܪܢ[14]
ܕܒܛܠܠܗ ܢܚܐ ܒܝܢܬ ܥܡ̈ܡܐ. ܘܬܘܒ ܕܘܝܕ ܟܕ ܬܗܪ ܒܗܠܝܢ
ii 1 sq ܐܡܪ. ܕܠܡܢܐ ܠܡ ܪܓܫܘ ܥܡ̈ܡܐ. ܘܐܡ̈ܘܬܐ ܪܢܝ ܣܪܝܩܘܬܐ.
ܩܡܘ ܡ̈ܠܟܘܗܝ ܕܐܪܥܐ ܘܫܠܝܛܢ̈ܘܗܝ. ܘܐܬܡܠܟܘ[15] ܐܟܚܕܐ ܥܠ
ܡܪܝܐ ܘܥܠ ܡܫܝܚܗ. ܘܡܢ ܒܬܪ ܩܠܝܠ. ܐܡܪ ܐܝܟ ܕܡܢ
ii 7 sq ܦܪܨܘܦܗ ܕܡܫܝܚܐ. ܡܪܝܐ ܐܡܪ ܠܝ ܕܒܪܝ ܐܢܬ. ܐܢܐ ܝܘܡܢܐ
ܐܘܠܕܬܟ. ܫܐܠ ܡܢܝ ܘܐܬܠ ܠܟ. ܥܡ̈ܡܐ ܠܝܪܬܘܬܟ.
ܘܐܘ̈ܚܕܢܝܟ ܒܣܘ̈ܦܝܗ̇ ܕܐܪܥܐ.[16] ܘܠܐ ܒܠܚܘܕ ܠܐܝܠܝܢ ܕܒܪܘܬܗ 7
ܟܗܘܢܬܐ ܡܗܝܡܢܝܢ ܗܘܘ. ܡܬܡܫܚܝܢ[17] ܗܘܘ ܒܐܪܙܐ ܒܡܫܝܚܐ
ܡܫܡܫܢܐ.[18] ܡܬܩܪܒܬ ܗܘܐ ܫܡܐ ܕܡܫܝܚܐ ܒܝܬ ܒܪ̈ܝܬܐ.

[10] For ܒܪ̈ܙܐ ܘܦܠ̈ܐܬܐ 𝔄 has *mysteriis et symbolis et typis* [11] Read ܕܩܕܡ? So 𝔄 [12] 𝔄 reads ܘܡܛܠ and om. ܢܣܒ ܡܫܝܚܐ [13] 𝔄 *circumdati sunt ei* (զնովաւ) *in perditione sua* [14] 𝔄 = ܕܐܡܪܢ? [15] 𝔄 om. ܘ and renders *ժողովեցան congregati sunt* [16] In 𝔄 the quotation is conformed to the Arm. Vulg. except that the two clauses of *v.* 7 are connected by *և et.* [17] Read ܘܡܬܡܫܚܝܢ? 𝔄 however has no ܘ [18] The last three words are plur. in 𝔄

ܐܠܐ ܐܦ ܠܡ̈ܠܟܐ ܗܢܘܢ ܕܐܝܟ ܕܒܐܪܙܐ[19] ܕܐܠܗܐ ܡܫܝܚܝܢ 𝔄 21
ܗܘܘ ܠܗܘܢ ܢܒܝܐ. ܐܝܟ[20] ܕܠܐܝܩܘܢܐ ܠܦܠܐܬܐ ܡܫ̈ܝܚܐ
ܒܒܪܡ ܗܘܘ[21] ܠܗܘܢ. ܐܦ ܗܢܘܢ ܓܒܪ̈ ܕܡܗܘܬܐ ܗܘ̇ ܕܗܘܘ
ܒܠܒܘܫܗܘܢ ܡܫܝܚܐ ܕܫܪܪܐ.[22] ܗܘ̇ ܕܥܠ ܟܘܠ ܡܡܠܟܢ ܠܒܫܡ
8 ܗܘܘ. ܕܡܠܟܘܬܐ ܘܕܟܗܢܘܬܐ ܘܕܢܒܝܘܬܐ. ܬܘܒ ܐܦ ܡܢ
ܢܒܝܐ ܕܐܬܡܫܚܘ ܐܝܟ ܕܒܦܘܩܕܢܐ ܡܫ̈ܝܚܐ[23] ܐܬܚܒܝܘ.
ܕܗܢܘܢ ܗܠܝܢ[24] ܦܘܩܕܢܐ[25] ܕܐܬܚܙܝܘ ܗܘܘ. (B fol. 3 *a*) ܠܗܘ̇[26]
ܕܗܘܘ ܡܫܝܚܐ ܕܫܪܪܐ[27] ܡܠܬܐ ܐܠܗܝܬܐ ܡܡܠܠܝܢ ܗܘܘ̇. ܠܗ̇ܘ
ܕܗܘܘ ܒܠܚܘܕܘܗܝ ܪܒ ܟܘܡܪ̈ܐ[28] ܥܠ ܟܠ.· ܘܒܠܚܘܕܘܗܝ[29]
ܡܠܟܐ ܥܠ ܟܠܗܝܢ ܒܪ̈ܝܬܐ. ܘܒܠܚܘܕܘܗܝ ܪܒ ܢܒܝܐ[30] ܕܐܒܐ.
9 ܘܬܚܘܝܬܗ̇ ܕܗܕܐ ܕܠܝܬ[31] ܡܢ ܡܕ̈ܡܟܐ ܕܒܐܪܙܐ ܐܬܡܫܚܘ.
ܠܐ ܡܢ ܟܗ̈ܢܐ ܘܠܐ ܡܢ ܡ̈ܠܟܐ ܘܠܐ ܡܢ ܐܦ[32] ܢܒܝܐ ܡܢܗ
ܕܐܝܟ ܗܢܐ ܚܝܠܐ ܡܫܝܚܐ ܕܐܠܗܘܬܐ. ܕܝܫܘܥ ܦܪܘܩܢ ܡܪܢ
10 ܡܫܝܚܐ.[33] ܗܘ̇ ܕܗܘܘ ܒܠܚܘܕܘܗܝ ܡܫܝܚܐ ܕܫܪܪܐ.[34] | ⌈ܘܚܕ⌉ ܡܢ
ܗܠܝܢ ܐܦ ⌈ܚܕ⌉ ܐܝܬ ܗܘܐ ܠܗܘܢ ⌈ܕܐܟ̈ܪܐ[35]⌉ ܕܐܡܘܪܐ. ⌈ܘܩܒܠ
ܕܪ̈ܝܡ ܐܬܚܫܒܘ ⌈ܒܡܫܡܫܢܘܬܗܘܢ⌉ ܠܐܢܠܝܢ ⌈ܕܗܘܘ ܚܙܝܢ⌉ ܫܠܝܛܢܘܬܗܘܢ⌉
ܠܐ ܫܡܫܘܗܝ ⌈ܒܪ̈ܘܫܠܡܐ⌉. ܡܢ ⌈ܗܘ̇ ܦܘܩܕܢܐ ⌈ܕܐܠܗܐ⌉ ܕܐܢܬ 𝔄 22
ܗܘܐ ⌈ܠܬܘܗܘܢ⌉ ܐܠܐ ܐܦ ⌈ܠܐ⌉ ܐܡܝܪܐ ⌈ܕܡܫܠܚܬܐ⌉ ܗܘܐ
ܠܐܢܫ ⌈ܡܫܝܚܘܗܝ⌉ ܡܢ ܡܬܡܫܚܢܘܬܗܘܢ. ܐܦ ܠܐ[36] ܡܢ ܒܬܪ

[19] 𝔄 ակնարկելով *indicando* s. *designando* [20] 𝔄 = ܘܐܝܟ [21] 𝔄 in one MS. անուանէին *nominabant*: in the other անուան առնէին lit. *nominis* (s. *nomini*) *faciebant* [22] 𝔄 *veritate* [23] 𝔄 adds *visi sunt* [24] For ܗܠܝܢ 𝔄 *omnes* [25] 𝔄 plur. [26] Here the text of B recommences, but this leaf is much torn [27] 𝔄 *veritate* [28] 𝔄 adds *verus* [29] A ܐܦ ܒܠܚܘܕܘܗܝ [30] A ܢܒ̈ܝܐ [31] For ܠܝܬ 𝔄 has եղև *factus est* [32] A 𝔄 ܢܒ̈ܝܐ [33] 𝔄 = ܗܘܝܘ ܡܫܝܚܐ [34] 𝔄 *veritate* [35] A ܕܪ̈ܝܫܐ? [36] A fol. 8 *a*

ܘܡܬܗܘܢ ܕܐܝܟ ܗܕܐ ܬܪܥܝܬܐ ܕܢܦܫܐ ܢܦܘܫ ܠܬܗܘܢ.
ܕܬܬܐܡܪܬ ܥܠ ܦ̈ܘܩܕܢܝܗܘܢ ܢܗܘܘܢ ܫ̈ܠܝܢ. ܐܦ ܠܐ ܠܬܠܡܝܕܘܗܝ
ܡܫ̈ܒܚܐ ܕܬܫܬܐ ܥܒܕܝ̈ܢ ܡܬܚܙܐ ܗܘܐ ܕܐܝܟ ܗܢܐ ܫܘܒܚܐ
ܥܠ ܚܕ ܡܢ ܗ̇ܘܢ ܡܫ̈ܒܚܢ. ܡܛܠ ܕܐܦ ܠܐ ܕܐܝܟ ܗܢܐ
ܫܠܝܐ ܗܘܐ ܗܘܐ ܐܪ̈ܙܗܘܢ ܕܕܐܝܟ ܗܕܐ ܢܗܘܪܐ ܗܘܐ.
ܐܝܟ ܡܢܐ ܕܗܘܘ[37] ܬܪ̈ܝܢ ܗܘܝ ܒܢܝ ܦܪܘܩܢ. ܗܘ ܕܠܐ 11
ܗܘܐ ܦܠܚ̈ܘܬܐ ܘܐܪ̈ܙܐ[38] ܕܪܒܘܬ ܡܫܘܕܥܬܐ ܢܣܒ ܡܢ ܐܚܪ.
ܐܦ ܠܐ ܡܢ ܐܢܫܐ ܕܡܫܘܕܥܬܐ[39] ܐܝܟ ܕܡܠܦܢ ܐܬܚܙܝ ܗܘܐ.
ܐܦ ܠܐ ܒܐܢܫܐ ܠܩܕܡ ܐܢܫܐ ܡܢ ܒܡܠܦܢܘܬܐ. ܐܠܐ
ܒܚܝܠܐ[40] ܕܐܠܗܘܬܐ ܕܡܫܝ̈ܚܢܐ ܕܗܘܐ (B fol. 3 *b*) ܐܬܪܚܡ ܗܕܐ. ܐܦ
ܠܐ ܕܪܘܚܐ ܘܡܬܓܠܝܢܐ ܕܡܢܗ ܐܝܬ ܗܘܐ ܠܗ ܠܘܬ ܡ̈ܫܕܪܢܐ. ܀
ܐܦ ܕܝܢ ܒܪܢܐ ܠܐ. ܐܠܐ ܒܚܝܠܐ ܡܢ ܐܒܐ ܒܠܥܕܝܢ ܡܕܝܢܬ
ܗܘܐ. ܐܝܟ[41] ܕܡܦܩܬ ܒܪ ܐܢܫܘܬܐ. ܠܘ ܐܝܟܢܐ ܕܠܡܕܘ[42] 12
ܐܢܫܘܢ ܠܥܠܡܝܢ ܡܠܝܢ.[43] ܘܡܛܠ ܗܢܘ ܐܦ ܡܫܝܚܐ ܡܫܬܡܗ.
ܐܠܐ[44] ܡܛܠ ܕܗܘܘ ܒܠܫܢܗܘܢ ܡܫܝܚܐ ܕܫܪܪܐ:[45] ܘܡܢ ܫܡܗ
ܘܐܢܫܐ ܘܡܫܝܚܐ ܫܡܗ ܘܡܠܟܐ ܒܟܠܗ ܥܠܡܐ ܒܪ̈ܝܬܐ. 𝔄 23
ܠܐ ܡܕܝܢ ܦܪ̈ܨܘܦܐ[46] ܐܠܗܐ ܕܡܪ̈ܢܬܐ.[47] ܐܠܐ ܫܪܪܐ ܠܒܢܝܐ
ܘܕܒܪ̈ܐ ܫܒ̈ܝܚܐ. ܘܡܫܝܚܘܬܐ[48] ܕܦܘܪ̈ܩܢܗܘܢ ܡܫܠܡ ܗܘܐ
ܠܥܠܡ ܕܡܬܒܝܬܝܢ ܠܗ ܀ ܘܡܫܝܚܘܬܗ ܠܘ ܗܝ ܕܒܦ̈ܘܩܕܢܐ
ܡܬܬܠܡܕܐ[49] ܗܘܬ. ܐܠܐ ܒܪܘܚܐ ܕܐܠܗܘܬܗ ܐܝܟ[50] ܕܐܒܐ ܠܐܠܗܐ.
ܘܗܘ ܡܢ ܐܝܬܘܬܐ ܕܐܠܗܘܬܗ ܕܐܒܐ ܩܒܠ. ܘܗܘܐ ܗܕܐ[51] ܬܘܒ

[37] A ܘܗܘܘ  [38] A ܘܐܪ̈ܙܐ ܦܠ̈ܚܘܬܐ  [39] 𝔄 in one MS. = ܕܪܒܘܬ ܡܫܘܕܥܬܐ
[40] A ܒܚܝܠܐ, originally ܒܚ̈ܝܠܐ  [41] A adds ܡܢ  [42] A ܕܠܡܕܘܢ  [43] A ܠܥܠܡܝܢ
ܡܠܝܢ  [44] A om. ܐܠܐ  [45] 𝔄 has here *veritatis*  [46] A ܦܪܨܘܦܐ
[47] A ܕܡܪܢܬܐ  [48] A ܘܡܫܝܚܘܬܐ ܐܦ  [49] A ܡܬܠܡܕܐ  [50] A ܐܝܟ
[51] 𝔄 adds ընկալեալ *acceptum habens*

ܐܝܟܢܐ ܡܠܠ. ܘܐܝܟ[52] ܕܡܢ ܦܪܨܘܦܐ ܕܡܫܝܚܐ ܡܟܪܙ ܗܘܐ
ܡܫܝܚܐ.[53] ܪܘܚܗ[54] ܕܡܪܝܐ ܥܠܝ. ܕܡܛܠܬܗ ܡܫܚܢܝ ܕܐܣܒܪ Is lxi 1
ܠܡܣܟܢܐ. ܘܫܠܚܢܝ ܠܡܟܪܙܘ ܦܘܪܩܢܐ ܠܫ̈ܒܝܐ ܘܠܥܘܪ̈ܐ
14 ܚܙܝܐ.[55] ܘܠܐ ܗܘܐ ܒܠܚܘܕ ܐܫܥܝܐ. ܐܠܐ ܐܦ[56] ܕܘܝܕ ܐܡܪ
ܥܠܘܗܝ. ܟܘܪܣܝܟ ܐܠܗܐ ܠܥܠܡ ܠܥܠܡܝܢ. ܫܒܛܐ ܦܫܝܛܐ Ps xlv 6 s
ܫܒܛܐ ܕܡܠܟܘܬܟ. ܪܚܡܬ ܙܕܝܩܘܬܐ ܘܣܢܝܬ ܥܘܠܐ. ܡܛܠ
ܗܢܐ ܡܫܚܟ ܐܠܗܐ ܐܠܗܟ. ܡܫܚܐ ܕܚܕܘܬܐ ܝܬܝܪ ܡܢ
ܗܢܘܢ ܕܐܬܡܫܚܘ.[57] ܕܒܗܿ ܒܡܠܬܐ ܒܫܘܪܝܐ ܩܕܡܝܐ ܕܟܢܝܐ[58] ܡܫܡܗ
ܠܗ ܐܠܗܐ. ܒܗܿ ܕܝܢ ܕܬܪܬܝܢ ܒܫܒܛܐ ܕܡܠܟܘܬܐ ܡܝܩܪ ܠܗ.
15 ܘܬܘܒ ܟܕ ܢܚܬ ܒܗ (B fol. 4 *a*) ܒܡܠܬܐ ܡܢ ܒܬܪ ܚܝܠܐ 𝔄 24
ܕܐܠܗܘܬܐ ܘܡܠܟܘܬܐ. ܠܦܘܬ ܕܬܠܝܬܝܐ ܕܗܘܐ[59] ܡܫܝܚܐ ܡܫܝܚܐ
ܥܠܘܗܝ. ܠܗ[60] ܒܡܫܝܚܐ ܕܡܢ ܒܪ̈ܬܐ ܡܫܚܗ. ܐܠܗܐ[61] ܒܗܘ
ܡܫܚܐ ܕܚܕܘܬܐ ܕܐܠܗܝܐ. ܕܗܘܝܘ ܡܫܘܚܬܐ ܕܡܫܝܚܘܬܗ.[62]
ܕܦܪܝܫ ܗܘܐ ܡܢ ܕܗܢܘܢ ܡܫܝ̈ܚܐ. ܕܒܐܪ̈ܐ[63] ܘܒܪ̈ܡܙܬܐ
16 ܡܬܚܙܝܢܘܬܐ ܡܫܝܚܝܢ[64] ܗܘܘ. ܘܒܕܘܟܬܐ ܐܚܪܬܐ ܬܘܒ ܐܡܪ
ܥܠܘܗܝ ܡܫܝܚܐ. ܕܐܡܪ[65] ܡܪܝܐ ܠܡܪܝ ܬܒ[66] ܠܝ ܡܢ ܝܡܝܢܝ. Ps cx 1 sq
ܥܕܡܐ ܕܐܣܝܡ ܒܥܠܕܒ̈ܒܝܟ ܟܘܒܫܐ ܬܚܝܬ ܪ̈ܓܠܝܟ. ܘܒܗܕܪ̈ܝ
ܘܩܘܕܫܐ ܡܢ ܟܪܣܐ ܘܡܢ ܩܕܡ ܛܠܝܘܬܟ. ܐܝܟܢܐ ܡܪܢܐ

[52] 𝔄 *docet ita, tanquam* [53] 𝔄 om. ܡܟܪܙ ܗܘܐ ܡܫܝܚܐ [54] Read ܪܘܚܗ with A [55] 𝔄 agrees with Arm. Vulg. except that it substitutes զփրկութիւն *salutem* for զթողութիւն *remissionem* [56] A ܘܐܦ (for ܐܦ) [57] In this quotation 𝔄 agrees with Arm. Vulg. (only substituting ուրախութեան *gaudii* for ուրախութեամբ *gaudio*) till the last clause, where it is conformed to our Syriac against the *plus quam socios tuos* of Arm. Vulg. [58] A fol. 8 *b* [59] 𝔄 = ܕܗܘܐ and inserts before it *de eo* [60] A adds ܕܝܢ [61] A adds ܐܠ [62] A ܕܡܫܝܚܘܬܗ [63] A ܕܒ̈ܪܐ [64] A ܡܫܝܚܝܢ [65] A adds ܠܡܪ [66] A ܕܬܒ

ܘܠܐ ܢܥܢܕ. ܕܐܬܐ ܗܘ ܕܡܛܪܐ ܠܟܠܗ ܕܡܣܟܝܘܬܗ ܕܥܡ̈ܡܐ[67]

17 ܗܢܐ ܕܝܢ ܡܠܟܘܬܐ ܕܝܗܘܕܝܐ ܟܠܗܘܢ ܫ̈ܢܝܐ ܕܐܬܗܘܝ ܒܡܛܪܐ

ܕܐܠܗܐ ܡܬܪܥܝܢ. ܠܐ ܗܘܐ ܒܡܫܚܢܐ ܡܬܦܣܩܢܐ ܡܫܚܘܐ

ܕܡܫܝܚ[68] ܗܘܐ. ܐܠܐ[69] ܐܦܠܐ ܡܢ ܡܫܠܡܢܘܬܐ ܕܟܗ̈ܢܐ

ܕܡܫܝܢܐ ܠܫܘܠܡܬܐ ܕܕܒܪ̈ܢܐ ܐܬܬܘܗܝ ܗܘܐ. ܡܛܠ ܗܢܐ

ܒܡܫܘܬܦܘ ܘܠܐ ܕܢܩܝܢ ܕܡܠܟܘ̈ܬܐ ܘܐܦܩ̈ܘܣܐ[70] ܐܬܬܫܝܡܘܢ[71]

ܗܘܘ. ܡܫ̈ܝܚܐ ܘܡܕܒܪ̈ܢܐ[72] ܡܫܬܡܗ ܦܪܘܩ. ܐܠܐ ܒܡܕܒܪܬܐ[73]

18 ܕܦܠܚ.[74] ܡܛܠ[75] ܗܢܐ ܐܦܠܐ ܕܐܬܡܫܚ. ܦܪܢܣܬ ܡܢ

ܗܪܘܕܝܣ ܐܠܡܢܝܬ ܬܫܒܝܬܐ. ܐܦ ܠܐ ܕܗܘܐ ܡܢ ܫܪܒܬܐ

ܕܝܗܘܕܝܐ. ܐܠܐ[76] ܕܢܦܩ ܡܢ ܐܠܡܝܐ ܐܬܬܠܝ ܡܢ ܥܡܡ ܢܘܟܪ̈ܝܬܐ.[77]

ܘܡܕܒܪܢܘܬܐ ܕܠܐ ܡܫܪܝܬܐ[78] ܘܠܐ ܦܣܝܩܬܐ ܐܚܝܕ ܠܟܠܗ

19 ܒܠܥܡܝ ·܀· ܕܡܫܝܚܘܬܐ ܕܝܢ ܪܘܚܢܝܬܐ ܘܐܠܗܝܬܐ ܡܛܠ.

ܬܘܒ ܗܘܬ ܪܒܬܐ ܘܟܠܝܬܐ ܗܕܐ ܗܘ. ܕܡܢ ܟܠ ܕܗܘܘ ܒܟܠ[79]

ܕܝܢ ܘܡܕܒܪܐ ܠܡܫܝܚ ܗܘ ܒܠܚܘܕܘܗܝ ܡܫܬܡܗ ܡܫܝܚܐ.

ܠܗܬ ܒܠܚܘܕ ܩܢܐ ܐܢܫܐ ܕܐܬܐ ܒܟܠܗ ܒܠܡܐ. ܘܟܠ ܐܢܫ

ܗܘܐ ܘܡܕܒܪܐ ܗܘ ܒܢܫܐ ܫܡܝܐ. ܡܩܒܠ ܘܒܪܝ̈ܬܐ. (B fol. 4 *b*)

ܘܡܕܒܪܐ ܠܗܫܐ ܕܠܗ[80] ܒܪܝܬܐ ܡܢ ܟܠ ܕܡܕܡ[81] ܒܗ. ܡܬܬܪ

ܐܡܪ ܡܠܟܐ. ܘܡܫܬܡܗ ܒܡܕܒܪܢܘܬܐ[82] ܬܬܪ ܡܢ ܢܒ̈ܝܐ.

[67] The quotation in 𝔄 is so far affected by Arm. Vulg. as to lose critical value, except that the omission of ܥܡ̈ܡܐ (against Arm. Vulg. and our Syriac) is noteworthy [68] A om. ܕ ܗܘܐ [69] 𝔄 om. ܐܠܐ, and renders the next words *et non ex ordine inde eius gentis sacerdotium* (քահանայութիւն) *Hebraeorum* [70] A ܕܡܠܟܘ̈ܬܐ ܐܘ ܕܐܦܩܘܣܐ [71] A ܐܬܬܫܝܡܘ [72] A ܡܫܝܚܐ ܘܡܕܒܪܢܐ [73] A ܒܡܕܒܪܢܘܬܐ [74] 𝔄 om. ܕ [75] A ܘܡܛܠ [76] A om. ܐܠܐ 𝔄 om. ܕ before ܢܦܩ [77] A ܒܪ̈ܝܬܐ 𝔄 *saecula et creaturas* [78] 𝔄 transposes ܦܣܝܩܬܐ and ܡܫܪܝܬܐ [79] A om. ܕܡܢ ܟܠ, and reads ܡܢ ܟܠ for ܒܟܠ [80] A om. ܠܗ 𝔄 has plur. [81] 𝔄 sing. [82] 𝔄 plur.

ܘܡܫܬܡܥܢ. ܕܗܘܘ ܒܥܙܪܐ ܪܒ ܒܡܬܪ̈ܐ ܕܐܠܗܐ. ܘܒܡ
ܡܠܝܢ[83] ܠܟܠܗܘܢ ܕܐܝܬܝܗܘܢ ܡܠܬܐ ܐܠܗܝܐ[84] ܕܐܬܝܠܕ: ܡܢ ܩܕܡ
ܥܠܡ̈ܐ ܟܠܗܘܢ: ܘܐܝܟܢܐ ܕܡܫܝܚܘܬܐ ܐܝܬ ܠܗ ܡܢ ܠܘܬ[85]
ܐܒܘܗܝ ܒܪܐܝܬ:[86] ܘܡܫܬܡܫ ܠܗ: ܐܝܟ ܐܠܗܐ. ܕܒܥܙܪܐ ܐܬܝܗܘܢ
20 ܡܢ ܗܘ ܕܐܬܝܗܘܢ ܒܥܙܪܐ ܐܠܗܐ. ܕܡܫܝܚܬܐ ܕܝܢ ܡܢ ܟܠ
ܡܕܡ. ܕܠܐ ܒܡܫܚܬܐ ܒܠܚܘܕ ܐܘ ܒܡܠܐ ܕܫܡ̈ܐ ܡܫܡܫܝܢ ܠܗ
ܐܝܠܝܢ ܕܡܫܚܝܢ ܠܗ. ܐܠܐ ܡܢ ܚܘܒܐ ܡܫܡܠܝܐ ܕܪܘܚܐ.
21 ܘܡܫܝܚܬܐ ܠܗ ܡܣܗܕܘܬܗ[87] ܐܦ ܡܠܟ ܡܢ ܫܡܝܐ. ܡܠܝܢ ܕܝܢ ܠܟܠܗܘܢ.
ܒܙܗܘܐ ܩܕܝܫ ܠܝ ܡܢ ܩܕܡ ܥܘܒܐ ܕܬܫܒܘܚܬܐ. ܕܠܐ ܐܢܫ ܢܫܟܚ ܕܠ
ܦܪܘܩ ܡܢ[88] ܚܕܐ. ܡܫܝܚܐ ܕܐܠܗܐ ܗܘ ܘܝܠܕܬ ܢܘܗܪܗ.
ܡܛܠ ܕܗܟܢܐ ܕܝܠܗ ܕܐܝܫܘܥܬܐ ○·○

ܕܐܪܒܥܐ. ܕܠܐ[1] ܗܘܐ ܚܕܬܐ ܐܘ ܢܘܟܪܝ ܢܘܡܘܣܐ ܕܝܠܗ ܕܡܫܝܚܐ 𝔄 26
ܐܠܗܐ ܕܐܟܪܙ ܦܪܘܩ ·⁘· ·⁘·

iv. 1 ܬܘܒ ܕܝܢ ܠܐ ܐܢܫ[2] ܢܫܟܚ ܠܗ ܕܢܘܟܪܝ ܗܘ ܘܚܕܬܐ
ܢܘܡܘܣܗ:[3] ܕܐܝܟ ܕܡܢ ܚܕܬܐ[4] ܐܬܡܠܠ ܐܘ ܕܠܐ ܡܫܝܢ
ܒܡܕܡ ܠܥܪܒܐ ܕܐܢܫܘܬܐ. ܢܐܡܪ ܩܠܝܠ ܐܦ ܡܛܠ ܗܕܐ.
2 ܡܛܠ ܓܝܪ[5] ܕܫܪܝܬܗ ܕܚܝܬ ܡܫܬܐܬܗ ܕܦܪܘܩ ܡܢ[6] ܡܫܚܐ
ܡܫܝܚܐ ܠܟܠܗܘܢ ܥܡ ܐܢܫܐ. ܡܕܡ ܐܢܫܝ[7] ܕܒܪܬ ܗܘ ܠܡܢ.
ܐܠܐ ܕܝܢ ܠܘ ܚܕܬܐ ܗܘ ܚܕܬܐ ܐܘ ܢܘܟܪܝܐ ܕܗܟܝܢ ܒܗ
ܕܫܡܗ ܒܬܘܟ ܥܡ̈ܡܐ ܕܐܪܥܐ. ܐܠܐ ܕܒܟܠ ܥܡ̈ܡܝܢ ܐܝܬܝܗܘܢ

[83] A fol. 9 *a* [84] 𝔄 = ܕܐܠܗܐ [85] A om. ܠܘܬ [86] A ܒܪܐܝܬ
[87] A ܣܗܕܘܬܐ [88] 𝔄 om. ܡܢ
CHAP. IV. [1] A adds ܕܝܢ [2] A ܐܢܫ ܠܐ [3] A ܘܠܥܡ̈ܡܐ ܕܒܟܠܗ ܥܠܡܐ
[4] A adds ܗܘܐ [5] 𝔄 om. ܒܝܫ̈ܐ [6] 𝔄 = ܘܡܢ [7] A ܢܣܒ

ܘܡܬܒܥܝܐ[8] ܒܐܝܢܘܬܐ. ܘܕܢܚ ܡܢ ܐܠܗܐ. ܘܠܐ ܡܬܝܠܕ ܐܘ[9]
ܡܬܕܒܪܐ. ܘܐܬܬܘܗܝ ܐܠܗܐ ܒܟܠ ܙܒܢ ܒܡܘܬܪܢܘܗܝ. ܘܗܘܒܢܐ ܡܢ
𝔄 27 ܥܠ ܠܘܬ ܒܥܠܡܐ[10] ܐܬܚܙܝ. ܒܙܒܢܐ ܕܗܘܝܘ ܒܫܡܗ ܕܡܫܝܚܐ.
3 ܒܗܕܐ ܐܦ ܚܙ ܡܢ ܢܒܝܐ[11] ܦܘܪ ܒܗ. ܕܗܘܐ ܝܠܕܐ ܒܒܢܝܐ[12]
ܕܢܘܚ ܘܡܕܒܪܐ ܕܗܘܐ ܕܒܬܪ. ܗܘܐ ܠܡܗܘܐ[13] ܘܗܘܒܢܐ ܐܡܪ.
lxvi 8 ܡܢ ܫܡܥ ܐܝܟ ܗܠܝܢ. (B fol. 5 a) ܘܡܢ ܚܙܐ ܐܝܟ ܗܕܐ.
ܕܬܬܚܒܠ ܐܪܥܐ ܒܝܘܡܐ ܚܕ. ܘܡܬܝܠܕ[14] ܥܡܐ ܒܙܒܢܬܐ
ܚܕܐ. ܘܗܘ ܗܢܐ ܒܟܠܗܘܢ ܠܘ ܥܡܐ ܐܘܪܒ ܒܗ ܐܡܪ.
Is lxv sq ܕܬܬܘܪܐ ܠܗܘܢ ܠܕܢܝܠ ܥܡܝ ܥܡܐ ܚܕܬܐ ܕܡܬܩܪܐ ܒܐܪܥܐ.
4 ܐܠܐ ܐܦ ܫܡܗ ܚܕܬܐ ܢܬܩܪܐ: ܘܕܫܘܪܝܬܗ[15] ܐܬܝܠܕ ܥܡܐ[16] ܕܟܪܣܛܝܢܐ
ܠܘܬ ܟܠܗܘܢ ܒܥܡܡܐ.[17] ܗܘ ܕܝܢ ܕܡܒܪܐ ܘܚܝܠܗ ܘܡܫܒܚܐ
ܕܦܘܠܚܢܗ. ܠܐ ܗܘܐ ܕܢܬܩܪܘܢ ܐܬܓܠܝ ܡܢܝ. ܐܠܐ ܡܢ ܪܘܫ
ܬܘܩܢܐ ܕܐܝܢܘܬܐ ܡܬܩܢܢ ܗܘܐ[18] ܡܢ ܐܒܗܬܐ ܩܕܡܝܐ ܪ̈ܚܡܘܗܝ
ܕܐܠܗܐ. ܐܝܟ ܕܡܢ ܬܘܪܥܝܬܐ ܕܟܝܢܐ. ܕܐܒܗܬܐ ܕܝܢ ܗܢܐ[19]
5 ܢܘܚܐ. ܚܕܐ ܕܒܢܝܢܢ ܠܐ ܗܘܐ ܢܗܪܬ ܗܘ. ܐܠܐ ܡܢܕܥܢܘܬ[20]
ܡܫܘܪܐ ܗܘ ܒܗܬ ܒܢܝ ܐܢܫܐ.[21] ܚܕܐ ܗܘ ܓܒܪ ܢܘܚܐ.[22]
ܐܝܬ ܕܝܢ ܠܘܬܗ ܒܢܝܠܐ[23] ܘܒܬܘܒܐ ܬܪܝܢܘܬܐ ܟܠ ܐܢܫܐ
𝔄 28 ܡܬܚܝܠܐ. ܕܠܝܠܝܐ ܕܝܢ ܘܡܚܘܝܢܐ ܕܚܪܝܢ.[24] ܐܠܗܝ ܕܝܢ ܒܢܡܘܣܘܬܐ
ܘܒܢܝܠܬ ܐܠܗܐ ܘܒܥܘܪܐ ܕܕܒܪܐ ܥܬܝܩܝ ܡܬܬܪܝܡ ܗܘܘ[25]

[8] A originally ܘܩܘܗܝܐ [9] A ܘܠܐ [10] A ܟܠ ܐܢܫ [11] A ܢܒܝܐ [12] 𝔄 plur. [13] 𝔄 adds *futuro tempore* [14] In 𝔄 ܡܬܝܠܕܐ and ܬܬܚܒܠ are represented by aorists [15] A ܐܘ ܕܢܫܪܝܬܐ 𝔄 seems to om. ܕ [16] A fol. 9 *b* [17] A om. ܒܥܡܡܐ [18] 𝔄 adds *et veniebat* [19] For ܕܐܒܗܬܐ ܕܝܢ ܗܢܐ 𝔄 has *sed quomodo vel quali modo* [20] A ܡܢܕܥܢܘܬܗ [21] A ܒܢܝܢܫܐ [22] A ܐܝܟܢܐ [23] 𝔄 = ܩܠܐ [24] 𝔄 = ܡܚܘܝܢܐ ܘܚܪܝܢ [25] A om. ܗܘܘ

ܡܕܡ ܠܦܘܫܩܐ. ܐܝܟ ܐܝܟ[26] ܡܢ ܟܬܒܘܗܝ[27] ܐܚܪ̈ܢܐ ܕܗ̇ܘܘ ܡܢ
ܩ̈ܕܡܘܗܝ.[28] ܕܒܢܝ ܘܡܢ ܩ̈ܕܡ ܩ̈ܕܡܘܗܝ: ܒܥܒܕܐ ܠܐܒܪܗܡ ܗ̇ܘ
ܕܡܫܬܒܗܪܝܢ[29] ܒܗ ܒܥ̈ܒܕܐ ܕܐܬܘܗܝ ܙܕܩܐ ܕܐ̈ܒܗܘܬܗܘܢ.[30]
6 ܟܠܗܘܢ ܕܝܢ ܗܠܝܢ ܕܐܝܬ ܟܠܗܘܢ ܣܗܕܘܬܐ ܕܟܐܢܘܬܐ
ܡܢ ܐܒܪܗܡ ܘܥܕܡܐ ܠܒܪ ܐܢܫܐ[31] ܩܕܡܝܐ. ܐ̱ܢ ܐܝܟ ܢܐܡܪ
ܕܢܟܢܐ ܟܪ̈ܣܛܝܢܐ ܗ̇ܘܘ ܐܦ ܠܐ ܒܫܡܗܘܢ. ܡܢ ܥܒ̈ܕܝ[32]
7 ܠܐ ܢܦܩ.[33] ܡܕܡ ܓܝܪ ܕܬܚܘܐ ܡܢ ܓܒܪܐ ܟܪ̈ܣܛܝܢܐ ܗ̣ܘ ܗܢܐ
ܥܒܕܐ. ܗܘܝܘ ܕܝܢ ܝܕܥܬܗ ܕܡܫܝܚܐ ܘܝܘܠܦܢܗ. ܘܢܟܦܘܬܐ
ܘܙܕܝܩܘܬܐ.[34] ܘܡܣܝܒܪܢܘܬܐ ܕܕܘܒܪ̈ܐ[35] ܓܢܒܪ̈ܐ ܘܡܘܕܝܢܘܬܐ
ܕܕܚܠܬ ܐܠܗܐ. ܕܝܚܝܕܝ ܚܕ ܗܘ ܐܠܗܐ ܟܠܡܘܕܘܗܝ[36] ܥܠ ܟܠ. 𝔄 29
ܒܗܠܝܢ ܟܠܗܝܢ ܠܐ ܗܘܐ ܒܨܝܪ ܡܢܢ ܡܬܚܦܛܝܢ (B fol. 5 *b*) ܗܘܘ
8 ܒܗܝܢ ܗ̇ܢܘܢ[37] ܡܙܕܗܪܝܢ. ܠܝܬ ܗܘܐ ܠܗܘܢ ܓܝܪ ܟܠܝܠܘܬܐ
ܥܠ ܓܙܘܪܬܐ ܦܓܪܢܝܬܐ[38] ܐܝܟ ܕܐܦܠܐ ܠܢ. ܐܦܠܐ ܥܠ ܢܛܘܪܐ
ܕܫܒ̈ܬܐ[39] ܐܝܟܢܐ ܕܐܦܠܐ ܠܢ. ܐܦܠܐ ܥܠ ܦܘܪܫܢܐ[40] ܕܡܐܟ̈ܘܠܬܐ[41]
ܐܘ ܕܐܣܬܝܢܘܬܐ ܕܡܕܡܐܢܘܬ ܡܫܬܐ ܗ̣ܘ ܙܥܘܪ ܒܗܢܝܢ. ܘܐܦܠܐ
ܐܝܟ ܕܬܬܝܗ̈ܒܢ ܒܗ ܦܩ̈ܘܕܝܬܐ ܠܗܘܢ ܕܡܢ ܒܬܪܗ. ܐܝܟܢܐ
ܕܐܦܠܐ[42] ܡܫܝܚܐ ܟܪ̈ܣܛܝܢܐ[43] ܢܛܪܝܢ ܕܐܝܟ ܗܠܝܢ. ܐܠܐ ܘܐܦ[44]
ܦܫܝܩܐܝܬ ܝܕܥܝܢ ܗܘܘ ܠܗ ܠܡܫܝܚܐ ܒܪܗ ܕܐܠܗܐ. ܕܗܘܐ 𝔄 30
ܐܬܚܙܝ ܠܗ̇ ܕܐܬܚܙܝ ܠܐܒܪܗܡ. ܘܡܠܠ[45] ܡܡ̈ܠܠܢܐ[46] ܠܐܝܣܚܩ

[26] A 𝔄 place the stop after ܐܝܟ 2°, instead of after ܠܦܘܫܩܐ [27] 𝔄 *post eos* [28] A 𝔄 have no stop at ܩ̈ܕܡܘܗܝ [29] A ܒܗ ܡܫܬܒܗܪܝܢ [30] For ܕܐ̈ܒܗܘܬܗܘܢ 𝔄 has *paternitatis eorum* [31] A ܠܒܪܢܫܐ [32] A ܥܒ̈ܕܐ [33] A ܢܦܩܘ [34] A ܙ̈ܕܝܩܘܬܐ [35] A 𝔄 ܕܒܪ̈ܐ [36] 𝔄 om. ܟܠܡܘܕܘܗܝ [37] A ܗܠܝܢ [38] A ܦܓܪܢܝܬܐ [39] 𝔄 sing. [40] B originally ܦܘܪܫܢܐ [41] B ܡܐܟ̈ܘܠܬܐ (*sic*), but there are traces of an original ܠ after the ܟ [42] 𝔄 om. ܠܐ [43] A ܟܪܣܛܝܢܐ ܗܘܘ [44] A ܐܦ [45] 𝔄 om. ܘ [46] A ܡܡܠܠܢܐ

ܘܡܠܠ[47] ܥܡ ܐܝܣܪܐܝܠ. ܘܥܡ ܡܘܫܐ ܘܥܡ ܢܒܝ̈ܐ ܕܗܘܘ ܡܢ
9 ܒܬܪܗ.[48] ܡܢ ܗܪܟܐ ܕܝܢ ܡܫܟܚ ܐܢܬ ܠܡܕܪܟ. ܕܐܬܚܙܝܘ
ܠܥܡܡܐ[49] ܡܫܝ̈ܚܐ ܗܘܘ ܗܢܘܢ ܪ̈ܚܡܘܗܝ ܕܐܠܗܐ ܐܝܟ
1 Chr xvi 22 ܡܠܬܐ ܕܐܡܝܪܐ ܡܛܠܬܗܘܢ: ܕܠܐ ܬܬܩܪܒܘܢ ܠܡܫܝ̈ܚܝ.
10 ܘܠܢܒܝ̈ܝ ܠܐ ܬܒܐܫܘܢ. ܡܛܠ ܦܪܨܘܦܐ ܠܗܕܐ ܗܘ ܕܡܠܬ
ܐܠܗܐ ܕܗܘܐ ܒܝܕ ܡܠܦܢܘܬܗ ܕܡܫܝܚܐ ܐܬܒܪܝܬ ܠܟܠ ܥܡ̈ܡܝܢ.
ܘܗܝ̇ ܕܢܣܒܘ ܕܡܫܝܚܐ ܘܟܬܘܒܐ. ܠܟܠܗܘܢ ܗܢܘܢ ܐܢܫܐ
11 ܪ̈ܚܡܘܗܝ ܕܐܠܗܐ ܕܒܬܪ ܐܒܪܗܡ. ܘܐܦ ܐܡܪ ܡܢ ܒܬܪ
ܘܟܢܐ ܦܓܠܐܐ ܥܠ ܐܒܪܗܡ ܕܡܩܒܠ ܦܘܩܕܢܐ ܕܓܙܘܪܬܐ.[50]
ܡܙܕܗܪ ܒܗܝܡܢܘܬܐ ܗܘ ܡܫܒܚ ܒܠܘܗܝ ܕܐܬܚܙܝ. ܐܝܟ
ii xv 6 ܕܐܡܪܬ ܥܠܘܗܝ ܡܠܬܐ ܐܠܗܝܐ. ܕܗܝܡܢ ܐܒܪܗܡ ܒܐܠܗܐ
12 ܘܐܬܚܫܒܬ ܠܗ ܠܙܕܝܩܘ. ܘܒܬܪ ܗܟܢܐ ܐܬܚܙܝ ܗܘܐ ܡܪܝܐ
ܒܓܙܘܪܬܐ. ܐܬܐܡܪ ܠܗ ܡܢ ܐܠܗܐ ܕܐܬܚܙܝ ܠܗ ܕܗܘܝܘ
ܡܫܝܚܐ ܡܠܬܗ ܕܐܠܗܐ. ܥܠ ܗܢܘܢ ܕܒܬܪ[51] ܕܒܢܐ ܒܕܡܘܬܗ
ܒܬܪܗ ܗܘܘ ܠܡܙܕܕܩܘ. ܒܗܝܢ ܒܡ̈ܠܐ[52] ܕܐܬܐܡܪ̈ܝ ܠܗ ܗܟܢܐ.
ii xviii xxii 18 ܕܬܬܒܪܟܢ ܒܟ ܟܠܗܝܢ ܫܪ̈ܒܬܐ ܕܐܪܥܐ. ܘܕܢܗܘܐ ܠܥܡܐ ܪܒܐ
ܘܣܓܝܐܐ. ܘܕܢܬܒܪܟܘܢ[53] ܒܗ ܟܠܗܘܢ ܥܡ̈ܡܐ ܕܐܪܥܐ.
13 ܕܟܠܗ ܕܝܢ ܫܠܡܘܬ ܡܕܝܢܐ[54] ܗܝ ܡܢ ܗܕܐ. ܒܡܫܝܚܘܬܐ ܗܘ
ܚܙܝ ܕܗܘ̇[55] ܕܐܬܚܙܝ ܠܗ ܐܝܟܢܐ ܕܐܬܚܙܝܘ ܡܠܬܐ ܕܐܠܗܐ.
ܘܐܪܝܚ (B fol. 6 *a*) ܡܢ ܦܬܓܡ̈ܐ ܕܐܒܗ̈ܘܗܝ. ܘܡܢ ܕܒܪ̈ܝܐ
ܡܕܢ̈ܚܝܐ ܕܦܠܣܛܝܢܝ.[56] ܘܐܒܗ̈ܘܗܝ ܒܗܘ ܕܚܕ ܗܘ ܐܠܗܐ ܥܠ ܟܠ.
ܘܦܪ̈ܣܐ ܥܡܡ̈ܝܐ ܦܠܚ ܗܘܐ ܠܗ. ܘܠܐ ܒܢܡܘܣܗ ܕܡܘܫܐ
ܕܐܬܝܗܒ ܒܝܕ ܡܘܫܐ. ܕܟܠܗܝܢ ܕܝܢ ܫܪ̈ܒܬܐ ܕܐܪܥܐ ܘܟܠܗܘܢ

[47] A fol. 10 *a* [48] 𝔄 *post eos* [49] Here begins a lacuna in 𝔄
[50] A ܕܓܙܘܪܬܐ [51] A ܕܡܢ ܒܬܪ [52] A ܒܗܠܝܢ ܡ̈ܠܐ [53] A ܘܢܬܒܪܟܘܢ
[54] A ܐܡܝܢܐ [55] A om. ܕܗܘ [56] A ܕܦܠܣܛܝܢܐ

14 ܥܡ̈ܡܐ ܒܗ ܡܬܒܪܟܝܢ. ܟܕ ܗ̈ܢܐ ܕܗܘܝܢ[57] ܘܓܠܝܢ ܗ̈ܠܝܢ ܡܢ
ܟ̈ܠܗ ܐܬܘܬܐ ܗܫܐ. ܕܟܠܗܘܢ ܓܝܪ ܒܬܘܦܠܝܢܐ ܗܘ ܡܫܬܟܚ
15 ܗ̇ܘ ܗ̇ܘ ܕܒܘܪܝܐ ܥܬܝܩܐ. ܡܢ ܗܫܐ ܡܟܝܠ ܗܘ ܒܠܚܘܕܝܬܐ
ܕܢܘܚܐ. ܕܝܢ ܗܘ ܕܒܘܪܝܐ ܘܦܘܠܚܢܐ ܕܕܚܠܬ ܐܠܗܐ ܐܝܬ ܠܗ
ܕܦܬܠܝܢ ܡܢ ܥܬܝܩܘܬܐ. ܘܠܘܬܢ ܡܫܝ̈ܚܐ ܕܫܒܚܘܗܝ ܕܐܠܗܐ.
ܡܚܒܠ ܠܗ[58] ܫܪܝܬܐ[59] ܘܒܘܪܝܐ ܢܦܫܟ ܘܠܡܘܬܗ.[60] ܐܝܟ ܐܠܗܐ ܐܝܟ[61]
ܘܗܘ ܕܐܬܚܪ ܥܬܝܪܘܬܗ. ܕܗܕܐ ܗܝ[62] ܕܫܠܡܬ ܐܠܗܐ ܐܝܬ
ܒܠܚܘܕ ܡܢܚܬܐ ܘܥܬܝܪܘܬܐ. ܗܕܐ ܕܟܕ ܗܠܝܢ ܕܡܫܝܚܝܐ
ܐܫܬܠܡܬ ܠܗ ⁙ ⁙ ⁙ ⁙

ܕܡܚܘܐ ܥܠ ܙܒܢܐ ܕܐܬܚܙܝ ܒܗܘܢ ܒܗ ܠܒ̈ܢܝ ܐܢܫܐ ⁘

v. 1 ܡܢ ܒܬܪ ܗܢܐ ܬܘܩܢܐ ܕܦܘܠܓܐ ܗܘܐ ܕܢܬܚܫܚ ܡܕܡ
ܬܫ̈ܒܘܚܬܐ[1] ܕܒܕܝܬܐ. ܢܐܡܪ ܗܫܐ ܡܢ ܡܬܚܙܝܢܘܬܗ ܕܦܪܘܩܢ
ܕܟܠܢ. ܘܐܝܟ ܕܒܡܪܕܘܬܐ ܕܐܘܪܚܢ ܢܦܪܘܫ ܠܗ ܠܬܫܒܘܚܬܐ.
ܘܢܩܪܐ ܠܐܠܗܐ ܐܒܐ ܘܠܡܪܢ ܝܫܘܥ ܡܫܝܚܐ ܦܪܘܩܢ ܡܠܬܗ
ܕܐܠܗܐ. ܕܗܘ ܢܗܘܐ ܠܝ ܡܥܕܪܢܐ ܠܫܪܪܐ ܕܬܫ̈ܒܘܚܬܐ ܗܠܝܢ.
2 ܐܝܬܘܗܝ ܗܘܬ ܫܢܬ ܐܪܒܥܝܢ ܘܬܪܬܝܢ ܕܡܠܟܘܬܗ ܕܐܓܘܣܛܘܣ.
ܡܢ ܒܬܪ ܥܣܪܝܢ ܘܬܡܢܝܐ ܫ̈ܢܝܢ ܕܐܫܬܥܒܕܬ ܡܨܪܝܢ. ܘܡܝܬܬܗ[2]
ܐܢܛܘܢܝܘܣ ܘܩܠܐܘܦܛܪܐ. ܘܐܣܬܝܡܬ ܒܗܪܬܐ ܗܝ ܕܡܬܐܡܪܐ
ܒܢܝܘܬܐ ܕܒܝܬ ܦܛܠܡܐܘܣ.[3] ܒܗ ܦܪܘܩܢ ܘܡܪܢ ܝܫܘܥ
ܡܫܝܚܐ ܐܝܟ ܢܒܝܘܬܐ ܕܡܝܟܐ ܢܒܝܐ ܐܬܝܠܕ ܒܒܝܬ[4] ܠܚܡ
ܕܝܗܘܕܐ. ܒܗ̇ܝ ܡܬܚܫܒܢܘܬܐ ܡܕܡܝܬܐ ܕܩܕܡܝܬ ܗܝܕܝܢ.

[57] A ܕܐܝܬܝܗܝܢ [58] A om. ܠܐ [59] A fol. 10 b [60] A ܘܠܡܘܬܐ
[61] A ܐܘ [62] A ܕܗܘܐ ܗܘ ܡܫܠܡܬ

CHAP. V. [1] A ܠܬܫܒܘܚܬܐ [2] A ܘܡܘܬܗ [3] A ܦܛܠܡܐܝܘܣ [4] A
ܒܒܝܬ

3 ܒܗ ܒܡܟܬܒܢܘܬܗ (B fol. 6 b) ܕܩܘܕܪܛܘܣ[5] ܒܫܘܪܝܐ. ܠܗܕܐ ܕܝܢ[6]
ܩܕܡܝܘܬܐ ܕܗܘܬ ܒܝܘܡܝ ܩܘܕܪܛܘܣ.[7] ܐܦ ܦܠܘܣ ܘܡܫܩܘܣ[8]
ܕܒܪܐ ܡܚܘܐ: ܡܢ ܡܟܬܒܢܘܬܐ ܕܬܫܥܝܬܐ ܕܗܘܘ ܥܠܗ ܥܒܕܘܗܝ
ܡܦܪܩܢ ܠܢ. ܘܩܝܡܝܢ ܠܗ ܬܘܒ ܐܦ ܬܫܥܝܬܐ ܐܫܪܪܬܐ ܥܠ
ܗܢܘܢ ܕܐܬܐܣܝܘ ܕܩܡܘ ܡܢ ܡܝܬܐ. ܗܢܘܢ ܕܐܦ ܠܘ ܒܠܚܘܕ
ܚܙܝܢ ܗܘܘ ܠܐܢܫܐ ܒܦܪܣܘܣ ܒܪ ܐܢܫܐ. ܕܡܢ ܒܬܪܗ ܠܡ ܡܢ
ܡܘܕܐ ܚܠܝܠܐ ܒܢܝܢܐ ܘܩܝܡܬܐ[9] ܕܡܬܢܚܡܢܘܬܐ. ܘܐܦ[10]
ܒܬܪܗ ܡܢ ܥܠܡܐ. ܐܦ ܗܘ ܐܟܚܕ ܘܐܝܠܝܢ[11] ܕܐܬܦܢܝܘ ܠܗ
4 ܐܬܒܪܝܘ.[12] ܕܠܗܘܢ ܠܗܠܝܢ ܥܕܡ ܐܦ ܗܢܐ ܒܪܢܫܐ ܕܦܠܓܝܢ
ܐܪܣܛܝܕܝܣ ܚܒܪܗ. ܗܘ ܗܐܟ[13] ܒܬܠܡܝܕܘܗܝ ܡܗܝܡܢܐ. ܩܪܝܒܘܣ
ܠܡ ܠܒܪܐ ܡܢ ܐܝܠܝܢ ܕܡܬܚܫܒܝܢ ܒܟܢܘܫܬܐ: ܕܗܕܐ ܪܥܝܘܬܐ
ܐܫܬܕܪܬܐ ܘܪܕܐ ܒܠܚܘܕܝܗܝ ܗܘܐ ܡܩܒܠܗ: ܘܐܦ ܒܐܫܬܕܪܬܐ
ܕܟ ܗܘܐ ܒܐܦܘܠܘܓܝܐ. ܐܝܟ ܗܘ ܕܩܘܕܪܛܘܣ ܠܗܕܪܝܢܐ ܕܐܬܟܬܒܬ
ܡܢ ܩܕܡ. ܕܗܘܐ ܕܝܢܐ ܬܘܒ ܠܟܬܒܐ ܘܡܬܟܬܒܢܐ
5 ܕܡܬܝܕܥܝܢ. ܘܒܬܪ ܩܠܝܠ ܐܡܪ. ܡܘܕܐ ܕܝܢ ܟܬܒܐ
ܟܠܘܫܐ ܡܢ ܡܕܒܪܢܘܬܐ ܕܐܬܚܡ ܠܐܡܠܟܐ. ܐܝܟ ܠܗ ܠܦܪܘܟ
ܦܪܣܢܐ ܘܡܬܚܫܒ ܗܘܐ ܕܒܟܕ ܡܕܝܢܬܐ ܒܟܢܫܐ. ܐܡܪܝܢ ܗܘܘ
ܒܪ ܕܗܕܐ ܡܬܬܟܢܫܬܐ ܠܟܕܘܬܐ ܡܬܬܐ. ܘܡܟܢܫܝܢ ܗܘܘ
6 ܘܡܬܬܟܠܝܢ ܠܗ ܠܟܢܫܐ ܟܠ ܫܒܪܐ ܕܐܝܪܘܬܐ. ܘܒܫܪܒܐ
ܕܬܪܝܢ ܕܡܬܢܝܬܐ ܕܩܪܒܐ ܕܗܘܕܝܐ. ܟܠܗܘܢ ܟܠ ܗܢܝܢ ܗܠܝܢ
ܐܬܬܒ ܀ ܕܟܠ ܫܢܝ ܗܢܐ ܠܡ ܡܢ ܟܬܒܐ ܚܠܝܠܐ ܡܘܕܐ
ܫܡܗ. ܘܐܝܟ ܗܘܐ ܠܗ ܠܟܬܒܐ ܠܡܪܘܕܘܬܐ. ܘܫܡܗ ܗܘܐ
ܘܐܢ ܠܟܬܒܐ ܕܒܘܪܐ. ܕܐܢ ܡܦܩܝܢ ܟܠܗܘܢ ܕܢܬܠܘܢ

[5] A ܕܩܘܕܪܛܘܣ [6] A om. ܕܝܢ [7] A ܩܘܕܪܛܘܣ [8] A ܘܡܫܩܘܣ
[9] A adds ܕܡܠܟܗ [10] A ܘܐܠܘ [11] A ܐܦ ܐܠܝܢ [12] A ܐܬܒܪܘ
[13] Here a leaf is wanting in A

ܒܫܢܬ ܬܪܝܢ ܠܗܪܘܕܣ. ܘܕܢܚ ܐܠܗܐ ܕܫܘܝܘܢ ܠܟܠܗܘܢ
vi. 1 ܡܪܢܐ ܡܫܝܚܐ. ܗܠܝܢ ܐܡܪ ܝܘܣܝܦܘܣ ·:· ·:· ܟܕ ܗ̇ܘ ܕܝܢ ܥܡܐ
ܡܛܠ ܗܘܐ ܡܠܟܘܬܐ ܥܠ ܝܗܘ̈ܕܝܐ ܗܪܘܕܣ. ܕܥܡܡܐܝܬ
(B fol. 7 a) ܡܢ ܡܠܟܘܬܐ[14] ܗܘ ܗܘܐ ܠܟܠܗܘܢ ܡܠܟܐ. ܘܒܗ
ܐܬܬܩܝܡܬ ܢܒܝܘܬܐ ܕܗܘܬ ܒܝܕ ܡܘܫܐ ܕܐܡܪܬ: ܕܠܐ ܢܥܢܕ Gen xlix 10
ܫܠܝܛܐ ܡܢ ܝܗܘܕܐ ܘܡܦܫܩܢܐ ܡܢ ܒܝܬ ܪ̈ܓܠܘܗܝ. ܥܕܡܐ
ܕܢܐܬܐ ܗ̇ܘ ܕܕܝܠܗ ܗ̣ܝ. ܘܗܘ ܢܗܘܐ ܣܘܟܝܐ ܕܥܡ̈ܡܐ ·:·
2 ܕܠܐ ܫܘܠܡܐ ܕܝܢ ܐܬܚܙܝܬ ܗܘܬ ܗܕܐ ܕܦܩܘܕܬܐ ܗܘܬ
ܐܡܝܢܐ. ܒܟܠܐ ܕܫܒܛܗ ܡܢ ܝܗܘܕܐ ܕܫܠܝܛܝܢ ܥܠܝܗܘܢ ܗܘܐ
ܠܗܘܢ ܕܫܠܝܛܝܢ ܥܠܝܗܘܢ ܬܪܥܝܐ. ܕܫܪܝܘ ܡܢ ܡܘܫܐ ܘܥܕܡܐ
ܠܡܠܟܘܬܗ ܕܐܓܘܣܛܘܣ. ܗ̇ܘ ܕܒܝܘ̈ܡܬܗ ܡܫܬܟܚܬ ܡܢ
ܒܥܡ̈ܡܐ ܗܪܘܕܣ. ܡܛܠ ܕܡܠܟܘܬܐ ܕܝܗܘܕܝܘܬܐ ܡܢ ܗ̈ܘܕܝܐ
ܥܠ ܥܡܐ ܕܝܗܘܕܝܐ. ܐܝܟ ܕܡܫܒܚܐ ܝܘܣܝܦܘܣ. ܐܪܥܡܝܐ
ܗܘܐ ܒܐܒܘܗܝ ܡܢ ܐܡܐ. ܒܪ̈ܝܬܐ ܕܝܢ ܡܢ ܐܡܗ. ܡܫܒܚܐ
ܕܝܢ ܐܦ ܐܦܪܝܩܢܘܣ. ܗ̇ܘ ܕܐܦ ܗܘ ܠܐ ܗܘܐ ܒܢܝܫܐ
ܥܒܕܐ ܐܡܪ ܗܘܐ ܐܬܘܗܝ ܒܝܬ ܡܟܬܒܢܘܬܐ ܕܬܫ̈ܥܝܬܐ. ܐܝܟ
ܕܐܡܪܝܢ ܠܟܘܢ ܐܢܫܝܢ ܕܡܫܪܝܢ ܡܛܠܗ. ܕܐܝܬ ܗܘܐ ܠܗ
ܠܡ ܐܒܐ ܠܗܪܘܕܘܣ ܕܫܡܗ ܐܢܛܝܦܛܪܘܣ ܒܪܗ ܕܗܪܘܕܣ[15] ܡܢ
ܐܫܩܠܘܢ. ܘܐܬܝܗ̇ ܗܘܐ ܡܢ ܗܘܢܝܐ ܕܡܫܡܫܝܢ ܒܝܬ
3 ܦܬܟܪܐ ܕܐܫܩܠܘܢ. ܘܗܘ ܐܢܛܝܦܛܪܘܣ ܐܫܬܒܝ ܡܢ ܓ̈ܝܣܐ
ܕܐܕܘ̈ܡܝܐ ܟܕ ܛܠܝܐ ܗܘܐ ܘܐܬܬܗܝܒ ܗܘܐ ܠܗܘܪܩܢܘܣ. ܡܛܠ
ܕܠܐ ܫܟܚ ܒܐܝܕܘܗܝ ܕܐܒܘܗܝ ܕܡܫܟܢܐ ܗܘܐ ܕܢܫܠ
ܘܢܦܪܘܩܝܘܗܝ.[16] ܘܟܕ ܐܬܪܒܝ ܒܥܝܕ̈ܝܗܘܢ ܕܗ̇ܢܘܢ. ܠܡܕܝܢܬܐ 𝔄 32

[14] Read ܡܠܟ̈ܘܬܐ? [15] Read ܕܗܪܘܕܘܣ? [16] Here ends the gap in 𝔄. Of the previous sentence the words զի [illegible] էր (ܕܡܫܟܢܐ ܗܘܐ) are preserved

𝔄 33 ܗܘܬ ܠܗ ܪܫܢܘܬܐ ܡܢ ܗܘܪܩܢܘܣ ܪܒ ܟܘܡܪ̈ܐ ܕܝܗܘ̈ܕܝܐ.
ܒܪܗ ܕܗܢܐ ܐܢܛܝܦܛܪܘܣ ܐܝܬܘܗܝ ܗܘܐ ܗܪܘܕܣ ܗܘ ܕܗܘܐ
ܒܝܘܡܝ ܦܘܡܦ. ܟܕ ܕܝܢ ܐܬܬ ܠܗܢܐ ܕܗܟܢܐ ܗ̇ܘ ܡܠܟܘܬܐ[17] 4
ܕܝܗܘ̈ܕܝܐ. ܒܬܪܟܢ ܡܫܠܡ ܐܢܛܝܦܛܪܘܣ ܗܘܐ ܫܘܟܢܐ ܕܡܫܒ̈ܚܬܐ
(B fol. 7 b) ܐܝܟ ܕܐܡܪܬ ܒܢܡܘܣܘܬܐ. ܘܐܬܦܠܓܘ ܐܝܟ ܕܒܫܡ
ܥܡܡ̈ܘܗܝ ܕܗ̇ܘ ܐܠܝܡ ܕܒܝܫܘܬܗܘܢ ܗܘܦܟ ܗܘܐ ܝܗܒܐ ܘܡܬܕܒܪܢܐ.
5 ܕܝܗܘܕܐ ܡܢ ܡܫܝܚܐ ܒܢܒܘܠܐ. ܡܕܡ[18] ܥܒܝܕܬܗܘܢ ܕܝܢ[19]
ܘܒܘܚܫܗܘܢ ܕܠܥܠܡ. ܐܝܟ ܕܢܬܚܠܦܘܢ ܚܠܦܝܗܘܢ ܡܬܚܙܝܐ
ܠܐܘܪܫܠܡ ܘܠܬܘܡܗ. ܡܕܡ ܫܠܝܐ ܕܝܢ ܘܫܪ̈ܒܐ. ܡܬܕܒܪܝܢ ܗܘܘ
ܠܗܘܢ ܗܘܢ ܕܡܬܕܒܪܝܢ ܗܘܘ ܕܢ̈ܫܐ. ܕܒܫܘܚܐ ܐܦ ܗܘܢ
6 ܡܢ ܒܬܪ ܡܫܒܚܐ ܘܫܒܩ ܗܘ ܕܡܠܟ ܒܬܪܗ. ܡܢ ܒܬܪ ܕܝܢ
ܦܘܫܩܗܘܢ ܕܡܢ ܟܠܒ. ܠܐ ܚܪܝܒܘ ܡܫܝܚܗܘܢ ܡܬܢܒܝܢܘܬܐ. ܬܒܥ
ܟܗ̈ܢܐ ܚܕܪ ܡܫܝܚܝܢ ܗܘܘ ܒܠ ܒ̈ܢܝܗܘܢ. ܒܡܕܝܢܬܐ
ܕܦܘܡܦܝܘܣ[20] ܪܒ ܚܝܠܐ ܕܪ̈ܗܘܡܝܐ ܡܢ ܚܠܝܦܘܗܝ. ܘܐܚܝܕ
ܠܐܘܪܫܠܡ ܘܫܒܘܗ: ܘܫܒܩ ܒܟ ܡܥܕܪܢܘܬܗܘܢ. ܘܟܠ ܒܡܕܝܢܬܐ
ܠܒܝܬ ܡܩܕܫܐ ܡܩܕܫܐ. ܘܠܗܘ ܕܒܡܠܟܐ ܡܢ ܡܩܕܫ[21] ܐܬܥܒܝܕܗܘܢ
ܐܝܟ ܗܘܐ ܡܠܟܘܬܐ ܘܡܠܟܘܬܐ ܕܥܡܐ ܗܘܐ ܐܪܣܛܘܒܘܠܘܣ.
𝔄 34 ܟܕ ܦܟܝܪ[22] ܐܚܝܕ ܠܗܘܪܩܢܘܣ[23] ܡܢ ܟܗܢܘܬܐ. ܘܐܫܠܡ ܒܝܕ ܦܪܬܘ̈ܝܐ
ܒܗܘܝܬܐ ܠܐܘܪܫܠܡ ܐܢܛܝܦܛܪܘܣ ܕܗܢܐ.[24] ܘܠܟܠܗ ܥܡܐ ܕܝܗܘ̈ܕܝܐ
ܡܢ ܗܕܟ. ܗܟܢ ܐܝܟ[25] ܕܢܡܘܣܐ ܬܡܝܡܝܢ ܡܬܐܡܪܝܢ ܠܗܘܢ ܥܡܘܕܐ.

[17] 𝔄 *ei hoc sicut est regnum* (but read որ այսպէս է for այս որպէս է ?) [18] For ܒܢܒܘܠܐ. ܡܕܡ 𝔄 has և քան կարգի յաստալի. մինչև: of which յաստալի is unintelligible. There is probably no substantial variation from the text of B. [19] 𝔄 om. ܕܝܢ [20] 𝔄 Պոմպիոս [21] 𝔄 = ܥܠ ܩܕܫܐ ܕܩܘ̈ܕܫܐ [22] 𝔄 *vinctum pedibus manibusque* [23] 𝔄 adds *urbem* [24] Here recommences the text of A, fol. 11 *a* [25] 𝔄 *posuit legem*

7 ܘܬܘܒ ܐܦ ܗܪܘܕܘܣ[26] ܕܒܗ ܐܫܬܡܠܝܬ[27] ܡܫܡܠܝܢܘܬܐ ܕܢܒܝܐ[28]
ܒܫܢܝ. ܐܬܝܗܒܬ ܠܥܒܕܘܬܐ ܡܢ ܦܪܬܘܝܐ. ܘܗܝܕܝܢ ܐܝܟ ܕܦܩܕܬ
ܐܦܪܬ ܡܩܕܫܬ ܗܘܪܘܕܣ ܐܦܝܗܘܢ ܗܘܐ ܡܢ ܟܗܢܐ. ܡܢ
ܗܘܣܛܘܡܠܝܐ[29] ܕܪܘܡܝܐ ܘܡܢ ܐܘܓܘܣܛܘܣ[30] ܡܠܟܐ ܦܠܓ
8 ܡܠܟܘܬܐ ܠܗ ܠܚܡܫܐ ܕܫܘܕܝܐ. ܕܒܢܘܗܝ ܕܗܢܐ ܗܘܬ
ܡܐܬܝܬܗ ܕܡܫܝܚܐ ܘܣܘܟܐ ܕܦܘܪܩܢܐ. ܘܦܘܪܬܐ ܕܚܘܣܢܐ
ܐܫܬܠܡܬ. ܐܝܟ ܕܐܡܝܪ ܒܢܒܝܘܬܐ ·:· ·:·

ܕܢܬܐ ܕܒܬܒܘܗܝ ܕܠܘܬ ܐܝܟ ܕܐܡܪܬ ܒܢܒܝܘܬܐ[1] ܐܘܦ
ܙܒܢܐ. ܗܢܘܢ ܕܡܢ ܡܕܡ ܡܢ ܡܠܟܐ ܕܐܬܡܫܚܘ ܕܝܗܘܕܝܐ.
ܕܒܝܢܝܗܘܢ[2] ܗܘܝܢ ܗܘܘ ܡܕܒܪܢܐ ܠܥܡܗܘܢ. ܘܗܘܐ ܠܗܘܢ
ܡܠܟܐ ܡܢ (B fol. 8 a) ܒܫܢܝܐ ܡܩܕܫܬ ܗܘܪܘܕܣ ·o:o·
ܡܢ ܗܪܟܐ ܗܠܝܢ[3] ܘܦܬܓܡܐ ܕܡܢ ܒܫܢܐ ܕܝܘܕܝܐ ܐܙܠܝܢ[4]
ܘܡܕܒܪܢܐ ܐܦ ܪܒܘܬ ܟܗܢܘܬܐ: ܕܡܢ ܩܕܡ ܐܟܣܢܝܐ
ܡܝܬܝܐ ܗܘܬ ܒܫܢܐ ܕܡܫܡܠܝܢ ܗܘܘ[5] ܠܗ[6] ܒܡܠܟܐ ܒܬܠ
ܕܝܢ. ܒܟܗܢܐ ܕܢܡܘܣܐ ܡܫܢܐ ܐܬܚܠܚܠܬ. ܘܐܡܬ[7] ܠܝ
9 ܡܫܕܐ ܕܗܠܝܢ ܕܓܘܪܐ ܠܟܬܝܒܬܐ ܘܡܫܘܡܣ[8] ܕܗܘܝܐ. ܗܕܐ 𝔄 35
ܡܛܠ ܗܘܪܘܕܣ ܡܠܟܘܬܐ[9] ܡܢ ܪܘܡܝܐ. ܠܐ ܡܛܠ ܡܕܡ Ant xx
ܗܘܐ ܪܒܐ ܒܬܪܗ[10] ܡܢ ܗܘ ܠܟܗܢܐ ܡܩܕܫܐ.[11] ܐܠܐ ܠܐܢܫܐ
ܥܢܘܝܐ ܗܘܐ ܐܝܟ ܕܒܚܝ ܗܘܐ. ܘܒܥܒܕܘܗܝ ܕܗܘܪܘܕܣ

[26] A ܗܪܘܕܝܣ [27] In 𝔄 for կրկնեցաւ read կըրկնեցաւ? [28] B ܡܫܠܡܢܘܬܐ ܕܢܒܝ (sic) [29] A ܗܘܣܛܘܡܠܝܐ [30] A ܐܘܓܘܣܛܘܣ

CHAP. VI. [1] 𝔄 *propter eius tempora ut et dixi in prophetiis* [2] A ܡܢܗܘܢ 𝔄 does not express ܕ [3] 𝔄 plur. [4] A ܙܢܝܐ [5] 𝔄 pres. [6] Read with A ܠܗܿ? [7] 𝔄 om. ܘ [8] A ܠܡܫܘܡܣ [9] 𝔄 adds *Judaeorum* [10] 𝔄 sing. [11] A ܡܩܕܫܐ

ܚܠܦ ܐܦ ܐܪܟܠܐܘܣ ܒܪܗ ܒܡܠܟܐ ܕܝ̈ܗܘ ܒܝ̈ܗܘܕܝܐ. ܘܡܢ
10 ܒܬܪܗ ܬܘܒ ܕܪ̈ܗܘܡܝܐ ܕܢܣܒܘܢ[12] ܪܝܫܢܘܬܐ[13] ܕܝ̈ܗܘܕܝܐ. ܘܗܘ[14]
t xviii 3 ܟܕ ܗܘ ܝܘܣܝܦܘܣ[15] ܡܫܡܥ. ܕܐܦ ܐܚܠܦܐ ܡܕܒܪܢܘܬܐ ܕܪ̈ܒܝ
ܟܗ̈ܢܐ. ܗܪܘܕܣ ܡܢ ܕܐܡܠܟ ܫܪܝܗ̇ ܘܒܒܝܬܗ̇ ܬܘܒ ܫܘܚܠܦܐ
ܕܐܢܫ. ܘܠܐ ܐܦܣ[16] ܕܬܗܘܐ ܬܘܒ ܐܝܬܝܗܘܢ ܕܪ̈ܒܝ
ܟܗ̈ܢܐ. ܘܐܟܘܬܗ ܚܕܐ ܐܦ ܐܪܟܠܐܘܣ[17] ܘܡܢ ܒܬܪܗ
11 ܪ̈ܗܘܡܝܐ. ܗܠܝܢ ܐܡܪܢ ܠܝ ܠܫܘܠܡܬܐ[18] ܕܢܒܝܘܬܐ ܐܚܪܝܬܐ
ܕܡܠܬܗ: ܟܕ ܐܬܝܠܕ ܦܪܘܩܢ ܡܪܢ[19] ܝܫܘܥ ܡܫܝܚܐ. ܐܦ
n ix 25f ܦܫܝܩܐܝܬ ܗܘܐ ܕܢܝܐܝܠ[20] ܐܡܪ ܒܢܒܝܘܬܐ[21] ܕܝܠܗ. ܡܢܝܢܐ ܕܫܒ̈ܘܥܐ
ܕܗܫܝܢ ܫܒ̈ܘܥܐ ܠܡܕܒܪܢܘܬܐ ܡܫܝܚܐ. ܘܒܬܪܗܘܢ ܐܡܪ ܗܘ ܠܝ
ܡܠܟܐ ܐܚܪܝܐ.[22] ܕܡܢ ܒܬܪ ܕܡܫܬܡܠܝܢ ܐܬܠܒܝ[23] ܕܡܬܚܒܠܐ
E viii 381 ܡܫܝܚܘܬܐ ܗܝ ܕܐܝܬ ܗܘܬ ܠܘܬ ܝܗ̈ܘܕܝܐ. ܘܗܝ ܗܘܐ
𝔄 36 ܦܫܝܩܐܝܬ ܒܙܒܢܐ ܕܡܘܠܕܗ ܕܦܪܘܩܢ ܡܪܢ[24] ܝܫܘܥ ܡܫܝܚܐ
ܕܐܫܬܠܡܬ.[25] ܗܠܝܢ ܒܡܠܬܐ ܢܬܦܪܫܢ ܠܫܘܪܪܐ ܠܫܪܪܐ[26]
ܕܪ̈ܒܢܐ.

ܕܫܒܥܐ ܥܠ ܗܘܐ ܬܘܠܕܬܗ ܕܡܫܝܚܐ. ܕܡܫܬܚܠܦܝܢ ܕܠܐ
ܥܠܝܗܝ ܐܘܢܓܠܝܣܛܐ ܠܚ̈ܕܕܐ.

vii. 1 ܡܛܠ ܕܝܢ ܕܡܬܝ (B fol. 8 b) ܘܠܘܩܐ ܐܘܢܓܠܝܣܛܐ ܡܫܠܡܢܐܝܬ[1]
ܐܫܠܡܘ ܠܢ ܬܘܠܕܬܗ ܕܡܫܝܚܐ: ܘܡܬܚܫܒܝܢ ܠܣܓ̈ܝܐܐ ܕܐܝܟ

[12] 𝔄 = ܕܢܣܒܘܢ [13] A ܪܝܫܢܘܬܐ [14] 𝔄 om. ܘ [15] A ܝܘܣܝܦܘܣ [16] A adds ܗܘܐ [17] A ܐܪܟܠܐܘܣ [18] A fol. 11 b [19] 𝔄 = ܘܡܪܢ [20] 𝔄 *a Daniele propheta* [21] 𝔄 plur. [22] A ܚܪܝܢܐ [23] A om. ܕܡܫܬܡܠܝܢ ܐܬܠܒܝ [24] 𝔄 = ܘܡܪܢ [25] A ܐܫܬܠܡܬ ܗܘܬ ܡܫܝܚܐ ܝܫܘܥ 𝔄 = ܝܫܘܥ ܡܫܝܚܐ ܦܪܘܩܢ ܕܐܫܬܠܡܬ [26] A ܠܫܘܪܪܐ ܐܘ ܠܫܪܪܐ 𝔄 *propter confirmationem in veritatem*

CHAP. VII. [1] A ܡܫܠܡܢܐܝܬ

ܦܠܝܓܝܢ ܥܠ ܚ̈ܕܕܐ: ܘܥܠ ܚܕ ܚܕ ܡܢ ܡܫܡ̈ܗܢܐ ܕܠܐ ܡܟܣܢ
ܒܥܘܪܗ ܕܗܘܢܐ ܥܒܕܐ[2] ܠܬܫܒܘܚܬܐ ܕܬ̈ܠܬܐ ܡܬܬܠܝܒ. ܝܗܒܢ[3]
ܕܡܫܝܚܘܬܐ ܕܦܠܚܝܢ ܡܛܠ ܗܕܐ. ܗ̇ܘ ܕܟܐܢܘܬܐ ܥܘ̇ܒܕ
ܠܐܪܣܛܝܕܐ[4] ܐܦܪܝܩܢܘܣ[5] ܗ̇ܘ ܕܗܕܡ ܥܠܠ ܐܘܕܝܢ ܥܠܘܗܝ.
ܕܟܬܒ ܗ̇ܘܐ ܐܦ ܡܛܠ ܫܠܡܘܬܐ ܕܡܦܩ ܬܘ̈ܠܕܬܐ ܕܪܫܝܡ
ܒܐܘܢܓܠܝܘܢ[6]. ܘܐܟܡܐ ܡܚܘܐ ܕܪ̈ܫܝܐ ܕܗܘܘ ܠܦܓܘܢܝܐ 𝔄 37
ܡܛܠ ܗܕܐ. ܕܒܥܠܝܢ ܐܝܟ ܕܢܐܢ ܠܫܪܪܐ[7]. ܘܬܫܒܘܚܬܐ
2 ܕܦܠܓ ܗ̇ܘ ܗܘ ܒܗܠܝܢ ܡ̈ܠܐ ܀ ܡܛܠ ܠܡ ܕܒܢ̈ܝܗܐ ܕܫܪ̈ܒܬܐ
ܡܬܡܢܝܢ ܗܘܘ ܒܐܝܣܪܐܝܠ:[8] ܐܘ ܐܝܟ ܕܡܢ ܟܝܢܐ ܐܘ ܐܝܟ
ܕܡܢ ܢܡܘܣܐ: ܐܝܟ ܕܡܢ ܟܝܢܐ ܕܝܢ ܗ̇ܘ ܕܡܢ ܝܘܠܕܐ ܗܘ
ܕܙܪܥܐ:[9] ܐܝܟ ܕܡܢ ܢܡܘܣܐ ܕܝܢ ܗ̇ܘ ܕܡܬܝܠܕ ܠܫܡܗ ܒܢܝܐ
ܠܐܚܐ ܕܡܝܬ ܕܠܐ ܒܢܝܢ ܕܢܩܝܡ ܠܗ ܙܪܥܐ. ܡܛܠ ܓܝܪ[10]
ܕܥܕܟܝܠ ܠܐ[11] ܐܬܝܗܒ ܗܘܐ ܣܒܪܐ ܕܩܝܡܬܐ ܕܫ̈ܪܝܪܬܐ
ܦܫܡܐܝܬ. ܠܡܬܘܠܕܢܐ[12][13] ܗ̇ܘ ܕܥܬܝܕ ܗܘܐ ܕܢܗܘܐ ܒܩܝܡܬܐ
3 ܡܘ̈ܬܐ ܡܕܡܝܢ ܗܘܘ. ܕܠܐ ܢܦܠ ܫܡܗ ܕܗ̇ܘ ܕܡܝܬ. ܘܡܛܠ
ܕܝܢ ܕܗܠܝܢ ܕܐܬܡܢܝܢ ܒܗܢܐ[14] ܫܪܒ ܬܘܠܕܬܐ: ܐܝܬ ܒܢܝܐ ܕܡܢ
ܐܒܗ̈ܬܐ ܕܟܝܢܐ[15] ܐܬܝܒܠܘ: ܘܐܝܬ ܕܐܬܝܠܕܘ ܡܢ ܐܚܪ̈ܢܐ ܘܗܘܘ
ܕܐܚܪ̈ܢܝܢ.[16] ܕܬܪ̈ܝܗܘܢ ܗܟܝܠ ܗܘܐ ܕܗܘܕܝܢܐ ܕܢܫ̈ܟܚܗܐ.
4 ܘܕܝܠܗܘܢ[17] ܕܐܝܠܘ ܘܕܝܠܗܘܢ ܕܠܗܘܢ ܐܬܝܠܕܘ. ܘܡܛܠ ܗܢܐ
ܚܕ ܡܢ ܐܘܢ̈ܓܠܝܘܢ ܠܐ ܕܓܠ. ܕܡܒܝܐ[18] ܠܫܪ̈ܒܬܐ ܕܟܝܢܐ
ܘܕܢܡܘܣܐ. ܐܬܥܪܒܘ ܓܝܪ ܫܪ̈ܒܬܐ ܚܕܐ ܒܚܕܐ ܕܡܢ ܫܠܝܡܘܢ

[2] A ܦܪܨܘܦܐ 𝔄 = ܦܪܨܘܦܐ [3] A ܝܗܒܝܢ; 𝔄 *ponere* [4] A adds ܗܘ [5] A ܐܦܪܝܩܢܘܣ [6] 𝔄 = ܒܐܘܢܓܠܝܘܢ [7] 𝔄 *et adversarii veritatis* [8] A ܒܐܝܣܪܐܝܠ [9] 𝔄 plur. [10] 𝔄 om. ܓܝܪ [11] A adds ܠܗܘܢ [12] A ܕܩ̈ܢܝܐ. ܦܫܡܐܝܬ ܠܡܬܘܠܕܢܐ [13] A fol. 12*a* [14] A ܗܢܐ [15] 𝔄 *qui de paterna natura* [16] A ܕܐܚܪ̈ܢܝܢ [17] 𝔄 om. ܘ [18] A ܘܡܟܢܐ

ܘܒܢܝܗ̈ܘܢ. ܕܐܝܠܝܢ ܕܡܬܝܚܣܝܢ ܗܘܘ ܒܢ̈ܝܐ ܠܐܚ̈ܝܗܘܢ ܕܡ̈ܝܬܝܢ

ܗܘܘ. ܘܕܐܝܠܝܢ ܕܢܣܒܝܢ ܗܘܘ ܬܪ̈ܬܝܢ ܢܫ̈ܝܢ. ܘܟܐܢܐܝܬ ܗܘܝܢ

𝔄 38 ܗܠܝܢ ܡܬܚܫܒܝܢ ܗܘܘ ܕܒܢ̈ܝܗܘܢ ܐܢܘܢ ܕܗܢܘܢ ܕܝܠܕܘ

ܐܝܟ ܕܒܢܡܘܣܐ. (B fol. 9 *a*) ܘܕܒܢ̈ܝܗܘܢ ܐܢܘܢ ܕܗܢܘܢ[19]

ܕܐܬܝܠܕܘ ܒܟܝܢܗܘܢ ܐܝܟ ܕܒܟܝܢܐ. ܐܡܟܝܢܐ[20] ܬܪ̈ܬܝܗܘܢ ܗܠܝܢ

ܬܫܒܘܚܬܐ ܕܫܪ̈ܒܬܐ ܒܥܒܪܐ ܥܠܝܗܘܢ ܟܠ ܢܗܘܐ. ܐܦ ܡܫܬܠܡܐܝܬ

ܐܠܐ ܫܪܝܪܐܝܬ.[21] ܕܫܘܝܐ ܕܝܢ ܦܣܩ ܗܘܐ ܡܢ ܩܕܡ ܕܐܡܪܝܢ. 5

Mt i 15 f ܐܬܚܫܒܘܗܝ ܠܗ ܠܫܘܠܡܐ ܕܫܪ̈ܒܬܐ. ܡܢ ܕܘܝܕ[22] ܒܪ ܫܠܡܘܢ

ܟܕ ܡܬܕܪܟܝܢ ܫܪ̈ܒܬܐ ܡܢ ܫܘܠܡܐ ܕܬܠܬܐ[23] ܡܫܬܟܚ ܡܬܢ.[24]

Lc iii 23 f ܕܗܘܐ ܐܒܘܗܝ ܠܝܥܩܘܒ ܐܒܘܗܝ ܕܝܘܣܦ. ܡܢ ܢܬܢ[25] ܕܝܢ ܒܪ

ܕܘܝܕ ܐܝܟ ܕܐܡܪ ܠܘܩܐ. ܕܬܠܬܐ[26] ܐܝܟ ܕܗܢ ܫܘܠܡܐ

ܡܫܬܟܚ ܡܠܟܝ. ܝܘܣܦ ܓܝܪ ܒܪ ܥܠܝ ܒܪ ܡܠܟܝ. ܢܣܒܐ 6

ܗܝܠ ܗܝܕ ܠܗ ܕܢܣܒ ܐܢܫܐ ܟܠ ܢܗܘܐ: ܕܐܡܟܝܢܐ ܡܣܬܟܠܐ ܠܗ

ܬܫܒܘܚܬܐ ܕܐܬܝܠܕܘܗܝ ܬܪ̈ܝܗܘܢ ܐܒܗ̈ܘܗܝ[27] ܕܡܫܝܚܐ[28] ܫܪ̈ܒܬܐ.

ܠܝܥܩܘܒ ܡܢ ܫܠܝܡܘܢ ܘܠܥܠܝ ܡܢ ܢܬܢ. ܘܕܐܝܟܢܐ ܐܬܝܗܘܢ

ܡܚܘܝܢ ܘܟܠ ܬܪ̈ܝܗܘܢ[29] ܐܚ̈ܐ. ܘܕܒܢ̈ܝܗܘܢ ܐܒܗ̈ܝܗܘܢ[30]

ܡܬܢ[31] ܘܡܠܟܝ. ܢܣܒܘ ܬܪ̈ܝܗܘܢ ܠܚܕܐ[32] ܐܢܬܬܐ ܕܫܡܗ̇ 7

ܐܣܬܐ. ܘܐܘܠܕܘ ܬܪ̈ܝܢ ܐܚ̈ܝܢ ܡܢ ܚܕܐ ܐܡܐ. ܡܛܠ ܕܠܐ

ܟܠܐ ܗܘܐ ܢܡܘܣܐ ܠܐܢܬܬܐ[33] ܕܡܫܪ̈ܝܬܐ ܗܘܬ ܐܘ ܠܐܢܬܬܐ

[19] A 𝔄 ܕܗܢܘܢ [20] A ܐܝܟ 𝔄 = ܐܡܟܝܠ ܕ [21] 𝔄 *quamvis varii sint tamen veri sunt* [22] In 𝔄 read 'ի' for 'ն' before Դաւթայ ? [23] In 𝔄 read երրորդ for երկրորդ ? [24] 𝔄 *Nathan* [25] 𝔄 = ܠܢܬܢ: probably 'ի' has dropped out before Նաթանայ [26] In 𝔄 read երրորդ for երկրորդ as above ? [27] 𝔄 = ܐܒܗ̈ܘܗܝ [28] A ܕܡܫܝܚܐ [29] 𝔄 om. ܬܪܝܗܘܢ [30] A ܘܡܕܒܪܢܝܗܘܢ ܗܘܝܢ ܐܒܗ̈ܝܗܘܢ [31] 𝔄 *Nathan* [32] A fol. 12 *b* [33] A ܢܡܘܣܐ ܠܚܕܐ ܐܢܬ

8 ܕܡܫܬܟܚܐ ܗܘܬ ܡܢ ܟܠܗ̇ ܕܐܘܡܬܐ ܠܐܝܣܪܝܠ. ܘܡܬܐܡܪܐ ܐܝܬܝܗ̇ ܚܕܐ 𝔄 39
ܗܘ ܕܡܬܬܟܠܐ ܫܪܒܬܗ ܡܢ ܥܠܝܡܘ̈ܗܝ ܐܘܠܐ ܠܝܫܘܥ. ܘܟܕ
ܚܙܐ ܗ̇ܢܝ̱ ܘܡܬܕܒܪܢܐ ܗܘܬ̣[34] ܢܦܫܗ̇ ܡܠܟܐ. ܗܘ ܕܡܬܬܟܠܐ
ܫܪܒܬܗ ܡܢ ܢܘܚ. ܕܡܢܗ ܡܢ ܫܪܒܬܐ ܐܝܬܘܗܝ.[35] ܐܠܐ[36] ܡܢ
ܫܪܒܬܐ ܐܚܪܬܐ ܐܝܟ ܕܐܡܪܝܢ ܐܚܪ̈ܢܐ. ܘܟܕ ܢܦܫܗ̇ ܐܘܠܦ:
9 ܠܟܠ. ܗܢܐ ܕܝܢ[37] ܐܘܩܕ ܗܠܝܢ ܟܬ̈ܒܝܗܘܢ ܫܪ̈ܒܬܐ. ܡܬܚܫܒ
ܗܘܐ[38] ܕܐܬܝܠܕܘܬܗ ܢܥܒܕ ܘܟܠ ܐ̈ܢܫܐ[39] ܡܢ ܫܪܒܐ ܐܚܪܐ.
ܘܢܚܫܘܒ[40] ܟܕ ܡܛܠ ܟܠ ܐܢܫܘܗܝ (B fol. 9 b) ܕܠܐ ܒ̈ܢܝܢ ܢܫܒܘܩ
ܐܝܬܘܗܝ. ܘܐܘܠܦ ܡܛܠܗ̇ ܠܝܘܣܦ ܬܘܠܕܬܐ. ܕܐܝܬܘܗܝ ܒܪܐ
ܕܝܠܗ ܐܝܟ ܕܟܬܝܒܐ. ܘܡܛܠ ܗܢܐ ܟܬܝܒ ܕܝܥܩܘܒ ܐܘܠܕ: Mt i 16
ܠܝܘܣܦ. ܐܝܟ ܕܒܢܡܘܣܐ ܕܝܢ ܐܝܬܘܗܝ ܒܪܗ ܕܗܠܝ. ܠܗܘ
ܗܘ[41] ܓܝܪ ܐܚܘܗܝ ܘܐܒܐ ܡܬܚܫܒ ܡܛܠ ܕܐܚܘܗܝ ܗܘܐ.
10 ܡܫܠܡܢܐ ܠܐ ܐܬܦܣܩ ܗܦܟ ܬܘܠ̈ܕܬܗ.[42] ܟܕ ܡ̈ܢܝܢܐ ܠܗ ܕܝܢ
ܡܛܠ ܐ̈ܒܗܬܐ ܕܡܫܝܚܐ[43] ܐܘܠܦ ܠܝܫܘܥ. ܠܗܢܐ ܕܝܢ ܟܕ ܫܡܥ
ܡܢ ܠܘܩܐ ܠܟܠ ܐ̈ܒܗܬܐ ܕܐܝܟ ܕܡܣܬܒܪ ܗܘܐ[44] ܕܐܝܬܘܗܝ ܒܪ Lc iii 23 f
ܝܘܣܦ. ܒܪ ܗܠܝ ܒܪ ܡܛܬ. ܠܗ̇ܝ ܓܝܪ ܫܪܒܬܐ ܕܐܝܟ ܕܡܢ
ܢܡܘܣܐ ܗܝ. ܘܠܐ ܐܝܟ ܕܡܢ ܟܝܢܐ. ܠܐ ܡܫܟܚ ܗܘܐ
ܕܢܐܡܪ ܕܐܘܠܕ. ܐܠܐ ܒܗܕܐ ܕܐܝܟ ܕܒܫܘܡܠܝܐ ܒܢܝܢܐ ܗܘܬ̣
ܫܠܡ ܠܗܝ ܕܐܘܠܕ.. ܒܫܘܠܡܐ ܕܐܡܗܘܗ[45] ܠܘܬ ܐܕܡ. ܘܐܡܪ ܒܪ ib 38
11 ܐܕܡ[46] ܒܪ ܐܠܗܐ̇ ܘܗܟܢ ····:···· ܘܗܠܝܢ ܠܗ ܡܕܡ ܕܠܝܬ ܠܗ

[34] 𝔄 adds *uxor eius* [35] 𝔄 *erat* [36] 𝔄 = ܘܠܐ (it renders ܡܫܬܐ and ܡܪܟܒܬܐ by the same word ազգ) [37] 𝔄 om. ܕ [38] A ܡܬܚܫܒܝܢ [39] 𝔄 om. ܐ̈ܢܫܐ [40] A ܢܚܫܘܒ ܗܘܘ [41] A ܗܘ ܠܗ [42] 𝔄 = ܬܘܠܕ̈ܬܐ, places the stop at ܡ̈ܢܝܢܐ and om. ܠܗ ܕܝܢ [43] 𝔄 *sed Iacob* [44] 𝔄 *ut putabant de eo* [45] Read ܕܐܡܗܘܗܝ? [46] For ܐܕܡ ܒܪ 𝔄 has *sed Adami* (s. *Adamo*)

ܬܫܡܫܬܐ ܐܚܪ̈ܢ ܐܘ ܡܕܒܪܢܘܬܐ[47] ܗܘ ܕܒܝܬܐ. ܐܠܐ ܐܝܠܝܢ ܕܡܢ[48]
𝔄 40 ܫܪܒܬܗ ܐܢܘܢ ܕܦܪܘܩܢ ܒܒܣܪ ܐܘ ܡܝܕ̈ܥܢܘܗܝ[49] ܐܠܦܘ
ܡܫܡܫܐܝܬ.[50] ܒܙܪ̈ܝܐ ܕܝܢ ܐܫܠܡܘ ܘܟܡ ܗܕܐ ܐܦ ܗܠܝܢ.
ܕܐܕܘ̈ܡܝܐ ܠܡ ܢܦܠܘ[51] ܥܠ ܐܫܩܠܘܢ ܡܕܝܢܬܐ ܕܦܠܣܛܝܢܝ.
ܘܫܒܘ ܡܢ ܒܝܬ ܦܬܟܪܐ ܕܐܦܠܘ ܕܫܡܗ[52] ܗܘܐ ܥܠ ܬܪܥ ܫܘܪܐ.
ܠܐܢܛܝܦܛܪܘܣ ܒܪܗ ܕܗܪܘܕܣ ܗܘ ܕܐܒܘܗܝ ܗܘܐ ܟܡܪܐ
ܒܗܘ[53] ܒܝܬ ܦܬܟܪܐ. ܗܢ ܫܒܘܗܝ ܕܫܒܝܬܐ ܐܝܬܘܗܝ. ܘܕܒܪܘܗܝ
ܘܐܙܠܘ. ܘܗܘ ܗܘܐ ܒܥܡܪܐ. ܡܛܠ ܕܠܐ ܫܟܚܐ ܗܘܐ
ܒܐܬܪ̈ܗܘܢ ܕܐܝܬ[54] ܘܡܬܪܒܝܢܘܗܝ ܠܒܪܗ. ܐܬܪܒܝ ܗܘ ܗܘ
ܐܢܛܝܦܛܪܘܣ[55] ܒܥܝ̈ܕܝܗܘܢ ܕܐܕܘ̈ܡܝܐ. ܘܠܚܪܬܐ ܗܘܬ ܠܗ
ܪܚܡܘܬܐ ܥܡ ܗܘܪܩܢܘܣ[56] ܪܒ ܟܘ̈ܡܪܐ ܕܝܗܘ̈ܕܝܐ. ܘܗܘܐ 12
ܐܝܟܢܐ ܫܠܝܚܘܗܝ ܠܘܬ ܦܘܡܦܝܘܣ ܘܫܪܪ (B fol. 10 a) ܠܗ[57]
ܡܠܟܘܬܗ. ܕܡܬܦܣܩܐ ܗܘܬ ܘܡܫܬܥܒܕܐ ܡܢ ܐܪܝܣܛܘܒܘܠܘܣ
ܐܚܘܗܝ. ܘܟܕ ܢܝܚ ܒܗܠܝܢ ܗܘܐ ܐܢܛܝܦܛܪܘܣ.[58] ܗܘ ܕܝܢ
ܣܘܦܐ ܕܦܠܣܛܝܢܝ. ܡܛܠ ܕܝܢ ܡܢ ܐܢܛܝܦܛܪܘܣ[59] ܒܪ̈[60] ܐܬܦܠܠ
𝔄 41 ܥܡܐ ܕܝܗܘ̈ܕܝܐ ܡܛܠ ܢܝܫܘܬܗ ܕܣܘܢܩܠܝܛܐ ܗܪܘܕܣ[61] ܒܪܗ.
ܕܗܘ ܬܘܒ ܒܫܪܬܐ ܕܒܥܡܘܪܝܐ ܕܐܢܛܘܢܝܘܣ ܘܕܐܓܘܣܛܘܣ[62]
ܡܠܟܐ ܘܕܣܘܢܩܠܝܛܘܣ[63] ܗܘܐ ܡܠܟܐ ܥܠ ܝܗܘ̈ܕܝܐ. ܕܠܗ[64]
ܗܘܘ ܒܢ̈ܝܐ. ܗܘܪܩܢܘܣ ܕܟܗܢܐ ܘܗܠܝܢ ܐܚܪ̈ܢܐ ܬܪ̈ܝܢ ܕܟܗܢܐ ·:·:·

[47] A ܐܘ ܕܡܕܒܪܢܘܬܐ [48] A fol. 13 a [49] A ܡܝܕ̈ܥܢܘܗܝ 𝔄 գէտք և ծանօթք նորա lit. *periti et gnari eius* [50] A ܡܫܡܠܝܐܝܬ [51] 𝔄 om. ܠܡ ܢܦܠܘ [52] A ܕܫܡܗ [53] 𝔄 = ܠܗܘܢ [54] A adds ܗܘܐ [55] A ܐܢܛܝܦܛܪܘܣ ܗܘܐ [56] A ܗܘܪܩܢܘܣ [57] For ܘܫܪܪ ܠܗ 𝔄 has *et rogavit is* [58] 𝔄 ափիրղատոս (probably a clerical error) [59] A ܐܢܛܝܦܛܪܘܣ [60] For ܒܪ 𝔄 has *tempore suo et* [61] A ܕܗܪܘܕܣ [62] A ܐܓܘܣܛܘܣ [63] A ܘܕܣܘܢܩܠܝܛܘܣ
[64] In 𝔄 for նոքա read նորա

ܗܠܝܢ ܕܝܢ ܫܠܡܝܢ ܐܝܟ ܐܦ ܠܡܫܡܥܬܐ[65] ܕܫܘܒܚܐ.

13 ܥܕܡܐ ܗܘ̈ܘ ܕܝܢ ܫܪ̈ܒܬܐ ܕܥܒܪ̈ܝܐ ܒܓܢܙܐ ܠܗܝܟܠ ܒܝܬ ܐܪ̈ܟܐ ܒܓܢܙܐ ܕܐܦ ܕܓܝܘܪ̈ܐ. ܐܝܟ ܐܚܝܘܪ ܕܗܘ ܡܢ ܥܡܘܢܝܐ ܘܪܥܘܬ ܡܢ ܡܘܐܒܝܐ. ܘܫܠܝܛܐ ܕܢܦܩܘ ܥܡܗܘܢ ܡܢ ܡܨܪܝܢ. ܗܪܘܕܣ ܕܝܢ ܡܛܠ ܕܡܕܡ ܣܘܥܪܢܐ ܠܝܬ ܗܘܐ ܠܗ ܒܫܪܒܬܐ ܕܒܝܬ ܐܝܣܪܐܝܠ: ܘܟܒܝܫܐ ܗܘܬ ܠܗ ܬܐܪܬܗ[66] ܒܡܫܥܒܕܘܬܐ ܕܫܪܒܬܗܘܢ. ܐܘܩܕ ܟܠܗ ܡܟܬܒܢܘܬܐ ܕܫܪ̈ܒܬܐ ܕܝܚܘ̈ܣܐ.[67] ܕܢܣܒܪ ܒܪ̈ܚܡܘܗܝ ܕܡܢ ܠܗܘܡܐ ܛܒܐ ܢܬܝܠܕ. ܡܐ ܕܠܝܬ ܐܢܫ̈ܝܢ[68] ܕܡܫܟܚܝܢ ܕܢܬܠ ܡܢ ܒܬܘܠܐ[69] ܕܓܢܣܐ ܫܪܒܬܗ ܘܢܬܠܘܢ ܒܓܢܙܐ ܠܪ̈ܫܐ[70] ܐܒܗ̈ܬܐ. ܐܘ ܡܢ ܓܝܘܪ̈ܐ. ܐܘ ܡܢ ܫܠܝܛܐ ܕܢܩܦܐ

14 ܒܝܬܗܘܢ. ܕܠܬܠܝܐ ܕܝܢ[71] ܡܢ ܢܫܩܦܐ ܕܟܠܗܘܢ. ܚܕܪܘ ܠܗܘܢ ܗܘܘ ܠܗܘܢ ܡܟܬܒܢܘܬܐ ܚܫܝܚܬܐ ܕܫܪ̈ܒܬܐ. ܐܘ ܡܛܠ ܕܡܬܕܟܪܝܢ ܗܘܘ ܠܗܘܢ ܠܫܡܗ̈ܐ. ܐܘ ܕܟܬܒܝ[72] ܐܫܬܟܚܘ ܠܐܕܫܘܢ ܦܫܝܩܐ ܡܢ ܡܟܬܒܢܘܬܐ. ܡܕܡܝܬܐ. ܘܡܫܬܒܗܪܝܢ ܕܦܝܫ[73] ܕܢܛܪܝܢܐ ܕܫܡܗܬܗܘܢ ܛܒܐ. ܕܝܚܝܘܢ ܡܢ ܗܠܝܢ ܐܬܝܗܘܢ ܗܘܘ ܗܢܘܢ ܕܡܕܡܢ ܐܡܪܝܢ[74] ܚܠܝܠܘܗ̇. ܘܡܫܬܒܗܪܝܢ ܗܘܘ ܡܪ̈ܘܬܐ ܡܛܠ (B fol. 10 b) ܫܠܝܛܘܬܗܘܢ ܕܒܫܡܗܘܢ ܕܦܪܘܩܢ. 𝔄 42
ܘܐܬܝܗܘܢ ܗܘܘ ܡܢ ܢܨܪܬ ܘܟܘܟܒܐ[75] ܩܘܪܝܐ[76] ܕܝܗܘܕܝܐ. ܘܟܕ ܢܦܩܘ ܠܐܪܥܬܐ ܐܚܪܢܝܬܐ. ܐܫܬܟܚܘ ܐܝܟ ܕܐܬܟܬܒܘ ܒܫܠܝܐ ܡܢ ܗܕܐ ܡܫܒܚܬܐ.[77] ܗܘ ܕܐܝܬ ܡܢ ܗܕܐ ܬܫܥܝܬܐ.

15 ܐܢ ܕܝܢ ܗܟܢܐ ܐܘ ܐܚܪܢܝܬ. ܬܫܥܝܬܐ ܕܦܫܝܩܐ ܡܢ ܗܕܐ ܐܢܫ

[65] A ܠܡܫܬܒܚܘܬܐ ܐܦ 𝔄 has plur. [66] A ܕܟܒܝܫܐ ܗܘܬ ܠܗ ܬܪܥܝܬܗ 𝔄 *et urebat eum mens* (միտք) *cogitationum eius* [67] A fol. 13 b [68] A ܢܫܝ̈ܢ [69] 𝔄 plur. [70] 𝔄 sing. [71] 𝔄 om. ܕܝܢ [72] A ܕܐܟܬܒ; 𝔄 om. ܕ [73] A adds ܟܠܗ [74] 𝔄 om. ܐܡܪܝܢ [75] 𝔄 read ܟܘܟܒܐ for ܟܘܟܒܐ [76] A ܩܘܪܝܐ [77] A 𝔄 ܗܕܐ ܬܫܥܝܬܐ 𝔄 om. the five following words

ܐܣܝܡ ܕܢܣܒܝ ܠܗ ܐܝܟ ܕܦܩܕ ܐܝܠܐ. ܘܥܠ ܕܐܬܚܙܝܘܗܝ ܦܘܪܫܢܐ
ܒܗܕܐ ܢܬܬܠܠ ܒܡܘܗܒܬ. ܐܦ ܠܗ ܗܘܐ ܠܗ̇[78] ܗܝܡܢܘܬܐ.
ܒܗ̇ ܕܠܐ ܣܡܡܢ ܕܐܣܘܬܐ ܬܫܡܫܬܐ ܕܡܚܠܡܢܘܬܐ ܘܥܩܪܐ ܡܢ
16 ܗܕܐ. ܐܘܟܠܝܘܢ ܕܝܢ ܒܡܘܫܬܐ ܥܙܝܙ ܗܘ. ܘܒܫܘܠܡܐ ܕܠܗ̇
ܕܗܕܐ ܐܬܚܙܝܬ ܐܘܣܝܦ[79] ܗܠܝܢ. ܕܡܠܬ̈ܝ ܠܟ ܗܘ ܕܡܢ
ܥܠܝܗܘܢ ܗ̣ܘ ܐܘܠܕ ܠܝܫܘܥ. ܘܒܪ ܡܢܗ ܡܠܬ̈ܝ. ܡܫܠܡ ܗܘ
ܕܡܢ ܗܠܝܢ ܐܦ[80] ܗܘ ܡܢܗ ܡܢ ܐܬܚܙܝܬ ܐܘܠܕ ܠܟܠ.[81] ܬ̈ܢܢ
ܣܓܝܐ ܗܘܠ ܐܡܬܐ ܐܬܚܙܝܘܗܝ ܗܘܘ[82] ܐܢ̈ܫܐ ܚܠܦ ܘܡܫܡܫܢ
ܚܠܦ ܕܝܢ ܗܘܐ ܕܠܐ ܬ̈ܢܝܢ. ܘܡܫܡܫܢ ܐܘܣܝܦ ܠܗ ܙܕܩܝ ܕܐܘܠܕ.[83]
ܠܗܘܢ. ܐܝܟ ܕܡܢ ܚܝܠܝ ܠܝܫܘܥ. ܐܝܟ ܕܡܢ ܢܗܘܐ ܕܝܢ
ܠܟܠܢ. ܗܟܢܐ ܐܬܚܙܝܘܗܝ[84] ܗܘܐ ܡܘܫܐ. ܒܪܐ ܕܬ̈ܪܝܨܘܬܗܘܢ.
17 ܗܠܝܢ ܚܠܝܢ ܐܡܪ ܐܦܪܝܡܘܣ.[85] ܒܗܝ ܕܝܢ[86] ܕܐܬܟܬܒܬ ܘܡܫܗ
ܒܥܪ̈ܒܬܐ. ܒܣܓܝܐܐ[87] ܐܦ ܡܢܝܘ ܒܒܬܪ ܐܬܚܙܝܢ ܕܡܢܗ ܗܘܬ
ܕܥܪ̈ܒܬܐ. ܡܛܠ ܕܐܝܟ ܢܡܘܣܗ ܕܡܫܡܫ. ܠܐ ܥܠܝܡܝܢ ܗܘܘ
ܕܢܫܬܠܡܘܢ ܥܪ̈ܒܬܐ ܣܓܝܐ ܒܗܕܐ. ܦܩܕ ܒܪ ܕܠܗܒ ܡܢܗ ܕܒܡܫܐ
ܘܡܢܗ ܕܥܪ̈ܒܬܐ ܬܗܘܐ ܡܫܬܘܕܥܐ ܐܬܚܙܝܬܐ ܠܓܒܪܐ. ܕܠܐ
ܬܗܘܐ ܡܬܦܩܕܐ[88] ܦܪܝܬܐ ܕܙ̈ܘܬܬܐ ܕܠܗܘܡܐ ܡܢ ܥܪ̈ܒܬܐ
ܠܥܪ̈ܒܬܐ.[89] ܒܕܡܐ ܠܗܘܪ̈ܒܐ ܐܦ ܗܠܝܢ ܗܟܢ ·:· ·:· ·:·

[78] A ܠܗ [79] 𝔄 *addidimus* [80] A 𝔄 ܢܠܝ ܗܘ. ܐܦ [81] A ܠܟܠܟ ܐܘܠܕ [82] 𝔄 pres. [83] A ܘܐܘܠܕ [84] A fol. 14 *a* [85] A ܐܦܪܝܡܘܣ [86] A om. ܕܝܢ? [87] A places a stop after ܒܣܓܝܐܐ
[88] 𝔄 wrongly պատմեալ *narratum* [89] 𝔄 adds [illegible] = ܘܗܠܟ ܕܬܘܪܗܘܢ ܠܬܘܪܗܘܢ?

ܕܬܡܢܝܐ ܥܠ ܢܟܠܐ ܕܩܛܠܐ ܕܐܬܢܟܠ ܗܪܘܕܣ ܥܠ ܛܠܝܐ
ܕܒܝܬ ܠܚܡ.[1] ܘܕܐܝܕܐ ܚܪܬܐ ܒܥܓܠܐ ܗܘܬ ܠܗ.

viii. 1 ܟܕ ܐܬܝܠܕ (B fol. 11 a) ܕܝܢ ܡܫܝܚܐ ܒܒܝܬ ܠܚܡ[2] ܕܝܗܘܕܐ Mt ii 1 ff
ܐܝܟ ܣܗܕܘܬܐ ܕܢܒܝܘ̈ܬܐ ܒܗܠܝܢ ܙܒ̈ܢܐ[3] ܕܩܕܡ[4] ܐܘܕܥܢ
ܥܠܘܗܝ.[5] ܟܕ ܐܬܘ ܡ̈ܓܘܫܐ ܡܢ ܡܕܢܚܐ: ܘܡܫܐܠܝܢ ܗܘܘ
ܕܐܝܟܐ ܗܘ ܡܠܟܐ ܕܐܬܝܠܕ ܠܝܗܘ̈ܕܝܐ.[6] ܚܙܝܢ[7] ܓܝܪ ܟܘܟܒܗ: ܘܗܕܐ
ܥܠܬܐ ܕܗܝ ܥܠܗ ܡܪܕܝܬܐ ܕܐܘܪܚܐ ܕܗܘܬ ܠܗܘܢ ܒܫܘܦܠܐ
ܡܠܟܐ:[8] ܕܢܐܬܘܢ ܘܢܣܓܕܘܢ ܠܗ ܕܐܬܝܠܕ[9] ܐܝܟ ܕܠܐܠܗܐ. 𝔄 44
ܗܪܘܕܣ ܕܝܢ ܠܐ ܗܘܐ ܒܙܥܘܪܬܐ[10] ܐܬܥܝܩ ܒܗܕܐ ܣܒܪܬܐ.
ܣܒܪ ܓܝܪ ܒܪܥܝܢܗ ܕܡܫܬܩܠܐ ܠܗ ܡܢܗ ܡܠܟܘܬܐ.[11] ܘܡܫܐܠ[12]
ܗܘܐ ܠܣ̈ܦܪܐ ܕܢܡܘܣܐ ܕܝܗܘ̈ܕܝܐ. ܕܐܝܟܐ ܡܣܟܝܢ ܗܘܘ[13]
ܕܡܬܝܠܕ ܡܫܝܚܐ. ܟܕ ܕܝܢ ܝܠܦ[14] ܕܐܡܪܬ ܢܒܝܘܬܗ ܕܡܝܟܐ
ܕܒܝܬ ܠܚܡ.[15] ܒܚܕ ܦܘܩܕܢܐ ܠܟܠܗܘܢ ܛܠܝ̈ܐ ܕܐܝܬ ܒܒܝܬ ܠܚܡ[16]
ܘܒܟܠܗܘܢ ܬܚܘܡܝܗ̇ ܡܢ ܒܪ ܬܪ̈ܬܝܢ ܫܢ̈ܝܢ ܘܠܬܚܬ:[17] ܠܡܩܛܠܘܬܐ
ܙܒܢܐ ܕܐܡܪܘ[18] ܠܗ ܡ̈ܓܘܫܐ ܒܥܕ ܕܢܬܦܠܛܘܢ. ܘܡܛܪܐ
ܒܪ̈ܢܫܐ ܕܐܦ ܢܣܒܘܢ ܒܥܡܗܘܢ ܡܢ ܦܘܡܗܘܢ[19] ܛܠܝܐ ܐܚܕ
2 ܗܘܐ.[20] ܡܚܕܐ ܕܝܢ ܠܢܟܠܗ ܣܘܓܐ[21] ܕܡܠܐܟ̈ܐ[22] ܕܐܠܘ
ܠܛ̈ܠܝܘܗܝ ܡܕܡ ܕܒܬܪ ܗܘܐ ܠܡܘܬܗ. ܘܫܠܘܢܝܗܝ ܘܪܓܘ

CHAP. VIII. [1] A ܛܠܝ̈ܐ ܕܐܝܬ ܒܒܝܬ ܠܚܡ [2] A ܒܒܝܬܠܚܡ
[3] 𝔄 sing. [4] A ܕܩܕܡܢ For ܕ 𝔄 has որպէս *sicut* [5] 𝔄 *de eo*
[6] 𝔄 *recens natus rex Judaeorum* [7] A ܚܙܝܢ [8] A ܣܓܝܕܐ [9] 𝔄 adds
*Bethlehemi* [10] A ܒܙܥܘܪܝܬ [11] A ܪܫܝܢܘܬܐ [12] A ܘܗܘ ܡܫܐܠ ܗ̄
[13] 𝔄 = ܡܣܟܝܢ ܐܢܘܢ ܠܡܐ [14] A ܐܝܟ [15] 𝔄 adds [illegible] = ܡܕܝܢܬܐ
[16] 𝔄 adds *urbe* [17] 𝔄 lit. *a natalibus usque ad bimos* [18] A ܕܐܡܪ 𝔄 *sicut dixerunt* [19] A ܗܠܟܘܢ [20] A ܐܝܟ ܗܘܐ So 𝔄 has aor. [21] A ܚܘܠܗ
[22] A fol. 14 *b*

3 ܠܡܚܪ̈ܘܢ. ܗܠܝܢ ܕܒܬܪܟܐ[23] ܡܢܝܢܐ ܕܐܘܢܓܠܝܘܢ ܡܠܦ... ܦܠܐ
ܕܝܢ ܕܢܣܝܐ ܡܢܝܐ ܒܐܝܕܗ ܠܗܪܘܕܘܣ ܡܛܠ ܡܪܚܘܬܗ ܕܥܠ
ܡܫܝܚܐ ܘܥܠ ܗ̇ܢܘܢ ܝܗܘ̈ܕܝܐ ܕܒܥܬ ܠܡܫܪ. ܕܡܢ ܣܛܐ[24] ܟܪ
ܒܬܗ ܦܩܕܗ ܕܢܬܐ[25] ܒܐܬܪܐ ܕܐܠܗܐ. ܘܟܕ ܗ̣ܘ ܚܕ ܒܥܠܡܐ.
ܡܢ ܗܪܟܐ ܦܩܕ ܣܘܣܝܗ ܡܟܝܠ ܕܟܬܒ ܕܢܬܦܠܠ ܡܢ ܒܬܪ
4 ܕܡܫܬܪܝܐ ܡܢ ܒܥܠܡܐ. ܘܒܫܘܠܡܐ ܕܡܠܟܘܬܐ ܕܓܐܝܣ[26] ܕܗܘܐ
A 45 ܗܘܬ ܠܗ. ܐܫܟܚܘܗܝ ܐܘ̈ܠܨܢܐ ܣܓܝ̈ܐܐ ܕܩ̈ܛܠܐ ܕܒܬܪ ܒܟܢܫܬܗ
ܕܐܢܬܬܗ[27] ܘܕܒܢ̈ܘܗܝ. ܘܕܒܪ̈ܢܫܐ (B fol. 11 b) ܕܐܝܠܝܢ ܕܢܩ̈ܝܒܝܢ
ܗܘܘ ܘܡܬܬܪܝܢ ܒܦܠܓܗܘܢ. ܕܗܢܐ ܕܝܢ ܣܒܗ ܐܝܟܢ ܠܗܠܝܢ
ܠܐ ܡܬܚܫܒܢ ܚܝܢ. ܥܒܕܐ ܗܘܐ ܒܬܪ ܕܐܬܚܫܒܘܗܝ.[28] ܡܪܘܢܝܐܝܬ
5 ܐܡܪ ܠܗܘܦܘܣܘܣ[29] ܒܬܫ̈ܥܝܬܐ ܕܐܟܬܒ. ܕܒܝܘܡܝܗ ܒܟܢ ܗ̇ܘ
ܟܠܐ ܕܡܠܟܐ ܕܒܚܪ ܥܠ ܦܘܪܘܢ ܘܥܠ ܗ̇ܢܘܢ ܝܗܘ̈ܕܝܐ. ܦܩܕܬܗ
ܚܠܘܬܗ ܕܐܠܗܐ[30] ܘܒܥܕܢܐ ܠܚܘܒܬܐ ܕܪܘܚܬܗ. ܠܐ ܗܘܬ ܕܝܢ
ܗܦܟܐ ܕܠܗܝܢ ܠܦܬܠܘܗ[31] ܕܡܬܚܒܠܢܐ ܢܥܒܕ: ܕܐܟܬܒ ܒܗܠܝܢ
it xvii 5 — 6 ܦ̈ܠܓܐ ܥܠ ܫܪܬܐ ܒܫܢܬܐ ܕܡܠܟܘܬܗ. ܕܒܘܪܗܢܝܗ ܠܡ ܕܗܪܘܕܘܣ
ܡܟܐܪ ܗܘܐ ܥܠܘܗܝ ܟܘܪܗܢܐ.[32] ܐܠܗܝܐ ܒܬܪ ܒܒܗ ܗܘܐ
ܡܢܗ ܬܒܥܬܐ[33] ܕܒܝܫܬ ܕܡܚܒܠ ܗܘܐ. ܢܘܪܐ ܓܝܪ ܕܐܫܬܐ
ܕܢܘܩܬܐ[33a] ܡܩܕܐ ܗܘܬ ܒܗ. ܕܡܢ ܠܒܪ ܠܐ ܡܬܚܙܝܐ ܗܘܬ
ܡܣܪܝܢ: ܐܝܟ ܡܢܐ ܕܡܢ ܠܓܘ ܡܬܒܥܪ ܗܘܐ ܥܘܬܕܗ. ܘܕܢܦܩܠ

[23] 𝔄 plur. [24] A ܕܡܟܣܝܐ [25] 𝔄 plur. [26] For ܦܩܕ 𝔄 has *Հրամայէր imperabat:* but read *Համարէր putabat*? [27] Point with A ܩܕܝܠܗ. ܕܐܢܬܬܗ? Thus 𝔄 [28] A ܕܐܬܚܫܒܘ 𝔄 seems to have read ܕܐܬܚܫܒܘܗܝ ܚܝܢ ܒܥܒܕܐ [29] A ܠܝܘܣܝܦܘܣ [30] 𝔄 = ܡܢ ܚܠܘܬܐ [31] 𝔄 = ܠܗ ܠܚܫܟܬܗ [32] A ܠܚܝܠ [33] For ܐܠܗܝܐ ܒܥܐ ܗܘܐ ܡܢܗ ܬܒܥܬܐ 𝔄 has *Divinam ultionem* (*զաստուածային*) *poenae malam quaerebat ex eo* [33a] 𝔄 *ardentis*

ܡܕܡ[34] ܡܫܬܟܠܬܐ[35] ܐܦ ܠܐ ܡܬܦܪܦܪܘ[36] ܬܦܪܦܪ ܗܘܐ.
ܡܛܠ ܕܠܐ ܡܫܠܡܐ ܗܘܬ. ܘܟܘܫܝܐ ܘܟܐܒܐ[37] ܣܓܝܐܐ
7 ܒܡ̈ܥܘܗܝ ܘܒܡܥܝܢܐ ܪ̈ܛܝܒܐ ܒܪ̈ܓܠܘܗܝ. ܘܣܚܐ ܠܗ[38] ܐܬܡܣܝ
ܘܐܪܝܟ ܬܘ̈ܠܥܐ. ܘܪܘܚܐ ܒܪܝܬܐ[39] ܕܡܣܪܚܐ ܗܘܬ ܥܠܘܗ̈ܝ
ܘܐܦ[40] ܗܝ ܡܦܪܓܐ ܗܘܬ ܘܡܚܢܩܐ ܠܗ. ܒܪܘܚܐ[41] ܒܝܫܐ 𝔄 46
ܘܙܘܥܐ ܐܚܝܕܐ ܘܐܠܝܨܐ.[42] ܘܡܟ̈ܐܒܐ[43] ܣܓܝ̈ܐܐ ܡܢ ܟܠ ܗܕ̈ܡܘܗܝ
ܢܦܩܝܢ ܗܘܘ ܠܗ. ܘܣܠܩܐ ܕܢܫܡܬܗ ܠܘܬ ܗܘܐ ܒܗ ·:· ·:·
8 ܡܬܐܡܪ[43a] ܗܘܐ ܕܝܢ ܡܢ ܐܢܫܝܢ ܕܐܝܟ ܕܡܢ ܐܠܗܐ ܡܡܠܠܝܢ
ܗܘܘ: ܘܡܢ ܐܢܫܝܢ ܕܡܦܪܫܝܢ ܐܚܪܢܝܢ ܒܚܟܡܬܐ ܕܐܝܟ ܗܠܝܢ.
ܕܡܛܠ ܥܘ̈ܠܐ ܡܣ̈ܓܝܐܐ ܕܪܘܫܥܐ[44] ܕܥܒܕ ܗܘܐ. ܥܒܕ ܡܢܗ
9 ܐܠܗܐ ܬܒܥܬܐ ܡܢ ܡܠܟܐ. ܘܬܘܒ[45] ܒܬܫܥܝܬܐ[46] ܐܚܪܢܝܬܐ
ܕܕ̈ܝܢ ܠܗܠܝܢ. ܐܡܪ ܥܠܘܗܝ ܗܟܢܐ ܗܘ ܗܢܐ ܡܬܬܟܢܫܢܐ. (B fol. 12 a)
ܕܒܪ ܥܡܗ ܒܗܘܢܝܐ. ܡܢ ܗܘܕܝܢ ܠܦܘܪܥܢܗ ܦܠܓܗ ܠܡܪ̈ܥܐ
ܡܦ̈ܪܫܐ. ܐܣܝܘܬܐ ܒܥܐ ܐܝܬ ܗܘܬ ܥܠܘܗܝ ܕܢܣܒ ܘܐܬܟܠܝܢ
ܕܠܐ ܗܟܢ ܒܟܠܗ ܦܓܪܗ. ܘܡܟܐܒܐ[47] ܣܓܝܐܐ ܒܡ̈ܥܘܗܝ.
ܘܒܪ̈ܓܠܘܗܝ ܒܡܥܝܢܐ ܐܝܟ ܕܠܐܢܫ ܕܚܢܩ ܡ̈ܝܐ. ܘܒܣܝܡܐ
ܡܫܘܚܬܐ ܕܡܫܠܡܐ ܬܘ̈ܠܥܐ. ܘܬܘܒ ܒܪܘܚܬ[48] ܪܘܚܢܐ. ܕܡܬܐܡܪܐ
ܒܝܘܢܝܐ ܐܘܪܬܘܦܢܝܐ ܘܕܣܘܦܢܝܐ.[49] ܘܐܠܘܨܝܐ ܣܓܝܐܐ ܒܗܕ̈ܡܘܗܝ 𝔄 47
ܗܕ̈ܡܘܗܝ. ܕܐܡܪܝܢ ܕܡܢ ܐܠܗܐ ܡܡܠܠܝܢ ܐܚܪܢܝܢ ܗܘܘ. ܕܗܢܐ

[34] For ܡܕܡ A has ܗܘܐ [35] A ܡܫܬܟܠܬܐ [36] A adds ܕܝ [37] A ܕܟܐܒܐ 𝔄 has plur. [38] A om. ܠܗ [39] 𝔄 = ܘܡܣܪܚܐ ܒܪܝܬܐ and om. ܕܡܣܪܚܐ ܗܘܬ ܒܠܘܬܗܘܢ [40] A ܐܦ [41] A fol. 15 a [42] For ܘܙܘܥܐ ܐܚܝܕܐ ܘܐܠܝܨܐ 𝔄 has *et creberrimo spasmo premebatur* [43] A ܘܡܟ̈ܐܒܐ [43a] B ܡܬܐܡܪܝܢ (*sic*) [44] 𝔄 plur. [45] A ܬܘܒ [46] 𝔄 պատմանիք = ܒܬܫ̈ܥܝܬܐ [47] A ܘܡܟܐܒܐ 𝔄 plur. [48] 𝔄 = ܒܪܘܚܗ [49] A ܐܘܪܬܘܦܢܝܐ ܘܕܣܦܢܣܘܢܝܐ 𝔄 որթափոնիայ և յասպինիա (read գասպինիա?)

10 ܒܗܘܪ̈ܝܐ ܬܫܒܘܚܬܐ ܗܘ. ܗܘ ܕܝܢ ܟܕ ܡܫܬܘܩ ܗܘܐ ܒܟܠܗܘܢ
ܗܠܝܢ ܒܫ̈ܢܩܐ. ܡܬܬܟܫ ܗܘܐ ܕܢܣܒ ܘܢܐܪ ܗܘܐ ܠܚܘܪܢܐ.
ܘܐܣܘܬܐ ܠܢܦܫܗ ܡܬܦܪܫ ܗܘܐ. ܘܟܕ ܢܘܪܝܢ[50] ܘܡܬܚܫܫ
ܗܘܐ ܒܗܝ ܚܡܝܡܘܬܐ[51] ܕܐܝܬ ܒܠܒܪܘܬܐ.[52] ܕܢܦܩ ܩܕܡ ܠܡܬܠܐ
11 ܕܐܣܦܠܝܛ.[53] ܘܒܬܪ ܗܘܝܐܐ ܠܒܝܫܐ. ܘܦܩܕ ܠܗܘܢ ܠܐܣܩܘܛܐ
ܕܗܪܟܐ ܢܦܩܘܢ ܥܠܘ ܦܠܛܗ ܒܡܫܝܚܐ. ܘܟܕ ܩܛܠ ܥܠܘ
ܒܡܐܢܐ ܕܩܛܠܐ ܡܫܝܚܐ. ܐܫܬܪܝ ܘܐܬܦܩܕ ܒܢܝ̈ܗܘܢ.
ܘܪܗܒܘܬܐ ܦܩܣܐܬܐ ܦܘܬ ܒܓܕ̈ܘܗܝ. ܒܡܐܢܐ ܕܝܢ[54] ܡܫܟܚ.
ܥܠ ܚܘܢܗܝ ܕܝܢ ܐܘܫܠ ܗܘܐ. ܘܦܩܕ ܕܢܬܟܬܒ ܥܠ ܚܕ ܡܢ
ܦܠܓܗܘܢ ܫܦܝܪ ܡܬܘܡܐ. ܘܕܗܪܟܐ ܦܠܓܐܐ ܠܡܦܟܚܘܬܐ[55]
12 ܘܠܡܢܚܡܢܘܬܗ.[56][57] ܗܘ ܕܝܢ ܗܦܟ[58] ܘܐܬܐ ܠܐܘܪܚܗ. ܘܡܬܚܫܒܬ 𝔄 48
ܗܘܐ ܘܡܬܡܪܡܪ ܘܡܬܠܒܫ ܥܠܘܗܝ ܥܠ ܡܘܬܐ. ܐܬܚܙܝ
ܕܝܢ ܒܥܠܡܐ ܕܗܘܒܪܬܐ[59] ܒܝܫܐ. ܒܬܪ ܙܒܢ ܡܢ ܥܠܝܗܝܢ ܗܘܪ̈ܐ
ܕܗܘܕܐܐ ܐܢܫܐ ܕܝܬܒܐ ܠܕܘܟܬܐ ܕܡܬܩܪܝܐ ܒܫܡ ܪ̈ܘܦܠܐ
13 ܕܪܚܡܝܢ.[60] ܘܦܩܕ ܕܢܬܚܫܒܘܢ. ܦܘܪܐ ܕܝܢ ܠܓܠܝܡܐܐ ܚܬܗ
ܘܠܒܥܠܗ ܐܠܒܫܗ ܘܦܩܕ ܠܗܘܢ. ܡܢܟܐ ܕܠܝܘܕܝܢܐ ܒܐܕܪܐ[61]
ܗܘܐ ܠܗܘܢ (B fol. 12 b) ܒܡܘܬܗ. ܡܡܢܫ ܐܢܫܐ[62] ܕܝܢ ܕܐܟܒܕ
ܥܠ ܐܟܠܐ ܒܕ ܐܚܪ̈ܢܐ ܘܢܘܗܪܐ ܥܠ. ܒܝܬ ܩܒܪܐ ܕܡܫܝܢ.
ܐܝܟ ܗܘ ܕܬܪܟܒܘܢ ܘܬܒܒܕܘܢ ܦܘܪܩܢ. ܕܠܥܠܡ[63] ܐܢܫܐ
ܕܡܫܡܫܝܢ. ܡܫܝܕܐ ܕܡܟܐܬ ܐܢܫܐ ܐܩܝܡܘ ܥܠܝܗܘܢ ܦܠܓ̈ܐ
ܘܦܠܓܐ[64] ܐܝܟ. ܕܥܠܝܗ ܡܘܕܐ ܘܥܠ ܟܠ ܐܦ ܟܕ ܠܐ ܝܕܥ[65]

[50] 𝔄 adds *flumen* [51] A ܡܫܬܟܢܬܐ [52] A ܒܠܒܪܘܬܐ [53] A ܕܐܣܦܠܝܛܣ [54] A ܕܝܢ [55] A ܠܡܦܟܚܘܬܐ [56] 𝔄 *amicis suis et iudicibus* [57] A fol. 15 *b* [58] A ܗܦܟ [59] 𝔄 plur. [60] A ܗܪܟܐ ܕܒܥ̈ܠܐ [61] 𝔄 *festum magnum* [62] A ܡܫܡܫܢܐ [63] A ܘܠܗܠܝܢ 𝔄 expresses neither ܕ nor ܘ [64] 𝔄 *viros principes de servis et trucident* [65] A ܠܐ ܝܕܥܘ

14 ܢܓܕܘܢ ܒܠܗ. ܘܡܢ ܒܬܪ ܩܠܝܠ ܐܡܪ ܬܘܒ. ܕܡܬܐܠܨ ܗܘܐ
ܡܛܠ ܕܠܐ ܡܟܝܟ ܗܘܐ ܠܡܣܒܠܘ ܡܟܐܒܘܬܐ. ܘܒܟܐܒܐ[66]
ܚܫܝܫܐ ܕܫܒܠܝ ܡܬܬܦܝܣ ܗܘܐ. ܘܟܕ ܚܙܐ ܒܟܐܒܘܗܝ ܕܠܐ 𝔄 49
ܕܢܦܪܩܘܢܗܝ ܠܗܘܢ ܡܢܗ. ܘܢܦܩ ܠܗ ܚܘܪܐ ܘܣܓܝܐ ܗܟܢܐ.
ܡܟܝ ܗܘܐ ܒܪ ܕܡܘܬܐ ܟܪ ܘܐܟܠ ܗܟܢܐ. ܘܡܢ ܒܬܪܗ ܗܢ
ܕܚܝܐ ܕܠܗܠܐ ܐܝܬ ܐܝܟ ܕܟܠܐ ܠܗ. ܘܐܡܪ ܡܚܝܢܘܗܝ ܐܝܟ
15 ܕܢܬܦܠܛ ܢܦܫܗ... ܘܟܕ ܗܠܝܢ ܒܠܗܝܢ ܗܘ ܗܘܐ ܡܬܬܒܥܐ Ant xvii 7 B J i 33, 7
ܡܬܬܒܝ. ܕܠܚܡ ܡܢ ܒܢܘܗܝ. ܘܟܕ ܩܠܝܠ ܕܒܝܢ ܕܡܐܬ ܗܘܐ
ܒܬܪ ܬܪܝܢ ܐܚܪ̈ܢܝܢ ܕܩܛܠ ܒܗ ܒܥܝܢ. ܐܦ ܠܗܢܐ ܕܬܠܬܐ
16 ܩܛܠ ܘܗܕܝܢ ܒܟܐܒܐ ܡܪܝܪܐ ܡܝܬ ⁘ ܗܢܐ ܗܘܐ ܫܘܠܡܐ
ܕܡܬܘܬܗ ܕܗܪܘܕܣ ܕܐܬܦܪܥ ܕܢܒܐ ܒܐܢܫܐ.[67] ܥܠ ܕܩܛܠ
ܠܛ̈ܠܝܐ ܗܢܘܢ ܕܒܝܬ ܠܚܡ ܒܢܟܠܐ ܕܐܬܛܢܠ ܥܠ ܦܪܘܩܢ.
17 ܕܡܢ[68] ܒܬܪ ܐܬܘܪܝ ܡܠܐܟܐ ܒܚܠܡܐ ܠܝܘܣܦ ܘܐܡܪ ܠܗ.[69]
ܕܢܣܒ ܠܛܠܝܐ ܘܠܐܡܗ ܘܢܐܙܠ ܠܐܪܥܐ ܕܝܗܘܕ. ܘܐܡܪ
ܠܗ ܕܡܝܬܘ ܠܗܘܢ ܗܢܘܢ[70] ܕܒܥܝܢ ܢܦܫܗ ܕܛܠܝܐ.[71] ܘܟܕ ܫܡܥ
ܗܠܝܢ ܐܡܪ ܐܘܢܓܠܝܣܛܐ. ܕܫܡܥ[72] ܕܐܪܟܠܐܘܣ ܐܡܠܟ ܚܠܦ Mt ii 22
ܗܪܘܕܣ[73] ܐܒܘܗܝ ܘܕܚܠ ܕܢܐܙܠ ܠܬܡܢ. ܘܚܙܐ ܒܚܠܡܐ[74]
ix. 1 ܕܢܐܙܠ ܠܗ ܠܐܬܪܐ ܕܓܠܝܠܐ. ܘܥܠ ܡܠܟܘܬܗ ܕܝܢ ܕܐܪܟܠܐܘܣ[75]
ܕܒܬܪ ܗܪܘܕܣ.. ܥܠܡ ܗܘܐ ܡܠܟܘܬܐ ܕܦܠܓܝܢ[76] ܐܡܪ̈ܢ ܟܠܗܘܢ. 𝔄 50
ܕܐܘܢܓܠܝܐ ܡܢ[77] ܕܫܘܬܦܐ ܕܗܪܘܕܣ (B fol. 13 a) ܐܒܘܗܝ. ܘܡܢ Ant xvii 8 ff.
ܒܩܕ̈ܡܝܐ[78] ܕܐܪܟܝܘܠܘܓܝܣ ܝܘܣܦ ܡܫܠ ܡܠܟܘܬܐ ܥܠ ܝܗܘܕܝܐ.
ܘܕܐܘܓܠܝܐ ܡܢ ܒܬܪ ܕܩܛܠ ܫܢܝܢ ܥܣܪ ܢܦܠ ܡܢ ܡܠܟܘܬܗ.

[66] A plur. [67] 𝔄 *quod accepit retributionem iustorum iudiciorum Dei*
[68] 𝔄 = ܘܪܡܝ [69] A fol. 16 *a* [70] 𝔄 *omnes* [71] 𝔄 adds *perdere*
[72] 𝔄 = ܕܟܕ ܡܠܟ [73] A ܗܪܘܕܣ [74] 𝔄 'ի [illegible] = ܒܚܠܡܐ [75] A ܕܐܪܟܠܐܘܣ [76] A ܕܦܠܓܝܢ [77] A ܕܡܢ [78] A 𝔄 ܒܩܕܡܝܐ

ܘܡܕܒܪܝܢ ܗܘܘ ܐܚܘܗܝ ܒܛܛܪܪܟܘܬܐ.[79] ܗܘ ܕܝܢ ܚܕܐ ܡܢ
ܐܚܕ ܡܢܗܘܢ ܕܐܪܟܐ ܕܐܝܣܪܐܝܠ. ܦܝܠܝܦܘܣ[80] ܘܗܪܘܕܣ
ܠܓܠܝܠܐ ܘܠܗܘܣܝܐ.

A 51 ܕܬܫܥܝܬܐ ܥܠ ܫܢܘܗܝ ܕܦܝܠܛܘܣ.[1] ·:· ...

xviii ܘܗܘ ܬܘܒ ܕܝܢ ܗܘ ܝܘܣܝܦܘܣ[2] ܐܡܪ ܒܬܫܥܝܬܗ. ܕܒܫܢܬ
ܬܪ̈ܬܥܣܪܐ ܕܛܒܪܝܘܣ[3] ܩܣܪ: ܗܘ ܒܬܪ ܕܩܒܠ ܫܘܠܛܢܐ[4] ܕܟܠܗ
ܡܠܟܘܬܐ ܡܢ ܒܬܪ ܫܒܥܝܢ ܘܚܡܫ[5] ܫܢܝ̈ܢ ܕܡܕܒܪܢܘܬܗ[6] ܘܐܘܓܘܣܛܘܣ[7]
ܕܐܓܘܣܛܘܣ. ܕܦܝܠܛܘܣ[8] ܠܡ ܦܝܠܛܘܣ ܩܒܠ ܫܘܠܛܢܐ[9] ܥܠ
ܐܪܥܐ ܕܝܗܘܕ. ܘܬܡܢ ܗܘܐ ܥܣܪ ܫܢܝ̈ܢ ܟܕܡܐ ܕܡܝܬ
ܛܒܪܝܘܣ.[10] ܡܕܡ ܦܣܝܩܐܝܬ ܐܬܟܢܫܬ ܠܛܥܝܘܬܐ ܕܟܠܗ ܗܠܝܢ 2
ܕܟܬܒܘ ܗܘܦܘܡܢܡܛܐ ܥܠ ܦܪܘܩܢ ܒܨܠܝܒܘܬܗ. ܕܗܢ ܡܕܡ
ܐܬܬܠܝ ܐܢܫܐ ܐܢܘܢ. ܕܡܕܡܝܢ[11] ܗܘ ܕܒܢܝܐ ܕܐܬܟܬܒܘ
ܗܠܝܢ ܕܟܠܗ̇ ܠܛܥܝܘܬܐ ܗܘ ܡܟܣ ܠܗ ܠܨܠܝܒܘܬܗ.
ܕܒܫܢܬ ܐܪܒܥ ܕܗܘܦܛܝܐ ܕܛܒܪܝܘܣ[12] ܕܗܘܬ ܒܫܢܬ ܫܒܥ 3
ܕܡܠܟܘܬܗ. ܐܬܟܬܒ[13] ܕܗܘܐ ܚܫܗ ܕܦܪܘܩܢ. ܒܗܘ ܕܝܢ ܡܕܡ
ܕܐܡܪܝܢ ܘܬܘܒ. ܕܒܗܢܐ ܙܒܢܐ[14] ܕܐܦܠܐ ܡܕܪܝܢ ܕܪܝܢ

[79] 𝔄 *per tetrarchias* [80] A ܦܝܠܝܦܘܣ

CHAP. IX. [1] 𝔄 *Philippi* [2] A ܝܘܣܦܘܣ [3] A ܕܛܒܪܝܘܣ [4] A ܫܘܠܛܢܐ [5] 𝔄 *et quinque* [6] A ܕܡܕܒܪܢܘܬܐ [7] In 𝔄 read իշխանութեան for և իշխան, and omit before it the words և զամենայն արքայութիւն which are wrongly repeated from above? [8] A ܕܦܝܠܛܘܣ 𝔄 reads *Pilatus Pontius*, omitting ܠܡ [9] A ܫܘܠܛܢܐ [10] A 𝔄 ܛܒܪܝܘܣ. In 𝔄 restore մոլորութիւն instead of 'ի մոլորութենէն? [11] For the words ܕܡܢ ܩܕܡ ܐܬܡܠܝ ܐܟܬܒܘ ܐܢܘܢ. ܕܡܩܕܡܐܝܬ 𝔄 has *quae heri etiam dederunt antea priores* and omits the ܗܘ before ܕܒܢܝܐ [12] A ܕܛܒܪܝܘܣ [13] 𝔄 plur. [14] A fol. 16 *b*

ܗܘܐ ܦܝܠܛܘܣ[15] ܒܝܗܘܕܐ. ܐܦ[16] ܘܠܐ[17] ܕܢܫܪܪ ܡܣܗܕܢܘܬܗ
ܕܝܘܣܦܘܣ[18] ܕܐܟܬܒ ܗܟܢܐ ܐܝܟ ܕܦܩܕܗ ܬܢܢ. ܕܒܫܢܬ
ܬܪܬܥܣܪܐ ܕܡܠܟܘܬܗ ܕܛܝܒܪܝܘܣ[19] ܗܘܐ ܐܣܛܪܘܦܐ ܥܠ ܝܗܘܕ
x. 1 ܦܝܠܛܘܣ. ܒܗܘܕܝܢ ܕܛܝܒܪܝܘܣ.[20] ܘܟܬ̈ܒܐ[21] ܗܠܝܢ ܐܝܟ ܕܐܡܪ
ܐܘܢܓܠܝܘܢ: ܒܫܢܬ ܚܡܫܥܣܪܐ ܕܛܝܒܪܝܘܣ[22] ܩܣܪ: Lk iii
ܒܗܓܡܘܢܘܬܐ ܕܝܗܘܕܐ ܩܕܡ ܐܘܪܒ[22a] ܕܐܣܛܪܛܝܓ ܕܦܝܠܛܘܣ[23]
ܦܝܠܛܘܣ: ܘܟܕ ܪ̈ܝܫܐ ܪ̈ܒܥܐ[24] ܕܝܗܘܕ[25] ܡܕܒܪܝܢ ܗܘܘ:
ܗܪܘܕܣ ܘܠܘܣܢܝܐ ܘܦܝܠܝܦܘܣ. ܦܪܘܣ ܘܩܕܡܝܢ ܒܬܪ ܗܠܝܢ ܒܡܫܝܚܐ[26] 𝔄 52
ܕܐܠܗܐ ܒܪ ܗܘܐ ܕܡܢܝܢܐ[27] (B fol. 13*b*) ܐܝܟ ܒܪ ܫܢ̈ܝܢ ܬܠܬܝܢ.
ܘܐܬܐ ܠܡܥܡܘܕܝܘܬܗ[28] ܕܝܘܚܢܢ. ܘܡܢ ܗܝܕܝܢ ܫܪܝ ܒܟܪܘܙܘܬܐ
ܕܣܒܪܬܐ ∘·∘

ܕܡܫܪܐ ܥܠ ܙ̈ܒܢ ܟܗ̈ܢܐ ܕܝܗܘ̈ܕܝܐ. ܕܒܟܗܢ̈ܘܬܗܘܢ ܐܠܦ
ܡܪܢ[1] ·∘:∘·

2 ܐܡܪ ܕܝܢ ܟܬܒܐ ܩܕܝܫܐ[2] ܥܠ ܦܘܪܣܝ. ܕܟܠܗ ܙܒܢܐ[3]
ܕܡܠܦܢܘܬܗ ܐܫܬܠܡ ܒܪ̈ܒܘܬ ܟܗܢܘܬܐ ܕܚܢܢ ܘܕܩܝܦܐ. ܗܢܘ
ܕܝܢ ܒܫ̈ܢܝܐ ܕܐܝܬ ܗܘ ܪܒܘܬ ܟܗܢܘܬܗ ܕܚܢܢ ܘܕܩܝܦܐ ܠܥܘܪܝ
ܪܒܘܬ[4] ܟܗܢܘܬܐ ܕܩܝܦܐ. ܕܟܠܗ[5] ܕܡܠܦܢܘܬܗ ܐܦܠܐ ܐܪܒܥ
3 ܫܢ̈ܝܢ ܗܘܐ. ܡܛܠ ܓܝܪ[6] ܕܐܬܦܫܛܘ ܗܘܘ ܠܗܘܢ ܕܢܡܘܣܐ

[15] A ܦܝܠܛܘܣ [16] 𝔄 = ܐܘ [17] A adds ܒܗ [18] A ܣܗܕܘܬܐ ܕܝܘܣܝܦܘܣ
[19] 𝔄 *Tiberiani* [20] A ܕܛܝܒܪܝܘܣ [21] A ܘܟܬ̈ܒܐ [22] A
ܕܛܝܒܪܝܘܣ [22a] 𝔄 adds *partibus* [23] A ܕܦܝܠܛܘܣ [24] A ܪܝܫ ܪ̈ܒܥܐ
[25] 𝔄 (for ܕܝܗܘܕ ܡ̈ܢܬܐ) *totius Judaeae* [26] A ܡܫܝܚܐ 𝔄 has *Christus unctus Dei* [27] A ܗܘܐ [28] A ܠܡܥܡܘܕܝܘܬܗ

CHAP. X. [1] 𝔄 [illegible] = ܡܪܢ [2] 𝔄 *libri sacri* [3] 𝔄 plur. [4] A om. ܪܒܘܬ [5] A [illegible] [6] 𝔄 om. ܓܝܪ

ܕܝܗܘܕܝܐ. ܡܢ ܗܝܕܝܢ ܐܫܬܪܪܬ ܗܘܬ ܠܗ̇[7] ܗ̇ܝ ܕܟܠܗܘܢ
ܘܟܗ̈ܢܘܬܗ. ܐܝܟ ܕܡܢ ܘܡܠܟܐ ܕܐܬܗ̈ܒܬܐ ܡܪܕܘܬܐ ܗܘܬ ܠܗ
ܬܫܡܫܬܐ ܠܪܒ ܟܗ̈ܢܐ. ܘܡܢ ܗܓ̈ܡܘܢܐ[8] ܕܪ̈ܘܡܝܐ ܡܫܡܠܝܢ
ܗܘܘ ܒܪܗ ܕܝܢ ܩܘܪܝܢܐ ܕܐܪܒܥܬ ܫܢ̈ܝܢ. ܘܠܐ ܡ̈ܩܘܝܢ
4 ܘܗܘܘ ܒܗ̇[9] ܡܬܘܪ ܡܢ ܚܕܐ ܫܢܬܐ. ܡܫܬܠܚܐ ܕܝܢ ܗ̣ܘܘ
nt xviii 2 ܘܡܬܦܝܣܝܢ.[10] ܕܒܬܪ ܢܩܝܢ ܐܪܒܥܐ ܗ̣ܘܘ ܪܒ ܟܗ̈ܢܐ ܒܕܒܪܐ
𝔄 53 5 ܠܩܝܦܐ. ܗܘ ܒܬܟܐ ܕܬܫܡܫܬܗ[11] ܐܫܬܪܪ ܗܝܡܢܐ. ܕܘܠܪܝܘܣ
ܓܪܐܛܘܣ[12] ܐܦ ܠܚܢܢ[13] ܡܢ ܪܒܘܬ ܟܗܢܘܬܐ. ܘܐܩܝܡ ܒܬܪܗ
ܪܒ ܟܗ̈ܢܐ ܠܐܝܫܡܥܐܝܠ ܒܪ ܦܒܝ. ܘܡܢ ܒܬܪ ܩܠܝܠ ܙܒܢܐ
ܐܦ ܐܦ ܠܗܢܐ. ܘܐܩܝܡ ܠܐܠܥܙܪ ܒܪܗ ܕܚܢܢ ܪܒ ܟܗ̈ܢܐ.
6 ܘܟܕ ܕܝܢ ܗܘܐ ܐܦ ܗܢܐ ܡܠܐ ܫܢܬܐ. ܐܦܩܗ ܘܐܩܝܡ
ܠܫܡܥܘܢ ܒܪ ܩܡܚܝܬܐ.[14] ܘܟܕ ܡܠܐ ܐܦ ܗܢܐ ܫܢܬܗ.[15]
7 ܩܒܠ ܒܬܪܗ ܝܘܣܦ ܕܗܘ ܩܝܦܐ. ܡܛܠ ܟܠܗ ܙܒܢܐ
ܕܡܠܦܢܘܬܗ ܕܦܪܘܩܢ ܐܦܠܐ ܐܪܒܥ ܫ̈ܢܝܢ ܡܫܠܡ̈ܢ. ܕܐܪܒܥܐ
ܪ̈ܒܝ ܟܗ̈ܢܐ ܐܪܒܥ ܫ̈ܢܝܢ ܟܠܗܘܢ ܡܢ ܚܢܢ ܘܥܕܡܐ ܕܠܩܝܦܐ.
ܟܠ ܚܕ ܡܢܗܘܢ ܫܢܬܗ. ܥܠ ܩܝܦܐ ܕܝܢ ܪܒ ܟܗ̈ܢܐ ܡܫܝܚܐ
n xi 49 ܥܠܘܗܝ ܒܟܬܒܐ ܕܐܘܢܓܠܝܘܢ[16] ܕܒܗ̇ܝ ܫܢܬܐ (B fol. 14 *a*) ܕܚܫܐ
ܒܗ̇ ܦܪܘܩܢ ܐܫܬܘܕܝ ܗܘܐ ܪܒ ܟܗ̈ܢܐ.[17] ܕܗܟܝܠ ܡܬܚܙܐ. ܙܒܢܐ
8 ܕܡܠܦܢܘܬܗ ܕܦܪܘܩܢ ܕܗܘܐ ܐܝܟ ܕܦܣܝܩ ܐܡܝܪ̈ܝܢ. ܐܠܐ ܕܝܢ
ܦܪܘܩܢ ܘܡܚܪ̈ܢ ܡܢ ܒܬܪ ܩܠܝܠ ܙܒܢܐ ܕܫܘܪܝܐ ܕܟܪܘܙܘܬܗ
ܦܢܐ ܠܬܚܘܡ̈ܝܗ ܓܠܝܠܝ̈ܐ. ܕܠܗܘܢ ܠܟܠܗܘܢ ܡܬܘܪ ܡܢ

[7] 𝔄 inserts ܠܫܘܠܛܢܐ here instead of in the following line [8] A ܗܓܡܘܢܐ

[9] A ܒܗ [10] A ܘܡܬܦܣܣ [11] Here a leaf is wanting in A [12] 𝔄 Գռատոսն [13] 𝔄 *eum* [14] 𝔄 Կամիթայ [15] 𝔄 *annum* [16] 𝔄 *in libris*

[17] 𝔄 has the order ܐܫܬܘܕܝ ܗܘܐ ܪܒ ܟܗ̈ܢܐ ܕܝܫܘܥ ܒܗ ܦܪܘܩܢ

ܘܟܠܗܘܢ ܠܬܠܡܝܕܘܬܗܘܢ ܐܚܪ̈ܢܐ.[18] ܐܝܟ ܕܒܐܘܪܚܐ ܡܫܝܚܝܘܬܐ
ܫܢ̈ܝܗ ܐܝܠܝܢ ܬܠܝܬܝܐ. ܘܗܟܢ ܕܝܢ ܒܫܢܬܐ ܚܕܐ ܥܒܕܝܢ
ܐܚܪ̈ܢܝܢ. ܕܐܦ ܠܗܘܢ ܥܕܪ ܐܝܟ ܬܪ̈ܝܢ ܬܪ̈ܝܢ ܡܢ ܩܝܦܐ. 𝔄 54
ܠܥܠ ܐܬܪ ܘܡܕܒܪܢܐ ܕܒܬܪܗ ܗܘܐ ܠܟܗܢܐ. ܀ . . .

ܕܝܘܣܝܦܘܣ ܥܠ ܣܗܕܘܬܐ ܕܐܟܬܒ ܥܠ ܝܘܚܢܢ ܡܥܡܕܢܐ
ܘܥܠ ܡܫܝܚܐ.[1]

xi. 1 ܡܢ ܒܬܪ ܩܠܝܠ ܘܟܬܒܐ[2] ܦܣܩ ܪܝܫܗ ܕܝܘܚܢܢ ܡܥܡܕܢܐ
ܗܪܘܕܣ ܙܥܘܪܐ. ܟܕ ܐܡܪ ܡܛܠ ܗܕܐ ܒܟܬܒܐ ܩܕܝܫܐ[3] Mc vi 17 f
ܕܐܘܢܓܠܝܘܢ. ܡܫܬܟܚܐ ܕܝܢ ܐܦ ܝܘܣܝܦܘܣ ܘܡܥܗܕ Ant xviii 5, 1
ܥܒܕ ܠܗ̇ ܠܗܪܘܕܝܐ.[4] ܘܕܐܢܬܬ ܐܚܘܗܝ ܗܘܬ ܘܢܣܒܗ̇
ܗܪܘܕܣ ܠܗ̇ ܐܢܬܬܐ. ܘܫܒܩ ܠܗ̇ ܠܗܝ̇ ܡܟܝܪܬܐ ܕܢܣܒ ܗܘܐ
ܐܝܟ ܕܒܢܡܘܣܐ. ܐܝܬܝܗ̇ ܗܘܬ ܕܝܢ ܒܪܬܗ ܕܐܪܝܛܐ
ܡܠܟܐ ܕܦܛܪܐ. ܠܗܪܘܕܝܐ ܕܝܢ ܦܪܫܗ̇ ܡܢ ܒܥܠܗ̇ ܟܕ ܚܝ ܗܘ
ܚܝ. ܕܡܛܠܬܗ̇ ܩܛܠ ܐܦ[5] ܠܝܘܚܢܢ. ܘܩܪܒܐ ܠܗ ܥܒܕ ܥܡ
2 ܐܪܝܛܐ[6] ܡܛܠ ܕܐܬܨܥܪܬ ܗܘܬ ܒܪܬܗ.[7] ܕܒܗ ܒܗܢܐ ܩܪܒܐ
ܟܕ ܗܘܐ ܬܬܒܥܬܐ ܐܟܚܕܐ ܥܠܗ ܚܝܠܗ ܕܗܪܘܕܣ. ܘܗܠܝܢ[8]
3 ܒܥܒܕܗܘܢ ܡܛܠ ܢܟܠܐ ܕܒܥܠܕܒܒܘܬܐ ܕܥܒܕ ܠܝܘܚܢܢ. ܕܗܢܐ ܗܘܐ ܛܒ 𝔄 55
ܘܡܫܦܝܪ. ܠܬܪ ܡܢ ܐܝܢܐ ܡܢܬܐ[9] ܕܙܕܩܐ ܘܡܥܡܕܢܘܬܐ
ܡܘܕܐ ܕܐܡܬܝܗܘܢ ܗܘܐ ܢܗܘܢ ܒܐܝܠܝܢ ܕܦܩܕ ܡܛܠܬܗ. ܐܝܟ

[18] For ܐܚܪ̈ܢܐ ܠܬܠܡܝܕܘܬܗܘܢ 𝔄 *discipulatu suo*

CHAP. XI. [1] 𝔄 om. ܘܥܠ ܡܫܝܚܐ (as in the index p. 4) [2] 𝔄 plur. [3] 𝔄 *libri sacri* [4] For ܗܪܘܕܝܐ 𝔄 has Հերովդիադայ *Herodiada* throughout this passage [5] 𝔄 om. ܐܦ [6] 𝔄 adds *rege* [7] 𝔄 *propter contumelias filiae eius* (probably reading ܐܨܛܥܪܘܬܗ for ܐܨܛܥܪܬ) [8] 𝔄 om. ܘ [9] 𝔄 plur.

ܡܢܐ ܕܟܬܝܒ ܒܠܘܗܝ ܒܐܘܢܓܠܝܘܢ ܩܕܝܫܐ.[9a] ܡܫܒܚܬܐ ܕܝܢ
ܐܦ[10] ܥܠ ܗܪܘܕܣ (B fol. 14 *b*) ܕܢܦܠ ܡܢ ܡܠܟܘܬܗ ܡܬܠܠܬܗ
ܕܗܪܘܕܝܐ. ܕܒܡܕܝܢܬܗ ܐܬܝܠܕ ܘܐܬܪܒܝ ܠܒܪ ܡܢ ܬܫܒܘܚܬܐ
4 ܠܐܒܣܘܪܝܐ. ܕܒܟܦܪ ܒܥܝܢܐ ܡܕܝܢܬܐ ܕܓܠܝܠܝܐ.[11] ܘܦܢܝܗ
xviii ܗܠܝܢ[12] ܕܬܒܥ ܠܗ ܠܗܓܡܘܢܐ ܥܠ ܢܦܫܗ ܗܕܐ. ܕܠܐܟܬܝܫ
ܠܟ ܡܢ ܡܕܘܕܐ ܕܡܬܬܦܪ ܗܘܐ ܕܐܝܟ ܕܡܢ ܐܠܗܐ ܐܚܪ̈ܢܐ
ܣܠܩ ܕܗܪܘܕܣ. ܘܒܐܢܝܢܬ[13] ܕܡܬܬܥܒܕܐ ܗܘܬ ܡܢܗ ܬܥܒܕܬܗ
5 ܕܢܘܚܢ. ܗܘ ܕܡܬܬܦܪܣ ܗܘܐ ܡܕܡܕܢܐ. ܗܪܘܕܣ ܒܪ[14]
ܩܛܠ ܠܗܢܐ ܢܘܚܢ ܕܐܬܝܗܒܘܢ ܗܘܐ ܒܪܐ ܠܒܪܐ. ܘܦܩܕ
ܗܘܐ ܠܗܕܘܕܐ ܦܠܚܝܢ[15] ܒܢܝܐ ܘܒܐܢܘܬܐ ܕܠܘܬ ܗܕܕܐ.
ܘܥܕ ܦܠܚܝܢ ܕܢܦܩ ܐܠܗܐ ܢܡܘܣܗ ܒܡܫܡܫܢܘܬܗ. ܗܕܢܐ
ܗܘ ܒܪ ܡܬܚܙܝܢܐ ܗܘܬ ܕܡܦܪܣܐ ܗܘܬ ܒܠܘܗܝ ܡܫܡܫܢܘܬܐ.
A 56 ܠܗ ܒܡܫܬܐܠܢܘܬܐ ܕܦܘܠܚܢܐ ܕܡܢ ܡܕܡ ܡܕܡ ܐܠܗܐ ܒܢܕ.
ܕܒܝܬܘܬܐ ܕܦܓܪܐ. ܒܪ ܡܬܕܒܪܢܐ ܢܦܫܐ ܡܢܗܝܢ ܒܝܬܘܬܐ
6 ܘܒܐܚܪܝܬܐ ܕܪ̈ܚܡܝ ܒܒܝܬܗ. ܐܦ ܐܬܒܠܥ[16] ܕܝܢ ܠܬܪܥܝܬܐ
ܒܥܒܕܐ ܕܩ̈ܛܠܘܗܝ. ܕܝܠ ܕܝܢ ܗܪܘܕܣ ܒܗܕܐ ܒܠܗ ܡܦܝܣܢܘܬܗ[17]
ܕܠܘܬ ܒ̈ܢܝ ܐܢܫܐ ܕܠܒܐ ܬܐܬܐ ܢܦܘܬܐ[18] ܠܡܕܪܐ. ܡܬܚܝܠ
ܗܘܐ ܒܪ ܕܟܠ ܡܕܡ ܡܢ ܡܠܟܐ ܕܗܘ[19] ܡܣܬܪܝܢ ܗܘܘ.[20]
ܘܐܬܚܫܒ ܒܪ̈ܚܡܘܗܝ. ܕܦܩܕ ܡܬܠܬܐ ܕܢܦܩ ܢܬܩܛܠ ܡܕܡ ܕܢܗܘܐ
ܒܐܝܕܗ ܫܘܠܛܢܐ. ܐܘ ܕܡܢ ܟܬܪ ܕܗܘܝܐ ܡܬܦܩܕܢܘܬܐ ܢܦܠ

[9a] 𝔄 *sanctitas* [10] 𝔄 om. ܐܦ [11] 𝔄 'ի Բիենմենայ քաղաքք գալիլեացւոց *in Bienmena urbe Galilaeorum* [12] 𝔄 = ܒܠܚܘܕ [13] 𝔄 om. ܘ [14] 𝔄 *autem*
[15] 𝔄 plur. [16] With this word recommences the text of A, fol. 17 *a*
[17] A 𝔄 ܡܦܝܣܢܘܬܐ. For ܐܢܫܐ ܒ̈ܢܝ ܠܟܠܗ; 𝔄 has *quam suadebat hominibus*
[18] 𝔄 plur. [19] A ܗܘ ܡܠܟܗ [20] A adds ܟܠܢܫ

ܒܬܫܬܐ ܢܦܫܐ. ܘܐܝܟ[21] ܕܐܡܪ ܗܘܐ ܡܫܬܪܪܘܬܗ ܕܗܝܡܢܘܬܗ. ܗܢ
ܦܟܪ ܐܣܬܪܗ ܠܟܠܗ ܐܘܪܚܐ ܕܬܫܥܝܬܐ ܡܟܪܘܙܘܬܐ[22] ܘܬܘܒ
ܐܬܡܠܠ. ܗܠܝܢ ܐܡܪ ܥܠ ܝܘܚܢܢ. ܡܕܡ ܕܝܢ ܐܦ[23] ܥܠ ܦܪܘܩܢ 7
ܗܘ ܒܗܢܐ ܟܬܒܐ ܕܬܫܥܝܬܗܘܢ[24] ܗܟܢܐ. ܗܘܐ[25] ܠܡ[26] ܒܙܒܢܐ (Ant xviii 3, 3)
ܗܢܐ.[27] ܓܒܪܐ ܠܡ[28] ܚܟܝܡܐ ܕܝܫܘܥ ܫܡܗ. ܐܢ ܘܠܐ ܠܝ
ܕܓܒܪܐ[29] (B fol. 15 a) ܢܩܪܘܗܝ. ܐܝܬܘܗܝ ܗܘܐ ܓܝܪ ܣܥܘܪܐ[30]
ܕܥܒ̈ܕܐ ܥܫܝܢܐ ܘܡܠܦܢܐ[31] ܕܒܢ̈ܝ ܐܢܫܐ[32]. ܗܢܘܢ ܕܒܚܕܘܬܐ
ܡܩܒܠܝܢ ܠܗ ܠܫܪܪܐ. ܘܠܣܓܝܐܐ ܡܢ ܝܗܘ̈ܕܝܐ ܘܠܣܓܝܐܐ[33] ܕܝܢ
8 ܐܦ ܡܢ ܥܡ̈ܡܐ ܬܠܡܕ[34] ܗܘܐ. ܡܫܝܚܐ ܕܝܢ ܐܝܬܘܗܝ ܗܘܐ.[35]
ܘܠܗ[36] ܐܝܟ ܕܡܢ ܫܘܕܥܬܐ ܕܐܢܫܐ ܪ̈ܫܢܝܗܘܢ[37] ܕܥܡܢ. ܡܚܝܒܗ
ܦܝܠܛܘܣ ܠܨܠܝܒܐ ܕܝܢܐ[38] ܕܨܠܝܒܐ. ܘܗܢܘܢ ܕܐܚܒܘܗܝ ܠܐ
ܫܠܝܘ ܡܢ ܚܘܒܗ. ܐܬܚܙܝ ܠܗܘܢ ܓܝܪ ܡܢ[39] ܒܬܪ ܬܠܬܐ (𝔄 57)
ܝܘܡܝܢ ܬܘܒ[39a] ܟܕ ܚܝ. ܕܢܒܝ̈ܐ[40 41] ܕܐܠܗܐ ܗܠܝܢ ܘܪ̈ܒܘ[42] ܐܝܟ[43]
ܗܠܝܢ ܐܡܪܘ ܥܠܘܗܝ ܬܕܡܪ̈ܬܐ.[44] ܘܥܕܡܐ ܠܝܘܡܢܐ[45] ܠܐ
9 ܫܪܒܬܐ ܥܡܐ ܕܟܪ̈ܣܛܝܢܐ ܕܡܢܗ ܡܫܬܡܗܝܢ ܗܠܝܢ:[46] ܗܘ
ܕܐܝܬܝܗܘܢ ܡܬܟܬܒܢܐ ܚܫܒܘܢ ܡܢ ܥܒܪ̈ܝܐ:[47] ܕܡܢ ܡܕܡ

[21] 𝔄 om. ܘ [22] A ܡܟܪܘܙܘܬܐ [23] 𝔄 om. ܐܦ [24] A ܠܬܫܥܝܬܗ
[25] With this word begins the extract in C (Add. 12,154) fol. 151 *a* [26] C 𝔄 om. ܠܡ [27] C ܒܙܒܢܐ ܗܘ. In 𝔄 read [illegible] for [illegible] [28] A C om. ܠܡ 𝔄 places it after ܢܚܡܝܢ [29] In 𝔄 for [illegible] (which commonly = ܠܡ) read [illegible] Otherwise there is no rendering of ܓܒܪܐ [30] 𝔄 *valde plenus* [31] 𝔄 om. ܘ [32] C ܕܒܢ̈ܝܢܫܐ [33] C ܠܣܓܝܐܬܐ [34] A ܡܬܬܠܡܕ [35] A C ܗܘܐ [36] A ܘܠܗ [37] C ܕܪ̈ܫܢܐ 𝔄 *dominorum* [38] C adds ܕܡܘܬܐ [39] C om. ܡܢ [39a] C om. ܬܘܒ [40] A ܕܢܒܝ̈ܐ C adds ܐܚܪ̈ܢܐ [41] C fol. 151 *b* [42] A ܘܪ̈ܒܘ ܗܠܝܢ [43] C ܐܝܟ ܕ [44] A ܠܬܕܡܪ̈ܬܐ ܐܚܪ̈ܢܝܬܐ ܥܠܘܗܝ C adds ܗܘ ܡܫܝܚܐ [45] A ܠܝܘܡܢܐ [46] The stop should be placed before ܗܠܝܢ as in A C 𝔄 [47] A adds ܐܡܪ

ܗܝܡܢ ܠܗ[48] ܒܟܬ̈ܒܘܗܝ[49] ܟܠ ܝܘܡܢ ܡܡܟܟܢܐ ܘܟܠ ܦܬܘܡܝ.
ܐ̈ܢܫܐ ܗܟܝܠ ܟܢܫ ܠܒܘܫܐ ܐܫܬܦܩ ܠܗܘܢ ܕܗܘܐ ܐܬܟܒܫܘ
ܠܗܘܢ ܘܐܬܥܘܪܘ[50]. ܗܢܘܢ ܕܠܘܩܒܠ ܢܨܚܘܢ[51] ܟܠܠܐ ܘܣܒܪܐ
ܗܘܦܟܢܐ.[52] ܐܠܐ ܐܦ ܗܠܝܢ ܒܪܒܐ ܠܗܪܟܐ ܣܦܩ ·:·

ܕܬܪ̈ܥܣܪ ܥܠ ܬܠܡܝ̈ܕܘܗܝ ܕܡܪܢ ·:·[1]

xii. 1 ܕܫ̈ܠܝܚܘܗܝ ܕܝܢ ܕܦܪܘܩܢ ܐܝܟ ܕܗܘ ܐܘܢܓܠܝܘܢ. ܝܕܝܥ
ܐܢܘܢ ܫܡ̈ܗܝܗܘܢ ܠܟܠ ܐܢܫ. ܕܫܒܥܝܢ ܕܝܢ ܫܡܗܝܢ ܬܠܡܝ̈ܕܝܢ.
ܬܘܒ ܫܡ̈ܗܝܗܘܢ[2] ܟܬܝܒ ܠܐ ܐܝܬ. ܡܬܐܡܪ ܕܝܢ ܕܒܪܢܒܐ
ܚܕ[3] ܡܢܗܘܢ ܐܝܬܘܗܝ ܗܘܐ. ܕܠܗ ܡܕܟܪܝܢ ܒܦܪ̈ܟܣܝܣ
ܡܫ̈ܡܫܢܘܬܐ ܡܟܪܙܢܐ ܦܪܟܣܣ[3a] ܕܫ̈ܠܝܚܐ. ܐܦ ܦܘܠܘܣ ܟܕ ܟܬܒ
𝔄 58 ܠܓܠܛܝ̈ܐ. ܡܬܐܡܪ ܕܝܢ. ܕܣܘܣܬܢܣ ܗܘ ܕܟܬܒ ܥܡ ܦܘܠܘܣ
ܒܐܓܪܬܐ ܕܩܘܪ̈ܢܬܝܐ ܐܦ ܗܘ ܡܢܗܘܢ ܗܘܐ. ܐܝܟ[4] ܕܐܡܪ 2
ܕܝܢ ܒܬܫܥܝܬܗ[5] ܗܘ ܕܐܡܪ (B fol. 15 b) ܩܠܝܡܣ.[6] ܐܦ ܒܟܐܦܐ[7] ܗܘ ܕܐܡܪ
al ii 11 ܥܠܘܗܝ ܦܘܠܘܣ: ܕܟܕ ܐܬܐ ܟܐܦܐ[8] ܠܐܢܛܝܘܟܝ ܩܡ ܒܐ̈ܦܘܗܝ
ܐܟܣܢܬܗ. ܚܕ ܡܢ ܗܢܘܢ ܫܒܥܝܢ ܐܝܬܘܗܝ ܗܘܐ. ܒܪ ܫܡܗ
ܕܦܛܪܘܣ ܫܠܝܚܐ. ܘܬܘܠܡܝ[9] ܗܘ ܕܐܬܡܢܝ ܥܡ ܬ̈ܪܥܣܪ ܫܠܝܚܐ ܚܠܦ 3
ܝܗܘܕܐ ܐܦ ܝܘܣܦ ܗܘ ܕܩܡ ܥܡܗ ܒܦܣܐ. ܡܬܐܡܪ
ܕܡܢܗܘܢ ܕܝܢ ܕܫܒܥܝܢ ܐܝܬܘܗܝ ܗܘܐ. ܐܦ ܥܠ ܬܕܝ ܡܬܐܡܪ
ܕܚܕ ܡܢܗܘܢ ܐܝܬܘܗܝ ܗܘܐ. ܗܘ ܕܐܦ ܠܬܫܒܘܚܬܐ ܕܐܬܬ ܠܗ[10]

[48] For ܠܗ C reads ܗ̈ܘܢ [49] End of the extract in C [50] A ܘܐܬܥܘܪܘ 𝔄 *caecati sunt* [51] A fol. 17 *b* [52] 𝔄 զդատապարտութիւնս *damnationem*

Chap. XII. [1] A 𝔄 ܕܦܪܘܩܢ [2] 𝔄 *nominis eorum* [3] A ܒܪܢܒܐ ܕܝܢ ܡܬܐܡܪ ܕܝܢ [3a] 𝔄 *commemorant acta* plur. [4] A ܐܢܫܐ [5] 𝔄 plur. [6] A ܩܠܝܡܝܣ [7] 𝔄 Պետրու (read Պետրոս) [8] 𝔄 Պետրոս [9] A ܦ̇ ܠܬܘܠܡܝ 𝔄 և Բարթողոմէ [10] For ܠܗ ܕܐܬܬ 𝔄 has *etiam venit*

ܡܛܠܬܗ ܗܢܐ ܐܘܣܒܝܘܣ.[11] ܐܦ ܕܢܬܝܕܥܘܢ ܡܢ ܗܠܝܢ ܫܒܥܝܢ
ܡܫܡܗܝܢ ܐܢܫ ܐܝܠܝܢ ܕܐܬܬܠܡܕܘ ܕܐܬܩܪܝܘ ܗܘܘ ܬܠܡܝܕܘܗܝ.[12]
ܕܦܘܠܘܣ. ܐܝܟ ܕܡܢ ܣܗܕܘܬܗ ܕܦܘܠܘܣ ܕܐܡܪ: ܕܡܢ ܒܬܪ[13] 1 Cor
ܩܝܡܬܗ ܕܦܘܠܘܣ ܕܡܢ ܒܝܬ ܡܝܬܐ ܐܬܚܙܝ ܘܐܡܪ[14] ܠܟܐܦܐ.
ܘܒܬܪܗ ܠܬܪܥܣܪ: ܘܒܬܪܗܘܢ ܐܬܚܙܝ ܠܝܬܝܪ ܡܢ ܚܡܫܡܐܐ
ܐܚܝܢ ܐܟܚܕܐ. ܕܡܢܗܘܢ ܐܡܪ ܕܩܘܝܢ. ܣܓܝܐܐ ܕܝܢ ܡܢܗܘܢ
4 ܦܫܝܢ ܗܘܘ ܥܕܡܐ ܠܙܒܢܐ ܕܟܬܒ ܗܠܝܢ. ܘܡܢ ܒܬܪܟܢ ܐܡܪ
ܕܐܬܚܙܝ ܠܝܥܩܘܒ. ܗܘ ܕܚܕ ܡܢ ܗܢܘܢ ܕܡܬܐܡܪ ܕܐܚܘܗܝ
ܐܚܘܗܝ ܕܦܪܘܩܢ ܐܬܐܡܪ ܗܘܐ. ܘܒܬܪ ܐܝܟ ܕܡܢ ܗܠܝܢ
ܦܢܝܘ ܒܬܪܟܢ ܣܓܝܐܐ[15] ܕܗܘܘ ܫܠܝܚܐ. ܐܝܟ ܕܐܬܚܘܝ
ܗܘܐ ܗܘ ܦܘܠܘܣ.. ܒܗܘܢ ܚܙܘ[16] ܘܐܡܪ. ܕܡܢ ܒܬܪܟܢ ܐܬܚܙܝ
ܠܫ̈ܠܝܚܐ ܟܠܗܘܢ. ܗܠܝܢ ܒܦܢܝܬܐ ܐܬܐܡܪ ·:· ·:· ·:· ·:· ··

ܕܬܠܬܥܣܪ ܬܫܥܝܬܐ ܥܠ ܡܠܟܐ ܕܐܘܪܗܝ. 𝔄 59

ܬܫܥܝܬܐ ܕܝܢ ܕܥܠ ܬܕܝ[1] ܕܐܝܟ ܗܢܐ ܗܘܬ[2]
xiii. 1 ܠܘܩܕܡܐ. ܟܕ ܡܬܒܪܐ ܗܘܬ ܐܠܗܘܬܗ[3] ܕܦܪܘܩܢ ܘܡܪܢ ܝܫܘܥ
ܡܫܝܚܐ ܠܘܬ ܟܠܗܘܢ ܒܢܝ ܐܢܫܐ. (B fol. 16 a) ܡܛܠ ܚܝܠܐ
ܬܕܡܘܪܬܐ ܕܥܒܕ ܗܘܐ. ܪ̈ܒܘܬܐ ܕܝܢ ܐܦ[4] ܡܢ ܐܬܪ̈ܘܬܐ
ܕܪ̈ܚܝܩܢ ܡܢ ܐܪܥܐ ܕܝܗܘܕ ܕܐܬܚܙܝܘܗܝ ܗܘܘ ܒܟܘܪ̈ܗܢܐ
ܘܒܟܐܒ̈ܐ[5] ܕܟܠ ܓܢܣ. ܥܠ ܣܒܪܐ ܕܐܣܝܘܬܐ ܐܬܝܢ ܗܘܘ ܠܘܬܗ.
2 ܐܦ ܐܒܓܪ ܡܠܟܐ: ܕܒܥܡ̈ܡܐ[6] ܕܡܕܒܪܢܘܬܗ[7] ܕܦܪܬ ܡܫܬܡܗ

[11] A ܐܘܣܒܝܘܣ [12] A ܠܬܠܡܝܕܐ [13] A ܕܒܬܪ [14] A ܡܩܕܡ 𝔄 omits it
[15] A fol. 18 a [16] 𝔄 *autem*

CHAP. XIII. [1] A ܬܕܝ 𝔄 has throughout the Greek form *Thadēos* [2] A ܗܘ
[3] 𝔄 [illegible] lit. *Dei cultus*, i.e. *religio* [4] For ܐܦ 𝔄 has *et millia* [5] A ܘܒܟܐܒܐ [6] A 𝔄 ܕܒܥܡܡܐ [7] 𝔄 = ܕܡܕܒܪܢܘܬܗ

ܗܘܐ ܒܓܢܒܪܘܬܐ.[8] ܐܬܡܚܠ ܗܘܐ ܦܓܪܗ ܒܟܐܒܐ ܡܪܝܪܐ.
ܕܐܦܢ[9] ܕܟܘܬ ܒܢ̈ܝ ܐܢܫܐ ܠܝܬ ܠܗ ܐܣܝܘܬܐ. ܘܟܕ ܫܡܥ
ܘܒܠܥ ܫܡܗ ܕܝܫܘܥ ܘܥܠ ܚܝ̈ܠܐ ܕܥܒ̈ܕ ܗܘܐ ܕܫܘܝܐܝܬ[10] 𝔄 60
ܥܠܝܒ ܡܚܒܝ ܗܘܐ ܒܟܠܗܘܢ. ܫܕܪ[11] ܐܓܪܬܐ ܕܒܥܘܬܐ ܒܝܕ
ܓܒܪܐ[12] ܕܝܠܗ ܘܡܬܟܫܦ ܗܘܐ ܠܗ[13] ܕܢܐܬܐ ܢܐܣܝܘܗܝ ܡܢ
3 ܟܘܪܗܢܗ. ܗܘ ܕܝܢ ܦܘܡ ܒܗ̇ܘ ܙܒܢܐ ܕܗܪܟܝ ܠܐ ܐܬܛܦܝܣ
ܠܗ.[14] ܠܐܓܪܬܐ ܕܝܢ ܐܫܘܝܗ. ܐܫܬܘܕܝ ܠܗ ܚܕ[15] ܕܢܫܕܪ ܠܘܬܗ[16]
ܡܢ ܬܠܡ̈ܝܕܘܗܝ. ܘܢܐܣܐ[17] ܒܟܘܪܗܢܗ.[18] ܘܢܬܠ ܠܗ ܚ̈ܝܐ
4 ܘܠܟܠܗܘܢ ܩܪ̈ܝܒܘܗܝ. ܠܐ ܕܝܢ ܐܫܬܘܚܪ ܕܢܫܠܡ[19]
ܠܗ ܫܘܘܕܝܗ.[20] ܡܢ ܒܬܪ ܕܝܢ ܕܩܡ ܡܢ ܒܝܬ ܡܝ̈ܬܐ
ܘܐܬܬܠܝ ܠܫܡܝܐ. ܬܐܘܡܐ ܫܠܝܚܐ ܚܕ ܡܢ ܬܪ̈ܥܣܪ.
ܠܬܕܝ[21] ܗ̇ܘ ܕܡܬܡܢܐ ܗܘܐ ܐܦ ܗܘ[22] ܡܢ ܫܒܥܝܢ
ܬܠܡ̈ܝܕܘܗܝ[23] ܕܡܫܝܚܐ. ܐܝܟ ܕܡܢ ܡܕܒܪܢܘܬܐ ܕܐܠܗܝܐ
ܫܕܪܗ ܠܐܘܪܗܝ.. ܕܢܗܘܐ ܟܪܘܙܐ ܘܡܣܒܪܢܐ ܕܣܘܠܦܢܗ
5 ܕܡܫܝܚܐ. ܘܫܘܘܕܝܐ[24] ܕܡܫܝܚܢ ܒܐܝܕܗ ܐܬܡܠܝ. ܐܝܬ ܠܢ
ܒܟܬܒ̈ܬܐ ܣܗܕܘܬܐ[25] ܕܗܠܝܢ ܕܐܬܟܬܒ. ܡܢ ܣܦܪ ܒܒܗ̈ܕܢܐ
ܕܐܝܬ ܗܘܐ ܒܐܘܪܗܝ.[26] ܕܗܝܕܝܢ ܒܕܒܝܠ ܦܘܫܩܐ ܗܘܬ
ܡܠܟܘܬܗ̇.[27] ܒܕܦܢܩܝܬܐ ܗܟܝܠ[28] ܕܐܝܬ ܗܘܐ ܬܡܢ: ܕܐܝܬ ܗܘܐ
ܒܗܘܢ ܡܕܡ ܕܐܬܣܥܪ ܡܢ[29] ܡܕܒܪ̈ܢܐ ܕܥܡܐ ܠܐܒܓܪ. ܐܦ

[8] A ܒܓܢܒܪܘܬܐ [9] A ܘܐܦܢ 𝔄 om. [10] 𝔄 = ܘܫܘܝܐܝܬ [11] 𝔄 adds *ad eum* [12] 𝔄 *per servos* [13] 𝔄 om. ܠܗ [14] 𝔄 lit. *non in se suscepit ire* [15] A om. ܚܕ 𝔄 = ܘܐܫܬܘܕܝ (omitting ܠܗ ܚܕ) [16] A ܢܚ [17] 𝔄 = ܕܢܐܣܐ [18] 𝔄 = ܟܘܪܗܢܗ [19] A ܘܫܠܡ [20] A ܫܘܕܝܗ [21] A ܠܗܕܝ [22] 𝔄 om. ܐܦ ܗܘ [23] A ܠܬܠܡ̈ܝܕܘܗܝ [24] A ܘܫܘܕܝܐ [25] A ܣܗܕܘܬܐ A fol. 18 *b* [26] 𝔄 *qui sunt in Edessa urbe* [27] A ܡܠܟܘܬܗ [28] 𝔄 om. ܗܟܝܠ [29] A ܡܢ ܡܢ

ܗܠܝܢ ܒܗܕܡܐ ܠܡܫܡܥ ܡܫܬܡܥܝܢ (B fol. 16 b) ܕܢܬܠܝܢ ܗܘܝܢ. ܠܗܘ
ܕܡ ܒܠܬܐ ܕܢܒܗܕ ܐܝܟ ܐܦ ܠܗܘܢ ܠܐܓܪ̈ܬܐ[30] ܕܫܡܠܡ ܠܝ ܡܢ
ܒܝܬ ܐܪܟܐ. ܕܐܝܬ ܠܗܘܢ ܠܦܘܣܐ ܕܗܠܝܢ ܡ̈ܠܐ. ܕܡܦܩܝܢ ܡܢ
ܐܪܡܝܐ[31] ܠܝܘܢܝܐ ·:· ܦܘܫܩܐ ܕܐܓܪ̈ܬܐ[31a] ܕܟܬܝܒܐ ܡܢ ܐܒܓܪ 𝔄 61
ܡܠܟܐ ܠܝܫܘܥ.[32] ܘܐܫܬܕܪܬ[33] ܠܗ ܒܝܕ ܚܢܢܝܐ ܛܒܠܪܐ
6 ܠܐܘܪܫܠܡ[34] ·:· ܐܒܓܪ ܐܘܟܡܐ[35] ܪܝܫ ܐܬܪܐ. ܠܝܫܘܥ ܦܪܘܩܐ
ܛܒܐ[36] ܕܐܬܚܙܝ. ܒܐܬܪܐ ܕܐܘܪܫܠܡ[37] ܫܠܡ ···:··· ܫܡܝܥ ܠܝ[38]
ܥܠܝܟ ܘܥܠ ܐܣܝܘܬܐ ܕܗܘܝܐ ܒܐܝܕܝܟ ܕܠܐ ܣܡ̈ܡܢܐ
ܘܥܩ̈ܪܐ. ܐܝܟ ܕܡܫܬܥܝܐ ܓܝܪ. ܒܡ̈ܠܬܐ ܐܢܬ ܠܣܡ̈ܝܐ ܕܢܚܙܘܢ.
ܘܠܚ̈ܓܝܪܐ ܕܢܗܠܟܘܢ. ܘܠܓܪ̈ܒܐ[39] ܡܕܟܐ ܐܢܬ. ܘܪܘ̈ܚܐ
ܛܢܦܬܐ ܘܫܐ̈ܕܐ[40] ܡܦܩ ܐܢܬ. ܘܠܐܝܠܝܢ ܕܡܫܬܢܩܝܢ ܒܟܘܪܗܢܐ
7 ܢܓܝܪ̈ܐ ܡܐܣܐ ܐܢܬ. ܘܡ̈ܝܬܐ ܡܩܝܡ ܐܢܬ. ܘܟܕ ܫܡܥܬ
ܥܠܝܟ ܗܠܝܢ ܟܠܗܝܢ. ܣܡܬ ܒܪܥܝܢܝ ܚܕܐ ܡܢ ܬܪ̈ܬܝܢ. ܐܘ ܕܐܢܬ
ܗܘ ܐܠܗܐ ܕܢܚܬܬ[41] ܡܢ ܫܡܝܐ ܘܥܒܕ ܐܢܬ ܗܠܝܢ. ܐܘ ܕܒܪܗ
8 ܐܢܬ ܕܐܠܗܐ ܘܗܠܝܢ ܥܒܕ ܐܢܬ. ܡܛܠܗܢܐ ܗܟܝܠ ܟܬܒܬ
ܒܥܝܬ ܡܢܟ ܕܬܫܬܓܫ ܘܬܐܬܐ ܠܘܬܝ. ܘܬܐܣܐ ܗܢܐ
ܟܐܒܐ ܕܐܝܬ ܠܝ. ܐܦ ܫܡܥܬ ܓܝܪ[42] ܕܝܗܘ̈ܕܝܐ ܡܪܛܢܝܢ[43]
ܥܠܝܟ ܘܨܒܝܢ ܕܢܒܐܫܘܢ ܠܟ. ܡܕܝܢܬܐ ܕܝܢ ܐܝܬ ܠܝ ܙܥܘܪܬܐ ܘܫܦܝܪܬܐ
ܐܝܬ ܠܝ ܕܣܦܩܐ[44] ܠܬܪܝܢ ·:· ·:· ܦܘܫܩܐ ܕܐܓܪܬܐ ܕܐܬܟܬܒ 𝔄 62
ܡܢ ܝܫܘܥ.[45] ܒܝܕ ܚܢܢܝܐ ܛܒܠܪܐ ܠܐܒܓܪ ܪܝܫ ܐܬܪܐ ···:···

[30] 𝔄 sing. [31] 𝔄 *ex Assyriorum lingua* [31a] 𝔄 Հրովարտակին *edicti* [32] A adds ܡܫܝܚܐ [33] 𝔄 *et misit* [34] A ܠܐܘܪܫܠܡ 𝔄 adds *et scriptum erat edictum hunc in modum* [35] 𝔄 Արշամայ (= *Arshami filius*) [36] 𝔄 = ܛܒܐ [37] A adds ܡܠܟ [38] 𝔄 = ܠܝ [39] A ܘܓܪ̈ܒܐ 𝔄 om. ܘ: for *որբես* read *սրբես* [40] A ܘܫܐ̈ܕܐ [41] A ܕܢܚܬܬ [42] A adds ܥܠܝܟ [43] A ܪܛܢܝܢ [44] A 𝔄 ܘܣܦܩܐ [45] 𝔄 lit. *responsum edicti quidquid scriptum est ex Hierosolymis*

9 ܛܘܒܘܗܝ ܠܐܢܫܐ ܕܗܝܡܢ⁴⁶ ܒܝ ܟܕ ܠܐ ܚܙܢܝ. ܟܬܝܒ ܓܝܪ
ܥܠܝ. ܕܐܝܠܝܢ ܕܚܙܝܢ ܠܝ ܠܐ ܢܗܝܡܢܘܢ ܒܝ. ܘܐܝܠܝܢ ܕܠܐ
ܚܙܘܢܝ⁴⁷ ܗܢܘܢ ܢܗܝܡܢܘܢ ܘܢܚܘܢ. ܥܠ ܗܘ ܕܝܢ ܕܟܬܒܬ
ܠܝ ܕܐܬܐ ܠܘܬܟ. ܘܠܐ ܗܘ ܕܐܫܡܠܝܐ ܗܪܟܐ ܟܠ⁴⁸ ܕܥܬܝܕ
ܕܡܫܬܠܚܘܬܗ⁴⁹ (B fol. 17 a) ܐܫܬܠܡܬ. ܘܡܢ ܒܬܪ ܕܡܫܬܡܠܝܐ ܐܢܐ⁵⁰
ܡܬܥܠܐ ܐܢܐ ܠܘܬ ܡܢ⁵¹ ܕܫܠܚܢܝ. ܘܡܐ ܕܐܬܥܠܝܬ ܡܫܕܪ
ܐܢܐ⁵² ܠܟ ܠܚܕ ܡܢ ܬܠܡܝܕܝ. ܕܢܐܣܐ ܟܐܒܟ. ܘܐܦ ܚܝܐ
10 ܢܬܠ ܠܟ ܘܠܐܝܠܝܢ ܕܐܝܬ ܥܡܟ. ܠܗܘܢ ܕܝܢ ܠܗܠܝܢ ܐܓܪ̈ܬܐ
ܐܦ⁵³ ܗܠܝܢ ܢܣܝܒ ܠܗܘܢ ܒܟܬܒܢܐ ܐܪܟܝܢ⁵⁴. ܕܡܢ⁵⁵ ܒܬܪ
ܕܐܣܬܠܩ ܡܫܝܚܐ. ܫܕܪ ܠܗ ܝܗܘܕܐ ܬܐܘܡܐ ܠܬܕܝ ܫܠܝܚܐ ܚܕ
ܡܢ ܫܒܥܝܢ. ܘܟܕ ܐܬܐ ܫܪܐ ܗܘܐ ܠܘܬ ܐܒܓܪ ܒܪ ܐܒܓܪܐ⁵⁵ᵃ.
ܟܕ ܕܝܢ ܐܫܬܡܥܬ ܥܠܘܗܝ ܐܘܪܗܝܐ ܠܐܒܓܪ: ܕܐܬܐ ܫܠܝܚܐ
𝔄 63 11 ܕܝܫܘܥ ܠܡܕܝܢܬܐ ܐܝܟ ܕܟܬܒ ܠܗ. ܫܪܝ ܗܘܐ ܕܝܢ⁵⁶ ܗܘ ܬܕܝ⁵⁷
ܕܢܐܣܐ ܟܠ ܟܐܒ ܘܟܘܪܗܢ ܒܚܝܠܐ ܕܐܠܗܐ ܐܡܣܝܐ⁵⁸
ܕܟܠ ܐܢܫ ܢܬܕܡܪ ·:· ·:· ܟܕ ܕܝܢ ܫܡܥ ܐܒܓܪ ܓܒܘܪܬܐ
ܘܬܕܡܪܬܐ⁵⁸ᵃ ܕܥܒܕ ܗܘܐ ܘܐܣܘܬܐ. ܣܒܪ ܕܗܘܝܘ ܗܘ ܕܟܬܒ
ܠܗ ܝܫܘܥ⁵⁹ ܘܐܡܪ ܠܗ. ܕܡܐ⁶⁰ ܕܐܬܥܠܝܬ ܡܫܕܪ ܐܢܐ⁶¹ ܠܟ
12 ܠܚܕ ܡܢ ܬܠܡܝܕܝ ܕܗܘ ܢܐܣܐ ܟܐܒܟ. ܘܫܕܪ ܩܪܐ ܠܛܘܒܝܐ
ܗܘ ܕܠܘܬܗ ܫܪܐ ܗܘܐ ܘܐܡܪ ܠܗ. ܫܡܥܬ ܕܓܒܪܐ⁶²
ܫܠܝܚܐ ܐܬܐ ܘܚܠ ܫܪܐ ܒܡܕܝܢܬܟ. ܐܣܩܝܘܗܝ ܡܣܩ ܠܘܬܝ.

⁴⁶ A fol. 19 *a* ⁴⁷ A ܢܚܙܘܢܢܝ ⁴⁸ A ܗܠܝܢ ܟܠܗ ܕܝܢ ܕܐܫܠܡ ܠܝ ܟܕܗܘ
⁴⁹ A adds ܗܘ ⁵⁰ 𝔄 adds *hoc* ⁵¹ A ܡܢܘ ⁵² A ܡܫܕܪܢܐ ⁵³ 𝔄 = ܐܦ
and renders ܐܓܪ̈ܬܐ by a sing. ⁵⁴ 𝔄 *Assyriaca* ⁵⁵ 𝔄 om. ܕ ⁵⁵ᵃ 𝔄 has for
the second ܠܐܒܓܪ [illegible] ⁵⁶ A om. ܕܝܢ 𝔄 *igitur* ⁵⁷ A ܗܘܕܝ
⁵⁸ A ܐܕܡ ⁵⁸ᵃ 𝔄 om. ܘ ⁵⁹ 𝔄 *de quo miserit ad Christum* ⁶⁰ 𝔄 om. ܕ
⁶¹ A ܡܫܕܪܢܐ ⁶² A 𝔄 add ܚܕ

ܟܕ ܐܬܐ ܕܝܢ[63] ܠܦܘܩܕܢܐ ܠܘܬ ܬܕܝ ܐܡܪ[64] ܠܗ. ܐܒܓܪ ܡܠܟܐ
ܫܕܪ ܩܪܢܝ ܘܐܡܪ ܠܝ ܕܐܝܬܝܘܗܝ ܠܘܬܗ. ܕܐܬܐܣܝܘܗܝ. ܘܗܘ
ܬܕܝ. ܐܡܪ ܣܠܩ ܐܢܐ. ܡܛܠ ܒܪ[65] ܕܚܝܠܗ ܠܘܬܗ ܗܘ
13 ܐܫܬܪܪܬ. ܦܩܕ ܗܟܝܠ ܦܘܩܕܢܐ ܠܛܘܒܝܗ ܕܢܩܕܡ ܘܢܕܒܪ ܠܬܕܝ
ܘܐܬܐ ܠܘܬ ܐܒܓܪ. ܟܕ ܕܝܢ ܣܠܩ ܐܫܬܟܚܘ ܩܝܡܝܢ ܬܡܢ[66] 𝔄 64
ܪ̈ܘܪܒܢܘܗܝ. ܘܗܘ ܚܙܐ[67] ܟܕ ܥܐܠ ܗܘܐ. (B fol. 17 *b*) ܚܙܘܐ
ܪܒܐ ܐܬܚܙܝ ܠܐܒܓܪ ܒܦܪ̈ܨܘܦܗ ܕܬܕܝ[68] ܫܠܝܚܐ. ܘܟܕ ܚܙܝܗܝ
ܐܒܓܪ ܠܬܕܝ[69] ܣܓܕ ܠܗ. ܘܐܚܕ ܬܗܪܐ ܠܟܠܗܘܢ ܕܩܝܡܝܢ ܗܘܘ
ܬܡܢ. ܗܢܘܢ ܓܝܪ ܠܐ ܚܙܐܘܗܝ ܠܗܘ ܚܙܘܐ. ܗܘ ܕܠܗ
14 ܠܐܒܓܪ ܒܠܚܘܕܘܗܝ ܐܬܚܙܝ. ܘܐܦ ܡܫܐܠ ܗܘܐ ܠܗ ܠܬܕܝ.[70]
ܕܐܟܝ[71] ܒܫܪܪܐ ܐܢܬ ܬܠܡܝܕܗ ܐܢܬ ܕܝܫܘܥ ܒܪܗ ܕܐܠܗܐ.
ܗܘ ܕܐܡܪ ܠܝ ܕܡܫܕܪ ܐܢܐ ܠܟ ܠܚܕ[72] ܡܢ ܬܠܡܝ̈ܕܝ. ܕܗܘ
ܢܐܣܝܟ ܘܢܬܠ ܠܟ ܚܝ̈ܐ. ܘܬܕܝ[73] ܥܢܐ ܘܐܡܪ. ܡܛܠ
ܕܗܝܡܢܬ ܡܗܝܡܢܬ ܒܗ ܒܗܘ ܕܫܠܚܢܝ. ܡܛܠ ܗܢܐ ܐܫܬܕܪܬ
ܠܘܬܟ. ܘܬܘܒ ܐܢ ܬܗܝܡܢ ܒܗ ܬܗܘܐ ܠܟ ܫܐܠܬܗ ܕܠܒܟ.
15 ܘܗܘ ܐܒܓܪ ܐܡܪ ܠܗ. ܕܗܟܢܐ ܠܡ[74] ܗܝܡܢܬ ܒܗ. ܐܝܟܢܐ
ܕܐܦ ܠܝ̈ܗܘܕܝܐ[75] ܨܒܝܬ ܕܐܩܛܠܘܗܝ ܒܚܝܠ ܕܐܝܕܝܢ ܚܝܠܐ
ܘܐܬܪܘܗܒ ܐܢܐ ܐܠܘ ܠܐ ܕܐܬܟܠܝܬ[76] ܡܛܠ ܡܠܟܘܬܐ 𝔄 65
ܕܪ̈ܗܘܡܝܐ. ܘܬܕܝ[77] ܐܡܪ.[78] ܡܪܢ ܨܒܝܢܗ ܕܐܒܘܗܝ ܫܠܡ.
ܘܟܕ ܫܠܡ ܐܬܬܠܝ ܠܘܬ ܐܒܘܗܝ. ܐܡܪ ܠܗ ܐܒܓܪ. ܐܦ[79]
16 ܐܢܐ ܗܝܡܢܬ ܒܗ ܘܒܐܒܘܗܝ. ܘܬܕܝ[80] ܐܡܪ. ܡܛܠܗܢܐ

[63] 𝔄 om. ܕܝܢ [64] 𝔄 = ܘܐܡܪ [65] 𝔄 does not express ܒܪ [66] A fol. 19 *b* [67] A ܘܟܕ ܚܙܐ [68] A ܕܬܕܝ [69] A ܠܬܕܝ [70] A ܠܬܕܝ [71] A ܕܐܝܟ [72] A ܚܕ [73] A ܘܬܕܝ [74] A om. ܠܡ [75] A ܠܝܗܘ̈ܕܝܐ [76] A ܐܬܟܠܬ [77] A ܘܬܕܝ [78] A 𝔄 add ܠܗ [79] A ܘܐܦ [80] A ܘܬܕܝ 𝔄 om. ܘ

ܗܟܢ ܐܢܫܐ[81] ܚܠܝܦ ܐܢܫܝ̈ ܒܥܒܕܘܗܝ. ܘܒܪ ܚܒܪܗ ܗܘ̣ܐ. ܡܫܝܚܐ
17 ܐܬܐܡܣ ܡܢ ܦܘܪܫܢܗ ܘܡܢ ܒܐܘܪܚܐ ܕܐܝܬ ܗܘܐ ܠܗ. ܘܐܬܕܒܪ̈
ܐܣܝܪ.[82] ܕܐܝܟܢ ܕܢܥܒܕ ܗܘܐ ܠܗ ܥܠ ܢܦܫܗ ܡܫܝܚܐ ܚܢܢܐ
ܒܒܪ̈ܝܐ ܒܝܫ ܗ̇ܘܝ ܕܠܡܣܬܒܪܘ. ܕܕܠܐ ܡܦܩܢܘܬܐ ܘܒܡܩ̈ܪܐ ܐܟܘܬܗ.
ܠܐ ܕܝܢ ܠܗ ܒܠܚܘܕ. ܐܠܐ ܐܦ ܠܒܢܝ̈ ܒܝܬܗ ܕܐܝܬ ܗܘܐ
ܠܗ ܦܘܪܢܣܐ. ܕܐܦ ܗܘ ܚܒ ܘܢܦܠ ܥܠ ܪ̈ܓܠܘܗܝ. ܘܒܪ
ܟܠ ܚܠܘܦܝ ܐܬܐܡܪ. ܘܠܐܘܪ̈ܚܐ[83] ܡܫܟܢܐ ܒܢ̈ܝ ܡܗܝܡܢܘܬܗܘܢ
ܐܣܝ. ܘܒܢܦ̈ܫܐ ܗܘܐ[84] ܢܘܪܒܝܬܐ ܘܡܒܣܪ ܡܠܟܘܬܐ ܕܐܠܗܐ ܀
18 (B fol. 18a) ܒܬܪ ܗܠܝܢ ܐܡܪ ܠܗ[85] ܐܦܪܟܘ. ܐܢܬ ܗܘ ܕܝ.[86] ܒܣܠܐ
ܕܐܠܗܐ ܗܠܝܢ ܒܟܬܒܐ ܐܢܬ. ܐܦ ܚܕ ܐܬܟܪܙ ܒܗܠܝܢ.[87] ܐܠܗܐ
ܓܝܪ ܗܠܝܢ ܒܠܗܘܢ ܒܥܒܕܐ[88] ܡܚܝܢ. ܕܬܫܬܥܒܕ ܠܗ[89] ܥܠ ܡܫܬܡܠܝܘܬܗ[90]
ܕܡܫܝܚܐ. ܘܕܐܒܐ ܕܝܠܗ[91] ܗܘܝܬ ܘܥܠ ܫܠܡܐ. ܘܕܒܐܒܢܐ[92] ܫܠܡܐ
19 ܗܠܝܢ ܕܫܡܥܬ ܦܩܕ ܗܘܐ ܀ ܘܗܕܝ[93] ܐܡܪ. ܗܟܢܐ ܫܒܩܘ
ܐܢܫ.[94] ܡܛܠ ܕܝܢ ܕܠܡܦܪܘ ܡܠܟܐ ܕܐܠܗܐ ܐܫܬܒܩܬ. ܡܢܝܢ
ܒܢܝ ܠܝ ܠܒܢ̈ܝ ܡܕܝܢܬܢ[95] ܒܗܠܝܢ. ܘܡܕܡܝܢ ܡܢܝܢ 𝔄 66
ܐܢܫ ܘܪ̈ܒܐ ܐܢܫܐ ܒܗܘܢ ܡܠܟܬܐ ܕܬܪܝܢ. ܘܥܠ ܡܫܬܡܠܝܘܬܗ[96]
ܕܢܥܒܕ ܕܐܡܝܢܐ[97] ܦܩܕܬ܆ ܘܥܠ[98] ܥܠܝܡܘܬܗ ܕܡܛܠ[99] ܐܢܫܐ
ܐܫܬܟܠܠ ܡܢ ܐܒܗܘܗܝ. ܘܥܠ ܫܠܡܗ ܘܒܪ̈ܘܗܝ. ܘܥܠ ܐܪ̈ܙܐ
ܕܡܠܠ ܒܠܚܘܕ. ܘܒܐܝܢܐ ܫܠܡܐ ܗܠܝܢ ܦܩܕ ܗܘܐ. ܘܥܠ
ܒܪܘܪܘܬܗ ܫܪܝܪܬܐ[1] ܘܥܠ ܕܒܘܪܝܘܬܗ ܘܡܫܒܚܢܘܬܗ. ܘܕܐܡܝܢܐ[2]

[81] A ܗܐܟܢܐ [82] A ܗܘܘ ܐܝܟܢ ܐܬܡܪܢ [83] A ܐܦ ܠܐܘܪ̈ܚܐ [84] 𝔄 adds *miranda* [85] A fol. 20 a [86] A ܗܘܝܬ [87] A ܒܗܠܝܢ ܐܬܡܪܢ [88] A ܒܥܒܕܐ ܐܢܐ 𝔄 *petimus* [89] 𝔄 om. ܠܟ and adds *tu* [90] A ܡܫܬܡܠܝܘܬܗ [91] A 𝔄 ܕܐܒܐ [92] A ܘܒܐܒܢܐ [93] A ܘܗܕܝ 𝔄 om. ܘ and adds *ei* [94] A ܦܠܚܢܐ [95] A ܒܢ̈ܝ ܡܕܝܢܬܢ [96] A ܡܫܬܡܠܝܘܬܗ [97] A ܕܐܡܝܢ [98] 𝔄 om. ܘ: but restore [99] 𝔄 = ܘܡܛܠܬܗ [1] 𝔄 om. ܫܪܝܪܬܐ by mistake [2] 𝔄 om. ܘ

ܡܢܗܘܢ ܘܦܩܕ ܘܐܡܪ ܢܦܩܘܢ ܘܐܬܠܠܗ ܘܣܝܡܬ[3] ܠܡܬܠ. ܘܬܕܝ
ܗܟܢܐ ܕܡܢ ܟܠܡ ܠܐ ܐܬܕܒܪ[4] ܘܐܡܝܪ ܡܬܢܬܐ. ܘܣܝܡܬ[5]
ܒܠܚܘܕܝܗܘܢ ܘܩܒܠ ܒܟܢܫܐ ܣܓܝܐܐ[6] ܠܘܬ ܐܒܓܪ ܀ ܀
20 ܦܘܫ ܗܟܝܠ ܐܚܝܢ ܕܠܦܬܪܐ[6a] ܢܬܦܢܝܘ ܟܠܗܘܢ ܒܬܪ
ܡܕܝܢܬܗ̇.[7] ܘܢܒܝܥܘܢ ܒܪܘܚܬܗ ܕܐܕܝ.[8] ܘܒܬܪ ܗܕܝܢ[9] ܦܘܫ
ܕܬܬܝܗܒ ܠܗ ܕܗܒܐ ܘܣܐܡܐ.[10] ܘܗܘ ܕܝܢ ܠܐ ܩܒܠ. ܘܐܡܪ.
ܐܢܗܘ ܕܕܝܠܢ[11] ܫܒܩܢ ܐܢܚܢܢ ܢܣܒ ܕܐܚܪ̈ܢܐ ܀ ܐܬܥܒܕ ܗܠܝܢ
ܒܫܢܬ ܬܠܬܡܐܐ ܘܐܪܒܥܝܢ. ܕܠܘ[12] ܕܝܢ ܣܘܡܐܝܬ ܢܚܡ ܗܠܝܢ
ܒܟܠ ܦܬܓܡ ܡܢ ܐܪܡܝܐ ܠܝܘܢܝܐ.[13] ܒܪܒܢܘܬܗܝܢ ܐܬܬܦܫܩ[14]
ܗܪܟܐ ܀ ܀

ܫܠܡ ܡܐܡܪܐ ܩܕܡܝܐ.[15]

[3] A 𝔄 ܘܣܐܡܐ  [4] A ܐܬܬܕܝ  [5] A 𝔄 ܘܣܐܡܐ  [6] A 𝔄 ܒܟܢܫܐ ܩܫܝܫܐ Cf. Rufin.  [6a] 𝔄 inserts *postridie* before ܠܦܬܪܐ  [7] A ܡܕܝܢܬܐ  [8] A ܕܐܕܝ  [9] A 𝔄 ܘܒܬܪ ܗܠܝܢ  [10] A ܘܣܐܡܐ  [11] 𝔄 om. ܐܢܗܘ  [12] A ܘܠܘ  [13] 𝔄 inserts *hoc est*  [14] A ܐܬܬܦܫܩܘ. ܒܪܒܢܘܬܗܘܢ  [15] 𝔄 adds *historiarum ecclesiae*

ܬܘܒ ܡܬܚܫܒܢ ܥܠ ܕܘܒܪܐ[3] ܕܩ̈ܠܝܬܐ. ܕܡܢ ܟܕ ܐܫܬܘܕܥ
ܡܫܝܚܝܐ ·:·

(B fol. 18 b) ܕܬܪܝܢ ܕܐܡܝܢܐ[4] ܠܒܪܝܘܣ ܕܒ ܩܠܘ[5] ܥܠ ܡܫܝܚܐ
ܐܬܬܒܢܝ[6] ·:· ·:·

ܕܬܠܬܐ ܕܐܡܝܢܐ[7] ܟܠܝܠ ܘܟܘܢܐ ܟܠܗ ܠܥܠܡܐ ܦܪܫܬ
ܡܢܬܗ ܕܡܫܝܚܐ.

ܕܐܪܒܥܐ. ܕܐܡܝܢܐ ܡܢ ܟܕ ܠܒܪܝܘܣ ܠܐܘܗܘ ܐܩܝܡ
ܥܠ ܡܕܒܪܢܐ ܠܐܦܘܣܩܐ. ܕܒ ܙܒܢܐ ܠܡܕܒܪܘ ܡܢ ܡܠܟܘܬܗ.

ܕܚܡܫܐ ܕܐܡܝܢܐ[8] ܦܠܓ ܥܠ ܡܕܒܪܢܐ ܐܝܟ ܕܐܝܬ ܒܐܦܣܩܘܦܘܬܐ[9]
ܠܘܬ ܦܐܘܠܘܣ.

ܕܫܬܐ ܕܟܡܐ ܒܫ̈ܢܝܬܐ ܐܬܕܒܪ ܐܘܝ ܠܡܕܒܪܢܘܬܐ. ܡܢ
ܟܕ ܡܬܟܢܫܝܢ ܕܥܠ ܡܫܝܚܐ ...

ܕܫܒܥܐ ܕܐܡܝܢܐ ܗܘ ܠܢܫܡܗ ܦܠܓ ܦܠܓܘܬܗ.

ܕܬܡܢܝܐ ܥܠ ܚܕܐ ܕܗܘܐ ܒܫ̈ܢܐ ܡܠܟܘܬܗ.

ܕܬܫܥܐ ܡܬܟܘܢܬܗ ܕܟܢܘܫܐ ܥܡܝܐ ...

ܕܥܣܪܐ ܕܐܡܝܢܐ ܠܐܦܘܣܩܐ ܕܗܘ ܡܬܘܕܥ ܕܒ ܙܒܢܐ
ܠܩ̈ܠܝܬܐ. ܡܢ ܟܕ ܡܫܝܚܐ ܕܢܚܐ[10] ܕܐܠܗܐ ·:·

Book II. [1] A prefixes *gwbq. index* [2] A adds ܠܗܘܢ [3] A ܕܒܪܐ
[4] A ܕܐܡܝܢ [5] A ܐܠܦܐ [6] A fol. 20 *b* [7] A ܕܐܡܝܢ [8] A ܕܐܡܝܢ
[9] A ܒܐܦܝܣܩܘܦܘܬܐ ܥܠ [10] A plur.

ܕܚܕܥܣܪ̈ ܒܗ ܬܘܕܪܐ ܡܫܠܡܢܐ ·܀·

ܕܬܪܬܥܣܪ̈ ܒܗ ܡܠܝܐ ܡܠܟܬܐ ܕܒܝܬ ܢܘܗܪܬܐ. 𝔄 70

ܕܬܠܬܬܥܣܪ̈ ܒܗ ܫܡܥܘܢ[11] ܚܒܝܫܐ ·܀·

ܕܐܪܒܥܬܥܣܪ̈ ܒܗ ܒܪܘܪܘܬܗ ܕܩܘܦܪܘܣ ܥܠܝܡܐ ܕܒܪܘܡܝܐ.[12]

ܕܚܡܫܬܥܣܪ̈ ܒܗ ܐܘܬܘܠܝܘܣ ܕܡܪܘܣ.

ܕܐܫܬܬܥܣܪ̈[13] ܕܐܡܝܢܐ ܡܪܩܘܣ ܡܕܒܪܝܬ[14] ܐܒܐ ܕܒܢܬܗ

ܕܡܫܝܚܐ ܠܗܘܢ ܕܡܨܪ̈ܝܐ ...

ܕܫܒܥܬܥܣܪ̈. ܕܐܝܠܝܢ ܡܫܬܒܚܐ ܦܠܚܘܢ ܒܗ ܐܒ̈ܝܠܐ

ܕܡܨܪ̈ܝܐ[15] ...

ܕܬܡܢܬܥܣܪ̈ ܕܥܡܐ ܕܐܡܢ̈ܝܢ ܕܦܠܚܘܢ ܒܚܕܝܢ ⁘

ܕܬܫܥܬܥܣܪ̈ ܕܐܢܫܐ ܐܘܠܝܢܐ ܓܒܪ ܠܒܝܬܐ ܕܡܫܝ̈ܚܐ

ܒܢܘܡܐ ܕܦܫܛ ܒܐܘܪܫܠܡ[16] ·܀·

ܕܥܣܪܝܢ ܕܐܝܠܝܢ ܐܘܣܛܪ ܒܢܝ̈ܡܘܬܗ ܕܝܘܚܢܢ

ܒܐܘܪܫܠܡ ·܀· ...

ܕܥܣܪܝܢ ܘܚܕ ܒܗ ܡܪܝܐ ܗܘ ܕܐܦ ܦܪܢܣܗ ܕܥܢ̈ܝܐ

ܡܕܒܪܢܐ[17] ܠܗ ·܀·

ܕܥܣܪܝܢ ܘܬܪܝܢ. ܕܐܡܝܢܐ[18] ܐܫܬܕܪ ܡܢ ܫܘܡܕ (B fol. 19 *a*)

ܠܪܘܡܐ[19] ܦܘܠܘܣ ܒܪ ܦܫܝܪ: ܘܒܪ ܢܓܡ ܢܘܪܐ[20] ܐܫܬܕܪ

ܡܢ ܟܠ ܟܠܒ.

ܕܥܣܪܝܢ ܘܬܠܬܐ. ܕܐܡܝܢܐ[21] ܐܘܣܒܝ ܡܫܡܫܢܐ. ܗܘ ܕܡܬܦܪܐ

ܗܘܐ ܐܘܣܒܝܘܣ ܕܟܪܝ ·܀·

[11] A adds ܗܘ [12] 𝔄 adds *urbe* [13] A ܕܫܬܬܥܣܪ̈ [14] A ܡܕܒܪܐܝܬ
[15] 𝔄 *de viris Aegyptiis* (s. *Aegyptiorum*) [16] A om. ܒܐܘܪܫܠܡ 𝔄 om. ܐܘܠܝܢܐ and ܒܢܘܡܐ ܕܦܫܛ ܒܐܘܪܫܠܡ [17] 𝔄 *in Actis Apostolorum commemorant* [18] A ܕܐܡܝܢ [19] 𝔄 adds *urbem* [20] A fol. 21 *a*
[21] A ܕܐܡܝܢ

ܕܟܬܒܝܢ ܘܐܬܟܒܫ. ܕܐܡܝܢܐ[22] ܡܢ ܒܬܪ ܡܪܘܬܗ ܡܢ
ܐܦܣܩܘܦܐ ܒܡܕܝܢܬܐ ܕܐܠܟܣܢܕܪܝܐ ܡܕܡܐܟܝܬ ܐܫܬܘܚ ·:·

ܕܟܬܒܝܢ ܘܡܬܚܙܝܢ ܥܠ ܙܘܒܢܐ ܕܗܘܐ ܒܬܘܡܐ.[23] ܢܐܙܘܢ.
ܕܒܗ ܦܘܠܘܣ ܘܦܛܪܘܣ[24] ܢܦܩܘ ܠܠܘܬܐ ܕܣܗܕܘܬܐ ܕܡܟܠܠ
ܕܠܘܬ ܐܠܗܐ ܒܪܘܗܡܝܐ.[25]

ܕܟܬܒܝܢ ܘܥܬܝܕ ܕܐܡܝܢܐ ܡܟܠ ܫܘܕܝܐ ܐܝܟ ܒܢܝܢ ܘܥܠ
ܡܪܟܐ ܐܚܪܢܐ ܕܗܘܐ ܠܗܘܢ ܡܢ ܙܘܗܪܐ...

·o:o· ·o:o· ·o:o·

𝔄 73 ܫܪܒܐ ܡܕܡܟܐ ܥܠ ܕܗܘܒܪܐ ܕܥܠܝܡܐ[1] ܕܡܢ ܒܬܪ ܕܐܫܬܠܡ
ܡܟܬܒܢܐ.

Pref. 1 ܥܠ ܐܝܠܝܢ ܕܗܠܝܢ ܗܘܐ ܕܢܦܩܘ ܢܦܪܫ ܒܟܬܒܬܐ ܡܕܡ
ܬܢܝܢܝܬܐ[2] ܕܒܗܬܐ: ܥܠ ܐܠܗܘܬܗ ܕܦܪܘܩܢ ܘܥܠ ܡܕܒܪܢܘܬܐ[3]
ܕܡܫܝܚܘܬܗ ܕܦܠܚܝܢ: ܘܥܠ ܡܕܒܪܢܘܬܐ ܕܕܘܒܪܐ ܕܒܥܕܬܗ
ܕܪܕܘܦܝܐܘܬܐ: ܠܐ ܕܝܢ ܒܠܚܘܕ ܥܠ ܗܠܝܢ: ܐܠܐ ܐܦ ܥܠ
ܚܠܝܡܘ ܕܗܘܢ ܕܗܘܐ ܒܙܒܢܐ ܐܚܪ̈ܢܐ ܘܥܠ ܫܟܝܗ ܘܥܠ
ܚܒܝܬܐ ܕܥ̈ܠܝܡܘܗܝ. ܒܡܦܪܐ ܕܗܘܐ ܗܢܝ ܒܟܫܝ̈ܦܬܐ
2 ܐܡܪܝܢ ܬܫܒܘܚܬܗܘܢ. ܢܟܬܘܒ ܕܝܢ ܗܫܐ ܐܦ[4] ܐܝܠܝܢ ܕܗ̈ܘܝ ܡܢ
ܒܬܪ ܗܠܝܢ. ܒܝܘܡܝܢ ܢܫܪܘܢ ܡܢ ܕܬ̈ܘܐ ܡܕ̈ܝܢܐ. ܒܝܘܡܝܢ
ܕܝܢ ܡܢ ܬܢܝܢܝܬܐ[5] ܕܡܬܒܥܝܢܬܐ ܕܠܒܪ. ܒܙ̈ܒܢܝܗܘܢ ܡܕܒܪܝܢ
i. 1 ܚܢܢ[6] ܠܗܘܢ. ܡܕܡܐܟܝܬ[7] ܗܟܝܠ ܠܥܠܝܡܘܬܐ ܚܠܦ ܗܘܕܝܐ

[22] A ܕܐܢܒܐ? [23] 𝔄 = ܒܥ̈ܢܝܢ [24] 𝔄 = ܦܛܪܘܣ ܘܦܘܠܘܣ
[25] 𝔄 adds *urbe*

CHAP. I. [1] Read with A 𝔄 ܕܥ̈ܠܝܡܐ [2] A ܬܢܝܢܝܬܐ [3] B originally ܡܕܒܪܢܘܬܐ; A originally ܡܕܒܪܢܘܬܐ, altered into ܡܕܒܪܢܘܬܐ. 𝔄 has plur. [4] A adds ܟܠ [5] A ܗܘ ܬܢܝܢܝܬܐ [6] A ܡܕܒܪܝܢ [7] A ܡܕܡܐܟܝܬ

ܡܫܠܡܢܐ[8] ܐܬܓܒܝ ܬܘܠܡܝ.[9] ܕܐܝܬܘܗܝ ܗܘܐ ܚܕ ܡܢ
ܬܠܡܝܕܘܗܝ ܕܡܪܢ ܐܝܟ ܕܦܪܫܢܢ ܐܡܪܢ. ܘܩܡܘ (B fol. 19 *b*)
ܕܝܢ ܠܬܫܡܫܬܐ ܕܓܘܐ ܒܝܕ ܨܠܘܬܐ ܘܣܝܡ[10] ܐܝܕܐ ܐܢܫܐ ܕܒܩܝܐ.
ܐܢܫܐ ܒܚܝܪܐ ܒܡܫܝܚܐ ܫܒܥܐ. ܗܢܘܢ. ܕܒܝܢܬ ܐܣܛܦܢܘܣ.
ܗܘ ܕܩܕܡ ܡܢܟܐܬ ܒܬܪ ܡܪܢ[11] ܐܬܪܓܡ ܒܟܐ̈ܦܐ[12] ܠܡܘܬܐ
ܡܢ ܐܝܕܝ̈ ܗܢܘܢ ܕܩܛܠܘ ܠܡܪܗܘܢ. ܕܒܗܕܐ[13] ܒܗ ܗܘܐ ܐܢܫܐ
ܕܡܦܠ. ܐܝܟ ܗܘ ܕܠܗ ܠܫܡܐ ܐܬܓܒܝ ܗܘܐ. ܘܟܠܝܠܐ ܕܙܟܘܬܐ
ܕܣܗܕܘܬܗ ܕܡܫܝܚܐ ܕܫܩܠ ܠܫܡܗ ܗܘ ܡܦܠ ܡܢܟܐܬ.
2 ܝܥܩܘܒ ܕܝܢ ܗܘ ܕܡܬܩܪܐ ܗܘܐ ܐܚܘܗܝ ܕܡܪܢ. ܡܛܠ 𝔄 74
ܕܐܦ ܗܘ ܒܪܗ ܗܘܐ ܕܝܘܣܦ: ܝܘܣܦ ܕܝܢ ܗܘ ܕܡܬܚܫܒ
ܗܘܐ ܕܐܒܘܗܝ ܗܘ ܕܡܫܝܚܐ: ܕܠܗ ܡܟܝܪܐ ܗܘܬ ܡܪܝܡ
ܒܬܘܠܬܐ: ܘܥܕ[14] ܠܐ ܢܬܩܪܒܘܢ ܚܕ ܠܘܬ ܚܕ ܐܫܬܟܚܬ
ܕܒܛܢܐ ܡܢ ܪܘܚܐ ܕܩܘܕܫܐ: ܐܝܟ ܕܡܠܠ ܟܬܒܐ ܡܗܝܡܢܐ[15] Mt i 16,
ܕܐܘܢܓܠܝܘܢ: ܕܠܗ[16] ܠܗܢܐ ܝܥܩܘܒ ܡܙܕܩܢܐ[17] ܩܪܝܢ ܗܘܘ ܠܗ
ܕܢܫܐ ܡܛܠ ܚܣܝܘܬܐ ܕܕܘܒܪܘܗܝ.[18] ܟܠܗܘܢ ܡܫܬܒܚܝܢ ܕܡܦܠ
3 ܡܢܟܐܬ ܬܪܘܢܘܣ ܕܐܦܣܩܘܦܘܬܐ ܒܥܕܬܐ ܕܐܘܪܫܠܡ. ܘܩܠܝܡܝܣ[19]
ܟܬܒ ܒܟܠܗܘܢ ܡܚܘܝܢܐ. ܕܦܛܪܘܣ ܠܗ[20] ܘܝܥܩܘܒ ܘܝܘܚܢܢ ܡܢ
ܒܬܪ ܣܘܠܩܗ ܕܦܪܘܩܢ: ܐܝܟ ܐܢܫܐ ܕܩܕܝܡܝܢ ܡܢ ܦܪܘܩܢ ܐܬܩܪܝܘ
ܗܘܘ ܠܐ ܚܣܡܝܢ ܗܘܘ ܥܠ ܬܫܒܘܚܬܐ. ܐܠܐ ܠܝܥܩܘܒ
4 ܙܕܝܩܐ ܓܒܘ ܠܐܦܣܩܘܦܘܬܐ ܕܐܘܪܫܠܡ.[21] ܘܗܘ ܕܝܢ ܗܘ ܒܗ

[8] A om. ܡܫܠܡܢܐ [9] 𝔄 Բարթողոմէոս *Bartholomeos* [10] A ܘܣܡܘ
In 𝔄 for ձեռն դպրութեան read ձեռնադրութեան? [11] A ܡܫܝܚܐ
(omitting ܒܬܪ ܡܪܢ) [12] A ܟܐ̈ܦܐ [13] A ܘܒܗܕܐ [14] A ܕܥܕ
[15] 𝔄 has these words plur. [16] 𝔄 = ܘܠܗ [17] Read with A 𝔄 ܙܕܝܩܐ
[18] A ܚܣܝܘܬܐ ܕܕܘܒܪܘܗܝ [19] A ܘܩܠܝܡܣ [20] 𝔄 om. ܠܗ [21] A ܠܐܘܪܫܠܡ

ܒܗܘܢܐ ܫܪܝܪܐ ܬܘܒ ܐܦ ܗܠܝܢ[22] ܐܡ̣ܪ ܥܠܘܗܝ. ܕܠܫܡܥܘܢ܆
ܘܕܝܡܐ ܘܠܝܘܚܢܢ ܘܠܦܝܠܝܦܘܣ.[23] ܡܢ ܒܬܪ ܕܝܘܡܐ ܬܪܝܢ ܡܢ ܒܬ
ܩܛܢܬܐ ܐܫܟܚ ܠܗܘܢ[24] ܡܫܝܚܐ.[25] ܘܩܪܐ ܐܢܘܢ ܐܫܠܡܘ ܠܫܪܪܐ
ܕܫ̈ܠܝܚܐ. ܗ̇ܢܘܢ ܕܝܢ (B fol. 20 a) ܫ̈ܠܝܚܐ ܠܥܡܡܐ. ܕܚܕ ܡܢܗܘܢ
ܐܢܬܬܗ ܗܘܐ ܒܪܢܫܐ. ܬܪܝܢ ܕܝܢ ܗ̇ܘܝܢ ܗܘܘ ܕܫܡܥܘܢ
𝔄 75 ܗܘܘ ܡܫܡܫܢ. ܚܕ ܗܘ ܘܕܝܡܐ ܗ̇ܘ ܕܡܢ ܒܢܘܐ ܕܗܝܟܠܐ
ܒܪܐܘܗܝ[26] ܘܡܢ ܐܚ̈ܪܢܐ ܡܢܝܢܐ ܒܡܫܡܫܐ ܥܠܝ ܘܡܫܝܚ. ܐܚܪܢܐ[27]
ܕܝܢ ܗ̇ܘ ܕܐܬܩܛܠ ܪܫܗ. ܠܗ ܕܝܢ ܠܗܢܐ ܡܫܡܫܐ ܘܕܝܡܐ ܐܦ
i 19 ܦܘܠܘܣ ܡܣܗܕ ܠܗ. ܟܕ ܟܬ̣ܒ ܗܟܢܐ. ܕܠܐܚܪܢܐ ܡܢ ܫ̈ܠܝܚܐ
5 ܠܐ ܚܙܝܬ ܐܠܐ ܐܢ[28] ܠܝܥܩܘܒ ܐܚܘܗܝ ܕܡܪܢ. ܘܟܕ
ܗܠܝܢ ܐܦ ܥܒܘܕܘܗܝ[29] ܕܦܪܘܩܢ ܕܠܘܬ ܡ̈ܠܟܐ ܕܥܒܕ ܢܗܪܝܢ[30]
6 ܡܬܩܠܣ[31] ܗܘܐ. ܬܫܒܘܚܬܐ ܒܢ ܠܟܠܗ ܐܝܟ ܕܡܢ ܡܫܡܫܢܘܬܐ
ܕܐܠܗܐ ܠܐܪܘܗܝ ܫܪܪ[32] ܗܘܐ. ܕܢܗܘܐ ܒܪܘܪܐ ܘܡܫܡܪܢܐ
ܕܢܠܦܢܘܬ ܕܡܫܝܚܐ. ܕܡܢ ܟܬܒܐ ܕܐܫܬܟܚ ܬܡܢ ܐܘܕܥ
7 ܘܥܡ ܥܠܠ. ܗܘ ܕܝܢ ܟܕ ܩܒܠ ܠܗ ܠܗܘ ܐܬܪܐ. ܠܐܒܓܪ
ܐܝܟ ܒܟܠܬܗ ܕܡܫܝܚܐ.[33] ܘܠܟܠܗ ܐܬܪܐ ܐܬܬܪ ܠܗܘܢ ܐܬܬܣܝ ܗܘܐ
ܒܟܠܗ ܬܕܡܪ̈ܬܐ ܕܥܒܕ ܗܘܐ. ܡܬܡܠܠܢܐܝܬ[34] ܕܝܢ ܟܕ
ܫ̈ܠܝܚܘܗܝ ܫܕܪ ܐܢܘܢ ܠܡܫܪܝܘܬܗ. ܘܦܩܕ ܐܢܘܢ ܠܡܬܚܫܒ
ܕܢܠܦܘܢ ܕܡܫܝܚܐ. ܘܟܕ ܐܢܘܢ ܬܠܡܝܕܐ ܠܢܘܟܪܝܐ ܕܥܡܐ.
ܘܟܕ ܐܓܪܐ[35] ܠܥܡܐ ܐܝܟ ܕܢܗܘܐ ܒܟܠܗ ܡܫܡܫܢܘܬܐ ܕܐܘܪܗܝ

[22] 𝔄 om. ܐܦ ܗܠܝܢ [23] A ܘܠܦܝܠܝܦܘܣ [24] 𝔄 adds *Dominus noster* [25] A ܐܝܬܠܗ [26] A ܦܪܘܘܗܝ. For ܡܢ ܒܢܘܐ ܕܗܝܟܠܐ 𝔄 has *յաշտարակէն de turri* [27] A ܢܝܪܐ [28] A om. ܐܠ [29] A ܦܪܘܕܗ [30] A fol. 22 a [31] A ܡܬܩܠܣ [32] A ܦܪܣܗ [33] A om. ܒܟܠܬܗ ܕܡܫܝܚܐ [34] 𝔄 attaches this word to the previous sentence [35] 𝔄 wants the stop at ܕܢܫ̈ܐ and the ܘ before ܒܪܟܐ

ܠܫܡܥܘܢ[36] ܕܡܫܡܫܢܐ ܢܦܫܗ.[37] ܘܬܘܣܦܬܐ[38] ܪܒܬܐ ܕܡܥܕܪܢܘܬܗ

8 ܕܦܪܩܢܢ ܟܠܗ ܥܠܡܐ ܗܘ ܕܒܗ ܗܘܐ. ܘܗܠܝܢ ܐܡܝܪܢ ܐܝܟ[39] ܕܐܡܪܢ 𝔄 76

ܬܫܥܝܬܐ ܕܡܕܒܪ̈ܢܐ[40]؛ ܢܓܝܪܐ ܠܝ ܡܡܠܠ ܠܘܬ ܟܬ̈ܒܐ ܡܕܝ̈ܢܐ.

ܟܕ ܗܘܐ ܕܝܢ ܪܕܘܦܝܐ[41] ܡܕܡܝܐ ܘܫܓܝܫܘܬܐ ܥܠ ܥܕܬܐ ܕܒܐܘܪܫܠܡ

ܡܢ ܝܗܘ̈ܕܝܐ ܒܣܗܕܘܬܗ ܕܐܣܛܦܢܘܣ.[42] ܟܠܗܘܢ (B fol. 20 b)

ܬܠܡ̈ܝܕܐ ܠܒܪ ܡܢ ܬ̈ܪܥܣܪ ܐܬܒܕܪܘ ܒܟܠܗ̇ ܝܗܘܕ ܘܫܡܪܝܢ

ܥܡ̈ܪܢܐ ܐܝܟ ܕܐܡܪ ܟܬܒܐ ܡܕܢ̈ܚܐ.[43] ܕܐܢܫܝܢ ܡܢܗܘܢ Acts

ܥܒܪܘ[44] ܘܥܕܡܐ ܠܦܘܢܝܩܐ ܘܠܩܘܦܪܘܣ[45] ܘܠܐܢܛܝܘܟܝܐ.[46]

ܠܐ ܕܝܢ ܡܫܟܚܝܢ ܗܘܘ ܕܢܡܠܠܘܢ ܠܥܡ̈ܡܐ ܡܠܬܗ ܕܐܠܗܐ.

9 ܐܠܐ ܠܝܗܘܕ̈ܝܐ ܒܠܚܘܕ ܡܟܪܙܝܢ ܗܘܘ. ܦܘܠܘܣ ܕܝܢ ܟܕ ܥܕܟܝܠ

ܡܠܐ ܗܘܐ ܠܘܫܡܐ ܕܗܦܠܠܐ[47] ܥܠ ܥܕܬܐ. ܘܥܐܠ ܗܘܐ

ܠܒ̈ܬܐ ܕܡܫܝ̈ܚܝܐ. ܘܓܪܪ ܗܘܐ ܠܓܒܪ̈ܐ ܘܠܢܫ̈ܐ ܘܡܫܠܡ

10 ܗܘܐ ܠܗܘܢ ܠܒܝܬ ܐܣܝܪ̈ܐ. ܐܦ[48] ܦܝܠܝܦܘܣ ܕܝܢ[49]: ܚܕ ܡܢ

ܗܢܘܢ[50] ܕܐܬܓܒܝܘ ܠܬܫܡܫܬܐ ܥܡ ܐܣܛܦܢܘܣ ܡܢ ܗܢܘܢ

ܕܐܬܒܕܪܘ ܗܘܘ. ܢܚܬ ܠܫܡܪܝܢ ܟܕ ܡܠܐ ܚܝܠܐ ܕܐܠܗܐ.

ܘܐܟܪܙ ܩܕܡܝܐܝܬ[51] ܠܗܢܘܢ ܕܬܡܢ ܡܠܬܐ ܕܐܠܗܐ. ܗܟܢܐ

ܕܝܢ ܡܬܘܣܦܐ ܗܘܬ ܒܗ[52] ܠܦܘܠܚܢܗ ܕܐܠܗܐ. ܐܝܟܢܐ

ܕܫܡܥܘܢ ܚܪܫܐ ܥܡ ܐܢܫܐ ܣܓܝ̈ܐܐ ܐܬܗܝܡܢܘ[53] ܒܡ̈ܠܘܗܝ

11 ܗܟܢܐ ܕܝܢ ܡܫܬܡܥܐ ܗܘܐ ܫܘܒܚܗܘܢ ܒܗܘ ܙܒܢܐ ܡܢ ܗܢܘܢ

ܕܚܙܝܢ ܗܘܘ ܒܣܪܗܒܘܬܐ. ܕܫܠܝܚܐ ܪܒܐ ܕܐܠܗܐ[54] ܫܡܥܝܢ ܗܘܘ

[36] A adds ܗܘ [37] 𝔄 մշտնջենաւորեալ է *permanet* [38] A ܐܦ ܠܬܘܣܦܬܐ

[39] A ܐܝܟܢ [40] A adds ܢܦܫܗܘܢ [41] A ܪܕܘܦܝܐ 𝔄 expresses the plur.

[42] A ܕܣܛܦܢܘܣ [43] 𝔄 = ܡ̈ܠܐ ܡܣ̈ܩܬܐ [44] A ܐܙܠܘ [45] A ܘܠܩܘܦܪܘܣ

[46] A ܘܠܐܢܛܝܘܟܝܐ [47] 𝔄 = ܘܗܘܠܠܐ [48] A adds ܐܝܟ [49] A 𝔄 om. ܕܝܢ?

[50] 𝔄 adds *erat* [51] 𝔄 om. ܩܕܡܝܐܝܬ [52] A fol. 22 b [53] A ܐܬܗܡܢܘ

𝔄 = ܐܬܗܝܡܢ [54] 𝔄 om. ܕܐܠܗܐ?

𝔄 77 ܠܗ. ܗܢܘܢ ܕܝܢ[55] ܐܦ ܗܘ ܕܒ ܬܘܪܝ[56] ܒܢܝܢܐ ܬܫܒ̈ܚܬܐ[57] ܕܐܠܗܐ
ܕܗ̇ܘܝܢ ܗܘܘ ܒܐܝܕܗ ܕܦܝܠܝܩܘܣ. ܐܬܪܡܝܘ ܒܐܘܣܩܘܦܐ
ܠܡܣܩܘܒܠܘܬܐ ܕܡܫܝܚܐ ܒܝܘܡܐ ܕܐܦ ܡܫܡܫܢܘܬܐ ܢܦܠ. ܕܟܕ 12
ܒܗܕܐ ܘܠܐ ܠܝ ܕܐܬܕܟܪ: ܕܒܝܘܡܐ ܠܡܘܩܕܢܐ[58] ܡܫܬܒܪܢܐ ܡܢ
ܬܘܒ ܕܐܬܬܣܝܡܘܢ ܡܢ ܗܪܘܫܐ ܡܫܡܫܢܘܬܐ ܕܠܗ. ܕܟܕ
ܢܛܠܝܬܐ ܕܐܟܣܘܢ ܡܬܥܝܩܝܢ ܘܐܝܟ ܒܗܪܝܣܐ ܕܫܘܩܢܐ ܒܝܫܐ
ܡܬܡܠܠܐ ܒܗܘܢ. ܘܡܗܪܝܢ ܘܡܥܒܕܝܢ ܠܟܠܗܘܢ ܕܡܫܡܫܝܢ
ܕܢܬܢܟܦܘܢ ܒܗܘܢ. ܡܢܬܐ[59] ܒܫܬܐ ܕܒܫܢܐ ܒܗܘܢ. ܩ̈ܛܠܐ
ܕܝܢ ܡܢܗܘܢ ܕܐܬܒܚܢܘ (B fol. 21 a) ܘܐܬܒܩܝܢ[60] ܐܬܬܢܝܚܘܢ
ܐܬܕܘܩܘ[61] ܘܐܬܛܪܕܘ. ܐܝܟ ܕܐܦ ܗܘ[62] ܫܡܥܘܢ ܒܬ ܐܬܦܪܫܘ
13 ܡܢ ܦܪ̈ܘܫܘ ܥܠܡܝܢ. ܡܛܠ ܡܫܡܫ ܒܪܢܫܐ ܕܓܘܐ ܠܗ. ܒܬ ܕܝܢ
ܒܠܒܘܫ ܙܒܢܐ ܗܘܬ ܘܩ̈ܛܠܐ ܡܒܘܪ̈ܬܐ ܕܫ̈ܢܝܐ: ܐܝܟ ܕܡܢ
ܡܦܪܫܘܬܐ ܕܐܠܗܐ. ܐܬܐ ܗܘܐ ܠܐܘܪܫܠܡ ܡܫܡܫܢܐ
ܕܡܠܟܬܐ ܕܒܗܝ. ܕܐܝܟ ܒܗܢ ܕܐܬܪܐ ܒܝܘܡܐ ܠܡܘܩܕܢܐ[63]
ܐܬܬܐ ܡܡܠܟܐ ܒܠܒܘܢ. ܕܗܘ ܡܩܕܡܐܝܬ ܡܢ ܒܩܛ̈ܝܐ ܡܛܠ
ܡܒܪܬܐ ܕܐܠܗܐ[64] ܡܢ ܦܘܠܩܘܣ ܐܝܟ[65] ܕܡܢ ܟܠܒܐ ܠܟܢܫܐ ܕܐܠܗܐ.[66]
ܘܗܘ ܗܘܐ ܪܫܝܬܐ ܕܡܫ̈ܡܫܢܐ ܕܩܕ̈ܝܫܐ ܒܠܒܘܢ. ܘܒܬ ܗܘܝܢ
𝔄 78 ܠܐܬܪܗ ܦܩܕ[67] ܬܗܘܐ ܡܢܬܗ ܕܐܠܗܐ ܕܒܟܠ. ܘܡܬܩܒܠܢܗ[68]
ܡܫܡܫܢܘܬܐ ܕܦܪܘܫ ܕܠܗܬ ܒܢ̈ܝܫܐ.[69] ܘܒܥܒ̈ܕܐ[70] ܥܠܡܝܢ ܒܐܝܕܗ
xviii 31 ܢܚܘܬܐ ܗܘ ܕܐܡܪܢܐ. ܕܟܕ ܬܦܩܘܢ ܬܥܠܝܡ ܐܝܟܐ ܠܐܠܗܐ.

[55] 𝔄 om. ܕܝܢ [56] A ܬܗܘܪܝ [57] In 𝔄 these words are sing., but through a mistake [58] A ܠܡܘܩܕܢ [59] A ܡܛܪ̈ܬܐ [60] A ܐܝܟ [61] A ܐܬܕܚܩܘ. For ܐܬܕܚܩܘ ܘܐܬܛܪܕܘ 𝔄 has *Մերժեալ կորացան գործովքն expulsi deiecti sunt operibus* [62] A om. ܗܘ [63] A ܠܡܘܩܕܢ [64] 𝔄 *Christi* [65] 𝔄 = ܘܐܝܟ [66] 𝔄 om. ܕܐܠܗܐ [67] 𝔄 = ܘܡܩܒܠ [68] A ܘܡܩܒܠܠܗ [69] A ܐܢܫܐ ܩ̈ܢܝܢ [70] A ܘܡܥܒܕܐ

14 ܘܡܛܠ ܗܠܝܢ ܐܦ ܦܘܠܘܣ ܡܟܪܙܐ ܠܥܡ̈ܡܐ. ܠܐ ܗܘܐ ܡܢ ܐܢܫ̈ܐ Gal i 1
ܐܦܠܐ ܕܡܢ ܒ̈ܢܝ ܐܢܫܐ.[71] ܐܠܐ ܒܓܠܝܢܗ ܕܝܫܘܥ ܡܫܝܚܐ[72][73]
ܘܐܠܗܐ ܐܒܘܗܝ ܕܐܩܝܡܗ[74] ܡܢ ܒܝܬ ܡܝ̈ܬܐ. ܟܕ ܗܘ ܚܙܝܐ
ܘܓܠܝܢܐ ܕܡܠܐ ܕܗܘܐ ܠܘܬܗ ܡܢ ܫܡܝܐ. ܐܫܬܘܝ ܠܦܘܪܢܣܐ
ܘܗܘܐ ܫܠܝܚܐ ܀

ܕܬܪ̈ܝܢ ܕܐܝܟܢܐ[1] ܛܝܒܪܝܘܣ ܟܕ ܝܠܦ[2] ܡܢ ܦܝܠܛܘܣ ܥܠ ܡܫܝܚܐ ܐܬܬܙܝܥ ܀[3]

ii. 1 ܟܕ ܕܝܢ ܡܫܬܡܥܢܘܬܐ ܗܘܬ[4] ܘܡܬܟܪܙܐ ܠܟ̈ܠܢܫܐ
ܩܝܡܬܗ ܬܡܝܗܬܐ ܕܡܢ ܒܝܬ ܡܝ̈ܬܐ ܕܦܪܘܩܢ: ܘܡܣܩܬܗ
ܠܫܡܝܐ.[5] ܐܝܟ ܥܝܕܐ ܥܬܝܩܐ ܕܐܝܬ ܗܘܐ ܠܗܓ̈ܡܘܢܐ 𝔄 79
ܕܥܡ̈ܡܐ. ܕܟܠ ܡܕܡ ܕܡܬܚܕܬ ܒܐܬܪ̈ܘܬܗܘܢ ܕܢܗܘܘܢ ܡܘܕܥܝܢ
ܠܗܘ ܕܐܚܝܕ ܫܘܠܛܢܐ ܕܡܠܟܘܬܐ. ܕܡܕܡ ܠܐ ܢܛܥܝܘܗܝ ܡܢ
ܗܠܝܢ ܕܡܬܚܕܬܢ. ܡܫܬܡܥܢܘܬܐ ܗܘܬ ܕܝܢ ܒܟܠܗ (B fol. 21 b)
ܦܠܣܛܝܢܐ ܩܝܡܬܗ ܕܡܢ ܒܝܬ ܡܝ̈ܬܐ ܕܦܪܘܩܢ ܀ ܦܝܠܛܘܣ
ܗܢܐ ܠܛܝܒܪܝܘܣ ܡܠܟܐ ܐܘܕܥ ܥܠ ܐܬܘ̈ܬܗ ܕܦܪܘܩܢ. 2
ܘܥܠ ܟܠ ܕܗܘܐ ܡܢ ܒܝܬ ܡܝ̈ܬܐ ܠܫܡܝܐ ܐܬܬܣܩܬ ܕܐܠܗܐ
ܗܘ. ܗܘ ܕܝܢ ܛܝܒܪܝܘܣ ܠܣܢܩܠܛܝܣ[6] ܦܩܕ ܗܘܐ ܠܡܐܡܪ.[7]
ܗܢܘܢ ܕܝܢ ܣܘܢܩܠܛܝܣ[8] ܠܡܠܬܐ ܗܕܐ[9] ܐܣܠܝܘܗ ܗܘܘ. ܥܠ
ܕܠܐ ܐܬܒܩܝܬ ܡܢܗ ܡܩܕܡܐܝܬ ܐܝܟ ܥܝܕܐ ܥܬܝܩܐ ܕܐܝܬ

[71] 𝔄 *non ab hominibus neque manu hominis* [72] A om. ܡܫܝܚܐ 𝔄 *Domini nostri Jesu Christi* [73] A fol. 23 *a* [74] 𝔄 om. ܕ

CHAP. II. [1] A ܐܝܟܢܐ [2] A ܐܠܦ [3] A ܐܬܬܙܝܥ 𝔄 prefixes *k. et* [4] 𝔄 adds բազմաց *multis* [5] A ܠܫܡܝܐ [6] A ܠܣܘܢܩܠܛܘܣ [7] 𝔄 *hoc verbum* [8] A ܣܘܢܩܠܛܘܣ [9] 𝔄 adds *cum audivisset* and does not render ܗܘܐ after ܡܠܬܐ

ܗܘܐ. ܕܟܠܗ ܬܗܘܡܐ ܠܐ ܗܘܐ ܗܘܐ ܐܠܗܐ. ܐܠܐ ܐܢ[10]
ܒܡܠܟܐ ܘܒܫܘܠܛܢܐ ܕܫܘܠܛܢܘܗܝ.[11] ܡܫܬܒܪܢܘ ܕܝܢ ܡܫܬܒܪܢܐ
ܗܘܬ ܕܡܛܠ ܗܕܐ. ܒܥܕܢܐ ܕܝܢ ܡܛܠ[12] ܕܠܐ ܙܕܩ ܗܘܐ
ܕܢܒܝܐ ܘܡܠܟܐ[13] ܕܟܠܗ ܐܢܫܐ ܘܠܦܘܬܗ ܚܝܐ ܕܐܠܗܐ ܢܬܕܝܢ
3 ܗܘܐ. ܟܕ ܕܝܢ ܕܫܡܥܬܗ ܠܡܠܬܐ ܕܐܬܦܪܥܬ ܠܗ ܡܛܠ ܦܪܘܩ
ܒܡܠܟܐ ܕܪ̈ܗܘܡܝܐ. ܗܘ ܛܝܒܪܝܘܣ ܗܘܐ ܒܬܪ̈ܥܝܬܐ ܡܫܒܚܬܐ[14]
ܕܐܝܬ ܗܘܐ ܠܗ. ܘܡܛܠ ܕܫܒܩܐ ܟܠ ܢܘܠܦܢܗ ܕܡܫܝܚܐ ܠܐ
𝔄 80 4 ܡܬܢܥܒ ܗܘܐ. ܗܠܝܢ ܐܡܪ ܛܪܛܘܠܝܢܘܣ.[15] ܓܒܪܐ ܕܡܫܡܠܝܐܝܬ
ܡܝܩܪ ܗܘܐ ܒܢܡ̈ܘܣܝܗܘܢ ܕܪ̈ܗܘܡܝܐ. ܕܐܦ[16] ܒܐܫܝܢܘܬܐ
ܥܫܝܢ ܗܘܐ.[17] ܘܗܢ ܐܢܫܐ ܢܟܪܝܐ ܘܡܫܬܡܥܢܐ ܕܐܝܬ ܒܪ̈ܗܘܡܝܐ
ܐܬܝܕܥ ܗܘܐ. ܡܛܠ ܒܪܘܚܐ ܕܡܛܠ ܚܠܦ ܒܪ̈ܘܡܝܢܐ
ܪ̈ܗܘܡܝܐܝܬ[18] ܘܐܬܦܫܩ ܝܘܢܐܝܬ.[19] ܗܢܘ ܒܦܠܓܗ ܕܝܢ ܡܦܩܬܗ
iii v 5 ܗܟܢܐ. ܢܡܘܣ[20] ܠܗ ܕܝܢ ܐܦ ܗܘ ܒܢܝܐ ܥܠ ܗܠܝܢ ܢܣܒܘܗܝ.
ܢܡܘܣܐ ܥܬܝܩܐ ܐܝܬ ܠܗܘܢ. ܕܐܠܗܐ ܡܢ ܡܠܟܐ[21] ܠܐ
ܢܬܦܣ. ܒܡܠܟܐ ܕܡܬܩܒܠ ܡܢ ܫܘܠܛܢܘܗܝ. ܡܢܘܡܘܣ ܐܡܠܘܟ
ܗܟܢܐ ܟܕ ܗܘܐ ܡܛܠ ܕܠܡܟܐ ܚܕ ܠܟܘܪܣܘܣ.[22] ܘܗܕܐ[23]
ܢܠܡܘܢ (B fol. 22 *a*) ܗܘ ܕܝܠܗ ܗܘܬ. ܠܘܬܗ ܟܕ ܒܒܘܣܢܐ
ܕܟܠܗ ܐܢܫܐ ܡܬܗܘܒܐ ܐܠܗܘܬܐ. ܘܡܛܠ ܐܠܐ ܥܒܕ ܐܠܗܐ
ܠܒܪ ܐܢܫܐ. ܐܠܗܐ ܕܢܗܘܐ[24] ܠܐ ܡܫܟܚ. ܘܐܝܟ[25] ܕܗܢ ܗܕܐ
6 ܒܪ ܐܢܫܐ ܗܘ ܙܕܩ ܕܢܣܒܐ ܥܠ ܐܠܗܐ. ܛܝܒܪܝܘܣ ܗܟܝܠ

[10] A ܐܢ ܠܐ ܐܢ [11] A ܕܫܘܠܛܢܘܗܝ [12] A ܡܛܠ ܕܝܢ ܒܥܕܢܐ. ܡܛܠ 𝔄 agrees with B but is wrongly punctuated [13] A ܕܢܒܝܐ ܘܡܠܟܐ [14] A ܒܬܪ̈ܥܝܬܐ ܡܫܒܚܬܐ [15] A ܛܪܛܘܠܝܢܘܣ 𝔄 Տերտեղիանոս [16] A ܘܐܦ [17] A fol. 23 *b* [18] A ܕܪ̈ܗܘܡܝܐ [19] A ܘܢܒܝܠ [20] 𝔄 *mittamus* [21] 𝔄 *e iussu regis solius* [22] A ܠܟܘܪܣܘܣ In 𝔄 for գբորոնոս read Դ․որոնոս ? [23] 𝔄 om. ܘ [24] A ܢܗܘܐ [25] A ܕܐܝܟ

ܗ̇ܘ ܕܒܢ̈ܘܡܬܗ ܥܡܐ ܕܟܪ̈ܣܛܝܢܐ ܥܠ ܟܠ ܥܠܡܐ. ܒܕ ܐܘܕܥܗܘܢ
ܡܢ ܐܬܪܐ ܕܦܠܣܛܝܢܐ ܡܢ ܐܢܫܐ ܕܐܡܦ ܡܕܒܪܢܘܬ[26] ܗܢܐ
ܘܠܦܢܐ. ܐܦ ܗ̣ܘ ܐܘܕܥ ܗܘܐ ܠܛܝܒܪܝܘܣ. ܘܟܕ ܗܘܐ
ܕܝܢ ܗ̣ܘ ܕܢܦܩ ܗܘܐ ܠܗ[27] ܗܢܐ ܘܠܦܢܐ. ܗ̣ܘ ܕܝܢ
ܛܝܒܪܝܘܣ:[28] ܥܠ ܕܗ̣ܘ ܠܐ ܒܨܒܝܢܗ̇ ܗܘܬ[29] ܠܡܓܒܝܘܬܐ
ܗܕܐ[30] ܐܣܠܝܗ̇. ܗ̣ܘ ܕܝܢ ܗܘܐ[31] ܒܦܘܩܕܢܗ ܘܠܡܣܟܢܐ[32] ܕܡܘܬܐ
ܐܬܠܝܫ. ܠܐܝܠܝܢ ܕܐܟܠܝܢ ܩܪ̈ܨܝܗܘܢ ܕܟܪ̈ܣܛܝܢܐ. ܘܗܕܐ[33]
ܐܝܟ ܕܡܢ[34] ܣܘܟܠܐ ܕܡܦܪܢܣܢܘܬܗ[35] ܕܡܢ ܫܡܝܐ ܗ̣ܘܬ
ܒܪܥܝܢܗ. ܡܛܠ ܕܒܕܘܒܠ ܫܘܪܝܐ ܗܘܬ[36] ܕܣܒܪܬܐ. ܕܕܠܐ
ܟܠܝܬܐ ܒܟܠܗ̇ ܐܪܥܐ ܢܪܗܛ ܘܠܦܢܗ[37] ܕܡܠܬܐ ·:· ·:· ·:·

ܕܬܠܬܐ ܕܐܝܟܢܐ[1] ܒܩܠܝܠ ܙܒܢܐ. ܒܟܠܗ ܥܠܡܐ.[2] ܦܪܚܬ
ܣܒܪܬܗ ܕܡܫܝܚܐ.

iii. 1 ܗܟܢܐ ܕܝܢ ܒܚܝܠܐ ܘܒܡܥܕܪܢܘܬܐ[3] ܕܡܢ ܫܡܝܐ. ܡܢ
ܥܠ[4] ܐܝܟ ܕܢܘܗܪܗ ܕܫܡܫܐ ܠܟܠܗ ܥܠܡܐ ܕܢܚ ܣܒܪܬܐ[5]
ܕܚܝ̈ܐ. ܘܡܚܕܐ ܐܝܟ ܡܣܗܕܢܘܬܗ ܕܟܬܒܐ[6] ܕܐܠܗܐ. ܒܟܠܗ̇ Ps xix 5
ܐܪܥܐ ܢܦܩܬ ܒܪܬ ܩܠܗܘܢ ܕܡܣܒܪ̈ܢܐ ܘܕܫ̈ܠܝܚܐ. ܘܒܣܘ̈ܦܝܗܘܢ
2 ܕܥܠܡܐ ܐܫܬܡܥܘ ܡ̈ܠܝܗܘܢ. ܘܒܟܠ ܡܕܝܢܐ ܘܩܘܪܝܐ ܦܬܝܐ
ܗܘܬ ܥܕܬܐ. ܘܒܕܡܘܬ ܐܕܪ̈ܐ ܒܪ̈ܟܘܬܐ ܕܐܢܫܐ ܡܢ ܥܠ[6a]
ܒܕ̈ܪܐ ܡܫܠ̈ܡܢܬܐ ܐܬܡܠܝ ܗܘܘ. ܘܐܝܠܝܢ ܕܡܢ ܡܥܠܝܘܬܐ

[26] A ܡܕܒܪܢܘܬܐ [27] A ܠܗ̇ [28] A ܛܝܒܪܝܘܣ [29] 𝔄 adds *prius* [30] A adds ܐܦ [31] A om. ܗܘܐ [32] In 𝔄 for [illegible] read [illegible]? [33] A ܗܕܐ [34] 𝔄 om. ܐܝܟ ܕ [35] A adds ܕܐܠܗܐ [36] A ܗܘܐ [37] Read with A ܘܠܦܢܗ̇

CHAP. III. [1] A ܕܐܝܟܢ [2] A ܒܟܠܗ̇ ܐܪܥܐ [3] A ܘܒܡܥܕܪܢܘܬܐ [4] A ܥܠ [5] A fol. 24 *a* [6] 𝔄 plur. [6a] A ܥܠ

ܕܐܟܣ̈ܢܝܗܘܢ ܘܡܢ ܠܦܠܘܬܐ ܡܕܝܢܬܐ (B fol. 22b) ܒܒܘܪܗܝܐ
ܒܬܘܒܐ ܕܕܝܠܗ ܦܬܓ̈ܡܐ ܐܡܪܝܢ ܗܘܘ ܢܒ̈ܝܘܬܗܘܢ. ܡܢ
ܫܠܝܐ ܕܡܫܝܚܐ ܒܝܕ[7] ܬܠܡܝ̈ܕܘܗܝ ܒܝܘܠܦܢܐ ܘܟܪ̈ܘܙܘܬܐ
ܬܫܒ̈ܘܚܬܐ. ܐܝܟ ܕܡܢ ܡܒܘܥܐ ܕܢܗܪ̈ܐ ܐܬܦܪܫܘ ܗܘܘ ܘܐܬܦܪܣܘ
ܡܢ ܐܘܪܫܠܡ ܡܫܝܚܐ.[8] ܘܡܠܝܘ ܟܠ ܡܫܝܚܝܘܬܐ ܐܠܗܝܘܬܗܘܢ.
ܘܡܟܪܙܝܢ ܗܘܘ ܕܝܢ ܗܘ ܐܠܗܐ ܒܠܫܢܝܗܘܢ ܒܪܘܚܐ ܕܟܠ.
ܘܡܫܘܕܥܝܢ ܗܘܘ ܠܗ ܒܝܘܠܦܢܐ ܬܩܢܐ ܕܫܪܪܐ[9] ܘܒܦܘܠܚܢܐ ܢܟܦܐ
3 ܘܡܫܒ̈ܚܢܐ. ܕܐܬܕܪܟܘ[10] ܡܢ ܦܘܡܗ ܒܗܘ ܩ̈ܠܐ ܐܢܫܝܐ ܀ ܒܗ ܕܝܢ
ܠܒܘܬܗ ܕܐܠܗܐ ܡܫܬܡܥܢܐ ܗܘܬ ܐܦ ܥܠ ܬܪܥܐ ܕܡܕܝܢ̈ܬܐ.[11]
ܡܬܕܡܪܬ ܒܣܘܪܐ ܕܠܘܩܒܠܐ. ܘܣܐܠܝܘܣ[12] ܒܗ ܕܝܢ ܟܠܗ[13] ܒܝܬ
ܥܠ ܡܫܝܚܘܬܐ ܕܡܫܝܚܐ. ܒܗ ܚܝܐ ܕܐܠܗܐ ܘܬܫܡܫܬܗ
ܕܦܪܘܣ. ܘܐܫܪܝܐ ܣܘܪ̈ܝܐ[14] ܡܢ ܒܚ̈ܕܝܐ ܒܐܢܛܝܘܟܝܐ.[15]
ܕܗܘܢ ܕܐܬܟܢܫܘ ܗܘܘ ܡܢ ܐܘܠܝܢܐ ܕܗܘܐ ܥܠ ܐܢܛܝܘܟܝܐ.
ܐܦܪܘ ܗܘܘ[16] ܠܗܘܢ ܡܕܒܪܬܐ. ܘܪܒܐ ܗܘܬ ܘܡܠܝܐ ܒܥܕܬܐ
ܕܒܐܢܛܝܘܟܝܐ. ܘܒܪ ܒܢܝܢ ܬܡܢ ܡܫܝܚܝܐ: ܘܒܢܝܐ ܗ̇ܢܘܢ
ܕܐܬܘ ܡܢ ܐܘܪܫܠܡ: ܘܒܡܗܘܢ ܒܪܢܒܐ ܘܦܘܠܘܣ ܘܒܢܝܐ[17]
A 83 ܡܫܝܚܝܐ ܕܐܬܩܪܝ. ܫܡܐ ܕܟܪܣܛܝܢܐ ܗܘܐ ܡܕܡ ܐܟܘܬ ܐܝܟ
4 ܕܡܢ ܢܒܝܐ ܠܒܪܢܫܐ ܪܒܐ ܗܘܐ. ܘܐܕܐ ܚܕ[18] ܡܢ ܗ̇ܢܘܢ
ܢܒ̈ܝܐ[19] ܕܐܝܬ ܗܘܐ[20] ܒܗܘܢ. ܐܬܢܒܝ ܥܠ ܟܦܢܐ ܕܥܬܝܕ
ܗܘܐ ܕܢܗܘܐ. ܦܘܠܘܣ ܕܝܢ ܘܒܪܢܒܐ ܒܝܕ[21] ܐܝܠܝܢ ܬܡܢ
ܬܫܡܫܬܗܘܢ. ܐܫܬܕܪܘ[22] ܗܘܘ ܠܬܫܡܫܬܐ ܕܐܚ̈ܐ.

7 A – ܒܝܕ   8 A ܘܐܬܦܪܣܘ ܩܕܡܝܐ ܐܘܪܫܠܡ ܘܡܢ   9 A *veritate*   10 A ܕܐܬܕܪܟܘ   11 A *super omnes Gentiles* (om. ܐܦ)   12 A ܘܣܐܠܝܘܣ   13 A om. ܟܠܗ   14 A ܣܘܪ̈ܝܐ ܥܡ̈ܡܐ   15 A ܒܐܢܛܝܘܟܝܐ   16 A ܐܦܪܘ ܗܘܘ   17 A plur.   18 A ܚܕ ܡܢ (read ܚܕ ܡܢ ?)   19 A ܢܒ̈ܝܐ   20 A ܕܐܝܬ ܗܘܘ   A ܕܐܬܘ   21 A om. ܒ   22 A ܐܫܬܕܪܘ

ܕܐܪܟܘܢ̈ܐ ܕܐܡܝܢܐ ܡܢ ܒܬܪ ܛܝܒܪܝܘܣ. ܓܐܝܘܣ ܐܩܝܡ[1]
ܥܠ ܝܗܘ̈ܕܝܐ ܠܐܓܪܦܐ. ܟܕ ܚܙܐ ܠܗܪܘܕܣ ܡܢ ܡܠܟܘܬܗ.
iv. 1 ܛܝܒܪܝܘܣ ܕܝܢ ܗܘ ܒܡܠܟܘܬܐ[2] ܥܣܪܝܢ ܘܬܪܬܝܢ ܫ̈ܢܝܢ ܘܡܝܬ.
(B fol. 23 a) ܘܩܡ ܒܬܪܗ ܕܝܢ ܩܒܠ ܡܕܒܪܢܘܬܐ ܓܐܝܘܣ. ܗܘ
ܒܗܘ ܙܒܢܐ ܗܘ ܟܠܠܐ ܠܐܓܪܦܐ ܘܐܩܝܡܗ[3] ܡܠܟܐ ܥܠ 𝔄 84
ܝܗܘ̈ܕܝܐ. ܥܠ ܛܛܪܪܟܘܬܐ ܕܦܝܠܝܦܘܣ ܘܕܠܘܣܢܝܐ. ܘܒܬܪܟܢ
ܒܬܪ ܩܠܝܠ ܙܒܢܐ ܐܦ ܛܛܪܪܟܘܬܐ ܕܗܪܘܕܣ ܐܫܠܡ ܠܗ. ܘܓܙܪ
ܠܗܪܘܕܣ ܥܡ ܐܢܬܬܗ ܗܪܘܕܝܐ. ܒܥ̈ܠܠܬܐ ܣܓܝ̈ܐܬܐ
ܕܡܫܝܚܐ. ܗܢܐ ܕܝܢ ܗܪܘܕܣ ܗܘ ܗܘ ܕܒܝܘܡܘܗܝ ܗܘܐ ܚܫܗ
2 ܕܦܪܘܩܢ. ܘܣܗܕܐ ܕܗܠܝܢ ܐܝܬܘܗܝ ܝܘܣܦܘܣ.[4] Ant xvii 6, 10. 7,

ܕܡܫܟܚܢ ܕܐܝܟܢܐ[1] ܦܝܠܘܢ ܚܠܦ ܝܗܘ̈ܕܝܐ ܐܙܠ ܒܐܝܙܓܕܘܬܐ[2]
ܠܘܬ ܓܐܝܘܣ.

3 ܒܡܠܟܘܬܗ ܕܗܢܐ. ܦܝܠܘܢ ܡܫܡܗ ܗܘܐ ܒܡܪ̈ܕܘܬܐ.[3]
ܠܐ ܗܘܐ[4] ܒܠܚܘܕ ܒܝܕܥܬܐ ܕܝܠܢ. ܐܠܐ ܐܦ ܒܗܝ ܕܝܘ̈ܢܝܐ
ܓܒܪܐ ܗܘܐ ܢܨܝܚܐ. ܓܢܣܗ ܕܝܢ ܐܝܬܘܗܝ ܗܘܐ ܥܒܪܝܐ.[5]
ܘܡܢ[6] ܐܢܫܐ ܡܫܒ̈ܚܐ ܕܐܝܬ ܗܘܐ ܒܐܠܟܣܢܕܪܝܐ ܠܐ ܒܨܝܪ
ܗܘܐ. ܕܒܥܡܠܐ ܕܝܢ ܕܥܡܠܐ ܗܘܐ ܠܗ ܒܝܘܠܦܢܐ ܐܠܗܝܐ
ܕܐܒܗܬܐ. ܟܡܐ ܗܘ ܘܝܕܥ ܒܟܬܒ̈ܐ.[7] ܘܒܡܕܪܫܬܐ ܕܝܘܠܦܢܘܬܐ

CHAP. IV. [1] A fol. 24 b [2] 𝔄 = ܒܡܠܟܘܬܗ [3] A ܐܘܩܡܗ ܗܘܐ. For the following words 𝔄 has *regem super inimici eius tetrarchiam Philippi et Lysaniae* [4] A ܝܘܣܦܘܣ

CHAP. V. [1] 𝔄 = ܘܐܝܟܢܐ [2] A ܥܠ ܐܝܙܓܕܘܬܐ [3] A ܒܡܩܪ̈ܝܬܐ [4] A ܠܗ [5] For the words from ܐܠܐ ܐܦ to ܥܒܪܝܐ 𝔄 has merely *sed erat illustris, ex gente Hebraeus* [6] A ܘܡܢ 𝔄 expresses neither ܘ nor ܕ [7] A ܒܟ̈ܬܒܐ

ܕܠܒܪ ܕܐܝܟܢ ܐܝܬܘܗܝ ܗܘܐ ܠܐ ܡܬܬܒܥܐ ܠܝ ܕܐܫܡܥ.
ܕܡܡܠܠܢܘܬܐ ܗܘܐ ܒܪ[8] ܕܦܠܛܘܢ[9] ܘܕܦܝܬܓܘܪܘܣ. ܘܡܫܬܒܚܝܢ
𝕬 85 ܒܠܫܢܗ ܕܝܢ ܥܬܝܪ ܗܘܐ[10] ܠܟܠܗܘܢ ܕܗܘܘ ܒܡܠܬܗ. ܘܪܡ[11] ܕܝܢ v. 1
ܕܟܬܒܐ ܠܟܬܒܐ ܕܡܫܘܕܥܐ ܒܦܘܡܗ ܐܠܗܝܐ. ܒܣܘܓܐܐ ܡܦܪ̈ܫ
ܚܠܦ ܘܐܫܠܡ ܠܢ. ܘܐܡܪ ܐܦ ܥܠ ܣܘܥܪܢܘܬܐ ܐܚܪܢܐ ܕܟܬܒܘܗܝ.
ܕܢܦܫܗ ܢܦܫܐ ܐܠܗܝܐ. ܘܕܟܬܒܘ[12] ܫܒ̈ܥܐ ܟܬܒܐ ܥܠܝܗܘܢ.
ܘܬܫܒܘܚܬܐ ܕܡܠܠ ܒܫܘܕܥܐ ܒܥܘܡܩܗ.[13] ܘܥܠ ܕܐܙܠ ܠܪܗܘܡܐ
ܥܠ ܝܘܡ̈ܝ ܓܐܝܘܣ ܕܐܝܟ ܗܘܐ ܒܐܠܟܣܢܕܪܝܐ ܒܐܝܕܝܗܘܢ ܕܝܗܘܕܝܐ.
ܘܕܐܡܒܠܐ ܡܢ ܡܢ ܠܐܝܠܝܢ ܥܠ ܩܝܡ ܢܡܘܣܐ[14] ܕܐܡܗܝܡܢܘܬܐ:
ܘܗܘܐ ܒܝܢܝ ܘܚܝܝ. ܒܗ (B fol. 23 b) ܘܡܟܝܢ ܗܘܐ ܠܡܛܠܬ ܡܢ
2 ܐܝܟܢܘܬܗ. ܡܟܝܠ ܠܗܘܢ ܠܗܠܝܢ ܘܐܦ ܕܚܫܘܚܘܬܐ[14a] ܕܟܬܒܘܗܝ
xviii ܕܐܬܟܬܒ ܒܟܬܒܘܗܝ[15] ܗܘܝܐ. ܕܒܫܒܚܘܬܐ[16] ܠܡ ܕܗܘܐ
ܒܐܠܟܣܢܕܪܝܐ ܕܡܫܘܕܥܐ ܕܟܬܒܝܢ ܬܡܢ ܘܕܝܬܩܢܬܐ.[17] ܬܠܬܐ
ܬܠܬܐ ܐܝܟܢܝܢ ܐܬܟܬܒܘ ܡܢ ܬܪܝܢܗܘܢ ܟܬܒ̈ܐ ܘܐܚܪܢܐ ܠܗܘܢ
3 ܟܠܗܘܢ. ܚܕ ܡܢ ܗܠܝܢ ܕܝܢ[18] ܐܝܟܢܐ ܐܠܟܣܢܕܪܝܐ[19] ܕܫܡܗ
ܗܘܐ ܐܦܝܢ. ܦܬܚ ܡܟܬܒ ܗܘܐ ܥܠ ܟܬܒܐ ܕܡܫܘܕܥܐ.
ܘܐܡܪ ܗܘܐ ܐܝܟܢܐ ܕܐܦ ܒܐܝܕܘܗܝ ܕܡܠܟ ܒܟܠܗ ܗܘܘ.
ܒܠܚܘܕ ܒܪ ܐܝܠܝܢ ܕܡܫܬܟܚܝܢ ܗܘܘ ܒܬܚܝܬ ܫܘܠܛܢܐ ܕܪܗܘܡܝܐ.[20]
ܒܠܚܘܕܝܬܐ ܘܗܝܟܠܐ[21] ܡܬܬܩܢܝܢ ܗܘܘ ܠܗ. ܘܒܐܝܟܢܝܬܐ ܒܠܚܘܕ
𝕬 86 ܐܝܟ ܕܠܐܠܗܐ ܡܦܠܚܝܢ ܠܗ. ܘܠܟܘܡܕ ܠܗܠܝܢ ܗܘ ܡܫܘܕܥܐ

[8] 𝕬 om. ܒܪ  [9] 𝕬 *Ptolemaei*  [10] A om. ܗܘܐ 𝕬 = ܗܘܐ ܕܚܟܡ̇ܬܐ and adds *sapientid*  [11] 𝕬 = ܥܠ ܡܪܘܡ  [12] 𝕬 om. ܘ  [13] A fol. 25 *a*  [14] A ܐܟܘܬ ܕܗܘܕܝܐ ܘܕܡܩܝܡܝܢ ܠܗ  [14a] A ܢܡܘܣܘܗܝ (om. ܘܐܦ)  [15] A adds ܘܐܡܪ 𝕬 om. ܒܟܬܒܘܗܝ  [16] A ܕܒܫܒܚܘܬܐ  [17] In 𝕬 read *h* for *'p* before  [18] A ܚܕ ܕܝܢ ܡܢ ܗܠܝܢ  [19] A ܐܠܟܣܢܕܪܝܐ  [20] A ܕܪܗܘܡܝܐ  [21] 𝕬 *hostias et aras et palatia varia*

ܕܠܐ ܡܬܦܫܩ ܒܥܘܒܕܢܐ. ܘܒܐܢܕܪܘܢܝܩܐ ܠܐ[22] ܡܬܩܪܐ ܠܗ.
4 ܘܒܥܒܕܗ ܠܐ ܢܚܡ. ܘܗܟܢ ܐܡܪ ܗܘܐ ܐܦܝܘܢ ܒܟܬܒܬܐ
ܗܓܝܢܬܐ:[23] ܕܒܗܘܢ ܦܚܪ ܗܘܐ ܕܡܬܚܣܕܬ ܠܐܒܘܗܝ. ܐܦ ܕܡܫܝܚܐ
ܗܘܬ ܠܒܪܐ. ܦܝܠܘܢ ܕܝܢ ܗܘ ܕܣܡ ܗܘܐ ܒܐܦܘܠܘܓܝܐ ܥܠܘ
ܗܘܕܝܐ ܠܒܪܐ ܕܒܟܠ ܡܫܒܚ ܗܘܐ.[24] ܐܬܬܘܣ ܗܘܐ ܕܝܢ[25]
ܐܚܘܗܝ ܕܐܠܟܣܢܕܪܘܣ[26] ܒܪ ܐܠܒܪܟܘܣ.[27] ܘܡܕܒܪܢ ܗܘܐ
ܒܦܝܠܘܣܘܦܘܬܐ. ܟܕ ܕܝܢ ܡܠܝܐ ܗܘܐ ܒܚܝܠܐ[28] ܕܢܦܫܗ ܪܘܓܙܐ ܥܠ
5 ܗܠܝܢ ܡܐܡܪܐ ܡܬܝܪܐ. ܥܠܝܗܘܢ ܠܐܒܘܢ ܘܫܒܩܗܘܢ[29] ܡܢ ܩܕܡܘܗܝ.
ܢܦܩ ܗܘܐ ܕܝܢ ܟܕ ܡܬܚܣܕܬ ܗܘܐ[30] ܥܠܝܗܘܢ. ܕܗܕܡ ܟܕ
ܦܛܪ ܠܝܗܘܕܝܐ. ܦܝܠܘܢ ܕܝܢ ܢܦܩ ܡܢ ܩܕܡܘܗܝ ܟܕ ܡܬܚܪܐ.
ܘܐܡܪ ܠܝܗܘܕܝܐ ܗܢܘܢ ܕܐܝܬ ܗܘܐ ܠܘܬܗ[31] ܕܐܦ ܠܟ ܕܢܬܠܒܒ.
ܕܓܐܝܘܣ[32] ܒܪ ܢܫܐ ܚܠܦ ܒܟܦܪܗ ܐܠܗܐ (B fol. 24 *a*) ܡܬܚܪܝܐ
ܠܗ ܗܠܝܢ ܐܡܪ ܢܣܒܘܢ.[33]

𝔄 87 ܕܥܘܠܬܐ ܕܒܝܫܬܐ ܒܢܩܘܬܐ ܐܕܪܟ ܐܢܘܢ ܠܝܗܘܕܝܐ. ܡܢ ܒܬܪ
ܡܪܝܡܘܬܗܘܢ[1] ܕܥܠ[2] ܡܫܝܚܐ ·:·

6 ܐܦ ܗܘ ܕܝܢ ܦܝܠܘܢ ܒܗܘ ܡܐܡܪ ܕܟܬܒ ܥܠ ܐܫܬܕܪܘܬܗ.
ܐܘܕܥ[2a] ܦܫܝܩܐܝܬ ܒܬܪ ܒܬܪ ܥܠܡܕܡ[3] ܕܐܫܬܟܚܬ ܗܘܐ ܠܝܗܘܕܝܐ.[4] ii 569
ܐܫܬܥܝ ܕܝܢ[5] ܗܓܝܢܬܐ ܘܐܡܬܝ ܐܝܟܢ ܕܒܐܠܟܣܢܕܪܝܐ ܡܕܡ

[22] A om. ܠܐ [23] A ܩ̈ܫܝܬܐ 𝔄 adds *de iis* [24] 𝔄 *qui omnino praeclarus vir erat* [25] A om. ܕܝܢ; 𝔄 = ܘܐܚܘܗܝ ܗܘܐ [26] A ܕܐܠܟܣܢܕܪܘܣ [27] A ܐܠܐܒܪܟܘܣ [28] A om. ܒܚܝܠܐ [29] A ܘܦܣܩܗ [30] A om. ܗܘܐ [31] 𝔄 = ܠܘܬܗܘܢ [32] A 𝔄 ܓܐܝܘܣ [33] A ܢܣܒܘܢ

CHAP. VI. [1] A fol. 25 *b* [2] A adds ܢܦܫܗ [2a] 𝔄 adds *bnyw eis s. eorum* [3] A ܦܫܝܩܐܝܬ ܒܬܪ ܟܠ ܡܕܡ [4] A ܕܝܗܘܕܝܐ [5] 𝔄 om. ܕܝܢ

ܠܐܠܝܢ ܕܦܪܢ. ܡܕܡ ܕܓܒܐ ܠܝܘܣܦܘܣ ܡܢ ܣܗܕܐ[6] ܥܠ ܕܐܡܪܢܘ
7 ܥܠ ܡܥܡܪܐ. ܡܕܝܢܬܐ ܗܟܢܐ. ܕܡܙܒܢܐܝܬ[7] ܒܢܘ̈ܡܘܣܗ
ܕܢܒܪܢܫܘܢ ܕܒܝܫܘܬܐ ܡܕܝܢܬܐ. ܫܐܠܝܢܘܢ ܡܦܪܒܐ:
ܕܟܢܫ ܗܘܐ ܠܗ ܕܢܫܡܪ ܪ̈ܘܫܢܘܬܐ ܪ̈ܘܪܒܬܐ ܡܢ ܠܘܬ ܡܠܟܐ.
ܡܬܒܥܐ ܗܘܐ ܕܢܘܒܕ ܠܟܠܗ ܥܡܐ ܕܝܗܘ̈ܕܝܐ. ܒܗ̇ ܕܝܢ
ܒܐܪܥܐ ܕܝܗܘܕ. ܦܠܛܘܣ ܗ̇ܘ ܕܒܢܘܡܘܣܗ ܐܡܪܢܘ ܥܠ
ܦܘܩܕܢ. ܟܕ ܗܘܐ ܕܢܫܡܪ ܒܡܠܟܐ ܕܐܝܬ ܗܘܐ ܒܐܘܪܫܠܡ
ܡܛܠ[8] ܕܠܘܬ ܝܗܘܕܝܐ ܠܐ ܫܠܝܛ ܗܘܐ. ܘܕܠܝܢ ܐܢܘܢ
vi. 1 ܪ̈ܘܪܒܐܝܬ. ܡܢ ܟܕ ܕܝܢ ܕܡܠܟ ܗܪܘܕܣ ܘܡܛܠ ܫܘܠܛܢܐ
ܒܬܪܗ ܠܐܢܘܢ: ܗ̇ܘ ܕܡܫܠ̈ܡܢܘܬܐ ܢܟܪ ܠܫ̈ܠܝܛܢܐ:
ܬܬܪܐܝܬ[9] ܕܝܢ ܠܟܠܗ ܥܡܐ ܕܝܗܘܕܝܐ ܐܡܪ ܒܡܫܠ̈ܡܢܘܬܐ.[10]
ܡܥܡܪܝܢ ܐܢܫܝܢ[11] ܕܝܢ ܕܢܐܠܦ ܒܡܠܟ ܡܢܗܘܢ ܡܢ ܡ̈ܠܟܝܗܘܢ
2 ܘܡܬܬܒܥܐ ܕܒܗܝܢ ܟܬܒ ܗܘܢܐ. ܕܡܗܝܢܐ ܠܗ ܐܝܬܝܗܘܢ ܗܘܐ
ܒܢܒܝܘܬܐ ܕܝܥܩܘܒ[12] ܕܐܡܝܢܘܢ ܠܘܬ ܥܠ ܐܒܘ.[13] ܬܬܪܐܝܬ ܕܝܢ
ܠܘܬ ܫܒܛܐ ܕܝܗܘܕܐ. ܕܠܗܘܢ ܗܘ ܗܘܐ ܒܫܪܝܬܐ. ܒܗ̇
ܫܠܝܛܐ[14] ܕܝܢ ܕܡܢܗܘܢ[15] ܐܣܬܠܩܬ ܢܦܩ ܗܘܐ[16] ܐܝܟ
ܠܦܘܡܗ. ܥܕܡܐ ܕܝܢ ܡܢ ܗ̇ܘ ܕܐܠܟܣܢܕܪܐ. ܘܟܠ ܕܗܘܝ[17]
ܪ̈ܫܐ ܘܐܣܛܪ̈ܛܓܐ ܕܡܬܝܕܥܬܐ[18] ܕܠܟ ܟܠܗ ܗܘܐ. ܗ̇ܘ (B fol. 24 b)
ܟܕ ܕܒܪܬܐ ܟܠ ܗܘܐ ܗ̇ܘ ܡܢ ܕܐܣܪܝܐ[19] ܡܗܝܡܢ ܗܘܘ
ܠܗ. ܒܫܠܡܗ ܕܫܡܬܗ[20] ܗ̇ܘ ܠܝܘܡܢܗ ܡܗܝܡܢ ܗܘܐ ܠܗ.
ܗܢܟܐ ܕܝܢ[21] ܕܐܝܬ ܗܘܐ ܒܡܕܝܢܬܐ ܘܡܫܬܐ ܕܠܐ ܡܬܠܝܢ

𝕬 88
596 M

[6] A ܡܟܝܪܐ [7] A ܕܡܙܒܢܝܬ [8] 𝕬 = ܥܠ ܡܛܠ [9] A ܬܪܝܢܬ
[10] A ܒܡܫܠ̈ܡܢܘܬܐ [11] A ܐܢܫ [12] A ܕܝܥܩܘܒ [13] A ܟܠܗܘܢ
[14] A ܫܠܝܛܐ 𝕬 does not express ܒܗ̇ nor ܕܝܢ [15] A 𝕬 ܕܡܢܗܘܢ [16] 𝕬 = ܢܦܩ ܗܘܐ [17] A ܕܗܘܝ [18] A ܕܡܬܝܕܥܬܐ 𝕬 – ܕܡܬܝܕܥܬܐ [19] A ܕܐܣܪܝܐ
[20] 𝕬 plur. [21] 𝕬 om. ܕܝܢ

ܗܘܬ݂. ܗ̇ܘ ܡܠܟܐ ܥܫܩܗ̇ ܘܚܒܫܗ ܗܡܠܟܐ ܕܢܦܩܘܗ. ܕܝܗܘܕܝܐ
3 ܡܬܐܡܪܐ ܗܡܠܟܐ ܘܡܠܟܐ ܕܐܟܣܢܘܣ. ܙܒܢ ܕܝܢ ܒܙܒܢܐ ܕܒܥܡܝ
ܠܡܥܒܕܢܘܬ݂.[22] ܓܝܪ ܒܢܘ̈ܡܘܣܗ ܕܗܢܐ ܠܒܥܠܐ[23] ܕܝܘ̈ܕܝܐ
ܒܐܠܟܣܢܕܪܝܐ.[24] ܡܫܬܒܚܐ ܗ̇ܘ[25] ܗܢܐ ܡܬܟܬܒܢܐ ܘܡ̈ܠܝܢ ܠܗ
ܐܦ ܘܦܣܩܘܗܝ.[26] ܕܡܢ ܘܡ̈ܠܘܗܝ ܕܦܝܠܘܢ ܡܢ ܒܪ ܐܡܪܝܘ[27]
ܥܠ ܦܩܘܕܝܢ. ܡܢ ܗܕܝܢ ܡܫܘܚܬ݂ ܕܬܪܝܢ ܐܘ̈ܠܨܢܐ ܒܢ̈ܝܫܐ ܡܕܝܢܝܢ
4 ܠܟܠܗ ܒܥܡܐ. ܒܫܒܝ ܡܛܠ ܕܐܝܠܝܢ ܡܫܘܚܬ݂ ܒܫܦܝܪܐ ܕܬܪܝܢ
ܕܡܪܒܐ ܕܝܘ̈ܕܝܐ ܒܗܠܝܢ ܙ̈ܒܢܐ. ܕܒܪ[28] ܐܬܬܪܪ ܠܗ ܡܢ ܦܝܠܛܘܣ BJ ii 9
ܦܝܠܛܘܣ ܐܦܛܪܘܦܐ ܥܠ ܝܗܘܕ. ܒܠܠܝܐ ܡܛܫܝܐܝܬ ܐܥܠ
ܠܐܘܪܫܠܡ ܘܩܘ̈ܡܘܗܝ ܕܩܣܪ. ܘܗܢ ܗܘܐ ܒܐܢܡܘܣܐ ܫܠܡܝܢܐ 𝕬 89
ܦܩܚܐ ܐܚܝܪܬ݂ ܠܝܘ̈ܕܝܐ. ܐܝܠܝܢ ܓܝܪ ܕܦܪܥܝܢ ܗܘܘ ܠܝܬ݂ܘܢ
ܡܬܚܡܘ ܗܘܘ. ܕܐܝܟ[29] ܕܡܒܠܝܢ ܐܬܪܝܬܐ[30] ܗܘܘ ܠܗܘܢ
ܢܡܘ̈ܣܝܗܘܢ.[31] ܠܐ ܓܝܪ ܫܒܩܝܢ ܗܘܘ ܕܢܬܚܙܐ ܗܘܐ
5 ܒܡܕܝܢܬܗܘܢ ܨܠܡܐ ܕܒܪܢܫ.[32] ܗܠܝܢ ܕܝܢ ܬܘܒ ܠܦܠܛܘܣ ܠܐܬ݂ܪܐ
ܕܐܘܪܫܠܡ ܡܫܬܒܩܠ ܐܝܟ. ܕܠܘ ܒܬܪ ܕܒܢܝܐ[33] ܐܚܪ̈ܢܝܐ ܐܝܟ
Jo xix 1 ܗ̇ܘ ܡܠܟܐ ܕܦܩܕܝܢ ܗܘܘ ܡܥܡܕܝܢ ܕܦܝܠܛܘܣ.[34] ܕܠܝܬ ܠܢ ܠܝ
6 ܡܠܟܐ ܐܠܐ ܐܢ ܩܣܪ. ܘܬܘܒ ܐܦ ܥܠ ܒܢܝܬܐ[35] ܐܚܪܬܐ
ܕܐܬܬܥܝܪ ܐܝܟ. ܡܫܬܒܚܐ ܗ̇ܘ ܗܢܐ ܡܬܟܬܒܢܐ ܒܗܠܝܢ ܡ̈ܠܐ.
BJ ii 9. ܡܢ ܒܬܪ ܗܠܝܢ ܠܝ ܐܦ ܫܓܘܫܝܐ ܐܚܪܢܐ ܐܚܪܢ ܗܘܐ.
ܕܒܗ ܕܗܝܟܠܐ ܕܡܬܐܡܪܐ ܗܘܐ ܩܘܪܒܢ. ܒܢܦܩܬܐ ܕܐܡܘܒܠܐ
ܕܡ̈ܝܐ ܢܦܩܗ ܗܘܐ. (B fol. 25 a) ܢܦܫ ܗܘܐ ܕܝܢ ܡܢ ܬܬܠܡܝܕܐ

[22] A om. ܠܡܥܒܕܢܘܬܐ  [23] A fol. 26 a  [24] A adds ܕܒܗܠܝܢ ܠܡܥܒܕܢܘܬܐ
[25] 𝕬 adds ܦܝܠܘܢ = ܦܝܠܘܢ?  [26] A ܘܦܣܩܘܗܝ 𝕬 om. ܐܦ  [27] A ܡܢ ܒܪ ܕܐܡܪܝܘ
[28] A ܒܪ  [29] 𝕬 = ܐܝܟ  [30] A ܐܬܪܝܬܐ  [31] 𝕬 *leges Dei*  [32] A ܕܒܪܢܫ
[33] 𝕬 plur.  [34] 𝕬 adds *et dicebant*  [35] 𝕬 plur.

ܐܣܛܕܘܢ.[36] ܘܟܠܗ ܗܢܐ ܥܡܐ ܕܝܗܘܕܝܐ[37] ܡܬܕܠܚ ܗܘܐ.[38]
7 ܘܟܕ ܐܬܐ ܦܝܠܛܘܣ ܠܐܘܪܫܠܡ. ܡܚܕܝܢ ܗܘܘ ܠܘܬܗ[39]
ܘܡܬܟܬܫܝܢ ܘܩܥܝܢ. ܘܗܘ[40] ܕܝܢ ܡܛܠ ܕܩܕܡ ܝܕܥ[41] ܗܘܐ
ܦܩܕܗܘܢ. ܠܦܠܚܐ ܕܪ̈ܗܘܡܝܐ ܕܒ ܡܐܢܝܢ[42] ܘܡܟܣܝܢ ܡܢ
𝔄 90 ܠܒܪ ܠܒ̈ܘܫܐ ܥܡܡ̈ܝܐ ܢܠܛ ܐܢܘܢ ܒܟܢܫܐ ܕܝܗܘܕܝܐ. ܘܠܐ
ܐܢܘܢ ܕܝܢ ܕܠܐ ܢܬܥܝܩܘܢ ܒܚܢܘܩܝܐ.[43] ܘܦܩܕ ܕܠܐܝܠܝܢ ܕܩܥܝܢ
ܗܘܘ ܕܢܚܒܫܘܢ ܐܢܘܢ ܒܫܘܦܪܐ. ܘܦܩܕ ܠܗܘܢ ܐܬܐ ܡܢ
ܒܬܪ ܕܐܠܗ. ܟܕ ܕܝܢ ܟܠܗܝܢ ܗܘܘ ܡܬܥܕܪ̈ܢ.[44] ܐܘܟ̈ܠܣܐ ܡܚܝܘܗܝ
ܡܢ ܡܚ̈ܘܬܐ[45] ܡܚܘܗܝ. ܐܘܟ̈ܠܣܐ ܕܝܢ ܟܕ[46] ܚܙܘܗܝ. ܚܕ ܡܢ ܚܕ
ܐܬܒܕܪܘ ܘܐܙܠܘ. ܒܟܢܫܬܐ[47] ܕܝܢ ܕܗܘܬ ܒܗܘܢ ܕܐܬܩܛܠܘ.
8 ܗܟܢܐ ܥܡܐ ܘܐܬܫܬܩܘ. ܘܟܕ ܗܠܝܢ ܡܚܘܐ ܕܗܘܝ ܒܗ
ܒܐܘܪܫܠܡ ܙܒܢ ܣܓܝܐܢ. ܕܡܢ ܗܝܕܝܢ ܠܐ ܫܠܝܘ ܡܢ ܡܕܝܢܬܐ[48]
ܘܡܢ ܥܡܐ ܟܠܗ: ܫܓܘܫܝܐ ܘܦܘܠܓܐ[49] ܘܩܛܠܝܢ ܕܗܘܝܢ ܗܘܘ.[50]
ܥܕܡܐ ܕܫܘܠܡܐ ܐܚܪܝܐ ܐܡܪ ܐܢܘܢ ܕܒܝܘܡ̈ܝ ܐܣܦܣܝܢܘܣ.[51]
ܠܕܝܢܐ ܗܘܐ ܡܛܠ ܥܠ ܡܕܡ ܕܐܬܥܒܕܘ ܥܠ ܡܫܝܚܐ. ܐܡܪ
ܐܢܘܢ ܕܢܒܐ ܒܟܬܒܐ ܕܐܠܗܐ.[52]

[36] 𝔄 lit. *quae veniebat a distante trecentis stadiis* [37] 𝔄 adds *Judaeorum* [38] 𝔄 adds *valde* [39] 𝔄 *circumstabant ei* [40] A 𝔄 ܗܘ [41] A ܝܕܥ [42] 𝔄 adds *subtus* [43] 𝔄 sing. [44] 𝔄 joins ܐܘܟ̈ܠܣܐ to the words that follow [45] A ܚܢ̈ܘܩܝܐ [46] A fol. 26 *b* [47] 𝔄 plur. and om. ܕܝܢ [48] A 𝔄 ܡܕܝܢܬܐ [49] A ܦܘܠܓܐ ܘܫܓܘܫܝܐ [50] 𝔄 appears to have read ܡܢ ܡܕܝܢܬܐ ܘܫܓܘܫܝܐ ܘܡܢ ܥܡܐ ܟܠܗ ܘܩܛܠܝܢ ܕܐܬܝܢ ܐܬܝ [51] A ܐܣܦܣܝܢܘܣ 𝔄 *Pilati* [52] 𝔄 renders the last sentence freely

ܕܡܟܬܒ ܕܐܝܟܢܐ ܗܘ ܠܢܦܫܗ ܩܛܠ ܦܝܠܛܘܣ..

vii. ܘܠܐ ܗܝ ܕܝܢ ܕܢܕܥ. ܕܦܝܠܛܘܣ ܗܘ ܕܗܘܐ ܒܝܘܡܬܗ
ܕܦܪܘܩܢ: ܗܢܐ ܕܐܡܪܝܢ ܥܠ ܪܫܢܘܗܝ[1] ܕܡܫܝܚܐ ܕܟܐܡܬ. 𝔄 91
ܡܬܐܡܪ ܥܠܘܗܝ ܕܢܦܠ ܒܐܘܠܨܢܐ ܣܓܝܐܐ.[2] ܕܗܟ ܐܝܟܢܐ
ܕܐܬܚܝܒ[3] ܗܘ ܗܘܐ ܡܛܠܬܐ ܠܢܦܫܗ. ܘܟܐܪܘܛܘܗܝ[4] ܡܛܠ
ܡܣܩ ܒܢܝܢܐ ܕܥܒܪܐ ܠܗ.[5] ܘܡܛܠ ܐܪܙܐ ܕܝܠܗ[6] ܒܐܝܕܐ
ܕܐܠܗܐ. ܐܝܟ ܕܡܫܬܥܝܢ ܥܠܘܗܝ ܡܟܬܒܢܐ ܕܝܘܢܝܐ ܀

ܕܬܫܥܝܬ ܥܠ ܟܦܢܐ ܕܗܘܐ ܒܝܘܡܝ[1] ܩܠܘܕܝܘܣ.

viii. 1 ܠܓܐܝܘܣ ܕܝܢ ܟܕ ܐܫܠܡ[2] (B fol. 25 *b*) ܐܪܒܥ ܫܢܝܢ ܐܚܕ ܫܘܠܛܢܐ
ܕܡܠܟܘܬܐ. ܩܠܘܕܝܘܣ ܐܘܛܘܩܪܛܘܪ ܡܢ ܒܬܪܗ. ܗܘ[3] ܕܒܫܢܝܬܗ
ܗܘܐ ܟܦܢܐ ܥܠ ܐܪܥܐ. ܘܗܕܐ ܐܦ ܐܝܠܝܢ ܕܠܘܒܪܢܝܢ[4]
ܠܝܘܠܦܢܐ ܕܠܝܢ ܒܟܬܒܝܗܘܢ[5] ܐܫܠܡܘ[6] ܠܡܫܬܥܝܘ: ܐܝܟ ܕܐܫܬܥܝ
2 ܠܘܩܐ ܒܦܪܟܣܝܣ[7] ܘܐܡܪ ܥܠ ܐܓܒܐ ܢܒܝܐ. ܕܐܬܢܒܝ ܕܗܘܐ[8]
ܥܠ ܟܦܢܐ ܕܥܬܝܕ ܗܘܐ ܠܡܗܘܐ. ܘܕܐܝܟܢܐ[9] ܟܕ ܩܠܘܕܝܘܣ
ܘܕܒܪܐ. ܐܝܟܢܐ ܕܒܐܦܘܠܝܛܝܐ ܠܬܠܡܝܕܐ ܕܒܝܗܘܕ ܐܝܟ ܕܫܟܝܚܐ 𝔄 92
ܗܘܬ ܒܐܝܕܗ ܕܐܓܒܐ ܐܝܟ ܡܫܝܚܘܬܐ ܫܕܪܘ[10] ܠܬܫܡܫܬܐ. ܀ ܀

CHAP. VII. [1] A ܒܟܠܗܘܢ [2] A ܘܫܝܘܡܐ ܢܦܠ ܒܐܘܠܨܢܐ ܣܓܝܐܐ
ܘܢܣܝܘܢܐ. 𝔄 adds after ܣܓܝܐܐ *et in dolores malos* [3] A ܐܬܚܝܒ [4] In
𝔄 for կենացն read կենացն? [5] In 𝔄 for ձեռումն read յեռումն? [6] 𝔄 plur.
and om. ܒܐܝܕܐ

CHAP. VIII. [1] 𝔄 *diebus* [2] 𝔄 om. ܐܪܒܥ [3] A om. ܗܘ 𝔄 om. ܕ ܗܘ
[4] A ܕܢܘܟܪܝܐ [5] A ܒܟܬܒܝܗܘܢ [6] 𝔄 adds *nobis* [7] 𝔄 adds *apostolorum*
[8] A om. ܗܘܐ [9] A ܘܐܝܟܢܐ [10] A ܫܕܪ

ܕܬܫܒܚܬܐ ܣܗܕܘܬܗ ܕܝܥܩܘܒ ܫܠܝܚܐ.

s xii 1f. ܒܗܘ ܠܗ ܙܒܢܐ: ܝܕܝܥܐ ܕܝܢ[1] ܕܒܩܠܘܕܝܘܣ. ܐܘܫܛ ix. 1
ܗܘܐ ܐܝ̈ܕܝܐ ܗܪܘܕܣ ܡܠܟܐ ܕܢܒܐܫ ܠܐܢܫܝܢ ܡܢ ܥܕܬܐ.
ܘܩܛܠ ܠܝܥܩܘܒ ܐܚܘܗܝ ܕܝܘܚܢܢ ܒܣܝܦܐ. ܥܠ ܗܢܐ[2] ܝܥܩܘܒ. 2
ܘܩܠܝܡܝܣ[3] ܐܦ ܒܫܒܝܥܝܬܐ ܕܣܘ̈ܥܪܢܐ ܠܡܦܩ̈ܢܐ ܐܫܬܥܝ ܥܠܘܗܝ.
ܐܝܟ ܕܡܢ ܡܫܠܡܢܘܬܐ ܕܩܕ̈ܡܝܢ ܕܩܕܡܘܗܝ. ܕܗܘ ܠܗ ܕܐܥܠܗ
ܗܘܐ ܠܒܝܬ ܕܝܢܐ ܒܗ ܚܙܝܗܝ ܗܘܐ ܕܐܣܗܕ ܐܬܬܙܝܥ.[4]
ܘܡܘܕܐ ܗܘܐ[5] ܥܠ ܢܦܫܗ ܐܦ ܗܘ[6] ܕܟܪܣܛܝܢܐ ܗܘ. ܘܐܬܕܒܪܘ[7] 3
ܬܪܝܗܘܢ ܐܟܚܕܐ. ܘܟܕ ܐܙܠܝܢ ܗܘܘ ܒܐܘܪܚܐ. ܒܥܐ ܗܘܐ
ܡܢܗ ܡܢ ܝܥܩܘܒ ܕܢܫܒܘܩ ܠܗ.[8] ܗܘ ܕܝܢ ܙܒܢܐ ܒܡܚܫܒܬܗ
𝔄 93 ܩܠܝܠ ܘܐܡܪ ܠܗ. ܫܠܡܐ ܠܟ ܐܚܝ ܘܢܫܩܗ. ܘܗܟܢܐ ܬܪܝܗܘܢ
ܐܟܚܕܐ ܐܬܦܣܩܘ ܪ̈ܫܝܗܘܢ[9] ܗܝܕܝܢ. ܐܝܟ ܕܐܡܪ ܒܟܬܒܐ[10] 4
3 ܕܐܠܗܐ. ܟܕ ܚܙܐ ܗܪܘܕܣ ܕܫܦܪ ܣܘܥܪܢܐ ܕܩܛܠܗ ܕܝܥܩܘܒ
ܠܝܗܘ̈ܕܝܐ. ܐܘܣܦ ܐܚ̈ܝܕܐ ܥܠ ܦܛܪܘܣ ܘܐܚܒܫܗ ܒܝܬ
ܐܣܝܪ̈ܐ. ܕܐܦ ܠܗ ܕܝܢ ܩܛܠ ܗܘܐ ܠܗ. ܐܠܘ (B fol. 26 a) ܠܐ
ܕܒܝܕ ܚܝܠܐ ܕܐܠܗܐ ܟܕ ܩܐܡ ܠܗ ܡܢܗ ܡܠܐܟܐ ܒܠܠܝܐ
ܒܬܕܡܘܪܬܐ.[11] ܐܫܬܪܝ ܡܢ ܩܘ̈ܠܝܢ ܐܣܘܪ̈ܐ ܘܐܫܬܕܪ ܠܬܫܡܫܬܐ
ܕܟܪܘܙܘܬܐ. ܥܠ ܦܛܪܘܣ ܕܝܢ[12] ܐܝܟ ܗܕܐ ܡܦܪܢܣܘܬܐ[13]
ܗܘܬ ⁘ ⁘ ⁘

CHAP. IX. [1] A ܕܝܢ ܝܕܝܥܐ In 𝔄 for *յայնմ* read *յայսմ* [2] A fol. 27 *a* [3] A ܘܩܠܝܡܝܣ [4] A ܐܬܙܝܥ [5] 𝔄 *et statim coepit confiteri* [6] 𝔄 om. ܐܦ ܗܘ [7] A ܐܦ ܐܬܕܒܪܘ [8] 𝔄 adds *peccata* [9] A rightly places a stop at ܪ̈ܫܝܗܘܢ [10] A ܟܬܒܐ 𝔄 = ܟܬ̈ܒܐ [11] 𝔄 plur. [12] 𝔄 om. ܕܝܢ [13] In 𝔄 for *տուչութիւն* read *տեսչութիւն*

ܕܒܡܦܪ̈ܐ ܕܐܡܒܘܒܐ[1] ܠܐܦܛܪܘܦܐ ܕܗܘܐ ܗܪܘܕܣ ܒܪ[2] ܪܕܦ
ܠܫܠܝ̈ܚܐ. ܦܪܥܗ ܡܚܝܕܐ ܕܝܢܐ[3] ܕܐܠܗܐ...
x. 1 ܥܠ ܡܪܘܚܘܬܗ ܗܟܝܠ ܕܡܠܟܐ ܕܥܠ ܫ̈ܠܝܚܐ ܠܐ ܗܘܐ
ܦܘܫܐ ܠܬܒܥܬܐ.[4] ܡܢ ܚܕܐ[5] ܓܝܪ ܐܕܝܢܗ ܡܫܡܫܢܐ ܕܦܘܪܥܢܐ
ܕܕܝܢܗ[6] ܕܐܠܗܐ ܡܢ ܒܬܪ ܡܪܘܚܘܬܗ ܕܥܠ ܫ̈ܠܝܚܐ. ܐܝܟ
ܕܡܫܘܕܥܐ ܦܪܟܣܝܣ.[7] ܕܟܕ ܐܙܠ ܠܩܣܪܝܐ: ܘܒܥܐܕܐ ܝܕܝܥܐ
ܕܐܬܐ ܠܒܫ ܠܒܘܫܐ ܥܬܝܩܐ ܕܡܠܟܘܬܐ: ܘܝܬܒ ܥܠ ܒܝܡ
ܪ̈ܬܡܐ ܘܡܡܠܠ ܗܘܐ ܠܥܡܐ: ܘܟܠܗ ܥܡܐ[8] ܡܩܒܠܝܢ ܗܘܘ
ܠܗ ܒܩ̈ܠܝܗܘܢ ܘܐܡܪܝܢ ܗܘܘ: ܕܗܠܝܢ ܒܢܬ ܩ̇ܠܐ[9] ܕܐܠܗܐ
ܐܢܫ ܘܠܐ ܗ̇ܘܝ ܕܒܪ ܐܢܫܐ:[10] ܘܡܚܕܐ ܡܚܝܗܝ ܡܠܐܟܗ
ܕܡܪܝܐ[11] ܘܟܕ ܐܪܝܡ ܬܫܒܘܚܬܐ ܡܢܗ. ܠܐܠܗܘܬܗ ܕܝܢ ܘܠܐ ܝܗܒ ܠܗ. 2
ܕܡܠܟܐ[12] ܥܠܡܐ ܠܬܫܒܘܚܬܐ[13] ܕܐܠܗܐ ܬܫܥܝܬܗ ܕܝܘܣܦܘܣ[14]
ܐܦ ܒܗܕܐ ܬܫܥܝܬܐ ܕܫܦܝܪ[15] ܠܫܪܪܐ. ܡܫܬܟܚܐ ܕܝܢ ܗܟܢܐ.
3 ܕܟܕ ܫܠܡ ܬܠܬ[16] ܫ̈ܢܝܢ ܕܡܠܟܘܬܗ ܕܥܠ ܟܘܠܗ̇ ܝܗܘܕ ܐܬܐ
ܠܩܣܪܝܐ ܡܕܝܢܬܐ. ܗ̇ܝ ܕܡܢ ܩܕܝܡ ܡܬܩܪܝܐ ܗܘܬ ܡܓܕܠܐ
ܕܐܣܛܪܛܘܢ. ܘܥܒܕ ܗܘܐ ܬܡܢ[17] ܒܥܐܕܐ ܕܣܘܪ̈ܐ[18] ܠܩܣܪ
ܕܥܠ ܚܘ̈ܒ ܫܠܡܗ. ܘܟܢܫܝܢ ܗܘܘ ܬܡܢ ܡܢ ܗܦܪ̈ܟܝܐ
4 ܐܢܫܐ ܡܝ̈ܬܪܐ[19] ܕܡܬܬܪܝܢ ܒܐܬܪܐ ܡܫܝܚܐ. ܒܝܘܡܐ ܕܝܢ
ܕܬܪܝܢ ܕܣܘܪ̈ܐ.[20] ܠܒܫ ܐܣܛܠܐ ܥܬܝܩܬܐ[21] ܕܣܝܡܐ (B fol. 26 b)

CHAP. X. [1] A ܐܡܒܘܒ̇ [2] 𝔄 om. ܒ [3] 𝔄 plur. [4] 𝔄 adds *eius*
[5] A ܡܫܝܚܐ [6] 𝔄 plur. [7] 𝔄 *sicut monstrant Acta apostolorum* [8] 𝔄 plur.
[9] 𝔄 sing. [10] A ܕܒܪ̈ܢܫܐ A fol. 27 b [11] 𝔄 *Dei* [12] A ܐܡܒܘܒ̇
[13] 𝔄 plur. [14] A ܝܘܣܦܘܣ̇ [15] A ܫܦܝܪ [16] A ܬܠܬܐ 𝔄 has ܫܢܝ̈ܢ
= ܫܢܝ̈ܢ before ܬܠܬ [17] A om. ܬܡܢ [18] 𝔄 sing. [19] ܐ̈ܢܫܐ ܐܪ̈ܝܟܐ
ܡܢ ܗܦܪ̈ܟܝܐ 𝔄 *homines illustres e regione* [20] 𝔄 sing. [21] A ܥܛܝܦܬܐ

𝔄 95 ܥܠܘ ܒܡܐܟܡܐ ܘܐܬܬ ܠܬܐܘܦܪܘܣ ܡܢ ܪܘܡܐ[22] ܕܡܘܡܟܐ. ܘܟܕ
ܢܦܠܘ ܠܬܘܩܦܐ ܡܬܪ̈ܚܡܐ ܕܡܫܝܚܐ ܥܠ ܗܘ ܫܐܠܬܐ. ܡܟܝܠ
ܗܘܐ ܘܡܬܒܪܢ ܬܫܡܫܬܐ.[23] ܘܠܐܠܝܢ ܕܣܢܐܝܢ ܗܘܘ ܒܐܠܦܘܗܝ.
5 ܕܫܠܡܬ ܘܐܬܚܒܠܬ ܐܝܣܪܐ[24] ܗܘܬ. ܥܡܘܪܬܐ ܕܝܢ ܡܢ ܚܕܐ[25]
ܡܛܠ ܗܘܘ ܘܐܬܒܢܝܢ ܡܢ ܒܬ ܓܒܪ̈ܐ. ܦܠܚܐ[26] ܕܠܡܠܟܘܬܗ ܠܐ
ܩܘܡܘ. ܦܐܝܢ ܗܘܘ ܠܗ ܓܒܪ̈ܐ ܐܝܟܢܐ ܘܟܠܝܢ ܗܘܘ ܡܢܗ[27]
ܕܢܬܪܟܐ ܠܗܘܢ. ܘܐܬܒܢܝܢ ܗܘܘ. ܐܦ ܒܢܘܡܐ ܠܗܝܢܐ ܐܝܟ
ܕܡܢ ܒܪ ܐܢܫܐ ܕܫܠܡ ܗܘܝܢ ܡܢܝ. ܐܠܐ ܡܛܠ ܡܕܒܪ
6 ܐܝܣܢ[28] ܕܡܬܒܠܬ ܗܘ ܡܢ ܚܝܠܐ ܡܠܟܘܬܐ. ܠܐ ܕܝܢ ܓܒܐ
ܒܗܘܢ ܒܗܠܝܢ ܦܠܚܐ. ܘܥܡܪܘܬܗܘܢ[29] ܕܪܘܚܢܐ ܠܐ
ܐܫܠܘ. ܘܟܕ ܩܠܝܠ ܐܚܝܢ ܘܒܝܕܐ ܠܡܠܐܟܐ ܕܡܐܟ ܠܟܠ ܡܢ
ܪܚܡ. ܘܡܚܝܕܐ ܐܫܬܡܠܝ ܕܗܢܐ. ܡܠܬܐ ܗܘ ܕܒܥܬܗ. ܗܘ
ܕܡܢ ܩܕܝܡ ܐܝܬܘܗܝ ܗܘܐ ܕܠܡܠܟܘܬܗ.[30] ܘܐܝܕܗ ܐܘܠܝܢܐ
7 ܥܠܡܗ. ܘܡܚܝܕܐ[31] ܡܢܐ[32] ܒܕܪܘܗ ܒܐܟܐ ܘܟܬܒܝ ܫܡܥܬܝܗ.[33]
ܟܕ ܕܝܢ ܚܙܪ ܗܘܐ ܒܬܪܘܡܘܗܝ. ܒܢܝܢ ܘܐܡܝܢ. ܐܝܟܐ ܕܐܡܪܝܢ
ܗܘܬܘܢ[34] ܕܐܠܗܘܢ ܕܟܝܢ. ܗܐ ܡܬܩܢܐ ܐܝܟܐ[35] ܕܐܩܢܘ
ܡܢ ܥܠܡܐ. ܘܡܢܟܐ ܕܐܬܩܢܡ[36] ܥܠܝܗ ܒܗܘܢ ܐܝܟܢ ܠܩܠܐ
𝔄 96 ܕܒܥܠܬܐ ܕܡܚܝܘܢ ܠܗ. ܐܝܟܐ[37] ܕܐܬܦܪܬܢ ܡܚܝܘܢ ܠܐ
ܡܢܘܬܐ ܗܘ ܠܓܒܪܬ ܡܬܦܪܢ ܐܝܟܐ. ܡܦܠܓ ܐܝܟܐ ܕܝܢ ܡܢܟܐ
ܕܢܚܝܘܗ ܕܐܠܗܐ. ܠܗ[38] ܓܒܪ ܒܫܐܝܬ ܐܬܕܟܪܬ. ܕܟܠ ܡܟܪܐ

[22] A ܢܫܡܗ  [23] A ܠܐܡܝܢܘܬܐ  [24] A ܐܝܣܪܐ  [25] A ܡܢܣܪܐ  [26] 𝔄 adds *laudum*  [27] In 𝔄 for ղեռուս read ղեռ?  [28] A ܡܠܘܢܝܢ  [29] 𝔄 = ܕܥܘܒܕܝܢܐܝܘܗܝ  [30] A ܕܒܠܘܗܝ  [31] A ܘܡܢ ܚܕܐ  [32] A ܐܚܕܐ  [33] For ܫܡܥܬܝܗ 𝔄 has ուղեց uri  [34] A fol. 28 *a*  [35] A ܡܠܩܘܢܐ  [36] A ܕܐܬܟܠܠܘܗܝ 𝔄 lit. *finis consummationis eius positus est*  [37] A ܘܐܢܐ 𝔄 *et*  [38] 𝔄 om. ܠܗ

8 ܕܦܘܠܟܐ ܢܚܘܪܐ ܚܫܐ ܐܚܕܗ. ܟܕ ܗܠܝܢ ܐܡܪ ܗܘܐ.
ܒܐܚܝܦܘܬܗ[38a] ܕܒܟܐܒܐ ܡܫܬܢܩ ܗܘܐ. ܐܘܒܠܘܗܝ ܗܟܝܠ
ܠܦܠܛܐ ܒܡܣܪܗܒܘܬܐ ܠܒܝܬ ܡܠܟܘܬܗ. ܘܢܦܩܬ ܡܠܬܐ ܠܘܬ
ܟܠ ܐܢܫ[39] ܕܡܛܐܬ ܠܗ ܒܬܪ ܩܠܝܠ. (B fol. 27 a) ܒܥܡܐ ܕܝܢ
ܕܒܡܕܝܢܬܐ[40] ܥܡ ܢܫ̈ܐ ܘܛ̈ܠܝܐ[41] ܥܠ ܣܩ̈ܐ ܝܬܒܝܢ ܗܘܘ.
ܘܒܢܡܘܣܐ[42] ܕܐܒܗܬܗܘܢ ܡܬܟܫܦܝܢ ܗܘܘ ܠܐܠܗܐ ܥܠ ܚ̈ܝܘܗܝ
ܕܡܠܟܐ.[43] ܘܒܟܝܢ ܗܘܘ ܘܐܠܝܢ. ܫܟܝܒ ܗܘܐ ܕܝܢ ܡܠܟܐ ܥܠ
ܐܓܪܐ ܪܡܐ. ܘܚܐܪ ܗܘܐ ܒܗܘܢ ܠܬܚܬ ܕܢܦܝܠܝܢ[44] ܥܠ
9 ܐ̈ܦܝܗܘܢ. ܐܦ ܗܘ ܕܝܢ ܒܟܐ ܗܘܐ.[45] ܟܕ ܕܝܢ ܚܡܫ ܝܘܡܝܢ
ܒܟܐܒܐ ܕܟܪܣܗ. ܒܫܘܢܩܐ[46] ܘܫܢܝ ܢܦܩ ܡܢ ܥܠܡܐ ܒܫܢܬܐ.
ܫܢܐ ܕܝܢ[47] ܚܡܫܝܢ ܘܐܪܒܥ ܫܢܝܢ. ܒܡܠܟܘܬܐ ܕܝܢ ܗܘܐ ܫܒܥ
ܫ̈ܢܝܢ. ܐܪܒܥ ܒܡܠܟܘܬܗ ܕܓܐܝܘܣ ܩܣܪ. ܘܬܠܬ ܒܐܘܚܕܢܗ
ܕܩܠܘܕܝܘܣ ܩܣܪ. ܕܒܪ ܕܝܢ[48] ܛܛܪܪܟܘܬܗ ܕܦܝܠܝܦܘܣ[49] ܬܠܬ
ܫ̈ܢܝܢ. ܒܫܢܬܐ ܕܝܢ ܪܒܝܥܝܬܐ ܐܬܬܘܣܦܬ ܠܗ ܐܦ[50] ܕܗܪܘܕܣ. 𝔄 97
10 ܕܐܡܚܢܐ ܕܝܢ ܫܠܡ ܐܦ ܒܗܠܝܢ ܥܡ[51] ܐܫܬܘܝܘܬܐ ܠܟܬ̈ܒܐ
ܩܕܝ̈ܫܐ ܘܡܫܩܦܘܣ[52] ܡܬܕܪܫ ܐܢܫ. ܘܐܢ ܐܝܬ ܐܢܫ ܕܡܬܦܠܓ
ܥܠ ܫܡܗ ܕܡܠܟܐ. ܐܠܐ ܕܝܢ[53] ܙܒܢܐ ܘܣܘܥܪܢܗ ܡܫܘܐ
ܕܗܘܝܘ. ܐܘ ܟܕ ܐܢܫ ܕܗܘ ܒܫܘܚܠܦܐ ܕܡܫܬܚܠܦܢܐ[54] ܐܬܚܠܦ
ܫܡܗ. ܐܘ ܬܪ̈ܝܢ ܫܡ̈ܗܝܢ ܐܝܬ ܗܘܐ ܠܗ ܐܝܟ ܕܠܣܓܝ̈ܐܐ.[55]

[38a] In 𝔄 for շտապխառապղ read շտապիւ տապղ: it is so quoted in the great Mechitarist Dictionary s.v. շտապ [39] A ܟܠܢܫ [40] 𝔄 *hominum* [41] 𝔄 adds *spargentes cinerem* [42] A ܘܒܢܡܘ̈ܣܐ [43] 𝔄 *pro vita regis* [44] A 𝔄 add ܗܘܘ [45] 𝔄 *cum hoc videret, flebat et ipse* [46] A ܟܠܗ ܕܝܘܡܬܐ [47] A ܫ̈ܢܝܢ [48] 𝔄 om. ܩܣܪ. ܕܒܪ ܕܝܢ [49] A ܛܛܪܪܟܘܬܐ ܕܦܝܠܝܦܘܣ [50] A om. ܐܦ [51] A om. ܥܡ [52] A ܘܡܫܩܦܘܣ [53] A adds ܗܘ [54] A ܕܡܫܬܚܠܦܢܐ [55] 𝔄 *sicut et alii multi*

ܕܚܕܥܣܪ ܥܠ ܬܘܕܐ ܡܛܥܝܢܐ ·:·

ܡܛܠ ܕܝܢ ܕܬܘܒ ܠܘܩܐ[1] ܒܦܪܟܣܣ[2] ܡܥܠ ܫܪܒܐ ܕܐܡܪ xi. 1
v 36 ܓܡܠܝܐܝܠ ܒܗ ܡܬܡܠܟܝܢ ܗܘܘ ܡܛܠ ܫ̈ܠܝܚܐ: ܕܩܕܡܘ ܝܘܡܢܐ
ܠܡ ܩܡ ܗܘܐ ܬܘܕܐ: ܘܐܡܪ ܕܐܝܬܘܗܝ ܐܢܫ ܪܒ ܒܗ ܗܘ ܥܠ
ܢܦܫܗ ܐܡܪ[3] ܗܘܐ: ܘܐܬܩܛܠ[4] ܗܘ ܘܟܠܗܘܢ ܐܝܠܝܢ ܕܢܩܦܘ
ܗܘܘ[5] ܠܗ ܐܬܒܕܪܘ. ܢܦܩ ܡܢܗ ܕܝܗܘܕܐ ܓܠܝܠܝܐ[6] ܘܐܦ
xx 5,1 ܡܛܠ ܗܢܐ. ܡܫܬܥܝܬܐ ܠܢ ܗܟܢܐ. ܒܗ ܐܬܘܬܗܘܢ ܗܘܐ ܠܡ 2
𝔄 98 ܐܦܛܪܘܦܐ ܦܕܘ ܥܠ ܝܗܘܕ. ܓܒܪܐ ܚܕ ܡܛܥܝܢܐ ܕܫܡܗ[7]
ܬܘܕܐ. ܐܦܝܣ ܠܥܡܐ ܣܓܝܐܐ (B fol. 27 *b*) ܕܢܣܒܘܢ ܩܢܝܢܗܘܢ.
ܘܢܐܙܠܘܢ ܒܬܪܗ ܠܝܘܪܕܢܢ[8] ܢܗܪܐ. ܐܡܪ ܗܘܐ ܓܝܪ ܥܠ
ܢܦܫܗ ܕܢܒܝܐ ܗܘ. ܘܒܦܘܩܕܢܗ ܦܠܓ ܢܗܪܐ ܘܢܬܠ ܠܗܘܢ
ܐܘܪܚܐ ܦܫܝܛܬܐ. ܘܒܗ[9] ܗܠܝܢ ܐܡܪ ܗܘܐ ܐܛܥܝ ܠܣܓܝܐܐ.
ܠܐ ܕܝܢ ܫܒܩ ܐܢܘܢ ܕܢܬܗܢܘܢ[10] ܒܫܛܝܘܬܗܘܢ ܗܘ ܦܕܘ. 3
ܫܕܪ ܓܝܪ ܥܠܝܗܘܢ ܚܝܠܐ ܘܦܪ̈ܫܐ.[11] ܘܟܕ ܠܐ ܡܣܒܪܝܢ ܗܘܘ
ܡܛܐ ܥܠܝܗܘܢ: ܘܠܣܓܝܐܐ ܡܢܗܘܢ ܩܛܠ. ܠܣܓܝܐܐ ܕܝܢ
ܐܚܕܘ ܐܢܘܢ ܟܕ ܚܝܝܢ. ܠܗ ܕܝܢ ܠܬܘܕܐ ܐܚܕܘܗܝ ܘܦܣܩܘ
ܪܝܫܗ ܘܐܘܒܠܘܗܝ ܠܐܘܪܫܠܡ. ܗܢ ܟܬܪ ܗܠܝܢ ܐܦ[12] ܥܠ ܒܙܒܢܐ
ܗܘ ܕܦܕܘܣ ܒܫ̈ܢܝ ܩܠܘܕܝܘܣ ܡܠܟܐ ܗܘܝ̈.[13]

CHAP. XI. [1] A fol. 28 *b* [2] 𝔄 *in Actis apostolorum* (a difference which will henceforth not be noted) [3] A ܢܦܫܗ ܗܘ ܐܡܪ [4] A ܘܐܬܩܛܠ 𝔄 *et cecidit* [5] A om. ܗܘܘ [6] A ܓܠܝܠܝܘܣ [7] A adds ܗܘܐ [8] 𝔄 *ad ripam Jordanan* [9] 𝔄 om. ܘ [10] A ܕܢܬܗܢܘܢ [11] 𝔄 lit. *sed exercitum faciebat, equitatum colligebat supra eos* [12] 𝔄 om. ܐܦ [13] 𝔄 = ܡܠܟܐ ܗܘܝܢ

ܕܬܪܬܥܣܪ ܥܠ ܗܠܝܢܐ ܡܠܟܬܐ ܕܒܝܬ ܢܗܪܘܬܐ.

xii. 1 ܘܒܗܘ ܗܠܝܢ ܕܝܢ ܘܐܦ[1] ܒܗܘܢܐ ܙܒܢܐ ܟܦܢܐ ܕܗܘܐ ܒܝܗܘܕ. Ant x:
ܕܒܗ ܗܠܝܢܐ ܡܠܟܬܐ ܕܒܝܬ ܢܗܪܐ ܡܢ ܡܨܪܝܢ ܒܙܒܢܐ ܚܛܐ. 𝔄 99
2 ܘܦܠܓܬ ܠܐܝܠܝܢ ܕܚܣܝܪܝܢ. ܡܫܟܚ ܐܢܬ ܕܝܢ ܕܥܠܗܝܢ ܗܠܝܢ
ܠܦܘܪܢܣܐ ܕܒܬܟܢ ܟܢܘ ܗܘܝܐ. ܬܠܡܝܕܐ ܠܡ[2] ܕܐܝܬ ܗܘܐ Acts x
ܒܐܢܛܝܘܟܝܐ.[3] ܡܢܐ ܕܣܘܥܪܢܐ ܗܘܬ ܒܐܝܕܗ ܕܚܕ ܚܕ ܡܢܗܘܢ
ܦܪܫܘ ܕܢܫܕܪܘܢ ܠܬܫܡܫܬܐ. ܠܐܝܠܝܢ ܡܣܟܢܐ ܕܒܐܘܪܫܠܡ ܗܘܘ
ܒܐܘܪܫܠܡ. ܘܫܕܪܘ[4] ܡܢܐ. ܘܫܕܪܘ ܠܘܬ ܩܫܝܫܐ[5] ܒܝܕ
3 ܒܪܢܒܐ ܘܦܘܠܘܣ.[6] ܕܗܕܐ ܕܝܢ ܗܠܝܢܐ ܕܐܡܪܢ[7] ܕܩܒܘܪܗ ܗܘܝܐ
ܡܬܚܙܝܢ. ܒܪܡܐ ܠܡܕܝܢܬܐ ܐܣܛܠܐܣ[8] ܕܡܬܩܪܝܐ ܥܕܡܐ ܠܗ
ܩܕܡ ܬܪ̈ܥܝܗ[9] ܕܐܘܪܫܠܡ. ܗܘ ܕܝܢ ܗܕܐ ܡܬܐܡܪ ܥܠܝܗ
ܕܡܠܟܬܐ ܗܘܬ ܒܝܬ ܢܗܪܘܬܐ.

ܕܬܠܬܥܣܪ ܥܠ ܫܡܥܘܢ ܚܪܫܐ ·:·

xiii. 1 ܟܕ ܕܝܢ ܡܬܒܥܬܐ ܗܘܬ ܗܝܡܢܘܬܗ ܕܦܪܘܩܢ ܘܡܪܢ ܝܫܘܥ
ܡܫܝܚܐ ܠܟܠܗܘܢ ܒܢܝ ܐܢܫܐ. ܒܥܠܕܒܒܐ ܕܚܝܝܗܘܢ ܕܒܢܝ
ܐܢܫܐ ܡܬܚܦܛ ܗܘܐ ܕܠܡܚܒܠܘܬܐ (B fol. 28 a) ܕܡܠܟܘܬܐ ܢܦܩ 𝔄 10
ܫܠܦܗ. ܘܐܝܬܝ ܠܗܢ ܠܫܡܥܘܢ ܠܗܘ ܕܗܘ ܡܢܗ ܐܘܕܝܢ
ܒܠܗܘܢ.[1] ܘܒܣܘܦܐ ܕܐܘܪܚܘܬܐ ܕܢܨܝܚܘܬܗ ܠܫܠܝܚܐ ܡܢ
2 ܐܝܠܝܢ ܕܒܡܕܝܢ ܒܪܘܡܝܐ ܝܗܒ ܠܗܝܡܢܘܬܗ. ܡܘܕܐ[2] ܡܛܠ ܗܕܐ
ܝܘܣܛܝܢܘܣ ܗܘ ܕܗܘܐ ܒܬܪ ܩܠܝܠ ܕܫܠܝܚܐ. ܘܡܥܢ

CHAP. XII. [1] A ܐܦ. For ܘܐܦ ܕܝܢ 𝔄 has merely *et* [2] 𝔄 om. ܠܡ
[3] A ܒܐܢܛܝܘܟܝܐ [4] A ܘܫܕܪ [5] A fol. 29 *a* [6] 𝔄 *Pauli et Barnabae*
[7] A ܕܐܡܪ [8] A ܐܣܛܐܠܣ 𝔄 *sepulchra* [9] A 𝔄 ܬܪܥܗ
CHAP. XIII. [1] A ܘܐܕܪܟ ܒܠܗܘܢ [2] A adds ܕܝܢ

ܗܘܐ ܒܝܘܠܦܢܐ ܕܫܠܝܚܐ ܐܠܗܝܐ. ܕܟܠܗܘܢ ܐܝܠܝܢ ܕܕܘܩܝ
ܕܐܬܪܡܝܘ ܗܟܢ ܐܢܐ ܠܗܘܢ ܒܡܟܬܒܢܘܬܗܘܢ. ܗܘ ܕܝܢ ܗܢܐ
ܒܡܦܩ ܒܪܘܫܐ ܡܕܡܝܐ ܕܟܬܒ ܠܘܬ ܐܢܛܘܢܝܢܘܣ ܡܛܠ ܘܠܥܡܐ
3 ܕܪܗܘܡܝܐ. ܕܠܡ ܐܡܠܟ ܗܟܢܐ. ܡܢ ܒܬܪ ܠܡ ܕܐܬܥܠܝ ܡܪܢ ܠܫܡܝܐ. Col i 26
ܐܩܝܡܘ ܫܐܕܐ ܠܒܢܝܢܫܐ ܕܐܡܪܝܢ ܗܘܘ ܥܠ ܢܦܫܗܘܢ ܕܐܠܗܐ
ܐܢܘܢ. ܕܠܐ ܒܠܚܘܕ ܡܬܪܕܦܘ ܠܐ ܐܬܪܕܦܘ ܡܢܟܘܢ. ܐܠܐ
ܐܦ ܠܐܝܩܪܐ ܐܫܬܘܝܘ ܐܢܘܢ. ܫܡܥܘܢ ܓܒܪܐ ܫܡܪܝܐ
ܡܢ ܩܪܝܬܐ ܕܡܬܩܪܝܐ ܓܬܬܘܢ: ܗܘ ܕܒܝܘܡܝ ܩܠܘܕܝܘܣ ܩܣܪ
ܒܐܘܡܢܘܬܐ ܕܫܐܕܐ ܕܡܬܥܒܕܢܐ ܗܘܬ ܒܗ[3]: ܥܒܕ ܐܬܘܬܐ
ܕܚܪܫܘܬܐ ܒܪܗܘܡܐ ܡܕܝܢܬܐ ܕܡܠܟܘܬܟܘܢ ܘܐܬܚܫܒ ܕܐܠܗܐ
𝔄 101 ܗܘ. ܘܐܝܟ ܐܠܗܐ ܐܬܝܩܪ ܡܢܟܘܢ. ܒܐܢܕܪܝܐܢܛܐ ܕܐܩܝܡܬܘܢ
ܠܗ ܒܢܗܪܐ[4] ܕܫܡܗ ܛܝܒܪܝܣ ܒܝܢܬ ܬܪܝܗܘܢ ܓܫܪܐ.
ܘܟܬܝܒ ܥܠܘܗܝ ܪܗܘܡܐܝܬ[5] ܗܟܢܐ. ܠܫܡܥܘܢ ܐܠܗܐ[6]
4 ܩܕܝܫܐ.[7] ܘܟܠܗܘܢ ܕܫܡܪܝܐ ܘܩܠܝܠܐ ܒܥܡܡܐ ܐܚܪܢܐ.[8]
ܐܝܟ ܕܠܐܠܗܐ ܩܕܡܝܐ ܡܘܕܝܢ ܒܗ ܘܣܓܕܝܢ ܠܗ. ܘܠܐܢܬܬܐ
ܚܕܐ ܕܫܡܗ ܗܠܝܢܐ ܕܡܬܟܪܟܐ ܗܘܬ ܥܡܗ ܒܗܘ ܙܒܢܐ ܗܘ:
ܕܡܢ ܩܕܡ ܒܙܢܝܘܬܐ ܩܝܡܐ ܗܘܬ ܒܨܘܪ ܕܦܘܢܝܩܐ. ܘܡܬܐܡܪܐ[9]
(B fol. 28 b) ܕܗܘܢܐ ܩܕܡܝܐ ܡܢܗ ܡܦܩܬܗ ܗܘܬ ܡܢ ܩܕܝܡ. ܗܠܝܢ
5 ܕܝܢ[10] ܐܡܪ ܥܠܘܗܝ ܝܘܣܛܝܢܘܣ. ܥܠܡ ܠܗ ܕܝܢ ܐܦ ܐܝܪܢܐܘܣ
ܒܡܐܡܪܐ ܩܕܡܝܐ ܕܥܒܕ ܠܗ ܠܘܩܒܠ ܗܪܣܝܣ.[11] ܕܐܟܚܕܐ
ܥܠܘܗܝ ܥܠ ܓܒܪܐ ܘܥܠ ܝܘܠܦܢܗ ܛܢܦܐ ܘܡܣܝܒܪܢܐ[12] ܐܡܬܠ.

[3] 𝔄 *incantationum quae operabantur in eo* (but read դիւաց for դիւթեաց)
[4] 𝔄 *super flumen* [5] A ܪܗܘܡܐܝܬ [6] 𝔄 om. ܐܠܗܐ [7] A fol. 29 *b*
[8] A ܕܒܥܡܡܐ ܐܚܪܢܐ 𝔄 *ex aliis* [9] A ܕܡܬܐܡܪ [10] 𝔄 om. ܕܝܢ [11] A ܗܪܣܝܣ
[12] For ܛܢܦܐ ܘܡܣܝܒܪܢܐ 𝔄 has only պիղծ *foeda*

ܕܟܡܐ ܫܢܝܐ ܡܢ ܫܪܪܐ ܗܢܐ ܐܝܟܐ ܐܢ ܡܬܚܙܝܐ ܐܝܟܐ
ܠܗ. ܕܐܝܠܝܢ ܕܪܚܡܝܢ ܕܢܐܠܦܘܢ[13] ܟܠܗܘܢ ܘܟܠ ܐܝܠܝܢ ܕܗܘܘ
ܡܢ ܟܬܒܘܗܝ ܕܐܢܫܐ ܕܗܪܣܝܣ: ܫܘܪܝܗܘܢ ܘܡܕܒܪܢܘܬܗܘܢ[14] ܘܫܘܪܝܐ
ܕܡܠܦܢܘܬܐ: ܘܕܟܠܗܘܢ[15] ܘܦܘܪܣܐ ܕܪܚܡܬܗܘܢ ܕܟܠ ܡܕܡ.[16]
ܡܢ ܡܟܬܒܢܘܬܗ ܕܐܝܪܝܢܐܘܣ.[17] ܡܟܝܠ ܕܢܐܡܪ. ܘܡܫܡܫܢܘܬܐ[18] 6
ܗܟܝܠ ܐܝܟ ܕܡܩܒܠܝܢ. ܪܫܐ ܕܟܠܗܘܢ ܗܪܣܝܣ[19] ܫܡܥܘܢ ܗܘܐ.
ܕܟܕ ܗܢܘܢ ܘܟܕ ܗܟܢܐ ܠܥܫܢܐ ܐܝܠܝܢ ܕܐܬܝܢ[20] ܒܗܪܣܝܣ ܕܝܠܗ.[21] ܒܗܢܐ 𝕬 102
ܕܡܟܪܐ ܢܦܫܐ[22] ܕܦܝܠܣܘܦܘܬܐ ܕܡܫܬܡܗ ܠܘܬ ܟܠܢ ܡܟܠ ܢܟܕܘܬܗ
ܡܬܚܪܝܢ ܒܗ ܒܐܣܟܡܐ. ܘܟܕ ܠܦܘܩܘܕܐ ܕܐܝܠܝܢ ܦܬܟܪܐ
ܕܫܡܥܘ ܕܡܬܦܪܢܝܢ ܗܢܘܢ ܒܗ ܗܘ̇ ܒܠܚܘܕ. ܕܠܦܘܬܐ ܘܕܥܒܕܐ[23]
ܕܝܠܗ ܕܫܡܥܘܢ ܘܕܗܠܝܢܐ[24] ܗܢܝ ܕܐܘܕܥܢ ܕܐܝܬ ܗܘܐ ܒܒܗ̇.
ܒܟܗܢܐ ܘܟܕ̈ܡܝܐ ܘܒܢܩܝܐ[25] ܦܠܚܝܢ ܠܗܘܢ ܠܗܠܝܢ.[26] ܘܐܝܠܝܢ 7
ܕܡܢ ܗܠܝܢ ܢܦܩܝܢ ܠܡܬܒܠܠܘ. ܕܐܝܟ ܕܐܡܪܝܢ ܕܐܢܫܐ ܕܫܡܥܘ[27]
ܠܗܘܢ ܘܕܡܫܡܫܢܘܬܐ ܡܢ ܟܬܒܐ ܕܐܝܬ ܠܗܘܢ ܬܡܗ ܘܬܕܡܪ.
ܕܐܝܟ ܕܟܬܝܒ[28] ܫܘܒܚܐ ܕܪܘܚܢܐ ܘܡܫܬܘܕܝܐ ܕܟܠܗܘܢ ܗܘܝܐ[29]
ܕܠܝ ܐܬܬܗܝܢ. ܕܠܐ ܟܠܗܘܢ ܟܬܒܬܐ ܠܐ ܡܫܟܚܝܢ ܕܢܬܟܠܡܢ.
ܐܠܐ ܐܦܠܐ ܒܦܘܡܐ ܕܐܢܫܐ ܢܟܦܐ ܘܐܦ[30] ܕܢܬܬܠܝܢ. ܡܛܠ
ܫܪܝܪܘܬܐ ܕܢܓܘܕܘܬܗܘܢ ܘܕܠܓܡܘܬܗܘܢ.[31] ܡܢ ܟܠ ܡܕܡ ܓܒܪ 8
ܕܫܪܒܐ ܐܝܟ ܕܢܓܕ ܘܡܬܚܝܒ ܓܒܪ (B fol. 29 a) ܫܘܒܚܗ ܕܗܢܐ

[13] A 𝕬 ܕܢܐܠܦܘܢ [14] A ܫܘܪܝܗܘܢ ܘܡܕܒܪܢܘܬܗܘܢ [15] A ܕܢܠܦܢܐ ܕܪܚܡܬܗܘܢ [16] 𝕬 = ܕܟܠ ܡܕܡ, joining it to the next sentence [17] A ܕܐܝܪܝܢܐܘܣ [18] A ܡܟܝܠ [19] A ܗܪܣܝܣ [20] 𝕬 om. ܕ ܐܝܠܝܢ [21] 𝕬 inserts յայսմհետէ dehinc [22] 𝕬 om. ܢܦܫܐ [23] 𝕬 sing. [24] A ܘܕܗܠܝܢܐ [25] A ܒܟܗܢܐ ܘܟܕܡܝܐ ܘܒܢܩܝܐ [26] 𝕬 ministrant ei [27] 𝕬 is qui dicit, but read յետ [28] A ܕܐܝܟ ܕܡܟܬܒܢܐ In 𝕬 for [illegible] 'ի read [illegible] [29] A ܗܘܐ 𝕬 = ܗܘܝܐ. A has rightly a stop at ܕܟܠܐ [30] A fol. 30 a [31] A ܘܕܠܓܡܘܬܗܘܢ

xiv. 1 ܗܪܩܠܝܣ.[32] ܕܡܬܚܫܒܝܢ ܒܢܝܫܐ ܕܥܘܬܪܐ ܕܢܦܠܝܢ ܥܠ ܒܢܝܢ. ܠܗܢܐ
ܫܘܒܚܐ ܐܚܪܢܐ ܘܒܝܘܡܬܐ ܕܗܠܝܢ ܚܠܦܝܢ ܒܢܝܫܬܐ. ܒܗ̇ ܗܘ ܙܒܢܐ
ܐܘܣܛܗ ܗ̇ܘ ܚܝܠܐ ܕܒܝܫܬܐ. ܘܫܝܢܐ ܕܥ̈ܕܬܐ ܘܫܘܫܠܐ
ܕܚܝܝܗܘܢ ܕܒܢܝ ܐܢܫܐ. ܐܝܟ ܒܠܚܘܕܝܗ ܪܒܐ[33] ܠܗܘܢ ܠܟܠ ܥ̈ܠܡܘܗܝ.
ܬܪ̈ܥܐ ܘܡܪ̈ܢܝܐ ܕܦܘܪܩܢ..

𝔄 103 ܕܐܪܬܚܡܢ ܥܠ ܒܪܘܬܗ ܕܛܘܪܢܘܣ ܥܠܝܡܐ ܕܒܪܗܘܡܐ.[1]

2 ܒܬܪ ܕܝܢ ܦܠܓܘܬܐ[2] ܥܒܝܕܬܐ ܕܐܠܗܐ ܒܗ ܡܬܚܫܒܬܐ[3]
ܡܫܬܡܥܝܢ.[4] ܥܠ ܐܝܠܐ ܕܦܠܓܝܢ ܗܘܘ[5] ܘܡܬܚܫܒܝܢ ܡܕܒܪܢܐ
ܗܘܬ ܒܟܠ ܫܘܠܛܢܘܬܗ[6] ܢܗܪܬܐ ܕܡܠܟܘܬܐ. ܘܛܝܪܬܐ ܗܘܬ[7]
ܒܐܬ̈ܪܘܬܗܘܢ ܘܡܬܒܒܢܐ ܥܠ ܪܘܚܐ ܕܡܬܪܝܨ ܠܗܘܢ ܡܬܚܬܗ
3 ܕܐܠܗܐ. ܘܡܛܠ ܗܢܐ ܠܐ ܒܢܝܫ ܕܫܘܒܚܐ ܘܠܐ ܐܢܫ ܕܐܚܝܢ
ܡܢ ܐܠܝܢ[8] ܕܗܘܘ ܡܢ ܒܬܪܗ. ܐܝܟ ܕܢܘܩܦܘܢ ܒܪ̈ܚܡܝܗܘܢ
ܕܫܠܝܐ. ܐܠܐ ܗܘܐ ܚܕ ܘܚܕ ܡܢ ܟܠ ܢܗܘܪܐ ܕܝܬܝܪ
ܘܡܠܬܐ ܐܠܗܝܐ.[9] ܗܘ ܕܗܘܐ ܡܢ ܐܠܗܐ ܕܐܚܕ ܥܠ ܟܠ̈
ܐܢܫܐ.[10] ܘܟܕ ܗܘ ܚܝܠܗ ܥܠ ܐܪ̈ܥܐ ܘܒܗܘܢ ܒܫ̈ܠܝܘܬܗ
4 ܒܥ̈ܒܪ ܗܘܐ. ܗܝܕܝܢ ܗܘ ܫܢܝܐ ܕܐܘܕܝܢ ܚܠܘܦܝ. ܐܝܟ ܕܡܢ
𝔄 104 ܗܕܪܐ ܥܬܝܩܐ ܕܐܠܗܐ ܒܠܒܗ ܒܒܢܝܐ ܕܬܪܢܘܬܗ. ܒܗ ܐܬܬܩܦܘ
ܡܢ ܦܪܘܣ ܥܠܝܡܐ ܡܢ ܩܕܡ ܒܐܪܥܐ ܕܗܘܘ ܒܡܠܟܘܬܐ ܕܦܩܕ
ܗܘܐ. ܘܒܐܪ ܡܢ ܬܡܢ[11] ܠܪܘܡܝܐ ܡܠܟܘܬܐ. ܘܡܢ ܡܕܝܢܬܐ
ܠܡܠܟܘܬܐ ܪܒܬܐ ܗܘܬ. ܕܩܕܡ ܒܪܝܬܗ. ܕܐܝܟ ܓܒܪܐ ܐܢ[12]

[32] A adds ܒܝܪܬܐ [33] A ܒܟܠ ܕܪ̈ܐ (omitting ܪܒܐ)

CHAP. XIV. [1] A ܒܪܗܘܡܝܐ [2] 𝔄 dat. [3] 𝔄 = ܕܡܬܚܫܒܢܘܬܐ [4] A ܡܫܬܡܥܢܘܬܗܘܢ [5] 𝔄 *resistebant* [6] A ܫܘܠܛܢܘܬܐ [7] 𝔄 adds *arces* [8] A ܘܠܐ ܕܐܝܠܝܢ [9] 𝔄 = ܕܐܠܗܐ [10] A ܒܫܝ̈ܢܐ [11] 𝔄 *ex Judaea* and om. ܠܪܘܡܝܐ [12] A om. ܐܢ 𝔄 does not express ܐܢ or ܗܘܐ

5 ܬܡܢ ܢܗܘܐ ܚܝܐ.[13] ܟܕ ܕܝܢ ܥܠ ܠܪܗܘܡܐ ܡܕܝܢܬܐ: ܘܪܘܪܒܐܝܬ
ܡܬܝܩܪ ܗܘܐ ܒܗ ܗܘ ܚܝܠܐ ܕܐܠܗܐ ܗܘܐ ܠܗ. ܗܪܟܐ ܒܥܠܠ
ܘܟܠܗ ܗܘܢܐ ܐܝܟ ܚܫܘܟ ܣܘܥܪܢܗ̇.[14] (B fol. 29 b) ܕܐܡܫܝܚܐ[15] ܕܐܦ
6 ܐܚܪܝܬܐ ܐܣܬܒܗ ܠܗ ܬܡܢ[16] ܠܡܐܪܝܐ ܐܝܟ ܕܐܠܐܠܗܐ. ܠܘ
ܕܝܢ ܦܠܓ ܘܟܠܗ ܐܝܟܢ[17] ܝܚܝܕܝܐ.[18] ܡܫܝܚܐ ܒܪ ܒܫܡܗ ܒܗ
ܒܚܠܩܗ ܕܥܠܡܝܢܘܬܐ.[19] ܒܦܠܓܘܬܐ ܕܦܠܚܘܬܗ ܘܕܡܪܕܘܬܗ
ܕܐܠܗܐ. ܠܗܘ ܚܝܠܬܐ ܘܪܒܐ[20] ܕܫܠܝܚܐ: ܠܗܘ ܕܡܩܠ ܕܡܘܢܗ
ܒܝܫܐ ܐܬܬܚܕ ܗܘܐ ܪܒܐ ܕܚܠܝܗܘܢ ܫܠܝܚܐ.[20a] ܠܦܛܪܘܣ.
ܕܒܬܪܗ ܦܘܪܩܢܗ[21] ܘܐܬܐܬܗ ܠܪܗܘܡܐ. ܐܝܟ ܕܠܘܩܒܠ ܗܘܐ
ܡܚܠܠܢܐ ܕܥܠܡܐ. ܘܐܝܟ ܪܒ ܚܝܠܐ ܢܨܝܚܐ ܕܐܠܗܐ ܚܘܒܗ
ܒܝܫܐ ܕܐܠܗܐ. ܘܐܬܒܪܘܬܐ ܫܘܒܚܬ ܕܫܡܝܐ ܕܢܘܗܪܐ
ܪܘܚܝܐ ܡܢ ܡܕܢܚܐ ܠܡܥܪܒܐ[22] ܕܡܦܪܫܝܢܐ ܠܡܦܢܝܐ ܗܘܐ.
ܘܡܣܒܪ ܗܘܐ ܠܗܘܢ ܒܪܘܪܬܐ ܕܡܠܟܘܬܐ ܕܫܡܝܐ ܒܗ
ܐܡܪ: ܕܗܘ ܢܘܗܪܐ ܘܡܠܬܐ ܕܡܚܝܢܐ[23] ܢܦܩܬܐ ܕܟܠ ܐܢܫܐ. 𝔄 105
xv. 1 ܟܕ ܕܝܢ ܡܠܟ ܠܘܬܗܘܢ[24] ܡܠܬܐ ܕܐܠܗܐ. ܡܫܝܚܐ ܕܟܝܢ
ܫܦܝܪܝܢ ܘܐܬܒܬܪ ܚܝܠܗ..

ܕܡܫܬܥܝܢܐ ܥܠ ܐܘܢܓܠܝܘܢ ܕܡܪܩܘܣ..

ܗܟܢܐ ܕܝܢ ܕܢܚ[1] ܢܘܗܪܐ ܕܡܠܬܐ ܐܠܗܝܬܐ ܠܒܪܢܫܘܬܐ
ܕܡܣܬܒܪܝܢ ܕܦܛܪܘܣ. ܕܠܐ ܡܣܦܩܬ ܠܗܘܢ ܒܪܘܪܬܗ
ܕܡܠܦܢܐ ܡܢ ܡܫܡܥܐ ܕܡܠܬܐ[2] ܒܠܚܘܕ.[3] ܐܠܐ ܒܒܥܘܬܐ[4]

[13] A (and seemingly 𝔄) ܚܢܐ [14] 𝔄 *studium erroris eius* [15] A 𝔄 ܐܚܝܢܐ
[16] 𝔄 om. ܠܗܝ [17] A adds ܠܗܝ [18] A fol. 29 *b* [19] A ܕܥܠܡܝܢܘܬܐ
[20] 𝔄 = ܪܒܐ ܘܫܠܝܚܐ [20a] A ܗܘܐ ܐܬܐܠܘܗܝ ܡܩܪܒܘܗܝ ܕܚܠܝܗܘܢ ܪܒܐ
[21] A 𝔄 ܦܘܪܩܢܐ [22] A ܠܡܥܪܒܐ [23] A ܕܡܚܝܢܐ [24] A ܠܘܬܗܘܢ
CHAP. XV. [1] A adds ܗܘܐ [2] 𝔄 perhaps = ܕܡܠܬܐ ܡܢ ܡܫܡܥܐ [3] A om. ܒܠܚܘܕ [4] A adds ܠܗܘܢ

ܘܒܥܐܬܐ ܐܦܝܣܘ ܠܡܪܩܘܣ ܗܘ ܕܐܟܬܘܒ ܐܘܢܓܠܝܘܢ. ܕܗܘܘ
ܢܫܩ ܗܘܐ[5] ܠܦܛܪܘܣ. ܕܒܟܬܝܒܬܐ ܢܫܒܘܩ ܠܗܘܢ ܡܘܕܥܢܐ
ܕܝܘܠܦܢܐ. ܗܘ ܕܒܡܠܬܐ ܡܠܦ ܗܘܐ. ܕܗܘܝ ܗܕܐ ܡܢ ܡܦܝܣ
ܠܐ ܡܫܒܩܝܢ ܗܘܬ ܠܗ. ܘܩܒܠܘ ܗܘܘ ܒܥܠܬܐ ܠܗܢܐ ܟܬܒܐ
2 ܕܐܘܢܓܠܝܘܢ ܕܡܪܩܘܣ. ܟܕ ܝܕܥ ܕܝܢ ܦܛܪܘܣ ܗܝ ܗܕܐ
ܕܓܠܝܬ ܠܗ ܪܘܚܐ ܕܩܘܕܫܐ. ܘܐܬܒܣܡ ܒܚܦܝܛܘܬܗܘܢ ܕܗܠܝܢ
ܐܢܫܐ. ܫܪܪܗ[6] (B fol. 30 *a*) ܠܗܢܐ ܟܬܒܐ[6a] ܠܡܩܪܝܢܘܬܐ ܕܒܥܕܬܐ.[7]
106 ܡܛܠ ܗܕܐ ܕܝܢ ܩܠܝܡܝܣ[8] ܒܫܘܬܐ ܟܬܒܢܘܬܗ. ܘܡܣܗܕ ܬܘܒ
ܒܗܕܐ ܐܦ ܐܦܝܣܩܘܦܐ[9] ܕܐܪܝܦܘܠܝܣ[10] ܕܡܬܩܪܐ ܦܦܝܐ.[11] ܠܗ ܕܝܢ
ܠܡܪܩܘܣ ܡܕܟܪ ܠܗ ܦܛܪܘܣ ܒܐܓܪܬܗ[12] ܩܕܡܝܬܐ ܕܟܬܒ ܡܢ
ܪܗܘܡܝܐ. ܘܪܡܙ ܠܗ ܠܡܕܝܢܬܐ[13] ܐܝܟ ܕܒܠܐܬܐ ܘܩܪܐ ܠܗ
v 13 ܒܒܠ ܘܐܡܪ: ܕܫܐܠܐ ܒܫܠܡܟܘܢ ܥܕܬܐ[14] ܓܒܝܬܐ ܕܐܬܓܒܝܬܘܢ
ܕܒܒܠ[15] ܘܒܪܝ ܡܪܩܘܣ ·:·

ܕܫܬܬܥܣܪ ܕܐܡܪܝܢ ܕܡܪܩܘܣ ܩܕܡܝܐ ܐܟܪܙ ܣܒܪܬܗ[1]
ܕܡܫܝܚܐ ܠܗܘܢ ܕܡܨܪܝܢ ·ܘ·

ܥܠ ܗܢܐ[2] ܡܪܩܘܣ ܡܬܐܡܪ ܒܟܠܗܘܢ. ܕܗܘ ܩܕܡܝܬ xvi. 1
ܐܙܠ ܠܡܨܪܝܢ ܘܐܟܪܙ ܬܡܢ ܐܘܢܓܠܝܘܢ ܗܘ ܕܐܦ ܟܬܒ
ܟܬܒܗ. ܘܗܘ ܩܕܡܝܬ ܐܬܩܢ ܥܕܬܐ ܒܐܠܟܣܢܕܪܝܐ.

[5] A adds ܠܗ [6] 𝔄 *confirmavit* (= ܫܪܪܗ) [6a] 𝔄 adds աւետարանել = εὐαγγελίζεσθαι [7] A ܕܒܥܕܬܐ [8] A ܩܠܝܡܣ [9] A ܐܦܝܣܩܦܐ [10] A fol. 31 *a* [11] 𝔄 *Papraba* [12] A ܩܕܡܝܬܐ [13] 𝔄 = ܠܡܕܝܢܬܗ and for the following words has *et allegorice vocat* [14] A 𝔄 om. ܥܕܬܐ [15] A ܕܒܒܒܠ; 𝔄 = ܒܒܒܠ (another MS. = ܒܒܠ)

Chap. XVI. [1] A ܣܒܪܬܗ [2] A adds ܕܝܢ

ܕܫܒܬܥܣܪ ܕܐܝܟܢܐ¹ ܡܫܬܥܐ ܦܝܠܘܢ ܥܠ ܥܢܘܝ̈ܐ ܕܡܨܪ̈ܝܢ². ܀ 𝔄 10'

2 ܗܟܢܐ ܕܝܢ ܐܬܦܝܣ ܗܘܐ ܬܡܢ³ ܒܢܝܢܐ ܕܡܗܝܡܢܘܬܐ ܕܓܒܪ̈ܐ

ܘܕܢܫ̈ܐ ܒܗܘܢ ܡܢ ܫܘܪ̈ܝܐ ܒܩܘܠܝܢܐ ܠܚܘܪܐ ܕܚܟܡܬܐ. ܐܝܟ

ܕܐܦ ܟܬܒܐ ܡܬܠܬܠܘܬܗܘܢ⁴ ܢܟܬܘܒ ܦܝܠܘܢ. ܥܠ ܡܕܒܪܢܘܬܗܘܢ

ܘܥܠ ܟܢܘܫܝܗܘܢ ܘܥܠ ܫܠܝܛܘܬܗܘܢ ܘܥܠ ܫܪܟܐ ܕܕܘܒܪ̈ܝܗܘܢ.

xvii. 1 ܟܠܗܘܢ ܕܝܢ ܥܠ ܗܢܐ ܦܝܠܘܢ ܡܬܐܡܪ. ܕܒܝ̈ܘܡܝ ܩܠܘܕܝܘܣ⁵ ܒܪ

ܡܠܟ ܗܘܐ ܦܛܪܘܣ ܒܪܗܘܡܐ ܡܠܠ ܥܡܗ ܬܡܢ. ܘܕܡܝܐ

ܗܝ ܗܕܐ.⁶ ܡܛܠ ܕܐܦ ܗܢܐ ܟܬܒܐ ܕܐܡܪܢ⁷ ܥܠܝܗܘܢ. ܡܢ

ܒܬܪ ܙܒܢܐ ܦܓܥܬܐ ܠܗ̇ ܒܗ ܘܫܡܥܗ.⁸ ܕܫܡܥܐܝܬ⁹ ܥܠ ܕܘܒܪܐ

2 ܕܐܬܬܥܒܕܬܐ¹⁰ ܕܢܛܪ ܥܕܡܐ ܠܗܫܐ ܒܥܕܬܐ¹¹ ܡܫܝܚܝܐ. ܐܠܐ

ܐܦ ܠܐ ܕܘܒܪܐ¹² ܕܫܠܝ̈ܚܐ ܕܐܝܬ ܠܘܬܢ¹³ ܫܠܝܚܘܬܐ ܐܝܟ

(B fol. 30 b) ܕܐܝܬܝܗܘܢ¹⁴ ܡܫܬܥܝܢܐ. ܠܘ ܕܝܢ ܕܢܬܒ ܗܘܐ ܠܗܘܢ

ܠܚܘܪ. ܐܠܐ ܐܦ ܕܢܫܒܘܚ¹⁵ ܠܗܘܢ ܘܢܬܕܡܪ¹⁶ ܒܗܘܢ.

ܘܢܣܒܬ ܠܗܘܢ ܠܐܢܫܐ ܗܢܘܢ ܬܠܡܝ̈ܕܝܗܘܢ ܕܫܠܝ̈ܚܐ ܕܗܘܘ

ܒܝܘܡܬܗ. ܐܝܬܝܗܘܢ ܗܘܘ ܕܝܢ ܡܢ ܥܒܪ̈ܝܐ. ܘܡܥܕܝܢ

3 ܡܗܝܡܢܘܬܐ ܢܛܪܝܢ ܗܘܘ ܥܝܕܐ ܕܥܒ̈ܪܝܐ¹⁷ ܘܡܕܡ̈ܝܐ. ܘܡܥܒܕܢܘܬܐ De Vit Cont 1

ܕܝܢ ܐܡܪ: ܕܠܒܪ ܡܢ ܣܘܓܐܐ ܡܕܡ ܡܢ ܙܒܢܐ ܢܫܩܘܬ ܣܝܡܘܬܐ ܠܐ ܐܘܣܦ. 𝔄 10:

ܕܐܝܠܝܢ ܕܐܬܬܠܡܕܘ ܒܗܘ ܡܐܡܪܐ ܕܐܬܟܬܒ ܥܠ ܕܘܒܪܐ

ܕܐܝܬܝܗܘܢ.¹⁸ ܘܡܥܒܪ ܥܠܝܗܘܢ ܕܡܬܩܪܝܢ ܗܘܘ ܡܐܣܝ̈ܐ.

ܘܠܢܫ̈ܐ¹⁹ ܕܐܝܬ ܗܘܐ²⁰ ܥܡܗܘܢ ܡܐܣܝ̈ܢܝܬܐ. ܘܐܡܪ ܥܠܬܗ²¹

ܕܗܢܐ ܫܡܐ ܕܐܬܩܪܝܘ ܗܘܘ ܒܗ. ܕܐܘ²² ܠܐ ܡܛܠ ܕܡܐܣܝܢ

Chap. XVII. ¹ A ܕܐܡܟܢܐ ² 𝔄 *de viris Aegyptiis* ³ A om. ܬܡܢ
⁴ A ܡܬܠܬܠܬܗ ⁵ 𝔄 adds *Caesaris* ⁶ A ܗܕܐ ⁷ A ܕܐܡܪܢܢ
⁸ A adds ܗܘܐ In 𝔄 for [Armenian] read [Armenian] ⁹ A adds ܠܗ ¹⁰ A adds ܡܕܡ
¹¹ A om. ܡܫܝܚܐ ¹² A ܕܘܒܪܐ ¹³ A ܠܘܬܗܘܢ ¹⁴ 𝔄 = ܕܐܝܬܝܗܘܢ
¹⁵ 𝔄 sing. ¹⁶ A ܐܘ ܡܬܕܡܪ ¹⁷ A fol. 31 b ¹⁸ A ܕܘܒܪܐ ܕܡܫܝܚܝ̈ܐ
¹⁹ A 𝔄 ܘܢܫ̈ܐ ²⁰ A om. ܗܘܐ ²¹ A ܥܠܬܐ ²² 𝔄 = ܐܘ

ܗܘܘ ܘܡܬܐܡܪܝܢ ܢܨܚܢ̈ܐ ܕܐܝܠܝܢ ܕܡܬܬܪܝܢ ܠܘܬܗܘܢ ܡܢ ܣܓܝܐܐ
ܕܟܬ̈ܒܬܐ ܒܕܘܟܘܬ ܐܘܣܬ̈ܬܐ. ܐܘ ܡܛܠ ܕܡܚܝܣܝܢ ܗܘܘ ܠܐܠܗܐ
4 ܒܦܘܠܚܢܗܘܢ ܕܟܝܢܐ ܘܡܩܕܫܐ.[23] ܐܘ ܟܒܪ ܗܘ ܗܘ ܠܗܘܢ
ܗܘܝܐ ܥܒܕܐ ܕܬܠܬ ܠܡܒܪܝܢܗܘܢ. ܐܘ ܕܪܝ̈ܫܢܐܝܬ ܗܘܝܐ
ܡܬܬܪܝܢ ܗܘܘ ܡܢ ܡܕ̈ܝܢܬܐ. ܡܛܠ ܕܒܕܝܠ[24] ܥܒܕܐ ܕܒܪ̈ܦܠܓܐ
5 ܠܐ ܐܫܬܟܚܗ ܗܘܐ ܒܟܠ ܐܬܪ. ܒܬܪ ܕܝܢ ܡܕܡܐܡܬ.[25]
ܕܡܬܬܪܝܢ ܗܘܘ ܡܢ ܡܕ̈ܝܢܬܗܘܢ ܡܬܟܢܫܝܢ ܠܘܬܗܘܢ ܘܐܡ̈ܪܝ
ܗܕܟܢܐ. ܕܡܢܐ ܕܡܬܬܪܝܢ ܠܗ[26] ܒܣܝ̈ܒܘܬܐ. ܡܬܦܪܝܢ ܗܘܘ ܡܢ
ܡܕ̈ܝܢܬܗܘܢ[27] ܘܡܢ ܟܠܗ ܝܬܗ ܕܒܠܗܘܢ. ܘܗܘܝܢ ܢܦܩܝܢ ܗܘܘ
ܠܒܪ ܡܢ ܥܘܡܪܐ ܕܡܕܝܢ̈ܬܐ.[28] ܘܒܐܟܣܢܝܘܬܐ ܘܒܦܪ̈ܕܝܣܐ ܒܡܕܒܪ̈ܐ
ܗܘܘ. ܕܣܝܩܘܦܢܘܬܐ[29] ܕܐܝܠܝܢ ܕܠܐ ܥܠܡܝܢ ܠܡܕܒܪܢܘܬܗܘܢ.
109 ܒܡܫܪ̈ܝܬܐ ܘܡܕܒܪ̈ܝܬܐ ܡܥܒܕܐ ܗܘܬ ܠܗܘܢ. ܘܗܠܝܢ ܫܒܪ̈ܝܢ
ܗܘܘ ܡܢ ܬܘܠܐ ܕܐܢܫܐ ܕܡܫܟܢܘܬܐ. ܘܡܝܬܝܢ ܗܘܘ ܕܒܣܪܗܘܢ
6 ܒܕܘܒܪ̈ܐ ܕܢܟܦܐ. ܐܦ ܦܪܘܫܘ (B fol. 31 *a*) ܕܝܢ ܕܥ̈ܠܝܡܐ
ii 45 f. ܡܫܡܫܢ.[30] ܕܥܠܝܗܘܢ ܐܝܠܝܢ ܕܡܬܬܠܡܕܝܢ ܗܘܘ ܠܥ̈ܠܝܡܐ
ܒܠܚܘܕ[31] ܕܡܢܗ[32] ܡܕܟܝܢ ܗܘܘ. ܘܡܬܠܡܕܝܢ ܗܘܘ ܠܐܢܫ ܐܢܫ
ܡܕܡ ܕܢܦܫܗ ܠܗ. ܕܐܢܫ ܕܢܦܫܗ ܠܗ ܡܕܡ ܠܐ ܢܗܘܐ ܒܗܘܢ.
ܐܝܠܝܢ ܓܝܪ ܕܓܢܝܢ ܗܘܘ ܡܘܪܝܐ ܘܚܫ̈ܐ ܐܝܟ ܕܐܡܪܢܐ ܡܠܝ̈ܬܐ.
ܡܕܟܝܢ ܗܘܘ ܘܡܚܠܡܝܢ ܕܡܕܝ̈ܢܬܗܘܢ. ܘܡܬܦܩܝܢ ܬܘܒ ܬ̈ܠܡܝܕܝܗܘܢ
ܕܥ̈ܠܝܡܐ. ܕܢܗܘܐ ܡܬܗܘܒ ܠܐܢܫ ܐܢܫ ܡܕܡ ܕܢܦܫܗ ܠܗ.
7 ܕܕܟܝܢ ܕܝܢ ܠܗܠܝܢ ܡܟܫܦܝܢ ܦܠܚܢ[33] ܟܠ ܗܠܝܢ ܐܢܫ̈ܐ. ܟܕ ܐܡ̈ܪܝ

[23] 𝔄 *sanctis et castis operibus suis* [24] 𝔄 = ܐܘ ܕܒܪܚܡܐ [25] A ܡܬܡܨܝܐ
[26] In 𝔄 for ... read ... [27] A ܡܢ ܡܕܝܢܬܗܘܢ 𝔄 *ab omnibus rebus suis*
[28] A ܡܢ ܡܕܝܢܬܐ [29] A ܘܡܫܡܫܢܘܬܐ [30] In 𝔄 plur. verb [31] A
ܒܟܠ ܡܕܡ [32] A adds ܗܘܘ [33] A fol. 32 *a*

ܒܟܠܗܘܢ ܗܘܢܐ. ܒܟܠ ܐܬܪ ܠܗ ܒܥܠܡܐ ܠܥܒܕ ܐܬܬܣܝܡܘ[33a] ܗܢܐ De Vit Cont 3
ܬܘܠܡܕܐ. ܙܕܩ ܗܘܐ ܓܝܪ ܕܗܢ ܠܛܒܬܐ ܕܡܫܡܠܝܐ. ܕܢܫܬܘܬܦܘܢ
ܐܦ[34] ܝܘܢܝܐ ܘܒܪ̈ܒܪܝܐ. ܣܓܝܐܝܢ ܕܝܢ ܒܡܨܪܝܢ ܒܟܠ ܡܕܝܢܬܐ.
8 ܘܡܬܩܪܝܢ[35] ܕܝܢ ܒܐܠܟܣܢܕܪܝܐ. ܢܝܫܐ ܕܝܢ ܕܡܢ[36] ܟܠ ܐܬܪ.
ܐܝܟ ܕܠܡܕܝܢܬܐ ܕܬܘܬܒܘܬܐ ܕܡܫܝܚܝܐ ܐܝܠܝܢ ܠܐܬܪܐ ܗܢ
ܕܒܗ̇ ܠܗܘ̇ܢ. ܕܐܬܬܘܗܝ ܠܟܠ ܡܢ ܡܬܬܐ ܕܡܨܪ̈ܝܐ ܡܕ̈ܝܢܐ. 𝔄 110
ܘܦܫܛ ܠܟܠ ܡܢ ܪܚܬܐ ܕܗܝܪܘܬܐ ܡܛܠ ܡܟܝܠ[37] ܡܥܠܝܘܬܗܘܢ
9 ܕܐܬܪ. ܡܢ ܒܬܪ ܓܝܪ ܒܡܘܬܪܗܘܢ ܕܐܝܬܝܗܘܢ ܐܬܘܗܝ ܗܘܐ.
ܗܘ ܕܝܢ ܕܢܨܝܒ[38] ܠܒܪܝܬܐ ܕܟܠ ܐܬܪ. ܘܡܫܠܡܢܐ ܠܗ[39] ܐܝܬ
ܠܗܘܢ ܬܡܢ[40] ܒܝܬܐ ܡܕܝܢܐ ܕܡܬܩܪܐ ܒܝܬ ܢܛܘܪܬܐ ܕܡܫܝܚܝܘܬܐ[40a]
ܕܗܘܘܢ ܒܗ ܡܫܬܐܝܬ. ܘܐܪ̈ܙܐ ܕܕܘܒܪܐ ܕܢܟܦܘܬܐ ܡܫܡܫܝܢ
ܒܗ. ܘܡܕܡ ܠܗܘܢ ܠܐ ܡܥܠܝܢ. ܠܐ ܡܐܟܠܐ ܘܠܐ ܡܫܬܝܐ.[41]
ܘܠܐ ܡܕܡ ܡܢ ܐܝܠܝܢ ܕܠܣܘܢܩܢܗܘܢ ܕܦܓܪܐ ܡܬܒܥܝܢ. ܐܠܐ
ܢܡܘܣܐ ܘܡ̈ܠܐ[42] ܕܐܬܐܡܪ ܡܢ ܢܒ̈ܝܐ[43] ܘܬܫܒ̈ܚܬܐ.[44] ܘܟܠ
ܐܝܠܝܢ ܕܝܕܥܬܐ (B fol. 31 b) ܘܕܚܠܬ ܐܠܗܐ ܡܬܬܪ̈ܒܝܢ ܒܗܘܢ
10 ܘܡܫܬܡܠܝܢ. ܘܡܢ ܒܬܪ ܡܠܬ ܐܚܪܢ. ܕܡܢ ܨܦܪܐ ܠܗ ܘܥܕܡܐ
ܠܪܡܫܐ ܟܠܗ ܝܘܡܐ ܐܝܬܝܗܘܢ ܒܦܘܠܚܢܐ. ܘܟܕ ܦܪܫܝܢ
ܒܟܬ̈ܒܐ ܩܕ̈ܝܫܐ. ܡܬܗܓܝܢ ܒܚܟܡܬܐ ܕܐܒܗ̈ܬܐ. ܘܡܦܫܩܝܢ
ܦܠܣܦܘܬܐ ܕܪ̈ܫܝܡܢ ܒܗܘܢ. ܡ̈ܠܐ ܓܝܪ ܕܐܡܪܝܢ ܓܘܪ[45] ܚܒܝܒ.
11 ܐܪ̈ܙܐ ܕܦܠܣܦܘܬܐ ܡܬܦܪܫܝܢ ܕܪ̈ܫܝܡܢ ܒܗܘܢ. ܐܝܬ ܕܝܢ ܠܗܘܢ
ܐܦ[46] ܟܬ̈ܒܐ ܕܐܢܫܐ ܥܬܝܩ̈ܐ ܕܗܘܘ ܪ̈ܝܫܐ[47] ܕܬܠܡܝܕܘܬܗܘܢ. 𝔄 111

[33a] In 𝔄 for [illegible] read [illegible] [34] 𝔄 om. ܐܦ [35] A ܘܡܬܩܪܝܢ
[36] A ܡܢ [37] A om. ܡܟܝܠ [38] A ܢܨܝܒ [39] A om. ܠܗ
[40] A om. ܬܡܢ [40a] 𝔄 om. ܕ [41] A ܠܐ ܕܡܐܟܘܠܬܐ ܘܠܐ ܕܡܫܬܝܐ [42] A ܢܡܘܣܐ ܕܡ̈ܠܐ
[43] A ܢܒ̈ܝܐ [44] A 𝔄 ܘܬܫܒ̈ܚܬܐ [45] A ܓܘܪ
[46] 𝔄 om. ܐܦ [47] A ܪ̈ܫܐ

ܕܥܒܕܘ ܠܗܘܢ ܒܡܕܒܪܐ ܕܣܘܪܝܐ ܕܦܘ̈ܫܩܐ. ܘܡܬܚܫܒܝܢ[48] ܒܗܘܢ
12 ܐܝܟ ܕܒܡܚܫܒܬܐ ܘܡܬܬܙܝܥܝܢ ܠܕܡܘܬܐ ܕܐܬܝܠܝܬܗܘܢ. ܕܡܢܐ
ܕܝܢ ܕܗܠܝܢ ܕܐܡܪܝܢ ܠܗܘܢ ܠܒܢܝ̈ܐ[49]. ܕܒܗ[50] ܡܬܬܚܝܢ ܥܠ[51]
ܬܘ̈ܠܕܐ ܡܙܝ̈ܥܐ ܒܟܠ ܙܒܢ ܡܢܗܘܢ[52]. ܘܗܠܝܢ ܕܐܡܪ ܕܐܝܬ ܠܬܘܠܕܬܗܘܢ
ܬܘ̈ܠܕܐ ܕܡܙܝ̈ܥܢ[53]. ܕܥܠ ܐܘ̈ܪܓܠܐ ܕܡܢܐ ܕܐܡܪ ܘܥܠ ܬܘ̈ܠܕܐ
ܕܩ̈ܠܝܢܐ[54]. ܘܬܫ̈ܒܚܬܐ ܕܦܘ̈ܫܩܐ ܡܙܝ̈ܥܢܐ ܕܢܦ̈ܫܐ ܕܐܡܪ. ܒܒܪ
ܥܠ ܗܝ ܐܘܪ̈ܚܬܐ ܕܒܒܪ̈ܝܐ ܘܐܣܬܝܟܬܐ ܐܘܪ̈ܚܬܐ ܕܠܗ ܕܦܘܠܘܣ.
13 ܬܘܒ ܕܝܢ ܥܠ ܡܙܡ̈ܪܐ ܕܒܒܝܢ[55] ܣܓܝܐܝܬ ܡܢ ܢܦܫܗܘܢ
ܘܬܫܒܚܬܐ ܡܫܬܒܚ ܗܘܢܐ. ܕܠܐ ܠܡ ܒܠܚܘܕ ܡܦܬܟܠܝܢ
ܒܬܘ̈ܠܕܐ. ܐܠܐ ܐܦ ܡܢ ܢܦܫܗܘܢ ܒܒܝܢ ܘܡܙܡ̈ܪܬܐ ܘܬܫܒܚܬܐ[56]
14 ܠܐܠܗܐ ܒܟܠ ܡܩ̈ܕܫܝܢ ܒܡܢܬܐ ܢܥܝܡܬܐ[57]. ܐܦ ܡܫܒ̈ܚܬܐ
ܐܣܝܪܬܐ ܐܡܪ ܒܠܫܢܗܘܢ. ܗܠܝܢ ܕܝܢ ܕܢܥܒܝܢ ܐܬܐܣܝ ܠܝ.
ܕܦܠܓܐ ܕܐܝܒܠܐ ܘܐܫܦܝܪ ܐܠܝܢ ܕܕܡܘܬܐ[58] ܕܕܘܒܪܐ ܕܒܪ̈ܬܐ[59]
15 ܐܬܬܣܝܡ. ܐܝ ܕܝܢ ܐܚܪ ܦܓܪ[60] ܕܗܠܝܢ ܕܐܡܪ̈ܝܢ ܕܠܘ ܕܘܒܪܐ
ܐܝܟ ܕܦܠܓܘܬܐ ܕܐܘܪ̈ܚܬܗܘܢ: ܐܠܐ ܡܬܚܫܒ ܐܝܟ ܕܢܦܠܓܘܢ ܐܦ
ܥܠ ܐܢ̈ܫܝܢ. ܢܬܦܠܓܘܢ[61] ܡܢ ܗܠܝܢ ܡ̈ܠܐ ܕܐܡܪ ܡܢ ܒܬܪܟܝܢ.
𝔄 112 ܕܡܢܗܘܢ ܡܫܬܘܕܥܬܐ[62] ܕܠܐ ܦܘܠܓܐ[63] ܡܦܠܓ ܐܝܟ ܐܢܬܘܢ.
16 ib 4 (B fol. 32 a) ܦܘܢܝܐ. ܒܬܪ ܕܝܢ ܗܠܝܢ.[63a] ܕܡܫܡܫܢܘܬܐ ܠܟܘ[64]
ܐܝܟ ܬܫܡܫܬܐ ܗܢܘܢ ܠܗ ܒܢܦܫܗܘܢ. ܘܒܠܗ ܟܠܢ ܫܦܝܪܐ
ܕܕܘܒܪ̈ܐ ܪܘܚܢܝܐ. ܡܫܬܘܕܥܬܐ ܕܝܢ ܐܦ ܡܫܬܚܬܐ ܐܝܟ ܡܫܬܘܕܥ

[48] A ܐܦ ܡܬܚܫܒܝܢ [49] 𝔄 *de illo* [50] A ܒܗ 𝔄 has a negative before ܒܗ
[51] 𝔄 *ex* [52] A fol. 32 *b* [53] A ܡܙܡܪܝܢ [54] A ܟܠܟܐ ܕܡܠܝܢܐ
[55] A ܕܒܒܝܢ [56] Read with A 𝔄 ܘܬܫܒܚܬܐ [57] 𝔄 *et dulcibus vocibus*
[58] 𝔄 does not express ܕܕܡܘܬܐ [59] A 𝔄 ܕܒܪ̈ܬܐ ܕܕܘܒܪܐ [60] A om. ܦܓܪ
[61] A 𝔄 add ܐܦ [62] A ܕܡܫܬܘܕܥܬܐ [63] A ܦܘܠܓܝܢ [63a] A ܗܢܝܢ
[64] 𝔄 om. ܠܟܘ

ܠܐ ܛܥܡ ܡܕܡ ܕܢܥܪܒ ܫܡܫܐ. ܕܟܠܗ ܓܝܪ ܕܦܘܠܚܢܐ[65] ܕܡܫܡܠܝܬܐ
ܠܢܘܗܪܐ ܫܘܐ. ܠܚܫܘܟܐ ܕܝܢ[66] ܣܢܝܩܘܬܗ ܕܦܓܪܐ. ܡܛܠܗܕܐ
ܦܪܫܝܢ ܐܡܡܐ ܠܡܫܡܠܝܬܐ. ܘܠܣܢܝܩܘܬܗ[67] ܕܦܓܪܐ ܩܠܝܠ
17 ܡܢܘܬܐ ܡܢ ܠܠܝܐ ܡܣܡܝܢ ܠܗ. ܐܝܬ ܕܝܢ ܡܢܗܘܢ ܕܠܬܠܬܐ[68]
ܝܘܡܝܢ ܡܬܕܟܪܝܢ ܡܐܟܘܠܬܐ.[69] ܐܝܠܝܢ ܕܣܓܝ ܡܥܝܪ ܒܗܘܢ
ܣܘܒܐ ܕܦܘܠܚܢܐ ܕܡܫܡܠܝܬܐ. ܐܚܪܢܐ ܕܝܢ[70] ܗܟܢܐ[71] ܒܣܡܝܢ
ܘܡܬܦܢܩܝܢ ܒܗ ܒܡܬܚܒܪܢܘܬܐ ܡܢ ܚܟܡܬܐ ܡܬܥܬܪܢܝܬ. ܕܠܚܕܝܢ[72]
ܠܫܬܐ ܝܘܡܝܢ ܛܥܡܝܢ ܡܕܡ. ܡܛܠ ܕܐܟܚܕܐ ܒܡܐܟܘܠܬܐ
ܕܡܬܪܣܝܐ. ܗܠܝܢ ܡܠܘܗܝ ܕܦܝܠܘܢ ܦܪܝܣܐܝܬ ܕܠܐ[73] ܚܙܝܢ ܥܠ
18 ܕܡܫܪܐ[74] ܕܠܝ ܫܠܝܚܐ. ܐܝܟ ܕܝܢ ܡܢ ܟܬܒ ܗܠܝܢ ܐܝܬ ܐܢܫ
ܕܡܬܚܪܐ ܘܠܐ ܡܬܚܦܝܢ.[75] ܐܦ ܗܘ ܢܬܪܘܣ ܡܢ ܦܘܠܚܢܐ ܒܗ
ܡܦܩܕ ܐܝܬܘܬܐ ܡܬܚܡܬܐ.[76] ܐܝܠܝܢ ܕܟܠܗܘܢ ܠܘܬ ܒܐܘܢܓܠܝܘܢܐ
19 ܥܒܝܕ ܒܦܘܠܚܢܐ ܕܢܡܘܣܐ ܕܐܘܢܓܠܝܘܢ. ܐܡܪ ܓܝܪ ܥܠܝܗܘܢ
ܥܠ ܗܠܝܢ.[77] ܕܐܝܬ ܗܘܐ ܠܗ ܒܫܡܗܘܢ ܢܫ̈ܐ. ܕܡܫܒܚܬ̈ܐ[78] ib 8
ܡܢܗܝܢ ܒܬܘܠܘܬܐ ܗܘܝ̈. ܘܠܐ ܒܐܢܢܩܐ ܐܝܟ ܕܟܘܡܪ̈ܬܐ ܐܢܝܢ 𝔄 113
ܙܢܝܐ ܕܐܝܬ ܒܗ ܣܥܕ[79] ܐܠܐ ܡܢ ܨܒܝܢܐ ܚܠܝܐ. ܒܛܒܢܐ
ܘܒܣܘܒܐ ܕܡܫܡܠܝܬܐ ܕܪܚܡܬ ܐܠܗܐ ܕܠܗ̇[80] ܡܬܚܫܒܢ ܠܡܫܬܘܬܦܘ.
ܡܛܠܗܕܐ ܐܦܠܐ ܪ̈ܓܝܓܬܐ ܕܦܓܪܐ. ܘܠܐ ܠܝܠܕܐ ܡܝܘܬܐ
ܡܬܐܒܝܢ ܐܠܐ ܠܗܘ ܕܠܐ ܡܐܝܬ: ܕܢܦܫܐ ܒܠܚܘܕ ܕܪܚܝܡܐ
20 ܠܐܠܗܐ ܡܨܝܐ ܡܘܠܕܐ (B fol. 32 *b*) ܠܗ. ܘܡܢ ܒܬܪ ܩܠܝܠ ܒܗ

[65] A ܕܦܘܠܚܢܐ ܕܝܢ ܕܡܫܡܠܝܐ [66] A ܣܢܝܩ̈ܢ [67] A adds ܕܝܢ [68] A adds ܗܘ [69] A ܡܐܟܘܠܬܐ [70] 𝔄 adds *ex iis* [71] A ܗܟܢ [72] A ܘܠܚܕܢܝܢ 𝔄 expresses neither ܕ nor ܘ (the comma should be placed after instead of before *wnwibL*) [73] A fol. 33 *a* [74] A ܕܡܫܪܐ [75] A ܡܬܟܣܝܢ [76] A ܐܬܡܚܬܐ [77] 𝔄 adds *ita* [78] A ܕܩܫܝܫܬ̈ܐ [79] Read with A 𝔄 ܫ̈ܢܝܐ [80] A ܕܠܗ

ib 10 ܢܦܩܬ ܒܗ ܒܬܫܡܫܬܗ. ܗܢܘ[81] ܢܗܝܪܘܬ ܗܕܝܢܐ.[82] ܬܘܒܢܐ ܠܗ
ܓܒܪ̈[83] ܕܒܬܘܠܐ ܡܩܕܫܐ ܗܘܐ ܠܗܘܢ ܐܝܟ ܕܒܡܠܬܐ ܐܬܡܠܠ.
ܥܠܗ ܓܒܪ ܢܒܝܘܬܐ ܡܫܬܒܗܪ ܠܗܘܢ ܠܐܢܫܐ ܗܠܝܢ ܕܕܚܠܐ
ܠܓܢܒܪܐ.[84] ܘܡܠܟܐ ܕܐܬܡܢܝܘ ܡܪܘܬ ܥܠܒ ܡܫܝܚܝܢ ܠܗܘܢ
ܒܦܓܪܐ. ܒܢܦܫܐ ܕܝܢ ܠܗܘܦܟܐ ܚܡܝܐ ܕܦܓܪܢ ܒܗܘܢ. ܗܘ
ܕܗܢܐ ܒܡܦܪܐ ܐܦܩ ܠܡܬܚܬܠܘ ܒܗ ܡܬܪܐܬ. ܕܒܗܠܝܢ
ܡܫܡ̈ܫܢܐ ܠܘܝ̈ܐ ܐܝܟ ܕܒܡܫܝܚܘܬܐ. ܫܦܝܪܐ ܬܫܡ̈ܫܬܐ ܕܒܗܘܢܐ[85]
21 ܫܪܝܢ ܒܗܘܢ. ܗܢܐ ܡܬܬܒܥܐ ܠܝ ܕܢܗܘܐ ܘܐܡܪ ܡܕܡ
ܕܫܘܐ ܬܘܒ ܥܠ ܒܘܢܝܐ ܕܪ̈ܘܚܢܝܢ.[86] ܕܡܦܪܫܝܢ ܠܟܗ̈ܢܐ
ܡܫܝܚܘܗܝ ܘܠܘܝ̈ܢ. ܘܗܕܝܢܐ ܐܦ ܠܢܫ̈ܐ. ܥܠ ܕܗܟܢܐ ܗܟܝܠ
ܦܘܢܐ ܕܒܕܡܘܬܐ ܠܗܕܝܢܐ ܡܫܬܡܫ ܠܗܬܢ ܐܡܪ ܗܘ ܡܬܬܒܢܐ.
𝔄 114 ܕܒܗܕܝܢܐ ܕܒܐܕܪܐ ܕܢܫܡܗ ܕܦܪܘܩܢ. ܒܝܘܡܢܐ ܘܒܫܡܫܐ ܘܒܡܙܡܘܪܐ
22 ܕܒܬܘܠܐ ܡܩܕܫܐ ܐܝܬ[87] ܠܝ ܚܘܒܐ ܠܡܚܡܪ.[87a] ܕܗܘ ܗܢܐ[88] ܠܛܘܦܣܐ
ܐܘܕܥ ܗܢܐ ܓܒܪܐ ܕܦܩܕ ܐܡܪܢ[89] ܥܠܘܗܝ ܒܬܘܒܗ. ܒܗ.
ܡܬܬܒܥܐ ܥܠ ܫܘܪܐ ܕܒܐܕܪܐ ܙܒܢܐ ܕܒܕܝܢܢ. ܘܠܬܫܡܫܬܗ
ܘܠܬܫܒܘܚܬܐ[90] ܕܬܫܒܚܬܢ ܒܗ. ܘܕܐܝܟ ܕܦܠܚܫܐ ܬܘܒܬܪ ܫܢ.
ܘܐܣܝ̈ܢܐ ܒܥܠܡܐ ܪܢܬܡ ܠܗ ܘܒܫܘܠܡ ܦܬܓܡܐ ܚܠܝܡ. ܘܕܐܡܝܢܐ[90a]
ܒܗܘܢ ܒܗܠܝܢ ܘܡܫ̈ܚܬܐ ܡܕ̈ܒܚܐ ܐܝܟ ܕܒܡܗܡܡܐ[91] ܕܟܬܝܢ ܥܠ
ܐܪܥܐ: ܘܒܫܪܐ ܗܝ ܠܐ ܠܟܝܢ ܐܝܟ ܕܐܟܬܒ ܒܟ̈ܠܘܗܝ:
ܐܟܠܐ ܡܕܡ ܕܢܦܩ ܡܢܗ ܕܗܕܐ ܐܟܠܝܢ: ܡܫܬܡܫܝܢ ܗܘܘ ܕܝܢ
ܐܬܡܫܘܗܝ ܡܕ̈ܒܚܐ: ܘܒܓܢܣܘܬܗܘܢ ܠܢܚܬܐ ܘܡܠܚܐ ܠܚܡ ܘܙܘܦܐ:[92]

[81] A ܗܘܠܐ In 𝔄 for *h.* read *hq*  [82] A ܗܘܝܢ  [83] 𝔄 om. ܓܒܪ̈
[84] A ܠܒܪ ܐܢܫܐ  [85] 𝔄 instrumental case  [86] Read with A ܕܪ̈ܘܚܢܝܗܘܢ?
𝔄 sing.  [87] A ܕܐܝܬ  [87a] A ܠܡܣܒܪ  [88] A adds ܓܒܪ̈ 𝔄 *quod secundum hunc typum*  [89] A ܐܡܪܝܢ A fol. 33 *b*  [90] Read with A ܘܠܬܫܡ̈ܫܬܐ 𝔄 *et de ministerio eius et hymnis*  [90a] 𝔄 om. ܘ  [91] 𝔄 om. ܐܝܟ ܕ  [92] 𝔄 *sal et panis et hyssopus*

23 ܘܟܕ ܗܠܝܢ ܥܒܕ ܥܠ ܦܛܘܣܐ: ܕܐܝܬ ܕܡܫܡܫܝܢ ܒܢܫܐ
ܘܡܫܡܫܝܢ ܦܘܠܚܢܐ ܕܟܗܢܘܬܐ:[93] ܘܬܫܡܫܬܐ ܕܡܫܡ̈ܫܢܐ[94] ܘܥܠ
ܕܪ̈ܫܐ (B fol. 33 a) ܡܬܠܝܢܐ[95] ܕܐܦܝܣܩܘܦܘܬܐ. ܗܠܝܢ ܕܝܢ ܐܝܟܢܐ
ܕܡܫܟܚ ܠܡܩܡ ܥܠ ܚܬܝܬܘܬܗܘܢ. ܢܐܠܦ ܡܢܗ ܡܢ ܬܫܥܝܬܗ
ܕܗܘܐ ܠܟܬܒܐ ... ·:· ... ..

ܕܬܫܥܝܬܐ ܕܟܬ̈ܒܐ[1] ܡܐܡܪ̈ܝܢ ܕܝܠܗ ܕܦܝܠܘܢ ܡܢܝܢ[2] ·:· 𝔄 115
24 ܕܠܒܪ ܕܝܢ ܡܢ ܡܕ̈ܢܚܐ ܕܝܠܗ ܕܐܘܠܦܢܗ: ܘܠܟܬ̈ܒܐ[3]
ܕܐܫܬܠܡܘ ܡܢ ܩ̈ܠܝܠܐ ܐܪܝܟܝ ܕܝܠܗ ܘܗܠܝܢ ܐܡܪܬ. ܡܢܝܢܐ[4]
xviii. 1 ܗܘ ܠܘܬ ܕܝܠܟ. ܣܓܝ ܗܘܐ[4a] ܕܝܢ ܒܡܠܬܐ ܘܡܣܓܝ ܒܬܪܥܝܬܗ.
ܘܪܡ[5] ܘܡܥܠܐ ܒܒܢܝܢܐ ܕܟܬ̈ܒܐ[6] ܕܐܠܗܐ.[7] ܘܡܦܪܫܢܝܬ ܒܟܘܠ
ܦܛܘܣܝܢ ܥܒܕ ܦܘܫܩܐ[8] ܠܟܠܗ ܕܟܬ̈ܒܐ. ܘܒܬܪ ܒܬܪ ܒܡܫܪܝܘܬܐ
ܥܒܕ ܦܘܫܩܐ ܕܡܠܬܐ ܕܒܪܝܬܐ. ܘܐܡܪ ܥܠܘܗܝ ܦܘܫܩܐ
ܕܥܠܬܐ ܕܢܡܘ̈ܣܐ ܡܢ̈ܝܢܐ.[9] ܬܘܒ ܕܝܢ ܒܩܪ̈ܝܢܘܢ ܩܪ̈ܝܢܘܢ ܦܢܐ
ܪ̈ܫܐ ܕܡܬܒܥܝܢ ܒܟܬ̈ܒܐ ܡܢ̈ܝܢܐ ܘܦܬܪܐ ܕܪ̈ܫܐ ܕܥܠܝܗܘܢ.
ܐܦ ܥܠ ܐܝܟܢܐ[10] ܕܝܢ ܕܐܝܬ ܒܣܦܪܐ ܕܡܩܦܠܢܐ ܘܥܠ ܦܘܪܫܢܗܘܢ.
ܐܝܟ ܕܐܡܪܬ ܥܠ ܣܦܪܐ ܕܒܪܝܬܐ ܐܡܪܬ ܐܦ ܥܠܝܗܘܢ.
2 ܐܝܬ ܠܗ ܕܝܢ ܡܐܡܪ̈ܐ[11] ܡܣܝܡܝܢ ܘܠܗܘܢ. ܕܐܝܬܝܗܘܢ
ܥܠ ܦܘܠܚܢ[12] ܐܪܒܥܐ ܬܪܝܢ. ܘܥܠ ܢܘܪܬܐ ܬܪ̈ܝܢ.[13] ܘܐܚܪ̈ܢܐ[14]

[93] 𝔄 om. ܕܪ̈ܫܐ and renders ܦܘܠܚܢܐ by a plural [94] A ܘܡܫܡ̈ܫܢܐ
[95] A ܕܪ̈ܫܐ ܩ̈ܕܝܫܐ

CHAP. XVIII. [1] 𝔄 = ܘܕܟܬ̈ܒܐ [2] A ܐܡܬܝܢ [3] A ܐܦ ܠܟܬ̈ܒܐ [4] A ܐܡܝܢܐ [4a] 𝔄 յորդէր *copiosus erat* = ܕܟܠܝܠ ܗܘܐ [5] A ܕܪܡ [6] A ܒܣܝܢܝܐ [7] For ܕܐܠܗܐ ܕܟܬ̈ܒܐ ܒܒܢܝܢܐ 𝔄 has գրոցն իմաստութեանն Աստուծոյ *libris sapientiâ Dei* [8] A ܦܘܫܩܐ [9] A ܕܢܡܘܣܐ ܡܢܝܢܐ [10] A ܐܠܦܩ̈ܐ [11] A ܡܐܡܪ̈ܐ 𝔄 *alii sermones* [12] 𝔄 plur. [13] A om. ܘܥܠ ܢܘܪܬܐ ܬܪ̈ܝܢ [14] A ܐܦ ܐܚܪ̈ܢܐ

116 ܬܘܒ ܐܝܬ ܠܗ ܕܡܦܪܫܐܝܬ ܐܚܪܢ̈ܐ. ܕܡܛܠ ܗܢܐ ܐܡܪ̈ܝܢ ܠܗ
ܐܝܟ ܗ̇ܘ ܕܡܬܐܡܪܐ ܕܐܚܪܬܐ ܠܘܬܗ̇ܝ. ܕܡܕܒܪܢܐ[15] ܗܝ ܕܐܬܚܒܪ̇
ܡܝܠܐ ܘܠܐܦ̈. ܘܥܠ ܒܘܠܒܠܐ ܕܠܫܢ̈ܐ. ܘܥܠ ܥܪܘܩܝܐ
ܕܦܘܠܓܐ. ܘܥܠ ܟܘܢܫܐ ܕܡܛܠ ܝܘܠܦܢܐ. ܘܥܠ ܕܡܢܘ ܝܪܬ ܗܘܐ[16]
ܬܪ̈ܬܐ ܕܐܝܠܝܢ ܕܐܠܗܐ ܐܝܢ. ܘܥܠ ܦܘܫܩܐ[17] ܕܐܝܠܝܢ ܕܫܡܗܝܢ
ܘܕܐܝܠܝܢ ܕܐܫܬܚܠܦܘ ܫܡܗ̈ܝܗܘܢ. ܘܬܘܒ ܥܠ ܬܠܬ ܡܝܬܪ̈ܘܬܐ
3 ܕܟܬܒ ܐܫܬܪܝܬܐ ܐܚܪܬܐ ܒܠܝܗܘܢ ܕܡܘܫܐ. ܘܥܠ ܬܘܒ
ܥܩܠܬܐ (B fol. 33 b) ܕܡܫܒ̈ܚܐ[18] ܕܐܝܬ ܒܟܬܒܐ ܘܕܡܛܠ ܡܢܐ
4 ܐܡܬܠܘܗܝ. ܘܗܘ ܬܘܒ ܥܠ ܕܝܬ̈ܩܐ ܬܪ̈ܬܝܢ. ܐܝܬ ܠܗ ܕܝܢ
ܐܦ ܥܠ ܬܘܬܒܘܬܐ. ܘܥܠ ܕܒܪܝܬܐ ܕܡܫܝܚܐ ܕܐܬܡܬܠܠ[19]
ܒܕܝܡܘܬܐ ܐܘ ܢܨܘܚܐ ܕܠܐ ܒܬܡܢ. ܘܬܘܒ ܥܠ ܚܠܡ̈ܐ
ܘܥܠ ܕܠܐ ܡܫܬܠܛ ܐܠܗܐ. ܘܬܘܒ ܚܡܫܐ ܥܠ ܗ̇ܝ ܕܡܫܘܚܐ
ܡܘܫܐ ܕܡܬܚܫܒܝܢ ܗܘܘ ܫܠܝܚܐ ܡܢ ܐܠܗܐ. ܗܠܝܢ ܕܝܢ ܟܠܗܘܢ
5 ܐܝܠܝܢ ܕܐܝܬܝܗܝܢ[20] ܕܐܡܝܪܢ ܒܡܦܩ̈ܬܐ ܕܒܪܝܬܐ. ܥܠ ܡܘܣܦܐ ܕܝܢ
ܡܕܝܢ ܕܐܡܝܪ ܫܡܥܐ ܥܠ ܗܝܡܢܘܬܐ[21] ܘܫܪܝܬܗܘܢ. ܘܚܕ ܥܠ
ܡܥܡܪܐ ܘܚܕ ܥܠ ܒܥܘܬܐ ܦܬܓܡܝܢ. ܘܐܝܬܝܗ ܥܠ ܐܝܠܝܢ
ܕܐܡܝܪܢ ܒܢܡܘܣܐ ܘܠܗܘܢ ܠܗܘܢ ܒܥܘܬܐ[22] ܦܘܩܕܢܝܢ. ܘܥܠ
ܫܘܬܦܐ ܕܡܬܦܪܫܝܢ ܗܘܘ ܡܢܗܘܢ ܡܘܬܒܪܐ. ܘܕܐܝܠܝܢ ܐܝܟ
117 ܐܝܠܝܢ ܕܡܬܦܪܫܝܢ ܠܪܘ̈ܚܐ[23]. ܘܠܐܝܠܝܢ ܕܫܒܩܝܢ ܒܥܘܬܐ. ܠܡ̈ܠܟܐ
6 ܒܡܪܕܘܬܐ ܘܠܒܢܝ̈ܢܐ ܒܪܝܐ ܡܫܡܫ ܘܠܗܘܠܬܐ. ܘܟܕ ܗܠܝܢ
ܒܠܗܝܢ ܘܟܬܒܐ ܕܡܫܬܡܥܝܢ ܠܗ ܚܕ ܚܕ. ܐܝܟ ܗ̇ܘ ܕܐܡܪ ܥܠ

[15] A fol. 34 a [16] A 𝔄 ܗ̇ܘܐ [17] 𝔄 plur. [18] A ܘܟܠܠ ܡܫܠܡܢܘܬܐ ܕܡܩܪ̈ܒܘܬܐ ܠܗܘܢ [19] A ܕܐܬܡܬܠܠܘ [20] A ܕܐܡܝܪܝܢ [21] A ܐܝܩܪ̈ܐ [22] A ܕܡܛܠܡܝܢ ܠܗܘܢ ܒܥܘܬܐ ܕܡܠܟܝܢ [23] A om. ܠܪ̈ܘܚܐ 𝔄 = ܕܡܬܦܪܫܝܢ ܡܢܗܘܢ ܠܪ̈ܘܚܐ

ܡܦܪܫܘܬܐ. ܘܥܠ ܡܘܗ̈ܒܬܐ ܘܥܠ ܕܘܒܪܐ ܘܥܠ ܐܠܟܣܢܕܪܘܣ.[24]
ܘܕܐ̈ܢܐ ܐܝܬ ܡܠܬܐ ܠܫܘܬܐ ܣܪ̈ܝܩܬܐ. ܘܡܢ ܗܠܝܢ ܐܦ ܥܠ
ܕܥܒܕܐ ܗܘ ܟܠ ܒܪ ܐܢܫ ܕܒܝܫ. ܘܒܗ ܒܬܪܗ ܕܟܠ ܚܐܪܐ
7 ܫܦܝܪܐ ܒܪ ܚܐܪܐ ܗܘ. ܘܡܢ ܗܠܝܢ ܗܘ ܕܣܝܡ ܠܗ ܥܠ
ܕܘܒܪܐ[25] ܕܝܚܝ̈ܕܝܐ. ܕܡܢܗ ܦܬܝܢ ܥܠ ܕܘܒܪܐ[26] ܕܬܠܡܝ̈ܕܘܗܝ[27]
ܕܫ̈ܠܝܚܐ. ܘܦܘܫܩܐ ܕܫܡ̈ܗܐ ܥܒܪ̈ܝܐ ܕܐܝܬ ܒܟܬ̈ܒܐ[28]
8 ܒܢܡܘܣܐ ܘܒܢܒ̈ܝܐ ܡܬܐܡܪ̈ ܕܕܝܠܗ ܗܘ. ܗܢܐ ܗܟܝܠ ܒܝ̈ܘܡܝ
ܓܐܝܘܣ ܟܕ ܐܬܐ ܠܪܗܘܡܐ̇ ܘܐܬܒܥ ܥܠ ܒܥܘܬܗ ܕܓܐܝܘܣ.
ܐܝܟ ܕܒܟܬܝܒܐ ܐܟܬܒ ܥܠܘܗܝ ܥܠ ܡܝ̈ܬܪܘܬܐ[29] (B fol. 34 a) ܠܡ
ܕܓܐܝܘܣ.[30] ܡܬܐܡܪ ܕܝܢ ܕܐܬܬܢܝ ܗܢܐ ܗܦܟܐ ܗܘܐ ܥܠܘ̇
ܩܘܠܝܠܘܣ[31] ܕܪܗܘܡܝܐ ܒܝ̈ܘܡܝ ܩܠܘܕܝܘܣ ܘܐܬܥܒܕ. ܘܐܬܚܫܒ
ܒܝܬ ܟܬܒܐ ܕܟܬ̈ܒܐ ܕܒܗܘܢ.

ܕܬܫܥܝܬܐ ܕܐܝܟܢܐ ܐܘܠܨܢܐ[1] ܓܕܫ ܠܥܡܐ ܕܝܗ̈ܘܕܝܐ 𝔄 118
ܒܝܘܡܐ[2] ܕܦܨܚܐ ܒܐܘܪܫܠܡ...[3]

9 ܒܗܠܝܢ ܙܒ̈ܢܐ. ܩܠܘܕܝܘܣ ܥܠܝܡܐ ܡܠܟܐ[4] ܒܪܘܬܐ ܕܡܕܝܢܬܐ
ܡܢ ܐܓܪܝܦܘܣ ܘܒܝܡܐ ܠܐܠܟܣܢܕܪܘܣ. ܠܝܗܘܕܝܐ ܕܝܢ ܦܓܪ ܗܘܐ
ܐܝܟܢ ܩܠܘܕܝܘܣ ܡܢ ܪܗܘܡܐ. ܐܩܘܠܘܣ[5] ܕܝܢ ܘܦܪܣܘܡܘܣ.
ܥܡ ܝܗܘܕܝܐ ܐܢܫ̈ܐ[6] ܐܬܟܢܫܘ ܡܢ ܪܗܘܡܐ ܘܟܠܗܘܢ ܠܐܘܪܫܠܡ.
ܘܬܡܢ ܡܬܟܢܫܝܢ ܗܘܘ ܒܥܕ ܦܨܚܐ. ܟܕ ܒܝܘܡܐ ܗܘܝܘ ܗܘ
ܐܬܡܢ ܗܘܐ ܬܡܢ ܥܐܕܐ[7] ܕܦܛܝܪ̈ܐ. ܘܡܣܪܪ ܗܘܐ ܠܗܘܢ.

[24] 𝔄 վասն Աղեքսանդրեայ *de Alexandro s. Alexandria?* [25] A ܕܘܒܪ̈ܐ
[26] A ܕܘܒܪ̈ܐ [27] 𝔄 om. ܕܬܠܡܝ̈ܕܘܗܝ [28] A fol. 34 *b* [29] A ܡܝܬܪܘܬܐ
[30] A 𝔄 om. ܕܓܐܝܘܣ [31] A ܩܘܠܘܩܠܘܣ 𝔄 om. ܥܠܘ̇

CHAP. XIX. [1] 𝔄 plur. [2] 𝔄 plur. [3] A 𝔄 om. ܒܐܘܪܫܠܡ [4] A ܥܡ ܡܠܟܐ [5] A ܐܩܝܠܘܣ 𝔄 Ակելաս *Akelas* [6] 𝔄 om. ܥܡ ܝܗܘܕܝܐ ܐܢܫܐ
[7] A ܦܨ̈ܚܐ ܠܗ ܗܘܐ ܐܬܥܒܕ

Acts xviii 2 ܥܠ ܗܠܝܢ ܒܟܬܒܐ ܕܦܪܟܣܝܣ[8] ܡܚܘܐ. ܘܟܕ[9] ܒܙܒܢ ܩܠܘܕܝܘܣ xix. 1
ܡܕܒܪ ܗܘܐ ܡܠܟܘܬܐ. ܒܥܐܕܐ ܕܦܨܚܐ[10] ܕܦܨܚ ܗܘܐ
ܫܓܘܫܝܐ[11] ܘܕܠܘܚܝܐ ܒܐܘܪܫܠܡ. ܘܟܕ ܡܬܚܫܒܝܢ ܗܘܐ ܟܡܐ
ܒܟܦܘܠܘܗܝ ܕܗܝܟܠܐ. ܬܠܬ ܪ̈ܒܘܢ ܕܝܗܘܕܝܐ ܐܬܕܥܟܘ ܚܕ ܡܢ
ܚܕ ܘܡܝܬܘ. ܘܐܬܗܦܟܬ ܒܥܐܕܐ ܠܐܒܠܐ ܠܟܠܗ ܥܡܐ. ܘܗܘܐ
xx 5, 3 ii 12, 1 ܐܝܠܝܢ ܥܠ ܒܝܬܐ.[12] ܗܠܝܢ ܕܝܢ ܐܡܪ ܝܘܣܦܘܣ.[13] ܘܩܠܘܕܝܘܣ 2
ܕܝܢ ܠܐܓܪܦܐ ܒܪܗ ܕܐܓܪܦܐ[14] ܐܘܩܡ ܡܠܟܐ ܥܠ ܝܗ̈ܘܕܝܐ.
𝔄 119 ܠܦܠܝܟܣ ܕܝܢ ܫܕܪ ܐܦܛܪܘܦܐ ܠܟܠܗ ܐܬܪܐ ܕܫܡܪܝܢ ܘܕܓܠܝܠܐ.
ܘܕܐܬܪܐ ܕܡܬܥܒܪܐ ܥܒܪܐ.[15] ܟܕ ܕܝܢ ܕܒܪ ܗܘܐ ܡܠܟܘܬܐ
ܬܠܬܥܣܪܐ ܫܢܝܢ ܘܬܡܢܝܐ[16] ܝܪ̈ܚܝܢ. ܫܒܩ ܒܬܪܗ ܥܠ ܫܘܠܛܢܗ
ܠܢܐܪܘܢ ܩܝܣܪ.

ܕܥܩܬܐ ܕܐܝܠܝܢ ܐܫܬܟܚ ܒܐܘܪܫܠܡ ܒܡܠܟܘܬܗ ܕܢܐܪܘܢ ܀

ܒܡܠܟܘܬܗ ܕܝܢ ܕܢܐܪܘܢ: ܟܕ ܐܝܬܘܗܝ ܦܝܠܟܣ ܐܦܛܪܘܦܐ xx. 1
ܥܠ ܝܗܘܕ. (B fol. 34 b) ܬܘܒ ܡܫܬܥܐ ܝܘܣܦܘܣ[1] ܥܠ ܚܪ̈ܝܢܐ
ܘܫܓܘ̈ܫܝܐ[2] ܕܗܘܘ ܠܥܡܐ ܚܕ ܠܘܬ ܚܕ. ܘܐܡܪ ܗܟܢܐ
Acts xx 8, 8 ܒܬܫ̈ܥܝܬܗ.[3] ܐܬܚܙܝܬ ܠܡ ܚܪܝܢܐ ܕܪ̈ܒܝ ܟܗ̈ܢܐ ܠܘܬ ܟܗ̈ܢܐ 2
ܘܠܘܬ ܪ̈ܫܐ[4] ܕܥܡܐ ܕܐܘܪܫܠܡ. ܘܟܠ ܚܕ ܚܕ ܡܢܗܘܢ ܥܒܕ
𝔄 120 ܠܗ ܓܘܕܐ ܕܐܢܫܐ ܡܪ̈ܚܐ ܘܫ̈ܓܘܫܐ ܘܗܘܐ ܥܠܝܗܘܢ ܪܝܫܐ.
ܘܟܕ ܗܘܝܢ ܚܕ ܥܡ ܚܕ. ܐܡܪܝܢ ܗܘܘ ܡ̈ܠܐ ܒܨ̈ܚܬܐ ܥܠ ܫ̈ܘܕܐ
ܘܫ̈ܕܝܢ ܗܘܘ ܟ̈ܐܦܐ. ܘܕܡܐܐ ܟܡܐ ܕܡܫܡܥܐ ܗܘܐ. ܐܠܐ

[8] 𝔄 *libri sacri Actorum apostolorum* [9] A ܕܟܕ [10] A ܕܟܕܐ [11] A adds ܪ̈ܘܒܐ [12] A ܒܒ [13] A ܝܘܣܦܘܣ [14] A ܕܐܓܪܦܘܣ [15] In 𝔄 for [illegible] read [illegible] [16] A fol. 35 *a*

Chap. XX. [1] A ܝܘܣܦܘܣ [2] A ܢܟܝܠܐ ܘܡܣܓܦܢܐ [3] A ܒܬܫܥܝܬܗ [4] A ܪ̈ܫܐ 𝔄 sing.

ܐܝܟ ܡܕܝܢܬܐ ܕܡܬܕܒܪܐ ܠܝܬ ܠܗ̇. ܘܟܠܗ ܗ̇ܘܝܢ ܗܘܘ ܒܗ̇
3 ܡܥܠܝܬܐ. ܠܕܐܝܟ ܗܕܐ ܕܝܢ ܥܒܝܕܘܬܐ ܘܡܪܘܕܘܬܐ ܐܬܐ
ܗܘܘ ܥܒܕ ܒܗ̇ܘܢ. ܐܝܟ ܕܐܦ ܠܚܒܪܝܗܘܢ ܡܫܕܪܝܢ ܗܘܘ
ܠܐܕܪܐ. ܘܢܦܩܝܢ ܗܘܘ ܡܩܡܪܐ ܕܡܬܬܚܝܢ ܗܘܘ ܠܗ̇ܘܢܝܐ.
ܘܓܒܪܐ ܗܘܬ ܕܣܓܝܐ ܗܘܐ ܐܢܫ ܠܗ̇ܘܢܝܐ ܕܐܚܕܝܢ ܡܢ
ܪ̈ܚܡܘܬܐ.[5] ܘܗܕܝܐ ܝܬܝܪ ܗܘܐ ܡܠܝܢܐ ܕܗ̇ܘܢܘܢ ܥܠ̈ܝܡܐ
4 ܠܟܠܗ̇ ܘܠܝܬܐ. ܘܐܬܐ ܐܦ ܗܘ ܡܬܬܟܢܫܐ ܡܥܫܬܒ. ܕܟܠܗܘܢ B J ii 13,
ܒܟܠܗ ܕܘܟܝܢ ܐܬܚܙܝ. ܗܘܐ ܒܐܘܪܫܠܡ ܠܦܘܣܐ[6] ܕܠܩܛܠܐ.
ܕܒܐܡܡܐ ܒܡܪ̈ܕܘܬܗ ܕܡܕܝܢܬܐ ܩܛܠܝܢ ܗܘܘ ܠܐܢܫܝܢ ܕܦܓܥܝܢ
5 ܒܗܘܢ. ܬܢܝܢܐ ܕܝܢ ܒܥܕܢܐ ܡܬܬܠܝܠܝܢ ܗܘܘ ܒܣܟܝܢܐ.[7]
ܘܡܬܟܬܫܝܢ ܗܘܘ ܣܓܝܐܐ ܒܥܝܬ ܠܒ̈ܢܝܗܘܢ. ܘܒܗܘܢ ܕܥܒܝܢ
ܗܘܘ ܠܐܢܫܐ ܠܡܬܚܫܚܘ.[8] ܘܡܢܐ ܕܢܦܠ ܗ̇ܘܢ ܗܘܘ ܐܦ ܗܘܢ
ܡܢ ܓܒܐ ܕܗ̇ܘܢܘܢ ܕܡܬܪܒܝܢ ܥܠ ܩܛܠܐ. ܘܡܛܠ[9]
6 ܐܘܡܢܘܬܗܘܢ ܠܐ ܡܬܒܥܝܢ ܗܘܘ. ܘܒܡܠܬܐ ܕܝܢ ܐܬܬܠܝܠ ܗܘܐ A 121
ܢܩܘܬܐ ܕܒ ܒܗ̇ܘܢ. ܘܡܢ ܒܬܪܗ ܒܟܠ ܝܘܡ ܡܬܩܛܠܝܢ ܗܘܘ[10]
ܩܛܝܠܐ. ܒܣܓܝܐܐ ܗܘܬ ܕܝܢ ܕܚܝܠܬܐ ܝܬܝܪ ܡܢ ܫܒܐ. ܕܟܠܚܕ
ܐܝܟ ܕܒܩܪܒܐ ܡܣܟܐ ܗܘܐ ܟܠ ܐܢܫ ܠܡܘܬܐ.

ܕܒܐܝ̈ܡܢ ܘܥܕ ܥܠ ܡܨܪܝܐ ܗܘ ܕܐܦ ܦܘܠܘܣ[1] (B fol. 35 *a*)
ܕܫ̈ܠܝܚܐ ܡܕܟܪ ܠܗ..

xxi. 1 ܡܢ ܒܬܪ ܗܠܝܢ ܒܗ ܐܣܝܪܬܐ ܐܦ ܗܕܐ ܘܗܘܦܩܘܣ.[2]
ܕܒܡܨܪܝܘܬܐ[3] ܠܗ ܕܒܝܢܐ ܡܢ ܗܠܝܢ. ܐܬܡܐ ܠܝܗܘܕܝܐ ܓܒܪܐ B J ii 13, 5

[5] A *fame moriebantur iuxta egestatem* [6] A ըստ օրինակի *secundum typum*
[7] A plur. [8] A ܐܬܪ̈ܟܢ [9] A adds ܒܝ? [10] A fol. 35 *b*
CHAP. XXI. [1] A = ܦܘܠܣܘܣ [2] A ܘܗܘܦܩܘܣ [3] A ܐܘ ܒܡܨܪܝܘܬܐ

ܚܕ ܡܨܪܝܐ ܢܒܝܐ ܕܓܠܐ. ܐܬܐ ܓܝܪ ܠܟܘܪܐ[4] ܗܘ ܗܢܐ
ܡܠܗܝܢܐ ܘܗܘܐ ܥܠܘܗܝ ܫܡܐ ܕܢܒܝܐ. ܘܟܢܫ[5] ܠܘܬܗ ܐܝܟ
ܬܠܬܝܢ ܪ̈ܒܘܢ ܕܐܢܫܐ ܘܐܠܦܘ[6] ܒܬܪܗ. ܘܟܕ ܐܚܕܪ ܐܢܘܢ.
𝔄 122 ܡܢ ܡܕܒܪܐ ܐܝܬܝ ܐܢܘܢ ܠܛܘܪܐ ܕܡܬܩܪܐ ܕܒܝܬ ܙܝܬܐ.
ܘܡܢ ܬܡܢ ܒܩܛܝܪܐ ܪܓܝܓ ܗܘܐ ܕܢܥܘܠ ܠܐܘܪܫܠܡ. ܘܟܕ
ܐܚܕ ܡܛܪܬܐ ܕܪ̈ܗܘܡܝܐ ܘܡܢ ܥܡܐ ܠܛܘܪܢܘܬܐ ܡܬܚܫܚ
2 ܗܘܐ. ܥܡ ܠܒ̈ܫܐ ܕܐܝܬ ܗܘܐ ܥܡܗ. ܦܓܥܗ ܕܝܢ ܠܚܘܣܢܗ
ܦܝܠܟܣ. ܕܐܪܥܗ[7] ܥܡ ܠܒ̈ܫܐ ܕܪ̈ܗܘܡܝܐ. ܐܦ ܟܠܗ ܥܡܐ[8]
ܐܫܬܘܬܦ ܥܡܗܘܢ ܒܬܒܥܬܐ. ܘܟܕ ܗܘܐ[9] ܩܪܒܐ. ܡܨܪܝܐ
ܗܘ ܥܪܩ ܥܡ ܙܥܘܪܐ. ܐܬܬܚܝܕܘ ܕܝܢ ܘܐܬܩܛܠܘ ܣ̈ܓܝܐܐ ܡܢ
3 ܗܢܘܢ[10] ܕܐܝܬ ܗܘܘ[11] ܥܡܗ. ܗܠܝܢ ܕܝܢ ܕܐܫܬܪܟܘ ܡܬܒܕܪܘ[12] ܒܬܫܥܝܬܐ
ܕܬ̈ܪܬܝܢ. ܘܗܦ ܠܝ ܕܝܢ ܕܢܦܫܟ ܗܠܝܢ ܕܐܡܪܝܢ ܗܘܪܟܐ ܥܠ
ܗܢܐ ܡܨܪܝܐ ܠܐܝܠܝܢ ܕܐܡܪܝܢ ܒܦܪܟܣܝܣ ܕܫ̈ܠܝܚܐ. ܕܐܡܪ
ܗܘܐ ܟܠܝܪܟܐ[13] ܗܘ ܠܦܘܠܘܣ ܟܕ ܪܕܝܢ ܗܘܘ ܥܠܘܗܝ ܟܢܫܐ[14]
Acts xxi 38 ܕܝܗ̈ܘܕܝܐ ܒܐܘܪܫܠܡ[15] ܒܙܒܢܘܗܝ ܕܦܝܠܟܣ.[16] ܕܠܐ ܗܘܐ ܠܟ
ܐܢܬ ܗܘ ܗܘ[17] ܡܨܪܝܐ. ܕܩܕܡ ܗܠܝܢ ܝܘ̈ܡܬܐ ܐܙܝܥ ܘܐܦܩ
ܠܡܕܒܪܐ. ܐܪܒܥܐ[18] ܐ̈ܠܦܝܢ ܓܒܪܝܢ ܐܢܫܐ ܥܒ̈ܕܝ ܩܛ̈ܠܐ. ܗܠܝܢ
ܗܘ̈ܝ ܒܝܘܡܘܗܝ ܕܦܝܠܟܣ..

[4] In 𝔄 for 'ի Քորասան or 'ի Քորայն read 'ի Քորա սյն or 'ի Քոր սյն [5] A ܘܟܢܫܘ [6] A 𝔄 ܕܠܦܘ [7] A ܘܐܪܥܗ [8] 𝔄 *et de omni populo* [9] 𝔄 *crevit* [10] A ܗܠܘܢ [11] A ܗܘܐ [12] A ܡܬܒܕܪܘ [13] A ܟܠܝܪܟܐ [14] 𝔄 plur. [15] A ܒܐܘܪܫܠܡ [16] A ܕܦܝܠܟܣ [17] A ܗܢܐ [18] 𝔄 *tria*

ܕܚܡܫ̈ܝܢ ܘܬܪ̈ܬܝܢ. ܕܐܡܪܢܐ[1] ܐܫܬܕܪ ܡܢ ܗܘܢ ܠܪܗܘܡܝܐ 𝔄 123
ܦܘܠܘܣ ܒܗ ܒܙܒܢ: ܘܒܗ ܢܦܩ ܙܘܥܐ ܐܫܬܕܪܘ ܡܢ ܟܠ ܟܘܠܗ ܀
xxii. 1 ܐܫܬܕܪ (B fol. 35 b) ܕܝܢ[2] ܡܢ ܢܝܪܘܢ[3] ܦܣܛܘܣ[4] ܒܕܘܟܬܗ
ܕܦܝܠܟܣ. ܘܒܗ ܐܬܚܕ ܕܢܒܐ[5] ܦܘܠܘܣ. ܐܫܬܕܪ ܠܪܗܘܡܝ ܒܗ
ܒܙܒܢ. ܐܝܬ ܗܘܐ ܕܝܢ ܥܡܗ ܥܡ ܦܘܠܘܣ ܐܪܣܛܪܟܘܣ. ܗܘ
ܕܡܟܠܠ ܗܘܐ ܩܪܐ ܠܗ ܒܐܓܪܬܗ[6] ܫܒܝܐ ܕܐܣܝܪ. ܐܦ[7] ܠܘܩܐ Col iv 10
ܕܐܟܬܒ ܦܪܟܣܣ[8] ܕܫ̈ܠܝܚܐ ܒܗܕܐ ܫܠܡ[9] ܬܫܥܝܬܗ ܟܕ ܐܡܪ
ܥܠ ܦܘܠܘܣ. ܕܥܒܕ ܬܪ̈ܬܝܢ ܫ̈ܢܝܢ ܒܪܗܘܡܝ ܟܕ ܐܣܝܪ[9a] ܡܢ Acts xxv 30
ܐܣܛܪܛܝܘܛܐ. ܘܕܠܐ ܟܠܝܬܐ[10] ܡܟܪܙ ܗܘܐ ܬܘܒ ܡܠܬܐ ܕܐܠܗܐ.
2 ܡܬܐܡܪܐ ܕܝܢ ܥܠܘܗܝ ܥܠ ܫܠܝܚܐ. ܕܒܗ ܒܙܒܢ ܗܘܐ ܙܒܢܐ
ܥܠ ܡ̈ܦܩ ܢܦܫܗ. ܒܗܘ ܙܒܢܐ ܐܝܟ[11] ܗܘܐ ܬܘܒ ܠܬܫܡܫܬܐ
ܕܟܪܘܙܘܬܐ. ܟܕ ܕܝܢ ܐܬܐ ܕܬܪ̈ܬܝܢ ܙܒܢܝܢ ܠܗ ܠܡܕܝܢܬܐ ܗܕܐ
ܐܫܬܟܠܠ ܒܣܗܕܘܬܐ. ܕܟܕ[12] ܒܗ̇ ܐܣܝܪ ܗܘܐ ܟܬܒ ܠܛܝܡܬܐܘܣ[13]
ܗ̇ܝ ܐܓܪܬܐ ܕܬܪ̈ܬܝܢ. ܕܒܗ̇ ܚܘܝ ܐܦ ܡܦܩ ܒܪܘܚܐ ܡܩܕܡܝܐ
3 ܕܗܘܬ ܠܗ ܘܐܫܬܘܙܒ ܕܡܢ ܒܬܪܟܢ. ܡܛܠ ܗܢܐ ܡܟܠܠ ܗܠܝܢ 𝔄 124
ܣܗܕܘܬܐ[14] ܕܠܘܬܗ ܕܐܡܪ. ܕܒܩܕܡ ܡܦܩ ܒܪܘܚܝ[15] ܠܡ ܡܩܪܒܝ ܠܐ 2 Tim iv 16 f
ܐܢܫ ܡܢ ܐܢ̈ܫܐ ܐܫܬܘܕܝ ܠܘܬܝ. ܐܠܐ ܟܠܗܘܢ ܫܒܩܘܢܝ..
ܠܐ ܬܬܚܫܒ ܠܗܘܢ ܗܕܐ.[16] ܡܪܝ ܕܝܢ ܟܠܗܘܢ[17] ܩܡ ܠܘܬܝ
ܘܚܝܠ ܒܝ ܚܝܠܝ ܕܒܝ ܟܪܘܙܘܬܐ ܬܫܬܠܡ.[18] ܘܢܫܡܥܘܢ ܟܠܗܘܢ ܥܡ̈ܡܐ

CHAP. XXII. [1] Here begins the extract in D (Add. 7157) fol. 196 a. After ܕܐܡܪܢܐ D adds ܠܗܘܢ [2] D ܗܟܝܠ (for ܕܝܢ) 𝔄 om. [3] A fol. 36 a [4] A ܦܣܛܘܣ [5] D adds ܡܩܕܡܘܗܝ [6] 𝔄 om. ܒܐܓܪ and renders ܕܥܡܗ for ܕܥܡܝ [7] A ܘܐܦ [8] D ܦܪܟܣܝܣ [9] 𝔄 wrongly takes ܫܠܡ as partic. Peal [9a] 𝔄 *quod liberatus erat* [10] A ܟܠܝܢܐ [11] A ܢܦܩܗ. ܢܦܩ ܗܘܐ ܐܝܟ [12] A ܘܟܕ [13] A ܠܛܝܡܬܐܘܣ [14] A D ܣܗܕܘܬܐ [15] A ܒܪܘܚܝ [16] 𝔄 adds *peccatum* [17] 𝔄 om. ܕܟܠܗܘܢ [18] 𝔄 *consummaretur*

4 ܠܗܘܢ ܕܐܬܦܨܝܬ ܡܢ ܦܘܡܗ[18a] ܕܐܪܝܐ. ܦܢܘܩܐܝܬ[19] ܕܝܢ ܡܫܘܚܐ
ܒܗܠܝܢ. ܕܒܗܘ ܡܦܩ ܒܪܘܚܐ[20] ܡܕܡܝܢܐ. ܡܛܠ ܕܐܬܬܛܠܡ
ܒܪܘܕܘܬܗ ܐܬܦܨܝ ܡܢ ܦܘܡܗ ܕܐܪܝܐ. ܗܘ ܕܝܢ ܡܢ ܢܐܪܘܢ.
ܕܠܗ ܡܟܝܢܗ ܐܪܝܐ ܡܛܠ ܥܢܘܬܐ ܕܪܘܓܙܗ. (B fol. 36 a) ܘܡܛܠ
ܕܢܒܐ ܗܘܐ ܒܪܘܚܐ ܕܒܕܗܝܠ ܠܐ ܡܛܠ ܗܘܐ ܘܡܢ ܥܡܠܠܗ.
5 ܐܦ ܠܗܝ ܕܐܬܦܨܝܬ ܡܢ ܦܘܡܗ ܕܐܪܝܐ. ܘܢܦܨܝܢܝ[21] ܡܪܝ ib 18
ܡܢ ܟܠ ܥܒܕ ܒܝܫ[22] ܘܢܚܝܢܝ ܒܡܠܟܘܬܗ ܒܫܡܝܐ.[22a] ܕܡܫܘܚܐ
ܟܠ ܣܗܕܘܬܗ ܗܝ ܕܡܢ ܒܬܪܟܢ. ܗܝ ܕܦܢܘܩܐܝܬ ܐܡܪ ܥܠܝܗ
ܟܕ ܒܗܕܐ ܐܡܪ̈ܬܐ. ܕܐܢܐ ܠܡ ܡܢܟ ܗܘ ܘܟܢ ܠܡܬܕܒܚܘ.[23] ib 6
6 ܘܙܒܢܐ[24] ܕܫܘܢܝܝ[25] ܡܛܐ ܠܗ. ܒܗܕܐ ܕܝܢ ܐܡܪ̈ܬܐ ܕܐܬܪܬܝܢ
𝔄 125 ܕܠܘܬ ܛܝܡܬܐܘܣ. ܒܗ ܒܐܬܪܗ ܡܫܘܚ ܕܠܘܩܐ ܒܠܚܘܕ ܐܝܬ
ܗܘܐ ܥܡܗ. ܒܡܦܩ ܒܪܘܚܐ[26] ܕܝܢ[27] ܡܕܡܝܢܐ ܐܦܠܐ ܗܘ.[28]
ܡܛܠ ܢܚܡܐ ܗܝ ܕܠܘܩܐ ܠܦܪܩܣܘܣ[29] ܕܩ̈ܠܝܣܝܢ ܒܝܘܡܐ[30] ܠܗܘ
7 ܘܒܢܐ ܕܗܘܐ ܗܘܐ ܒܗ ܡܢ ܦܘܠܘܣ ܣܗܕܗ ܠܬܫܒܘܚܬܗ. ܗܠܝܢ ܕܝܢ
ܕܐܡܪܢܢ. ܕܫܘܢܝܗ ܕܠܗ ܒܗܘ ܘܒܢܐ ܕܐܬܟܬܒ ܠܗܘܐ ܕܐܬܐ.
8 ܦܘܠܘܣ ܠܪܗܘܡܐ ܗܘܐ ܫܘܠܡܐ ܕܣܗܕܘܬܗ. ܕܡܫܝܚܐ ܕܝܢ
ܕܒܫܪܝܐ ܕܠܘ[31] ܡܫܝܢܐܝܬ ܐܬܝܗܒ ܗܘܐ ܢܐܪܘܢ ܠܘܬ ܗܢܐ
ܬܘܠܡܕܐ. ܘܡܛܠ ܗܢܐ ܦܢܘܩܐܝܬ ܡܠܐ ܡܦܩ ܒܪܘܚܗ[32]

[18a] D ܦܘܡܐ [19] A ܦܢܘܩܝܬ D ܦܢܘܩܐܝܬ [20] 𝔄 *in illo iudicio* (*ատենի*), cf. 2 Tim. iv 16 in Arm. Vulg. [21] A D ܕܢܦܨܝܢܝ 𝔄 = ܕܢܦܨܝܢܝ (and om. ܡܪܝ) [22] 𝔄 *ab omni factorum malitia* [22a] D 𝔄 ܕܒܫܡܝܐ [23] 𝔄 lit. *ego nunc dehinc inquit offeror* (the last word = σπένδομαι) [24] A fol. 36 *b* [25] 𝔄 *reditus mei* [26] 𝔄 *ատենի*: see note 20 above [27] D ܠܡ [28] D ܗܘ̣ [29] D ܠܦܪܩܣܘܣ [30] 𝔄 om. all the words from ܗܘ ܐܦܠܐ to ܕܩ̈ܠܝܣܝܢ and prefixes ܘ to ܒܝܘܡܐ [31] A 𝔄 ܠܘ [32] 𝔄 *ատենաւն*

ܕܦܘܠܘܣ ܡܬܚܙܝܐ.[33] ܟܕ ܕܝܢ ܚܙܘ ܒܡܪܝܪܘܬܗ ܠܡ ܐܚܪ̈ܢܝܬܐ.[34]
ܗܦܟܐ ܗܘܐ ܘܐܬܐ[35] ܥܠ ܝܥܩܘܒ[36] ·:· ·:· ·:·

ܕܥܣܪܝܢ ܘܬܠܬܐ. ܕܐܝܟܢܐ[1] ܐܣܗܕ ܝܥܩܘܒ. ܗܘ ܕܡܬܩܪܐ ܐܚܘܗܝ ܕܡܪܢ.

xxiii. 1 ܝܗܘܕܝܐ ܕܝܢ ܟܕ ܒܥܐ ܦܘܠܘܣ ܒܩܠܣܘܗܝ ܕܩܣܪ ܘܐܫܬܕܪ
ܠܪܗܘܡܐ ܡܢ ܦܗܣܛܘܣ:[2] ܟܕ[3] ܢܦܠܘ ܡܢ ܗܝ ܣܒܪܬܐ[4]
ܕܢܬܠܐ ܕܡܬܚܫܒܝܢ ܗܘܘ ܥܠܘܗܝ.[5] ܗܦܟܘ ܠܗܘܢ ܥܠ ܝܥܩܘܒ 𝔄 126
ܐܚܘܗܝ ܕܡܪܢ. ܗܘ ܕܐܬܝܗܒ ܗܘܐ ܡܢ ܫ̈ܠܝܚܐ ܬܪܘܢܘܣ[6]
ܕܐܦܝܣܩܘܦܘܬܐ[7] (B fol. 36 *b*) ܕܐܘܪܫܠܡ. ܡܪܝܪܘܬܗܘܢ ܕܝܢ
ܕܥܠܘܗܝ[8] ܗܟܢܐ[9] ܗܘܬ. ܐܝܬܝܘܗܝ ܠܡܨܥܬܐ. ܘܒܥܝܢ ܗܘܘ 2
ܕܢܟܦܘܪ ܒܗܝܡܢܘܬܐ[10] ܕܡܫܝܚܐ ܠܥܝܢ ܟܠܗ ܥܡܐ. ܗܘ ܕܝܢ
ܠܒܪ ܡܢ ܣܒܪܐ ܘܣܘܥܪܢܐ ܕܥܠܘܗܝ. ܒܩܠܐ ܪܡܐ ܒܦܪܗܣܝܐ
ܠܥܝܢ ܟܠܗ ܥܡܐ ܐܘܕܝ. ܕܒܪܗ ܗܘ[11] ܕܐܠܗܐ ܦܪܘܩܢ ܡܪܢ
ܝܫܘܥ ܡܫܝܚܐ. ܘܟܕ ܠܐ ܐܣܝܒܪܘ ܕܢܫܬܒܩܘܢ ܣܗܕܘܬܗ:
ܡܛܠ ܕܟܠܢܫ[12] ܡܗܝܡܢ ܗܘܐ ܕܙܕܝܩܐ ܗܘ: ܡܛܠ[13] ܒܡܪܘܡܘܬܐ
ܕܕܘܒܪ̈ܐ ܕܢܟܦܘܬܐ[14] ܘܕܚܠܬ ܐܠܗܐ ܗܝ ܕܒܗ ܐܝܬܝܘܗܝ ܗܘܐ.
ܐܫܬܘܩܘ ܗܘܘ ܠܗܘܢ ܠܒܪ[15] ܘܥܒܕܘ ܠܥܘܠܠܬܐ ܕܠܝܬ ܗܘܐ ܠܗܘܢ
ܡܕܒܪܢܐ. ܡܛܠ ܕܗܘܐ ܘܥܒܕܘ ܡܘܬܗ ܗܘܐ ܠܗ[16] ܒܦܘܩܠܘܣ[17]

[33] D ܡܬܚܙܝܐ ܕܦܘܠܘܣ [34] A ܡܪ̈ܝܪܬܐ 𝔄 adds *malis* [35] A D ܐܦ 𝔄 om. [36] Here ends the extract in D

CHAP. XXIII. [1] Here begins the extract in E (Add. 14,650) fol. 70 *a* [2] A ܦܗܣܛܘܣ [3] 𝔄 = ܘܟܕ [4] 𝔄 plur. [5] 𝔄 om. ܥܠܘܗܝ [6] A ܬܪܘܢܘܣ [7] E ܕܐܦܝܣܩܘܦܘܬܐ [8] 𝔄 = ܕܥܠܘܗܝ [9] A ܗܟܢ [10] A ܒܗܝܡܢܘܬܗ [11] 𝔄 *confessus est nomen Filii* [12] A ܕܟܠܗ ܐܢܫ [13] A adds ܗܘ [14] 𝔄 = ܘܢܟܦܘܬܐ [15] 𝔄 om. ܠܒܪ [16] A fol. 37 *a* [17] A ܦܘܩܠܘܣ

ܒܝܗܘܕ. ܘܕܠܐ ܬܪ̈ܝܢܐ ܘܡܕܒܪ̈ܢܐ[18] ܐܝܬܝܗ̇ ܗܘܬ ܡܦܪܫܘܬܐ
3 ܕܬܡܢ.[19] ܠܦܣܩܐ ܕܝܢ ܕܫܘܠܡܗ ܕܝܥܩܘܒ. ܐܦ ܚܕ ܗܢܐ
ܦܬܓܡ[20] ܐܘܕܥܢܢ ܡܢ ܬܫ̈ܥܝܬܐ[21] ܕܡ̈ܠܘܗܝ ܕܩܠܝܡܝܣ.[22] ܕܡܢ
ܚܢܦܐ ܕܗܝܟܠܐ ܫܕܐܘܗܝ[23] ܘܒܩܝܣܐ ܒܠܒ ܠܡܘܬܐ. ܐܫܬܐܬ
4 ܕܝܢ ܐܚܪܢ[24] ܟܠܗܘܢ. ܒܬܫܒܚܬܗ ܕܝܫܘܥ. ܕܗܘ ܠܗ ܡܢ ܟܠ
𝔄 127 ܘܕܐܬܩܪܝ[25] ܡܢ ܟ̈ܠܢܫܐ. ܘܡܫܬܡܗܐ ܒܠܗܘܢ ܙܕܝܩܐ. ܕܦܬܠ
ܠܗ ܒܕܬܐ ܡܢ ܙ̈ܒܢܘܗܝ ܗܘܘܢ ܐܝܟܢܐ ܕܡܪܢ. ܗܘ ܕܙܕܝܩܐ
ܡܫܬܡܗ ܗܘܐ ܡܢ ܟܠܢ.[26] ܡܢ ܡܫܒ̈ܚܘܗܝ ܕܡܪܢ ܘܒܪ̈ܕܢܐ
5 ܠܘܬܗ̇. ܡܛܠ ܕܣܓܝ̈ܐܐ ܡܬܩܪܝܢ ܗܘܘ ܝܥܩܘܒ. ܗܢܐ ܕܝܢ
ܡܢ ܟܪܣܗ̇ ܕܐܡܗ ܩܕܝܫܐ ܗܘܐ.[27] ܘܚܡܪܐ ܘܫܟܪܐ ܠܐ
ܐܫܬܝ. ܘܡܕܡ ܕܐܝܬ ܒܗ ܢܦܫܐ ܠܐ ܐܟܠ. ܘܡܣܦܪܐ ܥܠ
ܪܝܫܗ ܠܐ ܣܠܩ. ܘܡܫܚܐ ܠܐ ܡܫܚ. ܘܒܒܠܢ̈ܐ[28] ܠܐ ܐܬܚܫܚ.
6 ܠܗܢܐ[29] ܒܠܚܘܕܘܗܝ ܫܠܝܛ ܗܘܐ ܕܢܥܘܠ ܠܩܘܕܫ ܩܘܕ̈ܫܐ. ܐܦܠܐ
ܓܝܪ ܕܥܡܪܐ ܠܒܫ ܗܘܐ ܐܠܐ (B fol. 37 *a*) ܣܕܘܢܐ. ܘܒܠܚܘܕܘܗܝ
ܥܐܠ ܗܘܐ ܠܗܝܟܠܐ. ܘܡܫܬܟܚ ܗܘܐ ܠܗ ܕܣܝܡ ܥܠ ܒܘܪ̈ܟܘܗܝ
ܘܡܨܠܐ ܗܘܐ ܫܘܒܩܢܐ[30] ܚܠܦ ܥܡܐ. ܒܕܡܐ ܕܐܬܬܩܫܝ[31]
ܒܘܪ̈ܟܘܗܝ ܐܝܟ ܕܓܡܠܐ. ܡܛܠ ܕܐܡܝܢܐܝܬ ܒܪܟ ܗܘܐ
7 ܘܣܓܕ ܠܐܠܗܐ. ܘܫܐܠ ܗܘܐ ܫܘܒܩܢܐ ܥܠ[32] ܥܡܐ. ܘܡܛܠ[33]
ܡܝܬܪܘܬܐ ܕܙܕܝܩܘܬܗ[34] ܡܬܩܪܐ[35] ܗܘܐ ܙܕܝܩܐ. ܘܫܘܪܗ ܕܥܡܐ
8 ܘܙܕܝܩܘܬܗ.[36] ܐܝܟ ܕܢܒܝ̈ܐ ܐܡܪܝܢ[37] ܥܠܘܗܝ. ܐܢܫܐ ܗܟܝܠ

[18] A E 𝔄 ܙܘܓܐ ܘܡܕܒܪ̈ܢܐ [19] 𝔄 *Iudaeae* [20] A ܡܠܬܐ [21] A E 𝔄 ܠܡܟܬܒܢܘܬܐ [22] A ܕܩܠܡܝܣ [23] A ܫܕܘܗܝ [24] E 𝔄 ܐܚܪܢ [25] A ܡܫܬܡܗ [26] A ܟܠ ܐܢܫ [27] E ܩܕܝܫܐ ܗܘܐ ܘܡܩܕܫܐ [28] A ܘܒܒܠܢܐ 𝔄 *et in balnea non intravit* [29] A adds ܚܘܪ [30] A ܦܘܪܩܢܐ [31] E fol. 70 *b* [32] A ܚܠܦ [33] A 𝔄 ܡܛܠ E ܕܡܛܠ [34] E ܡܝܬܪܘܬܗ ܘܙܕܝܩܘܬܗ [35] 𝔄 = ܕܡܬܩܪܐ [36] 𝔄 om. ܘ [37] E adds ܗܘܘ

ܡܢ ܗܠܝܢ ܥܒܕ ܗܪܣܝܣ[38] ܕܐܡܪܬ ܗܘܐ ܒܥܡܐ ܕܦܫܛܬ ܐܡܪ̈ܬ
ܥܠܝܗܝܢ ܒܗܠܝܢ ܬܫ̈ܥܝܬܐ.[39] ܡܫܐ̈ܠܝܢ ܗܘܘ ܠܗ ܕܐܝܢܘ[40] ܬܪܥܐ
9 ܕܝܫܘܥ. ܗܘ ܕܝܢ ܐܡܪ ܠܗܘܢ ܕܗܢܘ ܦܪܘܩܐ. ܘܡܢܗܘܢ[41] 𝔄 128
ܗܝܡܢܘ ܕܝܫܘܥ ܗܘܘ[42] ܡܫܝܚܐ. ܗܠܝܢ ܕܝܢ ܗܪܣܝܣ[43] ܕܐܡܪܢ
ܐܡܪ̈ܢ. ܠܐ ܡܗܝܡܢܝܢ ܗܘܘ ܐܦܠܐ ܕܩܡ ܡܢ ܒܝܬ ܡܝ̈ܬܐ.[44]
ܐܦܠܐ ܕܐܬܐ ܕܢܦܪܘܥ ܠܟܠ ܐܢܫ[45] ܐܝܟ ܥܒ̈ܕܘܗܝ. ܘܐܝܠܝܢ
10 ܕܗܝܡܢܘ ܡܛܠ ܝܥܩܘܒ ܗܘ ܗܝܡܢܘ. ܟܕ ܕܝܢ ܣܓܝ̈ܐܐ ܐܦ
ܡܢ ܪ̈ܫܢܘܗܝ[46] ܕܥܡܐ ܡܗܝܡܢܝܢ ܗܘܘ. ܫܓܘܫܝܐ[47] ܐܝܬ ܗܘܬ
ܕܣܦܪ̈ܐ[48] ܘܕܦܪ̈ܝܫܐ[49] ܕܐܡܪܝܢ[50] ܗܘܘ: ܡܬܐܠܝܢ ܠܗ
ܟܠܗ ܥܡܐ ܕܢܣܒ ܠܝܫܘܥ ܡܫܝܚܐ. ܐܬܟܢܫܘ ܕܝܢ[51] ܘܐܡܪܝܢ
ܠܗ ܠܝܥܩܘܒ. ܒܥܝܢ ܐܢܚܢ[52] ܡܢܟ[53] ܥܠܝܗܘܢ ܠܥܡܐ. ܡܛܠ
ܕܛܥܐ ܒܝܫܘܥ ܕܗܘܝܘ ܡܫܝܚܐ. ܒܥܝܢ ܐܢܚܢ[54] ܡܢܟ ܐܦܝܣ
ܠܟܠܗܘܢ ܐܝܠܝܢ ܕܐܬܘ ܠܦܨܚܐ ܕܢܦܝܣܘܢ ܥܠ ܝܫܘܥ. ܠܟ ܓܝܪ
ܟܠܢ ܡܬܛܦܣܝܢ. ܚܢ[55] ܓܝܪ ܣܗܕܝܢ ܐܢܚܢ[56] ܠܟ ܘܟܠܗ ܥܡܐ
11 ܕܙܕܝܩܐ ܐܢܬ. ܘܒܐ̈ܦܐ ܕܐܢܫ ܠܐ ܢܣܒ ܐܢܬ. ܐܢܬ
ܗܟܝܠ ܐܦܝܣ ܠܥܡܐ ܒܝܫܘܥ ܕܠܐ ܢܛܥܘܢ ܡܛܠ ܝܫܘܥ. ܐܦ
ܓܝܪ ܟܠܗ ܥܡܐ ܘܐܢܚܢ[57] ܟܠܢ (B fol. 37 *b*) ܡܬܛܦܣܝܢ ܚܢ[58] ܠܟ.
ܩܘܡ ܠܟ ܗܟܝܠ ܥܠ ܟܢܦܐ ܕܗܝܟܠܐ ܕܬܗܘܐ ܡܬܚܙܐ ܡܢ
ܠܥܠ. ܘܢܗܘܘܢ ܡܫܬܡܥܝܢ ܡ̈ܠܝܟ ܠܟܠܗ ܥܡܐ. ܡܛܠ ܓܝܪ ܦܨܚܐ[59] 𝔄 129

[38] A ܗܪ̈ܣܝܣ [39] 𝔄 sing. [40] A ܗܘ ܕܐܝܢܐ [41] 𝔄 adds *multi*
[42] A E ܗܘ [43] A ܗܪ̈ܣܝܣ 𝔄 om. ܕܝܢ [44] A fol. 37 *b* [45] E ܠܟܠܢܫ
[46] A E 𝔄 ܪ̈ܫܢܘܗܘܢ [47] 𝔄 *sed tumultus valde* [48] E ܕܣܦ̈ܪܐ [49] A
ܘܕܦ̈ܪܝܫܐ [50] A E ܘܐܡܪܝܢ [51] A ܗܝܕܝܢ ܐܬܟܢܫܘ 𝔄 om. ܕܝܢ
[52] A E ܒܥܝܢܢ [53] 𝔄 adds *domine* [54] A E ܒܥܝܢܢ [55] A ܡܬܛܦܣܝܢ
ܚܢ. ܐܢܚܢ [56] E ܣܗܕܝܢ [57] E ܘܚܢܢ [58] A ܡܬܛܦܣܝܢ ܐܢܚܢ
E ܡܬܛܦܣܝܢܢ [59] E ܦܨܚܐ ܗܘܐ

12 ܐܬܘ ܟܠܗܘܢ ܥܡ̈ܡܐ ܡܢ ܡܕ̈ܝܢܬܐ. ܐܘܣܡܘܣܗ ܗܘܐ ܗܟܝܠ
ܕܦܩܕ ܐܡ̈ܝܢ ܟܠܗܘܢ[60] ܫܦܝܪܐ ܘܦܪ̈ܝܫܐ ܥܠ ܚܝܠܐ ܕܗܝܡܢܘܬܐ.
ܘܡܛܠ ܘܐܡܪܘ ܠܗ. ܕܢܣܒ ܕܠܝܢ ܦܠܐ[61] ܕܢܬܠܦܢܘܢ ܥܠܝ. ܡܛܠ
ܕܡܟܐ ܠܓܒܐ ܠܗ ܟܠܗ ܡܢܘܬ ܗܘ ܕܐܝܟܠܐ. ܐܡܪ ܠܗ ܕܐܡܝܢ
13 ܬܘܒܐ ܕܡܠܟ. ܘܚܝܠܐ ܟܘܠܗ ܢܦܫܐ ܘܐܡܪ. ܡܛܠ ܡܟܐܠܝܢ
ܐܬܝܬܘܢ ܠܢ. ܥܠ ܡܢܗ ܕܐܢܫܐ. ܘܗܘ[62] ܢܬܒ ܒܡܫܝܚܐ ܡܢ
ܡܫܝܚܐ ܕܡܢܠܐ ܢܦܩ.[63] ܘܒܬܪ ܕܢܐܬܐ ܥܠ ܚܝ̈ܢ ܡܫܝܚܐ.
14 ܘܒܗ ܩܠܝܠܐ ܐܫܬܪܪܘ ܘܡܫܒܚܝܢ ܗܘܘ ܥܠ ܗܘܕܝܘܬܗ ܕܝܫܘܥ
ܘܐܡܪܝܢ ܗܘܘ ܐܘܡܢܘܬܐ ܠܒܪܗ[64] ܕܕܘܝܕ. ܗܕܝܢ ܬܘܒ[65] ܗܘܘ
ܗܠܝܢ ܫܦܝܪܐ ܘܦܪ̈ܝܫܐ ܐܡܪܝܢ ܗܘܘ[66] ܠܘܬ ܬܕܝ. ܒܫܡܗ
ܕܒܪܗ. ܕܗܘܒܢ ܠܗ ܠܫܘܒ ܕܐܝܟ ܗܕܐ ܗܘܕܝܘܬܐ. ܐܠܐ
15 ܢܩܘܡ ܘܢܣܒܘܗܝ ܕܢܕܝܠܘܢ[67] ܘܠܐ ܢܬܒܥܘܢܗ. ܘܡܛܠ
ܘܐܡܪܝܢ.. ܐܦ ܐܦ ܕܢܣܒ ܠܓܒܐ ܠܗ. ܘܡܫܠܡ ܗܘܘ ܗܘ ܡܕܡ
ܕܬܒܥ ܒܐܡܬܐ. ܕܢܩܛܠܘܢܗ[68] ܠܕܢܣܒ ܡܛܠ ܕܠܐ ܣܓܝ ܠܝ.[69]
16 ܡܛܠܬܗܘܢ ܒܒܝ[70] ܐܢ̈ܫܝܗܘܢ ܢܐܟܠܘܢ. ܗܠܘܢ ܗܘܒܝ[71]
ܘܐܬܚܙܝܘܗܝ ܠܕܢܣܐ. ܘܐܡܪܝܢ ܗܘܘ ܠܫܕܪܐ ܢܬܟܢܫܘܢ
ܠܢܩܘܒ ܕܢܣܐ. ܘܫܪܘ ܢܟܣܝܢ ܠܗ. ܡܛܠ ܕܒܗ ܢܦܠ ܠܐ[72]
ܡܢܗ ܗܘܐ. ܐܠܐ[73] ܐܬܦܢܝܘ ܘܫܡ ܒܢܦܫܐ ܘܐܡܪ. ܟܕܢܐ[74]
ܡܢܝ ܡܪܝܐ ܐܠܗܐ ܐܢܐ ܕܒܠ ܥܒܘܕ ܠܗܘܢ. ܠܐ ܠܐ ܚܢܢ

[60] A ܠܟܠܗܘܢ ܐܡܪܝܢ ܕܡܫܝܚܐ; 𝔄 om. the words [61] A ܕܢܣܒ ܠܝ ܦܠܐ; 𝔄 *juste, tibi soli* (read *արդարր* for *արդ*) [62] A ܘܗܘ [63] E om. ܢܦܩ
[64] 𝔄 *օրհնութիւն որդւոյ* lit. *benedictio filio* [65] A 𝔄 om. ܬܘܒ [66] A fol. 38 *a* [67] E fol. 71 *a* [68] E ܕܢܩܛܠܘܢܗ; 𝔄 *trucidabimus* [69] 𝔄 *quod contrarius factus est nobis* [70] 𝔄 *secundum opera* [71] A adds ܘܡܣܩܒܠܝܢܗ ܠܟܠܐ [72] 𝔄 = ܘܠܐ [73] A adds ܬܘܒ [74] A E ܡܢܐ ܐܢܐ

ܝܕܥܝܢ ܡܢܐ ܥܒܕܝܢ. ܘܟܕ ܗܟܢܐ[75] ܪܓܡܝܢ ܗܘܘ ܠܗ. ܚܕ[76] ܡܢ 17
ܟܗܢܐ (B fol. 38 a) ܒܢܝ ܪܟܒ ܒܪ ܪܟܒܝܡ[77] ܡܢ ܗܢܘܢ ܕܡܣܗܕ
ܥܠܝܗܘܢ ܐܪܡܝܐ ܢܒܝܐ. ܩܥܐ ܘܐܡܪ ܗܘܐ.[78] ܫܠܘ ܡܢܐ
ܥܒܕܝܢ ܐܢܬܘܢ. ܡܨܠܐ ܥܠܝܟܘܢ ܙܕܝܩܐ. ܘܢܣܒ[79] 18
ܚܕ ܡܢܗܘܢ ܡܢ ܩܨܪܐ ܡܩܫܐ ܗܘ ܕܡܕܩ ܗܘܐ ܒܗ ܡܐܢܐ.
ܘܡܚܝܗܝ ܥܠ ܪܫܗ ܠܙܕܝܩܐ[80] ܘܗܟܢܐ ܐܣܗܕ. ܘܩܒܪܘܗܝ ܥܠ
ܕܘܟܬܗ ܥܠ ܓܢܒ ܗܝܟܠܐ. ܘܡܨܒܬܐ ܠܗܢܐ ܩܝܡܬܗ ܩܝܡܐ
ܗܝ ܥܠ ܓܢܒ ܗܝܟܠܐ. ܣܗܕܐ ܗܘܐ ܫܪܝܪܐ ܗܘܐ ܗܢܐ
ܠܝܗܘܕܝܐ ܘܠܝܘܢܝܐ ܕܝܫܘܥ ܗܘܝܘ ܡܫܝܚܐ. ܘܡܚܕܐ ܓܕܫܐ
ܠܗܘܢ[81] ܐܣܦܣܝܢܘܣ.[82] ܗܠܝܢ ܐܡܪ ܗܓܣܝܦܘܣ ܡܫܘܝܐܝܬ ܘܠܩܠܝܡܣ.[83] 19
ܕܥܠܡܐ ܕܝܢ ܠܗܠܝܢ ܐܡܪܢ ܘܐܦ[84] ܗܓܣܝܦܘܣ. ܕܗܟܢܐ[85] ܠܗ
ܬܡܝܗ ܗܘܐ ܐܦ[86] ܠܘܬ ܟܠܗܘܢ ܘܡܫܬܡܥܗ ܗܘܐ[87] ܒܙܕܝܩܘܬܐ
ܝܥܩܘܒ. ܐܝܟܢܐ ܕܐܦ ܡܢ ܝܗܘܕܝܐ ܐܝܠܝܢ ܕܐܝܬ ܗܘܐ ܒܗܘܢ
ܡܕܪܟܐ ܗܘܐ ܐܡܪܝܢ ܗܘܘ. ܕܗܕܐ ܗܘܬ ܥܠܬܐ ܕܚܘܪܒܐ 𝔄 131
ܡܢ ܒܬܪ ܣܗܕܘܬܗ ܬܬܟܒܫ ܐܘܪܫܠܡ. ܘܠܐ ܡܛܠ ܡܕܡ
ܐܚܪܢ ܒܥܒܕܬ ܠܗܘܢ ܐܠܐ ܡܛܠ ܕܐܡܪܝܢ[88] ܥܠܘܗܝ. ܒܪܡ 20
ܕܝܢ ܐܦ ܝܘܣܝܦܘܣ.[89] ܠܐ ܐܟܣܝ ܕܐܦ ܗܕܐ ܒܟܬܒܬܐ
ܢܟܬܘܒ ܒܗܠܝܢ ܡܠܐ. ܕܗܠܝܢ ܠܗ ܓܕܫ[90] ܠܝܗܘܕܝܐ ܐܝܟ ܡܛܠ
ܬܒܥܬܗ ܕܝܥܩܘܒ ܙܕܝܩܐ. ܕܐܚܘܗܝ ܗܘܐ ܕܝܫܘܥ[91]
ܕܡܬܩܪܐ ܡܫܝܚܐ. ܥܠ ܕܙܕܝܩܐ ܗܘܐ ܘܩܛܠܘܗܝ ܝܗܘܕܝܐ.
ܘܗܘ ܬܘܒ ܟܕ ܗܘ ܐܦ ܥܠ ܡܘܬܗ ܡܫܘܕܥ ܒܗܠܝܢ ܡܠܐ. 21

[75] 𝔄 = ܗܢܘܢ [76] A ܚܕ ܡܢ [77] 𝔄 *de filiis Rachab Rachibimiticis*
[78] E om. ܗܘܐ [79] 𝔄 inserts *cucurrit* before ܢܣܒ [80] 𝔄 adds *et trucidavit*
[81] E ܡܛܠ ܐܢܘܢ [82] End of the extract in E [83] A ܘܠܩܠܡܝܣ [84] A 𝔄 ܐܦ
[85] A ܕܗܟܢ [86] 𝔄 om. ܐܦ [87] A om. ܗܘܐ ܘܡܫܬܡܥܗ [88] A fol. 38 *b* [89] A ܝܘܣܦܘܣ [90] 𝔄 = ܕܓܕܫ (omitting ܠܗ) [91] 𝔄 om. ܕܝܫܘܥ

t xx 9, 1 ܟܕ ܠܗ ܓܝܪ ܫܡܥ ܥܠ ܡܘܬܗ ܕܦܡܦܝܠܘܣ.[92] ܥܒܪ ܠܐܠܝܢܘܣ
ܡܦܪܟܐ ܥܠ ܢܘܗܪ. ܐܣܘܣ[93] ܕܝܢ ܓܠܠܐ[94] ܗܘ ܕܐܡܪܝܢ[95] ܚܠܘܗܝ
ܕܦܟܠ ܪܚܡܬ ܒܡܘܬܗܿ. ܘܫܐ ܗܘܐ ܘܡܬܪܢܐ ܠܣܛܪܛܝܘܛܐ.[96]
(B fol. 38 b) ܘܐܬܬܘܣܦܘܗܝ ܗܘܐ ܡܢ ܗܪܟܐ ܕܐܘܪܘܢܐ.[97] ܗܘ ܕܝܢ
ܕܐܬܬܢܝܚܘܢ ܩܢܝܐ ܟܕ ܡܢܝܐ[98] ܬܘܒ ܡܢ ܟܠܗܘܢ ܣܗ̈ܕܐ ܐܝܟ
22 ܕܦܪܕܣܝܢ ܐܡܪܝܢ. ܡܛܠ ܕܗܟܢܐ ܐܬܚܘܝ ܗܘܐ ܗܘ ܐܢܫ.
ܦܓܪܗ̇ ܕܐܬܟܢܫ ܠܗ ܘܒܢܝܐ ܕܒܢܘܗܝ.[99] ܡܛܠ ܕܦܡܦܝܠܘܣ[1] ܡܢܬ
ܗܘܐ ܠܗ. ܘܐܠܝܢܘܣ ܒܕܒܝܠ ܒܐܘܪܚܐ ܗܘܐ. ܘܐܬܘܒ
ܒܟܢܫܐ ܕܕܝ̈ܢܐ.[2] ܘܐܟܠ ܬܡܢ ܠܐܢܫܘܗܝ ܕܢܫܘܒ[3] ܕܬܬܢܝܪܐ ܗܘܐ[4]
𝔄 132 ܡܫܝܚܐ ܕܟܢܘܗܝ ܗܘܐ ܡܚܘܒ ܘܠܐܢܫܐ[5] ܐܚܪ̈ܢܐ. ܘܡܚܒ
ܥܠܝܗܘܢ ܡܬܦܪܢܣܬܐ[6] ܐܝܟ ܕܠܐܢܫܐ ܕܟܕܘ ܚܘܠܒ. ܘܐܡܠܟ
23 ܐܝܢܘܢ ܕܢܦܩܘܬܗܘܢ. ܠܥܠܡܘܢ ܕܝܢ ܡܟܬ̈ܒܐ ܕܐܝܬ ܗܘܘ
ܒܡܕܝܢܬܐ ܕܐܝܟܢܐ ܗܘܘ ܠܗܘܢ ܠܢܦܫܐ ܫܬܐܬܘ.[7]
ܐܬܟܢܫ ܒܚܝܘܗܘܢ ܗܘܢܐ ܥܡܕܝܢܐ. ܘܥܕܪܘ ܠܗܬ ܡܠܟܐ
ܕܠܟܢܫܐ ܘܟܢܫ ܗܘܘ ܗܘܢܐ ܕܫܠܝܡ ܠܐܢܘܣ. ܕܠܐ ܡܚܘܠ
ܢܗܘܐ ܦܓܪ ܕܐܝܟ ܗܠܝܢ. ܐܦ ܠܐ ܓܒܪ ܡܢ ܩܕܡ ܗܕܐ
ܬܪܝܨܘܬ ܦܓܪ ܗܘܐ. ܐܢܫܐ ܕܝܢ ܡܢܗܘܢ ܒܪ ܐܬܐ ܐܠܒܝܘܣ
ܡܢ ܐܠܟܣܢܕܪܝܐ. ܐܪܒܥܝܢ ܘܐܠܦܝܢ ܥܠ ܐܢܘܣ. ܕܠܐ
ܥܠܝܗ ܗܘܐ ܠܗ ܕܢܬܒ ܒܢܫܐ ܕܕܝ̈ܢܐ[8] ܥܠܒܪ ܡܢ ܩܘܡܝܢ.
24 ܗܘ ܕܐܦ[9] ܐܬܦܠܣ ܠܗܘܢ. ܘܦܩܕ ܠܗ ܠܐܢܘܣ[10] ܒܡܕܝܢܬܐ

[92] A ܕܦܡܦܝܠܘܣ [93] Read with A 𝔄 ܐܝܣܘܣ [94] A om. ܓܒܠܐ [95] 𝔄 = ܕܐܡܪܝܢ [96] A ܠܣܛܛܠ [97] Read with A 𝔄 ܕܐܘܪ̈ܘܢܐ [98] 𝔄 plur. [99] A om. ܒܢܘܗܝ [1] A ܕܦܡܦܝܠܘܣ [2] 𝔄 ատեան ժողովրդեանն *tribunal populi* [3] A adds ܗܘ [4] A om. ܗܘܐ [5] A adds ܕܝܢ [6] A ܠܟܠܗܘܢ ܡܬܦܪܢܣܢܘܬܐ [7] A ܡܬܚܠܦܝܢ [8] For ܢܬܒ ܒܢܫܐ ܕܕ̈ܝܢܐ 𝔄 has ատեան ուղղել *iudicium instituere* [9] A ܕܝܢ [10] A fol. 39 *a*

ܘܐܬܠܚܡ ܠܗ ܕܢܬܒܥ ܡܢܗ ܬܒܥܬܐ. ܘܐܦ ܡܠܟܐ ܐܓܪܦܐ
ܡܛܠ ܗܢܐ ܫܩܠܗ ܡܢܗ ܪܒܘܬ ܟܗܢܘܬܐ ܟܕ ܩܡ ܒܗ ܬܠܬܐ
25 ܝܪ̈ܚܝܢ. ܘܐܩܝܡ ܚܠܦܘܗܝ ܠܝܫܘܥ[11] ܒܪ ܕܡܢܐ. ܗܠܝܢ ܐܡܪܢ
ܥܠ ܝܥܩܘܒ. ܗܘ ܕܡܠܘܗܝ ܡܬܐܡܪܝܢ ܕܐܝܬܝܗܘܢ ܗܝ ܐܓܪܬܐ
ܩܕܡܝܬܐ ܕܩܬܘܠܝܩܘ.[12] ܦܠܐ ܠܝ ܕܝܢ ܕܢܕܥ ܕܠܐ ܡܬܩܒܠܐ.
ܠܗ ܓܝܪ ܣܓܝ̈ܐܐ ܐܕܟܪܘܗ ܡܢ ܩܕ̈ܡܝܐ. ܐܦܠܐ ܗܝ ܕܡܬܩܪܝܐ
ܕܝܗܘܕܐ. (B fol. 39 *a*) ܕܐܦ ܗܝ ܓܝܪ ܐܝܬܝܗ ܚܕܐ ܡܢ ܗܠܝܢ
ܫܒܥ ܩܬܘܠܝܩܘ.[13] ܒܪܡ ܕܝܢ ܝܕܥܝܢ[14] ܕܐܦ ܗܠܝܢ ܥܡ ܗܠܝܢ 𝔄 133
ܐܚܪ̈ܢܝܬܐ. ܡܬܩܪ̈ܝܢ ܐܝܟ ܒܥ̈ܕܬܐ ܣܓܝ̈ܐܬܐ.

ܕܥܣܪ̈ܝܢ ܘܐܪܒܥܐ. ܕܡܢ ܒܬܪ ܡܪܩܘܣ ܩܡ ܒܥܕܬܐ
ܕܐܠܟܣܢܕܪܝܐ ܡܕܒܪܢܘܬ ܐܢܝܢܘܣ.[1]

xxiv. ܒܫܢܬ ܬܡܢܝܐ ܕܝܢ ܕܡܠܟܘܬܗ ܕܢܪܘܢ ܡܠܟܐ. ܡܢ ܒܬܪ
ܡܪܩܘܣ ܐܘܢܓܠܝܣܛܐ. ܩܒܠ ܬܫܡܫܬܐ ܕܥܕܬܐ ܕܐܠܟܣܢܕܪܝܐ
ܐܢܝܢܘܣ[2] ·:· ·:·

ܕܥܣܪ̈ܝܢ ܘܚܡܫܐ. ܥܠ ܪܕܘܦܝܐ ܕܗܘܐ ܒܝܘ̈ܡܝ ܢܪܘܢ.
ܕܒܗ ܦܘܠܘܣ ܘܦܛܪܘܣ ܢܣܒܘ ܟܠܝܠܐ[1] ܕܣܗܕܘܬܐ ܡܛܠ ܕܚܠܬ
ܐܠܗܐ. ܒܪܗܘܡܐ.

xxv. 1 ܟܕ ܡܬܩܒܥ ܗܘܐ ܕܝܢ ܢܪܘܢ ܒܫܘܠܛܢܗ. ܠܬܪ̈ܥܝܬܐ ܒܝ̈ܫܬܐ[2]
ܐܬܦܢܝ ܗܘܐ ܘܠܘܩܒܠ ܕܚܠܬ ܐܠܗܐ ܐܙܝܢ ܗܘܐ. ܕܢܬܟܬܫ 2 𝔄 134

[11] A ܠܝܫܘܥ [12] A ܕܩܬܘܠܝܩܘܣ [13] A ܩܬܘܠܝܩܘܣ [14] A ܝܕܥܝܢ

CHAP. XXIV. [1] A ܐܢܝܢܘܣ [2] A ܐܢܝܢܘܣ

CHAP. XXV. [1] A ܟܠܝܠܐ [2] A ܠܘܬ ܬܪ̈ܥܝܬܐ ܒܝ̈ܫܬܐ

ܕܝܢ ܕܐܡܝܢܐ ܐܝܬܝܗ̇ ܗܘܬ ܒܝܫܘܬܗ̇[3] ܠܘ ܒܠܚܘܕ ܗܘ ܠܡ.
ܦܫ̈ܝܢܐ[4] ܕܝܢ ܐܫܬܥܝܘ[5] ܠܟܠܗܘܢ ܣܘܬܐܬܝܬܗ̇. ܕܐܝܢܐ ܕܒܪ̈ܢܫ
ܡܫܝܚܘܗܝ ܡܢܟܐ ܕܢܐܠܦ. ܥܠ ܥܣܘܬܗ ܕܗܢܐ ܒܪܢܫܐ.[6] ܕܕܠܐ
ܡܫܥܒܕܬܐ ܐܘܟܝܬ ܕܟܘ̈ܪܬܐ[7] ܕܐܢܫܐ. ܘܡܫܒܚܐ ܠܗܢܐ ܫܘܒܚܐ
ܕܡܠܠܐ ܐܠܗ̈ܐ. ܕܐܦ ܠܐ ܡܢ ܡܠܠܐ ܕܟ̈ܠܒܐ ܒܝܬܗ[8] ܘܕܡܫܝܚ̈ܘܗܝ
ܐܬܟܠܝ. ܠܐܡܗ ܓܝܪ ܠܐܚܘ̈ܗܝ ܘܠܐܢ̈ܬܬܗ[9] ܘܠܩ̈ܪܝܒܐ[10]
ܡܢ ܦܘܡܗܘܢ. ܐܝܟ ܕܠܟܠܗܒܐ ܘܠܩܫܝܐ ܒܩܫܝܘܬܐ[11] ܕܕܡܠ
3 ܠܥܡ ܦܠܓ ܐܝܟ. ܘܠܐ ܗܘܬ ܡܛܠ ܕܡܢ ܠܟܠܗܘܢ ܕܐܦ
ܗܕܐ ܬܬܒܥܬ ܠܟܠܗܘܢ ܕܐܘܛܘܩܪܛܘܪ ܘܡܕܒܪܢܐ[12] ܕܪܘܡܝܐ ܕܕܫܠܬ
4 ܐܠܗܐ ܗܘ ܐܬܚܙܝ.. ܠܗ ܠܗܢܐ ܬܘܒ. ܦܪܡܝܠܝܐܢܘܣ[13]
ܕܗܘܡܝܢܐ ܡܕܒܪ ܠܗ ܗܘܝܢܐ ܘܐܡܪ. ܕܗܘܐ ܠܗ ܒܗܦܟ
ܒܗܘܦܪܟܝܐ.[14] ܘܬܘܡ ܬܫܥܘܬ. ܕܡܕܒܪܢܘܬ (B fol. 39 b)
ܢܐܪܘܢ ܪܕܦ ܠܗܢܐ ܡܠܟܐ ܒܪܗܘܡܝܐ. ܡܢܝܢ ܗܘܐ ܕܝܢ[15]
ܚܠ ܟܠ ܐܢܫ. ܡܢ ܒܬܪ ܕܫܒܩ ܠܟܠܗ ܡܕܝܢܬܐ. ܘܡܫܬܒܗܪ
ܣܡ[16] ܒܕܐܝܟ ܗܢܐ ܪܫܐ ܕܦܠܛܝ. ܐܝܢܐ ܓܝܪ ܕܪܕܦ ܠܗ
ܠܗܘ ܘܒܢܝܐ ܡܫܡܫ ܕܣܡܬܠ. ܕܦܠܛܢܘܬܐ ܗܘܬ ܪܒܬܐ ܕܡܢ
5 ܢܐܪܘܢ ܐܝܢܐ ܟܢܫ. ܗܢܐ ܡܛܠ ܕܬܪ ܡܢ ܟܠ ܕܩܘܡ
ܩ̈ܠܝܒܝܢܐ. ܒܟܠܝܒܝܐ ܡܕܝܢܬܐ ܕܐܠܗܐ ܐܬܬܪܝ ܕܩܘܡܐ.
ܕܐܬܪܘܗܝ[17] ܠܡܦܠܠ ܠܩ̈ܠܝܒܐ. ܦܘܠܘܣ ܡܛܠ ܐܬܦܫܘ ܪܫܗ
ܒܗ ܒܪܗܘܡܝܐ.[18] ܘܦܪܘܣ. ܐܦ ܗܘ ܐܙܕܩܦ ܒܬܪ ܪܫܗ.

[3] A ܒܝܫܘܬܗ [4] A ܩ̈ܢܝܢܐ [5] A ܐܫܬܥܝܘ [6] 𝔄 om. ܕܗܢܐ ܒܪܢܫܐ
[7] A ܟܘܪ̈ܐ [8] A fol. 39 b [9] A ܘܠܐܢ̈ܬܬܗ 𝔄 *et uxorem suam*
[10] A ܘܠܩ̈ܪܝܒܐ [11] A 𝔄 ܒܩܫܝܘܬܐ [12] 𝔄 = ܐܘܛܘܩܪܛܘܪ ܕܪܘܡܝܐ [13] A ܦܪܡܝܠܝܐܢܘܣ [14] A ܒܗܘܦܪ̈ܟܝܗܘܢ [15] A ܕܝܢ 𝔄 expresses neither ܕܝ nor ܕܝܢ [16] A ܐܣܝܡ [17] A ܡܛܠ ܕܐܬܪ̈ܘܗܝ [18] 𝔄 *ibi in illa urbe*

ܐܝܟ ܕܡܬܐܡܪ ܒܡܟܬܒܢܘܬܐ. ܘܡܫܪܪ[19] ܠܗ ܠܡܟܬܒܢܘܬܐ ܗܢܐ
ܫܘܡܗܐ ܕܦܛܪܘܣ ܘܦܘܠܘܣ. ܕܐܢܫ ܘܐܢܬܐ[20] ܕܥܕܡܐ
6 ܠܗܫܐ ܥܠ ܩ̈ܒܪܐ ܕܬܡܢ. ܠܐ ܕܝܢ ܒܠܚܘܕ ܗܢܐ. ܐܠܐ
ܐܦ ܓܒܪܐ ܒܪ ܥܕܬܐ ܕܫܡܗ ܓܐܝܘܣ: ܕܗܘܐ ܒܝܘ̈ܡܘܗܝ
ܕܙܦܝܪܝܢܘܣ ܐܦܣܩܘܦܐ[21] ܕܪܗܘܡܐ. ܟܕ ܕܪܫ ܥܡ ܦܪܘܩܠܘܣ[22]
ܗܘ ܕܐܝܬ ܗܘܐ ܥܠ ܪܫ ܝܘܠܦܢܐ ܕܦܪ̈ܘܓܝܐ. ܗܢܝܢ ܗܠܝܢ
ܐܡܪ ܥܠ ܕܘܟ̈ܬܐ ܕܣܝܡܝܢ ܒܗܘܢ[23] ܦܓܪ̈ܝܗܘܢ ܩܕ̈ܝܫܐ
7 ܕܫ̈ܠܝܚܐ. ܗܢܘܢ ܕܩܕܡ ܐܡܪܢ ܥܠܝܗܘܢ[23a]. ܐܢܐ ܕܝܢ ܠܟ ܐܝܬ
ܠܝ ܕܐܚܘܐ[24] ܙܟܘܬܗܘܢ ܕܫ̈ܠܝܚܐ. ܐܢ ܓܝܪ ܨܒܐ ܐܢܬ ܕܬܐܙܠ
ܠܘܛܝܩܢܘܣ ܐܘ ܠܐܘܪܚܐ ܕܐܘܣܛܝܐ. ܡܫܟܚ ܐܢܬ ܕܙܟܘܬܗܘܢ
8 ܕܗܠܝܢ ܕܐܬܩܢܘ ܗܕܐ ܥܕܬܐ. ܕܒܚܕ ܕܝܢ ܙܒܢܐ ܐܣܗܕܘ
ܬܪܝܗܘܢ ܐܡܪ. ܕܝܘܢܘܣܝܘܣ ܐܦܝܣܩܘܦܐ ܕܩܘܪܢܬܘܣ[25]
ܒܐܓܪ̈ܬܐ ܡܠܠ ܥܡ ܪ̈ܗܘܡܝܐ ܗܟܢ[26] ܡܕܒܪ. ܕܐܦ ܐܢܬܘܢ
(B fol. 40 a) ܠܟܢ. ܢܨܒܬܐ ܗܝ ܕܐܬܢܨܒܬ ܡܢ ܦܛܪܘܣ ܘܦܘܠܘܣ[27] 𝔄 136
ܪ̈ܗܘܡܝܐ ܘܩܘܪ̈ܢܬܝܐ[28] ܒܚܘܠܛܢܗܘܢ ܚܒܪܬܘܢ. ܬܪܝܗܘܢ
ܓܝܪ ܐܟܚܕܐ ܒܩܘܪܢܬܘܣ ܢܨܒܘ ܘܐܠܦܘ. ܘܗܟܘܬ ܐܦ
ܒܐܝܛܠܝܐ ܐܟܚܕܐ ܐܠܦܘ ܘܐܣܗܕܘ ܒܚܕ ܙܒܢܐ ܀

ܕܥܣܪܝܢ ܘܫܬܐ.[1] ܥܠ ܦܢ̈ܝܬܐ ܡܬܝܫܒܢܝܬܐ[2] ܕܒܟܠܗ ܡܣ̈ܒܪܢܐ
ܘܥܠ ܦܪܘܩܐ ܐܡܪܢܐ ܕܗܘܐ ܠܗܘܢ ܥܡ ܪ̈ܗܘܡܝܐ...
xxvi. 1 ܘܗܠܝܢ ܕܝܢ ܐܝܟ[3] ܕܐܬܗܘܝܢ ܡܬܐܡܪܢ ܒܡܟܬܒܢܘܬܐ. ܬܘܒ
ܘܫܠܝܚܘܗܝ[4] ܬܘܒ ܒܦܢ̈ܝܬܐ ܡܬܝܫܒܢܝܬܐ ܕܐܪܒܥ ܠܒܫܪܐ ܕܡܫܝܚܐ.

[19] A ܘܡܫܪܪ [20] A ܘܐܢܬܐ ܘܐܢܫ ܘܐܢܫ 𝔄 om. ܕ before ܐܢܫ [21] A ܕܐܦܝܣܩܘܦܘܬܗ
ܐܦܝܣܩܘܦܐ [22] A ܦܪܘܩܠܘܣ 𝔄 *cum Paulo* [23] A ܒܗܘܢ [23a] 𝔄 om.
ܗܢܘܢ....ܥܠܝܗܘܢ [24] A fol. 40 *a* [25] A ܕܩܘܪܢܬܘܣ [26] A ܘܗܟܢ
[27] A ܘܡܢ ܦܘܠܘܣ [28] A ܘܩܘܪܢܬܝܐ

Chap. XXVI. [1] A ܘܫܬܐ [2] A ܡܬܝܫܒܢܝܬܐ [3] A adds ܡܠܠ [4] A
ܘܫܠܝܚܘܗܝ

J ii 14, 9 ܕܡܫܘܐ ܒܡ̈ܠܘܗܝ ܒܗ ܡܦܩ̈ܢܝܬܐ ܐܚܪ̈ܢܝܬܐ. ܡܦܩܢܐ ܠܗ ܡܢ
ܐܝܠܝܢ ܕܡܡܠܝܢ ܗܘܘ ܒܡܘ̈ܕܝܐ ܕܐܬ̈ܠܝܕܘ ܒܡܫܝܚܘܬܐ ܒܐܘܪܫܠܡ.
ܘܐܙܕܡܢܘ ܒܬܪ ܙܒܢܐ̱[5] ܡܢ ܐܢ̈ܫܐ ܦܠܩܘܣ[6] ܗܘ ܕܐܬܚܘܝܘܗܝ
ܗܘܐ ܐܦܛܪܘܦܐ ܕܡܨܪܝܢ. ܒܪ ܐܬܬܚܝܪ ܗܘܐ ܥܠܘܗܝ ܕܢܘܪܒܐ
𝔄 137 ܒܥܢܝܢ ܬܘ̈ܠܡܘܢܐ ܕܡܬܒܪܝܢܘܬܗ ܕܐܢܫܐ̱. ܘܒܟܠܗ̇ ܣܘܪܝܐ 2
ii 18, 2 ܒܡܪܕܐ ܕܒܒܒܘ ܡܫܬܒܚܐ. ܕܠܘܩܒܠ ܡܕܝܢܬܐ ܐܬܪܐ ܗܘܐ
ܠܟܠ ܒܢܝܐ ܕܟܬܠ ܐܬܪ ܡܢ ܒܡܪܐ ܕܡ̈ܚܝܠܘܬܐ. ܕܕܠܝܐ
ܕܡܟܝܐ ܐܝܟ ܕܡܪܘܒܝܐ ܡܬܚܪܝܢ ܗܘܘ. ܘܦܫܐ[7] ܗܘܐ ܐܢܫ
ܠܡܪ̈ܝܢܘܬܐ ܕܟܠܗ ܦܓܪܐ ܡܬܠܬܐ ܕܠܐ ܡܬܕܪܝܢ. ܘܒܥܝܢ ܗܘܘ
ܐܚܝܕܐ ܬ̈ܠܝܠܐ ܘܩܛܠܐ[8] ܘܢܥܐ. ܕܐܦ ܠܐ ܠܐ ܐܫܬܒܩܐ
ܕܦܘܪܣܝܗܘܢ̱[9] ܡܒܣܐ ܗܘܐ. ܘܟܠܗ̇ ܡܦܪܣܝܢ[10] ܡܠܟܐ ܗܘܬ
ܐܦܠܝܢܐ ܕܠܐ ܡܬܬܒܝܢ. ܒܥܕܢ[11] ܗܘܐ ܕܝܢ ܠܡܫܟܢܐ ܕܥ̈ܘܠܐ.[12]
ܐܦ ܡܢ ܐܝܠܝܢ ܕܡܬܪܫܡܬܐ ܒܟܠܗܘܢ ܡܫܬܥܪ̈ܢ̱ ܗܘܘ. ܗܠܝܢ
ܐܡܪ ܒܡ̈ܠܘܗܝ ܩܠܘܕܝܘܣ.[13] ܠܡܘ̈ܕܝܐ ܕܝܢ[14] ܗܠܝܢ ܓܒܪ III. i. 1
ܠܗܘܢ̱ ܀

ܫܠܡ ܡܐܡܪܐ ܕܬܪܝܢ ܕܬܫ̈ܥܝܬܐ ܕܥܕܬܐ.[15]

[6] A ܦܠܩܘܣ  [6] 𝔄 Փղակկոսյ  [7] A ܕܝܫܐ  [8] 𝔄 = ܩ̈ܛܠܐ ܘܚܘ̈ܒܠܐ
[9] A ܕܦܘܪ̈ܣܝܗܘܢ  [10] A ܡܦܪܣܐ  [11] A fol. 40 *b*  [12] A ܕܥܘܠܐ
[13] A ܩܠܘܕܝܘܣ  [14] 𝔄 = ܠܡܘ̈ܕܝܐ  [15] A om. ܕܬܫ̈ܥܝܬܐ ܕܥܕܬܐ

ܪܫܡܐ ܡܚܘܝܢܐ ܕܟܐܠܝܢ ܐܪ̈ܥܬܐ² ܐܪܒܥܐ³ ܩ̈ܠܝܫܐ ܠܡܫܝܚܐ⁴

ܕܬܪܝܢ ܕܡܚܘܝܢܐ ܒܟܬܒܐ⁵ ܕܫܘܪܝܐ ܡܟܝܠ⁶ ܡܢ ܪܫܐ ·:·

ܕܬܠܬܐ ܥܠ ܐܓܪ̈ܬܗܘܢ ܕܩ̈ܠܝܫܐ ·:·

ܕܐܪܒܥܐ. ܥܠ ܡܠܦܢܘܬܗܘܢ ܡܚܘܝܢܐ ܕܩ̈ܠܝܫܐ.

ܕܚܡܫܐ ܥܠ ܥܒܝܕܗܘܢ ܐܚܪ̈ܢܐ⁷ ܕܡܫܘܕܥܐ ܕܡܢ ܒܬܪ ܡܫܝܚܐ ·:·

ܕܫܬܐ ܥܠ ܒܢܝܐ⁸ ܕܐܝܟ ܗܘܐ⁹ ܐܝܟ ܠܡܫܘܕܥܐ..

ܕܫܒܥܐ ܥܠ ܡ̈ܠܐ ܕܦܩܕ ܐܡܪ ܡܫܝܚܐ...

ܕܬܡܢܝܐ ܥܠ ܐܬ̈ܘܬܐ ܕܗ̈ܘܝ ܡܢ ܡܪܝܐ.

ܕܬܫܥܐ. ܥܠ ܡܘܣܝܣ¹⁰ ܘܥܠ ܟ̈ܬܒܐ ܕܟܬܒ...

ܕܥܣܪܐ ܕܐܡܝܢܐ ܦܓܪܐ ܠܟ̈ܬܒܐ ܡܢ̈ܝܢܐ...

ܕܚܕܥܣܪ. ܕܡܢ ܒܬܪ ܡܚܡܘܕ ܥܡܕܗܘܢ ܡܢ ܒܟܬܒܐ ܕܐܘܪܫܠܡ.

ܕܬܪܥܣܪ ܕܐܡܝܢܐ ܦܓܪ ܗܘܐ ܐܘܣܛܝܘܣ ܕܬܒܥܘܗܝ¹¹ ܐܝܟ ܕܡܢ ܕܢܚܐ ܐܝܟ ܕܢܘܢ ·:·

ܕܬܠܬܥܣܪ ܕܐܦܣܩܘܦܐ¹² ܕܬܪܝܢ ܡܢ ܐܟܝܠܘܣ¹³ ܒܟܬܒܐ ܕܐܠܟܣܢܕܪܝܐ.

Book III. ¹ A 𝔄 add ܕܝܠܗ ² 𝔄 sing. ³ A ܐܪ̈ܒܥ ⁴ 𝔄 om. ܠܡܫܝܚܐ ⁵ A ܕܟܬ̈ܒܐ ⁶ A ܡܟܝ ⁷ 𝔄 = ܡܘܫܠܐ ⁸ A adds ܗܘ ⁹ A om. ܗܘܐ ¹⁰ A ܡܘܣܝܣ ¹¹ 𝔄 adds *omnes* ¹² A ܕܐܦܣܩܘܦܐ ¹³ A ܐܟܝܠܘܣ 𝔄 Աքիղեա (but read ղ for ղ)

𝔄 142 ܕܐܪܒܥܬܗܘܢ. ܕܗܘܐ ܐܦܣܘܣܩܐ ܕܬܪ̈ܝܢ ܒܪܘܗܡܝܬ

ܐܝܢܐܝܬܗܘܢ.[14]

ܕܡܫܬܚܠܦܢ. ܕܡܢ[15] ܒܬܪܗ ܕܬܠܬܐ ܗܘܐ ܘܠܚܘܕ[16] ·:·

ܕܫܬܬܥܢ ܥܠ ܐܝܟܪܗ ܕܠܐܢܫܝܢ.[17]

ܕܥܒܕܝܢ ܥܠ ܙܕܘܩܐ ܕܗܘܐ ܒܥ̈ܠܝ ܕܡܬܚܢܘܢ.

ܕܡܬܢܒܥܢ ܥܠ ܡܘܬܝ ܥܠܝܡܐ[18] ܘܥܠ ܗ̇ܘ ܠܒܘܫܐ.

ܕܡܬܢܬܒܥܢ ܕܐܡܪܝܢ ܕܡܬܚܢܘܦ. ܠܐܝܠܝܢ ܕܡܢ ܠܒܫܗ

ܐܝܟ ܕܕܘܫ ܦܬܪ ܕܐܬܒܥܒܥ ·:·

ܕܐܡܪܝܢ ܥܠ ܐܝܠܝܢ ܕܡܢ ܠܒܫܗ ܐܝܟ ܕܦܪܘܩ.

ܕܐܡܪ ܘܚܕ. ܕܒܕܬܐ ܕܐܠܡܫܪܝܬܐ ܐܦܣܘܣܩܐ[19] ܕܬܠܬܐ

ܗܘܐ ܦܪܕܘ[20]

ܕܐܡܪ ܘܬܪܝܢ. ܕܒܐܢܛܘܟܝܐ[21] ܐܦܣܘܣܩܐ ܕܬܪ̈ܝܢ ܗܘܐ

ܐܢܛܘܢܝܣ[22]...

ܕܐܡܪ ܘܬܠܬܐ. ܬܫܥܝܬܐ ܥܠ ܡܘܬܝ ܥܠܝܡܐ ·:·

ܕܐܡܪ ܘܐܪܒܥܐ. (B fol. 41 *a*) ܕܐܪܒܥܐ ܐܘܢܓܠܣܛܘܢ[23]

ܐ̈ܘܢܓܠܝܘܢ[24] ·:· ·:·

ܕܐܡܪ ܘܚܡܫܐ. ܥܠ ܕ̈ܟܪܐ ܕܐܝܠܝܢ ܡ̈ܬܩܒܠܝܢ ܘܐܝܠܝܢ

ܠܐ ·:· ·:·

ܕܐܡܪ ܘܫܬܐ. ܥܠ ܡܫܝܚܘܬܗ ܕܫܡܥܘܢ ·o·

ܕܐܡܪ ܘܫܒܥܐ. ܥܠ ܗܪܘܕܣ[25] ܕܐܟܘܪܢܝܐ...

ܕܐܡܪ ܘܬܡܢܝܐ. ܥܠ ܡܐܪܘܬܗ ܕܒܪ ܗܪܘܕܣ[26] ·:·

ܕܐܡܪ ܘܬܫܥܐ. ܥܠ ܢܝܩܘܕܡܘܣ ܘܥܠ ܐܝܠܝܢ ܕܡܬܒܪܝܢ ܡܢ

ܡܫܝܚ ·:·

[14] A ܐܝܢܐܝܬܗܘܢ [15] A ܡܢ [16] A ܘܠܚܘܕ [17] A ܐܝܟܪܗ ܕܠܐܢܫܝܢ
[18] A adds ܘܥܠ ܠܒܘܫܐ [19] A ܐܦܣܘܣܩܐ. A fol. 41 *a* [20] 𝔄 Կարդիոն *Kardion* [21] A ܕܒܐܢܛܝܘܟܝܐ [22] A ܐܢܛܘܢܝܣ [23] A ܕܐܪܒܥܐ ܐܘܢܓܠܣܛܘ
[24] 𝔄 *evangelia* [25] A ܗܪܘܕܣ [26] A ܗܪܘܕܣ

ܕܬܠܬܝܢ ܥܠ ܫ̈ܠܝܚܐ ܐܝܟܢ ܕܐܬܦܠܓܘ ܒܥܠܡܐ.

ܕܬܠܬܝܢ ܘܚܕ. ܥܠ ܡܘܬܗ ܕܝܘܚܢܢ ܘܕܦܝܠܝܦܘܣ ·:·

𝔄 143 ܕܬܠܬܝܢ ܘܬܪܝܢ. ܕܐܝܟܢܐ[27] ܐܣܗܕ ܫܡܥܘܢ ܐܦܣܩܘܦܐ[28] ܕܐܘܪܫܠܡ ·:······

ܕܬܠܬܝܢ ܘܬܠܬ. ܕܐܝܟܢܐ[29] ܟܠܐ ܛܪܝܢܘܣ ܕܠܐ ܢܬܒܥܘܢ ܟܪ̈ܣܛܝܢܐ.[30]

ܕܬܠܬܝܢ ܘܐܪܒܥܐ. ܕܐܦܣܩܘܦܐ ܕܐܪܒܥܐ ܥܠ ܥܕܬܐ ܕܪ̈ܗܘܡܝܐ ܐܘܪܣܛܘܣ ܗܘܐ.

ܕܬܠܬܝܢ ܘܚܡܫܐ. ܕܬܠܬܬܐ[31] ܕܐܘܪܫܠܡ ܐܦܣܩܘܦܐ ܕܬܠܬܐ ܝܘܣܛܘܣ ܗܘܐ ·:·

ܕܬܠܬܝܢ ܘܫܬܐ.[32] ܥܠ ܐܝܓܢܐܛܝܘܣ[33] ܘܥܠ ܐܓܪ̈ܬܗ.[34]

ܕܬܠܬܝܢ ܘܫܒܥܐ. ܥܠ ܡܣܒܪ̈ܢܐ ܕܢܨ̈ܝܚܝܢ ܗܘܘ ܒܙܒܢܐ ܗܘ̇ ܕܒܢܝܐ ·:·

ܕܬܠܬܝܢ ܘܬܡܢܐ. ܥܠ ܐܓܪ̈ܬܗ ܕܩܠܝܡܝܣ[35] ܘܥܠ ܟܬ̈ܒܐ ܕܡܬܐܡܪܝܢ ܒܫ̈ܡܬܐ ܕܕܝܠܗ ܐܝܢ.

ܕܬܠܬܝܢ ܘܬܫܥܐ. ܥܠ ܡܐܡܪ̈ܘܗܝ ܕܦܦܝܐ...

𝔄 145 ܪܫܐ ܩܕܡܝܐ. ܕܒܐܝܠܝܢ ܐܬܪ̈ܘܬܐ[1] ܐܟܪܙܘ ܫ̈ܠܝܚܐ ܠܡܫܝܚܐ ·:·

ܫ̈ܠܝܚܘܗܝ ܕܝܢ ܩܕ̈ܝܫܐ ܕܦܪܘܩܢ ܘܬܠܡ̈ܝܕܘܗܝ ܢܦܩܘ[2] ܗܘܘ ܒܟܠܗ ܥܠܡܐ. ܐܝܟ ܕܡܫܠܡܐ ܕܝܢ[3] ܡܫܠܡܢܘܬܐ. ܠܬܐܘܡܐ[4]

[27] A ܕܐܝܟܢ [28] A ܐܦܣܩܘܦܐ [29] A ܕܐܝܟܢ [30] 𝔄 adds *in mortem*
[31] A ܒܬܠܬܐ [32] A ܘܫܬܐ [33] A ܐܝܓܢܐܛܝܘܣ [34] A ܐܓܪ̈ܬܗ [35] A ܐܓܪ̈ܬܗ ܕܩܠܝܡܝܣ

CHAP. I. [1] 𝔄 sing. [2] A ܢܦܩܘ [3] A om. ܕܝܢ [4] In 𝔄 for Թումայ 'ի read Թումայի

ܒܦܪܬܐ ܕܦܠܣܛܝܢܐ ܗܘܐ ܐܬܪܐ ܠܡܕܒܪܘ. ܐܝܟ ܕܐܡܪܝܢ[5] ܕܝܢ
ܒܡܫܝܚܘܬܐ.[6] ܘܡܛܠ ܕܒܐܣܝܐ ܕܠܬܗܘܢ ܡܬܦܢܝܢ ܗܘܐ.
2 ܘܗܘܐ (B fol. 41 *b*) ܫܠܝܚܐ ܕܡܫܝܚܢ ܒܐܦܣܘܣ. ܘܦܛܪܘܣ
ܕܝܢ ܒܦܘܢܛܘܣ[7] ܘܒܓܠܛܝܐ ܘܒܒܝܬܘܢܝܐ ܘܒܩܦܕܘܩܝܐ ܘܒܐܣܝܐ.
ܠܝܗܘܕܝܐ ܗܢܘܢ ܕܡܢ ܓܠܘܬܐ ܐܝܠܝܢ ܡܟܪܙ ܗܘܐ. ܗܘ
ܕܒܣܘܦܐ ܐܦ ܠܪܗܘܡܐ ܘܐܬܐ ܥܡ ܦܘܠܘܣ. ܕܗܘ ܐܦܝܣ
3 ܕܡܫܝܚܐ ܢܒܥ ܗܘܐ. ܡܢܐ ܕܝܢ ܢܐܡܪ ܥܠ ܦܘܠܘܣ. ܕܡܢ
ܐܘܪܫܠܡ ܥܕܡܐ ܠܐܠܘܪܝܩܘܣ[8] ܡܠܝܐ ܗܘܐ ܣܒܪܬܗ ܕܡܫܝܚܐ.
ܘܠܫܪܪܬܐ ܕܪܗܘܡܐ ܒܙܒܢܐ ܕܢܪܘܢ ܐܣܗܕ ܗܘܐ. ܗܠܝܢ 𝔄 146
ܐܡܝܪܢ ܠܐܘܪܝܓܢܣ ܚܕܐ ܒܬܪ ܚܕܐ ∴

ܕܬܪܝܢ. ܕܒܥܕܬܐ ܕܪܗܘܡܝܐ ܡܢܘ ܩܡ ܡܢ ܒܬܪܗ.[1]

ii. ܥܠ ܥܕܬܐ ܕܝܢ ܕܪܗܘܡܝܐ ܡܢ ܒܬܪ ܣܗܕܘܬܐ ܕܦܘܠܘܣ
ܘܕܦܛܪܘܣ. ܐܬܩܒܠ ܐܦܣܩܘܦܘܬܐ ܩܕܡܝܐ ܠܝܢܘܣ.[2] ܡܕܟܪ ܠܗ[3]
Tim iv 21 ܠܝܢܘܣ ܦܘܠܘܣ. ܟܕ ܟܬܒ ܠܛܝܡܬܐܘܣ ܡܢ ܪܗܘܡܐ ܒܫܠܡܐ
ܕܐܓܪܬܐ ∴ ∴

ܕܬܠܬ. ܥܠ ܐܓܪܬܗܘܢ ܕܫܠܝܚܐ..

iii. 1 ܐܓܪܬܐ ܕܝܢ ܕܦܛܪܘܣ ܕܡܬܩܪܝܐ ܐܝܬ ܚܕܐ ܗܝ ܕܡܬܡܘܕܝܐ[1]
ܡܫܪܪܬܐ. ܒܗܕܐ ܐܦ ܩܫܝܫܐ ܡܩܕܡܐ ܐܬܚܫܚܘ ܒܗ
𝔄 147 ܒܟܬܒܝܗܘܢ ܕܠܐ ܦܘܠܓ. ܗܝ ܕܝܢ[2] ܕܬܪܬܝܢ. ܕܡܬܩܪܝܐ ܠܢ
ܟܬܒܐ ܡܩܒܠܐ ܠܐ ܡܩܒܠܝܢ. ܒܪܡ ܕܝܢ ܠܣܓܝܐܐ[3] ܐܬܚܙܝܬ
ܕܚܫܚܐ. ܘܐܬܒܛܝܠ ܠܗܘܢ ܥܡܗ ܐܝܟ ܕܠܟܬܒܐ ܐܚܪܢܐ.[4]

[5] A ܐܡܪܝܢ [6] A ܒܡܫܝܚܘܬܐ [7] A ܒܦܘܢܛܘܣ [8] A ܠܐܠܘܪܝܩܘܣ

CHAP. II. [1] 𝔄 = ܪܫܐ [2] A 𝔄 ܠܝܢܘܣ [3] A adds ܕܝܢ

CHAP. III. [1] A ܕܡܬܡܘܕܝܐ [2] 𝔄 reads ܗܝܕܝܢ as one word [3] A ܠܣܓܝܐܐ [4] A ܕܟܠ ܟܬܒܐ ܚܪܢܐ

2 ܦܪ̈ܟܣܘܬܐ ܕܝܢ ܘܐܘܢܓܠܝܘܢ: ܘܗܘ[5] ܕܡܬܩܪܐ ܟܪ̈ܘܙܘܬܐ[6] ܕܝܠܗ
ܘܗܝ ܓܠܝܢܐ ܕܡܬܩܪܝܐ ܕܝܠܗ. ܠܐ ܝܕܥܝܢ[7] ܕܐܫܬܠܡܘ ܠܢ ܡܢ
ܩܫܝܫܐ ܕܥܕܬܐ. ܠܐ ܓܝܪ ܐܢܫ ܡܢ ܩܕܡ̈ܝܐ ܐܦܠܐ ܥܠ
ܣ̈ܗܕܘܬܗ ܕܝܠ ܚܕ ܡܢ ܡܟܬ̈ܒܢܐ ܕܗܘܘ ܒܥܕܬ̈ܐ. ܐܬܚܫܚ
3 (B fol. 42 a) ܒܗܘܢ ܠܣܗܕܘܬܐ ܕܡܠܬܐ. ܟܕ ܕܝܢ ܪ̈ܕܝܢ ܐܢܚܢܢ
ܒܗ ܒܬܫܥܝܬܐ ܒܗܝ ܕܒܬܪ ܡܫܠܡܢܘܬܐ[8] ܡܙܒ̈ܢܐ[9] ܕܐܝܠܝܢ
ܡܢ ܡܟܬ̈ܒܢܐ ܕܥܕܬܐ ܒܙܒ̈ܢܝܗܘܢ. ܡܢ ܣ̈ܦܪܐ[10] ܐܝܠܝܢ ܕܐܝܬ
ܕܠܗܘܢ ܚܫܚ ܒܝܢ̈ܬܐ ܕܡܠ̈ܟܐ ܐܡܝܢܐ[11] ܐܬܚܫܚܘ[12] ܒܗܘܢ.
ܘܕܐܡܝܢܐ ܐܡܪ ܠܗܘܢ ܥܠ ܣ̈ܦܪܐ ܡܕ̈ܢܝܐ. ܕܡܘܕܝܢܐ ܒܗܘܢ
ܥܕܬܐ ܕܠܐ ܦܘܠܓ. ܘܥܠ ܐܝܠܝܢ ܕܠܐ ܗܘܐ ܗܟܢܐ
4 ܐܬܝܕܥܘ. ܡܢ ܐܓܪ̈ܬܐ ܕܝܢ ܗܠܝܢ ܕܡܫܬܟܚܢ[13] ܕܦܘܠܘܣ
ܗܕܐ ܒܠܚܘܕ ܝܕܝܥܢ[14] ܕܥܒܪ̈ܝܐ. ܕܡܘܕܝܢ ܒܗ ܐܦ ܐܚܪ̈ܢܝܬܐ
5 ܡܥܕ̈ܬܐ ܡܕܝܢ̈ܝܬܐ. ܕܦܘܠܘܣ[15] ܕܝܢ ܐܦܪ̈ܟܣܝܣ. ܗܠܝܢ ܕܡܬܩܪ̈ܝܢ[16]
ܦܢܩܝܬ. ܦܠܐ ܠܝ ܕܝܢ ܕܝܕܥ ܕܐܢܫܝܢ ܡܢ ܥܕܬܐ ܕܪ̈ܗܘܡܝܐ. 𝕬 148
ܐܦܠܘܗܝ ܠܗܿ ܐܓܪܬܐ ܕܥܒܪ̈ܝܐ ܘܐܡܪܝܢ ܕܠܐ ܗܘܬ ܕܦܘܠܘܣ.
ܐܦ[17] ܥܠ ܗܕܐ ܕܝܢ[18] ܐܓܪܬܐ. ܡܕܡ ܕܐܡܪܘ ܠܐܢܫܐ ܕܩܕܡܘ
ܡܢܗܘܢ ܒܫ̈ܪܒܝܗܘܢ ܫܡܥܢܢ.[19] ܘܦܪ̈ܟܣܘܬܐ ܕܡܬܩܪܝܢ ܕܦܘܠܘܣ
6 ܐܝܟ ܕܩܒܠܢ ܡܢܗܘܢ ܒܝܢ̈ܬܐ ܕܦܘܠܓܐ ܐܝܬ ܥܠܝܗܝܢ. ܡܛܠ
ܕܝܢ ܕܗܪܡܐ ܦܘܠܘܣ ܒܗܘ ܫܠܡܐ[20] ܐܚܪܝܐ ܕܐܓܪܬܐ ܕܪ̈ܗܘܡܝܐ:
ܥܡ ܐܣܘܢܩܪܝܛܐ[21] ܦܠܓܘܢ ܐܦ ܠܗܪܡܐ: ܠܗܢܐ ܕܐܡܪܝܢ ܕܕܝܠܗ ܗܘ ܗܘ Rom xvi 14
ܗܘ ܟܬܒܐ ܕܡܬܩܪܐ ܕܪ̈ܥܝܐ. ܦܠܐ ܠܝ ܕܝܢ[22] ܕܝܕܥ ܕܐܢܫܝܢ

[5] 𝕬 om. ܘܗܘ [6] 𝕬 plur. [7] A ܐܝܕܥܝܢ [8] A fol. 42 *a*
[9] 𝕬 adds *vobis* [10] 𝕬 *e scriptoribus* [11] A ܐܡܝܢ [12] 𝕬 sing. [13] A ܕܡܫܬܟܚ̈ܢ
[14] A ܐܝܕܥܝܢ In 𝕬 read *t* for *tt* [15] A prefixes ܐܦ
[16] A ܕܡܬܩܪܝܢ [17] A ܐܠܐ ܕܝܢ [18] A om. ܕܝܢ [19] A ܫܡܥܢܢ ܚܢܢ
𝕬 *novimus* [20] A 𝕬 ܘܫܠܡܐ [21] A ܐܣܢܩܪܛܐ [22] A 𝕬 om. ܕܝܢ

ܡܢ ܡܕܝ̈ܢܬܐ ܠܐ ܡܟܠܗܘܢ.. ܘܐܝܟ[23] ܡܢ ܟܐܢܫܘܬܗܘܢ ܕܐܝܠܝܢ
ܕܡܗܕܝܐ ܗܘܘ ܒܕܬܐ ܠܐ ܡܬܗܝܡܢ. ܐܚܪ̈ܢܐ[24] ܕܝܢ ܕܐܝܠܝܢ
ܕܦܩܕ ܒܫܡܗ ܕܡܬܢܣܒܐܬ ܡܬܘܕܝܢܐ[25] ܗܘ ܕܐܝܠܝܢ ܕܒܐܝܠܝܢ
ܠܬܘܠܡܕܐ. ܘܡܟܠܗܘܢ ܐܦ[26] ܒܟܬ̈ܒܐ ܡܫܝ̈ܚܬܐ ܡܬܘܪ̈ܝܐ.
7 ܘܠܐܢܫܝܢ[27] ܡܢ ܡܫܬܥܝܢܐ ܡܕܝ̈ܢܬܐ ܡܕܡܝܬ[28] ܕܐܬܚܫܒܘ ܒܗ. ܗܠܝܢ
ܕܝܢ ܕܐܡܪ̈ܬ ܕܐܚܘܝܐ ܥܠ ܟܬ̈ܒܐ ܕܐܠܗܝܐ ܕܐܝܠܝܢ (B fol. 42 *b*)
ܡܬܡܠܠܝܢ ܕܠܐ ܦܘܠܓ. ܘܐܝܠܝܢ ܐܝܟܢ ܐܝܠܝܢ ܕܠܐ ܡܘܕܐ
ܗܘܘ ܟܠ ܐܢܫ

𝔄 119 ܕܐܪܒܥܐ ܥܠ ܝܠܘܦܝܗܘܢ ܩܕܡܝܐ ܕܫ̈ܠܝܚܐ ·:·

iv. 1 ܕܠܥܡ̈ܡܐ ܕܝܢ ܡܟܪܙ ܗܘܐ[1] ܦܘܠܘܣ: ܘܡܢ ܐܘܪܫܠܡ ܒܟܪܟܐ
ܠܐܠܘܪܝܩܘܣ[2] ܣܡ ܗܘܐ ܫܬܐܣ̈ܬܐ ܕܥܕ̈ܬܐ. ܡܚܘܐ ܗܘ ܡܢ
ܡ̈ܠܘܗܝ ܕܝܠܗ. ܘܡܢ ܐܝܠܝܢ ܕܐܟܬܒ. ܠܘܩܐ ܒܦܪ̈ܟܣܣ.[3]
2 ܘܦܛܪܘܣ ܡܢ ܡ̈ܠܘܗܝ ܡܢ ܗ̇ܝ ܐܓܪܬܐ ܕܐܡܪܝܢ ܡܬܩܒܠܬܗ̇
ܕܡܬܩܒܠܐ ܒܥܕ̈ܬܐ ܡܚܘܐ[4] ܗܘ. ܦܫܝܩܐܝܬ: ܕܒܥܡܡܐ ܐܬܪ̈ܘܢ
ܐܟܪܙ ܠܡܫܝܚܐ ܠܗܢܘܢ ܕܡܢ ܓܙܘܪܬܐ ܐܢܘܢ ܘܐܫܠܡ ܠܗܘܢ[5]
ܡܠܬܐ ܕܕܝܬܩܐ ܚܕܬܐ.[6] ܗܢܘ ܕܝܢ ܠܗܢܘܢ ܕܡܢ ܒܥܒ̈ܪܝܐ
ܐܬܒܕܪܘ ܗܘܘ ܒܦܢܛܘܣ. ܒܓܠܛܝܐ[7] ܘܒܓܠܝܠܝܐ ܘܒܩܦܕܘܩܝܐ[8]
3 ܘܒܐܣܝܐ ܘܒܒܝܬܘܢܝܐ. ܕܐܝܠܝܢ ܕܝܢ ܗܘܘ ܡܗܝܡ̈ܢܝܗܘܢ ܫܪ̈ܝܪܐ
ܕܗܠܝܢ ܘܐܬܒܣܝܘ ܕܢܨܒܘܢ ܒܥ̈ܕܬܐ ܕܐܬܡܢܝܘ. ܘܠܐ[9] ܦܫܝܩ ܠܝ
ܕܐܫܟܚ ܗܟܢܐ. ܐܠܐ ܐܢ ܕܠܡܐ ܐܡܪܢ. ܐܝܟ[10] ܕܝܠܦܢ ܡܢ

[23] 𝔄 om. ܘ [24] A ܢܘܟܪ̈ܝܐ [25] A 𝔄 ܠܡܫܪܪܘ ܕܡܫܪܪܢܝܬܐ [26] 𝔄 om. ܐܦ
[27] 𝔄 *ոմանք quidam* [28] A ܡܛܝܬ 𝔄 *ժամանեցին pervenerunt*

CHAP. IV. [1] A fol. 42 *b* [2] A ܠܐܠܘܪܝܩܘܣ [3] 𝔄 *in actis apostolorum*
[4] A ܐܡܝܢܐ [5] A ܘܐܫܠܡ ܠܗܘܢ [6] A adds ܠܗܘܢ [7] A ܒܓܠܛܝܐ
[8] 𝔄 = ܘܒܩܦܘܕܩܝܐ ܘܒܓܠܛܝܐ [9] A 𝔄 ܠܐ [10] 𝔄 *poterimus*

4 ܬܠܡܝ̈ܕܘܗܝ ܕܦܘܠܘܣ. ܪ̈ܒܘܬܐ ܓܝܪ ܗܘܘ ܠܗ ܡܥܕܪ̈ܢܐ. ܘܐܝܟ
ܕܗܘ ܡܫܡܗ ܠܗܘܢ ܦܠܚ̈ܐ ܗܘܘ ܥܡܗ ܒܡܕܒܪܢܘܬܐ. ܕܠܘܩܝܢܐ 𝔄 150
ܡܢܝܢܗܘܢ ܠܡܬܢܝܢܐ[11] ܕܠܐ ܡܬܡܨܝܐ ܐܢܫܝ ܐܝܟܢ. ܘܐܡܝܢܐܝܬ
5 ܣܗܕ ܗܘܐ ܠܗܘܢ ܒܐܓܪ̈ܬܗ ܒܣܗܕܘܬܐ[12] ܕܟܠܗܘܢ. ܠܘ
ܕܝܢ ܒܠܚܘܕ ܗܘ. ܐܠܐ ܐܦ ܠܘܩܐ ܒܦܪ̈ܟܣܝܣ. ܠܡܕ̈ܒܪܢܐ[13] ܕܐܝܬ
6 ܗܘܐ ܒܗܘܢ ܒܫܡܗܐ ܡܦܪܫ ܠܗܘܢ. ܥܠ ܛܝܡܬܐܘܣ ܕܝܢ
ܡܫܬܥܝܐ ܥܠܘܗܝ. ܕܐܦܣܩܘܦܐ ܩܕܡܝܐ ܕܐܦܣܘܣ ܗܘ ܗܘܐ.
7 ܐܝܟ ܕܐܦ ܛܝܛܘܣ ܕܥܕ̈ܬܐ ܕܐܝܬ ܗܘܐ ܒܩܪܛܐ[14]. ܠܘܩܐ
ܕܝܢ ܒܓܢܣܗ ܐܢܛܝܘܟܝܐ ܗܘܐ ܡܢ[15] ܐܢܛܝܘܟܝܐ. ܘܗܘ ܡܕܡ
ܐܘܡܢܘܬܗ ܗܘܐ ܐܣܝܐ. ܘܣܓܝܐܬܗ ܕܒܢܝܐ ܥܡ ܦܘܠܘܣ
ܗܘܐ. ܐܦ ܥܡ ܫܪܟܐ ܕܫ̈ܠܝܚܐ ܡܫܬܘܬܦܐܝܬ (B fol. 43 a) ܡܬܗܦܟ
ܗܘܐ. ܕܐܣܝܐ ܕܝܢ ܣܠܩܐ ܡܢܐ ܡܢܗܘܢ ܕܐܣܝܘܬܐ ܕܢܦ̈ܫܬܐ.
ܡܢܗ ܬܘܣܦܬܐ ܒܬܪܝܢ[16] ܟܬ̈ܒܐ ܕܪܘܚܐ ܕܐܠܗܝܬܐ ܕܐܟܬܒ.
ܒܐܘܢܓܠܝܘܢ ܕܗܘ ܒܗ ܟܬܒ ܐܝܟܢܐ. ܕܐܝܟ ܕܐܫܠܡܘ ܠܗ[17]
ܗܢܘܢ ܕܡܢ ܩܕܝܡ ܗܘܘ ܚܙܝܐ ܘܡܫܡܫܢܐ ܕܡܠܬܐ. ܗܢܘܢ
ܕܐܡܪ ܕܡܢ ܩܕܝܡ ܢܩܦ ܗܘܐ ܠܗܘܢ. ܘܟܬܒܐ ܕܦܪ̈ܟܣܝܣ ܕܫ̈ܠܝܚܐ.
ܠܘ ܐܝܟ ܕܡܢ ܫܡܥܐ ܐܠܐ ܐܝܟ ܕܒܥܝܢܘܗܝ ܚܙܐ ܐܟܬܒ ܡܕܡ
8 ܕܐܟܬܒ ܘܠܘ ܡܢ ܡܫܡܥܬܐ. ܐܡܪܝܢ ܗܟܝܠ. ܕܦܘܠܘܣ ܠܡ
ܠܗ ܠܐܘܢܓܠܝܘܢ ܕܠܘܩܐ ܡܕܟܪ ܗܘܐ ܐܡܬܝ ܕܐܡܪ ܐܝܟ
ܕܕܝܠܗ ܗܘ. ܐܡܬܝ ܕܐܡܪ ܗܘܐ ܕܐܝܟ ܕܟܬܒ ܒܐܘܢܓܠܝܘܢ
ܕܝܠܝ. ܫܪܟܐ ܕܝܢ ܕܐܚܪ̈ܢܐ[18] ܕܢܩܦܝܢ ܗܘܘ ܠܗ ܠܦܘܠܘܣ. ܥܠ 𝔄 151
9 ܩܪܣܩܝܣ ܗܘ ܦܘܠܘܣ ܡܣܗܕ ܥܠܘܗܝ ܕܐܙܠ ܠܓܠܛܝܐ. ܠܝܢܘܣ[19]

[11] In 𝔄 for յիշատակէ read յիշատակի [12] A ܒܣܗܕܘ̈ܬܐ For ܕܟܠܗܘܢ 𝔄 has *praedicabat de iis* [13] A ܠܬܠܡ̈ܝܕܐ [14] A ܕܒܩܪܛܐ ܐܝܬܝܗܘܢ [15] A om. ܡܢ [16] A fol. 43 *a* [17] A ܠܢ [18] 𝔄 adds *multi sunt* [19] 𝔄 = ܠܝܢܘܣ

ܕܝܢ ܗܘ ܕܡܥܗܕ ܠܗ ܕܥܡܗ ܗܘܐ ܒܪܗܘܡܐ ܒܐܓܪܬܐ
im iv 21 ܬܢܝܢܬܐ ܕܠܛܝܡܬܐܘܣ[20] ܕܬܪܬܝܢ. ܘܒܬܪ ܦܛܪܘܣ ܕܗܘܐ[21] ܩܕܡܝܐ ܩܒܠ
ܐܦܣܩܘܦܘܬܐ ܕܥܕܬܐ ܕܪܗܘܡܐ. ܐܦ ܟܕ ܗܢܐ ܐܘܕܥܢ.[22]
ܐܠܐ ܐܦ[23] ܥܠ ܩܠܐܡܝܣ[24] ܕܗܘܐ ܐܦܣܩܘܦܐ ܕܬܠܬܐ ܒܪܗܘܡܐ. 10
il iv 3 ܘܗܘ ܦܘܠܘܣ ܫܡܫܗ ܕܥܠܘܗܝ ܕܡܣܗܕ ܗܘܐ ܘܦܠܚܐ ܕܚܒܪܗ.
s xvii ܐܦ ܕܝܘܢܘܣܝܘܣ[25] ܗܘ ܕܐܡܝܪ ܥܠܘܗܝ ܒܦܪܟܣܝܣ[26] ܕܡܢ ܐܪܝܘܣ 11
ܦܓܘܣ ܒܗ ܐܠܦ ܬܡܢ ܦܘܠܘܣ ܗܘ ܡܕܡܪܐܝܬ ܗܝܡܢ ܗܘܐ.
ܡܫܬܥܐ ܥܠܘܗܝ ܕܝܘܢܘܣܝܘܣ[27] ܐܚܪܢܐ.[28] ܕܐܝܬܘܗܝ ܗܘܐ
ܐܦܣܩܘܦܐ ܕܥܕܬܐ ܕܩܘܪܢܬܘܣ ܕܗܘ ܠܗ[29] ܗܘܐ ܐܦܣܩܘܦܐ
ܩܕܡܝܐ ܒܐܬܢܘܣ.[30] ܟܕ ܕܝܢ ܙܕܩ ܒܗ ܒܬܫܥܝܬܐ ܒܙܒܢܝܗܘܢ 12
ܕܐܝܠܝܢ ܕܩܒܠܘ[31] ܡܢ ܫ̈ܠܝܚܐ (B fol. 43 b) ܐܡܪܝܢ[32] ܥܠܝܗܘܢ.
ܗܫܐ ܕܝܢ ܢܩܒܠ ܠܢ ܠܬܫ̈ܥܝܬܐ.[33]

𝔄 152 ܕܚܡܫܐ. ܥܠ ܫܒܝܗܘܢ ܐܚܪܝܐ[1] ܕܝܗ̈ܘܕܝܐ[2] ܕܡܢ ܒܬܪ
ܡܫܝܚܐ ⁘

ܡܢ ܒܬܪ ܕܡܢ ܢܪܘܢ ܒܡܠܟܘܬܐ ܬܠܬܥܣܪܐ ܫ̈ܢܝܢ: v. 1
ܘܒܬܪܗ ܓܠܒܐ ܘܐܬܘܢ ܫܢܬܐ ܘܦܠܓܗ̇. ܟܕ ܢܨܚ ܘܐܣܦܣܝܢܘܣ
ܒܩܪܒܐ ܕܥܡ ܝ̈ܗܘܕܝܐ ܒܗ̇ ܒܝܗܘܕ.[3] ܐܡܠܟܘܗ ܚܝܠܐ ܕܪ̈ܗܘܡܝܐ

[20] A ܒܗ̇ ܬܢܝܢܝܬܐ ܕܠܛܝܡܬܐܘܣ [21] 𝔄 om. ܕ [22] 𝔄 om. ܐܦ ܟܕ ܗܘܐ ܐܘܕܥܢ [23] 𝔄 om. ܐܦ [24] A ܩܠܝܡܝܣ [25] A ܕܝܘܢܘܣܝܘܣ [26] 𝔄 *in actis apostolorum* [27] A ܕܝܘܢܘܣܝܘܣ [28] In B there stood originally an ܐ after the ܕ. 𝔄 has for the last six words *credidit, sicut narrat de eo. Sed alter etiam Dionysius* [29] 𝔄 om. ܠܗܘ [30] A ܒܐܬܢܘܣ [31] 𝔄 = ܕܐܝܠܝܢ ܩܒܠܘ [32] A 𝔄 ܐܡܪܝܢ [33] A 𝔄 ܠܬܫܥܝܬܐ

Chap. V. [1] 𝔄 = ܡܨܘܪܐ (comp. Index) [2] A fol. 43 *b* [3] A 𝔄 join ܒܗ ܒܝܗܘܕ to the following words

ܕܐܬܐ ܗܘܐ ܠܘܬܗ ܕܢܗܘܐ ܡܠܟܐ ܐܣܦܣܝܢܘܣ[4]. ܘܡܫܒܚܐ
ܐܫܠܡ ܩܪܒܐ ܕܥܡ ܝܗܘܕܝܐ ܠܛܝܛܘܣ[5] ܒܪܗ. ܘܗܘ ܐܙܠ ܠܗ
ܠܪܗܘܡܐ. ܡܢ ܒܬܪ ܕܝܢ ܣܘܠܩܗ ܕܦܪܘܩܢ. ܟܕ ܡܚܝܒܘܬܗܘܢ 2
ܕܝܗܘܕܝܐ ܕܠܘܬܗ. ܢܟܠܐ ܣܓܝܐܐ[6] ܐܦ ܥܠ ܫܠܝܚܐ ܐܬܚܫܒܘ
ܗܘܘ. ܘܩܕܡܝܐܝܬ[7] ܩܛܠܘܗܝ ܠܐܣܛܦܢܘܣ ܒܟܐܦܐ. ܘܬܘܒ.[7a]
ܡܢ ܒܬܪܗ ܦܣܩܘ ܪܫܗ ܕܝܥܩܘܒ ܒܪ ܙܒܕܝ ܐܚܘܗܝ ܕܝܘܚܢܢ.
ܘܒܬܪ ܗܠܝܢ. ܬܘܒ ܠܝܥܩܘܒ ܗܘ ܕܡܢ ܒܬܪ ܣܘܠܩܗ ܕܦܪܘܩܢ
ܣܠܩ ܗܘܐ ܬܪܘܢܘܣ[8] ܕܐܦܣܩܘܦܘܬܐ[9] ܕܬܡܢ ܩܛܠܘܗܝ. ܐܦ ܠܗ 𝔄 153
ܐܝܟ ܕܩܕܡ ܐܡܪܢ. ܘܠܫܪܟܐ ܕܫܠܝܚܐ. ܪܕܘܦܝܐ ܣܓܝܐܐ
ܐܬܚܫܒܘ ܗܘܘ ܠܗܘܢ ܐܝܟ ܕܠܡܘܬܐ. ܘܪܕܦܘ[10] ܐܢܘܢ ܡܢ
ܐܪܥܐ ܕܝܗܘܕ.. ܗܢܘܢ ܕܝܢ ܐܬܦܪܕܘ ܡܢ ܬܡܢ ܠܟܠܗ ܥܡ̈ܡܐ.
ܠܡܟܪܙܘ ܣܒܪܬܐ ܒܫܡܗ. ܐܦ ܥܡܐ ܕܝܢ ܕܒܥܕܬܐ ܕܐܘܪܫܠܡ: 3
ܐܝܟ ܕܡܢ ܓܠܝܢܐ ܕܗܘܐ ܥܠ ܢܟܦܐ ܕܬܡܢ. ܩܕܡ ܩܪܒܐ
ܐܬܦܩܕ ܗܘܐ ܠܗܘܢ ܕܢܦܩܘܢ ܡܢܗ ܡܢ ܡܕܝܢܬܐ. ܘܢܐܙܠܘܢ
ܘܢܥܡܪܘܢ ܒܚܕܐ. ܒܡܕܝܢܬܐ ܕܡܬܩܪܝܐ ܦܚܠܐ. ܠܘܬܗܘܢ
ܐܝܠܝܢ ܕܐܝܬ ܗܘܘ ܒܐܘܪܫܠܡ ܕܡܗܝܡܢܝܢ ܒܡܫܝܚܐ. ܐܝܟ
ܕܢܦܩܘܢ ܡܢܗ ܟܠܗܘܢ ܐܢܫܐ ܩܕܝܫܐ. ܘܫܒܩܝܢ ܠܐܬܪܐ
ܕܡܛܐ ܕܬܒܥܬܐ ܡܢ ܐܠܗܐ[11] ܥܠܝܗ̇: ܥܠ ܡܕܝܢܬ (B fol. 44 a)
ܡܠܟܘܬܐ ܕܝܗܘܕܝܐ. ܘܥܠ ܟܠܗ̇ ܐܪܥܐ ܕܝܗܘܕ.. ܥܠ ܡܛܠ
ܕܐܡܪܚܘ ܥܠ[12] ܡܫܝܚܐ ܘܥܠ ܫܠܝܚܘܗܝ. ܐܝܟܢܐ ܕܢܦܩܘܗ̇
ܠܗܝ ܫܪܒܬܐ ܕܪ̈ܫܝܥܐ ܡܢ ܗܘ ܐܬܪܐ. ܕܐܝܠܝܢ ܕܝܢ ܒܝ̈ܫܬܐ 4
ܓܒܝ ܠܟܠܗ ܥܡܐ ܒܟܠ ܐܬܪ: ܘܕܐܝܟܢܐ ܡܬܢܐܬ ܒܥܡܘܪ̈ܝܗ̇
ܕܝܗܘܕ ܒܫ̈ܢܝܐ ܒܢ̈ܝܐ ܐܬܚܒܠܘ: ܘܕܒܚܪܒܐ ܘܒܟܦܢܐ ܐܒܝܕܘ 𝔄 154

[4] A ܐܘܣܦܣܝܢܘܣ [5] A ܠܛܛܘܣ [6] A ܢܟܠܐ ܣܓܝܐܐ [7] A ܘܩܕܡܝܬ
[7a] 𝔄 om. ܬܘܒ [8] A ܬܪܘܢܘܣ [9] 𝔄 adds Երուսաղեմի :: ܕܐܘܪܫܠܡ
[10] A ܘܪܕܦܘ [11] A ܕܝܢܐ ܕܐܠܗܐ [12] A fol. 44 a

ܒܡܫܥܝܐ[13] ܘܒܟܬܒܢܐ[14] ܘܦܢ̈ܩܝܬܐ ܡܫ̈ܬܐܠܐ ܕܡܕܝܢܬܐ ܢܦܠܘ:
ܘܡܨܒܝܢܐ ܕܗܘܐ ܠܡܕܝܢܬܐ ܡܚܠ̈ܨܬܐ ܕܝܗܘܕ: ܐܦ ܐܝܠܝܢ
ܒܢ̈ܫܬܐ[14a] ܣܢ̈ܝܩܬܐ ܚܕܐ ܒܗ̇ ܒܐܘܪܫܠܡ: ܐܝܠܝܢ ܕܒܪܘ ܗܘܘ
ܠܗ̇ ܠܡܬܟܬܫܘ ܒܗ̇ ܐܝܟ ܕܠܡܕܝܢܬܐ ܡܫܒܝܬܐ: ܘܐܣܦܣܝܢܘܣ
ܕܠܗ ܡܪܟܐ ܘܟܠ ܕܓ̈ܒܝܗ ܒܗ[15] ܒܬܪܗܘܢ ܡܢܗܘܢ: ܘܐܝܟܢܐ
ܡܚܘ̇ܬ ܒܫܘܪܬܐ ܐܬܐ ܕܦܠܓܘܬܐ ܕܫܘܪܒܐ[16] ܐܝܟ ܕܐܡܝܪ
ܒܟܬܒܐ: ܥܠ ܗ̇ܘ ܡܫܠܡܢܐ ܕܡܫܡܫܢܘܬܐ ܕܐܬܘܗܝ ܗܘܐ ܡܢ
ܡܛܠ ܕܐܠܗܐ: ܕܐܝܟܢܐ[17] ܐܬܚܫܒ ܡܠܝܠܐܝܬ ܒܥܘܪ̈ܐ. ܐܝܟܢܐ
ܕܢ̈ܦܠܐ ܕܢܐܠܦ ܫܬܬܐܝܬ. ܡܢ ܬܫܡܫܬܐ ܕܐܟܬܒ ܠܦܠܩܘܣ[18]
5 ܡ̈ܢܝܐ ܕܢܐܠܦ. ܕܐܝܟܢܐ ܕܝܢ[19] ܡܣܒܪܐ ܗܘ ܗܢܐ ܠܦܠܩܘܣ:[20]
ܕܐܬܒܪ̈ܢܘ ܗܘܘ ܡܢ ܟܠܗ̇ ܢܡܘܣ ܒܩ̈ܕܡܬܐ ܕܒܐܕܐ[21] ܕܦܫܝܢ:
ܘܐܝܟܢ ܕܒܝܫܬ ܐܣܝܪ̈ܐ[22] ܟܠܗ ܐܬܡܚܝܘ[23] ܒܐܘܪܫܠܡ ܐܝܟ
6 ܬܬܠܡܟܐ[24] ܪ̈ܒܘܢ ܢܦܫ̈ܬܐ. ܦܠܐ ܠܡ ܕܝܢ ܕܢܘܕܥ.[25] ܘܕܦ
ܗܘܐ ܒܢܙ[26] ܕܒܥܘܬܗܘܢ ܘܡܩ̈ܛܠܬܐ ܕܚܕ[27] ܒܝܫܝܢ ܗܘܘ ܐܟܪܝܘ ܥܠ
ܦܪܘܩܢ ܘܡܚܒܕ ܦ̈ܬܟܐ ܕܟܠ ܟܠ[28] ܡܥܝܢܐ ܒܪܗ ܕܐܠܗܐ.
ܕܒܗܘܢ ܬܫܒܚܬܐ ܐܝܟ ܕܟܬܝܒ ܐܘܪܝܬܐ. ܘܢܦܠܘܢ ܐܟܕܢܐ
ܡܢ ܕܝܢܗ[29] ܒܟܐܢܐ ܕܐܠܗܐ.

𝔄 155 ܕܫܬܐ ܥܠ ܒܝܫܬܐ ܕܐܝܕܐ ܗܘܐ ܐܬܘ ܠܝܗܘ̈ܕܝܐ ·:·

7 ܐܫܬܘܕܥ ܕܝܢ ܐܝܠܝܢ (B fol. 44 b) ܕܒܫ̈ܢܝܗܘܢ ܡܠܟܘܢ ܓܐܝܘܣ ܗܘܐ
ܐܝܟ ܕܠܝܗܘ̈ܕܝܐ ܒܡܫ̈ܡܫܢܐ[1] ܘܒܐܘ̈ܠܨܢܐ ܐܚܪ̈ܢܐ. ܘܐܡܪ

[13] A ܒܡܫ̈ܥܝܬܐ [14] 𝔄 = ܟܬܒܐ ܘܡܫܥܝܬܐ [14a] B ܒ̈ܢܩܬܐ ܐ̇ܢܠܝܢ
[15] A ܒܗ̇ [16] A ܕܫܪܒܐ [17] A ܕܐܝܟܢ [18] A ܠܦܠܩܘܣ [19] A om. ܕܝܢ
[20] A ܠܦܠܩܘܣ [21] A ܕܒܐܪܐ [22] A ܕܒܝܫܬ ܐܣܝܪܐ [23] A adds ܗܘܘ
[24] A ܠܬܠܡܟܐ [25] A ܕܢܘܕܥ 𝔄 om. ܕܝܢ and joins this clause to the preceding
[26] A ܕܐܪܥܘ ܗܘܐ [27] A (and probably 𝔄) ܡܢ [28] 𝔄 = ܘܟܠܐ [29] 𝔄 plur.

CHAP. VI. [1] In 𝔄 for *npúıl_* read *npuıl_* = ܒܡܫܡܫܢܐ

ܒܠܚܘܕ ܟܠ ܐܘܠܨܢܐ ܡܪ̈ܝܪܐ ܕܐܬܕܒܪܘ[2] ܐܢܘܢ ܒܟܦܢܐ.
ܕܐܦ ܒܡܠܬܗ[3] ܐܝܟ ܕܦܩܕ ܒܗܢܐ ܥܠܡܐ ܢܗܘܘܢ ܢܬܕܒܪܢ.
ܕܡܚܘܐ ܒܪܢܫܐ[4] ܕܡܪܘܬܗܘܢ ܕܟܠ ܡܥܡܪܐ ܒܟܠ ܐܬܪܟ
vi. 1 ܐܢܘܢ ܡܢ ܐܠܗܐ. ܗܒ ܠܟ ܗܟܝܠ ܬܫܒܘܚܬܐ ܕܝܘܣܦ
ܗܝܣܛܘܪܝܘܣ[5] ܘܩܪܐ ܕܡܠܝܐ ܓܒܪ[6] ܒܗܘ ܙܒܢܐ. ܒܪ ܐܡܪ
2 ܡܕܝܢܬܐ. ܕܐܝܟ ܠܟ[7] ܕܐܝܬ ܗܘܐ ܠܗܘܢ ܩܫܝܐ. ܕܢܦܩܘ
ܐܘ ܕܢܐܡܪ ܚܘܒܐ ܗܘܐ ܠܗܘܢ. ܒܓܠܬܐ ܓܝܪ ܕܡܬܝܒܠܝܢ ܗܘܘ
ܠܐܢܫ[8] ܕܐܝܟ ܕܠܬܘܡܘܬܐ ܚܒܠܐ ܕܢܦܠܝܢ.[8a] ܐܚܕ ܗܘܐ ܡܛܠ
ܚܝܠܗ. ܘܡܒܕܩ ܡܢ ܒܦܢܐ ܘܐܦ[9] ܡܪܘܬܗܘܢ ܕܫܥܒܕ̈ܐ
ܒܒܬܐ ܗܘܬ. ܘܡܠܘܐ ܬܪܬܝܢ ܗܠܝܢ ܒܢܬ̈ܐ ܡܬܟܪܟܝܢ ܗܘܘ.
3 ܢ̈ܫܐ ܕܝܢ[10] ܒܟܠܝܐ ܐܟܠܐ ܒܕܘܟ ܡܬܚ̈ܝܝܢ ܗܘܘ. ܥܒܪܝܢ
ܗܘܘ ܓܝܪ ܘܒܐܠܝܢ ܘܡܒܥܝܢ ܒ̈ܬܐ.[10a] ܘܐܝܟ ܗܘ ܕܡܫܟܚܝܢ ܗܘܘ
ܡܕܡ ܟܠ ܐܢ̈ܫܝܢ ܘܡܦܪܫܝܢ[11] ܚ̈ܣܝܢ ܗܘܘ ܠܗܘܢ. ܘܐܟܠܝܢ[12]
ܡܫܟܚܝܢ ܗܘܘ. ܐܝܟ ܕܠܐܢܫܐ ܕܡܢ ܐܘܠܨܢܐ[13] ܠܚܡܐ ܡܚܣܝܢ
4 ܗܘܘ ܠܗܘܢ. ܬܫܘܝܬܐ ܕܝܢ[14] ܕܐܢ ܐܝܬ ܗܘܐ ܠܐܢܫ ܡܕܡ
ܐܘ ܠܐ. ܚܙܬܐ ܕܦܓܪ̈ܝܗܘܢ ܕܕ̈ܘܝܐ[15] ܐܬܝܗ̇ ܗܘܬ. ܘܐܝܟ
ܡܢܗܘܢ ܕܡܬܚܫܒܝܢ ܗܘܘ ܦܓܪ̈ܝܗܘܢ ܡܬܦܬܟܪܝܢ ܗܘܘ.
ܕܡܬܪܥܝܢ[16] ܡܥܪ̈ܬܐ ܗܘܬ ܠܗܘܢ. ܕܢܦܠܘܢ ܕܝܢ ܠܐܝܠܝܢ
ܕܠܒܢܝܗܘܢ ܡܪܚܝܢ ܗܘܘ ܠܡܒܥܐ. ܗܕܐ ܕܠܐ ܡܫܟܚܬܐ

[2] A fol. 44 b [3] A ܘܡܠܠܗ ܕܠܐ [4] A ܒܢܝܢܐ [5] A ܝܘܣܝܦܘܣ

[6] 𝕬 adds *illis* but omits the following words to ܗܘܐ [7] 𝕬 om. ܠܟ

[8] A ܐܢܫ ܟܠ 𝕬 lit. *per causas quas iungebant in praetextus quos imponebant hominibus* [8a] A ܕܢܦܠܝܢ [9] A ܐܦ [10] A ܕܝܢ [10a] For ܒ̈ܬܐ ܘܡܒܥܝܢ ܘܒܐܠܝܢ 𝕬 has *et intrabant in domus et in apothecas et quaerebant et scrutabantur* [11] 𝕬 = ܘܦܪܫܝܢ [12] A ܐܘ ܠܐ [13] 𝕬 *apud hominem qui propter famem* [14] A ܕܝܢ [15] A adds ܗܘ [16] A adds ܠܟ

5 ܐܬܬܣܝܡܬ ܗܘܬ.[17] ܫܘܒܚܐ ܕܝܢ ܕܠܘܩܒܠ ܡܫܝܚܗܘܢ[18] ܡܩܒܠܝܢ
ܗܘܘ ܒܝܫܐ ܒܠܚܘܕ ܕܫܠܛܐ. ܐܦ ܠܡܬܪܐ ܐܬܬܘܝܗܘܢ ܗܘܘ.
ܘܕܡܫܡܫܝܢ ܡܫܝܚܘܗܝ[19] ܒܡܫܪܝܐ. ܘܡܬܠܝܢ ܗܘܘ ܢܣܒܝܗܘܢ
ܒܟܘܪܗܢܝܗܘܢ ܠܟܘܪܐ. ܘܐܝܬ ܡܢܗܘܢ ܕܗܡ (B fol. 45 a) ܦܘܪܣܢܝܬܐ
ܡܚܝܠܬܐ.[20] ܕܐܝܟ ܕܐܬܬܝܗܝܢ[21] ܫܠܝܐ ܐܟܠܝܢ ܗܘܘ ܠܗܝܢ ܒܗ
ܠܐ ܠܚܡܝܢ. ܐܝܬ ܕܝܢ ܕܐܦܩܝܢ ܗܘܘ ܐܝܟ ܕܐܝܣܘܢܐ ܒܘܪܐ
6 ܗܘܬ. ܘܬܘܒ ܬܘܪܐ ܠܚܡܪ ܒܢܘܗܝ ܠܐ ܬܦܩ ܗܘܐ. ܘܡܢܗܘܢ ܡܢ
ܢܘܪܐ ܫܠܝܡ ܗܘܐ ܘܐܟܠܝܢ[22] ܠܗ[23] ܠܡܫܪܬܐ ܒܗ ܠܗ ܠܐ ܒܥܠܝܐ.[24]
ܕܢܫܐ ܕܝܢ ܐܬܬܝܗܝܢ ܗܘܬ ܗܝ ܡܬܟܡܠܢܝܬܐ.[25] ܘܠܡܬܪܕܐ ܓܘܢܐ
ܗܘܬ[26] ܗܝ ܫܠܡܗ. ܕܐܟܠܝܢ[26a] ܕܣܠܬܝܢ ܡܢ ܫܒܪܝܗܘܢ ܡܫܠܡܝܢ
7 ܗܘܘ ܠܗ. ܘܐܟܠܝܢ[27] ܕܒܪܝܗܝܢ ܒܦܘܡ ܗܘܘ. ܠܟܠ ܢܦܫ ܕܝܢ
𝔄 157 ܫܦܝܪ ܐܘܠܨܢܗ ܕܫܘܒܚܐ. ܘܡܬܒܪ ܕܡܟܒܪ ܕܠܐ ܒܡܬܬܐ ܐܟܡܬܬܗ
ܠܗܬ. ܡܥܒܪܬܐ ܒܪ ܕܟܝܢܐ ܐܚܪܢܐ[28] ܥܒܕܝܢ ܠܬܫܡܫܬܐ ܒܗ
ܕܠܗ[29] ܡܬܥܝܩܐ. ܢܫܐ ܒܪ ܡܢ ܒܢܬܗܝܢ ܘܬܠܬܐ ܡܢ
ܐܒܗܝܗܘܢ. ܘܕܫܒܠܐ ܡܢ ܟܠܗܝܢ. ܐܬܗܦܟܘܗܝ ܕܠܘܚܐ ܡܢ
ܦܓܪܝܗܘܢ ܫܠܡ ܗܘܐ ܠܗ[30] ܠܡܐܟܘܠܬܐ.[31] ܘܟܕ ܬܘܒܗܝܗܘܢ
ܒܐܬܪܝܗܘܢ ܫܟܝܢ ܗܘܘ. ܠܐ ܫܦܝܪ ܗܘܘ ܕܢܦܩܘܢ[32] ܢܬܦܠܓܬܐ[33]
8 ܕܫܒܬܗܘܢ. ܘܟܕ ܗܟܢܐ ܐܟܠܝܢ ܗܘܘ. ܠܡܬܦܠܓܝܢ[34] ܠܐ

[17] 𝔄 om. ܗܕܐ ܕܠܐ ܡܟܣܢܘܬܐ ܐܬܬܣܝܡ ܗܘܬ  [18] A ܡܫܝܚܝܗܘܢ  [19] A ܘܕܡܫܡܫܝܢ ܡܫܝܚܝܗܝ ܗܘܘ 𝔄 om. ܡܫܝܚܘܗܝ  [20] A om. ܡܚܝܠܬܐ  [21] 𝔄 om. ܕܐܝܟ ܕܐܬܬܝܗܝܢ  [22] A ܐܟܠܝܢ  [23] A fol. 45 a  [24] 𝔄 om. ܒܗ ܠܐ ܒܥܠܝܐ  [25] 𝔄 om. ܕܢܫܐ.... ܡܬܟܡܠܢܝܬܐ  [26] A adds ܐܦ  [26a] 𝔄 = ܘܐܟܠܝܢ  [27] A ܐܦ ܐܟܠܝܢ  [28] A ܚܪܢܐ  [29] A ܕܠܗ  [30] A om. ܠܗ  [31] A ܠܡܐܟܘܠܬܐ  [32] A ܬܘܒܗܝܗܘܢ ܒܐܬܪܝܗܘܢ ܫܟܝܢ ܗܘܘ. ܠܐ ܫܦܝܪ ܗܘܘ ܕܢܦܩܘܢ  [33] In 𝔄 for զիայ read զիայթս  [34] A ܠܡܬܦܠܓܝܢ

ܡܬܒܣܝܢ ܗܘܘ. ܒܟܠ ܕܘܟ ܕܝܢ ܦܠܓܝܢ ܗܘܘ ܩܘܠܝܗܘܢ ܒܙܒܢܐ.
ܘܡܬܕܪܝܢ ܗܘܘ ܠܗ ܠܗܘ ܡܕܡ ܕܢܠܩܛܘܢ ܗܘܘ. ܐܝܟܢܐ ܕܝܢ
ܕܢܦܠ ܗܘܘ ܒܕܘܟ ܬܪܥܐ ܕܐܢܫܐ. ܐܬܐ ܗܘܬ[35] ܗܕܐ
ܕܐܦܠܝܢ ܕܐܝܬ ܠܗ ܡܢܗ ܡܕܡ ܡܐܟܘܠܬܐ[36] ܐܟܠܝܢ ܗܘܘ.[37]
ܘܡܣܝܒܐ ܡܬܟܪܝܢ ܗܘܘ ܠܗܘܢ ܠܬܪܥܐ. ܘܥܒܪܝܢ ܗܘܘ ܘܐܟܠܝܢ.[38]
9 ܘܡܢ ܠܐܬܪܘܬܗܘܢ ܣܠܩܝܢ ܗܘܘ ܘܡܦܩܝܢ ܠܗ.[39] ܟܠܗܝܢ ܗܘܘ ܕܝܢ
ܗܠܝܢ ܐܝܠܝܢ ܕܡܣܬܟܠܝܢ ܗܘܘ[40] ܒܗ ܒܡܣܟܢܘܬܐ.[41] ܘܡܬܬܢܟܫ
ܗܘܐ ܗܢܐ ܕܢܫܐ ܕܦܠܓܝܢ ܗܘܘ ܡܕܡ ܡܐܟܘܠܬܐ. ܘܠܘܬ
ܗܘܐ ܕܝܒܚܐ ܠܐ ܣܓܝܐܬܐ ܘܟܠ ܡܠܘܕܐ. ܠܛܠܘܕܐ ܕܝܢ
ܥܡܠܝܢ ܗܘܘ ܠܗܘܢ. ܘܡܢ ܒܡܐܟܘܠܬܐ[42] ܐܚܠܝܢ ܗܘܘ ܠܗܘܢ
ܘܥܨܝܢ ܟܠ[43] ܐܪܟܐ. (B fol. 45 b) ܐܟܠܝܢ ܕܝܢ ܕܡܕܡ ܕܢܟܠܘܢ 𝕬 158
ܡܕܡܝܢ ܗܘܘ ܘܐܟܠܝܢ ܠܗ ܠܡܐܟܘܠܬܐ. ܟܠ[44] ܕܠܐ ܐܪܙܐ
ܐܝܟ. ܐܝܟ ܐܢܫܐ ܕܡܬܦܠܛܘܢ ܐܬܦܠܛܘ ܡܬܬܪܝܡܝܢ ܗܘܘ.
10 ܘܡܬܦܪܣܝܢ ܗܘܘ[45] ܕܢܥܒܪܘܢ ܐܝܟܐ ܒܢܒܥܐ[46] ܕܫܒܪܐ ܠܚܝܘܬܐ
ܕܣܒܪܘܬܐ. ܒܗܝܢܐ[47] ܕܝܢ ܣܒܪܝܢ ܗܘܘ ܒܪܘܚܗܘܢ ܕܡܬܢܟܝܢ.
ܘܩܛܠܐ ܣܓܝܐܐ ܚܫܝܢ ܗܘܘ ܒܡܟܬܫܬܗܘܢ. ܕܘܒܪܐ ܗܘܐ
ܕܝܢ ܐܦ ܠܡܬܡܟܟܘܬܐ. ܡܕܡ ܕܢܦܠ ܗܘܐ ܐܢܫ[48] ܒܡܬܕܢܚܘܬܐ
ܕܫܕܐ ܠܐܪܥܬܐ. ܘܟܠ ܡܠܐ ܒܦܐ ܘܡܬܚܐ ܕܡܬܪܐ.
11 ܡܬܢܚܡܝܢ ܕܝܢ ܐܦ. ܠܐ ܡܦܩ ܦܩܕܝܢ ܗܘܘ. ܒܝܘܡܐ ܗܘܬ
ܕܝܢ ܗܕܐ ܡܥܘܬܐ ܒܚܝܠܗܘܢ. ܕܒܐܝܢܝܐ ܢܒܠܥܘܢ ܗܘܘ.

[35] A adds ܠܗܘܢ [36] A ܡܐܟܘܠܬܐ [37] 𝕬 renders this and the following sentence somewhat freely [38] A ܗܘܘ ܐܟܠܝܢ [39] A adds ܠܡܣܟܢܘܬܐ [40] A om. ܗܘܘ [41] A om. ܡܣܟܢܘܬܐ [42] A ܡܐܟܘܠܬܐ
[43] A ܟܠܐ ܠܗܘܢ ܘܥܨܝܢ ܗܘܘ [44] 𝕬 = ܘܟܠܐ [45] 𝕬 om. ܘܡܬܦܪܣܝܢ ܗܘܘ [46] A fol. 45 b [47] In 𝕬 for ... read ... (unless it be an old form cf. كرسنة) [48] A ܐܢܫ ܐܢܫ

ܡܬܕܪܝܢ ܗܘܘ ܕܝܢ ܒܗܿ[49] ܒܡܣܟܢܘܬܐ. ܘܩ̈ܕܡܐ ܡܦܪܕܡܝܢ ܗܘܘ
12 ܡܬܚܡܣܝܢ ܗܘܘ ܠܡܫܟ̈ܚܬܐ ܕܡܢ ܒܬܪܟ. ܠܐܢܫܝܢ ܕܝܢ ܕܥܫܝܢ
ܘܢܩܦܝܢ[50] ܠܡܦܪ̈ܢܬܐ ܕܪ̈ܘܗܡܝܢܐ ܒܠܠܝܐ̈ ܕܢܠܓܠܓܘܢ ܘܪܘܝܐ ܪܘܪܐ ܕܕܒܪܐ
ܘܡܫܟܚܝܢ ܐܪܟܝܢ ܗܘܘ ܠܗܘܢ. ܘܡܟܐ ܕܗܘܐ ܦܟܪܘ ܕܐܡܟܢܘ
ܡܢ ܒܬܠܡ̈ܝܕܝܗܘܢ. ܚܠܨܝܢ ܗܘܘ ܡܢܗܘܢ ܗܿܘ ܡܕܡ ܕܐܢܬܘܗ.
ܘܡܟܐ ܐܬܝܢ ܡܬܚܒܫܝܢ ܗܘܘ ܠܗܘܢ ܘܡܟܡܟܝܢ ܗܘܘ ܠܗܘܢ
ܒܗܿܘ ܥܡܟܐ ܕܚܝܠܐ[51] ܕܐܠܗܘܬ. ܕܢܬܠܘܢ ܠܗܘܢ ܡܢܘܬܐ ܡܠܠ
ܡܢ ܗܿܘ ܕܐܬܦܪܫܘ ܘܐܬܐܠܨܘ ܘܐܬܢܬܘ. ܘܡܕܡ ܡܢܗ ܠܐ
ܡܬܚܡ ܗܘܘ ܠܗܘܢ. ܣܓܝܐܐ[52] ܗܘܬ ܠܗܘܢ ܕܝܢ ܗܕܐ
ܕܡܐܟܠ ܠܐ ܢܐܟܠܘܢ ܡܢ ܬܫܠܝܡܘܬܗܘܢ. ܘܥܒܪ ܗܠܝܢ ܡܢ
13 ܐܣܬܝܢܘܬܐ[53] ܡܬܚܫܒ ܘܐܡܪ. ܕܠܡܥܘܕܢܐ[54] ܠܡ ܒܡܥܗ ܡܢ 𝔄 159
ܡܬܚܡܬܗܘܢ ܐܬܚܫܚܫ ܗܘܐ ܡܚܒܪܐ ܕܫܢܝܢܘܬܐ. ܘܟܕ ܣܦܩ J v 12, 3
ܗܘܐ ܚܦܝܐ ܒܟܠ ܒܬܐܡ ܘܒܟܠ ܫܒ̈ܟܢ[55] ܘܪ̈ܚܝܐ ܗܘܐ ܠܗ
ܠܥܡܐ.[56] ܐܚܪ̈ܢܐ ܒܢ̈ܝ[57] ܡܠܝܢ ܗܘܘ ܢܫ̈ܐ ܘܠܕ̈ܘܩܐ ܕܡܟ̈ܦܢܝܢ
14 ܘܛܠܝ̈ܢ ܘܡܫ̈ܝܚܬܐ ܣܒ̈ܐ ܡܬܢܬܐ. ܛ̈ܠܠܝܐ ܕܝܢ (B fol. 46 *a*) ܘܚܠܝ̈ܬܐ
ܢܕܝܢ ܗܘܘ[58] ܘܐܝܟ ܛ̈ܠܠܐ ܒܫܘ̈ܩܐ ܡܬܚܦܝܢ ܗܘܘ. ܘܢܦܠܝܢ
ܗܘܘ ܐܝܟܐ ܕܡܚܕܐ ܗܘܐ ܠܗ ܠܚܕ ܡܢܗܘܢ ܣܘܟܐ.[59]
ܕܢܦܩܘܢ ܗܘܘ ܕܝܢ ܠܣܒ̈ܪܝܗܘܢ ܠܐ ܡܫܟܚܝܢ ܗܘܘ ܐܝܠܝܢ[60]
ܕܡܫܟܚܝܢ ܗܘܘ.[61] ܘܐܝܟܢܐ ܕܡܣܬܒܪܝܢ ܗܘܐ ܡܚܡܐ ܗܘܐ
ܡܛܠ ܫܘܒܩܢܐ[62] ܕܡܬ̈ܘܬܐ. ܘܕܡܟܐܢ ܚܪܒ ܠܗ ܕܠܡܐ ܠܐ

[49] A ܒܗܿ ܕܝܢ  [50] 𝔄 adds *furtim*  [51] A ܗܟܢܐ ܐܡܪ ܘܕܚܠܬܐ  [52] 𝔄 *incredibile*  [53] 𝔄 om. ܒܗܟܢ ܐܣܬܝܢܘܬܐ  [54] A ܕܡܥܘܕܢܐ  [55] 𝔄 adds *extendebatur*  [56] 𝔄 *totum populum*  [57] 𝔄 *et tecta*  [58] 𝔄 adds *sicut umbra*  [59] A ܘܐܣܝܐ ܕܡܪܕܝܢ ܗܘܐ ܚܡܐ ܠܟܠܗ ܡܢܗܘܢ ܗܘܐ ܠܗ ܗܘܐ ܘܣܘܟܐ 𝔄 lit. *et remedium cuiusquam ex iis non erat a malis, quod*  [60] A fol. 46 *a*  [61] 𝔄 om. ܐܝܠܝܢ ܕܡܫܟܚܝܢ ܗܘܘ  [62] 𝔄 *propter tristitiam*

ܡܚܕ ܗܘܐ. ܡܬܟܬܫܐ ܕܝܢ ܡܢܗܘܢ. ܕܠܟܠ ܡܢܗܘܢ ܕܗ̇ܢܘܢ
ܕܡܫܬܪܝܢ ܗܘܘ ܢܦܠܝܢ ܗܘܘ ܘܡܝܬܝܢ. ܡܬܟܬܫܐ ܕܝܢ ܕܟܦܢܐ
ܢܦܠܗ ܠܡܕܝܢܬܐ ܡܢܬܝܢ ܗܘܘ. ܘܒܗܠܝܢ[63] ܐܘܠܨܢܐ ܡܝ̈ܬܪܬܐ.
15 ܟܠܐ ܘܩܛܝܠܬܐ ܠܝܬ ܗܘܐ. ܒܟܦܢܐ ܕܝܢ ܠܟܠܗܘܢ ܣܓܝ̈ܐܬܐ ܢܦܫ
ܗܘܐ. ܘܬܫܘܚܬܐ ܝܬܝܪܬܐ ܡܬܩܢܝܐ ܠܡܘܬܐ. ܒܢܝ̈ܗܘܢ ܕܡܕܒܪܝܢ
ܠܗܘܢ ܠܡܫܬܒܩ ܣܓܝܐܝܢ ܗܘܘ. ܫܬܩܐ ܕܝܢ[64] ܒܡܕܝܢܬܐ ܣܓܝ ܗܘܐ
16 ܠܗ ܠܡܕܝܢܬܐ ܘܠܠܝܐ ܕܟܠܝܐ ܡܘܬܐ. ܘܡܢ ܟܠܗܘܢ ܗܠܝܢ
ܠܩܛܠܐ ܒܝܫܝܢ ܗܘܘ. ܡܣܠܩܝܢ ܗܘܘ ܕܝܢ ܠܡܝ̈ܬܐ ܒܒܬܝ̈ܗܘܢ. 𝔄 160
ܘܬܫܩܘܬܐ ܕܦܓܪ̈ܝܗܘܢ ܡܩܠܣܝܢ ܗܘܘ. ܘܟܕ ܚܫܒܝܢ ܡܢ ܬܡܢ
ܢܦܩܝܢ ܗܘܘ. ܘܚܙܝܢ ܗܘܘ ܣܘܦܐ ܕܡܬܩܝ̈ܡܝܢ ܒܦܓܪ̈ܐ
ܡܝ̈ܬܐ. ܘܡܬܒܕܪܝܢ ܗܘܘ ܠܗܘܢ ܒܬܪܗܘܢ ܕܟܕܡ ܘܒܕܒܠ[65]
ܣܒܝܢ ܗܘܘ. ܠܐܝܠܝܢ ܕܝܢ ܕܡܬܡܥܢܝܢ ܗܘܘ ܠܗܘܢ ܕܢܫܐܠܘܢ
ܐܝܟ ܡܚܝܠܐ ܘܡܫܦܐ ܕܦܓܪ̈ܗܘܢ ܡܢ ܒܣܝܡܐ. ܡܗܡܝܢ[66] ܗܘܘ
ܡܢܗܘܢ ܒܡܘܗܪܐ. ܘܗܢܘܢ ܕܡܢܬܝܢ ܗܘܘ. ܥܠ ܚܕ ܚܕ
ܡܢܗܘܢ ܚܙܘܗ ܒܡܚܠܐ ܚܝܕ ܗܘܐ. ܕܥܕܡ ܗܘܐ ܠܗܘܢ
17 ܠܦܓܥܐ ܟܕ ܣܒܝܢ. ܩܘܠ̈ܐ ܕܝܢ ܒܡܕܝܢܬܐ[67] ܡܢ ܒܬܪ ܟܪܐ
ܕܟܦܢܐ ܕܡܬܡܟܢܘܢ ܫ̈ܘܩܐ ܥܒܝܕܝܢ ܗܘܘ. ܡܛܠ ܕܠܐ ܡܫܬܒܩܝܢ
ܗܘܘ ܐܢܫܐ ܒܟܐܒܐ. ܟܕ ܕܝܢ ܠܡܩܒܪ ܠܐ ܡܫܟܚܝܢ ܗܘܘ. ܡܢ
18 ܥܘܬܪ ܒܢܝ̈ܢܫܐ[68] ܥܕܡܐ ܗܘܐ ܠܗܘܢ ⁘ ⁘ ⁘ ⁘ ܠܟܠܗܘܢ[69] ܕܝܢ
ܟܕ ܚܙܐ ܗܘܐ ܥܠ ܢܫܠܐ ܕܝܠܗܘܢ: ܘܫܪܝܐ[70] ܕܡܝܬܝܢ ܗܘܘ
ܡܢ̈ܝܬܐ ܘܪܘܚܐ (B fol. 46 *b*) ܕܝܢܐ[71] ܡܢ ܦܓܪ̈ܐ. ܐܬܬܚܝܒ[72] ܘܐܡܪ
ܐܝܬܘܗܝ ܠܟܠ ܘܦܪܫ ܐܝܕܘܗܝ ܠܐܠܗܐ. ܕܗܢܐ ܠܐ ܗܘܐ ܡܢ ܨܒܝܢܗ

[63] 𝔄 adds *omnibus* [64] 𝔄 = ܝܢܚ [65] A ܡܢ ܡܛܠܠ [66] 𝔄 = ܡܬܗܘܡܝܢ [67] 𝔄 = ܕܒܡܕܝܢܬܐ [68] A 𝔄 ܒܢܝܢܫܐ [69] A ܠܒܠܗܘܢ [70] A ܫܪܐ [71] A ܕܝܢܐ ܗܘܐ 𝔄 = ܕܝܢܐ ܗܘܐ [72] A ܘܐܬܬܚܝܒ

19 ܠܐ ܗܘܐ ܕܝܠܗ[73] ·:· . . ܘܗܘ ܕܐܡܪ ܡܠܟ ܘܡܫܡܫܢ.[74] ܒܬܪ
v 13, 6 ܗܠܝܢ ܐܘܣܦ ܘܐܡܪ. ܠܐ ܠܡ[75] ܡܬܒܥܐ ܐܝܟ ܠܡܐܡܪ[76] ܘܗܿ
ܡܕܡ ܕܟܐܒܐ[77] ܦܩܕ ܠܗ ܕܐܡܪܝܢܘܗܝ. ܫܦܝܪ ܐܢܫܐ[78] ܕܡܝ.
𝔄 161 ܕܐܠܘ ܗ̈ܘܡܢܐ ܐܬܚܫܪܘ ܗܘܘ ܕܢܬܒܥܘܢ ܥܠ ܗܠܝܢ ܡܬܗܝܡܢܢ.
ܐܘ ܒܗܘܬܐ ܡܬܠܒܟܐ ܗܘܬ ܐܘ ܒܠܦܘܢܐ ܐܝܟܢܐ ܗܘܬ ܗܿܝ
ܡܕܝܢܬܐ. ܐܘ ܢܘܪܐ ܕܣܕܘܡ ܡܫܬܕܪܐ ܗܘܬ ܒܠܝܠܗܿ. ܒܬܪ
ܡܢ ܗܿܘܢ ܓܝܪ[79] ܕܚܙܘ ܒܗܠܝܢ ܗܦܟܗܿ ܐܠܗܐ ܠܗܕܐ ܐܪܥܐ ܥܪܝܬܐ
ܕܐܬܬܥܝܪܬ[80] ܕܠܐ ܐܠܗܐ. ܒܡܕܪܫܘܬܗܘܢ ܓܝܪ ܕܗܠܝܢ ܐܦ ܥܠܗ
20 ܒܡܠܟܐ ܐܚܕ ܒܚܡܗܘܢ ·:· ܘܬܘܒ ܒܦܘܪܩܢܐ ܕܢܬܐ ܗܘܢܐ ܐܬܒܥܐ.
vi 3, 3f ܕܡܢ ܐܝܠܝܢ ܕܡܢ ܒܢܝܐ ܡܬܚܒܠܝܢ ܗܘܘ[81] ܒܡܕܝܢܬܐ. ܢܦܠ ܗܘܐ
ܒܡܬܝ ܕܠܐ ܡܢܝܢ. ܘܣܓܝܐܐ ܕܡܢ ܕܢܬܦܬܚܘܢ ܠܐ ܡܫܟܚܝܢ.
ܒܥܠ ܒܝܬܐ ܓܝܪ ܐܡܪܐ ܕܡܬܚܝܢܐ ܐܦ ܦܠܛܝܬܐ ܕܡܫܒܪܬܐ
ܡܢܟܐ ܗܿܘܐ ܗܘܐ. ܘܚܕ ܥܠ ܚܕ ܐܬܝܢ ܗܘܘ ܚܫ̈ܝܟܐ
ܘܫܠܦܝܢ ܗܘܘ ܘܩܕܪܐ ܕܩ̈ܘܠܐ ܕܢܦܫܐ.[82] ܠܐ ܕܝܢ ܡܬܗܡܡܝܢ ܗܘܘ
21 ܒܗܿ ܒܙܪܒܘܬܗܘܢ ܐܦ ܠܐ ܟܕ ܡܬܢܝܚܝܢ ܗܘܘ. ܐܠܐ ܐܦ
ܠܗܘܢ ܠܗܿܘܢ[83] ܕܡܬܢܝܚܝܢ ܗܘܘ ܡܚܝܠܝܢ ܗܘܘ ܠܗܘܢ ܗܿܘܢ
ܠܩܛܝ̈ܠܐ. ܕܕܠܡܐ ܟܕ ܐܝܬ ܒܒܝܬܗ ܕܐܢܫ ܡܚܝܘܗܝ ܡܕܡ
ܐܕܪܟܗ[84] ܡܟܝܬܐ. ܘܐܚܪ̈ܢܐ[85] ܡܢ ܙܪܝܒܘܬܗܘܢ ܟܕ ܦܣܩܝܢ
ܦܘܡܝ̈ܗܘܢ ܐܝܟ ܩ̈ܠܐ ܘܫܒܒ̈ܐ[86] ܡܬܦܪܢܣܝܢ ܗܘܘ ܘܢܦܠܝܢ ܥܠ
ܬܪ̈ܥܐ. ܘܢܫܡܝܢ ܗܘܘ ܐܝܟ ܕܒ̈ܩܐ.[87] ܘܡܢ ܐܘܠܨܢܐ ܕܣܓܝ
ܗܘܐ ܠܗܘܢ. ܠܗܘܢ ܕܝܢ ܠܗܘܢ ܠܡܝ̈ܬܐ ܩܒܪܝܢ ܗܘܘ ܘܒܐܝܠܝܢ

[73] A adds ܗܘܐ A fol. 46 b  [74] A ܘܡܫܡܫܢ  [75] 𝔄 om. ܠܡ  [76] A ܐܢܐ ܕܐܡܪ  [77] A ܕܟܬܒܐ  [78] A ܡܫܝܚܐ  [79] A ܚܙܘ ܡܢ ܗܿܘܢ  [80] In 𝔄 for ո՛չ read որ  [81] A adds ܠܡ  [82] 𝔄 զկերս զանձանց տառապելոց cibum animarum afflictarum  [83] A ܠܒܠܚܘܕ  [84] 𝔄 = ܘܐܕܪܟܗ  [85] A ܡܢ̈ܝܢܐ  [86] A om. ܘܫܒܒ̈ܐ 𝔄 et vicini (=ܘܫܒ̈ܒܐ)  [87] A adds ܡܢ ܚܕܕܐ 𝔄 om. ܐܝܟ

22 ܬܪܬܝܢ ܙܒܢܝܢ ܘܬܠܬ[88] ܒܡܕܝܢܬܐ ܣܓܝܐ. ܐܢܫܐ ܕܝܢ ܟܠܡܕܡ 𝔄 162
ܡܚܝܠܬܐ (B fol. 47 a) ܗܘܬ ܠܡܐܟܘܠܬܐ. ܘܡܕܡ ܕܐܦ ܠܐ
ܚܝܘܬܐ ܛܢܦܬܐ ܐܟܠܝܢ. ܟܠܗܝܢ ܗܘܘ ܘܐܟܠܝܢ. ܐܦܠܐ ܓܝܪ
ܡܢ ܥܘܪ̈ܩܐ ܕܐܣܘܪܐ[89] ܣܐܢܐ ܘܕܡܫܟܐ ܬ̈ܟܠܐ ܠܣܪܬܐ[90] ܐܬܟܠܝܘ
ܗܘܘ. ܘܡܟ̈ܒܟܐ[91] ܕܡܪܡܝܢ ܥܠ ܫܘ̈ܩܐ ܠܩܛܝܢ ܗܘܘ ܘܐܟܠܝܢ.
ܘܐܟܠܘܬܐ ܗܘܬ ܠܗܘܢ ܓܝܪ[92] ܐܦ ܡܢܬܐ ܕܡܥܡܪܐ ܒܬܩܠܐ.
ܡܬܩܛܠܝܢ ܗܘܘ ܓܝܪ ܐܢܫܐ ܚܕ ܚܕ ܥܠܝܗ. ܘܡܙܒܢܝܢ ܡܬܩܠܝܢ
23 ܒܐܪܒܥܐ ܐܣܛܝܪ̈ܝܢ[93] ·:· ܡܢܐ ܕܝܢ ܡܬܒܥܐ ܠܝ ܕܐܡܪ:[94] ܥܠ
ܕܡܬܚܫܝܢ ܗܘܘ ܒܒܣܪܐ ܒܐܟܠܝܢ ܕܕܠܐ ܢܦܫ̈ܐ ܐܝܟ. ܐܚܘܐ
ܠܟ ܓܝܪ ܕܐܢܫܐ ܚܒܪ̈ܝ.[95] ܕܐܝܟܘܬܗ ܠܐ ܒܝܬ ܥܡ̈ܡܐ ܘܠܐ
ܒܝܬ ܒܪ̈ܒܪܝܐ ܡܬܡܠܠ ܕܐܫܬܡܥ. ܕܙܘܥܬܐ ܗܘ ܕܝܢ[96] ܕܡܬܡܠܠ.
ܘܠܡܫܡܥܬܗ[97] ܓܠܝܠ ܠܡܬܗܝܡܢܘ. ܠܐ ܕܝܢ ܐܫܬܒܪ ܕܡܢ ܢܦܫ
ܡܛܠ ܐܢܫܐ ܬܕܡܘܪܬܐ ܫܡܥܬܐ[98] ܠܟܠ ܐܢܫܐ.[99] ܫܡܥܐܝܬ ܓܝܪ
ܡܪܝܡ ܫܡܗ̇ ܘܒܪܬ ܗܝ ܠܥܙܪ ܡܢ ܗܘܙܘܒܐ.[1] ܐܝܟ ܠܐ ܕܐܢܫ
ܗܘܐ ܠܗ̇ ܡܫܘܕܥܐ ܕܠܐ ܚܢܝܢ. ܐܠܐ ܐܦ ܒܥܘܬܪܐ ܒܪܝܬܐ
ܒܒ̈ܢܝ ܓܒܐ ܚܕܐ ܗܘܬ.[2] ܕܐܝܬܝܗ̇[3] ܡܢ ܡܠܬܐ ܕܗܘ ܡܕܡ
24 ܕܥܒܪܐ ܐܬܬܝܬ. ܐܢܬܬܐ ܗܕܐ ܡܢ ܟܠܗ̇ ܕܩܢܝܢ ܗܘܘ
ܒܟܘܪܗ̇[4] ܕܡܘܕܝܢ: ܕܚܙܬܗ̇[5] ܗܘܐ ܡܢܗ ܒܪܬܗ ܕܠܒܪ ܡܢ
ܡܢܬܐ ܕܫܒܩܬ ܒܝܬ ܚܝܠܐ: ܕܡܬܬܪܡܢ ܒܝܬܗ ܕܒܥܐ: 𝔄 163
ܘܦܠܛܐ ܘܡܬܒܪܢܐ ܐܝܬܝܬܐ ܗܘܬ ܠܚܝܠܬܐ. ܒܪܘܬ ܗܝ

[88] A 𝔄 ܬܪ̈ܬܝܢ ܘܬܠܬ ܙܒ̈ܢܝܢ [89] A fol. 47 *a* [90] Instead of ܠܣܪܬܐ 𝔄 has *ab edendo* [91] 𝔄 sing. [92] A ܠܗܘܢ ܓܝܪ ܡܐܟܘܠܬܐ ܗܘܬ 𝔄 om. ܓܝܪ ܐܦ [93] A ܐܣܛܐܪ̈ܝܢ 𝔄 *stateribus* [94] 𝔄 om. ܕܐܡܪ [95] A om. ܚܒܪܝ [96] 𝔄 om. ܕܝܢ [97] A ܘܐܦ ܠܡܫܡܥܬܐ [98] In 𝔄 for [illegible] read [illegible] [99] 𝔄 *in medio populi* [1] A ܗܘܙܘܒܐ [2] A ܟܢ ܗܘܬ ܚܕܐ ܒܒ̈ܢܝ ܓܒܐ [3] A ܘܐܝܬܝܗ̇ [4] A ܒܟܘܪܐ [5] 𝔄 = ܘܚܙܬܗ̇

25 ܦܢܝܬܐ ܠܡܬܟܢܫܘ ܒܐܘܪܫܠܡ ܘܐܬܡܫܟܢܘ ܬܡܢ. ܡܢܝܢܗ ܕܝܢ
ܕܗܕܐ[6] ܗܘ ܕܐܬܬܢܝ ܒܡܢܗ ܠܡܕܝܢܬܐ[7] ܡܢ ܒܒܪܗ ܕܢܘܪܣ
ܣܟܘܡܗܘܢ ܗܘܘ ܗܘܝܢ ܪܒܘܬܐ. ܘܫܪܒܐ ܕܝܢ[8] ܕܦܫ ܠܗ ܡܢ
ܡܕܝܢܬܐ ܕܬܫܡܫܬܗ: ܘܩܝܢܬܐ ܡܕܡ ܐܝܟ ܡܫܬܡܥܢܐ ܗܘܬ
ܠܗ. ܢܛܘܪ ܗܘܘ ܘܡܐܠܝܢ[9] ܘܣܓܝܐܝܢ ܠܗ[10] ܗܘܝܢ ܠܒܢ̈ܝ ܐܢܫܐ.
ܩܡ ܕܝܢ ܡܬܪܥܡܐ[11] ܗܘܬ ܡܬܪܢܐܝܬ. ܘܥܒܕܝܢ (B fol. 47 b) ܫܓܝܫܐ
ܡܫܝܢܐ ܗܘܬ ܘܠܗܠܝܐ ܠܗܘܢ[12] ܠܟܠܗܘܢ ܢܟ̈ܦܐ.[13] ܕܬܓܪܐ
26 ܐܝܟ ܕܒܗ[13a] ܠܡܦܠܓܘܬܗ. ܒܗ ܕܝܢ ܠܐ ܟܕ ܦܘܪܩܢܐ ܘܠܐ[14]
ܡܬܢܗܓܢܐ ܡܬܢܗܓ ܗܘܐ ܚܕ ܡܢܗܘܢ ܘܦܠܛ ܠܗ. ܐܦ ܡܫܬܡܥܢܐ
ܐܝܟ ܡܫܬܡܥܢܐ ܗܘܬ ܡܕܡ ܡܫܬܪܝܬܐ ܠܐܢܫܐ[15] ܗܘ ܒܟܠܐ
ܗܘܬ. ܡܢ ܟܠ ܓܒ̈ܝܢ ܕܝܢ ܡܬܝܕܥܐ ܗܘܬ ܥܒܝܕܘܬܐ ܐܦ ܠܡܫܬܡܥܢܘ
ܡܕܡ. ܒܗܢܐ ܕܝܢ ܐܫܬܠܛ ܗܘܐ ܒܢ̈ܝܫܬܐ ܘܒܡܘܬܢܐ. ܘܬܘܒ
ܡܢ ܒܗܢܐ ܣܓܝܐܬܐ ܕܡܬܟܬܠܐ[16] ܗܘܬ. ܩܡ ܕܝܢ ܗܕܐ ܐܬܬܐ.
ܡܠܦܐ ܡܢ ܓܒܝܐ ܘܡܢ ܐܢܫܐ ܢܫܒܬ ܗܘܬ ܘܗܫܒܬ ܥܠ
ܟܝܢܐ.[17] ܘܠܒܪܐ ܕܐܝܬ ܗܘܐ ܠܗ ܕܢܝܫ[18] ܫܠܝܐ ܫܠܛܬܗ
27 ܘܐܬܡܪܬ.[19] ܒܠܘܕܐ ܕܗܘܐ. ܒܡܬܠܐ ܘܒܟܦܢܐ ܘܒܫܓܘܫܝܐ
ܠܡܒܥ ܐܬܝܪ. ܐܦ ܣܓܝܢ ܗܘܝܢ ܒܒܘܕܬܐ ܗܘ ܕܗܘܡܢܐ.
ܐܦ ܠܗ ܕܝܢ ܠܒܒܘܕܬܐ ܦܩܕ ܠܗ ܒܦܘܢܐ. ܘܡܢ ܬܪܬܝܢܗܝܢ
ܗܠܝܢ[20] ܡܬܪܡ ܐܢܘܢ ܗܘܢܘܢ[21] ܫܓܘܫܝܐ. ܐܬܐ ܗܡܢܠ ܦܘܩ
ܠ ܠܡܫܬܡܠܝܘܬܐ.[22] ܘܠܗܘܢ ܠܟܘܠܗܘܢ ܫܓܘܫܝܐ ܠܡܫܢܝܘܬܐ.

[6] 𝔄 om. ܕܗܕܐ [7] 𝔄 *Hierosolyma* and om. ܡܢ ܒܒܪܗ ܕܢܘܪܣ [8] A 𝔄 om. ܕܝܢ [9] A adds ܗܘܘ [10] A ܣܓܝܐܝܢ ܠܗ [11] A ܡܬܬܟܢܫܐ [12] A ܗܘܬ ܠܗܘܢ ܘܡܠܦܬܐ [13] 𝔄 om. ܠܟܠܗܘܢ ܢܟ̈ܦܐ A fol. 47 b [13a] 𝔄 *et incitabat eos* [14] A ܠܐ ܐܦ. ܦܘܪܩܢܐ [15] 𝔄 sing. [16] A 𝔄 ܡܬܟܬܫܢܘܬܐ [17] A ܟܝܢܐ ܟܝܢܐ [18] A ܕܢܝܫ [19] 𝔄 om. ܘ ܫܠܡܘܗ [20] A ܗܠܝܢ ܬܪܬܝܢܗܝܢ [21] A ܗܠܝܢ [22] A ܠܡܫܬܡܠܝܘܬܐ

ܘܠܟܠܗ ܠܥܡܐ[23] ܕܡܕܝܢܬܐ. ܕܗܘܐ ܒܠܚܘܕܘܗܝ ܫܚܝܪ ܡܢ 𝔄 164
ܐܠܣܛܝܗܘܢ[24] ܕܒܙܘܙܐ. ܘܟܕ ܗܠܝܢ ܐܡܪܐ ܩܛܠܬܗ ܠܒܪܗ:
28 ܘܛܘܝܬܗ ܘܐܟܠܬ ܦܠܓܗ. ܘܫܪܟܐ ܟܣܝܬ ܘܢܛܪܬ. ܘܡܚܕܐ
ܐܬܘ ܡܪܘܕܐ ܠܪܝܚܐ ܕܗܘܐ ܣܢܝܐ ܕܡܐܟܘܠܬܐ. ܘܥܓܠ
ܕܝܢ ܡܬܩܦܝܢ ܘܡܬܠܚܡܝܢ ܗܘܘ ܕܢܩܛܠܘܢܗ: ܐܠܐ[25] ܡܚܘܝܐ
ܠܗܘܢ[26] ܗܘ ܡܐܟܘܠ ܕܛܝܒܬ. ܗܝ ܕܝܢ ܡܚܘܝܐ[27] ܐܡܪܬ ܠܗܘܢ.
ܕܐܦ ܡܢܬܐ ܛܒܬܐ ܢܛܪܬ ܠܟܘܢ ܡܢ ܡܐܟܘܠ ܕܐܘܬܪܬ[27a] ܡܢ
29 ܒܪܝ. ܘܓܠܬ ܘܚܘܝܬ ܐܢܘܢ. ܘܡܚܕܐ ܐܚܕܬ ܐܢܘܢ ܪܬܝܬܐ.
ܘܦܢܘ[28] ܘܥܪܩܘ[29] ܡܢ ܚܙܬܐ. ܗܝܕܝܢ[30] ܐܡܪܬ. ܕܗܢܐ ܒܪܝ ܗܘ
ܕܝܠܝ ܝܚܝܕܝܐ. ܘܡܥܒܕܢܘܬܐ ܕܝܠܝ ܗܝ. ܗܟܢ ܐܟܘܠܘ. ܐܦ[31]
ܐܢܐ ܓܝܪ ܐܟܠܬ. ܠܐ ܡܟܝܠ (B fol. 48 *a*) ܬܗܘܘܢ ܪܟܝܟܝܢ ܡܢ
ܐܢܬܬܐ ܐܦ ܠܐ ܡܪܚܡܢܝܢ ܡܢ ܐܡܐ. ܐܢ ܕܝܢ ܐܢܬܘܢ[32]
ܟܐܢܐ ܐܢܬܘܢ ܘܡܢ ܢܟܣܬܐ ܕܝܠܝ[32a] ܡܬܟܫܠܝܢ ܐܢܬܘܢ. ܐܢܐ
30 ܗܘ ܡܐܟܠ ܐܟܠܬ. ܘܡܕܡ ܕܫܪܟ ܢܛܪܬ ܠܗ. ܡܢ ܒܬܪ ܗܠܝܢ
ܢܦܩܘ ܡܢ ܬܡܢ ܟܕ ܕܚܝܠܝܢ ܘܪܬܝܬܝܢ.[33] ܘܠܡܫܟܢܗ ܐܦ ܗܕܐ
ܡܐܟܘܠܬܐ ܫܒܩܘ ܠܗ ܠܗܝ ܐܢܬܬܐ. ܘܡܚܕܐ ܐܬܡܠܝܬ ܟܠܗ
ܡܕܝܢܬܐ ܡܢ ܗܢܐ ܫܘܥܝܐ ܕܡܣܝܒܐ. ܘܟܠ ܐܢܫ[34] ܟܕ
ܒܥܝܢܘܗܝ ܣܐܡ ܗܘܐ ܠܗ[35] ܠܗܢܐ ܒܐܝܫܬܐ.[36] ܘܐܝܟ ܕܗܘ
31 ܥܒܕܗ ܪܬܝܬ ܗܘܐ ܡܢܗ. ܫܘܐܠܬܗܘܢ ܕܝܢ ܕܡܬܟܦܢܝܢ ܒܟܦܢܐ 𝔄 165
ܗܕܐ ܗܘܬ ܠܡܘܬܐ. ܘܛܘܒܐ ܡܬܝܗܒ ܗܘܐ ܠܐܝܠܝܢ ܕܩܕܡܘ
ܘܡܝܬܘ. ܕܠܐ ܢܚܙܘܢ ܘܢܫܡܥܘܢ ܕܐܝܟ ܗܠܝܢ ܒܝܫܬܐ.

[23] A ܘܠܥܠܡܐ ܟܠܗ 𝔄 *et toti populo* [24] A ܐܠܣܛܝܗܘܢ [25] A ܐܠܐ ܗܘ ܕܠܐ
[26] 𝔄 places ܠܗܘܢ after ܛܝܒܬ [27] 𝔄 om. ܡܚܘܝܐ [27a] 𝔄 *id quod mansit*
[28] A fol. 48 *a* [29] A ܘܐܬܚܡܨܘ [30] A ܗܝ ܕܝܢ [31] A ܘܐܦ [32] A om. ܐܢܬܘܢ [32a] In 𝔄 for [illegible] read [illegible] [33] A ܟܕ ܙܝܥܝܢ ܘܕܚܝܠܝܢ
[34] A ܘܟܠܢܫ [35] A om. ܠܗ [36] 𝔄 *dolorem intolerabilem* and om. ܘ before ܐܝܟ

ܕܡܡܠܠܢ ܥܠ ܡܠܬܗ[1] ܕܦܘܡ ܐܠܗܢ ܡܫܝܚܐ.[2]

32 ܕܐܝܟ ܗܢܐ ܕܝܢ ܦܘܪܫܢܐ ܗܘܐ ܠܫܘܕܥܐ. ܥܠ ܟܠܗܘܢ
vii. 1 ܦܘܪܫܢܗܘܢ ܕܟܬܒܐ ܒܡܫܝܚܘܬܗ ܕܐܠܗܐ. ܘܗܘ ܗܘ ܕܝܢ ܕܢܦܫܗ
t xxiv ff 2 ܠܗܠܝܢ ܢܚܘܬܗ ܕܦܪܘܩܢ ܕܠܐ ܐܬܕܟܠܬ ܕܐܡܪ܃ ܕܗܘ[3] ܠܬܫܠܡܬܐ
ܘܠܐܝܠܝܢ ܕܡܗܝܡܢ ܒܫܡܗ ܡܘܗܒܬܐ. ܟܠܗ ܕܝܢ ܕܠܐ ܢܗܘܐ
ܒܪܘܚܗܘܢ ܒܫܘܬܦ ܘܠܐ ܒܥܒܕܬܐ. ܢܗܘܐ ܓܒܪ ܐܘܠܨܢܐ
ܪܒܐ. ܕܠܐ ܗܘܐ ܐܝܬܘܗܝ ܡܢ ܝܘܡܐ ܕܗܘܐ ܠܥܠܡܐ ܘܡܕܡܕܐ
𝔄 166 3 ܠܗܫܐ ܐܦܠܐ ܢܗܘܐ ܀ ܗܘ ܕܝܢ ܗܢܐ ܡܬܬܒܥܢܐ. ܒܪܫܗ ܠܗܢܐ
J vi 9, 27 ܡܫܝܚܐ ܕܐܝܠܝܢ[4] ܕܐܟܕܘ ܒܟܦܢܐ ܘܒܨܗܝܐ ܘܐܡܪ. ܕܗܘܐ[5]
ܡܐܟܠ ܘܡܫܩܝܢ[6] ܪ̈ܒܘܢ. ܥܒܕܐ ܕܝܢ ܗ̇ܢܘܢ ܥܒ̈ܕܐ ܘܠܡܠܟܐ
ܡܢ ܟܬܪ ܬܘܪܟܗ ܐܬܦܠܠ. ܕܗܢܘܢ ܡܫܝܢ[7] ܗܘܘ ܠܫܪܪܐ.
ܐܝܠܝܢ ܕܝܢ[8] ܕܓܠܝܢ ܗܘܘ ܘܪܚܝܡ ܒܫܡܫܬܗܘܢ ܘܡܫܬܘܕܝܢ ܗܘܘ
ܒܝܬܐ ܕܡܠܟܐ. ܐܬܝܠܝܘ ܕܢܗܘܘܢ ܠܫܪܪܐ.[9] ܥܒܕܐ ܕܝܢ
ܕܒܥܐ ܡܢ ܒܪ ܥܒܕܡܫܪܐ ܥܬܝܕ ܘܠܟܠ ܐܬܐܡܪܘ[10] ܘܐܫܬܪܪܘ
(B fol. 48 b) ܠܡܪܝܡ ܠܫܘܠܛܢܐ. ܩܕܡܝܐ ܕܝܢ ܐܬܦܠܓܘ ܠܐܬܪ̈ܘܬܐ.
ܕܐܟܕܘ ܒܢ̈ܘܢܐ ܒܫܘ̈ܦܐ[11] ܘܒܫܘܪ̈ܬܐ. ܘܐܝܠܝܢ ܕܐܬܬܗܘܢ
ܡܢ ܒܪ ܥܒܕܡܫܪܐ ܥܬܝܕ ܘܠܬܫܬ[12] ܐܫܬܟܚܘ ܘܐܬܪܒܝܘ. ܕܗܢܘܢ
4 ܗܘܘ ܒܡܫܝܚܐ ܬܒܥ ܪ̈ܒܘܢ. ܗܠܝܢ ܕܝܢ ܗܒܝܐ[13] ܐܫܬܟܚܘ
ܒܥܠܬ ܬܪܬܝܢ ܕܡܠܒܘܬܗ ܕܐܘܢܓܠܝܘܢ. ܕܐܝܟ ܕܡܫܕܒܪܬ
ܡܠܟܘܬܗ[14] ܕܦܪܘܩܢ ܡܢ ܥܒܕ ܡܫܝܚܐ. ܕܒܫܠܡܐ[15] ܕܐܠܗܘܬܐ
ܦܘܡ ܚܝܐ ܘܐܬܐܡܪ[16] ܐܝܠܝܢ ܕܒܬܪܝܢ ܗܘܝ ܠܡܗܘܐ ܐܝܟ

CHAP. VII. [1] A ܥܠ ܡ̈ܠܐ 𝔄 *de verbo* [2] 𝔄 = ܕܡܡܠܢ ܐܡܪ ܥܠ ܡܫܝܚܐ [3] A adds ܠܟܠ [4] A ܘܐܝܠܝܢ [5] A 𝔄 ܕܗܘܐ [6] A ܘܡܫܩܝܢ [7] A ܡܫܡܫܝܢ [8] A fol. 48 b [9] 𝔄 sing. [10] A adds ܗܘܘ [11] 𝔄 = ܒܫܘܚܠܦܐ [12] In 𝔄 for [illegible] read [illegible] [13] A ܗܟܢ [14] A ܐܡܠܟܗ [15] A ܒܫܝܢܐ 𝔄 om. ܕܐܠܗܘܬܐ ܒܫܝܢܐ [16] A adds ܠܗ 𝔄 *et dixit* (for ܘܐܬܐܡܪ)

ܕܩܘܡܘ. ܘܒܟܐ ܥܠܝܗ̇ ܥܠ ܡܕܝܢܬܐ ܐܝܟ ܕܟܬܝܒ ܒܐܘܢܓܠܝܘܢ

5 ܘܐܡܪ. ܕܐܡܪ ܗܘܐ ܠܗ̇ ܠܐܘܪܫܠܡ ܗܕܐ. ܐܠܘ ܟܝ ܝܕܥܬܝ Lc xix 42

ܐܝܠܝܢ ܕܐܝܬܝܗܝܢ ܕܠܫܠܡܟܝ ܐܦ ܒܗܢܐ ܝܘܡܟܝ.[17] ܐܠܐ ܐܬܟܣܝ

ܠܗܝܢ[18] ܡܢ ܥܝ̈ܢܝܟܝ. ܢܐܬܘܢ ܠܟܝ ܕܝܢ ܝܘ̈ܡܬܐ. ܕܢܚܕܪܘܢܟܝ

ܒܥܠܕܒܒ̈ܝܟܝ ܘܢܐܠܨܘܢܟܝ ܡܢ ܟܠ ܦܢ̈ܝܢ. ܘܢܣܚܦܘܢܟܝ ܘܠܒ̈ܢܝܟܝ 𝔄 167

6 ܒܓܘܟܝ.[19] ܘܬܘܒ ܥܠ ܥܡܐ ܐܡܪ̇. ܢܗܘܐ ܠܡ ܐܘܠܨܢܐ ܪܒܐ Lc xxi 2

ܥܠ ܐܪܥܐ ܘܪܘܓܙܐ ܣܓܝܐܐ ܥܠ ܥܡܐ ܗܢܐ. ܘܢܦܠܘܢ

ܒܦܘܡܐ ܕܣܝܦܐ ܘܢܫܬܒܘܢ ܠܟܠܗܘܢ ܥܡ̈ܡܐ. ܘܐܘܪܫܠܡ

ܬܗܘܐ ܡܬܕܝܫܐ ܡܢ[20] ܥܡ̈ܡܐ. ܥܕܡܐ ܕܢܫܠܡܘܢ ܙܒ̈ܢܐ

ܕܥܡ̈ܡܐ ⁘ ܘܬܘܒ ܐܡܪ̇. ܡܐ[21] ܕܚܙܝܬܘܢ ܠܐܘܪܫܠܡ ܕܚܕܝܪ ib 20

7 ܠܗ̇ ܚܝܠܐ. ܗܝܕܝܢ ܬܕܥܘܢ ܕܩܪܒ ܠܗ̇ ܚܘܪܒܗ̇. ܟܕ ܐܢܫ

ܗܟܝܠ ܢܚܘܪ ܒ̈ܟܠܗܘܢ ܕܦܪܘܩܢ ܠܡܫܬܥܝܬܗ[22] ܕܗܢܐ ܡܬܬܒܥܢܐ

ܕܐܡܪ ܥܠ ܟܠܗ ܡܕܡ. ܐܝܟ ܠܐ ܢܬܕܡܪ ܕܥܡܝܩܐ ܪܘܪܒܐܝܬ[23]

ܡܗܝܡܢܘܬ ܡܫܒܚܘܬܗ[24] ܕܦܪܘܩܢ. ܘܠܘܬܐ[25] ܕܒܪ̈ܝܬܐ[26] ܕܕܐܠܗܐ

8 ܗܘ. ܥܠ ܐܝܠܝܢ ܕܝܢ ܕܓܕܫ ܠܟܠܗ[27] ܥܡܐ ܕܝܗܘܕܝܐ ܡܢ ܒܬܪ

ܚܫܗ ܕܦܪܘܩܢ: ܘܩܛܠܐ[28] ܕܗܘܢ ܕܟܠܗ ܥܡܐ ܕܝܗܘܕܝܐ[29] ܘܡܢ

ܗܘܘ: ܘܡܫܩܠܝܢ ܠܗܘܢ ܚܢܘܩܐ ܘܫܠܕܐ[30] ܕܢܒܐ ܘܚܘܒܫ̇ ܠܗܘܢ:

ܘܠܗܘܢ (B fol. 49 a) ܪܫܐ ܕܟܗܢܐ ܡܬܬܥܝܪܝܢ ܗܘܘ ܕܢܬܩܛܠ ܒܚܪܒܐ.

ܕܢܦܩ ܕܝܢ[31] ܥܠ ܗܠܝܢ ܬܫܒ̈ܚܬܐ ܕܒܪ ܠܐ ܡܬܬܒܥܐ ܠܝ. ܗܠܝܢ

9 ܕܝܢ ܕܗܘܐ ܕܢܦܩ ܠܗܘܢ. ܐܝܠܝܢ ܕܬܫܡܫܬܐ[31a] ܐܝܟ ܕܡܢܫܒܚܘܬܗ

ܘܡܠܝܠܘܬܐ ܕܦܪܘܩܢ. ܕܐܘܪܚܝܢ ܥܫܝܢ ܐܚܪܢܐ ܡܢ ܒܬܪ 𝔄 168

[17] A ܘܠܒܢ̈ܝܟܝ ܒܓܘܟܝ ܠܟܝ ܠܐ ܘܠܐ 𝔄 the same without ܠܟܝ
[18] A 𝔄 ܠܗܝ [19] 𝔄 adds *occident* [20] A adds ܟܠܗܘܢ [21] A ܕܡܐ
[22] A ܠܡܫܬܥܝܢܘܬܗ [23] A ܪܘܪܒܐ [24] A ܐܫܬܒܚܬܗ [25] 𝔄 om. ܘ [26] A ܕܦܪܘܩܢ A fol. 49 *a* [27] 𝔄 om. ܟܠܗ [28] 𝔄 sing. [29] 𝔄 om. ܕܝܗܘܕܝܐ
[30] A ܫܠܕܐ [31] 𝔄 om. ܕܝܢ [31a] A ܕܬܫܡܫܬܐ

ܡܪܘܫܬܗܘܢ ܕܟܠ ܡܕܝܢܬܐ ܐܝܟܢܐ ܕܡܢ ܐܟܣܢܝܘܬܗܘܢ. ܕܟܕܝܡ ܣܓ̈ܝܐܐ ܡܢ ܫ̈ܠܝܚܐ ܘܡܢ ܬܠܡ̈ܝܕܘܗܝ. ܘܝܥܩܘܒ ܗܘ ܕܐܬܩܪܝ ܐܚܘܗܝ ܕܡܪܢ ܗܘ ܕܗܘܐ ܐܦܝܣܩܘܦܐ[32] ܩܕܡܝܐ. ܟܕ ܥܕܟܝܠ ܦܝܫܝܢ ܗܘܘ ܘܒܗ̇ ܒܐܘܪܫܠܡ ܡܬܗܦܟܝܢ ܗܘܘ. ܘܐܝܟ ܫܘܪܐ ܚܣܝܢܐ ܐܚܝܕܝܢ ܗܘܘ ܠܗ̇ ܠܐܬܪܐ. ܕܣܘܥܪܢܐ ܕܐܠܗܐ ܒܢܝܚܐ ܠܡܥܒܕ ܡܓܪܓ ܗܘܐ ܠܗܘܢ ܙܒܢܐ. ܕܕܠܡܐ ܡܬܬܘܝܢ ܢܬܦܢܘܢ[33] ܘܢܬܦܢܘܢ ܥܠ ܡܕܡ ܕܥܒܕܘ. ܘܢܗܘܐ ܠܗܘܢ ܫܘܒܩܢܐ ܘܚܝ̈ܐ.[34]

ܬܫܥܝܬܐ ܥܠ ܐܬ̈ܘܬܐ ܕܗܘܝ ܩܕܡ ܩܪܒܐ.

ܟܕ ܗܕܐ ܥܠܝܗ̇ ܡܫܪܪܬ ܢܘܣܚܐ. ܐܦ ܐܬ̈ܘܬܐ ܬܕܡܪ̈ܬܐ[1] ܐܬܚܘܝ ܠܗܘܢ. ܕܡܕܡ ܕܥܬܝܕ ܗܘܐ ܕܢܓܕܫ ܠܗܘܢ ܐܠܐ ܬܬܒܝܢ. ܕܐܦ ܠܗܝܢ ܐܣܥܪ ܐܝܟ ܠܕܘܟܪܢܐ[2] ܗܘ ܗܢܐ ܡܟܬܒܢܐ ܕܦܫܝܛ ܐܡܪܝܢ[3] ܒܠܗܘܢ ܒܬܫ̈ܥܝܬܗ.[4] ܠܗܬ ܕܝܢ ܒܠܚܘܕܝܬ. ܕܟܕ

viii. 1 ܢܩܘܡ ܚܕ ܒܗ ܒܟܬܒܐ ܕܐܦ ܠܗܘܢ ܢܣܩܘܢ ܐܢܫ. ܗܟܢ ܡܟܬܒ ܘܦܘܫ ܡܕܡ ܕܐܡܪܢ ܠܗ ܒܬܫܥܝܬܗ ܕܟܬܒ ܒܗ ܐܡܪ ܗܟܢܐ. ܕܠܥܡܐ ܠܡ ܒܝܫܐ. ܡ̈ܛܥܝܢܐ ܗ̇ܢܘܢ ܕܡܟܕܒܝܢ ܕܓܠܘܬܐ ܥܠ ܐܠܗܐ ܡܛܥܝܢ ܗܘܘ ܠܗ ܒܗܘ ܙܒܢܐ. ܕܒܐܬ̈ܘܬܐ ܡܒܪ̈ܩܬܐ[5] ܕܡܗܕܡܝܢ ܗܘܘ ܡܬ̈ܚܙܝܢ ܥܠ ܣܘܪܒܐ[6] ܕܟܘܟܒ ܗܘܐ[7] ܠܡܗܘܐ ܠܐ ܚܘܪܘ ܘܠܐ ܗܝܡܢܘ. ܐܠܐ ܐܝܟ ܐܢܫܐ ܕܥܒܝܛ ܡܕܥܗܘܢ ܘܠܝܬ ܠܗܘܢ ܥܝ̈ܢܐ ܘܠܐ ܢܦܫܐ. ܗܟܢ ܡܗܕܡܝܢ ܗܘܘ ܡܢ

2 ܟܪ̈ܘܙܘܬܗ ܕܐܠܗܐ. ܡܕܐܬܝܬ ܕܝܢ. ܕܠܟܠ (B fol. 49 *b*) ܡܢ

[32] A ܐܦܣܩܘܦܐ [33] A ܕܠܡܐ ܢܬܦܢܘܢ 𝔄 *ne vertantur aliquando* [34] A 𝔄 ܕܚ̈ܝܐ

CHAP. VIII. [1] 𝔄 *et mirabilia* [2] A adds ܒܬܫ̈ܥܝܬܗ [3] A ܐܡܪܝܢ [4] A om. ܒܬܫ̈ܥܝܬܗ [5] A ܐܬܪ̈ܟܠܐ [6] A ܣܝܦܐ [7] A fol. 49 *b*

ܡܬܚܙܝܢܘܬܐ ܡܢ ܟܘܟܒܐ ܕܕܡܐ ܠܪܘܡܚܐ. ܘܐܓܪ ܫܢܬܐ ܚܕܐ
ܟܕ ܙܠܝܩ. ܘܬܘܒ ܩܕܡ ܕܢܡܪܕܘܢ ܕܢܬܟܢܫ ܟܠܗܘܢ ܥܡܐ:
ܒܗ[8] ܡܬܟܢܫ. ܥܡܐ[9] ܒܝܘܡܐ ܕܥܐܕܐ[10] ܕܦܛܝܪܐ: ܒܬܡܢܝܐ
ܒܢܝܣܢ ܒܬܫܥ ܫܥܝܢ ܒܠܠܝܐ. ܗܟܢܐ ܐܙܠܓ ܢܘܗܪܐ ܥܠ
ܡܕܒܚܐ ܘܥܠ ܗܝܟܠܐ ܐܝܟ ܕܢܣܒܪ ܐܢܫ ܕܐܝܡܡܐ ܗܘ
ܢܗܝܪܐ. ܘܐܓܪ ܗܢܐ ܦܠܓܘܬ ܫܥܐ. ܗܢܐ ܕܝܢ ܗܘܐ ܠܗܕܝܘܛܐ
ܡܬܚܫܒܐ ܗܘܬ ܕܛܒܬܐ ܗܘܬ: ܠܐܠܝܢ[11] ܕܝܢ ܕܝܕܥܝܢ ܣܦܪ̈ܐ
3 ܡܦܫܩܢܐ ܦܘܫܩܗ ܦܪܝܫܐ. ܕܗܠܝܢ ܕܒܬܪܗ̇ ܗܘܝ ܕܢܗܘܝܢ. ܘܒܗ
ܒܗܘ ܥܐܕܐ ܩܪܒ ܐܢܫ ܬܘܪܬܐ ܠܕܒܚܬܐ. ܘܝܠܕܬ ܐܡܪܬܐ 𝔄 170
4 ܒܡܨܥܬܗ ܕܗܝܟܠܐ.[12] ܘܬܘܒ ܬܪܥܐ ܡܕܢܚܝܐ ܓܘܝܐ
ܕܐܝܬܘܗܝ[13] ܕܢܚܫܐ ܘܥܒܝ ܗܘܐ: ܘܒܪܡܫܐ ܠܡܐܚܕܗ ܐܠܝܨܝܢ ܗܘܘ
ܠܗ ܒܥܣܪܝܢ ܓܒܪ̈ܝܢ ܘܒܡܘܟ̈ܠܐ ܕܦܪܙܠܐ ܡܬܬܚܕ ܗܘܐ: ܘܠܬܚܬ
ܐܝܬ ܗܘܐ ܠܗ ܣܘܟܪܐ ܒܟܐܦ̈ܐ. ܒܫܬ ܫ̈ܥܝܢ ܒܠܠܝܐ ܐܫܬܟܚ
5 ܦܬܝܚ ܡܢ ܢܦܫܗ. ܘܡܢ ܒܬܪ ܩܠܝܠ ܝ̈ܘܡܬܐ ܕܒܥܐܕܐ[14] ܒܚܕ
ܘܒܥܣܪܝܢ ܒܐܝܪ ܚܙܘܐ ܡܕܡ ܐܬܚܙܝ. ܘܡܫܬܥܝܢ ܕܟܝܢ
ܠܡܬܗܝܡܢܘ. ܐܠܘ ܠܐ ܕܡܫܬܥܝܢ ܟܠܗܘܢ ܐܝܠܝܢ ܕܚܙܐܘܗܝ.
ܘܫܩܠܝܢ[15] ܬܘܒ ܕܐܬܘܬ̈ܐ ܩܝܡܢ ܠܡܬܗܝܡܢܘܬܗ. ܩܕܡ ܓܝܪ ܕܢܥܪܒ
ܫܡܫܐ ܐܬܚܙܝ ܡܪ̈ܟܒܬܐ ܠܥܠ ܒܟܠܗ ܐܬܪ: ܘܚܝܠܐ ܕܙܝܢ
ܠܥܠ ܒܥܢܢ̈ܐ. ܡܫܘܪܝܢ ܗܘܘ ܘܡܬܟܪܟܝܢ ܗܘܘ ܠܡܕܝܢܬܐ.
6 ܘܬܘܒ ܒܝܘܡܐ ܕܥܐܕܐ ܕܡܬܩܪܐ ܦܢܛܩܘܣܛܐ ܒܠܠܝܐ. ܟܕ ܥܠܘ
ܟܗ̈ܢܐ ܠܗܝܟܠܐ ܠܬܫܡܫܬܐ ܐܝܟ ܕܐܝܬ ܗܘܐ ܠܗܘܢ ܥܝܕܐ.
ܘܡܪܓܫܝܢ[16] ܥܠ ܙܘܥܐ ܘܩܠܐ ܐܡܪܝܢ[17] ܕܫܡܥܝܢ ܗܘܘ. ܘܡܢ
ܒܬܪܟܢ[18] ܩܠܐ ܡܢ ܥܠ ܕܐܡܪܝܢ ܗܘܘ (B fol. 50 a) ܕܡܫܢܝܢ ܐܢܚܢܢ[19]

[8] 𝔄 = ܘܟܕ [9] 𝔄 *populus totus* [10] A ܕܥܐܕܐ [11] A 𝔄 ܐܠܝܢ
[12] A ܒܡܨܥܬܗ ܗܝܟܠܐ [13] A adds ܗܘܐ [14] A ܒܥܐܕܐ [15] A ܘܫܩܠܗܘܢ
[16] A fol. 50 a [17] A ܐܡܪܝܢ [18] A ܡܢ ܒܬܪ ܟܢ [19] A ܢܚܢ

7 ܠܗ ܡܢ ܗܘܢܐ.[20] ܘܕܕܒܝܠܝܢ[21] ܡܢ ܗܠܝܢ ·:· ·:· ܟܒܪܐ ܕܝܢ[22] ܣܓ
ܘܓܒܪܐ ܡܢ ܗܕܝܘ̈ܛܐ ܕܫܡܗ ܗܘܐ ܝܫܘܥ ܒܪ ܚܢܢܝܐ: ܩܕܡ
ܐܪܒܥ ܫ̈ܢܝܢ ܕܩܕܡ ܩܪܒܐ ܟܕ ܒܫܝܢܐ ܗܘܬ ܡܕܝܢܬܐ ܘܫܠܝܐ
ܒܠܚܘܕ ܝܬܝܪܐܝܬ.[23] ܐܬܐ ܠܥܐܕܐ ܕܒܗ ܒܢܝܢ ܗܘܘ ܡ̈ܛܠܠܐ
𝔄 171 ܠܐܠܗܐ ܐܝܟ ܕܐܝܬ ܒܥܝܕܐ. ܘܡܢ ܫܠܝ ܫܪܝ ܩܥܐ ܗܘܐ
ܒܗܝܟܠܐ. ܩܠܐ ܡܢ ܡܕܢܚܐ ܩܠܐ ܡܢ ܡܥܪܒܐ. ܩܠܐ ܡܢ
ܐܪܒܥܬ ܪ̈ܘܚܐ. ܩܠܐ ܥܠ ܐܘܪܫܠܡ ܘܥܠ ܗܝܟܠܐ. ܩܠܐ ܥܠ
ܚ̈ܬܢܐ ܘܟ̈ܠܬܐ.[24] ܩܠܐ ܥܠ ܟܠܗ[25] ܥܡܐ. ܘܗܕܐ ܒܟܠܗ[26]
ܐܝܡܡܐ ܘܠܠܝܐ[27] ܒܟܠܗܘܢ ܫܘ̈ܩܐ[28] ܡܬܟܪܟ ܗܘܐ ܘܩܥܐ.
8 ܐ̈ܢܫܐ ܕܐܝܬܝܗܘܢ ܡܝܩܪ̈ܐ ܡܢ[29] ܥܡܐ ܐܬܚܡܬܘ ܒܗܢܐ ܠܒܝܫܐ
ܟܒܫܘ. ܘܐܣܪܘܗܝ[30] ܠܗܢܐ ܓܒܪܐ ܘܡܚܐܘܗܝ[31] ܡܚ̈ܘܬܐ
ܣ̈ܓܝܐܬܐ. ܗܘ ܕܝܢ ܐܦܠܐ ܥܠ ܐ̈ܦܝ ܢܦܫܗ ܐܬܒܥ ܐܢܘܢ
ܦܬܓܡܐ ܠܡܚܘܢ ܕܡܚܝܢ ܗܘܘ. ܐܦܠܐ ܡܕܡ ܡܢ ܢܦܫܗ
ܐܡܪ. ܐܠܐ ܗܘܢ[32] ܩܠܐ ܡܕ̈ܡܝܐ ܐܝܟ ܒܩܕܡ ܩܥܐ ܗܘܐ.
9 ܫܒܩܘ ܕܝܢ ܐܪ̈ܟܘܢܐ. ܕܡܢ ܫܐܕܐ[33] ܗܘ ܙܘܥܗ ܕܗܢܐ ܓܒܪܐ.
ܘܐܝܬܝܘܗܝ ܠܗܦܪܟܐ ܕܪ̈ܗܘܡܝܐ. ܘܬܡܢ ܒܡܚ̈ܘܬܐ ܣܪ̈ܩܝܢ
ܗܘܘ ܠܗ ܥܕܡܐ ܠܓܪ̈ܡܘܗܝ. ܗܘ ܕܝܢ ܠܐ ܐܬܟܫܦ ܠܗܘܢ
ܐܦܠܐ ܕܡܥܐ ܐܘܪܕ. ܐܠܐ ܐܝܟ ܕܐܝܬܘܗܝ ܝܬܝܪܐܝܬ[34] ܠܗ
ܠܗܢܐ ܩܠܐ ܡܪܝܡ ܗܘܐ ܠܗ ܒܬܐܢܚܬܐ ܒܟܠ ܡܚ̈ܘܢ
10 ܕܡ̈ܚܝܢ ܗܘܘ ܠܗ ܘܐܡܪ: ܘܝ ܘܝ ܐܘܪܫܠܡ. ܘܬܘܒ ܐܚܪ̈ܢܝܬܐ
J vi 5, 4 ܬܕ̈ܡܪܬܐ ܡܫܬܒܚܬܐ ܗܘ ܗܢܐ ܡܬܬܒܥܢܐ. ܕܡܠܬܐ ܠܡ ܕܝܚܝܕܘܬܐ

[20] 𝔄 seems to repeat ܘܠܗܠܝܢ and wants the full stop before ܟܒܪܐ [21] A ܘܕܕܒܝܠܝܢ [22] 𝔄 om. ܕܝܢ [23] A ܝܬܝܪܬ [24] A ܘܟ̈ܠܠܬܐ [25] 𝔄 om. ܟܠܗ [26] A 𝔄 ܟܠܗ [27] A 𝔄 ܘܠܠܝܐ [28] 𝔄 adds *urbis* [29] A ܒܥܡ [30] 𝔄 om. ܘ [31] A ܘܡܚܐܘܗܝ [32] A ܐܠܐ ܠܗ ܗܘܢ [33] 𝔄 plur. [34] A ܝܬܝܪܬ

ܐܬܬܣܝܡܬ ܒܐܘܪܫܠܡ ܕܬܬܒܢܐ ܗܘܐ ܒܗ̇ ܗܝܟܠܐ.[34a] ܕܒܗ ܒܗ̇ ܗ̇ܘ
ܘܒܗ̇[35] ܡܢ ܒܬܪ ܩܐܡ ܐܢܫ ܡܢܗܘܢ ܘܡܫܬܠܛ ܒܟܠܗ 𝔄 172
ܥܠܡܐ̇. ܕܗ̇ܘܝܘܢ ܡܕܒܪ ܗܘܐ (B fol. 50 b) ܥܠ[36] ܐܘܣܦܣܝܢܘܣ
11 ܥܠܡܬܐ. ܗܢܐ ܕܝܢ ܠܘ ܥܠ ܟܠܗ ܥܠܡܐ ܐܫܬܠܛ. ܐܠܐ ܥܠ
ܪ̈ܗܘܡܝܐ ܒܠܚܘܕ. ܘܙܕܩ ܗܘܐ ܕܥܠ ܡܫܝܚܐ ܡܬܐܡܪ ܗܕܐ.
ܗ̇ܘ ܕܐܡܪ[37] ܠܗ ܡܢ ܐܒܐ. ܕܫܐܠ ܡܢܝ ܘܐܬܠ ܠܟ ܥܡ̈ܡܐ Ps ii 8
ܠܝܪܬܘܬܟ. ܘܐܚ̈ܝܕܘܬܟ ܒܣ̈ܘܦܝܗ̇ ܕܐܪܥܐ.[38] ܕܒܗ ܒܗ̇ ܗ̇ܘ ܙܒܢܐ
ܒܟܠܗ̇ ܐܪܥܐ ܢܦܩ ܫܘܪܬܗܘܢ ܕܫ̈ܠܝܚܐ ܡܫ̈ܒܚܐ.[39] ܘܒܣ̈ܘܦܝܗ̇[40] Ps xviii
ܕܥܠܡܐ ܐܫܬܡܥܬ ܡܠܬܗܘܢ[41] ⁘

ܬܫܥܐ. ܥܠ ܝܘܣܦܘܣ[1] ܘܥܠ ܟ̈ܬܒܐ ܕܫܒܩ. ⁘

ix. 1 ܘܥܡ ܗܠܝܢ ܟܠܗܝܢ. ܐܦ ܥܠܘܗܝ. ܥܠ ܝܘܣܦܘܣ:[2] ܗ̇ܘ
ܕܗ̇ܘ ܐܡܪ ܠܢ ܡܠܐܟܐ ܕܗܠܝܢ ܟܠܗܝܢ ܬܫܥܝ̈ܬܐ ܒܗܠܝܢ[3]
ܦ̈ܣܘܩܐ.[4] ܘܙܕܩ ܠܢ ܕܢܕܥ ܕܡܢ ܐܝܟܐ ܘܡܢ ܐܝܢܐ ܛܘܗܡܐ
ܐܝܬܘܗܝ ܗܘܐ. ܗ̇ܘ ܕܝܢ ܡܘܕܐ ܐܦ ܥܠ ܗܕܐ ܘܐܡܪ̇
ܗܟܢܐ. ܕܝܘܣܦܘܣ[5] ܠܗܝ[6] ܒܪ ܡܬܝ ܟܗܢܐ ܡܢ ܐܘܪܫܠܡ: B J i 1,
ܕܗ̇ܘ ܡܟܬܫܢܐܝܬ ܐܬܟܬܫ. ܥܡ ܪ̈ܗܘܡܝܐ: ܘܠܐܢܢܩܐ ܢܦܠ 𝔄 173
2 ܒܐܝ̈ܕܝܗܘܢ ܡܢ ܐܝܩܪܐ. ܠܘ ܕܝܢ ܠܘܬ ܡܫܘ̈ܕܥܢܐ ܒ̈ܢܝ ܥܡܗ
ܒܠܚܘܕ ܡܠܟ[7] ܗܘܐ ܒܗ̇ܘ ܘܒܗ̇. ܐܠܐ ܐܦ ܠܘܬ ܪ̈ܗܘܡܝܐ
ܓܒܪܐ[8] ܡܫܒܚܐ. ܘܠܐܝܩܪܗ[9] ܐܩܝܡܘ ܐܢܕܪܝܐܢܛܐ[10] ܒܪ̈ܗܘܡܝܐ

[34a] 𝔄 om. ܒܗ̇ ܗܝܟܠܐ [35] A fol. 50 b [36] A 𝔄 ܕܟܠ [37] A 𝔄 ܕܐܡܪ
[38] For ܕܐܪܥܐ......ܠܝܪܬܘܬܟ 𝔄 has 'ի ժառանգութիւն և իշխանութիւն *in haereditatem et dominium* [39] 𝔄 om. ܡܫ̈ܒܚܐ [40] 𝔄 *et usque ad fines* [41] 𝔄 plur.

CHAP. IX. [1] A ܝܘܣܦܘܣ [2] A ܝܘܣܦܘܣ [3] A ܕܗܠܝܢ
[4] 𝔄 lit. *historiarum huius totius libri* [5] A ܝܘܣܦܘܣ ܕ [6] 𝔄 om. ܠܗܝ
[7] A ܐܡܠܟ [8] A 𝔄 add ܗܘܐ. In 𝔄 for այլ read այր [9] A ܐܦ
ܠܐܝܩܪܗ [10] A ܐܢܕܪܝܐܢܛܐ 𝔄 adds *ei*

ܡܕܝܢ̈ܬܐ. ܘܫܦܝ̈ܪܐ ܕܐܬܘܣܦܬ ܘܐܬܒܢܝ̣. ܟܝܬ ܠܐ ܕܒ̈ܢܝܗܘܢ

3 ܐܬܟܬܒܘ ܕܢܫܬܡܫܘܢ.[11] ܘܗܘ ܗܢܐ ܒܠܗ[12] ܫܪܒܐ ܘܡܕܒܪܢܐ

ܕܝܗܘ̈ܕܝܐ ܒܫܢܝܢ ܣܓܝܐܢ ܗܘܝ. ܘܬܫܥܝܬܐ ܕܡܪܕܐ ܕܝܗܘ̈ܕܝܐ

ܕܗܘܐ ܒܝܘ̈ܡܬܗ[13] ܒܥܒܕܐ. ܕܠܐ ܗܘܐ ܒܠܫܘܕ ܡܣܐܢܬ.

ܐܠܐ ܐܦ ܒܠܫܢܐ ܕܐܟܬܒܘܬܐ ܐܟܬܒܘܗ̇. ܐܝܟ ܕܗܘ ܡܫܡܫܕ

ܟܠ ܢܦܫܗ. ܘܩܪܐ ܗܘ ܠܬܫܥܝܬܗ ܕܡܠܦܢܘܬܐ ܐܣܛܪܢܝܬܐ.[14]

4 ܘܐܣܛܪܐ[15] ܐܝܬ ܠܗ ܕܢܣܒܢܐ ܒܣܘܦܠܐ ܬܪܝܢ ܟܠ ܡܕܡܟܬܒܘܗܘܢ

ܕܝܘܕܝܐ. ܘܟܡܐ ܐܦ ܕܝܘܢܐ ܠܘܬ ܐܦܘܢ ܒܡܬܟܠܢܐ

ܒܚܕ ܗܘܐ. ܗܘ ܕܐܟܬܒ[16] ܗܘܐ ܠܡܟܠ (B fol. 51 a) ܕܝܘܕܝܐ

ܟܘܗ[17] ܘܟܠܗ. ܘܠܘܬ ܐܣܛܪܐ[18] ܕܝܘܐ ܕܐܬܟܠܝܢ ܡܛܠ ܕܟܬܒܐ

ܕܝܘܕܝܐ ·:· ·:·

𝔄 174 ܕܒܫܢ̈ܝ ܕܐܝܠܝܢ ܟܗ̈ܢܐ ܪ̈ܒܐ ܐܘܣܦܘܣ[1] ܠܡܠ̈ܦܢܐ ܡܫܝܚܐ.

5 ܘܡܠܟܐܪܟܘܬܗ[2] ܕܗܪܘܕܝܣ ܗܘܐ ܒܫܢܬܐ ܚܡܫ ܕܒ̈ܢܝܐ ܕܐܕܘܡܝܐ[3]

ܗܘ ܕܐܬܡܛܝܐ ܒܬܫܥܝܬܐ. ܕܐܝܠܝܢ ܐܝܟ ܠܘܬ ܒܒܢ̈ܝܐ

ܗܘܝܢ[4] ܕܗܠܝܢ ܦܘܠܚ ܐܝܟ. ܐܝܟ ܕܒܗ ܡܫܠܡܢܘܬܐ

Ap i 8 ܠܗ ܒܥܕܢܐ[6] ܕܟܗܢܐ. ܒܫܢܬܗ ܕܟܠܗܘܢ[5] ܘܒܗܘܢ. ܡܕܝܢܬܐ. x. 1

ܪ̈ܒܘܬܐ ܐܝܬ ܠܗܘܢ ܕܚܕ ܠܚܕ ܠܐ ܡܥܒܕܝܢ ܘܢܩܝܦ ܒܗ ܫܢ̈ܝܐ.

ܒܫܢܝܢ ܕܝܢ[7] ܘܬܪܬܝܢ ܟܗ̈ܢܐ ܐܝܬ ܐܝܟ ܕܒܐܢܫܘܬ ܡܬܗܘܢܝܢ

ܕܕܐܠܗܐ ܐܝܟ. ܕܐܝܬ ܒܗܘܢ ܡܬܟܬܒܢܘܬܐ ܕܟܠܗ ܕܝܢܐ.

2 ܡܢ ܗܠܝܢ ܕܝܢ ܣܓܝܐܐ ܐܝܬܝܗܘܢ ܕܡܫܝܚܐ. ܕܐܝܬ ܒܗܘܢ

[11] A ܕܢܫܬܡܠܘܢ  [12] 𝔄 om. ܒܠܗ  [13] A adds ܗܘܐ ܠܟ ܗܡܝܠܘ

[14] A ܐܣܛܪܢܝܬܐ  [15] A fol. 51 a  [16] In 𝔄 for [illegible] read [illegible]  [17] 𝔄 = ܘܟܘܗ  [18] A ܐܣܛܪܐ

CHAP. X. [1] A ܘܣܘܦܣܘܣ  [2] A ܕܡܠܟܐܪܟܘܬܐ  [3] 𝔄 plur.  [4] A ܗܘܝܠܗܘܢ  [5] A ܒܫܢܬܗ  [6] A ܕܟܗܢܐ  [7] 𝔄 om. ܕܝܢ

ܢܡܘ̈ܣܐ ܘܡܫܠܡܢܘܬܐ ܕܡܘܠܕܐ ܕܐܢܫܘܬܐ ܥܕܡܐ ܠܡܘܬܗ
ܕܝܠܗ. ܗܢܐ ܕܝܢ ܙܒܢܐ ܡܢ ܬܠܬܐ ܐ̈ܠܦܝܢ ܫ̈ܢܝܢ ܒܨܝܪ ܩܠܝܠ ܡܢ 3
ܡܘܬܗ ܕܡܘܫܐ[8] ܘܥܕܡܐ ܠܐܪܛܚܫܫܬ ܡܠܟܐ ܕܦܪ̈ܣܝܐ.
ܢܒ̈ܝܐ[9] ܗ̇ܢܘܢ ܕܗܘܘ ܡܢ ܒܬܪ ܡܘܫܐ.[10] ܡܕܡ[11] ܕܗܘܐ
ܒܙܒ̈ܢܝܗܘܢ ܐܟܬܒܘ[12] ܒܬܠܬܥܣܪ ܟܬܒܝܢ. ܐܪ̈ܒܥܐ ܕܝܢ ܐܚܪ̈ܢܐ.
ܬܫ̈ܒܚܬܐ ܕܐܠܗܐ ܐܝܬ ܒܗܘܢ ܘܡܠܦܢܘܬܐ ܕܕܘܒܪ̈ܐ. ܡܢ 4
ܐܪܛܚܫܫܬ ܕܝܢ ܘܥܕܡܐ ܠܙܒܢܐ ܗܢܐ ܕܝܠܢ ܡܟܬܒܢ[13] ܟܬܝܒ
ܗ̣ܘ ܟܠ ܕܗܘܐ. ܠܐ ܕܝܢ ܫܘܝܢ ܠܗܝܡܢܘܬܐ ܐܝܟ ܗܠܝܢ
𝔄 175 ܕܩܕܡܝܗܘܢ. ܡܛܠ ܕܠܝܬ ܡܫܠܡܢܘܬܐ ܚܬܝܬܐ ܕܢܒ̈ܝܐ.
ܒܟܬܒ̈ܐ ܕܝܢ ܕܝܠܢ ܗ̇ܝ. ܕܐܝܟܢܐ ܐܚܝܕܝܢ ܡܬܡܪܝܢ ܐܢܚܢ[14] 5
ܠܗܘܢ ܠܟܬܒ̈ܐ ܕܢܒ̈ܝܐ. ܒܗܢܐ ܓܝܪ ܟܠܗ ܙܒܢܐ ܕܥܒܪ. ܘܠܐ
ܕܢܘܣܦ ܐܢܫ ܘܠܐ ܕܢܒܨܪ ܡܢܗܘܢ[15] ܘܠܐ ܕܢܫܢܐ ܐܡܪܚ.[16]
ܟܝܢܐ ܗ̣ܘ ܓܝܪ ܗ̇ܘܐ ܒܟܠܗ[17] ܒܢܝ̈ܐ ܕܝܗܘ̈ܕܝܐ ܡܢ ܡܠܝܕܘܬܗܘܢ
ܡܬܚܫܒܬܐ. (B fol. 51 b) ܕܢܬܗܡܝܢܘܢ[18] ܕܦܘ̈ܩܕܢܐ ܐܢܘܢ ܕܐܠܗܐ
ܘܕܢܩܘܘܢ ܒܗܘܢ. ܘܐܢ ܡܬܒܥܐ ܕܚܠܦܝܗܘܢ ܢܡܘܬܘܢ
ܚܕܝܐܝܬ. ܘܗܠܝܢ ܕܐܡܪ ܗܢܐ ܡܬܟܬܒܢ ܢܣܝܒ ܗܘܐ ܕܗܪܟܐ 6
ܢܬܬܣܝܡܢ. ܣܥܪ ܠܗ ܕܝܢ ܐܦ[19] ܐܚܪܢܐ ܥܒܕܐ ܥܠ ܡܫܠܛܢܘܬܐ
ܫܠܝܛܬ ܒܬܪܗ̇܃[20] ܕܥܠ ܐܡܩܒ̈ܝܐ[21] ܕܗ̇ܢܘܢ ܕܐܝܬ ܒܗ̇ܘ ܟܬܒܐ
ܕܡܬܩܪܐ ܣܦܪܐ ܕܡܩܒ̈ܝܐ. ܒܓܢܒܪ̈ܐ ܕܢܨܚܘ ܡܛܠ ܕܚܠܬ ܐܠܗܐ.
ܐܦ ܒܫܘܠܡܐ ܬܘܒ ܕܬܫ̈ܥܝܬܐ[22] ܕܥܣܪܝܢ ܕܐܟܬܒ ܡܚܘܐ. 7
Ant xx 2 ܕܐܝܟ ܐܢܫ ܗܘܐ ܠܗ ܨܒܝܢܐ ܕܢܟܬܘܒ ܒܐܪܒܥܐ ܣܦܪ̈ܝܢ.

[8] A ܡܘܬܗ ܕܡܘܫܐ [9] A ܢܒ̈ܝܐ [10] A ܒܬܪ ܗܘܐ [11] A ܕܡܕܡ [12] A ܐܟܬܒ [13] A ܡܟܬܒܝܢ ܗܘܝ [14] A ܚܢܢ ܡܬܡܪܝܢ [15] A om. ܡܢܗܘܢ [16] A adds ܡܢܗܘܢ [17] A fol. 51 b [18] Read with A ܕܢܬܗܝܡܢܘܢ [19] A ܘܐܦ [20] 𝔄 om. ܕ ܒܬܪܗ̇ [21] A ܐܡܩܒܝܐ [22] A ܕܬܫܥܝܬܐ

ܘܥܒܕ[23] ܡܫܡܫ ܒܪܝܫܐ[24] ܕܐܒܗܬܐ[25] ܕܝܗܘܕܝܐ. ܕܟܠ ܐܠܗܐ
ܘܟܠ ܐܬܘܬܗ ܘܟܠ ܢܒܝܘܬܗ. ܕܟܠ ܡܕܝܢܐ ܐܝܬ ܕܒܪܝܬܐ
ܕܥܠܝܗ ܠܡܫܡܫ ܘܐܝܬ ܕܠܐ. ܘܐܚܪܢܐ ܫܘܦܠܐ ܐܝܬ ܐܝܟ ܠܗ
𝔄 176 ܐܝܟ ܕܗܘ ܡܕܡ ܒܟܠܗܘܢ. ܘܒܗ ܗܠܝܢ ܠܐ ܠܗ ܠܡܬܘܒܐ 8
ܐܦ ܗܠܝܢ ܕܗܘܐ ܒܥܠܡܐ ܕܬܫܒܘܚܬܗ. ܠܡܫܡܫܢܘܬܐ ܕܣܗܕܘܬܐ
ܕܢܫܠܡ ܠܗ ܡܢܗ. ܕܗܢܐ ܗܘܐ ܠܣܘܦܣܘܣ ܕܡܢ ܦܠܓܣܘܣ.[26]
ܕܡܫܒܚܐ ܐܒܘܗܝ ܡܢܗ ܕܦܠܓ ܒܫܘܢ ܘܫܒܝܢ ܕܠܐ
ܐܚܝܬ ܫܪܝܪܬܐ.[27] ܘܡܪܝܡܐ ܐܚܪܢܐ[28] ܐܝܟ ܟܠܗܘܢ ܟܠ ܗܢܐ
Vit 65 ܐܪܥܐ ܒܗܠܝܢ ܗܠܝܢ ܒܗ ܐܘܪܚ ܗܘܢܐ. ܕܐܢܐ ܠܟ ܠܐ ܗܘܐ 9
ܐܘܣܬܝܟ ܒܡܠܟܐ ܕܠܐ ܐܬܚܙܝܬ. ܐܠܐ ܠܗܘܢ ܠܡܠܟܐ
ܦܪܘܬ ܐܢܘܢ ܠܚܘܪܢ. ܒܗ ܗܘܕܝܢ ܚܒܪܐ ܕܡܬܚܙܝܢ. ܘܟܘܢ
ܗܘܝܬ ܒܪ ܒܪܥܝܢ ܕܢܦܪܘܬ ܫܪܪܐ ܕܡܫܝܚܘܬܐ.[29] ܘܡܦܠܠ ܕܡܫܡܫܐ
ܗܘܝܬ ܕܐܦܠ ܫܘܕܥܬܐ ܕܟܠܗ ܡܕܡ ܠܐ ܫܠܡܬ. ܘܠܐܚܪܢܐ 10
ܕܝܢ ܩܠܝܠܐ ܦܪܘܬܗ ܠܗܕܐ ܕܡܫܝܚܘܬܐ. ܕܡܣܟܢܐ ܡܫܡܫܢ
ܒܗ[30] ܒܡܪܥܐ ܐܣܛܘܡܟܘ. ܐܝܟ ܕܐܦ ܡܠܟܐ ܐܓܪܦܐ ܘܐܢܬܘܢ
(B fol. 52 a) ܡܢ ܩܕܡ ܦܘܠܡܘܢ. ܦܠܦܘܣ[31] ܒܪ ܐܣܦܣܝܦܘܣ[32] 11
ܗܢܘܢ ܕܝܢ. ܕܡܫܝܚܘ ܟܠܗܘܢ ܢܒܝܐ ܠܐܢܫܐ ܡܫܒܚܬܐ
ܕܡܫܝܚܘܬܗ. ܘܐܝܟ ܕܒܐܚܪܢܘܬܗ ܕܟܠܗ ܢܬܘܒ ܢܫܪܐ[33] ܐܢܘܢ.
ܘܦܫܛ ܕܠܒܝ ܟܠܝܗ[34] ܢܬܦܪܘܢ. ܩܠܝܠܐ ܕܝܢ ܐܓܪܦܐ. ܫܪܝܬ
𝔄 177 ܘܬܪܬܝܢ ܐܓܪܢ ܟܦܬ. ܗܘܕ ܠܡܪܬܗ ܕܗܕܐ ܡܫܠܡܢܘܬܐ.
ܕܡܫܡܫܝܢ ܗܘܢ[35] ܬܪܬܝܢ ܒܗܢܐ ܡܕܡ ܕܐܫܬܡܥ. ܟܠܗܘܢ ܕܝܢ 12
ܕܡܫܟܚܐ ܠܗܪܟܐ ܐܘܕܥܢ ·:· ·:·

[23] A ܘܥܒܕܘܗܝ [24] In 𝔄 for [illegible] read [illegible] [25] A adds ܡܩܕܡܐ. [26] A om. ܘܡܢ ܦܠܓܣܘܣ ... ܕܡܠܟܘܬܗܘܢ [27] A ܫܪܝܪܬܐ [28] A ܢܘܗܪܐ [29] 𝔄 plur. [30] A fol. 52 a [31] A ܦܠܦܘܣ [32] A ܐܣܦܣܝܦܘܣ [33] A 𝔄 ܢܫܪܐ [34] A ܟܠ ܐܢܫ [35] A ܗܘܘ

ܕܐܣܛܪܦܘܣ. ܕܗܢ ܒܬܪ ܡܘܬܗ ܕܫܠܝܚܐ ܗܘ ܒܚܘܪܒܢܗ̇
ܕܐܘܪܫܠܡ.

xi. 1 ܢܐܬܐ ܠܢ ܗܟܝܠ[1] ܥܠ ܗܠܝܢ ܕܡܢ ܒܬܪ ܡܢ:[2] ܣܗܕܘܬܗ[3]
ܕܝܥܩܘܒ ܘܚܘܪܒܢܗ̇[4] ܕܐܘܪܫܠܡ ܕܗܘܐ ܒܗܿܘ ܙܒܢܐ. ܡܬܐܡܪܐ
ܡܠܬܐ. ܕܫ̈ܠܝܚܐ ܘܬܠܡ̈ܝܕܘܗܝ ܕܡܪܢ ܐܝܠܝܢ ܕܐܫܬܚܪܘ ܗܘܘ
ܒܥܠܡܐ[5] ܒܗܿܘ ܙܒܢܐ. ܕܐܬܟܢܫܘ ܗܘܘ ܐܟܚܕܐ ܡܢ ܟܠ
ܚ̈ܝܝܢ ܥܡ ܐܚ̈ܝܢܘܗܝ[6] ܕܡܪܢ ܕܒܦܓܪ. ܣܓܝܐܐ ܓܝܪ ܐܦ[7]
ܡܢܗܘܢ ܩܝܡܝܢ ܗܘܘ ܒܥܠܡܐ ܒܗܿܘ ܙܒܢܐ. ܘܟܠܗܘܢ ܡܠܟܐ[8]
2 ܢܣܒܘ ܗܘܘ ܕܢܦܩܘܢ ܕܡܬܠܗ ܕܝܥܩܘܒ. ܘܡܢ ܫܪܒܐ ܬܪܝܢܘܬܐ
ܟܠܗܘܢ ܫܘܝ. ܕܫܡܥܘܢ ܒܪ ܩܠܝܘܦܐ[9] ܫܘܐ ܠܟܘܪܣܝܐ ܕܥܕܬܐ
ܕܬܡܢ. ܗܿܘ ܕܡܟܬܒ[10] ܠܗ ܒܟܬܒܐ[11] ܕܐܘܢܓܠܝܘܢ. ܘܐܝܟ
ܕܐܡܪܝܢ ܐܚܝܢܗ ܗܘܐ ܕܝܘܣܦ. ܡܛܠܬܐ ܓܝܪ ܗܓܐܣܝܦܘܣ.
ܕܩܠܘܦܐ[12] ܐܚܘܗܝ ܗܘܐ ܕܝܘܣܦ ⁘

ܕܬܪ̈ܥܣܪ ܕܐܡܝܢܐ[1] ܦܩܕ ܐܣܦܣܝܢܘܣ. ܕܢܬܒܥܘܢ ܐܝܠܝܢ[2] 𝔄 178
ܕܡܢ ܙܪܥܗ ܐܢܘܢ ܕܕܘܝܕ.

xii. ܘܡܢ ܗܠܝܢ ܡܢ ܒܬܪ ܚܘܪܒܢܗ̇ ܕܐܘܪܫܠܡ. ܐܣܦܣܝܢܘܣ.
ܦܩܕ ܕܢܬܒܥܘܢ ܟܠܗܘܢ ܐܝܠܝܢ ܕܡܢ ܫܪܒܬܗ ܐܢܘܢ ܕܕܘܝܕ.
ܐܝܟ[3] ܕܠܐ ܢܫܬܚܪ ܐܢܫ ܠܘܬ ܗ̈ܘܕܝܐ[4] ܕܡܢ ܫܪܒܬܐ ܗܘ
ܕܡܠܟܘܬܐ.[5] ܘܡܢ ܗܕܐ ܥܠܬܐ ܪ̈ܕܘܦܝܐ ܣܓܝܐܐ[6] ܗܘܐ ܠܝܗܘ̈ܕܝܐ

CHAP. XI. [1] A ܦܟܝܠ [2] 𝔄 om. ܡܢ [3] A ܣܗܕܘܬܗ [4] A ܘܚܘܪܒܢܗ̇ [5] 𝔄 om. ܒܥܠܡܐ [6] A ܚܝ̈ܢܘܗܝ [7] 𝔄 om. ܐܦ [8] A ܡܠܟܠ [9] A adds ܠܗܘܢ [10] A ܡܟܬܒ [11] 𝔄 *is quem commemorant libri* [12] A ܕܗܘ ܩܠܝܘܦܐ

CHAP. XII. [1] A ܕܐܡܝܢ [2] 𝔄 = ܐܝܠܝܢ ܒܠܚܘܕ [3] A ܐܝܟܢܐ [4] A fol. 52 b [5] A ܕܡܠܟܘܬܐ ܗܘ [6] A ܣܓܝܐܐ

ܕܝܗܘ̈ܕܝܐ. ܒܪ ܕܝܢ ܡܢ ܐܢܢܝܢܘܣ. ܒܫܢܬ (B fol. 52 b) ܫ̈ܢܝܢ xiii.
ܕܡܠܟܘܬܗ. ܐܘܛܘܩܪܛܘܪ ܛܝܛܘܣ[7] ܒܪܗ ܡܠܟ ܒܬܪܗ. ܘܒܫܢܬ[8]
ܬܪܬܝܢ ܕܡܠܟܘܬܗ.[9] ܠܝܢܘܣ[10] ܐܦܣܩܘܦܐ ܕܪܗܘܡܐ: ܡܢ[11] ܒܬܪ
ܬܪ̈ܬܥܣܪܐ ܫ̈ܢܝܢ ܕܐܝܟ ܬܫܡܫܬܐ ܠܐܢܛܝܘܟܝܐ[12] ܐܫܠܡܗ̇. ܒܪ
ܡܢ ܕܝܢ ܛܝܛܘܣ[13] ܕܡܠܟܘܬܐ ܬܪ̈ܬܝܢ ܫ̈ܢܝܢ ܘܬܪܝܢ ܝ̈ܪܚܝܢ.
ܕܕܘܡܛܝܢܘܣ[14] ܐܚܘܗܝ ܡܠܟ ܒܬܪܗ.

ܕܬܠܬܒܫܢ. ܕܐܦܣܩܘܦܐ[1] ܕܬܪܝܢ ܡܢ ܐܒܝܠܘܣ[2] ܒܥܕܬܐ
ܕܐܠܟܣܢܕܪܝܐ.

xiv. ܒܫܢܬ ܐܪܒܥ ܫ̈ܢܝܢ ܕܕܘܡܛܝܢܘܣ ܡܠܟܐ. ܐܢܝܢܘܣ[3] ܗܘ̇ ܕܗܘܐ 𝔄 179
ܡܕܒܪܢܐ ܐܦܣܩܘܦܐ ܕܥܕܬܐ ܕܐܠܟܣܢܕܪܝܐ. ܒܪ ܟܠ ܒܫ̈ܢܝܢ
ܥܣ̈ܪܝܢ ܘܬܪ̈ܬܝܢ[4] ܢܦܩ ܡܢ ܥܠܡܐ. ܘܗܘܐ ܡܢ ܒܬܪܗ ܕܬܪܝܢ[5]
ܐܒܝܠܘܣ.

ܕܐܪܒܥܒܫܢ. ܕܗܘܐ ܐܦܣܩܘܦܐ ܕܬܪܝܢ[1] ܒܪܗܘܡܐ
ܐܢܟܠܝܛܘܣ.

xv. ܒܫܢܬ ܬܪ̈ܬܥܣܪܐ ܕܝܢ ܕܡܠܟܗ̇ ܕܡܕܒܪܢܘܬܐ: ܒܪ ܡܢ
ܐܢܟܠܝܛܘܣ ܕܬܪ̈ܬܝܢ ܕܪܗܘܡܐ ܬܪ̈ܬܥܣܪܐ ܫ̈ܢܝܢ. ܡܛܠ ܡܢ
ܒܬܪܗ ܘܩܠܡܝܣ ·:·

[7] A ܛܝܛܘܣ. ܩܕܡܝ. ܒܫܢ̈ ܕܐܘܛܘܩܪܛܘܪ ܠܡܠܟܘܬܐ [8] 𝔄 om. ܘ [9] A ܠܡܠܟܘܬܗ [10] 𝔄 *Julianos* [11] A om. ܡܢ [12] A ܠܐܢܛܝܘܟܝܐ [13] A ܛܝܛܘܣ [14] A ܕܘܡܛܝܢܘܣ

CHAP. XIII. [1] A ܕܐܦܣܩܘܦܐ [2] A ܐܒܝܠܘܣ ܗܘ ܐܦ [3] 𝔄 *Ananianos* [4] A 𝔄 ܩܕܡܝ ܘܬܪܬܝܢ ܒܫܢ̈ܝܢ [5] 𝔄 *tertius*

CHAP. XIV. [1] 𝔄 *tertius*, but read *երկրորդ* *secundus*

ܕܚܡܫܬܥܣܪ ܥܠ ܩܠܝܡܝܣ ܗܘ ܕܗܘܐ ܡܢ ܒܬܪ ܬܠܬܐ[1]܀...

ܥܠ ܩܠܝܡܝܣ[2] ܕܝܢ. ܦܘܠܘܣ ܫܠܝܚܐ ܟܕ ܟܬܒ ܠܦܝܠܝܦܣܝܐ 𝔄 180
ܐܡܪ ܕܗܘ ܗܘܐ ܡܥܕܪܢܗ ܒܡܥܒܕܢܘܬܐ. ܟܕ ܐܡܪ ܗܟܢܐ. ܥܡ Phil iv
ܩܠܝܡܝܣ ܠܡ[3] ܘܥܡ ܫܪܟܐ ܕܡܥܕܪܢܐ. ܗܢܘܢ[4] ܕܫܡܗܝܗܘܢ
ܟܬܝܒܝܢ ܒܣܦܪܐ ܕܚܝܐ܀

ܕܫܬܬܥܣܪ ܥܠ ܐܓܪܬܐ ܕܩܠܝܡܝܣ[1]܀....

xvi. ܠܗܢܐ ܕܝܢ ܐܝܬ ܐܓܪܬܐ ܚܕܐ ܫܪܝܪܬܐ ܘܡܫܬܘܕܥܬܐ ܕܡܩܒܠܐ ܗܝ[2]
ܒܟܬܒܐ ܐܝܬ ܠܗ. ܗܝ ܕܐܬܟܬܒܬ ܐܝܟ ܕܡܢ[3] ܥܕܬܐ ܕܪܗܘܡܝܐ
ܠܥܕܬܐ ܕܩܘܪܢܬܝܘܣ. ܡܛܠ ܫܓܘܫܝܐ ܕܗܘܐ ܗܝܕܝܢ[4] ܒܩܘܪܢܬܘܣ
ܒܗܘ ܙܒܢܐ. ܗܕܐ ܕܝܢ ܗܕܐ ܐܓܪܬܐ. ܒܥܕ̈ܬܐ ܣܓܝ̈ܐܬܐ[5]
ܡܢ ܩܕܝܡ ܘܥܕܡܐ ܠܗܢܐ ܙܒܢܐ ܡܬܩܪܝܐ ܗܘܬ[6] ܠܟܠܗ
ܥܕܬܐ. ܕܒܫܘܠܡܗ ܕܝܢ ܕܗܢܐ ܐܬܬܙܝܥ ܫܓܘܫܝܐ ܒܩܘܪܢܬܘܣ.
ܐܝܟ ܣܗܕܘܬܐ ܕܗܓܝܣܝܦܘܣ (B fol. 53 *a*) ܠܡܬܗܝܡܢܘ. ܗܓܐܣܝܦܘܣ

ܕܫܒܥܬܥܣܪ ܥܠ ܪܕܘܦܝܐ ܕܗܘܐ ܒܝܘܡܝ ܕܕܘܡܛܝܢܘܣ܀ 𝔄 181

xvii. ܕܘܡܛܝܢܘܣ ܕܝܢ ܟܕ ܣܓܝܐܬܐ ܡܫܟܚܬܐ ܚܘܝ ܠܘܬ
ܣܓܝܐܐ. ܠܐ ܕܒܕܝܢ ܓܒܪܐ ܐܢܫܐ ܡܢ ܐܘܪܗܘܡܝ ܕܪܗܘܡܐ ܐܝܢܐ[1] ܕܗ
ܕܪܗܘܡܐ. ܘܠܡܛܠܝܐ ܕܐܢܫܐ ܝܕܝܥܐ ܡܛܠ ܕܠܐ ܕܝܢܐ
ܕܐܝܟܢܘܬܐ.[2] ܘܩܛܠ ܘܦܩܕ ܐܢܫܐ[3] ܡܫܒܚܐ ܐܢܫܐ ܠܓܪ ܡܢ

CHAP. XV. [1] 𝔄 *tertius* [2] A ܩܠܡܝܣ [3] A 𝔄 om. ܠܡ [4] A ܗܢܘܢ

CHAP. XVI. [1] Read with A 𝔄 ܩܠܝܡܝܣ; [2] Read with A ܗܝ [3] 𝔄 does not render ܐܝܟ ܕ; [4] 𝔄 om. ܗܝܕܝܢ A fol. 53 *a* [5] A ܣܓܝܐܬܐ. ܐܦ [6] A ܡܬܩܪܝܐ

CHAP. XVII. [1] 𝔄 *de stirpe sua* [2] 𝔄 = ܘܠܐܢܫܘܬܐ [3] A ܐܢܫܐ

ܬܘܩܕܐ. ܘܐܫܬܘܠܛܘ[1] ܡܫܝܚܝ̈ܐ ܕܠܐ ܒܕܝܢ. ܘܠܚܪܬܗ ܡܛܠ

ܗܘܐ ܡܢ ܢܐܪܘܢ ܕܗܘܐ ܡܢ ܒܬܪܗ ܒܡܠܟܘܬܐ ܕܐܠܗܐ.

ܗܘ ܓܝܪ ܐܡܪ ܚܠܝܡ ܡܢ ܒܬܪ ܢܐܪܘܢ ܕܕܘܡܛܝܢܐ ܕܬܪܝܢ. ܒܪ[5]

ܐܒܘܗܝ ܐܘܣܦܣܝܢܘܣ ܐܝܟܢܐ ܕܡܬܚܫܒܐ ܐܬܚܫܒ ܕܢܡܣܪ ܠܝ

ܡܢܝܢ ܕܝܢܐ...

ܕܬܡܢܬܥܣܪ ܥܠ ܝܘܣܛܝܢܘܣ ܦܝܠܘܣܘܦܐ ܘܥܠ ܗ̇ܘ ܟܬܒܘܗܝ ܀

xviii. 1 ܡܬܐܡܪܢܐ ܡܠܬܐ ܕܝܘܣܛܝܢܘܣ ܦܝܠܘܣܘܦܐ ܘܡܦܩܪܢܐ. ܒܗܘܢܐ

ܕܝܠܗ ܒܥܒܕ ܦܝܫ ܗܘܐ ܒܠܝܠܝܐ. ܘܡܠܠ ܣܗܕܘܬܐ ܕܥܠ

𝔄 182 ܢܦܫ ܡܠܬܐ ܕܐܠܗܐ. ܐܫܬܘܝ ܕܢܗܘܐ ܒܚܪܬܐ ܚܕܐ ܕܡܬܡܪܢ

2 ܦܠܛܘܢ.. ܐܝܬܝܗܘܢ ܗܟܝܠ ܒܗ ܦܬܓܡ ܥܠ ܝܘܚܢܢܐ ܕܐܡܪܗ

ܕܡܠܦܢܐ: ܕܟܬܒ ܒܗ̇ ܠܝܘܢܐ ܕܡܬܬܪܐ ܕܝܘܣܛܝ. ܗܠܝܢ

ܐܡܪ ܡܠܠ ܝܘܣܛܝ. ܒܦܢܝܐ ܕܝܘܡܐ ܕܐܬܟܬܒ ܠܗܘܢ ܠܘܩܒܠ ܗܪ̈ܣܝܣ..[1]

v Haer 0, 3 3 ܘܐܡܪ ܗܟܢܐ. ܕܐܝܟ ܦܠܐ ܗܘܐ ܠܗ ܕܢܬܟܬܒ ܠܘܩܒܠ ܐܠܗܘܬ

ܥܡܗ ܒܗܘܢܐ ܕܝܠܗ ܒܗ ܗ̇ܘ ܕܐܬܚܙܝ ܠܗ ܒܟܠܝܠܐ ܒܐܬܪ̈ܘܗܝ

ܡܬܐܡܪ ܗܘܐ. ܠܘ ܓܝܪ ܡܢ ܕܝܠܗ ܦܓܥܐ ܐܬܚܙܝ. ܐܠܐ

ܒܗܘܢܐ ܕܐܪܐ ܕܠܝ ܬܘܪ ܚܙܝܪ:[2] ܒܥܠܡܐ ܕܡܠܟܘܬܗ ܕܕܘܡܝܛܝܢܘܣ.[3]

4 ܕܒܗܠܝܢ ܕܝܢܝ ܗܟܢܐ ܢܗܪ ܗܘܐ ܝܘܠܦܢܐ ܕܗܝܡܢܘܬܐ ܕܝܠܢ.

ܐܡܪܢܐ[4] ܕܐܦ ܡܬܝܒܢܐ ܕܦܘܩܘ ܠܒܪ ܡܢ ܝܘܠܦܢ. ܠܐ ܐܡܪܐܘ

(B fol. 53 b) ܕܢܣܠܩܘܢ ܒܬܫܒܘܚܬܗܘܢ[5] ܠܗ ܠܕܘܦܝܐ ܘܠܡܫܡܥܘܬܐ

5 ܕܦܩܘ ܒܗ̇. ܕܦܩܘܢ ܐܦ ܒܠܚܘܕܝ ܒܠ ܕܒܢܐ ܐܘܕܒܘ

ܫܬܐܬܐ ܘܐܡܪܘ. ܕܒܥܝܬ ܫܡܥܬܡܘܪܐ ܠܟ[6] ܕܕܘܡܝܛܝܢܘܣ.

[4] A [illegible]   [5] A adds [illegible]

Chap. XVIII. [1] A [illegible]   [2] Instead of [illegible] 𝔄 has [illegible] *computavit quod*   [3] A fol. 53 b   [4] A [illegible]   [5] A [illegible]
[6] A [illegible] 𝔄 om. [illegible]

ܘܥܡ ܐܚܪ̈ܢܐ ܣ̈ܓܝܐܐ ܐܫܬܕܝܘ ܐܦ ܥܠ ܦܠܐܘܝܐ[7] ܕܘܡܛܝܠܠܐ.
ܕܐܚܬܗ̇ ܗܘܬ ܒܪܬ ܚܬܗ ܕܦܠܐܘܝܘܣ[8] ܩܠܝܡܝܣ. ܚܕ ܡܢ
ܗܦ̈ܛܩܐ ܕܐܝܬ ܗܘܘ ܒܪܗܘܡܐ ܒܗ̇ܘ ܙܒܢܐ. ܕܡܛܠ ܣܗܕܘܬܐ
ܕܥܠ ܫܡܗ ܕܡܫܝܚܐ. ܐܫܬܕܝܬ ܒܡܫܡܫ ܒܪܝܐ ܠܓܙܪܬܐ ܚܕܐ
ܕܡܬܩܪܝܐ ܦܘܢܛܝܐ..

ܕܐܬܬܒܥܝܢ ܕܐܡܝܢܐ ܦܩܕ ܕܘܡܛܝܢܘܣ. ܕܢܬܩܛܠܘܢ ܐܝܠܝܢ 𝔄 183
ܕܡܢ ܫܪܒܬܗ ܐܢܘܢ ܕܕܘܝܕ.

xix. ܦܩܕ ܗܘܐ ܕܝܢ ܗܘ ܕܘܡܛܝܢܘܣ ܕܢܬܩܛܠܘܢ:[1] ܐܝܠܝܢ ܕܡܢ
ܫܪܒܬܗ ܐܢܘܢ ܕܕܘܝܕ.. ܘܡܠܬܐ ܡܢ ܥܬܝܩ ܕܡܬܐܡܪܐ.[2]
ܕܐܡܝܢܐ ܡܢ ܗܪܘܣܝܣ[3] ܡܩܪܒܐ ܗܘܘ ܠܒ̈ܢܘܗܝ ܕܝܗܘܕܐ. ܗܘ̇
ܕܐܬܘܗܝ ܗܘܐ ܐܚܘܗܝ ܕܦܪܘܩܢ ܒܦܓܪ: ܐܝܟ ܕܠܐܡܝܢܐ
ܕܡܢ ܠܝܗܘܕܗ ܐܚܘܗܝ ܕܕܘܝܕ. ܘܡܢ ܫܪܒܬܗ ܕܡܫܝܚܐ. ܗܠܝܢ
ܕܝܢ ܡܚܘܐ ܗܓܐܣܝܦܘܣ ܗܟܢܐ ·:· ·:·

ܕܡܫܪܝܢ ܥܠ ܐܝܠܝܢ[1] ܕܡܢ ܫܪܒܬܗ ܐܢܘܢ ܕܦܪܘܩܢ ·:· ·:·

xx. 1 ܐܡܪ ܗܟܝܠ ܗܓܐܣܝܦܘܣ.[2] ܕܥܕܟܝܠ ܦܝܫܝܢ ܗܘܘ ܒܥܠܡܐ
ܐܝܠܝܢ ܕܡܢ ܫܪܒܬܗ ܐܢܘܢ ܕܡܪܢ. ܒ̈ܢܘܗܝ ܕܝܗܘܕܐ ܗܘ̇
ܕܒܦܓܪ ܡܬܩܪܐ ܐܚܘܗܝ. ܕܗܠܝܢ[3] ܐܬܐܟܠܘ ܩܪ̈ܨܝܗܘܢ 𝔄 184
2 ܐܝܟ ܕܒ̈ܢܘܗܝ ܐܢܘܢ ܕܕܘܝܕ.. ܠܗܠܝܢ ܐܝܬܝ ܐܢܘܢ ܐܘܘܟܣܛܘܣ
ܠܘܬ ܕܘܡܛܝܢܘܣ[4] ܩܣܪ. ܕܚܝܠ ܗܘܐ ܓܝܪ ܡܢ ܡܐܬܝܬܗ[5]
ܕܡܫܝܚܐ ܐܝܟ ܗܪܘܕܣ.. ܘܫܐܠ ܐܢܘܢ ܐܢ[6] ܡܢ ܫܪܒܬܗ

[7] A ܦܠܐܘܝܐ [8] A ܕܦܠܐܘܝܘܣ

CHAP. XIX. [1] A adds ܟܠܗܘܢ [2] A ܡܬܐܡܪܐ [3] A ܗܪܣܝܣ

CHAP. XX. [1] 𝔄 = ܟܠܗܘܢ ܐܝܠܝܢ [2] A ܗܓܝܣܝܦܘܣ [3] A ܕܝܠܗܘܢ [4] A ܕܘܡܛܝܢܘܣ [5] A ܡܐܬܝܬܗ [6] A ܐܢ | 𝔄 *revera*

ܐܢܬܘܢ ܕܕܘܝܕ. ܘܐܘܕܝܘ.. ܗܕܝܢ ܛܘܒ ܫܐܠ ܐܢܘܢ ܕܟܡܐ
3 ܩܢܝܢܐ ܐܝܬ ܠܗܘܢ[7] ܘܟܣܦܐ ܕܟܡܐ ܡܩܢܝܢ[8]. ܗܢܘܢ ܕܝܢ
ܐܡܪܘ[9] ܕܠܬܪܝܗܘܢ ܐܝܟ ܕܡܫܬܟܚܐ[10] ܐܠܦܝܢ ܕܝܢܪ̈ܝܢ ܐܝܬ
4 ܠܗܘܢ ܒܠܚܘܕ. ܕܗܘܐ ܠܚܕ ܡܢܗܘܢ ܦܠܓܐ.[10a] ܘܗܢܘܢ
ܗܠܝܢ ܠܘ ܗܢܘܢ ܕܝܢܪ̈ܐ ܐܝܬ ܗܘܐ ܠܗܘܢ. ܐܠܐ (B fol. 54 a)
ܕܡ̈ܝܐ ܕܬܠܬܝܢ ܘܬܫܥܐ ܦܠܕܪܝܢ[11] ܐܪܥܐ ܕܐܝܬ ܗܘܐ ܠܗܘܢ
ܒܠܚܘܕ. ܕܡܢܗܘܢ ܐܦ ܡܕܐܬܐ ܡܦܩܝܢ ܗܘܘ. ܘܒܐܝ̈ܕܝܗܘܢ[12]
5 ܦܠܚܝܢ ܗܘܘ ܘܡܬܬܪܣܝܢ. ܘܡܚܘܝܢ ܗܘܘ ܛܘܒ ܐܝ̈ܕܝܗܘܢ
ܠܣܗܕܘܬܐ. ܕܒܐܝ̈ܕܝܗܘܢ[13] ܦܠܚܝܢ ܗܘܘ ܡܫܘܚܬܗ ܕܦܠܚܘܬܐ.
6 ܘܐܝ̈ܕܝܗܘܢ ܕܐܬܩܫܝ ܡܢ ܦܘܠܚܢܐ ܐܡܝܢܐ. ܘܟܕ ܐܫܬܐܠܘ
ܥܠ ܡܫܝܚܐ ܘܥܠ ܡܠܟܘܬܗ: ܕܐܝܟܢܐ ܗܝ ܘܐܝܟܐ ܘܐܡܬܝ
ܡܬܓܠܝܐ. ܦܢܘ ܦܬܓܡܐ[14] ܕܠܘ ܕܗܢܐ ܗܝ ܥܠܡܐ. ܘܠܐ ܥܠ
ܐܪܥܐ ܗܘܝܐ. ܐܠܐ ܠܥܠ ܡܢ ܫܡܝܐ ܐܝܬܝܗ[15] ܥܠ ܡܠܐܟ̈ܐ.
ܘܒܫܘܠܡܗ ܕܥܠܡܐ ܡܬܓܠܝܐ ܗܝ ܕܐܬܐ ܒܫܘܒܚܐ ܕܢܕܘܢ
7 ܡܝ̈ܬܐ ܘܚ̈ܝܐ[16]. ܘܢܦܪܘܥ ܠܟܠܢܫ[17] ܐܝܟ ܥܒ̈ܕܘܗܝ. ܘܟܕ ܠܐ 𝔄 185
ܚܝܒ ܐܢܘܢ ܕܗܕܝܘܛܘܬܗܘܢ ܒܗܠܝܢ. ܐܠܐ ܫܒܩ ܐܢܘܢ ܐܝܟ
ܕܠܚܣܝܪ̈ܐ ܘܐܦܩ[18] ܐܢܘܢ ܒܢ̈ܝ ܚܐܪ̈ܐ. ܘܦܩܕ ܦܘܩܕܢܐ ܕܢܫܠܐ
8 ܪܕܘܦܝܐ ܕܥܠ ܥܕ̈ܬܐ. ܘܗܢܘܢ ܗܠܝܢ ܕܝܢ ܐܬܦܪܣܘ ܡܕܒܪܝܢ
ܗܘܘ ܥܕ̈ܬܐ ܐܝܟ ܐܢܫܐ ܣܗܕ̈ܐ. ܘܐܝܟ ܕܡܢ ܓܢܣܗ ܐܢܘܢ
ܕܡܪܢ. ܘܗܘܐ ܕܝܢ ܫܠܡܐ ܘܩܘܝܘ ܒܚܝ̈ܝܗܘܢ ܥܕܡܐ
9 ܠܛܪܝܢܘܣ[19] ܡܠܟܐ. ܗܠܝܢ ܐܡܪ ܗܓܣܝܦܘܣ. ܠܘ ܕܝܢ ܗܘ

[7] A fol. 54 *a* [8] 𝔄 om. ܡܩܢܝܢ [9] A adds ܗܘܘ [10] A 𝔄 ܐܝܟ ܠܡܛܐ
[10a] 𝔄 adds *eius* [11] 𝔄 om. ܦܠܕܪܝܢ [12] A ܘܒܐܝ̈ܕܝܗܘܢ [13] In 𝔄 for [illegible] read [illegible] [14] 𝔄 adds *et dicunt* [15] For ܐܝܬܝܗ 𝔄 has [illegible] *et* (but read [illegible]?) [16] 𝔄 = ܚ̈ܝܐ ܘܡ̈ܝܬܐ [17] A ܠܟܠ ܐܢܫ [18] 𝔄 om. ܘ
[19] A ܠܛܪܝܢܘܣ

ܒܠܚܘܕ. ܐܠܐ ܐܦ ܛܪܛܠܠܝܢܘܣ[20] ܡܥܗܕ ܠܗ ܠܕܘܡܛܝܢܘܣ
ܗܟܢܐ. ܕܢܟܐ ܗܘܐ ܠܗ[21] ܒܢܝ ܐܦ[22] ܕܕܘܡܛܝܢܘܣ ܕܠܒܒܗ Apol 5
ܐܟܘܬܗ ܕܢܪܘܢ. ܡܛܠ ܕܒܪ ܡܢܬܐ ܗܘܐ ܕܒܝܫܘܬܗ[23] ܕܢܐܪܘܢ.
ܐܠܐ ܕܝܢ ܐܝܟ ܕܣܒܪ ܐܢܫ.[24] ܡܛܠ ܕܐܝܬ ܗܘܐ ܒܗ ܩܠܝܠ
ܣܘܟܠܐ ܒܟܠܠ ܐܬܟܠܝ ܗܘܐ. ܘܐܗܦܟ ܗܘܐ ܐܦ[25] ܠܗܢܘܢ
10 ܕܓܪܫ ܗܘܐ. ܡܢ ܒܬܪ ܕܕܘܡܛܝܢܘܣ ܕܝܢ ܕܐܒܕ[26] ܫܘܠܛܢܐ
ܚܡܫܬܥܣܪܐ ܫܢܝܢ. ܩܒܠ ܒܬܪܗ[27] ܢܐܪܘܐ[28] ܘܐܚܕܗ̇ ܠܗ̇
ܐܣܪܘܗ ܕܕܘܡܛܝܢܘܣ. ܘܦܩܕܘ (B fol. 54 b) ܠܕܝܠܗܘܢ ܟܠܗܘܢ
ܐܝܠܝܢ ܕܒܠܐ ܟܐܢܘܬ ܪܕܝܦܝܢ ܗܘܘ ܘܐܬܗܦܟܘ ܠܗܘܢ ܐܦ ܩܢܝܢܗܘܢ.
ܐܝܟ ܕܡܢ ܡܠܟܐ ܕܣܘܢܩܠܝܛܘܣ[29] ܕܪܗܘܡܝܐ. ܗܠܝܢ ܡܫܬܥܝܢ
ܐܢܫܐ ܐܝܠܝܢ ܕܒܟܬܒܐ ܐܫܠܡܘ ܡܕܡ ܕܗܘܐ ܒܗܘܢ ܙܒܢܐ. 𝔄 186
11 ܘܗܝܕܝܢ ܐܦ ܝܘܚܢܢ ܫܠܝܚܐ[30] ܦܢܐ ܡܢ ܗ̇ܝ ܓܠܘܬܐ ܕܓܙܪܬܐ
ܗܘܐ ܒܗ̇ ܘܐܬܐ ܠܐܦܣܘܣ. ܘܬܡܢ ܡܬܗܦܟ ܗܘܐ ܐܝܟ
ܕܐܫܠܡܬ ܠܗ ܬܫܥܝܬܐ ܕܥܬܝܩܐ ·:·

ܕܟܪܕܘܢ ܘܗܘ ܕܡܕܝܢܬܐ ܕܐܠܟܣܢܕܪܝܐ ܗܘܐ ܐܦܝܣܩܘܦܐ
ܕܬܠܬܝ ܡܢܗܘܢ ·:·

xxi. 1 ܒܬܪ ܡܢ ܕܝܢ ܕܡܠܟܘܬܐ ܢܐܪܘܐ[1] ܚܕܐ ܫܢܬܐ ܘܬܪ ܝܪܚܝܢ.
ܩܒܠ[2] ܒܬܪܗ ܛܪܝܢܘܣ.[3] ܘܒܫܢܬܐ ܩܕܡܝܬܐ ܕܝܠܗ: ܒܗ̇ ܕܒܪ
ܐܒܝܠܝܘܣ ܒܬܪ ܕܐܠܟܣܢܕܪܝܐ ܬܠܬܥܣܪܐ ܫܢܝܢ[4] ܩܒܠ

[20] A ܛܪܛܘܠܠܝܢܘܣ [21] 𝔄 om. ܠܗ [22] A om. ܐܦ 𝔄 om. ܐܦ ܕܕܘܡܛܝܢܘܣ [23] A ܕܒܝܫܘܬܗ [24] A ܣܒܪܝܢ [25] 𝔄 om. ܐܦ [26] 𝔄 *sed Domitianos cepit* A fol. 54 b [27] 𝔄 *et post eum cepit* [28] A ܢܐܪܘܐ [29] A ܕܣܘܢܩܠܝܛܘܣ ܡܠܟܐ [30] 𝔄 om. ܫܠܝܚܐ

CHAP. XXI. [1] A ܢܐܪܘܐ [2] A adds ܡܢ [3] 𝔄 *Pianos* [4] A ܫܢ̈ܝܢ ܠܐܦܝܣܩܘܦܘܬܐ

2 ܒܬܪܗ ܡܪܩܘܣ. ܕܗܘܐ ܗܘ ܡܢ ܬܠܬܝܬܐ ܡܢ ܒܬܪ[5] ܐܢܝܢܘܣ
ܡܕܒܪܢܐ. ܘܟܗܢܐ ܪܒܐ ܒܪܫܝܬ ܘܠܟܠܗܘܢ ܡܕܒܪ ܗܘܐ ܥܕܬܐ[6]
ܕܪܗܘܡܝܐ. ܐܦ ܗܘ ܕܪܓܐ ܕܬܠܬܐ ܐܝܟ ܗܘܐ ܒܐܦܣܩܘܦܘܬܐ[7]
3 ܕܗܘܘ ܬܡܢ. ܡܢ ܒܬܪ ܫܠܡܘܣ ܘܦܪܢܣܗ ܠܝܘܠܝܢܘܣ[8] ܡܕܒܪܢܐ.
ܘܡܢ ܒܬܪ ܐܝܘܠܝܢܘܣ[9]...

𝔄 187 ܕܥܣܪܝܢ ܘܬܪܬܝܢ. ܕܒܐܝܠܝܢ[1] ܐܦܣܩܘܦܐ ܕܬܪܝܢ ܐܟܠܢܝܣܘܣ
ܗܘܐ.

xxii. ܐܠܐ ܐܦ ܒܐܝܠܝܢ: ܡܢ[2] ܒܬܪ ܐܘܗܪܕܝܢܘܣ ܗܘ ܕܗܘܐ
ܬܡܢ ܐܦܣܩܘܦܐ ܡܕܒܪܢܐ. ܒܗܠܝܢ ܕܝܢ ܐܦܣܩܘܦܐ ܕܬܪܝܢ
ܡܢܗ[3] ܗܘܐ ܐܝܠܝܢܘܣ. ܘܗܡܫܬ ܐܦ ܫܒܥܐ ܥܣܪ ܐܦܣܩܘܦܐ
ܕܬܪܝܢ ܒܟܪܬܐ[4] ܕܐܘܪܫܠܡ ܡܢ ܒܬܪ ܡܚܘܒ ܐܝܣܘܢܝ ܕܦܘܪܩܢ.
ܒܗܠܝܢ ܕܝܢ ܐܝܟ ܗܘܐ ܬܫܥܝܬܐ

[1]ܕܥܣܪܝܢ ܘܬܠܬܐ. ܬܫܥܝܬܐ ܥܠ ܦܨܚ ܥܒܕܐ...

xxiii. 1 ܒܗܠܝܢ[1a] ܕܝܢ ܙܒܢܐ. ܐܬܬܙܝܥ ܗܘܐ ܒܥܠܬܐ ܟܐܘܢܐ ܗܘ
ܕܐܢܫ ܗܘܐ ܠܗ ܡܬܘܐ ܦܨܚ ܥܒܕܐ ܘܡܬܦܩܕܢܐ. ܘܡܕܒܪܢܐ[2]
ܗܘܐ ܒܟܘܪܬܐ ܕܐܣܝܐ. ܕܒ ܦܫܐ ܡܢ ܢܘܪܬܐ ܕܥܬܝܩܬܐ ܗܘܐ
2 ܒܗ: ܡܢ ܒܬܪ ܡܢܗܘܢ (B fol. 55 a) ܕܐܘܢܓܠܝܘܢ.[3] ܕܒܗܠܝܢ ܕܝܢ
𝔄 188 ܕܟܠܗ ܡܢܗ ܗܘܐ ܒܥܠܡܐ. ܦܩܕ ܕܢܬܦܠܓ ܡܢ ܬܪܝܢ ܩܕܡܝܢ

[5] A ܒܬܪ ܐܠܝܠܐ [6] 𝔄 *princeps ecclesiae* [7] 𝔄 *episcopatûs* [8] 𝔄 *Iulianos* [9] A ܐܝܘܠܝܢܘܣ

Chap. XXII. [1] A ܕܒܐܝܠܝܢ [2] A ܕܡܢ In 𝔄 for *յերկոտասանեայ* read *յետ եւոտասանեայ* [3] A ܐܝܡܬܝ [4] 𝔄 = ܕܟܪܬܐ

Chap. XXIII. [1] A fol. 55 *a* [1a] Here begin extracts in E (Add. 14650) fol. 71 *a*, and F (Add. 14641) fol. 144 *a* [2] 𝔄 om. ܘ [3] A F ܕܐܘܢܓܠܝܘܢ

ܡܗܝ̈ܡܢܐ. ܗܘܘ ܕܝܢ ܡܠܦܝܢ[4] ܡ̈ܠܦܢܐ ܕܡܗܝܡܢܘܬܐ ܫܪܝܪܬܐ[5]
ܕܒܥܕܬܐ. ܕܐܬܬܣܝܡܘܢ ܐܝܪܢܐܘܣ[6] ܘܩܠܝܡܝܣ ܐܠܟܣܢܕܪܝܐ.
3 ܕܐܝܪܢܐܘܣ[7] ܒܗܘ ܡܐܡܪܐ ܕܬܪܝܢ ܕܣܦܪ ܠܘܩܒܠ ܗܪ̈ܣܝܣ[8]
ܐܟܬܒ ܗܟܢܐ ܒܡ̈ܠܘܗܝ. ܕܟܠܗܘܢ ܠܟ ܩܫ̈ܝܫܐ ܗܢܘܢ ܕܐܬܘ Adv H[aer] ii 22, 5
ܗܘܐ ܒܐܣܝܐ ܘܐܬܦܓܥܘ ܥܡ ܝܘܚܢܢ ܬܠܡܝܕܗ ܕܡܪܢ.
ܡܣܗܕܝܢ ܕܗܟܘ ܐܫܠܡ ܠܗܘܢ. ܐܦ ܓܝܪ[9] ܥܡܗܘܢ ܥܕܡܐ
4 ܠܙ̈ܒܢܘܗܝ ܕܛܪܝܢܘܣ.[10] ܘܒܡܐܡܪܐ ܕܬܠܬܐ ܕܥܠܗ ܕܗܢܐ
ܫܪܟܐ ܗܟܢ[11] ܗܠܝܢ ܡܘܕܥ. ܐܠܐ ܠܟ[12] ܐܦ ܒܥܕܬܐ ܕܐܦܣܘܣ ib iii 4
ܕܬܩܢܬ ܡܢ ܦܘܠܘܣ. ܘܝܘܚܢܢ[13] ܕܝܢ[14] ܐܟܪ ܠܘܬܗܘܢ ܒܙܒܢܐ
ܠܙܒܢܐ ܕܛܪܝܢܘܣ.[15] ܐܦ ܗܝ ܣܗܕܐ ܗܝ[16] ܫܪܝܪܬܐ
5 ܕܡܫܠܡܢܘܬܗܘܢ ܕܫ̈ܠܝܚܐ. ܩܠܝܡܝܣ[17] ܕܝܢ ܐܦ ܥܠܘܗܝ ܥܠ ܙܒܢܐ
ܗܘܐ ܐܦ ܬܚܘܝܬܐ ܕܩܪܒ ܒܗܢܐ ܠܐܝܠܝܢ ܕܨܒܝܢ ܠܡܫܡܥ.
ܐܝܠܝܢ ܕܐܝܟܢ ܘܡܬܬܩܢܝܢ. ܡܣܦܪ[17a] ܬܘܒ ܒܡܐܡܪܐ ܕܡܢܘ:
ܘܐܬܟܬܒ ܥܠܘܗܝ ܥܠ ܕܐܝܢܐ ܗܘ[18] ܥܬܝܪܐ ܕܚܝܐ[19] ܘܣܡ ܘܟܬܒ[20]
6 ܒܟܬܒܗ. ܕܐܝܬ ܒܗ ܡܚܘܝܐ. ܫܡܥ ܠܟ ܡܬܠܐ. ܠܐ[21] ܕܝܢ Quis D Salv 42
ܡܬܠܐ ܐܠܐ ܡܠܬܐ ܕܐܫܬܥܝܬ. ܘܡܫܕܪܢܐ ܐܫܬܠܡܬ[22] ܥܠ
ܝܘܚܢܢ ܫܠܝܚܐ. ܡܛܠ ܓܝܪ ܕܡܝܬ[23] ܗܘܐ ܠܗ ܛܘܪܢܐ ܗܘ.
ܦܢܐ[24] ܡܢ ܦܛܡܘܣ ܓܙܪܬܐ ܘܐܬܐ ܠܐܦܣܘܣ. ܘܡܬܩܪܐ[25] ܗܘܐ 𝔄 189

[4] In 𝔄 for [illegible] read [illegible] [5] 𝔄 *doctores veri fidei* [6] F ܐܝܪܝܢܐܘܣ
[7] A ܐܝܪܝܢܐܘܣ F ܕܐܝܪܝܢܐܘܣ [8] A ܗܪ̈ܣܝܣ 𝔄 has sing. [9] 𝔄 = ܕܝܢ
[10] A E F ܕܛܪܝܢܘܣ [11] E fol. 71 *b* [12] 𝔄 om. ܐܠܐ ܠܟ [13] E F ܘܝܘܚܢܢ [14] A om. ܕܝܢ [15] A E ܕܛܪܝܢܘܣ [16] F om. ܗܝ
[17] A ܩܠܡܝܣ [17a] 𝔄 = ܘܡܣܦܪ [18] A E F ܗܘܝܘ [19] A ܕܚܝܐ E F ܕܚ̈ܝܐ [20] E 𝔄 ܣܝܡ [21] A adds ܗܘܐ [22] F fol. 144 *b* [23] For ܕܡܝܬ E has ܕܡ ܡܝܬ but the letters ܕܡ are a later insertion [24] 𝔄 = ܘܗܦܟ (for ܗܦܟ ܗ̇ܘ) [25] A fol. 55 *b*

ܡܢܗܘܢ ܘܐܙܠ[25a] ܗܘܐ ܠܐܬܘܪܬܐ ܕܒܡܕܢܚܐ.[26] ܐܝܟ ܐܬܪ̈ܐ
ܕܢܣܒ ܒܗ ܐܦܣܩܘܦܐ.[27] ܐܝܬ[28] ܕܐܝܬ ܕܢܬ̈ܟܢܫܘܢ ܒܕ̈ܘܟܬܐ.[29] ܘܐܝܬ
ܕܠܩܘܒܠ ܐܝܕܐ ܕܝܢ ܡܢ ܦܠܚܘܬܐ ܕܒܕ̈ܘܟܬܐ.[30] ܠܐܝܠܝܢ ܕܪܘܚܐ
7 ܕܡܘܕܝܢܐ[31] ܡܘܕܝܢܐ ܗܘܬ ܠܗ[32] ܠܒܝܫܘ̈ܬܐ. ܐܬܬܐ ܕܝܢ ܐܦ[33]
ܠܡܕܝܢܬܐ ܚܕܐ ܕܦܪ̈ܘܣܝܐ ܗܘܬ ܡܠܟܐ: ܐܝܬ (B fol. 55 b) ܕܝܢ
ܐܚܪ̈ܢܐ ܕܐܦ ܥܡܗ ܐܡܪܝܢ. ܘܐܢܫܝܢ ܐܝܟ ܠܐܚܪ̈ܢܐ
ܒܠܚܘܕ. ܘܒܗ ܒܠܗܘܢ ܗܠܝܢ. ܚܕܐ ܗܘܐ[34] ܠܒܠܚܘܕܐ ܚܕ
ܕܝܠܗ ܗܘܐ ܒܦܠܚܢܗ ܘܡܦܪܫܐ ܚܝܠܗ ܘܪܘܚܗ ܒܥܒܕܗ. ܘܚܪ
ܒܐܦܣܩܘܦܐ[35] ܕܡܐܟ ܗܘܐ ܬܡܢ ܘܢܛܪ ܠܗ. ܗܢܐ ܠܝ
ܡܟܠ ܐܢܐ[36] ܠܗ ܒܡܘܦܩܬܐ ܡܘܫܚܬܐ ܠܟܢ ܒܕܬܐ ܘܡܫܝܚܐ
ܕܗܕܐ. ܗܘ ܕܝܢ ܡܟܝܠ ܘܐܬܢܘܕܝ ܡܫܝܚܘܬܐ. ܬܘܒ[37] ܗܘܢ
8 ܟܕ ܗܘܢ ܡܟܠܠ ܗܘܐ ܠܗ ܘܡܦܫܩ. ܘܡܢ ܒܬܪܗ ܐܙܠ ܗܘܐ
ܠܐܦܣܩܘܦܘ. ܘܗܘ ܡܥܢܐ[38] ܕܢܛܪܗ ܠܗܘ ܒܠܥܕܐ ܕܐܬܬܠܡ[39]
ܠܗ ܠܟܝܢܗ ܘܡܬܪܥܝܢܐ ܗܘܐ ܠܗ. ܘܡܫܬܡܥܝܢ ܗܘܐ ܒܗ
ܘܡܬܪܥܝܢ ܗܘܐ ܒܠܗܘܢ. ܘܒܬܪܗܝܢ ܐܒܕܗ. ܘܒܬܪ[40] ܗܕܐ
ܐܡܠܟ ܡܢ ܦܠܦܠܬܐ ܡܫܚܬܐ ܘܡܢ ܢܦܝܪܐ. ܐܝܟ[41] ܕܢܦܪܐ
9 ܡܫܡܠܝܐ ܐܫܒܚ ܠܗ ܠܫܘܒܚܗ ܕܡܪܝܐ.[42] ܗܘ ܕܝܢ ܒܠܥܕܐ
ܟܕ ܥܒܠ ܐܪܘܥܬܐ. ܐܬܐ ܢܦܩܘܗܝ ܫܒܪܐ ܒܢܝ ܥܡܘܗܝ ܒܦܠܓܐ
𝔄 190 ܘܡܫܡܕܐ ܕܦܠܚܝܢ ܒܒܪܐ ܕܒܢܬܐ. ܘܡܕܡܐܬܝ[43] ܕܒܪܡ ܗܘܘ

[25a] E F ܕܐܙܠܘ [26] E F add ܕܢܦܝܫܝܢ 𝔄 adds *et ivit. Et* [27] A ܐܦܣܩܘܦܐ E F ܐܦܝܣܩܘܦܐ. In 𝔄 read եպիսկոպոսս [28] A ܘܐܝܟ [29] 𝔄 omits the clause ܐܝܬ ܕܐܝܬ ܕܢܬ̈ܟܢܫܘܢ ܒܕ̈ܘܟܬܐ [30] A 𝔄 ܕܟܪ̈ܐ [31] A adds ܗ̈ܘ [32] 𝔄 *monstrat prius* [33] 𝔄 om. ܐܦ [34] A adds ܠܟܠ [35] E ܐܦܝܣܩܘܦܘܬܐ F ܐܦܣܩܘܦܘܬܐ [36] A ܡܡܠܠܢܐ [37] 𝔄 = ܘܬܘܒ [38] 𝔄 *episcopus* [39] E F ܕܐܫܬܠܡ [40] E ܒܬܪ [41] E adds ܡܢ [42] E ܕܡܫܝܚܐ (prob. originally ܕܡܪܝܐ) [43] A ܘܡܕܡܐܬܐ E F ܘܡܕܡܐܬܐ

ܠܗ ܠܥܕܬܐ ܕܡܫܝܚܐ. ܘܡܢ ܒܬܪܟܢ ܐܦ[44] ܠܠܒܐ ܢܩܝܦ ܗܘܐ
ܘܡܬܥܠܝܢ ܐܢܫܐ ܘܕܒܪܝܢ ܗܘܘ ܠܗ ܒܥܘܡܗܘܢ. ܘܬܘܒ[45]
ܡܦܝܣܝܢ ܗܘܘ ܠܗ ܕܢܗܘܐ ܒܥܘܡܗܘܢ ܐܦ ܕܢܒܙܐ ܡܢ ܗܕܐ.
10 ܗܘ ܕܝܢ ܒܩܠܝܠ ܩܠܝܠ ܡܬܪܓܠ ܗܘܐ.[46] ܘܐܝܟ ܒܥܝܪܐ ܕܚܝܠܐ
ܡܪܕܐ.[47] ܘܐܝܟ ܣܘܣܝܐ ܕܠܐ ܡܬܕܒܪ ܒܦܘܡܗ ܘܢܦܩ ܡܢ ܦܘܪܥܢܗ[48]
ܒܐܘܪܚܐ ܥܩܝܡܬܐ.[49] ܘܪܘܪܒܐܝܬ ܢܦܠ ܗܘܐ ܠܦܘܪܥܢܐ[50] ܕܒܝܫܬܐ ܗܘܐ.
11 ܟܕ ܕܝܢ ܦܣܩ ܣܒܪܐ ܕܚܝܘܗܝ ܕܒܐܠܗܐ ܡܫܬܡܠܝܢܘܬܐ. ܠܐ
ܗܘܐ ܙܥܘܪ ܐܝܟ ܡܬܪܥܝܐ ܗܘܐ ܕܥܒܕ ܗܘܐ. ܐܠܐ ܪܒܐ
ܡܢ ܟܠ ܡܛܠ ܕܒܗܬ ܐܝܟ ܐܚܝܕ ܗܘܐ. ܘܩܡ ܡܦܩܘܣ ܗܘܐ
ܕܢܗܘܐ[51] ܐܝܟ ܪܫܗܘܢ. ܕܒܪ ܐܢܘܢ ܘܥܒܕ ܠܗܘܢ[52] (B fol. 56 *a*)
ܠܗܠܝܢ. ܘܥܒܕ ܠܗ ܓܘܕܐ ܕܠܝܣܛܐ. ܘܐܬܬܚܝܕܬ[53] ܪܫ ܠܠܝܣܛܐ
ܗܘܐ ܗܘܐ[54] ܘܥܒܕ ܒܫܪܝܪܐ. ܘܩܛܠܐ ܒܝܫܬܐ[55] ܘܡܣܬܟܠܢܐ.[56]
12 ܗܘܐ ܕܝܢ ܙܒܢܐ[57] ܒܡܨܥܬܐ.[58] ܘܦܝܪܐܘܗܝ[59] ܠܝܘܚܢܢ ܕܗܢܝ[60]
ܟܕ ܡܬܒܥܐ. ܘܟܕ ܐܬܐ ܠܗܘܢ ܒܥܘܬܐ[61] ܗܝ ܕܡܛܠܬܗ ܐܬܐ ܗܘܐ
ܐܡܪ ܠܐܦܝܣܩܘܦܐ.[62] ܦܢܐ ܠܝ ܠܡܘܠܟܐ ܗܘ ܕܐܢܐ ܘܡܫܝܚܐ
ܐܓܥܠܢ ܠܟ. ܠܟܢ ܣܗܕܘܬܐ ܕܥܕܬܐ ܗܕܐ ܕܩܕܡ ܐܢܬ ܒܗ. 𝕬 191
13 ܗܘ ܕܝܢ ܒܩܕܡܝܬ ܬܡܗ ܗܘܐ.[63] ܕܡܣܬܒܪ[64] ܕܟܣܦܐ ܕܠܐ
ܢܣܒ ܡܬܥܠܒ ܗܘܐ.[65] ܘܠܐ ܕܢܗܝܡܢ ܡܨܐ ܗܘܐ ܒܡܕܡ

[44] F𝕬 om. ܐܦ [45] A ܬܘܒ E omits the words from ܘܬܘܒ to the second ܒܥܘܡܗܘܢ [46] 𝕬 adds *et assuescebat rebus*, and omits ܘ before ܡܢ [47] E fol. 72 *a* [48] A ܦܘܪܥܢܬܗ E F ܦܘܪܥܢܗ [49] A fol. 56 *a* [50] A E F 𝕬 ܦܘܪܥܢܐ [51] 𝕬 = ܕܢܗܘܘܢ [52] F om. ܠܗܘܢ 𝕬 has *postea* instead of ܠܗܠܝܢ [53] A ܘܐܬܚܝܕܬ E ܘܐܬܚܝܕ [54] E F om. the second ܗܘܐ [55] 𝕬 = ܘܒܝܫܐ [56] A E F ܘܡܣܬܟܠܢܐ. In B the ܝ seems later [57] F fol. 145 *a* [58] E F 𝕬 add ܘܢܛܠܐ ܒܠܬܐ [59] A E ܘܦܝܪܘܗܝ [60] F ܠܗܢܝ 𝕬 = ܩܢܝ ܗܢܝ [61] A ܠܒܘܬܐ [62] E ܠܐܦܝܣܩܘܦܐ F ܠܐܦܣܩܘܦܐ [63] F adds ܒܗܝ [64] 𝕬 om. ܕܡܣܬܒܪ [65] 𝕬 *debet ei*

ܕܠܝܬ ܗܘܐ ܠܬܡܢ. ܘܠܐ[66] ܕܢܬܦܠܓ ܥܠ ܡܘܣܝ ܡܬܚܫܒ ܗܘܐ.
ܟܕ ܕܝܢ ܐܡܪ ܠܗ: ܕܠܥܠܡܐ[67] ܗܿܘ ܬܒܥ ܐܢܐ[68] ܘܢܦܫܗ ܕܗܿܘ
ܐܢܫܐ.[69] ܐܬܬܘܣܝ ܡܬܪܢܐܝܬ ܗܘ[70] ܡܫܬܐܠ[71] ܐܦ ܕܬܒܥ. ܘܐܡܪ.
ܗܿܘ ܡܚܝܬ ܠܗ. ܗܘ ܕܝܢ ܐܡܪ:[72] ܐܝܟܢܐ ܘܒܐܝܢܐ ܡܚܘܬܐ.
ܗܘ ܕܝܢ ܐܡܪ.[73] ܕܐܠܗܘܬܐ ܡܚܝܬ. ܢܦܩ ܠܒܪ[74] ܡܢܗ ܘܡܬܚܒܛ.
ܘܠܣܘܪܬܐ ܠܦܠܓܐ.[75] ܘܗܫܐ ܣܠܩ ܒܕܘܟܬܐ ܒܠܘܪܐ ܡܬܢܕܐ[76] ܒܡ
14 ܐܣܘܬܐ[77] ܕܕܟܝܢ ܠܗ. ܗܘ ܕܝܢ ܦܩܕ[78] ܢܫܬܘܗܝ ܘܟܚܘܬܐ
ܘܟܐܬܐ ܡܢܝܐ ܥܠ ܬܓܘܗܝ. ܘܐܡܪ. ܡܐܐ ܢܦܘܪܐ ܕܡܢܘܬ
ܠܢܦܫܗ ܕܗܘ ܥܠܡܐ. ܒܟܠ ܡܫܡܫܢܐ ܐܝܬܘ ܠܝ ܘܟܢܘܪܐ
ܕܫܡܫ[79] ܐܘܪܫܐ. ܕܟܪ ܡܫܒܠ ܡܢܗ ܡܢ ܒܕܘܬܐ ܘܐܙܠ.
15 ܘܟܕ ܬܟܠ ܠܕܘܟܬܐ ܗܝ ܐܬܬܘܣܝ ܡܢ ܡܠܘܪܬܐ ܕܠܦܠܓܐ. ܗܘ
ܕܝܢ ܐܦܠܐ ܡܢܝܘܡ ܢܝܘܡ ܐܦ ܠܐ ܡܬܬܐܠ ܐܬܬܐܠ. ܐܠܐ
ܦܟܐ ܗܘܐ ܘܐܡܪ[80] ܕܟܠ ܗܕܐ ܗܘ ܐܬܘܬ. ܐܠܐ ܐܘܟܠܘܢ[81]
16 ܠܘܬ ܪܟܘܢ. ܗܘ[82] ܕܝܢ ܒܠܥܡܐ ܕܒܟܬܐ ܟܕ ܡܕܝܢ ܡܢܘܐ ܗܘܐ. 𝔄 192
ܟܕ ܕܝܢ ܐܬܦܪܥ ܘܐܬܬܒܪܟܗ ܠܡܘܣܝܢ. (B fol. 56 *b*) ܐܬܡܣܟܢ ܘܡܫܪ
ܚܪܡ.[83] ܗܘ ܕܝܢ ܡܘܣܝ ܪܕܦ ܗܘܐ ܒܬܪܗ ܡܢ ܣܓܝ. ܘܠܓܒܐ
17 ܗܘܐ ܘܐܦ[84] ܡܫܟܚܘܬܗ. ܘܦܟܐ ܗܘܐ ܘܐܡܪ. ܡܚܝܢܐ[85] ܚܪܡ
ܐܢܬ ܒܪܝ[86] ܡܢ ܐܒܘܟ ܡܫܟܐ ܘܡܪܓܠܐ.[87] ܐܬܪܫܡ ܒܠܗ[87a] ܒܪܝ
ܠܐ[88] ܬܕܘܠ. ܐܢܬ ܗܘ ܠܝ ܒܕܝܠ ܡܟܪܐ ܕܫܝܢܐ. ܐܢܐ ܐܬܠ

[66] A ܠܐ ܐܦ 𝔄 = ܕܠܐ [67] F ܕܒܠܥܡܐ [68] A ܠܟܢܫܐ [69] 𝔄 adds *postulo* [70] A E F ܗܘܿ [71] F 𝔄 ܐܫܬܡܫ [72] A 𝔄 add ܠܗ (𝔄 om. ܗܘ ܕܝܢ) [73] 𝔄 = ܐܡܪ ܠܗ (omitting ܗܘ ܕܝܢ) [74] 𝔄 adds *ex eo hic* (or perhaps *ex eo daemon*) [75] 𝔄 adds *etiam* [76] E F ܡܟܪܟ 𝔄 *circumerrat* [77] A ܣܝܬܐ [78] A ܦܩܕ ܕܝܢ ܗܘ [79] A ܕܢܣܘܣܝ [80] E 𝔄 ܘܐܡܪ [81] E F ܐܘܟܠܘܢ A fol. 56 *b* [82] E F ܗܘܿ [83] F ܚܪܡ [84] A F ܐܦ [85] 𝔄 *qb quod* [86] 𝔄 adds *times* [87] 𝔄 om. ܘܡܪܓܠܐ [87a] E fol. 72 *b* [88] 𝔄 = ܘܠܐ

ܦܬܓܡܐ ܚܠܦܝܟ ܠܡܫܝܚܐ. ܘܐܢܐ ܦܠܐ ܕܐܡܘܬ ܚܠܦܝܟ.
ܗܘ ܡܘܬܐ ܐܢܐ ܡܣܝܒܪ ܐܢܐ[89] ܐܝܟ[90] ܕܐܦ ܡܪܢ ܚܠܦܝܢ.
ܚܠܦܝܟ ܢܦܫܝ ܕܝܠܝ ܝܗܒ ܐܢܐ.[91] ܩܘܡ ܘܗܝܡܢ ܘܗܘܡܫܝܚܢ.[92]
18 ܡܫܝܚܐ[93] ܫܕܪܢ. ܗܘ ܕܝܢ ܟܕ ܫܡܥ. ܘܐܬܟܡܪܬ[94] ܘܩܐܡ ܗܘܐ
ܘܚܐܪ ܠܬܚܬ. ܘܡܢ ܒܬܪܟܢ ܫܕܐ ܙܝܢܘܗܝ. ܘܟܕ ܪܬܝܬ[95] ܒܟܐ
ܗܘܐ ܡܪܝܪܐܝܬ. ܟܕ ܕܝܢ ܐܬܩܪܒ ܠܣܒܐ[96] ܘܓܦܗ. ܢܦܠ
ܗܘܐ ܠܗ ܒܝܘܠܐ ܗܘ ܒܠܚܘܕܘܗܝ[97] ܐܝܟ ܕܡܫܟܚ ܗܘܐ[98] ܒܒܟܝܬܐ[99]
ܡܛܥܡܬܐ.[1] ܘܒܕܡ̈ܥܘܗܝ ܐܚܝܢ ܒܡܥܡܘܕܝܬܐ ܢܦܫܗ[2] ܟܕ ܡܛܫܐ ܗܘܐ:
19 ܝܡܝܢܗ ܕܝܢ. ܟܣܝܐ ܡܛܫܝܐ[3] ܗܘܐ. ܗܘ ܕܝܢ ܣܒܐ ܥܪܒ[4]
ܗܘܐ ܒܗܘܢܐ ܘܡܘܡܐ[5] ܠܗ. ܕܡܫܒܩܢܘܬܐ ܫܟܚ ܐܢܐ ܠܟ[6] ܡܢ
ܦܪܘܩܢ ܘܡܬܚܫܚܫܬ.[7] ܘܡܬܟܫܦ ܗܘܐ ܠܗ ܠܘܬܗ ܡܚܕܐ[8]
ܠܟܦܘܗܝ. ܘܡܢܫܩ[9] ܠܗ. ܐܝܟ ܕܐܬܕܟܝܬ ܠܗ ܒܗ ܬܝܒܘܬܐ. 𝔄 193
ܘܕܒܪ ܘܐܝܬܝܗ[10] ܠܥܕܬܐ. ܘܒܨܠܘ̈ܬܐ ܐܚ̈ܝܦܬܐ ܕܫܐܠ[11] ܗܘܐ
ܚܠܦܘܗܝ: ܘܒܨܘ̈ܡܐ ܐܚ̈ܝܢܐ ܕܡܫܐܠ[12] ܗܘܐ ܥܡܗ. ܘܒܡ̈ܠܐ
ܦܐܝ̈ܪܬܐ ܕܥܠ ܟܠܡ ܡܟܒܫܐ ܗܘܐ ܪܥܝܢܗ. ܘܥܕܡܐ ܕܐܩܝܡܗ
ܠܥܕܬܐ ܠܐ ܫܒܩ. ܘܝܗܒ ܬܚܘܝܬܐ ܠܬܝܒܘܬܐ ܕܫܪܪܐ.
ܘܡܫܘܕܥܬܐ[13] ܪܒܬܐ ܕܡܘܠܕܐ ܕܡܢ ܕܪܝܫ.[14] ܘܙܟܘܬܐ[15] ܕܩܝܡܬܐ
xxiv. 1 ܕܡܬܚܙܝܐ. ܗܠܝܢ ܬܫ̈ܥܝܬܗ[16] ܕܝܘܚܢܢ ܕܐܬܡܣܪ[17] ܠܬܘܪܓܡܐ
ܕܐܝܠܝܢ ܕܫܡܥܝܢ[18] ⁘ . . .

[89] A ܚܝܐ ܡܣܝܒܪܢܐ [90] E F ܕܐܝܟ [91] A ܢܦܫܐ [92] A E F ܘܗܘܡܫܝܚܢ [93] 𝔄 *quia is* [94] F ܡܬܟܡܪ [95] A ܪܬܝ [96] 𝔄 for ܠܣܒܐ has *ad eum* [97] A om. ܗܘ ܒܠܚܘܕܝܗ [98] A adds ܗܘ ܒܠܚܘܕܝܗ [99] F fol. 145 *b* [1] A ܡܛܥܡܬܐ [2] E F 𝔄 ܒܡܥܡܘܕܝܬܐ ܢܦܫܗ [3] F ܡܛܫܝܐ [4] E F ܥܪܒ [5] A ܘܐܡܐ E F ܘܡܘܡܐ [6] 𝔄 om. ܠܟ [7] E F ܘܡܬܚܫܚܫܬ ܐܢܬ [8] F ܠܡܚܕܐ ܗܘ [9] E adds ܗܘܐ [10] A ܐܝܬܝܗ [11] E F 𝔄 om. ܕ [12] A ܒܡܠܐ E F 𝔄 ܒܡ̈ܠܐ [13] A ܘܐܫܘܕܥܬܐ [14] A ܕܡܢ ܪܫ [15] 𝔄 = ܘܙܟܘܬܐ [16] A ܬܫ̈ܥܝܬܐ 𝔄 sing. [17] A E ܕܐܬܬܡܣܟ [18] End of the extracts in E and F

ܕܒܣܦܪܝܢ ܘܐܪܒܥܐ. ܕܐܡܝܕܝܐ ܐܬܬܣܝܡܘ ܐܘ̈ܢܓܠܝܐ.[1] ܘ.
ܢܦܩܘ ܕܝܢ ܗܢܐ ܒܬܚܘܡܝ ܕܗܕܐ ܥܠܡܐ ܐܝܠܝܢ ܕܠܘܬ
2 ܟܠܗܘܢ ܦܠܓܘܬܐ. (B fol. 57 *a*) ܒܐܘܢܓܠܝܘܢ ܕܝܢ ܕܠܗ ܗܘ
ܕܡܢܕ ܗܘܐ ܒܠܚܘܕܝܗܝܢ ܬܠ̈ܬܐ ܕܐܬܟܬܒ ܥܡܟܝ. ܢܘܕܐ ܡܩܒܠܐܝܬ.
ܕܗܘ ܡܕܒ̈ܪܢܐ ܕܝܢ ܒܥܠܝܬܐ ܒܡܟܬܒܢܘܬܐ ܕܐܪܒܥ ܡܬܚܝܒܢ:
194 3 ܘܡܕܒܪܢܘܗܝ ܗܢܘܢ ܬܠܬܐ. ܗܢܐ ܢܘܕܥ. ܦ̈ܠܝܣܘܦܐ ܡܕ̈ܒܪܢܐ
ܕܡܫܝܚܐ: ܕܬܫܪ̈ܝܬܐ ܐܝܟ ܗܘܘ ܠܐܠܗܐ ܘܡܫܡܠܝܐܝܬ
ܒܟܝ ܗܘܐ ܕܒܕܘܒܪܗܘܢ. ܘܒܟܘܠܗܘܢ ܒܪ̈ܬܐ ܘܡܫܬ̈ܡܠܝܢܘܬܐ
ܢܦ̈ܫܬܗܘܢ ܡܬܪ̈ܟܢ ܗܘܘ. ܒܠܫܢܐ ܕܝܢ ܗܕܝܘܛܐ ܐܝܬܝܗܘܢ
ܗܘܘ. ܬܟܝܠܝܢ ܗܘܘ ܕܝܢ ܥܠ ܚܝܠܐ ܬܕܡܘܪܬܐ ܘܐܠܗܝܐ ܕܐܬܝܗܒ
ܠܗܘܢ ܡܢ ܦܪܘܩܢ. ܕܒܡܦܣܩܘܬܐ ܕܝܢ[2] ܘܐܘܡܢܘܬܐ ܕܡ̈ܠܐ
ܢܦ̈ܘܩܢ ܡܠܦܢܐ ܕܪܒܘܬܗܘܢ. ܘܠܐ[3] ܡܬܒܥ ܡܕܡ ܗܘܐ ܐܦܠܐ
ܢܫܬܘܢ ܠܗܕܐ ܡܕܡ ܗܘܘ. ܒܬܚܘܝܬܐ ܕܝܢ ܕܪܘܚܐ ܕܐܠܗܐ[4]
ܕܡܬܚܫܒ ܗܘܐ ܒܗܘܢ.[5] ܘܒܚܝܠܐ ܕܬܕܡܪ̈ܬܗ ܕܡܫܝܚܐ
ܕܡܬܦܣܩܝܢ ܗܘܐ ܒܐܝܕܝܗܘܢ ܡܬܚܫܚܝܢ ܗܘܘ ܟܠܗܘܢ.[6]
ܘܡܟܪܙܝܢ ܗܘܘ ܝܕܥܬܐ ܕܡܠܟܘܬܐ ܕܫܡܝܐ ܒܟܠܗ ܥܠܡܐ. ܠܟܬܒܐ ܕܝܢ
ܕܝܢ ܒܨܝܪ ܗܘܘ ܒܝܠܦܬܐ ܕܢܟܬܒܘܢ ܡ̈ܠܐ ܒܟܬ̈ܒܬܐ.
4 ܘܗܕܐ ܕܝܢ ܕܥܒܕܝܢ ܗܘܘ. ܡܛܠ ܕܬܫܡܫܬܐ ܕܡܠܟܘܬܐ ܡܢ
ܕܠܥܠ ܐܝܬܐ ܡܫܡܫܝܢ ܗܘܘ. ܦܘܠܘܣ ܓܝܪ ܗܘ ܕܚܝܠܬܢ ܗܘܐ
ܡܢ ܟܠܗܘܢ ܒܡܠܬܐ ܕܡܠܬ̈ܐ ܘܡܫܬܪܝ ܗܘܐ ܐܦ ܒܡܣܘܟܐ.
ܠܐ ܐܫܠܡ ܒܟܬܒܐ ܣܓܝ ܡܢ ܗܠܝܢ ܐܓܪ̈ܬܐ ܙܥܘܪ̈ܬܐ. ܟܕ

CHAP. XXIV. [1] A ܕܐ̈ܝܟ ܐܠܗܘܬܐ ܐܘ̈ܢܓܠܝܘܢ. These words however have been erased, and the whole eighth quire of A is lost [2] 𝕬 om. ܕܝܢ [3] 𝕬 om. the words from ܘܠܐ to ܗܘܘ ܒܫܘܪܝܐ [4] 𝕬 *Spiritus Sancti* [5] For ܒܗܘܢ ܗܘܐ ܡܫܬܟܚܝܢ 𝕬 has *confirmabantur* [6] For ܗܘܘ ܡܫܬܟܚܝܢ 𝕬 has only *ibant*

ܐܝܬ ܗܘܐ ܠܗ ܕܢܐܡܪ ܪܒܘ ܕܠܐ ܐܬܡܠܠ: ܐܝܟ ܓܒܪܐ
ܕܚܙܐ ܠܚܙܘܐ ܕܬܠܬܐ[7] ܫܡܝܢ. ܘܐܬܚܛܦ ܐܦ ܠܦܪܕܝܣܐ 𝔄 195
ܗܘ ܡܫܒܚܐ. ܘܐܫܬܘܝ ܕܢܫܡܥ ܬܡܢ ܡ̈ܠܐ[8] ܕܠܐ ܫܠܝܛ
5 ܠܒܪܢܫܐ ܠܡܡܠܠܘ ܐܢܝܢ. ܠܘ ܕܝܢ ܣܦܝܪܝܢ ܗܘܘ ܡܢ ܗܠܝܢ
ܐܦ ܫܪܟܐ ܕܬܠܡܝܕܘܗܝ ܕܦܪܘܩܢ. ܬ̈ܠܡܝܕܐ ܕܝܢ[9] ܗ̇ܘܝܢ ܗܘܘ
ܬܪ̈ܥܣܪ. ܘܫܒ̈ܥܝܢ ܐܚܪ̈ܢܐ ܫܠܝܚܝܢ[10] (B fol. 57 b) ܘܐܚܪ̈ܢܐ ܪ̈ܒܘ
ܗܠܝܢ ܡܫܟܚܐ. ܒܪܡ ܕܝܢ ܡܢ ܟܠܗܘܢ ܬ̈ܠܡܝܕܘܗܝ ܕܡܪܢ.
ܬܫ̈ܥܝܬܐ ܒܟܬ̈ܒܐ ܡܬܝ ܘܝܘܚܢܢ ܒܠܚܘܕ ܫܒܩܘ ܠܢ. ܕܐܦ
ܗܢܘܢ ܐܝܟ ܕܡܫܬܡܥܐ ܡܠܬܐ. ܐܢܢܩܐ ܗܘ ܩܘܬ ܠܗܘܢ
6 ܠܡܟܬܒ. ܡܬܝ ܓܝܪ ܕܗ̇ ܡܢ ܩܕܝܡ ܠܥܒܪ̈ܝܐ ܡܟܪܙ ܗܘܐ̇ ܘܟܬܒ̣ܗ.
ܗܘܐ ܠܡܐܙܠ ܠܐܬܪ̈ܘܬܐ ܐܚܪ̈ܢܝܐ. ܐܫܠܡ ܠܗܘܢ ܒܟܬܒܐ
ܕܥܒܪ̈ܝܐ ܐܘܢܓܠܝܘܢ ܕܝܠܗ. ܕܢܫܠܡܘܢ ܕܝܠܗ ܢܦܠܐ[11] ܠܗܘܢ
7 ܒܟܬܒܐ ܡܫܪܪܬܐ[12] ܕܡܟܪܙ ܗܘܐ. ܟܕ ܡܪܩܘܣ ܕܝܢ ܘܟܕ
ܠܘܩܐ̇ ܘܟܕ ܡܫܠܡܢܘܬܐ ܕܐܘܢ̈ܓܠܝܐ[13] ܕܝܠܗܘܢ. ܐܦ ܟܕ
ܡܥܒ̇ܕ ܐܡܪܝܢ ܗܘ ܠܢ. ܝܘܚܢܢ ܕܝܢ ܐܝܟ ܕܡܬܐܡܪ ܟܠܗܘܢ.
ܟܠܗ ܙܒܢܐ ܕܠܐ ܟܬܝܒܬܐ ܡܟܪܙܘܬܐ ܡܟܪܙ ܗܘܐ̇. ܘܠܚܪܬܐ
ܡܛܠ ܗܕܐ ܥܠܬܐ ܠܡܟܬܒ ܐܬܝܐ ܗܘܐ. ܕܟܕ ܐܬܟܬܒܘ ܗ̇ܢܘܢ
ܬܠܬܐ ܐܘܢܓܠܝܐ ܕܐܬܟܬܒܘ[13a] ܠܘܬ ܟܠ ܐܢܫ: ܘܡ̇ܛܘ ܐܦ
ܠܘܬܗ ܐܝܟ ܕܡܫܬܡܥܐ[14] ܡܠܬܐ̇ ܐܬܩܒܠܘ[14a] ܟܠܗܘܢ. ܘܫܒ̇ܚܗ
ܟܠܗܘܢ ܕܫܪܪܐ ܐܣܗܕܘ.[15] ܟܠܗܘܢ ܠܡ ܗܕܐ ܚܣܝܪܐ ܗܘܐ ܒܗܘܢ.
ܬܫܥܝܬܐ ܕܐܝܠܝܢ ܕܐܬܥܒܕ ܡܢ ܫܘܪܝܐ ܕܡܠܦܢܘܬܗ ܕܡܫܝܚܐ.
8 ܘܫܪܝܪܐܝܬ ܐܬܡܢܝܗ̇ ܗܕܐ ܡܠܬܐ. ܡܫܬܡܥܝܢ ܐܝܟ ܗܢܐ ܗܘܟܠ 𝔄 196
ܠܡܐܠܦ. ܕܗܠܝܢ ܬܠܬܝܗܘܢ ܐܘܢܓܠܝܣܛ̈ܐ. ܕܡܢ ܒܬܪ ܕܐܫܬܠܡ

[7] 𝔄 om. ܬܠܬܐ  [8] 𝔄 adds *ineffabilia*  [9] 𝔄 om. ܕܝܢ  [10] 𝔄 *octo*

[11] In 𝔄 for [illegible] read [illegible] ܠܗܘܢ is not expressed in 𝔄  [12] 𝔄 = ܡܫܪܪܬܗ

[13] 𝔄 sing.  [13a] 𝔄 = ܘܐܬܟܬܒܘ  [14] 𝔄 *sicut et dicitur*  [14a] 𝔄 sing.  [15] 𝔄 passive

ܝܘܚܢܢ ܡܥܡܕܢܐ ܒܝܬ ܐܣܝܪܐ. ܡܛܠ ܕܚܫܕܐ ܢܣܒܬܐ ܐܣܬܒܪ

ܡܢ ܡܕܝܢ ܐܬܬܩܢ ܒܠܚܘܕ. ܘܗܝ ܗܕܐ ܐܘܪܚܐ ܒܪܫ

9 ܬܫܥܝܬܗܘܢ. ܕܡܢ ܒܬܪ ܐܪܒܥܝܢ ܝܘܡܝܢ ܕܝܠܗ[16] ܡܕܝܢ ܘܐܬܢܣܝ

ܒܗܘܢ. ܫܪܘ ܒܪܒܢܐ ܕܬܫܥܝܬܗܘܢ. ܡܛܠ ܓܒܪ ܡܫܝܚܐ

iv 12 ܗܒܢܐ. ܕܒܪ ܢܣܒ ܠܗ ܕܐܬܬܢܝܫ ܘܣܝܒ[17] ܥܒܕ ܠܗ ܡܢ ܝܗܘܕ

i 14 10 ܠܓܠܝܠܐ. ܐܦ ܡܪܘܡܐ ܗܒܢܐ ܐܡܪ.[18] ܕܡܢ ܒܬܪ ܕܐܬܩܛܠ

ܘܣܝܒ ܐܬܐ ܠܗ ܢܦܩ ܠܓܠܝܠܐ. ܠܘܩܐ ܕܝܢ ܡܕܡ ܕܢܦܪܐ

ܒܬܫܥܝܬܐ ܕܡܥܒܕܢܘܬܗ ܕܡܪܢ. ܗܟܘܬ ܡܠܦ ܘܐܡܪ.

iii 20 ܕܗܪܘܕܣ ܠܡ ܒܡ[19] ܥܠܗܝܢ ܒܝܫܬܐ ܕܥܒܪ ܗܘܐ. ܐܘܣܦ ܗܘܐ

11 ܘܚܒܫ ܠܝܘܚܢ ܒܝܬ ܐܣܝܪܐ. ܒܗܘ ܗܒܠ ܡܢܗ ܡܢ ܝܘܚܢ

ܥܠܝܡܐ ܡܛܠ ܗܠܝܢ. ܕܗܢܐ ܘܒܢܐ (B fol. 58 *a*) ܕܐܫܬܟܚ ܡܢ

ܐܘܢܓܠܝܘܢܐ ܡܕܒܪܐ: ܘܡܕܡ ܕܐܬܬܚܪ ܒܗ ܡܢ ܦܪܘܩܢ

ܕܢܥܠܡ ܒܟܬܒܐ ܕܠܗ. ܗܘ ܕܝܢ ܡܕܡ ܕܐܬܬܚܪ ܡܕܡ

ܕܢܬܩܠܡ ܝܘܚܢ ܡܥܡܕܢܐ ܒܝܬ ܐܣܝܪܐ. ܘܗܝ ܗܕܐ ܐܘܪܚܐ.

ii 11 ܕܒܗܢ ܐܡܪ ܕܗܝ ܗܕܐ ܠܡ ܐܬܐ ܡܕܡܥܬܐ ܕܒܥܕ ܢܣܒ

𝔄 197 ܘܢܘܢ ܥܣܒܘܗ. ܘܒܗܢ ܒܥܒܪ ܠܗ ܠܝܘܚܢ ܡܥܡܕܢܐ ܒܝܬ

ܗܡܥܡܕܢܘܬܗ ܕܢܣܒ. ܕܒܥܒܕ ܚܫܡܫܐ ܗܘܐ ܒܡܢ ܒܗ[20] ܕܒܠ

ii 24 ܒܥܕ ܥܠܝܡ.[21] ܘܦܫܘܩܐܝܬ ܢܘܝ ܒܗ ܐܡܪ ܗܒܢܐ. ܕܠܐ ܠܡ

12 ܒܥܒܠ ܢܦܠ ܗܘܐ ܝܘܚܢ ܒܝܬ ܐܣܝܪܐ. ܡܛܠ ܝܘܚܢ

ܒܐܘܢܓܠܝܘܢ ܕܠܗ ܗܠܝܢ ܐܬܟܬܒ. ܐܝܟ ܕܐܬܬܚܪ ܡܢ ܡܕܝܢ

ܡܢ ܡܕܡ ܕܢܬܩܠܡ ܝܘܚܢ ܡܥܡܕܢܐ ܒܝܬ ܐܣܝܪܐ. ܗܠܝܢ ܕܝܢ

ܬܠܬܐ ܐܣܝܪܐ[22] ܐܘܢܓܠܝܘܢܐ. ܐܝܟ ܕܐܬܬܚܪ ܡܢ ܒܬܪ

13 ܕܐܬܩܛܠ ܝܘܚܢ[23] ܡܥܡܕܢܐ. ܕܒܗ ܢܬܬܪܪ[24] ܗܒܠ ܒܗܠܝܢ ܡܬܢܒܝܐ

[16] 𝔄 = ܡܢ ܝܘܡ [17] 𝔄 *(eum) occidisse Ioannem* [18] 𝔄 aor. [19] 𝔄 *supra*
[20] 𝔄 *in Iordane* [21] 𝔄 Հաղորդմամբ [22] 𝔄 om. ܐܣܝܪܐ [23] 𝔄 adds Մկրտչի = ܡܥܡܕܢܐ [24] 𝔄 = ܡܢ ܢܬܪ

ܠܝ ܕܠܝܬ ܦܠܝܓܘܬܐ ܠܐܘܢܓܠܝܣܛܐ ܥܠ ܙܒ̈ܢܐ. ܡܛܠ · ܕܗܘ
ܐܘܢܓܠܝܘܢ ܕܝܘܚܢܢ ܬܫܥܝܬܐ[25] ܕܣܘܥܪ̈ܢܘܗܝ ܩܕ̈ܡܝܐ ܕܡܫܝܚܐ
ܐܝܬ ܒܗ. ܘܗܠܝܢ ܐܚܪ̈ܢܝܬܐ ܬܫܥܝܬܐ ܕܒܬܪ ܕܚܒܫ ܠܗ ܠܒܝܬ
ܐܣܝܪܐ. ܕܡܢܐ ܕܝܢ ܕܡܛܠ ܗܕܐ ܫܩܠ ܝܘܚܢܢ ܡܢ ܣܦܪ
ܬܠܡܝ̈ܕܘܗܝ ܕܩܕܡܘܗܝ ܕܟܬܒܘ: ܡܛܠ ܕܡܬܝ ܘܠܘܩܐ ܦܪܫܘ
ܐܟܬܒܘ ܐܢܝܢ. ܘܫܪܝ ܗܘ ܕܢܟܬܘܒ ܥܠ ܐܠܗܘܬܗ. ܕܐܝܟ
ܕܡܢ ܪܘܚܐ ܕܐܠܗܐ ܐܬܛܝܒܬ ܠܗ ܗܕܐ ܐܝܟ ܕܠܥܠܝܐ
14 ܡܬܝܪܐ. ܗܠܝܢ ܐܡܪܢ ܠܝ ܥܠ ܟܬܒܐ ܕܐܘܢܓܠܝܘܢ ܕܝܘܚܢܢ.
ܐܦ ܥܠܬܐ ܕܝܢ ܕܗܘܬ ܠܐܘܢܓܠܝܘܢ ܕܡܪܩܘܣ ܡܢ ܩܕܡ
15 ܐܘܕܥܢܢ. ܠܘܩܐ ܕܝܢ ܐܦ ܗܘ ܒܗ ܫܪܝ ܒܟܬܒܗ. ܩܕܡ ܣܡܗ
ܠܥܠܬܐ ܕܡܛܠܬܗ ܐܟܬܒ: ܕܣܓܝ̈ܐܐ ܠܡ ܐܚܪ̈ܢܐ ܗܘܘ A 198
ܠܡܟܬܒ ܠܐܝܠܝܢ ܬܫܥܝܬܐ ܕܨܒ̈ܘܬܐ. ܕܗܘ ܡܫܬܡܠܝܢ ܗܘܐ
ܒܦܝܣܐ ܕܠܒܗܘܢ. ܘܡܛܠ ܕܢܦܨܝܢ ܡܢ ܦܣܩ ܒܪ̈ܢܫܐ (B fol. 58 *b*)
ܕܦܠܓܘܬܐ ܕܐܚܪ̈ܢܐ. ܐܫܠܡ ܠܢ ܗܘ ܫܪܪܐ ܕܡ̈ܠܐ ܕܩܒܠ ܗܘܐ
ܘܐܬܝܪܪ ܒܗܝ. ܡܢ ܢܩܦܘܬܗ ܘܐܬܥܗܕܘܬܗ ܕܥܡ ܦܘܠܘܣ
ܘܫܘܬܦܘܬܗ ܕܥܡ ܫܪܟܐ ܕܫܠܝ̈ܚܐ. ܘܐܟܬܒ ܐܝܟ ܒܐܘܢܓܠܝܘܢ
16 ܕܝܠܗ. ܗܠܝܢ ܕܝܢ ܐܝܟܢ ܐܡܪܢܢ. ܘܬܘܒ ܕܝܢ ܐܦ ܡܫܠܡܢܘܬܐ
17 ܕܡܬ̈ܒܝܐ ܕܡܛܠܠܬܗܘܢ ܒܪ̈ܝܫܝܗܘܢ ܡܘܕܝܢ. ܥܠ ܟܬ̈ܒܘܗܝ
ܕܝܢ ܕܝܘܚܢܢ ܒܪ ܐܘܢܓܠܝܘܢ ܕܝܠܗ. ܐܦ ܐܓܪܬܗ ܩܕܡܝܬܐ.
ܠܩܕ̈ܡܝܐ ܐܦ ܠܐܚܪ̈ܝܐ ܕܠܐ ܦܠܓܘܬܐ ܐܬܩܒܠܬ. ܗܠܝܢ ܕܝܢ
ܬܪ̈ܬܝܢ ܐܚܪ̈ܢܝܬܐ ܕܐܡܪܝܢ ܕܕܝܠܗ ܐܢܝܢ ܐܝܬ ܗܘ ܥܠܝܗܝܢ
18 ܦܠܓܘܬܐ. ܥܠ ܓܠܝܢܗ ܕܝܢ ܒܙܒܢܐ ܠܡܬܚܙܝ. ܠܗܢܐ ܓܒܐ
ܘܠܗܢܐ ܡܬܚܙܝܐ ܣܡܟ ܒܢܝܢܐ ܕܠܗܘܢ ܡܢ ܣܓܝ̈ܐܐ. ܘܬܘܒ
ܐܦ ܡܛܠ ܗܢܐ ܐܝܟ ܕܡܢ ܣܗܕܘܬܐ ܕܡܪ̈ܬܝܐ. ܕܝܢܐ[26]
ܕܥܠܘܗܝ ܒܪ̈ܝܫܗܘܢ ܡܚܘܝܢ ܚܢܢ.

[25] A sing. [26] A *iudicii*

ܕܒܣܦܪܝ ܘܡܟܬܒܢ. ܥܠ ܟܬ̈ܒܐ ܕܐܝܠܝܢ ܡܬܬܡܚܠܝܢ ܘܐܝܠܝܢ
ܠܐ ․․܀․․․․

xxv. 1 ܕܢܟܠܝܢ ܕܝܢ ܒܚܕܐ ܠܗܘܢܒܝ. ܘܠܘܬܐ ܗܝ ܕܢܫܡܫ ܟܢܘܫܝܐ
ܟܬ̈ܒܐ ܕܕܝܬܩܐ ܚܕܬܐ. ܗܠܝܢ ܕܩܕܡ ܐܡܪܢ ܥܠܝܗܘܢ.
ܢܫܝܡ ܕܝܢ ܐܪܒܥܬܐ ܡܩܕܫܐ ܕܐܘܢܓܠܝܘܢ. ܘܒܬܪܗܘܢ ܟܬܒܐ
2 ܕܦܪܟܣܣ ܕܫ̈ܠܝܚܐ. ܘܒܬܪ ܗܠܝܢ ܢܫܬܘܪ[1] ܐܓܪ̈ܬܗ ܕܦܘܠܘܣ.
ܘܒܬܪܗܝܢ ܐܓܪܬܗ ܕܝܘܚܢܢ ܡܩܕܡܝܬܐ. ܘܐܟܘܬܗ ܐܦ ܗܝ
ܡܩܕܡܝܬܐ ܕܦܛܪܘܣ ܢܬܚܒܫ. ܘܒܬܪ ܗܠܝܢ ܐܦ ܓܠܝܢܗ
ܕܝܘܚܢܢ. ܐܢ ܐܬܚܙܝܬ ܕܘܠܐ. ܘܡܚܫܒ ܒܪ̈ܚܫܢܐ ܕܗܘ̣ܘ
ܠܗܕܐܐ[2] ܕܒܠܠܬܗ[3] ܒܪ̈ܚܫܝܗܘܢ ܩܢܘܢܝܢ. ܘܗܠܝܢ[4] ܒܡܘܕܝܢܘܬܐ
3 ܕܒܕܗܬܐ ܠܬܗܦܟܢ. ܡܢ ܗܠܝܢ ܕܝܢ ܕܐܝܬ ܥܠܝܗܘܢ
ܥܠܝܠܘܬܐ[5] ܥܠ ܗܕܐܐ ܕܝܢ[6] ܡܬܬܡܚܠܝܢ. ܐܝܬ ܐܓܪܬܐ ܗܝ
ܕܡܬܩܪܝܐ (B fol. 59 a) ܕܝܥܩܘܒ ܘܕܝܗܘܕܐ. ܘܐܓܪܬܐ ܕܬܪܬܝܢ
ܕܦܛܪܘܣ. ܘܐܓܪ̈ܬܐ[7] ܕܬܪܬܝܢ ܘܕܬܠܬ[8] ܕܡܬܩܪ̈ܝܢ ܕܝܘܚܢܢ. ܐܘ[9]
4 ܕܐܘܢܓܠܝܣܛܐ ܐܘ ܕܐܚܪܢܐ ܒܪ ܫܡܗ ܐܝܬܝܗܘܢ. ܘܗܠܝܢ
ܒܐܝܠܝܢ ܕܐܝܬ ܥܠܝܗܘܢ ܥܠܝܠܘܬܐ ܠܬܗܦܟܢ ܐܦ ܟܬ̈ܒܐ
ܕܦܪ̈ܟܣܣܘܬܐ ܕܦܘܠܘܣ. ܘܗܘ ܕܡܬܩܪܐ ܪ̈ܥܝܐ ܘܓܠܝܢܗ
ܕܦܛܪܘܣ. ܘܥܡ ܗܠܝܢ ܐܦ ܐܓܪܬܐ[10] ܕܒܪܢܒܐ ܘܗܘ ܕܡܬܩܪܐ
ܘܠܝܦܐ[11] ܕܫ̈ܠܝܚܐ. ܘܬܘܒ ܐܦ ܓܠܝܢܗ ܕܝܘܚܢܢ ܐܝܟ ܕܩܕܡܬ
ܐܡܪܬ: ܐܢ ܡܬܚܙܝܐ ܕܐܦ ܗܝ ܡܥܠܬܐ ܐܝܬܝܗ̇.. ܡܛܠ
ܕܐܢܫ ܓܝܪ ܕܡܣܠܝܢ ܠܗ̇. ܘܐܢܫ ܕܝܢ ܗܠܝܢ ܥܡ ܡ̈ܘܕܝܢܐ ܕܡܘܕܝܢ
5 ܘܗܘ̣ܝ ܒܗܕܐ ܚܫܒܝܢ ܠܗ. ܐܝܬ ܕܝܢ ܐܢܫ̈ܝܢ ܕܥܡ ܗܠܝܢ

CHAP. XXV. [1] 𝔄 om. ܢܫܬܘܪ [2] 𝔄 om. ܠܗܕܐܐ [3] 𝔄 = ܡܠܬܗܘܢ
[4] 𝔄 *et cum eis* [5] 𝔄 adds զի 'ի նոցանէ = ܕܡܢܗܘܢ [6] 𝔄 om. ܕܝܢ
[7] 𝔄 plur. [8] 𝔄 om. ܘ [9] B had originally ܘܐ [10] 𝔄 plur.
[11] 𝔄 plur.

ܡܬܚܫܒܝܢ ܐܦ[12] ܐܘܢܓܠܝܘܢ ܕܥܒܪ̈ܝܐ. ܕܒܗܝܢ ܒܗ ܡܬܦܐܪܬ

ܥܒܪ̈ܝܐ ܐܝܠܝܢ ܕܩܒܠܘ ܠܡܫܝܚܐ. ܟܠܗܘܢ ܗܠܝܢ ܡܢ ܐܝܠܝܢ

6 ܕܐܝܬ ܥܠܝܗܘܢ ܦܠܓܘܬܐ ܢܬܡܢܘܢ. ܐܢܢܩܝ ܗܘܬ ܗܟܝܠ

ܕܢܟܬܘܒ ܐܢܘܢ ܠܗܠܝܢ. ܕܢܦܪܘܫ ܐܝܠܝܢ ܐܢܝܢ ܟܬ̈ܒܐ ܫܪ̈ܝܪܐ

ܕܠܝܬ ܒܗܘܢ ܚܠܝܦܘܬܐ ܕܡܫܠܡ ܕܐܫܬܠܡܬ ܒܥܕܬܐ. ܘܐܝܠܝܢ[13]

ܕܐܝܬ ܥܠܝܗܘܢ ܚܘܠܦܐ ܘܦܠܓܘܬܐ. ܕܩܢܘܢܐ ܕܥܕܬܐ ܠܐ

ܡܬܩܒܠܝܢ. ܒܪܡ ܕܝܢ ܣܓܝܐܐ ܡܢ ܟ̈ܠ ܒܥܕܬܐ ܡܬܚܫܒܝܢ

ܒܗܘܢ. ܢܗܘܐ ܕܝܢ ܡܕܥܝܢ. ܕܡܢ ܗܠܝܢ ܕܒܫܡܐ ܕܫ̈ܠܝܚܐ

ܡܦܩܝܢ ܠܗܘܢ ܗܪ̈ܣܝܣ: ܕܐܝܬܝܗܘܢ ܐܘܢܓܠܝ̈ܘܢ ܐܘ

ܕܦܛܪܘܣ ܐܘ ܕܬܐܘܡܐ ܐܘ ܕܡܬܝܐ[14] ܐܘ ܕܐܚܪ̈ܢܐ: ܐܘ

ܦܪ̈ܟܣܝܣ ܕܐܢܕܪܐܘܣ ܘܕܝܘܚܢܢ ܘܕܫܪܟܐ ܕܫ̈ܠܝܚܐ. ܕܡܢܗܘܢ

ܠܡܕܡ ܐܢܫ ܡܢ ܩ̈ܕܡܝ ܕܪ̈ܐ ܕܪܘ ܒܫܘܒܠܐ ܠܕܘܒܪ̈ܐ ܠܐ

7 ܐܫܬܘܝ ܒܟܬ̈ܒܘܗܝ. ܦܠܚ ܕܝܢ[15] ܡܟܒܫ ܘܡܚܠܦ ܠܚܒܪܐ

ܕܡܠܬܗܘܢ ܡܢ ܕܫ̈ܠܝܚܐ. ܘܨܒܝܢܐ ܘܬܪܥܝܬܐ (B fol. 59 *b*)

ܕܪܚܝܩܐ ܗܘܘ ܡܢܗܘܢ. ܦܠܚ ܡܚܘܝܐ ܠܡܫܪܪܘܬܐ ܫܪܝܪܬܐ. 𝔄 201

ܕܐܝܟ ܕܒܪ̈ ܗܪ̈ܣܝܣ ܒܟܠܗ ܐܢܘܢ ܡܢ ܢܦܫܗܘܢ̈ ܣܝܡܝܢ

ܕܡܣܝܡܝܢ ܦܣܝܩܐܝܬ. ܡܛܠܗܢܐ ܐܦ ܠܐ ܥܡ ܐܝܠܝܢ ܕܐܝܬ

ܥܠܝܗܘܢ ܦܠܓܘܬܐ ܢܬܡܢܘܢ. ܐܠܐ ܐܝܟ ܢܘܟܪ̈ܝܐ

ܘܡܣܩ̈ܠܐ[16] ܢܫܬܐܠ ܡܢܗܘܢ ·:·

ܕܚܫܒܢ ܘܟܬܒܐ ܥܠ ܡܢܐܢܕܪܘܣ ܚܪܫܐ...

xxvi. 1 ܢܬܐܬܐ ܠܢ ܡܟܝܠ ܠܡܫܡܥܬܐ ܕܡܢ ܒܬܪ ܗ. ܡܢ ܣܝܡܘܢ

ܚܪܫܐ ܩܒܠ ܡܢܐܢܕܪܘܣ. ܘܡܬܠܐ ܕܐܬܩܝܡ ܕܟܢܫ ܡܢ ܗܘ ܡܙܡܢܐ

[12] 𝔄 om. ܐܦ    [13] In 𝔄 for կԹէ read և Թէ    [14] 𝔄 Թովմայի    [15] 𝔄 =
    [16] 𝔄 adds ըն և ըն *omnino*

ܗܘ ܒܦܘܫܗ ܕܡܥܒܕܢܘܬܗ ܕܣܛܢܐ ܐܬܚܘܝ.[1] ܗܘܐ ܕܝܢ ܐܦ[2]
ܗܘ ܫܡܪܝܐ. ܟܕ ܕܝܢ[3] ܐܫܬܟܚ ܒܚܪܫܘܬܐ ܐܝܟ ܪܒܗ.
ܡ̈ܠܐ ܬܗܘܪ̈ܬܐ ܡܫܬܥܝܢܘܬܐ ܗܘܐ[4] ܘܐܫܬܒܗܪ ܗܘܐ ܥܠ ܢܦܫܗ.
ܕܗܘܝܘ ܠܡ ܦܪܘܩܐ ܕܐܫܬܕܪ ܡܢ ܠܥܠ ܡܢ ܥ̈ܠܡܐ ܕܠܐ
2 ܡܬܚܙܝܢ ܠܦܘܪܩܢܗܘܢ ܕܒ̈ܢܝ ܐܢܫܐ. ܘܡܠܦ ܗܘܐ̇ ܕܐܚܪܢܐܝܬ
ܠܡ ܠܐ ܡܨܐ ܐܢܫ ܕܢܙܟܐ ܠܡܠܐ̈ܟܐ ܒܒܪܘܝܗܘܢ ܕܥܠܡܐ
𝔄 202 ܒܥܠܡܐ. ܐܠܐ ܐܢ ܐܬܐ ܡܕܪܫܬ ܠܝܘܠܦܢܐ ܕܚܪܫܘܬܐ
ܕܡܫܠܡ ܗܘܐ̇. ܘܠܡܥܡܘܕܝܘܬܐ ܕܐܝ̈ܬܘܗܝ ܡܬܝܗܒܐ. ܕܐܝܠܝܢ
ܕܡܫܬܘܝܢ ܠܗ̇ ܚ̈ܝܐ ܠܡ ܕܠܥܠܡ ܒܗܢܐ ܥܠܡܐ ܡܩܒܠܝܢ.
ܘܩܝܡܝܢ ܒܗ̇ ܟܕ ܠܐ ܡܐܬܝܢ ܘܠܐ ܣܐܒܝܢ. ܗܠܝܢ ܦܫܝܩ ܕܢܕܥ
3 ܐܢܫ ܡܢ ܡ̈ܠܘܗܝ ܕܐܝܪܢܐܘܣ. ܐܦ ܝܘܣܛܝܢܘܣ ܕܝܢ ܒܗܘ
ܡܕܡ ܕܐܡܪ[5] ܡܛܠ ܫܡܥܘܢ. ܐܘܣܦ ܐܦ[6] ܬܫ̈ܥܝܬܐ[7] ܕܡܛܠ
ol i 26 ܗܢܐ ܘܐܡܪ̇ ܗܟܢܐ. ܕܡܢܢܕܪܘܣ ܠܡ ܕܐܦ[7a] ܗܘ ܐܬܚܘܝ
ܗܘܐ ܫܡܪܝܐ ܡܢ ܩܪܝܬܐ ܕܡܬܩܪܝܐ ܟܦܪܐܦܢܐ[8] ܕܗܘܐ[9] ܬܠܡܝܕܗ
ܕܫܡܥܘܢ: ܕܢܟܠ ܐܦ ܗܘ[10] ܒܡܥܒܕܢܘܬܐ ܕܫܐ̈ܕܐ ܘܐܬܐ
ܠܐܢܛܝܘܟܝܐ: ܘܠܣ̈ܓܝܐܐ ܐܛܥܝ ܒܐܡܓܘܫܘܬܐ ܕܚܪܫܘܬܗ.[11]
ܕܠܐܝܠܝܢ ܕܐܘܠܘ ܒܬܪܗ ܐܦܝܣ (B fol. 60 a) ܐܝܟ ܕܢܣܡܟܘܢ
ܕܠܐ ܡܝܬܝܢ. ܘܗܫܐ ܐܝܬ ܐܢܫܐ ܡܢ ܝܘܠܦܢܗ ܗܢܘ ܕܡܘܕܝܢ
4 ܗܟܢܐ. ܐܬܝܗ̇ ܗܘܬ ܗܕܐ ܕܝܢ ܡܥܒܕܢܘܬܗ[11a] ܕܣܛܢܐ. ܕܒܝܕ ܗܠܝܢ
ܚܪ̈ܫܐ ܕܠܒܫܘ ܫܡܐ ܕܟܪ̈ܣܛܝܢܐ. ܠܐܪܙܐ ܪܒܐ ܕܕܚܠܬ ܐܠܗܐ
ܒܚܪܫܘܬܐ ܐܬܡܣܟܠܘ ܕܢܒܙܚܘܢ. ܕܒܐܬܪ̈ܗܘܢ ܢܬܚܒܠܘܢ[12]
ܚ̈ܝܐ ܕܢܦܫܐ[13] ܕܠܐ ܡܝܬܝܢ ܘܡܣܒܪܬܐ ܕܡܢ ܒܬܪ ܡܝܬܘܬܐ.

Chap. XXVI. [1] 𝔄 *vim Satanae* (omitting ܕ and ܐܬܚܘܝ) [2] 𝔄 om. ܕܝܢ ܐܦ [3] 𝔄 om. ܕܝܢ [4] 𝔄 *sed is magna gloriabatur* [5] 𝔄 om. ܒܗܘ ܡܛܠ ܕ [6] 𝔄 om. ܐܦ [7] 𝔄 sing. [7a] 𝔄 om. ܠܡ and ܐܦ [8] 𝔄 Քրրփրապիա [9] 𝔄 om. ܕܗܘܐ [10] 𝔄 *զի մոլորեցան 'ի նա in quem seducti sunt* [11] 𝔄 = ܕܢܝܫܘܬܐ [11a] 𝔄 *ex efficacia* [12] 𝔄 *perficerentur* [13] 𝔄 *animarum*

ܕܐܬܬܣܝܡܘܢ ܗܠܝܢ ܡ̈ܠܟܐ ܕܒܝܫܘܬܐ. ܗܠܝܢ ܕܝܢ ܕܐܬܬܣܝܡܘ
ܟܠܗܘܢ ܦܪ̈ܘܣܐ ܠܟܪ̈ܣܛܝܢܘܢ ܡܢ ܣܒܪܐ ܕܫܪ̈ܪܐ
ܢܦܠܘ ·:· ·:·

ܕܒܬܪܝܢ ܘܫܪܒܐ ܥܠ ܗܪܣܝܣ ܕܐܒܝܘܢܝ̈ܐ. 𝔄 203

xxvii. 1 ܐܚܪ̈ܢܐ ܕܝܢ ܫܐܕܐ ܒܝܫܐ ܕܠܐ ܡܫܟܚ ܗܘܐ ܕܢܙܝܥ ܠܐܢܠܝܢ
ܕܡܗܝܡܢ ܠܡܫܝܚܐ ܕܐܠܗܐ. ܐܫܟܚ ܠܐܢܠܝܢ ܕܐܬܬܚܝܕܘ ܡܢ
ܗܠܝܢ ܘܐܦܩܘܢ[1] ܐܝܟ ܗܘ ܟܬܝܒ. ܕܠܗܘܢ ܩܕ̈ܡܝܐ ܒܐܒܝܘܢܝܐ
ܩܪܝܢ ܗܘܘ ܠܗܘܢ ܐܒܝܘܢܝܐ. ܥܠ ܕܡܣܟܢܐܝܬ ܘܒܨܝܪܐܝܬ
2 ܐܚܫܒܘ ܗܘܘ ܠܡܫܝܚܐ. ܒܪܢܫܐ ܓܝܪ ܫܚܝܡܐ ܐܝܟ ܟܠܢܫ
ܣܒܝܪܝܢ ܗܘܘ ܠܗ. ܕܐܙܕܕܩ ܒܡܬܪܒܝܬܐ ܕܟܝܢܐ ܕܕܘܒܪ̈ܐ.
ܘܐܬܝܠܕ[2] ܡܢ ܫܘܬܦܘܬܐ ܕܓܒܪܐ ܘܕܒܬܘܠܬܐ. ܘܐܡܪܝܢ ܕܡܬܒܥܐ
ܗܘ ܠܗܘܢ ܦܘܠܚܢܐ ܕܢܡܘܣܐ. ܕܠܐ ܡܗܝܡܢܝܢ ܕܡܬܦܨܝܢ
ܕܢܚܝܘܢ ܡܢ ܗܝܡܢܘܬܐ ܒܠܚܘܕ ܕܡܫܝܚܐ ܘܡܢ ܕܘܒܪܐ ܕܐܟܘܬܗ.
3 ܬܘܒ ܕܝܢ ܐܚܪ̈ܢܐ ܕܡܬܩܪܝܢ ܒܗ ܒܫܡܐ ܗܢܐ. ܡܢ
ܕܪܘܫܬܗܘܢ ܡܫܠܝܬܐ ܕܗܠܝܢ ܕܐܡܪܢ ܥܠܝܗܘܢ ܥܪܩܝܢ.
ܕܐܬܝܠܕ ܓܝܪ ܡܪܢ ܡܢ ܒܬܘܠܬܐ ܘܡܢ ܪܘܚܐ ܕܩܘܕܫܐ ܠܐ
ܟܦܪܝܢ. ܠܐ ܕܝܢ ܡܘܕܝܢ ܐܦܠܐ. ܕܡܢ ܩܕܝܡ ܐܝܬܘܗܝ ܗܘܐ
ܡܠܬܐ ܐܠܗܐ ܘܚܟܡܬܐ. ܘܠܪܫܝܥܘܬܗܘܢ ܕܝܢ ܕܗܠܝܢ
ܡܕܡܝܢ ܐܬܚܫܒܘ[3]. ܬܬܐܢܝܬ ܐܦ ܬܫܡܫܬܐ ܦܠܚܘܬܐ 𝔄 204
4 ܕܢܡܘܣܐ ܐܫܬܘܕܝܘ ܕܢܦܠܚܘܢ ܡܬܚܫܒܝܢ ܠܦܓܪ. ܗܢܘܢ ܕܝܢ
ܗܠܝܢ. ܟܠܗܝܢ ܐܓܪ̈ܬܗ ܕܦܘܠܘܣ ܫܠܝܚܐ (B fol. 60 b) ܟܦܪܝܢ.
ܘܩܪܝܢ ܠܗ[4] ܡܣܛܝܢܐ ܕܢܡܘܣܐ. ܒܐܘܢܓܠܝܘܢ ܕܝܢ ܒܗܘ
ܕܡܬܩܪܐ ܕܥܒܪ̈ܝܐ ܡܬܚܫܚܝܢ ܒܠܚܘܕ. ܘܠܗܠܝܢ ܐܚܪ̈ܢܐ

CHAP. XXVII. [1] 𝔄 = ܘܐܦܣܘܢ? [2] 𝔄 om. ܐܢܝܢ [3] 𝔄 խորհեցան meditati sunt [4] 𝔄 om. ܠܗ

5 ܟܝܘܕܐܝܬ ܐܚܝܕܝܢ ܗܘܘ ܠܗܘܢ. ܫܒܬܐ ܕܝܢ ܘܫܪܟܐ ܕܕܘܒܪ̈ܐ
ܕܝܗܘܕܝܘܬܐ ܐܟܘܬܗܘܢ ܕܗܢܘܢ ܢܛܪܝܢ. ܘܚܕ̈ܒܫܒܐ ܕܝܢ
ܕܝܕܒ̈ܒܐ ܐܟܘܬܢ ܥܒܕܝܢ. ܠܕܘܟܪܢܐ ܕܩܝܡܬܗ ܕܦܪܘܩܢ.[5]
6 ܘܡܛܠ ܗܕܐ ܬܪܥܝܬܐ ܕܐܝܬ ܗܘܬ ܠܗܘܢ܇ ܡܩܒܠܘ ܗܢܐ
ܫܡܐ ܕܐܒܝܘܢ. ܕܡܣܟܢܐ[6] ܥܠ ܬܪܥܝܬܗܘܢ[7] ܡܣܟܢܘܬܐ.
ܡܣܟܢܐ ܗܘ[8] ܓܝܪ ܡܬܩܪܐ ܡܣܟܢܐ ܒܠܫܢܐ ܥܒܪܝܐ...

ܕܥܣܪܝܢ ܘܬܡܢܝܬܐ ܥܠ ܩܐܪܝܢܬܘܣ ܪܫ ܗܪܣܝܣ..

xxviii. 1 ܒܗܘܢ ܕܝܢ ܒܗܠܝܢ ܙܒ̈ܢܐ ܩܒܠܢ. ܕܗܘܐ ܩܐܪܝܢܬܘܣ ܪܫܐ
ܕܗܪܣܝܣ ܐܚܪܬܐ.[1] ܓܐܝܘܣ ܕܝܢ ܗܘ ܕܡܢ ܩܕܝܡ ܣܡܟܬ
2 ܩ̈ܠܘܗܝ ܒܒܥܬܐ ܕܗܘܬ ܠܗ ܥܡ ܗܢܐ ܐܟܬܒ ܒܠܘܗܝ. ܐܠܐ
ܐܦ ܩܐܪܝܢܬܘܣ ܠܡ ܗܘ ܕܒܝܕ ܓܠܝܢܐ[2] ܐܝܟ ܫܠܝܚܐ ܪܒܐ
ܐܟܠ ܡܬܟܬܒܢܘܬܐ ܕܬܗ̈ܪܐ ܦܬܓܡ̈ܬܐ: ܕܕܓܠ ܘܐܡ̈ܪ ܕܗܢ
A 205 ܡܠܐܟ̈ܐ ܡܠܦܝܢ ܠܗ.[3] ܕܡܢ ܒܬܪ ܠܡ ܩܝܡܬܐ ܥܠ ܐܪܥܐ ܗܘܝܐ
ܡܠܟܘܬܗ ܕܡܫܝܚܐ. ܘܬܘܒ ܠܐܪ̈ܓܓܬܐ ܕܦܓܪܐ[4] ܒܐܘܪܫܠܡ
ܬܘܒ ܦܠܚܝܢ. ܘܡܛܠ ܕܒܥܠܕܒܒܐ ܗܘܐ ܕܟܬ̈ܒܐ ܕܐܠܗܐ.
ܨܒܐ ܗܘܐ ܕܢܛܥܐ ܘܐܡܪ ܕܡܫܝܚܐ ܕܐܠܦܐ ܕܫ̈ܢܝܐ ܗܘܐ
3 ܒܥܐܕܐ ܕܡܫܬܘܬܐ.[5] ܐܦ ܕܝܘܢܘܣܝܘܣ ܕܝܢ ܗܘ ܕܐܝܬܘܗܝ
ܗܘܐ ܐܦܝܣܩܘܦܐ ܕܥܕܬܐ ܕܐܠܟܣܢܕܪܝܐ. ܒܡܐܡܪܐ ܕܬܪܝܢ
ܕܥܠ ܫܘܘܕ̈ܝܐ ܐܡܪ ܡܕܡ ܡܕܡ ܥܠ ܓܠܝܢܗ ܕܝܘܚܢܢ. ܐܝܟ
ܕܡܢ ܡܫܠܡܢܘܬܐ ܥܬܝܩܬܐ. ܘܡܕܟܪ ܠܗ ܠܗܢܐ ܓܒܪܐ
4 ܒܗܠܝܢ ܡ̈ܠܐ. ܩܐܪܝܢܬܘܣ ܠܡ ܗܘ ܕܐܩܝܡ ܗܪܣܝܣ ܗܕܐ

[5] 𝔄 om. ܕܦܪܘܩܢ  [6] 𝔄 om. ܕ  [7] 𝔄 plur.  [8] For ܡܣܟܢܐ ܗܘ 𝔄 has աբիոն *Abion*

CHAP. XXVIII. [1] In 𝔄 for [illegible] read [illegible] or [illegible]  [2] 𝔄 sing.  [3] 𝔄 *didici hoc*  [4] 𝔄 plur.  [5] 𝔄 *nuptiarum*

ܕܬܠܡܝܕܘܬܐ ܕܩܪܝܢܬܘܣ. ܒܕܓܠܐ (B fol. 61 a) ܕܢܦܫܗ ܚܒܝܒܐ
ܕܪܓܐ ܠܬܡܫܡܫܬܗ ܠܟܪܣܘܬܐ ܗ̇ܝ ܕܐܬܟܠ ܗܘܐ. ܗܘܐ ܗܘ ܓܒܪ
ܘܠܟܪܣܗ ܕܐܬܡܪ ܗܘܐ. ܕܥܠ ܐܪܥܐ ܗܘܝܐ ܬܗܘܐ ܡܠܟܘܬܗ
5 ܕܡܫܝܚܐ. ܘܠܐܝܠܝܢ ܕܗܘ ܡܬܪܓܪܓ ܗܘܐ ܡܛܠ ܕܦܓܪܐ ܦܓܪܢܝ
ܗܘܐ ܘܢܦܫܢ ܗܘܐ ܬ̈ܚܝܒܬܐ. ܠܗܠܝܢ ܚܙܐ ܗܘܐ[6] ܒܚܠܡܗ
ܕܗ̈ܘܝܢ. ܣܒܥܘܬܐ ܕܟܪܣܐ ܗܘ ܕܝܢ ܡܐܟܘܠܬܐ ܘܡܫܬܝܐ
ܘܙܘܘܓܐ.[7] ܘܐܝܠܝܢ ܬܘܒ ܕܡܦܪܢ ܕܐܫܟܚ ܕܢܫܡܥܘܢ ܡܢ ܗܠܝܢ.
ܒܥܐܕ̈ܐ ܘܕܒܚ̈ܐ ܘܢܟܣܬܐ[8] ܕܩܘܕܫܐ. ܗܠܝܢ ܐܡܪ ܒܠܘܗܝ A 206
6 ܕܝܘܢܘܣܝܘܣ. ܐܝܪܢܐܘܣ ܕܝܢ ܐܦ ܡܛܠ ܒ̈ܝܫܬܐ ܕܡܫܚܢܬܐ
ܗܠܝܢ ܕܗܢܐ ܗܘ ܒܡܐܡܪܐ ܩܕܡܝܐ ܕܠܘܩܒܠ ܗܪ̈ܣܝܣ.
ܐܦ ܬܫܥܝܬܐ ܕܪ̈ܘܚܐ ܠܡܕܪܝܐ ܪܫܡ ܒܟܬܒܗ̇. ܐܝܟ ܕܡܢ
ܡܫܠܡܢܘܬܐ[9] ܕܦܘܠܘܩܪܦܘܣ ܕܐܡܪ. ܕܝܘܚܢܢ ܠܡ ܬܠܡܝܕܐ ܥܠ Adv Hæ iii 3, 4
ܗܘܐ ܒܝܘܡ ܠܒܠܢܐ ܐܝܟ ܕܢܣܚܐ. ܟܕ ܕܝܢ ܚܙܐ ܕܠܓܘ ܗܘܐ
ܩܪܝܢܬܘܣ. ܫܘܪ ܡܢ ܕܬܡܢ ܘܢܦܩ ܠܬܪܥܐ. ܕܠܐ ܣܒܪ
ܕܢܗܘܐ ܬܚܝܬ ܡܛܠܠܐ ܕܐܝܬܘܗܝ ܒܗ. ܘܐܡܪ ܗܕܐ ܡܦܝܣ
ܗܘܐ ܠܟܠܗܘܢ ܕܐܝܬ ܗܘܐ ܥܡܗ ܘܐܡܪ ܕܢܥܪܘܩ.[10] ܕܠܡܐ
ܐܦ ܒܠܢܐ ܢܦܠ܆ ܕܐܝܬܘܗܝ ܒܓܘܗ ܩܪܝܢܬܘܣ ܒܥܠܕܒܒܐ
ܕܫܪܪܐ ܀ ܀

ܕܥܣܪܝܢ ܘܬܫܥܐ ܥܠ ܢܝܩܘܠܐܘܣ ܘܥܠ ܐܝܠܝܢ ܕܡܬܩܪܝܢ ܡܢ
ܫܡܗ.

xxix. 1 ܒܗ ܗܠܝܢ ܕܝܢ ܐܦ ܗܪܣܝܣ ܗ̇ܝ ܕܡܬܩܪܝܐ ܕܢܝܩܘܠܐܘܣ
ܩܡܬ ܩܠܝܠ ܙܒܢܐ. ܗ̇ܝ ܕܡܕܟܪ ܠܗ̇ ܐܦ ܓܠܝܢܗ ܕܝܘܚܢܢ.
ܗܠܝܢ ܡܫܬܒܗܪܝܢ ܗܘܘ ܒܢܝܩܘܠܐܘܣ ܗ̇ܘ ܕܐܝܬܘܗܝ ܗܘܐ ܚܕ

[6] A *videbat* [7] In A the three nouns are plur. [8] A plur. [9] In A for ամբուսնութենէ read ամուսնութենէ [10] A om. ܕ

ܡܢ ܗܢܘܢ ܕܐܬܓܠܝܘ ܗܘܘ ܒܗ ܐܘܦܣܘܣ ܠܡܫܢܝܘܬܐ
ܕܣܛܘܪܢܐ. ܘܡܪܩܝܘܢ ܕܝܢ ܐܢܩܪܛܝܛܐ̈. (B fol. 61 *b*) ܒܡܫܝܚܝܘܬܐ
ܕܗܠܝܢ ܕܬܠܬ ܗܠܝܢ ܐܡܪ ܡܠܠܬܗ. ܕܐܝܬܝܬܐ ܠܗ ܐܝܬ ܗܘܐ 2
ܠܗ ܠܗܝܕܝܢ ܕܫܦܝܪܐ ܗܘܬ ܒܚܝܘܗܝ. ܘܡܢ ܒܬܪ ܫܘܠܡܗ ܕܡܪܢ
ܐܬܥܫܢ ܡܢ ܥ̈ܠܝܡܐ ܥܠ ܕܩܠܝܠ ܗܘܐ ܒܗ. ܗܘ ܕܝܢ ܐܬܬܪܝܡ
ܠܡܪܓܠܬܐ ܠܐܝܬܝܬܗ. ܘܐܣܩ[1] ܠܗ ܕܬܗܘܐ ܐܝܬܝܬܐ ܠܥܠܡ
ܕܝܘܠܦܢܐ. ܘܐܡܪܝܢ ܗܘܘ ܕܝܢ ܗܢܘܢ ܠܦܬܓܡܐ. ܕܗܢܐ ܫܘܒܗܪܢܐ
ܥܠܡ ܗܘ ܠܗܘܢ ܡܠܬܐ ܕܡܠܦܢ. ܕܡܬܟܪܟܐ ܗܘ ܠܡ ܕܝܬܠ ܠܗ
ܠܦܓܪܐ[2] ܕܢܬܥܫܢ ܒܢܝܫܗ. ܘܡܪܝܘ ܠܗܢܐ ܡܕܡ ܕܗܘܐ ܘܠܡܕܡ
ܕܐܬܡܪܢ ܥܫܝܢܐܝܬ ܘܦܫܝܩܐܝܬ. ܘܡܠܠܗܢܐ ܡܢܝܢ ܕܠܐ
ܬܫܡܫܬܐ ܐܝܠܝܢ ܕܡܬܢܛܪܝܢ ܡܢ ܗܪܣܝܣ ܕܠܗ. ܢܠܦ ܕܝܢ ܐܢܐ 3
ܥܠ ܢܦܠܐܘܣ ܕܠܐ ܐܢܫܘܬܐ ܒܗ ܐܝܬܝܬܐ ܐܚܪܬܐ. ܐܠܐ
ܒܗ ܗܘ ܚܕܐ ܕܢܦܩ. ܘܥܠ ܒܢܘܗܝ ܬܘܒ. ܥܠ ܢܡܘܣܐ
ܕܗܢܘ ܠܗ ܕܡܫܒܚ ܒܬܫܒܘܚܬܐ. ܘܒܬܪܗ ܗܘܐ[3] ܕܠܐ ܫܟܠܐ[4]
ܕܗܠܝܢ ܗܒܠ ܗܕܢܐ ܐܬܚܙܝܢ ܡܕܒܪܐ ܗܘ. ܕܡܫܡܫܢܘܬܐ ܗܘ
ܕܗܘܬ ܠܗܝܢ ܥ̈ܠܝܡܐ ܡܛܠ ܦܠܓܗ ܕܐܝܬܝܬܐ. ܕܡܫܬܐܠܢܘܬܐ
ܐܬܬܗܝ ܗܘܬ ܕܡܢ ܚܫܒ ܘܡܫܡܫܢܘܬܐ ܕܡܢ ܚܘܦܠܐ
ܕܐܪܓܠܬܐ.[5] ܠܐܚܪܢܐ ܕܝܢ ܓܠܬܐ ܗܘܬ ܕܐܬܥܫܢܘ ܒܢ̈ܝܫܗܘܢ
ܕܦܓܪܐ. ܐܝܟ ܕܦܢܒ ܐܢܐ ܒܢܝ ܠܐ[6] ܦܓܪܐ ܗܘܐ ܐܝܟ
ܦܘܪܢܗ ܕܦܪܘܩ ܕܢܦܠܘܢ ܠܬܪܝܢ ܡܪ̈ܘܢ. ܠܓܠܬܐ[7] ܘܠܡܪܝܢ.
ܐܡܪܝܢ ܕܝܢ ܕܐܦ ܬܘܠܡܝܒ ܗܢܐ ܚܠܦ ܗܘܐ. ܕܒܗ ܦܓܪܐ 4
ܠܡ ܢܬܦܬܟ ܘܢܚܒܘܫܘܗܝ. ܘܡܕܡ ܐܝܟ ܢܫܟ ܠܐ ܢܬܪܦܐ

CHAP. XXIX. [1] 𝔄 = ܘܐܣܩ ܠܗ [2] 𝔄 om. ܠܗ ܠܦܓܪܐ [3] 𝔄 = ܗܘܘ
[4] 𝔄 *sine coniugio* [5] 𝔄 plur. [6] For ܠܐ ܦܓܪܐ 𝔄 has [illegible] = ܠܐ
[7] 𝔄 plur.

ܠܗ. ܠܢܫܐ ܕܝܢ ܢܟܦܐ ܒܡܫܡܠܝܘܬܐ ܘܡܫܒܚܬܐ. ܗܠܝܢ ܗܟܝܠ
ܐܡܪܝܢ ܠܢ ܡܛܠ ܗܠܝܢ ܕܗܘܘ ܕܒܢܐ ܐܬܦܪܫܘ ܠܡܫܝܠܘ
ܙܥܘܪܐ. (B fol. 62 a) ܘܙܒܢܘ ܒܟܠ ܐܝܟ ܕܡܬܐܡܪܐ ܡܠܬܐ.

ܕܬܠܬܝܢ ܥܠ ܫ̈ܠܝܚܐ ܐܝܠܝܢ ܕܐܙܕܘܓܘ ܒܗ ܒܥܠܡܐ...

xxx. 1 ܗܢܘ ܕܝܢ ܩܠܝܡܝܣ ܗܘ ܕܐܡܪܢ ܡ̈ܠܘܗܝ ܗܫܐ. ܡܛܠ ܗܠܝܢ
ܕܦܢܝܢ ܐܡܪܝܢ ܠܟܠܗܘܢ:[1] ܡܢ ܒܬܪܝܢ ܬܘܒ ܡܛܠ ܐܢܫܐ
ܕܡܣܠܝܢ ܙܘܘܓܐ. ܠܫ̈ܠܝܚܐ ܐܝܠܝܢ ܕܐܙܕܘܓܘ ܒܥܠܡܐ ܦܩܕ
ܠܗܘܢ ܘܐܡܪ ܗܟܢܐ. ܐܘ ܕܠܡܐ ܠܡ ܐܦ ܠܫ̈ܠܝܚܐ ܡܣܠܝܢ؟[2] Strom
ܦܛܪܘܣ ܓܝܪ ܘܦܝܠܝܦܘܣ ܐܦ[3] ܒܢ̈ܝܐ ܐܘܠܕܘ. ܦܝܠܝܦܘܣ ܕܝܢ
ܐܦ[4] ܠܒܢܬܗ ܝܗܒ ܠܓܒܪ̈ܐ. ܘܦܘܠܘܣ ܬܘܒ ܠܐ ܐܡܟܢ 𝔄 20
ܕܢܫܐܠ ܫܠܡܗ̇ ܕܒܪܬ ܙܘܓܗ ܒܚܕܐ ܐܓܪ̈ܬܐ.[5] ܠܐ ܕܝܢ ܡܟܪܙ
2 ܗܘܐ ܠܗ̇ ܒܒܝܬ ܡܛܠ ܢܟܦܘܬܗ̇ ܕܬܫܡܫܬܐ. ܡܛܠ ܕܝܢ
ܕܠܗܠܝܢ ܐܙܕܪܝܢ ܠܐ ܡܟܝܠ ܙܒܢܘܬܐ. ܕܢܝܫܐ ܐܦ ܗܕܐ
ܬܫܡܫܬܐ ܕܫܦܝܪܐ ܠܡܬܬܢܝܘ ܕܗܠܝܢ ܕܗܘܢܐ ܡܬܒܥܝܢܐ. ܗܘ
ܕܒܬܫܡܫܬܐ ܕܫܒܒ ܕܒܫܝܢܐ ܠܗ[6] ܐܬܟܬܒ ܗܟܢܐ. ܐܡܪܝܢ ܠܡ ib vii 1
ܗܟܝܠ[7] ܕܛܘܒܢܐ ܦܛܪܘܣ ܟܕ ܚܙܐ ܗܘܐ ܠܐܢܬܬܗ ܕܡܬܕܒܪܐ
ܗܘܬ ܠܡܩܛܠ: ܘܚܕܝ ܒܩܪܝܬܗ̇ ܕܩܘܒܠܘܬܐ. ܘܕܡܬܦܢܝܐ
ܗܘܬ ܠܡܐܙܠ ܠܒܝܬܐ ܕܝܬܪ. ܩܪܐ ܘܐܡܪ ܠܗ̇ ܒܫܘܪܟܐ
ܘܒܒܘܝܐܐ. ܘܩܪܗ̇ ܒܫܡܗ̇ ܘܐܡܪ. ܐܬܕܟܪܝ ܠܡܪܢ. ܗܟܢܐ
ܐܬܘܗܝ ܗܘܐ ܙܘܘܓܗܘܢ ܕܛܘ̈ܒܢܐ. ܘܫܘܡܠܝܐ ܡܫܡܠܝܐ
ܕܚܘܒܐ. ܘܗܠܝܢ ܕܝܢ ܕܐܡܝܢ ܗܘܘ ܠܗܢܐ ܫܪܒܐ ܕܐܡܪܢܐ
xxxi. 1 ܠܢ. ܒܙܒ̈ܢܝܗܘܢ ܐܬܚܘܝ ܗܟܢܐ. ܥܠ ܡܦܩܬܗܘܢ ܕܝܢ ܕܡܢ

CHAP. XXX. [1] 𝔄 om. the words from ܗܘܐ to ܟܠܗܘܢ [2] 𝔄 *spernitis ac contemnitis vos* [3] 𝔄 om. ܐܦ [4] 𝔄 *et Philippus* [5] 𝔄 *in epistola sua* [6] 𝔄 om. ܠܗ ܕܒܫܝܢܐ [7] 𝔄 om. ܗܟܝܠ

ܒܠܚܐ ܕܦܛܪܘܣ ܘܕܦܘܠܘܣ ܘܒܐܝܠܢܐ[8] ܕܒܢܐ: ܘܕܐܝܟܢܐ ܬܘܒ
ܕܡܢ ܒܬܪ ܡܦܩܬܗܘܢ ܕܐܝܟܢܐ ܐܬܬܣܝܡܘ ܦܓܪ̈ܝܗܘܢ. ܐܦ
ܒܗ̣ ܗܢܐ ܐܡܪܢ ∴

ܕܬܠܬܝܢ ܘܚܕ܆ ܥܠ ܡܦܩܬܗ ܕܝܘܚܢܢ ܘܕܦܝܠܝܦܘܣ. ∴ (B fol. 62 b)

2 ܥܠ[1] ܙܒܢܗ ܕܝܢ ܕܝܘܚܢܢ ܐܦ ܒܗ̣ ܗܢܐ ܐܡܪܢ.[2] ܕܘܟܬܐ 210
ܕܝܢ ܕܩܒܪܗ ܒܗ̇ ܡܬܚܙܝܐ. ܡܢ ܐܓܪܬܐ ܕܐܟܬܒ ܦܘܠܘܩܪܛܘܣ[3]
ܕܐܝܬܘܗܝ[4] ܐܦܝܣܩܘܦܐ[5] ܕܐܦܣܘܣ. ܠܒܝܩܛܘܪ[6] ܐܦܝܣܩܘܦܐ[7]
ܕܪܗܘܡܝܐ.[8] ܘܡܥܗܕ ܠܗ ܐܚܝܕܐ[9] ܠܗ ܘܠܦܝܠܝܦܘܣ ܫܠܝܚܐ
3 ܘܠܒܢ̈ܬܗ ܒܗ̇ ܒܡܠܬܐ ܗܟܢܐ. ܐܦ ܒܐܣܝܐ ܓܝܪ ܢܗܝܪ̈ܐ ܪ̈ܘܪܒܐ
ܫܟܝܒܝܢ.[10] ܕܗܢܘܢ[11] ܢܩܘܡܘܢ ܒܝܘܡܐ ܐܚܪܝܐ ܕܡܐܬܝܬܗ[12]
ܕܡܪܢ. ܕܒܗ̇[13] ܐܬܐ ܒܫܘܒܚܐ ܡܢ ܫܡܝܐ ܘܡܒܥܐ ܠܟܠܗܘܢ
ܩܕܝ̈ܫܘܗܝ. ܦܝܠܝܦܘܣ ܗܘ ܕܐܝܬܘܗܝ ܗܘܐ ܡܢ ܬܪ̈ܥܣܪ
ܫ̈ܠܝܚܐ ܕܗܘ[14] ܫܟܝܒ ܒܐܝܪܦܘܠܝܣ.[15] ܘܬܪ̈ܬܝܢ ܒܢ̈ܬܗ ܕܣܐܒ
ܒܒܬܘܠܘܬܐ. ܘܐܚܪܬܐ ܒܪܬܗ ܕܒܪܘܚܐ ܕܩܘܕܫܐ ܡܬܕܒܪܐ[16]
ܗ̣ܘܬ ܒܐܦܣܘܣ[17] ܐܬܬܢܝܚܬ.[18] ܬܘܒ ܕܝܢ ܐܦ ܝܘܚܢܢ ܗܘ
ܕܣܡܟ ܗܘܐ ܒܥܘܒܗ ܕܡܪܢ: ܗܘ ܕܐܝܬܘܗܝ ܗܘܐ[19]

[8] 𝔄 = ܕܒܐܢܝܐ

Chap. XXXI. [1] Here begin extracts in E (Add. 14650) fol. 72 b, and F (Add. 14641) fol. 145 b [2] E F ܐܡܪܢ ܚܢܢ [3] F ܦܘܠܝܩܪܛܘܣ [4] E F add ܗܘܐ 𝔄 *erat* [5] E ܐܦܝܣܩܘܦܐ F ܐܦܝܣܩܘܦܐ [6] E ܠܒܝܩܛܘܪܝܢܐ (but the original reading is indistinguishable) [7] E F ܐܦܝܣܩܘܦܐ [8] F ܕܪܗܘܡܝܐ [9] F ܐܚܝ ܕܐ [10] E F ܫܟܝܒܝܢ [11] E ܕܢܗܘܢ (probably originally ܕܗܢܘܢ) [12] F ܚܝܐ ܕܡܐܬܝܬܗ [13] E F ܕܒܗ [14] E F ܘܗܘ [15] E ܒܐܝܪܦܘܠܝܣ F ܒܐܪܝܦܘܠܝܣ [16] E F ܕܡܬܕܒܪܐ [17] F ܒܐܦܣܘܣ [18] E F ܐܬܬܢܝܚܬ [19] F ܘܗܘ ܕܗܘ ܐܝܬܘܗܝ

ܒܐܦܣܘܣ[20] ܘܠܒܝܫ[21] ܗܘܐ ܟܠܝܠܐ ܕܟܘܡܪܘܬܐ ܘܗܘܐ ܣܗܕܐ
ܘܡܠܦܢܐ. ܗܢܐ ܒܐܦܣܘܣ ܫܟܒ. ܗܠܝܢ ܐܡܪ̈ܝܢ ܐܦ[22] ܥܠ
4 ܡܘܬܗܘܢ[23] ܕܗܠܝܢ.[24] ܐܦ ܡܕܪܫܐ ܕܝܢ ܕܓܐܝܘܣ ܗܘ ܕܩܕܡ
ܥܠܠ ܐܡܪܢܐ. ܦܪܘܩܠܘܣ ܗܘ ܕܐܡܪ ܗܘܐ ܒܗܝܢ ܥܠ
ܡܘܬܗ ܕܦܝܠܝܦܘܣ ܘܕܒ̈ܢܬܗ. ܕܩܠܝܢ ܠܗܠܝܢ ܕܦܘܪܩܢܝܢ[25] ܐܡܪ̈ܝ
ܐܡܪ ܐܦ ܗܘ. ܕܒܬܪ ܗܢܐ ܠܝ. ܢܒܝ̈ܬܐ[26] ܐܪܒܥ ܐܝܬ 𝔄 21
ܗܘܐ ܒܗܝܪܦܘܠܝܣ[27] ܕܐܣܝܐ ܒ̈ܢܬܗ ܕܦܝܠܝܦܘܣ. ܘܩܒܝܪܢ
5 ܬܡܢ ܐܝܬܝܗܝܢ ܘܕܐܒܘܗܝܢ. ܗܠܝܢ ܐܡܪ ܗܢܐ. ܠܘܩܐ ܕܝܢ
ܒܦܪܟܣܣ ܕܫ̈ܠܝܚܐ.[28] ܥܠ ܒ̈ܢܬܗ ܕܦܝܠܝܦܘܣ ܐܚܪܢܐ:[29] ܕܐܝܬܝܗܝܢ
ܗܘܝ[30] ܥܡ ܐܒܘܗܝܢ ܒܩܣܪܝܐ ܕܝܗܘܕ ܒܗܘ ܙܒܢܐ: ܘܐܝܬ
ܗܘܐ ܠܗܝܢ ܡܘܗܒܬܐ ܕܢܒܝܘܬܐ. (B fol. 63 a) ܡܥܗܕ ܒܡ̈ܠܘܗܝ
ܘܐܡܪ ܗܟܢܐ. ܕܐܬܝܢ ܠܗ ܠܩܣܪܝܐ. ܘܥܠܢ[31] ܠܒܝܬܗ Acts x
ܕܦܝܠܝܦܘܣ ܡܣܒܪܢܐ ܕܐܝܬܘܗܝ ܗܘܐ[32] ܡܢ ܫܒܥܐ ܘܩܘܝܢ
ܠܘܬܗ. ܐܝܬ ܗܘܐ ܠܗ ܕܝܢ[33] ܒ̈ܢܬܐ ܒܬܘܠܬܐ ܐܪܒܥ ܕܡܬܢܒ̈ܝܢ
6 ܗܘܝ. ܐܝܠܝܢ ܗܟܝܠ ܕܡܛܝܢ[34] ܘܠܘܬ ܥܠ ܫ̈ܠܝܚܐ[35] ܘܥܠ ܙܒܢ̈ܝܗܘܢ:
ܘܥܠ ܟܬ̈ܒܐ ܩܕ̈ܝܫܐ ܕܫܒܩܘ ܠܢ: ܘܥܠ ܐܝܠܝܢ ܕܐܝܬ ܥܠܝܗܘܢ
ܦܠܓܘܬܐ ܘܥܠ ܡܬܚܫܒܢܐ ܡܦܩܢܝܢ: ܘܥܠ ܐܝܠܝܢ ܕܡܬܩܒܠܢܐ
ܡܬܐܠܝܢ ܘܡܬܒܪܝܢ ܠܡܫܝܚܘܬܐ ܙܢܝܬܐ ܕܫ̈ܠܝܚܐ ܒܗܠܝܢ ܐܡܪܢ.[36]
ܢܐܬܐ ܠܝ ܡܛܠ ܠܡܫܡܥܬܐ ܕܡܢ ܒܬܪܟ.[37]

[20] 𝔄 *archisacerdos*. E fol. 73 *a* [21] F ܘܠܒܝܫ [22] E 𝔄 om. ܐܦ [23] E F ܡܘܬܗܘܢ [24] End of the extract in E [25] F ܕܦܘܪܩܢ [26] F ܢܒܝܬܐ [27] F ܒܗܝܪܦܘܠܝܣ [28] F fol. 146 *a* [29] 𝔄 adds *dicit* [30] F om. ܗܘܝ [31] F ܘܥܠܢ [32] F om. ܗܘܐ [33] F ܘܐܝܬ ܗܘܐ ܠܗ [34] F ܕܡܛܠܢ [35] 𝔄 *ab apostolis* [36] F ܐܡܪ ܢܒܝ. [37] End of the extract in F

212 ܕܬܠܬܝܢ ܘܬܪܬܝܢ ܕܐܝܟܢܐ ܐܣܗܕ ܫܡܥܘܢ ܐܦܣܩܘܦܐ
ܕܐܘܪܫܠܡ.[1]

ܡܢ ܒܬܪ ܢܪܘܢ ܘܕܘܡܛܝܢܘܣ ܒܝܘܡܬܗ ܕܛܪܐܝܢܘܣ xxxii. 1
ܗܢܐ ܕܥܠ ܙܒܢܘܗܝ ܗܠܝܢ ܡܫܬܥܝܢ ܐܢܚܢ. ܒܕܘܟ ܕܘܟ
ܒܡܕܝ̈ܢܬܐ. ܡܬܐܡܪܐ ܕܡܠܬܐ[2] ܕܐܬܬܥܝܪ ܪܕܘܦܝܐ ܕܥܠܝܢ
ܐܝܟ ܕܡܢ ܣܘܦܠܐ ܕܥܡܐ. ܕܒܗ ܫܡܥܘܢ ܒܪ ܩܠܘܦܐ ܗܘ
ܕܐܡܪܢܢ ܥܠܘܗܝ ܕܗܘܐ ܐܦܣܩܘܦܐ ܕܬܪܝܢ ܒܥܕܬܐ ܕܐܘܪܫܠܡ.
ܡܫܠܡ ܕܒܣܗܕܘܬܐ ܢܦܩ ܡܢ ܥܠܡܐ. ܘܣܗܕ ܠܗܠܝܢ[3] 2
ܗܓܣܝܦܘܣ. ܗܘ ܕܐܬܚܫܚ ܒܡ̈ܠܘܗܝ ܒܕܘܟܪ̈ܢܬܐ ܡܫ̈ܚܠܦܬܐ.
ܟܕ ܡܫܬܥܐ ܗܘܝܠ[4] ܥܠ ܐܢܫܐ ܕܡܢ ܗܪܣܝܣ ܡܘܕܥ ܘܐܡܪ
ܕܐܝܟ[5] ܕܡܢܗܘܢ ܕܗܠܝܢ. ܒܗ ܒܗܢܐ ܙܒܢܐ ܐܬܐܟܠܘ
ܩܪ̈ܨܘܗܝ ܕܫܡܥܘܢ[6] ܕܒܪܩܠܘܦܐ ܗܘ. ܘܒܢ̈ܣܝܘܢܬܐ ܣ̈ܓܝܐܬܐ
ܒܫܢ̈ܕܐ ܕܟܠ ܙܢܝܢ ܡܬܢܓܕ ܗܘܐ. ܗܟܢܐ ܕܠܗ ܠܕܝܢܐ ܘܠܐܝܠܝܢ
ܕܩܪܝܒܝܢ ܠܗ ܐܬܗܪ ܒܡܣܝܒܪܢܘܬܗ. ܘܠܬܪܬܐ ܒܠܦܘܣܐ
ܕܚܣܡܗ ܕܡܪܢ ܒܝܠܕܐ ܗܘܐ ܫܘܠܡܐ ܕܣܗܕܘܬܗ. ܠܗܬ ܕܝܢ 3
213 ܦܠܛܬ. ܕܗܢܘܢ ܡܢ ܡܬܬܒܢܐ ܢܥܒܕ ܠܗܘܢ ܠܗܠܝܢ ܕܡܫܬܥܐ
ܗܟܢܐ.[7] ܕܡܢܗܘܢ ܠܡ ܡܢ ܗ̇ܢܘܢ ܗܪ̈ܣܝܘܛܐ (B fol. 63 b)
ܐܬܐܟܠܘ ܩܪ̈ܨܘܗܝ ܕܫܡܥܘܢ ܒܪ ܩܠܘܦܐ. ܕܐܝܬܘܗܝ ܡܢ
ܕܒܝܬ ܕܘܝܕ ܘܕܟܪܣܛܝܢܐ ܗܘ. ܘܐܣܗܕ ܗܢܐ ܒܫ̈ܢܝ ܛܪܐܝܢܘܣ
ܩܣܪ ܘܕܐܛܝܩܘܣ ܗܦܛܝܩܐ.[8] ܐܝܬܘܗܝ ܗܘܐ ܕܝܢ ܒܪ ܡܐܐ
ܘܥܣܪܝܢ ܫ̈ܢܝܢ. ܐܡ̇ܪ ܕܝܢ ܗܘ ܗܢܐ ܗܓܣܝܦܘܣ. ܕܐܦ ܗ̇ܢܘܢ 4
ܗ̇ܢܘܢ ܕܐܟܠܘ ܩܪ̈ܨܘܗܝ. ܟܕ ܡܬܒܥܝܢ ܗܘܘ ܒܗ ܗ̇ܘ
ܘܕܒܢܐ ܐܝܠܝܢ ܕܡܢ ܫܪܒܬܐ ܐܝܟܢ ܕܡܠܟܘܬܐ ܕܝܗܘܕ̈ܝܐ.

Chap. XXXII. [1] 𝔄 = ܕܐܘܪܫܠܡ [2] 𝔄 om. ܕ [3] 𝔄 om. ܠܗܠܝܢ
[4] 𝔄 om. ܡ and ܗܘܝܠ [5] 𝔄 om. ܕܐܝܟ [6] 𝔄 om. ܕܫܡܥܘܢ [7] 𝔄 om.
ܗܟܢܐ [8] 𝔄 հիւպատոսի = ὑπάτου

ܕܐܦ ܗ̇ܢܘܢ ܐܬܐܚܕܘ ܐܝܟ ܐܢܫܐ ܕܡܢܗܘܢ ܐܢܘܢ. ܟܕ
ܢܣܒܪ ܐܢܫ ܕܝܢ ܐܦ ܒܡܫܬܥܒܕܘܬܐ ܡܫܟܚ ܕܗܘ ܗܘܐ ܫܡܘܥܘܗܝ.
ܡܢ ܗ̇ܢܘܢ ܕܚܙܘ ܠܡܪܢ ܘܫܡܥܘܗܝ ܡܛܠ ܚܝܘܗܝ ܐܬܡܬܚܘ ܗܘܐ.
ܟܕ ܢܦܩ ܬܘܣܦܬܐ ܡܢ ܙܒܢܐ ܕܢܘܓܪܐ ܕܝܘܡܘܗܝ. ܘܒܪ[9]
ܓܒܪ ܒܬܟܐ ܕܐܘܢܓܠܝܘܢ ܠܡܣܪܩ ܒܪܬ ܠܡܘܩܐ. ܕܒܪܗ
5 ܗܘܐ ܕܝܢ ܐܦ ܗ̇ܘ ܡܕܒܪܬ ܐܘܪܚܬ ܡܠܟܘܬܐ.[10] ܗܘ ܕܝܢ[11] ܗܢܐ
ܡܬܟܢܫ. ܘܠܐܣܪ̈ܢܐ ܡܢ ܒܢ̈ܘܗܝ ܕܝܗܘܕܐ ܗ̇ܘ ܕܡܬܐܡܪܐ
ܗܘܐ ܐܚܘܗܝ ܕܡܪܢ. ܡܫܘܐ ܕܐܝܬ ܗܘܘ ܒܢ̈ܝܢܫܗ ܕܗܕܐ
ܡܠܟܘܬܐ. ܘܡܢ ܒܬܪ ܬܫܥܝܬܐ ܕܣܗܕܘܬܗܘܢ ܦܪܡܘܬܐ ܕܟܠ
ܐ̈ܦ ܗܝܡܢܘܬܐ ܕܡܫܝܚܝܘܬܐ[12] ܕܒܢ̈ܝܢܐ ܕܡܬܦܠܓܝܢܘܣ ܡܠܟܝ.
6 ܐܬܬܒ ܕܝܢ[13] ܗܟܢܐ. ܕܐܬܘ ܠܗ ܘܡܕܒܪܝܢ ܗܘܘ ܟܠܗܝܢ ܥܕ̈ܬܐ
ܐܝܟ ܣܗ̈ܕܐ ܘܐܝܟ ܐܢܫܐ ܕܡܢ ܓܢܣܗ ܐܢܘܢ ܕܡܪܢ.
ܘܟܕ ܗܘܐ ܫܠܡܐ ܪܒܐ ܒܟܠܗܝܢ ܥܕ̈ܬܐ. ܐܓܪܘ ܒܙܒܢܐ
ܛܪܝܢܘܣ ܩܣܪ܆ ܒܙܒܢܐ[14] ܠܗܘ ܙܒܢܐ ܕܐܬܬܥܠܘ ܡܪ̈ܥܝܗܘܢ
ܕܫܡܥܘܢ ܒܪ ܩܠܝܘܦܐ ܡܢ ܗܪ̈ܣܝܣܛܐ ܐܟܘܬܗܘܢ ܕܗ̇ܢܘܢ.[15]
ܒܝ̈ܘܡܝ[16] ܐܛܝܩܘܣ ܗܦܛܝܩܐ[17] ܘܒܫܘ̈ܢܩܬܐ ܣ̈ܓܝܐܐ ܟܕ ܡܫܬܢܩ
ܗܘ̇ܐ ܐܣܗܕ. ܐܝܟܢܐ ܕܟܠ ܐܢܫ ܡܬܕܡܪ ܗܘܐ ܐܦ ܗܘ
(B fol. 64 a) ܗܦܛܝܩܐ.[18] ܕܐܝܟܢܐ ܣܒܪ ܗܘܐ ܟܠܗ ܟܕ ܐܢܬܘܗܝ
7 ܒܪ ܡܐܐ ܘܥܣܪܝܢ ܫܢܝ̈ܢ. ܘܥܒܕ ܕܢܨܛܠܒ. ܘܡܢ ܗܠܝܢ ܗܘ
ܗܢܐ ܓܒܪܐ ܟܕ ܡܫܬܥܐ ܥܠܝܗܘܢ ܥܠ ܗܠܝܢ.[19] ܐܘܣܦ
ܘܐܡܪ. ܕܐܝܟ ܕܒܙܒܢܐ ܠܗ̇ܘ ܙܒܢܐ ܒܬܘܠܬܐ[20] ܕܟܝܬܐ ܘܕܠܐ

[9] A om. ܘ  [10] A *aliud verbum*  [11] A om. ܕܝܢ  [12] A om. ܕܡܫܝܚܝܘܬܐ  [13] A om. ܕܝܢ  [14] A = ܘܥܕܡܐ  [15] A om. ܐܟܘܬܗܘܢ  [16] A *diebus*  [17] A = ὑπάτου  [18] A = ὕπατος  [19] A om. ܥܠܝܗܘܢ ܥܠ ܗܠܝܢ  [20] For ܐܝܟ ܕܒܙܒܢܐ ܠܗܘ ܙܒܢܐ ܒܬܘܠܬܐ A has *in illo tempore tanquam virgo*

ܣܓܝܐܐ ܡܘܬܐ ܒܝܘܡܬܐ. ܕܐܝܟ ܕܒܫܘܒܚܐ ܡܬܬܓܪܝܢ ܗܘܘ ܒܪܡܫܐ
ܠܗܘ ܕܒܥܐ.[21] ܐܦ ܐܝܬ ܗܘܐ ܐܢܫܐ ܕܢܚܙܘܢ ܗܘܘ ܕܣܚܠܘ
8 ܡܘܬܐ[22] ܣܓܝܐܐ ܕܡܠܟܘܬܐ ܕܫܡܝܐ. ܟܕ ܕܝܢ ܥܒܕ ܗܢ ܒܠܒܐ
ܟܠܗ ܗܘ ܒܢܝܐ ܕܩܠܝܣܐ ܡܕܝܢܬܐ: ܘܟܒܪ ܟܠܗ[23] ܗܘ ܕܘܪܐ
ܕܐܫܬܘܝ ܕܢܒܥܘܢ ܒܬܘܕܝܬܗܘܢ ܠܡܫܡܫܘܬܗ ܕܐܠܗܐ. ܗܘܝܢ ܫܪܝܬ
ܠܡܬܡܪܡܪܘ ܠܦܘܠܚܢܐ ܗܢܘ ܕܐܝܬܝܗ ܕܠܐ ܐܠܗ. ܟܕ ܡܠܦܘܚܢܘܬܐ[24]
ܕܗܘܢ ܕܡܫܝܠܝܢ ܘܠܘܝܐ ܕܫܪܪܐ. ܕܟܕ[25] ܠܐ ܐܫܬܘܕܝܘ
ܐܢܫ ܡܢ ܩܠܝܣܐ ܒܗܘ ܕܒܥܐ.[26] ܒܟܠܗ ܐܪܥ ܡܚܝܢ ܗܘܘ
. 215 ܠܡܬܢܝܚܘ ܡܢ ܒܬܪ ܕܓܠܝܐ ܠܡܘܬܐ ܒܝܘܡܬܐ ܕܫܪܪܐ. ܗܟܢܐ xxxiii. 1
ܕܝܢ ܐܬܦܪܚܘ ܗܘܐ ܒܐܬܪܘܬܐ ܣܓܝܐܬܐ ܕܪܘܡܝܐ ܕܒܠܝܢ ܒܗܘ
ܕܒܥܐ. ܐܚܪܢܐ ܕܐܦ ܦܠܘܢܘܣ[27] ܣܘܦܪܢܘܣ ܡܠܟܘܬܐ ܡܕܝܢܬܐ
et Tra 6 ܒܗ ܣܝܐ ܡܠܟܘܬܐ ܕܡܘܪܐ ܐܬܬܚܝܕ: ܘܐܘܪܒ ܠܡܠܟܐ ܥܠ
ܒܢܝܐ[28] ܡܠܟܘܬܐ ܕܡܬܩܛܠܝܢ ܗܘܘ ܥܠ ܫܡܐ ܕܡܫܝܚܘܬܐ. ܘܒܢܝܗ
ܒܗ ܗܕܐ ܐܘܪܚܐ. ܕܒܐܝܕ ܕܒܥܐ ܐܘ ܠܒܪ ܡܢ ܢܦܫܗ ܗܘ
ܠܐ ܐܬܡܕܝܢܘ ܕܒܒܪܢ. ܠܒܪ ܡܢ ܗܕܐ ܕܟܠܐ ܕܡܘܬܐ ܒܡܦܘܪܐ
ܡܥܒܕܝܢ ܠܡܫܝܚܝܐ ܐܝܟ ܕܠܐܠܗܐ. ܠܟܘܪܐ[29] ܕܝܢ ܘܠܡܠܟܐ:[30]
ܘܠܡܘܪܝܐ ܐܚܪܢܐ ܕܒܝܫܬܐ[31] ܕܕܝܢ ܠܗܠܝܢ. ܐܦ ܗܢܘܢ
2 ܡܩܒܠܝܢ. ܘܠܡܥܒܕ ܕܡܥܒܪܝܢ ܐܝܟ ܕܒܥܒܘܕܐ.[32] ܕܠܡܘܬܐ ܗܠܝܢ
ܦܪܘܣܘܣ ܗܢ (B fol. 64 *b*) ܩܘܡܘܢܐ ܕܐܝܟ ܗܢܐ. ܕܦܘܠܚܢܐ ܠܗ
ܕܪܘܡܝܐ[33] ܡܬܟܒܫܝܢ ܠܐ ܢܬܟܒܫ. ܐܝܟ ܕܝܢ ܢܗܘܦܟ
ܢܬܒܝܢ. ܕܒܗ ܒܗܕܐ ܫܘܠܛܢܗ ܕܠܘܩܒܠ ܕܪܘܡܝܐ ܕܐܘܦ
ܗܘܐ ܡܬܢܟܦܬ ܕܒܢܝ. ܠܐ ܕܝܢ ܢܣܒܘ ܗܘܘ ܚܠܠܬܐ ܠܐܝܠܝܢ

[21] 𝔄 om. ܒܪܡܫܐ ܠܗܘ ܕܒܥܐ [22] 𝔄 plur. [23] 𝔄 om. ܟܠܗ [24] 𝔄 plur.
[25] 𝔄 om. ܡ [26] 𝔄 om. ܒܗܘ ܕܒܥܐ [27] 𝔄 Պրոնիրոս [28] 𝔄 plur.
[29] 𝔄 plur. [30] 𝔄 plur. [31] For ܐܚܪܢܐ ܕܒܝܫܬܐ 𝔄 has *et cetera mala*
[32] 𝔄 adds *faciunt* [33] 𝔄 plur.

ܕܪܕܝܢ ܗܘܘ ܕܢܬܒܥܘܢ ܘܢܬܟܐܒܘܢ ܠܗ. ܐܝܬ ܕܝܢ ܕܡܢ ܒܗܟܐ.
ܘܐܝܬ ܕܝܢ ܕܡܢ ܕܬ̈ܢܝܢ ܕܒܐܬܪ̈ܘܬܐ ܡܬܦܪ̈ܫܝܢ ܗܘܘ ܕܢܬܒܛܠܘܢ
ܒܠܚܢ. ܐܡܪܝܢܐ ܕܕܠܐ ܦܘܩܕܢܐ ܕܡܠܟܐ ܒܐܬܪ̈ܘܢ ܐܬܪ̈ܘܢ
ܡܬܚܒܠ ܗܘܐ ܪ̈ܕܘܦܝܐ. ܘܣܓܝ̈ܐܐ ܕܡܗܝ̈ܡܢܐ ܐܣܗܕܘ
ܒܐܦ̈ܝܐ ܕܟܠ ܕܘܟ.

ܕܬܠܬܝܢ ܘܬܠܬܐ. ܕܐܡܪܝܢܐ ܥܠ ܛܪܝܢܘܣ ܕܠܐ ܢܬܒܥܘܢ
ܟܪ̈ܣܛܝܢܐ.

3 ܥܡܠܐ ܠܝ ܕܝܢ ܗܕܐ ܬܫܥܝܬܐ. ܡܢ ܗܘ̇ ܢܟܘܡ ܒܪܘܫܐ
ܕܛܪܛܠܝܢܘܣ ܕܦܢܝܡ ܐܡܪܢ ܒܠܫܢ ܕܐܡܪ ܪܗܘܡܝܐܝܬ.
ܘܐܬܗܦܟܬ ܦܘܩܕܢܘ ܗܟܢܐ. ܒܙܢ ܠܡ ܐܡܝܢܝܢ ܕܐܬܬܠܝ 𝔄 216
ܒܪܕܘܦܝܐ ܕܥܠܝܢ. ܦܠܝܢܝܘܣ[1] ܓܝܪ ܣܩܘܢܕܘܣ ܗܓܡܘܢܐ ܕܐܬܪܐ Apol ii
ܫܢܕ ܠܐܢܫܐ ܡܢ ܟܪ̈ܣܛܝܢܐ ܘܩܛܠ ܐܢܘܢ ܡܢ ܕܪ̈ܓܫܘܢ.
ܘܐܬܕܠܚ ܒܣܘܓܐܐ ܕܩܛܝ̈ܠܐ ܕܗܘܘ. ܘܡܛܠ ܕܠܐ ܝܕܥ
ܗܘܐ[2] ܡܢܐ ܢܥܒܕ. ܐܘܕܥܗ ܠܛܪܝܢܘܣ ܡܠܟܐ ܘܐܡܪ.
ܕܠܒܪ ܡܢ ܗܕܐ ܕܠܐ ܨܒܝܢ ܕܢܣܓܕܘܢ ܠܦܬܟܪ̈ܐ. ܡܕܡ ܕܡܚܒܠܐ
4 ܒܗܘܢ ܠܐ ܐܫܟܚܬ. ܐܘܕܥܗ ܗܘܐ ܕܝܢ ܐܦ ܗܕܐ.
ܕܡܩܕܡܝܢ ܠܡ ܩܝܡܝܢ ܒܨܦܪܐ ܟܪ̈ܣܛܝܢܐ ܘܡܫܒܚܝܢ ܠܡܫܝܚܐ 𝔄 217
ܐܝܟ ܕܠܐܠܗܐ. ܘܒܢܡܘܣܗܘܢ[3] ܡܦܩܕܝܢ ܗܟܢܐ. ܕܢܬܒܥܠܐ
ܐܢܫ ܡܢ ܩܛܠܐ ܘܡܢ ܓܘܪܐ. ܘܡܢ ܓܢܒܘܬܐ ܘܡܢ ܥܠܘܒܘܬܐ[4].
ܘܡܢ ܐܠܝܢ ܕܠܗܠܝܢ ܕܡܝܢ. ܘܡܛܠ ܗܕܐ ܟܬܒ ܦܠܝܢܝܘܣ[5].
ܕܠܗܘܢ ܕܟܪ̈ܣܛܝܢܐ ܠܐ ܢܬܒܥܘܢ. ܐܠܐ ܢܫܬܡܫ ܕܝܢ[6]
ܢܬܕܝܢ. ܘܗܠܝܢ ܕܝܢ (B fol. 65 *a*) ܐܬܥܒܕܝܢ ܗܘܝ ܗܟܢܐ.

CHAP. XXXIII. [1] 𝔄 Պլինիոս [2] 𝔄 adds *postea* [3] With this word ends the lacuna in A, fol. 57 *a*. A ܒܢܡܘܣܗܘܢ [4] A ܘܟܘܠܬܐ [5] A ܦܠܝܢܝܘܣ [6] A ܐܠ ܕܝܢ ܢܫܬܡܫܘܢ

ܕܬܠܬܝܢ ܘܐܪܒܥܐ. ܕܗܘܐ ܐܦܝܣܩܘܦܐ ܕܐܪܘܡܐ ܒܬܪܗ
ܕܩܠܝܡܝܣ ܐܘܐܪܝܣܛܘܣ.[1]

xxxiv. ܒܫܢܬ ܬܠܬ ܕܡܠܟܗ ܕܛܪܝܢܘܣ.[2] ܩܠܝܡܝܣ ܐܦܝܣܩܘܦܐ
ܕܪܗܘܡܝ: ܗܘ ܟܠܗ ܬܫܥ ܫ̈ܢܝܢ[3] ܒܬܫܡܫܬܗ ܘܡܠܦܢܘܬܐ[4]
ܕܡܠܬܐ ܕܐܠܗܐ ܢܦܩ ܡܢ ܥܠܡܐ. ܘܐܫܠܡ ܬܫܡܫܬܗ
ܠܐܘܐܪܝܣܛܘܣ[5] ·:· ·:·

𝔄 218 ܕܬܠܬܝܢ ܘܚܡܫܐ. ܕܒܬܪܬܐ ܕܐܘܪܫܠܡ ܐܦܝܣܩܘܦܐ ܕܬܠܬܐ[1]
ܝܘܣܛܘܣ ܗܘܐ ·:·

xxxv. ܐܠܐ ܐܦ ܫܡܥܘܢ ܡܢ ܒܬܪ ܕܐܫܬܟܠܠ ܐܝܟ ܕܦܫܩܢ
ܐܡܪܢ. ܝܘܣܛܘܣ[2] ܕܐܦܝܣܩܘܦܘܬܐ ܕܒܬܪܬܐ ܕܐܘܪܫܠܡ ܩܒܠ
ܡܢ ܒܬܪܗ ܝܘܣܛܘܣ. ܕܐܝܬܘܗܝ ܗܘܐ ܡܢ ܝ̈ܗܘܕܝܐ ܕܗܝܡܢܘ
ܒܡܫܝܚܐ. ܘܣܓܝܐ̈ܬܐ ܓܝܪ ܐܢܫ ܗܘܘ ܒܗܿܘ ܙܒܢܐ ܕܗܝܡܢܘ ܡܢ
xxxvi. 1 ܓܙܘܪܬܐ. ܝܕܝܥ ܗܘܐ ܕܝܢ ܒܗܠܝܢ ܙܒ̈ܢܐ ܒܐܣܝܐ ܦܘܠܘܩܪܦܘܣ[3]
ܐܦܝܣܩܘܦܐ ܕܣܡܘܪܢܐ.[4] ܓܒܪܐ ܕܐܬܚܙܝ ܥܡ ܫ̈ܠܝܚܐ.
ܘܐܦܝܣܩܘܦܘܬܐ[5] ܡܢ ܗܢܘܢ ܕܚܙܘ ܘܫܡܫܘ[6] ܠܡܪܢ ܩܒܠ ܗܘܐ.
2 ܒܫܘܒܚܗ ܢܨܝܚ[7] ܗܘܐ ܐܦܝܣܩܘܦܐ ܕܒܬܪܬܐ ܕܐܢܛܝܘܟܝܐ.[8]
ܕܡܫܟܚܐ ܫܪܝܬܐ ܡܫܒܚܬܐ ܗܘܐ ܦܩܚܐ ·:· ·:·

ܕܬܠܬܝܢ ܘܫܬܐ[1] ܥܠ ܐܝܓܢܛܝܘܣ ܘܥܠ ܐܓܪ̈ܬܗ.
ܘܐܝܓܢܛܝܘܣ ܗܿܘ ܕܒܬܪܬܐ ܠܐܢܛܝܘܟܝܐ ܡܫܬܡܥܢܘܬܗ ܠܘܬ
ܦܛܪܘܣ. ܒܬܪܬܐ ܕܐܦܝܣܩܘܦܘܬܐ ܡܢ ܒܬܪ ܦܛܪܘܣ. ܐܦܝܣܩܘܦܐ[2]

Chap. XXXIV. [1] A ܐܘܐܪܣܛܘܣ 𝔄 Եւարեստոս [2] B orig. ܕܛܪܝܢܝܢܘܣ A ܕܛܪܝܢܘܣ [3] In 𝔄 for ամս read ամ ՚ի [4] 𝔄 om. ܘ [5] 𝔄 Եւարեստոսի
Chap. XXXV. [1] In 𝔄 for Երկրորդ read Երրորդ [2] A ܠܝܘܣܛܘܣ [3] A ܦܘܠܘܩܪܦܘܣ [4] A ܕܙܡܘܪܢܐ [5] A ܘܐܦܝܣܩܘܦܘܬܐ [6] A om. ܘܫܡܫܘ [7] A ܒܫܘܒܚܐ ܢܨܝܚ [8] A ܕܐܢܛܝܘܟܝܐ
Chap. XXXVI. [1] A ܘܫܬܐ [2] A ܐܦܝܣܩܘܦܐ

3 ܕܬܪ̈ܝܢ ܗܘ ܗܘܐ. ܡܬܬܐܡܪܐ ܕܝܢ ܥܠܘܗܝ[3] ܡܠܬܐ. ܕܡܢ
ܣܘܪܝܐ[4] ܐܫܬܕܪ ܗܘܐ ܠܪܗܘܡܐ ܡܕܝܢܬܐ ܘܐܬܝܗܒ ܡܢ 𝔄 219
4 ܚܝܘ̈ܬܐ. ܡܛܠ ܣܗܕܘܬܐ ܕܥܠ ܐ̈ܦܝ ܡܫܝܚܐ.[5] ܟܕ ܥܒܪ ܗܘܐ
ܕܝܢ ܒܐܣܝܐ: ܘܡܬܢܛܪ ܗܘܐ ܒܙܗܝܪܘܬܐ ܣܓܝܐܬܐ
ܕܢܛܘܪ̈ܐ ܕܐܚܝܕܝܢ ܗܘܘ ܠܗ. ܠܡܕܝܢ̈ܬܐ[6] ܕܒܟܠ ܗܘܐ ܠܗܝܢ
ܡܥܕܪ ܗܘܐ ܠܗܘܢ. ܒܡ̈ܠܐ[7] ܕܒܘܝܐܐ (B fol. 65 b) ܘܕܠܘܒܒܐ.
ܘܬܐܪܝܬ[8] ܕܗܝܡܢܘܬܗܘܢ ܘܙܗܝܪ ܘܡܙܗܪܐܝܬ[9] ܡܢ ܗܪ̈ܣܝܣ[10] ܡܚܦܛ
ܗܘܐ ܠܗܘܢ.[10a] ܡܛܠ ܕܗܝܕܝܢ ܗܘ[11] ܒܟܠ ܦܚܝܢ ܗܘܘ. ܘܡܠܦ
ܗܘܐ ܡܙܗܪ ܠܗܘܢ ܕܠܐ ܢܬܪܚܩܘܢ ܡܢ ܡܫܠܡܢܘܬܐ ܕܫ̈ܠܝܚܐ.
ܘܠܗܕܐ ܣܓܝܐܐ ܐܬܚܫܒ ܗܘܐ ܕܐܦ ܒܝܕ ܟܬܝܒܬܐ
5 ܢܩܒܥ ܠܗܘܢ[12] ∵ ܘܟܕ ܡܛܐ ܠܣܡܘܪܢܐ ܐܝܟܢܐ ܕܐܝܬܘܗܝ ܗܘܐ
ܦܘܠܝܩܪܦܘܣ.[13] ܟܬܒ ܚܕܐ ܐܓܪܬܐ ܠܥܕܬܐ ܕܐܦܣܘܣ.[14]
ܘܥܒܕ ܕܐܝܬ ܗܘܐ ܠܗܘܢ ܪܥܝܐ ܐܢܣܝܡܘܣ. ܘܐܚܪܬܐ
ܠܡܓܢܣܝܐ[15] ܡܕܝܢܬܐ ܗܝ ܕܐܝܬ ܥܠ ܢܗܪ ܡܐܢܕܪܘܣ
ܢܗܪܐ. ܕܐܦ ܒܗ[16] ܡܕܒܪ ܕܐܝܬ ܗܘܐ ܒܗ ܐܦܣܩܘܦܐ[17]
ܕܫܡܗ ܕܡܣܐ. ܘܐܚܪܬܐ ܬܘܒ ܠܛܪܐܠܝܣ ܡܕܝܢܬܐ. ܘܟܬܒ
6 ܕܐܝܬ ܗܘܐ ܬܡܢ ܪܥܝܐ ܕܫܡܗ[18] ܦܘܠܝܒܝܘܣ.[19] ܘܟܕ ܗܠܝܢ
ܐܦ ܠܥܕܬܐ ܕܪܗܘܡܝܐ ܟܬܒ ܘܦܝܣ ܠܗܘܢ ܒܗ ܦܝܣܐ. 𝔄 220
ܕܠܐ ܢܬܟܐܠܘܢ ܡܢ ܣܗܕܘܬܗ ܘܢܟܠܘܢܝܗܝ ܡܢ ܣܒܪܐ
ܕܡܣܟܐ. ܕܡܚܣܢܝܢ ܘܠܐ ܗܘܐ ܕܢܦܫܘܢ ܡܠܠ ܠܚܘܣܝܬܐ ܕܐܠܝܢ

[3] A om. ܥܠܘܗܝ  [4] A fol. 57 b  [5] 𝔄 does not render ܥܠ ܐ̈ܦܝ
[6] 𝔄 *in omnibus urbibus*  [7] 𝔄 sing.  [8] For ܘܕܠܘܒܒܐ. ܘܬܐܪܝܬ 𝔄 has *et hortabatur eos*  [9] A ܡܙܗܪܬ  [10] A ܗܪܣܝܣ  [10a] 𝔄 om. ܡܚܦܛ ܗܘܐ ܠܗܘܢ  [11] A adds ܫܪܝܪ̈. For ܗܝܕܝܢ ܗܘ ܒܟܠ 𝔄 has այն իրք *illa res*  [12] 𝔄 om. ܠܗܘܢ  [13] A ܦܘܠܘܩܪܦܘܣ 𝔄 adds *episcopus*
[14] A 𝔄 ܕܐܦܣܘܣ  [15] A ܠܡܓܢܝܣܝܐ  [16] 𝔄 *de ea*  [17] A ܐܦܣܩܘܦܐ
[18] 𝔄 om. ܕܫܡܗ  [19] A ܦܘܠܝܒܝܘܣ

ad Rom 7 ܕܐܬܐܡܪ. ܚܠܦ[20] ܕܝܢ ܟܬܒܘܗܝ ܗܟܢܐ. ܕܡܢ ܣܘܪܝܐ ܠܡ
ܕܡܛܐ ܠܪܗܘܡܝ ܥܡ ܚܝܘܬܐ ܡܬܟܬܫ ܐܢܐ ܒܝܡܐ
ܘܒܝܒܫܐ. ܒܠܠܝܐ ܘܒܐܝܡܡܐ.[21] ܟܕ ܐܣܝܪ ܐܢܐ[22] ܥܡ ܥܣܪܐ
ܢܡܪ̈ܝܢ. ܕܐܝܬܝܗܘܢ ܦܠܓܐ[23] ܕܐܣܛܪܛܝܘܛܐ. ܕܟܕ ܡܛܐܒܘ
ܡܛܐܒܝܢ ܐܢܫܝܢ[24] ܠܗܘܢ. ܗܢܘܢ ܡܒ̈ܐܫܝܢ ܘܡܒܐܫܝܢ.[25]
ܘܒܡܒܐܫܘܬܗܘܢ ܐܢܐ[26] ܡܬܪܬܐ ܡܬܬܠܡܕ ܐܢܐ. ܠܐ ܕܝܢ
8 ܡܛܠ ܗܕܐ[27] ܐܙܕܕܩܬ ܠܝ[28]··÷·· ܐܬܗܢܐ ܐܢܐ ܥܠܝܗܘܢ ܕܚܝ̈ܘܬܐ
ܕܡܛܝܒܢ ܠܝ. ܘܡܨܠܐ ܐܢܐ[29] ܕܒܥܓܠ ܢܫܬܟܚܢ ܠܝ. ܘܐܓܪܓܪ
ܐܢܝܢ ܕܒܥܓܠ ܢܐܟܠܢܢܝ. ܠܐ ܐܝܟ ܕܕܚܠ ܡܢ ܐܚܪ̈ܢܐ ܘܠܐ
ܩܪܒ ܠܗܘܢ.[30] ܕܐܦ ܗܢܝܢ ܢܬܟܠܢ ܘܠܐ ܢܨܒܝܢ ܠܡܩܪܒ ܠܝ.
9 ܐܢܐ ܒܡܦܝܣܐ ܐܙܠ ܠܘܬܗܘܢ. ܕܟܘ ܠܝ ܡܢ ܢܦܫܝ. (B fol. 66 a)
ܡܢܐ ܦܩܚ ܠܝ. ܐܢܐ ܝܕܥ ܐܢܐ. ܗܫܐ ܗܘ ܡܫܪܐ ܐܢܐ[31]
ܕܐܗܘܐ ܬܠܡܝܕܐ. ܠܐ ܬܛܢ ܒܝ ܡܕܡ ܡܢ ܐܝܠܝܢ ܕܡܬܚܙܝܢ
ܘܡܢ ܐܝܠܝܢ ܕܠܐ ܡܬܚܙܝܢ.[32] ܕܠܝܫܘܥ ܡܫܝܚܐ ܐܫܟܚ. ܢܘܪܐ
ܘܨܠܝܒܐ ܘܟܢܫܐ[33] ܕܚܝ̈ܘܬܐ ܘܟܘܪܐ ܕܓܪ̈ܡܐ: ܘܦܫܘܚܐ
ܕܗ̈ܕܡܐ ܘܐܟܬܫܐ ܕܟܠܗ ܦܓܪܐ ܘܬܫܢܝܩܐ ܕܣܛܢܐ. ܟܠܗܝܢ
10 ܥܠܝ ܢܐܬܝܢ. ܘܒܠܚܘܕ ܠܝܫܘܥ ܡܫܝܚܐ ܐܫܟܚ. ܘܗܠܝܢ[34]
𝔄 221 ܐܓܪ̈ܬܐ ܡܢ ܗܝ ܡܕܝܢܬܐ ܕܐܡܪܢܢ[35] ܥܠܝܗ̇ ܟܬܒ ܠܗܠܝܢ
ܥܕ̈ܬܐ ܕܫܪܝܢ ·:· ܟܕ ܕܝܢ ܥܒܪ ܠܣܡܘܪܢܐ ܡܢ ܛܪܘܐܕܐ.
ܟܬܒ ܬܘܒ ܠܗܢܘܢ ܕܦܝܠܕܠܦܝܐ[36] ܘܠܥܕܬܐ ܕܣܡܘܪܢܐ. ܘܕܝܠܢܝܬ

[20] A 𝔄 ܚܠܦ  [21] A ܒܐܝܡܡܐ ܘܒܠܠܝܐ  [22] A ܐܣܝܪܐ 𝔄 om.
[23] 𝔄 plur.  [24] A ܢܫܐ  [25] 𝔄 adds *nobis*  [26] In 𝔄 for ܢܐ read ܢܝ
[27] A fol. 58 *a*  [28] A om. ܠܝ  [29] A ܘܡܨܠܐ  [30] In 𝔄 for ܢܢ read ܢܢܢ
[31] A adds ܠܗܘܢ  [32] 𝔄 om. ܘܡܢ ܐܝܠܝܢ ܕܠܐ ܡܬܚܙܝܢ  [33] 𝔄 plur.  [34] A ܘܗܠܝܢ  [35] A ܕܐܡܪܢ  [36] A 𝔄 ܕܦܝܠܕܠܦܝܐ

ܕܝܢ ܠܐܦܝܣܩܘܦܐ[37] ܕܬܡܢ ܦܘܠܝܩܪܦܘܣ.[38] ܕܝܕܥ ܗܘܐ ܠܗ
ܕܡܕܒܪܢܐ ܗܘ ܕܫ̈ܠܝܚܐ. ܘܐܝܟ ܪܥܝܐ ܛܒܐ ܘܫܪܝܪܐ
ܐܓܥܠ ܠܗ ܡܪܥܝܬܗ ܕܐܢܛܝܘܟܝܐ. ܘܐܦܩܕܗ ܕܒܚܦܝܛܘܬܐ
ܢܐܨܦ ܕܝܠܗ. ܘܗܘ ܕܝܢ ܗܘ ܟܕ ܟܬܒ[39] ܠܗ̇ܢܘܢ ܕܒܙܡܘܪܢܝ. 11
ܠܐ ܝܕܥܢܐ ܡܢ ܐܝܟܐ ܐܫܬܟܚ ܒܡܠܝܢ ܡ̈ܠܐ. ܕܐܡܪ ܗܟܢܐ[40]
ܥܠ ܡܫܝܚܐ. ܕܐܢܐ ܠܡ ܐܦ ܡܢ ܒܬܪ ܩܝܡܬܗ ܒܦܓܪ ܝܕܥ Ep ad S 3
ܐܢܐ[41] ܠܗ. ܘܡܗܝܡܢ ܐܢܐ ܘܡܫܪܪ ܐܢܐ ܕܐܝܬܘܗܝ. ܘܟܕ
ܐܬܐ ܠܘܬ ܗ̇ܢܘܢ ܕܥܡ ܦܛܪܘܣ[42] ܐܡܪ ܠܗܘܢ. ܓܫܘ
ܒܐܝܕܝܢ ܘܚܙܘ[43] ܕܠܐ ܪܘܚܐ[44] ܐܝܟ ܕܠܐ ܦܓܪ. ܘܡܚܕܐ
ܩܪܒܘ ܠܗ ܘܓܫܘܗܝ. ܝܕܥ ܠܗ ܕܝܢ ܠܣܗܕܘܬܗ ܐܦ ܐܝܪܢܝܘܣ. 12
ܘܐܓܪ̈ܬܗ[45] ܡܕܟܪ ܘܐܡܪ ܗܟܢܐ.[46] ܕܐܝܟ ܕܐܡܪ ܠܡ ܐܢܫ Adv Ha v 28, 4
ܡܢ ܕܝܠܢ. ܕܡܛܠ ܣܗܕܘܬܐ ܕܠܘܬ ܐܠܗܐ[47] ܐܬܚܝܒ
ܕܢܬܕܫܐ[48] ܠܚ̈ܝܘܬܐ. ܚܛܝܐ ܠܡ ܐܢܐ ܕܐܠܗܐ. ܘܒܫ̈ܢܝܐ
ܕܚ̈ܝܘܬܐ (B fol. 66 b) ܡܬܛܚܢ ܐܢܐ ܕܐܫܬܟܚ ܠܚܡܐ ܕܟܝܐ.
13 ܐܦ ܦܘܠܝܩܪܦܘܣ[49] ܠܗܘܢ ܠܗܠܝܢ ܡܕܟܪ ܒܐܓܪܬܐ ܕܟܬܒ 𝕬 222
ܠܦܝܠܝܦܣܝ̈ܐ[50] ܒܗܠܝܢ ܡ̈ܠܐ ·:·:· ܒܥܐ ܐܢܐ[51] ܡܢ ܟܠܟܘܢ. Ep ad P 9
ܕܬܬܛܦܣܘܢ ܘܬܗܘܘܢ[52] ܒܟܠܗ ܡܣܝܒܪܢܘܬܐ ܗ̇ܝ ܕܚܙܝܬܘܢ
ܒܥ̈ܝܢܝܟܘܢ. ܠܘ ܒܠܚܘܕ ܒܗ̇ܢܘܢ[53] ܛܘ̈ܒܢܐ ܐܝܓܢܛܝܘܣ ܘܪܘܦܘܣ
ܘܙܘܣܝܡܘܣ. ܐܠܐ ܐܦ ܒܐܚܪ̈ܢܐ ܕܗܘܘ ܡܢܟܘܢ. ܐܦ ܒܗ
ܒܦܘܠܘܣ ܘܒܫ̈ܪܟܐ ܕܫ̈ܠܝܚܐ. ܟܕ ܡܦܝܣܝܢ ܐܢܬܘܢ ܕܟܠܗܘܢ

[37] A ܠܐܦܣܩܘܦܐ [38] A ܦܘܠܘܩܪܦܘܣ 𝕬 has *ad Polycarpum episcopum eorum* [39] A 𝕬 ܟܬܒ (omitting ܟܕ). 𝕬 adds *etiam* [40] 𝕬 om. ܗܟܢܐ [41] A ܝܕܥܢܐ [42] For ܦܛܪܘܣ ܕܥܡ ܗ̇ܢܘܢ ܠܘܬ 𝕬 has *ad Petrum* [43] A om. ܘܚܙܘ [44] 𝕬 adds *merus* [45] A 𝕬 ܘܐܓܪ̈ܬܗ [46] A fol. 58 *b* [47] 𝕬 *testimonium Dei* [48] A adds ܗܘܐ 𝕬 *et deiectus est* [49] A ܘܐܦ ܦܘܠܘܩܪܦܘܣ [50] A ܠܦܝܠܝܦܣܝ̈ܐ [51] A ܒܥܐ [52] A ܘܬܗܘܘܢ [53] A ܒܗܠܝܢ

ܗܠܝܢ[54] ܠܘ ܦܪܘܣܐܝܬ ܪܫܝܡܝܢ ܗܘܘ. ܐܠܐ ܒܡܫܡܠܝܘܬܐ
ܘܒܙܗܝܪܘܬܐ. ܘܗܟܢܐ ܒܟܬܒܐ ܕܡܬܬܦܢܝܢ ܗܘܐ ܠܗܘܢ
ܐܬܬܡܗܘܢ. ܠܘܬ ܡܪܢ ܗܘ ܕܒܫܡܗ ܚܝܝܢ. ܠܘ ܓܝܪ ܠܗܠܝܢ[55]
ܐܝܟܘ. ܐܠܐ ܠܡܥܒܕ ܗܘ ܕܐܡܝܪ ܥܠ ܦ̈ܘܡܢ. ܘܡܬܠܬܠܝܢ ܡܢ
14 ܡܢ ܒܬܪ ܡܟܬ̈ܒܐ. ܘܟܬܒܬܘܢ ܐܦܢܐ. ܕܐܬܟܬܒܘܢ ܠܝ ܠܡ ܐܢܬܘܢ ib 13
ܘܐܝܓܢܛܝܘܣ. ܕܐܢ ܐܢܫ ܐܙܠ ܠܣܘܪܝܐ[56] ܐܦ ܐܓܪ̈ܬܐ[57]
ܕܠܟܘܢ ܢܘܒܠ: ܕܗܟܢ ܗܕܐ ܐܥܒܕ ܐܢ ܢܗܘܐ ܠܝ ܙܒܢܐ
ܕܡܫܚܢ. ܐܘ ܐܢܐ ܐܘ ܗܘ ܕܡܫܕܪ ܐܢܐ[58] ܕܢܗܘܐ ܐܝܓܪܐ
15 ܐܦ ܫܠܚܢܢ[59]. ܐܓܪ̈ܬܐ ܕܐܫܬܕܪ ܠܢ ܡܢ ܐܝܓܢܛܝܘܣ
ܘܐܚܪ̈ܢܝܬܐ[60] ܗܠܝܢ ܕܐܝܬ ܗܘܐ ܠܘܬܢ. ܫܕܪܢ ܐܝܟ ܠܟܘܢ
ܐܝܟ ܕܦܩܕܬܘܢ. ܕܗܢܝܢ ܒܗܕܐ ܐܓܪܬܐ ܕܥܡܗ ܡܢ ܠܘܬܗ:
ܕܡܬܢܗܪܝܢ ܡܥܕܪܝܢ ܐܢܬܘܢ ܗܟܝܠ ܦܘܫ[61]. ܐܝܬ ܒܗܝܢ ܓܝܪ
ܗܝܡܢܘܬܐ ܘܡܣܝܒܪܢܘܬܐ ܘܟܠܗ ܒܢܝܢܐ ܕܡܬܒܢܐ ܠܕܝܠܗ[62] 𝔄 223
ܡܪܢ. ܥܠ ܐܝܓܢܛܝܘܣ ܕܝܢ ܕܐܡܪ ܗܠܝܢ ܗܟܢ. ܘܥܠ ܕܝܢ ܡܢ
ܒܬܪܗ ܐܦܣܩܘܦܘܬܐ ܕܐܢܛܝܘܟܝܐ[63] ܗܐܪܘܣ ܀

ܕܬܠܬܝܢ[1] ܘܫܒܥ. ܥܠ ܡܫܒ̈ܚܢܐ ܕܢܨܚܘ[1a] ܗܘܘ ܒܗܢܐ ܠܘܬ
ܙܒܢܐ..

xxxvii. 1 ܡܢ ܗܠܝܢ ܕܝܢ ܕܢܨܚܘ ܒܗܘܡܬܗܘܢ ܕܗܠܝܢ. ܐܝܬܘܗܝ
ܗܘܐ ܐܦ ܩܘܕܪܛܘܣ[2]. ܒܡ[2a] ܒܢ̈ܬܗ ܕܦܝܠܝܦܘܣ. ܕܒܠܝܢ

[54] A ܘܗܠܝܢ ܕܠܝܢ [55] A 𝔄 add ܠܠܡܬܐ [56] A ܠܣܘܪܝܐ, altered by a later hand into ܠܣܘܪܝܐ [57] A ܐܓܪ̈ܬܐ [58] A ܕܡܫܕܪܢܐ [59] A ܫܠܚܢܢ, ܐܘ [60] A ܘܐܚܪ̈ܢܝܬܐ [61] 𝔄 joins ܗܝܡܢ to the following words [62] In 𝔄 read [illegible] [63] A ܕܐܢܛܝܘܟܝܐ

Chap. XXXVII. [1] A fol. 59 *a* [1a] A ܕܢܨܚܘ [2] A ܩܘܕܪܛܘܣ 𝔄 om. ܐܦ [2a] A ܐܦ

ܡܬܐܡܪܐ ܕܐܝܬ ܗܘܐ ܠܗܬܘܢ (B fol. 67 a) ܡܫܡܫܘܬܐ
ܕܢܒܝܘܬܐ. ܐܦ ܐܚܪ̈ܢܐ[3] ܣܓܝ̈ܐܐ ܐܝܬ ܗܘܐ ܕܝܕܝܥܝܢ[4]
ܒܝܕܥܬܗܘܢ ܕܗܠܝܢ.[5] ܕܐܝܬܝܗܘܢ ܗܘܘ ܕܪܓܐ ܩܕܡܝܐ
ܕܬܠܡܝܕܘܬܐ ܕܡܢ ܫ̈ܠܝܚܐ. ܗܠܝܢ ܕܝܢ ܐܝܬܝܗܘܢ ܗܘܘ
ܗܢܘܢ ܗܠܝܢ ܬܠܡ̈ܝܕܐ ܕܐܝܟ ܠܐܠܗܐ. ܕܒܢܘ ܐܦ̈ܝܐ ܕܐܬܬܣܝܡ[6]
ܡܢ ܫ̈ܠܝܚܐ ܒܟܠ ܐܬܪ̈ ܗܢܘܢ ܡܬܒܢܝܢ ܗܘܘ. ܘܡܬܪܒܝܢ ܗܘܘ
ܟܪ̈ܘܙܘܬܐ[7] ܡܬܪܒܝܐ. ܘܙܪܥܐ ܕܚ̈ܝܐ ܕܡܠܟܘܬܐ ܕܫܡܝܐ
2 ܒܟܠܗ ܥܠܡܐ. ܙܪܘܥܐܝܬ ܙܪܥܝܢ ܗܘܘ. ܣܓܝ̈ܐܐ ܓܝܪ ܡܢ
ܬܠܡ̈ܝܕܐ ܕܗܢܘܢ ܙܒܢܐ. ܒܚܘܒܐ ܕܡܠܬܐ ܕܐܠܗܐ ܕܡܬܒܫܪܐ
ܕܡܫܝܚܐ. ܒܡܠܬܐ ܕܐܠܗܐ ܢܦܫܗܘܢ ܡܫܠܡܝܢ ܗܘܘ. ܘܡܕܡܐܝܬ
ܦܘܩܕܢܐ ܕܦܪܘܩܢ ܡܫܠܡܝܢ ܗܘܘ. ܘܠܡ̈ܕܝܢܬܐ ܡܫܢܝܢ[8] ܡܚܠܟܝܢ
ܗܘܘ. ܘܡܢ ܒܬܪܟܢ[9] ܙܪܥܝܢ ܗܘܘ ܒܐܬܪ̈ܘܬܐ. ܘܟܪ̈ܘܙܐ ܕܡܦܩܢܝܢ
ܟܪ̈ܘܙܝܢ ܗܘܘ ܠܗܘܢ ܐܝܠܝܢ ܕܠܐ ܫܡܥܘ ܠܡܠܬܐ ܕܗܝܡܢܘܬܐ.
ܘܡܬܚܦܛܝܢ ܗܘܘ ܠܡܬܠ ܟܬܒܐ ܕܐܘܢܓܠܝܘܢ ܐܠܗܝܐ. ܘܡܫܠܡܝܢ ܗܘܘ
3 ܠܗܘܢ ܟܬܒܐ ܩܕ̈ܝܫܐ ܕܐܘܢܓܠܝܘܢ. ܗܠܝܢ ܕܝܢ[10] ܒܫܬܐܣܬܐ[11]
ܕܗܝܡܢܘܬܐ ܣܡܝܢ ܗܘܘ ܒܐܬܪ̈ܘܬܐ ܢܘܟܪ̈ܝܐ. ܘܡܩܝܡܝܢ ܗܘܘ[12]
ܪ̈ܥܘܬܐ ܠܐܚܪ̈ܢܐ.[13] ܘܡܓܥܠܝܢ ܗܘܘ ܠܗܘܢ ܦܘܠܚܢܐ ܕܗܢܘܢ
ܕܫܪܝܘ ܐܬܬܠܡܕܘ. ܗܢܘܢ ܕܝܢ ܠܐܬܪ̈ܘܬܐ ܘܠܥܡ̈ܡܐ
ܐܚܪ̈ܢܐ[14] ܗܦܟܝܢ ܗܘܘ ܥܡ ܛܝܒܘܬܐ ܘܥܘܕܪܢܐ ܕܐܠܗܐ.
ܡܛܠ ܕܪܘܚܐ ܕܐܠܗܐ ܐܦ ܒܗܘ ܙܒܢܐ ܒܐܝ̈ܕܝܗܘܢ[15]
ܚܝܠܐ ܬܕܡܪ̈ܬܐ[16] ܣܓܝܐܐ ܗܘܬ. ܐܝܟܢܐ ܕܡܢ ܫܡܥܐ ܩܕܡܝܐ.

[3] A ܣܓܝ̈ܐܐ [4] A ܕܐܬܝܕܥܝܢ [5] A ܕܗܢܘܢ 𝔄 has *in diebus illis* [6] A ܕܐܬܬܣܝܡ [7] 𝔄 adds *eius* [8] A ܡܫܢܝܢܘܗܝ [9] A ܘܒܬܪܟܢ [10] 𝔄 om. ܗܠܝܢ ܕܝܢ [11] A ܫ̈ܬܐܣܬܐ [12] 𝔄 adds *iis* [13] A ܠܐܚܪ̈ܢܐ [14] 𝔄 *in regiones aliorum populorum* [15] A om. ܒܐܝ̈ܕܝܗܘܢ [16] A *vim mirabilium*

ܡܢ ܥܠ[17] ܗܘܠܝܢ ܕܐܡܪܢܐ ܚܕܘܬܐܝܬ[18] ܕܢܠܬ ܐܠܗܐ ܒܡܦܩܢܗܘܢ
4 (B fol. 67 *b*) ܡܦܩܠܝܢ[19] ܗܘܘ. ܡܛܠ ܕܝܢ ܕܠܐ ܡܫܟܚ ܠܝ ܕܐܫܬܥܐ
ܐܝܟ ܒܫܡܐ ܠܟܠܗܘܢ ܐܝܠܝܢ ܕܦܬܠܐ ܡܬܒܠܢܘܬܐ ܘܐܡܬܢܘܬܐ
ܕܫ̈ܠܝܚܐ: ܕܗܘܘ ܙܒܢܬܐ ܘܡܫܒܪ̈ܢܐ ܒܟܠܗܘܢ ܒܕܪ̈ܬܐ ܕܐܝܬ
ܒܟܠܗ ܥܠܡܐ. ܠܗܠܝܢ ܟܠܗܘܢ ܒܫܡܐ ܒܒܢܝܢ ܠܗܘܢ ܕܡܚܙܢܐ
225 ܒܟܬܒܐ. ܠܐܝܠܝܢ ܕܒܕܒܪܐ ܠܗܫܐ ܐܝܬ ܠܘܬܢ ܒܢܝܢ
ܒܬܫ̈ܒܚܬܗܘܢ[20] ܡܫܠܡܢܘܬܐ ܕܫ̈ܠܝܚܐ. ܐܝܟܢܐ xxxviii.1
ܕܐܝܓܢܛܝܘܣ ܒܗܠܝܢ ܐܓܪ̈ܬܐ[21] ܕܡܢܝܢ.

ܕܬܠܬܝܢ ܘܬܡܢܝܐ. ܥܠ ܐܓܪ̈ܬܗ[1] ܕܩܠܝܡܝܣ[2] ܘܥܠ ܟ̈ܬܒܐ
ܐܝܠܝܢ ܕܡܬܐܡܪܝܢ ܒܕ̈ܠܘܬܐ ܕܕܝܠܗ ܐܢܘܢ.

ܘܩܠܝܡܝܣ[3] ܒܐܓܪܬܐ ܗܝ ܕܟܬܒ[4] ܕܥܠ ܐܦܝ ܥܕܬܐ ܒܗ:
ܕܬܟܬܒܗ ܐܝܟ ܕܡܢ ܥܕܬܐ ܕܪܗܘܡܝܐ ܠܥܕܬܐ ܕܩܘܪܢܬܘܣ.
ܡܚܘܐ ܠܗ ܒܗ ܕܡ̈ܝܢܐ ܣܓܝܐܐ ܕܡܘܬܒܢ ܡܢ ܗܝ ܐܓܪܬܐ[5]
ܕܥܒܪ̈ܝܐ. ܗܘܘ ܕܝܢ ܐܦ ܡ̈ܠܐ ܦܘܪܣܬ ܒܗ ܐܝܟ ܕܐܡܪ
ܒܗ ܐܓܪܬܐ. ܘܡܫܬܐܠܬ ܚܕܐ ܕܠܐ ܗܘܐ ܦܠܓܐ ܒܟܬܒܗ
2 ܕܗܕܐ ܐܓܪܬܐ ܕܥܒܪ̈ܝܐ. ܘܡܛܠ ܗܢܐ ܒܝܕܥܐ ܕܗܘܐ ܐܬܚܫܒܬ
ܡܢ ܦܘܠܘܣ ܕܐܓܪ̈ܬܗ ܕܫܠܝܚܐ[6] ܠܥܒܪ̈ܝܐ ܟܬܒ ܒܠܫܢܐ
ܕܐܒܗ̈ܬܐ ܟܬܒ ܘܟܠܠ ܒܟܬܒܘܗܝ ܫܠܝܚܐ. ܐܝܬ ܕܐܡܪܝܢ
ܕܠܘܩܐ ܐܘܢܓܠܝܣܛܐ ܬܪܓܡܗ. ܘܐܝܬ ܕܐܡܪܝܢ ܕܗܘ ܗܢܐ
3 ܩܠܝܡܝܣ. ܘܕܡܟܝܢ ܕܗܕܐ ܫܪܝܪܐ. ܡܛܠ ܕܠܘ[7] ܦܠܓܐ ܕܡܠܬܐ

[17] A ܥܠ [18] 𝔄 *magno gaudio* [19] A fol. 59 *b* [20] A ܒܬܫ̈ܒܚܬܗܘܢ 𝔄 *epistolarum eorum* [21] 𝔄 *Ignatii illius epistolis*

CHAP. XXXVIII. [1] 𝔄 sing. [2] A ܕܩܠܝܡܝܣ [3] A ܘܩܠܝܡܝܣ [4] 𝔄 om. ܕܟܬܒ [5] 𝔄 plur. [6] 𝔄 plur. [7] For ܕܠܘ 𝔄 has *L. et*

ܐܝܬ ܠܗܕܐ ܐܓܪܬܐ ܕܟܬܝ̈ܒܐ ܠܐܓܪ̈ܬܗ[8] ܕܝܠܗ. ܘܕܠܐ[9] 𝔄 226

ܢܣܒ ܪ̈ܢܝܐ ܕܣܘܟܠܐ ܕܐܝܬ ܒܟܬ̈ܒܝܗܘܢ ܡܢ ܥܒܪ̈ܝܐ. ܘܠܐ 4

ܗܘ ܕܝܢ ܠܡܐܡܪ ܕܐܦ ܐܓܪܬܐ ܕܬܪ̈ܬܝܢ ܡܬܐܡܪܐ[10] ܕܐܝܬ

ܠܗ ܠܩܠܝܡܣ.[11] ܠܘ ܕܝܢ ܦܫܝܩܐܝܬ ܡܫܬܡܥܐ[12] ܕܕܝܠܗ ܗܝ ܐܝܟ

ܗ̇ܝ ܡܩܕܡܝܬܐ. ܡܛܠ ܕܐܦܠܐ ܡܕ̈ܡܝܐ[13] ܝܕܝܥ[14] ܕܐܬܚܫܚܘ

ܒܗ̇. (B fol. 68 a) ܬܘܒ ܐܦ ܐܚܪ̈ܢܐ ܟܬܒܐ ܦܫܝܛ ܡ̈ܠܐ ܐܦܣܩܘ[15] 5

ܐܚܪܢܐ ܡܢ[16] ܡܕܡ ܥܠܝܠ ܐܝܟ ܕܕܝܠܗ ܗܘ̣. ܘܐܝܬ ܒܗ ܕܪܫܐ

ܕܦܛܪܘܣ ܘܐܦܝܘܢ. ܐܢܫ ܕܝܢ ܡܢ ܡܕ̈ܡܝܐ ܠܡܟܪܙ ܠܐ

ܡܫܟܚ ܠܗ. ܐܦܠܐ ܓܝܪ ܕܡܗܘܬܐ ܕܫܠܝ̈ܚܐ ܕܟܝܢܐ ܘܬܪܝܨܐ

ܕܫ̈ܠܝܚܐ ܐܝܬ ܒܗ. ܡܬܚܘܐ ܕܝܢ ܕܕܝܠܗ ܕܩܠܝܡܣ ܗ̇ܘ ܕܟܠܝܫ

ܡܘܕܐ ܒܗ̇ ܡܢܝܢ ܗܘ̣. ܐܡܪܢܢ ܕܝܢ ܐܦ ܕܐܝܓܢܛܝܘܣ

ܘܕܦܘܠܝܩܪܦܘܣ[17] ⁘

ܕܬܠܬܝܢ ܘܬܫܥܐ. ܥܠ ܡܐܡܪ̈ܘܗܝ ܕܦܦܝܐ...

xxxix. 1 ܠܦܦܝܐ ܕܝܢ ܐܝܬ ܠܗ ܚܡܫܐ ܡܐܡܪ̈ܝܢ. ܕܟܬܝܒ ܥܠܝܗܘܢ[1]

ܕܥܠ ܦܘܫܩܐ ܠܡ ܕܡ̈ܠܘܗܝ ܕܡܪܢ. ܠܗܘܢ ܕܝܢ ܠܗܠܝܢ[2]

ܡܥܗܕ ܐܝܪܢܐܘܣ[3] ܕܗܠܝܢ ܒܠܚܘܕ ܐܟܬܒ ܘܐܡܪ ܗܟܢܐ. 𝔄 227

ܕܗܠܝܢ ܠܡ ܐܦ ܦܦܝܐ ܐܚܪܢ ܗܘܐ ܕܫܡܘܥܗ ܡܢ ܝܘܚܢܢ ܫܡܥ Adv Haer v 33, 4

ܗܘܐ. ܘܚܒܪܗ ܗܘܐ ܕܦܘܠܝܩܪܦܘܣ[4] ܘܐܝܬܘܗܝ ܗܘܐ ܓܒܪܐ

[8] 𝔄 plur. [9] 𝔄 om. ܘܕ [10] 𝔄 = ܕܡܬܐܡܪܐ [11] A ܕܬܪ̈ܬܝܢ ܐܝܬ ܠܩܠܝܡܝܣ [12] A ܦܫܝܩܐܝܬ ܡܫܬܡܥܢ ܢܝܚ [13] 𝔄 sing. [14] A ܝܕܝܥܝܢ [15] A ܡܬܬܣܝܩ ܩ̈ܠܐ. ܝܕܝܥ ܐܝܟ ܕܐܦܣܩܘ [16] A fol. 60 a [17] A ܘܕܦܘܠܝܩܪܦܘܣ

CHAP. XXXIX. [1] A om. ܕܟܬܝܒ ܥܠܝܗܘܢ. 𝔄 = ܕܟܬܝܒ ܥܠܝܗܘܢ [2] For ܠܗܘܢ and ܠܗܠܝܢ 𝔄 has singulars [3] A ܐܝܪܢܐܘܣ 𝔄 et Irenaeus, and om. ܕܗܠܝܢ ܒܠܚܘܕ ܐܟܬܒ [4] A ܕܦܘܠܝܩܪܦܘܣ ܐܦܣܩܘܦܐ

ܒܬܘܢܝܐ. ܘܒܬܘܪ̈ܓܡܐ ܡܫܪܪ̇ ܒܪܝܪܐ ܕܫܪܝܪ̈ܘܗܝ. ܫܒܝܚܝܢ
ܠܘ ܓܝܪ ܣܓܝ̈ܐܬ ܣܒܥܐ. ܗܠܝܢ ܐܡ̇ܪ ܟܠܗܘܢ ܐܢ̈ܫܘܗܝ.
2 ܘܦܘ ܕܝܢ ܦܩܕܐ ܒܫܘܪܝܐ ܕܡ̈ܠܘܗܝ. ܠܐ ܚܘܝ ܕܝܗܒܬ ܡܢ
ܢܘܟܪ̈ܝܐ ܡܕܪ̈ܫܐ.[5] ܐܘ ܣܓܝܐ ܐܢܘܢ. ܕܦܩܕܐ ܕܝܢ ܡ̈ܠܐ
ܕܗܝܡܢܘܬܐ[6] ܡܢ ܡܪܢ ܝܗܝܒܢ ܕܢܘܟܪ̈ܝܐ ܐܠܦ[6a] ܒܗܠܝܢ ܡ̈ܠܐ
3 ܕܐܡܪ:[7] ܕܠܐ ܡܡܟܐ ܐܢܐ ܠܝ ܕܐܟܬܘܒ ܠܟ ܒܗܠܝܢ
ܦܘܫ̈ܩܐ. ܐܦ ܐܝܠܝܢ ܕܝܠܦܬ ܢܠܦܬ ܡܢ ܩܫ̈ܝܫܐ. ܘܐܬܕܟܪܬ
ܒܗܘܢ ܐܢܐ[8] ܠܗܘܢ ܘܡܫܪܪ ܐܢܐ ܠܫܘܠܡܗܘܢ ܫܪܪܐ. ܠܘ ܓܝܪ
ܒܗܢܘܢ ܕܡܫܬ̈ܥܝܢܘܬܐ[9] ܐܡܪܝܢ ܣܓܝܐ ܗܘܝܬ ܚܕܝܐ ܕܐܝܟ ܣܓܝ̈ܐܐ.
ܐܠܐ ܒܗܢܘܢ ܕܫܪܝܪܐ ܡܠܦܝܢ. ܐܦܠܐ ܒܗܢܘܢ ܕܥܗܕܝܢ
ܦܘܩܕ̈ܢܐ ܕܢܘܟܪ̈ܝܐ. ܐܠܐ ܒܗܢܘܢ ܕܡܫܬܠܡܝܢ ܗܘܘ ܐܝܠܝܢ
ܕܡܢ ܡܪܢ ܐܬܝܗܒ ܠܗܝܡܢܘܬܐ.[10] ܘܡܛܝܢ ܡܢ ܫܪܪܐ ܐܬܝܠܕܘ
4 ܘܐܬܘ. ܐܦܠܐ ܐܢ ܐܢܫ (B fol. 68 b) ܢܐܬܐ ܕܢܩܦ ܠܩܫ̈ܝܫܐ
ܩ̈ܠܝܗܘܢ[11] ܕܩܫ̈ܝܫܐ ܡܫܐܠ ܗ̣ܘܝܬ: ܕܐܢܕܪܐܘܣ[12] ܡܢܐ ܐܡ̇ܪ.
228 ܐܘ ܦܛܪܘܣ ܡܢܐ ܐܡ̇ܪ: ܐܘ ܕܡܢܐ ܦܝܠܝܦܘܣ ܐܘ ܕܡܢܐ
ܬܐܘܡܐ: ܐܘ ܕܡܢܐ ܝܥܩܘܒ ܐܘ ܕܡܢܐ ܝܘܚܢܢ ܐܘ ܡܬܝ.[13]
ܐܘ ܚܕ ܡܢ ܬܠܡܝ̈ܕܘܗܝ ܕܡܪܢ ܐܚܪ̈ܢܐ. ܐܘ ܕܡܢܐ ܐܪܣܛܝܘܢ
ܐܘ ܝܘܚܢܢ ܩܫܝܫܐ.[14] ܠܘ ܓܝܪ ܗܠܝܢ ܗܟܢ ܗܘܝܬ ܕܡܣܒܪ
ܐܢܐ ܕܐܬܪ̈ܐ ܡܢ ܟܬܒ̈ܘܗܝ. ܐܝܟ ܕܡܢ ܩܠܐ ܚܝܐ ܘܡܩܘܝܐ.
5 ܫܦܝܪܐ ܕܝܢ ܡܬܚܙܝܐ ܠܝ ܕܢܬܒܩܐ ܕܬܪ̈ܬܝܢ ܙܒ̈ܢܝܢ ܡܢܐ ܐܢܫܐ ܫܡܗ
ܕܝܘܚܢܢ. ܠܗܘ̇ ܡܩܕܡܝܐ ܥܡ ܦܛܪܘܣ ܘܝܥܩܘܒ[15] ܘܡܬܝ ܘܫܪܟܐ

[5] A om. ܡܕܪ̈ܫܐ [6] A ܕܝܢ ܗܝܡܢܘܬܐ [6a] 𝔄 adds *nos* [7] A ܘܐܡܪ
[8] A ܒܗܘܢܐ [9] A ܕܡܫܬܥܝ̈ܢܬܐ [10] 𝔄 *de fide* (omitting ܐܬܝܗܒ) [11] A fol. 60 *b* [12] A ܕܐܢܕܪܐܘܣ [13] A 𝔄 ܐܘ ܡܢܐ ܡܬܝ [14] 𝔄 *Aristos et Joannes* (Երեց) *presbyteri* [15] A om. ܘܝܥܩܘܒ

ܕܬܠ̈ܡܝܕܐ[16] ܣܡܟ ܠܗ̇ ܕܦܘܫܩܐ ܡܫܘܐ ܥܠ ܐܘܢܓܠܝܣܛܐ.[17] ܗ̇ܘ
ܕܝܢ ܝܘܚܢܢ ܐܚܪܢܐ ܦܪܫܗ ܒܡܠܬܗ ܘܐܚܪܢܝܐܝܬ ܥܠ ܗ̇ܘ
6 ܡܢܝܢܐ ܕܬܠ̈ܡܝܕܐ ܣܡܗ. ܘܫܡ ܡܩܕܡܘܗܝ ܠܐܪܝܣܛܝܘܢ. ܘܠܟ̣ܝ
ܦܫܝܩܐܝܬ ܡܚܘܐ ܒܗܕܐ ܠܗ. ܕܐܝܟ ܕܗܢ ܩܠܐ ܫܪܝܪܐ ܥܠ
ܬܫܥܝܬܐ ܕܐܢ̈ܫܐ ܗܢܘܢ ܕܐܡ̈ܪܝܢ. ܕܬܪ̈ܝܢ ܐܝܬ ܗܘܘ[18]
ܒܐܣܝܐ ܕܚܕ ܫܡܐ ܡܬܩܪܝܢ ܗܘܘ. ܘܒܐܦܣܘܣ ܐܝܬܝܗܘܢ
ܡܬ̈ܝܗܘܢ. ܘܬܪ̈ܝܗܘܢ ܒܫܡܐ[19] ܠܝܘܚܢܢ ܗܘܝܢ ܡܬܩܪܝܢ.
ܕܘܟܝ ܠܝ ܕܢܣܒ ܒܬܪܝܢ. ܠܗܢܐ ܓܝܪ ܗ̇ܘ ܕܡܬܩܪܐ ܕܝܘܚܢܢ.
ܐܢ ܐܢܫ ܠܐ ܡܨܒܐ ܕܐܢܬܘܗܝ ܕܝܘܚܢܢ ܐܘܢܓܠܝܣܛܐ. ܕܚܙܐ
7 ܕܓܠܝܢܐ ܗܘܝܢ ܐܚܪܢܐ[20] ܐܬܚܙܝ. ܘܗܢܐ ܕܝܢ ܗܢܐ ܦܦܝܐ 𝔄 229
ܕܗܫܐ ܐܡܪܢܢ[21] ܒܠܚܘܕ ܡܘܕܐ. ܕܬܠ̈ܡܝܕܘܗܝ ܕܫܠܝ̈ܚܐ ܡܢ
ܗ̇ܢܘܢ ܕܢܩܦܘ ܗܘܘ ܠܗܘܢ ܩܒܠ. ܘܡܢ[22] ܐܪܝܣܛܝܘܢ ܘܡܢ
ܡܫܟܚ ܝܘܚܢܢ. ܐܡܪ ܓܝܪ ܕܗܘܐ ܡܫܡܥܢܐ ܕܝܠܗܘܢ ܗܘܐ.
ܘܬܢܝܢ ܡܟܝܠܐ ܒܡܫܡܥܗܘܢ ܡܕܟܪ ܠܗܘܢ. ܘܡܫܠܡܢܘܬܗܘܢ
ܗܟ[23] ܡܫܠܡܢܘܬܐ ܕܡܠܠ ܡܢܗܘܢ. ܘܗܠܝܢ ܠܘ ܕܠܐ ܗܘܬܪܢܐ
8 (B fol. 69 a) ܐܡܝܢ ܠܝ. ܘܠܝܬܐ ܗܘ ܕܝܢ ܕܠܗܠܝܢ ܡ̈ܠܘܗܝ ܕܦܦܝܐ
ܕܐܡܝܢ ܕܢܣܒ ܠܗܝܢ ܡ̈ܠܐ ܐܚܪܢܝܬܐ ܕܠܗ: ܕܡܫܬܥܝܐ
ܒܗܝܢ ܬܕܡܘܪ̈ܬܐ. ܘܦ̈ܣܘܩܬܐ ܐܚܪܢܝܬܐ ܕܡܠܠ ܡܢ ܡܫܠܡܢܘܬܐ.
9 ܕܒܐܝܪܦܘܠܝܣ ܕܝܢ ܡܬܡܨܝܢ ܗܘܐ ܦܝܠܝܦܘܣ[24] ܥܡ ܒ̈ܢܬܗ
ܥܕ ܗܫܐ ܐܘܕܥܢ. ܕܒܡ̈ܫܘܬܗܘܢ ܕܝܢ ܦܦܝܐ ܗܘ ܦܦܝܐ:
ܘܬܫܥܝܬܐ[25] ܕܬܕܡܘܪܬܐ ܡܥܕܪ ܕܡܠܠ ܡܢ ܒ̈ܢܬܗ ܕܦܝܠܝܦܘܣ
ܗܫܐ ܡܘܕܥܝܢ.[26] ܕܡܛܠ ܡܝܬܐ ܓܝܪ[27] ܒܝܘ̈ܡܬܗ ܡܫܬܥܝܐ.

[16] A adds ܘܡܛܠ ܢܟܘܠܐ [17] A 𝔄 ܐܘܢܓܠܣܛܐ [18] A ܗܘܐ [19] 𝔄 = ܠܝܘܚܢܢ ܕܒܪܡܐ [20] A om. ܐܚܪܢܐ [21] A ܐܘܕܥܢ [22] A 𝔄 ܡܢ [23] A fol. 61 a [24] A ܦܝܠܝܦܘܣ [25] A 𝔄 ܘܬܫܥܝܬܐ [26] A ܡܘܕܥ ܐܢܐ [27] A ܡܛܠ ܕܝܢ 𝔄 om. ܓܝܪ

ܘܬܘܒ ܬܕܡܘܪܬܐ ܐܚܪܬܐ ܡܫܬܟܚܐ ܥܠ ܐܘܣܒܝܘܣ ܗܘ
ܕܐܬܐܡܪ ܒܪ ܒܘܝܐܐ.[28] ܕܐܬܡܠܝ ܠܗ ܗܘܢܐ ܕܡܠܟܘܬܐ. ܘܡܛܠ
ܠܬܘܕܝܬܗ ܕܡܪܢ ܡܢܗ ܕܗܢܐ ܠܐ ܒܪܢܫܐ. ܠܗܢܐ ܕܝܢ[28a] 10
ܘܐܘܣܒܝܘܣ ܗܢ ܒܬܪ ܫܘܠܡܗ ܕܣܘܢܘܕܘܣ. ܒܗ ܬܘܒ ܐܦܝܣܩܘܦܘܬܗ
ܬ̈ܠܡܝܕܐ ܡܬܒ̈ܥܐ ܒܗ ܥܓܠ ܠܘܩܒܠܗܘܢ. ܕܐܬܒܫܪܘܢ ܚܕ ܡܢܗܘܢ
ܫܠܝ ܗܘܝܐ ܗܘܐ ܒܬܫܡܫܬܗ. ܘܗܕܐ ܦܪܘܣܐ ܕܬ̈ܠܡܝܕܐ[29] ܡܫܬܡܥܢ
i 23 ܗܒܝܠܐ.[30] ܕܐܘܣܒܝܘܣ ܠܢ ܬܘܒ. ܠܗܢܐ ܕܐܬܩܪܝ ܒܪ ܒܘܝܐܐ[31]
230 ܕܐܬܒܣܪ[32] ܘܐܘܣܒܝܘܣ ܘܠܬܠܡܝܕܐ ܘܢܝܠܘܣ.[33] ܘܬܘܒ[34] ܐܢܛܝܘܟܝܐ 11
ܐܬܬܒ ܗܘ ܗܢܐ ܕܡܟܠ ܐܝܟ ܕܡܢ ܡܫܠܡܢܘܬܐ ܕܠܐ ܒܬܟܒ.
ܘܒܬ̈ܟܠܬܐ ܡܬܝ̈ܚܕܢܘܬܐ ܕܦܪܘܣ ܘܡܘܠܦܢܗ.[35] ܘܬܘܒ ܐܦ ܡܬ̈ܠܬܐ
ܐܣ̈ܝܐ. ܕܗܢܘܢ ܐܦ ܐܠܦܐ ܕܫ̈ܢܝܐ ܐܚܪ̈ܢܐ ܕܗܘܐ ܡܢ ܒܬܪ 12
ܡܒܬܐ ܕܡܬ̈ܬܐ. ܘܦܪ̈ܢܣܝܬ ܡܢܗ ܡܠܟܘܬܗ ܕܡܫܝܚܐ ܥܠ
ܐܪܒܥܐ. ܡܬܪܒܝܐ ܐܢܐ ܕܝܢ. ܕܬ̈ܫܒܚܬܐ[36] ܕܬ̈ܠܡܝܕܐ ܕܡܟܠ:
ܘܐܡܠܝ ܕܐܡܪܝܢ ܠܗܘܢ ܠܬ̈ܫܘܒܚܬܐ ܒܐܪ̈ܙܐ.[36a] ܦܬܪ ܐܢܐ
ܚܠܦܝܗܘܢ ܐܫܬܢܐܝܬ. ܡܛܠ ܕܠܐ ܚܙ ܒܗܘܢ ܐܝܟ[37] ܕܐܝܬܘܗܝ
ܦܝܪܝܘܣ. ܦܠܛ ܒܪ ܡܬܚܫܐ[38] ܕܕܒܪ ܗܘܐ ܡܕܒܪܢܘܬ ܡܢ 13
ܬܫܘܒܚܬܐ ܕܡ̈ܠܘܗܝ. ܒܙܒܢ ܕܝܢ ܐܦ ܠܫܢܘܗܝ ܕܡܢ ܒܬܪܗ[39]
ܠܡܠ̈ܝܐ ܡܢ ܕ̈ܒܫ ܒܪܬܐ. ܗܘܐ ܠܗܘܢ ܚܠܬܐ ܠܗܢܐ
ܡܫܡܫ ܒܪܝܫܐ. ܕܢܣܝܡ ܗܘܐ ܒܬܫܘܒܚܬܗ[40] ܐܒܝܢܐ (B fol. 69 *b*)
ܕܐܠܟܣܢܕܪܘܣ. ܘܐܦ[41] ܐܝܟ ܐܣܝܪ[42] ܕܐܝܬ ܠܗ ܕܐܝܟ ܗܢܐ
ܕܢܝܐ. ܘܬܘܒ ܐܣܝܘܬܐ ܐܝܟ ܒܟܬܒܘܗܝ ܒܫ̈ܘܥܝܐ[43] ܕܐܪܝܣܛܒܘܠܘܣ 14

[28] A ܦܐܪܩܠܛ 𝔄 *consolationis* [28a] 𝔄 om. ܕܝܢ [29] A ܦܪܘܣܘܣ ܕܬܠܡܝܕܐ ܩ̈ܠܝܣܐ [30] A ܗܒܠ [31] A ܦܐܪܩܠܛ 𝔄 *consolationis* [32] A ܘܐܦܠܛܒ 𝔄 *et posthac vocatus est* [33] 𝔄 om. ܘܢܝܠܘܣ [34] A ܬܘܒ [35] 𝔄 = ܘܕܡܘܠܦܢܗ [36] A 𝔄 ܕܬܫܒܚܬܐ [36a] A ܒܐܪܙܐ ܠܬܫܘܒܚܬܐ [37] A adds ܡܢ. A fol. 61 *b* [38] A adds ܗܘܐ [39] 𝔄 = ܒܬܪܗܘܢ [40] 𝔄 = ܒܬܫܡܫܬܐ [41] 𝔄 om. ܘ [42] In 𝔄 for *մյդ* read *մյլ*. [43] A ܒܫܘܥܝܐ 𝔄 *in narrationibus*

ܥܠ ܡ̈ܠܘܗܝ ܕܡܪܢ. ܘܡܫܠܡܢܘܬܐ ܕܝܘܚܢܢ ܩܫܝܫܐ. ܢܦܫ
ܕܝܢ ܥܠ ܡ̈ܠܘܗܝ[44] ܡܫܠܡܢܘܬܐ ܗܝ ܕܐܡܪ ܥܠ ܡܪܩܘܣ
15 ܐܘܢܓܠܝܣܛܐ. ܕܟܬܒ ܒܗܠܝܢ ܡ̈ܠܐ. ܘܗܢܐ[45] ܠܢ ܐܡܪ ܗܘܐ 𝔄 231
ܩܫܝܫܐ. ܕܡܪܩܘܣ ܠܡ ܕܗܘܐ ܡܬܪܓܡܢܗ ܕܦܛܪܘܣ. ܐܝܠܝܢ
ܕܥܗܕ ܡܫܟܚܐܝܬ ܐܟܬܒ. ܠܘ ܕܝܢ ܒܡܛܟܣܘܬܐ ܐܝܠܝܢ
ܕܐܬܐܡܪ̈ ܡܢ ܡܪܢ ܐܘ ܐܝܠܝܢ ܕܐܬܥܒܕ̈. ܠܐ ܓܝܪ ܫܡܥ
ܡܢ ܡܪܢ ܘܠܐ ܢܩܦܗ. ܐܠܐ ܠܚܪܬܐ ܕܝܢ ܐܝܟ ܕܐܡܪܬ
ܢܩܦ ܠܦܛܪܘܣ. ܘܠܘܩܒܠ ܣܢܝܩܘܬܗ ܐܦ ܡܠܦܗ ܡ̈ܠܦ[46] ܗܘܐ.
ܐܠܐ ܠܘ ܡܛܟܣܐ ܥܒܕ ܐܝܟ ܠܡ̈ܠܘܗܝ ܕܡܪܢ. ܡܛܠ ܡܪܩܘܣ
ܡܕܡ ܠܐ ܐܣܟܠ: ܕܐܟܬܒ ܡܕܡ ܕܥܗܕ. ܚܕܐ ܓܝܪ[47]
ܒܠܒܘܬܐ ܐܝܬ ܗܘܐ ܠܗ. ܕܡܕܡ ܡܢ ܐܝܠܝܢ ܕܫܡܥ ܠܐ
ܢܫܒܘܩ ܘܠܐ ܢܕܓܠ ܒܗܘܢ. ܗܠܝܢ ܐܫܬܥܝ ܦܦܝܐ ܥܠ ܡܪܩܘܣ.
16 ܥܠ ܡܬܝ ܕܝܢ ܗܠܝܢ ܐܡܪ. ܕܡܬܝ ܠܡ ܒܠܫܢܐ ܥܒܪܝܐ ܐܟܬܒ
ܐܘܢܓܠܝܘܢ. ܬܪܓܡܘܗܝ ܕܝܢ ܐܢܫ ܐܢܫ ܐܝܟ ܕܐܫܟܚ.
ܐܬܚܫܚ ܕܝܢ ܗܘ ܗܢܐ ܦܦܝܐ ܐܝܟ[48] ܠܣܗ̈ܕܘܬܐ[49] ܡܢ ܐܓܪ̈ܬܗ[50]
ܕܝܘܚܢܢ ܘܕܦܛܪܘܣ. ܐܟܬܒ ܕܝܢ ܬܘܒ ܐܦ ܬܫܥܝܬܐ ܥܠ
ܐܢܬܬܐ ܚܕܐ. ܕܐܬܐܟܠܬ ܗܘܬ ܒܚ̈ܛܗܐ ܣܓ̈ܝܐܐ: ܒܪܘܚܐ
ܕܗܘܐ ܒܗ ܡܪܢ ܒܠܥܕܐ. ܕܗܝ ܗܕܐ ܟܬܝܒܐ ܒܐܘܢܓܠܝܘܢ[51]
ܕܥܒܪ̈ܝܐ. ܘܗܠܝܢ ܥܡ ܗܠܝܢ ܕܩܕܡܢ[52] ܣܢܝ̈ܩܢ ܒܡܠܬܐ
ܐܬܬܣܝܡ[53] ·:· ·:·

ܫܠܡ ܡܐܡܪܐ ܕܬܠܬܐ ܕܬܫܥܝܬܐ ܕܥܕܬܐ.

·:· ·:·

[44] A adds ܘܐܦ [45] A ܕܗܢܐ [46] A ܐܠܦ [47] 𝔄 = ܕܝܢ [48] 𝔄 om. ܐܝܟ]. For Պապիասյի read Պապիասյ 'ի [49] A ܠܣܗܕܘܬܐ [50] 𝔄 sing. [51] A fol. 62 a [52] A ܕܩܕܡܝܢ [53] A ܐܬܬܣܝܡܘ. In 𝔄 for 'ի գա read եգաւ

ܥܪܒܐ ܘܚܕܝܒ. ܕܐܝܠܝܢ ܐܦܝܣܩܘܦܐ ܗܘܘ ܒܪܘܡܐ ܘܒܐܠܟܣܢܕܪܝܐ ܒܡܠܟܘܬܗ ܕܐܪܟܕܝܘܣ[2] ⁘

ܕܬܪ̈ܝܢ ܕܡܠܟܐ ܗܟܠ ܫܘܕܥܐ ܒܫܢ̈ܘܬܗ ܕܐܪܟܕܝܘܣ[3] ⁘ ⁘

ܕܬܠܬܐ ܕܐܝܠܝܢ ܐܬܥܝܪ ܢܦܩܘ ܙܘܥܐ ܥܠ ܐ̈ܦܐ. ܗܝܡܢܘܬܐ ܒܫܢ̈ܘܬܗ ܕܗܘܢܪܝܘܣ ⁘

ܕܐܪܒܥܐ ܥܠ ܐܦܝܣܩܘܦܐ ܕܗܘܘ ܒܪܘܡܐ ܘܐܦ[4] ܒܐܠܟܣܢܕܪܝܐ ܒܫܢ̈ܘܗܝ[5] ܕܗܘܢܪܝܘܣ ⁘ ⁘

ܕܚܡܫܐ ܥܠ ܐܦܝܣܩܘܦܐ ܕܗܘܘ ܒܐܘܪܫܠܡ ܡܢ ܒܬܪ ܘܒܕܡܟܐ ܠܗܘܢ ܠܗܠܝܢ ܕܩܕܡܐ ⁘

ܕܫܬܐ ܥܠ ܚܘܪܒܗܘܢ[6] ܐܚܪܢܐ ܕܝܗܘ̈ܕܝܐ ܕܒܝܘ̈ܡܝ ܗܘܢܪܝܘܣ ⁘

ܕܫܒܥܐ ܕܐܝܠܝܢ ܗܘܘ ܒܫܢܝܐ ܕܩܕܡܝܐ ܪ̈ܒܢܐ.[7] ܕܡܠܟܘܬܐ ܕܡܕܒܪܐ[8] ܕܓܠܝܬܐ ⁘

ܕܬܡܢܝܐ ܕܐܝܠܝܢ ܡܬܟܬܒܢܐ ܗܘܘ ܡܢ ܒܢ̈ܝ ܒܝܬܐ ⁘

ܕܬܫܥܐ ܐܓܪܬܐ ܕܗܘܢܪܝܘܣ. ܕܒܗ̇ ܕܠܐ ܢܗܘܘܢ ܡܬܕܪܫܝܢ ܒܕܘܟܝܬܐ ܕܠܐ ܕܝܢܐ ⁘

ܕܥܣܪܐ ܕܐܝܠܝܢ ܐܦܝܣܩܘܦܐ[9] ܗܘܘ ܒܪܘܡܐ ܘܒܐܠܟܣܢܕܪܝܐ ܒܡܠܟܘܬܗ[10] ܕܐܢܛܘܢܝܘܣ.

Book IV. [1] A adds ܠܗܘܢ [2] A ܐܪܩܕܝܘܣ [3] A ܐܪܩܕܝܘܣ [4] A ܐܦ [5] A ܒܫܢܘ̈ܬܗ [6] A ܚܘܪܒܗܘܢ [7] A ܪ̈ܒܢܐ [8] A ܕܐܦܪܝܩܐ [9] A ܐܦܝܣܩܘ̈ܦܐ [10] 𝔄 *diebus*

ܕܫܪܒܐ ܥܠ ܪ̈ܫܢܐ ܕܪܗܘܡܝܣ[11] ܕܗܘܘ[12] ܒܡܠܟܘܬܐ ܗ̇ܢܘܢ ·:· 𝔄 234

ܕܬܪܬܝܢ ܥܠ ܡܥܩܐ ܒܪܘܢܐ ܕܐܬܥܒܕ ܘܛܪܝܢܘܣ
ܠܐܕܪܝܢܘܣ ·:·

ܕܬܠܬܝܢ ܥܠ ܐܓܪ̈ܬܗ[13] ܕܐܕܪܝܢܘܣ ܕܐܬܝܗܒ ܠܟܠܗ̇[14]
ܐܢܫܐ ܡܛܠ ܡܫܝܚܝܐ ܕܠܐ ·:·

ܕܐܪܒܥܬܝܢ ܕܐܝܠܝܢ ܐܝܬ ܒܗܘܢܐ ܕܡܬܩ̈ܒܠܘܗܝ
ܕܥܠܝܢܐ[15] ·:·

ܕܚܡܫܬܝܢ ܕܐܝܠܝܢ ܒ̈ܢܘܗܝ ܕܐܪܘܣ ܐܝܟܢܐ ܦܘܠܘܓܘܣ
ܡܢ ܐܚܪܢܐ ܒܙܒܢܐ ܡܫܝܚܝܬܐ ·:· ·:·

[16]ܕܫܬܬܝܢ ܕܐܝܠܝܢ ܘܐܦܣܩܘܦܐ ܦܠܝܛܘܣ. ܒܗ ܡܢ ܡܦܩܪ
ܒܗܘܡܟܐ ܡܠܬܐ ܕܡܫܝܚܐ ܐܝܘܕܐ ·:·

ܕܫܒܥܬܝܢ ܕܐܝܠܝܢ ܦܘܩܕܐ ܡܕܒܪ ܒܡܐܡܪܗ
ܘܐܦܣܩܘܦܘܣ ·:· ·:·

(B fol. 70 b) ܕܬܡܢܝܢ ܕܐܝܠܝܢ ܡܐܡܪܐ ܕܐܦܣܩܘܦܘܣ[17]
ܡܫܠܡ

ܕܬܫܥܬܝܢ ܕܐܝܠܝܢ ܐܦܣܩܘܦܐ ܡܢܗ ܒܪܘܗܡܐ
ܘܒܐܠܟܣܢܕܪܝܐ ܒܢܘܗܝ ܕܐܪܘܣ...

ܕܥܣܪܝܢ ܕܐܝܠܝܢ ܐܦܣܩܘܦܐ[18] ܗܘܘ ܒܐܢܛܝܘܟܝܐ ·:· ·:·

ܕܚܕܥܣܪ ܘܚܕ ܥܠ ܡܚܒܠܢܐ ܕܝܠ ܒܙܒܢܐ ܕܡܫܝܚܝܢ ܗܘܘ
ܒܗܘܢ ܘܚܕܐ ·:·

ܕܬܪܥܣܪ ܘܬܪܝܢ ܥܠ ܗܠܝܢܘܣ ܘܥܠ ܐܝܠܝܢ ܕܡܢܝܢ ·:· · ·

[11] A ܕܪܗܘܡܝܣ ܪ̈ܫܢܐ [12] A adds ܗܘܘ [13] A ܐܓܪܬܗ 𝔄 *edictum*
[14] 𝔄 om. ܠܟܠܗ̇ [15] A ܕܥܠܝܢܐ ܗܘܐ ܕܪܥܐ ܦܘܠܘܓܝܣ ܕܐܪܘܣ. In 𝔄 for *գիտացայ* read *գիտակաց*? [16] A fol. 62 *b* [17] A ܕܐܦܣܩܘܦܘܬܗ
[18] A ܐܦܣܩܘܦܐ

ܕܚܙܝܢ ܘܬܠܬܝܢ. ܥܠ ܕܝܘܢܣܝܘܣ ܐܦܣܩܘܦܐ ܕܩܘܪܢܬܘܣ
ܘܥܠ ܐܓܪ̈ܬܐ[19] ܕܟܬܒ ·:·

ܕܚܙܝܢ ܘܐܪܒܥܐ. ܥܠ ܬܐܘܦܝܠܘܣ[20] ܐܦܣܩܘܦܐ ܕܐܢܛܝܘܟܝܐ.
ܘܥܠ ܦܝܠܝܦܘܣ ܘܥܠ ܡܪܩܝܘܢ. ܘܥܠ ܡܠܝܛܘܢ ܘܥܠ ܐܝܠܝܢ
ܕܐܕܟܪ. ܘܥܠ ܐܦܘܠܝܢܪܝܣ[21] ܘܥܠ ܡܘܣܢܘܣ[22] ·:· ·:· ·:·

𝔄 235 ܕܚܙܝܢ ܘܚܡܫܐ. ܥܠ ܗܪܣܝܣ[23] ܕܛܛܝܢܘܣ[24] ·:·

ܕܚܙܝܢ ܘܫܬܐ. ܥܠ ܒܪܕܝܨܢ ܣܘܪܝܝܐ ܘܥܠ ܡܐܡܪ̈ܐ
ܕܐܝܬ ܠܗ.

·:· ·:·

𝔄 237 ܬܪܝܢܐ ܡܐܡܪܐ ܕܐܝܠܝܢ ܐܦܣܩ̈ܘܦܐ ܗܘܘ ܒܪܘܡܝܐ
ܘܒܐܠܟܣܢܕܪܝܐ ܒܡܠܟܘܬܗ[1] ܕܛܪܝܢܘܣ.

i. 1 ܒܫܢܬ ܬܪ̈ܬܥܣܪܐ ܕܝܢ ܕܡܠܟܘܬܗ ܕܛܪܝܢܘܣ.[2] ܐܦܣܩܘܦܐ
ܕܒܬܐ ܕܐܠܟܣܢܕܪܝܐ ܩܪܕܘܢ: ܗܘ ܕܩܕܡ ܡܢ ܩܠܝܠ ܐܡܪܝܢ
ܥܠܘܗܝ ܢܦܩ ܡܢ ܥܠܡܐ. ܘܩܒܠ ܬܫܡܫܬܐ ܕܬܡܢ[3] ܦܪܝܡܘܣ.
ܕܐܬܘܗܝ ܗܘܐ ܐܦܣܩܘܦܐ[4] ܕܐܪܒܥܐ ܒܡܢܝܢܘܬܐ ܕܡܢ
2 ܫ̈ܠܝܚܐ. ܘܒܗܢܐ ܙܒܢܐ. ܟܕ ܫܠܡ ܬܡܢܝܐ ܫ̈ܢܝܢ ܐܠܟܣܢܕܪܘܣ[5]
ܒܐܦܣܩܘܦܘܬܐ ܕܪܗܘܡܝ. ܐܠܟܣܢܕܪܘܣ ܕܐܬܘܗܝ ܗܘܐ
ܚܡܝܫܝܐ ܡܢ ܡܫܡܠܝܢܘܬܐ ܕܦܛܪܘܣ ܘܕܦܘܠܘܣ ܡܢ[6] ܒܬܪܗ.

[19] A 𝔄 ܐܓܪ̈ܬܐ [20] A ܬܐܘܦܝܠܘܣ [21] A ܐܦܘܠܝܢܪܝܣ [22] A ܡܘܣܢܝܘܣ [23] A ܗܪܣܝܣ [24] 𝔄 *Traiani*

CHAP. I. [1] 𝔄 *diebus* [2] A ܕܛܪܝܢܘܣ [3] 𝔄 *ministerium eius* [4] A ܐܦܝܣܩܘܦܐ [5] A ܐܠܟܣܢܕܪܘܣ [6] 𝔄 = ܕܣܘܦ

ܕܬܪ̈ܝܢ ܕܡܢܝܢܐ ܗܟܝܠ ܫܘ̈ܕܥܐ ܒܝܘܡܬܗ ܕܛܪܝܢܘܣ[1] ·:· 𝔄 238

ii. 1 ܬܪܒܝܬܐ ܕܝܢ ܕܡܠܦܢܘܬܗ ܕܦܪܘܩܢ ܘܕܥܕܬܗ ܟܠ[1a] ܝܘܡ ܪܒܝܐ
ܗܘܬ ܘܣܓܝܐ. ܐܦ ܐܘܠܨܢܗܘܢ[2] ܕܝܗܘܕܝܐ ܒܒܝ̈ܫܬܐ ܕܥܠ
ܚܒܨ ܚܕ̈ ܗܘܐ. (B fol. 71 a) ܟܕ ܓܝܪ ܡܛܐ ܐܘܛܘܩܪܛܘܪ[3]
ܠܫܢܬ ܬܡܢܬܥܣܪܐ. ܬܘܒ ܐܬܬܙܝܥܘ[4] ܥܡ̈ܡܐ ܕܝܗܘ̈ܕܝܐ ܘܡܚܕܐ
ܣܓܝܐܐ ܐܒܕ ܡܢܗܘܢ. ܒܐܠܟܣܢܕܪܝܐ ܓܝܪ ܘܒܫܪܟܗ̇ ܕܡܨܪܝܢ 2
ܘܒܩܘܪܝܢܐ.[5] ܐܝܟ ܕܡܢ ܪܘܚܐ ܒܝܫܬܐ ܕܕܠܘܚܝܐ ܐܬܓܪܝܘ.[6]
ܘܩܡܘ ܥܠ ܥܡ̈ܡܐ[7] ܕܥܡܗܘܢ ܗܘܘ ܒܥܡܘܪܗܘܢ. ܟܕ ܕܝܢ
ܐܬܥܫܢܘ ܠܦܠܓܘܬܐ. ܪܘܪܒܐܝܬ[8] ܠܟܢܫܐ ܐܚܪ̈ܢܐ[9] ܩܪܒܐ ܪܒܐ
ܥܒܕܘ. ܟܕ ܐܬܬܘܣܦ ܗܘܐ ܒܗܘ ܩܪܒܐ ܥܠ ܟܠܗ̇ ܡܨܪܝܢ
ܠܦܦܘܣ. ܘܒܝܠܘܬܐ ܡܕܝܢܬܐ[10] ܕܐܦܪܝܩܐ. ܓܒܪ ܘܗܒ ܐܝܟܢ 3
ܠܡܠܟܐ. ܘܚܪܒܘ ܘܐܬܬܟܫܘ ܒܐܠܟܣܢܕܪܝܐ. ܘܠܟܠܗܘܢ
ܝܗܘ̈ܕܝܐ ܕܐܝܬ ܗܘܘ ܒܡܕܝܢܬܐ ܐܝܟܢ ܘܩܛܠܘ ܐܢܘܢ. ܟܕ ܕܝܢ 𝔄 239
ܐܬܥܕܠܘ ܡܢ ܒܥܕܪܢܗܘܢ ܕܗܠܝܢ[11] ܐܝܠܝܢ ܕܐܝܬ ܗܘܘ ܒܩܘܪܝܢܐ[12]
ܐܬܪܐ. ܪܕܦܝܢ ܗܘܘ ܠܗܘܢ ܠܥܡ̈ܡܐ[13] ܡܢ ܡܨܪܝܢ. ܘܡܚܒܠܐ
ܕܟܠܗ̇[13a] ܡܚܒܠܝܢ ܗܘܘ. ܐܝܬ ܗܘܐ ܕܝܢ ܒܝܢܝܗܘܢ ܪܫܐ ܠܘܩܘܐ.[14]
ܐܘܛܘܩܪܛܘܪ[15] ܕܝܢ ܫܕܪ ܠܡܪܩܝܘܣ[16] ܛܘܪܒܘܢܐ ܥܡ ܟܠ ܚܝܠܐ
ܕܪ̈ܓܠܝܐ ܘܡ̈ܠܚܐ. ܘܬܘܒ ܕܝܢ ܐܦ ܡܢ ܦܪ̈ܫܐ.[17] ܗܘ ܕܝܢ 4
ܒܬܘܩܦܐ[18] ܣܓܝܐܐ ܒܩܪܒܐ ܣܓܝܐܐ[19] ܐܬܟܬܫ ܥܡܗܘܢ

CHAP. II. [1] A ܕܛܪܝܢܘܣ [1a] A fol. 63 *a* [2] A ܐܘܠܨܢܗܘܢ [3] A ܐܘܛܘܩܪܛܘܪ [4] A ܐܬܬܙܝܥ [5] A ܘܒܟܠܗ̇ ܩܘܪܝܢܐ [6] 𝔄 = ܐܝܟ ܕܡܢ ܪܘܚܐ ܒܝܫܬܐ ܕܕܠܘܚܝܐ ܐܬܓܪܝܘ [7] 𝔄 *in Iudaeos* [8] A 𝔄 join ܪܘܪܒܐܝܬ to the preceding words [9] In 𝔄 for ܐܚܪ̈ܢܝܬܐ read ܐܚܪ̈ܢܐ ܐܝܬ [10] A ܘܒܩܘܪ̈ܝܬܐ ܡܕ̈ܝܢܬܐ [11] A ܕܗܠܝܢ [12] A ܗܘܐ ܒܩܘܪܝܢܐ [13] 𝔄 *in gentes* [13a] 𝔄 *et leges eorum* [14] A ܠܘܩܘܘܣ: B had originally ܠܘܩܘܢܐ [15] A ܐܘܛܘܩܪܛܘܪ [16] A ܠܡܪܩܘܣ [17] A om. ܘܬܘܒ ܕܝܢ ܐܦ ܡܢ ܦܪ̈ܫܐ [18] A ܠܗܘܢ ܒܬܘܩܦܐ (omitting ܗܘ ܕܝܢ) [19] 𝔄 = ܒܩܪ̈ܒܐ ܣܓܝ̈ܐܐ

ܕܠܬܗܘܢ.[20] ܘܪܒܘܬܐ ܡܫܝܚܝܬܐ[21] ܡܢ ܫܘܕܥܐ ܦܠܛ. ܠܘ ܒܠܚܘܕ ܡܢ ܩܘܪܝܢܝܐ.[22] ܐܠܐ ܐܦ ܒܡܕܝܢܢ ܡܢ ܐܝܠܝܢ ܕܡܕܒܪܝܢ ܗܘܘ ܠܠܘܣܝܐ[23] ܡܠܟܘܬܗܘܢ. ܐܘܛܘܩܪܛܘܪ ܕܝܢ ܗܒܪ ܛܪܝܢܘܣ. ܕܐܦ ܒܝܬ ܢܗܪ̈ܘܬܐ ܫܘܕܥܐ ܬܘܒܗ ܗܘܐ ܡܬܚܒܪܝܢ[24] ܒܠ ܒܡܘܪ̈ܝܗܘܢ ܕܐܬܪܐ. ܘܦܩܕ ܠܠܘܣܝܐ ܩܘܐܛܘܣ.[24a] ܕܢܕܟܐ ܐܢܘܢ ܡܢ ܗܝ ܡܦܪܟܝܐ.[25] ܗܘ ܕܝܢ[26] ܟܢܫ ܟܠܗܘܢ. ܘܩܛܠ ܡܢܗܘܢ ܥܡܐ ܣܓܝܐܐ. ܘܡܛܠ[26a] ܗܕܐ ܢܨܚܢܐ ܕܥܒܕ. ܗܓܡܘܢܐ ܥܠ ܝܗܘܕ ܐܩܝܡܗ ܐܘܛܘܩܪܛܘܪ.[27] ܗܠܝܢ ܕܝܢ (B fol. 71 b)[28] ܐܦ[29] ܡܬܬܒܥܢܘܬܐ ܡܢ ܒܥܠ̈ܕܒܒܐ ܕܐܝܬ ܗܘܘ ܒܗܘ ܙܒܢܐ ܐܫܬܟܚ ܒܟܬ̈ܒܝܗܘܢ[30] ·:· ·:·

𝔄 240 ܬܠܬܐ. ܕܐܝܠܝܢ ܐܢ̈ܫܝܢ ܢܦܩܘ ܦܘܪܫܐ ܥܠ ܡ̈ܠܝ ܗܝܡܢܘܬܐ ܒܙܒ̈ܢܘܗܝ ܕܗܕܪܝܢܘܣ ·:·

iii. 1 ܛܪܝܢܘܣ ܕܝܢ ܟܕ ܐܚܕ ܡܠܟܘܬܐ ܫܢܝܢ[1] ܥܣ̈ܪܝܢ ܬܪܝܢ ܘܫܬܐ ܝ̈ܪܚܝܢ. ܐܠܝܘܣ ܗܕܪܝܢܘܣ ܩܒܠ ܡܢ ܒܬܪܗ. ܠܗܢܐ ܟܬܒ ܩܘܕܪܛܘܣ[2] ܡܐܡܪܐ ܕܡܦܩ ܒܪܘܚܐ ܘܩܪܒ ܠܗ ܥܠ ܐܦ̈ܝ ܗܝܡܢܘܬܢ. ܕܐܢ̈ܫܐ ܠܡ ܒܝ̈ܫܐ ܡܬܦܪܣܝܢ ܕܢܥܝܩܘܢ ܠܒܢ̈ܝܐ ܕܝܠܢ. ܘܟܬܒܐ ܠܗܢܐ ܐܝܬܘܗܝ ܗܘܐ ܡܐܡܪܐ[3] ܠܘܬ ܐܢ̈ܫܐ ܣܓܝ̈ܐܐ ܐܦ ܠܘܬܢ.[4] ܕܒܗ ܡܚܘܝܢ ܐܝܟܢ ܕܢܗܝܪܐ ܬܘܕܝܬܐ ܢܗܝܪܬܐ ܕܪܥܝܢܬܗ[4a] ܕܗܢܐ ܓܒܪܐ. ܘܫܦܝܘܬܐ ܕܗܝܡܢܘܬܐ

[20] A ܠܐܬܪܗܘܢ ܠܗܘܢ ܒܥܪܒܐ [21] A ܘܪ̈ܒܘܗܝ ܡܫܝ̈ܚܝܐ [22] A ܩܘܪܝܢܐ
[23] A ܠܠܘܣܝܘܣ 𝔄 Լիկու [24] A ܡܬܠܟܢܝܢ [24a] 𝔄 կուատունեայ
[25] A ܗܦܪܟܝܐ [26] 𝔄 adds *gladium* [26a] 𝔄 om. ܘ [27] A ܐܘܛܘܩܪܛܘܪ
[28] A fol. 63 *b* [29] 𝔄 om. ܐܦ [30] 𝔄 adds *ita*

CHAP. III. [1] 𝔄 *decem* [2] A ܩܘܕܪܛܘܣ [3] 𝔄 *sermo eorum* [4] 𝔄 *qui s. quae sunt apud nos* (for ܐܦ ܠܘܬܢ) [4a] 𝔄 *lucidae mentis*

2 ܕܫ̈ܠܝܚܐ. ܘܗܘ ܕܝܢ ܗܘ ܡܚܘܐ ܐܦ⁵ ܥܠ ܥܬܝܩܘܬܗ ܕܝܠܗ
ܒܗܠܝܢ ܡ̈ܠܐ ܕܡܫܬܥܐ ܗܟܢܐ. ܕܥ̈ܒܕܘܗܝ ܕܝܢ ܕܦܪܘܩܢ
ܐܡܝܢܐܝܬ ܩܝܡܝܢ ܗܘܘ. ܫܪܝܪܝܢ ܗܘܘ ܓܝܪ ܗܢܘܢ⁶ ܕܐܬܐܣܝܘ
ܘܗܢܘܢ ܕܩܡܘ ܡܢ ܒܝܬ ܡܝ̈ܬܐ. ܕܠܐ ܒܠܚܘܕ ܡܬܚܙܝܢ
ܐܬܚܙܝܘ ܕܡܬܐܣܝܢ ܗܘܘ ܘܕܩܝܡܝܢ ܗܘܘ. ܐܠܐ ܐܡܝܢܐܝܬ
ܐܝܬܝܗܘܢ ܗܘܘ. ܠܘ ܒܠܚܘܕ ܕܝܢ ܟܕ ܐܝܬܘܗܝ ܒܥܠܡܐ ܦܪܘܩܢ.
ܐܠܐ ܐܦ ܡܢ ܒܬܪ ܕܫܢܝ ܗܘ ܡܢ ܥܠܡܐ ܐܝܬܝܗܘܢ ܗܘܘ 𝔄 241
ܙܒܢܐ ܣܓܝܐܐ. ܗܟܢܐ ܕܐܦ ܒܙܒܢܐ ܠܙ̈ܒܢܝܢ ܕܝܠܢ ܡܛܘ
3 ܐܢܫܐ ܡܢܗܘܢ. ܗܢܐ ܕܝܢ ܐܡܝܪ ܗܘܐ. ܐܦ⁷ ܐܪܝܣܛܝܕܝܣ
ܓܒܪܐ ܡܗܝܡܢܐ ܡܢ ܝܘܠܦܢܐ ܕܝܠܢ. ܐܟܘܬܗ ܕܩܘܕܪܐܛܘܣ⁸
ܟܬܒ ܡܦܩ ܒܪܘܚܐ ܥܠ ܗ̈ܘܦܐ ܗܝܡܢܘܬܢ⁹ ܘܩܪܒ ܠܗܕܪܝܢܘܣ.
ܘܗܘ ܗܢܐ ܟܬܒܐ ܡܫܬܟܚ ܒܕܡܐ ܠܝܘܡܢܐ ܨܝܕ ܣܓܝ̈ܐܐ

ܕܐܪܒܥܐ ܥܠ ܐܦܣܩ̈ܘܦܐ ܕܗܘܘ ܒܪܗܘܡܐ ܘܒܐܠܟܣܢܕܪܝܐ
ܒܝܘ̈ܡܘܗܝ ܕܗܕܪܝܢܘܣ.

iv. ܒܫܢܬ ܬܠܬ¹ ܕܝܠܗ (B fol. 72 a) ܕܡܠܟܘܬܐ. ܐܠܟܣܢܕܪܘܣ
ܐܦܣܩܘܦܐ² ܕܪܗܘܡܐ: ܟܕ ܫܠܡ ܥܣܪ ܫ̈ܢܝܢ ܒܡܕܒܪܢܘܬܗ
ܢܦܩ ܡܢ ܥܠܡܐ. ܘܩܒܠ ܡܢ ܒܬܪܗ ܩܣܘܣܛܘܣ.³ ܘܒܫܢܬܐ
ܕܐܠܟܣܢܕܪܝܐ ܟܕ ܫܠܡ ܦܪܝܡܘܣ ܬܪܬܥܣܪܐ ܫ̈ܢܝܢ⁴ ܢܦܩ ܡܢ
ܥܠܡܐ. ܘܩܒܠ ܡܢ ܒܬܪܗ ܐܦܣܩܘܦܘܬܐ ܝܘܣܛܘܣ ·÷· ·÷·

⁵ A ܘܐܦ ⁶ A ܗܠܝܢ ⁷ A ܘܐܦ 𝔄 om. ⁸ A ܕܩܘܕܪܛܘܣ
⁹ 𝔄 = ܗܝܡܢܘܬܢ

CHAP. IV. ¹ In 𝔄 for երկրորդի read երրորդի ² 𝔄 om. ܐܦܣܩܘܦܐ
³ A ܩܣܣܛܘܣ ⁴ A fol. 64 a

𝔄 242 ܕܫܡܥܢܢ ܥܠ ܐܦܣܩܘܦܐ ܕܗܘܘ ܒܐܘܪܫܠܡ. ܡܢ ܡܪܢ
ܘܥܕܡܐ ܠܗܘܢ ܠܗܠܝܢ ܙܒܢܐ ·:·

v. 1 ܕܐܦܣܩܘܦܐ ܕܝܢ ܕܗܘܘ ܒܐܘܪܫܠܡ. ܙܒܢܐ[1] ܕܫܢܝܗܘܢ
ܒܟܬܒܐ ܟܬܝܒܢ. ܠܐ ܐܫܟܚܬ. ܡܬܐܡܪܐ ܕܝܢ ܡܠܬܐ ܕܗܠܝܢ
2 ܗܘ ܡܠܝܠ ܙܒܢܐ ܚܝܘ. ܗܕܐ ܕܝܢ[2] ܡܫܠܡܬ ܒܡܬܒܢܝܬܐ. ܕܥܕܡܐ
ܠܫܘܪܒܐ ܐܚܪܝܐ[3] ܕܗܘܐ ܒܝܗܘܕ ܗܕܪܝܢܘܣ. ܡܒܠܒܠܘܬܐ
ܕܫܡܥܬܗܘܢ ܐܦܣܩܘܦܐ[4] ܕܡܢܘ ܗܘܝ. ܕܟܠܗܘܢ[5] ܥܒܪܝܐ
ܐܝܬܝܗܘܢ ܗܘܘ. ܕܡܢ ܩܕܡ ܝܕܥܬܗ ܕܡܫܝܚܐ ܫܪܝܪܐܝܬ
ܡܩܒܠ ܗܘܘ. ܘܡܢ ܗܠܝܢ ܕܡܫܟܚܝܢ ܗܘܘ ܠܡܕܢ[6] ܕܐܝܟ
ܗܠܝܢ. ܘܒܗܘܢ ܡܬܒܚܪܝܢ ܗܘܘ ܕܐܝܠܝܢ ܫܦܝܪ[7] ܠܬܫܡܫܬܐ
ܕܐܦܣܩܘܦܘܬܐ. ܡܩܝܡܐ ܗܘܬ ܓܝܪ[8] ܟܕ ܗܘ ܙܒܢܐ ܟܠܗ ܥܕܬܐ
ܕܐܬܬ ܡܢ ܥܒܪܝܐ ܡܗܝܡܢܐ. ܡܢ ܫܠܝܚܐ ܘܥܕܡܐ
ܠܫܘܪܒܐ ܐܚܪܝܐ. ܕܒܗ ܡܪܕܘ ܝܗܘܕܝܐ ܥܠ ܪ̈ܗܘܡܝܐ
𝔄 243 3 ܘܐܬܚܪܒܘ ܒܩܪ̈ܒܐ ܙ̈ܘܪܒܐ. ܡܛܠ ܕܒܥܕܢܗ ܕܝܢ[9] ܒܗܘ ܙܒܢܐ
ܐܦܣܩܘܦܐ ܕܡܢ ܓܙܘܪܬܐ. ܘܠܝܬ ܗܘ ܕܢܫܬܟܚ ܐܝܟܢ ܗܫܐ
ܡܢ ܗܘ ܩܕܡܝܐ. ܐܝܬܝܗܘܢ ܗܘܐ ܕܝܢ[10] ܡܢܝܢܗܘܢ ܗܘ ܕܡܬܐܡܪ
ܗܘܐ[11] ܐܚܘܗܝ ܕܡܪܢ... ܕܬܪ̈ܝܢ ܫܡܥܘܢ ·:· ܕܬܠܬܐ
ܝܘܣܛܘܣ ·:· ܕܐܪܒܥܐ ܙܟܝ ·:· ܕܚܡܫܐ ܛܘܒܝܐ ·:·
ܕܫܬܐ ܒܢܝܡܝܢ ·:· ܕܫܒܥܐ ܝܘܚܢܢ ·:· ܕܬܡܢܝܐ ܡܬܝ ·:·
(B fol. 72 b) ܕܬܫܥܐ ܦܝܠܝܦܘܣ ·:· ܕܥܣܪܐ ܣܢܩܐ ·:· ܕܚܕܥܣܪ ܝܘܣܛܘܣ[12] ·:·
ܕܬܪܥܣܪ ܛܘܒܝܐ ·:· ܕܬܠܬܥܣܪ ܠܘܝ ·:· ·:· ܕܐܪܒܥܣܪ

Chap. V. [1] A 𝔄 ܙܒܢܐ [2] 𝔄 adds *solum* [3] A ܚܪܝܐ [4] A ܐܦܣܩܘܦܝܢ [5] A ܟܠܗܘܢ [6] A ܠܡܕܢ [7] A ܕܫܦܝܪ [8] 𝔄 *eos* (instead of ܓܝܪ) [9] 𝔄 om. ܕ ܡܛܠ and ܕܝܢ [10] A ܐܝܬܝܗܘܢ ܗܘܐ ܡܢܝܢܐ 𝔄 = ܐܝܬܝܗܘܢ ܗܘܐ ܕ [11] A om. ܗܘܐ 𝔄 om. ܗܘܐ ܕܡܬܡܢܐ ܗܘ [12] A 𝔄 ܝܘܣܛܘܣ

ܐܦܪܝܣ ܀ ܕܐܪܬܒܘܠܝܣ ܝܘܣܦ ܀ ܘܐܚܪܢܐ ܕܒܬܪܗܘܢ
ܕܡܬܬܒܪܢܝܢ ܝܗܘܕܐ ܀ ܗܠܝܢ ܟܠܗܘܢ ܗܘܘ ܐܦܝܣܩܘܦܐ 4
ܒܡܕܝܢܬܐ ܕܐܘܪܫܠܡ[13] ܡܢ ܥ̈ܒܪܝܐ ܘܡܕܒܪܢܐ ܠܗܢܐ ܙܒܢܐ
ܘܟܠܗܘܢ ܡܢ ܓܙܘܪܬܐ. ܒܫܢܬ ܬܡܢܬܥܣܪܐ[14] ܕܝܢ ܕܡܠܟܗ 5
ܕܡܠܟܘܬܐ. ܟܕ ܗ̇ܟܠ ܒܛܘܪܦܘܣ ܒܪ ܓ̈ܒܝܢ ܒܐܣܦܣܝܢܘܬܐ
ܕܝܗܘܕܝܐ.[15] ܗ̇ܟܠ[16] ܡܢ ܒܬܪܗ ܕܦܠܐܣܩܘܪܘܣ.[17] ܕܐܬܚܙܝܘ ܗܘܐ
ܥܒܝܕܐ ܡܢ ܡܕܒܪܢܘܬܐ ܕܗܢ ܥ̈ܒܪܝܐ. ܟܕ ܕܝܢ ܒܒܝܬܪ ܥܒܝܕܬܐ[18]
ܘܛܪܝܢܐ ܩܠܝܠ. ܘܡܢ ܒܡܕܝܢܬܐ ܕܐܠܟܣܢܕܪܝܐ ܫܬܝܬܝܬܐ ܐܘܣܒܝܣ.[19]
ܟܕ ܗ̇ܟܠ ܗܘ ܕܡܬܩܪܐ ܐܝܠܝܐ ܐܕܪܝܢܐ ܩ̈ܕܡ ܀

ܕܬܢܝܬ ܥܠ ܚܘܪܒܢܗܘܢ ܐܚܪܝܐ ܕܝܗܘܕܝܐ ܕܒܝ̈ܘܡܝ 𝔄 244
ܗܕܪܝܢܘܣ...

ܟܕ ܕܝܢ ܡܪܘܕܘܬܗܘܢ ܕܝܗܘܕܝܐ ܣܓܝܐܐ ܗܘܬ ܘܒܥܝܢܐ. vi. 1
ܪܘܦܘܣ ܗܓܡܘܢܐ ܕܝܗܘܕ ܟܕ ܚܝܠܐ ܕܐܫܬܕܪ ܠܗ ܡܢ ܡܠܟܐ
ܠܒܘܕܪܝܐ.[1] ܡܬܚܫܒ ܗܘܐ ܠܗ̇ ܠܡܪܕܘܬܗܘܢ ܒܬܒܥܬܐ ܕܠܐ
ܚܘܣ. ܘܒܡܘܬܐ ܡܢ ܥܠܡ[2] ܕܓ̈ܒܪܐ ܘܕ̈ܢܫܐ ܘܕܛܠܝ̈ܐ[3] ܡ̇ܚܒܠ
ܗܘܐ. ܘܒܢܟܣܝܗܘܢ ܕܡܪܕܘܬܐ ܐܪܥܬܗܘܢ[4] ܫܒܩ ܗܘܐ. ܐܝܟ 2
ܗܘܐ ܕܝܢ ܠܗܘܢ ܠܝܗܘܕܝܐ ܒܗܘ ܙܒܢܐ ܪܫܐ ܕܡܬܩܪܐ ܗܘܐ
ܒܪ ܟܘܟܒܐ. ܕܐܚܪܢܬܐ ܐܝܬܘܗܝ ܗܘܐ ܠܓܒܪܐ ܩܛܘܠܐ
ܘܠܛܠܘܡܐ.[5] ܒܫܡܗ ܕܝܢ ܡܬܪܘܪܒ ܗܘܐ ܕܐܝܟ ܕܡܢ ܫܡܝܐ
ܕܢܚ ܠܗܘܢ ܢܘܗܪܐ. ܐܝܟ ܕܠܐܣ̈ܝܪܐ ܘܡܥܝ̈ܩܐ.[6] ܟܕ ܕܝܢ 3

[13] A ܐܦܝܣܩܘܦܐ ܕܐܘܪܫܠܡ [14] In 𝔄 *երրորդ* should be struck out
[15] A ܕܝܗܘܕܝܐ. A fol. 64 *b* [16] A adds ܗܘܐ [17] A ܦܠܐܣܩܘܪܘܣ
[18] A 𝔄 add ܢܣܝܐ [19] A ܐܘܣܩܒܝܣ
Chap. VI. [1] A ܠܒܘܕܪ̈ܝܐ [2] A ܟܠܗ [3] A ܘܢܫ̈ܐ ܘܛܠܝ̈ܐ [4] 𝔄 sing.
[5] A ܕܐܦ ܒܐܚܪܢܘܬܐ ܐܝܟ ܓܒܪܐ ܩܛܘܠܐ ܘܠܛܠܘܡܐ ܐܝܬܘܗܝ ܗܘܐ [6] 𝔄 om. ܘܡܥ̈ܩܐ

ܒܝܢ ܩܘܪ̈ܝܐ ܒܡܕܝܢܬ ܦܠܣܛܝܢܐ ܕܟܠܗ̇ ܕܡܠܟܘܬܐ. ܟܠ ܠܐ ܓܒܪ
ܐܬܪܐ ܐܝܬ ܗܘܐ ܡܕܝܢܬܐ ܚܕܐ ܠܟܢܘܬܐ. ܘܡܫܝܚܝܐ ܗܘܬ̇
ܟܠܗ̇. ܘܗܝ ܐܘܪܫܠܡ ܠܗ ܦܓܥ ܪܘܚܐ ܗܘܬ. ܘܥܪܩܘ[7] ܒܗ̇
𝔄 245 ܡܗܝܡ̈ܢܐ. ܟܕ (B fol. 73 a) ܫܡܥܗ̇ ܕܝܢ ܡܠܟܐ[8] ܡܢ ܠܒܪ ܕܥܒܕܐ
ܫܓܝܫܐ. ܒܥܒܕܐ ܘܒܗܕܝܢ ܥܒܕ ܠܗܘܢ ܡܬܥܕܪܢܐ. ܘܗܘ
ܕܩܪܐ ܠܗܘܢ[9] ܒܠܒܐ ܠܡܬܢܨܚܘ ܡܛܠ ܬܫܒܘܚܬܐ ܕܫܠܡܐ ܠܗ.[10]
ܘܡܛܠ ܗܢܐ ܒܠܗ ܒܥܕܢܐ ܕܫܘܪܝܐ ܐܬܦܪܣܘ[11] ܕܠܡܓܡܪ ܠܐ
ܢܗܘܘܢ ܫܪܝܪ̈ܐ ܕܐܘܪܫܠܡ. ܐܝܟ ܕܡܢ ܢܡܘܣܐ ܘܦܘܩܕܢܐ[12]
ܕܗܕܪܝܢܘܣ ܕܡܠܟ. ܕܐܦ ܠܐ ܡܢ ܓܘܪܐ ܫܠܝܐ ܢܩܪܘܢ
ܒܐܬܪܐ ܕܥܡܗ ܐܒܗܝ̈ܗܘܢ. ܗܠܝܢ ܐܬܬܥܒܕ ܐܪܫܠܡ ܕܗܘ
4 ܦܠܓܐ ܡܕܝܢܬܐ. ܟܕ ܕܝܢ ܫܡܥܗ̇ ܐܘܪܫܠܡ ܡܠܟܐ ܕܡܢ
ܠܗܘܢ ܡܗܝܡ̈ܢܐ ܕܒܟܪܡ ܗܘܘ ܒܗ̇ ܡܢ ܩܕܡ: ܘܐܬܦܢܝܬ
ܐܚܪܬܐ[13] ܡܢ ܙܒܢܝܗܘܢ[14] ܘܐܬܬܬܒܬ ܡܢ ܚܕܬܐ ܢܘܟܪ̈ܝܐ:
ܘܐܝܟ ܠܐܦܪܝܗ ܕܝܢ ܕܗܘ ܕܐܚܕ ܗܘܐ ܡܠܟܘܬܐ. ܕܐܬܬܗܘ..
ܐܠܝܣ ܗܕܪܝܢܘܣ ܐܬܩܪܝܬ ܐܝܠܝܐ[15] ·:· ܐܦ ܒܕܐ ܐܬܪܐ ܕܐܬܝܢ
ܕܐܬܦܢܝܬ[16] ܡܢ ܒܥܕܢܐ. ܡܢ[17] ܒܬܪ ܗܢܘܢ ܐܦܣܩܘܦܐ ܕܗܘܐ
ܗܘܘ ܡܢ ܓܘܪܬܐ. ܡܕܒܪܢܐ ܡܛܠ[18] ܐܦܣܩܘܦܘܬܐ[19] ܕܐܬܝܢ
ܡܕܝܢܬܐ ·:· ·:· ...

[7] 𝔄 *intraverunt (et) se muniverunt* [8] 𝔄 = ܩܘܪܝܬܐ [9] 𝔄 om. ܠܗܘܢ [10] A ܠܗ ܗܘܐ [11] A ܐܬܦܪܣܘ [12] 𝔄 *ex iussu* (omitting ܘ) [13] 𝔄 *denuo* [14] A fol. 65 *a* [15] 𝔄 *et vocata est Heliana* [16] 𝔄 om. ܕ [17] 𝔄 = ܡܢ [18] A adds ܗܘܐ [19] A ܐܦܣܩܘܦܘܬܐ

ܕܡܫܒܚܐ ܕܐܝܠܝܢ ܗܘܐ ܒܫܡܗܘܢ ܘܟ̈ܠܗ ܕ̈ܝܪܐ ܕܗܘܠܦܢܐ 𝔄 246
ܕܡܕܒܪܬܐ[1] ܕܐܝܠܝܬܐ.

vii. 1 ܟܕ ܕܝܢ ܡܢܗܪܝܢ ܗܘܘ ܢܗܝܪ̈ܬܐ ܕܒܟܠܗ ܥܠܡܐ ܒܥܕܬܐ
ܕܒ̈ܢܝܐ ܢܗܝܪ̈ܬܐ: ܘܥܫܢܐ[2] ܗܘܬ ܗܝܡܢܘܬܗ ܕܦܪܘܩܢ ܡܪܢ[3]
ܝܫܘܥ ܡܫܝܚܐ ܒܟܠܗ ܓܢܣܐ[4] ܕܒ̈ܢܝ ܐܢܫܐ.[5] ܣܛܢܐ ܕܝܢ
ܣܢܐܐ ܕܛܒ̈ܬܐ ܘܒܥܠܕܒܒܐ ܕܫܪܪܐ: ܕܐܝܬܘܗܝ ܒܟܠ ܙܒܢ
ܣܩܘܒܠܐ ܕܚܝ̈ܘܗܝ[6] ܕܒ̈ܢܝ ܐܢܫܐ. ܡܬܛܟܣ ܗܘܐ ܠܩܘܒܠ
ܥܕܬܐ[7] ܕܟܠ ܐܬܪ: ܕܟܠ ܫܘܠܛܢ ܡܢ ܩܕܡ ܒܪܕܘܦܝܐ ܒܝܕ
2 ܢܟܪ̈ܝܐ ܡܬܕܒܪ ܗܘܐ ܠܩܘܒܠܗ̇. ܟܕ ܕܝܢ ܡܢ ܗܠܝܢ ܐܬܟܠܝ
ܗܘܐ. ܒܐܢܫܐ ܒ̈ܝܫܐ ܘܚܪ̈ܫܐ. ܐܝܟ ܕܒܡܥ̈ܪܝܐ ܡܫܬܥܠܝܐ
ܕܢܟܬ̈ܬܐ ܘܡܚ̈ܒܠܢܐ ܕܐܟܕܢܐ (B fol. 73 b) ܐܬܚܫܚ ܒܗܘܢ.
ܘܡܦܠܚܬܐ ܐܚܪܢܝܬܐ ܡܬܕܡܝ ܗܘܐ. ܘܟܠ ܡܕܡ ܡܬܦܪܣ
ܗܘܐ. ܕܢܠܒܫܘܢ ܗܘܘ ܐܦ[8] ܚܪ̈ܫܐ ܘܡܛܥܝܢܐ ܫܡܐ
ܕܟܪܣܛܝܢܘܬܐ. ܘܐܝܠܝܢ ܕܡܬܕܡܝܢ ܗܘܘ ܠܗܘܢ ܡܢ ܐܝܠܝܢ
ܕܡܗܝܡܢܝܢ. ܠܬܗܘܡܐ ܕܐܒܕܢܐ ܢܓܪܝܢ ܗܘܘ ܠܗܘܢ. ܘܠܐܝܠܝܢ 𝔄 247
ܕܒܥܒܕܐ ܠܗܝܡܢܘܬܐ ܠܐ ܐܬܩܪܒܘ ܗܘܘ. ܒܥܘܒܕ̈ܝܗܘܢ[9]
ܒ̈ܝܫܐ ܡܬܦܫܝܢ ܗܘܘ ܠܗܘܢ. ܕܠܐ ܢܬܩܪܒܘܢ ܠܫܠܡܘܬܐ
ܕܫܪܪܐ.. ܡܢ ܡܫܡܪܢܘܬ ܕܝܢ ܗܘ ܕܗܢ ܩܕܡ ܥܠܠ ܐܡܪܢ 3
ܚܠܘܦ ܕܡܟܠ ܡܢ ܟܬܒ ܗܝܡܢ. ܡܕܡܐܬ[10] ܐܬܚܙܝ ܚܝܠܐ
ܢܟܪ̈ܝܬܐ ܒܕܡܘܬ ܚܘܝܐ[11] ܕܬ̈ܪܝܢ ܪ̈ܫܘܗܝ. ܟܬ̈ܪܝܢ ܪ̈ܫܝܢ[12] ܕܡܢܗ
ܕܬ̈ܪܝܢ ܗܪܣܝܣ.[13] ܒܣܛܪܢܝܠܘܣ[14] ܕܐܝܬܘܗܝ ܗܘܐ[15] ܓܢܣܗ

CHAP. VII. [1] A ܕ̈ܝܪܐ ܕܐܝܠܝܐ [2] 𝔄 om. ܘ [3] 𝔄 *et Domini*
[4] 𝔄 plur. [5] A ܕܒ̈ܢܝܢܫܐ [6] For ܩܘܒܠܐ ܕܚܝ̈ܘܗܝ 𝔄 has only *adversarius* [7] A 𝔄 ܥ̈ܕܬܐ [8] A ܘܐܦ 𝔄 om. ܐܦ [9] 𝔄 = ܕܒܥܘܒܕ̈ܝܗܘܢ
[10] A ܡܕܡܝܬ [11] 𝔄 *draconis*, omitting ܡܕܡܝܬ [12] A ܕܪ̈ܫܝܢ [13] A ܗܪܣܝܣ [14] A ܒܣܛܪܢܝܠܘܣ 𝔄 om. ܒ [15] A om. ܗܘܐ

ܐܢܛܝܘܟܝܐ ܘܒܣܝܠܝܕܘܣ[16] ܐܠܟܣܢܕܪܝܐ. ܚܕ ܡܢܗܘܢ ܒܣܘܪܝܐ

ܘܐܚܪܢܐ[17] ܒܡܨܪܝܢ.[18] ܐܩܝܡܘ ܐܣܟܘܠܐ ܕܗܪܣܝܣ[19] ܕܣܢܝܢ

4 ܠܐܠܗܐ. ܘܣܛܘܪܢܝܠܘܣ[20] ܕܝܢ ܒܡܕܓܠܘܬܐ[21] ܒܕܡܘܬܗ ܕܡܢܢܕܪܘܣ

ܡܠܠ ܕܓ̈ܠܬܐ. ܐܝܟ ܕܐܡܪ ܐܝܪܢܐܘܣ. ܒܐܣܝܠܝܕܣ ܕܝܢ ܕܡܬܚܟܡ

ܕܠܐ ܡܬܡܠܠ ܐܦ ܒܡܫܝܚܘ ܡܛܠ ܢܨܚܢܗ[22] ܕܠܐ ܫܒܩ.

5 ܕܓܒܠ ܠܗܪܣܝܣ ܕܝܠܗ ܡܫܘܚܬܐ ܫܒܝ̈ܚܬܐ ܦܫܝ̈ܛܬܐ. ܐܝܬ

ܗܘܘ ܕܝܢ ܒܗܿܘ ܙܒܢܐ ܡܢ ܒ̈ܢܝ ܥܕܬܐ ܐܢܫܐ ܣܓ̈ܝܐܐ

ܕܡܬܟܬ̈ܫܝܢ ܗܘܘ ܥܠ ܐܦ̈ܝ ܫܪܪܐ. ܘܡܠܝܠܐܝܬ[23] ܥܠ ܐܦ̈ܝ

ܡܚܘܝܢܘܬܐ ܕܐܬܘܬܗ ܥ̈ܠܝܢܐ ܒܟܬܒܐ ܕܡܢܗܘܢ ܗܘܘ. ܩ̈ܠܝܠܐ

𝔄 248 ܕܝܢ ܐܦ ܥܕ ܡܬܚ̈ܒܪܬܐ ܠܐܝܠܝܢ ܕܡܢ ܒܬܪܗܘܢ ܫܒܩܘ ܘܗܪܣܝܐ[24]

6 ܠܘܩܒܠ ܗܠܝܢ ܗܪܣܝܣ ܕܐܡܪܝܢ ܒܠܗܘܢ. ܕܡܫܝܚܘܢ[25] ܐܦ

ܐܬܝܢ[26] ܚܣܝܢ ܡܐܡܪܐ[27] ܕܡܟܣܢܘܬܐ[28] ܫܠܝܡܬܐ. ܕܗܘ ܐܓܪܦܐ

ܒܪ ܩܐܣܛܘܪ ܡܢ[29] ܡܫܬܒ̈ܚܢܐ ܡܟ̈ܬܒܢܐ[30] ܕܒܗܿܘ ܙܒܢܐ ܠܘܩܒܠ

7 ܒܣܝܠܝܕܘܣ.[31] ܘܦܪܣ ܒܝܥܘܬܐ (B fol. 74 a) ܕܛܥܝܘܬܗ. ܘܐܡܪ

ܟܠܗ ܡܣܬ̈ܪܬܗ ܐܡܪ ܒܠܗܘܢ. ܕܠܘܩܒܠ ܐܘܢܓܠܝܘܢ ܠܗ[32]

ܐܟܬܒ ܥܣܪܝܢ ܘܐܪܒܥܐ ܣܦܪܝܢ. ܫܡܗ ܠܗ[33] ܕܝܢ ܢܒܝ̈ܐ[34] ܒܪ

ܩܒܐ ܘܒܪ ܩܘܦ.[35] ܘܐܚܪ̈ܢܐ[36] ܫܡ̈ܗܐ ܒܪ̈ܒܪܝܐ ܕܠܐ ܐܝܬܝܗܘܢ.

ܐܝܟ ܕܠܬܗܪܐ ܕܐܝܠܝܢ ܕܫܡܥܝܢ ܡܢ ܕܐܝܟ ܗܠܝܢ. ܘܐܠܦ ܠܗ

ܕܢܐܟܠܘܢ ܐܝܠܝܢ ܕܕܒܚܝܢ ܕܠܐ ܦܘܪܫܢ. ܘܢܟܦܪܘܢ ܒܙܒܢܝ

ܒܗܝܡܢܘܬܐ ܒܙܒܢܐ ܕܐܪܕܘܦܝܐ[37] ܕܠܐ ܙܗܝܪܘܬܐ. ܘܦܩܕ

[16] A ܘܒܣܝܠܝܕܘܣ [17] A ܘܐܚܪܢܐ [18] A fol. 65 *b* [19] A ܕܗܪܣܝܣ
[20] A ܣܛܘܪܢܝܠܘܣ [21] A ܒܡܕܓܠܘܬܐ [22] 𝔄 sing. [23] A ܘܡܠܝܠܐܝܬ
[24] A ܘܗܕܪܐ [25] 𝔄 om. ܕܡܫܝܚܘܢ [26] A ܐܬܝ [27] A 𝔄 add ܡܢ
[28] 𝔄 instrum. [29] A adds ܗܘܘ [30] A ܡܟ̈ܬܒܢܐ [31] A ܒܣܝܠܝܕܘܣ
[32] A ܠܗܘ ܐܘܢܓܠܝܘܢ [33] 𝔄 *eis* [34] A ܢܒܝ̈ܐ [35] 𝔄 *Banals et Barkuph* [36] A ܘܐܚܪ̈ܢܐ [37] A ܕܪܕܘܦܝܐ

ܗܘܐ ܠܐܝܠܝܢ ܕܡܬܦܪܫܝܢ ܠܗ ܒܙܒܢܘܬ ܦܬܓܡ̈ܐ[38] ܕܢܦܫ
8 ܩ̈ܕܡܝܢ[39] ܢܗܘܘܢ ܫܬܩܝܢ. ܘܐܣܝ̈ܘܬܐ[40] ܕܕ̈ܝܩܝܢ ܠܗܠܝܢ ܐܓܒܪ
ܠܗܘܢ ܥܠ ܒܥܘܠܝܢܘܗܝ.[41] ܐܦ ܐܪܢܘܣܘܢ[42] ܡܠܐܟܘܬ ܒܠܐܟܐ
9 ܦܪܣܘܗܝ ܠܗܕܐ ܗܪܣܝܣ.[43] ܟܬܒ ܕܝܢ ܐܪܝܢܐܘܣ. ܕܐܝܬ ܗܘܐ
ܒܙܒ̈ܢܝܗܘܢ ܕܗܠܝܢ ܩܪܦܘܩܪܐܛܝܣ ܪܝܫܐ ܕܗܪܣܝܣ ܐܚܪܬܐ.[44]
ܕܡܬܩܪܝܐ ܗܘܬ ܕܓܢܘܣܛܝܩܘ.[45] ܕܗܢܘܢ ܗܠܝܢ ܡܫܪܘܬܗ
𝔄 249 ܕܫܡܥܘܢ ܠܘ ܐܟܘܬܗ ܕܫܠܝܚܐ[46] ܗܘܐ ܠܗ. ܐܠܐ ܒܓܠܝܐ
ܡܫܠܡܝܢ ܗܘܘ ܠܗ. ܘܐܝܟ[47] ܕܒܟܣܝܐ ܪܒ ܡܫܬܒܗܪܝܢ ܗܘܘ
ܒܚܪ̈ܫܘܬܐ ܕܥܒܕܝܢ ܗܘܘ ܒܚܪܫܘܬܐ ܠܪܚܡܬܐ.[48] ܘܒܫܐܕܘܬܐ
ܕܚ̈ܠܡܐ[49] ܘܒܐܡܝܢܘܬܐ ܕܫܐܕ̈ܐ ܕܠܘܬܗܘܢ. ܘܒܬ̈ܪܘܬܐ
ܐܣܝ̈ܘܬܐ[50] ܕܕ̈ܡܝܢ ܠܗܠܝܢ. ܘܗܟܢܐ ܠܟ[51] ܡܠܦܝܢ ܕܡܬܬܟܟܐ
ܠܗܘܢ ܕܫܡܥܘܢ[52] ܥܠ ܥܡܝܢ ܠܐܝܠܝܢ ܕܡܬܬܠܠܝܢ ܒܐܝܕܝܗܘܢ.
ܗܘ ܕܝܢ ܒܬܫܒܘܚܬܗܘܢ. ܕܐܢܫܐܝܬ ܠܐ ܡܟܣܝܢ[53] ܕܢܓܪܘܢ
ܐܝܟ ܕܐܡܪܝܢ ܗܢܘܢ ܡܢ ܐܪ̈ܟܘܢܘܗܝ ܕܥܠܡܐ. ܐܠܐ ܐܢ
ܦܪܥ ܐܢܘܢ ܣܘܟܠܗܘܢ[54] ܒܝܕ ܥ̈ܒܕܐ ܢܟܦ̈ܬܐ ܕܠܐ ܡܬܡܠܠ.
10 ܒܗܠܝܢ ܡܫܟܚܢܐ ܕܒܢܝ̈ܫܐ. ܡܬܚܫܚ ܗܘܐ ܗܘܐ ܣܛܢܐ ܕܢܦܠ
ܒܒ̈ܢܝܫܐ.[55] ܘܐܝܠܝܢ ܕܦܠܚܝܢ[56] ܗܘܘ ܒܐܝ̈ܕܝܗܘܢ. ܥܒܠܐܝܬ[56a]
ܠܐܒܝܕܘܬܐ ܡܫܬܕܠܝܢ ܗܘܘ. ܠܥܡ̈ܡܐ[57] ܕܝܢ ܐܝܠܝܢ ܕܒܗܕܐ ܠܐ
ܗܝܡܢܘ. (B fol. 74 b) ܠܒܘܣܪܐ ܪܒܐ ܫܡܝܢ ܗܘܘ ܥܠ ܡܠܬܐ

[38] A ܦܬܓܡܪ̈ܐ [39] A 𝔄 ܩ̈ܠܝܠ [40] A ܐܘ ܣܓܝܐܬܐ 𝔄 adds *multa*
[41] A ܒܥܠܝܠܘܬܗ [42] A ܐܪܢܐܘܣ [43] A ܗܪܣܝܣ [44] 𝔄 *unius*
[45] A ܕܓܢܘܣܛܝ̈ܩܘ [46] A fol. 66 *a* [47] 𝔄 om. ܘ [48] 𝔄 adds *erroris*
[49] A ܘܒܚܙܘܢܐ ܕܚ̈ܠܡܐ 𝔄 *et in visum somniorum* [50] A ܣܓܝܐܬܐ [51] A ܘܗܟܢܐ (omitting ܠܟ) [52] A ܕܫܡܥܘܢ [53] A ܡܟܝܢ [54] A ܣܘܟܠܗܘܢ
[55] A ܒܒܢܝܫܐ [56] In 𝔄 for [illegible] read [illegible] [56a] In 𝔄 read [illegible] *corrupti* [57] 𝔄 does not express ܠܥܡ̈ܡܐ (read [illegible] for [illegible]?)

ܕܐܠܗܐ ܡܫܬܠܛܗܘܢ ܕܗܠܝܢ. ܕܒܫܡܐ[58] ܕܪܘܫܥܢܘܬܐ ܡܗܠܟܝܢ

11 ܗܘܘ.[59] ܟܕܥܬ ܕܝܢ ܐܝܟ ܕܐܡ[60] ܗܠܝܢ ܥܠܝܡܐ ܕܕܒܠܘܬܝ ܕܐܬܒܥܝܢ

𝔄 250 ܥܠܝܢ ܡܚܒܪܢܘܬܐ ܕܪܘܫܥܐ. ܕܐܝܟ ܕܒܘܩܒܠܐ ܠܡ ܕܠܐ

ܢܬܚܫ ܒܗ ܐܦܪܣܝܘܬܗܘܢ ܘܒܗ ܐܫܘܬܗܘܢ ܡܬܚܫܚܝܢ ܐܢܫܝܢ.

12 ܘܒܡܫܠܡܢܘܬܐ ܡܫܬܒܚܬܐ ܡܬܦܠܓܝܢ ܐܢܫܝܢ.[61] ܠܐ ܕܝܢ ܐܫܬܒܩ

ܗܠܝܢ ܘܥܠܐ ܫܦܝܪܐ. ܗܘ ܓܝܪ ܫܪܪܐ ܦܝܣ ܢܦܫܗ ܘܫܘܝ ܢܘܗܪܗ

13 ܡܢ ܒܬܪ ܡܠܠ ܘܥܠܐ. ܡܬܒܥܝܐ ܗܘܬ ܓܝܪ ܐܘܡܢܘܬܗܘܢ[62]

ܕܟܠܗܒܒܐ ܡܢ ܟܬܒܝܗܘܢ ܘܒܟܠ ܕܒܟܐ ܗܘܬ. ܕܡܫܬܚܠܦ

ܗܘܘ ܘܡܬܚܫܒܬܗ ܗܘܪܫܗ.[63] ܘܡܬܚܫܬܐ ܫܡܥ ܗܘܝ. ܘܟܠ

ܐܬܚܙܝܢ ܘܒܟܠ ܕܚܙܐ ܒܗܘܢ ܘܟܡ ܡܬܚܫܠܢ ܗܘܘ. ܙܟܐ ܗܘܐ

ܕܝܢ ܘܚܙܐ ܐܡܢܘܬܗ ܕܐ ܗܘܬܐ ܕܠܐ ܫܘܠܛ. ܫܘܒܚܐ ܕܫܪܪܐ

ܕܚܕܬܐ. ܗܘ ܕܗܘ ܠܫܘܕܥܗ ܟܠ ܐܬܪ ܒܢܒܘܬܐ ܘܡܬܟܠܠܬܐ

ܘܫܐܪܘܬܐ. ܘܕܚܘܬܐ[64] ܘܡܚܫܘܒܘܬܐ ܕܕܘܟܪܐ. ܕܫܒܚܬܐ[65]

ܕܐܠܗܝ ܒܟܠܗ ܥܠܡܐ ܕܒܢ ܐܢܫܐ ܡܢܗܪܐ ܗܘܬ ܒܒܘܢܝܐ

14 ܘܒܪܒܪܐ.[66] ܕܐܝܟ ܕܝܢ ܒܚܡܗ ܒܗ ܘܥܠܐ ܐܦ ܠܚܘܕܝܐ ܗܘ

ܕܟܠ ܥܠܗ ܒܥܡܐ ܕܦܪܣܢܝܐ. ܘܗܘܝ ܡܠܒܫܐ ܕܝܠ ܒܗ ܙܒܢ

ܠܫܘܕܥܗܘܢ ܘܟܠ[67] ܐܢܫ ܡܘܕܐ ܒܗ. ܕܢܒܢܝܢ ܒܦܘܩܕܢܐ

ܕܢܡܘܣܐ ܘܒܫܘܚܠܦܬܐ ܕܫܒܚܬܐ[68] ܐܠܗܐ. ܘܐܝܢ ܠܐ ܠܐ ܡܬܒܪܝ

ܗܘܐ[69] ܕܢܬܟܠ ܥܠ ܗܝܡܢܘܬܐ ܡܫܬܠܛܐ ܒܐܬܪܐ. ܐܦ ܕܢܬܚܫܚ

ܒܚܘܕܪܐ ܥܠ ܐܢܫܐ ܡܢ ܕܝܠܝ ·܀· ·܀· ·܀·

[58] A ܒܫܡܐ 𝔄 *quod de nomine* [59] 𝔄 *loquebantur calumniam* [60] For ܐܡܪ ? 𝔄 has *et* [61] A ܢܫܝܢ [62] A ܐܘܡܢܘܬܗܘܢ [63] A ܗܘܪܫܐ [64] A fol. 66 *b* [65] 𝔄 = ܘܕܒܪܐ ܕܒܫܡܝܐ [66] A 𝔄 ܘܒܪܒܪܝܐ [67] 𝔄 om. ܘ [68] 𝔄 = ܘܫܘܒܚܐ [69] 𝔄 *audet*

ܕܬܡܟܝܢ ܕܐܝܠܝܢ ܡܬܬܟܢܫܐ ܗܘܘ ܡܢ ܒܢ̈ܝ ܟܕܘܬܐ. 𝔄 251

15 ܒܙܡܢ ܕܝܢ ܒܗܘܢ ܒܗܠܝܢ ܙܒ̈ܢܐ. ܐܟܠ[1] ܫܪܪܐ ܠܡܛܥܝܢܘܬܐ
ܣܓ̈ܝܐܐ ܕܡܬܟܬܫܝܢ ܥܠ ܐܦܝܗܘܢ. ܘܡܟܬܒܝܢ ܗܘܘ ܠܗܘܢ
ܠܗܪܣܝܣ[2] ܘܡܬܟܬܫܝܢ (B fol. 75 a) ܒܟܬܒܝܢ. ܠܘ ܒܠܚܘܕ ܕܠܐ
viii. 1 ܒܬ̈ܡܟܬܐ. ܐܠܐ ܐܦ ܒܬܘܚܝ̈ܬܐ ܕܒܟܬ̈ܒܬܐ. ܝܕܝܥ ܗܘܐ
ܕܝܢ ܒܗܘܢ ܒܗܠܝܢ ܗܓܐܣܝܦܘܣ. ܗܘ ܕܐܦ ܡܢ ܡܕܡ
ܐܬܚܫܚܢ ܒܡܠܘܗܝ ܒܡܫܪ̈ܝܬܐ. ܘܐܝܟ ܕܡܢ ܡܫܠܡܢܘܬܐ
2 ܕܫܠܡ ܗܘܝܢ ܡܕܡ ܡܕܡ ܡܛܠ ܫ̈ܠܝܚܐ. ܒܚܡܫܐ ܗܘܦܘܡ
ܢ̈ܝܣ.[3] ܡܫܠܡܢܘܬܐ ܕܟܪܘܙܘܬܐ ܕܫ̈ܠܝܚܐ ܗܝ ܕܠܐ ܛܥܝܘܬܐ
ܗܝ ܐܟܬܒ ܒܡ̈ܠܐ ܦܫܝ̈ܛܬܐ. ܘܒܝܕܥܐ ܗܘ ܕܐܝܬܘܗܝ ܗܘܐ
ܟܕ ܐܘܕܥ ܥܠ ܐܝܠܝܢ ܕܡܢ ܩܕܡ ܐܬܩܢܘ ܗܘܘ ܦܬܟܪ̈ܐ.
ܘܐܟܬܒ ܗܟܢܐ. ܗܘܠܝܢ ܠܗ ܕܒܢܘ ܒܗܘܢ ܡܟܘܪ̈ܐ ܘܢܘ̈ܣܐ
ܐܝܟ ܕܐܦ ܒܕܡܟܐ ܠܡܘܡܢܐ ܚܕܡܝܢ: ܕܥܕ ܡܢܗܘܢ ܐܬܘܗܝ
ܐܢܛܝܢܘܣ ܥܒܕܗ ܕܐܕܪܝܢܘܣ ܩܣܪ: ܗܘ ܕܐܦ ܐܓܘܢܐ[4] ܥܒܕܝܢ
ܠܗ: ܐܢܛܝܢܘܣ ܗܢܐ ܕܩܘܪܐ ܒܝܘܡܬܢ. ܐܦ ܡܕܝܢܬܐ ܒܪ 𝔄 252
3 ܒܢܐ ܥܠ ܫܡܗ ܐܢܛܝܢܘ. ܒܝܘܡܬܗ ܕܝܢ ܩܘܪܐ ܐܦ ܝܘܣܛܝܢܘܣ
ܡܚܒܢܐ ܕܚܟܡܬܐ ܕܫܪܪܐ. ܕܡܬܕܒܩ ܒܗ ܘܕܢܐ ܒܗ
ܚܟܡܬܐ ܕܝܘܢ̈ܝܐ ܡܬܗܦܟ ܗܘܐ. ܡܘܕܐ ܕܝܢ ܒܠܘܬܗܘܢ ܥܠ
ܗܢܐ ܕܙܒܢ[5] ܒܚܟܡ ܒܪܢܫܐ ܗܘ ܕܒܢܐ[6] ܠܐܢܛܝܢܘܣ ܘܡܛܠ
ܗܟܢܐ. ܘܠܝܐ ܗܘ ܠܢ ܕܢܐܡܪ ܟܡܐ ܗܠܝܢ ܐܦ ܥܠ ܐܢܛܝܢܘܣ Apol i 29
ܗܘ ܕܒܙܒܢܐ ܗܢܐ. ܗܢܐ ܕܥܠ ܐܝܟ ܕܠܐܠܗܐ ܒܕܚܠܬܐ
ܠܡܣܓܕ ܠܗ ܡܬܦܣܩܝܢ. ܟܕ ܝܕܥܝܢ ܠܗ ܕܡܢܘ[7] ܘܡܢ ܐܝܟܐ
4 ܐܝܬܘܗܝ. ܘܗܘ ܟܕ ܗܘ ܐܦ[8] ܠܡܪܟܐ ܗܘ ܕܩܘܕܡܐ ܕܒܗܘ

CHAP. VIII. [1] A 𝔄 ܐܟܠܘ   [2] A ܠܗܪ̈ܣܝܣ   [3] A ܗܦܡܢ̈ܝܣ In 𝔄 read [illegible]   [4] A ܐܓܘܢܐ   [5] 𝔄 = ܒܙܒܢܐ   [6] A fol. 67 a   [7] A adds ܗܘ   [8] For ܘܗܘ ܟܕ ܗܘ ܐܦ 𝔄 has *itemque*

i 31 ܘܒܢܝܐ ܡܕܒܪ ܘܡܣܐܡ ܗܘܝܐ. ܐܦ[8a] ܒܡܪܝܐ ܠܡ ܕܗܘܐ
ܠܡܘܕܝܢܘܬܐ. ܒܪ ܒܥܒܕܐ ܠܡ[9] ܗܘ ܕܗܘܐ ܪܫܐ[10] ܠܡܬܪܕܦܘܬܗܘܢ
ܕܡܘܕܝܢܘܬܐ. ܦܓܪ ܗܘܐ ܕܢܐܬܘܢ ܒܬܫܢܝܩܐ ܠܡܣܡ ܒܪܢܫܐ
ܡܪܝܪܐ. ܐܢ ܠܐ[11] ܒܦܘܡ (B fol. 75 b) ܗܘܘ ܘܡܬܟܪܟܝܢ ܥܠ ܡܫܟܒ
5 ܡܪܥܝܬܐ ·:· ܐܡܪ ܕܝܢ ܐܦ ܥܠ ܢܦܫܗ. ܕܐܝܟܢܐ[12] ܦܬܝܐ
ܠܕܝܠܗ ܡܬܪܝܢ ܡܢ ܣܡܡܘܬܐ ܕܐܣܘܬܐ. ܕܒܡܫܡܫܢܘܬܐ ܘܒܕܘܝܐ
ii 12 ܒܥܕܢܗ[13] ܠܡܕܝܢܐ. ܘܟܕ ܡܣܝܒܐ ܗܠܝܢ ܒܗܘܢ. ܕܐܦ ܐܝܟ ܠܡ
𝔄 253 ܫܪܐ ܗܘܬ ܒܡܠܟܘܬܗ ܕܦܠܛܝܢ. ܘܟܕ ܥܒܕ ܗܘܬ ܕܡܬܐܟܠܝܢ
ܡܬܪܕܦܘܢ ܕܒܬܫܢܝܩܐ: ܫܪܐ ܗܘܬ ܕܝܢ[14] ܕܡܢ ܡܘܬܐ ܠܐ
ܕܫܠܡ ܗܘܘ: ܐܦ ܠܐ ܡܢ ܡܕܡ ܕܡܫܬܘܕܥ ܕܕܝܢܐ. ܘܡܬܪܥܐ
ܗܘܬ ܒܢܦܫ ܕܠܐ ܡܫܬܡܥܐ ܒܡܘܬܐ ܕܐܝܬܝܗܘܢ ܒܒܫܝܬܐ
ܘܒܬܪܡܝܬܐ. ܡܛܠ ܒܪ ܐܝܬ ܕܗܘܐ ܬܪܡܝܬܐ ܘܠܐ[15] ܡܣܬܟܠ[16]
ܒܡܫܬܪܝܘܬܐ. ܐܦ ܕܡܦܠܛܐ ܠܟܠܗܝ ܡܐܟܠܬܐ[17] ܕܟܝܪܐ
ܕܒܢܝ ܐܢܫܐ. ܘܡܛܠ ܕܢܫܟܚܘܢܗܝ[18] ܠܡܘܬܐ ܠܡܬܐ ܕܢܟܠ ܠܗ ܡܢ
ܬܪܡܝܬܗ. ܐܠܐ ܡܢ ܟܠ ܦܘܪܣ ܐܝܢܐ ܕܡܟܝܢܐ ܗܘ. ܕܢܗܘܐ
ܚܝ ܒܗܝܢܐ ܟܠܗܝ ܐܬܡܢܝܢܬ[19] ܗܘܐ ܡܬܦܪܫ ܘܠܐ ܢܬܟܪܗ
ܒܗ ܕܝܢܐ. ܘܠܐ[20] ܢܦܫܗ ܗܘܐ ܗܘܐ ܡܕܪܫ ܐܝܟ ܕܢܬܠܘܢܗܝ...

𝔄 254 ܕܬܫܥܝܬܐ ܐܚܪܬܐ ܕܗܪܘܕܝܣ ܕܒܬܪ[1]. ܕܠܐ ܢܚܘܘܢ
ܡܬܕܪܟܝܢ ܒܬܫܢܝܩܐ ܕܠܐ ܕܝܢܐ.

6 ܬܘܒ ܕܝܢ ܗܘ ܦܝܠܛܘܣ[2] ܡܫܬܥܐ. ܕܒܪ ܩܛܠ ܗܪܘܕܝܣ[2a]

[8a] 𝔄 om. ܐܦ  [9] A 𝔄 om. ܠܡ  [10] A ܪܫܐ  [11] A ܐܠܐ. ܡܫܪܝܐ ܒܦܘܐ
[12] A ܕܐܝܟܢ  [13] A ܒܥܕܢܗ  [14] 𝔄 om. ܕܝܢ  [15] 𝔄 om. ܘ  [16] A adds ܒܗ
[17] A ܡܬܐܟܠܬܐ  [18] A ܕܢܫܟܚܘܢܗܝ  [19] A ܐܬܥܝܢܬ  [20] 𝔄 om. ܘ
Chap. IX. [1] A ܐܬܚܙܝܬ ܕܒܠܒ ܗܪܘܕܝܣ  [2] A ܘܦܝܠܛܘܣ  [2a] 𝔄 om. ܗܪܘܕܝܣ

ܟܬܒ̈ܬܐ: ܡܢ ܣܐܪܢܝܘܣ ܓܪܢܝܢܘܣ[3] ܗܓܡܘܢܐ ܢܨܝܚܐ[4]
ܡܛܠ ܒܙ̈ܛܘܠܢܐ ܕܒܛܝܠ ܗܘܐ ܠܗ: ܕܠܐ ܙܕܩܐ ܗܘܬ ܠܐ ܒܐܢܫܐ[5] ܗܕܐ
ܕܕܠܐ ܪܢܝܢܐ ܕܡܕܡ ܠܡܚܬܐ ܕܡܣܐ ܢܒܒ ܦܓܥܘܬ̈ܐ ܘܒܥܠܬܐ
ܢܦܠܠ ܐܢܫܝ̈. ܘܗܘ ܕܝܢ ܡܠܟܐ ܠܡܘܟܠ ܗܠܝܢ ܒܦܩܕ.
ܠܡܝܢܘܩܝܘܣ ܦܘܢܕܢܘܣ[6] ܐܢܬܘܦܛܐ ܕܐܣܝܐ ܘܦܩܕ. ܕܠܐ
ܢܦܠܠ[7] ܠܐܢܫ ܕܠܐ ܪܢܝܢܐ ܘܡܦܪܓܢܘܬܐ[8] (B fol. 76 *a*) ܕܕܘܕܝܐ.
ܘܣܡ ܦܣܩܗ̇ ܕܗܕܐ ܐܓܪܬܐ ܘܫܬܩܗ̇ ܒܠܫܢܐ ܪܗܘܡܝܐ ܐܝܟ 7
ܕܐܝܬܝܗ̇ ܗܘܬ. ܢܦܩ ܕܝܢ ܡܦܩܢܗ̇ ܗܠܝܢ. ܕܐܦ ܡܢ ܐܓܪܬܐ[9] Apol i 68
ܠܡ ܕܡܫܪ ܪܒܐ ܘܡܢܝܢܐ ܣܪܢܝܢܘܣ ܐܒܘܟ.[10] ܐܝܬ ܠܝ
ܕܢܬܒܥܐ[11] ܡܢܗܘܢ ܐܝܟ ܕܐܦܣܩܝܢ[12] ܕܢܬܦܩܕܘܢ[13] ܕܢܫܐ ܗܘܐ
ܕܡܒܐ. ܘܗܕܐ[14] ܠܐ ܐܝܟ ܡܛܠ ܕܡܢ[15] ܗܕܪܝܢܘܣ ܐܬܦܩܕ ܡܛܠ
ܗܢܐ ܐܦܣܩܢ. ܐܠܐ ܡܢ ܗܕܐ ܡܦܣܩܝܢ ܐܢܫܝܢ ܕܒܕܘܟܐ ܗܘ
ܒܒܘܬ̈ܐ. ܣܡܟܝܢ ܕܝܢ ܐܦ ܦܣܡܐ[16] ܕܐܓܪܬܗ[17] ܕܗܕܪܝܢܘܣ.
ܕܐܦ ܡܢܗ̇ ܡܢ ܗܕܐ ܬܬܘܕܥܘܢ ܕܒܫܪܪܐ ܐܡܪܝܢ. ܗܢܐ 8
ܕܝܢ ܟܬ̈ܒܝ.[18] ܐܝܟ ܕܐܬܘܗܝ ܦܣܩܗ̇[19] ܪܗܘܡܐܝܬ ܗܟܢܐ[20] 𝔄 255
ܗܦܟܗ̇. ܐܝܬܝܢ ܕܝܢ ܐܝܟ ܚܠܦ ܠܠܫܢܐ ܘܢܣܒ ܐܦܩܢܗ̇. ܐܝܬ
ix. 1 ܒܗ̇ ܕܝܢ ܗܟܢܐ ·:·:·· ܠܡܝܢܘܩܝܘܣ ܦܘܢܕܢܘܣ.[21] ܐܓܪܬܐ ib i 69
ܐܓܪܬܐ ܕܐܬܟܬܒܬ ܠܝ ܡܢ ܣܐܪܢܝܘܣ ܓܪܢܝܢܘܣ[22] ܓܒܪܐ
ܡܫܒܚܐ. ܗܘ ܕܐܝܬ ܡܚܠܦ ܡܢ ܒܬܪܗ. ܠܐ ܡܚܝܠ ܦܪܝ
ܐܝܟ ܕܐܬܒܣܝܡܗ̇ ܒܟܘܬܐ[23] ܕܠܐ ܒܥܘܩܐ. ܕܐܦܠܐ[24] ܒܢ̈ܝ

[3] A ܓܪܢܝܢܝܘܣ  [4] 𝔄 *e praeclaris iudicibus*  [5] A fol. 67 *b*  [6] A ܠܡܝܢܘܩܝܘܣ ܦܘܢܕܢܝܘܣ  [7] A ܢܦܠܘܢ  [8] A ܘܦܠܓܢܘܬܐ  [9] A ܐܓܪܬܐ  [10] 𝔄 *patris nostri*  [11] A ܕܢܬܒܥܘܢ  [12] A ܕܐܦܣܩܝܢ  [13] A 𝔄 ܕܢܦܣܩܘܢ  [14] A ܕܗܕܐ  [15] A ܕܡܛܠܗ (for ܡܛܠ ܕܡܢ)  [16] A ܦܣܩܗ̇  [17] 𝔄 plur.  [18] 𝔄 adds *inquit*  [19] 𝔄 = ܦܘܫܩܐ  [20] A ܗܟܢ  [21] A ܦܘܢܕܢܝܘܣ  [22] A ܓܪܢܝܢܝܘܣ 𝔄 om.  [23] 𝔄 om. ܕܟܘܬܐ  [24] A ܕܠܐ

ܐܢܫܐ ܢܗܘܘܢ ܡܬܕܠܚܝܢ. ܐܦ ܠܐ ܠܐܟ̈ܠܝ ܩܪܨܐ ܚܠܦܬܐ
2 ܠܒܝܫܬܐ ܬܬܬܒܥܘܢ.[25] ܡܩܒܠ[26] ܦܫܝܩܐܝܬ ܒܗܢܐ ܦܘܡܐ ܗܘܐ ܕܡܦܩܝܢ
ܗܟܢܐ[27] ܕܐܬܘܪ̈ܝܬܐ ܡܠܘܐܠ ܒܪ̈ܫܝܢܐ ܕܢܬܦܠܠܘܢ. ܐܢ ܗܘ
ܕܡܟܣܝܢ ܕܢܣܒܘܢ ܥܠܝܗܘܢ ܒܢ̈ܝܐ ܕܐܢܫܐ ܠܡܘܬܐ ܒܗܕܐ
ܚܠܝܦ ܢܬܦܠܓܘܢ. ܠܐ ܕܝܢ ܠܒܥܘܬܐ[28] ܐܘ ܠܩܠܐ ܚܠܝܦ
ܢܥܒܕ.[29] ܦܩܕ ܕܝܢ ܐܢܐ. ܕܐܝܟ ܐܢܫ ܚܒܪܐ ܕܢܐܟܘܠ ܩܪ̈ܨܘܗܝ
3 ܕܐܢܫ ܬܬܦܪܘܥ. ܐܢ ܐܢܫ ܕܝܢ ܡܦܠܓ ܠܗܘܢ ܢ̈ ܘܡܟܣܢܐ[30]
ܕܠܒܪ ܡܢ ܢܡܘܣܐ ܡܬܕܒܪܝܢ. ܗܟܢܐ ܗܘ̇ ܦܩܕ ܐܢܐ ܐܝܟ ܚܝܠܗ
ܕܣܟܠܘܬܐ. ܘܡܘܡܐ ܐܢܐ ܠܟ ܒܗܪܩܠܝܣ. ܕܐܢ ܐܢܫ ܡܛܠ
ܒܘܠܡܣܐ ܥܒܕ ܗܕܐ. ܬܬܒܥ ܠܟ ܕܬܕܘܢ ܘܬܬܦܪܥ [31](B fol. 76 *b*)
ܠܗ ܦܘܪܥܢܐ ܕܒܝܫܘܬܗ ...

ܕܥܣܪܐ ܕܐܝܠܝܢ ܐܦܣܩܘ̈ܦܐ ܗܘܘ ܒܪܘܡܐ ܘܒܐܠܟܣܢܕܪܝܐ
ܒܡܠܟܘܬܗ ܕܐܢܛܘܢܝܢܘܣ.

x. ܡܢ ܒܬܪ ܕܕܒܪ ܕܝܢ ܗܕܪܝܢܘܣ ܡܠܟܘܬܐ ܥܣܪܝܢ ܘܚܕܐ
ܫ̈ܢܝܢ ܘܡܝܬ. ܐܢܛܘܢܝܢܘܣ ܗܘ ܕܐܬܩܪܝ ܐܘܣܒܝܣ ܩܒܠ ܒܬܪܗ
𝔄 256 ܡܠܟܘܬܐ ܕܪ̈ܗܘܡܝܐ. ܘܒܫܢܬ ܚܕܐ ܕܡܠܟܘܬܗ. ܛܠܣܦܘܪܘܣ
ܟܕ ܡܠܐ ܚܕܥܣܪܐ ܫ̈ܢܝܢ ܒܬܫܡܫܬܗ ܢܦܩ ܡܢ ܥܠܡܐ. ܘܩܒܠ
ܡܢ ܒܬܪܗ ܗܓܝܢܘܣ ܐܦܣܩܘܦܘܬܐ ܕܪ̈ܗܘܡܝܐ. ܡܫܬܥܐ ܕܝܢ
ܐܝܪܢܝܘܣ ܥܠ ܛܠܣܦܘܪܘܣ. ܕܒܣܗܕܘܬܐ ܐܫܬܡܠܝܬ ܡܦܩܬܗ
ܕܡܢ ܥܠܡܐ.

[25] A ܐܦܠܐ ܐܟ̈ܠܐ ܒܥܠܬܐ ܠܐ̈ܟܠܝ ܩܪܨܐ ܠܒܝ̈ܫܬܐ 𝔄 *և ոչ չարախօսք այն պատճառք ստութեան չարեաց լինին* lit. *neque criminatores illi causa mendacii malorum fiant* [26] In A ܡܩܒܠ has been altered into ܡܣܒܠ [27] 𝔄 plur. [28] 𝔄 plur. [29] 𝔄 = ܠܡܥܒܕ [30] A ܐܘ ܡܟܣܢܐ [31] Here begins a lacuna in A

ܕܐܬܚܡܪ ܥܠ ܬܪܥܐ ܕܗܪܣܝܣ[1] ܕܦܘܠܘ ܒܝܘ̈ܡܬܐ ܗܢܘܢ.

ܡܘܕܥ ܕܝܢ ܗܘ ܐܝܪܢܐܘܣ. ܕܒܝܘ̈ܡܬܗ ܕܗܝܓܝܢܘܣ
ܐܦܝܣܩܘܦܐ ܕܪܗܘܡܐ ܗܘܐ ܕܐܡܪܝܢ ܒܠܘܬܗ ܐܬܐ ܘܠܘܠܢܛܝܢܘܣ
ܗܪܣܝܣ ܕܠܗ. ܘܩܪܕܘܢ ܪܫܐ ܕܦܠܓܘܬܐ ܕܒܝܬ ܡܪܩܝܘܢ.
ܕܐܬܝܕܥܘ ܒܗܘ ܙܒܢܐ ܐܬܝܕܥܘ ܗܘܘ ܒܪܗܘܡܐ. ܟܬܒ[2]
xi. 1 ܕܐܡܪ ܗܟܢܐ. ܕܠܘܠܢܛܝܢܘܣ ܠܡ ܐܬܐ ܠܪܗܘܡܐ ܒܝܘ̈ܡܬܗ Adv Haer iii 4, 3
ܕܗܝܓܝܢܘܣ. ܒܥܕܢ ܕܝܢ ܦܠܘܬܗ ܒܝܘ̈ܡܬܗ ܕܦܝܘܣ. ܐܓܪ
ܕܝܢ ܥܕܡܐ ܠܝܘ̈ܡܬܗܘܢ ܕܐܢܝܩܛܘܣ. ܩܪܕܘܢ ܕܝܢ ܗܘ ܕܩܕܡܐ 𝔄 257
ܡܢ ܡܪܩܝܘܢ. ܐܦ ܗܘ ܒܝܘ̈ܡܬܗܘܢ ܕܗܝܓܝܢܘܣ ܗܘ ܕܐܝܬܘܗܝ
ܗܘܐ ܐܦܝܣܩܘܦܐ ܕܬܫܥܐ ܐܬܐ ܗܘܐ ܠܥܕܬܐ. ܘܡܘܕܐ
ܗܘܐ ܕܡܠܦܢܐ ܠܒܪܐ. ܘܡܟܣܐ[3] ܒܟܢ ܗܘܐ ܐܡܝܢܐܝܬ.
ܘܡܠܦ ܗܘܐ ܠܒܪܐ. ܘܒܬܪ ܕܝܢ ܡܬܟܣܣ ܗܘܐ ܒܐܝܠܝܢ ܕܡܠܦ ܗܘܐ
ܒܒܝܫܐܝܬ. ܘܡܬܪܚܩ ܗܘܐ ܡܢ ܟܢܫܐ (B fol. 77 a) ܕܐܚ̈ܐ. ܗܠܝܢ 2
ܐܡܪ ܒܡܐܡܪܐ ܕܬܠܬܐ ܕܠܘܩܒܠ ܗܪܣܝܣ. ܒܗܘ ܕܝܢ ܡܐܡܪܐ
ܬܘܒ ܗܠܝܢ ܐܡܪ ܡܛܠ ܩܪܕܘܢ. ܩܪܕܘܢ ܠܡ ܗܘ ܕܢܣܒ ib i 27, 1
ܥܠܠܬܐ ܡܢ ܗܢܘܢ ܕܒܝܬ ܫܡܥܘܢ ܐܬܐ ܠܪܗܘܡܐ ܒܝܘ̈ܡܝ
ܗܝܓܝܢܘܣ. ܗܘ ܕܐܝܬܘܗܝ ܗܘܐ ܐܦܝܣܩܘܦܐ ܕܬܫܥܐ ܡܢ
ܡܫܠܡܢܘܬܐ ܕܡܢ ܫ̈ܠܝܚܐ. ܘܡܠܦ ܗܘܐ. ܕܐܠܗܐ ܗܘ ܕܐܬܟܪܙ
ܡܢ ܢܡܘܣܐ ܘܡܢ ܢܒܝ̈ܐ ܠܐ ܐܝܬܘܗܝ ܐܒܘܗܝ ܕܡܪܢ ܝܫܘܥ ܡܫܝܚܐ
ܐܝܬܘܗܝ. ܗܢܐ ܠܡ ܝܕܝܥ ܗܘ. ܗܘ ܕܝܢ ܠܐ ܡܬܝܕܥ.
ܘܗܢܐ ܐܝܬܘܗܝ ܟܐܢܐ. ܗܘ ܕܝܢ ܛܒܐ ܐܝܬܘܗܝ. ܡܛܠ ܕܝܢ
ܡܩܒܠ ܡܢ ܗܢܐ ܡܪܩܝܘܢ ܘܪܒܝܗ ܠܗܢܐ ܡܘܠܦܢܐ. ܘܕܠܐ
ܬܟܣܝܬܐ ܡܓܕܦ ܗܘܐ. ܗܘ ܕܝܢ ܗܢܐ ܐܝܪܢܐܘܣ. ܦܪܫ 3

CHAP. XI. [1] 𝔄 *Alexandrinorum* [2] 𝔄 *scribit* [3] 𝔄 = ܘܡܬܟܣܐ

ܒܓܒܪܘܬ ܪܘܚܐ ܫܓܝܐܬܐ ܠܒܘܡܐ ܕܓܠܒܘܬܗ ܕܘܠܓܝܘܣ
ܕܠܐ ܡܣܬܪܣ. ܕܐܝܟ ܪܒܢܐ ܒܒܢܐ ܒܢܦܫܗܘܢ ܒܢܝܢ ܗܘܐ
4 ܘܡܣܬܪܣ. ܘܒܗܢ ܗܠܝܢ ܬܘܒ ܐܦ ܥܠ ܐܣܝܪܐ ܕܒܒܢܗ ܡܪܘܦܘܣ
𝔄 258 ܐܚܝܕ ܕܗܘܦܐ ܒܗܘܢ ܒܨܘܪ ܘܦܢܝܩܐ. ܕܡܒܪܪ ܗܘܐ
ܒܐܘܡܢܘܬܐ ܕܨܒܥܘܬܐ. ܒܬܪ ܕܝܢ ܘܩܘܪܘܣ ܐܦ ܣܘܒ̈ܪܢܐ
ib i 21, 3 5 ܕܐܝܪ̈ܝܢܘܣ ܡܦܩܒܢܐ ܒܗܠܝܢ ܙ̈ܒܢܐ. ܕܐܝܬ ܠܢ ܡܢܗܘܢ ܕܒܝܬ
ܡܫܬܘܬܐ[4] ܡܬܩܪܝܢ. ܘܒܒܝܬ ܣܘܒ̈ܪܢܐ ܕܐܝܪ̈ܝܢܘܣ ܒܡ̈ܠܐ
ܕܡܬܩܪܝܢ ܒܠܫܢܗܘܢ ܥܠ ܫܡܗܘܢ. ܘܦܪܫ ܠܗ ܠܫܡܗ ܗܘ ܠܗܘ ܡܢܗ
ܕܡܫܬܘܬܪ ܒܫܡܗܘܢ ܡܫܬܘܬܐ[5] ܪܘܫܝܬܐ. ܒܕܡܘܬܐ ܕܫܡܗܘܢ
ܡܩ̈ܪܒܐ ܕܠܒܠ. ܘܚܬܝܬܝܢ ܠܗܘܢ ܠܚܬܢܐ ܘܡܡܠܠܝܢ ܠܗܘܢ
ܘܗܘܢܐ ܐܡܪܝܢ ܠܗܘܢ. ܕܡܫܡܫܐ ܠܗ ܕܐܟܐ ܕܥܠ ܗܘ ܕܠܐ
ܡܬܚܙܐ. ܘܡܫܡܫܐ ܕܙ̈ܘܓܝܬܐ ܐܡܪܐ ܕܟܠ. ܘܡܫܡܫܐ (B fol. 77 b)
ܗܘ ܕܢܦܩܬ ܥܠ ܡܫܚܐ. ܐܣܝܪܐ ܕܝܢ ܡܫܩ̈ܝܐ ܒܒܪ̈ܝܐ ܡܕܒܪܝܢ.
ܕܬܗܪܘܢ ܐܝܟ ܦܬܝܐ ܠܫܡܗܘܢ ܕܡܬܒܚܪܝܢ ܒܐܝܪ̈ܝܢܘܣ.
6 ܘܡܢ ܒܬܪ ܕܝܢ ܕܟܠܗ ܗܫܝܚܘܣ ܐܘܪܚ ܥ̈ܡܡܐ ܒܐܦܣܩܘܦܘܬܐ.
ܦܘܫ ܡܟܠ ܬܫܡܫܬܐ ܕܐܦܣܩܘܦܘܬܐ ܕܪܗܘܡܐ. ܒܐܠܟܣܢܕܪܝܐ
ܕܝܢ ܡܢܘܬܘܣ ܩܘܡܐ ܪܒܢܐ. ܟܕ ܟܠܗ ܐܟܘܢܣܘܣ[6] ܬܠܬܥܣܪܐ
ܫ̈ܢܝܢ. ܘܟܕ ܟܠܗ ܡܪܘܡܘܣ ܥܣܪ ܫ̈ܢܝܢ ܒܬܫܡܫܬܗ ܘܐܬܬܢܝܚ.
ܡܟܠ ܡܢ ܒܬܪܗ ܬܫܡܫܬܐ ܕܒܥܕܬܐ ܕܐܠܟܣܢܕܪܝܐ ܩܠܐܕܝܘܣ.
𝔄 259 7 ܬܘܒ ܕܝܢ ܐܦ ܒܒܥܕܬܐ ܕܪܗܘܡܐ: ܡܢ ܒܬܪ ܣܡܫܡܫܪ̈ܐ
ܫ̈ܢܝܢ ܕܐܦܣܩܘܦܘܬܗ ܕܦܘܠܘܣ ܢܦܩ ܡܢ ܥܠܡܐ. ܘܩܡ ܬܘܒ[7]
ܐܢܛܝܟܘܣ. ܕܒܡܕܝܢܬܗ ܐܬܬܩܝܡ ܗܘ ܐܦܣܩܘܦܘܣ ܕܒܟ ܠܪܗܘܡܐ.
ܘܗܘܐ ܒܬܪܗ ܒܕܡܘܬܐ ܠܐܦܣܩܘܦܘܬܗ ܕܐܠܬܘܪܘܣ.[8] · ⁘ · · ⁘ · · ⁘ ·

[4] 𝔄 *domum nuptiarum* [5] 𝔄 *ministratio* [6] 𝔄 Որոնէս *Orones* [7] 𝔄 om. ܬܘܒ [8] 𝔄 Աղէգորոսի (read Աղէթորոսի)

ܕܬܪܥܝܬ. ܥܠ ܗܠܝܢ ܒܪܘܚܐ ܕܐܒܘܗܝ ܡܦܝܠܣܘܦܝܢ 𝔄 260
ܠܐܦܝܠܣܘܦܘܣ.

8 ܬܐܪܬܐ ܕܝܢ ܚܬܝܡ ܗܘܐ ܒܗ̈ܘܢ ܕܬܢܐ ܡܦܝܠܣܘܦܘܣ.
ܘܒܪ ܐܬܘܗܝ ܒܐܘܡܢܘܬܐ ܕܦܝܠܣܘܦܘܬܐ ܡܬܚܙܐ ܗܘܐ ܡܠܬܐ
ܕܐܠܗܐ. ܘܒܡܐܡܪܘܗܝ ܕܡܟܬܒ ܗܘܐ ܡܬܬܟܫ ܗܘܐ ܥܠ
ܐܦ ܗܝܡܢܘܬܐ. ܘܒܡܐܡܪܐ ܕܐܟܬܒ ܠܘܩܒܠ ܡܪܩܝܘܢ
ܡܒܕܪ. ܘܒܗ ܘܒܢܐ ܕܡܐܟ ܗܘܐ ܠܗ[1] ܦܝܣ ܗܘܐ ܒܥܠܡܐ
9 ܗܘ ܡܪܩܝܘܢ. ܐܡܪ ܕܝܢ[2] ܗܟܢܐ. ܕܡܪܩܝܘܢ ܠܡ ܦܘܢܛܝܩܝܐ Apol i 26
ܗܘ ܕܐܦ ܒܙܒܢ ܦܝܣ: ܘܡܠܦ ܠܐܝܠܝܢ ܕܡܬܛܦܝܣܝܢ ܠܗ
ܕܢܫܡܥܘܢ ܕܐܝܬ[3] ܐܠܗܐ ܕܪܒ ܡܢ ܒܪܘܝܐ. ܘܗܘ ܕܝܢ ܗܢܐ
ܒܟܠ ܕܘܟ. ܠܒ̈ܢܝ ܐܢܫܐ ܣܓ̈ܝܐܐ ܐܦܝܣ ܒܝܕ ܥܘܕܪܢܐ
ܕܡܓܕܦܝܢ ܗܘܘ ܠܗ. ܕܢܐܡܪܘܢ ܡܛܠ ܥܒܕܐ ܘܕܢܟܦܪܘܢ.
(B fol. 78 a) ܒܒܪܘܝܐ ܕܟܠ ܠܐ ܗܘܐ ܐܒܘܗܝ ܕܡܫܝܚܐ.
ܘܢܘܕܘܢ ܕܐܚܪܢܐ ܐܝܬ ܕܪܒ ܡܢ ܗܢܐ.[4] ܘܟܠܗܘܢ ܕܗܪܘ ܡܢ
ܗܠܝܢ ܐܝܟ ܕܐܡܪܢ[5] ܒܝܬ ܦܝܠܣܘܦܐ ܡܬܩܪܝܢ. ܐܝܟܢܐ ܕܠܐ ܫܠܡܝܢ
ܩ̈ܠܝܣܘܢ ܕܦܝܠܣܘܦܐ ܠܫܡܗܐ. ܫܡܐ[6] ܕܦܝܠܣܘܦܘܬܐ ܕܓܘܐ
10 ܐܬܘܗܝ. ܘܒܬܪ ܗܠܝܢ ܡܘܣܦ ܘܐܡܪ. ܕܐܝܬ ܠܝ ܠܡ ܡܐܡܪܐ
ܠܘܩܒܠ ܟܠܗܝܢ ܗܪ̈ܣܝܣ ܕܗ̈ܘܝ. ܕܐܢ ܨܒܝܢ ܐܢܬܘܢ ܕܬܩܪܘܢ
11 ܐܬܠ ܡܗܝܡܢ ܐܚܝܕ ܠܟܘܢ.[7] ܗܘ ܕܝܢ ܗܢܐ ܡܦܝܠܣܘܦܘܣ.
ܐܦ ܠܘܩܒܠ ܝܗܘܕ̈ܝܐ ܥܒܕ ܡܐܡܪܐ ܒܫܘܐܠܬܐ. ܘܬܘܒ ܐܦ
ܐܚܪܢܐ ܕܐܝܬ ܒܗܘܢ ܡܛܠ ܒܪܘܝܐ ܥܠ ܐܦ ܗܝܡܢܘܬܢ
ܠܡܠܟܐ ܐܢܛܘܢܝܢܘܣ ܗܘ ܕܐܬܩܪܝ ܐܘܣܒܝܣ. ܐܦ ܠܒܢܝܐ
ܕܩܘܢܛܝܢܘܣ ܕܪܘܡܝܐ ܥܠܝܗ. ܗܘ ܓܝܪ ܒܪܘܡܐ ܡܬܗܦܟ 𝔄 261

CHAP. XII. [1] For ܦܝܣ ܗܘܐ ܠܗ 𝔄 has *դեռ adhuc* (but read *դեղեր*?) [2] 𝔄 *dicit ipse* [3] 𝔄 inserts *alius* [4] 𝔄 *quam hic creator* [5] 𝔄 om. ܐܝܟ ܕܐܡܪܢ [6] 𝔄 = ܘܡܦܩܢܐ [7] 𝔄 *si vultis legere, dant eos vobis*

ܗܘܐ̇. ܘܡܫܘܐ ܥܠ ܢܦܫܗ ܕܩܒܠ ܘܡܢ ܐܝܟܐ ܐܬܬܣܝ.

i 1 ܒܬܪ ܗܠܝܢ ܕܐܬܡܪ ܒܡܠܝ ܬܠܬܐ. ܠܐܘܦܘܪܦܘܪ ܦܝܠܘܣ: xii.

ܐܠܝܘܣ ܡܪܝܘܣ: ܐܦܠܘܢܝܘܣ ܐܘܣܒܝܣ ܘܣܪ ܡܣܦܠܘܣ.

ܘܠܪܝܣܛܘܣ ܒܪܗ ܦܠܣܘܦܐ ܘܠܠܘܩܝܘܣ ܒܪܗ ܕܣܘܣ:

ܘܠܟܠܗ ܣܘܦܠܛܘܣ. ܘܠܟܠܗ ܥܡܐ ܕܗܘܡܪܘܣܐ: ܘܠܘ ܗܘ̈ܢ ܕܡܢ

ܥܠܗ ܒܢܫܐ ܕܗ̈ܢܘܢ ܐܢܫܐ ܡܫܬܢܐܝܢ ܒܦܠܐܢܝܬ ܘܡܬܬܠܠܝܢ.

ܘܦܝܠܘܣ ܒܪ ܦܪܣܘܣ ܒܪ ܟܢܫܐ[8] ܡܢ ܢܦܫܗ ܕܦܠܣܘܦܐ.

ܡܦܩܝܢ ܐܢܫ[9] ܠܗܘܢ ܒܡܘܬܐ ܘܬܟܫܦܬܐ ·:· ·:· ·:·

ܕܬܠܬܥܣܪ ܐܚܪܬܐ ܕܐܦܠܘܢܝܘܣ ܕܥܒܕ ܠܟܠܗ ܐܢܫܐ ܡܛܠ ܘܠܦܢܐ ܕܠܗ ·:·

ܗܢܐ ܕܝܢ ܦܪܫ ܠܗ ܒܡܘܬܐ ܐܦ ܐܚܪܢܐ ܠܡܠܟܐ ܐܦܠܘܢܝܘܣ:

ܕܟܠܗ[1] ܐܢܫܐ ܒܪܢܫܐ ܕܥܠ ܐܣܛܘܢ ܡܢ ܚܕܐ[2] ܕܡܘܪܐ

(B fol. 78 b) ܡܬܐܠܝܢ ܒܫܦܠܢܐ. ܕܐܝܟ ܗܢܐ ܦܘܡܢܝ ܘܡܪܢܐ ܗܘ[3]

pol i 70 ܒܟܠܗ ܐܢܫܐ. ܐܘܦܘܪܦܘܪ ܡܫܪ. ܡܪܘܡ ܐܘܠܐܪܘܣ xiii. 1

ܐܦܠܘܢܝܘܣ ܡܣܦܠܘܣ ܠܟܠܗ ܐܢܫܐ ܥܠܡ. ܐܢܐ ܐܢܐ ܘܡܟܢܐ 2

𝔄 262 ܕܐܠܗܐ ܒܠܚܘܕ ܗܘ ܠܗܘܢ. ܕܠܐ ܢܠܒܘܢ ܠܐܠܗܐ ܕܗܒܢܐ

ܐܢܘܢ. ܗܢܘ ܡܢܗܘܢ ܟܢܫ ܩܘܪܒܢܐ ܡܟܢܫܝܢ ܠܐܠܗܐ ܕܠܐ

ܝܬܝܪ ܕܢܣܒܘܢ ܠܗܘܢ. ܒܗܕܐ ܓܝܪ ܕܡܬܢܝܢ ܐܢܘܢ ܒܠܚܘܕ 3

ܓܡܝܪ ܬܪܝܨܬܐ ܕܐܢܫܬ ܠܗܘܢ ܡܥܕܪܝܢ ܐܢܘܢ. ܕܡܫܪܓܝܢ

ܐܢܘܢ ܠܗܘܢ ܐܝܟ ܕܠܝܬ ܠܗܘܢ ܐܠܗܐ. ܩܢܘܢ ܕܝܢ ܒܗܕܐ

ܕܡܬܡܫܪܓܝܢ ܒܗ ܓܒܝܢ ܠܗܘܢ. ܕܟܠ ܚܕ ܐܠܗܘܗܝ ܡܬܬܣܪ

ܢܒܗܬܘܢ ܗܢܘ ܡܢ ܕܢܦܩܘܢ. ܡܛܠ ܗܢܐ ܐܦ ܐܦܢ ܕܢܩܒܠܘܢ

[8] 𝔄 Բարփիւրեանց [9] 𝔄 *offerimus*

CHAP. XIII. [1] In 𝔄 for ամենայն read յամենայն [2] 𝔄 plur. [3] 𝔄 = ܗܘܡܘ; and adds *etiam*

ܡܫܠܡܝܢ. ܕܠܐ ܢܬܥܒܕܘܢ ܠܡܕܡ [4]ܕܡܥܩܒܝܢ ܐܢܬܘܢ ܠܗܘܢ
ܕܢܕܒܪܘܢ. ܥܠ ܙܘܥܐ ܕܝܢ ܕܗܘܘ ܘܗܘܝܢ ܘܠܐ ܗܘ[5] ܕܢܥܗܕܟܘܢ. 4
ܕܡܬܬܥܝܩܝܢ[6] ܐܢܬܘܢ ܕܗܘܝܢ. ܟܕ ܢܦܫܟܘܢ ܗܟܝܠ ܕܠܩܘܒܠ ܚܕ
5 ܕܗܠܝܢ. ܗܢܘܢ ܒܦܪܗܣܝܐ ܐܢܬܘܢ ܠܘܬ ܐܠܗܐ ܝܬܝܪ
ܡܢܟܘܢ. ܐܢܬܘܢ ܕܝܢ ܒܟܠܗ ܙܒܢܐ ܕܠܐ ܝܕܥܝܢ ܐܢܬܘܢ[7] ܒܗ. ܐܦ
ܒܐܠܗܐ ܐܚܪܢܐ ܒܥܝܢ ܐܢܬܘܢ. ܘܒܦܘܠܚܢܐ ܕܗܘ ܕܠܐ
ܡܝܐܬ ܡܬܒܛܠܝܢ ܐܢܬܘܢ. ܕܠܟܪ̈ܣܛܝܢܐ ܕܦܠܚܝܢ ܠܗ ܛܪܕܝܢ
ܐܢܬܘܢ ܘܪܕܦܝܢ ܐܢܬܘܢ ܥܕܡܐ ܠܡܘܬܐ. ܘܥܠܝܗܘܢ ܥܠ 6
ܗܠܝܢ ܗܓܡܘܢܐ ܣܓܝܐܐ ܕܐܬܪ̈ܘܬܐ ܟܬܒܘ ܠܐܒܘܢ. ܐܦ
ܗܘ ܟܬܒ ܠܗܘܢ ܦܣܩܗܝܢ[8] ܕܠܡܕܡ ܠܐ ܢܣܩܘܢ ܐܢܘܢ
ܐܢܫ ܠܐܝܠܝܢ ܕܗܟܢܐ ܐܢܘܢ. ܐܠܐ ܐܢ ܕܠܡܐ ܐܬܚܙܝܘ
ܕܡܫܬܥܠܝܢ[9] ܐܢܫܐ ܡܕܡ ܒܡܠܟܘܬܐ ܕܪ̈ܗܘܡܝܐ. ܐܦ ܠܝ
ܐܘܕܥܘܢ ܣܓܝܐܐ ܡܛܠ ܗܠܝܢ. ܐܦ ܐܢܐ ܥܢܝܬ ܘܟܬܒܬ 𝔄 263
ܠܗ̈ܓܡܘܢܘܗܝ ܕܐܒܘܢ. ܐܢ (B fol. 79 a) ܐܢܫ ܕܝܢ ܐܝܬ ܕܡܫܘܐ 7
ܒܗܢܐ ܨܒܝܢܐ: ܘܡܛܐ ܠܐܢܫ ܡܢ ܗܠܝܢ ܠܕܝ̈ܢܐ ܕܗܢܐ ܠܡ ܗܟܢܐ
ܗܘ. ܗܘ[10] ܕܡܬܐܟܠ ܡܬܪ̈ܘܗܝ ܢܫܬܪܐ ܡܢ ܕܝܢܐ. ܐܦ ܢܬܚܝܒܐ
ܕܐܝܟ[11] ܕܡܬܐܡܪ ܟܠܗܘܢ ܐܢܬܘܢ. ܗܘ ܕܝܢ ܐܢܫܐ[12] ܕܐܪܥ
ܡܬ̈ܪܘܗܝ ܢܬܚܝܒ. ܐܬܦܫܩ ܕܝܢ ܗܢܐ ܦܘܩܕܢܐ ܒܟܠܗ ܐܣܝܐ. 8
ܘܕܗܠܝܢ ܗܟܢܐ ܗܘܘ ܡܫܡܫܝܢ ܡܠܝܠܐ. ܕܐܬܚܘܝܘ ܗܘܐ
ܐܦܝܣܩܘܦܐ ܕܥܕܬܐ[13] ܕܣܪܕܝܣ ܡܕܝܢܬܐ. ܕܣܗܕ ܗܘܐ
ܒܗܘ ܟܬܒܐ ܕܡܦܩ ܒܪܘܚܐ ܕܟܬܒ ܠܐܘܛܘܩܪܛܘܪ[14] ܘܐܪܘܣ
ܥܠ ܫܪ̈ܒܐ ܗܘ ܡܫܬܥܝܢܘܬܐ[15] ܕܠܢ ∴

[4] End of the lacuna in A, fol. 68 *a* [5] A adds ܠܟܘܢ [6] A ܕܡܬܬܥܝܩܝܢ ܝܬܝܪ [7] A ܐܢܬܘܢ [8] 𝔄 *exemplar edictorum* [9] A ܕܠܡܐ ܚܕ ܐܢ [10] A adds ܦܠܐ [11] A ܕܡܬܦܫܩܝܢ ܐܢܫ ܡܢܗܘܢ] 𝔄 *si quis ex iis extendat* [12] A adds ܡܢ [12] A ܐܢܫ ܕܝܢ [13] A ܣܪܕܝܣ, omitting ܕܥܕܬܐ [14] A ܠܐܘܛܘܩܪܛܘܪ [15] A 𝔄 ܘܡܫܬܥܝܢܘܬܐ

ܕܐܪܒܬܥܣܪ̈ ܕܐܝܟܢܐ ܐܝܬ ܒܗܘܕܢܐ ܕܡܬܥܗܕܝܢ ܕܫܠܝܚܐ.[1]

ܒܫܢ̈ܬܗ ܕܝܢ ܕܐܢܝܩܛܘܣ[2] ܗܢܐ ܕܐܡܪܢ ܠܥܠ ܕܐܝܬܘܗܝ xiv. 1
ܗܘܐ ܐܦܝܣܩܘܦܐ ܕܥܕܬܐ ܕܪ̈ܗܘܡܝܐ. ܡܫܬܥܐ ܐܝܪܢܐܘܣ.
ܕܦܘܠܝܩܪܦܘܣ[3] ܦܝܫ ܗܘܐ ܒܥܠܡܐ[4] ܘܐܬܐ ܠܪ̈ܗܘܡܝ. ܕܐܝܬ[5]
𝔄 264 ܗܘܐ ܠܗ ܡܠܬܐ ܕܒܥܬܐ ܥܡ ܐܢܝܩܛܘܣ[6] ܥܠ ܝܘܡܐ ܕܦܨܚܐ.
2 ܘܗܘ ܒܪ ܗܘ ܐܦ ܬܫܒܘܚܬܐ ܐܫܪܬܐ ܐܫܠܡ[7] ܡܛܠ ܦܘܠܝܩܪܦܘܣ.[8]
ܕܐܦ ܠܗ̇ ܘܠܝܬܐ ܗܝ ܕܢܦܫ̈ܗ ܠܐܝܠܝܢ ܕܡܬܐܡܪ̈ܢ ܥܠܘܗܝ..
3 ܪܫܝܡܐ ܕܝܢ ܒܡܐܡܪܐ ܕܬܠܬܐ ܕܥܒܕ ܐܝܪܢܐܘܣ[9] ܠܘܩܒܠ
v Haer 3, 4 ܗܪ̈ܣܝܣ[10] ܗܟܢܐ. ܦܘܠܝܩܪܦܘܣ[11] ܠܡ: ܠܐ ܒܠܚܘܕ ܡܬܬܠܡܕܘ
ܐܬܬܠܡܕ ܡܢ ܫ̈ܠܝܚܐ ܘܐܬܗܦܟ ܥܡ ܣܓ̈ܝܐܐ[12] ܕܚܙܘ ܠܡܪܢ.
ܐܠܐ ܐܦ ܡܢܗܘܢ ܡܢ ܫ̈ܠܝܚܐ ܗܘܐ ܐܦܝܣܩܘܦܐ[13] ܒܐܣܝܐ
4 ܒܥܕܬܐ ܕܙܡܘܪܢ. ܕܐܦ ܐܢܚܢ[14] ܚܙܝܢܝܗܝ ܒܛܠܝܘܬܢ. ܣܓܝ
ܕܝܢ[15] ܐܓܪ ܒܥܠܡܐ ܘܩܫܝܫ ܣܓܝ. ܘܒܣܗܕܘܬܐ ܘܢܨܝܚܐܝܬ[16]
ܐܣܗܕ.. ܘܗܢܐ[17] ܢܦܩ ܡܢ (B fol. 79 b) ܥܠܡܐ. ܘܗܠܝܢ ܟܠܗ
ܗܘܐ ܐܠܦܢܘܬ ܗܠܝܢ ܕܗܢܝܢ ܒܠܚܘܕ ܐܠܦܗܘܢ[18] ܫܪܝܪ̈ܢ.
5 ܘܡܣܗ̈ܕܢ ܠܗܠܝܢ ܟܠܗܝܢ ܒܥܕ̈ܬܐ ܕܐܝܬ ܒܐܣܝܐ. ܘܐܝܠܝܢ
ܕܒܬܪܗ ܠܡܕܒܪܢܘܬܐ ܐܚܝܕܝܢ ܡܫܠܡܢܘܬܗ ܕܦܘܠܝܩܪܦܘܣ.[19] ܣܓܝ
ܓܒܪ ܡܝܬܪ ܗܘܐ ܘܣܗܕܐ ܗܘܐ[20] ܡܗܝܡܢܐ ܠܫܪܪܐ. ܘܬܘܒ

Chap. XIV. [1] A ܕܐܝܟܢܐ ܦܘܠܝܩܪܦܘܣ. ܚܙܐ ܗܘܐ ܕܫܠܝ̈ܚܐ ܬܠܡܝܕܐ. 𝔄 *quomodo memoriam cognovimus apostolorum* [2] A ܕܐܢܝܩܛܘܣ [3] A ܕܦܘܠܝܩܪܦܘܣ [4] A fol. 68 *b* [5] A ܘܐܝܬ [6] A ܐܢܝܩܛܘܣ [7] 𝔄 adds *nobis* [8] A ܦܘܠܝܩܪܦܘܣ [9] A ܐܝܪܢܐܘܣ [10] A ܗܪ̈ܣܝܣ [11] A ܦܘܠܝܩܪܦܘܣ [12] A ܣܓ̈ܝܐܐ [13] A ܐܦܣܩܘܦܐ [14] A ܚܢܢ [15] 𝔄 = ܓܝܪ [16] A ܘܐܝܩܪܐܝܬ [17] A ܘܗܘ 𝔄 om. ܗܢܐ [18] A om. ܐܠܦܗܘܢ [19] A ܕܦܘܠܝܩܪܦܘܣ [20] For ܡܝܬܪ ܗܘܐ ܘܣܗܕܐ ܗܘܐ 𝔄 has *egregius testis erat* (read վկայ էր for վկայէր)

ܠܥܠܡ ܘܠܝܘܠܦܢܗ ܘܡܪܢܝܘܗܝ ܘܕܫܪܪܐ ܡܫܡܠܝ ܙ̈ܢܝܐ.[20a] ܘܗܢ
ܐܚܪܢ ܠܗܘܢܐ. ܒ̈ܥܕܬܗܘܢ.[21] ܕܐܝܣܝܐܦܘܣ. ܠܡܬܪܝܢܐ ܡܢ
ܗܠܝܢ ܕܡܘܗܦܠܐ ܕܐܡܝܪܝܢ ܒܠܚܘܕ ܐܝܟ ܠܒܪܬܐ ܕܐܠܗܐ.
ܘܡܠܦ ܗܘܐ ܘܡܟܪܙ ܕܠܗܠܝܢ ܒܪܬܐ ܒܠܚܘܕ[22] ܡܛܠ ܡܢ ܥ̈ܠܝܡܐ.
6 ܗܢܐ ܕܒܪܬܐ ܡܫܠܡܢܐ ܠܗ.[23] ܘܐܝܬ ܐܢܫܐ ܕܫܡܥܘ ܡܢܗ 𝔄 265
ܕܐܡܪ ܗܘܐ. ܕܝܘܚܢܢ[24] ܠܡ ܬܠܡܝܕܗ ܕܡܪܢ ܒܐܦܣܘܣ[25] ܐܙܠ
ܗܘܐ ܕܢܣܚܐ. ܘܚܙܐ ܬܡܢ ܠܩܪܝܢܬܘܣ.[26] ܘܫܘܪ ܢܦܩ[26a] ܡܢ
ܒܠܢܐ[27] ܘܠܐ ܣܚܐ. ܐܠܐ ܐܡܪ ܗܘܐ ܕܢܥܪܘܩ ܠܢ.[28] ܕܠܐ ܐܦ
ܒܠܢܐ ܢܦܠ ܒܢ. ܕܐܝܬܘܗܝ ܬܡܢ ܩܪܝܢܬܘܣ[29] ܒܥܠܕܒܒܗ
7 ܕܫܪܪܐ. ܐܦ ܗܘ ܕܝܢ ܡܪܩܝܘܢ ܒܝܘܡ ܐܚܕ ܠܦܘܠܝܩܪܦܘܣ
ܕܦܘܠܝܩܪܦܘܣ[30] ܘܐܡܪ ܠܗ ܗܘ. ܡܫܬܘܕܥ[31] ܠܝ.[32] ܗܘ ܕܝܢ
ܐܡܪ.[33] ܡܫܬܘܕܥ ܐܢܐ ܠܟ[33a] ܕܒܘܟܪܗ ܐܢܬ ܕܣܛܢܐ. ܘܗܟܢܐ
ܗܘܐ ܠܗܘܢ[34] ܙܗܝܪܘܬܐ ܐܝܬ ܗܘܬ ܠܫ̈ܠܝܚܐ ܘܠܬܠܡ̈ܝܕܝܗܘܢ.
ܐܦܠܐ ܕܐܦ ܠܐ ܒܡܠܬܐ ܠܡܫܬܘܬܦܘ ܠܐܢܫ ܡܢ
ܐܝܠܝܢ ܕܡܚܠܦܝܢ ܫܪܪܐ. ܐܝܟ[35] ܕܐܦ ܦܘܠܘܣ ܐܡܪ: ܕܡܢ Tit iii 1
ܒܬܪܐ ܠܡ ܕܡܠܟܬ ܬܪܝܢ[36] ܒܡܠܦܢܐ ܐܚܪܢܐ.[37] ܡܢ ܒܬܪ
ܫܐܠ ܡܬܪܘ ܘܕܐܬܬܢܝ ܐܫܬܐܠ ܡܢܗ. ܕܝܕܥ ܐܢܬ ܕܡܬܗܦܟ
ܗܘ ܐܢܫܐ ܕܗܟܢܐ ܗܘ ܘܚܛܐ. ܘܕܐܢ ܢܦܫܗ ܠܚܝܒܘܬܐ.
8 ܐܝܬ ܕܝܢ ܐܦ ܐܓܪܬܐ[38] ܡܫܒܚܬܐ ܕܦܘܠܝܩܪܦܘܣ[39] ܕܟܬܝܒ

[20a] A ܙ̈ܢܝܢܐ [21] A ܡܫܬܘܕܥܬ [22] 𝔄 om. ܒܠܚܘܕ [23] For ܠܗ 𝔄 has *hodie* [24] A ܝܘܚܢܢ [25] 𝔄 adds *in balneum* [26] A ܠܩܪܝܢܬܘܣ [26a] A ܘܗܦܟ ܢܦܩ 𝔄 *saluit et exiit* [27] A ܒܢܐ [28] A 𝔄 om. ܠܢ [29] A ܩܪܝܢܬܘܣ [30] A ܕܦܘܠܝܩܪܦܘܣ 𝔄 *venit ut precaretur Polycarpum* [31] A fol. 69 *a* [32] 𝔄 *me* [33] A ܠܗ ܐܡܪ, omitting ܗܘ ܕܝܢ. 𝔄 *et is dicit ei* [33a] 𝔄 om. ܠܟ [34] 𝔄 om. ܟܠܗܘܢ [35] A ܐܝܟܢܐ [36] A ܬܪܝܢܘܬܗ [37] For ܐܢܫܐ ܗܪܛܝܩܐ ܒܡܠܦܢܘܬܗ ܕܡܬܚܠܦ ܠܟ ܐܢܫ ܡܢ 𝔄 has յաւէտ Հերետիկոսէ *ab homine heretico*. Cf. Arm. Vulg. [38] 𝔄 *alia epistola* [39] A ܐܓܪܬܐ ܕܦܘܠܝܩܪܦܘܣ

𝔄 266 ܠܦܬܓܡܘܬܐ. ܕܬܫܒܘܚܬܐ ܕܡܫܝܚܘܬܐ[40] ܘܟܪܘܙܘܬܐ (B fol. 80 a)
ܕܫܪܪܐ[41] ܡܢܗ ܡܥܡܕܝܢ ܐܢܫܝܢ[42] ܠܦܢܝ. ܐܝܠܝܢ ܕܝܕܥܝܢ ܘܡܩܒܠܝܢ[43]
9 ܠܗܘܢ ܥܠ ܫܡܗܘܢ ܀ ܗܠܝܢ ܐܡܪܢ ܐܢܚܢܢ. ܗܘ ܕܝܢ
ܦܘܠܘܣܦܘܣ[44] ܒܗܕܐ ܐܟܬܒܬܐ ܕܦܬܓܡܘܬܐ ܕܟܬܒ ܘܐܬܬܢܝ[45]
ܕܥܒܕܐ ܠܗܘܢܝܢ. ܐܬܚܙܝ ܠܣܗܕܘܬܐ ܡܢ ܗܘ ܐܟܬܒܬܗ[46]
ܡܥܡܕܢܘܬܐ ܕܦܝܠܘܢ ܀ ܀ ܀ ܀ ܀

ܕܡܬܟܬܒܢ ܕܐܡܪܢܐ ܐܡܬܗ ܦܘܠܝܛܘܣ[1] ܒܝܘܡܝ ܘܐܦܘܣ[2]
ܥܡ ܐܚܪܢܐ ܒܡܕܝܢܬܐ ܡܬܝܠܬܐ ܀

10 ܐܦܠܘܢܝܘܣ[3] ܕܝܢ[3a] ܗܘ ܕܐܬܩܪܝ ܐܘܣܒܝܘܣ[4]: ܒܗ ܕܒܪ
ܡܠܦܢܘܬܐ ܒܗܢܝܢ ܘܬܪܬܝܢ ܫܢܝܢ. ܡܢܝܢܘܣ ܐܘܪܠܝܘܣ ܘܐܦܪܝܘܣ[4a]
XV. 1 ܐܦܠܘܢܝܘܣ ܒܪܗ ܡܢ ܠܗܘܢ[5] ܐܝܟܢܐ[6] ܡܟܠ[7] ܒܬܪܗ. ܒܗܢܐ
ܘܒܢܐ ܗܘܐ ܫܠܘܚܐ ܕܪܘܡܝܐ[7a] ܘܫܠܡܐ ܒܐܝܟܢܐ.[8] ܘܐܬܟܠܠ
ܒܗܕܘܬܐ ܦܘܠܘܣܦܘܣ.[9] ܘܠܐ ܗܘ ܕܝܢ ܕܬܟܠܐ ܕܗܕܘܬܗ
𝔄 267 ܕܢܦܫ ܕܥܒܕܐ ܠܗܘܢܝܢ[10] ܕܢܦܫܝܢܘܬܗ[11] ܒܗܘܕܝܢܗ ܕܗܘܐ
2 ܬܫܒܘܚܬܐ. ܕܫܡܥ[12] ܕܝܢ. ܗܘ[13] ܒܬܠܬܐ ܐܝܟ ܕܗܢ ܦܪܨܘܦܐ
ܕܒܬܐ ܗܘ ܕܡܟܬܒ ܗܘܐ. ܠܒܝܬܐ[14] ܕܐܝܬ ܒܦܘܢܛܘܣ[15]

[40] A 𝔄 ܗܠܟܘܢܝܘܬܗ
[41] 𝔄 *et veritatem praedicationis eius*
[42] A 𝔄 om. ܐܢܫܝܢ
[43] 𝔄 om. ܘ ܕܝܕܥܝܢ
[44] A ܦܘܠܘܣܦܘܣ
[45] 𝔄 om. ܐܬܬܢܝ
[46] A ܗܘ ܐܟܬܒܬܐ

Chap. XV. [1] A ܦܘܠܝܛܘܣ [2] A om. ܘܐܦܘܣ ܒܝܘܡܝ [3] Here begin extracts in E (Add. 14650) fol. 73 a, and F (Add. 14641) fol. 146 a [3a] E om. ܕܝܢ [4] A F ܐܘܣܒܝܘܣ [4a] F ܘܐܦܪܝܘܣ [5] F ܠܗܘܢܝܢ [6] A om. ܐܝܟܢܐ ܠܗܘܢ ܒܢܝܐ [7] A adds ܡܢ [7a] E F ܘܪܘܡܝܐ [8] A om. ܐܝܟܢܐ [9] A ܐܝܟܢܐ ܦܘܠܘܣܦܘܣ F ܦܘܠܘܣܦܘܣ [10] A ܠܗܘܢ [11] F ܕܢܦܫܝܢܘܬܗ [12] 𝔄 = ܕܫܡܥ [13] A adds ܗܢܐ [14] A E F 𝔄 ܠܒܝܬܐ [15] A E ܒܦܘܢܛܘܣ 𝔄 = ܐܝܟܢܐ

3 ܕܬܡܗܝܢܐ[16] ܒܗܠܝܢ ܡ̈ܠܐ ⁘ ܒܪܬܐ[17] ܕܐܠܗܐ ܠܐܝܠܝܢ[18] ܕܐܝܬ
ܒܚܠܡܐܠܗܐ[19] ܘܠܟܠܗܘܢ ܒܢ̈ܝܬܐ ܕܐܝܬ ܒܪܝܬܐ ܡܕܝܢܬܐ[20]
ܕܟܠ ܐܢܫ. ܦܠܚܘܬܐ ܘܫܠܡܐ ܘܚܘܒܐ ܕܐܠܗܐ ܐܟܚܕ
ܘܕܚ̈ܠܝ ܫܪܒ ܡܫܝܚܐ ܢܦܩܬ.[21] ܒܟܠܗ[22] ܠܗܘܢ ܐܢܫ̈ܝܢ ܟܠ
ܐܝܠܝܢ ܕܐܬܟܣܝܘ[23] ܐܦ ܥܠ ܦܠܚܐ[24] ܦܘܠܝܩܪܦܘܣ.[25] ܕܢܬܒܥ
4 ܟܕ ܗܕܝܬܗ ܘܒܠܥ ܙܢܘܩܐ. ܘܡܢ ܒܬܪ ܗܠܝܢ ܕܝܢ[26] ܡܕܡ
ܬܒܥܘܗܝ ܕܦܘܠܝܩܪܦܘܣ.[27] ܥܠ ܗܢܐ ܐܚܪܢܐ[28] ܡܬܬܟܝܢ
ܘܢܦܩܘ ܒܬܪܥܬܐ. ܕܐܝܟܢܐ (B fol. 80 b) ܡܫܝܚܝܢܘܬܐ ܚܘܝ
ܒܟܢ̈ܫܘܗܝ. ܗܟܢ ܕܐܬܚܙܝܘ ܠܐܝܠܝܢ ܕܚܙܝܢ ܗܘܘ ܘܡܬܚܡ
ܘܚܙܝܢ ܒܗܘܢ. ܕܒܟܡ ܒܢܓ̈ܕܐ[29] ܒܕܡܐ ܠܥܪ̈ܩܐ ܠܓܝܕ̈ܐ[30]
ܡܬܦܪܩܝܢ ܗܘܘ. ܗܟܢܐ ܕܐܦ ܡܥ̈ܝܗܘܢ ܠܓܘܐ ܡܬܚܙܝܢ
ܗܘܐ.[31] ܒܟܡ ܕܝܢ ܐܦ ܫ̈ܠܘܚܐ ܚܪ̈ܘܦܐ ܕܝܡܐ ܒܝܡܐ
ܡܬܓܪܩܝܢ ܗܘܘ ܘܡܬܬܫܝܢ. ܘܒܬܪ[32] ܙܢܝܢ ܕܫ̈ܢܕܐ ܘܢܓ̈ܕܐ
ܡܢܬܝܢ[33] ܗܘܘ ܠܗܘܢ. ܘܠܣܘܦܐ ܡܐܟܘܠܬܐ ܠܚ̈ܝܘܬܐ ܡܬܝܗܒܝܢ
5 ܗܘܘ. ܡܬܬܟܝܢ[34] ܕܝܢ ܕܡܫܬܥܝܐ ܐܬܝܠܝܕ ܓܪܡܢܝܩܘܣ ܫܠܝܚܐ. 𝔄 268
ܕܡܒܛܠ ܗܘܐ ܒܙܢ ܒܠܝܒܘܬܐ ܕܐܠܗܐ ܙܥܐ ܠܕܚܠܬ ܡܘܬܐ
ܕܐܝܬܝܐ ܒܦܓܪܐ. ܘܗܘ ܙܥܐ ܗܘܐ ܐܬܥܒܪܐ[35] ܕܢܚܫܘܗܝ:
ܘܐܚܝܕ ܗܘܐ ܒܕܡܘܬܐ ܘܡܬܕܡܐ ܘܐܡܪ ܗܘܐ ܠܗ:[36] ܕܩܛܠܢܐ[37]
ܐܝܟ ܘܠܚܡܐ ܣܓܝ ܥܠ ܢܦܫܗ. ܗܘ ܕܝܢ ܠܐ ܐܬܟܠܝ ܠܗ.

[16] 𝔄 = ܕܡܬܕܡܪܐ [17] 𝔄 plur. [18] 𝔄 om. ܠܐܝܠܝܢ [19] E F ܒܚܠܡܐܠܗܘܬܐ
[20] A E F 𝔄 ܥܡܐ ܕܡܫܝ̈ܚܝܐ [21] E F add ܠܗܘܢ [22] E ܒܟܠܗܘܢ
F ܒܟܠܗܘܢ ܚܕ [23] A fol. 69 b [24] A adds ܘܐܡܪܐ [25] A ܦܘܠܝܩܪܦܘܣ
[26] A ܕܝܢ ܗܠܝܢ [27] A ܕܦܘܠܝܩܪܦܘܣ, E ܕܦܘܠܝܩܪܦܘܣ [28] A ܐܚܪܢܐ
[29] A ܒܢܓ̈ܕܐ [30] 𝔄 *usque ad nervos s. tendines* [31] F fol. 146 b [32] 𝔄 =
ܘܒܬܪ [33] A ܡܬܬܡܪܩܝܢ ܘܢܓ̈ܕܐ [34] 𝔄 *narrat* [35] F ܐܬܦܘܠܝܣ.
E fol. 73 b [36] 𝔄 om. ܠܗ [37] A ܠܩܛܠܐ

ܐܠܐ[38] ܫܕܝܐܝܬ ܡܫܢܝܬܐ ܗܘܐ ܠܗ̇ ܠܡܫܘܚܬܐ[39] ܠܬܘܠܗ. ܠܐ
ܒܠܚܘܕ ܒܡܘܪܟܐ ܐܠܐ[40] ܐܦ ܒܡܦܢܝܬܐ. ܐܝܟ ܕܡܟܠܠ ܢܦ̈ܫܬܐ
6 ܡܢ ܗܢܐ ܒܠܚܘܕܝܐ[41] ܕܒܡܠܟܐ ܘܕܝܘܪܝܐ. ܘܒܡܫܡܫܢܘܬܗ ܥܒܝܕܐ
ܒܠܗ̇ ܒܪܝܬܐ[41a] ܐܬܕܪܟܬ ܗܘܬ. ܒܓܢܒܪܘܬܗ ܕܗܢܐ ܦܪܘܩܐ[42]
ܪܘܚܡܗ[42a] ܕܐܠܗܐ. ܘܒܢܝܚܘܬܐ[43] ܕܟܠܗ ܒܢܝܐ ܕܒܢ̈ܝܢܫܐ. ܘܡܢ
ܥܠ ܦܪ̈ܘܗ ܡܚܝܒ ܢܦܩܘܠܘܢ ܐܝܠܝܢ ܕܒܠܐ ܐܠܗܐ ܐܢܘܢ.
7 ܢܬܒܥܘܢ ܦܘܠܝܡܪܩܘܣ.[44] ܘܟܕ ܗܘܐ ܥܘܠܒܢܐ ܘܡܠܐܟܐ
ܒܡܬܗܘܢ. ܓܒܪܐ ܚܕ ܕܫܡܗ ܗܘܐ ܡܘܩܝܡܘܣ. ܕܒܝܫܘܬܗ
ܐܬܘܗܝ ܦܪܘܓܝܐ: ܕܐܟܦܬܐ ܫܕܝܐܝܬ ܡܢ ܦܪܘܓܝܐ. ܟܕ[45] ܘܡܢ
ܘܣܓܝ[46] ܣ̈ܢܝܬܐ ܘܠܘܣܡܘܣܝܢ. ܕܒܢܝ ܘܐܬܒܪܗ ܒܢܦܫܗ.
8 ܘܠܫܪܒܬܐ ܐܬܪ̈ܦ ܒܫ̈ܢܝܗܘܢ. ܡܫܡܫܢܐ ܕܝܢ ܡܠܬܗ ܕܗܢܐ
ܦܬܟܝ.[47] ܕܗܘ ܗܢܐ ܡܫܡܫܢܐ ܗܘܐ. ܘܠܐ ܡܛܠ ܕܫܠܛ
ܡܢܝ[48] ܓܒܪܐ ܢܦܫܗ ܠܕܝܢܐ ܥܡ ܐܚܪ̈ܢܐ. ܒܪܡ ܕܝܢ ܟܕ ܚܙܐ
ܗܢܐ[49] ܬܫܡܫܬܐ (B fol. 81 a) ܠܒܠܬܐ[50] ܥܒܕ ܠܥܠܡ.[51] ܕܠܐ ܠܐ ܦܠܐ
ܕܢܗܘܐ ܐܝܟ ܥܕܐ ܢܦܫܗ ܠܕܐܝܟ ܗܠܝܢ ܕܒ̈ܩܬܐ ܡܥܒܕܢܘܬܐ
ܕܠܐ ܕܫܠܛ ܡܢܝ. ܥܠܡܢܐ ܕܝܢ ܕܗܠܝܢ ܗܕܟܢܐ ܗܘܐ ܀
9 ܦܘܠܝܡܪܩܘܣ[52] ܕܝܢ ܬܒܢܝܬܐ ܟܕ ܚܙܐ ܡܢܚܐܬ ܘܩܡ[53] ܕܠܐ
ܥܠܘܒܢܐ. ܘܒܪܐ ܪܘܚܗ ܟܕ ܚܙܐ ܘܠܐ ܡܬܬܘܡܐ.[54] ܘܢܓܕܐ
ܕܢܦܫ[55] ܟܡ ܒܡܥܒܕܢܘܬܐ. ܟܕ ܕܝܢ ܟܕ ܡܢܗ ܗܘܢ ܕܐܝܬ

[38] A adds ܕܝܢ [39] 𝔄 plur. [40] A ܐܠܐ ܠ [41] F ܠܟܠܗ̇ ܗܘܐ
[41a] E F ܠܟܠܗ̇ ܒܟܠܗܘܢ 𝔄 *omnes homines* [42] A adds ܡܫܝܚܐ [42a] 𝔄 = ܪܘܚܡܗ
[43] A ܘܢܝܚܘܬܐ [44] A ܦܘܠܝܡܪܩܘܣ [45] 𝔄 = ܘܡܢ
[46] A adds ܗܘܐ [47] A fol. 70 *a* [48] A ܠܗܠܝܢ [49] A ܗܘ ܗܢܐ
E F ܗܘܐ 𝔄 *et is* [50] E F om. ܠܒܠܬܐ [51] A ܠܚܠܦ ܐܢܫ [52] A
ܦܘܠܝܡܪܩܘܣ [53] E ܩܡ ܡܩܡܐ ܩܡ F ܩܡ ܡܩܡܐ ܩܡ [54] A ܡܬܬܘܝܐ
[55] A E F add ܠܗ

ܗܘܘ ܒܥܝܢ: ܕܢܦܩܘܢ ܠܐܓܘܢܐ ܕܡܠܟ ܪܫܝܥ ܗܘܐ ܡܢ
ܡܕܝܢܬܐ ܐܬܦܠܓܘ.[56] ܘܐܬܬܘܣܝ ܗܘܐ ܬܘܒ ܒܗܘ ܐܝܢܐ
ܕܗܘ̈ܪܐ. ܘܡܕܡ ܐܣܝܪ ܠܗ ܒܒܪ̈ ܗܘܐ̇ ܠܗ[57] ܒܠܠܝܐ̇ ܘܠܐ
ܒܐܝܡܡܐ.[58] ܐܠܐ ܕܐܡܝܢ ܗܘܐ ܒܨ̈ܠܘܬܐ ܕܠܘܬ ܡܪܢ.
ܕܒܗܝܢ ܒܥܐ ܗܘܐ ܘܡܬܟܫܦ:[59] ܘܫܐܠ ܕܢܗܘܐ ܫܠܡܐ ܠܟܠܗܝܢ[59a]
ܥܕ̈ܬܐ ܕܒܟܠܗ ܥܠܡܐ. ܗܢܐ[60] ܓܝܪ ܥܝܕܐ ܐܝܬ ܗܘܐ ܠܗ̇
10 ܐܡܝܢܐܝܬ. ܘܟܕ[61] ܡܨܠܐ ܩܕܡ ܬܠܬܐ[62] ܝܘ̈ܡܝܢ ܕܢܬܬܨܝܕ. ܚܙܐ
ܒܠܠܝܐ ܚܙܘܐ ܕܬܚܙܝܬܐ ܕܐܝܬܝܗ ܗܘܬ[63] ܬܚܘܬ ܪܝܫܗ̇.[64] ܕܡܢ[64a] ܥܠ
ܡܚܬ ܒܗ̇ ܢܘܪܐ ܘܐܬܐܟܠܬܗ̇. ܒܗ ܕܝܢ ܐܬܦܢܝ[65] ܠܗܢܘܢ ܕܥܡܗ ܡܚܘܝܐ[66]
ܦܫܩܗ ܠܗܢܐ ܚܙܘܐ. ܘܦܫܝܩܐܝܬ[67] ܦܩܕ ܐܡܪ̇ ܠܗܘܢ ܕܐܝܬ
ܗܘܘ ܒܥܝܢ ܡܢܗ ܕܢܬܝܩܕ[67a] ܗܘܐ ܠܡܗܘܐ̇. ܕܡܬܦܠܓ ܡܥܝܢܐ 𝔄 270
11 ܒܢܘܪܐ ܢܦܩ ܐܝܢܐ ܡܢ ܥܠܡܐ. ܟܕ ܕܝܢ ܐܚܕܝܢ ܗܘܘ ܒܡܦܩܬܐ
ܡܚܝܬܬܐ[68] ܗ̇ܘܝܢ ܕܒܥܝܢ ܗܘܘ ܠܗ. ܬܘܒ ܒܝܘܡܐ ܕܐܝܢܐ
ܐܬܚܙܝ ܕܢܦܩܘܢ ܠܐܓܘܢܐ ܠܐܣܝܪܐ.[69] ܘܟܬܪ ܡܠܟ ܐܪܕܦܘܗܝ[70]
ܬܒܥܝܢ ܗ̇ܘܝܢ ܕܪܕܦܝܢ ܗܘܘ ܒܬܪܗ.[71] ܐܚܕܘ ܕܝܢ ܡܢ ܬܒܥܝܢ ܬ̈ܪܝܢ
ܛ̈ܠܝܐ ܘܢܓܕܘ ܠܚܕ ܡܢܗܘܢ. ܘܐܘܕܥ[72] ܐܘܡܢܗ[73] ܐܝܟܢ
12 ܒܝܬ ܡܫܪܝܗ ܕܦܘܠܝܩܪܦܘܣ.[74] ܟܕ ܕܝܢ ܐܪܕܦܘܗܝ ܬܡܢ ܟܕ
ܪ̇ܡܫܐ.[75] ܐܫܟܚܘܗܝ ܕܫܟܝܒ (B fol. 81 b) ܒܥܠܝܬܐ. ܘܟܕ ܡܨܐ
ܗܘܐ ܕܢܥܪܘܩ ܡܢ ܬܡܢ[76] ܠܕܘܟܬܐ ܐܚܪܬܐ ܠܐ ܨܒܐ. ܐܡܪ̇

[56] A ܘܐܬܦܠܓܘܢ F adds ܘܐܠܐ [57] F ܐܠܐ, but the initial ܐ is half erased
[58] F ܘܒܐܝܡܡܐ [59] A adds ܗܘܐ [59a] E F ܒܟܠܗܝܢ [60] A adds ܗܘ
[61] A adds ܗܘ [62] F fol. 147 *a* [63] A E F ܗܘܐ [64] E F ܪܝܫܗ
[64a] E ܡܢ [65] E F ܐܬܚܙܝ [66] F ܡܚܘܝܗ [67] A ܘܦܫܝܩܐܝܬ 𝔄 adds
*explicuit* [67a] E fol. 74 *a* [68] A ܡܚܝܬܐ [69] A ܠܐܓܘܢܐ ܠܐܣܝܪܐ
E F ܠܐܣܝܪܐ ܐܓܘܢܐ [70] E F add ܗܘܘ [71] A ܠܗ [72] A E ܘܐܘܕܥܘ.
A fol. 70 *b* [73] A E ܚܘܝܘ 𝔄 *monstraverunt* [74] A ܕܦܘܠܘܩܪܦܘܣ
[75] 𝔄 *accedebat vespera* [76] 𝔄 om. ܡܢ ܬܡܢ

13 ܘܗܘܐ ܕܝܢ ܕܪ̈ܚܝܡܘܗܝ[77] ܕܐܠܗܐ ܢܗܘܐ.[78] ܘܟܕ ܝܠܦ ܕܬܚܠܘܦ ܐܝܟ
ܕܐܡܪܝܢܐ ܡܠܬܗ ܢܦܩܬ ܠܘܬܗܘܢ. ܘܡܛܠ ܚܣܡܗܘܢ ܒܦܪ̈ܘܦܐ
ܡܫܝܢܐ ܘܦܘܫܩܐ. ܘܡܫܬܦܪܐ ܗܘܬ ܠܐܝܠܝܢ ܕܠܐ ܝܕܥܝܢ ܠܗ̇
ܕܬܕܡܘܪܬܐ ܗ̇ܘܝ. ܕܚܙܝܢ ܗܘܘ ܒܚܠܝܫܘܬܐ ܕܫܡܫܘܬܗ̇.
ܘܒܫܒܩܘܬܐ ܘܬܘܟܠܬܐ ܕܦܪ̈ܘܩܗ̇. ܘܐܦ ܕܐܝܟ ܗܕܐ
14 ܣܥܘܪܬܐ ܗܘܬ ܕܢܬܠܚܢ ܕܐܝܟ ܗܢܐ ܗܟܢܐ. ܗ̣ܘ ܕܝܢ
ܡܫܕܪܐ ܦܓܪ ܕܢܫܒܩܘܢ ܠܗܘܢ ܦܬܘܪ̈ܐ ܕܡܫܒ̈ܚܬܐ[79] ܡܫܒ̈ܚܬܐ[80]
ܐܬܝܢ ܠܗܘܢ. ܒܐܠܦ ܕܝܢ ܡܢܗܘܢ ܥܒܕܬܐ ܚܕܐ ܕܢܬܠܐ
ܒܢܝܫܐ.[81] ܘܟܕ ܐܦܩܘ ܠܗ̇. ܡܢ ܘܡܬܠܐ ܗܘܬ ܒܗ ܡܠܬܐ
ܠܒܘܬܗ ܕܡܪܢ. ܐܡܪܢܐ[82] ܕܢܬܗܪܘܢ ܐܝܠܝܢ ܕܐܬܘ. ܘܫܡܥܝܢ
𝔄 271 ܗܘܘ ܠܗ ܟܕ ܡܬܠܝܐ ܘܡܫܬܐܠܐ ܡܢܗܘܢ. ܬܘܬܒܐ ܗܘܬ ܠܗܘܢ
ܢܦܫܗܘܢ. ܕܐܝܟܢܐ ܓܒܪܐ ܒܠܘܕ ܕܢܦܫܬ. ܗܟܢܐ ܢܦܫܐ ܕܐܝܟܐ
15 ܠܐܠܗܐ ·.·.· ܘܟܡ ܗܠܝܢ ܬܘܒ ܡܚܘܬܐ ܒܬܟܐ ܕܬܫܒܘܚܬܗ̇
ܗܟܢܐ. ܕܟܡ[83] ܒܬܪ ܕܐܬܕܒܪ ܠܥܠܡܐ[84] ܒܝܠܘܬܗ:[85] ܘܠܐܝܠܝܢ
ܕܡܟܬܘܫ[86] ܠܐ ܢܗܒ ܐܚܘܢ. ܠܢܒܘܪܐ ܘܠܬܘܪ̈ܒܐ ܠܚܘܡܪ̈ܐ
ܘܠܚܝ̈ܘܬܐ.[87] ܘܠܒܠܗ̇ ܒܕܬܐ ܕܐܝܬ ܒܟܠܗ ܒܠܚܘܕ ܥܠܡ ܝܠܘܬܗ.
ܘܟܕ ܓܠܐ ܒܕܝܢܐ ܕܢܦܫܗ̇.[88] ܐܬܬܒܥܘܗ̇ ܒܠ ܠܚܪܒܐ
ܘܐܬܬܒܥܘܗ̇ ܠܡܕܝܢܬܐ. ܘܐܬܬܩܪܗ̇ ܗܘܬ ܥܒܕܬܐ ܙܒܢܬܐ. ܘܦܓܕ
ܒܗ ܡܪܕܘܬܐ ܐܢܬܪܩܐ[89] ܘܐܬܟܫܘܗ̇ ܐܘܟܠܝܐ.[90] ܗܘܢܐ ܕܝܢ
ܐܬܬܟܫܘܗ̇ ܒܚܣܡܗܘܢ ܒܡܪܒܥܬܐ. ܘܡܫܡܫܝܢ ܗܘܘ ܠܗ ܒܗ
ܬܠܝܢ ܒܚܟܝ ܘܐܡܪܝܢ ܠܗ̇.[90a] (B fol. 82 *a*) ܕܡܢܝܢܐ ܠܡ ܐܝܬ ܒܗܕܐ

[77] F ܕܪܚܝܡܐ [78] A ܕܢܗܘܐ ܢܬܠܡܕ [79] A ܘܡܫܒ̈ܚܬܐ [80] E F ܕܡܫܒ̈ܚܬܐ ܡܫܬܒ̈ܚܬܐ [81] 𝔄 *decenter* [82] A ܐܡܝܢ [83] A ܡܢ [84] A ܠܟܠܗ ܐܢܫ [85] E F ܒܝܠܘܬܐ [86] A ܕܡܢ ܡܟܬܘܫ [87] A ܘܠܚܝ̈ܘܬܐ [88] F adds ܠܗܘܢ [89] E F ܐܢܬܪܩܐ [90] E F ܐܘܟܠܝܐ [90a] E om. ܠܗ

ܕܟܝܢ.[91] ܕܢܐܡܪ ܐܢܫ ܡܪܝ ܩܣܪ ܘܢܕܒܚ.[91a] ܘܢܚܐ. ܗܘ ܕܝܢ 16
ܒܩܕܡܝܬܗ ܠܐ ܐܬܦܢܝ ܐܢܘܢ ܦܬܓܡܐ. ܒܬܪ[92] ܕܝܢ[93] ܐܠܨܝܢ ܗܘܘ
ܠܗ ܐܡܪ ܠܗܘܢ.[94] ܠܐ ܥܒܕ ܐܢܐ ܗܕܐ ܕܡܠܟܝܢ[95] ܐܢܬܘܢ
ܠܝ.[96] ܗܢܘܢ ܕܝܢ ܟܕ ܚܙܘ ܕܠܐ ܡܬܛܦܝܣ ܠܗܘܢ[97] ܐܡܪܝܢ
ܗܘܘ ܠܗ ܡܠܐ ܟܝܢܬܐ. ܘܡܢ ܣܓܝ[98] ܥܕܐܘܗܝ ܡܢ ܡܪܟܒܬܐ.[99]
ܘܟܕ ܢܚܬ[1] ܐܬܚܒܠܬ ܫܩܝܬܗ.[2] ܗܘ ܕܝܢ ܠܐ ܐܬܦܢܝ. ܐܠܐ
ܐܝܟ ܗܘ ܕܡܕܡ ܠܐ ܚܫܬ. ܒܚܕܘܬܐ ܘܒܚܦܝܛܘܬܐ ܐܙܠ
17 ܗܘܐ. ܘܐܬܝܗܒ ܠܐܣܛܕܝܢ.[3] ܘܟܕ ܬܘܒ ܠܦܘܪܓܝܐ[4] ܪܒܬܐ
ܕܐܣܛܕܝܢ. ܕܡܫܬܥܝܢܐ[5] ܐܚܪܢܐ[6] ܡܫܬܥܝܢ ܫܡܥܘ[7] ܕܥܠ
ܦܘܠܝܩܪܦܘܣ[8] ܠܐܣܛܕܝܢ. ܘܟܕ ܥܐܠ ܗܘܐ ܩܠܐ ܐܬܐ ܡܢ
ܫܡܝܐ.[9] ܐܬܚܝܠ ܘܐܬܓܒܪ ܦܘܠܝܩܪܦܐ.[10] ܠܗܢܐ ܕܝܢ ܕܐܡܪ
ܗܕܐ ܐܢܫ ܠܐ[11] ܚܙܗ. ܩܠܐ ܕܝܢ ܫܡܥܘܗܝ ܡܢ ܕܝܠܢ ܣܓܝܐܐ.[12]
18 ܘܟܕ ܩܪܒܘܗܝ.[13] ܗܘܐ ܫܓܘܫܝܐ ܪܒܐ.. ܕܫܡܥܘ ܕܐܬܬܨܝܕ
ܦܘܠܝܩܪܦܘܣ.[14] ܘܟܕ ܐܬܩܪܒ. ܡܫܐܠ ܗܘܐ ܠܗ ܐܢܬܘܦܛܐ[15]
ܕܐܢ[16] ܐܢܬ ܗܘ ܦܘܠܝܩܪܦܘܣ.[17] ܘܟܕ[18] ܐܘܕܝ ܡܦܝܣ ܗܘܐ ܠܗ
ܕܢܟܦܘܪ. ܘܐܡܪ ܗܘܐ[19] ܠܗ ܐܬܚܫܚ ܡܢ ܫܢܝܟ.
ܘܐܚܪܢܝܬܐ[20] ܕܕܡܝܢ ܠܗܠܝܢ ܐܝܟ ܕܐܝܬ ܠܗܘܢ ܥܝܕܐ ܠܡܐܡܪ

[91] F fol. 147 *b* [91a] E fol. 74 *b* [92] A ܘܒܬܪ [93] A fol. 71 *a*
[94] 𝔄 om. ܠܗ and ܠܗܘܢ [95] A ܕܡܠܟܝܢ [96] 𝔄 om. ܠܝ [97] 𝔄 om. ܠܗܘܢ [98] A E F ܘܡܣܓܝ [99] A ܡܢ ܡܪܟܒܬܐ ܪܡܐܘܗܝ [1] A E F ܢܚܬ
[2] F ܫܩܝܗ [3] 𝔄 *et cum duxissent eum in arenam ubi bestias emittebant*
[4] E F ܦܘܪܓܐ [5] 𝔄 adds *ex iis* [6] A ܘܩܛܝܠܐ ܘܐܦ ܠܐ [7] F ܫܡܥܘ
[8] A ܦܘܠܘܩܪܦܘܣ [9] 𝔄 adds *et dicit* [10] A ܦܘܠܘܩܪܦܐ [11] F ܐܢܫ ܠܐ
[12] 𝔄 inverts the preceding clauses, rendering *vocem multi e nostris audierunt sed clamantem non viderunt* [13] 𝔄 om. ܟܕ ܩܪܒܘܗܝ [14] A ܦܘܠܘܩܪܦܘܣ
[15] F ܐܢܬܘܦܛܐ [16] A ܕܐܢ [17] A ܦܘܠܘܩܪܦܘܣ [18] 𝔄 om. ܟܕ
[19] A om. ܗܘܐ 𝔄 om. ܠܗ [20] A ܘܐܚܪܢܝܬܐ E F add ܐܠܝܢ 𝔄 adds *multa verba dicebat*

19 ܐܡܪ ܠܗ.[21] ܐܝܟܢ[22] ܟܪܟܗ ܕܡܫܪ ܘܐܬܬܐ.[23] ܐܡܪ ܕܢܫܬܘܠܡ[24]
ܐܝܠܝܢ ܕܕܠܐ ܐܠܗܐ ܐܢܘܢ. ܗܘ ܕܝܢ[24a] ܦܘܠܝܡܪܦܘܣ.[25] ܒܦܪ̈ܝܘܦܐ[26]
ܫܘܚܠܦܐ[27] ܚܪ ܒܟܠܗ ܥܠܡܐ ܕܐܝܬ ܒܐܣܛܕܝܢ ܘܐܡܪ ܠܗܘܢ[28]
ܐܡܪܗ. ܘܐܬܬܢܝܚ ܗܘܐ ܒܫܡܫܐ. ܘܐܡܪ̈ܝ. ܫܡܘܠ ܐܢܘܢ ܠܐܠܗܝܢ
20 ܕܕܠܐ ܐܠܗܐ ܐܢܘܢ. ܟܕ ܕܝܢ ܫܡܥ ܗܘܐ (B fol. 82 b) ܠܗ ܕܝܢܐ
𝔄 273 ܘܐܡܪ ܠܗ.[29] ܐܝܟܢ[30] ܘܥܪܐ ܐܢܐ[31] ܠܟ ܝܗܒ ܐܢܐ ܠܡܫܢܩܘ. ܐܡܪ
ܠܗ[32] ܦܘܠܝܡܪܦܘܣ.[33] ܬܫܢܝܩܝܢ[34] ܘܡܫܬ ܥܢܝܢ ܐܢܬ ܠܝ ܕܦܠܝܛ ܐܢܐ
ܠܗ. ܘܡܡܘܬܐ ܠܐ ܐܗܘܪܝ. ܐܡܝܢܐ ܡܫܡܫ ܐܢܐ ܕܐܝܟܢܐ
21 ܠܡܠܟܐ ܠܗܘ ܕܗܘ ܦܪܘܩ. ܟܕ ܕܝܢ ܫܡܥ ܗܘܐ ܠܗ ܬܘܒ[35]
ܘܐܡܪ ܠܗ[36] ܐܝܟܢ[37] ܟܪܟܗ ܕܡܫܪ. ܐܡܪ̈ܝ[38] ܠܗ[39] ܦܘܠܝܡܪܦܘܣ.[40]
ܡܕܝܢܬܐ ܗܝ ܐܢܬ ܕܐܡܪܬ[41] ܠܝ ܐܝܟܢ[42] ܟܪܟܗ ܕܡܫܪ:
ܘܡܟܐ ܐܢܬ[43] ܢܦܩܬ[44] ܕܠܐ ܚܙܝ ܐܢܬ ܡܢܗ ܐܬܝܬ.[45] ܢܚܬܬ
ܗܝܠ[46] ܒܦܪܗܣܝܐ. ܕܦܘܠܚܢܐ ܐܢܐ. ܐܠܐ ܢܩܫܬ ܕܬܐܠܦ[47]
22 ܡܠܬܐ ܕܦܘܠܚܢܘܬܐ. ܗܘ ܕܝܢ ܡܬܚܒܨ ܘܡܬܒܝܫ. ܐܡܪ ܠܗ[48]
ܐܬܘܠܦܬܐ[49] ܐܦܣ ܠܥܠܡܐ. ܘܦܘܠܝܡܪܦܘܣ[50] ܐܡܪ ܠܗ.[51] ܠܝ
ܐܦܣܬ ܐܦ ܠܡܠܬܐ. ܠܘܬܝ[51a] ܥܕܡܐ. ܕܠܬܢܐ[52] ܘܠܫܠܡܢܘܬܐ[53]

[21] 𝔄 om. ܠܗ  [22] A ܐܝܟܢ ܠܟ EF ܐܝܟܢ  [23] EF ܘܐܬܪܐ
[24] A ܢܫܬܘܠܡ  [24a] A ܗܘ ܕܝܢ E adds ܢܘܪܐ  [25] A ܦܘܠܝܡܪܦܘܣ
[26] F ܒܦܪ̈ܝܘܦܐ  [27] A ܫܘܚܠܦܐ  [28] 𝔄 om. ܠܗܘܢ  [29] 𝔄 om. ܘ and ܠܗ
[30] A E F ܐܝܟܢ  [31] A ܘܥܪܐ  [32] 𝔄 om. ܠܗ  [33] A ܦܘܠܝܡܪܦܘܣ
[34] F ܬܫܢܝܩܝܢ  [35] A om. ܬܘܒ 𝔄 *et iterum incitabat eum iudex*  [36] 𝔄 om. ܠܗ  [37] A adds ܠܟ E F ܐܝܟܢ  [38] F ܐܡܪ  [39] 𝔄 om. ܠܗ
[40] A ܦܘܠܝܡܪܦܘܣ  [41] E F ܕܐܡܪ ܐܢܬ  [42] A E F ܐܝܟܢ  [43] A ܘܡܟܐ
[44] A fol. 71 b  [45] A ܡܢ ܐܢܬ  [46] A ܡܚܝܠܐ  [47] E F ܕܬܐܠܦ ܐܢܬ ܕܢܝܫܘܥ
[48] 𝔄 om. ܠܗ F fol. 148 a  [49] F ܐܬܘܠܦܬܐ  [50] A ܦܘܠܝܡܪܦܘܣ
E ܦܘܠܝܡܪܦܘܣ  [51] 𝔄 om. ܠܗ  [51a] A ܐܠܘܬܝ  [52] A ܕܠܬܢܐ
[53] A ܘܠܫܠܡܢܘܬܐ E F ܘܠܫܠܡܢܘܬܐ 𝔄 plur.

ܕܦܪܩܢܝ ܡܢ ܐܠܗܐ. ܐܝܟܢܐ ܐܝܟ ܕܗܠܐ ܐܢܫܐ ܕܠܐ ܡܚܝܡܢ
ܠܝ ܢܛܠ.[53a] ܠܫܪܗܘܢ ܕܝܢ ܠܐ ܣܓܕ ܐܢܫܐ[54] ܠܗܘܢ ܕܚܫܝܢ ܠܡܚܒܫ
23 ܒܪܘܟܐ. ܗܘ ܕܝܢ ܐܢܬܘܦܛܐ[55] ܐܡܪ ܠܗ.[56] ܚܝܘܬܐ ܐܝܬ ܠܝ
ܘܠܗܝܢ ܐܪܡܐ ܐܢܐ ܠܟ ܐܠܐ[57] ܡܬܬܘܬܬ. ܗܘ ܕܝܢ ܐܡܪ.
ܩܪܝ ܐܢܘܢ.[58] ܠܝܬ ܠܝ ܓܝܪ ܫܘܚܠܦܐ ܕܬܝܒܘܬܐ ܡܢ ܛܒܬܐ
ܠܒܝܫܬܐ. ܫܦܝܪܐ ܗܘ ܕܝܢ ܕܢܬܦܢܐ ܐܢܫ ܡܢ ܒܝܫܬܐ ܠܛܒܬܐ.
24 ܬܘܒ ܕܝܢ ܐܡܪ ܠܗ.[59] ܒܢܘܪܐ ܡܫܘܐ ܐܢܐ ܠܟ ܐܢ ܥܠ
ܚܝܘܬܐ ܫܐܛ ܐܢܬ: ܐܢ ܗܘ ܕܠܐ[60] ܬܬܘܒ ܐܢܬ. ܦܘܠܝܩܪܦܘܣ[61]
ܕܝܢ ܐܡܪ ܠܗ.[62] ܢܘܪܐ ܡܬܠܚܡ ܐܢܬ ܕܡܬܝܩܕܐ ܫܥܬܐ ܕܫܥܬܐ
ܘܒܬܪ ܩܠܝܠ ܕܥܟܐ. ܠܐ ܓܝܪ ܝܕܥ ܐܢܬ ܠܢܘܪܐ ܕܕܝܢܐ
ܕܥܬܝܕܐ.[63] ܘܬܫܢܝܩܐ ܕܠܥܠܡ ܕܢܛܪ ܠܪ̈ܫܝܥܐ. ܐܠܐ ܡܢܐ[64]
ܡܟܝܠ ܡܬܘܚܪ ܐܢܬ. ܐܝܬܝܐ[65] ܡܕܡ ܕܨܒܝܬ. ܗܠܝܢ ܕܝܢ 25
ܘܕܠܬܪܢ[66] ܡܢ ܗܠܝܢ ܐܡܪ ܗܘܐ ܟܕ (B fol. 83 *a*) ܡܠܝܐ ܠܘܩܒܠܐ
ܘܫܪܝܘܬܐ. ܘܦܪ̈ܨܘܦܗ[67] ܡܠܝܐ ܗܘܐ ܛܝܒܘܬܐ. ܕܠܐ ܒܠܚܘܕ
ܡܬܚܒܪܘ ܠܐ[68] ܐܬܥܟܪ ܗܘܐ ܐܘ ܐܬܕܠܚ ܡܢ ܐܝܠܝܢ
ܕܡܬܐܡܪ̈ܝܢ[69] ܗܘܘ ܠܗ. ܐܠܐ ܗܘܦܟܐ ܕܗܠܝܢ. ܐܝܟܢܐ
ܕܐܦ ܗܘ[69a] ܐܢܬܘܦܛܐ[70] ܬܡܗ. ܘܫܕܪ ܟܪܘܙܐ ܘܡܟܪܙ ܗܘܐ
ܡܨܥܬ ܐܣܛܕܝܢ ܬܠܬ ܙܒܢܝܢ. ܦܘܠܝܩܪܦܘܣ[71] ܐܘܕܝ ܥܠ ܢܦܫܗ
ܕܟܪܣܛܝܢܐ ܐܝܬܘܗܝ.[72] ܟܕ ܕܝܢ ܐܬܐܡܪܬ[73] ܗܕܐ ܡܢ ܟܪܘܙܐ. 26
ܟܠܗ ܟܢܫܐ ܕܥܡ̈ܡܐ ܘܕܝܗܘ̈ܕܝܐ ܕܥܡܪܝܢ ܒܙܡܝܪܢ.[74] ܒܚܡܬܐ

[53a] E fol. 75 *a*  [54] A ܚܣܝܢܐ  [55] E F ܐܢܬܘܦܛܐ  [56] 𝔄 om. ܠܗ  [57] A E F ܠܝ ܠܐ  [58] 𝔄 adds *et veniant*  [59] 𝔄 om. ܠܗ  [60] For ܐܢ ܗܘ ܕ 𝔄 has only *et*  [61] A ܦܘܠܝܩܪܦܘܣ  [62] 𝔄 om. ܠܗ  [63] A ܕܥܬܝܕ  [64] F om. ܡܢܐ  [65] 𝔄 infin.  [66] F ܘܠܗܝܢ  [67] 𝔄 om. ܘ  [68] 𝔄 om. ܠܐ  [69] E F ܕܐܬܐܡܪ̈ܢ (E om. ܐܡܠܝܢ)  [69a] E F ܕܗܘ  [70] F ܐܢܬܘܦܛܐ  [71] A ܦܘܠܝܩܪܦܘܣ F ܦܘܠܝܩܪܦܣ  [72] 𝔄 *sum*  [73] A ܐܬܐܡܪܬ ܕܝܢ  [74] F ܒܐܙܡܝܪܢ A adds ܟܠܗܘܢ

𝔄 274

ܕܠܐ ܡܫܬܡܥܝܢ[75] ܘܒܚܡܬܐ ܪܒܬܐ ܦܩܕ ܗܘܐ.[75a] ܗܘ[76] ܡܠܦܢܗ̇[77]
ܕܐܘܣܝܐ ܐܒܘܗܘܢ ܕܒܬܫܒܘܚܬܐ ܘܡܪܝܗܘܢ[78] ܕܐܠܗܝܢ.
ܕܟܠ ܠܡܫܡܫܢܐ[79] ܕܠܐ ܢܕܚܠܘܢ ܘܠܐ ܢܣܓܕܘܢ ܠܗܘܢ.
27 ܘܒܬܪ ܐܡܪܗ ܗܠܝܢ. ܦܩܕ ܗܘܐ ܘܢܦܩܘܢ ܡܢ ܦܠܝܛܘܣ ܪܫܝܥܐ[80]
ܕܐܡܪܬ ܕܢܦܩܐ ܐܘܪܚܐ ܥܠ ܦܠܣܛܝܢܘܣ.[81] ܗܘ ܕܝܢ ܐܡܪ[82]
ܕܠܝܬ ܠܝ ܫܘܠܛܢܐ. ܡܛܠ ܕܐܫܬܠܛܘ ܠܗܘܢ ܚܝ̈ܠܐ. ܗܕܝܢ
ܥܒܪ ܠܗܘܢ ܕܢܦܩܘܢ ܐܝܟ ܕܫܪܝܪ.[83] ܕܟܕ ܚܕ ܢܦܩܘܢܝܗܘܢ.
28 ܠܦܠܣܛܝܢܘܣ.[84] ܡܬܒܥܐ ܗܘܐ ܒܬܪ ܕܫܠܡ ܚܙܘܐ ܗ̇ܘ
ܕܚܙܐ ܒܗ̇ܘ ܒܡܕܝܢܬܐ ܕܐܘܚܕܬ ܪܫܗ̇.[85] ܕܚܙܝܗܘܢ ܗܘܐ ܕܢܦܩ ܒܗ
ܡܬܠܐ. ܘܐܬܦܩܕ ܗܘܐ ܘܐܡܪ[86] ܠܡܫܡܫܢܐ ܗ̇ܠܝܢ ܕܐܢܬ
29 ܗܘܐ ܒܗܘ ܒܝܘܡܬܐ. ܕܒܝܘܡܐ ܐܝܬ ܠܝ[87] ܕܐܡܪ. ܘܗܟܝܠ
ܡܠܟܘܬܐ ܥܠ ܕܐܬܐܡܪ ܡܫܬܒܪܘ[88] ܐܫܬܒܪ: ܕܒܢܝܐ ܐܬܬܘ[89]
ܒܢܝ̈ܐ[90] ܡܢ ܚܙܘܬܐ ܘܡܢ ܒܠܚܘܕ ܡܬܚܐ ܘܡܬܒܬܐ. ܡܬܪܐܝܬ[91]
ܡܬܕܒܪܐ. ܕܫܒܩ ܘܡܫܬܒܚ ܒܕܐܝܟ ܗܠܝܢ ܐܝܟ ܒܫܒܘܚܘܢ. ܒܗ
30 (B fol. 83 b) ܕܝܢ ܐܬܦܠܚܬ ܢܘܪܐ.[92] ܐܚܝܢ ܡܢܝܗ ܠܒܘܫܝܗܘܢ ܒܠܗܘܢ
ܘܢܘܪܐ ܐܚܕ ܣܬܘܗܝ. ܘܣܓܝܐ[93] ܕܢܦܩܬ ܐܦ ܡܢ ܓܠܘܗܝ.[93a] ܒܗ
ܡܢ ܩܕܡ[94] ܗܕܐ[95] ܠܐ ܒܢܐ[96] ܗܘܬ. ܡܛܠ ܕܡܬܚܫܒܝܢ ܗܘܘ
ܡܫܡܫܢܐ ܕܐܠܗܐ ܒܝܘܡܗܘܢ ܘܒܐܝܕܝܬ ܢܦܘܩ[97] ܠܠܒܘܫܝܗܘܢ.

[75] 𝔄 *magnâ irâ* and om. ܘ [75a] 𝔄 adds *et dicebant* [76] A ܗܘ ܗܘܐ [77] E F ܡܠܦܢܐ [78] F ܘܡܪܝܗܘܢ [79] A ܠܡܫ̈ܡܫܢܐ. A fol. 72 *a* [80] E F ܪ̈ܫܥܐ [81] A ܦܠܣܛܝܢܝܣ E ܦܠܣܛܝܢܘܣ [82] 𝔄 adds *iis* [83] E F ܐܝܟ ܕܫܪܐ [84] A ܠܦܠܣܛܝܢܝܣ F ܠܦܠܣܛܝܢܘܣ [85] E F ܪܫܗ̇ [86] E F ܘܐܬܦܩܕܝܢ ܘܐܡܪ ܗܘܐ [87] 𝔄 *exspectabam* [88] F fol. 148 *b* [89] E F ܘܐܬܬܘ [90] A ܒܢܝܐ [91] F ܘܬܪܥܬܐ [92] E fol. 75 *b* [93] E F ܘܣܓܝ [93a] 𝔄 *calceos suos* (for ܡܢ ܪ̈ܓܠܘܗܝ) [94] A E F ܡܢ ܩܕܡ [95] F om. ܗܕܐ [96] E F 𝔄 ܒܢܐ [97] A ܘܒܐܝܕܐ ܢܦܘܩ E ܢܦܘܩ ܘܒܐܝܕܐ

ܒܟܠܗ ܓܝܪ ܕܡܕܒܪܢܘܬܐ ܠܦܠܚܐ ܡܛܝܒܬ ܗܘܬ ܐܦ[28] ܩܕܡ ܣܝܒܘܬܗ.
ܡܚܕܐ ܗܟܝܠ ܐܬܛܝܒܘ[29] ܡ̈ܐܢܐ ܕܡܬܒܥܝܢ ܗܘܘ ܠܢܘܪܐ. ܟܕ[1]
31 ܕܝܢ ܒܥܘܢ ܗܘܘ ܕܢܩܒܥܘܢܝܗܝ ܒܣ̈ܟܐ ܐܡܪ ܠܗܘܢ.
ܫܒܘܩܘܢܝ[2] ܗܟܢܐ. ܗܘ ܓܝܪ ܕܝܗܒ ܠܝ[3] ܚܝܠܐ ܕܐܣܝܒܪ
ܢܘܪܐ. ܗܘ ܢܬܠ ܠܝ[4] ܕܐܟܬܪ ܒܗ̇[5] ܒܢܘܪܐ ܕܠܐ ܥܘܝܩܐ[5a] ܘܕܠܐ 𝔄 276
ܡܘܚܟܐ ܕܣ̈ܟܐ. ܗܢܘܢ ܕܝܢ ܠܐ ܩܒܥܘܗܝ. ܐܣܪܘܗܝ ܕܝܢ
32 ܡܐܣܪ. ܗܘ ܕܝܢ[6] ܡܚܕ ܐܝ̈ܕܘܗܝ ܠܒܣܬܪܗ. ܘܐܬܐܣܪ ܐܝܟ
ܐܡܪܐ ܢܟܝܣܐ ܕܦܝܫ[7] ܡܢ ܡܪܥܝܬܐ ܪܒܬܐ. ܘܩܘܪܒܢܐ ܡܩܒܠܐ
33 ܠܐܠܗܐ ܐܚܝܕ ܟܠ ⁘ ܘܚܪ ܘܐܡܪ[8]. ܐܒܘܗܝ ܕܒܪܟ
ܡܫܝܚܐ ܕܝܠܟ ܚܒܝܒܐ ܘܡܒܪܟܐ: ܗܘ ܕܒܐܝܕܗ ܩܒܠܢ
ܝܕܥܬܟ: ܐܠܗܐ ܕܡܠܐܟ̈ܐ[9] ܘܕܚܝ̈ܠܘܬܐ ܘܕܟܠܗܝܢ[10] ܒܪ̈ܝܬܐ:
ܘܕܟܠܗ[11] ܓܢܣܐ ܕܙܕܝܩ̈ܐ ܕܚܝܝܢ ܩܕܡܝܟ. ܡܒܪܟ
ܐܢܐ ܠܟ ܕܐܫܘܝܬܢܝ ܠܝܘܡܐ ܗܢܐ ܘܠܫܥܬܐ ܗܕܐ. ܕܐܣܒ
ܡܢܬܐ ܒܡܢܝܢܐ ܕܣܗ̈ܕܐ ܒܟܣܗ ܕܡܫܝܚܟ. ܠܩܝܡܬܐ ܕܚܝ̈ܐ
ܕܠܥܠܡ ܕܢܦܫܐ[12] ܘܕܦܓܪܐ ܒܠܘܝܐ[13] ܕܪܘܚܐ ܕܩܘܕܫܐ ܕܠܐ ܚܒܠܐ.
34 ܕܒܗܠܝܢ ܐܬܩܒܠ ܩܕܡ ܦܪ̈ܨܘܦܝܟ ܝܘܡܢܐ ܕܒܕܒܚܬܐ ܕܡܫܝܢܬܐ
ܘܡܩܒܠܬܐ[14]. ܐܝܟ[15] ܕܐܛܝܒܬ ܡܢ ܩܕܡ ܘܓܠܝܬ ܘܡܠܝܬ ܐܢܬ
35 ܐܠܗܐ ܕܫܪܪܐ. ܡܛܠܗܕܐ ܥܠ ܟܠܡܕܡ ܠܟ ܡܫܒܚ ܐܢܐ[16]
ܘܡܒܪܟ ܐܢܐ. ܒܝܕ ܪܒ ܟܘܡܪܐ ܕܠܥܠܡ[17] (B fol. 84 a) ܝܫܘܥ
ܡܫܝܚܐ ܒܪܟ ܚܒܝܒܐ ܕܒܐܝܕܗ[18] ܠܟ ܘܥܡܗ[19] ܥܡ ܪܘܚܐ

[28] E F add ܥܠ   [29] E F ܐܬܛܝܒܘ   [1] A ܘܟܕ   [2] F ܫܒܘܩܘܢܝ
[3] A ܠܝ   [4] A ܠܝ ܚܝܠܐ   [5] A om. ܒܗ̇   [5a] 𝔄 *sine prolongando*
[6] 𝔄 = ܕܝܢ?   [7] E F ܕܦܠܣܗ̇ (so originally B)   [8] F adds ܠܗ̇   [9] A
adds ܘܟܠܗܘܢ   [10] A fol. 72 *b*   [11] A ܘܟܠܗ   [12] E F 𝔄 ܒܢܦܫܐ   [13] 𝔄 =
ܘܦܪܘܩܝܐ   [14] 𝔄 om. ܘ   [15] A ܘܐܝܟ   [16] A ܘܡܫܒܚܢܐ   [17] 𝔄 om.
ܕܠܥܠܡ   [18] A ܘܐܝܕܗ   [19] A E F ܘܥܡܗ

ܕܡܘܕܝܢܐ. ܡܫܝܚܐ[20] ܗܢ ܗܘܐ ܘܚܕܘܬܐ ܠܥܠܡ ܥܠܡܝܢ[21] ·:·

36 ܘܒܬܪ ܫܠܡ ܫܠܡܘܬܐ[22] ܘܐܬܬܢܝܚ ܐܦܝܢ. ܐܢܫܐ ܗܢܘܢ ܬܢܝܢ ܢܘܪܐ 𝔄 277
ܐܝܟ ܕܠܢܘܪܐ. ܒܗ ܕܝܢ ܗܘܬ ܫܠܡܘܬܐ ܕܒܢܝܬܐ.
ܕܡܬܒܪܬܐ[23] ܚܝܠܐ[24] ܐܠܗܐ ܕܐܬܚܙܝ[25] ܠܗܘܢ ܕܢܚܘܢ.[26] ܕܗܘܢ
37 ܐܬܓܠܝܘ[27] ܕܢܦܩܘܢ ܠܐܣܛܪܢܐ ܡܢܢ ܕܗܘܐ. ܗܘ ܓܒܪ ܢܘܪܐ[28]
ܒܒܢܬ ܕܡܘܬܐ ܕܡܦܩܬܐ ܐܝܟ[29] ܒܬܠܐ ܕܐܠܗܐ ܡܢܐ ܕܡܠܐ
ܡܢ ܐܐܪ. ܘܡܢܚܬܐ ܗܘܬ[30] ܚܙܘܪܝܗܘܢ ܕܦܓܪܗ ܕܣܗܕܐ.
ܘܐܬܚܙܝܘ[31] ܗܘܐ ܒܠܗܘܢ ܠܗ ܐܝܟ ܕܒܝܬܐ ܕܢܦܩ.[32] ܐܠܐ ܐܝܟ
ܕܗܒܐ ܘܡܐܡܪܐ ܕܡܬܚܫܒܢ[33] ܒܒܘܪܐ.[34] ܘܪܘܚܐ ܒܡܫܒܚܐ
ܗܒܢܐ ܐܬܐ[35] ܗܘܐ ܠܝ[36] ܐܝܟ ܪܘܚܐ ܕܠܒܢܘܬܐ. ܐܘ ܐܝܟ
38 ܕܝܫ ܡܢ ܗܪܘܡܐ ܘܫܪܝܐ. ܒܝܘܡܐ ܕܝܢ ܒܗ ܚܝܘ ܗܢܘܢ
ܟܠܗܘܢ:[37] ܕܠܐ ܡܬܚܫܐ ܗܘܬ ܢܘܪܐ ܡܘܕܝܐ ܠܗ ܠܦܓܪܗ.
39 ܦܘܕܘ ܠܐܘܣܛܘܠܐ[38] ܚܕ ܕܢܦܘܩ ܘܣܦܪܘܗܝ ܒܫܒܬܐ. ܘܒܪ
ܚܕܐ[39] ܗܕܐ. ܢܦܩ ܒܗܘ ܕܗܘܐ ܡܫܒܚܐ ܘܐܬܚܒܝ ܠܢܘܪܐ.
ܘܐܬܕܒܪ ܒܠܗ ܗܘ ܒܥܕܐ. ܕܐܝܬ ܕܐܝܟ ܗܘܐ ܦܘܪܫܢܐ
ܒܝܬ[40] ܗܢܘܢ ܕܠܐ ܡܬܡܬܚܝܢ[41] ܘܠܓܒܪܐ ܕܐܠܗܐ. ܕܝܫ ܒܗܘܢ
ܐܬܚܘܝ ܗܘܐ ܗܢܐ ܠܡܫܒܚܐ ܬܡܗܐ.[42] ܕܗܘܐ ܒܥܝܢ ܕܐܠ
ܡܕܢܚܐ ܕܓܠܝܐ ܘܢܦܫܐ. ܐܦܣܩܘܦܐ[43] ܕܒܢܬܐ ܕܡܕܝܢܬܐ.[44] ܒܠ

[20] A om. ܡܘܡܬܐ  [21] E F add ܐܡܝܢ  [22] E F ܣܘܠܩܗ  [23] E F 𝔄 ܠܬܡܗܐ  [24] A ܚܝܠ. ܚܝܠ F ܚܝܠܝܢ ܒܚܝܠ  [25] E ܕܐܬܚܙܝܘ  [26] F fol. 149 *a*  [27] A ܐܬܓܠܝ  [28] A ܢܘܪܐ ܗܘܐ  [29] F adds a second ܐܝܟ  [30] E fol. 76 *a*  [31] A ܕܐܬܚܙܝܘ  [32] F ܕܢܦܩ  [33] A ܘܡܬܚܫܒܢ (orig. ܕܡܬܚܫܒܢ) E F ܐܝܟ ܕܡܬܚܫܒܢ  [34] F ܒܒܘܪܐ  [35] F ܐܬܐ  [36] A ܐܬܐ ܗܘܐ ܠܝ ܗܒܢܐ  [37] A ܟܠܗܘܢ ܚܝܘ (omitting ܗܢܘܢ)  [38] A E F ܡܢ ܐܘܣܛܘܠܐ  [39] F ܚܕܐ  [40] A ܒܝܬ  [41] A fol. 73 *a*  [42] 𝔄 adds *vir Dei*  [43] E F ܐܦܣܩܘܦܐ  [44] F ܕܡܕܝܢܬܐ

ܡܠܬܐ ܕܝܢ ܕܢܦܩܬ̇ ܡܢ ܦܘܡܗ ܐܫܬܠܡܬ̇ ܘܡܫܬܠܡܢܐ ·:· ·:·

40 ܟܠܒܒܟܢܐ ܕܝܢ ܟܢܫܐ ܠܢܘܪܐ[45] ܘܫܦܩܘܗ̇ ܕܐܡܪ ܠܟܠܗ[46]

ܠܗܘܢܐ (B fol. 84 b) ܕܢܘܪ̈ܬܐ. ܟܕ ܣܓܝ ܪܒܬܐ ܕܫܘܠܗܒܝܬܗ 𝔄 278

ܘܕܒܪܗ[47] ܗܘ ܕܡܢ ܩܕܡ ܕܠܐ ܪܚܡ ܗܘܐ: ܕܐܬܓܠܠ[48] ܗܘܐ

ܟܠܝܠܐ ܕܠܐ ܚܙܝܢ ܘܕܘܒܬܐ ܕܡܢܠ ܕܠܐ ܦܘܠܓ. ܐܝܟܢܐ

ܐܘܬܐ ܕܐܦ ܠܐ ܠܓܘܫܡܗ ܢܬܚܫܒ ܠܗ. ܟܕ ܡܬܚܙܝܐ

ܡܬܚܪܟܝܢ ܗܘܘ ܕܢܟܒܘܢ ܗܕܐ[49] ܘܢܬܬܚܙܘܢ ܠܚܪܝܗ

41 ܡܢܗܐ. ܚܙܝܢ ܗܘܘ ܐܝܟܢܐ ܠܢܘܗܪܐ ܐܟܡܐ ܕܗܘܝܘܗܝ

ܘܐܝܟܢܐ ܕܐܠܗܐ[50] ܕܢܗܘܐ[51] ܠܡܬܚܟܡܘ ܕܠܐ ܢܦܠ[52] ܠܗ

ܦܓܪܗ. ܕܠܐ ܠܡ ܢܚܡܘܢ[53] ܠܗܘ ܕܐܝܟܢܐ ܘܢܗܘܘܢ ܡܚܒܠܝܢ

ܠܗܢܐ. ܘܟܕ ܚܙܝܘ ܗܠܝܢ ܘܡܕܪܘ[54] ܚܒܝܫܘܢ ܐܦ ܡܩܕܫܐ:

ܗܘܢ ܕܐܦ ܡܠܦܢ[55] ܢܚܙܘܢ ܗܘܘ ܠܗ ܕܡܬܚܠܦܝܢ ܗܘܘ ܕܢܫܒܩܘܢܗܝ[56]

ܡܢ ܗܘ ܢܘܪܐ. ܠܐ ܓܝܪ[57] ܡܕܝܢ ܗܘܘ. ܕܐܢܫܝܢ[58] ܐܦܠܐ

ܠܡܥܒܕܗ ܡܢ ܡܬܘܡ[59] ܡܥܒܕܝܢ ܗܘ[59a] ܕܢܟܒܘܢ. ܠܗܘ ܕܢܚܬ ܟܠ

ܬ̈ܪܝܢ ܚܝܘܗܝ[60] ܕܟܠܡܕܡ. ܗܢܘ ܕܝܢ ܟܠ ܬ̈ܪܝܢ ܐܝܠܝܢ ܕܐܝܟܢܝܢ

42 ܕܢܫܡܘܢ. ܐܦ ܠܐ ܠܐܢܫܝܢܐ[61] ܡܫܕܪܝܢ.[62] ܠܡܥܒܕܗ ܓܝܪ ܡܫܕܪܝܢ

ܐܢܫܝܢ[63] ܠܗܘ ܕܐܬܘܬܗܘܢ[63a] ܒܪܗ ܕܐܠܗܐ. ܠܣܗܕܐ ܕܝܢ ܡܚܒܝܢ

ܐܢܚܢ[64] ܐܝܟ ܕܩܢܝܢ. ܕܡܬܪ̈ܥܝܢܐ ܐܢܘܢ ܕܣܗܕܘܬܗ ܕܡܪܢ.

[45] A ܘܠܢܘܪܐ F om. ܢܘܪܐ [46] A ܠܟܠܗܘܢ 𝔄 adds toti [47] 𝔄 om. ܘܕܒܪܗ
[48] F ܕܐܬܓܠܠ [49] A ܗܘܘ ܡܬܚܪܟܝܢ ܕܢܟܒܘܢ ܗܕܐ [50] E F ܕܐܠܗܐ
[51] F ܕܢܗܘܐ 𝔄 ut moneret A adds ܗܘܐ [52] 𝔄 plur. [53] A 𝔄 ܢܚܡܘܢ
ܠܗܘ [54] 𝔄 om. ܘ [55] A ܡܠܦܢ [56] F ܕܢܫܒܩܘܢܗܝ [57] E F om. ܓܝܪ
[58] A E F ܕܐܢܫܝܢ [59] E F ܡܬܘܡ [59a] F ܡܥܒܕܝܢ [60] F ܚܝܘܗܝ
[61] A ܠܐܢܫܝܢܐ (but orig. ܠܐܢܫܝܢܐ) [62] A ܡܫܕܪܝܢ ܐܢܫܝܢ [63] A E ܡܫܕܪܝܢ
F ܡܫܕܪܝܢ ܐܢܫܝܢ 𝔄 inverts the two preceding clauses, reading *quod Christo adoramus nos et non aliis* [63a] 𝔄 *qui erat* [64] A E F ܡܚܒܝܢ F places the ܐܢܚܢ after ܡܚܒܝܢ

ܡܛܠ ܬܪܥܝܬܐ ܫܦܝܪܬܐ ܘܡܫܝܪܬܐ ܕܐܝܬ ܠܗܘܢ ܠܘܬ ܡܠܟܐ
ܘܡܠܟܢ.[64a] ܕܢܫܬܘܬܦܘܢ ܐܦ ܐܢܫܝܢ[65] ܕܢܗܘܘܢ ܠܗܘܢ ܬܠܡ̈ܝܕܐ
𝔄 279 ܘܫܡܫܐ. ܟܕ ܢܦܩܐ ܕܝܢ[66] ܡܦܠܓܢܘܬܐ[67] ܬܬܟܬܫܘܢ[68] ܕܝܗ̈ܘܕܝܐ.[69] 43
ܗܟܢ ܒܡܟܝܠܬܐ ܐܝܟ ܗܢܐ ܕܐܝܬ ܠܗܘܢ ܘܐܘܕܝܘ.
ܘܗܕܝܢ[70] ܐܢܫܝܢ[71] ܠܬܪܬܐ ܒܕܒܪܝܢ[72] ܚܪ̈ܫܘܗܝ.[73] ܕܡܫܕܪܝܢ ܒܬܪ
ܡܢ ܟܘ̈ܪܐ[74] ܕܡܨܪܝܢ ܕܡܠܟܘܬܗܘܢ ܘܡܫܕܪܝܢ ܠܗ[75] ܡܢ ܕܗܒܐ ܗܢܐ ܫܦܝܪ.[76]
ܘܫܡܥܘ[77] ܐܢܘܢ ܐܢܫܐ[78] (B fol. 85 a) ܕܢܦܩܘ ܠܝ ܡܕܝܢܬܐ. ܕܟܘܠ 44
ܡܬܚܫܒܝܢ[79] ܒܫܘܕܥܬܐ ܘܒܕܝܢܐ[80] ܘܚܒܪܝܢ ܐܢܫܝܢ[81] ܘܡܐܬܐ ܕܕܘܟܝܐ
ܕܡܫܘܬܗܘܢ. ܐܝܟ ܕܠܕܘܟܝܐ ܕܗܢܘܢ ܕܦܪܩܗ ܐܬܒܠܩܘ.
ܘܦܠܝܛܐ[82] ܕܗܢܘܢ ܕܥܬܝܕܝܢ ܠܚܒܪܘܗ ܒܗܘܢ. ܕܐܝܟ ܗܠܝܢ 45
ܦܘܩܕ ܐܠܝܢ ܕܐܬܦܢܝܘ ܒܦܠܚܢܐ ܒܠܡܪܒܘܣ.[83] ܟܕ ܗܢܘܢ
ܬܪ̈ܝܢ ܡܢ ܦܠܚܢܐ[84] ܕܐܬܐܣܪܘ ܒܡܣܘܪ̈ܐ.[85] ܘܬܠܬܐ ܡܢ
ܚܘܬܝ ܕܠܗ ܕܚܬܘܢܗܘܢ ܗܟܢ ܕܒܕܘܟܝܬܗ. ܗܘܒܢ ܕܐܦ ܒܬ
ܚܢܢܐ ܡܬܡܠܠ. ܕܠܦܠܡܪܒܘܣ[86] ܕܝܢ[86a] ܬܡܢܝܐ ܘܬܠܬܝܢ 46
ܕܢܛܘܪ̈ܝܢ[87] ܕܐܝܟ ܗܢܐ ܫܘܠܡܐ ܗܘܐ ܠܗ. ܐܚܪ̈ܢܐ[88] ܕܝܢ

[64a] E fol. 76 b [65] E F ܢܫܝܢ [66] F fol. 149 b [67] A E F ܡܦܠܓܢܘܬܐ
[68] A ܠܬܟܬܫܘܢܗܘܢ [69] 𝔄 places the clause ܐܝܟ ܗܢܐ ܕܐܝܬ ܠܗܘܢ here, instead of after ܒܡܟܝܠܬܐ [70] F ܘܗܕܝܢ : ܘܐܘܕܝܘ [71] A E F ܢܫܝܢ
[72] F ܒܕܒܪܝܢ [73] In E ܕܢܘܚܡܐ is added in a later hand. A fol. 73 b [74] A ܟܘ̈ܪܐ [75] A ܘܠܗ (omitting ܡܫܕܪܝܢ) E F ܡܫܕܪܝܢ ܠܗ. In 𝔄 for գարձեալ read փարձեալ [76] A adds ܡܫܕܪܝܢ [77] F adds ܢܫܝܢ [78] A E F add ܐܢܐ .ܕܗܘܐ ܕܢܬܠ 𝔄 has *ubi decens erat quod Dominus dedit nobis* [79] A adds ܢܫܝܢ F ܡܬܚܫܒܝܢ [80] A ܐܦ ܒܕܝܢܐ [81] A ܘܚܒܪܝܢ E F ܘܚܒܪܝܢ ܢܫܝܢ [82] A ܘܦܠܝܛܐ [83] A ܒܠܡܪܒܘܣ E ܒܠܡܪܒܘܣ [84] A ܦܠܚܢܐ ܡܢ E F ܡܢ ܦܠܚܢܐ [85] F ܒܡܣܘܪ̈ܐ [86] A E ܠܦܠܡܪܒܘܣ F ܕܢܘܚܡܐ ܦܠܡܪܒܘܣ [86a] 𝔄 om. ܕܝܢ [87] F adds ܩܕܝܫܐ 𝔄 sing. [88] A ܐܢܐ

ܕܟܢܘܫܬܐ[89] ܕܡܪܩܝܘܢܝܐ[89a] ܟܬܒܘܗ̇ ܠܡܫܬܟܚܬܐ[90] ܒܗܕܐ ܐܓܪܬܐ
ܕܐܬܟܬܒܬ. ܒܗ ܕܝܢ ܒܗܢܐ ܟܬܒܐ.[91] ܐܦ ܥܠ ܐܚܪ̈ܢܐ ܡܘܕܥܐ
ܕܐܣܗܕܘ[92] ܒܗ̇ ܒܡܕܝܢܬܐ[93] ܗܝ ܒܗܢܐ[94] ܙܒܢܐ. ܐܬܟܬܒܘ ܒܡܠܬܗ̇[95]
ܥܡ[95a] ܣܗܕܘܬܗ ܕܦܘܠܝܩܪܦܘܣ. ܘܥܡܗܘܢ[96] ܥܡ ܗܠܝܢ
ܡܫܬܟܚܝܢ. ܐܦ ܥܠ ܡܛܪܘܕܘܪܘܣ[97] ܗܘ ܕܡܬܚܫܒ ܗܘܐ ܩܫܝܫܐ ܕܟܢܘܫܬܐ 𝔄 280
ܕܦܠܚܘܬܐ ܗܝ[98] ܕܟܠܗ̇ ܡܪܩܝܘܢ: ܗܘ[99] ܕܡܫܢܐ ܕܢܘܪܐ
ܬܒܥ ܗܘܐ ܠܗ. ܐܝܟ ܕܡܛܠ ܦܠܚܐ ܕܗܘܝܘ ܐܠܗܐ ܐܫܬܠܡ
47 ܐܦ[1] ܗܘ ܠܢܘܪܐ ܘܡܝܬ ·܀· ܡܢ ܗܠܝܢ ܕܝܢ ܡܫܒ̈ܚܐ ܕܗܘܘ
ܒܗܘ ܙܒܢܐ. ܚܕ ܡܢܗܘܢ ܐܬܝܕܥ ܗܘܐ ܡܫܡܗܐ ܦܝܘܢܝܘܣ.[2]
ܗܘ ܕܬܘܕܝܬܗ ܣܓܝ̈ܐܬܐ ܡܢܗ̇ ܟܢ. ܘܡܦܪܗܣܝܐ ܕܡܠܠܗ
ܘܡܦܩ ܒܪܘܚܗ ܥܠ ܐ̈ܦܝ ܡܗܝܡܢܘܬܐ ܕܠܘܬ ܥܡܐ[3] ܘܕܠܘܬ[4]
ܕܢܦ̈ܠܘ. ܘܡܠܦܢܘܬܗ[5] ܕܠܗܝܢ ܕܠܡ̈ܘܬ[6] ܘܡܘܥܠܐ ܕܡܦܠܠ ܗܘܐ ܠܐܝܠܝܢ
ܕܢܦܠܘ ܡܢ ܢܨܚܢܐ ܕܣܗܕܘܬܐ.[7] ܘܒܟܠܐܐ ܕܡܗܝܡܢܐ (B fol. 85 b)
ܗܘܐ ܒܝܬ ܐܣܝܪ̈ܐ[8] ܠܐܝܠܝܢ ܕܐܬܐܠܝܢ ܗܘܘ ܠܘܬܗ.[9] ܘܒܡ
ܗܠܝܢ ܐܦ ܥܘܕܪܢܐ ܕܡܗܝܡܢܐ ܗܘܐ ܘܣܥܘܪܗܘܢ:[10] ܘܡܘܟܒ ܙ̈ܟܝܐ[11]
ܘܡܗܝܡܢܘܬܗ ܕܒܘܪܟܐ ܘܫܠܡܗ ܕܟܠܗܝܢ ܡܠܐܟܝܗ. ܢܥܡܪ
ܟܬܒ̈ܝܬܐ[12] ܕܥܠܘܗܝ. ܕܐܝܠܝܢ ܕܨܒܝܢ ܢܩܪܘܢ ܕܢܐܠܦܘܢ.[13]

[89] A 𝔄 ܕܟܢܫܬܐ [89a] E F ܕܡܪܩܝܘܢܝܐ [90] A E F ܠܡܫܬܟܚܬܐ. End of the extract in E
[91] In 𝔄 for [illegible] read [illegible] [92] A ܥܠ ܣܗ̈ܕܐ ܕܐܣܗܕܘ ܐܚܪ̈ܢܐ [93] F ܒܡܕܝܢܬܐ [94] A ܒܗܘ [95] F om. ܒܡܠܬܗ̇ [95a] In 𝔄 for [illegible] read [illegible]
[96] A ܕܥܡܗܘܢ; ܦܘܠܘܩܪܦܘܣ. [97] A ܡܛܪܘܕܘܪܘܣ F ܡܛܪܘܕܘܪܘܣ 𝔄 *Metredotos*
[98] F ܗܘ [99] A ܐܚܪܐ [1] A ܘܐܦ [2] F ܦܝܘܢܝܘܣ [3] 𝔄 plur. [4] F 𝔄 ܘܠܘܬ [5] F ܘܡܠܦܢܐ [6] A ܥܠ ܐܝܟ [7] A ܢܨܚܢܐ ܕܐܪܕܘܦܝܐ
[8] A om. ܒܝܬ ܐܣܝܪ̈ܐ [9] A ܠܘܬ ܠܒܝܬ ܐܣܝܪ̈ܐ [10] A 𝔄 ܘܣܢܝܩܐ. A fol. 74 a [11] A ܘܡܘܟܒܐ ܙ̈ܟܝܐ [12] A F ܟܬܒܝܬܐ [13] F ܕܢܠܦܘܢ

ܗܐ ܡܬܚܙܐ ܒܗܘܦܘܡܢܡܛܝܣܡܐ[14] ܕܡܟܬܒܝܢ ܠܝ ܡܢ ܩܕܝܡ ܕܗܫܐ.[15]

48 ܐܝܟ ܕܝܢ[16] ܬܘܒ ܒܗ̈ܘܦܘܡܢܡܛܝܣܡܐ.[17] ܕܐܝܠܝܢ ܕܐܫܬܕܪܘ[18] ܒܦܪܨܘܦܐ

ܡܕܝܢܬܐ ܕܐܘܣܝܐ. ܘܕܦܪܘܦܘܣ[19] ܘܕܦܝܠܝܦܘܣ[20] ܘܕܐܢܬܬܐ ܚܕܐ

ܕܫܡܗ̇ ܐܓܢܘܬܝܣ.[21] ܘܐܫܬܠܠ[22] ܒܡܕܝܢܬܐ ܫܒܝܚܬܐ

ܘܢܨܝܚܬܐ.[23]

281 ܕܐܬܬܥܝܪ ܕܐܡܝܢܐ ܡܘܢܛܢܘܣ ܦܠܣܘܦܐ ܒܗ ܡܡܠܠ

ܒܪܘܗܡܐ ܡܠܬܐ ܕܡܫܝܚܐ ܐܘܣܒܝ..

xvi. 1 ܒܗܠܝܢ ܕܝ̈ܢܐ. ܐܦ[1] ܡܘܢܛܢܘܣ ܗܘ ܕܗܢ ܩܕܡ ܩܠܝܠ

ܐܡܪܢܢ ܥܠܘܗܝ: ܡܢ ܒܬܪ ܕܦܪܥ ܡܟܡ ܒܪܘܚܐ ܕܛܥܝܢ ܥܠ

ܟ̈ܠܗ ܡܠܦܢܐ ܕܠܐ ܠܗܘܢ ܠܗܠܝܢ ܫ̈ܠܝܚܐ ܐܫܬܠܠ ܒܡܗܕܘܬܐ.

ܦܪܐܩܠܘܣ[2] ܒܪ ܦܠܣܘܦܐ: ܕܐܬܝܗܒ ܗܘܐ ܦܪܘܩܠܘܣ[3] ܗܘ

ܕܝܢ ܥܠܝܗ: ܕܒܬܪܝܬܐ ܘܡܟܬܒܐ ܒܥܡܗ ܥܠܝܗ ܗܘܐ ܕܢܟܬܘܒ.

ܥܠ ܕܬܘܒܐ[4] ܡܫܟܚܬܐ[5] ܠܟܝ ܡܫܡܥܬܐ[6] ܕܡܫܬܡܥܝܢ ܗܘܘ ܕܒܝܫܝ

ܒܐܪܥܐ ܡܘܢܛܢܘܣ. ܠܡܪܬܐ ܕܝܢ ܪܒܐ ܥܠܘܗܝ ܢܦܠܐ. ܘܥܠ

2 ܟ̈ܠ ܫܪܪܐ ܗܘ ܕܡܬܪܘ ܗܘܐ ܒܡܗܕܘܬܐ ܐܫܬܠܠ.[7] ܘܩܘܝ

ܗܕܐ ܐܦ ܗܢܐ ܦܠܣܘܦܐ ܕܫܪܪܐ ܦܫܡܐܬ ܐܡܪ ܒܗܘ

ܡܟܡ ܒܪܘܚܐ ܕܒܥܒ ܗܘܐ. ܘܩܕܡ ܕܢܬܒܥ ܗܘܐ ܕܢܬܚܫܒܘܢ

282 3 ܦܩܕ ܐܘܕܥ ܒܗܠܝܢ ܡ̈ܠܐ. ܕܐܦ ܐܢܐ ܠܟ ܡܫܡܗܐ ܐܢܐ ܗܘ

[14] A 𝕬 add [illegible] [15] A 𝕬 om. [illegible]. F fol. 150 *a* [16] A om. ܕܝܢ [17] A [illegible] [18] A adds ܗܘܘ [19] A F 𝕬 ܕܦܪܘܦܘܣ [20] F ܘܕܦܝܠܝܦܘܣ [21] A [illegible] [22] 𝕬 = [illegible] [23] F ܢܨܝܚܬܐ ܘܡܫܒܚܬܐ. End of the extract in F

Chap. XVI. [1] A ܘܐܦ 𝕬 om. ܐܦ [2] A ܦܪܐܩܠܘܣ, originally ܦܪܐܩܘܣ [3] A ܦܘܪܩܠܘܣ [4] A 𝕬 ܕܒܬܪܝܬܐ ܥܠ [5] A ܡܫܟܚܬܐ [6] 𝕬 *auditorum multorum* [7] A ܐܫܬܠܠ

ܕܐܫܬܠܡ ܡܢ ܚܕ ܡܢ ܦܝܠܘ̈ܣܘܦܐ ܕܡܫܬܡܗܝܢ܂[8] ܐܘ ܡܢ ܩܪܝܣܩܢܣ[9] Apol ii
ܦܝܠܘܣܘܦܐ ܕܟܠܒܐ ܘܪܫܝܡ ܫܡܘܗܝ[10] ܘܐܬܦܪܒ ܒܫܡܗܐ܂ ܠܐ
ܓܝܪ ܦܝܠܘܣܘܦܐ[11] ܗܘܐ (B fol. 86 a) ܠܗ ܕܢܬܩܪܘܗܝ܂ ܠܓܒܪܐ ܕܠܡܚܕܡ
ܕܠܐ ܝܕܥ ܡܢܡܕܡ ܟܠܒܐ ܠܗܝܢ ܚܡܪܐ܂[12] ܕܒܪ̈ܘܡܦܣܐ ܠܡ ܕܠܐ
ܐܠܗܐ ܐܝܬܘܗܝ ܘܪ̈ܚܡܐ܂ ܘܐܝܟ[13] ܕܒܥܒܕ ܠܦܥܠܘܬܐ ܘܪܚܡܬܐ
4 ܠܡ̈ܚܝܐ ܕܡܠܟܝܢ ܚܝܐ ܗܘܐ ܗܕܐ܂ ܐܝܟ ܓܝܪ ܡܥܢܐ[14] ܠܐ
ܦܪܐ ܒܗܠܝܢ ܕܡܥܝܢܐ ܘܡܥܡܪܢ ܕܢܐܡܪ ܚܠܝܡ ܕܟܠܬܐ܂[15]
ܡܕܡܐ ܗܘ ܕܠܓܒܪܐ ܒܝܫܐ ܐܝܬܘܗܝ܂ ܘܦܠܓ ܒܢܫ ܡܢ
ܗܕܝܓܠܐ܂ ܕܗܘܝܢ ܒܒܪ ܢܫܡܝ ܢܗܘܘܢ ܐܘ ܕܒܪܝܢܘܢ ܐܘ
ܕܢܦܫܗܘܢ ܕܟܠܗܝܢ[16] ܥܠ ܡܕܡ ܕܠܐ ܡܩܘܡܝܢ܂ ܐܝܟ ܕܝܢ
ܬܘܒ ܦܪܐ ܘܠܐ ܐܫܬܥܠ ܒܪܘܚܬܐ ܕܐܝܬ ܒܗ: ܐܘ ܐܝܟ
ܐܫܬܥܠ ܬܘܒ ܥܠ ܕܠܐ ܢܫܬܒܪ ܕܡܒܢܐ ܐܝܬܘܗܝ ܒܒܪ
ܗܠܝܢ܂ ܡܬܝܪܐܝܬ ܡܫܬܒܫ ܙܦܢܐ ܘܒܝܫܐ܂ ܕܡܥܒܕܢ
5 ܠܗܕܝܘܛܘܬܐ ܘܠܫܘܒܚܐ ܦܪܘܡܐ ܘܠܕܝܠܬܐ܂ ܘܕܫܪܝܪܘܬܗ ܫܘܐܠܐ
ܕܐܝܟ ܗܠܝܢ܂ ܕܐܠܦ ܡܢܝ ܘܐܬܒܣܡܘܗܝ܂ ܕܫܪܝܪܐܝܬ ܡܕܡ
ܠܐ ܝܕܥ܂ ܝܕܥ ܐܢܐ[17] ܕܝܢ[18] ܕܬܕܒܪܘܢ ܕܫܪܝܪܐܝܬ[19] ܐܡܪ
ܐܢܐ܂[20] ܕܐܢ ܗܘ ܕܠܐ ܐܬܡܪܬ ܠܡܬܒܥܘܬܗܘܢ[21] ܦܘܫ ܗܠܝܢ
ܫ̈ܐܠܐ ܕܒܗܝ܂ ܡܫܠܡ ܐܢܐ ܗܘ ܕܐܦ ܠܒܢ̈ܝܟܘܢ ܢܗܘܘܢ ܬܘܒ 𝔄 283
ܗܠܝܢ ܫܘܐܠܐ܂ ܐܦ ܓܝܪ ܗܘ ܗܘܐ ܒܒܝ[22] ܕܡܠܟܘܬܐ ܗܘ܂
6 ܐܝܟ ܕܝܢ ܡܕܚܠܘܬ[23] ܐܝܬܘܗܝ ܠܗܠܝܢ ܫܘܐܠܐ ܘܫܐܠܘܗܝ
ܕܗܘ܂ ܡܕܡܐ ܗܘ ܠܗܘܢ ܗܕܐ܂ ܕܡܕܡ ܡܢ ܕܐܠܦ ܠܐ

[8] A ܕܡܫܬܡܗܝܢ [9] A ܩܪܝܣܩܢܣ [10] 𝔄 = ܢܝܫ ܡܘܡܝܐ ܘܡܕܝܐ, and adds *vel ab alio* [11] A ܦܝܠܘܣܘܦܐ [12] A adds ܒܠܗ [13] A ܐܝܟ [14] A ܡܥܢܐ ܓܝܪ [15] A fol. 74 *b* [16] A ܕܟܠܗܝܢ [17] A ܝܕܥܐ [18] A 𝔄 om. ܕܝܢ? [19] A ܕܫܪܝܪܐܝܬ [20] In 𝔄 for [illegible] read [illegible] [21] A ܠܡܬܒܥܘܬܗܘܢ [22] 𝔄 plur. [23] A ܐܝܬܠܘܗܝ

ܡܚܘܫ. ܐܘ ܐܢ ܡܚܘܫ ܗܘܐ ܘܡܛܠ ܗܢܘܢ ܕܐܬܚܙܝܢ ܗܘܘ
ܠܐ ܡܫܟܚܝܢ ܗܘܐ ܠܡܣܝܒܪܘ. ܐܝܟ[24] ܕܢܦܩܬ ܢܦܫܗ. ܐܬܬܢܝܚܘ.
ܕܠܐ ܦܘܠܚܢܐ[25] ܗܘ ܐܠܐ ܙܢܐ ܐܚܪܢܝܐ ܚܘܪܒܐ. ܕܐܦܠܐ
ܠܡܠܦܢܘܬܗ ܕܐܣܩܘܡܣܛܪܘܦܐ[26] ܕܫܪܝܐ ܠܡܬܦܪܣܘ ܡܢܗ.[27] ܗܠܝܢ ܐܡܪ
7 ܘܦܘܛܝܢܘܣ. ܗܢܐ ܕܝܢ ܕܦܩܕ ܐܚܪܢ ܗܘܐ: ܕܡܢ ܦܪܐܘܣܘܣ
ܗܘܐ ܥܠܘܗܝ ܡܫܐܠ ܦܘܪܣܐ (B fol. 86 b) ܕܒܗ ܐܫܬܠܡܬ ܠܠܘܓܕܘܢܘܣ
ܐܫܬܥܝܢ. ܒܪܐ ܕܒܫܢܝܗ ܡܫܒܚܐ ܘܩܫܝܫܐ ܐܫܬܘܕܝ ܗܘܐ
ܒܦܓܪܐ ܕܚܝܫܐ. ܘܠܐ[28] ܒܪܘܚܐ ܗܘܬ ܡܬܚܝܠܬܐ ܕܪܘܚܐ
ܒܗ. ܘܕܚܝܠܐ[29] ܕܡܐܡܪܐ ܡܩܪܒܐ ܫܒܩ. ܕܒܗܘ ܕܐܡܪܝܢ
ont :c 18 ܠܗ ܠܡܣܒܠ ܣܗܕܘܬܐ ܡܫܬܥܒܕ ܗܘܐ ⁘ ܕܐܦ ܦܘܛܝܢܘܣ ܠܡ
ܬܫܒܘܚܬܗ ܬܗܘܐ ܐܡܪ: ܕܠܟܢܫܐ ܕܟܠܗܘܢ ܗܠܝܢ ܕܦܩܕܢ
8 ܐܡܪܝܢ[30] ܥܠܘܗܝ. ܘܟܕ ܐܡܪ ܗܠܝܢ ܡܛܠ ܦܘܠܚܢܐ.
) ܐܡܪ ܡܢ ܟܬܒܐ ܗܠܝܢ.[31] ܕܦܘܛܝܢܘܣ ܠܡ ܗܘ ܕܐܬܚܙܝܬ
ܥܠ ܠܡܫܝܚܐ ܪܒܬܐ[32] ܪܘܡܐ. ܒܡܫܟܢܬܐ ܕܫܘܠܛܢܐ ܕܐܠܗܐ
𝔄 284 ܟܠ ܐܢܫ ܒܡܪ ܗܘܐ. ܘܒܪܫܡܬ ܒܥܩܒ ܦܓܪ ܒܢܝܐ ܗܘܐ.
9 ܘܡܢ ܡܠܬܐ ܗܝ ܕܗܘ ܒܠܝ ܗܘܐ ܕܒܫܠܝܛܘܬܗ[33] ܐܢܫ. ܗܘ
ܕܢܦܠ ܗܘܐ ܡܢܗ ܡܢ ܡܠܬܐ. ܗܢܐ ܕܠܦܘܛܝܢܘܣ ܐܝܟ
ܕܠܒܫܬܐ ܪܒܬܐ ܐܬܦܪܣ ܘܐܪܡܝ ܥܠܘܗܝ ܕܢܬܒܪ ܡܛܠ
ܕܡܣܪ ܗܘܐ ܫܪܪܐ. ܘܡܚܝܢ ܗܘܐ ܠܦܘܠܚܢܐ[34] ܕܐܬܚܙܝܘܗܝ
ܚܝܐ ܘܫܬܠܡܢܐ. ܘܒܠܬܐ[35] ܕܡܢ ܕܗܘܝܘܬܗ ܕܦܘܛܝܢܘܣ ܗܕܐ
ܗܘܬ ⁘ ⁘

[24] A ܐܝܟܢܐ [25] A ܦܘܠܚܢܐ [26] A ܕܐܣܛܘܡܘܣܛܪܘܦܐ [27] In 𝔄 for *գտանէ* read *գտանեն* [28] A ܠܐ [29] A 𝔄 ܘܕܚܠܬܐ [30] A ܐܡܪܝܢ [31] A fol. 75 *a* [32] 𝔄 om. ܪܒܬܐ [33] A ܕܫܠܝܛܘܬܗܘܢ [34] A ܠܦܘܠܚܢܐ [35] A ܒܠܬܐ

ܕܐܬܚܡܢ. ܕܐܝܠܝܢ ܗܫܐ[1] ܒܙܒܢ ܒܡܐܡܪܗ[2] ܡܫܠܡܘ.

xvii. 1 ܗܘ ܕܝܢ ܡܫܠܡܢܘܬ ܡܢܢ ܣܗܕܘܬܗ ܡܒܪܪ ܠܐܢ̈ܫܝܐ
ܕܐܣܗܕܘ ܡܢ ܩܕܡܘܗܝ. ܒܗܕܐ ܡܟܐ ܒܪܘܫܐ ܡܢ ܡܐܡܪܐ ܕܟܬܒ ܠܗ
ܠܡܠܟܐ. ܡܛܠ ܕܚܙܐ ܗܘܐ ܠܗܘܢ ܥܒܕܐ ܕܗܘܐ ܗܘܐ ܠܗ.
2 ܘܟܬܒ ܗܟܢܐ ❖ ܕܐܢܬܬܐ ܠܗ ܚܕܐ ܡܫܬܘܬܦܐ ܗܘܬ ܠܓܒܪܐ Apol ii
ܡܫܬܠܛܐ. ܐܦ ܗܝ ܕܝܢ ܡܢ ܩܕܝܡ ܡܫܬܠܛܐ ܗܘܬ. ܟܕ ܕܝܢ
ܝܕܥܬ ܡܠܦܢܘܬܗ ܕܡܫܝܚܐ[3] ܐܬܢܟܦܬ. ܘܡܬܦܝܣܐ ܗܘܬ ܕܬܦܝܣ
ܠܒܥܠܗ̇ ܕܢܬܢܟܦ ܐܟܘܬܗ̇. ܘܡܚܘܝܐ[4] ܗܘܬ ܠܗ ܡܠܦܢ̈ܝܢ
ܘܬܢܝܐ ܗܘܬ (B fol. 87 a) ܠܗ ܢܘܪܐ ܕܬܫܢܝܩܐ ܕܠܥܠܡ. ܕܥܬܝܕ 𝔄 285
ܕܢܗܘܐ ܠܐܝܠܝܢ ܕܠܐ ܡܬܢܟܦܝܢ ܘܡܬܕܒܪܝܢ ܒܡܫܟܚܢܘܬܐ ܬܪܝܨܬܐ.
3 ܗܘ ܕܝܢ ܒܪ[5] ܒܗ ܒܥܘܗܕܢܗ ܦܫ ܗܘܐ ܒܝܫ ܗܘܦܟܘܗܝ
ܠܛܢܦܘܬܐ. ܘܡܪܚܩܐ ܗܘܬ ܡܢܗ ܠܐܢܬܬܗ. ܡܛܠ ܕܒܪ ܕܐܘܪܚܐ
ܫܡܝܥ ܗܘܐ ܠܗ̇[6] ܠܗܕܐ ܐܢܬܬܐ: ܕܬܗܘܐ ܡܫܬܘܬܦܐ[7] ܥܡ
ܓܒܪܐ ܕܝܠܗ ܗܘܐ ܕܢܫܟܒ ܥܡ ܟܠ ܦܓܪܝܢ ܐܪ̈ܬܝܟܝܬܗ̇[8] ܠܒܪ
ܡܢ ܢܡܘܣܐ ܕܟܝܢܐ ܕܠܒܪ ܡܢ ܙܘܓܐ[9] ܐܝܟ ܕܬܦܪܘܫ ܡܢ
4 ܫܘܬܦܘܬܗ. ܘܡܛܠ ܕܡܬܟܣܝܐ ܗܘܬ ܡܢ ܩܪ̈ܝܒܝܗ̇: ܕܡܠܟܝܢ
ܗܘܘ ܠܗ̇ ܕܬܘܩܘܒ ܬܘܒ ܠܘܬܗ[10] ܥܠ ܣܒܪܐ ܕܡܬܬܘܠܦ. ܟܕ
5 ܐܬܐ ܕܝܢ[11] ܗܘ ܫܘܬܦܗ̇. ܥܒܕ ܢܦܫܗ̇ ܘܫܒܩܬ ܠܘܬܗ. ܡܛܠ
ܕܝܢ ܕܡܢ ܒܬܪܟܢ[12] ܐܙܠ ܠܐܠܟܣܢܕܪܝܐ: ܘܐܬܐܡܪ ܥܠܘܗܝ[13]
ܕܥܒܕ[14] ܗܘܟܢܐ ܒܝ̈ܫܬܐ. ܕܠܐ ܬܗܘܐ ܠܗ̇ ܫܘܬܦܘܬܐ[14a]

CHAP. XVII. [1] A adds ܕܝܢ [2] A ܒܡܐܡܪܘܗܝ [3] A adds ܝܫܘܥ [4] A ܐܦ ܡܚܘܝܐ [5] 𝔄 om. ܡ [6] A om. ܠܗ̇ [7] A ܡܫܘܬܦܬܐ [8] A ܐܪ̈ܬܝܟܝܬܗ [9] For ܙܘܓܐ ܕܠܒܪ ܡܢ 𝔄 has *et dignae iustitiae* [10] A fol. 75 *b* [11] 𝔄 om. ܗܘܐ [12] 𝔄 om. ܕܝܢ and ܡܢ ܒܬܪܟܢ [13] 𝔄 *et dicebant* [14] A adds ܗܘܐ 𝔄 adds *ibi* [14a] A 𝔄 ܫܘܬܦܘܬܐ

ܒܟܬܒ̈ܘܗܝ ܘܒܪܫܝ̈ܡܬܗ: ܚܕ ܦܢܩܐ[15] ܚܟܡܗ ܒܐܘܢܓܠܝܘܢ[16]
ܘܒܫܡܗ̈ܐ ܘܒܡܫܡܗܝܬܐ. ܫܡܗ ܠܗ[17] ܒܬܟܐ ܕܢܒܝ̈ܐ ܘܐܬܦܪܫܬ
ܒܢ̈ܝܢ. ܗܘ ܕܝܢ ܗܢܐ ܒܟܠܗ ܢܘܟܪܝܐ ܘܒܥܝܢܐ: ܕܦܠܓܐ ܗܘܐ ܠܗ 6
ܕܒܫܪܐ ܕܐܬܦܪܫܬ ܡܢ ܗܘ ܡܕܡ ܕܡܒܪܐ ܗܘܬ ܡܢ ܡܕܡ
ܦܫܝܛܘܬ ܚܕ ܚܒܪ̈ܘܗܝ ܘܐܟܣܢܝܘܬܗ:[17a] ܘܢܒܪܐ ܗܘܬ ܒܪܘܚܬܐ
ܘܒܟܠܗܝܢ ܒܢ̈ܫܐ: ܘܕܡܢ[18] ܟܠܗܘܢ ܗܠܝܢ ܫܘܒ̈ܚܐ ܥܠܬ:
𝔄 286 ܘܝܟܝܪܐ[19] ܗܘܬ ܐܦ ܕܐܦ ܠܗ ܬܫܒܘܚܬܐ ܕܗܠܝܢ[20] ܦܬܪ ܗܘܐ. ܥܠ
ܕܐܪܝܘܬ ܡܢܗ ܚܒܪ ܟܠܗܝܢ ܡܠܦܢܘܬܐ[21] ܕܦܝܠܘܣܘܦܘܬܐ ܗܘ
ܠܗ. ܗܘ ܕܝܢ ܡܙܒܢ ܠܬܠܡܝܕܐ ܐܣܛܪܘܛܝܘܬܐ[22] ܘܐܦܝܣܛܘܬ ܕܬܫܬܝܢ 7
ܘܡܟܐܢܬ[23] ܠܡܦܪܫܘ ܫܢܝ̈ܬܐ: ܘܡܢ ܟܠܗܘܢ ܬܫܬܝܢ ܫܢܝ̈ܐ ܢܦܫܐ ܥܠ
ܡܕܡ ܕܡܬܚܦܛܐ ܗܘܬ ܡܢ ܟܠܗ ܕܡܚܫܒܬܐ ܫܢܝ̈ܬܗ. (B fol. 87 b)
ܘܢܘܒܕ ܠܗ ܗܘ ܗܕܐ. ܗܘ ܕܝܢ ܕܗܢ ܡܕܡ ܐܝܬܘܗܝ ܗܘܐ 8
ܟܠܗ. ܡܛܠ ܕܠܐ ܡܟܫܐ[24] ܗܘܐ ܕܢܐܡܪ ܠܗ ܡܕܡ[25] ܐܦܢ
ܗܘܐ ܠܗ ܥܠ ܦܠܛܘܢܣ. ܗܘ ܕܐܝܬܘܗܝ ܗܘܐ ܡܠܦܢܗ
ܕܗܕܐ ܒܝܠܦܢܐ ܕܦܝܠܘܣܘܦܘܬܐ. ܗܘ ܕܡܛܠܗ ܐܪܝܣܛܘܣ.
ܕܗܘܐ ܠܦܘܬܐ[26] ܐܪܝܣܛܘ ܗܘܐ ܡܠܦܢܐ ܠܦܝܠܣܛܘܢ[27] 9
ܥܠ ܐܘܢܪ̈ܐ ܡܛܠ ܕܢܣܒܗ ܗܘܐ ܕܟܠܗ. ܐܦܘܩܗ[28] ܗܘܐ
ܥܕ[29] ܕܐܬܝܠܘܗܝ ܒܟܠܗܬܐ. ܘܢܬܟܠܡܘܗܝ[30] ܗܘ ܗܕܐ ܚܠܘܦ[31]
ܕܐܝ ܒܪܘܫܢܐ ܐܝܬܘܗܝ.[32] ܗܘ ܕܝܢ ܦܠܛܘܢ[33] ܡܛܠ

[15] In 𝔄 for յիմաստալ read 'ի Յիսալ [16] A ܒܘܢܓܠܝܘܢ 𝔄 is here somewhat loose [17] 𝔄 om. ܠܗ [17a] 𝔄 adds *luxurians erat* [18] 𝔄 om. ܕ [19] 𝔄 om. ܘ [20] 𝔄 om. ܕ [21] A ܡܠܦܢܘܬܐ [22] A ܐܣܛܪܘܠܘܓܝܐ [23] 𝔄 om. ܡܬܟܢܝܢ [24] A ܐܡܟܫ [25] In 𝔄 read կարէր առնել զնա [26] 𝔄 joins ܒܗܢܐ ܠܦܘܬܐ to the preceding sentence [27] A ܡܠܦܢܐ ܠܦܝܠܣܛܝܘܣ [28] A ܐܦܘܩܗ [29] 𝔄 om. ܥܕ [30] 𝔄 *ut captaret et verbo interrogaret* [31] A om. ܕܠܒܘܫ 𝔄 om. ܕܠܒܘܫ ܕܐܝܟ ܗܘ [32] A ܗܘ [33] A ܦܝܠܣܛܘܢ

ܕܢܫܢ ܫܪܝܪܐ ܗܘܐ ܘܠܐ ܡܫܠܡܢܐ ܗܘܐ ܐܘ ܕܓܠܝܐ. ܐܘܕܝ
ܗܘ ܗܕܐ[34] ܕܒܪܘܡܝܐ ܐܬܘܗܝ.[35] ܘܡܫܝܚܝܐ ܐܘܪܒܝܩܘܣ ܒܝܬ
10 ܐܦܛܪܩܐ ܗܘ ܡܫܬܪܥܢܐ ܘܒܟܠܗ ܗܘܠܟܢܐ ܥܒܕ ܗܘܐ ܗܘܢ. ܠܦܛܠܡܐ
ܕܝܢ ܗܢ[36] ܐܬܘܗܝ. ܠܗܢܐ ܒܥܝܐ ܡܢ ܐܘܪܒܝܩܘܣ.[37] ܗܘ
ܗܘܐ ܟܠܫܘܢ ܫܐܠܗ[37a] ܕܐܢ ܒܪܘܡܝܐ ܐܬܘܗܝ. ܗܘ ܕܝܢ
ܡܛܠ ܕܡܚܘܒ[38] ܗܘܐ ܒܣܘܪܗ[39] ܕܡܫܝܚܐ. ܟܕ ܡܠܦܢܐ ܐܘܕܝ
11 ܒܗ ܒܗܢܐ ܝܘܠܦܢܐ ܫܪܝܪܐ ܕܐܠܗܐ. ܐܢܫܐ ܓܝܪ ܕܟܦܪ
ܘܡܘܕܐ. ܐܘ[40] ܡܬܬܠܝܢ ܥܠ ܗܝܡܢܘܬܗ. ܐܘ ܡܛܠ 𝔄 287
ܢܚܘܒ ܣܓܝ ܠܗ ܠܝܘܠܦܢܐ ܗܢܐ ܘܟܦܪ ܡܢ ܕܗܘܐ ܒܗ.
12 ܕܫܒܐ[41] ܡܢ ܗܠܝܢ ܟܠ. ܒܪܘܡܝܐ ܕܫܪܝܪܐ ܠܝܬ ܀ ܟܕ ܕܝܢ ܦܩܕ
ܐܘܪܒܝܩܘܣ[42] ܕܢܬܩܛܠ. ܚܙܐ ܠܘܩܝܘܣ ܕܐܦ ܗܘ ܐܬܘܗܝ ܗܘܐ
ܟܕܝܢܐ[43] ܒܪܘܡܝܐ ܕܢܒܝܐ ܗܘܐ ܕܩܘܡܐ ܕܠܐ ܡܫܟܚܬܐ.[44] ܘܐܡܪ
ܠܗ ܠܐܘܪܒܝܩܘܣ.[45] ܐܝܕܐ ܗܝ ܗܕܐ ܥܠܬܐ ܕܗܢܐ ܠܐ[46] ܐܬܚܒܫ
ܕܐܬܘܗܝ. ܠܐ ܓܝܪܐ ܘܠܐ ܙܢܝܐ. ܘܠܐ ܡܩܛܠܢܐ ܘܠܐ
ܠܓܢܒܐ ܘܠܐ ܚܛܘܦܐ.[47] ܘܠܐ ܕܥܒܕ ܚܛܐ ܡܢ ܗܠܝܢ[48] ܒܝܫܬܐ.[48a]
ܐܠܐ ܕܐܘܕܝ ܟܠܫܘܢ ܕܒܪܘܡܝܐ ܐܬܘܗܝ[49] ܘܫܡܗܘܢ. ܦܩܕ
ܕܠܐ ܗܘܐ ܐܝܟ ܠܐܘܛܘܩܪܛܘܪ[50] (B fol. 88a) ܐܦ ܠܐ
ܠܦܝܠܣܦܐ ܒܪܗ ܕܩܣܪ ܐܦ ܠܐ ܠܡܠܟܐ[51] ܥܒܝܕܘܬܐ
13 ܕܐܝܟ ܐܢܬ ܐܘ ܐܘܪܒܝܩܘܣ[52].. ܘܟܕ ܠܐ ܐܬܬܦܣ ܒܬܘܕܝܬܐ

[34] 𝔄 om. ܗܘ ܗܕܐ  [35] 𝔄 = ܐܝܠܝܢ  [36] A fol. 76 a  [37] A ܐܘܪܒܝܩܘܣ
[37a] 𝔄 act.  [38] A ܕܡܚܘܒ ܒܣܘܪܗ (for ܕܡܚܘܒ)  [39] A ܒܣܘܪܗ 𝔄 = ܒܣܪܐ
and om. ܕܡܚܘܒ  [40] 𝔄 ܚܢ = ܗܘ  [41] A ܘܫܒܐ  [42] A ܐܘܪܒܝܩܘܣ
[43] 𝔄 om. ܟܕܝܢܐ  [44] 𝔄 *iniuria*  [45] A ܠܐܘܪܒܝܩܘܣ  [46] A adds ܕܝܢ
[47] For ܘܠܐ ܚܛܘܦܐ ܘܠܐ ܠܓܢܒܐ 𝔄 has only *non latro*  [48] A 𝔄 om. ܗܠܝܢ
[48a] 𝔄 *et non aliorum malorum factor*  [49] A ܕܐܠܗܐ ܒܪܘܡܝܐ  [50] A
ܠܐܘܛܘܩܪܛܘܪ ܐܘܛܘܩܪܛܘܪ  [51] A ܠܡܫܠܛܢܘܬܐ  [52] A ܐܘܪܒܝܩܘܣ

ܥܠ ܗܠܝܢ ܐܡܪ ܠܗ ܠܡܪܝܢܘܣ. ܡܬܚܙܐ ܐܢܬ[53] ܠܝ ܕܐܦ
ܐܢ̇ܬ ܒܐܘܢܓܠܝܘܢ ܐܝܬܝܟ. ܗܘ ܕܝܢ ܠܡܪܝܢܘܣ ܐܡܪ.[54] ܐܡܪ
ܫܪܝܪܐܝܬ.[55] ܗܘ ܕܝܢ[56] ܦܩܕ[57] ܕܐܦ ܗܢܐ ܢܐܟܠ. ܠܡܪܝܢܘܣ ܕܝܢ
ܡܘܕܐ ܗܘܐ ܘܐܡܪ.[58] ܕܦܠܚܘܬܐ ܪܒܬܐ ܗܘܬ ܠܗ ܕܐܬܦܩܝ
ܡܢ ܡܪ̈ܘܢܐ ܒܫܒܐ. ܘܩܪܒ ܠܘܬ ܡܠܟܐ ܘܐܡܪ[59] ܕܠܗܐ ܐܠܗܐ.
ܘܬܘܒ ܐܚܪܢܐ ܐܬܡܪ ܕܬܠܬܐ ܘܡܛܠ ܐܦ ܗܘ ܡܫܡܫ ܒܪܢܫܐ
14 ܕܢܟܣܘܬ. ܠܗܠܝܢ ܐܦ ܗܘ ܐܣܛܘܪܝܘܣ ܗܠܝܢ ܩ̈ܠܐ ܕܗܢ ܡܕܝܡ A 288
ܐܕܪܒܝ[60] ܘܐܡܪ. ܕܐܦ ܐܢܐ ܡܫܡܫܐ ܗ̇ܘܝܬ ܕܗܢ ܚܕ ܡܢ
ܗ̇ܢܘܢ ܕܡܫܡܫܝܢ ܐܫܬܠܡ ܘܕܪܒܐ.

ܕܡܬܚܫܒܢ ܕܐܝܠܝܢ ܡܐܡܪ̈ܐ[1] ܕܦܢܝܐܣ. ܡܠܝܢ...

ܡܐܡܪ̈ܐ ܕܝܢ ܦ̈ܘܡܐܐ ܥܒܕ ܠܝ ܗܘ ܗܢܐ ܦܘܦܝܢܘܣ xviii. 1
ܕܡܠܝܢ ܘܬܪܥܐ ܦܘܡܐܐ. ܕܡܫܘܚ[2] ܠܗܘܢ ܕܢܫܐ ܪܕܬܐ
ܐܝܬ ܗܘܬ ܠܗ̇. ܕܢܦܩܬܐ ܒܡܠܟܐ ܕܐܠܗܐ. ܕܐܝܠܝܢ[3]
ܕܡܫܡܢ ܘܠܡܢܐ ܗܘ̈ܢ ܢܦܫܗܘܢ ܒܠܗܘܢ. ܘܐܝܠܝܢ ܕܚܙܝܢ
2 ܠܝ ܡܫܡܗܝܢ ܐܝܟ ܕܠܬܘܪܐ ܪܥܡܝܢ ܠܗܘܢ. ܐܝܬ ܠܗ ܕܝܢ[4]
ܚܕ ܕܬܘܒ ܠܐܢܛܘܢܝܣ[5] ܡܠܟܐ ܗܘ̇ ܕܐܬܦܪܥ[6] ܐܘܣܒܣ.
ܘܠܒܢܝܗ ܘܠܡܫܘܠܡܘܬܗ[7] ܕܪܘܡܐ ܒܟܡܘܬܐ[8] ܥܠ ܟ̈ܠܗ
ܘܠܡܢܐ ܕܡܠܝܢ. ܘܐܚܪܢܐ ܕܐܝܬ ܒܗ ܡܟܡ ܒܪܘܚܐ ܥܠ ܟ̈ܠܗ
ܡܫܡܗܬܐ. ܕܚܒܪ ܠܗ ܠܘܬ ܐܢܛܘܢܝܣ[9] ܘܐܪܘܥ. ܗܢܐ

[53] A ܡܬܚܙܝܬ [54] 𝔄 *confitebatur et dicebat* [55] 𝔄 adds *Christianus sum* [56] A ܗܝܕܝܢ [57] A adds ܗܘܐ [58] 𝔄 om. ܘ ܗܘܐ ܡܘܕܐ ܕܝܢ
[59] 𝔄 adds *nostrum* [60] A ܐܠܕܪܒܝ

CHAP. XVIII. [1] A adds ܕܝܢ ܕܡܠܟܗ. A fol. 76 *b* [2] A ܡܫܘܚ ܕܝܢ
[3] A ܘܐܡܠܝܢ [4] 𝔄 om. ܕܝܢ [5] A ܕܚܠܦ ܐܢܛܘܢܝܣ [6] A
ܗܘ̇ ܕܐܠܗܘܢ [7] A ܘܠܡܫܘܠܡܘܬܗ [8] A om. ܒܟܡܘܬܐ [9] A
ܐܢܛܘܢܝܣ

ܕܡܛܠ ܡܢ ܟܬܒܐ ܗܘ ܦܘܪܫܢܐ ܕܐܫܬܟܚܝܢ ܥܠ ܘܒܢ̈ܝܗܘܢ (B fol. 88 b) 𝔄 289
3 ܡܫܟ̈ܐ.[10] ܘܐܚܪܢܐ ܬܘܒ ܠܘܬ ܚܢ̈ܦܐ. ܕܒܗ ܐܘܪܟ ܠܗ ܥܠ
ܣܘܓܐܐ ܡܫܬܐܠܬܐ ܕܐܝܬ ܒܝܢܝ ܘܠܦܝܠܘܣܘ̈ܦܐ[11] ܕܝܘ̈ܢܝܐ. ܘܐܚܪܢܐ[12]
ܬܘܒ ܕܡܠܠ ܕܢܐܡܪ ܥܠ ܟܝܢܐ ܕܫ̈ܐܕܐ. ܕܠܐ ܐܠܐ ܐܠܝܨܐ ܠܝ
4 ܟܬܒܬܐ[13] ܗܫܐ ܕܢܫܪܟܘܢܗܘܢ.[14] ܘܬܘܒ ܐܚܪܢܐ[15] ܠܘܬ ܚܢ̈ܦܐ
ܕܐܬܟܬܒ ܥܠܝܗܘܢ[15a] ܡܟܣܢܘܬܐ. ܘܬܘܒ ܐܚܪܢܐ. ܕܫܡܗ ܗܘ
ܥܠ ܝܚܝܕܘܬܗ ܐܝܬܝܐ ܐܠܗܐ. ܕܠܘ ܒܠܚܘܕ ܡܢ ܟܬ̈ܒܐ ܕܝܠܢ.
5 ܐܠܐ ܐܦ[16] ܡܢ ܟܬ̈ܒܐ ܕܝܘ̈ܢܝܐ ܕܚܢ̈ܦܐ ܡܩܝܡ ܠܗ. ܘܬܘܒ
ܐܚܪܢܐ[17] ܕܐܬܟܬܒ ܥܠܝܗܘܢ ܡܙܡܪܢܐ. ܘܬܘܒ ܐܚܪܢܐ ܥܠ
ܢܦܫܐ. ܕܒܗ ܣܡ ܫܘܐܠܐ ܡܦܪܫܐ ܕܥܠ ܗܢܐ ܥܘܢܝܐ
ܕܐܡܪܐ[18] ܠܗ. ܘܐܣܡ ܡܣܡ ܒܥ̈ܝܢܐ ܕܗܘܘ ܠܦܝܠܘܣܘ̈ܦܐ ܕܠܒܪ
ܒܝܠܝܗܘܢ ܘܡܫܬܘܕܥܐ ܕܢܐܡܪ ܠܗܘܢܝܗܘܢ. ܘܢܣܝܡ ܡܣܡ
6 ܒܥ̈ܝܢܐ ܕܗܘܘ ܠܗ ܒܡܐܡܪ̈ܐ ܐܚܪ̈ܢܐ. ܘܬܘܒ ܕܪܫܐ ܕܣܡ
ܠܘܩܒܠ ܡܪܩܝܘܢ. ܗܢܐ ܕܒܝܕ ܟܐܦܣܘܣ ܠܘܩܒܠ ܦܪܣܘܦ̈ܐ
ܕܐܝܬܘܗܝ ܗܘܐ ܒܗ ܙܒܢܐ ܠܒܪܐ ܕܝܕܝܥܐ[19] ܡܢ ܚܒܪ̈ܝܐ.[20]
ܘܒܗ[21] ܡܚܘܐ ܕܒܐܝܢܐ ܠܦܘܣܐ ܐܝܬܝܬܗ ܠܦܘܬܗ[22] ܕܐܠܗܐ
ܠܚܠܬܐ ܕܡܠܟܘܬܗ. ܘܕܒܟܝܢܐ ܢܦܫܬܐ ܐܝܬ ܗܘܬ ܠܗ ܡܢ
ܘܕܝܡ ܒܝܘܠܦܢܐ ܕܦܝܠܘܣܘܦܘܬܐ. ܘܕܒܟܝܢܐ ܚܝܬܐ ܗܘܬ ܠܗ ܡܢ 𝔄 290
ܩܕܡ ܢܦܫܗ ܡܛܠ ܫܪܪܐ. ܘܡܫܬܟܚܐ ܒܗ ܬܘܒ ܥܠ ܡܘܗܒܬܐ
7 ܕܪܘܚܐ ܢܒܝܐ ܥܠ ܥܡܠܝܗ ܕܡܫܝܚܐ. ܟܕ ܐܡܪ ܠܘܩܒܠ
ܛܪܘܦܘܢ ܗܘܕܝܐ. ܕܠܘ ܠܟ ܡܬܒ ܠܐ ܬܬܚܘܝܘܢ ܡܢ ܐܠܝܢ
ܕܡܣܪܬܝܢ ܒܡܫܝܚܐ.[23] ܐܠܐ ܐܦ (B fol. 89 a) ܠܒܪܐ ܢܘܟܪ̈ܝܐ[24] Trypho

[10] A ܚܘܫܒܐ 𝔄 = ܕܗܘܝܐ [11] A ܘܠܦܝܠܘܣܘ̈ܦܐ [12] A ܘܐܚܪܢܐ [13] 𝔄 simply *quod non est nobis* [14] A ܕܢܫܪܟܘܢܗܘܢ [15] A ܐܚܪܢܐ [15a] In 𝔄 for ܒܥܠܡ read ܒܥܠܡ [16] A om. ܐܦ [17] A ܐܚܪܢܐ [18] A ܕܐܡܪܐ 𝔄 om. ܕ (read ܒܥܠܡ for ܒܥܠ) [19] A ܐܝܕܝܥܐ [20] A fol. 77 a [21] A ܘܒܗ [22] A ܠܦܘܬܗ [23] A ܒܡܫܝܚܐ [24] A ܐܢܟܪܝܐ

ܒܓܢܒܘܬܗܘܢ ܕܗܘܐ ܕܒܝܬܐ ܡܢ ܐܘܪܫܠܡ. ܘܫܪܟܢܗܘܢ ܐܝܟ ܗܢܘܢ ܠܟܠܗ̇
ܐܪܥܐ ܕܝܗܘܕܝܐ. ܕܗܝܕܝܢ ܐܬܚܪܒܬ ܕܠܐ ܐܠܘ ܕܪ̈ܗܘܡܝܐ.
ܘܡܫܠܠܝܢ ܗܘܘ ܥܠܝܢ ܒܢܩܦܬܐ. ܗܠܝܢ ܕܡܘܟܚܐ ܐܡܪܝܢ[25] ܥܠܝܗܘܢ
ܐܝܠܝܢ ܕܠܐ ܝܕܥܝܢ ܠܗ. ܡܫܡܠܝܢ ܠܗ ܥܠܝܗ ܠܦܘܩܕܢܗܘܢ[26] ܐܬܬܣܝܡܘ[27]
8 ܒܠܬܐ ܕܣܘܪܝܐ. ܐܠܐ ܐܦ ܠܥܠܡܝܢ ܥܒܕ ܐܢܫܐ.[28] ܒܬܪ
ܕܝܢ ܩܠܝܠ. ܕܐܦ ܒܕܡܐ ܠܡܫܡܫܘܬܗ ܕܠܝܬ ܐܢܫ ܗܘܐ ܡܫܡܫܬܐ
ܕܢܫܘܬܐ ܒܒܕܬܐ.[29] ܡܕܒܪ ܕܝܢ ܗܘ[30] ܥܠ ܟܠܢܫ ܕܢܘܣܦ ܘܢܬܒܪ
ܦܫܝܛܐܝܬ ܕܕܠܗ ܗܘ ܕܝܠܝܗ. ܘܡܕܒܪ ܬܠܬܐ ܡܢ ܢܫ̈ܐ
ܘܩܘܒܠܐ ܗܘܐ ܠܦܪܘܫܘܢ. ܕܗܘܕܝܐ ܦܫܘܛ ܐܢܫ ܡܢ ܒܬܪܟܐ.
ܩܛܠܐ[31] ܡܬܐܡܪܐ ܐܚܪܢܐ ܐܝܬ ܠܗ ܕܡܬܚܫܒܝܢ ܠܘܬ ܐܚܪ̈ܢܐ
9 ܩܛܠܐ. ܕܗܘܟܢܐ[32] ܢܫܒܝܢ ܗܘܘ ܠܦܘܬܩܢܐ ܡܬܐܡܪܢܘܬܗܘܢ[33] ܕܗܟܢܐ
ܒܪܢܫܐ ܕܡܠܝܢ ܣܘܓܦܐ.[34] ܕܐܢܬܘܢܗܘܢ ܐܦ.[35] ܡܬܠܐ ܬܘܒ ܡܢ
291 ܬܠܬܗܘܢ ܒܡܐܡܪܐ ܕܐܬܪܒܝܐ ܕܦܫܛ ܠܗ ܠܘܩܒܠ ܗܪܣܝܣ.[36]
Haer 2 ܬܘܒ ܕܝܢ[36a] ܡܢ ܬܠܬܗܝܢ ܗܕܐ. ܕܠܒܟܝܢܬ ܠܡ ܐܡܪ ܣܘܦܝܣܛܘܣ.
ܒܡܐܡܪܐ ܗܘ[37] ܕܦܫܛ ܠܗ ܠܘܩܒܠ ܡܪܩܝܘܢ. ܕܐܡܪ ܠܡ[38]
ܐܦܠܐ ܠܗ ܠܒܪ ܡܬܦܠܣܦ ܗܘܝܬ. ܐܦ ܡܫܠܡ ܗܘܐ
ܕܐܝܬ ܐܠܗܐ ܐܚܪܢܐ ܠܒܪ ܡܢ ܒܪܝܐ. ܘܬܘܒ ܒܡܐܡܪܐ
26, 2 ܐܚܪܢܐ ܕܥܒܕܐ ܗܘܐ ܕܗܟܢܐ[39] ܫܪܟܐ ܐܡܪ ܗܘܐ. ܕܠܒܟܝܢܬ
ܠܡ ܐܡܪ ܣܘܦܝܣܛܘܣ.[40] ܕܥܒܕ ܡܬܐܡܪܬܗ[41] ܕܡܪܝܐ ܠܐ
ܡܫܬܘܡܠ ܐܡܪܢ ܦܠܛܐ ܕܚܙܘ ܥܠ ܐܠܗܐ. ܡܛܠ ܕܠܐ

[25] 𝔄 adds *de nobis* [26] 𝔄 *animis nostris* [27] A ܠܡܥܒܕܘ ܐܬܠܒܟܘ ܒܠܝܗܘܢ [28] A ܒܚ̈ܠܝܐ [29] A ܒܬܚܐ [30] For ܗܘ 𝔄 has ܐܦ = ܐܦ [31] A adds ܕܝܢ [32] A ܕܗܟܢ [33] A ܡܬܐܡܪܢܘܗܝ [34] A ܕܡܠܝܢ ܣܘܓܦܐ. In 𝔄 for [illegible] read [illegible] or [illegible] [35] 𝔄 om. ܐܦ [36] A ܗܪܣܝܣ [36a] 𝔄 − ܬܘܒ [37] A ܒܗܘ ܡܐܡܪܐ [38] 𝔄 om. ܐܢܐ ܠܒܪ [39] A fol. 77 *b* [40] A ܣܘܦܝܣܛܘܣ [41] A ܡܠܬܗ

10 ܕܢܒ (B fol. 89 b) ܗܘܐ ܒܥܓܠ ܚܝܒܘܬܗ. ܗܠܝܢ ܕܝܢ ܥܕܡܐ
ܐܬܐܡܪ̈ܝ[42] ܠܡܐܡܪܐ ܕܐܬܝܢ ܕܡܫܒܚܝܢ ܘܠܘܬܢ. ܕܡܫܟܚܬܐ
ܢܗܘܘܢ ܡܡܠܠܝܢ ܥܠ ܡܐܡܪ̈ܘܗܝ. ܥܒܕܗ ܕܝܢ ܕܗܢܐ ܗܟܢܐ[43]
ܗܘܐ.

ܕܬܫܥܝ̈ܬ ܕܐܝܠܝܢ ܐܦܣܩܘܦܐ ܕܗܘܘ[1] ܒܪܗܘܡܐ ܘܒܐܠܟܣܢܕܪܝܐ
ܒܙ̈ܒܢܘܗܝ ܕܐܪܘܣ.

xix. ܒܫܢܬ ܬܡܢܝܐ ܕܝܢ ܕܡܠܟܘܬܗ ܕܐܢܛܘܢܝܢܘܣ ܘܐܪܘܣ: ܟܕ
ܫܠܡ ܐܝܣܛܘܣ ܐܦܣܩܘܦܐ ܕܪܗܘܡܐ ܚܡܫܥܣܪܐ ܫܢ̈ܝܢ. ܡܢܥܠ 𝔄 292
ܡܢ ܒܬܪܗ ܗܘܐܦܝܪ[2] ܬܘܒ ܕܝܢ ܐܦ ܒܥܕܬܐ ܕܐܠܟܣܢܕܪܝܐ:
ܟܕ ܗܘܐ ܐܪܒܥܣܪܐ ܫܢ̈ܝܢ ܡܫܬܡܫ[3] ܡܢܥܠ ܡܢ ܒܬܪܗ
ܐܓܪܝܦܝܢܘܣ ܀

ܕܫܡܗ̈ܝܢ ܕܐܝܠܝܢ ܐܦܣܩܘ̈ܦܐ ܗܘܘ ܒܐܢܛܝܘܟܝܐ[1] ܀

xx. ܐܦ ܒܥܕܬܐ ܕܐܢܛܝܘܟܝܐ. ܐܦܣܩܘܦܐ[2] ܕܫܬܐ ܡܢ ܒܬܪ
ܫ̈ܠܝܚܐ ܢܗܝܪ[3] ܗܘܐ ܬܐܘܦܝܠܘܣ. ܐܝܬ ܗܘܐ ܕܝܢ ܬܡܢ ܡܢ
ܒܬܪ ܗܪܘܢ[4] ܩܘܪܢܝܠܝܘܣ. ܪܒܝܥܝܐ. ܡܢ ܒܬܪܗ ܕܝܢ ܡܢܥܠ[5]
ܕܪܓܐ ܕܐܦܣܩܘܦܘܬܐ ܚܡܝܫܝܐ ܐܪܘܣ[6] ܀

[42] In 𝔄 read [illegible]   [43] 𝔄 ܒܥܕܢܐ ܕܗܘܐ

Chap. XIX. [1] A ܗܘܘ   [2] A ܗܘܓܝܢ   [3] A ܡܫܡܫ

Chap. XX. [1] A ܗܘܘ ܐܦܣܩܘܦܐ ܕܟܪܟܐ ܕܐܢܛܝܘܟܝܐ   [2] A ܕܐܢܛܝܘܟܝܐ. ܐܦܣܩܘܦܐ   [3] A ܢܗܝܪܐ   [4] 𝔄 post Hermonem   [5] 𝔄: ܕܡܠܠ

[6] The name is corrupted in 𝔄

ܕܥܣܪܝܢ ܘܚܕ ܥܠ ܡܫܬܒܚ̈ܢܐ ܗ̈ܢܝ. ܒܥܕܬܐ ܕܢܗܝܪܝܢ ܗܘܘ
ܒܗܘܢ[1] ܙܒ̈ܢܐ ܀

𝔄 293 ܢܗܝܪ ܗܘܐ ܕܝܢ ܒܗܘܢ ܙܒ̈ܢܐ ܒܥܕ̈ܬܐ ܗܓܝܣܝܦܘܣ.[2] xxi.
ܗܢܐ ܕܝܠܦܢ[3] ܕܐܬܝܕܥܘܗܝ ܗܘܐ ܡܢ ܡܕ̈ܒܪܢܐ. ܐܦ ܕܝܘܢܘܣܝܘܣ
ܐܦܝܣܩܘܦܐ ܕܩܘܪܢܬܘܣ. ܘܦܝܢܛܘܣ[4] ܕܐܝܬܘܗܝ ܗܘܐ
ܐܦܝܣܩܘܦܐ ܒܩܪܛܐ. ܘܒܬܪ ܗܠܝܢ ܐܦ[5] ܦܝܠܝܦܘܣ ܘܐܦܘܠܝܢܪܝܣ.[6]
ܘܡܠܝܛܘܢ[7] ܘܡܘܣܢܘܣ.[8] ܘܡܘܕܣܛܘܣ ܘܐܝܪܢܐܘܣ. ܕܒܗܢܐ[9]
ܠܘܬܢ ܒܝܕ ܟܬ̈ܒܝܗܘܢ ܕܗܠܝܢ. ܐܬܡܛܝܬ ܡܗܝܡܢܘܬܐ[10] ܕܬܪ̈ܝܨܐ
ܕܡܫܠܡܢܘܬܐ ܕܫ̈ܠܝܚܐ[11] ܀ ܀ ܀

ܕܥܣܪܝܢ ܘܬܪ̈ܝܢ ܥܠ ܗܓܝܣܝܦܘܣ ܘܥܠ ܐܝܠܝܢ ܕܡܕܟܪ ܀
xxii. 1 ܗܓܝܣܝܦܘܣ ܕܝܢ ܒܚܡܫܐ[1] ܡܐܡܪ̈ܝܢ ܕܝܠܗ[2] ܕܫܒܩ
ܠܢ. ܫܒܩ (B fol. 90 *a*) ܕܘܟܪܢܐ ܕܬܪܥܝܬܗ ܡܠܝܐܝܬ. ܕܒܗܘܢ
ܡܘܕܐ. ܕܟܕ ܐܦܣܩ̈ܦܐ ܣܓܝ̈ܐܐ ܐܬܚܠܛ ܟܕ ܪܕܐ ܗܘܐ
ܒܐܘܪܚܐ ܕܐܙܠ ܠܪܗܘܡܝ. ܘܡܢ ܟܠܗܘܢ ܠܗ ܗܘ ܝܘܠܦܢܐ
ܘܠܦܢܐ ܚܕ.[3] ܢܫܡܥ ܕܝܢ[4] ܡܢܐ ܐܡܪ ܡܢ[5] ܒܬܪ ܐܚܪ̈ܢܝܬܐ.
ܐܦ ܥܠ ܐܓܪ̈ܬܗ[6] ܕܩܠܝܡܝܣ. ܕܟܬܒ ܠܥܕܬܐ ܕܩܘܪܢܬܘܣ. ܕܬܢܐ[7]
𝔄 294 ܡܕܡܐ. ܕܗܘܬ ܠܗ[8] ܒܥܕܬܐ ܕܩܘܪܢܬܘܣ. ܒܡܫܠܡܢܘܬܐ ܕܝܘܠܦܢܐ. 2
ܥܕܡܐ ܠܦܪܝܡܘܣ ܐܦܣܩܘܦܐ ܕܐܝܬ ܗܘܐ ܒܩܘܪܢܬܘܣ. ܕܥܡ[9]

Chap. XXI. [1] A ܒܗܠܝܢ [2] A ܗܓܝܣܝܦܘܣ [3] A ܕܝܠܦܝܢ
[4] A ܦܝܢܛܘܣ 𝔄 *et Pintos* [5] 𝔄 om. ܐܦ [6] A ܐܦܘܠܝܢܪܝܘܣ [7] 𝔄 *Melitos*, omitting ܘ [8] A ܘܡܘܣܢܘܣ [9] 𝔄 = ܕܡܢܗܘܢ [10] A ܗܝܡܢܘܬܐ
[11] 𝔄 *ab apostolis*, omitting ܕܡܫܠܡܢܘܬܐ

Chap. XXII. [1] A fol. 78 *a* [2] A 𝔄 ܕܝܠܗܘܢ [3] A om. ܚܕ
[4] A 𝔄 add ܡܢܗ [5] A om. ܡܢ [6] A ܐܓܪܬܐ 𝔄 sing. [7] 𝔄 = ܬܢܝܐ
[8] A ܕܝܢ 𝔄 expresses neither ܠܗ nor ܕܝܢ [9] 𝔄 = ܥܡ

ܦܢܐ ܐܢܐ ܠܪܘܡܝ̈ܐ܂ ܐܬܚܠܛܬ ܥܡܗܘܢ̣ ܥܡ ܩܘܪܢܬܝ̈ܐ
ܘܗܘܝܬ ܠܘܬܗܘܢ̣ ܝܘ̈ܡܬܐ ܩܠܝ̈ܠܐ܂[10] ܘܐܬܬܢܝܚܢ ܐܚܕ̈ܕܐ܂
3 ܒܡܠܬܐ ܬܪܝܨܬܐ܂ ܟܕ ܕܝܢ ܐܬܝܬ ܠܪܘܡܝ̈ܐ܂ ܥܒܕܬ ܬܡܢ
ܒܡܫܠܡܢܘܬܐ ܕܐܦܣܩܘ̈ܦܐ[11] ܥܕܡܐ ܠܐܢܝܩܛܘܣ܂ ܗܿܘ ܕܩܒܠ
ܡܢ ܒܬܪܗ ܣܘܛܝܪ܂[12] ܘܡܢ ܒܬܪ ܣܘܛܝܪ ܐܠܘܬܪܝܘܣ܂[13]
ܘܗܟܢܐ ܐܝܬ ܒܟܠܗ̇[14] ܡܫܠܡܢܘܬܐ ܘܒܟܠܗܝܢ ܡܕ̈ܝܢܬܐ܂ ܐܝܟ
4 ܕܐܟܪܙ ܢܡܘܣܐ ܘܢܒܝ̈ܐ ܘܡܪܢ̣܂ ܘܗܘ ܗܢܐ ܗܘ ܐܦ ܐܡܪ
ܕܗܪ̈ܣܝܣ[15] ܕܗܘܘ ܒܫܘܪ̈ܝܗܘܢ ܪܫܡ ܒܡ̈ܠܝܢ ܗ̈ܠܝܢ܂ ܕܡܢ ܒܬܪ
ܕܐܣܗܕ ܠܗ ܝܥܩܘܒ ܙܕܝܩܐ ܐܝܟ ܕܐܦ ܡܪܢ̣܂[16] ܡܢ
ܐܦܣܩܘܦܐ[17] ܕܬܪܝܢ ܫܡܥܘܢ̣ ܒܪ ܩܠܘܦܐ[18] ܕܐܝܬܘܗܝ ܗܘܐ
ܒܪ ܕܕܗ܂[19] ܕܟܠ ܐܢܫ[20] ܩܠܘܗܝ ܗܘ ܗܘܐ ܬܪܝܢܐ ܕܐܝܬܘܗܝ
ܗܘܐ[21] ܐܚܝܢܗ[22] ܕܡܪܢ̣܂ ܘܡܛܠܗܢܐ ܩܪܝܢ ܗܘܘ ܠܥܕܬܐ
ܒܬܘܠܬܐ܂ ܠܐ ܓܝܪ ܥܕܟܝܠ ܐܬܚܒܠܬ ܗܘܬ ܒܫ̈ܡܥܐ ܣܪ̈ܝܩܐ܂
5 ܫܪܝ ܕܝܢ ܡܚܒܠܘܬܐ[23] ܕܢܣܒ ܬܡܢ ܬܐܒܘܬܝܣ܂ ܥܠ ܕܠܐ ܗܘܐ
ܗܘܐ ܐܦܣܩܘܦܐ܂ ܕܐܝܬܘܗܝ (B fol. 90 b) ܗܘܐ[24] ܡܢ ܚܕܐ ܡܢ
ܫܒܥ ܗܪ̈ܣܝܣ܂[25] ܘܗܘ ܐܝܬܘܗܝ ܗܘܐ ܒܥܡܐ܂[26] ܕܡܢܗܘܢ̣
ܗܘܐ ܫܡܥܘܢ̣܂ ܕܡܛܠܗܢܐ ܡܬܩܪܝܢ ܣܝܡܘܢܝ̈ܢܐ܂[27] ܘܩܠܐܘܒܝܘܣ 𝔄 295
ܕܡܢܗ ܗܘܘ ܩܠܐܘܒܝ̈ܢܐ܂[28] ܘܕܘܣܝܬܐܘܣ[29] ܕܡܢܗ ܗܘܘ
ܕܘܣܝܬܝ̈ܢܐ܂[30] ܘܓܘܪܬܐܘܣ[31] ܕܡܢܗ ܗܘܘ ܓܘܪܬܝ̈ܢܐ[32] ܘܡܨܒܘ̈ܬܐ܂

[10] A ܩ̈ܠܝܠܐ [11] 𝔄 *percucurri totum ordinem episcoporum* [12] A ܣܘܛܝܪ̈ [13] A ܣܘܛܝܪ ܐܠܘܬܪܘܣ [14] In 𝔄 read ամենայն [15] A ܕܗܪ̈ܣܝܣ [16] 𝔄 om. ܐܝܟ ܕܐܦ ܡܪܢ [17] A ܐܦܣܩܘܦܐ [18] 𝔄 Շմաւոն կղէոփեանց [19] A ܐܚܝܢܗ (for ܒܪ ܕܕܗ): 𝔄 om. ܕܐܝܬܘܗܝ ܗܘܐ ܒܪ ܕܕܗ [20] A ܘܟܠܗܘܢ [21] 𝔄 adds *filius fratris Iosephi et erat* [22] A ܐܚܝܢܗ [23] A ܡܚܒܠܘ [24] 𝔄 *et est hic*, and omits the ܡܢ before ܚܕܐ [25] A ܗܪ̈ܣܝܣ [26] A ܒܥܡܐ 𝔄 *e populo* [27] A ܣܝܡܘܢܝ̈ܢܐ [28] A ܩܠܐܘܒܝ̈ܢܐ [29] A ܘܕܘܣܝܬܐܘܣ [30] A ܕܘܣܝܬܝ̈ܢܐ. A fol. 78 *b* [31] A ܘܓܘܪܬܐܘܣ 𝔄 *et Gorenthos* [32] A ܓܘܪܬܝ̈ܢܐ

ܘܡܢ ܗܠܝܢ ܗܘܘ ܡܢܢܕܪܝܢܘܬܐ. ܘܡܪܩܝܘܢܘܬܐ ܘܩܪܦܘܩܪܛܝܢܘܬܐ.
ܘܒܣܝܠܝܕܝܢܘ ܘܣܛܘܪܢܝܠܝܢܘܬܐ[33] ܕܟܠ ܚܕ ܚܕ ܡܢܗܘܢ ܥܡܗ ܘܠܗ
ܘܐܚܪܢܝܐ. ܐܝܟ ܡܢܗܘܢ ܒܪܝܫܐ ܕܦܠܓܘܬܗܘܢ ܐܬܠܘ ܠܗܠܝܢ.[34]
ܘܡܢ ܗܠܝܢ ܗܘܘ ܡܫܝܚܐ ܕܓܠܐ ܘܢܒܝܐ[35] ܕܓܠܐ ܘܫ̈ܠܝܚܐ
ܕܓܠܐ. ܕܦܠܓܘ ܚܕܝܘܬܗ ܐܘܟܬܗ ܕܥܕܬܐ. ܒܡ̈ܠܐ ܕܓܠܐ ܕܥܠ
6 ܕܐܡܪܘ ܥܠ ܐܠܗܐ ܘܥܠ ܡܫܝܚܗ ܀ ܬܘܒ ܕܝܢ[35a] ܗܘ
ܗܓܣܝܦܘܣ. ܐܦ[36] ܥܠ ܗܪ̈ܣܝܣ[37] ܕܐܝܬ ܗܘܝ ܒܝܬ ܝܗܘ̈ܕܝܐ
ܡܢ ܩܕܝܡ ܡܫܬܥܐ ܘܐܡܪ. ܕܐܝܬ ܗܘܝ ܠܗ ܦܘܪ̈ܫܢܘܬܐ
ܡܫ̈ܚܠܦܬܐ ܒܓܙܘܪܬܐ ܒܝܬ ܐܝܣܪܐܝܠ: ܡܢ ܗܠܝܢ ܕܐܝܬ ܗܘܘ
ܠܘܩܒܠ ܫܒܛܐ ܕܝܗܘܕܐ ܘܠܘܩܒܠ ܡܫܝܚܐ. ܕܐܝܬܝܗܝܢ ܗܠܝܢ.
ܐܣ̈ܐܝܐ ܘܓ̈ܠܝܠܝܐ ܘܗܡܪܘܒܝܐ ܕܥܡܕܝܢ ܟܠ ܝܘܡ. ܘܡܨܒܘܬܝܐ
7 ܘܫܡܪ̈ܝܐ ܘܙܕܘܩܝܐ ܘܦܪ̈ܝܫܐ[38] ܀ ܀ ܘܟܬܒ̈ܐ ܐܚܪ̈ܢܝܬܐ[39]
ܟܬܒ. ܕܡܢܗܘܢ ܐܘܢܓܠܝܘܢ[40] ܕܥܒܪ̈ܝܐ ܕܗܘܐ ܡܫܬܥܝܐ. ܘܡܢ
296 ܐܘܢܓܠܝܘܢ ܕܣܘܪ̈ܝܝܐ ܘܕܥܒܪ̈ܝܐ. ܘܡܢܗܘܢ[41] ܘܠܗ ܡܕܡ ܡܕܡ
ܗܘ ܡܢ ܠܥܠ ܒܥܒܪ̈ܝܐ. ܘܡܫܘܐ ܥܠ ܢܦܫܗ ܕܡܢ ܥܒܪ̈ܝܐ
ܐܬܗܘܝ ܗܘܐ ܘܗܝܡܢ.[42] ܘܐܚܪ̈ܢܝܬܐ[43] ܬܘܒ ܡܟܕܒ ܐܝܟ ܕܡܢ
8 ܡܫܠܡܢܘܬܐ[44] ܕܝܗܘܕܝܘܬܐ ܕܠܐ ܡܢ ܟܬܒܐ. ܘܗܘ[45] ܕܝܢ ܗܢܐ
ܘܐܦܝܘܗܘ[46] ܘܟܠܗܘܢ ܩܕ̈ܡܝܐ. ܠܡܬܠܘܗܝ ܕܫܠܡܘܢ
ܡܬܠܐ ܚܟܝܡܬܐ (B fol. 91 *a*) ܩܪܝܢ ܗܘܘ ܠܗܘܢ. ܘܠܗܘܢ
ܕܡܬܐܡܪܝܢ ܟܬ̈ܒܐ ܡܫܬܟܚܢ ܕܡܢܗܘܢ ܒܝܘܡ̈ܬܗܘܢ[47] ܕܝܠܗ
ܐܬܟܬܒܘ ܡܢ ܐܢܫܐ ܕܡܢ ܗܪ̈ܣܝܣ.[48]

[33] A ܡܢܢܕܪܝܢܐ ܘܡܪܩܝܘܢܝܐ. ܘܩܪܦܘܩܪܛܝܢܐ. ܘܒܣܝܠܝܕܝܢܐ. ܘܣܛܘܪܢܝܠܝܢܝܢܐ [34] 𝔄 *sectas haeresium* = ܗܪ̈ܣܝܣ [35] A ܘܢܒ̈ܝܐ [35a] 𝔄 om. ܕܝܢ [36] A om. ܐܦ [37] A ܗܪ̈ܣܝܣ [38] A ܘܦܪ̈ܝܫܐ [39] A ܡܫ̈ܚܠܦܬܐ [40] A ܐܘܢܓܠܝܘܢ [41] A ܡܢܗܘܢ [42] A om. ܘܗܝܡܢ [43] A ܘܐܚܪ̈ܢܝܬܐ [44] In 𝔄 for [illegible] read [illegible] [45] A ܗܘ [46] A ܘܐܦܝܘܗܘ [47] A ܡܫܬܟܚܐ ܕܒܝܘܡ̈ܬܗܘܢ [48] A ܗܪ̈ܣܝܣ

ܕܥܣܪܝܢ ܘܬܠܬܐ. ܥܠ ܕܝܘܢܘܣܝܘܣ ܐܦܝܣܩܘܦܐ[1] ܕܩܘܪܢܬܘܣ

ܘܥܠ ܐܓܪܬܐ[2] ܕܟܬܒ...

xxiii. 1 ܢܐܡܪ ܡܕܝܢ[3] ܐܦ ܥܠ ܗܢܐ ܡܬܒܥܝܐ: ܥܠ ܕܝܘܢܘܣܝܘܣ
ܗܘ ܕܐܬܬܣܝܡ ܗܘܐ ܐܦܝܣܩܘܦܐ[4] ܕܒܥܕܬܐ ܕܩܘܪܢܬܘܣ.
ܕܒܫܘܦܥܐ ܕܐܝܬ ܗܘܐ ܠܗ ܒܚܘܠܦܢܐ ܕܐܠܗܐ. ܠܘ[5] ܒܠܚܘܕ
ܠܗܢܘܢ ܕܐܝܬ ܗܘܘ ܬܚܝܬ ܐܝܕܗ ܡܠܦ ܗܘܐ. ܐܠܐ ܐܦ[6]
ܠܐܬܪܘܬܐ ܢܘܟܪ̈ܝܐ ܐܝܬܘܗܝ ܗܘܐ ܡܘܬܪܢܐ. ܒܐܓܪܬܐ[7]
2 ܕܟܬܒ ܗܘܐ ܠܥܕ̈ܬܐ. ܕܐܝܬ[8] ܚܕܐ ܕܐܟܬܒ ܠܠܩܕܡܘܢܝܐ[9] ܥܠ
ܬܘܠܡܕܐ ܕܗܝܡܢܘܬܐ ܬܪܝܨܬܐ ܘܥܠ ܫܝܢܐ܂ ܘܥܠ ܐܘܝܘܬܐ. 𝔄 297
ܘܐܚܪܬܐ ܠܐܬܢܝ̈ܐ. ܥܠ ܚܝܪܘܬܐ ܕܗܝܡܢܘܬܐ ܘܥܠ ܕܘܒܪܐ[10]
ܕܐܘܢܓܠܝܘܢ. ܘܡܟܣ ܠܗܘܢ ܟܕ ܥܠ ܕܐܬܦܠܓ ܗܘܐ
ܪ̈ܚܡܝܗܘܢ. ܘܡܪܚܡܝܢ ܗܘܘ ܕܢܦܩܘܢ ܡܢ ܫܪܪܬܐ. ܘܡܢ
ܗܘܐ ܓܝܪ ܕܢܦܫܗ ܐܦܝܣܩܘܦܐ ܗܘ ܕܩܐܡ ܗܘܐ ܒܪܝܫܗܘܢ
ܕܐܣܗܕ ܗܘܐ ܦܘܒܠܝܘܣ: ܒܐܪܕܘ̈ܦܝܐ ܕܗܘܘ ܒܝܘܡܝܗܘܢ ܗܢܘܢ.
3 ܘܡܕܟܪ ܕܩܘܕܪܐܛܘܣ ܗܘܐ ܠܗܘܢ ܐܦܝܣܩܘܦܐ ܡܢ ܒܬܪ
ܕܐܣܗܕ ܦܘܒܠܝܘܣ.[11] ܘܡܣܗܕ ܥܠܘܗܝ ܥܠ ܩܘܕܪܐܛܘܣ.
ܕܒܫܩܝܠܘܬܗ ܐܬܟܢܫܘ[12] ܘܐܬܚܕܬ[13] ܗܝܡܢܘܬܗܘܢ. ܘܥܡ ܗܠܝܢ
ܡܕܟܪ. ܕܕܝܘܢܘܣܝܘܣ[14] ܗܘ ܕܐܬܬܣܝܡ ܗܘܐ ܡܢ ܐܪܝܘܣ
ܦܓܘܣ: ܕܗܝܡܢ ܒܐܝܕܗ ܕܦܘܠܘܣ ܐܝܟ ܕܟܬܝܒ ܒܦܪܟܣܝܣ.[15]
ܕܐܦܝܣܩܘܦܐ ܩܕܡܝܐ ܒܥܕܬܐ ܕܐܬܢܝܣ[16] (B fol. 91 *b*) ܗܘ ܗܘܐ.
4 ܘܐܓܪܬܐ[17] ܐܚܪܬܐ ܐܝܬ ܠܗ ܕܟܬܒ ܠܢܝܩܘܡܕܝ̈ܐ. ܘܒܗ̇

CHAP. XXIII. [1] A ܐܦܝܣܩܘܦܐ [2] A ܐܓܪ̈ܬܐ [3] A ܗܟܝܠ [4] A ܐܦܝܣܩܘܦܐ [5] A ܘܠܐ [6] A fol. 79 *a* [7] 𝔄 = ܒܐܓܪ̈ܬܐ? [8] 𝔄 = ܘܐܦ [9] A ܠܠܩܕܡܘܢܝ̈ܐ [10] A ܕܘܒ̈ܪܐ? [11] A ܦܘܒܠܝܣ [12] 𝔄 adds *dispersi* [13] A ܘܐܬܬܚܕܬ [14] A ܕܝܘܢܘܣܝܘܣ?? 𝔄 om. ? [15] A 𝔄 add ܩܕܝܫܐ? [16] A ܐܬܢܝܣ? [17] A adds ܠܘܬ

ܐܩܪܒ ܠܗܘܦܠ ܗܪܘܣܝܣ ܕܡܪܩܝܘܢ ܘܦܢܐ ܘܠܦܢܐ ܕܟܪܙܐ.
5 ܐܦ ܠܥܕܬܐ ܕܐܝܬ ܒܬܘܠܬܐ[18] ܘܠܥܙܪܐ ܕܒܢ̈ܬܐ ܕܐܝܬ
ܒܪܘܛܐ ܒܬܪ ܐܚܪ̈ܢܬܐ.[19] ܘܡܫܒܚ[20] ܠܦܠܝܦܘܣ ܐܦܝܣܩܘܦܐ
298 ܕܐܝܬ ܗܘܐ ܠܗܘܢ. ܕܡܫܝܚܐ ܦܠܓܘܬܐ[21] ܡܫܬܘܕܝܢ ܥܠ ܥܕܬܐ
ܗܘ ܕܐܝܬ ܗܘܬ ܚܝܘܬ ܐܚܪܗ. ܘܡܕܒܪ ܠܗ ܕܢܘܗܪ ܡܢ
6 ܒܠܒܟܘܢ ܕܗܪܣܝܣܐ.[21a] ܘܠܥܕܬܐ ܕܐܝܬ ܗܘܬ[22] ܒܐܡܬܦܠܓܝܢ
ܡܢ ܐܢܫܝܢ ܐܚܪ̈ܢܐ ܕܐܝܬ ܗܘܝ ܒܥܡܡܐ[23] ܕܦܠܓ ܐܦܪ̈ܬܐ.[24]
ܘܡܫܝܚܐ ܕܒܒܝܠܝܢ[25] ܘܡܠܟܘܬܗ ܠܐܠܗܐ ܗܘܐ ܗܘܘ ܘܕܦܠܐ.
ܘܐܡܪ[26] ܒܗܘܢ ܦܘܦܠܐ[27] ܕܦ̈ܠܚܐ ܕܐܠܗܐ. ܘܡܕܒܪ ܕܐܝܬ ܗܘܐ
ܠܗܘܢ ܐܦܝܣܩܘܦܐ ܦܠܚܐ.[28] ܘܡܫܬ̈ܡܠܝܬܐ[29] ܟܠܗ ܠܗܘܢ ܥܠ
ܘܥܘܬܪܐ ܘܥܠ ܕܫܘܬܐ. ܘܡܟܬܒ ܠܗܘܢ ܬܘܒ. ܕܒܢܘܗܝ
ܡܦܫܩܝܢ[30] ܠܐܝܠܝܢ ܕܡܬܗܦܟܝܢ ܡܢ ܫܘܪ̈ܒܬܐ ܐܘ ܡܢ ܒܢܝ̈ܪܐ ܐܘ
7 ܡܢ ܦܠܓܘܬܐ ܕܗܪܘܣܝܣ.[31] ܘܠܗܠܝܢ ܢܒ̈ܝܐ[32] ܐܦܪ̈ܬܐ ܐܚܪ̈ܬܐ
ܕܒܪܟܒ ܠܒܪܩܘܦ. ܘܡܟܢܫ[33] ܒܗ̇ ܠܡܫܡܥܢܘܬܗ ܐܦܣܩܘܦܐ[34]
ܕܒܕܬܐ ܕܐܬܟܢܝ. ܕܠܐ ܢܦܫܐ ܫܪܝܪܐ ܢܦܫܐ ܕܡܫܬܘܕܝܢ ܟܢܘܫܬܐ
ܥܠ ܫ̈ܬܩܐ. ܐܝܟ ܢܡܘܣܐ ܡܬܘܡ ܒܪܘܚܐ ܕܦ̈ܘܬܓܘܪܐ.
8 ܕܠܘܩܕܡ ܗܢܐ ܦܠܓ ܠܗ[35] ܗܘ ܡܫܝܚܘܬܗ. ܘܐܬܦܪܫ ܒܗ
ܘܡܫܝܚ ܠܒܢܝܢܫܐ.[36] ܘܡܟܠܐ ܡܢܗ ܕܒܢܝܢ ܐܦ ܟܠܡܐܡܘܢܘܬܐ
299 ܘܠܡܬܐ ܒܚܬܡܬܐ ܕܡܫܝܚܐ ܡܫܪܝܐ ܠܡܫܝܚܐ ܕܐܝܬ ܗܘܐ

[18] A ܒܝܘܪܕܢܐ [19] 𝔄 om. ܒܬܪ ܐܚ̈ܪܢܐ [20] 𝔄 adds *in ea* [21] A ܩ̈ܝܢܬܐ [21a] 𝔄 *haeresium* [22] A ܘܠܐܚܝܢܬܐ ܒܬܐ ܕܝܠܗ ܗܘܐ [23] A ܒܡܠܓܠܘܢ [24] 𝔄 sing. [25] A ܕܒܒܒܠܝܢܘܣ [26] A ܘܐܡܪܣ [27] A ܦܘܦ̈ܠܐ [28] 𝔄 *Poplēma* [29] A ܘܩ̈ܘܡܝܬܐ 𝔄 adds *et alia* [30] A fol. 79 *b* [31] A ܕܗܪܘܣܝܣ 𝔄 adds *quod apud eos factum est* [32] 𝔄 om. ܠܗܘܢ ܢܒܝܐ [33] A ܠܩ̈ܘܢܣܐ. ܘܡܟܢܫ [34] A ܐܦܘܩܘܦܐ [35] 𝔄 om. ܠܗ [36] A ܠܡܘܢܘܣܘܣ

ܬܘܒ ܐܚܪܢܐ. ܕܠܐ[37] ܒܕܡܘܬܐ ܠܫܪܒܬܐ ܕܡ̈ܠܐ[38] ܕܫܠܒܐ[39] ܘܦܘܫܩܢ
ܙܗܝܪ. ܘܡܬܐܡܪܢ ܒܡܘܕܝܢܐ[40] ܕܠܦܘܪܘܬܐ. ܕܟܕ ܒܗܕܐ ܗ̇ܘ ܕܗܕܐ ܐܓܪܬܐ
ܡܬܝܗܒܐ ܬܘܒ ܐܝܬܝܗ̇ (B fol. 92 a) ܕܬܫܒܘܚܬܐ ܕܡܫܝܚܘܬܗ ܫܪܝܪܬܐ
ܕܡܫܝܚܘܬܗ. ܘܟܠܗܘܢ ܕܟܠ[41] ܘܬܘܪܝܗܘܢ ܕܗ̇ܢܘܢ ܕܐܝܬ
ܗܘܐ ܬܘܒ ܐܚܪܢ. ܘܟܠܠܬܗ ܘܫܘܟܠܗ ܕܟܢܘܫܬܐ ܐܠܗܝܐ.
9 ܬܘܒ ܕܝܢ ܐܝܬ ܠܗ ܠܦܢܛܝܣܘܣ[42] ܐܦ[43] ܐܓܪܬܐ ܐܚܪܬܐ[44]
ܠܘܬ ܪ̈ܗܘܡܝܐ. ܕܒܬܟܒܐ ܠܐܦܣܩܘܦܐ[45] ܗ̇ܘ ܕܐܝܬ ܗܘܐ
ܒܗ̇ܘ ܙܒܢܐ ܕܗܢܐ ܗܘܐ ܦܐܝܪ.[46] ܘܡܫܒܚ ܗ̇ܘ ܢܡܘܣܐ ܡ̈ܠܐ[47]
ܡܠܝܠ ܕܐܝܬܝܗ ܡܫܒܚ ܠܥܕܬܐ ܕܪ̈ܗܘܡܝܐ. ܗ̇ܘ ܕܐܬܢܛܪ ܥܕܡܐ
10 ܠܐܘܪܚܐ ܗܢܐ ܕܗܘܐ ܒܝܘܡܬܢ. ܘܐܡܪ ܗܟܢܐ. ܕܡܢ
ܪܫܝܬܐ ܓܝܪ ܐܝܬ ܠܟܘܢ ܗܢܐ ܥܝܕܐ ܕܬܥܒܕܘܢ ܠܛܒ̈ܬܐ
ܒܟܠ ܦܘܪ̈ܣܝܢ.[47a] ܘܠܡܫܕܪܘ[48] ܙܘܕܐ ܠܥܕ̈ܬܐ ܣܓܝ̈ܐܬܐ ܕܐܝܬ
ܒܟܠ ܡܕܝܢܬܐ. ܕܒܗܢ ܡܪܝܚܘܬܗܘܢ ܕܡܣ̈ܟܢܐ ܡܢܝܚܝܢ ܐܢܬܘܢ.
ܘܠܐܚ̈ܐ ܕܐܝܬ ܒܡ̈ܛܠܬܐ ܦܢܩܝܣܘܢ[49] ܡܫܡܠܝܢ ܐܢܬܘܢ.
ܒܙܘܕܐ ܕܡܢ ܩܕܡ ܐܝܬ ܠܟܘܢ ܥܕܡܐ ܕܡܫܕܪܝܢ ܐܢܬܘܢ.
ܘܐܝܟ[50] ܕܡܢ ܡܫܠܡܢܘܬܐ[51] ܕܐܒܗܝܟܘܢ ܢܛܪܝܢ ܠܗ ܪ̈ܗܘܡܝܐ
ܠܥܝܕܐ ܗܢܐ. ܕܐܦܝܣܩܘܦܐ ܕܠܟܘܢ ܛܘܒܢܐ ܣܘܛܝܪ. ܠܐ
ܒܠܚܘܕ ܢܛܪ ܗ̇ܘ. ܐܠܐ ܐܦ ܡܪܒܐ ܪܒܝ ܠܗܘܢ ܠܡܫܡܫܢܘܬܐ 𝔄 300
ܕܡܫܬܕܪܐ ܗܘܬ ܠܩܕ̈ܝܫܐ. ܘܒܡ̈ܠܐ ܛܒ̈ܬܐ ܡܒܝܐ ܗܘܐ
11 ܠܐܚ̈ܐ ܕܣܠܩܝܢ ܠܘܬܗ ܐܝܟ ܐܒܐ ܡܪܚܡܢܐ ܠܒܢ̈ܘܗܝ. ܘܒܗ̇
ܒܗܕܐ ܐܓܪܬܐ ܡܥܗܕ ܐܦ ܠܐܓܪܬܐ ܕܩܠܝܡܝܣ ܠܩܘܪܢܬܝܐ

[37] 𝔄 om. ܠܐ [38] 𝔄 sing. [39] A ܕܫܠܡܐ 𝔄 անապականութեամբ = ܕܠܐ ܚܒܠܐ [40] A ܒܡܘܕܝܢܐ [41] In 𝔄 for կր read որ [42] A ܠܦܢܝܛܘܣ [43] A om. ܐܦ [44] A adds ܐܦ [45] A ܐܦܝܣܩܘܦܐ [46] A ܦܐܝܪ [47] A om. ܡ̈ܠܐ [47a] In 𝔄 read բարութեամբք [48] A ܘܠܡܫܕܪܘ [49] A 𝔄 ܦܢܩܝܣܘܢ [50] 𝔄 om. ܘ [51] Here a leaf is wanting in A

ܠܦܘܪܫܢܐ. ܘܡܘܕܥܝܢ ܕܐܝܟ ܕܡܢ ܚܕܐ ܡܕܡܝܢܐ ܠܗܝܢ ܟܠܗ̇
ܒܥܕܬܐ ܡܬܩܪܝܢܐ ܗܘܝ. ܐܡܪ ܗܟܢ. ܕܡܘܕܝܢܐ ܠܢ ܒܒܕܝܢ[52]
ܘܡܢܐ ܡܕܝܢܐ ܕܐܣܪܗܝܢܐ ܘܦܪܝܢ ܒܗ ܐܦܣܩܘܦܐ. ܗ̇ܘ ܕܐܡܪ.
(B fol. 92 b) ܒܟܠ ܕܝܢ ܦܠܓܐ ܕܒܗ ܦܪܝܢ ܐܢܫܝܢ ܒܗ̇ ܢܡܘܣܐ ܡܬܢܛܪܝܢ.
12 ܐܝܟ ܕܒܗܝܢ ܡܕܡܝܢܘܬܐ[53] ܕܐܬܬܟܬܒܬ ܠܝ ܡܢ ܡܠܟܘܬܗ. ܘܗܘ
ܕܝܢ ܒܪ ܗܘ ܥܠ ܐܓܪܬܗ[54] ܕܠܗܝ. ܥܠ ܕܦܘܨܚܐ ܒܗܝܢ[55] ܐܢܫܐ
ܐܡܪ ܗܟܢܐ. ܕܐܓܪ̈ܬܐ ܠܢ ܐܦܝܣܩܘܦ ܐܢ̈ܫܐ ܕܐܬܟܬܒ
ܠܗܘܢ[56] ܘܫܕܪܬ. ܘܠܗܝܢ ܠܗܠܝܢ ܟ̈ܠܝܗܘܢ ܕܫܠܝ̈ܚܐ ܡܛܠ ܐܢܫ
ܕܒܥܐ. ܒܡܕܡ ܕܩܪ̈ܘ ܡܢܗܘܢ ܘܐܘܣܦܘ ܚܠܝܗܘܢ. ܕܠܗܘܢ
ܠܗܠܝܢ ܘܐܦ[57] ܢܛܪ ܠܗܘܢ. ܠܐ ܗܘܝܬ ܕܝܢ ܬܦܢܝܬܐ ܝܗܒܘܬܐ
ܐ̈ܚܐ ܐܦ ܬܒܥܬܗܘܢ ܕܗܕ̈ܝܢ ܥܠܝܗ ܐܚܝܢ. ܐܡܪܐ ܐܢܐ ܕܥܠ
ܐܠܝܢ ܕܠܐ ܗܘܐ ܗܘܢܐ ܐܬܩܢܝܢ ܒܥܕܢܐ ܢܦܠܐ. ܘܬܘܒ
ܐܚܪܬܐ ܐܓܪܬܐ ܐܝܬ ܠܗ ܠܕܝܘܢܘܣܝܘܣ ܕܒܬ̈ܒ[58] ܠܦܪܘܣܛܪܐ
ܥܠ ܡܫܡܫܢܘܬܐ ܕܕܡܝܢܐ ܠܗܠܝܢ. ܘܡܫܒܪܬܐ ܕܡܠܬܐ ܕܚܘܝܐ
ܗܘܬ ܠܗ̇ ܡܢ ܗܘܐ ܠܗ. ܕܕܝܘܢܘܣܝܘܣ ܕܝܢ ܗܠܝܢ.

𝔄 301 ܕܥܣܪܝܢ ܘܐܪܒܥܐ. ܥܠ ܬܐܘܦܝܠܘܣ ܐܦܝܣܩܘܦܐ ܕܐܢܛܝܘܟܝ.
ܘܥܠ ܦܝܠܝܦܘܣ ܘܥܠ ܡܘܕܣܛܘܣ. ܘܥܠ ܡܠܝܛܘܢ ܘܥܠ ܐܝܠܝܢ
ܕܐܡܪܢ: ܘܥܠ ܐܦܘܠܝܢܪܝܣ ܘܥܠ ܡܘܣܢܘܣ ·:·

ܠܬܐܘܦܝܠܘܣ ܕܝܢ ܗ̇ܘ ܕܐܡܪܢ ܒܠܗܘܢ ܕܐܬܚܘܝ ܗܘܐ xxiv. 1
ܐܦܝܣܩܘܦܐ ܕܐܢܛܝܘܟܝ. ܬܠܬܐ[2] ܡܐܡܪܝܢ ܐܝܬ ܠܗ ܠܘܬ
ܐܘܛܘܠܝܩܘܣ. ܘܐܚܪܢܐ ܕܟܬܒ ܒܠܗܘܢ ܠܘܬ ܗܪܡܘܓܢܣ
ܕܗܪܡܘܓܢܝܣ. ܕܒܗ ܡܬܚܫܚ ܠܡܣܗܕܘܬܐ ܡܢ ܗܘ ܟܬܒܐ

[52] 𝔄 = ܒܟܪܝܢ [53] 𝔄 adds *epistola* [54] 𝔄 sing. [55] 𝔄 sing.
[56] 𝔄 om. ܠܗܘܢ [57] 𝔄 adds *in aeternum* [58] 𝔄 = ܕܟܬܒ
CHAP. XXIV. [1] 𝔄 read ܕ for ܪ [2] 𝔄 *et tres*

ܕܡܪܩܝܘܢ. ܘܐܚܪ̈ܢܐ ܟܬ̈ܒܐ ܐܝܬ ܠܗ ܕܡܫܠܡܝܢ ܠܬܠܡ̈ܝܕܐ.
ܐܝܠܝܢ ܕܝܢ³ ܕܡܢ ܡܠܦܢܐ ܐܢܘܢ ܕܗܪܣܝܣ. ܐܦ⁴ ܟܕ ܗܘ ܕܐܝܟ 2
ܒܕܡܘܬܐ ܕܙܝܙܢܐ ܡܚܒܠܝܢ ܗܘܘ ܙܪܥܐ⁵ ܕܟܐܢܐ ܕܡܠܦܢܘܬܐ
ܕܫ̈ܠܝܚܐ. ܪ̈ܥܘܬܐ ܕܝܢ ܕܐܝܬ ܗܘܘ ܒܥܕ̈ܬܐ ܕܟܠ ܐܬܪ. ܐܝܟ
ܕܠܚܝܘܬܐ ܕܕܒܪܐ ܡܢ ܥܢܗ ܕܡܫܝܚܐ (B fol. 93a) ܛܪܕܝܢ ܗܘܘ
ܠܗܘܢ. ܒܝܕ ܡܠܦܢܐ ܘܒܡܟܣܢܘܬܐ ܕܠܘܬ ܐܚ̈ܐ. ܒܝܕ ܕܝܢ
ܟܬܒܐܝܬ ܠܘܩܒܠ ܪ̈ܫܝܗܘܢ ܡܦܪܫܝܢ ܗܘܘ ܟܠܗܘܢ⁶ ܒܕܪ̈ܫܐ
ܘܡܟܣܝܢ ܗܘܘ ܠܗܘܢ. ܬܘܒ ܕܝܢ ܐܦ ܒܟܬܒܐ ܕܡܐܡܪ̈ܐ. 𝔄 302
ܡܟܣܢ ܒܥ̈ܒܕܝܗܘܢ ܫܠܝܚܐܝܬ ܡܚܘܝܢ ܗܘܘ ܘܡܦܪܣܝܢ. ܗ̣ܘ 3
ܕܝܢ ܬܐܘܦܝܠܘܣ ܥܡ ܐܚܪ̈ܢܐ ܐܩܪܒ ܠܘܩܒܠܗܘܢ. ܝܕܝܥ ܕܝܢ
ܡܢ ܡܐܡܪܐ ܚܕ ܕܟܬܒ ܠܗ ܠܘܩܒܠ ܡܪܩܝܘܢ.
ܗܘ ܕܐܦ ܗܘ ܥܡ ܐܚܪ̈ܢܐ ܗ̇ܢܘܢ ܕܐܡܪܢ ܒܠܝܗܘܢ ܢܛܝܪ
ܗܘ.⁷ ܘܡܢ ܒܬܪܗ ܕܗܢܐ ܩܒܠ ܡܟܣܝܡܝܢܘܣ ܐܦܝܣܩܘܦܘܬܐ
ܕܥܕܬܐ ܕܐܢܛܝܘܟܝܐ. ܕܐܬܡܢܝ ܗܘܐ ܫܒܝܥܝܐ ܡܢ ܒܬܪ
ܫ̈ܠܝܚܐ. ܦܝܠܝܦܘܣ ܕܝܢ ܗ̇ܘ ܕܝܠܦܢ ܥܠܘܗܝ ܡܢ ܡ̈ܠܘܗܝ xxv.
ܕܕܝܘܢܘܣܝܘܣ ܐܦܝܣܩܘܦܐ ܕܩܘܪܢܬܘܣ: ܕܐܝܬܘܗܝ ܗܘܐ
ܐܦܝܣܩܘܦܐ ܕܥܕܬܐ ܕܓܘܪܛܘܢܐ ܕܒܩܪܝܛܐ. ܐܦ ܗܘ ܟܬܒ
ܡܐܡܪܐ ܠܘܩܒܠ ܡܪܩܝܘܢ ܚܦܝܛܐܝܬ.⁸ ܐܦ ܐܝܪܢܐܘܣ
ܘܡܘܕܣܛܘܣ: ܗܘ ܕܝܬܝܪ ܡܢ ܐܚܪ̈ܢܐ ܦܪܣ ܠܘܩܒܠ ܛܥܝܘܬܗ 𝔄 303
ܕܗܢܐ ܓܒܪܐ. ܘܐܚܪ̈ܢܐ ܣܓܝܐܐ ܕܡܐܡܪ̈ܝܗܘܢ ܢܛܝܪܝܢ ܠܘܬ
ܐ̈ܢܫܐ ܣܓܝܐܐ ܥܕܡܐ ܠܝܘܡܢܐ. ܒܗܢܐ ܙܒܢܐ ܐܦ ܡܠܝܛܘܢ xxvi. 1
ܐܦܝܣܩܘܦܐ ܕܥܕܬܐ ܕܣܪܕܝܣ ܘܐܦܘܠܝܢܪܝܣ ܐܦܝܣܩܘܦܐ⁹ ܕܥܕܬܐ

³ 𝔄 om. ܕܝܢ ⁴ 𝔄 om. ܐܦ ⁵ 𝔄 plur. ⁶ 𝔄 om. ܟܠܗܘܢ
⁷ 𝔄 om. the clause ܗܘ ܕܐܦ ܗܘ......ܢܛܝܪ ܗܘ ⁸ 𝔄 *magna cura* ⁹ With this word the text of A recommences, fol. 80 *a*

ܕܐܪܘܦܘܠܝܣ[10] ܥܒܝܕܐܝܬ ܒܥܠܝܢ ܗܘܘ. ܕܩܘܠܐ ܒܒܕܘ ܡܟܡ
ܒܪܘܢܐ ܥܠ ܫ̈ܦܐ ܗܝܡܢܘܬܐ ܚܕ ܚܕ ܡܢܗܘܢ ܡܢܗ ܘܠܗ.
ܘܦܪܥܘ ܠܡܠܟܐ ܕܐܘܪܫܠܡ ܕܐܝܬ ܗܘܐ ܒܗܘ ܙܒܢܐ.
2 ܡܐܡܪ̈ܝܗܘܢ ܕܝܢ ܕܗܠܝܢ ܐܠܝܢ ܕܐܚܝܕܝܢ[11] ܡܢ ܐܝܠܝܢ ܗܘܘ
ܗܠܝܢ. ܕܡܠܝܠܘܬܐ ܥܠ ܦܣܩܝܢ ܬܪ̈ܝܢ. ܘܥܠ ܕܘܒܪܐ (B fol. 93 b) ܘܥܠ
ܢܟܣܐ. ܘܐܚܪܢܐ ܥܠ ܕܒܬܐ ܘܐܚܪܢܐ ܥܠ ܚܕܟܡܐ.[12] ܘܬܘܒ
ܐܚܪܢܐ[13] ܥܠ ܗܝܡܢܘܬܗ[14] ܕܒܪ ܐܢܫܐ[14a] ܘܐܚܪܢܐ ܥܠ ܟܠܬܗ.
ܘܬܘܒ ܐܚܪܢܐ ܥܠ ܡܫܡܥܬ ܐܕܢܐ[15] ܕܗܝܡܢܘܬܐ. ܘܡܢ ܗܠܝܢ
ܥܠ ܢܦܫܐ ܘܦܓܪܐ. ܘܬܘܒ ܥܠ ܡܥܡܘܕܝܬܐ ܘܥܠ ܫܪܪܐ ܘܥܠ
ܗܝܡܢܘܬܐ. ܘܥܠ ܡܘܠܕܗ ܕܡܫܝܚܐ ܘܥܠ ܡܠܬܐ ܕܢܒܝܘܬܗ.
ܘܬܘܒ ܥܠ ܢܦܫܐ ܘܦܓܪܐ. ܘܐܚܪܢܐ ܥܠ ܪܘܚܢܐܝܬ ܬ̈ܫܡܫܬܐ[16]
ܘܥܠ ܡܠܟܐ ܘܥܠ ܡܠܟܘܬܗ ܕܡܫܝܚ. ܘܬܘܒ ܐܚܪܢܐ ܥܠ ܐܠܗܐ
ܕܠܒܫ ܦܓܪܐ. ܘܬܘܒ ܐܚܪܢܐ ܕܟܬܒ ܠܐܦܠܘܣܘܦܘܣ ܡܠܟܐ.
3 ܗܢܐ ܕܝܢ[17] ܕܟܬܒ ܡܛܠ ܙܒܢܐ ܕܦܣܚܐ ܘܥܕܢܐ ܕܢܬܥܒܕ[18] ܐܘܕܥ
ܗܠܝܢ. ܕܒܪܝܫܗܘܢ ܕܣܪܘܝܠܝܘܣ ܦܘܠܘܣ ܐܢܬܘܦܛܐ ܕܐܣܝܐ
ܐܝܟܢܐ ܕܐܡܪ ܣܓܪܝܣ.[19] ܘܩܘܣܛ ܒܗܘܐ ܐܦܝܣܩܘܦܘܬܐ[20] ܕܠܘܕܝܩܝܐ ܥܠ
ܦܣܩܝܢ ܕܡܬܬܡܠܠܝܢ ܗܘܘ ܕܝܢ ܒܗܘ ܥܕܢܐ ܘܐܬܟܬܒ
4 ܗܠܝܢ. ܠܗ ܕܝܢ ܠܗܢܐ ܡܐܡܪܐ. ܡܕܟܪ ܠܗ[21] ܩܠܡܝܣ
ܐܠܟܣܢܕܪܝܐ[22] ܒܡܐܡܪܐ ܕܝܠܗ ܕܐܟܬܒ ܡܛܠ ܦܣܚܐ ܘܐܡܪ.
ܕܐܝܟ ܕܡܢ ܒܥܠܬܐ ܕܡܠܝܛܘܢ ܐܟܬܒ ܐܦ ܗܘ.
A 304 ܒܗܘ ܕܝܢ ܡܟܡ ܒܪܘܢܐ ܕܩܕܡ[22a] ܠܐܦܘܠܝܢܪܝ.[23] ܕܐܝܟ ܗܠܝܢ 5

[10] A ܕܐܝܪܘܦܘܠܝܣ [11] A ܕܐܚܝܕ [12] A plur. [13] A ܘܐܚܪܢܐ [14] A ܗܝܡܢܘܬܗ [14a] In A read *Մարդոյ* [15] A *de obedientia* [16] A = ܪܘܚܢܐܝܬ ܡܫܡܫܢܐ [17] A om. ܕܝܢ [18] A ܕܢܬܥܒܕ [19] A om. this name [20] A ܐܦܝܣܩܘܦܐ [21] A has *et* for ܠܗ [22] A adds *et* [22a] In A read *Եւ* [23] A ܐܦܘܠܝܢܪܝ

ܡܫܬܟܚܐ ܕܗܘܬ[24] ܡܢܗ ܠܥܡܐ ܕܝܠܢ. ܕܥܕܡܐ ܠܡ ܕܐܬܬܩܝܡܬ
ܠܐ ܗܘܬ. ܗܢܐ ܡܬܪܥܐ ܠܡܠܟܘܬܐ ܕܪ̈ܗܘܡܝܐ ܕܐܠܗܐ
ܒܦ̈ܘܪܢܝܐ ܫܪܝܪܬܐ ܒܐܝܣܐ. ܡ̈ܛܠ ܡܢ ܐܓܘ ܒܪ ܘܐ̈ܚܕ ܡܬܝܢܐ[25]
ܕܐܫ̈ܬܢܝܐ ܗ̇ܘܢ ܕܕܠܐ ܬܘܫܒܚܬܐ ܐܝܟ. ܒܒܠܬܐ ܕܐܝܬ
ܠܗܘܢ ܦܘܩܕܢܐ[26] ܠܒܐܝܬ ܡܫܠܛܝܢ ܘܢܦܩܘ ܟܠܠܐ ܘܒܐܡܬܡܟܐ.[27]
ܠܐܢܫܐ ܕܥܕܡܐ ܠܐ ܐܫܟܚܘ. ܘܒܬܪ ܐܫ̈ܬܩܠܘ ܐܡܪܝܢ ܗܘܬ. 6
ܕܐܢ ܐܢܬ ܠܡ (B fol. 94 *a*) ܒܥܒܕܬ ܕܬܫܡܫܬܐ ܗܕܐ: ܠܡܐܠܗܘܬ ܐܦ
ܡܫܬܒܪܢ. ܡܛܠܐ ܒܪ ܟܕ ܐܢܫ ܠܐ ܡܬܚܫܒ ܡܬܪܥܐ ܡܕܡ
ܒܐܠܗܘܬ. ܐܦ[28] ܐܢܫܝܢ ܕܐܬܐܡܪ ܡܫܬܪܝܢ[29] ܐܡܘܪܘ[30] ܕܗܢܐ
ܡܘܬܐ. ܗܕܐ ܕܝܢ ܒܝܘܬܐ ܚܡܝܪܝܢ[31] ܠܝ ܒܠܚܘܕ. ܕܐܢܬ
ܬܒܥܐ ܐܝܟ ܡܕܡܐܝܬ[32] ܠܦܠܚܘ̈ܗܝ[33] ܕܗܢܐ ܫܪܝܪܐ ܘܬܕܘܢ
ܒܐܝܩܪܐ:[34] ܕܐܢ ܚܫ ܠܡܘܬܐ ܘܠܡܫܩܠ ܒܪܢܫܐ. ܐܘ ܠܫܒܝܐ
ܘܠܒܙܬܐ. ܐܢ ܕܝܢ ܡܢܟ ܠܐ ܐܬܬܣܝܡܬ ܗܢܐ ܕܝܢܐ ܘܗܢܐ
ܦܘܩܕܢܐ ܚܕܬܐ: ܕܠܐ ܐܝܟ[35] ܕܢܬܟܬܪ ܗܘܝܐ ܐܦܠܐ ܠܘܬ 𝔄 305
ܒܪ̈ܒܪܝܐ ܒܟܠܙܒܢ. ܡܬܒܥܝܢܢ ܚܢܢ ܐܢܫܝܢ[36] ܡܢܟ ܕܠܐ
ܬܫܒܩ ܡܢ ܒܙܬܐ ܕܒܘܪܐ ܕܡܢ ܟܠܗܐ ⁘ ܟܬܒ ܗܟܢ 7
ܕܝܢ ܐܡܪ. ܕܦܠܣܦܘܬܐ ܕܝܠܢ ܕܠܝ ܡܕܡܐܝܬ ܒܗ ܒܪ̈ܒܪܝܐ
ܐܬܦܬܚܬ. ܚܟܝܬ ܕܝܢ ܐܦ ܒܥܡܐ ܕܝܠܟ ܒܝܘ̈ܡܬܗ ܕܐܓܘܣܛܘܣ.
ܘܗܘܬ ܠܡܠܟܘܬܐ[37] ܕܪ̈ܗܘܡܝܐ ܠܦܠܠܢܬܐ ܢܗܪܐ. ܘܡܬܐܪܬܐ[38]
ܠܡܠܟܘܬܟ ܕܝܠܟ ܬܘܕܝܬܐ[39] ܠܟܠܗ. ܡܢ ܗܘ ܕܒܝܐ ܒܪ ܢܗܪܐ
ܘܡܬܬܒܪ ܐܘܓܘܣܛܐ ܕܪ̈ܗܘܡܝܐ. ܗܘ ܕܐܝܬ ܦܠܠܬܗܘܢ.

[24] 𝔄 adds *mala* [25] A ܡܬܝܢܐ [26] A fol. 80 *b* [27] A ܘܒܡܫܟܢܐ
[28] A ܘܐܦ [29] A ܡܫܬܪܝܢ ܗܘܘ [30] In 𝔄 for [illegible] read [illegible]
[31] A ܡܬܪܚܡܝܢ [32] A ܡܕܡܐܝܬ [33] In 𝔄 for [illegible] read [illegible]
[34] A ܒܝܩܪܐ [35] 𝔄 *quod non dictum est* [36] A ܡܬܒܥܝܢ ܚܢܢ
[37] 𝔄 = ܡܠܟܘܬܐ [38] A ܘܡܬܐܪܬܐ [39] 𝔄 = ܠܬܘܕܝܬܐ

ܘܐܬܪܥܝܘܗܝ. ܘܬܘܒ ܬܟܫܦܘܗܝ ܥܠ ܒܢܝܟ.[40] ܟܕ ܢܓܪ ܐܝܬ
ܠܗܘܢ ܦܠܣܘܦܘܬܐ[41] ܕܪܘܡܝܐ ܥܡ ܡܠܟܘܬܗܘܢ ܕܫܪܝܬ ܥܡ
ܐܓܘܣܛܘܣ.[42] ܗܘ ܕܐܦ ܐܒܗܝܟ ܥܡ ܫܪܟܐ ܕܕܚ̈ܠܬܐ
ܐܝܩܪܬܐ ܐܦ[43] ܠܗ ܢܛܪܘ.. ܘܫܘܕܥܬܐ ܪܒܬܐ ܗܕܐ ܗܝ. 8
ܕܠܡܠܟܘܬܗ ܕܡܠܟܘܬܟ ܒܫܘܢܝܗ ܡܫܪܝܬܐ ܕܠܡ ܥܡ ܫܘܪܝܗ ܛܒܐ.
ܕܐܝܟ ܕܡܢ ܗܕܝܢ ܐܓܘܣܛܘܣ ܡܕܡ ܕܒܝܫ ܠܐ ܐܪܥܗ
ܠܡܠܟܘܬܗܘܢ܀ ܐܠܐ ܡܝܬܪܬܐ ܒܟܠܡܕܡ ܡܫܬܒܚܢܐ ܘܡܬܒܥܝܢܐ
9 (B fol. 94 *b*) ܒܨ̈ܠܘܬܐ ܕܟܠܗ. ܘܡܢ ܟܠܗܘܢ ܡ̈ܠܟܐ ܕܗܘܘ ܢܐܪܘܢ
𝔄 306 ܘܕܘܡܛܝܢܘܣ ܒܠܚܘܕ ܐܬܦܝܣܘ[44] ܠܐܢܫܐ ܣܢܝ̈ܐ. ܘܨܒܘ
ܡܟܐܠ ܡܢܝܐ ܥܠ ܣܘܟܠܐ ܕܠܝܬ. ܘܡܢܗܘܢ ܡܢ ܗܠܝܢ ܐܝܟ
ܕܡܢ ܥܝܕܐ ܕܠܐ ܡܫܪܝܬܐ[45] ܢܓܕ. ܕܢܬܥܒܠ ܥܒܘܕܐ[46] ܕܕܓܠܘܬܐ
10 ܥܠܝܗ. ܐܠܐ ܕܝܢ ܠܛܥܝܘܬܗܘܢ ܕܗܢܘܢ ܐܒܗܝܟ ܕܝܠܟ
ܐܬܩܢܘܗ. ܘܒܬ̈ܪܬܐ ܓܥܪ ܡܟܣܢ̈ܝܬܐ ܠܣܓܝ̈ܐܐ ܘܓܥܪܘ ܒܟܬ̈ܒܬܐ.
ܠܐܝܠܝܢ[47] ܕܐܡܪܚܘ ܕܢܡܪܚܘܢ ܘܢܥܝܩܘܢ[48] ܡܛܠ ܗܕܐ.[49] ܗܟܢ
ܕܝܢ ܗܕܪܝܢܘܣ ܠܣܓܝ̈ܐܐ ܟܬܒ[50] ܡܛܠ ܗܕܐ. ܐܦ ܠܦܘܢܕܢܘܣ.[51]
ܐܢܬܘܦܛܐ ܕܐܣܝܐ. ܐܒܘܟ ܕܝܢ ܡܛܠܬܗ ܟܬܒ ܠܡܕܝ̈ܢܬܐ[52]
ܕܠܐ ܐܢܫ ܢܫܪܘܢ. ܟܕ ܐܦ[53] ܐܢܬ ܥܡܗ ܡܕܒܪ ܗܘܝܬ
ܒܟܠܡܕܡ. ܐܦ ܠܠܪܝܣܝܐ ܘܠܬܣܠܘܢܝܩܝܐ[54] ܘܠܐܬܢܝܘܣ ܘܠܟܠ
11 ܝܘ̈ܢܝܐ. ܥܠܝܟ ܕܝܢ ܕܡܦܣܝܢ ܕܝܬܝܪ ܡܢ ܗܢܘܢ ܐܝܬ ܠܟ

[40] 𝔄 = ܒܢ̈ܝܟ [41] A ܦܝܠܣܘܦܘܬܐ [42] A ܐܓܘܣܛܘܣ. The following word in 𝔄 should be *զոր* [43] 𝔄 om. ܕ ܡܛܠ and ܐܦ ܐܝܩܪܬܐ [44] A ܢܪܘܢ ܒܠܚܘܕ ܘܕܘܡܛܝܢܘܣ ܐܬܦܝܣܘ [45] 𝔄 *sine iure* [46] 𝔄 *testimonium* [47] A fol. 81 *a* [48] 𝔄 *qui ausi sunt et voluerunt vexare* [49] 𝔄 joins ܡܛܠ ܗܕܐ to the next clause, in which ܗܟܢ is rendered *adversatus est* [50] 𝔄 *et scripsit* [51] A ܠܦܘܢܕܝܢܘܣ 𝔄 *ad Pondinum* (omitting ܐܦ) [52] 𝔄 *ad omnes urbes* [53] 𝔄 om. ܐܦ [54] A ܠܠܪܝܣܝܐ ܘܠܬܣܠܘܢܝܩܝܐ

ܬܪܥܝܬܐ ܦܬܓܡܐ ܥܠ ܗܠܝܢ. ܘܡܦܩܢ[55] ܕܬܪܝܢܐܝܬ[56] ܒܠܚܘܕ
ܒܫܡܠܝܘܬܐ ܦܝܫ ܐܢܬ ܡܢܗ ܕܬܕܥ ܡܢܝ. ܗܠܝܢ ܕܝܢ ܒܥܒܕܐ
12 ܠܗܪܟܐ ܐܬܬܥܝܩܬ[57] ·:· ·:· ܒܠܘܩܒܠܐ ܕܝܢ ܕܐܬܡܢܝܢ ܠܗ ܗܘ
ܠܡܠܝܟܘܢ. ܟܕ ܢܣܒܬܐ ܒܗܘܢ. ܪܚܡ ܡܢܝܢܐ ܕܟܬ̈ܒܐ 𝔄 307
ܕܥܬܝܩܬܐ ܒܬܘܬܒܬ ܘܣܘܝ ܕܐܝܠܝܢ ܡܬܡܠܝܢ. ܕܡ̈ܠܐ ܕܢܡܘܣܐ[58]
13 ܐܝܟ ܗܘܕܟܐ. ܟܬܒ ܕܝܢ ܗܟܢܐ ·:· ·:· ܡܠܝܛܘܢ ܠܐܢܣܝܡܘܣ
ܐܚܝ[59] ܫܠܡ. ܡܛܠ ܕܒܥܘ̈ܬܐ ܣܓܝ̈ܐܬܐ[60] ܐܦܝܣܬ ܒܚܦܝܛܘܬܐ
ܕܐܝܬ ܠܟ ܡܛܠ ܡܠܬܐ: ܕܐܥܒܕ ܠܟ ܠܘܩ̈ܒܠܐ ܡܢ ܢܡܘܣܐ
ܘܡܢ ܢܒܝ̈ܐ ܥܠ ܦܪܘܩܢ ܘܥܠ ܟܠܗ ܗܝܡܢܘܬܢ ·:· ܘܬܘܒ ܕܨܒܝܬ
ܕܬܐܠܦ ܥܠ ܟܬ̈ܒܐ ܥܬܝ̈ܩܐ ܚܬܝܬܘܬܐ ܕܡܢܝܢܐ ܗ̈ܘܝܢ
ܒܡܢܝܢܐ ܘܐܝܠܝܢ (B fol. 95 *a*) ܐܝܟ ܒܬܪ ܒܬܪ. ܐܬܚܦܛܬ ܠܗ
ܕܗܐ ܗܕܐ ܐܥܒܕ. ܕܚܙܝܬ ܗܘܝܬ ܒܚܦܝܛܘܬܟ ܕܥܠ ܗܝܡܢܘܬܐ[61]
ܘܥܠ ܝܘܠܦܢܗ ܕܡܠܬܐ. ܕܝܬܝܪ[62] ܡܢ ܟܠܡܕܡ ܠܚܘܒܐ ܕܐܠܗܐ
14 ܡܩܕܡ ܐܢܬ. ܘܥܠ ܚ̈ܝܐ ܕܠܥܠܡ ܡܬܟܬܫ ܐܢܬ.[63] ܟܕ
ܣܠܩܬ ܗܟܝܠ ܠܡܕܢܚܐ: ܘܡܛܝܬ ܥܕܡܐ ܠܗ ܠܐܬܪܐ ܕܒܗ
ܐܬܟܪܙܘ ܘܐܬܥܒܕܘ:[64] ܘܝܠܦܬ ܒܚܬܝܬܘܬܐ ܥܠ ܟܬ̈ܒܐ ܕܕܝܬܝܩܐ
ܥܬܝܩܬܐ. ܪܫܡܬ ܘܫܕܪܬ ܐܢܘܢ[65] ܠܟ. ܕܐܝܬܝܗܘܢ ܫܡܗ̈ܝܗܘܢ
ܗܠܝܢ ·:· ܕܡܘܫܐ ܚܡܫܐ. ܒܪܝܬܐ ܘܡܦܩܢܐ. ܘܡܢܝܢܐ
ܘܕܟܗ̈ܢܐ[66] ܘܬܢܝܢ ܢܡܘܣܐ. ܘܬܘܒ ܕܝܫܘܥ ܒܪ ܢܘܢ. ܘܫܦܛ̈ܐ[67]
ܘܪܥܘܬ. ܘܣܦܪ ܕܡ̈ܠܟܐ ܐܪܒܥܐ. ܘܬܪܝܢ ܕܒܪܝܡܝܢ[68]

[55] A ܘܡܦܩܢܢ ܚܢܢ [56] A ܬܢܝܢܝܬ [57] A ܐܬܚܦܛܬ 𝔄 om. [58] In 𝔄 read արժան է կարգել [59] A ܠܐܚܝ ܐܢܣܝܡܘܣ [60] A ܣܓܝ̈ܐܬܐ [61] A ܗܝܡܢܘܬܐ [62] A ܝܬܝܪ [63] 𝔄 omits the clause ܘܥܠ ܚ̈ܝܐ.....ܡܬܟܬܫ ܐܢܬ [64] A ܐܬܟܪܙܘ ܘܐܬܥܒܕܘ [65] 𝔄 om. ܐܢܘܢ [66] A ܘܕܟܗ̈ܢܐ. 𝔄 *Levitarum et Numeri* [67] 𝔄 om. ܘ [68] 𝔄 *et liber* Παραλειπομένων

ܬܪܝܢ. ܘܡܙܡܘܪܐ ܕܕܘܝܕ. ܘܕܫܠܝܡܘܢ. ܡܬܠܐ ܕܗܘܝ[69] ܘܚܟܡܬܐ
𝔄 308 ܘܩܘܗܠܬ ܘܫܝܪ ܫܝܪ̈ܬܐ. ܘܐܝܘܒ. ܘܕܢܒ̈ܝܐ.[69a] ܐܫܥܝܐ
ܘܐܪܡܝܐ.[70] ܘܬܪܥܣܪ ܢܒ̈ܝܐ ܐܚܪ̈ܢܐ. ܘܕܢܝܐܝܠ ܘܚܙܩܝܐܝܠ[71]
ܘܥܙܪܐ. ܕܡܬܝܡܘܢ ܡܢ ܗܠܝܢ ܟܬܒ̈ܐ ܠܥܒܪ̈ܝܐ ܘܢܦܩܬ ܒܥܒܪܝܐ[72]
ܡܐܡܪܝܢ. ܗܠܝܢ ܟܠܗܘܢ[73] ܕܡܠܝܠܝܢ. ܘܬܘܒ[74] ܐܦ ܕܐܦܘܠܝܢܪܝܘܣ[75] xxvii.
ܡܐܡܪܐ ܩܠܝܠܐ ܐܝܬ ܕܡܬܩܪܝܢ ܠܘܬ ܗܪܛܝܩܐ. ܐܝܠܝܢ ܕܝܢ[76]
ܕܣܝܡܝܢ ܠܝ ܐܬܘܬܘܗܝ ܗܠܝܢ. ܣܝ ܕܡܚܡ ܒܪܘܚܐ. ܗܘ ܕܒܥܒܪ
ܠܗ ܠܘܬ ܗܢܐ ܡܠܟܐ ܕܦܪܡܢ ܐܡܪܝܢ ܒܠܘܗܝ. ܘܠܘܡܒܠ
ܣܬܘ̈ܝ ܣܦܬܝܐ. ܘܠܘܩܒܠ ܡܘ̈ܕܝܢ ܬܪ̈ܝܢ. ܘܐܝܠܝܢ ܕܡܢ ܒܬܪܟܢ
ܗܟܢ ܥܠ ܗܪܣܝܣ ܕܦܪ̈ܘܓܝܐ[77] ܕܡܚܕܬ ܫܪܝܐܬ ܗܕܡ ܡܠܠ
ܘܒܢܝܐ. ܕܗܘܝܢ ܥܙܝ ܗܘܐ ܡܬܢܒܝܘܬ ܥܡ ܢܫ̈ܐ ܢܒܝ̈ܬܐ
ܕܓܠܬܐ[78] ܕܢܦܩܘ ܗܘܘ. ܠܗ ܠܡܥܠܬܐ ܡܢ ܫܪܪܐ

𝔄 309 ܕܬܘܪܝܢ ܘܫܡܥܝܢ ܥܠ ܗܪܣܝܣ[1] ܕܛܛܪܝܢܘܣ.[2]

ܘܡܬܩܘܡܝܣ[3] ܕܝܢ ܗܘ (B fol. 95 b) ܕܡܬܩܪܐ[4] ܒܡ ܗܘܝܢ xxviii.
ܕܫܒܝܒܝ. ܐܝܬ ܠܗ ܡܐܡܪܐ ܕܟܬܒ ܠܗ[5] ܠܘܬ ܐܢܫܐ. ܕܢܠܗ
ܗܘܘ ܠܗܪܣܝܣ ܕܡܬܩܪܝܐ ܕܐܢܛܛܪܝܢܐ ܠܡܢܝܢܘ ܐܢܘܢ
ܠܫܪܪܐ. ܕܗܘܝܢ ܗܘ ܫܪܪ ܠܡܬܚܙܝܘ. ܘܠܡܚܠ ܠܚܠܡܐ ܡܫܡܫ
ܒܪܢܫܐ ܕܟܠܐ ܘܢܦܫܐ ܘܡܫܡܠܝܐ. ܡܬܐܡܪܐ ܕܝܢ ܡܠܬܐ.

[69] A ܕܗܘܝ ܡܬܠܐ ܕܚܟܡܬܐ 𝔄 does not render ܕܗܘܝ but for ܘܚܟܡܬܐ has *Sapientiae* (genit.) [69a] 𝔄 om. ܕ [70] 𝔄 places ܘܬܪܥܣܪ after ܢܒ̈ܝܐ ܐܚܪ̈ܢܐ [71] 𝔄 places ܘܚܙܩܝܐܝܠ after ܘܕܢܝܐܝܠ [72] A ܒܥܒܪܝܐ [73] 𝔄 om. ܟܠܗܘܢ [74] A ܬܘܒ [75] A ܕܐܦܘܠܝܢܪܝܘܣ [76] A fol. 81 *b* [77] A ܕܦܪܘܓܝܐ [78] 𝔄 *cum mulieribus et falsis prophetis*

Chap. XXV. [1] A ܗܪܣܝܣ [2] For ܛܛܪܝܢܘܣ 𝔄 has *Tetrianos* throughout the chapter [3] B orig. ܘܡܬܩܘܡܝܣ A ܡܬܩܘܡܝܣ 𝔄 has genitive [4] A ܕܡܬܩܪܐ [5] 𝔄 om. ܠܗ

xxix. 1 ܕܠܗܕܐ ܠܦܘܫܩܐ ܒܠܬܐ ܕܣܘܪ̈ܝܐ ܛܛܝܢܘܣ ܗܘܐ. ܗܘ ܕܡܕܡ
ܡܠܠ ܬܒܝܢ ܡܢ ܡ̈ܠܘܗܝ ܕܐܡܪ ܡܛܠ ܝܘܣܛܝܢܘܣ[5a] ܣܗܕܐ
ܫܡܘܥܐ. ܘܐܫܬܟܚ[6] ܟܠܗܘܢ ܕܬܠܡܝܕܘܗܝ ܗܘܐ. ܡܟܪܙ ܕܝܢ ܥܠ
ܗܢܐ ܐܝܪܢܐܘܣ[7] ܒܡܐܡܪܐ ܩܕܡܝܐ ܕܟܬܒ ܠܗ. ܠܘܩܒܠ 𝔄 310
ܗܪ̈ܣܝܣ.[8] ܟܠܗܘܢ ܥܠ ܛܛܝܢܘܣ ܘܥܠ ܗܪܣܝܣ[8] ܕܝܠܗ. ܘܟܬܒ
2 ܗܟܢܐ ·:·:·· ܕܡܢ ܒܬܪ ܣܛܘܪܢܝܠܘܣ[9] ܠܡ ܘܡܪܩܝܘܢ ܗܢܘܢ Adv Hæ i 28, 1
ܕܡܬܩܪܝܢ ܐܢܩܪܛܝܛܐ.[10] ܐܟܪܙܘ ܘܐܣܠܝܘ ܙܘܘܓܐ ܘܒܛܠܝܢ
ܠܒܪܝܬܗ ܩܕܡܝܬܐ ܕܐܠܗܐ ܘܡܣܟܢܘܬܐ[11] ܡܦܠܓܝܢ ܠܗܿܘ
ܕܥܒܕ ܕܒܪܐ ܘܡܫܒܚܬܐ ܠܡܘܠܕܐ ܕܒ̈ܢܝ ܐܢܫܐ. ܘܡܠܟܝܢ ܕܢܫܬܐܠ
ܐܢܫ ܡܢ ܡܐܟܘܠܬܐ ܕܟܠ ܡܕܡ ܕܐܝܬ ܒܗ ܢܦܫܐ. ܘܦܠܓܝܢ
ܡܘܒܠ ܠܦܘܫܩܐ ܕܐܠܗܐ ܒܒܪܘܐ ܕܟܠ. ܘܡܦܩܝܢ ܠܘܩܒܠ
3 ܦܘܪܩܢܗ ܕܐܕܡ ܐܢܫܐ[12] ܕܐܬܒܠܥ ܡܪܩܝܘܢܘܬ.[13] ܗܕܐ[14] ܗܫܐ ܗܘ
ܐܬܚܕܬ ܠܗܘܢ. ܕܡܪܩܝܘܢܘܬ[15] ܛܛܝܢܘܣ ܐܒܘܗ ܠܗܢܐ
ܟܢܘܫܐ. ܗܘ ܕܐܬܚܙܝ ܗܘܐ ܬܠܡܝܕܗ ܕܝܘܣܛܝܢܘܣ. ܘܟܡܐ
ܕܠܗ ܢܦܫ ܗܘܐ. ܡܕܡ ܕܗܟܢܐ ܠܐ ܚܘܝ. ܡܢ ܒܬܪ ܕܝܢ
ܣܗܕܘܬܗ[16] ܕܗܘ ܐܪܚܩ ܗܘܐ ܡܢ ܥܕܬܐ ܕܐܬܪܝܡ ܘܐܬܚܬܪ:
ܕܣܒܪ[17] ܒܪܥܝܢܗ ܕܢܗܘܐ ܡܠܦܢܐ ܐܝܟ ܡܝܬܪ ܡܢ ܐܚܪ̈ܢܐ.[18]
ܘܒܥܐ ܠܢܦܫܗ ܠܛܘܦܣܐ ܕܡܠܦܢܘܬܐ ܐܚܪܢܝܐ. ܘܐܬܒܕܝ ܫ̈ܘܥܝܬܐ
ܐܦ ܗܘ ܒܕܡܘܬܗܘܢ (B fol. 96 a) ܕܗܢܘܢ ܕܒܝܬ ܘܠܢܛܝܢܘܣ.
ܕܥܠܡ̈ܐ[19] ܠܡ ܕܠܐ ܡܬܚܙܝܢ. ܘܩܪܐ ܠܗ ܠܙܘܘܓܐ ܚܒܠܐ ܘܙܢܝܘܬܐ
ܒܕܡܘܬܗ ܕܡܪܩܝܘܢ ܘܣܛܘܪܢܝܠܘܣ.[20] ܘܐܡܪ ܠܘܩܒܠ ܦܘܪܩܢܗ

[5a] A ܝܘܣܛܝܢܘܣ [6] A ܐܫܬܟܚܝܢ [7] A ܐܝܪܢܐܘܣ [8] A ܗܪܣܝܣ
[9] A ܣܛܘܪܢܝܠܘܣ [10] A ܐܢܩܪܛܝܛܐ [11] A ܘܡܣܟܢܘܬܐ [12] A ܕܐܢܫܐ
[13] A ܡܪܩܝܘܬ [14] A 𝔄 ܗܢܐ [15] A ܡܪܩܝܘܬ [16] A ܣܗܕܘܬܗ ܕܝܢ
[17] 𝔄 *et putabat* [18] A ܢܘܟܪ̈ܝܐ [19] 𝔄 = ܘܥܠܡ̈ܐ [20] A ܘܣܛܘܪܢܝܠܘܣ

4 ܕܐܡܪ. ܗܠܝܢ ܐܡܪ ܐܝܪܢܐܘܣ[21] ⁘ ܒܬܪ ܙܒܢܐ ܕܝܢ ܩܠܝܠ.[22]
𝔄 311 ܒܪܢܫܐ ܚܕ ܕܫܡܗ ܣܘܐܪܘܣ[23] ܐܚܪܢܐ[24] ܠܗܕܐ ܗܪܣܝܣ.[24a] ܘܥܘܫܢܐ
ܚܝܠܐ ܠܗܠܝܢ ܕܡܬܬܠܡܕܝܢ ܒܗ: ܕܢܗܘܘܢ ܡܬܩܪܝܢ ܡܢ ܫܡܗ
5 ܣܐܘܪܝܢܐ.[25] ܡܫܬܡܫܝܢ ܕܝܢ ܗܠܝܢ ܒܢܡܘܣܐ ܘܒܢܒܝܐ
ܘܒܐܘܢܓܠܝܘܢ. ܐܝܟ ܪܥܝܢܗܘܢ ܡܦܫܩܝܢ ܠܗ ܠܣܘܟܠܐ
ܕܟܬܒܐ. ܡܓܕܦܝܢ ܕܝܢ ܥܠ ܦܘܠܘܣ ܫܠܝܚܐ ܘܡܣܠܝܢ ܐܓܪ̈ܬܗ.
6 ܘܠܐ ܡܩܒܠܝܢ ܐܦܠܐ ܦܪܟܣܝܣ ܕܫ̈ܠܝܚܐ. ܗܘ ܕܝܢ ܗܢܐ
ܛܛܝܢܘܣ ܪܫܗܘܢ ܩܕܡܝܐ. ܟܢܫ ܘܚܠܛ ܗܘܐ ܐܘܢܓܠܝܘܢ
ܘܩܪܝܗ̇ ܕܛܝܣܪܘܢ.[26] ܗܘ ܕܝܢ ܕܡܚܠܛܬܐ.[27] ܗܢܐ ܕܠܘܬ
ܣ̈ܓܝܐܐ ܥܕܡܐ ܠܝܘܡܢܐ ܐܝܬܘܗܝ. ܡܬܐܡܪ ܕܝܢ ܥܠܘܗܝ.
ܕܐܡ̈ܪܝܢ ܕܫܠܝܚܐ ܡ̈ܠܐ ܡܢ ܕܫ̈ܠܝܚܐ ܐܝܟ ܕܢܬܩܢ ܪܘܟܒܗ̇
7 ܕܡܠܬܐ. ܫܒܩ ܕܝܢ ܗܘ ܗܢܐ ܡܐܡܪ̈ܐ ܣ̈ܓܝܐܐ. ܕܡܢܗܘܢ
ܐܝܬ ܚܕ ܡܐܡܪܐ ܕܡܫܬܒܚ ܠܘܬ ܣ̈ܓܝܐܐ ܠܘܩܒܠ[28] ܚ̈ܢܦܐ.
ܕܒܗ ܐܡܪ ܠܡܩܪܒܘܬܐ ܕܩܕܡ ܒܗ ܡܘܫܐ ܡܢ ܙܒܢܐ ܡܕ̈ܚܢܐ.
ܘܡܛܠ ܕܦܫܝܩ ܠܟܠܗܘܢ ܡܠܟܐ ܘܢܒ̈ܝܐ[29] ܕܚܟ̈ܝܡܐ. ܕܗܘ[30] ܗܢܐ
ܡܐܡܪܐ ܡܬܚܙܐ ܕܡܥܕܪ: ܘܐܝܬ ܒܗ ܝܘܬܪܢܐ ܣܓܝ ܡܢ
ܟܠܗܘܢ ܡܐܡܪ̈ܘܗܝ. ܗܠܝܢ ܕܝܢ ܐܬܐܡܪ̈ ܥܠ ܗܠܝܢ ⁘ ⁘

𝔄 312 ܕܥܣܪܝܢ ܘܫܬܐ. ܥܠ ܒܪܕܝܨܢ ܐܪܡܝܐ[1] ܘܥܠ ܡܐܡܪ̈ܐ
ܕܐܝܬ ܠܗ.

xxx. 1 ܒܗܢܐ ܕܝܢ ܥܠ ܡܠܟܘܬܗ ܕܐܢܛܘܢܝܢܘܣ ܘܐܪ̈ܣܝܣ ܣ̈ܓܝܐܐ
ܗܘܝ ܗܪ̈ܣܝܣ.[2] ܘܒܗ̇[3] ܢܗܪ̈ܬܐ ܒܐܬܪܗܘܢ ܒܝܬ ܢܗܪ̈ܝܢ ܒܪܢܫܐ

[21] A ܐܡܪ ܐܝܪܢܐܘܣ. A fol. 82 *a* [22] 𝔄 adds *visus est* [23] A ܣܘܐܪܘܣ
[24] In 𝔄 for Համարեալ read Համաստեալ [24a] A ܗܪܣܝܣ [25] A ܣܐܘܪ̈ܝܢܐ
[26] 𝔄 Ատեսարոն *Atesaron* [27] 𝔄 խառնուածոյ *mixtionis* [28] A ܠܘܩܒܠ
[29] A ܘܢܒ̈ܝܐ [30] A ܗܘ
CHAP. XXVI. [1] 𝔄 om. ܐܪܡܝܐ [2] A ܗܪ̈ܣܝܣ [3] 𝔄 om. ܘ

ܡܕܢܚܐ:[4] ܕܠܫܢܐ ܐܪܡܝܐ ܡܗܝܪ ܗܘܐ ܛܒ: ܘܠܘܩܒܠ ܗܢܘܢ[5]
(B fol. 96 b) ܕܒܥܠܬ ܡܪܩܝܘܢ ܘܠܘܩܒܠ ܐܚܪܢܐ[6] ܕܡܬܚܫܒܝܢ ܥܠ
ܬܘܒ ܦܠܓܘܬܐ[7] ܡܣ̈ܒܪܢܐ ܡܢ ܒܡܠܬܗ. ܘܐܬܟܬܒܘ ܠܡܐܡܪܐ
ܒܠܫܢܐ ܕܝܠܗ. ܡܢ ܡܐܡܪܐ ܐܚܪܢܐ ܣܓܝܐܐ ܕܐܟܬܒ.[8] ܐܝܬ[8a]
ܗܘܘ ܠܗ ܕܝܢ ܝܕ̈ܘܥܐ ܣܓܝܐܐ[9] ܕܫܠܝܛܝܢ[9a] ܒܡܠܬܗ. ܘܦܫܩܘ
ܐܦܩܘ ܐܢܘܢ ܠܡܐܡܪܘܗܝ ܡܢ ܠܫܢܐ ܐܪܡܝܐ ܠܝܘܢܝܐ.
2 ܘܒܗܘܢ ܒܗܠܝܢ ܡܐܡܪ̈ܘܗܝ܂ ܐܝܬ ܕܪܫܐ ܕܐܡܝܪ ܠܗ ܠܐܢܛܘܢܝܢܘܣ
ܥܠ ܚܠܩܐ[10] ܕܐܟܬܒ ܠܐܢܛܘܢܝܢܘܣ. ܘܐܚܪܢܐ[11] ܣܓܝܐܐ ܐܡܪܝܢ
ܥܠܝܗܘܢ ܕܐܟܬܒ.[12] ܒܥܠܬܐ ܕܪܕܘܦܝܐ ܕܗܘܐ ܒܗܘ ܙܒܢܐ.
3 ܐܬܬܗܘܝ ܗܘܐ ܕܝܢ ܗܢܐ ܡܬܕܒܩ[13] ܒܝܘܠܦܢܗ ܕܘܠܢܛܝܢܘܣ.[14]
ܟܕ ܕܝܢ ܐܬܥܕܠ ܒܟܢܫܗ ܗܢܐ ܘܐܟܣ ܥܘ̈ܠܬܗ ܣܓܝܐܬܐ:[15]
ܘܐܬܦܢܝ ܗܘܐ ܕܐܡܝܢܐ ܗܘ ܡܢ ܢܦܫܗ[16] ܢܓܝܪܐ ܗܘܐ ܠܬܪܝܨܘܬܐ
ܕܡܫܝܚܐ. ܠܐ ܕܝܢ ܡܫܬܠܚܐܝܬ[17] ܓܠܐ ܡܢܗ ܚܠܬܐ ܕܗܝ
ܗܪܣܝܣ ܡܥܬܩܬܐ. ܗܘ ܒܗܢܐ ܕܒܗ ܐܬܬܚܝܢ[18] ܐܦܣܩܘܦܐ
ܕܥܕܬܐ ܕܪܘܡܝܐ.

ܫܠܡ ܣܦܪܐ ܕܐܪܒܥܐ ܕܬܫܥܝܬܐ ܕܥܕܬܐ..[19]

[4] A ܐܪܡܝܐ [5] A ܗܠܝܢ [6] A 𝔄 ܐܚܪ̈ܢܐ [7] 𝔄 sing. [8] 𝔄 om. ܕܐܟܬܒ [8a] B orig. ܐܝܬ ܕ; 𝔄 = ܘܐܝܬ, omitting ܗܘ? [9] A ܩ̈ܫܝܫܐ [9a] 𝔄 et potentes erant [10] A adds ܗܘ [11] A ܐܦ ܐܚܪ̈ܢܐ [12] A ܕܐܟܬܒ [13] A ܡܬܕܒܩ [14] A ܕܘܠܢܛܝܢܘܣ [15] A ܩ̈ܫܝܫܬܐ [16] A fol. 82 b [17] A ܡܫܬܠܚܐܝܬ [18] A ܐܬܬܚܝܢ [19] A om. ܕܥܕܬܐ ܕܬܫܥܝܬܐ; 𝔄 om. the whole subscription

## ܣܦܪܐ ܕܚܡܫܐ[1] ܕܬܫܥܝܬܐ[2] ܕܥܕܬܐ.

·o:o· ·o:o· ·o:o·

ܫܢܬܐ ܡܐܬܝܢ. ܕܒܗܕܐ ܗܘܘ ܒܡ̈ܕܝܢܬܗ ܕܐܘܪܗܝ ܡܠܟܐ ܒܠܝܢܘܣ.[3] ܕܐܡܝܢܐ[4] ܗܘܠܘ ܐܝܟܘܢܐ[5] ܥܠ ܬ̈ܪܥ ܕܢܘܬ ܐܠܗܐ.

ܕܬܘ̈ܒ ܕܐܡܝܢܐ ܗܘ̈ܕܐ ܕ̈ܢܟܘܬܗܘܢ ܕܐܠܗܐ ܡܦܠܚܝܢ ܗܘܘ ܘܡܐܘܣܝܢ ܠܐܠܗܝܢ ܕܥܕܡܝܢ ܒܝܕܘܥܐ.

ܕܬܠܬܐ ܕܐܠܗܝܢ ܢ̈ܘܗܪܐ ܢܦܩ ܒܫܠܡܗ[5a] ܐܦܠܠܘܣ ܗܘܕܐ.

ܕܐܪ̈ܟܢܐ ܕܐܡܝܢܐ ܡܫܬܠܚܝܢ ܗܘܘ ܗܘ̈ܕܐ ܠܐܢܛܘܢܝܘܣ[6] ܒܐܪ̈ܣܛܘܣ.

ܕܫܒܥܢܐ ܕܐܡܝܢܐ ܐܘܣܬ ܐܠܗܐ ܡܦܢܝܐ ܡܢ ܫܡܝܐ ܒܬܪ̈ܠܘܬܐ ܕܒܪ̈ܛܢܝܐ. ܠܡܪܩܘܣ ܐܘܪܠܝܘܣ[7] ܡܠܟ ·:·

ܕܫܢܬܐ ܬܫܥܐ ܕܐܦܣܩܘܦܐ[8] ܕܦܘܩܘ ܒܪܘܡܝܐ.

(B fol. 97 a) ܕܫܢ̈ܬܐ ܕܒܗܕܐ ܠܫܡܝܐ ܪ̈ܟܢܐ ܗ̈ܘܝܢ ܗܘܝ ܐܬ̈ܘܬܐ ܫܒܝܚܬܐ[9] ܒܝܕ ܡܗܝ̈ܡܢܐ...

ܕܬܫܥܝܢ ܕܐܡܝܢܐ ܡܕܒܪ ܐܢܛܘܢܝܘܣ[10] ܠܥܕ̈ܬܐ ܕܐܠܗܐ.

ܕܬܫܥܝܢ ܐܦܝܣܩܘܦܐ[11] ܕܦܘܩܘ ܒܡ̈ܕܝܢܬܗ ܕܐܘܪܗܝ ܡܠܟܐ.

Book V. [1] A adds ܥܘܠ [2] A ܕܬܫܥܝܬܐ [3] A ܕܘܠܝܢܘܣ [4] 𝔄 = ܘܕܐܡܝܢܐ [5] A ܐܝܩܘܢܐ [5a] 𝔄 *in visione sua* [6] A ܐܢܛܘܢܝܢܘܣ [7] 𝔄 *Marco et Aurelio* [8] 𝔄 om. ܕ ܠܐܡܝܢܐ [9] 𝔄 *signa et miracula* [10] A ܐܢܛܘܢܝܘܣ [11] A ܐܦܣܩܘܦܐ

ܕܥܣܪܐ ܥܠ ܦܢܛܝܢܘܣ[12] ܦܝܠܣܘܦܐ ·:· ·:·

ܕܚܕܥܣܪ ܥܠ ܩܠܝܡܝܣ ܐܠܟܣܢܕܪܝܐ.

ܕܬܪܬܥܣܪ ܥܠ ܐܦܣܩܘܦܐ[13] ܕܗܘܘ ܒܐܘܪܫܠܡ.

ܕܬܠܬܥܣܪ ܥܠ ܪܘܕܘܢ ܘܥܠ ܦܠܓܘܬܐ ܕܐܡܪ ܡܛܠ ܡܪܩܝܘܢ...

ܕܐܪܒܬܥܣܪ ܥܠ ܢܒܝܐ ܕܓܠܐ ܕܐܝܬ ܗܘܘ ܒܗܪܣܝܣ[14] ܕܦܪܘܓܝܐ. 𝔄 318

ܕܚܡܫܬܥܣܪ ܥܠ ܦܠܓܘܬܐ[15] ܕܒܠܣܛܘܣ ܕܗܘܬ ܒܪܗܘܡܐ.

ܕܫܬܬܥܣܪ[16] ܕܐܝܠܝܢ ܡܬܐܡܪܢ ܥܠ ܡܘܢܛܢܘܣ ܘܥܠ ܢܒܝܐ ܕܓܠܐ ܕܗܘܘ ܥܡܗ ·:· ·

ܕܫܒܥܬܥܣܪ ܥܠ ܡܠܛܝܕܣ[17] ܘܥܠ ܡܟܬܒܢܐ ܕܐܡܪ.

ܕܬܡܢܬܥܣܪ ܕܒܡܢܐ ܐܟܣ ܐܦܘܠܘܢܝܘܣ[18] ܠܗܪܣܝܣ ܕܦܪܘܓܝܐ ܘܐܝܠܝܢ ܐܡܪ...

ܕܬܫܥܬܥܣܪ ܕܐܝܠܝܢ ܐܡܪ ܣܪܦܝܘܢ ܥܠ ܗܪܣܝܣ[19] ܕܦܪܘܓܝܐ..

ܕܥܣܪܝܢ ܕܒܡܢܐ ܐܟܣ ܒܡܟܬܒܢܘܬܐ ܐܝܪܢܐܘܣ[20] ܠܗܢܘܢ ܣܕ̈ܩܐ ܕܐܝܬ ܗܘܘ ܒܪܗܘܡܐ...

ܕܥܣܪܝܢ ܘܚܕ ܕܐܝܟܢܐ[21] ܐܣܗܕ ܐܦܘܠܘܢܝܘܣ[22] ܒܪܗܘܡܐ ·:· ·:·

ܕܥܣܪܝܢ ܘܬܪܝܢ ܕܐܝܠܝܢ[23] ܐܦܝܣܩܘܦܐ ܝܕܝܥܝܢ ܗܘܘ ܒܗܢܘܢ ܙܒܢܐ...

ܕܥܣܪܝܢ ܘܬܠܬܐ. ܥܠ ܫܐܠܬܐ[24] ܕܗܘܬ ܒܗܘ ܙܒܢܐ ܡܛܠ ܦܨܚܐ...

[12] A ܦܢܛܝܢܘܣ  [13] A ܐܦܝܣܩܘܦܐ  [14] A ܒܗܪܣܝܣ  [15] 𝔄 adds *Floriani et*  [16] A ܕܫܬܬܥܣܪ?  [17] A ܡܠܛܝܕܝܣ  [18] A ܐܦܘܠܘܢܝܘܣ  [19] A ܗܪܣܝܣ  [20] A ܐܝܪܝܢܐܘܣ  [21] A ܐܝܟܢ?  [22] A ܐܦܘܠܘܢܝܘܣ  [23] A fol. 83 *a*  [24] A ܐܬܒܥܬ

ܕܥܣܪܝܢ ܘܐܪܒܥܐ. ܥܠ ܦܠܝܓܘܬܐ ܕܗܘܬ ܒܐܪܣܢܘܐ ܀

ܕܥܣܪܝܢ ܘܚܡܫܐ. ܕܐܝܟܢܐ ܗܘܬ ܚܙܘܐ ܫܪܝܘܬܐ ܒܟܠ ܕܝܢ ܡܠܠ ܦܘܣ.

ܕܥܣܪܝܢ ܘܫܬܐ. ܕܒܟܬܐ ܡܟܐܬܒܢ ܡܢܗܝܢ ܡܢ ܕܝܘܢܘܣܝܘܣ ܕܐܠܟܣܢܕܪܝܐ.

ܕܥܣܪܝܢ ܘܫܒܥܐ. ܥܠ ܦܘܠܐ ܕܫܡܝܫܛܝܐ ܕܫܒܝܚܝܢ ܗܘܘ ܒܗܘܢ ܕܒܝܐ.

ܕܥܣܪܝܢ ܘܬܡܢܝܐ. ܥܠ (B fol. 97 b) ܗܢܘܢ ܕܗܘܘ ܡܢ ܫܘܪܝܐ ܡܢ ܗܪܣܝܣ ܕܐܪܛܡܘܢ[25] ܘܒܐܝܢܐ ܠܦܘܣܩܐ ܐܬܦܢܝܘܢ ܗܘܘ. ܘܐܝܟܢܐ[26] ܐܡܪܝܘܢ ܠܡܫܝܚܐ ܗܕܡܐ ܡܪܢܝܐ.

ܫܘܪܝܐ ܕܡܐܡܪܐ ܕܬܡܝܢܝܐ ܕܥܕܬܐ[1]

· · ·   ·:·   ·:·   ·:·

𝔄 321 ܪܝܫܐ ܩܕܡܝܐ. ܕܥܠܡܐ ܫܝܢܐ ܗܘܐ ܒܡܠܟܘܬܗ ܕܐܪܘܡܝܐ.
ܩܠܘܦ. ܘܐܝܟܢܐ ܗܘܐ ܐܦܣܢܝܐ[2] ܥܠ ܟܠ ܕܝܠܗ ܐܠܗܐ.
ܐܦܝܣܩܘܦܐ ܕܝܢ ܕܒܥܕܬܐ ܕܪܗܘܡܐ ܗܘܦܠܝܪ[2a] ܒܗ ܩܡ[3] ܬܡܢܝܐ Pref. 1
ܫܢܝܢ ܢܦܩ[4] ܡܢ ܥܠܡܐ. ܘܩܒܠ ܡܢ ܒܬܪܗ ܐܘܛܘܟܝܢܘܣ.[5]
ܕܐܬܬܘܗܝ[6] ܗܘܐ ܐܦܝܣܩܘܦܐ[7] ܕܬܪܥܣܪ ܡܢ ܒܬܪ ܫܠܝܚܐ.
ܐܬܬܩܢ ܗܘܬ ܕܝܢ ܫܠܡܐ ܥܒܕܘܬܐ ܕܐܦܣܪܘܦܣܘܣ[8] ܐܦܝܣܩܘܦܐ
ܘܐܪܘܣ. ܕܗܘ ܒܗܢܐ ܙܒܢܐ ܒܐܬܪ̈ܘܢ ܐܬܪ̈ܘܢ ܚܢܝܢܬ
ܐܬܬܚܝܪ[9] ܕܘܟܝܐ[10] ܕܚܠܝܢ ܐܢܝܢ ܕܡܢ ܡܫܦܠܘܬܐ ܕܥܡܐ.

[25] A ܗܪܣܝܣ ܕܐܪܬܡܘܢ [26] A 𝔄 ܘܕܐܝܟܢܐ

Chap. I. [1] A 𝔄 om. this superscription [2] A ܐܣܝܦܘܢܐ [2a] A ܗܘܦܠܝܪ [3] 𝔄 *qui stetit* [4] 𝔄 *et exiit* [5] A ܐܘܛܘܟܝܢܘܣ [6] 𝔄 = ܘܐܬܚܘܝܘܗܝ [7] A ܐܦܝܣܩܘܦܐ [8] A ܕܐܬܦܪܘܦܬܘܣ [9] A ܐܬܚܝܪ [10] 𝔄 *suscitati sunt inimici*

ܘܪ̈ܒܘܬܐ ܕܣܗ̈ܕܐ ܡܫܟܚܝܢ ܐܢܫ¹¹ ܕܢܩܘܦ ܒܟܠ ܐܬܪ܆ ܒܗ
ܢܣܒ ܡܢܗ ܕܓܒܐ ܚ̈ܣܝܐ¹² ܚܙܬܐ. ܘܐܬܟܬܒ¹³ ܘܐܫܬܒܩ ܠܗܘܢ
ܕܡܢ ܒܬܪܗܘܢ¹⁴ ܠܕܘܒܪܐ ܕܠܐ ܡܬܦܠܓܐ.¹⁵ ܟܬܒܐ ܕܝܢ 2
ܕܬܫ̈ܥܝܬܗܘܢ ܕܗܠܝܢ ܡܫܡܠܝܐܝܬ¹⁶ ܢܣܝܡ ܗܘ ܠܝ ܒܗ ܕܣܗ̈ܕܐ
ܕܒܢܝܢ. ܕܠܘ ܒܠܚܘܕ ܒܠܦܘܫܩܐ ܕܬܫܥܝܬܐ¹⁷ ܐܡܪܢ ܠܝ. ܐܠܐ
ܐܦ ܕܡܠܦܢܘܬܐ. ܗܫܐ ܕܝܢ ܗܠܝܢ ܕܡܬ̈ܟܬܒܝܢ ܒܗܘܢܐ ܫܪܟܐ
ܕܐܪܟܐ¹⁸ ܠܝ ܢܠܦܬ ܘܢܫܡܫ. ܐܬܪܐ ܕܝܢ ܕܡܫܬܟܚܝܢ¹⁹ ܘܒܬܪܗܘܢ 3
ܬܫ̈ܥܝܬܐ ܕܒܠܚܘܕ. ܡܬܩܠܝܢ ܕܗܘܬܐ ܕܡܪܕܐ²⁰ ܕܗܘܝܐ ܡܢ 𝔄 322
ܒܟܠܕܟܝܐ. ܘܕ̈ܘܒܪܐ ܕܐܟ̈ܚܕ ܢܫܐ ܘܫܠܝܚܘܬܐ ܕܩܪܒܬܐ.
ܕܐܬܦܠܓܘ ܒܡܕܝܢܬܐ²¹ ܘܒܩܛܠܐ ܣܓܝܐܐ ܕܥܠ̈ܝܡܐ²² ܒܢ̈ܝ ܐܬܪܐ
ܘܒܟܘܬܪܐ ܕܐܢܫ̈ܝܐ ·:· ·:· ܡܠܬܐ ܕܝܢ ܕܬܫܥܝܬܐ ܕܡܛܠ 4
ܕܡܪܢܐ²³ ܕܕܝܠܗ ܐܠܗܐ ܐܡܪܝܢ ܐܢܫܝܢ.²⁴ ܥܠ ܡܪܢܐ ܗ̇ܘ²⁵
ܕܡܛܠ ܫܡܐ ܕܢܦܫܗ²⁶ ܘܥܠ ܗ̇ܘܝܘ ܕܡܫܝܚܐ ܗܘ. ܕܠܐ²⁷ ܟܠ
ܟ̈ܦܐ ܐܬܪܐ (B fol. 98 a) ܐܬܬܣܝܡܘ ܐܠܐ²⁸ ܟܠ ܟ̈ܦܐ ܫܪܪܐ. ܘܠܐ
ܟܠ ܟ̈ܦܐ ܕ̈ܡܫܝܚܝܢ. ܐܠܐ ܟܠ ܟ̈ܦܐ ܕܫܠܝܚ ܡܪܢ.
ܘܪܒܝܢ ܠܕܘܒܪܐ ܕܟܠܗ ܡܫܝܚܝܘܬܐ ܕܐܬܦܠܓܘܗܝ²⁹ ܕܫܪܪܐ.
ܘܡܢܗ ܕܫܒܠܐ ܟ̈ܕܒܪܢܘܬܗܘܢ. ܘܕܒܘܬܐ ܕܠܒܘ ܠܫ̈ܡܝܐ
ܘܠܟ̈ܠܕܒܝܐ ܕܠܐ ܡܬܘܣܝܢ. ܘܩ̈ܠܝܠܝܗܘܢ³⁰ ܕܗܠܝܢ³¹ ܠܕܘܒܪܐ
i. 1 ܕܟܠܗ ܡܕܪܝܢ ܣܝܢ ·:· ܒܐܬܪܐ ܗܟܝܠ ܕܟܠܗܘܢ ܐܬܬܗܘܢ

¹¹ 𝔄 om. ܡܫܟܚܝܢ ܐ̱ܢܫ ¹² In 𝔄 for [illegible] read [illegible] ¹³ 𝔄 om. ܘ ¹⁴ In 𝔄 for [illegible] read [illegible] ¹⁵ 𝔄 [illegible] = ܕܡܪܕܐ (for ܕܠܐ ܡܬܦܠܓܐ) ¹⁶ A ܡܫܡܠܝܐܝܬ ¹⁷ 𝔄 plur. ¹⁸ A ܕܙܢܐ ¹⁹ A ܡܫܬܟܚܝܢ ²⁰ A ܕܡܪܕܐ ²¹ A ܒܡܕܝܢܬܐ ²² 𝔄 *et caede multorum iuvenum* ²³ A ܡܛܠ ܕܡܪܢܐ ²⁴ A ܐܢܫܝܢ ²⁵ 𝔄 *est* = ܗܘ ²⁶ 𝔄 plur. ²⁷ A ܘܠܐ ²⁸ A fol. 83 *b* ²⁹ A ܕܐܬܦܠܓܘܗܝ ³⁰ 𝔄 sing. ³¹ A om. ܘܩ̈ܠܝܠܝܗܘܢ ܕܗܠܝܢ

ܘܗܘܐ ܗܢܐ ܬܬܚܘܒܬܐ ܕܐܠܗܘܬܐ.[32] ܕܗܠܝܢ ܗܫܐ ܕܐܡܪܝܢ
ܥܠܝܗܘܢ. ܡܫܡܠܝܢ ܕܝܢ ܗܘܘ ܡܡܠܠܘܬܐ ܡܬܢܒܝܢܝܬܐ ܕܦܪܘܦܝܛܐ.
ܕܣܚܦܬܝܢ ܡܢ ܐܣܝܪܘܬܐ ܕܐܝܬ ܒܗ ܒܐܬܪܐ.[33] ܠܐܘܪܕܘܢܢܐ
ܘܒܐܢܢܐ. ܕܥܠܝܗܘܢ ܥܠ ܗܠܝܢ ܡܕܝܢܬܐ ܬܪܬܝܗܘܢ ܘܥܠ ܟܠܗ̇
ܒܘܪ[34] ܕܥܠܡܝܢ. ܒܒܪ ܙܘܕܘܢܝܘܣ[34a] ܢܗܘܪܐ ܒܥܒܕܐ ܡܣܟܢܐ[35]
2 ܕܡܫܬܘܕܐ. ܬܫܒܘܚܬܐ ܕܝܢ ܕܥܠ ܗܠܝܢ ܡܫܬܐܕܝܢ. ܥܒܕ ܘܫܕܪ ܟܪ̈ܬܐ
ܡܬ̈ܒܥܢܘܬܐ ܕܒܐܬܪܐ[36] ܕܝܠܗܘܢ[37] ܠܒܪ̈ܬܐ[38] ܕܐܝܬ ܒܐܘܣܢܐ
ܘܒܦܘܠܚܢܐ[39] ܡܢܟܝܢ ܕܐܬܩܛܠ ܠܒܬܝܗܘܢ. ܡܫܬܟܚܝܢ ܕܝܢ ܗܘܘ
3 ܠܥܘܩܐ. ܐܝܟ ܐܢܫ ܕܝܢ ܠܗܘܢ[40] ܠܟ̈ܠܝܗܘܢ :·: ܒܥܕ̈ܬܗܘܢ
ܕܡܫܝܚܐ ܕܢܦܩܝܢ ܒܒܐܢܢܐ ܘܒܠܐܘܕܘܢܐ[41] ܕܝܠܗܘܢ. ܠܐܢ̈ܫܐ
ܕܐܝܬ ܒܐܘܣܢܐ ܘܒܦܘܠܚܢܐ: ܕܐܝܬ ܠܗܘܢ ܗܝܡܢܘܬܐ
ܕܦܪܘܣ ܘܕܡܟܪ̈ܝܢ. ܥܠܡܐ ܘܦܠܓܘܬܐ[42] ܘܡܢܒܝܢܐ. ܡܢ ܐܠܗܐ
4 ܐܟܙ ܘܡܢ ܢܥܒܕ ܡܫܝܚܐ ܡܢܗ.[43] ܘܡܢ ܒܬܪ ܗܠܝܢ ܐܡܪܘ ܥܠܠ
ܡܢܐ[44] ܬܫܒܘܚܬܐ. ܘܡܛܠ ܘܒܒܪܝܢ ܥܘܪܐ ܠܡܠܬܗܘܢ ܗܢܘܢ ܗܢܐ :·:
ܕܥܠ ܙܒܢܬܗ ܠܗ ܕܐܘܠܨܢܐ ܕܗܘܐ ܗܘܢܐ:[45] ܘܥܠ ܪܘܚܗܘܢ
ܕܢܦܨܢܐ ܥܠ ܡܘܬܢܐ: ܘܕܒܦܢܐ[46] ܫܒܪܘ ܗܫܐ ܠܦܘܢ̈ܝܐ.
𝔄 323 ܫܬܐܬܐܝܬ[47] ܠܐ[48] ܐܢܫܝܢ[49] ܫܦܝܪ ܕܢܐܡܪ. ܐܦ ܠܐ ܒܟܬܒܐ
5 ܡܫܡܫ ܕܫܬܐܝܢ. ܡܢ ܥܠܗ ܒܪ ܚܠܦ ܐܬܬܟܝܪ[50] ܥܠܝܢ ܒܥܠܕܒܒܐ
ܘܦܩܕ (B fol. 98 b) ܢܬܪ ܠܗ ܠܡܐܬܝܬܝܢ. ܕܟܬܝܒܐ ܕܢܬܗܘܐ

[32] A ܠܐܠܗܘܬܐ ܕܐܬܚܙܝܬ ܗܢܐ [33] A adds ܗܘ̇ [34] A ܒܘܪܐ [34a] In 𝔄 read անցանէ բոցանու [35] A ܒܩܘܦܐ ܩ̈ܘܫܝܐ [36] A ܟܪ̈ܬܐ ܕܝܠܗ ܒܐܬܪܐ [37] A adds ܗܠܝܢ ܡܬ̈ܒܥܢܬܐ [38] 𝔄 *et ad ecclesias* [39] 𝔄 om. ܘ [40] A ܠܟܠܗܘܢ [41] A ܘܦܣ ܒܠܐܘܕܘܢܐ [42] 𝔄 *gratia et pax* [43] A om. ܡܢܗ [44] 𝔄 read ܡܕܡ ܡܛܠ for ܡܛܠ [45] A ܠܝ̣ [46] 𝔄 om. ܘ [47] A 𝔄 join ܫܬܐܬܐܝܬ to the preceding clause [48] 𝔄 *et non* [49] A ܢܫܝܢ [50] A ܐܬܟܬܝܪ

ܕܠܐ ܒܚܘܣܢ. ܘܟܠ ܨܒܘ ܐܬܩܪܒܘ ܕܢܚܢ ܠܐܝܠܝܢ ܕܕܝܠܗ[51]
ܐܝܟܢܐ. ܘܢܦܩܘ[52] ܢܘܪܐ ܐܝܟ ܠܗܘܟܠ ܒܒܪܘܗܝ ܕܐܠܗܐ.
ܕܠܘ ܒܠܚܘܕ ܡܢ ܒ̈ܬܐ ܘܡܢ ܒ̈ܠܢܐ ܘܡܢ ܫܘ̈ܩܐ ܟܠܝܢ ܗܘܘ
ܠܢ. ܐܠܐ ܕܐܦ ܕܠܚܕܐ ܐܢܫ ܡܢܢ ܠܐ ܢܬܚܙܐ ܒܕܘܟ ܕܘܟ
6 ܗܘܘ[53]. ܡܢܚܐ ܗܘܬ ܕܝܢ ܠܗܘܟܠܗܘܢ[54] ܛܝܒܘܬܐ ܕܐܠܗܐ.
ܘܠܐܝܠܝܢ ܕܟܪܝܗܝܢ ܡܦܨܝܐ ܗܘܬ. ܡܩܝܡܐ ܗܘܬ ܕܝܢ[55] ܥܡܘ̈ܕܐ
ܬܩܝ̈ܦܐ. ܕܡܫܟܚܝܢ ܗܘܘ ܒܝܕ[56] ܡܣܝܒܪܢܘܬܗܘܢ ܠܡܩܒܠܘ
ܒܢܦܫܗܘܢ ܟܠܗ ܚܘܣܢܐ ܕܡܠܒܒܐ. ܘܟܠܗܘܢ ܐܟܚܕܐ
ܡܩܪܒܝܢ ܗܘܘ ܥܠ ܣܩܘܒܠܝܢ ܘܥܠ ܫ̈ܢܕܝܢ. ܘܡܣܝܒܪܬܐ ܠܗܘܢ
ܕܗܘ̈ܬܐ ܣܓܝܐܢ ܗܘܝ. ܕܡܬܚܫܒܝܢ ܗܘܘ ܠܡܐܙܠ ܠܘܬ ܡܫܝܚܐ.
ܘܡܚܘܝܢ ܗܘܘ ܕܠܐ ܫܘܝܢ ܚܫܘ̈ܗܝ ܕܙܒܢܐ ܗܢܐ. ܠܫܘܒܚܐ Rom viii 18
7 ܕܥܬܝܕܐ ܕܬܬܓܠܐ ܒܢ. ܘܡܩܕܡܐܝܬ ܡܕܡ ܕܡܛܐ ܗܘܐ ܠܗܘܢ
ܡܢ ܟܠܗ ܐܟܠܘܣ ܒܝܕ ܒܢܝܢ ܡܫܡܫܝܢ ܗܘܘ ܫܠܝܛܐܝܬ. ܡܚܝ̈ܘܬܐ 𝕬 324
ܘܨܘܚܬܐ ܕܐܫ̈ܦܐ ܘܒܙܚܝܬܐ. ܘܟܠ ܡܕܡ ܕܐܝܬ ܒܝܫܐ
ܠܗܘܡܐ ܐܝܟ ܕܡܢ ܐܢܫܐ ܒܒ̈ܪܢܫܐ. ܠܘܬ ܗܢܐܝܢܘܢ[57] ܘܠܘܬ
8 ܒܥܠܕܒܒܝܗܘܢ ·:· ·:· ܟܕ ܕܝܢ ܐܬܘ ܠܫܘܩܐ: ܘܐܬܒܨܝܘ
ܡܢ ܫܠܝܛܢܐ ܘܡܢ ܟ̈ܠܝܠܪܟܐ ܕܡܕܝܢܬܐ ܗܘܘ ܒܡܫܬܐ̈ܠܬܐ ܩܕܡ
ܟܠܗ ܥܡܐ. ܟܕ ܐܘܕܝܘ ܕܝܢ[58] ܕܟܪ̈ܣܛܝܢܐ ܐܢܘܢ. ܐܬܚܒܫܘ
9 ܒܝܬ ܐܣܝܪ̈ܐ ܒܥܕܢܐ ܠܡܐܬܝܬܗ ܕܗܓܡܘܢܐ. ܘܡܢ ܒܬܪܟܢ
ܕܝܢ ܐܬܬܘ ܐܢܘܢ ܠܘܬ ܗܓܡܘܢܐ. ܗܘ ܕܐܝܬܐܝܬ ܡܬܚܫܫ
ܗܘܐ ܒܟܘܪܗܢܐ ܠܘܬ ܟܠܗ ܕܝܠܢ. ܚܕ ܡܢ ܐܚ̈ܐ ܕܝܢ ܕܡܫܡܗ
ܗܘܐ ܘܐܝܩܘܣ ܐܦܓܬܘܣ[59]: ܕܡܫܡܠܝܐ ܗܘܐ ܒܚܘܒܐ ܕܐܠܗܐ
ܘܕܠܘܬ ܩܪܝܒܗ. ܘܕܗܟܢܐ (B fol. 99 *a*) ܙܗܝܪ ܗܘܐ ܒܕܘܒܪ̈ܘܗܝ.

[51] In 𝕬 for [illegible] read [illegible]   [52] 𝕬 = ܕܢܦܩܘ   [53] 𝕬 adds *nobis*   [54] A ܠܗܘܟܠܗܘܢ   [55] 𝕬 *immobiles erant*   [56] Here begins a lacuna in A   [57] 𝕬 *amatos suos*   [58] 𝕬 om. ܕܝܢ   [59] 𝕬 [illegible]

ܕܟܕ ܓܠܝܐ ܗܘܐ ܐܬܦܣܩ ܠܒܪܢܫܐ. ܒܡܣܪܗܘܬܐ ܗܝ ܕܐܡܝܪܐ
i 6 ܥܠܘܗܝ.. ܡܗܠܟ ܗܘܐ ܟܕ ܒܟܠܗܘܢ ܦܘܩܕܢܘܗܝ ܕܡܪܢܐ
ܘܒܟܐܢܘܬܗ[60] ܕܠܐ ܥܕܠ.. ܘܒܟܠܗܝܢ ܬܫܡܫܬܐ ܕܠܘܬ ܡܪܝܐ
ܕܠܐ ܡܟܐܢܘܬܐ. ܘܐܝܬ ܗܘܐ ܒܗ ܓܠܝܐ ܕܐܠܗܐ ܘܪܬܚ
ܗܘܐ ܒܪܘܚܐ. ܗܒܢܐ ܕܝܢ ܐܝܬܘܗܝ ܗܘܐ. ܕܠܐ ܫܒܩ ܗܘܐ
ܕܢܣܐ ܕܢܒܐ[61] ܕܗܘܐ ܒܗ ܕܠܐ ܡܫܟܚܬܐ.[62] ܐܠܐ ܐܬܪܥܡ
ܗܘܐ ܠܘܬ ܐܝܬܝܗ ܘܡܦܣ ܗܘܐ ܕܢܬܒܥܕ.. ܘܢܦܩ ܗܘܐ ܦܪܘܩܐ
ܥܠ ܐܦܝ ܐܚܐ. ܕܠܐ ܡܚܫܒ ܠܬܗܘܢ ܡܕܡ ܕܘܪܫܢܐ
𝔄 325 ܐܝܟ ܗܢܘܢ ܕܕܠܐ ܐܠܗܐ[63] ܐܢܘܢ: ܗܟܢ ܕܝܢ ܥܠܘܗܝ ܥܠܝܗܘܢ 10
ܗܢܘܢ ܕܡܬܪܕܝܢ ܗܘܘ ܠܟܢܫܐ. ܐܝܬܘܗܝ ܗܘܐ ܒܪ ܥܕܪܐ
ܘܡܥܕܪܢܐ. ܐܦ ܗܘ ܡܫܡܗܢܝ ܠܗ ܡܟܠ ܦܘܡܐ ܕܡܟܐܢܘܬܐ
ܕܦܪܥ ܗܘܐ ܠܗ. ܐܠܐ ܟܠܗܘܢ ܗܘܐ ܥܐܠ ܗܘܐ ܕܐܢ
ܐܦ ܗܘ ܒܪܘܚܐ ܐܝܬܘܗܝ. ܗܘ ܕܝܢ ܐܡܪ ܒܦܪܗܣܝܐ
ܒܟܠܗ ܕܒܪ. ܘܐܬܓܠܝ ܐܦ ܗܘ ܒܡܫܝܚܐ ܕܗܘܢܐ ܘܗܘܐ
ܡܟܝܢܐ ܕܦܪܩܠܝܛܐ. ܐܝܬ ܗܘܐ ܒܗ ܒܪ ܪܘܚܐ ܦܪܩܠܝܛܐ[64]
ܝܬܝܪ ܡܢ ܟܠܗܝܢ ܕܗܘܝ ܣܘܒܠ ܥܡܟܐ. ܕܡܛܠ[65] ܡܟܡ ܒܪܘܚܐ
ܕܥܠ ܐܦܝ ܐܚܐ ܨܒܐ ܕܢܡܘܬ ܐܦ ܢܦܫܗ. ܐܝܬܘܗܝ ܗܘܐ
c xiv 4 ܒܪ ܬܠܡܝܕܐ ܫܪܝܪܐ ܕܡܫܝܚܐ. ܕܢܩܦ ܠܐܡܪܗ ܕܐܠܗܐ
ܠܐܬܪ ܕܐܝܟ ·:· ܡܢ ܗܪܟܐ ܡܬܦܪܫܝܢ ܗܘܘ ܣܗܕܐ. 11
ܡܕܝܢܬܐ ܕܝܢ[66] ܘܡܬܚܫܒܢ ܗܘܝ ܗܘܘ ܩܕܡ ܣܗܕܐ. ܗܢܘܢ ܕܡܢ
ܥܠܝ ܬܪܝܢܘܬܗܘܢ ܡܫܬܥܠܝܢ ܗܘܘ ܒܡܘܕܝܢܘܬܐ (B fol. 99 b)
ܕܣܗܕܘܬܐ. ܡܬܡܪܡܝܢ ܗܘܘ ܕܝܢ ܐܝܠܝܢ ܕܠܐ ܡܛܝܒܝܢ ܘܠܐ
ܡܙܪܙܝܢ ܕܢܬܟܠܘܢ ܒܬܘܗܝܢ ܗܘܘ. ܘܠܐ ܡܫܟܚܝܢ ܗܘܘ ܡܣܝܒܪܝܢ

[60] 𝔄 om. ܘܒܟܐܢܘܬܗ [61] 𝔄 plur. [62] 𝔄 *iniuria* [63] B orig. ܐܠܗܐ
[64] 𝔄 բարեխօսս *bona loquentem* [65] 𝔄 = ܘܡܟܠܠ [66] 𝔄 om. ܕܝܢ?

ܫܠܡܘ ܕܐܬܓܘܢܐ ܪ̈ܒܐ. ܕܣܗܕܘܬܗܘܢ ܗܘܘ ܒܣܘܪܐ ܒܚܕܝܘܬܐ.
ܕܗܒܘ[67] ܒܫܡܥܬܐ ܡܫܬܡܥܢܘܬܐ ܘܐܡܠܐ ܪܒܐ ܒܚܕܝܘ ܠܢ.
ܘܬܪܬܝܢܘܬܐ ܕܒܪܝܐ ܕܐܢܫ̈ܝܢܐ ܐܝܠܝܢ ܕܒܟܠܗ ܠܐ ܐܬܛܝܒܘ
ܗܘܝܢ ܐܟܪܘܗ. ܘܗܘܝܢ ܗܠܝܢ ܟܠ ܒܢ̈ܝܫ ܗܠܝܢ ܗܘܘ ܡܢ A 326
ܣܓܝܐܐ ܒܡܢܗܘܢ ܒܢ ܗܢ̈ܘܢ ܘܠܐ ܡܬܦܪܫܝܢ ܗܘܘ ܡܢܗܘܢ.
12 ܗܕܝܢ ܒܗܠܝܢ ܝܘܡ̈ܬܐ ܬܦܘܣܝܢ. ܕܠܐ ܒܪܓܠ ܢܟܝܢ ܗܘܘ
ܡܢܐ ܢܫ̈ܝܐ ܒܡܕܝܢܬܐ. ܕܠܘ[68] ܕܕܚܠܝܢ ܗܘܘ ܡܢ ܥܢ̈ܝܐ
ܕܐܬܝܢ ܗܘܘ ܥܠܝܢ. ܐܠܐ ܕܚܙܝܢ ܗܘܘ ܒܥܠܡܐ ܕܪ̈ܘܚܬܐ.
13 ܘܕܚܠܝܢ ܗܘܘ ܕܠܐ ܢܦܩܘܢ ܐܢܫ.. ܡܬܬܚܕܝܢ[69] ܗܘܘ ܕܝܢ
ܒܠܗܘܢ ܐܝܠܝܢ ܕܥܒܕ. ܘܡܬܒܠܝܢ ܗܘܘ ܡܬܢܝܚܝܢ ܕܗܢܘܢ
ܕܢܦܠܘ. ܗܢܘܢ ܕܡܢ ܬܪ̈ܝܢܝܢ ܗܠܝܢ ܒܬܪ̈ܬܐ ܐܬܚܒܫܘ ܟܠܗܘܢ
ܬܡܝܢ̈ܐ. ܘܐܝܠܝܢ ܕܐܬܬܪܐܝܬ ܒܬ̈ܝܬܗܘܢ ܡܬܬܝܚܕܝܢ ܗܘܘ ܒܬ̈ܪܬܐ
14 ܕܗܪܟܐ ∴ ܡܬܬܚܕܝܢ ܗܘܘ ܕܝܢ ܬܘܒ ܐܦ ܐܢܫܐ ܚܢܦ̈ܐ
ܥ̈ܒܕ ܒܝܬܗܘܢ ܕܐܢܫܐ[70] ܡܢ ܕܝܠܢ. ܡܛܠ ܕܦܩܕܐ ܠܗܝ ܟܠܗ
ܒܟܠܐ ܦܩܕ ܗܓܡܘܢܐ ܕܢܬܒܥܘܢ ܟܠܢ. ܗܢܘܢ ܕܝܢ ܗܠܝܢ ܐܝܟ
ܕܡܢ ܡܒܕܩܘܬܗ ܕܣܛܢܐ. ܕܠܘ ܡܢ ܗܝܡ̈ܢܐ. ܕܚܝܠܝܢ ܗܘܘ
ܕܡܫܒܪܝܢ ܡܢ̈ܫܐ. ܠܦܪܥܘܬܐ ܕܝܢ[71] ܦܠܚ̈ܐ ܕܢܓܕܘܢ ܥܠܝܢ
ܘܐܡܪܘ. ܕܒܢܝ̈ܢ ܠܢ ܐܟܠܝܢ ܣܒܝܢ ܘܒܢ ܐܫܬܬܦ ܒܙܘܘܓܐ
ܡܬܚܠܛܝܢ. ܘܐܚܪܢܝܬܐ[72] ܐܝܠܝܢ ܕܠܐ ܥܠܝܢ ܠܢ ܠܡܡܠܠܘ ܐܦ
ܠܡܬܪܥܝܘ ܐܢܝܢ[73] ܐܦܠܐ ܠܡܗܝܡܢܘ. ܕܐܝܬܝܗܝܢ ܡܬܚܫܒܢ ܡܢܢ
15 ܕܐܝܟ ܗܟܢܐ ܠܘܬ ܟܠ ܐܢܫܐ ∴ ܒܪ ܕܝܢ ܢܦܩ ܗܢܐ ܠܒܪ. A 327
(B fol. 100 a) ܟܠܗ ܠܒܗ ܣܓܝܬܐ ܥܠܝܢ ܐܝܟ ܚܝܘܬܐ. ܕܐܦ

[67] A = ܘܗܒܘ [68] In B the ܕ of ܕܠܘ appears to be scored out. A does not render it [69] A = ܕܡܬܬܚܦܝܢ [70] In A for [illegible] read [illegible] [71] A om. ܕܝܢ [72] A adds *multa* [73] A om. ܐܢܝܢ

ܐܝܬ ܗܘܐ ܐܢܫܐ ܕܡܢ ܩܕܡ ܡܬܪܫܡܝܢ[74] ܗܘܘ ܥܠܝܢ ܡܛܠ
ܐܘܡܢܘܬܐ. ܗܢܘܢ ܪܘܪܒܐܝܬ[75] ܡܬܡܪܡܪܝܢ ܗܘܘ ܘܡܣܪܩܝܢ
ܗܘܘ ܥܒܝܕܝܢ ܥܠܝܢ. ܡܬܬܟܠܢܐ ܗܘܬ ܕܝܢ ܡܠܟܘܬܗ ܕܡܪܢ
xvi 2 ܕܐܡܪ ܗܘܐ. ܕܬܐܬܐ ܫܥܬܐ ܕܟܠ ܕܢܩܛܠܟܘܢ.[76] ܢܣܒܪ[77]
16 ܕܠܐܠܗܐ ܦܠܚ. ܡܢ ܗܪܟܐ ܡܛܠ ܥܒܕ̈ܐ ܕܠܐ ܡܬܡܠܠܝܢ
ܡܣܬܒܪܝܢ ܗܘܘ ܣܗ̈ܕܐ ܠܦܓܪ̈ܐ. ܕܡܬܦܪܣ ܗܘܐ ܠܒܪ ܣܦܠܝܐ
17 ܕܐܦ ܡܢܗܘܢ ܢܬܡܠܠ ܒܕܘܟܐ ܕܡܕܡ. ܠܬܪܐܝܬ[78] ܕܝܢ ܒܟܡ
ܪܘܚܢܐ ܕܠܘܗ ܒܚܒܐ ܘܕܡܠܟܘܬܐ ܘܕܐܣܛܪܛܝܓܘܬܐ.[79] ܥܠ
ܗܘܢܛܘܣ[80] ܡܫܡܫܢܐ ܕܡܢ ܒܐܢܝܐ. ܘܥܠ ܦܪܛܘܪܘܣ[81]
ܕܢܦܩ ܗܘܐ ܡܡܕܝܢܬܐ ܫܪܬܐܝܬ. ܐܝܬܘܗܝ ܗܘܐ ܕܝܢ
ܐܬܠܝܛܐ ܫܠܝܛܐ. ܘܥܠ ܐܦܦܠܘܣ ܕܐܝܬܘܗܝ ܗܘܐ ܒܝܢܬܗܘܢ
ܡܢ ܦܪܓܡܘܣ ܡܕܝܢܬܐ. ܗܘ ܕܝܢ ܐܝܬܘܗܝ ܗܘܐ[82] ܐܣܩܝܛܐܝܬ
ܠܚܝܘܗܝ ܕܗܝܢܐ ܐܬܪܐ ܒܟܘܪܐ ܬܘܢܝܐ.[83] ܘܥܠ ܒܠܘܢܝܐ[84]
ܗܘ ܕܒܗ[85] ܚܘܝ ܡܫܝܚܐ. ܕܐܝܠܝܢ ܕܡܬܚܙܝܢ ܕܒܗܘܢ ܟܠ̈ܗ ܐܢܫܐ
ܒܪܝܢ ܘܡܫܒܪܢ ܘܡܫܠܡ. ܠܡܫܡܫܢܘܬܐ ܪܒܬܐ ܡܬܩ̈ܪܒܝܢ ܠܘܬ
ܐܠܗܐ ܡܛܠ ܗܢܐ ܕܠܘܬܗ. ܗܘ ܕܚܝܠܐ ܡܬܢܨܚ ܘܠܐ[85a]
18 ܒܚܝܘܬܐ ܡܬܟܬܫܘܗܝ. ܟܕ ܒܪ ܐܢܫ[85b] ܒܗܠܝܢ ܕܫܠܝܢ ܗܘܘ. ܐܦ[86] 𝔄 328
ܗ̇ܘ ܕܐܬܝܗ̇ ܗܘܬ ܡܪܬܗ̇ ܒܥܓܠ: ܐܦ ܗܘ ܒܪ ܡܫܝܚܐ
ܡܢ ܗܘܕܝܐ ܐܬܝܗ̇ ܗܘܬ ܒܐܪܒܥܝܢ:[87] ܘܡܣܝܒܪܐ ܗܘܬ ܥܠ
ܗܕܐ ܐܡܬܗ̇: ܕܠܡܢܐ ܠܐ ܬܬܢܚܡ ܠܡܘܕܝܘ ܒܦܘܪܣܢܐ ܡܛܠ

[74] With this word the text of A recommences, fol. 84 *a* [75] A ܪܘܪܒܐܝܬ
[76] A ܕܢܩܛܠܟܘܢ [77] 𝔄 = ܘܢܣܒܪ [78] A ܠܚܝܠ [79] A ܘܕܐܣܛܪ̈ܛܝܓܘܬܐ
[80] A ܗܘܣܛܘܣ [81] A ܡܪܛܘܪܘܣ [82] A om. ܗܘܐ [83] A 𝔄 ܒܟܘܪܐ
ܠܗܢܐ ܠܟܠܗܘܢ ܕܡܪܗܘܢ ܐܬܪܐ [84] 𝔄 Աղեքսանդրոս [85] 𝔄 = ܕܠܗ [85a] A
ܘܠܐ [85b] A ܣܝ [86] A ܘܐܦ [87] A ܘܡܣܝܒܪܢܐ

ܒܪܘܚܘܬܐ ܕܦܓܪܗ̇. ܗܘ ܕܝܢ ܠܒܢܝܢܫܐ[88] ܕܐܝܟ ܗܢܐ[89] ܣܠܝܐ
ܐܬܚܫܒܬ. ܐܝܟܢܐ[89a] ܕܢܬܝܩܪܘܢ ܘܢܬܚܙܘܢ ܗܢܘܢ ܕܒܣܝܢܘܬܐ
ܟܠ ܐܝܣܢܝܐ ܡܬܚܙܝܢ ܗܘܘ ܠܗ̇ ܡܢ (B fol. 100 b) ܣܓܝܐܐ ܘܒܙܒܢܐ
ܠܙܒܢܐ. ܘܗܢܘܢ ܕܗܘܘ ܕܐܙܕܘܝܘ. ܘܫܒܩܘ ܠܡܥܒܕ ܠܗ̇
ܠܡܐ ܕܗܘܐ ܠܗܘܢ. ܘܡܬܕܡܪܝܢ ܗܘܘ ܕܐܬܬܙܝܥܬ ܥܡ ܐܝܟ
ܢܦܫܗ̇.[90] ܕܡܬܦܪܝܐ ܗܘܬ ܟܠܗ ܦܓܪܗ̇ ܘܡܦܬܚܐ. ܘܣܗܕܝܢ ܗܘܘ
ܕܚܕ ܡܢ ܗܠܝܢ ܫܘܢܩܐ ܕܐܬܠܝܬܐ[91] ܣܦܩ ܗܘܐ ܕܢܣܪܚܝܘܗ̇
19 ܢܦܩܘܗ̇.[92] ܚܕ ܗܘ ܕܝܢ ܗܘܐ ܥܠ ܫܘܢܩܐ. ܐܠܐ ܕܝܢ ܗܝ
ܛܘܒܢܝܬܐ ܐܝܟ ܐܬܠܝܛܐ[93] ܚܝܠܬܢܐ. ܡܬܚܕܬܐ ܗܘܬ ܒܗ̇
ܒܡܘܕܝܢܘܬܗ̇.[94] ܘܗܘܬ ܢܝܚܐ ܘܦܘܪܩܢܐ ܘܠܐ[95] ܢܗܘܐ ܠܗ̇
ܒܡܐ ܕܣܒܠܐ ܗܘܬ. ܟܕ ܐܡܪܐ ܗܘܬ ܕܟܪܣܛܝܢܝܬܐ[96]
20 ܐܢܐ. ܘܠܘܬܢ ܡܕܡ ܕܒܝܫ ܠܐ ܡܬܥܒܕ. ⁘ ܣܢܩܛܘܣ[97]
ܕܝܢ ܐܦ ܗܘ ܒܐܝܕܘܬ ܘܬܫܡܫܬ[98] ܡܢ ܟܠܗ.[99] ܒܡܐ ܕܒܝܫ
ܐܢܫܐ[1] ܡܫܢܝܢ ܗܘܐ ܣܝܒܪܘܬܐ. ܡܐ ܕܗܘܐ ܗܘܘ ܗܢܘܢ
ܒܠܐ ܡܩܕܐ: ܐܝܠܝܢ ܕܒܥܐ ܗܘܘ ܕܢܫܡܥܘܢ ܡܢܗ
ܫܡܗ ܕܝܢ ܕܝܢ ܐܦܠܐ[2] ܕܡܢ. ܗܘ ܗܢܐ ܡܢ ܠܘܬܗܘܢ[3]
ܡܬܡܪܡܪܝܢ. ܐܢܫܐ ܕܐܦܠܐ ܫܡܗ ܐܡܪ ܠܗܘܢ. ܐܦܠܐ
ܕܡܢ ܐܢܫܐ ܗܘ[4] ܥܡܐ ܐܦܠܐ ܕܡܢ ܐܝܬܘܗܝ ܘܗܘ ܡܕܝܢܬܐ.[5]
ܐܦܠܐ ܕܐܝܟ ܚܪܝܢܐ ܗܘ ܐܘ ܒܪ ܚܐܪܐ. ܐܠܐ ܠܟܘܠ ܠܗ

[88] A 𝔄 ܟܠܒܢܝܢܫܐ  [89] In 𝔄 for ⲁⲛⲁⲅ read ⲁⲛⲁ  [89a] A ܐܝܟ  [90] A ܕܐܦ ܢܦܫܗ̇ ܐܬܦܬܚܬ ܒܗ̇  [91] A ܗܘ ܕܐܬܠܝܬܐ; 𝔄 has merely *unus ex cruciatibus illis*  [92] A ܠܘܬܗ̇ ܕܢܣܪܚܝܘܗ̇; In 𝔄 for ⲁⲛⲁⲅ read ⲁⲛⲁ  [93] A ܐܬܠܝܛܐ  [94] A ܡܘܕܝܢܘܬܐ  [95] A ܠܐ; ܐܦ 𝔄 has neither ܘ nor ܐܦ  [96] A fol. 84 b  [97] A ܣܢܩܛܘܣ  [98] A only ܬܫܡܫܬ  [99] A ܐܦ ܟܠ  [1] A ܐܢܫܝܢ  [2] 𝔄 om. ܠܐ  [3] A ܠܡܩܒܠܘܬܗܘܢ  [4] A ܐܘ  [5] A ܡܢ ܐܝܢܐ ܡܕܝܢܬܐ

ܡܛܠ ܕܡܬܬܟܠܝܢ ܗܘܘ ܠܗ̇. ܗܕܐ[6] ܡܬܝܗܒ ܗܘܐ ܠܗܘܢ ܒܠܒܐ
ܪܗܘܡܝܐ ܕܪܘܦܠܝܢܐ ܐܢܐ. ܘܒܗܕܐ ܡܘܕܐ ܗܘܐ ܚܠܦ ܥܡܐ
ܘܚܠܦ ܡܕܝܢܬܐ ܘܚܠܦ ܦܘܠܡܘܣܐ ܘܚܠܦ ܟܠܡܕܡ ܥܘܐܢܬ̇.
21 ܘܡܛܠ ܐܣܝܪ ܠܐ ܥܡܟܘ ܡܢܗ ܣܬܘܐ. ܘܡܠܠ ܗܢܐ ܗ̣ܘܐ
ܠܗܘܠܗ ܣܝܢܝܐ ܢܟܐ ܡܢ ܡܫܡܘܢܐ ܘܡܢ ܐܝܠܝܢ ܕܡܫܝܢܝܢ
ܗܘܘ ܠܗ. ܘܟܕ ܡܛܠ ܐܣܝܪ ܠܝܬ ܗܘܐ ܠܗܘܢ (B fol. 101 *a*)
ܕܢܚܒܠܘܢ ܠܗ. ܠܣܪܬܐ ܠܦܩܘܣܐ[7] ܕܢܚܫܐ ܡܫܟܚܝܢ ܗܘܘ ܘܡܣܪܩܝܢ
22 ܥܠ ܦܓܪܗ ܒܕܘܒܪ̈ܬܐ ܕܟܘܒܬܐ. ܘܟܕ ܡܛܐ ܗܘܐ ܦܓܪܗ ܗܘ
ܡܫܒܪ ܗܘܐ. ܘܠܐ ܡܬܟܫܦ ܗܘܐ ܐܘ ܡܬܪܦܐ. ܐܠܐ
ܡܬܚܝܠ ܗܘܐ ܒܡܗܝܡܢܘܬܐ ܡܢ ܢܟܝܐ ܥܡܝܩܐ ܕܡ̈ܚܘܬܐ ܫ̈ܢܐ
ܕܢܫܘܗܝ[8] ܡܢ ܡܛܦܪܗ ܕܡܥܝܩܝܢ.[9] ܕܡܠܠ ܗܘܐ ܒܠܗܘܢ ܘܡܚܝܠ
23 ܠܗ. ܐܦ ܗܘ ܕܝܢ ܦܓܪܗ ܡܫܕܐ ܗܘܐ ܕܡܛܠ ܕܫܒܪ. ܒܠܗ[10]
ܒܪ ܡܫܘܚܬܐ ܢܦܫܗ ܘܫܘܚܢܐ. ܘܡܫܬܡܫ ܘܡܩܒܠ ܗܘܐ ܒܠܗ
𝔄 330 ܫܘܦܐ ܡܢ ܕܡܫܘܬܐ ܕܩ̈ܠܐ[11] ܐܝܟܢܐ. ܘܟܕ[12] ܣܟܐ ܒܗ. ܡܥܝܩܝܢ[13]
ܬܫܥܫܘܬܐ ܪܘܬܐ ܠܒܪ ܗܘܐ ܒܐܝܕܗ.[14] ܕܡܡܠܠ ܗܘܐ
ܠܒܠܕܒܒܐ ܘܡܚܘܝܐ ܒܗ ܕܡܘܬܐ ܠܐܣܝܪ̈ܐ.[15] ܕܠܝܬ ܡܛܠ
ܕܕܚܝܠ ܐܝܟܢܐ ܕܐܝܬ ܫܘܒܗ ܕܐܟܢܐ. ܘܠܐ ܡܛܠ ܕܡܟܐܒ
24 ܐܝܟܢܐ ܕܐܝܬ ܥܘܟܣܗ ܕܡܥܩܝܩܐ ⁘ ܩܘܢܐ ܕܝܢ ܒܥܠܬܐ.
ܒܬܪ ܣܘܡܟܐ. ܬܘܒ[16] ܡܥܝܢܝܢ ܗܘܘ ܠܗ ܠܗܘܕܐ. ܘܡܚܙܝܢ ܗܘܘ
ܕܟܕ ܚܙܐ[17] ܘܡܩܣܐ ܦܓܪܗ: ܕܐܝܟ ܡܦܪܟܝܢ ܠܗ ܬܘܒ ܠܗܘܢ
ܠܗܠܝܢ ܥܕܡܐ[18] ܡܬܬܟܝܢ ܣܠܩ. ܠܐ ܒܪ ܡܥܝܩܢܐ ܗܘܬ ܐܟܠܐ
ܐܝܕܐ ܕܒܢ̈ܝܐ ܠܡܣܪܒ ܠܗ. ܐܘ ܐܝܟ ܢܣܒܬ ܟܢܫܐ[19]

[6] A ܗܘ [7] A ܠܩܘܡܐ [8] A ܕܢܩܘܫ [9] A adds ܗܘ̇ [10] 𝔄 does not express ܒܠܗ [11] 𝔄 sing. [12] 𝔄 = ܕܟܡ [13] 𝔄 inserts *tamen* [14] A ܒܐܝܕܗ [15] 𝔄 adds *multis* [16] A ܠܗܘܢ ܒܚܕ ܙܒܢܐ [17] A adds ܗܘܐ [17a] 𝔄 կ. Հարեալ *et caesum* [18] 𝔄 *in priores cruciatus* (omitting ܠܗܘܢ) [19] Here begins a large lacuna in A

ܒܬܫ̈ܢܝܩܘܗܝ[20] ܢܥܒܕ ܕܚܠܬܐ ܠܐܚܪ̈ܢܐ... ܠܘ ܕܝܢ ܒܠܚܘܕ ܚܕܐ
ܡܢ ܗܠܝܢ ܠܐ[21] ܐܬܓܕܫܬ̣. ܐܠܐ ܡܕܡ ܕܒ̈ܢܝ ܐܢܫܐ ܠܐ
ܡܣܬܒܪܝܢ ܗܘܘ̣. ܐܬܐܙܩܦ ܘܐܬܬܩܢ ܦܓܪܗ[21a] ܒܫ̈ܢܩܐ ܕܩܪܒܘ ܠܗ
ܡܢ ܒܬܪܟܢ. ܘܫܟܠ ܕܡܘܬܗ ܩܕܡܝܬܐ ܘܬܫܡܫܬܐ ܕܗܕ̈ܡܘܗܝ.
ܕܫܢܩܐ ܗ̇ܘ ܕܬܪ̈ܬܝܢ[22] ܠܐ ܗܘܐ ܠܬܫܢܝܩܐ ܗܘ̣ܐ ܠܗ̇. ܐܠܐ
25 ܠܐܣܝܘܬܐ̇ ܒܛܝܒܘܬܗ ܕܡܫܝܚܐ ⁘ ܘܐܢܬܬܐ ܚܕܐ ܕܫܡܗ̇
ܒܝܒܠܝܣ: ܕܐܝܬܝܗ̇ ܗܘܬ ܡܢ ܗ̇ܢܘܢ ܕܟܦܪܘ ܡܢ (B fol. 101 b)
ܡܫܝܚ. ܟܕ ܣܒܪ ܒܥܠܕܒܒܐ ܕܒܠܥܗ̇. ܨܒܐ ܬܘܒ ܕܐܦ ܒܝܕ
ܓܘܕܦܐ ܢܚܝܒܝܗ̇. ܘܐܝܬܝܗ̇ ܬܘܒ ܠܫ̈ܢܕܐ܇ ܘܐ̄ܠܨܗ̇ ܗܘܐ 𝔄 331
ܕܬܐܡܪ ܥܠܝܢ ܐܠܝܢ ܕܠܐ ܙܕܩܝܢ. ܕܢܣܒܐ[23] ܢ̇ܦܘܠܬܗ̇ ܘܟܦܘܪܬܗ̇.
26 ܗ̇ܝ ܕܝܢ ܒܗܘܢ ܒܫ̈ܢܕܐ ܒܗܕܬ̇ ܢܦܫ̇ܗ̇ ܘܐܝܟ ܕܡܢ ܫܢܬܐ
ܕܡܫܩܥܬܐ ܐܬܥܝܪܬ̇. ܘܐܬܕܟܪܬ̇ ܒܝܕ ܗܠܝܢ ܫ̈ܢܕܐ ܕܙܒܢܐ
ܠܬܫܢܝܩܐ ܕܓܗܢܐ ܕܠܥܠܡ. ܘܥܢܬ̇ ܘܐܡܪܬ̇ ܠܘܩܒܠ ܗ̇ܢܘܢ
ܡܓܕ̈ܦܢܐ. ܐܝܟܢܐ ܠܡ ܐܟܠܝܢ ܛ̈ܠܝܐ. ܗ̇ܢܘܢ ܕܐܦܠܐ ܕܡܐ
ܕܚܝ̈ܘܬܐ ܫܠܝܛ ܠܗܘܢ ܠܡܐܟܠ. ܘܡܢ ܗ̇ܝ ܫܥܬܐ ܡܘܕܝܐ
ܗܘܬ ܥܠ ܢܦܫܗ̇ ܕܟܪܣܛܝܢܝܬܐ ܐܝܬܝܗ̇.[24] ܘܒܡܢܝܢܐ ܕܣܗ̈ܕܐ
27 ܐܬܬܘܣܦܬ. ܟܕ ܕܝܢ ܐܬܒ̇ܛܠܘ ܫܘܢ̈ܩܝܗܘܢ ܕܛܘܪ̈ܢܐ ܡܢ ܡܫܝܚܐ
ܒܝܕ ܡܣܝܒܪܢܘܬܗܘܢ ܕܛܘܒ̈ܢܐ. ܨܢ̈ܥܬܐ ܐܚܪ̈ܢܝܬܐ ܡܬܦܪܣ
ܗܘܐ ܒܥܠܕܒܒܐ. ܕܒܚܒܘܫܝܐ ܕܒܝܬ ܐܣܝܪ̈ܐ ܒܚܫܘ̈ܟܝܬܐ
ܕܢܫܒܘܩ ܘܐ̈ܠܨܝ ܢܚܘܬ ܐܢܘܢ. ܘܢܚܒܫ ܪ̈ܓܠܝܗܘܢ ܒܩܝܣܐ
ܥܠ ܚܡܫܐ ܢ̈ܩܒܝܢ. ܘܫܢܝܩܘܬܐ ܐܚܪ̈ܢܝܬܐ ܕܡܫܬܡܥܢ ܒܦܘܪܣܐ
ܠܡܬܚܫܫܘ. ܘܗܠܝܢ ܣܘ̈ܓܦܢܐ ܡܢ ܒܥܠܕܒܒܐ ܡܣܬܥܪܝܢ ܗܘܘ
ܠܘܬ ܗ̇ܢܘܢ ܕܚܒܝ̈ܫܝܢ ܗܘܘ. ܗܟܢܐ ܕܣܓܝ̈ܐܐ ܕܡܢܗܘܢ
ܐܬܚܢܩܘ ܗܘܘ ܒܝܬ ܐܣܝܪ̈ܐ ܐܝܠܝܢ ܕܨܒܐ ܡܪܝܐ ܕܒܗܕܐ

[20] 𝔄 does not express the suffix [21] In 𝔄 for *որ* read *ոչ* [21a] 𝔄 om. ܦܓܪܗ
[22] In 𝔄 for *երկայնք* read *երկու այնք* [23] 𝔄 *quod vidit* [24] 𝔄 *sum*

28 ܢܦܩܘܢ ܡܢ ܥܠܡܐ ܕܢܣܒܐ ܢܦܫܗ. ܗܢܘܢ ܒܢ̈ܝ[25] ܕܐܬܢܨܚܘ
ܓܢܒܪܐܝܬ: ܕܡܫܬܒܚܝܢ ܗܘܘ ܕܐܝܟ ܒܢ̈[25a] ܬܬܦܪܥ ܗܘܬ ܠܗܘܢ
A 332 ܟܠܗ ܐܘܡܢܘܬܐ ܠܡܫܥܝܘ ܠܐ ܡܫܟܚܝܢ ܗܘܘ. ܗܢܘܢ ܗܘܘ
ܒܬܪ ܐܘܢ̈ܝܐ. ܟܕ ܟܠܗܝܢ ܡܢ ܟܠܗ ܟܘܠܦܬܐ ܕܩ̈ܪܒܐ ܐܢܫܐ.
ܡܢ ܒܢ̈ܝ ܕܝܢ ܡܬܚܠܦܝܢ. ܗܘܘ ܘܡܬܚܠܦܝܢ ܒܦܢ̈ܝܐ ܘܒܢܘܫܐ.
ܘܠܐܝܠܢ̈ܐ (B fol. 102 *a*) ܡܫܬ̈ܪܝܢ ܗܘܘ ܘܡܬܒܟܝܢ. ܗܠܝܢ ܕܝܢ[26]
ܕܫܪܝܪܐܝܬ ܐܬܬܚܝܕܘ ܗܘܘ ܘܡܬܥܠ ܠܐ ܡܫܬܚܠܦܝܢ[27] ܗܘܘ
ܦܓܪ̈ܝܗܘܢ. ܠܐ ܡܫܬܢܝܢ ܗܘܘ ܡܢܗ ܕܬܘܕܝܬܐ ܐܠܐ ܠܗ
29 ܡܢܨܚܝܢ ܗܘܘ ·:· ܠܥܒܕܐ ܕܝܢ ܦܘܪܦܘܪܝܘܣ ܗܘ ܕܡܬܩܪܐ ܗܘܐ
ܬܠܡܝܕܬܐ ܕܐܦܣܩܘܦܘܬܐ ܟܠܗܘܢܐ: ܕܒܢܝ ܗܘܐ ܠܫܒܥܝܢ[28]
ܫ̈ܢܝܢ ܘܒܪܝܗ ܗܘܐ ܦܓܪܗ ܦܐܝܐ: ܘܠܡܣܒܪܢ ܡܬܟܫܦ ܗܘܐ
ܡܛܠ ܒܪܝܫܘܬܐ ܕܦܓܪܗ:[29] ܡܢ ܬܪܒܝܬܐ ܕܝܢ ܕܪܘܚܐ[30] ܡܬܚܝܠ
ܗܘܐ ܡܛܠ ܕܚܠܬܐ ܕܡܣܡܪܘܬܐ ܕܡܫܒܚܐ ܗܘܬ. ܐܦ ܠܗ ܠܗ ܕܝܢ
ܟܕ ܗܘܐ ܘܡܬܚܡ ܠܗ ܠܒܫܗ. ܟܕ ܦܓܪܗ ܡܣܬܪܩ ܗܘܐ ܡܢ
ܚܒܘܬܐ ܘܡܢ ܒܘܣܪܢܐ. ܢܦܫܗ ܕܝܢ ܕܫܦܝܪܐ ܗܘܬ ܒܗ. ܕܒܗ
30 ܡܫܝܚܐ ܢܬܟܒܫ ܗܘܐ. ܘܟܕ ܐܫܬܘܕܝ ܐܣܛܪܛܝܘܛܘܬܐ ܠܒܝܫ:
ܘܠܒܝܫ ܗܘܘ ܠܗ ܬܠܡܝܕܐ ܕܡܫܝܚܘܬܐ: ܘܟܠܗ ܒܢܝܢܐ ܦܓܪ ܗܘܘ
ܡܬܐ ܕܟܠ ܚܝܠܐ ܕܗܘܢܐ ܠܗ ܗܘܘܢ ܡܫܝܚܐ. ܗܘ ܕܝܢ ܐܘܕܝ
31 ܒܡܫܕܪܘܬܐ ܠܥܠܡܐ. ܟܕ ܕܝܢ ܐܬܠܝ ܗܘܐ ܠܗ ܡܟܬܒܢܐ
A 333 ܕܢܐܡܪ̈ ܕܐܝܢܐ ܗܘ ܐܠܗܘܢ ܕܟܪ̈ܣܛܝܢܐ. ܗܘ ܕܝܢ ܐܡܪ.
ܕܐܝܢ ܥܘܡܩ ܢܠܦ ܐܢܬ. ܘܫܪܝܘ ܗܘܘ ܣܪܩܝܢ ܠܗ ܕܠܐ ܚܘܣ.
ܘܡܫܢܝܬܐ ܕܟܠ ܚܕܐ ܡܥܒܕ ܗܘܐ. ܗܢܘܢ ܕܝܢ ܕܡܫܪܝܢ ܗܘܘ
ܠܗ. ܒܐܝ̈ܕܝܗܘܢ ܘܒܪ̈ܓܠܝܗܘܢ[31] ܡܟܪܟܝܢ ܗܘܘ ܠܗ ܠܗ ܒܟܠ

[25] A = ܘܒ̈ܢܝ  [25a] In A *բրբե* has fallen out  [26] A om. ܕܝܢ  [27] In A for *որ Համարեալ* read *ոչ Հարեալ*  [28] A *nonaginta*  [29] A om. ܕܦܓܪܗ  [30] A adds *sui*  [31] A transposes ܒܐܝ̈ܕܝܗܘܢ and ܒܪ̈ܓܠܝܗܘܢ

ܐܦܣܝܩ. ܘܠܐ ܡܬܚܫܚܝܢ ܗܘܘ ܡܢ ܦܣܩܘܬܗ. ܘܐܝܠܝܢ
ܕܢܫܩܝܢ ܗܘܘ ܡܢܗ̇. ܟܠ ܚܕ ܚܕ ܡܢܗܘܢ ܡܕܝܢ ܕܐܫܝܕ[32] ܗܘܐ
ܒܐܝܕܗ̇ ܥܕܝܢ ܗܘܘ ܒܗ. ܘܟܠܗܘܢ ܗܕܐ ܢܟܦܝܢ ܗܘܘ
ܒܪ̈ܚܡܝܗܘܢ. ܕܪܘܪܒܐܝܬ ܡܫܒܠ ܘܡܦܪܢܣ ܐܝܟ ܕܡܬܒܝܪ
ܘܠܐ ܡܬܬܦܠܓ ܒܗ. ܗܕܐ ܓܝܪ ܗܦܟܝܢ ܗܘܘ̇ ܕܬܬܒܥܬܐ
ܕܐܠܗܘ̈ܬܗܘܢ ܬܒܥܝܢ (B fol. 102 b) ܗܘܘ. ܘܒܬܪ ܠܡܫܝܚ ܐܬܟܦܪܬ̇
ܒܗ ܢܬܚܬܒ̇ ܐܬܟܪܝ ܒܝܬ ܐܣܝܪ̈ܐ. ܘܡܢ ܒܬܪ ܬܪ̈ܝܢ ܝ̈ܘܡܝܢ
32 ܡܛܠ. ܘܗܘ̣ܬ ܗܘܬ ܕܝܢ ܡܦܪܢܣܘܬܐ ܪܒܬܐ ܕܐܠܗܐ̣ ܘܪ̈ܚܡܬܐ
ܕܠܐ ܡܬܚܫܠܝܢ ܕܡܫܝܚܐ ܒܗ̇ܘܢ ܬ̈ܠܝܠܐ[33] ܕܢܦܠܘ ܗܘܘ̇. ܕܠܐ
33 ܐܬܦܢܝܘ ܡܢ ܡܦܪܢܣܘܬܗ ܕܡܫܝܚܐ. ܐܦ ܗ̇ܢܘܢ ܓܝܪ[34]
ܕܐܬܬܚܝܕܘ ܡܢ ܩܕܝܡ ܘܟܦܪܘ̇. ܡܬܚܒܫܝܢ ܗܘܘ ܘܐܦ ܗ̇ܢܘܢ
ܘܡܫܬܘܬܦܝܢ ܗܘܘ ܐܘ̈ܠܨܢܐ. ܐܦܠܐ ܓܝܪ ܒܗܕܐ ܒܠܚܘܕ ܗ̣ܘܐ
ܠܗܘܢ ܡܘܬܪܐ ܡܕܡ ܒܗܕܐ ܕܟܦܪܘ̇. ܗ̇ܢܘܢ ܓܝܪ ܕܐܘܕܝܘ
ܗܘܘ ܐܝܟ ܡܐ ܕܐܝܬܝܗܘܢ ܗܘܘ̇[35] ܐܝܟ ܟܪ̈ܣܛܝܢܐ ܚܒܝܫܝܢ
ܗܘܘ̇. ܒܪ ܠܐ ܡܬܐܡܪ ܗܘܐ ܥܠܝܗܘܢ ܥܠܬܐ ܐܚܪܬܐ. ܗܠܝܢ
ܕܝܢ ܡܛܠ ܐܝܟ ܩ̈ܛܘܠܐ ܘܡܛܢ̈ܦܐ ܐܬܕܝܢܝܢ ܗܘܘ̇. ܘܚܛܝܦܐܝܬ 𝔄 334
34 ܥܠ ܐܚܪ̈ܢܐ ܡܬܕܘܢܝܢ ܗܘܘ. ܠܗ̇ܢܘܢ ܓܝܪ ܚܕܘܬܐ ܕܣܗܕܘܬܐ
ܡܠܝܐ ܗܘܬ ܒܢܦܫܗܘܢ ܠܒܪ̈ܐ. ܘܣܒܪܐ ܕܡܘܠܟܢܘܗܝ ܘܚܘܒܗ
ܕܡܫܝܚܐ ܘܪܘܚܐ ܦܪܩܠܝܛܐ ܠܗܠܝܢ ܕܝܢ ܕܟܦܪܘ̇. ܬܐܪܬܗܘܢ
ܪܘܪܒܐܝܬ ܡܫܟܢܐ ܗܘܬ ܠܗܘܢ. ܗܟܢܐ ܕܐܦ ܡܢ ܚܠܝܦ
35 ܡ̣ܕܡܝܢ ܗܘܘ ܒܥܘ̈ܩܐ ܡܢ ܐ̈ܦܝܗܘܢ. ܗ̇ܢܘܢ ܓܝܪ ܚܕܝܐ
ܐܙܠܝܢ. ܕܢܦܩܝܢ ܗܘܘ ܦܨܝܚܝܢ ܗܘܘ̇. ܘܒܫܘܒܚܐ ܘܛܝܒܘܬܐ
ܡܚܠܝܬܐ[36] ܒܐ̈ܦܝܗܘܢ ܡܚܠܛܐ ܗܘܬ. ܘܡܐ̈ܢܝܗܘܢ[37] ܐܝܟ

[32] In 𝔄 for ܐ read ܝܢ [33] Read ܬ̈ܠܝܠܐ so 𝔄 [34] 𝔄 om. ܓܝܪ
[35] 𝔄 om. ܐܝܟ ܡܐ ܕܐܝܬܝܗܘܢ ܗܘܘ [36] 𝔄 *et gratia et multa gloria* [37] 𝔄 does not express the suffix

ܥܒܬܐ ܦܐܝܐ ܐܬܝܗܘܢ ܗܘܘ ܥܠܝܗܘܢ. ܘܐܝܟ[38] ܥܠܬܐ
ܡܥܠܬܬܐ ܕܢܫܟܚ ܠܡܥܒܪܗ̇ ܒܕܘܟܐ ܠܗܪܟܐ. ܘܡܫܝܐ ܗܘܐ
ܡܢܗܘܢ ܫܪܝܗ ܕܡܫܝܚܐ. ܕܐܝܬ ܡܢܗܘܢ[39] ܕܡܫܬܥܒܕܝܢ ܗܘܘ
ܕܒܡܥܕܢܐ ܕܦܠܚܐ ܡܫܝܚܝܢ ܗܘܘ. ܗ̇ܢܘܢ ܕܝܢ ܒܦܘܪܣ. ܒܗ
ܒܡܠܟܝܢ ܡܬܟܬܒܝܢ ܘܡܟܠܝܢ ܥܠܝܗ̇ ܒܡܕܝܢܬܐ.
ܘܡܬܬܣܝܡܝܢ ܗܘܘ[40] ܡܢ (B fol. 103 a) ܣܦܩܢܐ ܐܝܟ ܪܩܝܐ ܘܢܛܪܐ.
ܘܡܬܪܥܝܢ ܗܘܘ ܐܝܟ ܩܛܠܝ̈ܐ. ܘܐܘܟܕܘ ܥܡܗܘܢ ܕܡܢ ܥܠ
36 ܡܢܘܬܐ ܘܡܥܩܒܝܢ ܘܡܢܐ. ܘܡܢ ܕܐܡܪܘ ܩܠܝܠ. ܒܬܪ ܗܠܝܢ
ܐܘܣܦܘ ܘܐܡܪܘ. ܕܡܢ ܒܬܪ ܗܠܝܢ ܠܡ. ܠܘܬ ܐܣܦܝܢ ܐܬܡܠܟܘ
A 335 ܗܘܬ ܗܫܬܐ ܒܡܫܘܬܦܘܬܗܘܢ. ܡܢ ܟܠ ܗܕܡܝܢ ܓܒܪ ܘܡܢ ܥܠ
ܘܩܒܠ ܓܒܠܗ ܟܠܝܠܐ ܘܦܪܥܗ ܠܐܒܐ ·:· ܘܙܕܩ ܗܘ[41] ܕܝܢ ܕܢܐܡܪ
ܥܠ ܐܬܠܝ̈ܛܐ ܫܒܝ̈ܚܐ. ܕܫܠܡܘ ܐܓܘܢܐ ܒܟܠ ܥܡܠܐ ܘܠܗ
37 ܪܘܒܐܝܬ: ܘܡܟܝܠ ܟܠܗܘܢ ܪܒܐ ܕܠܐ ܢܟܠܐ. ܠܡܪܝܦܝܢܘܣ
ܗܒܠ ܘܠܡܘܢܝܦܘܣ ܘܠܥܠܘܢܝܐ ܘܠܐܦܠܠܘܣ.[42] ܐܝܬܘܗܝ ܐܢܘܢ
ܠܣܗ̈ܕܘܬܐ ܠܗܠܝܢ ܥܠܗ ܒܥܕܐ ܠܣܗܕܘܬܐ ܕܒܥܕܢܐ ܗ̇ܘ ܕܕܠܐ
ܪ̈ܚܡܐ ܗܘ.[43] ܒܢܡܘܣܐ ܕܐܬܝܗܒ ܗܘܐ ܡܛܠܬܗܘܢ ܠܣܗܕܘܬܐ
38 ܕܡܬܬܥܝܕܐ. ܘܠܡܪܝܦܪܝܘܣ[43a] ܘܠܡܘܢܝܦܘܣ ܐܝܬܘܗܝ ܐܢܘܢ ܬܘܒ
ܒܬܪܦܘܪܐ ܠܟܠ ܫܒܥܝܢ ܘܐܝܟ[44] ܗܘ ܕܟܕ ܠܐ ܓܒܪ ܐܢܘܢ.
ܡܬܐܪܬܐ ܕܝܢ[45] ܒܥܕܢܐ ܗܟܢܐ ܫܠܡܝܢ ܗܘܘ ܠܗ ܠܟܠܢܟܐ.
ܡܛܠ ܟܠܠܐ ܓܒܪ ܐܝܬ ܗܘܐ ܠܗܘܢ ܐܓܘܢܐ. ܡܫܝܒܝܢ
ܗܘܘ ܕܝܢ ܬܘܒ ܫܒܝ̈ܚܐ[46] ܕܡܫܝܚܘܬܐ ܕܩܘܡܝ ܒܗܘܢ ܬܡܢ
ܘܩܒܠܬܬܐ ܕܫܪܘܬܐ. ܘܠܒܠܒܟ ܕܦܟܝܢ ܗܘܘ ܒܡܫܝܚܘܬܗܘܢ

[38] A om. ܘ  [39] A om. ܡܢܗܘܢ  [40] A om. ܗܘܘ  [41] A *oportebat*
[42] The names appear in A as [illegible]
[43] A *omnium ethnicorum qui immisericordes erant*  [43a] A *sed Metarinum*
[44] A om. ܘ  [45] A om. ܕܝܢ  [46] A sing.

ܒܝ̈ܫܐ ܡܢ ܗܘܐ ܟܒܐ ܘܡܢ ܗܘ̈ܢܐ. ܘܦܩܕܝܢ ܗܘܘ ܕܢܬܢܟܣܘܢ
ܐܢܘܢ. ܘܟܕ ܟܠܗܘܢ ܥܠ ܟܘܪܣܝܐ ܕܦܪܙܠܐ ܐܘܬܒܘ ܐܢܘܢ.
ܘܟܕ ܡܬܛܓܢܝܢ ܗܘܘ ܦܓܪ̈ܝܗܘܢ. ܬܢܢܐ ܕܒܫܘܠܗܘܢ[47] ܡܛܐ
39 ܗܘܐ ܠܗܘܢ ܠܒ̈ܝܫܐ. ܗܢܘܢ ܕܝܢ ܒ̈ܝܫܐ[48] ܐܦ ܠܐ ܗܟܢܐ
ܫܠܝܢ ܗܘܘ. ܐܠܐ ܝܬܝܪ ܡܬܚܡܬܝܢ ܗܘܘ. ܘܒܥܝܢ
ܗܘܘ (B fol. 103 b) ܕܢܙܟܘܢ ܠܡܣܝܒܪܢܘܬܗܘܢ ܕܣܗ̈ܕܐ. ܐܦܠܐ 𝔄 336
ܕܝܢ ܗܢܐ ܫܡܥܘ ܡܕܡ ܐܚܪܢ ܡܢ ܗܘܡܘܠܘܓܝܐ ܐܠܐ ܐܢ
ܗ̇ ܡܠܬܐ ܕܡܘܕܝܢܘܬܐ. ܕܡܢ ܪܫܝܬܐ[49] ܡܥܕ ܗܘܐ ܕܢܐܡܪ ·:·
40 ܗܠܝܢ ܗܟܝܠ ܐܓܘܢܐ ܪܒܐ ܗܟܢܐ ܡܛܠ ܕܢܓܕ ܐܓܪܬ ܒܗܘܢ
ܢܦܫܗܘܢ. ܠܚܪܬܐ ܕܝܢ ܐܬܢܟܣܘ. ܘܗܠܝܢ ܚܙܘܐ ܡܚܘ̈ܝܐ
ܕܬܚܘܝܬܐ ܕܗܘܝܢ ܗܘܘ ܒܗ̇ܘ ܝܘܡܐ. ܗ̣ܢܘܢ ܗܘܘ ܚܠܦ
41 ܟܠܗ ܥܠܡܐ. ܒܠܢܕܝܢܐ ܕܝܢ ܐܬܬܠܝܬ ܒܩܝܣܐ. ܘܡܬܠܝܐ ܗܘܬ
ܕܬܗܘܐ ܡܐܟܘܠܬܐ ܠܚܝ̈ܘܬܐ ܕܡܬܪ̈ܡܝܢ ܗܘܘ ܥܠܝܗ̇. ܘܒܚܙܝܬܗ̇
ܒܐܣܟܡܐ ܕܨܠܝܒܐ ܬܠܝܐ ܗܘܬ. ܘܒܨܠܘܬܗ̇ ܚܝܠܬܢܝܬܐ
ܠܡܟܬܫܐ ܪܒܐ ܠܒܐ ܗܘܬ ܠܗܘܢ ܕܟܬܫܝܢ ܗܘܘ ܐܓܘܢܐ.
ܕܚܙܝܢ[50] ܗܘܘ ܒܐܓܘܢܗܘܢ. ܐܦ ܒܥܝ̈ܢܝܗܘܢ ܒܪ̈ܝܬܐ ܒܗ̇
ܗܕܐ ܚܙܬܐ ܠܗܘ ܕܐܨܛܠܒ ܥܠ ܐ̈ܦܝܗܘܢ. ܕܢܦܝܣ ܠܗܠܝܢ
ܐܝܠܝܢ ܕܡܗܝܡܢܝܢ ܒܗ. ܕܟܠ ܕܚܫܐ ܥܠ ܐ̈ܦܝ ܬܫܒܘܚܬܗ
42 ܕܡܫܝܚܐ ܫܘܬܦܘܬܐ ܐܝܬ ܠܗ ܥܡ ܐܠܗܐ ܚܝܐ. ܘܟܕ ܠܐ
ܩܪܒ ܠܗ̇ ܚܕܐ ܡܢ ܗܠܝܢ ܚܝ̈ܘܬܐ. ܐܚܬܘܗ̇ ܡܢ ܗ̇ܘ ܩܝܣܐ
ܘܐܪܡܝܘܗ̇ ܬܘܒ ܒܝܬ ܐܣܝܪ̈ܐ ܕܬܬܢܛܪ ܠܐܓܘܢܐ ܐܚܪܢܐ.
ܕܒܙܘ̈ܟܝܐ ܣܓܝ̈ܐܐ ܬܙܟܐ ܠܬܢܝܢܐ ܒܥܠܕܒܒܐ ܘܢܟܝܠܘܬܐ ܕܠܐ
ܚܒܪܐ ܬܟܒܫ ܠܗ: ܠܟܢ̈ܫܐ ܕܝܢ ܬܠܒܫ ܐܢܘܢ̇. ܕܗܕܐ

[47] 𝔄 does not express the suffixes in ܦܓܪ̈ܝܗܘܢ and ܒܫܘܠܗܘܢ? [48] 𝔄 om. ܒ̈ܝܫܐ [49] In 𝔄 for վկայարանին read 'ի սկզբանէ [50] 𝔄 om. ܕ

ܘܚܐܪܘܬܐ ܘܪܚܡܘܬܐ ܘܡܫܝܢܘܬܐ ܐܝܟ ܐܬܠܝܛܐ ܪܒܐ ܕܠܐ
𝔄 337 ܡܙܕܗܐ ܠܥܡܐ[51] ܗܘܬ. ܘܡܕܪܐ ܣܓܝܐܐ ܫܡܥܬܗ ܠܟܠܕܘܟܐ.
43 ܘܒܐܓܘܢܐ ܟܠܝܠܐ ܕܠܐ ܡܬܚܫܒ ܐܬܟܠܠܬ. ܠܐܛܠܠܘܣ ܕܝܢ
ܐܦ ܠܗ ܪܘܪܒܐܝܬ ܩܥܐ (B fol. 104 *a*) ܗܘܐ ܠܗ ܟܢܫܐ. ܐܝܬܘܗܝ
ܗܘܐ ܓܝܪ ܡܫܡܗܐ. ܘܡܛܠ ܕܬܐܪܬܐ ܛܒܬܐ ܕܐܝܬ ܗܘܬ
ܠܗ ܥܠ ܐܝܟ ܐܬܠܝܛܐ ܡܛܝܒܐ. ܡܛܠ ܕܡܕܪܫ ܗܘܐ
ܡܠܝܐܝܬ ܒܥܘܒܕܐ ܕܪܗܛܝܘܬܐ. ܘܐܡܝܢܐܝܬ ܣܗܕܐ ܗܘܐ ܕܫܪܪܐ[52]
44 ܐܝܬܘܗܝ ܗܘܐ ܠܘܬܢ. ܘܟܕ ܐܟܪܟܘܗܝ ܚܕܪܘܗܝ ܕܬܐܛܪܘܢ.
ܐܝܟ ܗܘܐ ܡܕܒܪܘܗܝ ܕܦܐ ܕܟܬܝܒ ܒܗ ܒܠܫܢܐ ܪܗܘܡܝܐ ܗܢܘ
ܐܛܠܠܘܣ ܟܪܣܛܝܢܐ. ܘܟܕ[53] ܗܘ ܒܗܢܐ ܪܘܪܒܐܝܬ ܡܬܚܒܠ
ܗܘܐ ܒܠܒܗ. ܟܕ[54] ܝܠܦ ܡܢ ܗܓܡܘܢܐ ܕܪܗܘܡܝܐ ܗܘ. ܦܩܕ
ܕܢܬܐܣܪ ܥܡ ܐܣܝܪܐ ܗܢܘܢ ܐܚܪܢܐ ܕܐܝܬ ܗܘܐ ܬܡܢ
ܕܢܬܒ ܡܛܠܬܗܘܢ ܠܡܦܣ. ܘܡܫܡܘܐ ܗܘܐ ܠܐܦܣܩܘܦܣ ܕܠܗ ܀
45 ܘܙܒܢܐ ܕܝܢ ܕܡܨܥܐ ܒܡܨܥܬܐ. ܠܘ ܕܒܛܝܠܐ ܐܝܬܘܗܝ ܗܘܐ
ܠܗܘܢ ܐܘ ܕܠܐ ܦܐܪܐ. ܐܠܐ ܒܝܕ ܡܣܝܒܪܢܘܬܗܘܢ. ܚܢܢܗ
ܕܡܫܝܚܐ ܗܘ ܕܠܐ ܡܬܬܚܡ ܡܬܚܙܝܢܐ ܗܘܐ. ܒܝܕ ܗܢܘܢ
ܓܝܪ ܕܡܝܬܝܢ ܗܘܘ ܚܝܐܝܢ ܗܘܘ[55] ܐܦ ܗܢܘܢ ܕܡܝܬܘ. ܘܗܢܘܢ
ܣܗܕܐ ܠܗܢܘܢ ܕܠܐ ܗܘܘ ܣܗܕܐ ܡܛܝܒܝܢ ܗܘܘ. ܘܗܘܝܐ
ܗܘܬ ܚܕܘܬܐ ܪܒܬܐ ܠܐܡܐ ܒܬܘܠܬܐ. ܕܠܗܢܘܢ ܕܐܦܠܬ[56]
𝔄 338 46 ܐܝܟܢ ܐܝܟ ܡܝܬܬܐ ܦܠܛܬ ܐܝܟܢ ܚܝܐ. ܒܐܝܕܝܗܘܢ ܓܝܪ
ܕܗܢܘܢ ܣܗܕܐ. ܣܓܝܐܐ ܡܢ ܐܝܠܝܢ ܕܟܦܪܘ ܡܬܬܟܠܝܢ ܗܘܘ
ܐܦ ܡܬܬܠܕܝܢ. ܘܡܬܒܛܢܝܢ ܗܘܘ ܘܡܬܚܝܝܢ ܕܬܘܒ.[57] ܘܟܕ ܚܝܝܢ
ܗܘܘ ܘܡܬܚܝܠܝܢ ܡܬܩܪܒܝܢ ܗܘܘ ܠܒܝܡ. ܕܢܫܬܐܠܘܢ ܡܢ

[51] 𝔄 = ܠܟܢܫܐ [52] 𝔄 *constans veritate* (but read միշտ վկայ ճշմարտութեան)
[53] 𝔄 om. ܗܘ [54] 𝔄 = ܘܟܕ [55] 𝔄 om. ܚܝܐܝܢ ܗܘܘ [56] In 𝔄 read ընկէցն
[57] 𝔄 *et discebant et confitebantur*

ܡܪܚܡܢܐ ܒܫܘܬܦܘܬܗ ܕܐܠܗܐ[58] ܗܘ ܕܠܐ ܨܒܐ ܒܡܘܬܗ
ܕܚܛܝܐ. ܐܠܐ ܒܚܘܣ ܥܠ ܐܝܠܝܢ ܕܬܝܒܝܢ ܠܘܬܗ ·:· ...
ܦܩܕ ܕܝܢ ܩܣܪ. ܕܐܝܠܝܢ ܕܠܐ ܟܦܪܝܢ ܢܬܩܛܠܘܢ. ܘܐܝܠܝܢ 47
(B fol. 104 *b*) ܕܟܦܪܝܢ ܢܫܬܪܘܢ. ܒܫܘܩܐ ܕܝܢ ܕܡܦܩܐ ܗܘܐ ܗܪܟܐ:
ܕܡܬܟܢܫܝܢ ܒܗ ܒܢܝ̈ܢܫܐ ܕܡܢ ܟܠ[58a] ܥܡ̈ܡܝܢ ܡܬܟܢܫܝܢ ܠܗ. ܟܕ[59]
ܓܙܪ ܕܗܓܡܢ ܐܝܬܝ ܐܢܘܢ ܠܒܝܡ. ܕܢܚܘܐ ܐܢܘܢ ܠܟܢ̈ܫܐ
ܬܐܛܪܘܢ ܘܡܬܪܘܢܐ ܠܟܠܗ ܗܘ ܟܢܫܐ. ܘܡܫܐܠ ܗܘܐ ܬܘܒ
ܡܫܐܠ ܗܘܐ ܠܗܘܢ. ܘܠܐܝܠܝܢ ܕܐܝܬܝܗܘܢ ܡܢ ܕܪܘܡܝܐ
ܕܪܗܘܡܝܘܬܐ ܦܩܕ ܕܢܬܦܣܩܘܢ ܪ̈ܫܝܗܘܢ. ܠܫܪܟܐ ܕܝܢ ܡܫܕܪ
48 ܗܘܐ ܠܗܘܢ ܠܚܝ̈ܘܬܐ. ܡܫܬܒܚ ܗܘܐ ܕܝܢ ܡܫܝܚܐ ܪܘܪܒܐܝܬ[60]
ܒܗܘܢ ܕܡܢ ܩܕܡ ܟܦܪܘ ܗܘܘ. ܕܠܒܪ ܡܢ ܡܣܒܪܢܘܬܗܘܢ
ܕܥܡ̈ܡܐ ܡܘܕܝܢ ܗܘܘ. ܐܦ ܠܒܪ[61] ܡܢܗܘܢ ܘܠܗܘܢ ܡܫܬܐܠܝܢ
ܗܘܘ ܗܠܝܢ. ܐܝܟ ܕܗܐ ܠܡ ܡܫܬܪܝܢ.[61a] ܟܕ ܕܝܢ ܐܘܕܝܘ ܐܬܬܘܣܦܘ
ܗܘܘ ܥܠ ܡܢܝܢܐ ܕܣܗ̈ܕܐ. ܘܦܫܘ ܕܝܢ ܠܒܪ ܡܢܗܘܢ ܕܐܦ ܠܐ 𝔄 339
ܒܥܩܒܬܐ ܕܗܝܡܢܘܬܐ ܡܫܬܟܚܐ ܗܘܬ ܠܗܘܢ. ܐܦܠܐ ܡܕܥܬܐ
ܕܠܒܘܫܐ ܕܡܫܬܘܬܐ. ܐܦ ܠܐ ܬܪܥܝܬܐ ܕܕܚܠܬ ܐܠܗܐ.
ܐܠܐ ܐܦ ܒܗܘܦܟܗܘܢ ܡܓܕܦܝܢ ܗܘܘ ܥܠ ܐܘܪܚܐ ܕܫܪ̈ܪܐ.
49 ܕܐܝܬܝܗܘܢ ܒܢ̈ܝܐ ܕܐܒܕܢܐ. ܘܫܪܟܐ ܕܐܚܪ̈ܢܐ ܐܬܬܘܣܦܘ
ܠܥܕܬܐ ·:· ·:· ܘܟܕ ܡܫܬܐܠܝܢ ܗܘܘ. ܠܓܒܪܐ ܚܕ ܕܫܡܗ
ܗܘܐ ܐܠܟܣܢܕܪܘܣ: ܕܓܢܣܗ ܐܝܬܘܗܝ ܗܘܐ ܦܪܘܓܝܐ:
ܘܒܐܘܡܢܘܬܐ ܕܝܕܥܬܐ ܐܝܬܘܗܝ ܗܘܐ ܐܣܝܐ: ܘܫ̈ܢܝܐ
ܣܓܝܐܬܐ ܐܬܥܡܪ ܒܓܠܝܐ: ܘܝܕܝܥ ܗܘܐ ܠܟܠܢܫ ܡܛܠ
ܚܘܒܗ ܕܠܘܬ ܐܠܗܐ ܘܦܪܗܣܝܐ ܕܡܠܬܗ. ܠܐ ܕܝܢ ܓܠܝܙ ܗܘܐ

[58] 𝔄 om. ܕܐܠܗܐ and the preceding suffix [58a] In 𝔄 read յամենայն

[59] 𝔄 = ܘܟܕ [60] 𝔄 om. ܪܘܪܒܐܝܬ [61] 𝔄 om. ܠܒܪ [61a] In 𝔄 read արձակեսցին

ܐܦܠܐ ܡܢ ܡܗܝܡܢܘܬܐ ܕܒܠܝܫܘܬܐ. ܗ̇ܘ ܗܢܐ ܩܐܡ ܗܘܐ
ܩܕܡ ܒܝܡ. ܘܒܪܡܙܐ ܡܚ̈ܘܐ ܗܘܐ ܠܗܘܢ ܠܗ̇ܢܘܢ ܕܢܘܕܘܢ.
ܘܐܝܟ ܗ̇ܘ ܕܡܬܒ̈ܠܐ ܚ̈ܣܝܢ ܗܘܘ (B fol. 105 a) ܠܗ. ܡܛܠ ܗܘܐ
50 ܕܝܢ ܠܗ̇ܢܘܢ ܕܡܫܬܡܥܝܢ ܗܘܘ ܠܘܬ ܒܝܡ ·:· ·:· ܐܬܚܪܡ ܗܘܐ
ܕܝܢ ܟܠܗ ܟܢܫܐ ܗ̇ܘ ܡܛܠ ܗ̇ܢܘܢ ܕܟܦܪܘ ܗܘܘ ܕܬܘܒ ܥܒܘ
ܐܘܕܝܘ. ܘܪܛܢ ܟܠܗܘܢ ܥܠ ܐܠܟܣܢܕܪܘܣ. ܐܝܟ ܕܗ̇ܘ ܠܡ
ܥܒܕ ܗܘܐ. ܘܟܕ ܐܩܝܡ ܘܐܫܬܐܠܗ ܗܓܡܘܢܐ: ܘܡܫܐܠ ܗܘܐ
ܕܡܢܘ ܐܢܬܘܗܝ: ܘܗ̇ܘ ܐܡܪ ܕܟܪܣܛܝܢܐ ܐܢܐ. ܐܬܚܡܬ
𝔄 340 ܘܫܕܪܗ ܕܢܬܕܪܐ ܠܚ̈ܝܘܬܐ. ܘܠܝܘܡܐ ܕܒܬܪܗ ܥܠ ܥܡ
ܐܛܛܠܘܣ. ܐܦ ܠܗ ܓܝܪ ܠܐܛܛܠܘܣ ܐܝܟ ܕܨܒܐ ܠܡܒܣܡܘܬܐ
ܗܓܡܘܢܐ ܠܟܢܫܐ. ܐܦ ܠܗ̇ ܐܫܠܡܗ̇[62] ܗܘܐ ܕܢܬܕܪܐ ܠܚ̈ܝܘܬܐ.
51 ܟܕ ܕܝܢ ܐܥܒܪܘ ܐܢܘܢ ܒܬܐܓܪܘܢ ܒܟܠܗܘܢ ܡܫ̈ܢܩܐ
ܕܡܓܠܚܝܢ ܠܥ̈ܕܪܐ ܘܡܫܬܪܘ ܐܓܘܢܐ ܪܒܐ. ܠܣܘܦܐ ܐܬܢܟܣܘ
ܐܦ ܗ̇ܢܘܢ. ܐܠܟܣܢܕܪܘܣ ܕܝܢ ܐܦܠܐ ܡܬܬܢܚܘ ܐܬܬܢܚ.
ܐܦ ܠܐ ܡܕܡ ܦܩܥ ܦܘܡܗ ܘܐܡܪ ܡܕܡ. ܐܠܐ ܒܠܒܗ
52 ܡܡܠܠ ܗܘܐ ܥܡ ܐܠܗܐ ·:· ·:· ܐܛܛܠܘܣ ܕܝܢ ܡܢ ܕܐܘܬܒܘܗܝ
ܥܠ ܟܘܪܣܝܐ ܕܦܪܙܠܐ ܕܫܚܝܢ ܗܘܐ. ܟܕ ܥܛܪ ܩܛܠ ܡܢ ܦܓܪܗ
ܢܣܝܒ. ܐܡܪ ܠܥܡܐ ܪܗܘܡܝܐ ܠܩܠܗ ܗ̇ܘ ܟܢܫܐ. ܗܢܐ ܗܘ
ܕܐܟܘܠ ܐܢܫ ܕܒ̈ܢܝ ܐܢܫܐ. ܗܢܐ[63] ܕܐܢܬܘܢ ܡܢ ܥܒܕܝܢ
ܐܢܬܘܢ. ܐܝܟܢ ܓܝܪ[64] ܠܐ ܒܢ̈ܝ ܐܢܫܐ ܐܟܠܝܢ ܐܦܠܐ ܡܕܡ
ܕܒܝܫܐ ܥܒܕܝܢ ܠܢ. ܘܟܕ ܕܝܢ ܡܫܬܐܠܘ ܗܘܘ ܕܐܝܢܐ ܫܡܗ
ܐܝܬ ܠܐܠܗܢ ܐܡܪ[65]. ܕܠܐܠܗܐ ܫܡܐ ܠܝܬ ܠܗ ܐܝܟ
53 ܕܠܒܪܢܫܐ... ܒܬܪ ܗܠܝܢ ܟܠܗܘܢ. ܠܝܘܡܐ ܐܚܪܝܐ ܕܬܟ̈ܬܘܫܐ

[62] 𝔄 *iussit* [63] 𝔄 *edere hominis carnem hoc (est)* [64] 𝔄 *sed nos*
[65] 𝔄 adds *iis* and omits the following ?

ܐܦܠܐ ܠܒܠܗܝܢܐ. ܥܡ ܛܠܝܐ ܚܕ ܕܫܡܗ ܗܘܐ ܦܘܢܛܝܩܘܣ[66]
ܕܐܝܬܘܗܝ. ܗܘܐ ܐܝܟ ܒܪ ܚܡܫܥܣܪܐ ܫܢ̈ܝܢ. (B fol. 105 b) ܕܠܗܘܢ[67]
ܠܗܠܝܢ ܟܠܗܘܢ ܡܥܠܝܢ ܗܘܘ ܠܗܘܢ ܕܢܚܙܘܢ ܫܢܕܐ ܥܢܕ̈ܐ
ܕܐܚܪ̈ܢܐ. ܘܐܠܨܝܢ ܗܘܘ ܠܗܘܢ ܕܢܐܡܪܘܢ ܒܦܬܟܪ̈ܐ. ܘܡܛܠ
ܕܦܘܫܘ ܗܘܘ ܒܫܘܬܦܘܬܐ ܘܡܩܪܒܝܢ ܗܘܘ ܠܗܘܢ. ܐܬܥܒܪܘ 𝔄 341
ܟܠܗܘܢ ܟܠܗ ܗܘ ܒܥܫܢܐ. ܐܝܟܢܐ ܕܐܦܠܐ ܥܠ ܡܘܡܬܗ
ܕܗܘ ܛܠܝܐ ܢܬܪܦܩܘܢ. ܐܦܠܐ ܡܢ ܒܥܘܬܐ ܕܐܬܬܒܥܬܐ
54 ܢܬܦܢܘܢ. ܐܠܐ ܐܪܝܡܘ ܐܢܘܢ ܠܟܠ ܥܕ̈ܢܝܢ ܘܐܟܒܪܘ ܐܢܘܢ
ܒܟܠ ܫܘܠܛܢ ܕܫܘܢܩܐ. ܘܐܠܨܝܢ ܗܘܘ ܠܗܘܢ ܕܢܐܡܪܘܢ
ܒܦܬܟܪ̈ܐ.[68] ܟܕ ܕܝܢ ܠܐ ܡܫܬܡܥܝܢ ܗܘܘ ܠܡܥܒܕ ܠܗܘܢ ܗܕܐ.
ܗܘ ܓܝܪ ܦܘܢܛܝܩܘܣ[69] ܡܬܚܝܠ ܗܘܐ ܡܢ ܗܝ ܚܬܗ. ܘܚܙܝܢ
ܗܘܘ ܗܢܘܢ ܚܢ̈ܦܐ. ܕܗܝ ܡܠܒܒܐ ܠܗ ܘܡܫܪܪܐ ܠܗ. ܣܒܪ
ܡܚܝܠ ܣܠܝܩܬܗ ܥܠ ܥܕܢܝܢ. ܘܐܫܠܡܗ ܠܪܘܚܗ ܘܢܦܩ ܡܢ
55 ܥܠܡܐ ⁘ ܒܛܘܒܢܘܬܐ ܕܝܢ ܒܠܗܝܢܐ ܠܚܪܬܐ ܕܟܠܗܘܢ. ܐܝܟ
ܐܡܐ ܡܗܝܡܢܬܐ ܕܪܒܘܬܐ ܐܝܬ ܗܘܐ ܘܥܕܪܬ ܠܒܢ̈ܝܗ ܟܕ ܡܩܠܣܐ
ܠܗܘܢ ܡܠܟܐ[70] ܡܩܪܒܐ: ܘܫܕܪܬ ܐܢܘܢ ܠܩܕܡܝܗܘܢ ܐܝܟܢܐ
ܕܒܢ̈ܝܗ: ܘܡܬܚܫܒܐ ܗܘܬ ܕܬܐܙܠ ܠܘܬܗܘܢ ܟܕ ܡܚܕܝܐ
ܚܕܝܘܬܐ ܘܪܘܙܐ: ܐܝܟ ܗܝ ܕܠܚܡܘܢܝܐ ܡܙܡܢܐ ܐܬܩܪܝܬ
56 ܗܘܬ. ܐܪܝܡܘܗ ܕܝܢ[71] ܠܚܪܬܐ. ܘܡܢ ܒܬܪ ܡܢܓܕܐ ܘܚܝ̈ܘܬܐ
ܘܡܢ ܒܬܪ ܦܝܓܐ. ܠܚܪܬܐ ܐܪܝܡܘܗ ܒܩܛܪܬܐ ܘܫܕܘܗ
ܠܬܘܪܐ. ܘܟܕ ܡܬܛܠܝܐ ܗܘܬ ܡܢܗ. ܐܝܟ ܗܘ ܕܐܦܠܐ
ܡܪܓܫܐ ܒܡܪܓܫܢܘܬܐ ܗܘܬ ܒܣܘܟܝܐ ܕܒܢܝܐ ܠܗ: ܡܛܠ ܡܗܝܡܢܘܬܐ 𝔄 342
ܘܩܘܒܠܐ ܕܣܘܟܝ ܕܡܗܝܡܢܘܬܐ ܗܘܬ: ܘܡܛܠ ܡܡܠܠܘܗ ܕܥܡ

[66] 𝔄 Պոնտիկոս [67] 𝔄 om. ܕ [68] 𝔄 om. ܒܦܬܟܪ̈ܐ [69] Here the name is corrupt in 𝔄 [70] 𝔄 om. ܡܠܟܐ [71] 𝔄 om. ܕܝܢ?

ܡܚܫܒܐ. ܘܠܣܝܪܬܐ ܐܬܬܢܚܡܬ ܐܦ ܗܝ. ܘܡܬܕܟܝܢ ܗܘܘ ܟܠܗܘܢ
ܫܦܝܪ. ܕܠܐ ܡܬܚܘܬܢ ܫܒܝܠܬ ܐܘܪܚܬܐ ܗܠܝܢ ܘܕܐܝܟ ܗܠܝܢ
57 ܢܫܐ. ܐܦܠܐ ܕܝܢ ܗܘܝܐ ܫܒܝܚܬ ܥܣܝܩܘܬܗܘܢ (B fol. 106 *a*)
ܘܡܣܝܒܘܬܗܘܢ ܕܠܘܬ ܡܪ̈ܕܝܐ. ܡܢ ܚܝܘܬܐ ܓܝܪ ܒܪ̈ܝܬܐ
ܗܢܘ ܕܝܢ ܡܢ ܫܠܝܐ. ܐܫܬܒܚܘ ܗܘܘ ܗܠܝܢ ܒܡܫܟܢܐ ܒܪ̈ܝܬܐ
ܘܒܪ̈ܝܬܐ ܘܠܐ ܢܚܝܢ ܗܘܘ ܕܢܫܠܡܘܢ. ܐܠܐ ܬܘܒ ܥܘܪܢܐ
58 ܐܚܪܢܐ ܕܝܩܪܐ ܒܒܙܘ ܠܦܓܪ̈ܝܗܘܢ ܕܡܪ̈ܕܝܐ. ܠܐ ܓܝܪ
ܐܬܚܫܒܘ ܡܢ ܗܘ ܕܐܘܚܕܢܐ ܡܛܠ ܕܡܫܬܒܚܬܐ[72] ܕܒܪܢܫܐ ܠܘܬ
ܗܘܐ ܠܗܘܢ. ܐܠܐ ܬܬܪܝܡܬ ܡܬܚܒܪ ܗܘܐ ܩܪܒܗܘܢ
ܟܠܝܢ ܐܝܟ ܕܚܝ̈ܘܬܐ.[73] ܘܡܚܒܠܢܐ ܘܡܚܒܐ ܟܠܗ ܥܘܐܬܐ
ܡܫܩܝܢ ܗܘܘ ܘܝܩܪ̈ܬܗܘܢ ܕܚܝ̈ܠܐ ܕܠܘܬܗ. ܕܢܦܠܘܢ ܠܘܬܐ
59 ܕܐܟܚܕ: ܕܚܝ̈ܠܐ ܬܘܒ ܢܚܠ ܘܕܘܡܝܐ ܬܘܒ ܢܕܕܘ. ܠܗܘܢ vxxii11
ܒܪ[74] ܕܐܬܢܫܘ ܗܘܘ ܒܗܘ ܐܢܫܐ ܐܚܪܢܐ ܐܝܟ ܠܚܠܒܐ.
ܘܢܛܪܝܢ ܗܘܘ ܠܗܘܢ ܡܢܩܝܐܝܬ ܒܠܠܝܐ ܘܒܐܝܡܡܐ ܕܠܐ
ܢܦܩܘܢ ܡܢܗܘܢ. ܘܗܟܢܐ ܫܘܐ ܐܝܟ ܠܒܪܢܫܐ ܕܢܬܪܘ ܡܢ
ܫܘܬܐ ܘܡܢ ܢܘܪܐ. ܡܛܠܗܘܢ ܕܐܬܚܫܒ ܘܡܛܠܗܘܢ[75] ܕܡܘܕܝܢ.
ܘܡܪ̈ܦܝܬܐ ܕܪ̈ܓܠܐ ܕܐܚܪ̈ܢܐ[76] ܒܗ ܦܩܘܕܐ[77] ܕܪ̈ܓܠܝܗܘܢ. 𝔄 343
ܘܢܛܪܝܢ ܗܘܘ ܠܗܘܢ ܕܠܐ ܢܦܩܘܢ ܒܝܘܡܬܐ ܕܡܛܠܡܛܠܐ
60 ܘܒܬܪܬܐ ܦܓܥܐ. ܘܐܝܬ ܡܢܗܘܢ ܡܢ ܫܦܝܪ ܕܡܬܟܢܫܝܢ ܗܘܘ
ܘܡܫܪܝܢ ܗܘܘ ܥܠܝܗܘܢ ܟܠܗܘܢ: ܘܐܚܪܢ ܗܘܘ ܕܢܫܒܩܘܢ
ܬܒܬܬܐ ܡܢܗܘܢ ܕܢܬܪܘܢ ܡܢ ܗܠܝܢ. ܐܚܪܢܐ ܕܝܢ ܒܣܚܝܢ
ܗܘܘ ܘܡܒܣܡܝܢ ܒܗܘܢ. ܘܡܬܪܝܢ ܗܘܘ ܠܒܬܪܗܘܢ ܘܐܡܪܝܢ
ܗܘܘ. ܕܡܢܗܘܢ ܡܢܠܘ ܡܚܫܒ ܒܪܢܫܐ ܗܠܝܢ.[78] ܐܚܪܢܐ ܕܝܢ

[72] 𝔄 = ܘܡܫܬܥܒܕܘܬܐ, omitting ܡܛܠ. The preceding *ղերեալս* seems corrupt
[73] 𝔄 *quam beluarum* [74] 𝔄 = ܒܝ? [75] 𝔄 om. ܡܛܠܗܘܢ [76] 𝔄 *aliorum multorum* [77] In 𝔄 read *կատարովք* [78] 𝔄 *poenas suas*

ܐܝܠܝܢ ܕܡܫܬܒܗܪܝܢ ܕܡܚܝܒܝܢ ܘܡܥܩܒܝܢ ܒܗܘܢ. ܘܡܬܚܫܒܝܢ ܗܘܘ
ܠܗܘܢ ܘܐܡܪܝܢ ܕܐܝܟܐ ܗܘ ܐܠܗܗܘܢ ܕܗܠܝܢ. ܘܡܢܐ
ܐܘܬܪܬ ܐܢܘܢ ܕܚܠܬܗ. ܗܝ ܕܝܬܝܪ ܡܢ ܢܦܫܗܘܢ ܓܒܘ
61 ܠܗܘܢ.[79] (B fol. 106 *b*) ܡܢ ܠܘܬ ܗܢܘܢ ܕܝܢ ܕܐܝܟ ܗܠܝܢ
ܥܘܠܝܐ ܡܫܬܡܠܝܢ ܗܘܘ... ܐܚܢܢ ܕܝܢ ܒܐܒܠܐ ܪܒܐ
ܐܝܬܝܢ ܗܘܝܢ. ܡܛܠ ܕܠܐ ܡܫܟܚܝܢ ܗܘܝܢ ܕܢܩܒܪ ܦܓܪ̈ܝܗܘܢ
ܒܐܪܥܐ. ܐܦܠܐ ܓܝܪ ܠܠܝܐ ܒܗܘܢ ܗܘܐ ܠܢ ܠܗܕܐ. ܐܦܠܐ
ܒܟܣܦܐ ܡܦܝܣ ܗܘܐ ܠܗܘܢ ܠܫܠܕ̈ܐ. ܐܦܠܐ ܒܒܥܘܬܐ ܡܦܝܣܢܐ
ܗܘܬ ܠܗܘܢ. ܒܟܠ ܦܘ̈ܪܣܝܢ ܓܝܪ ܢܛܪܝܢ ܗܘܘ ܠܗܘܢ. ܐܝܟ
62 ܕܡܕܡ ܪܒ ܢܬܪܝܢ ܗܘܘ ܐܠܐ ܡܬܩܒܪܝܢ ܗܠܝܢ... ܡܢ ܒܬܪ
ܕܐܡܪܘ.[80] ܐܚܪ̈ܢܝܬܐ ܐܘܣܦܘ ܘܐܡܪܘ.[81] ܕܦܓܪ̈ܝܗܘܢ ܠܡ
ܕܗܕ̈ܝܐ ܒܗ̇ ܦܪܣܘ ܐܢܘܢ ܒܟܠ ܐܣܟܡ̈ܝܢ ܘܐܬܬܫܝܛܘ ܒܐܐܪ
ܫܬܐ ܝܘܡܝܢ. ܡܢ[82] ܒܬܪܟܢ ܐܘܩܕܘ ܐܢܘܢ ܗܢܘܢ ܓܘܡ̈ܪܐ A 344
ܒܕܡܐ ܕܗܘܘ ܐܝܟ ܩܛܡܐ. ܘܫܕܘ ܐܢܘܢ ܒܪܘܕܢܘܣ. ܢܗܪܐ
ܕܥܒܪ ܬܡܢ. ܐܝܟܢܐ ܕܐܦܠܐ ܫܪܟܢܗܘܢ ܢܬܚܙܐ ܡܟܝܠ ܥܠ
63 ܐܪܥܐ ·:· ·:· ܘܗܠܝܢ ܥܒܕܝܢ ܗܘܘ ܐܝܟ ܐܢܫܐ ܕܡܫܟܚܝܢ
ܗܘܘ ܕܢܙܟܘܢ ܠܐܠܗܐ. ܘܢܣܒܘܢ ܡܢܗܘܢ ܐܦ[83] ܚܘܕܬܐ
ܕܩܝܡܬܗܘܢ ܕܡܢ ܒܝܬ ܡܝ̈ܬܐ. ܕܐܝܟ ܕܐܡܪܝܢ ܗܘܘ ܓܝܪ
ܗܢܘܢ ܗܠܝܢ. ܕܐܦ ܠܐ ܠܡ ܣܒܪܐ ܢܗܘܐ ܠܗܘܢ ܕܩܝܡܬܐ
ܗܝ[84] ܕܒܠܝܗ̇ ܐܬܬܟܠܘ. ܘܐܥܠܘ ܠܢ ܦܘܠܚܢܐ ܕܕܝܠܬܐ ܢܘܟܪܝܬܐ
ܘܢܕܪܬܐ. ܘܥܠܘ ܠܟܠܗܘܢ ܐܘ̈ܠܨܢܐ. ܘܐܬܘ ܠܡܘܬܐ ܒܚܕܘܬܐ
ܒܗ̇ ܡܠܒܒܝܢ. ܘܗܫܐ ܢܚܙܐ ܐܢܘܢ ܕܩܡܝܢ. ܘܐܢ[85] ܡܫܟܚܝܢ
ܐܠܗܗܘܢ ܕܢܥܕܪ ܐܢܘܢ ܘܢܦܨܐ ܐܢܘܢ ܡܢ ܐܝ̈ܕܝܢ.

[79] A = ܠܗ [80] A *et post hoc quum dixissent* [81] A om. ܘܐܡܪܘ
[82] A = ܘܡܢ [83] A om. ܐܦ [84] In A for [illegible] read [illegible] [85] For
ܘܐܢ A has *et nunc videbimus an*

𝔄 345 ܕܬܪܝܢ ܕܐܝܟܢܐ ܣܗ̈ܕܐ ܪ̈ܚܡܘܗܝ ܕܐܠܗܐ ܡܫܡܠܝܢ ܗܘܘ
ܘܡܟܐܫܝܢ ܠܐܝܠܝܢ ܕܫܪܝܢ ܒܙܘܥܐ.

ܗܠܝܢ ܕܦܪܣܝܢ ܐܡܪܝܢ ܗܟܠ ܗܘܘ܂ ܛܢ̈ܢܐ ܕܡܫܝܚܐ ܒܢ̈ܡܘܣܘܗܝ ii. 1
ܕܐܪܘܣ·ܐܦܘܣܛܘܠܘܣ. ܕܟܕ ܗܠܝܢ ܡܟܫܟ ܗܘ ܐܝܟ ܕܢܦܫܗ
ܒܪܒܝܢܘܬܗ (B fol. 107 a) ܕܐܠܗܐ ܓܒܪܐ ܒܡܘܬܐ ܘܒ̈ܢܝܐ[1] ܐܦ
ܒܐܬܪ̈ܘܬܐ ܐܚܪ̈ܢܐ. ܘܐܦ ܗܘ ܕܝܢ ܕܐܡܪܢܐ ܡܢ ܗܠܝܢ ܗܘܬ ܐܬܪܐ
ܢܨܚܢ ܐܦ ܬ̈ܠܬܐ ܐܚܪ̈ܢܝܬܐ. ܕܒܗܝܢ ܡܬܚܙܝܐ ܡܫܡܠܝܘܬܗܘܢ
ܘܡܢܨܚܢܘܬܗܘܢ ܕܗܠܝܢ ܣܗ̈ܕܐ ܕܦܪܣܝܢ ܐܡܪܝܢ ܒܠܒܗܘܢ.
2 ܒܬܫܥܝܬܐ ܕܝܢ ܬܢܝܢ[2] ܗܠܝܢ ܬ̈ܠܬܐ. ܕܢܬܒܥܘܢ ܠܗ[3] ܗܠܝܢ ܣܗ̈ܕܐ
1 ii 6 ܗܘܠܐ ܐܬܡܨܝܘܢ ܗܘܘ ܠܢ̈ܒܝܐ ܘܡܫܡܗ̈ܝܐ ܕܡܫܝܚܐ. ܗܘ
ܕܒܕ ܕܡܘܬܐ ܗܘ ܕܐܠܗܐ. ܠܐ ܗܘܐ ܚܛܘܦܝܐ ܚܫܒܗ̇
ܕܢܗܘܐ[4] ܦܚܡܐ ܠܐܠܗܐ. ܕܒܕ ܒܗܢܐ ܫܘܒܚܐ
ܐܬܡܨܝܘܢ ܗܘܘ: ܕܠܘ ܚܕܐ ܙܒܢ ܐܘ ܬܪ̈ܬܝܢ ܐܠܐ ܙ̈ܒܢܬܐ
ܣܓܝ̈ܐܬܐ ܐܣܗܕܘ ܗܘܘ. ܕܒܕ ܡܢ ܚܝ̈ܘܬܐ ܐܬܦܢܝܘ ܗܘܘ[5]
ܘܟܠܝܢ ܗܘܘ ܒܟ̈ܘܝܐ ܘܒܫ̈ܘܩܐ ܘܡܚ̈ܘܬܐ. ܐܦ ܠܐ ܗܟܢܐ
𝔄 346 ܐܡܪܝܢ ܗܘܘ ܥܠ ܢܦܫܗܘܢ ܕܣܗ̈ܕܐ ܐܢܘܢ. ܐܦ ܠܐ ܠܢ
ܡܦܣܝܢ ܗܘܘ ܕܢܐܡܪ ܐܢܫ ܒܗܢܐ ܫܡܐ. ܐܠܐ ܐܢ ܓܒܪ
ܡܢܗܘܢ ܘܐܡܪ ܐܢܫ ܠܗܘܢ ܐܢܫ ܣܗ̈ܕܐ ܐܘ ܒܡܠܬܐ ܐܘ
ܒܐܓܪܬܐ[6] ܡܟܐܢܝܬ ܒܟܐܢ ܗܘܘ ܒܗ ܒܡܢ ܕܐܡܪ ܠܗܘܢ.
3 ܫܪܝܪܐܝܬ ܓܝܪ ܡܘܕܝܢ ܗܘܘ ܠܗ ܠܗܢܐ ܫܡܐ ܕܣܗܕܘܬܐ
ܠܡܫܝܚܐ. ܠܗܘ ܕܐܬܘܗܝ ܣܗܕܐ ܡܗܝܡܢܐ ܕܫܪܪܐ ܘܒܘܟܪܐ
ܕܡܝ̈ܬܐ ܘܪܫܐ ܕܚ̈ܝܐ. ܘܡܬܕܟܪܝܢ ܗܘܘ ܠܣܗ̈ܕܐ ܕܢܦܩܘ

CHAP. II. [1] 𝔄 adds *in urbibus* [2] 𝔄 *et* (for ܬܘܒ) [3] In 𝔄 for ܠܗܘܢ read ܠܗ [4] 𝔄 *non tamen rapinam putavit habere seipsum* [5] Corruption in 𝔄 [6] 𝔄 = ܐܘ ܒܐܓܪܬܐ ܐܘ ܒܡܠܬܐ

ܡܢ ܒܠܥܕܐ ܘܐܡܪܝܢ ܗܘܘ. ܕܗܢܘܢ ܐܢܘܢ ܣܗܕܐ. ܗܢܘܢ
ܕܒܡܘܕܝܢܘܬܗܘܢ ܐܫܬܘܝ ܐܢܘܢ ܡܫܝܚܐ ܕܢܬܕܒܪܘܢ. ܘܚܬܡ
ܣܗܕܘܬܗܘܢ ܒܝܕ ܡܦܩܬܗܘܢ. ܚܢܢ ܕܝܢ ܡܘܕܝܢܐ ܐܢܚܢ
ܡܫܟܢܐ ܘܒܨܝܪܐ. ܘܒܕܡܥܐ ܡܦܝܣܢܘܬܐ ܡܦܝܣܝܢ ܗܘܘ ܠܐܚ̈ܐ
ܘܒܥܝܢ ܗܘܘ ܡܢܗܘܢ. ܕܒܬܟܫܦܬܐ ܢܒܥܘܢ ܨܠܘܬܐ[7]
4 ܫܘܠܡܗܘܢ ܕܢܫܬܡܠܠܘܢ. ܘܒܬܪ[8] ܣܠܩܘ (B fol. 107 b) ܗܝ ܕܣܗܕܘܬܐ
ܒܚܕܘܬܐ ܡܫܡܠܝܢ ܗܘܘ: ܒܦܪܗܣܝܐ ܡܫܡܠܝܬܐ ܕܐܝܬ ܗܘܐ
ܠܗܘܢ ܠܘܬ ܥܡ̈ܡܐ: ܘܡܣܝܒܪܢܘܬܗܘܢ ܒܡܣܝܒܪܢܘܬܐ ܕܠܐ
ܕܚܠܬܐ ܘܒܠܒܘܬܐ ܡܫܡܠܝܢ ܗܘܘ. ܡܢ ܥܒܕܐ ܕܣܗ̈ܕܐ ܡܫܬܐܠܝܢ
ܗܘܘ ܡܢܢ ܐܚ̈ܐ. ܡܛܠ ܕܡܟܝܠ[9] ܗܘܘ ܕܫܘܠܛܗ ܕܐܠܗܐ ∴
5 ܘܬܘܒ ܡܢ ܒܬܪܟܢ ܐܡܪܝܢ. ܕܡܬܡܟܟܝܢ ܗܘܘ ܢܦܫܗܘܢ ܬܚܝܬ 1 Pet v 6
ܐܝܕܐ ܥܫܝܢܬܐ. ܗܝ ܕܒܗ ܐܬܪܘܪܒܘ ܗܫܐ. ܠܘܬ ܐܚܕ
ܕܝܢ ܢܦܫܗܘܢ ܗܘܘ ܙܟܝܐ. ܘܠܐܢܫ ܠܐ ܡܚܝܒܝܢ ܗܘܘ. ܘܫܪܝܢ
ܗܘܘ ܠܟܠ ܐܢܫ. ܘܠܐܢܫ ܠܐ ܐܣܪܝܢ ܗܘܘ. ܘܠܗܢܘܢ
ܕܒܝ̈ܫܬܐ ܡܫܡܠܝܢ ܗܘܘ ܠܗܘܢ ܡܨܠܝܢ ܗܘܘ ܥܠܝܗܘܢ. ܐܝܟ 𝔄 347
ܐܣܛܦܢܘܣ ܣܗܕܐ ܡܫܡܠܝܐ ܕܐܡܪ ܗܘܐ. ܡܪܝ[10] ܠܐ Acts vii 6
ܬܩܝܡ ܠܗܘܢ ܗܕܐ ܣܟܠܘܬܐ. ܐܢ ܕܝܢ ܚܠܦ ܗܢܘܢ ܕܪܓܡܝܢ
6 ܗܘܘ ܠܗ ܒܥܐ ܗܘܐ ܚܝ ܒܥܐ ܚܠܦ ܐܢ̈ܫܐ... ܘܡܢ ܒܬܪ
ܡܠܝܢ ܐܚܪ̈ܢ ܬܘܒ. ܕܗܢܐ ܠܡ ܟܠܗ ܡܪܒܐ ܪܒܐ ܕܚܘܒܐ
ܠܗܘܢ ܥܡ ܗܠܝܢ. ܡܛܠ ܫܘܒܚܐ ܡܫܡܠܝܐ. ܕܢܬܦܣܩ[11] ܫܘܚܐ
ܒܥܐ. ܘܠܗܢܘܢ ܕܒܦܪܘ[12] ܕܢܦܠܘ ܗܘܘ ܒܪ ܣܒܝܢ ܢܦܩܝ ܐܢܘܢ.
ܠܐ ܓܝܪ ܡܬܚܡܪܝܢ ܗܘܘ ܥܠ ܗܢܘܢ ܕܢܦܠܘ ܗܘܘ. ܐܠܐ
ܒܡܕܡ ܕܚܣܝܪܝܢ ܡܠܝܢ ܗܘܘ ܡܫܟܠܝܢ ܗܘܘ ܚܘܣܝܐ ܕܐܚ̈ܝܢ.

[7] 𝔄 *ut preces et supplicationes facerent* [8] 𝔄 om. ܒ and the following ܗܝ? [9] 𝔄 *quod et ii*: the equivalent of ܡܟܝܠ seems to have fallen out [10] 𝔄 om ܡܪܝ [11] 𝔄 *ut finderetur* [12] 𝔄 = ܒܦܪܘ?

ܕܪ̈ܥܝܐ ܐܝܟ ܐܡܪܐ ܥܠ ܟܬܦܘܗܝ[13] ܐܝܬ ܗܘܐ ܠܗܘܢ. ܘܕܡ̈ܪܥܐ
7 ܡܫܪ̈ܝܬܐ ܡܥܒܕܝܢ ܗܘܘ ܡܛܠܠܬܗܘܢ ܠܘܬ ܐܚܕ̈ܐ. ܘܢܗܪ̈ܐ
ܫܩܠܘ ܡܢܗܘܢ ܘܝܗܒܘ[14] ܠܗܘܢ. ܘܗܢܘܢ ܦܠܓܘ ܐܢܘܢ ܒܝܢ
ܡܣ̈ܟܢܝܗܘܢ. ܘܟܠ ܡܕܡ ܠܥܒܗ ܕܡܘܬܐ ܘܐܙܠܘ ܠܘܬ ܐܠܗܐ.
ܫܠܡܐ[15] ܢܫܩܘ ܐܚܕܢܐܝܬ ܘܫܠܡܐ ܐܚܕܘ ܠܗ. ܘܒܫܠܡܐ
ܥܪܩܘ ܠܘܬ ܐܠܗܐ. ܘܠܐ ܫܒܩܘ ܒܐܪܥܐ ܠܐܡܗܘܢ. ܐܦ
A 348 ܠܐ ܫܘܒܩܢܐ ܘܚܘܪܒܐ (B fol. 108 a) ܠܐܚ̈ܝܗܘܢ. ܐܠܐ ܢܝܚܘܬܐ
8 ܘܫܠܡܐ.[16] ܘܐܘܝܘܬܐ ܘܚܘܒܐ. ܗܠܝܢ ܕܐܬܐܡܪ̈ ܡܛܠ
ܣܗܕܘܗܝ ܕܡܪܢ ܠܦ̈ܘܪܢܐ ܕܠܘܬ ܐܚܪ̈ܢܐ ܕܢܦܠܘ ܗܘܘ. ܘܐܝܟ[17]
ܕܠܬܘܬܒܪܐ ܐܬܡܣܪ ܗܪܟܐ. ܡܛܠ ܬܘܒܥܬܗܘܢ ܕܗܢܘܢ ܕܕܠܐ
ܪ̈ܥܝܐ ܘܕܠܐ ܚܝܠܐ ܐܢܘܢ. ܕܡܬܡܪܩܝܢ ܠܘܬ ܡܕܡܪ̈ܗܘܢ.
ܕܡܫܝܚܐ ܕܠܐ ܚܘܣܢ ·:· ·:·

ܕܬܠܬܬܐ ܕܐܝܠܝܢ ܫܪ̈ܪܐ ܢܝܚܐ ܒܫܘܠܡܗ ܐܠܦܝܘܣ[1] ܗܘܐ.

iii. 1 ܗܘ ܕܝܢ ܗܢܐ ܒܫܢܬܐ ܕܬܠܬ ܫܢ̈ܝܐ ܕܦܪܣܢ ܡܕ̈ܝܢܬܐ
ܚܠܝܨܘܗܝ. ܐܦ ܬܫܒܘܚܬܐ ܐܦܪܝܬܐ ܐܝܬ ܒܗ ܕܢܨܚܐ ܠܗܘܦܟܐ.
ܠܘܬ ܕܝܢ ܣܘܟܐ ܕܫܘܟܝܢܗ ܠܕܒܪܬܗܘܢ[1a] ܕܐܝܠܝܢ ܕܦܝܫܝܢ.
2 ܐܬܬܘܗܝ ܕܝܢ ܗܟܢܐ... ܐܠܦܝܘܣ ܠܡ ܓܒܪ[2] ܚܕ ܡܢܗܘܢ
ܒܕܘܒܪܐ ܕܒܟܘܠ ܡܬܕܒܪ ܗܘܐ. ܘܟܕܡ ܐܚܪܝܢ ܡܢ ܫܒܩ
ܠܐ ܢܦܠ ܗܘܐ ܐܘ ܥܒܕ. ܐܠܐ ܐܢ ܠܣܗܕܐ ܘܡܫܒܚܐ.
ܘܝܕܥܐ ܗܘܐ ܕܐܦ ܒܗ ܐܝܬ ܗܘܝܐ ܗܒܠܐ ܢܗܘܐ ܡܬܕܒܪ.
A 349 ܠܐܠܦܝܘܣ ܕܝܢ[3] ܐܬܝܗܒ ܗܘܐ ܠܗ ܡܢ ܒܬܪ ܗܘ ܐܓܘܢܐ

[13] A does not express the suffix [14] A *et dederunt* [15] A *et pacem*
[16] A *et gaudium* [17] A om. ܘ

CHAP. III. [1] A has throughout this chapter [illegible] [1a] In A for [illegible] read [illegible] [2] A om. ܓܒܪ [3] A adds *beato*

ܡܕܡܟܐ ܕܦܓܠ ܗܘܐ܂ ܕܠܐ ܫܦܝܪ ܥܒܕ ܐܠܩܝܒܝܕܣ ܕܠܐ ܡܬܚܫܚ
ܒܒܪܝܬܗ ܕܐܠܗܐ܂ ܘܫܒܩ ܠܐܚܪ̈ܢܐ ܕܡܘܬܐ ܕܬܘܩܠܬܐ܂
3 ܘܐܬܛܦܝܣ ܕܝܢ ܐܠܩܝܒܝܕܣ ܠܡܠܘܗܝ܂ ܘܡܩܒܠ ܗܘܐ ܒܚܐܪܘܬܐ
ܘܡܘܕܐ ܠܐܠܗܐ܂ ܠܐ ܓܝܪ ܡܫܬܒܩܝܢ ܗܘܘ ܕܠܐ ܣܘܥܪܢܐ
ܕܛܝܒܘܬܗ ܕܐܠܗܐ܂ ܐܠܐ ܪܘܚܐ ܕܩܘܕܫܐ ܐܬܬܥܝܪܬ ܗܘܬ
ܡܠܦܢܘܬܗܘܢ܂ ܘܗܠܝܢ ܒܗܕܐ ܠܗܪܟܐ ܣܦܩܢ ܀

ܕܐܪܒܥܐ܂ ܕܐܝܟܢܐ ܡܩܒܠܝܢ ܗܘܘ ܣܗ̈ܕܐ ܠܐܝܪܝܢܐܘܣ 𝔄 350
ܒܐܓܪܬܗܘܢ܂

4 ܗܢܘܢ ܕܝܢ ܕܒܗܬ ܡܘܕܝܢܘܬܗ ܘܐܠܩܝܒܝܕܣ ܘܬܐܘܕܘܛܣ
ܒܦܪܘܓܝܐ܂ ܡܕܡ ܐܝܬ ܗܘܬ ܥܠܝܗܘܢ ܡܫܒܪܢܘܬܐ ܕܢܒܝܘܬܐ
ܠܘܬ ܡܫܝ̈ܚܐ܂ ܐܬܘ̈ܬܐ ܓܝܪ ܥܒܝܕܬܐ ܕܛܝܒܘܬܗ ܕܐܠܗܐ܂
(B fol. 108 b) ܒܡܕܡܐ ܠܗܘܢ ܘܒܢܝܐ ܡܬܓܒܪܢ ܗܘܝ ܒܒܥܕ̈ܬܐ
ܣܓܝ̈ܐܬܐ܂ ܘܡܛܠ ܗܢܐ ܐܝܬ ܗܘܬ ܡܫܒܪܢܘܬܐ ܐܦ ܒܠ
ܗܠܝܢ ܠܘܬ ܡܫܝ̈ܚܐ܂ ܕܐܦ ܗܢܘܢ ܡܬܢܒܝܢ ܘܬܢܒܝܢ܂ ܐܝܬ
ܗܘܬ ܕܝܢ ܦܠܓܘܬܐ ܡܛܠܬܗܘܢ ܀ ܀ ܬܘܒ ܕܝܢ[1] ܐܢܫܐ
ܕܐܝܬ ܒܠܘܓܕܘܢ ܦܪܘܓܝܢܘܢ ܕܒܫܝܠܬ ܐܠܗܐ ܘܒܡܫܡܫܢܘܬܐ[2]
ܥܢ̈ܝܢܬܐ ܐܦ ܡܛܠ ܗܠܝܢ ܐܟܬܒܘ܂ ܐܦ[3] ܐܓܪ̈ܬܐ ܡܫܕܪܬܐ
ܕܣܗ̈ܕܐ ܕܐܬܟܠܠܘ ܠܘܬܗܘܢ ܕܐܟܬܒܘ[4] ܟܕ ܒܝܬ ܐܣܝܪܐ
ܐܝܬܝܗܘܢ ܗܘܘ܂ ܠܐܚ̈ܐ ܕܐܝܬ ܗܘܘ ܒܐܣܝܐ ܘܒܦܪܘܓܝܐ
ܘܟܕ ܟܣܘܢ܂ ܠܘ ܕܝܢ ܒܠܚܘܕ ܠܗܠܝܢ܂ ܐܠܐ ܐܦ ܠܐܠܘܬܪܘܣ
ܐܦܝܣܩܘܦܐ ܕܪܗܘܡܐ ܕܐܝܬ ܗܘܐ ܒܗܘ ܙܒܢܐ܂ ܡܛܠ
1 ܫܠܡܐ ܕܥܕ̈ܬܐ ܡܫܬܡܥܝܢ ܗܘܘ ܠܗ܂ ܘܩܠܣܘܗܝ ܕܝܢ ܗܠܝܢ

CHAP. IV. [1] 𝔄 om. ܕܝܢ  [2] 𝔄 for ܘ has [illegible] erat  [3] 𝔄 om. ܐܦ
[4] 𝔄 om. ܕܐܟܬܒܘ

𝔄 351 ܡܘܕܥܢ. ܐܦ ܠܐܝܪܢܐܘܣ ܕܐܝܬܘܗܝ ܗܘܐ⁵ ܩܫܝܫܐ ܒܗܿ ܘ
ܕܒܢܐ ܒܥܕܬܐ ܕܠܘܓܕܘܢ. ܡܫܒܚܝܢ ܗܘܘ ܠܗ ܠܐܠܘܬܪܘܣ
ܐܦܝܣܩܘܦܐ ܕܪܗܘܡܝܐ. ܘܡܣܗܕܝܢ ܗܘܘ ܥܠܘܗܝ ܣܓܝܐ̈ܬܐ
2 ܐܝܟ ܕܡܚܘܝܢ ܡ̈ܠܝܗܘܢ ܕܐܡܪܝܢ ܗܟܢܐ. ܕܬܗܘܐ ܚܕܐ
ܒܐܠܗܐ ܬܘܒ.⁶ ܘܐܡܝܢܐܝܬ ܡܨܠܝܢ ܐܢܚܢܢ ܥܠܝܟ⁷ ܐܒܘܢ
ܐܠܘܬܪܐ. ܗܠܝܢ ܐܓܪ̈ܬܐ ܕܦܩܕܢ ܪ̈ܚܡܝܢ ܕܝܠܬܐ ܐܚܝܢ ܠܟ
ܐܚܘܢ ܘܫܘܬܦܢ ܐܝܪܢܐܘܣ. ܘܡܦܝܣܝܢ⁸ ܐܚܝܢ ܠܟ ܘܡܫܒܚܝܢ
ܐܚܝܢ ܠܗ ܠܟ. ܠܓܒܪܐ ܒܪ ܐܝܬܘܗܝ ܕܕܝܬܩܐ ܕܕܝܬܝܩ̈ܐ.⁹
3 ܡܛܠ ܕܝܢ ܡܬܒܥܐ ܠܝ ܕܢܬܠܐ ܣܕܪܘܬܐ ܕܫܡܗ̈ܝܗܘܢ ܕܣܗ̈ܕܐ
ܕܐܬܓܡܪܘ ܒܗܢܐ ܟܬܒܐ ܡܚܘܝܢܗܘܢ ܘܠܫܡܗܘܢ. ܕܐܝܠܝܢ ܕܐܬܦܫܩܘ
ܕ̈ܝܠܗܘܢ ܘܐܬܟܠܠܘ ܘܕܐܝܠܝܢ ܕܢܦܠܘ ܡܐܟܘܠܬܐ ܕܚ̈ܝܘܬܐ.
ܘܬܘܒ ܕܗܘ̈ܠܝܢ ܕܫܟܒܘ ܒܝܬ ܐܣܝܪ̈ܐ. ܘܡܢܝܢܐ ܕܡܘܕܝ̈ܢܐ
ܕܡܢܝܢ ܗܘܘ ܒܟܠ. ܐܝܢܐ ܕܝܢ ܕܨܒܐ ܦܫܝܩ ܠܗ ܕܢܐܠܦ
ܡܫܡܠܝܐܝܬ ܒܗ ܢܩܒܠܘܗܝ ܠܟܬܒܘܗܝ. ܗܿܘ ܕܐܦ ܗܘ ܡܢ
ܟܘܢܫܐ ܕܣܗ̈ܕܐ ܕܟܢܫܬ ܡܢܝ ܠܝ ܀

ܕܒܫܘܐܠܐ ܕܐܚ̈ܝܢܐ ܐܚܬ ܐܠܗܐ ܡܛܪܐ ܡܢ (B fol. 109 *a*)
ܫܡܝܐ ܒܨܠܘܬܐ ܕܟܪ̈ܣܛܝܢܐ. ܠܡܪܩܘܣ ܐܘܪܠܝܘܣ ܩܣܪ.¹ ܀
ܐܝܠܝܢ ܕܝܢ ܕܩܕܡ̈ܘܗܝ ܒܫܢܘ̈ܗܝ ܕܐܢܛܘܢܝܢܘܣ. ܐܬܚܙܝܢ ܗܘܘ²
v. 1 ܗܠܝܢ ܕܦܩܕܢ ܐܡܪܢ ܥܠܝܗܘܢ. ܡܬܐܡܪܐ ܕܝܢ ܡܠܬܐ.
ܕܐܚܘܗܝ ܕܗܢܐ ܡܪܩܘܣ ܐܘܪܠܝܘܣ ܩܣܪ.³ ܟܕ ܩܪܒ ܗܘܐ
𝔄 352 ܩܪܒܐ ܥܡ ܓܪ̈ܡܢܝܐ ܘܣܪ̈ܡܛܝܐ. ܕܨܗܝ ܗܘܐ ܚܝܠܗ ܠܡܝ̈ܐ

⁵ 𝔄 adds *iis* ⁶ 𝔄 joins ܬܘܒ to the following words ⁷ 𝔄 *propter te*
⁸ 𝔄 om. ܘ ⁹ 𝔄 merely կտակարանաց = *testamentorum* s. *testamenti*

CHAP. V. ¹ 𝔄 *et Aurelius Caesar* (*Marcus* having fallen out: cf. index of chaps.) ² 𝔄 *et erant* ³ 𝔄 *huius Marci, Aurelius Caesar*

ܘܥܠܬ ܗܘܐ ܠܗ ܦܘܪܫܢܐ ܡܕܡ ܠܡܚܒܪܘ. ܡܬܟܬܫܢܘܬܐ ܕܝܢ
ܕܓܪܡܢܝܐ ܘܣܪܡܛܝܐ[4] ܡܠܦܠܬܐ: ܕܡܢ ܗܝܕܝܢ ܘܡܕܡܐ ܠܗܢܐ
ܡܢ ܡܫܬܡܥܢܐ[5] ܡܫܒܚܐ. ܟܕ ܩܕܝܡ ܠܘܩܒܠ ܒܥܠܕܒܒܝܗܘܢ.
ܗܘܐ ܟܘܪܗܢܐ ܥܠ ܐܪܥܐ ܐܝܟ ܕܐܡܪܬ ܠܝ ܚܝܕܐ ܠܡܝܠܢܝ
2 ܘܡܬܟܫܦܝܢ ܗܘܘ ܠܐܠܗܐ. ܘܗܕܐ ܒܝܘܡܬܐ ܬܕܡܘܪܬܐ ܡܕܡ
ܠܒܥܠܕܒܒܝܗܘܢ ܡܬܚܙܝܐ ܗܘܬ. ܟܕ ܗܢܘܢ ܕܝܢ ܡܫܬܚܩܝܢ ܗܘܘ.
ܬܕܡܘܪܬܐ ܕܪܒܐ ܡܢ ܗܕܐ ܐܬܓܕܫܬ ܗܘܬ ܒܗ ܕܝܢ ܙܒܢܐ
ܕܪܥܡܐ ܒܥܢܢܐ. ܘܠܒܥܠܕܒܒܝܗܘܢ ܙܪܦ ܗܘܐ ܘܡܚܪܡ ܠܗܘܢ
ܠܐܒܕܢܐ. ܘܡܛܪܐ ܕܝܢ ܐܘܪܚ ܗܘܐ ܠܣܝܥܬܐ[6] ܥܠܝܗ ܡܛܠ
ܗܢܘܢ ܕܡܬܟܫܦܝܢ ܗܘܘ ܠܐܠܗܐ. ܕܡܛܪ ܗܘܐ ܥܠܝܗ ܣܝܥܬܐ
3 ܡܢ ܨܗܝܐ ܠܡܐܟܠ. ܗܕܐ ܕܝܢ ܬܫܒܘܚܬܐ ܐܝܬܝܗ̇ ܐܦ ܠܘܬ
ܡܗܝܡܢܐ ܗܢܘܢ ܕܢܣܒܘ ܡܢ ܡܠܦܢܐ ܕܝܠܢ. ܕܠܘܬܗܘܢ
ܐܫܬܥܝܬ ܗܘ ܗܕܐ. ܐܘܕܥܘ ܕܝܢ ܡܫܬܠܛܢܐ ܐܦ ܐܢܫܐ ܡܢ
ܕܝܠܢ. ܐܠܐ ܕܝܢ ܠܡܫܬܥܝܢܐ[7] ܒܢ̈ܝܐ ܕܬܫ̈ܒܚܬܐ. ܐܝܟ ܢܘܟܪ̈ܝܐ
ܕܗܝܡܢܘܬܐ ܐܬܬܥܝܪܘ ܬܕܡܘܪܬܐ. ܠܐ ܕܝܢ[8] ܐܘܕܥܘ ܕܒܨ̈ܠܘܬܐ
ܕܝܠܢ ܗܘܬ ܗܕܐ. ܡܠܝܢ ܕܝܢ ܕܝܠܢ ܐܝܟ ܕܣ̈ܗܕܐ ܫܪ̈ܝܪܐ.
4 ܒܡܫܠܡܢܘܬܐ ܘܒܟܬ̈ܝܒܬܐ ܡܛܠ ܕܐܘܕܥܘ ܐܚܪܢܐ. ܕܗܢܐ ܡܟܝܠ ܗܘ
ܐܬܗܘܝ ܐܦܘܠܝܢܪܝܘܣ ܕܐܡܪ ܥܠ ܗܕܐ ܠܓܝܘܢܐ. ܕܒܬܫܒܘܚܬܗ̇
ܗܘܬ ܗܕܐ ܬܕܡܘܪܬܐ.[9] ܕܡܢ ܗܘ ܡܠܟܐ ܢܣܒܬ ܫܡܐ ܡܢ 𝔄 353
ܡܠܬܐ[10] (B fol. 109 b) ܒܠܫܢܐ ܪ̈ܗܘܡܝܐ. ܕܫܠܡ ܠܗܢܐ ܡܕܡ[11]
5 ܕܐܬܗܘܝ. ܘܗܘܝܐ ܡܫܬܡܗܢܐ ܕܩܠܝܢ ܦܘܠܡܝܢܛܘܣ. ܗܘ
ܕܡܫܒ ܒܠܫܢܐ ܪ̈ܗܘܡܝܐ ܡܫܡܥ ܒܪܘܩܐ ܥܠ ܩܠܐ ܗܘ ܡܫܬܡܗܢܘܬܗ

[4] In 𝔄 for [illegible] read [illegible] [5] In 𝔄 read [illegible] [6] 𝔄 adds *eius* [7] 𝔄 nominativo [8] 𝔄 *quod non* [9] 𝔄 plur. [10] In 𝔄 the [illegible] before [illegible] should be omitted [11] 𝔄 adds *nonne testis bene loquens est?*

ܠܣܘܢܩܠܝܛܘܣ. ܕܠܘ ܠܗܢܐ ܦܩܕ ܐܕܪܝܢܘܣ.[12] ܡܫܪܪ ܠܗ̇ ܕܝܢ
6 ܠܗܕܐ ܬܫܒܘܚܬܐ ܒܬܘܣܦܬܐ ܪܒܬܐ ܕܒܟܬܒܐ ܐܣܛܪܛܝܓܘ. ܒܬܪ
ܕܝܢ ܐܦ ܗܘ ܘܐܡܪ ܗܟܢܐ ·:· ··· ܕܡܪܘܡܐ ܠܗ ܡܠܟܐ
ܡܫܠܡܢܝ. ܐܪ̈ܟܘܬܐ[13] ܕܠܘ ܐܝܟ ܒܝܡܐ ܠܗܡܢܐ ܕܡܢܝܢ
ܗܘܝܢ. ܕܒ̈ܪܒܢܝ[14] ܒܝܘܪܕܢܐ ܕܡܢܝܐ ܩܪܝܒ ܗܘܐ ܚܝܠܗ
ܠܡܐܒܕ. ܘܒܬ̈ܠܬܐ ܕܪ̈ܗܛܝܢܐ ܐܬܦܪܩܘ. ܘܐܡ̈ܪܝ ܒܠܘܗܝ
ܕܐܦ ܐܬܘܬܐ ܐܬܠܝܣ ܠܐܝܠܝܢ ܕܗ̈ܘܝܢ ܕܢܦܪ̈ܩܘܢ ܠܗܕܐ
7 ܕܝܠܝ. ܘܡܢ ܒܬܪ ܗܠܝܢ ܐܦܢܝ ܬܘܒ ܗܘ ܗܢܐ ܒܪ̈ܢܐ. ܐܝܠܝܢ
ܐܝܟܢ ܗܟܢܐ ܗܠܝܢ ܢܦ̈ܩܘܣܐ ܕܪܘܫܥܐ ܘܕܒܘܠܐ ܘܕܡܪܘܕܘܬܐ
ܕܟܠܝܢ ܗܘ ܒܠܝܘܕ ܡܬܬܗܝܡܢ. ܕܐܦܠܐ ܐܣܦܣܝܢܘܣ ܢܝܬܐ
ܐܝܟܢ ܒܪ ܐܦ[15] ܠܡ̈ܘܕܝܐ ܘܪܓܐ ܗܘܐ. ܛܪܐܝܢܘܣ ܕܝܢ
ܒܡܕܡ ܡܕܡ ܐܦ ܐܣܠܝ ܐܢܘܢ. ܕܒܠܐ[16] ܕܠܐ ܢܬܒܥܘܢ
ܒܪ̈ܗܛܝܢܐ. ܐܦ[17] ܗܕܪܝܢܘܣ ܫܕܪ[18] ܐܢܘܢ ܒܪ ܒܠܚܘܕ ܡܚܡܕ
ܗܘܐ. ܐܦܠܐ ܐܢܛܘܢܝܢܘܣ ܗܘ ܕܐܬܒܪܝ ܐܘܣܒܝܘܣ ·:· ·:· ·:·

ܕܫܬܐ. ܐܦܣ̈ܩܘܦܐ ܕܗܘܘ ܒܐܘܪܫܠܡ.

8 ܢܐܬܐ ܠܝ ܡܚܝܠ ܠܡܕܪܫܘܬܗ̇ ܕܬܫܥܝܬܐ. ܦܣܘܩܝܬܐ ܕܝܢ
ܒܪ ܟܠܗ ܒܠܗܘܢ ܫ̈ܢܝܢ ܬܫܥܝܢ ܫ̈ܢܝܢ:[1] ܘܐܫܬܠܠ ܒܗ
ܩܘܦ ܗܫܐ ܕܒܠܗܘܢ. ܡܛܠ ܡܢ ܒܬܪܗ ܐܦܣܩܘܦܘܬܐ
ܕܒܝܬܐ ܕܐܘܪܫܠܡ. ܐܝܟܢܐ ܗܢܐ ܕܝܢ ܒܟܠܗܘܢ ܡܢ
9 ܦܘܠܝܛܝܪܘܣ ܡܬܬܠܡܕ ܗܘܐ. ܘܡܬܒܠܥܬܐ ܕܐܦܣܩܘܦܐ
ܕܗܘܘ ܒܐܘܪܫܠܡ ܗܘ ܐܚܪ̈ܢܐ. ܒܡܐܡܪܐ ܕܬܠܬܐ ܕܗܘ

[12] 𝔄 = ܐܕܪܝܢܘܣ [13] 𝔄 sing. [14] In 𝔄 read եւթէ 'ի գերմանիկ
[15] 𝔄 om. ܐܦ [16] 𝔄 *sed Trianos contempsit et sprevit eos* [17] 𝔄 = ܐܠܐ
[18] 𝔄 = ܫܕܪ

Chap. VI. [1] 𝔄 om. ܫ̈ܢܝܢ

ܠܘܩܒܠ ܗܪ̈ܣܝܣ. ܘܣܕܪ ܐܢܘܢ ܕܪܗܘܡܐ ܠܐܠܘܬܪܘܣ. ܗܘ
ܕܥܠ ܙܒܢܘ̈ܗܝ ܐܪܥܢܐ ܗܘܐ ܠܗ ܫܘܥܠܐ ܕܥܠܘܗܝ ܡܟܬܒܢܘܬܢ.
vi. 1 ܡܫܒܚ̈ܬܐ ܕܝܢ ܫܠܝܚܘܢ ܘܫܬܐܣ ܠܗܘܢ ܗܘܝܢܐ ·:· ܕܥܕ̈ܬܐ Adv Haer iii 3, 3
(B fol. 110 a) ܠܗ ܠܦܘܪܢܣܐ ܗܢܘ ܫܡܫܘܬܐ ܕܐܒܗܘܬܐ ܘܠܝܢܘܣ.
ܘܐܡܛܘܗ̇ ܒܗ̇[2] ܐܦܝܣܩܘܦܘܬܐ ܠܠܝܢܘܣ.[3] ܠܗܢܐ ܕܝܢ ܠܝܢܘܣ[3] ܡܕܟܪ 2 Tim iv 21
ܠܗ ܦܘܠܘܣ ܫܠܝܚܐ ܒܐܓܪܬܐ ܕܠܛܝܡܬܐܘܣ. ܘܩܒܠ ܡܢ 𝕬 355
2 ܒܬܪܗ ܐܢܩܠܛܘܣ. ܘܡܢ ܒܬܪ ܗܢܐ ܬܠܝܬܝܐ ܡܢ ܒܬܪ
ܫ̈ܠܝܚܐ. ܡܛܠ ܐܦܝܣܩܘܦܘܬܐ ܩܠܝܡܝܣ. ܗܢܐ ܕܚܙܐ[4] ܐܢܘܢ
ܠܫ̈ܠܝܚܐ ܠܦ̈ܘܪܢܣܐ ܘܐܬܗܦܟ ܥܡܗܘܢ. ܘܟܪܘܙܘܬܐ ܘܬܘܪܬܐ
ܕܫ̈ܠܝܚܐ ܡܫܡܥܐ ܗܘܬ ܠܗ. ܘܡܫܠܡܢܘܬܗܘܢ ܩܕܡ ܥܝ̈ܢܘܗܝ
ܐܝܬܝܗ̇ ܗܘܬ.[4a] ܠܘ ܕܝܢ ܗܘ ܒܠܚܘܕܘܗܝ. ܐܠܐ ܐܦ ܣܓܝ̈ܐܐ
3 ܐܫܬܪܘ ܗܘܘ ܗܝܕܝܢ ܕܗܘܐ ܕܐܬܬܠܡܕܘ ܡܢ ܫ̈ܠܝܚܐ. ܒܙܒܢܗ
ܕܝܢ ܕܗܢܐ ܩܠܝܡܝܣ. ܗܘܐ ܗܘܐ ܚܪܝܢܐ ܣܓܝܐܐ ܠܐܚ̈ܐ
ܕܒܩܘܪܢܬܘܣ. ܘܫܕܪܬ ܥܕܬܐ ܕܪܗܘܡܐ ܠܩܘܪܢܬܘܣ ܐܓܪܬܐ
ܕܦܝܣܐ ܐܝܬ ܒܗ̇. ܘܡܚܕܬܐ[5] ܗ̇ܝܡܢܘܬܗܘܢ ܘܡܫܠܡܢܘܬܐ
4 ܗ̇ܝ ܕܩܒܠܘ ܗܘܘ ܚܕܬܐܝܬ ܡܢ ܫ̈ܠܝܚܐ ·:· ܡܢ ܒܬܪ ܩܠܝܡܝܣ ܐܘܪܣܛܘܣ
ܩܡ ܕܝܢ ܒܬܪ ܗܢܐ ܩܠܝܡܝܣ ܡܛܠ ܐܘܪܣܛܘܣ. ܡܢ ܒܬܪ
ܐܘܪܣܛܘܣ ܐܠܟܣܢܕܪܘܣ. ܘܗܘܝܢ ܡܢ ܫܬܝܬܝܐ ܡܢ ܒܬܪ
ܫ̈ܠܝܚܐ ܩܣܘܣܛܘܣ. ܘܡܢ ܒܬܪܗ ܛܠܣܦܘܪܘܣ. ܗܘ ܕܐܣܗܕ
ܐܣܗܕܘܬܐ. ܘܡܢ ܒܬܪܗ ܗܘܓܝܢܘܣ. ܘܡܢ ܒܬܪ ܗܘܓܝܢܘܣ
ܦܝܘܣ. ܘܬܒܥ ܡܢ ܒܬܪ ܗܢܐ ܐܢܝܩܛܘܣ. ܡܛܠ ܕܝܢ ܡܢ
ܐܢܝܩܛܘܣ ܣܘܛܪ. ܘܡܢ ܒܬܪܗ ܡܛܠ ܕܬܪܥܣܪ ܡܢ ܒܬܪ
5 ܫ̈ܠܝܚܐ ܐܠܘܬܪܘܣ. ܒܗ[6] ܒܙܒܢܐ ܘܒܗ ܒܝܘܠܦܢܐ ܐܪܙܘ.

[2] 𝕬 = ܠܗ̇ [3] 𝕬 *Iulianum* [4] 𝕬 om. ܕ [4a] 𝕬 adds *continuo* [5] 𝕬 = ܘܠܚܝܢ [6] 𝕬 = ܘܒܗ

ܘܡܫܠܡܢܘܬܐ ܕܦܠܚܬ ܒܥܕܬܐ ܡܢ ܩ̈ܠܝܠܐ ܘܒܪܘܪܘܬܐ ܕܫܪ̈ܪܐ
ܦ̈ܠܝܬ ܒܥܕܢܐ ܠܘܬܗܘܢ. ܗܠܝܢ ܐܡܪ ܐܝܪܢܐܘܣ. ܕܫ̈ܠܡܘ vii. 1
ܠܬܫ̈ܥܝܬܐ ܗܠܝܢ ܕܡܦܪܫ ܐܡܝܪ̈ܢ ܠܢ. ·:· ·:· ·:· ·:·

356 (B fol. 110 b) ܕܥܕ̈ܬܐ. ܕܒܙܒܢܐ ܠܗܘܢ ܕܩ̈ܢܝܐ ܗ̈ܘܝܢ ܗܘܘ
ܐܬܘ̈ܬܐ ܥܒܝܕܬܐ[1] ܒܗ ܡܗܝ̈ܡܢܐ...

ܒܐܡܬܪ̈ܐ ܕܝܢ ܕܐܬܬܒ ܐܪܢܐܘܣ ܕܗ̇ܘܝܢ ܚܣܝܢܐ ܒܥܡ̈ܡܐ:
ܥܠ ܡܗܝܡܢܘܬܐ ܘܫܪܪܐ ܕܒܡܫܝܚܐ ܕܟܠܗ̇. ܒܐܡܬܪ̈ܐ ܕܬܘܡ
ܕܠܗ ܕܗܘܢܐ ܫܪܝܪܐ ܐܬܬܒ. ܕܐܦ ܒܫ̈ܡܘܬܗ ܐܫܬܪܪܬ ܗܘܬ
ܬܫܒܘܚܬܐ ܕܚܠܝܐ[2] ܕܬܕܡܘܪ̈ܬܐ ܒܟ̈ܪܬܐ. ܘܡܚܕܐ ܕܝܢ ܒܗܠܝܢ
Haer , 2 — 2 ܡ̈ܠܟܐ. ܕܠܐ ܦܓܥ ܠܗ ܣܢܝܢ ܡܢ ܗܕܐ ܕܢܣܡܟܘܢ ܡܘ̈ܬܐ
ܐܝܟ ܕܡܣܬܒܪ ܗܘܐ ܡܢܗ. ܘܩ̈ܠܝܠܐ ܒܟ̈ܠܬܗܘܢ. ܘܕܒܪ̈ܬܐ
ܗ̈ܠܝܟܬܐ ܐܦ ܒܐܣܘܬܐ ܐܡܬܝ ܕܗܘܐ ܗܘܐ: ܘܥܒܕܬ ܒܥܕܬܐ
ܕܐܝܬ[3] ܒܐܬܪ̈ܘܢ ܐܬܪ̈ܘܢ ܡܢ ܐܠܗܐ ܒܝܘܡܐ ܘܒܟܒܘܬܐ
ܗ̈ܠܟܬܐ. ܐܬܦܫܛܬ ܪܘܚܗ ܕܣܛܢܐ ܘܐܬܚܝܒ ܒܪܢܫܐ ܗܘ
32, 4 — 3 ܠܡ̈ܠܬܗܘܢ ܕܡܫ̈ܥܐ. ܘܡܢ ܟܕ ܗܠܝܢ ܐܡܪ ܬܘܒ. ܕܐܢ
ܐܡܪܝܢ ܐܦ ܥܠ ܡܢ ܕܒܦܠܛܣܐ ܦܩܕ ܗܘܐ ܕܐܝܟ ܗܠܝܢ.
357 ܢܟܠܐ ܐܢܘܢ ܠܘܬ ܢܦ̈ܫܬ ܘܢܣܒܐ ܐܢܘܢ ܡܢܗܘܢ. ܕܟܠܡܕܡ
ܡܩܕܡ ܗܘܐ ܘܐܡܪ ܗܘܐ ܥܠܝܗܘܢ ܘܐܬܚܫܒ ܫܪܝܪܐܝܬ:
ܘܗܘܝܘ ܒܠܚܘܕܝܗܘܢ ܒܢܗ ܕܐܠܗܐ. ܘܡܛܠ ܗܢܐ ܐܝܠܝܢ
ܕܐܬܝܗܘܢ ܬܠܡ̈ܝܕܘܗܝ ܒܥܒܪ̈ܐ. ܒܥܡ̈ܡܐ ܘܒܡܗܝܡܢܘܬܐ[4]
ܕܡܠܟܐ ܡܢܗ. ܠܡܕܪܫܐ ܕܫܪܟܐ ܕܟܠܗ ܐܢܫܐ ܗܢܝܢ ܕܐܝܟ
4 ܗܠܝܢ. ܐܝܟ ܡܗܝܡܢܘܬܐ[4] ܕܦܠܚ ܡܢܗ ܐܢܫ ܐܢܫ. ܐܝܬ ܓܝܪ
ܡܢܗܘܢ ܕܐܡܪ̈ܝܢ[4] ܕܗܝܡܢ ܡܗܝܡܢܐܝܬ ܘܫܪܝܪܐܝܬ. ܕܒܥܒܕܐ

CHAP. VII. [1] 𝔄 *et mirabilia* [2] 𝔄 plur. [3] 𝔄 om. ܕܐܝܬ [4] 𝔄 plur.

ܘܟܐܒܝܢ ܒܬܪ ܕܐܬܕܒܪܘ ܐܢܫܐ ܡܢ ܙܘܥܐ ܒܝܫܬܐ. ܡܣܡܟܝܢ
ܗܘܘ ܘܗܘܝܢ ܒܚܕܘܬܐ. ܐܝܟ ܕܝܢ ܐܡܪܢܢ ܕܐܦ ܡܩܝܡܢܘܬ
ܡܝ̈ܬܐ ܕܐܬܠܝܢ ܕܐܬܩܝܡܘ ܠܚܝܘܬܐ ܐܝܟ ܐܢܫ ܠܗܘܢ:[5] ܘܫܢ̈ܝܐ[6]
ܣܓܝ̈ܐܬܐ ܕܥܡܢܘܬܐ. ܐܡܪܢܐ ܕܝܢ ܠܐܬܠܝܢ ܕܗܝܡܢܝܢ ܒܫܡܗ ܐܝܟܢܐ
ܡܐܡܫܝܢ. ܘܡܫܠܡܝܢ. ܗܐ ܕܝܢ ܐܝܟ ܕܦܩܕܢ ܐܡܪ̈ܢ ܐܦ
ܡܬܢܬܐ (B fol. 111 *a*) ܡܟܢ. ܘܡܘܡܐ ܒܟܡ ܓ̈ܒܝܐ ܫܘܚܠܦܬܐ.
5 ܡܢܝܢܐ ܕܝܢ ܢܐܡܪ ܗܠܝܢ. ܠܐ ܓܝܪ ܐܝܬ ܡܢܝܢܐ ܠܡܘܗ̈ܒܬܐ
ܕܡܩܒܠܐ ܥܕܬܐ ܡܢ ܡܪܢ ܒܟܠܗ ܥܠܡܐ. ܘܒܫܡܗ ܕܝܫܘܥ
ܡܫܝܚܐ ܗܘ ܕܐܨܛܠܒ ܒܝܘܡ̈ܝ ܦܢܛܝܘܣ ܦܝܠܛܘܣ. ܒܟܠ ܝܘܡ
ܥܒܕܐ ܒܥܘܕܪܢܐ ܠܥܡ̈ܡܐ. ܟܕ ܠܐܢܫ ܠܐ ܡܛܥܝܐ. ܘܡܟܣܦܐ
ܡܘܗܒܬܐ[7] ܠܐ ܡܙܒܢܐ. ܐܝܟܢܐ ܓܝܪ ܕܡܓܢ ܢܣܒܬ ܡܢ ܐܠܗܐ̇
6 ܡܓܢ ܐܦ ܡܫܡܫܐ. ܘܒܡܘܗܒܬܐ ܐܚܪܬܐ ܗܘ ܒܗ ܗܘ ܒܟܬܒ. 𝔄 358
ܕܐܝܟ ܠܘ ܕܡܫܡܫܝܢ ܥܠ ܐܢ̈ܫܐ ܩܕܝ̈ܫܐ ܒܡܘܗܒܬܐ ܕܐܝܬ ܠܗܘܢ *ib* v 6, 1
ܡܘܗܒܬܐ ܕܢܒܝܘܬܐ. ܘܒܟܠ ܠܫ̈ܢܝܢ ܡܡܠܠܝܢ ܒܪܘܚܐ ܕܩܘܕܫܐ.
ܘܡܦܩܝܢ ܕܟܣ̈ܝܢ ܐܢܫ̈ܐ ܡܚܘܝܢ ܠܓܠܝܐ[8] ܐܝܟ ܕܠܘܬܪܢܐ.
ܘܐܪ̈ܙܘܗܝ[9] ܕܐܠܗܐ ܡܦܫܩܝܢ ·:· ·:· ܘܗܠܝܢ ܕܐܡܪ̈ܢ ܕܢܣܒܐ
ܕܒܬܪܟܐ ܠܗܘܢ ܢܗܘܘܢ. ܗܘ ܗܘ̇. ܡܘܣܦܬܐ ܦܪܫܬܐ ܠܘܬ
ܐܠܝܢ ܕܡܩܝܡ:

ܬܫܡܫܬܐ ܕܐܡܝܢܐ ܡܢ ܐܝܪܝܢܐܘܣ ܠܟܬ̈ܒܐ ܕܐܠܗܐ...

viii. 1 ܡܛܠ ܕܝܢ ܕܒܪܫ ܫܪܝܢ ܗܘ̇ ܒܡܫܡܫܬܐ. ܐܫܬܘܕܝܢ ܕܢܣܝܡ
ܡܢܗ ܕܐܡܪܘ ܒܟܬܒܘܗܝ ܡܫܪܪܐ ܡܬܝܒܐ ܘܡܫܠܡܢܘܬܐ ܕܗܘܘ
ܒܟܬ̈ܒܐ[1] ܥܠ ܟܬܒܐ ܕܡܬܬܟܠܝܢ. ܐܝܟ ܡܫܠܡܢܘܬܐ ܕܡܛܠ

[5] In 𝔄 for [illegible] read *ապա ունին* [6] 𝔄 sing. [7] 𝔄 *et argenti dona* [8] In 𝔄 read *'ի յայտ* [9] 𝔄 om. ܘ

Chap. VIII. [1] 𝔄 sing.

ܘܐܬܠܡܕܘ ܒܡܕ̈ܒܪܢܘܬܗܘܢ. ܚܕ ܡܢܗܘܢ ܕܝܢ ܐܬܘܗܝ[2] ܐܢܛܝܘܟܝܐ.
ܢܣܝܒ ܗܘܐ ܡ̈ܠܘܗܝ: ܘܡܬܕܡܐܬ ܡܢܗ ܕܐܡܪ ܥܠ ܐܘܢܓܠܝܘܢ

iii 1, 1 ܡܕܡܟܐ. ܐܡܪ ܕܝܢ ܗܘܒܐ. ܕܡܬܐ ܠܗ ܒܝܬ ܒܒܪ̈ܝܬܐ ܟܠܗܝܢ 2
ܕܠܗܘܢ ܐܦ ܒܬܒܐ ܕܐܘܢܓܠܝܘܢ ܗܢܐ. ܒܪ ܦܛܪܘܣ ܘܦܘܠܘܣ[3]

𝕬 359 ܕܝܢ ܒܬܪ ܘܡܢ ܒܪܬܐ.[3a] ܒܚܕܐ ܘܡܬܩܢܝܢ ܒܐܘܪܚܐ ܗܘܘ ܡܫܟܚܝܢ 3
ܕܫܠܝܚ̈ܐ ܘܫܘܬܦܘܬܗܘܢ. ܒܐܘܪܚܐ ܬܠܡܝܕܘܗܝ ܘܡܬܪܒܝܢ ܕܦܛܪܘܣ.
ܐܦ ܗܘ ܗܘ ܡܕܡ ܕܡܟܪܙ ܗܘܐ ܦܛܪܘܣ ܒܟܬܒܐ ܐܫܠܡ
ܠܗ ... ܠܘܩܐ ܕܝܢ ܗܘ ܕܢܣܒ ܗܘܐ ܠܦܘܠܘܣ. ܠܐܘܢܓܠܝܘܢ
ܕܡܟܪܙ ܗܘܐ ܗܘ (B fol. 111 b) ܦܘܠܘܣ ܒܟܬܒܐ ܫܡܗ ܗܘܐ.

ܘܡܢ ܒܬܪܟܢ[4] ܘܣܡ ܬܠܡܝܕܗ ܕܡܪܢ ܗܘ ܕܢܦܠ ܗܘܐ ܥܠ 4
ܚܕܝܗ. ܐܦ ܗܘ ܟܬܒ ܐܘܢܓܠܝܘܢ ܒܪ ܡܬܘܦܝܐ ܗܘܐ

ܒܐܦܣܘܣ ܕܐܣܝܐ. ܗܠܝܢ ܕܝܢ ܐܡܪܢ ܠܗ ܒܡܐܡܪܐ ܕܬܠܬܐ[5] 5
ܕܗܢܐ ܥܒܕܐ ܕܐܡܪܝܢ ܥܠܘܗܝ. ܡܢ ܡܕܡ. ܒܡܐܡܪܐ ܕܝܢ
ܕܫܒܥܐ ܗܢܐ ܐܡܪ ܥܠ ܓܠܝܢܗ ܕܝܘܚܢ ܘܥܠ ܚܘܫܒܢܐ

v 30, 1 ܕܫܡܗ ܕܡܫܝܚܐ. ܕܟܕ ܗܠܝܢ ܠܗ ܗܟܢܐ ܐܡܪܗܘܢ: ܘܒܟܠܗܘܢ
ܪ̈ܒܢܐ ܡܕ̈ܝܩܐ ܕܬܠܡܝܕܝܢ ܒܦܘܩܕܢܐ ܗܢܐ ܗܢܐ ܡܢܝܢܐ.
ܘܣܗܕܝܢ ܥܠܝܗܘܢ ܗܢܘܢ ܕܚܙܘ ܒܥ̈ܝܢܝܢ ܚܝ ܗܘܘ ܠܝܘܚܢ.
ܘܗܢܝ ܡܠܬܐ ܡܠܦܐ ܠܢ. ܕܡܢܝܢܐ ܕܫܡܗ ܕܗܢܐ ܚܝܘܬܐ

ܐܝܟ ܚܘܫܒܢܐ ܕܐܬܘ̈ܬܐ ܡܢ ܬܠܬܬܗ ܡܬܢܕܒ. ܘܡܢ ܒܬܪ 6
v 30, 3 ܩܠܝܠ ܐܡܪ ܬܘܒ ܥܠܘܗܝ. ܕܐܝܬܝܗ ܠܗ ܠܐ ܡܬܐܠܨܝܢ ܚܢܢ
ܡܛܠ ܫܡܗ ܕܡܫܝܚܐ. ܕܢܦܩܘܢ ܘܢܐܡܪܘܢ ܥܠܘܗܝ ܫܪܝܪܐܝܬ.

𝕬 360 ܐܠܐ ܒܪ ܡܬܟܬܒܐ ܗܘܐ ܕܢܬܒܪ ܓܠܝܢܐܝܬ ܒܗܢܐ ܙܒܢܐ
ܫܡܗܝ. ܒܐܘܪ̈ܚܬܗܘܢ ܕܗܘ ܕܚܙܝܗܝ[6] ܠܗܘ ܓܠܝܢܐ ܡܬܐܡܪ
ܗܘܐ. ܠܐ ܒܪ ܡܢ ܙܒܢܐ ܣܓܝܐܐ ܐܬܚܙܝ. ܐܠܐ ܩܪܝܒ

[2] 𝕬 *quod unus ex iis erat* [3] 𝕬 *Paulus et Petrus* [3a] 𝕬 probably plur.
[4] 𝕬 *et post omnes* [5] In 𝕬 read յետրորդ [6] In 𝕬 for ետ read ետետ

ܫܢܝܢ[7] ܒܗܕܐ ܫܪܒܬܐ ܕܝܠܢ. ܒܫܘܠܡܐ ܕܡܠܟܘܬܗ ܕܕܘܡܛܝܢܘܣ.
7 ܘܠܝܬ ܐܡܬܝ ܡܛܠ ܗܘ ܠܡܠܘܐ ܗܘܐ ܠܒܪܐ ܕܐܡܪܝܢ
ܠܟܠܗܘܢ. ܡܕܟܪ ܕܝܢ ܐܦ ܠܐܓܪܬܗ ܩܕܡܝܬܐ ܕܝܘܚܢܢ ܘܡܝܬܐ
ܡܢܗ ܣܗܕܘܬܐ[8] ܣܓܝܐܬܐ. ܘܡܕܟܪ ܐܦ ܠܐܓܪܬܗ ܕܦܛܪܘܣ
ܩܕܡܝܬܐ ⁘ ⁘ ܠܗܘ ܕܝܢ ܟܬܒܐ ܕܪܥܝܐ. ܠܐ ܒܠܚܘܕ ܕܡܩܒܠ
ܢܩܒ ܠܗ. ܐܠܐ ܐܦ ܡܫܒܚ[9] ܡܩܒܠ ܠܟܠܗܘܢ. ܘܐܡܪ ܡܢܗ
ܡܠܬܐ. ܕܫܦܝܪܐܝܬ ܠܗ ܐܡܪ ܟܬܒܐ. ܕܩܕܡܝܬ ܗܝܡܢ ܕܚܕ ܗܘ ܗܘ — *ib* iv 20, 2
8 ܐܠܗܐ ܕܒܪܐ ܟܠ ܘܐܬܩܢ. ܘܕܫܪܟܐ... (B fol. 112 *a*) ܘܒܚܟܡܬܐ
ܕܫܠܝܡܘܢ ܡܬܚܫܚ ܒܡܠܘܗܝ ܘܐܡܪ ܡܢܗ ܡܠܬܐ. ܕܚܙܬܐ — *ib* iv 38, 3
ܠܗ ܕܐܠܗܐ ܥܒܕܐ ܚܝܐ. ܘܚܝܐ ܩܪܝܒܝܢ ܠܗܘܬ ܐܠܗܐ...
ܘܡܕܟܪ ܕܚܕ ܗܘܐ ܩܫܝܫܐ ܚܕ ܕܩܒܠ ܗܘܐ ܡܢ ܫܠܝܚܐ ܡܕܒܪ — *ib* v 33, 3
ܬܘܒ ܗܘ[10] ܕܫܡܗ ܠܐ ܐܡܠܟ ܠܗ. ܘܡܦܩ ܬܘܒ ܬܘܒ ܡܢ ܕܝܠܗ
9 ܦܘܫܩܐ ܕܟܬܒܐ ܕܐܠܗܐ. ܬܘܒ ܕܝܢ ܐܕܟܪ ܐܦ ܠܝܘܣܛܝܢܘܣ — *ib* v 28, 4
ܣܗܕܐ ܘܠܐܝܓܢܛܝܘܣ. ܘܡܝܬܐ ܠܣܗܕܘܬܐ ܡܢ
ܟܬܒܝܗܘܢ ⁘ ⁘ ܡܫܬܘܕܐ ܕܝܢ ܬܘܒ ܒܡܦܩܬܐ[11] ܕܥܒܕ. — *ib* i 27, 4
10 ܕܢܟܬܘܒܘܢ ܡܢ ܟܬܒܘܗܝ ܕܡܪܩܝܘܢ ܢܦܩ ܠܘܩܒܠܗ. ܕܐܡܬܝܐ[12] — 𝔄 361
ܕܝܢ ܐܬܬܪܓܡܘ ܟܬܒܐ ܕܪܘܚܐ ܕܐܠܗܐ ܡܢ ܗܢܘܢ ܥܒܪܝܐ
ܕܬܪܓܡܘ ܐܢܘܢ. ܫܒܥܝܢ ܡܠܦܢܐ ܟܬܒ ܒܟܠܗܘܢ. ܕܐܠܗܐ ܠܡ — *ib* iii 21, 1
ܒܪ ܐܢܫܐ ܗܘܐ. ܘܗܘ ܡܪܝܐ ܐܡܪ ܘܝܗܒ[13] ܐܬܐ. ܕܗܐ — Is vii 14
ܠܡ ܒܬܘܠܬܐ ܒܛܢܐ ܘܝܠܕܐ. ܘܠܐ ܐܝܟ ܕܐܡܪܘ ܐܢܫܝܢ ܡܢ
ܗܢܘܢ ܕܡܡܪܚܝܢ ܠܡܬܪܓܡܘ ܘܡܚܠܦܝܢ ܟܬܒܐ. ܕܗܐ ܠܡ
ܥܠܝܡܬܐ ܒܛܢܐ ܘܝܠܕܐ ܒܪܐ. ܐܝܟ ܕܬܪܓܡ ܬܐܘܕܘܛܝܘܢ
ܐܦܣܝܐ ܘܐܩܘܠܘܣ ܦܘܢܛܝܩܝܐ. ܕܬܪܝܗܘܢ ܝܗܘܕܝܐ ܗܘܘ
ܡܬܓܝܪܐ ܒܢܡܘܣܐ. ܕܒܬܪܗܘܢ ܕܥܒܕܝܢ ܐܝܟ ܐܒܝܘܢܝܐ ܘܐܡܪܝܢ.

[7] In 𝔄 for [illegible] read [illegible] [8] 𝔄 sing. [9] 𝔄 om. ܡܩܒܠܠܗ
[10] 𝔄 *et is* [11] 𝔄 sing. [12] 𝔄 *etiamsi* [13] 𝔄 adds *nobis*

11 ܕܡܢ ܝܘܣܦ ܐܬܐܡܠ. ܡܪܢ... ܘܡܢ ܒܬܪ ܩܠܝܠ ܐܡܪ ܬܘܒ. ib iii 21, 2
ܕܥܕܡ ܠܗ ܕܢܫܬܪܪ ܫܘܠܛܢܗܘܢ ܕܪ̈ܗܘܡܝܐ: ܘܡܕܒܪܢܘܬ ܡܩ̈ܕܘܢܝܐ
ܐܫܬܠܡ ܗܘܘ ܠܐܢܫܐ. ܦܛܠܡܐܘܣ ܕܡܬܩܪܐ ܗܘܐ ܕܝܘܢܬ
ܡܒܠܐܬܘܦܐ ܕܐܬܘܡ ܗܘܐ ܒܐܠܟܣܢܕܪܝܐ ܒܡ̈ܠܟܘܬܐ ܕܟܠܗܘܢ
ܒ̈ܬܪ ܐܢܫܐ ܐܡܟܐ[14] ܕܐܝܬ ܗܘܐ ܕܢܦܩ ܠܣܘܦܠܝܐ. ܬܐܠ ܗܘܐ
ܡܢ ܩ̈ܕܡ ܐܘܪܫܠܡ ܕܢܦܠܐ ܗܘܐ ܒܬܚܘܬܗܘܢ. ܘܢܩܡ ܐܢܘܢ
12 ܠܠܥܠܡܐ ܢܘܡܐ. ܗܢܘܢ ܕܝܢ ܡܛܠ (B fol. 112 b) ܕܡܫܥܒܕܝܢ ܗܘܘ
ܒܗܘ ܙܒܢܐ ܠܡܩܕ̈ܘܢܝܐ ܫܪܘ ܠܘܬ ܦܛܠܡܐܘܣ ܥܒܕܝܢ
ܡܩܥܣܝܢ. ܕܡܫܬܪܥܝܢ ܒܡ̈ܠܟܘܬܐ ܘܡܕܒܪܝܢ ܬܪ̈ܥܝܗܘܢ ܠܓ̈ܒܪܐ. ܐܠܗܐ A 362
13 ܕܝܢ ܥܒܕ ܗܘܐ[15] ܡܕܡ ܕܝܢܐ. ܗܘ ܕܝܢ ܡܠܟܐ ܝܘܢܝܐ ܗܘܐ
ܕܢܦܠ ܢܡܘܣܗܘܢ. ܕܗܘܐ ܗܘܐ ܒܪ ܕܠܐ ܢܬܘܒܘܢ[16] ܒܣܪ
ܐܢܫܐ. ܘܢܬܥܘܢ ܒܬܘܪܓܡܗܘܢ ܥܙܝܪܐ ܕܐܝܬ ܒܡ̈ܠܟܐ.
ܘܦܩܕ ܐܢܘܢ ܚܕ ܡܢ ܚܕ ܘܦܫܛ ܕܟܠܗܘܢ ܚܕ ܬܘܪܓܡܐ
14 ܢܬܬܟܒܘܢ. ܘܗܟܢܐ ܥܒܕ ܟܠ ܟܠܗܘܢ ܟ̈ܬܒܐ. ܟܕ ܕܝܢ
ܐܬܟܢܫܘ ܘܐܬܘ ܟܠܗܘܢ ܐܟܚܕܐ ܠܘܬ ܦܛܠܡܐܘܣ: ܘܦܩܕ
ܥܠ ܚܕ ܚܕ ܡܢܗܘܢ ܬܘܪܓܡܗ. ܐܠܗܐ[17] ܐܫܬܟܚܘ ܘܟ̈ܬܒܐ
ܐܬܚܙܝ ܘܕܐܠܗܐ[17a] ܐܢܘܢ ܥܙܝܙܐܝܬ: ܕܟܠܗܘܢ ܐܟܚܕܐ ܠܗܘܢ
ܠܡ̈ܠܐ[18] ܘܠܗܘܢ ܠܫܘ̈ܠܡܐ ܐܡܪܘ ܡܢ ܪܫܝܬܐ ܘܥܕܡܐ
ܠܫܘܠܡܐ. ܘܟܠܗܘܢ ܟ̈ܬܒܐ ܕܐܝܬ ܗܘܐ ܬܡܢ ܢܒܒ. ܕܐܡܝܢ[19]
15 ܕܡܢ ܒܫܘܠܛܢܐ ܕܐܠܗܐ ܐܬܬܪܓܡܘ[20] ܟ̈ܬܒܐ. ܘܠܐ ܗܘܐ
ܬܡܗܐ ܗܕܐ ܕܥܒܕ ܐܠܗܐ. ܗܘ ܕܐܦ ܒܙܒܢܐ ܗܘ ܕܫܒܝܐ
ܕܗܘܬ ܒܢܒܘܟܕܢܨܪ ܕܐܬܚܒܠܘ ܗܘܘ ܟ̈ܬܒܐ. ܘܡܢ

[11] In 𝔄 for որ read ուր and add որ before արժանի [15] 𝔄 *faciebat*
[16] In 𝔄 read մի միաբանեցին [17] 𝔄 *et Deus* [17a] 𝔄 = ܘܕܐܠܗܐ ܗܘ [18] In 𝔄 read բանն [19] 𝔄 om. ܐܡܝܢ [20] In 𝔄 read թարգմանեցան

ܒܬܪ ܥܣܪܝܢ ܫ̈ܢܝܢ ܕܝܢ ܗܠܝܢ ܗܘܘ ܡܫ̈ܘܕܥܐ ܠܐܪܒܥܬܗܘܢ
ܕܒ̈ܢܘܗܝ ܕܐܪܝܣܛܒܘܠܘܣ ܡܠܟܐ ܕܡ̈ܨܪܝܐ. ܗܘܝܘ ܙܒܢܐ ܒܗܘܢܐ
ܒܗܠܐ ܗܢ ܥܒܪܝܬܐ ܕܠܘ̈ܩܐ ܕܢܬܬܟܒ ܠܗܘܢ ܠܟ̈ܠܗܘܢ ܕܢܟ̈ܣܐ
ܘܕܟ̈ܝܐ. ܘܟܠܗ ܠܗ ܠܒܟܐ ܕܢܗܘܐ ܗܘ ܕܐܬܐܘܡܪ ܒܝܕ
ܒܗܢܐ. ܗܠܝܢ ܠܗܘܢ ܐܡܪ ܐܝܪܢܐܘܣ ⁘ ⁘

ܕܬܫܥܐ. ܐܦܣܩܘܦܐ ܕܗܘܘ ܒܝ̈ܘܡܘܗܝ ܕܩܘܡܘܕܘܣ
ܡܠܟܐ.

ix. ܒܪ ܕܝܢ ܟܠܗ ܐܢܛܘܢܝܢܘܣ ܬܫܥܣܪܐ ܫ̈ܢܝܢ ܒܡܠܟܘܬܗ.
ܩܒܠ ܡܢ ܒܬܪܗ ܩܘܡܘܕܘܣ. ܕܒܫܢܬܐ ܕܝܠܗ ܩܕܡܝܬܐ ܩܒܠ
ܗܘܐ ܐܦܝܣܩܘܦܘܬܐ ܬܪܬܥܣܪܝܬܐ ܫ̈ܢܝܢ ܒܬܫܡܫܬܐ ܕܐܦܝܣܩܘܦܘܬܐ
ܕܥܕܬܐ ܕܐܠܟܣܢܕܪܝܐ. (B fol. 113 *a*) ܘܩܒܠ ܡܢ ܒܬܪܗ ܝܘܠܝܢܘܣ.

ܕܥܣܪܐ ܥܠ ܦܢܛܝܢܘܣ ܦܝܠܘܣܘܦܐ.

x. 1 ܐܬܝܗܒܘ ܗܘܐ ܕܝܢ ܒܗܘ ܙܒܢܐ ܪܫܐ ܕܝܘܠܦܢܐ ܕܡܗܝ̈ܡܢܐ
ܕܐܝܬ ܗܘܐ ܒܐܠܟܣܢܕܪܝܐ. ܓܒܪܐ ܕܡܫܒܚ[1] ܗܘܐ ܒܡܪܕܘܬܐ
ܕܚܟܡܬܐ ܕܫܡܗ[2] ܗܘܐ ܦܢܛܝܢܘܣ. ܐܝܟ ܕܡܢ ܥܝܕܐ ܓܝܪ
ܡܕܡ̈ܝܢ ܡܦܫܩܐ ܗܘܐ ܗܘܬ ܠܘܬܗܘܢ ܡܠܦܢܘܬܐ ܕܟ̈ܠܗ ܡܕ̈ܪܫܬܐ
ܗ̇ܝ ܕܐܦ ܒܝܘܡܬܐ ܠܘܬܢ ܡܬܦܫܩܐ: ܘܡܢ ܐܢܫܐ ܐܝܠܝܢ ܕܫܠܝܛܝܢ
ܒܡܠܬܐ ܘܒܦܘܠܣܐ ܕܐܠܗܘܬܐ ܡܬܦܢܝܢܐ ܗܘܬ.
ܡܬܐܡܪܐ ܕܝܢ ܡܛܠܗ. ܕܡܢ ܟܠܗܘܢ ܐܝܠܝܢ ܕܡܬܝܕܥܝܢ ܗܘܘ
ܒܗܘ ܙܒܢܐ. ܢܗܝܪ ܗܘܐ ܗܢܐ ܓܒܪܐ ܕܐܡܪܝܢ ܥܠܘܗܝ ܘܡܢ
ܦܠܚܘܬܐ ܗܘܐ ܕܦܝܠܘܣܘܦܘܬܐ ܕܗܢܘܢ ܕܡܬܩܪܝܢ ܣܛܘܐܝ̈ܩܘ.
ܡܬܘܢܐ ܕܝܢ ܐܡܪܝܢ ܥܠܘܗܝ. ܕܣܓܝ ܬܘܩܢܬܐ ܕܦܝܠܘܣܘܦܐ 2

CHAP. X. [1] 𝕬 om. ܕ [2] 𝕬 = ܘܫܡܗ

𝕬 363 (beside line "ܕܬܫܥܐ…")
𝕬 364 (beside line "ܗ̇ܝ ܕܐܦ…")

ܒܡܠܬܐ[3] ܕܐܠܗܐ. ܐܝܟܢܐ ܕܐܦ ܟܪܘܙܐ ܕܐܘܢܓܠܝܘܢ ܕܡܫܝܚܐ
ܠܥܡ̈ܡܐ ܕܐܝܬ ܒܡܕܢܚܐ ܗ̇ܘܐ ܗܘܐ. ܘܥܠ ܗܘܐ ܥܕܡܐ
ܠܐܬܪܐ ܕܗܢܕܘ. ܐܝܬ ܗܘܘ ܓܝܪ ܒܥܕܢܐ ܒܗܿܘ ܣܓܝܐܐ
ܡܟܪ̈ܙܢܐ ܐܘܢܓܠܣ̈ܛܐ ܕܡܠܬܐ ܕܐܠܗܐ. ܗ̇ܢܘܢ ܕܐܝܟ ܕܫܠܝܚܐ
ܕܐܠܗܐ ܕܡܦܩܬܐ ܕܫܠܝ̈ܚܐ ܚܦܝܛܝܢ ܗܘܘ: ܘܐܝܟ ܕܠܬܪܒܝܬܐ
3 ܘܒܢܝܢܐ ܕܡܠܬܐ ܕܐܠܗܐ ܡܬܚܦܛܝܢ ܗܘܘ: ܕܚܕ[4] ܡܢܗܘܢ
ܐܝܬܘܗܝ ܗܘܐ ܗ̣ܘ ܦܢܛܝܢܘܣ. ܕܡܬܐܡܪ ܥܠܘܗܝ ܕܥܠ ܗܘܐ
ܥܕܡܐ ܠܗܢܕܘ ܘܐܫܟܚ ܬܡܢ ܐܘܢܓܠܝܘܢ ܕܡܬܝ. ܕܩܕܡ
ܡܐܬܝܬܗ ܕܠܬܡܢ ܐܝܬܘܗܝ ܗܘܐ ܠܘܬ ܐܢܫܐ ܕܡܢܗܘܢ
ܒܡܫܝܚܐ ܬܡܢ. ܕܐܟܪܙ ܗܘܐ ܠܗܘܢ ܒܪ ܬܘܠܡܝ ܚܕ ܡܢ
ܫܠܝ̈ܚܐ. ܘܫܒܩ ܗܘܐ ܠܗܘܢ ܟܬܒܐ ܕܐܘܢܓܠܝܘܢ ܕܡܬܝ
(B fol. 113 b) ܒܟܬ̈ܝܒܬܐ ܥܒܪ̈ܝܬܐ. ܘܢܛܝܪ ܗܘܐ ܠܗܘܢ
4 ܥܕܡܐ ܠܗ̇ܘ ܙܒܢܐ. ܗܘ ܕܝܢ ܦܢܛܝܢܘܣ ܒܬܪ ܟܠܗܘܢ ܣܘܥܪ̈ܢܘܗܝ[5]
ܫܦܝ̈ܪܐ. ܠܣܘܦܗ ܪܒܐ ܕܡܕܪܫܬܐ ܕܐܠܟܣܢܕܪܝܐ ܡܕܒܪ ܗܘܐ. 𝔄 365
ܘܡܠܐ ܚܝܐ ܘܟܬܒܐ ܕܡܐܡܪ̈ܐ. ܓܙ̈ܐ ܕܝܘ̈ܠܦܢܐ ܕܒܝܬ
ܐܠܗܐ[6] ܡܦܫܩ ܗܘܐ.

ܕܚܕܥܣܪ ܥܠ ܩܠܝܡܝܣ ܐܠܟܣܢܕܪܝܐ ∴

xi. 1 ܒܙܒܢܗ ܕܝܢ ܕܦܢܛܝܢܘܣ. ܝܕܝܥ ܗܘܐ ܒܐܠܟܣܢܕܪܝܐ
ܕܡܬܗܦܟ ܗܘܐ ܒܟܬ̈ܒܐ ܕܐܠܗܐ ܩܠܝܡܝܣ. ܒܪ ܫܡܗ
ܕܐܦܝܣܩܘܦܐ ܗ̇ܘ ܕܗܘܐ ܗܘܐ ܒܪܘܡܝ̈ܐ. ܕܐܬܬܠܡܕ ܗܘܐ
2 ܬܠܡܝܕܐ ܕܦܢܛܝܢܘܣ. ܗܘ ܕܝܢ ܗܢܐ ܩܠܝܡܝܣ ܒܡܐܡܪ̈ܐ
ܕܐܬܟܬܒ ܒܝܕܗ. ܡܕܟܪ ܠܗ ܠܦܢܛܝܢܘܣ[1] ܕܡܠܦܢܐ ܗܘܐ. ܐܝܬ

[3] 𝔄 *quam habebat de verbo* [4] 𝔄 *et unus* [5] In 𝔄 for և read իւր
[6] In 𝔄 read զաստուածային պաշտօնն
Chap. XI. [1] 𝔄 *et Pentunum*

ܠܗ ܕܝܢ ܐܦ ܒܡܐܡܪܐ ܐܚܪܢܐ.[2] ܘܒܡܐܡܪܐ ܡܥܗܕܢܐ
ܕܟܪ ܗܘܐ ܒܠܗܘܢ ܥܠ ܗܢܐ ܦܢܛܝܢܘܣ. ܟܕ ܐܡܪ ܗܘܐ ܥܠ
ܐܢܫܐ ܡ̈ܫܒܚܐ ܕܩܒܠܘ ܘܐܬܬܠܡܕܘ ܡܢ ܫ̈ܠܝܚܐ. ܐܡܪ ܕܝܢ
3 ܗܟܢܐ... ܕܗܢܐ ܠܡ ܥܒܕܐ ܕܐܘܪܚܐ ܠܝ. ܠܘ ܟܬܒܐ ܗܘ Strom i
ܕܡܛܠ ܒܐܘܡܢܘܬܐ ܠܡܚܘܬܐ. ܐܠܐ ܒܡܕ̈ܪܫܐ ܗܘܦܡܢܝܡ ܒܗ
ܓܙܐ ܠܣܝܒܘܬܐ. ܕܢܛܘܪܘܢ ܫܡܝܐ[3] ܠܦܠܚܘܬܐ ܘܡܠ̈ܟܐ[3] ܕܠܐ
ܐܘܡܢܘܬܐ. ܘܡܦܪܥܬܐ ܕܗ̇ܢܘܢ ܡ̈ܠܟܐ ܫܢܝܐ ܘܡܫܬܠܛܢܐ ܕܬܚܠܐ
ܕܐܢܫܐ ܠܦܘܫܩܐ. ܕܐܬܦܫܩܬ ܕܒܥܡܩܐ ܘܐܢܫܐ.[4] ܐܝܟ[5] 𝔄 366
4 ܕܒܫܪܪܐ ܥܒܕ ܠܡܗܕܢܐ ܕܐܬܡܪܐ. ܕܐܝܬ ܡܢܗܘܢ ܕܡܢ
ܩܠܝܠܐ ܐܝܬܝܗܘܢ ܗܘܐ̇ ܘܐܚܪܢܐ ܡܢ ܝܘܢܝܐ. ܘܐܚܪܢܐ ܡܢ
ܡܨܪܝܢ ܘܐܚܪܢܐ ܡܢ ܡܕܢܚܐ. ܕܦܠܓܘ ܗܠܝܢ. ܐܝܬ ܕܡܢܗܘܢ
ܕܡܢ ܒܝܬ ܐܬܘܪ̈ܝܐ ܗܘܐ̇ ܘܐܚܪܢܐ ܦܠܣܛܝܢܝܐ. ܕܐܝܬܘܗܝ
ܗܘܐ ܡܢ ܥܒܘܪܐ ܡܢ ܒܢ̈ܝܐ. ܘܒܐܚܪܝܬ ܠܟܠܗܘܢ ܕܝܢ
ܦܓܥܬ ܒܗܘ ܕܒܚܝܠܐ ܡܥܗܕܢܐ (B fol. 114a) ܗܘܐ̇. ܘܐܫܬܟܚܬܗ
5 ܕܛܫܝܐ ܗܘܐ ܘܠܐ ܡܕܡ ܘܐܬܬܢܝܚܬ ܠܘܬܗ ܒܡܨܪܝܢ. ܐܝܠܝܢ
ܕܝܢ[6] ܕܢܛܪܘ ܡܫܠܡܢܘܬܐ ܕܝܘܠܦܢܐ[7] ܕܫܪܪܐ. ܡܫܝܚܐ ܡܢ ܦܛܪܘܣ
ܘܝܥܩܘܒ ܘܝܘܚܢܢ ܘܦܘܠܘܣ. ܡܢ ܗ̇ܢܘܢ ܫ̈ܠܝܚܐ ܩܕ̈ܝܫܐ. ܐܝܟ
ܒܢܝܐ ܡܢ ܐܒܗ̈ܬܗܘܢ ܡܩܒܠܝܢ. ܠܚܘܕ ܐܢܘܢ ܕܝܢ ܐܝܠܝܢ
ܕܐܬܘ ܠܐܒܗ̈ܬܗܘܢ. ܡܛܠ ܕܝܢ ܐܦ ܒܒܝܬܐ ܠܘܬܢ ܟܕ ܝܗܒܘ
ܕܐܠܗܐ. ܐܝܠܝܢ ܕܙܪܥܘ ܒܢ ܙܪܥܐ ܡܫܒܚܐ ܕܐܒܗ̈ܬܗܘܢ
ܫ̈ܠܝܚܐ. · · ⁘ · ⁘ · ·

[2] In 𝔄 for այլ read այլոյ [3] 𝔄 plur. [4] 𝔄 om. ܘܐܢܫܐ [5] 𝔄 = ܕܐܝܟ? [6] 𝔄 om. ܕܝܢ? [7] In 𝔄 read զվարդապետութեան

𝔄 367 ܕܬܪܬܥܣܪ ܥܠ ܐܦܝܣܩܘܦܐ ܕܗܘܘ ܒܐܘܪܫܠܡ...

ܒܗܘܢ ܕܝܢ ܙܒܢܐ ܗܘܐ ܐܦܝܣܩܘܦܐ ܒܥܕܬܐ ܕܐܘܪܫܠܡ xii. 1
ܢܪܩܝܣܘܣ. ܗܘ ܕܡܫܬܡܗ ܐܦ ܥܕܡܐ ܠܗܫܐ. ܐܬܬܣܝܡ ܗܘܐ
ܕܝܢ ܕܐܬܬܪܝܢ ܒܡܫܡܠܝܘܬܐ ܡܢ ܫܘܪܗܒܗܘܢ ܕܝܗܘܕܝܐ
ܕܒܬܪ ܗܕܪܝܢܘܣ. ܗܢܘ ܗܘ ܕܒܢܝܐ ܥܣܪܬ ܘܚܡܫܐ ܠܡܬܚܘܬܗ
ܬܡܢ[1] ܒܐܬܪܐ ܕܗܢ ܒܢܝ ܥܡܡܐ. ܡܢ ܒܬܪ[2] ܗܢܘܢ ܕܗܢ ܕܡܢ ܓܙܘܪܬܐ.
ܐܘܕܥܢ[3] ܕܝܢ ܕܗܘܐ ܗܘܐ ܬܡܢ ܐܦܝܣܩܘܦܐ ܩܕܡܝܐ ܡܢ ܥܡܡܐ
ܡܪܩܘܣ. ܘܡܢ ܒܬܪܗ ܩܣܝܢܘܣ. ܐܝܟ ܕܡܫܠܡܢܘܬܐ ܡܫܪܪܘܬܐ 2
ܕܡܫܠܡܢܘܬܐ ܕܗܢܘܢ. ܡܢ ܒܬܪܗ ܦܘܒܠܝܘܣ. ܘܬܘܒ ܡܢ
ܒܬܪܗ ܡܟܣܝܡܘܣ. ܘܒܬܪ ܗܠܝܢ[4] ܝܘܠܝܢܘܣ. ܘܡܢ ܒܬܪܗ
ܓܐܝܘܣ. ܘܒܬܪ ܗܢܐ ܣܘܡܟܘܣ ܘܓܐܝܘܣ ܐܚܪܢܐ.[5] ܘܬܘܒ
ܝܘܠܝܢܘܣ ܐܚܪܢܐ. ܘܡܢ ܒܬܪ ܗܠܝܢ[6] ܩܦܝܛܘܢ. ܘܡܢ ܒܬܪܗ
ܘܐܠܝܣ. ܘܬܘܒ ܕܘܠܝܟܝܢܘܣ.[7] ܘܒܬܪ ܟܠܗܘܢ ܢܪܩܝܣܘܣ. ܕܗܘܝܘ
ܟܠܗܘܢ ܬܠܬܝܢ ܡܢ ܒܬܪ ܫܠܝܚܐ ܒܡܫܡܠܝܘܬܐ...

𝔄 368 ܕܬܠܬܥܣܪ ܥܠ ܪܘܕܘܢ ܘܥܠ ܦܠܓܘܬܐ ܕܐܡܪ ܕܡܠܠ
ܡܪܩܝܘܢ...

ܒܗܘ ܕܝܢ ܙܒܢܐ ܐܦ[1] ܪܘܕܘܢ ܕܒܠܫܢܗ ܐܣܝܝܐ ܗܘܐ xiii. 1
(B fol. 114 b) ܡܢ ܐܣܝܐ: ܘܐܬܬܠܡܕ[2] ܒܪܗܘܡܐ ܡܢ ܛܛܝܢܘܣ
ܗܘ ܕܡܢ ܩܕܝܡ ܐܡܪܢ ܥܠܘܗܝ ܐܝܟ ܕܗܘܐ ܐܬܬܠܡܕ. ܠܗ ܕܝܢ
ܠܗܢܐ ܡܫܒܚܝܢ ܠܗ ܟܬܒܐ ܡܦܪܫܐ. ܘܥܡ ܗܠܝܢ ܐܦ ܠܡܪܩ

CHAP. XII. [1] 𝔄 *nobis* [2] 𝔄 *et post* [3] 𝔄 fut. [4] In 𝔄 read [illegible] [5] The words ܘܒܬܪ ܗܢܐ ܣܘܡܟܘܣ ܘܓܐܝܘܣ ܐܚܪܢܐ are omitted in the text of 𝔄 but rendered in the margin [6] In 𝔄 read [illegible] [7] 𝔄 [illegible] *Dlchianos*

CHAP. XIII. [1] 𝔄 om. ܐܦ [2] i.e. ܘܐܬܬܠܡܕ

ܗܪܣܝܣ ܕܡܪܩܝܘܢ ܗܘܬ. ܗܝ ܕܒܫ̈ܢܘܗܝ ܐܬܦܠܓܬ ܠܪ̈ܥܝܢܐ
ܡܫ̈ܚܠܦܐ. ܐܝܟ ܕܡܫܬܥܐ. ܟܕ ܟܬܒ ܥܠ ܗ̇ܢܘܢ ܕܥܒܕܘ
ܦܠܓܘܬܐ[3] ܘܫܬܐܣܬܐ ܡܢܗܘܢ ܩ̈ܠܐ ܕܥ̈ܠܬܐ. ܕܐܬܦܪܫܘ ܘܐܫܟܚ
ܥܠ ܚܕ ܚܕ ܡܢܗܘܢ. ܢܣܒ ܕܝܢ ܡܢܗ ܕܟܬܒ ܗܠܝܢ[4] ·:· 2
ܕܡܠܠ ܗܢܐ ܠܟ ܐܬܦܠܓܘ ܥܠ ܢܦܫܗܘܢ. ܥܠ ܕܡܫܟܚ ܥܠ
ܬ̈ܦܫ ܬܪܥܝܬܐ ܕܠܝܬ ܠܗ̇ ܫܘܚܐ. ܡܢ ܙܒܢܐ ܕܝܢ ܕܠܗܘܢ
ܕܗܠܝܢ. ܐܦܠܓܘ ܗܘ ܕܫܘܪܝ ܒܫܘܪ̈ܝܗܘܢ ܘܒܫܘܒܚܬܗܘܢ ܟܡܐ
ܫܘܪܝܐ ܡܒܘܕܐ. ܘܥܠ ܢܒܝ̈ܘܬܐ ܐܡܪ̈ ܕܡܢ ܪܘܚܐ ܐܢܝܢ
ܕܫܘܫܒܠܐ.[5] ܡܦܠܓ ܕܡܬܦܠܓܝܢ ܠܬ̈ܠܬܐ ܪ̈ܫܘܬܐ ܚܕܐ A 369
ܐܠܗܘܬܐ ܕܒܗ̇ ܦܠܓܘܬܐ. ܐܚܪ̈ܢܐ ܕܝܢ ܬܪ̈ܝܢ ܫܘܪ̈ܝܢ 3
ܡܛܠ ܐܝܟ ܡܪܩܝܘܢ. ܕܡܢܗܘܢ ܐܦܠܝܘܢ ܦܘܛܝܛܘܣ
ܘܒܣܝܠܝܩܘܣ. ܘܐܚܪ̈ܢܐ ܕܐܝܠܘ ܟܬܪ ܦܘܛܝܛܘܣ: ܘܠܐ 4
ܐܫܟܚܘ ܕܢܦܪܫܘܢ ܡܫܬܘ̈ܬܐ ܐܝܟܢܐ ܕܐܦ ܠܐ ܗܘ ܠܗܠܝܢ
ܕܦܫܝܩܝܢ. ܐܬܒܥܝܘ ܠܗܘܢ ܘܐܡܪܝܢ ܕܐܝܬ ܬܠܬ ܫܘܪ̈ܝܢ
ܫܘܡܠܝܐ ܕܠܐ ܬܘܣܦܬܐ. ܐܚܪ̈ܢܐ ܕܝܢ ܡܢܗܘܢ ܬܘܒ
ܠܕܝܢܐ ܡܢ ܗܠܝܢ ܐܬܬܕܝܘ. ܕܠܘ ܬܪ̈ܝܢ ܟܝܢܘ̈ܗܝ ܫܘܦܝܢ.
ܐܠܐ ܐܦ ܬܠܬܐ. ܕܐܝܬܝܗܘܢ ܠܗܘܢ ܪܝܫܐ ܘܡܕܒܪܢܐ
ܣܘܢܐܪܘܣ. ܐܝܟ ܕܐܡܪܝܢ ܐܠܝܢ ܕܐܘܣܦܘ ܡܠܦܢܗ. ܟܬܒ ܕܝܢ 5
ܗܘ ܪܘܕܘܢ[6] ܕܐܦ ܠܪܘܥܝܐ ܐܦܠܐ ܥܡ ܐܬܡܠܠ. ܘܐܡܪ ܗܟܢܐ.
ܕܐܦܠܠܣ ܠܗ ܗܢܐ ܐܡܪ ܟܕ ܕܝܢ. ܘܒܡܠܝܟ̈ܘܬܐ ܕܐܡܪ ܗܘܐ
ܒܫܐܝܬ ܐܬܒܥܝ. ܘܡܦܠܗܝܢܐ ܐܡܪ ܗܘܐ (B fol. 115 a) ܕܠܐ
ܡܬܒܥܐ ܕܢܬܦܫ ܠܡܠܬܐ ܠܫܘܐܠܐ. ܐܠܐ ܟܠ ܐܢܫ ܢܦܘܫ
ܐܝܟܢܐ ܕܗܝܡܢ. ܐܡܪ ܗܘܐ ܓܝܪ. ܕܟܠܗܘܢ ܐܝܠܝܢ ܕܡܣܒܪܝܢ

[3] A plur. [4] A *hoc ita* [5] A plur. [6] In A for ռոդին read Իւրոդն

ܒܗܘ ܕܐܬܓܠܝ ܚܙܝܢ ܠܟܠܗܘܢ: ܐܦ ܡܫܬܟܚܝܢ ܒܟܬ̈ܒܐ ܠܦܠܓܐ.
ܘܕܓܠܠ ܡܢ ܟܠܗܝܢ ܚܠܦ ܗܘܐ ܐܝܟ ܕܦܘܪܫܬ ܐܡܪܬ. ܥܠ
ܐܠܗܐ ܩܐܡ ܠܒܪ ܚܕ ܫܘܪܝܐ ܐܝܟ ܕܐܦ ܐܚܪܢܝܢ ܐܡܪܝܢ. A 370
6 ܘܡܢܐ ܕܗܘܝܘ ܡܫܘܚܬ ܘܐܡܪ ܥܠܘܗܝ ܡܟܣܢ ܒܪܒܝܢ. ܘܡܢܐ
ܕܐܡܪܝܢ ܠܡܘܠܝܗ ܕܡܢ ܐܝܟܢܐ ܐܝܬ ܠܝ ܬܫܘܒܚܬܐ ܕܗܕܐ:[7]
ܐܘ ܐܝܟܢܐ ܡܫܬܡܥ ܐܝܬ ܠܡܐܡܪ ܚܕ ܫܘܪܝܐ ܦܫܛ ܠܝ. ܗܘ
ܕܝܢ ܐܡܪ ܗܘܐ. ܕܒܝܬܘܬܐ ܠܗ ܩܕܝܫ ܠܗܝܢ ܡܫܡܫܝܢ ܡܛܠ
ܕܡܕܡ ܕܬܪܝܢ ܠܐ ܐܡܪܝܢ. ܠܐ ܓܝܪ ܫܠܡܢ ܠܬܪܬܐ. ܘܥܒܪ
ܘܗܘܝܠܐ ܐܝܟ ܕܩܫܝܫܝܢ. ܕܐܡܬܝ ܕܝܢ ܐܬܬܘܣܝ ܗܘܐ ܚܕ
ܫܘܪܝܐ ܐܡܪ ܗܘܐ ܕܠܐ ܢܗܝ. ܐܠܐ ܕܗܝܡܢܐ ܡܬܬܘܕܐ[8]
7 ܟܠܗܘܢ. ܘܬܘܒ ܡܫܡܫܢܐ ܗܘܝܬ ܠܗ ܕܢܐܡܪ ܫܪܝܪܬ. ܘܡܢܐ
ܗܘܐ ܘܡܢ ܘܐܡܪ. ܕܠܐ ܡܦܝܣ ܐܢܫ ܕܐܡܝܢܐ ܐܝܬܘܗܝ
ܚܕ ܐܠܗܐ ܐܝܬܝܐ. ܐܠܐ ܟܠܗܘܢ ܡܫܘܕܝܢ ܐܢܫܐ. ܐܢܫܐ ܕܝܢ
ܒܫܒܬ ܘܡܠܬܗ ܒܪܚܝܒ. ܡܛܠ ܕܐܡܪ ܗܘܐ ܥܠ ܢܦܫܗ
ܕܡܠܦܢܐ ܗܘ. ܘܠܐ ܢܗܝ ܗܘܐ ܕܢܦܩ ܗܘ ܡܕܡ ܕܚܠܦ
8 ܗܘܐ... ܒܗ ܕܝܢ ܒܗܢܐ ܡܐܡܪܐ ܚܙܝܬ ܗܘܐ ܠܦܘܠܘܣ.
ܘܡܘܕܐ ܗܘܐ ܕܐܬܬܠܡܕ ܒܪܘܡܐ ܡܢ ܦܠܘܣ. ܘܐܡܪ
ܗܘܐ ܕܐܬܦܫܛ ܗܘܐ ܦܠܘܣ ܘܫܡܥ ܦܫܝܪܐ ܕܫܘܐܠ
ܘܡܫܬܘܕܐ ܗܘܐ ܒܗܘ ܕܢܦܩ. ܕܡܫܝܚܐ ܗܘܐ ܘܠܐ ܢܗܝ
ܡܕܡ ܕܪܫܝܡ ܒܟܬܒܐ ܕܐܠܗܐ. ܗܘ ܕܝܢ ܪܘܕܘ ܒܡܐܡܪܐ
ܕܠܗ ܐܫܬܘܕܝ ܕܢܩܝܡ ܦܪܘܣܘ ܕܫܘܐܠܘܗܝ ܕܗܢܘ. ܐܝܬ ܠܗ
9 ܕܝܢ ܒܬܒܝ ܐܦ ܥܠ ܫܬܬ ܡܠ̈ܐ. ܐܦܠܘܣ ܕܝܢ ܗܘ ܕܐܡܪܝܢ A 371
ܟܠܗܘܢ ܦܠܣܛܝܢ ܒܪܗ ܥܠ ܡܫܝܚܐ. ܘܒܡܡܪܗ ܐܦ (B fol. 115 *b*)
ܥܠ ܡ̈ܠܘܗܝ[9] ܕܐܠܗܐ ܒܪܗ ܒܡܐܡܪ̈ܘܗܝ ܦ̈ܠܣܐ. ܘܐܝܟ

[7] A = ܠܬܫܒܘܚܬܐ ܗܕܐ [8] A *loquebatur* [9] A sing.

ܕܦܪܫ ܗܘܐ ܒܪܚܡܬܗ. ܠܡܫܡܥܘܬܗܘܢ ܕܟܬܒܐ[10] ܘܡܫܪܝܢܘܬܗܘܢ
ܡܦܠܚܬܐ ܪܒܬܐ ܐܝܬ ܗܘܬ ܠܗ. ܗܠܝܢ ܕܝܢ ܐܬܐܡܪ ܥܠ
ܗܠܝܢ.

ܕܐܪܒܬܥܣܪ. ܥܠ ܢܒܝܐ ܕܓܠܐ ܕܐܝܬ ܗܘܘ ܒܗܪܣܝܣ
ܦܪܘܓܝܐ.[1]

xiv. ܒܠܒܒܐ ܕܝܢ ܕܒܪܬܗ ܕܐܠܗܐ: ܕܣܢܐ ܒܝܫܬܐ ܘܪܚܡ
ܫܪܝܪܬܐ. ܠܐ ܫܒܩ ܚܕ ܦܘܪܣܐ ܕܢܓܠܐ ܕܢܚܒܠ ܠܗܘܢ ܒܢܝ
ܐܢܫܐ. ܬܘܒ ܚܠܦ ܕܗܢܘܢ ܡܙܝܥ ܠܗܘܢ ܒܪܬܗ. ܕܡܢܗܘܢ
ܒܕܡܘܬܐ ܕܚܘܝܐ ܠܝܠܐ ܕܪܚܫܐ ܡܪܬܗ.[14] ܒܐܣܝܐ ܘܒܦܪܘܓܝܐ
ܪܚܫܝܢ ܗܘܘ.[2] ܡܘܢܛܢܘܣ ܕܝܢ ܡܫܬܒܗܪ ܗܘܐ ܕܗܘܝܘ ܦܪܩܠܛܐ.
ܘܦܪܝܣܩܐ ܘܡܟܣܡܝܠܠܐ ܢܒܝܐ ܕܐܬܝܗܝܢ[3] ܡܢ ܕܝܠܗ. ܘܐܦ
ܗܠܝܢ ܡܫܬܒܗܪܝܢ ܗܘܝ ܕܒܢܒܘܬܗ ܗܘܘ ܕܡܬܢܒܝܢ...

ܕܚܡܫܬܥܣܪ. ܥܠ ܦܠܓܘܬܐ ܕܦܠܘܪܝܢܘܣ ܘܕܒܠܣܛܘܣ ܕܗܘܬ ܒܪܗܘܡܐ. 𝔄 372

xv. ܐܝܬ ܗܘܐ ܕܝܢ ܐܚܪܢܐ ܕܒܪܗܘܡܐ ܚܝܠ ܗܘܘ. ܕܐܝܬܝܗܘܢ
ܗܘܐ ܒܪܝܫܗܘܢ ܕܪܫܐ ܦܠܘܪܝܢܘܣ ܕܢܦܠ ܡܢ ܩܫܝܫܘܬܗ ܕܥܕܬܐ.
ܘܒܬܪܗ ܐܦ ܒܠܣܛܘܣ. ܕܒܕܡܘܬܗ ܢܦܠ ܐܦ ܗܘ. ܕܗܢܘܢ
ܗܠܝܢ ܠܣܓܝܐܐ ܡܢ ܒܢܝ ܥܕܬܐ ܓܪܫܝܢ ܗܘܘ ܠܪܥܝܢܐ ܕܝܠܗܘܢ.
ܘܬܪܝܗܘܢ ܒܚܝܠܗܘܢ ܘܠܗܘܢ ܠܩܘܒܠ ܠܗܘܢ ܫܪܪܐ
ܡܬܚܫܒܝܢ ܗܘܘ[1]...

[10] 𝔄 *scriptorum eius*

Chap. XIV. [1] 𝔄 *Phrygum* [14] 𝔄 *venenum suum* [2] 𝔄 *sibilabant*
[3] 𝔄 om. ?

Chap. XV. [1] 𝔄 merely *stabant contra veritatem*

ܕܡܬܬܟܣܪ: ܕܡܠܟܐ ܡܬܐܡܪ ܥܠ ܡܗܦܟܬܗ ܘܥܠ ܢܨ̈ܚܐ
ܕܢ̈ܟܠܐ ܕܗܘܘ ܒܗܘܢ ·:·

ܠܘܩܒܠ ܗܪܟܢܐ ܕܝܢ ܗ̇ܝ ܕܡܬܩܪܝܐ ܕܩܪ̈ܘܒܝ. ܫܠܚܐ xvi. 1
𝔄 373 ܕܫܪ̈ܝܪܐ ܐܘܒܕ ܠܡܬܬܒܥܘ ܠܘܩܒܠܗܘܢ ܒܝܕ ܫܘܒܚܐ ܕܠܐ
ܡܬܒܥܐ. ܠܐܦܠܝܢܘܣ ܕܝܢ[1] ܗܘ ܕܐܬܦܠܓܘܣ ܗܘ ܕܐܬܒܥܝܘܗܝ
ܡܠܬܐ ܡܢ ܡܕܡ. ܘܠܐܫܬܪܝܐ (B fol. 116 a) ܫܝ̈ܢܐ ܒܥܡܗ
ܕܫܒܩܢ ܒܡܠܬܐ. ܕܡܠܟܘܗܝ ܡܢ ܗܠܝܢ ܥ̈ܒܕܐ ܫܝ̈ܢܐ
2 ܕܬܫ̈ܒܘܚܬܐ ܐܫܬܒܩܘ ܠܝ. ܗܘ ܕܝܢ ܐܦܠܝܢܘܣ ܒܪ ܥܢܝ
ܕܢܬܒܥ ܠܘܩܒܠܗܘܢ ܡܢܕܥ ܕܐܦ ܕܠܐ ܟܬܒ̈ܬܐ ܐܢܫ
3 ܠܫܘܬܦܘܗܝ. ܘܒܪܝܫ ܡܠܬܗ ܗܟܢ ܕܐܝܟ ܗܢܐ ܠܦܘܣܐ.
ܡܢ ܡܕܡ ܕܗܢܐ ܠܗ ܫܝܢܐ ܐܬܦܣܩܬ ܡܢܗ ܫܒܝܚܝܢ ܐܘܪܚܣ
ܡܪܘܡܐ. ܕܐܡܝܪ ܒܡܠܟܘܬܐ ܠܘܩܒܠ ܗܪܘܣܛܘܣ ܕܡܬܩܪܝܐ
ܕܡܠܦܢܘܬܐ. ܘܐܬܒܠܒܠܬ ܒܥܕܬܐ ܠܡܕܒܪܢܐ. ܠܘ ܡܠܠ ܕܠܐ
ܡܫܒܚ ܗܘܬ ܕܐܢܫ ܕܓܠܝܬܐ ܘܐܫܬܟܚ ܠܫܪܪܐ. ܐܠܐ
ܡܬܒܥܝ ܗܘܬ ܘܕܝܢ. ܕܠܐ ܐܫܬܒܪ ܠܐܢ̈ܫܝܢ ܕܒܠ ܢܘܠܡܐ
ܕܕܝܢܐ ܕܡܒܪܬܐ ܫܪܪܬܐ ܝܬܝܪܐ ܐܝܟ ܕܐܢܫ ܡܕܡ. ܕܐܢܫܐ
ܕܢ̈ܟܣܐ ܕܢܬܕܒܪ ܐܝܟ ܢܘܠܡܐ ܕܡܒܪܬܐ. ܠܐ ܡܫܒܚ ܠܡܬܦܣ̈ܩܘ
4 ܒܠܘܗܝ ܐܘ[2] ܠܡܟܣܝܘ ܡܢܗ ܡܕܡ. ܕܫܪܪܬܐ ܕܝܢ ܐܬܠܬ ܠܐܦܘܣܪܐ
ܕܒܠܫܢ̈ܐ. ܘܐܬܕܪܟܬ ܠܒܝܬܐ ܕܦܘܠܚܢܗ ܕܕܠܝܫܐ ܡܢ ܗܕܐ
𝔄 374 ܢܒܘܬܐ ܫܪܪܬܐ ܐܝܟ ܕܗ̇ܘܝܐ ܐܡܪܝܢ. ܐܝܟ ܕܡܬܕܒܪܢܐ ܡ̇ܢ
ܢܒܘܬܝ[3] ܢܒܘܬܐ ܗܘ̇[4] ܕܓܠܬܐ. ܘܐܝܟ ܕܐܬܕܡܝܬ ܒܫܠܡܐ
ܕܗܘܝܬ ܠܒܘܬܗ ܕܕܒܪ. ܡܠܠ[5] ܒܕܒܬܐ ܒܠܒܝܢ ܒܠ ܗܠܝܢ
ܘܥܠ ܡܕܡ ܕܡܬܒܥܝܢ ܘܥ̈ܬܬܐ ܫܝ̈ܢܐ. ܐܝܟܢܐ ܕܒܕܬܐ

Chap. XVI. [1] 𝔄 om. ܕܝܢ [2] 𝔄 *neque* [3] 𝔄 *յիրաց e rebus* [4] In 𝔄 read *մարգարէութիւն է* [5] 𝔄 *locutus sum*

ܦܘܬ ܒܡܣܟܐ ܘܗܢܘܢ ܕܠܦܘܠܓܐ ܐܬܕܘܫܘ ܕܫܒܩܬܐ. ܘܗܢܘܢ
5 ܕܡܢܗܘܢ ܗܘܘ ܥܠ ܐ̈ܦܝܗܘܢ ܗܘܘ ܒܟܢܘܫܬܐ. ܐܦܝܣܘ ܗܘܘ
ܕܡܢ ܡ̈ܩܝܫܐ ܕܐܡܪܬ ܗܘܘ ܒܟܠܗ ܗܘ ܐܬܪܐ. ܕܐܝܠܝܢ ܕܐܬܬܟܠܠ
ܠܡܦܠ ܥܡܗܘܢ ܕܐܬܬܢܝܘܢ ܠܡܦܠ ܡܠܬܐ ܕܫܪܪܐ ܒܡܬܘܬܒܘܬܐ
ܢܥܒܕ ܐܝܟ ܠܗܘܢ. ܟܕ ܐܬܬܢܝܗ ܗܘܐ ܚܝܠ ܒܪܬܒܠܬܗ
ܡܥܒܕܐ ܘܦܠܓܘܬܐ. ܕܟܕܒܐ (B fol. 116 *b*) ܕܝܢ ܗܕܐ ܠܐ ܗܘܐ ܚܕܕܐ.
ܐܬܥܒܕܝܢ ܕܝܢ ܕܒܬܘܒ ܗܪܟܐ ܠܡܬܘܟܬܗ ܕܐܠܗܐ ܒܝܘܡ̈ܬܐ
ܘܒܕܪܪ ܠܗܘܢ ܩܝܡ ܗܠܝܢ.[6] ܘܡܢ ܟܠܗ ܗܠܝܢ ܐܡܪ ܐܣܘܪܬܐ. 6
ܘܟܥܘܪܐ ܗܠܬܗ ܡܥܬܒܐ ܥܠ ܗܘ ܕܩܘܕܫ ܚܠܬܐ ܕܗܕܐ
ܗܪܛܝܩܐ ܟܕ ܐܬܬ ܒܗ ܒܟܠܗܬ ܗܕܐ ⁛ ܕܟܠܬܐ ܠܗ
ܕܐܡܟܠܐ ܐܬܝܚܝ. ܗܕܐ ܕܗܪܛܝܩܐ ܕܠܗܘܢ ܠܡܦܠ ܒܪܬܗ[7]
7 ܗܕܐ ܦܘܬ. ܘܪܒܬܐ ܚܕܐ ܡܬܐܡܪܐ[8] ܕܐܝܬ ܒܡܘܣܝܐ
ܕܦܪܘܓܝܐ ܕܥܡܗ ܐܪܕܒܘ: ܕܬܡܢ ܡܬܐܡܪ ܥܠ ܚܕ ܕܗܘܝܢ
ܗܘܐ ܚܕܬܐܝܬ ܕܫܡܗ ܗܘܐ ܡܘܢܛܢܘܣ: ܒܝ̈ܘܡܘܗܝ
ܕܓܪܐܛܘܣ[9] ܐܢܬܘܦܛܐ ܕܐܣܝܐ. ܕܒܪܓܬܐ ܡܚܡܠܢܘܬܐ ܕܪܚܡܬܐ A 375
ܕܪܝܫܢܘܬܐ ܝܗܒ ܒܢܦܫܗ ܐܘܪܚܐ ܠܣܛܢܐ ܠܒܥܠܕܒܒܐ ܘܠܒܫܬܗ[10] ܪܘܚܐ
ܒܝܫܬܐ. ܘܡܢ ܥܠ ܢܦܩ[11] ܡܢ ܪܥܝܢܗ ܘܫܪܝ ܡܬܢܒܐ ܘܡܡܠܠ
ܡ̈ܠܐ ܢܘܟܪ̈ܝܬܐ. ܠܒܪ ܡܢ ܥܝܕܐ ܕܡܫܠܡܢܘܬܐ ܕܥܕܬܐ.
8 ܐܝܠܝܢ ܕܝܢ ܕܐܝܬ ܗܘܘ ܒܗܘ ܙܒܢܐ ܕܫܡܥܘ ܡܢܗ ܡ̈ܠܐ
ܢܘܟܪ̈ܝܬܐ. ܐܝܟ ܡܢܗܘܢ ܕܐܬܟܐܒܘ ܗܘܘ ܠܗܘܢ. ܘܐܟܣܘ[12]
ܕܡܟܠܝܢ ܕܦܘܬ ܥܠܝܗܘܢ ܡܫܒܫܢܘܬܐ ܕܫܐܕܐ ܘܪܘܚܐ
ܕܛܘܥܝܘܬܐ[13] ܕܡܫܓܫܐ[14] ܠܥܡܐ. ܟܐܢܐ ܗܘܘ ܒܗ ܘܬܒܥܝܢ ܗܘܘ

[6] A om. ܩܝܡ ܗܠܝܢ [7] A *contra totam ecclesiam* [8] In A read [illegible] [9] A Գրատոսեայ *Grati* [10] B orig. ܘܠܒܫܬܗ [11] A *coepit exire* [12] A om. ܘ [13] A = ܪܘܚܐ ܕܛܥܝܘܬܐ ܘܡܫܓܫܢܘܬܐ ܕܥܡܐ [14] A om. ܕ

ܠܗ ܕܠܐ ܢܚܠܠ. ܕܡܬܕܒܪܝܢ[15] ܗܘܘ ܦܘܩܕܢܘܗܝ ܕܡܪܢ
ܕܡܬܠܡܕ̈ܝ. ܕܢܗܘܪ ܒܢܘܗܪܬܐ ܡܢ ܢܒܝܐ ܕܟܠܗܐ. ܐܝܬ ܕܝܢ
ܐܚܪ̈ܢܐ ܕܐܝܟ ܕܟܘܪܣܝܐ ܕܫܘܕܥܐ ܘܡܫܡܫܢܘܬܐ[16] ܕܝܠܦܢܘܬܐ
ܫܬܐܣܝܢ ܗܘܘ ܒܗ ܘܡܬܩܪܒܝܢ ܗܘܘ ܒܦܘܫܩܗܘܢ. ܘܠܐ ܒܗܕܝܢ
ܗܘܘ ܦܘܫܩܘܗܝ[17] ܕܡܪܢ. ܘܠܘܬܗ ܪܘܚܐ ܕܢܚܐ ܡܕܡܐ ܘܒܘܪܐ
ܠܗ ܘܡܬܝܠܕܝܢ ܠܚܕܐ. ܒܝܘܡܬܐ ܗܘܘ ܡܬܥܒܕܝܢ (B fol. 117 *a*)
9 ܡܢܗܘܢ ܡܬܝܠܕܝܢ ܗܘܘ ܠܗ ܐܝܟ ܕܠܐ ܡܚܒܠ ܬܫܒܘܚܬܗ. ܘܐܬܝܬܝܗ[18]
ܗܕܐ ܒܐܘܡܢܘܬܐ ܕܝܘܠܦܢܐ[19] ܕܒܟܠܕܒܟܐ. ܕܐܬܦܪܣ
𝔄 376 ܠܐܒܕܢܘܗܝ ܕܐܠܗܐ ܕܫܡܥܝܢ ܠܗ. ܒܕܡܘܬܗ ܠܗ ܠܒܪ ܡܢ
ܕܠܥܠ. ܘܐܚܪܢ ܘܐܘܣܦ ܬܘܪܓܡܘܗܝ ܗܘ ܕܒܡܕܡܐ ܗܘܬ ܡܢ
ܗܝܡܢܘܬܐ ܫܪܝܪܬܐ. ܘܐܘܣܦ ܬܪ̈ܬܝܢ ܢܩ̈ܫܝܢ ܐܚ̈ܪܢܝܢ ܘܡܠܟܐ
ܐܝܟ ܪܘܚܐ ܕܫܘܪܝܐ. ܘܡܡܠܠ ܗܘܐ ܒܫܘܒܚܐ ܘܒܠܐ ܟܕܒܘܬܐ
ܕܒܗܝ ܘܠܒܪ ܡܢ ܠܦܘܫܩܐ ܕܗܠܝܢ ܐܒܘܬܗ ܕܡܬܦܠܓܢܘܬܐ.
ܘܠܐܝܠܝܢ ܕܝܢܝܢ ܗܘܘ ܒܗ[20] ܘܡܬܥܩܒܝܢ ܠܗܘܢ ܡܢܗ[21] ܗܘܐ
ܠܦܘܠܚܢܐ ܗܘ ܗܘ ܫܐܕܐ. ܘܟܕ ܫܘܘܕܝܐ[22] ܙܪ̈ܘܩܐ ܡܫܒܬܪ
ܗܘܐ ܠܗܘܢ. ܟܕ ܕܝܢ ܐܦ ܡܫܒܛ ܗܘܐ ܠܐܚ̈ܪܢܐ[23] ܐܝܟ
ܕܡܢ ܕܡ̈ܬܢܐ ܐܝܟ ܕܢܗܘܐ ܫܪܐ ܠܡܬܗܡܢܘ. ܕܢܦܬܚܘܪ[24]
ܕܐܦ ܡܚܣܢܐ ܐܝܬܝܗܘܢ. ܘܟܕ ܐܘܪ̈ܚܐ ܕܝܢ ܐܝܬܝܗܘܢ ܗܘܘ ܡܢ
ܦܘܪܓܝܐ ܐܝܟ ܕܠܦܘ. ܘܟܠ ܟܠܗ ܒܢܬܐ ܕܬܫܬܐ ܫܡܫܐ
ܢܟܠ ܗܘܐ ܠܗܘܢ ܒܡܢܘܬܗ ܗܘ ܫܐܕܐ ܕܢܟܦܘܢ. ܟܠ
ܕܠܐ ܡܦܩܠܐ ܗܘܬ ܠܗ ܒܐܝܡܪܐ. ܐܦܠܐ ܡܟܠܢܘܬܐ[25]
ܕܐܘܪܚܐ ܠܢܒܘܬܐ ܕܟܠܬܐ ܐܝܬ ܗܘܐ ܠܗ ܒܗ ܠܗܘ ܫܐܕܐ.

[15] 𝔄 = ܘܡܬܕܒܪܝܢ [16] 𝔄 plur. [17] 𝔄 plur. [18] 𝔄 *et erat* [19] 𝔄 plur.
[20] 𝔄 = ܒܗܘܢ s. ܒܗܘܢ [21] 𝔄 = ܡܬܪܦܝܢ ܠܗܘܢ ܘܡܢܗ [22] In 𝔄 read
*խոստմանց* [23] 𝔄 *զայր մի virum quendam* [24] 𝔄 om. ܕܢܦܬܚܘܢ [25] In
𝔄 for *ունեւ* read *մնեւ*

10 ܥܠܝܗܘܢ ܒܢ̈ܝ ܡܗܝ̈ܡܢܐ ܕܐܝܬ ܗܘܘ ܒܐܣܝܐ. ܘܕܥܕ̈ܬܐ
ܡܗܝ̈ܡܢܬܐ ܐܬܒܚܪܘ ܒܕܘ̈ܟܝܬܐ ܣܓܝ̈ܐܬܐ ܡܛܠ ܗܕܐ. ܘܠܗܘܢ
ܠܗܠܝܢ ܡ̈ܠܐ ܕܡܬܡܠܠ̈ ܗܘܘ ܕܢܘܟܪܝܢ ܐܚܠܘ ܐܝܟ ܠܡܣܐܠܝ̈.[21]
ܘܦܩܦܩܘ ܒܠܚܘܕ ܕܡ̈ܠܐ ܐܝܟ ܠܦܘܬܐ. ܘܐܫܠܝܘܗ̇ ܠܗܕܐ
ܗܪܣܝܣ. ܘܗܟܢܐ ܐܬܕܚܝܘ ܡܢ ܥܕܬܐ ܘܐܬܦܪܫܘ ܡܢ 𝔄 377
11 ܬܫܡܫܬܗ̇ ·⁘· ··· (B fol. 117 *b*) ܗܠܝܢ ܐܫܬܥܝܘ ܡܕܡ ܕܐܝܬ ܐܦ
ܐܦܘܠܝܢܪܝܣ. ܘܒܟܠܗ ܡܐܡܪܗ ܒܒܝ̈ܬ ܡܟܬܒܢܘܬܐ ܕܗܕܐ
ܦܠܘܓܬܐ. ܘܡܡܐܡܪܐ ܕܬܪܝܢ ܥܠ ܥܘܡܠܗܘܢ ܕܗܠܝܢ ܐܡܪ
12 ܗܟܢܐ... ܡܛܠ ܠܡ ܕܦܩܕ ܠܝ ܡܩܠܠ ܠܢܒܝܐ[27] ܥܠ ܕܠܐ ܡܩܠܝܢ
ܠܒܢ̈ܝܗܘܢ ܡ̈ܠܐ: ܐܡܪܝܢ ܒܢ̈ܝ ܕܗܠܝܢ ܐܝܟ ܕܐܫܬܘܕܝ̈
ܡܢ̈ ܕܢܩܕ̈ ܠܗܘ ܒܡܠܐ ܢܬܒܥܘܢ ܦܬܓܡܐ. ܐܝܟ ܕܩܕܡ
ܐܠܗܢ. ܕܐܦ ܐܝܬ ܐܢܫ ܡܢ ܗܢܘܢ ܕܒܥܐ ܕܢܫܬܠܡܘܢ ܘܡܢ
ܗܝܢ ܕܒܗ ܕܡܢܐ ܠܡܡܠܠܘ ܡ̈ܠܬܐ: ܕܐܬܘܪܕܘ ܡܢ ܡܫܘܕܥܢܐ
ܐܘ ܕܐܬܦܠܠܘ ܡܢ ܚܘܠܝܐ. ܠܝܬ ܕܝܢ ܐܦܠܐ ܚܕ. ܐܦܠܐ ܐܢܫ
ܡܢܗܘܢ ܐܬܬܚܕ ܥܠ ܪ̈ܘܚܐ ܗܢܐ ܥܡܐ ܘܐܬܡܠܠ. ܐܦ ܠܐ
ܒܒܢ̈ܝܢܘܬܗܘܢ ܕܡܫܘܕܥܢ. ܚܕܐ ܡܢ ܗܠܝܢ ܢܒ̈ܝܗܘܢ ܐܬܦܪܕܬ
13 ܐܘ ܐܬܦܪܕܬ ܡܢ ܡܬܘܡ. ܒܡܘܬܐ ܕܝܢ ܐܚܪܢܐ ܡܬܐܡܪ
ܥܠܝܗܘܢ ܕܡܢܬܗ. ܡܘܢܛܢܘܣ ܓܒܪ ܘܡܟܣܝܡܝܠܐ. ܗܠܝܢ
ܬܪܬܝܗܘܢ ܐܬܬܚܢܩܘ ܗܘܘ ܡܢ ܗ̇ܘ ܪܘܚܐ ܡܛܥܝܢܐ ܘܡܝܬܘ
ܢܦܫܗܘܢ. ܠܐ ܗܘܐ ܐܚܝܕܐ̇ ܐܠܐ ܒܪܒܐ ܕܡܘܬܗ ܕܚܕ
ܚܕ ܡܢܗܘܢ. ܘܗܟܢܐ ܦܓܥܐ ܐܢܘܢ[28] ܕܡܘܬܐ ܡܢܬܗ. ܐܝܟ
14 ܡܘܬܗ ܕܡܘܕܝܐ ܡܫܠܡܢܐ. ܘܐܝܟ ܕܡܬܐܡܪܐ ܡܛܠܬܗ ܥܠ
ܗ̇ܘ ܪܒܐ ܕܗܘܕܝܐ ܢܘܬܘܬܐ ܕܡܫܬܡܗܐ ܠܬܘܗܘܢ ܕܐܘܬܝܘܗܝ 𝔄 378
ܐܦܛܪܘܦܘܣ: ܗ̇ܘ ܕܐܝܟ ܐܦܛܪܘܦܐ ܒܒܝܬ ܗܘܐ ܠܗܘܢ.

[26] 𝔄 sing. [27] In 𝔄 for *մարգարէն առօղուտ* read *մարգարէանարգ*?

[28] 𝔄 adds *de iis*

ܕܢܦܩ ܗܘܐ ܡܢ ܐܒܘܗܝ ܘܡܗܝܡܢ ܠܗ̇ܘ ܪܘܚܐ ܕܦܪܩܠܛܐ ܕܐܝܟܢ
ܗ̇ܘ ܕܠܫܠܝܚܐ ܡܬܠܬܐ ܘܡܫܡܫܬܗܘܢ.[28a] ܘܢܦܩ ܘܡܫܒܚ ܒܫܐܠܬܐ.
15 ܐܡܪܝܢ ܕܝܢ ܕܗܕܐ ܗܒܠܐ ܗܘܬ. ܐܠܐ ܕܝܢ ܟܕ ܢܣܒ ܐܢܫܐ ܐܢܫܝܢ
ܐܘ ܕܐܬܝܢ ܬܬܦܠܓܘܢ ܥܠ ܗܕܐ ܠܐ ܢܦܘܫܘܢ ܐܘ
ܠܦܘܠܓܐ. ܐܘ ܒܬܪ ܗܕܐ ܗܘ ܐܘ (B fol. 118 a) ܠܐ.[29] ܡܫܟܚܬ
16 ܘܐܬܐ ܠܗܘܢ ܡܢ ܦܘܠܓܐ ܘܐܬܕܪܫܘܬܐ ܘܡܫܡܫܢܘܬܐ. ܐܡܪ
ܕܝܢ[30] ܗܘ ܒܗܢܐ ܡܐܡܪܐ. ܕܝܠܗ ܗܘܘ ܐܦܣܩܘܦܐ ܡܕܝܢܬܐ
ܕܐܝܬ ܗܘܘ ܒܗ̇ܘ ܙܒܢܐ: ܕܒܗܘܢܝܗ̇ ܠܗ̇ܝ ܪܘܚܐ ܕܐܝܬ ܗܘܐ
ܒܡܫܡܫܢܘܬܐ[31] ܘܟܠܗ ܐܢܘܢ ܐܚܪ̈ܢܐ. ܗ̇ܢܘܢ ܕܡܒܕܪܝܢ ܗܘܘ
17 ܠܗ̇ ܠܗ̇ܝ ܪܘܚܐ.[32] ܒܬܪ ܕܝܢ ܗܢܐ. ܕܠܐ ܠܡ ܬܐܡܪ ܐܝܟ
ܗܕܐ ܕܠܘܬ ܐܦܪܘܣܝܣ ܐܪܘܒܣܝܣ ܗ̇ܝ ܪܘܚܐ ܕܐܝܬ ܗܘܐ[33]
ܒܡܫܡܫܢܘܬܐ. ܕܒܬܪܗ ܐܢܐ ܠܡ ܐܝܟ ܕܐܡܪܐ ܡܢ ܐܡܪܐ.
ܠܐ ܗܘܝܬ ܕܐܡܪܐ. ܡܠܬܐ ܐܝܬܝ[34] ܘܪܘܚܢ ܘܚܝܠܐ. ܐܢ
ܐܝܬ ܒܗ̇ ܕܝܢ[35] ܚܝܠܐ ܒܗܕܐ ܪܘܚܢ. ܒܡܕܒܪܐ ܢܛܘܪܢ ܘܬܬܒܥ.
ܘܒܪ ܗ̇ܝ ܪܘܚܐ ܠܒܝܫܐ ܕܢܗܘܘܢ ܒܗ̇: ܠܐܝܠܝܢ ܕܐܬܘ ܕܒܗܘܢܝܗ̇
ܘܒܗܘܢܝܗ̇ ܠܗ̇ܝ ܪܘܚܐ ܕܒ ܡܡܠܠܐ. ܕܐܝܬܝܗܘܢ ܗܘܘ ܐܢܫܐ
ܟ̈ܢܝ ܚܐܪ̈ܐ ܘܐܦܝܣܩܘܦܐ. ܘܦܠܚܘܢ ܡܢ ܡܘܡܢܐ ܡܪܝܬܐ
A 379 ܘܒܠܝܢܘܢ ܡܢ ܐܦܪܢܝ̈ܐ. ܕܠܗܘܢ ܠܗܠܝܢ ܟܠܗ ܐܢܘܢ ܗ̇ܢܘܢ
ܕܒܝܫܬ ܐܬܡܪܝܣܘܢ ܘܠܐ ܫܒܩܘ ܕܒܗܘܢܝܗ̇ ܠܗ̇ܝ ܪܘܚܐ.
18 ܘܢܣܒܘܢ ܕܐܝܬܝܗ̇ ܕܕܒܠܬܐ ܘܡܦܠܓܢܐ ܠܒܥܠܐ. ܘܒܗ ܗ̇ܘ ܒܗܢܐ
ܡܐܡܪܐ ܬܘܒ ܐܡܪ ܐܚܪ̈ܢܝܬܐ[36] ܠܡܫܡܫܢܘܬܐ ܕܒܢܝܢܘܬܐ
ܕܠܘܬܐ ܕܡܫܡܫܢܘܬܐ. ܘܐܡܪ ܐܦ ܥܠ ܙܒܢܐ ܕܒܗ ܒܗ̇ܦ
ܗܘܐ ܗܠܝܢ. ܘܡܕܒܪ ܐܦ ܟ̈ܠܗ ܕܒܢܝܢܘܬܗ̇ ܕܒܗܝܢ[37] ܡܢ ܟܬܒ

[28a] 𝔄 om. ܘܡܫܡܫܬܗܘܢ [29] 𝔄 *sive non sit ita sive sit* [30] 𝔄 *dicti sunt* (omitting ܕܝܢ) [31] 𝔄 *in iis* [32] 𝔄 adds *erroris* [33] In 𝔄 for ܐܝܬܝܗ̇ read ܐܝܬ [34] 𝔄 *sed verbum* [35] 𝔄 om. ܕܝܢ [36] 𝔄 adds *multa* [37] 𝔄 *quod et*

ܕܡܪܒܐ ܠܗ ܘܡܫܠܡܢܐ ܗܘܐ. ܘܥܒܕܘ ܠܗ ܠܡܫܠܡܢܘܬܗ ܘܐܡܪ̈ܝ
19 ܗܝܡܢܐ.[38] ܕܐܡܝܢܐ ܠܗ. ܠܐ ܗܘܐ ܐܬܓܠܝܬ ܠܗ ܐܦ ܗܕܐ
ܕܓܠܝܬܐ:[39] ܕܗܐ ܝܬܝܪ ܡܢ ܬܠܬܥܣܪܐ ܫܢ̈ܝܢ ܒܕܡܟܐ ܠܗܘܢܐ
ܐܝܬ ܠܗ̇ ܕܫܢܝܬ ܗܕܐ ܐܢܬܬܐ: ܘܠܐ ܗܘܐ ܩܪܒܐ ܠܐ
ܠܟܠܗ ܥܠܡܐ ܐܦܠܐ ܒܕܘܟ:[40] (B fol. 118 b) ܐܠܐ ܐܦ ܠܟܪ̈ܣܛܝܢܐ
ܡܬܪܐܝܬ ܗܘܐ ܫܠܡܐ ܢܝܚܐ[41] ܒܪ̈ܚܡܘܗܝ ܕܐܠܗܐ.
20 ܘܗܠܝܢ ܕܝܢ ܡܢ ܡܐܡܪܐ ܕܬܪ̈ܝܢ.[42] ܡܢ ܡܐܡܪܐ ܕܝܢ ܕܬܠܬܐ:[43]
ܐܘܣܦ ܩܠܝܠ ܡ̈ܠܐ ܡܛܠ ܗ̇ܢܘܢ ܕܡܫܬܒܗܪܝܢ. ܕܐܦ ܡܢܗܘܢ
ܗܘܘ ܣܗ̈ܕܐ ܩ̈ܛܝܠܐ. ܐܡܪ ܕܝܢ ܗܟܢܐ. ܕܡܛܐ ܕܒܟܠܗܝܢ
ܠܗ ܐܬܒܟܣܘ ܘܠܝܬ ܠܗܘܢ ܡܕܡ ܕܢܐܡܪܘܢ. ܡܬܦܠܓܝܢ
ܠܗܘܢ ܒܣܗ̈ܕܐ ܘܐܡܪܝܢ ܣܗ̈ܕܐ ܣܓܝܐܐ ܐܝܬ ܠܢ. ܘܗܕܐ
ܬܘܣܦܬܐ ܗܝ ܡܗܝܡܢܘܬܐ. ܕܓܠܝܐ ܗܝ ܗ̇ܝ ܪܘܚܐ ܕܢܒܝܘܬܐ
ܕܡܬܐܡܪܐ[44] ܠܘܬܗܘܢ. ܡܛܠ ܡܢ ܟܠܗܝܢ ܟܕ ܗܕܐ ܗܘ[45] 𝔄 380
21 ܕܠܐ ܫܪܪܐ. ܐܦ ܡܢ ܗܪܣܝܣ ܒܪ ܐܚܪܢܝܬܐ ܐܝܟ ܕܐܝܬ
ܠܗܘܢ ܣܗ̈ܕܐ ܣܓܝ̈ܐܐ. ܠܘ ܕܝܢ ܡܛܠ ܗܕܐ ܐܡܪܝܢ ܚܢܢ
ܕܦܠܐܝܬ ܐܚܝܕܝܢ. ܐܦ ܠܐ ܡܘܕܝܢ ܚܢܢ ܕܫܪܪܐ[45a] ܐܝܬ ܠܘܬܗܘܢ
ܘܕܡܐܝܬ ܡܢ ܗܪܣܝܣ ܕܡܪܩܝܘܢܐ ܕܐܡܪܝܢ ܕܣܗ̈ܕܐ ܣܓܝ̈ܐܐ
ܐܝܬ ܠܘܬܗܘܢ. ܐܠܐ ܗܘ ܕܝܢ ܒܡܫܝܚܐ ܒܫܪܪܐ ܠܐ ܡܘܕܝܢ
22 ܒܗ. ܘܒܬܪ ܩܠܝܠ ܐܡܪ ܬܘܒ. ܘܡܫܠܡܢܐ[46] ܠܗ. ܐܡܬܝ
ܕܡܬܩܪܝܢ ܡܢ ܒܥܕܬܐ ܠܣܗܕܘܬܐ ܐܝܠܝܢ ܕܐܬܬܣܝܡܘܢ ܒܗܝܡܢܘܬܐ
ܕܫܪܪܐ ܥܡ ܣܗ̈ܕܐ ܕܗܢܘܢ[47] ܕܡܬܩܪܝܢ ܡܢ ܗܪܣܝܣ ܕܦܪ̈ܘܓܝܐ

[38] 𝔄 om. ܘܐܡܪ̈ ܗܝܡܢܐ [39] 𝔄 *manifestatum est et in hoc etiam mendacium eius* [40] For ܠܐ ܒܟܠܗ ܒܥܠܡܐ ܐܦܠܐ ܒܕܘܟ 𝔄 has *et non in universa terra* [41] 𝔄 om. ܢܝܚܐ [42] 𝔄 om. ܘܗܠܝܢ ܕܝܢ ܡܢ ܡܐܡܪܐ ܕܬܪ̈ܝܢ [43] In 𝔄 read յերրորդ [44] 𝔄 adds թէ է *esse* [45] In 𝔄 for սուտ read այն է [45a] In 𝔄 read ճշմարտութիւն [46] 𝔄 om. ܘ [47] 𝔄 om. ܕܗܢܘܢ

ܡܬܦܪܥܝܢ ܡܢܗܘܢ. ܘܟܕ ܠܐ ܡܫܬܘܬܦܝܢ ܠܗܘܢ ܡܫܬܟܠܠܝܢ.
ܡܛܠ ܕܠܐ ܝ̈ܕܥܝܢ ܕܢܘܚܡܗܘܢ ܠܗܝ ܢܘܚܡܐ ܕܐܝܬ ܒܡܗܝܡܢܘܬܗܘܢ
ܘܒܗܠܝܢ ܢܫ̈ܐ. ܘܗܕܐ ܫܪܝܪܐ ܗܝ. ܐܦ ܒܢܘ̈ܡܘܣܝܗܘܢ ܗܘܬ
ܒܐܦܣܩܝܐ ܡܕܝܢܬܐ[48] ܗܝ ܕܐܝܬ[49] ܥܠ ܡܕܒ̈ܪܢܘܬܗܘܢ ܢܗܘܪܐ.
ܒܗ̈ܘܢ ܕܒܥܬ ܠܒܐܢܫܐ ܘܐܬܟܢܫܘܢ ܕܐܝܟܢܐ ܡܢ ܐܘܟܠܘܣܐ.

𝔄 381 ܕܡܬܬܘܝܢ ܥܠ ܡܠܟ̈ܐ ܘܥܠ ܡܐܡܪܐ ܕܐܬܟܬܒ.

ܒܗܢܐ[1] ܕܝܢ ܡܐܡܪܐ ܕܐܬܟܬܒ ܗܘܐ ܠܒ̈ܢܝܢܐ ܕܐܡܪܝܢ xvii. 1
ܥܠܘܗܝ. ܡܕܡ ܐܦ ܠܡܠܦܢܘܗ ܡܬܟܬܒܐ ܕܡܢ ܒܬܪܟ. ܕܢܦܩ
ܐܦ ܗܘ ܡܐܡܪܐ ܠܗܘܒܠ ܗܕܐ ܬܘܪܓܡܐ. ܟܕ ܕܝܢ[2] ܗܘ ܡܕܡ
ܡܢ ܩ̈ܕܡܝܗܘܢ (B fol. 119 *a*) ܡܟܣܝܡܝܢ[3] ܘܐܡܪ. ܕܗܠܝܢ ܠܡ ܐܓܢܣܝܬ[4]
ܒܫܢܐ ܡܢ ܡܐܡܪ̈ܝܗܘܢ. ܕܡܫܡܪ ܠܗܘܒܠ ܡܐܡܪܐ ܕܐܠܡܝܕܝܘܣ
ܐܝܟܢ ܗܘ ܗܘܐ ܡܫܝܚܐ ܗܘܐ. ܕܠܐ ܡܬܟܬܒܐ ܠܗ ܠܢܝܫܐ
2 ܕܢܬܠܠ ܠܒܪ ܡܢ ܗܘܢܗ. ܘܡܫܡܫܢܘܬܐ ܟܕ ܢܦܩܬ ܒܗ ܒܥܠܬܗ.
ܦܩܕ ܠܐܝܠܝܢ ܕܐܬܥܢܝܘ ܒܕܘܬܐ ܢܕܪܬܐ. ܕܒܛܠܘܢ ܒܥܕܢ ܗܠܝܢ
ܢܥܒܕ ܠܐܢܬܬܐ ܚܕܐ ܕܫܡܗ ܐܡܣܝܣܐ[5] ܘܠܡܘܕܪܦܘܣ. ܐܡܪ
ܕܝܢ ܗܟܢܐ. ܕܢܒܥܐ ܠܡ ܕܟܠܝ ܠܒܪ ܡܢ ܗܘܢܗ ܗܘ. ܘܡܛܠ
ܗܢܐ ܕܠܐ ܒܚܘܪܐ ܗܘ ܘܠܐ ܕܝܠܬܐ. ܡܬܐܪܐ ܕܝܢ ܡܢܗܘܢ
ܥܠܐ ܡܕܒܬܐ. ܡܬܗܦܟ ܕܝܢ ܕܠܐ ܡܢܗܘܢ ܠܫܘܝܬܐ[6] ܐܝܟ
3 ܕܦܪܕܬ ܐܡܪܬ. ܕܒܗܢܐ ܠܦܘܩܕܢܐ ܠܐ ܡܫܬܡܥܝܢ ܕܢܣܒܘܢ
𝔄 382 ܕܗܘܐ ܚܕ ܡܢ ܢ̈ܩܝܢܐ. ܠܐ ܒܕܝܬܝܩܐ ܒܬܘܬܐ ܐܦܠܐ
ܒܢܕܬܐ. ܡܢ ܐܝܠܝܢ ܕܠܒܫܘ ܝܘܡܐ ܕܡܘܕܝܐ. ܠܐ ܠܐܕܪ
ܘܠܐ ܠܡܘܕܝܐ. ܘܠܐ ܠܫܠܝ ܘܠܐ ܠܒܢ̈ܝܗܘܢ ܕܫܠܝܚܘܣ. ܘܠܐ

[48] 𝔄 om. ܡܕܝܢܬܐ [49] In 𝔄 read ոբէ

Chap. XVII. [1] In 𝔄 for գոյն read ջոյն [2] 𝔄 om. ܕܝܢ [3] 𝔄 = ܡܟܣܡܝܢܘܣ [4] In 𝔄 read գոփ եւ [5] 𝔄 *Amasia* throughout [6] 𝔄 instrum.

ܠܐܡܡܝܐ ܗ̇ܝ ܕܡܢ ܦܝܠܕܠܦܝܐ ܘܠܐ ܠܡܘܢܛܢܘܣ. ܐܦܠܐ
ܠܚܕ ܡܢ ܐܚܪ̈ܢܐ. ܠܐ ܡܨܝܢ ܢܫܬܒܗܪܘܢ ܒܗܠܝܢ. ܟܕ ܠܐ ܐܝܬ
4 ܠܗܘܢ ܒܥܡܗܘܢ ܫܘܟܢܐ. ܘܬܘܒ ܡܢ ܒܬܪ ܩܠܝܠ ܐܡܪ. ܐܢ
ܓܝܪ ܠܗ ܡܢ ܒܬܪ ܩܘܕܪܛܘܣ ܘܐܡܡܝܐ ܗ̇ܝ ܕܡܢ ܦܝܠܕܠܦܝܐ:
ܕܐܝܟ ܕܐܡܪܝܢ ܗܠܝܢ ܩܒܠ ܢܫ̈ܐ ܕܥܡ ܡܘܢܛܢܘܣ ܡܘܗܒܬܐ
ܕܢܒܝܘܬܐ ܢܚܘܘܢ. ܕܡܢ ܗܠܝܢ ܕܥܡ ܡܘܢܛܢܘܣ[7] ܘܡܢ ܢܫ̈ܐ
ܕܥܡܗܘܢ[8] ܡܢܗ ܡܚܠ. ܡܬܚܘܝܐ ܗܘ ܠܗ̇ ܒܬܪ ܠܡܘܗܒܬܐ
ܕܢܒܝܘܬܐ ܕܬܗܘܐ ܒܥܕ̈ܬܐ ܠܡܐܬܝܬܐ ܐܚܪܝܬܐ ܐܝܟ
ܕܐܡܪ ܫܠܝܚܐ. ܐܠܐ ܠܐ ܐܝܬ ܠܗܘܢ ܕܢܚܘܘܢ. ܐܪܒܥܣܪܐ
ܓܝܪ ܫܢܝܢ ܐܝܬ ܡܢ ܡܘܬܗ̇ ܕܡܟܣܝܡܝܠܐ (B fol. 119 b) ܘܥܕܡܐ
5 ܠܗܫܐ ∴ ܗܘܐ ܕܝܢ ܐܡܪ ܗܠܝܢ ܒܠܗܘܢ. ܡܠܛܝܕܣ ܕܝܢ ܗܘܐ
ܕܐܡܪ ܒܠܗܘܢ. ܐܦ ܕܡܕܝܢܐ ܕܣܩܘܦܠܐ ܐܚܪܢܐ ܥܒܕ ܠܗ
ܥܠ ܡ̈ܠܝܗܘܢ ܕܐܠܗܝܢ. ܒܡܐܡܪܐ ܕܐܟܬܒ ܠܗܘܢ ܚܣܝܐ.
ܘܒܐܚܪܢܐ ܕܟܬܒ ܠܗܘܢ ܡܗܕ̈ܝܐ. ܘܒܬܪ̈ܝܗܘܢ ܥܒ̈ܕܐ
ܡܚܝܘܢ ܘܠܡܘܢ ܬܪ̈ܝܢ ܬܪ̈ܝܢ ܡܐܡܪ̈ܝܢ ܡܢܟܢ ܠܗ. ܬܘܒ ܕܝܢ 𝔄 383
ܐܦ ܡܛܠ ܒܪܘܣܐ ܚܕ ܠܗ ܠܗܘܢ ܣܢܝܐ. ܡܛܠ ܦܠܣܦܘܬܐ
ܗ̇ܝ ܕܒܗ̇ ܐܬܚܘܝܘ ܗܘܘ.

ܬܫܥܝܬܐ ܕܐܝܟܢܐ ܐܦܣ ܐܦܘܠܘܢܝܘܣ ܠܡܪܣܝܢ
ܕܦܪ̈ܘܓܝܐ ܘܐܝܠܝܢ ܐܡܪ ∴

viii. 1 ܠܗܠܝܢ ܗܪܣܝܣ ܕܝܢ ܕܡܬܩܪܝܐ[1] ܕܦܪ̈ܘܓܝܐ. ܐܦ ܐܦܘܠܘܢܝܘܣ
ܟܬܘܒܐ ܡܡܠܠܢܐ ܒܪ ܥܕܬܐ: ܟܕ ܒܙܒܢܐ ܕܝܠܗ̇ ܚܕܬܐ ܗܘܬ
ܒܦܪ̈ܘܓܝܐ ܥܒܕ ܡܐܡܪܐ ܕܡܟܣܢܘܬܐ. ܘܠܗܠܝܢ ܢܒܝ̈ܘܬܐ
ܕܡܫܬܡܗܢ[1a] ܡܚܝܘܢ ܒܗ̇ ܐܝܟ ܕܕܓܠܘܬܐ ܐܝܟ. ܘܕܚܝܪܘܢ

[7] 𝔄 eius [8] 𝔄 eius

CHAP. XVIII. [1] In 𝔄 որ, the rendering of ܕ, has fallen out [1a] In 𝔄 read կին

ܕܪ̈ܫܝܢܗ̇ ܕܗܕܐ ܗܪܣܝܣ ܕܐܡܝܢܐ ܐܬܬܘܗܝ ܗܘܐ ܟܠܗ̇.
ܢܦܩܘ ܕܝܢ ܠܗܘܢ ܠܡ̈ܠܐ[2] ܕܐܡܪܝܢ ܥܠ ܡܘܠܕܗ ܗܕܝܢܐ ܀
2 ܐܠܐ ܕܡܒܝܢ ܐܬܬܘܗܝ ܗܢܐ ܡܠܦܢܐ ܣܓܝܐܬܐ ܒܩ̈ܕܡܝܐ ܘܡܠܦܝܢܗ
ܡܫܝܚܐ. ܗܘ ܕܐܠܗܐ ܒܪܢܫܐ ܕܘܟܝܐ ܘܡܫܚ ܒܡܫܝܚܐ ܕܡܪܝܐ.
ܗ̇ܘ ܕܠܫܠܝܚܐ ܘܠܬܠܡܝܕܘ̈ܗܝ ܐܘܪܫܠܡ ܦܪܐ ܐܝܟ. ܐܬܬܘܗܝ ܕܝܢ
ܗܠܝܢ ܡܪ̈ܢܝܬܐ ܘܡܘ̈ܪܝܬܐ ܕܦܘܪܩܢܐ. ܘܡܠܟܐ ܗܘܐ ܕܢܟܪܐ.
ܠܗܘܢ[3] ܠܟܠ ܕܡܬܬܦܫܩܝܢ ܠܗ ܡܢ ܥܠ ܐܬܪ: ܗ̇ܘ ܕܐܡܝܢܐ
ܬܫܒ̈ܚܬܐ ܕܡܫܝܚܐ. ܘܒܫܡܗܐ ܕܡܘ̈ܪܝܢܐ ܐܬܦ̈ܪܫܘ ܕܢܫܒ ܫܡܝܪܐ.[4]
ܗ̇ܘ ܕܡܫܒܐܬܐ ܝܗ̇ܒ. ܗܘܐ ܠܐܝܠܝܢ ܕܡܬܒܪܝܢ ܡܠܦܢܗ̇. ܕܟܝܢ
3 ܡܫܘܬܦܘܗܝ ܢܬܬܪܪ ܡܠܦܢܐ ܕܡܠܬܗ ܀ ܗܠܝܢ ܕܝܢ ܐܡܪܝܢ ܥܠ
ܡܘܠܕܗ. ܘܥܠ ܢܟܣܬܗ ܕܝܢ ܒܪ ܢܫܐ ܒܗ̇ ܒܡܠܬܗ[5] ܒܠܚܘܕ.[5a]
ܗܕܝܢܐ. ܕܡܫܡܫܝܢ ܐܢܫܝܢ ܠܗ (B fol. 120 a) ܡܕܡܐܬ ܒܠܒܗܘܢ ܥܠ
ܗܠܝܢ ܒܬܪܬܗ. ܕܡܢ ܕܐܬܦܠܓ ܪܘܚܐ ܕܩܘܕܫܐ ܥܒܕ ܠܟ̈ܠܗܘܢ.
ܫ̈ܡܗܐ ܗܝܠ ܡܕܒܠܝܢ[6] ܥܠ ܦܪܨܘܦܐ ܘܦܪܩܝܢ ܠܗ̇ ܒܡܠܬܐ.
4 ܘܬܘܒ ܡܘܕܥ ܘܐܡܪ. ܕܒܪ ܐܢܫ ܕܒܠܚܘܕ ܒܬ̈ܒܐ ܟܠܝܢ
ܠܡܫܒ ܕܠܐ ܢܫܒ ܫܡܝܪܐ ܘܫܡܥܐ. ܡܢܐ ܕܢܪܐ ܐܢܐ ܗܘ ܗܝܠ
ܠܢܝܫܬܐ ܕܢܦܩܬ[7] ܕܗܕܐ ܘܫܡܝܪܐ ܘܢܫܢܬܐ ܠܒ̈ܢܝ ܫ̈ܡܗܐ ܠܐ
5 ܐܫܬܟܠ ܡܢܗ̇. ܘܬܘܒ ܒܗ̇ ܒܢܟܣܬܐ ܒܡܠܬܐ.[8] ܐܡܪ ܥܠ ܚܕ
ܡܢ ܡܫܡ̈ܫܢܘܗܝ ܗܕܝܢܐ. ܕܬܘܒ ܠܟ ܐܦ[9] ܬܫܡܫܘܢ: ܗ̇ܘ
ܕܡܬܠܐ ܗܘܐ ܒܠܥܘܕܬܐ ܒܐܘܣܛܐ ܕܫܒ̈ܝܐ ܠܡܬܥܠܘ: ܗ̇ܘ
ܕܠܐ ܥܒܠ ܗܘܐ ܐܬܐ ܕܡܫܒܚܘܬܐ̈ ܐܠܐ ܒܫܡܫܐ ܗܝܟܠܐ.
ܐܢܫ ܗܘܐ ܡܢܗ ܐܘܣܘܪ̈ܐ. ܕܟܕ ܦܠܐ ܗܘܐ ܕܢܬܡܣܟܢ

[2] 𝔄 *eorum verba* [3] 𝔄 om. ܠܗܘܢ [4] 𝔄 plur. [5] 𝔄 om. ܒܗ̇ ܒܢܟܣܬܐ ܒܡܠܬܗ [5a] 𝔄 = ܘܒܠܚܘܕ [6] In 𝔄 for ܡܕܒܠܝܢ read ܡܕܒܪܝܢ [7] 𝔄 pres. [8] 𝔄 = ܒܡܠܬܗ [9] 𝔄 om. ܠܟ ܐܦ ܠܗ

ܪܚܡܘܗܝ ܡܛܠ ܕܗܘ ܐܝܟ ܣܗܕܐ ܡܫܬܒܗܪ ܗܘܐ. ܘܐܡܪܝܢ 𝔄 385
ܕܬܕܡܘܪܬܐ ܠܥܠܝܡܐ ܘܢܬܘܒ ܐܚܪܬܐ ܡܬܬܠܝܡܐ. ܕܢܬܠܒܒ[10]
ܠܐܝܠܝܢ ܕܠܬܪ ܚܒܫܝܢ ܗܘܝܚܢ ܗܘܘ ܕܬܬܕܪܟܘܢ. ܚܕܡ ܗܘܝܢ ܟܬܒܐ
ܫܪܝܬܐ. ܘܬܒܥܘܢ ܥܠ ܡܢܝܢ ܘܥܠ ܥܠܝܡܘܗܝ ܘܥܠ ܟܢܘܬܐ
ܡܕܢܚܬܐ. ܘܥܠ ܐܚܪܢܐ ܬܘܒ ܗܘ ܕܚܒܫ ܗܘܐ ܡܚܒܫܘܗܝ 6
ܐܝܟ ܣܗܕܐ ܗܘܝܐ ܐܡܪ. ܕܠܐ ܠܡ ܢܐܡܪ ܥܠ ܣܓܝܐܐ.
ܬܐܡܪ ܠܝ ܢܬܚܘܐ ܥܠ ܐܠܟܣܢܕܪܘܣ ܗܘ ܕܦܪܥ ܗܘܐ ܢܦܫܗ
ܗܢܘ ܗܘ ܕܒܚܘܗ ܡܬܥܒܪܐ ܗܘܬ. ܗܘ ܕܣܓܕܝܢ ܠܗ ܐܦ
ܠܗ[11] ܣܓܝܐܐ. ܗܘ ܕܥܠ ܬܠܡܝܕܘܗܝ ܘܡܪܢܫܘܬܗ ܘܐܚܪܢܝܬܐ[12]
ܕܡܬܠܬܠܝܢ ܐܬܚܝܢ. ܠܗ ܐܢܫܝܢ ܡܬܒܥܐ ܕܢܐܡܪ ܐܠܐ
7 ܒܠܚܘܕܝܐ ܕܐܚܘܬܐ (B fol. 120 b). ܚܒܝܒ ܗܘܝܠ ܠܚܒܝܒ ܥܒܕ[13] ܡܢܟܝܢ.
ܢܒܝܐ ܥܒܕ[13] ܬܠܡܝܕܘܗܝ ܠܣܗܕܐ. ܐܘ ܣܗܕܐ ܠܢܒܝܐ ܥܒܕ
ܠܡܫܘܬܗ. ܡܢ ܟܕ ܡܪܢ ܐܡܪ: ܕܠܐ ܬܩܢܘܢ ܕܗܒܐ Mt x 9
ܘܟܣܦܐ ܘܠܐ ܬܪܬܝܢ ܟܘܬܝܢ. ܗܠܝܢ ܒܡܘܒܠܐ ܕܟܠܗܝܢ
ܡܩܒܠܝܢ. ܒܗܠܝܢ ܡܬܝܢܐ ܕܦܫܝܘ ܟܠܝܘܗܝ. ܡܚܘܝܢ ܐܢܫܝܢ
ܟܢܝܢ[14] ܥܠ ܗܘܢ ܕܡܬܒܢܝܢ ܠܗܬܘܢ ܣܓܝܐܐ ܘܢܟܝܐ. ܕܠܐ
ܟܠܗܘܢ ܡܢ ܟܠܬܢܐ. ܐܠܐ ܐܦ ܡܢ ܡܩܒܠܢܐ ܘܡܢ ܡܬܒܪܟܢ 𝔄 386
8 ܘܡܢ ܐܪܟܠܬܐ ܟܕܝܢ ܬܡܢܐ. ܐܢ ܕܝܢ ܐܡܬ ܠܗܘܢ ܬܘܟܠܢܐ
ܢܘܟܒܢ ܟܗܢܐ. ܦܢܝܘܟܢ ܒܫܘܐ ܕܐܢ ܐܬܟܒܢ. ܐܦ
ܡܢ ܗܕܐ ܢܒܠܢ ܡܢ ܣܟܠܘܬܗܘܢ. ܡܬܟܒܐ ܟܢܝ ܕܢܬܟܒܘܢ
ܦܐܪܘܗܝ ܕܢܒܝܐ. ܡܢ ܦܐܪܘܗܝ ܟܢܝ ܡܬܝܕܥ ܐܝܠܢܐ.
9 ܕܬܗܘܐ ܕܝܢ ܡܕܝܚܐ ܠܐܝܠܝܢ ܕܝܨܦܝܢ ܕܢܐܠܦܘܢ[15] ܥܠ
ܐܠܟܣܢܕܪܘܣ. ܢܣܘܐ ܒܐܦܣܘܣ. ܐܬܕܝܢ ܗܘܝܐ ܡܢ ܐܪܛܝܡܘܣ

[10] 𝔄 = ܘܢܬܠܠܡ  [11] 𝔄 om. ܐܦ ܠܗ  [12] 𝔄 = ܕܐܚܪܢܝܬܐ  [13] 𝔄 pres.  [14] 𝔄 *quod demonstrant*  [15] In 𝔄 for [illegible] read [illegible]

ܦܪܢܣܘܬܗܘܢ ܐܬܦܩܠܬܐ ܕܐܦܣܩܘܦܘܣ. ܠܘ ܡܛܠ ܥܡܪܐ ܐܠܐ
ܡܛܠ ܬܫ̈ܠܘܡܬܐ ܕܡܡܚܪܫ ܗܘܐ ܘܟܬܒ.[16] ܘܟܕ ܗܘ̣ܐ ܒܥܘܪܐ
ܘܡܛܐ ܘܥܒܕ ܠܗ ܒܥܡܗ ܕܡܪܢ:[17] ܘܐܬܟܠܠ ܠܡܘܗܒܬܐ ܕܬܗܘܢ:
ܘܒܕܬܗ ܡܢ ܐܝܟܐ ܕܐܬܝܠܕܘ ܗܘܐ ܠܐ ܦܠܚܬܗ ܡܛܠ ܕܠܡܦܠܚܐ
ܗܘܐ. ܐܠܐ̈[18] ܕܢܦܩܢ ܕܝܠܗܘܢ ܡܛܠܬܗ.[19] ܐܝܬ ܠܗܘܢ ܟܠܗ
ܐܪ̈ܟܐ ܕܐܡܪܝܢ. ܘܗ̇ ܕܠܐ ܡܕܝ. ܠܗ̇ ܗܘܝܐ ܢܒܝܐ. ܒܗ ܠܗܘܬܗ
10 ܗܘ ܓ̈ܢܝܐ ܡܚܣ̈ܝܢܘܬܐ. ܠܗܘܝܐ ܡܚܣܢ ܐܝܟܢ ܠܗ ܘܒܐܝܕܗ
ܐܦ ܠܡܢܝܢ. ܘܡܚܣܢ ܚܕ ܠܗܘܝܐ ܢܒܝܐ ܒܕܡܘܬܗ ܘܡܥܡܕܝܢ
ܚܕ ܕܢܦܫܐ ܠܟܠܢ ܡܫ̈ܒܚܢܐ. ܘܐܝܟܢ ܕܝܢ ܬܒܠܝܢ ܢܫܒܪܘܢܗ
11 ܠܡܚܣܝܢܘܬܐ. ܬܘܒ ܕܝܢ ܒܕܘܟܬܐ ܐܚܪܬܐ ܒܗ ܒܩܣܪܝܐ. ܟܠ
𝔄 387 ܗ̇ܢܘܢ ܢܒ̈ܝܐ ܕܡܫܬܒܗܪܝܢ ܒܗܘܢ ܡܗܝܡܢ ܘܐܡܝܪ (B fol. 121 *a*)
ܗܟܢܐ. ܐܢ[20] ܒܫ̈ܪܝܢ ܠܟ ܕܠܐ ܢܫܒܘܩ ܢܦ̈ܫܬܗܘܢ ܥܡܫܐ.
ܗܝ ܗܕܐ ܢܦܫܘܢ. ܕܐܢ ܐܬܚܒܠܘ ܕܢܫܒܩ ܠܟܘܢ ܐܝܟܢ
ܢܒ̈ܝܐ. ܘܪ̈ܚܡ ܡܗܝܡܢ ܕܗܠܝܢ[21] ܐܝܟܢܐ ܡܟܝܠ ܐܝܟܢܐ ܕܕܦ ܕܝܢ
ܕܟܠܗܘܢ[22] ܦܐܪ̈ܘܣܝ ܕܢܒܝܐ ܕܢܬܒܥܘܢ. ܐ̈ܡܪܢ ܠܗ ܗܟܢ.
ܢܒܝܐ ܡܫܒܚܢܐ. ܢܒܝܐ ܡܬܠܒܒ. ܢܒܝܐ ܪ̈ܚܡ ܫܒܬܐ. ܢܒܝܐ
ܒܬܠܝܬܐ ܘܒܒ̈ܘܠܬܐ[23] ܡܫܬܒܚܐ. ܢܒܝܐ ܡܒܘܒ. ܗܠܝܢ[24]
ܢܦܫܢ ܕܐܢ ܥܠܝܟ ܕܢܫܬܪܘܢ ܐܘ ܠܐ. ܐܝܟܢܐ ܕܝܢ ܡܫܝܚܐ
12 ܐܝܟ ܕܐܫܬܪܪ ܠܗܬܗܘܢ. ܘܗܘ ܒܗ ܘܗܘ ܐܦܠܘܣܝܘܣ ܒܗ
ܒܗܘܝܐ ܡܟܐܡܪܐ[24a] ܡܬܚܒܒ. ܕܐܬ̈ܡܟܢ ܥܬ̈ܝܢ ܒܕܡܟܐ ܠܒܬܒܗ
ܕܗܘܝܐ ܡܟܐܡܪܐ ܐܝܬ ܗܘ̈ܝ.[25] ܡܢ ܕܐܡܪ ܡܡܬܠܝܘܣ ܒܗܕܐ
13 ܕܡܫܬܒܪܬܐ ܢܒܝܘܬܐ. ܘܬܘܒ ܐܡܪ. ܕܘܬܠܝܘܣ ܗ̇ܘ ܕܐܕܪܝܢ̇

[16] In 𝔄 read *ամենք*  [17] 𝔄 adds *et liberatus est*  [18] 𝔄 = ܘܐܠܝܢ
[19] 𝔄 om. ܡܛܠܬܗ  [20] 𝔄 om. ܐܢ  [21] 𝔄 om. ܕܗܠܝܢ  [22] In 𝔄 for *ամեն այն* read *ամենայն*  [23] 𝔄 corruptly *հոգի spiritum*  [24] 𝔄 om. ܗܠܝܢ  [24a] 𝔄 *in sermone suo*  [25] In 𝔄 read *այս խօսից էին*

ܗܘܐ ܡܬܬܟܒܢܐ ܡܕܡܥܢܝ. ܕܟܕ ܒܥܕܐ ܗܘܬ ܢܦܫܗ̇ ܕܡܬܢܒܝܐ
ܗܘܬ ܡܟܣܝܡܝܠܐ ܒܦܦܘܙܐ. ܡܢ ܗܘܐ ܕܢܟܣ ܠܗ̇ ܙܘܛܝܩܐ
ܕܡܬܢܒܝܢܐ ܗܘܬ ܒܗ̇. ܘܟܠܐܘܗܝ ܗܘܘ ܗ̇ܢܘܢ ܕܐܝܬ ܗܘܐ
ܠܗܘܢ ܬܪܥܝܬܗ̇. ܡܕܟܪ ܕܝܢ ܐܦ ܠܬܐܪܣܐ ܣܗܕܐ ܕܗܘܐ
ܒܗܘ ܙܒܢܐ. ܐܡܪ ܗܘܐ ܕܝܢ ܬܘܒ ܐܝܟ ܕܡܢ ܡܫܠܡܢܘܬܐ. 14 𝔄 388
ܕܦܩܕ ܗܘܐ ܠܗ ܦܪܘܩܢ[25a] ܠܫ̈ܠܝܚܘܗܝ. ܕܬܪܬܥܣܪܐ[26] ܫ̈ܢܝܢ ܠܐ
ܢܦܩܘܢ ܡܢ ܐܘܪܫܠܡ. ܡܫܬܚܫ ܕܝܢ ܠܣܗܕܘܬܐ ܡܢ ܓܠܝܢܐ
ܕܝܘܚܢܢ. ܘܡܫܬܥܐ ܕܐܦ ܡܝܬܐ ܐܚܝܐ ܝܘܚܢܢ ܒܚܝܠܐ
ܕܐܠܗܐ ܒܐܦܣܘܣ. ܘܐܚܪܢܝܬܐ ܐܡܪ ܕܒܗܝܢ ܒܗ̇ ܡܟܠܝܢܬ
ܠܗܕܐ ܗܪܣܝܣ ܕܐܡܪܢܢ ܟܠܗ̇. ܗܠܝܢ ܐܡܪ (B fol. 121 b)
ܐܦܘܠܘܢܝܘܣ ·:· ·:·

ܕܬܫܥܬܥܣܪ. ܕܡܛܠ ܐܡܪ̈ܐ ܣܪܦܝܘܢ ܥܠ ܗܪܣܝܣ ܕܦܪ̈ܘܓܝܐ.

xix. 1 ܥܠ ܡܕܡ ܕܐܡܝܪ̈ܝܢ ܕܝܢ ܐܦܘܠܝܢܪܝܣ ܠܘܩܒܠ ܗܕܐ ܗܪܣܝܣ
ܕܦܪ̈ܘܓܝܐ ܡܕܟܪ ܠܗ ܣܪܦܝܘܢ ܐܦܣܩܘܦܐ. ܕܗܘܐ ܒܬܪ
ܡܩܝܡܢܘܬܗ ܒܥܕܬܐ ܕܐܢܛܝܘܟܝܐ. ܡܕܟܪ ܠܗ ܕܝܢ ܒܐܓܪܬܐ
ܕܟܬܒ ܠܩܪܝܩܘܣ ܘܦܘܢܛܝܩܘܣ[1] ܕܒܗ̇ ܒܗ ܐܦ ܗܘ
2 ܠܗܕܐ ܗܪܣܝܣ. ܘܐܘܣܦ ܘܐܡܪ ܗܟܢܐ. ܕܬܚܙܐ ܠܟ ܕܬܗܘܘܢ
ܝܕܥܝܢ: ܕܕܓܠܘܬܐ ܕܗܢܐ[2] ܕܡܬܩܪܝܐ ܢܒܝܘܬܐ ܚܕܬܐ:[3] ܡܣܠܝܐ
ܗܝ ܡܬܒܕܩܘܬܗ̇ ܠܟܠܗ̇ ܐܚܘܬܐ ܕܐܝܬ ܒܟܠܗ ܥܠܡܐ. ܫܕܪܬ 𝔄 389
ܠܟܘܢ ܐܦ ܟܬܒ̈ܐ ܕܩܠܝܕܝܘܣ ܐܦܘܠܝܢܪܝܣ ܛܘܒܢܐ
3 ܐܦܣܩܘܦܐ. ܕܐܝܬ ܗܘܐ ܒܐܝܪܘܦܘܠܝܣ ܕܐܣܝܐ. ܒܗܕܐ
ܕܝܢ ܐܓܪܬܗ ܕܣܪܦܝܘܢ ܐܦ ܪܘܫܡܐ ܕܐܦܣܩܘܦ̈ܐ ܣܓܝܐܐ

[25a] 𝔄 = ܡܠܟܢ [26] In 𝔄 read զի երկոտասան

CHAP. XIX. [1] The names are corrupt in 𝔄 [2] 𝔄 om. ܗ [3] In 𝔄 for նորա read նոր

ܪ̈ܫܝܡܝܢ[4] ܒܗ̇. ܕܐܝܬ ܡܢܗܘܢ ܕܟܬܒܐ ܪܫܡܘ...... ܐܘܪܠܝܘܣ[5]
ܩܘܪܝܢܝܘܣ ܣܗܕܐ̇. ܫܠܡ ܐܢܐ ܕܬܗܘܘܢ ܚܠܝܡܝܢ... ܐܚܪܢܐ
ܕܝܢ ܒܫܡܐ ܠܦܘܣܐ̇. ܐܘܪܠܝܘܣ ܦܘܦܠܝܘܣ ܝܘܠܝܘܣ
ܐܦܣܩܘܦܐ ܡܢ ܕܒܠܛܘܣ[6] ܕܬܪܩܝܐ̇. ܚܝ ܗܘ ܐܠܗܐ ܕܒܫܡܝܐ̇.
ܕܣܘܛܝܘܣ ܛܘܒܢܐ ܗ̇ܘ ܕܐܝܬ ܒܐܢܚܝܠܘܣ ܨܒܐ ܕܢܦܩ ܫܐܕܐ
4 ܕܐܝܬ ܒܦܪܝܣܩܠܐ̇. ܘܠܐ ܫܒܩܘܗܝ ܢܣܒܝ ܒܐ̈ܦܐ. ܐܦ[7]
ܕܐܦܣܩ̈ܘܦܐ ܕܡܬܚܙܝܢ ܒܡܕܝܢܬܐ ܘܫܠܝܡܝܢ[7a] ܠܗܠܝܢ. ܪ̈ܫܡܘ[8]
ܚܬܝ̈ܡܬܗܘܢ ܒܗܕܐ ܐܓܪܬܐ. ܗܠܝܢ[9] ܕܝܢ ܗܕܟܐ ܐܫܬܟܚܘ
ܗ̈ܘܘ.

𝔄 390 ܕܟܬ̈ܒܝܢ ܕܟܬܒܐ ܐܡܪ ܐܝܪܢܐܘܣ ܒܐ̈ܓܪܬܐ[1] ܠܘܩܒܠ
ܦ̈ܠܓܐ ܕܐܝܬ ܗܘܘ ܒܪܗܘܡܐ.

xx. 1 ܐܝܬ ܗܘܐ ܕܝܢ ܒܪܗܘܡܐ ܐܢܫܐ ܕܡܫܚܠܦܝܢ ܫܪܪܐ
ܕܢܡܘ̈ܣܗ̇ ܕܥܕܬܐ. (B fol. 122 a) ܐܝܪܢܐܘܣ ܕܝܢ ܟܬܒ ܐܓܪ̈ܬܐ
ܡܦܪ̈ܫܬܐ. ܚܕܐ ܕܝܢ ܟܬܒ. ܥܠܝܗ̇ ܠܘܩܒܠ ܒܠܣܛܘܣ ܡܛܠ
ܣܕܩܐ.[1a] ܒܐܚܪܬܐ ܕܝܢ ܠܘܩܒܠ ܦܠܘܪܝܢܘܣ[2] ܥܠ ܚܕ ܫܘܪܢܐ.
ܘܐܠܗܐ ܠܐ ܗܘܐ ܕܒܪܐ ܗܘ ܕܒ̈ܝܫܬܐ. ܡܛܠ ܗܘܐ ܓܝܪ ܗܘܐ
ܥܠ ܗ̈ܕܐ ܗܕܐ ܬܪܥܝܬܐ. ܘܬܘܒ ܡܛܠܬܗ ܕܐܬܓܪܫ ܗܘܐ
ܠܗ ܠܛܥܝܘܬܐ ܕܒܝܬ ܘܠܢܛܝܢܘܣ.. ܐܦ ܥܠ ܬܡ̈ܢܝܬܐ ܗܡ
ܡܐܡܪܐ ܒܫܘܦܠܐ ܐܝܪܢܐܘܣ ܕܒܗ ܪܥܝ. ܕܐܡܪܗ ܗܘܐ
2 ܒܫܘܠܡܬܐ ܕܡܟܬܒܢܘܬܐ ܕܗ̈ܠܝܢ. ܘܒܫܘܠܡܗ ܕܗܢܐ ܡܐܡܪܐ
ܪ̈ܘܫܡܐ[3] ܐܚܪܝܐ[4] ܕܐܫܬܟܚ. ܘܠܐ ܗܘ ܕܠܝܘܬܗܘܢ[5] ܒܗܢܐ

[4] 𝔄 sing. [5] 𝔄 Արքելիոս *Archelios* [6] 𝔄 'ի Բեղթեկոնէ *e Beltheco*
[7] 𝔄 adds *alii* [7a] 𝔄 om. ܘ [8] 𝔄 sing. [9] 𝔄 om. ܗܠܝܢ

Chap. XX. [1] 𝔄 om. ܒܐ̈ܓܪܬܐ [1a] 𝔄 plur. [2] 𝔄 Փղիարոսի [3] In 𝔄 for դրոշմեաց read դրոշմ [4] 𝔄 *ultimus* = ܐܚܪܝܐ [5] Here begins a lacuna in 𝔄

ܒܥܕܬܐ. ܐܝܬ ܒܗ ܕܝܢ ܗܕܐ. ܕܡܘܕܥܐ ܐܢܐ ܠܟ ܠܡ
ܠܐܢܫܐ ܕܒܥܬ ܗܢܐ ܒܥܕܬܐ ܒܥܒܪ ܢܥܒܕ ܡܫܝܚܐ:
ܘܒܡܐܬܬܗ ܒܥܘܬܬܐ ܗܘ ܕܒܗ ܐܬܪܐ ܕܝܢܘܢ ܚܢܐ ܘܡܬܕܪܟܐ.
ܕܬܦܫܩܘܢܝ ܗܢܐ ܕܐܬܐܬܝ ܘܬܬܩܝܡܘܢܝ ܥܠ ܗܢܐ ܫܪܝܪܐ
ܡܢ ܐܝܠܝܢ ܕܬܬܡܝ. ܘܒܓܠܝܘܬܐ ܐܦ ܠܗ ܠܗܢܐ ܡܬܡܬܟܬܐ
3 ܬܬܟܘܢ. ܘܬܫܘܒܚܬܗ ܒܗܘ ܒܥܕܬܐ ܕܐܬܐܬܝ. ܘܗܠܝܢ ܕܝܢ
ܠܦܘܠܛܝܐ ܐܬܐܡܪܬ ܡܢ ܗܘ ܚܒܪܐ. ܟܬܒ ܕܝܢ ܐܝܟܢܐ ܕܗܘܬ
ܠܗ ܬܫܡܫܬܐ ܡܫܒܠܢܘܬܐ ܕܫܠܝܚܐ. ܕܢܛܪܘܗܝ ܠܗܘܢ ܕܗܘܘ
4 ܐܢܫܐ ܡܕܝܢܐ ܘܡܕܝܪܐ. ܒܗܘ ܕܝܢ ܐܝܟܢܐ ܕܐܡܪܝܢ
ܒܠܫܢ ܕܟܬܒ ܠܦܠܘܪܝܢܘܣ ܗܘ ܐܪܝܢܘܣ. ܒܟܬܒ ܠܗ ܗܟܢ
ܢܦܩ ܕܡܢ ܦܠܘܪܝܢܘܣ ܘܐܡܪ ܗܟܢܐ ܬܒܠܥܬܐ. ܕܗܠܝܢ
ܠܡ ܡܠܦܢܐ ܦܠܘܪܝܢܐ ܠܐ ܗܘܘ ܕܬܪܝܨܬܐ ܫܠܝܡܬܐ. ܗܠܝܢ
ܡܠܦܢܐ ܠܐ ܫܠܡܝܢ ܠܥܕܬܐ. (B fol. 122 b) ܘܪܘܫܥܐ ܪܒܐ
ܪܚܡ ܠܗ ܠܐܢܫܐ ܕܡܬܦܠܓܝܢ ܠܗܘܢ. ܗܠܝܢ ܡܠܦܢܐ ܐܦܠܐ
ܗܪܛܝܩܐ ܕܠܒܪ ܡܢ ܥܕܬܐ ܐܡܪܝܢ ܕܡܡܬܘܡ ܕܢܡܠܠܘܢ
ܐܝܟ. ܗܠܝܢ ܡܠܦܢܐ. ܩܫܝܫܐ ܕܩܕܡ ܡܢܟ ܗܘܘ ܕܩܕܡܝܢ
5 ܬܠܡܝܕܘܗܝ ܕܫܠܝܚܐ ܠܐ ܐܫܠܡܘ ܠܟ. ܚܙܝܬܟ ܓܝܪ ܟܕ
ܛܠܝܐ ܐܢܐ ܒܐܣܝܐ ܬܚܬܝܬܐ ܠܘܬ ܦܘܠܝܩܪܦܘܣ ܒܪܕܬܐ
ܕܡܠܟܘܬܐ. ܘܡܫܬܒܚܬ ܡܬܕܒܪ ܗܘܝܬ ܘܡܬܚܫܒ ܗܘܝܬ ܕܬܬܠ
6 ܒܗܘܢܐ ܠܘܬܗ. ܡܬܕܟܪ ܓܝܪ ܒܗܕܐ ܠܗܠܝܢ ܕܒܗܘ ܙܒܢܐ
ܐܘ ܠܗܠܝܢ ܕܗܫܐ ܡܬܗܘܝܢ. ܡܠܦܢܐ ܓܝܪ ܕܛܠܝܘܬܐ.
ܥܡܗ ܥܡ ܢܦܫܐ ܪܒܝܢ ܘܡܬܚܠܛܝܢ ܒܗ. ܘܡܛܠܗܢܐ ܡܫܟܚ
ܐܢܐ ܕܐܡܪ ܐܦ ܕܒܥܬܐ ܕܝܬܒ ܗܘܐ ܒܗ ܘܡܠܠ ܦܘܠܝܩܪܦܘܣ
ܦܘܠܝܩܪܦܘܣ. ܘܡܦܩܢܘܗܝ ܘܡܥܠܢܘܗܝ. ܘܕܡܘܬܐ ܕܕܘܒܪܗ
ܘܚܙܬܐ ܕܦܓܪܗ. ܘܡܠܦܢܐ ܕܡܠܠ ܗܘܐ ܠܥܡܐ. ܘܗܘܦܟܐ

ܕܡܬܗܦܟܝܢ ܗܘܐ ܒܗ ܡܘܣܝܢ ܘܒܗ ܐܣܛܪ̈ܛܝܐ ܕܣܘܐ ܠܒܪܢ
ܐܝܟ ܕܡܬܬܒܥܐ ܗܘܐ̇. ܘܕܐܡܝܢܐ ܡܬܕܪܫ ܗܘܐ ܡܠܬܗܘܢ̇.
ܘܕܐܝܠܝܢ ܕܚܙܘ ܗܘܐ ܡܬܕܡܪܘܢ ܥܠ ܡܢ̈ܝܢ ܘܥܠ ܚܝܠܐ ܕܡܪܢ
ܗܘܐ ܘܥܠ ܝܘܠܦܢܗ̇. ܕܡܬܝܩܪܘܢ ܡܢ ܦܘܠܘܢ ܕܚܝܘ ܒܫܢܝܗܘܢ
ܠܡܠܬܐ ܚܝܬܐ ܡܟܠ ܗܘܐ ܦܘܠܝܦܘܪܦܘܣ. ܘܡܬܕܡܪܬܐ ܗܘܐ
7 ܥܠ ܟܠܗܘܢ ܕܥܠܝܢ ܠܚܙ̈ܬܐ. ܗܠܝܢ ܐܦ ܒܗܘ ܙܒܢܐ ܡܟܠ
ܣܒܝܘ ܕܐܠܗܐ ܕܗܘ̣ܐ ܥܠܝ. ܣܝܦܐܝܬ ܥܒܕ ܗܘܝܬ ܘܗܟܢ
ܗܘܝܬ ܠܗܘܢ ܒܒܗܘܬܐ. ܠܐ ܒܡܦܪܣܝܐ ܐܠܐ ܒܠܒܐ.
ܘܐܡܝܢܐܝܬ ܒܦܝܣܘܬܗ ܕܐܠܗܐ ܚܒܝܒܐܝܬ ܡܬܒܣܡܝܢ ܐܢܐ
ܠܗܘܢ. ܘܡܫܒܚܝܢ ܐܢܐ ܕܐܝܟܢܐ ܡܕܡ ܐܠܗܐ̇. ܕܐܢ ܥܒܕ
ܗܘܐ ܒܗܢ ܕܗܕܝܐ ܠܗܘܢ ܗܘ̇ ܦܠܓܘܬܐ ܡܫܝܚܐ ܕܡܢ (B fol. 123 *a*)
ܩ̈ܕܝܫܝ. ܦܪܢܐ ܗܘܐ ܘܡܫܦܪ ܗܘܐ ܬܕܡܘܪ̈ܬܗ ܘܐܝܟ ܚܙܝܐ
ܐܡܪ ܗܘܐ̇. ܐܘ ܐܠܗܢ ܦܠܓܐ̇. ܠܐܝܠܝܢ ܕܒܝܢܝܐ ܝܠܕܬܢ
ܕܐܘܗܐ ܡܫܒܚܢ ܗܠܝܢ. ܘܚܙܘ ܗܘܐ̣ ܐܦ ܡܢ ܕܒܘܬܐ
ܕܐܝܟܢ ܗܘܐ ܒܗ̇ ܐܘ ܢܣܒ ܗܘܐ ܒܗ̇: ܐܢ ܥܒܕ ܗܘܐ
8 ܕܐܝܟ ܗܠܝܢ ܩ̈ܠܝܠܐ. ܘܐܦ ܡܢ ܐܓܪ̈ܬܗ ܕܟܬܒ: ܐܘ ܠܒܪ̈ܬܐ
ܕܦܪܝܡ ܠܗ ܕܢܥܪܪ ܐܣܪ ܐܘ ܠܗ̈ܝܢܝܡ ܡܢ ܐܝܠܝܢ ܕܠܒܫ ܐܢܘܢ
ܘܢܬܢܟܠ ܐܢܘܢ. ܡܬܒܣܝܢܐ ܗܘ ܡܬܕܒܪܢܐ ܗܕܐ ܕܐܝܟܪܬ. ܗܠܝܢ
ܐܡܪ ܐܦܪܢܐܘܣ...

ܕܒܣܘܦ ܘܚܕ ܕܐܡܪܢܐ ܐܡܪ ܐܘܣܒܝܘܣ ܒܪܗܘܡܐ ∴

xxi. 1 ܒܪܘܡܐ ܕܝܢ ܕܡܠܟܘܬܗ ܕܩܘܣܛܢܛܝܢܘܣ ܐܬܗܦܟܝܢ ܗܘܐ ܕܪܘܡܝܐ̇.
ܘܗܘܐ ܫܝܢܐ ܒܡܠܟܐ ܕܐܠܗܐ ܒܦܝܣܘܬܗ ܠܟܠܗܘܢ ܒܢ̈ܬܐ
ܕܐܝܬ ܒܟܠܗ ܥܠܡܐ̇. ܒܪ ܡܠܟܘܬܐ ܕܣܢܝܐ ܡܢ ܟܠܗ ܚܘܫܟܐ
ܕܩ̈ܕܡ ܐܢܫܐ ܐܚܪ̈ܢܐ ܗܘܐ ܥܠ ܬܩܢ ܠܡܫܝܚܝܐ ܕܫܠܡ ܐܠܗܐ̇.

ܐܝܟܢܐ ܕܐܦ ܡܢ ܣܓܝܐܐ ܕܐܝܬ ܗܘܘ ܒܪܘܡܐ ܒܥܘܬܪܐ
ܘܒܫܘܡܗܐ ܡܫܡܗܐ[1] ܐܬܦܢܝܘ ܗܘܘ ܠܚܝܝܗܘܢ. ܥܡ ܟܠ
ܒܢܝ ܒܬܝܗܘܢ ܘܒܢܝ ܓܢܣܗܘܢ. ܠܗ̇ ܕܝܢ ܐܢܫ ܗܘܐ 2
ܐܟܠܩܪܨܐ ܣܢܝܐ ܕܛܒܬܐ ܫܦܝܪܘܬܐ ܕܡܫܝܚܐ. ܐܠܐ ܐܬܦܪܥ ܗܘܐ
ܕܢܠܒܫ ܠܗܘܢ ܛܘܒ ܨܢܥܬܐ ܡܦܪܫܬܐ. ܘܐܠܦܠܘܢܝܣ ܒܪܢܫܐ
ܕܫܡܗ ܗܘܐ ܒܗܝܡܢܘܬܐ ܕܐܝܬ ܗܘܐ ܒܗ̇ ܘܒܟܠܗ̇ ܣܦܪܘܬܐ
ܘܡܠܦܢܘܬܐ ܐܝܬܝܗ ܠܕܝܢܐ. ܕܐܡܪ ܗܘܐ ܠܗ ܡܢ ܡܫܡܫܢܘܗܝ
ܕܡܠܝܟܝܢ ܠܗܠܝܢ ܕܢܦܪܓܘܢܘܢ ܠܗܢܐ ܓܒܪܐ. ܐܠܐ ܕܝܢ ܗܘ 3
ܗܢܐ ܒܝܫܐ. ܥܠ ܕܐܟܠ ܗܘܐ (B fol. 123 *b*) ܕܝܢܐ ܕܠܐ ܒܙܒܢܗ:
ܡܛܠ ܕܠܐ ܡܫܬܒܩ ܗܘܐ ܕܢܚܐ[2] ܐܝܟ ܕܡܢ ܦܘܩܕܢܗ ܕܡܠܟܐ
ܐܝܠܝܢ ܕܡܩܕܡܝܢ ܥܠ ܕܐܝܟ ܗܠܝܢ ܨܒܘܬܐ ܐܬܬܒܪܘ ܠܗ ܫܩܘܗܝ.
ܕܦܝܣ ܗܘܐ ܕܝܢܐ ܗܢܐ ܦܝܣܐ ܦܪܢܣܘܣ[3] ܕܝܢܐ. ܗܢܐ 4
ܕܝܢ ܣܗܕܐ ܪܚܝܡܗ ܕܐܠܗܐ: ܟܕ ܒܣܓܝ ܒܥܐ ܗܘܐ ܡܢܗ
ܒܦܝܣܐ ܕܝܢܐ ܕܢܐܡܪ ܡܠܬܐ ܩܕܡ ܟܢܫܐ ܕܣܢܩܠܛܝܩܘܣ.
ܝܗܒ ܗܘܐ ܡܦܩ ܒܪܘܚܐ ܣܓܝܐܐ. ܥܠ ܗܝܡܢܘܬܐ ܗܝ ܕܥܠ
ܦܘܪܩܢܐ ܡܦܩܢܘܬܗ ܗܘܬ. ܐܝܟ ܕܡܢ ܦܘܩܕܢܐ ܕܝܢ ܕܣܢܩܠܛܝܩܘܣ
ܐܬܕܝܢ ܕܢܬܦܣܩ ܪܝܫܗ ܘܐܫܬܟܠܠ. ܡܛܠ ܕܐܝܬ ܗܘܐ ܠܗܘܢ
ܢܡܘܣܐ ܥܬܝܩܐ. ܕܐܝܠܝܢ ܕܡܬܐܠܝܢ ܠܕܝܢܐ ܚܕܐ ܙܒܢ ܘܠܐ
ܡܬܗܦܟܝܢ ܡܢ ܬܪܥܝܬܗܘܢ. ܕܠܐ ܢܬܟܒܫܘܢ. ܐܝܟܢܐ ܕܝܢ 5
ܕܡܠܝܠ ܕܐܡܠܟ ܡ̈ܠܘܗܝ: ܘܡܦܩ ܒܪܘܚܗ ܗܘ ܕܐܬܡܪ ܗܘܐ
ܠܘܩܒܠ ܡܕܡ ܕܐܬܒܥܝ ܗܘܐ ܡܢ ܦܪܢܣܘܣ: ܘܟܠܗ ܡܦܩ
ܒܪܘܚܗ ܕܠܘܩܒܠ ܣܢܩܠܛܝܩܘܣ. ܢܐܦ ܡܢ ܟܬܒܐ ܡܫܟܚ ܐܢܬ
ܕܬܕܥܐ ܡܢܝܢܐ. ·:· ·:·

[1] Read ܡܫܡܗ̈ܐ? [2] Read ܕܢܚܝܘܢ? [3] Read ܦܪܢܝܣܘܣ?

ܕܥܣܪܝܢ ܘܬܪܝܢ. ܕܐܝܠܝܢ ܐܦܣܩܘܦܐ ܢܛܪܝܢ ܗܘܘ ܒܗܘ
ܙܒܢܐ ...

xxii. ܒܫܢܬ ܥܣܪ ܕܡܠܟܘܬܗ ܕܩܘܡܕܘܣ: ܟܕ ܫܠܡ ܬܠܬܥܣܪܐ
ܫ̈ܢܝܢ ܬܫܡܫܬܐ ܕܐܦܣܩܘܦܘܬܐ ܐܠܘܬܪܘܣ. ܩܒܠ ܡܢ ܒܬܪܗ
ܒܝܩܛܘܪ. ܘܒܗܕܐ ܫܢܬܐ ܟܕ ܫܠܡ ܝܘܠܝܢܘܣ ܥܣܪ ܫ̈ܢܝܢ
ܬܫܡܫܬܐ ܕܥܕܬܐ ܕܐܠܟܣܢܕܪܝܐ ܩܒܠ ܕܡܛܪܝܘܣ. ܘܒܗܘܢ
ܒܗܠܝܢ ܙܒ̈ܢܐ ܐܦ ܒܥܕܬܐ ܕܐܢܛܝܘܟܝܐ. ܬܡܝܢܝܐ ܡܢ ܫ̈ܠܝܚܐ
ܝܕܝܥ ܗܘܐ ܐܦܣܩܘܦܐ ܣܪܦܝܘܢ. ܗܘ ܕܡܬܕܟܪ (B fol. 124 a)
ܐܡܪܢ ܠܥܠ. ܘܒܥܕܬܐ ܕܩܣܪܝܐ ܕܦܠܣܛܝܢܐ ܡܕܒܪ ܗܘܐ
ܬܐܘܦܝܠܘܣ. ܐܦ ܢܪܩܣܘܣ ܕܝܢ ܗܘ ܕܐܬܕܟܪܬܗ ܡܠܬܐ ܡܢ
ܩܕܡ ܩܠܝܠ. ܥܕܟܝܠ ܒܗ̇ ܗܘ ܐܚܝܕ ܗܘܐ ܬܫܡܫܬܐ
ܕܥܕܬܐ ܕܐܘܪܫܠܡ. ܘܒܗܘܢ ܒܗܠܝܢ ܙܒ̈ܢܐ ܐܝܬ ܗܘܐ
ܐܦܣܩܘܦܐ ܒܩܘܪܢܬܘܣ ܕܗܠܠܕ ܒܟܘܠܘܣ. ܘܒܥܕܬܐ ܕܐܦܣܘܣ
ܦܘܠܝܩܪܛܝܣ. ܘܐܚܪ̈ܢܐ ܣܓܝ̈ܐܐ ܒܗ ܗܘ ܝܕܝܥܝܢ ܗܘܘ
ܒܗ̇ ܙܒܢܐ. ܘܗܝܡܢܘܬܗܘܢ ܬܪ̈ܝܨܬܐ ܒܟܬ̈ܒܬܐ ܦܠܝܬ.
ܠܗܠܝܢ ܕܝܢ ܟܠܗ ܕܡܫܚܐ ܗܘܬ ܦܫܝܛܐ ܐܝܟ ܒܫܡ̈ܗܝܗܘܢ...

ܕܥܣܪܝܢ ܘܬܠܬܐ. ܥܠ ܙܛܡܐ ܕܗܘܐ ܒܗ̇ ܙܒܢܐ ܡܛܠ
ܦܨܚܐ ...

xxiii. 1 ܥܠܬܐ ܕܝܢ ܡܫܟܚܬܐ ܐܬܬܙܝܥܬ ܒܗ̇ ܙܒܢܐ. ܡܛܠ ܕܟܠܗ̈ܝܢ
ܕܐܝܬ ܗܘܘ ܒܟܠܗ̇ ܐܣܝܐ ܐܝܟ ܕܡܢ ܡܫܠܡܢܘܬܐ ܩܕܡܝܬܐ.
ܐܪܒܥܣܪܐ ܒܣܗܪܐ ܢܛܪܝܢ ܗܘܘ ܘܥܒܕܝܢ ܥܐܕܐ ܕܥܐܕܐ
ܕܦܘܪܩܢܐ ܕܦܨܚܐ ܕܒܗ ܦܩܝܕ ܕܝܗܘܕܝܐ ܗܘܘ ܐܡܪܐ ܢܟܣܘܢ.
ܕܡܢ ܥܠ ܦܘܪ̈ܫܢ ܡܬܒܥܐ ܗܘ ܠܢ ܕܒܗ ܢܫܪܘܢ ܨܘܡܐ.
ܒܐܝܢܐ ܝܘܡܐ ܕܡܫܬܟܚ ܡܢ ܫܒܬܐ. ܗܕܐ ܕܝܢ ܠܐ

ܡܫܬܡܫܐ ܗܘܬ ܒܟܠܗܝܢ ܥܕ̈ܬܐ ܕܐܝܬ ܒܟܠܗ ܥܠܡܐ. ܐܝܟ
ܕܡܢ ܡܫܠܡܢܘܬܐ ܚܒܪ ܕܫ̈ܠܝܚܐ[1] ܘܡܕܡܐ ܠܗܢܐ ܙܒܢܐ ܡܬܢܛܪܐ 𝔄 394
ܗܢܐ ܕܒܥܐ. ܕܒܝܘܡܐ ܐܚܪܢܐ ܠܐ ܐܢܫ ܢܫܪܐ ܨܘܡܐ.
2 ܠܒܪ ܡܢ ܗܘ ܝܘܡܐ ܕܩܝܡܬܗ ܕܦܪܘܩܢ. ܐܬܟܢܫܘ ܗܘܘ ܕܝܢ
ܐܦܝܣܩܘܦܐ ܐܚܪܢܐ ܡܛܠ ܗܕܐ. ܘܟܠܗܘܢ ܒܚܕܐ ܬܪܥܝܬܐ
ܣܡܘ ܗܘܘ ܐܓܪ̈ܬܐ ܠܟܠܗܘܢ ܥܕ̈ܬܐ ܕܒܟܠ ܐܬܪ: ܕܐܝܟ ܕܡܢ
ܢܡܘܣܐ ܕܥܕܬܐ. ܠܐ ܢܗܘܐ ܡܫܬܡܫ ܪܐܙܐ ܕܩܝܡܬܐ
ܕܡܢ ܒܝܬ ܡܝ̈ܬܐ ܕܡܪܢ ܐܠܐ ܒܝܘܡܐ ܕܚܕܒܫܒܐ. (B fol. 124 *b*)
ܘܒܗܢܐ ܝܘܡܐ ܒܠܚܘܕ ܢܛܪ ܕܢܫܪܐ ܨܘܡܐ ܕܦܨܚܐ. ܐܝܬ
ܕܝܢ ܘܐܦ ܥܕܡܐ ܠܗܫܐ ܟܬ̈ܒܐ ܕܐܝܠܝܢ ܕܐܬܟܢܫܘ ܗܘܘ
ܒܗܘ ܙܒܢܐ ܒܦܠܣܛܝܢܐ. ܕܝܬܒ ܗܘܐ ܒܪܫܗܘܢ[2] ܬܐܘܦܝܠܘܣ 𝔄 395
ܐܦܝܣܩܘܦܐ ܕܥܕܬܐ ܕܩܣܪܝܐ. ܘܢܪܩܝܣܘܣ ܕܥܕܬܐ ܕܐܘܪܫܠܡ.
ܘܕܪܘܡܝ̈ ܬܘܒ ܕܐܬܟܢܫܘ ܗܘܘ[3] ܒܪܘܡܐ. ܐܝܬ[4] ܐܓܪܬܐ
ܐܚܪܢܐ ܡܦܠܦܠܘܬܗ[5] ܕܗܢܐ ܘܝܟܛܘܪ ܘܡܗܕܒ ܥܠ ܐܦܝܣܩܘܦܐ
ܕܒܦܢܛܘܣ: ܘܥܠ ܐܦܝ̈ܣܩܘܦܐ ܕܐܬܪ̈ܘܬܐ ܕܐܚܪ̈ܢܐ[5a] ܕܗܘܝܢ
ܒܪܫܗܘܢ ܦܠܡܐ. ܘܕܓܠ̈ܬܐ ܕܓܠܝܐ. ܘܕܐܘܣܪܘܐܢܐ[6] ܐܝܬܘܗܝ
3 ܗܘܐ ܠܗܘܢ ܪܥܝܐ. ܬܘܒ ܕܝܢ ܐܦ ܕܥܕ̈ܬܐ ܕܒܝܬ ܢܗܪ̈ܘܬܐ
ܘܡܕ̈ܝܢܬܐ ܕܒܗܝܢ.[7] ܘܕܡܢܗ ܘܠܗ[8] ܐܦ ܕܒܟܠܘܣ ܐܦܝܣܩܘܦܐ
ܕܩܘܪܢܬܘܣ ܘܕܣܓܝ̈ܐܐ ܐܚܪ̈ܢܐ. ܗܢܘܢ ܕܒܚܕ ܪܥܝܢ ܐܬܚܫܒܘ
ܗܘܘ ܘܦܣܩܘ ܚܕ ܚܘܫܒܢܐ. ܘܕܗܠܝܢ ܕܝܢ ܐܬܚܘܝܘ ܗܘܐ ܚܕ
ܦܣܩܐ ܗܢܐ ܕܐܡܪܢ ܠܟܠܗܘܢ.[9]

CHAP. XXIII. [1] Here the text of 𝔄 recommences [2] 𝔄 *quorum caput erat* [3] 𝔄 *et illi insuper congregati sunt* [4] 𝔄 = ܘܐܝܬ [5] In 𝔄 for *բակ* read *վասն* [5a] 𝔄 *aliarum regionum* [6] 𝔄 om. ܕ [7] 𝔄 *ecclesiarum et urbium quae in Mesopotamia sunt* [8] 𝔄 om. ܘܡܢܗ ܘܠܗ [9] In 𝔄 read *ասացաք վասն նորա*

ܕܢܦܘܣ ܘܐܝܟܢܐ ܥܠ ܦܠܓܘܬܐ ܕܗܘܬ ܒܐܡܘܢܐ ·:· ·:· · · ·

ܐܦܝܣܩܘܦܐ ܕܝܢ ܕܐܝܬ ܗܘܘ ܒܐܡܘܢܐ ܡܬܚܫܒܝܢ ܗܘܘ. xxiv. 1
ܕܢܦܘܣ ܚܕ ܐܢܫ ܗܘ ܡܕܒܪܢܐ ܕܐܬܢܨܚ ܗܘܐ ܠܗܘܢ. ܐܬܘܗܝ
𝔄 396 ܗܘܐ ܕܝܢ ܟܠܗܘܢ ܬܪܝܢ ܦܠܘܣܘܦܘܣ. ܗܘ ܕܐܦ ܗܘ
ܒܐܓܪܬܐ ܗܘ ܕܟܬܒ ܠܚܘܠܦܪ ܘܠܥܕܬܐ[1] ܕܐܘܪܗܝ. ܗܘ[2]
2 ܡܠܠܡܘܬܐ ܗܘ ܕܡܠܠ[3] ܗܘܐ ܒܗܠܝܢ ܡ̈ܠܐ. ܕܐܢܫܝܢ ܠܡ
ܕܠܐ ܚܘܠܫܐ[4] ܚܙܝܢ ܠܗ ܠܝܘܡܢܐ.[5] ܘܠܐ[6] ܡܗܝܡܢܝܢ ܒܠܘܗܝ
ܘܠܐ ܒܝܕܥ ܐܢܫܝܢ ܡܢܗ.[7] ܐܦ ܓܝܪ ܒܐܡܘܢܐ ܢܗ̈ܝܪܐ ܙ̈ܘܕܩܐ
ܚܟܝܡܝܢ. ܕܗܘܘ ܡܗܝܡܢ ܠܝܘܡܢܐ ܕܡܬܐܬܝܬܗ ܕܡܪܢ. ܕܒܗ[8]
ܐܬܝܐ ܒܡܠܟܘܬܐ ܡܢ ܫܡܝܐ ܘܡܬܡܨܒ (B fol. 125 *a*) ܠܟܠܗܘܢ
ܡܪ̈ܕܝܐ. ܦܠܝܛܘܣ ܗܘ ܕܐܬܘܗܝ ܗܘܐ ܡܢ ܬܪ̈ܥܝܬ ܓ̈ܠܝܢܐ
ܕܗܘ ܥܒܕ ܒܐܦܝܣܩܘܦܘ. ܘܬ̈ܪܝܢ ܟܬ̈ܒܘܗܝ ܕܡܐܟ ܒܟܬܒܘܬܐ.
ܘܐܣܪܬܐ ܒܬܪܗ ܒܙܘܢܐ ܕܡܘܕܝܐ ܡܬܬܕܟܪܐ ܗܘܬ ܘܐܬܬܚܝܬ
3 ܒܐܦܣܩܘܦܘ. ܬܘܒ ܕܝܢ ܐܦ ܢܘܚܝܢ ܗܘ ܕܒܠܠ ܗܘܐ ܠܗ ܥܠ ܢܨܚܗ
ܕܝܥܒ: ܗܘ ܕܐܬܘܗܝ ܗܘܐ ܒܡܕܒܪܐ ܘܚܣܝܢ ܗܘܐ ܒܠܠܐ
ܕܡܘܕܝܐ: ܘܐܬܘܗܝ ܗܘܐ ܫܡܗܕܐ ܘܡܠܦܢܐ. ܗܘ ܗܢܐ
4 ܒܐܦܣܩܘܦܘ ܢܦܩ. ܬܘܒ ܕܝܢ ܐܦ ܦܘܠܝܡܘܦܘܣ ܒܡܕܝܢܬܐ.
ܕܐܬܘܗܝ ܗܘܐ[9] ܐܦܝܣܩܘܦܐ ܘܫܡܗܕܐ. ܘܬܪܘܡܐܐ[10] ܕܐܬܘܗܝ
ܗܘܐ ܐܦܝܣܩܘܦܐ ܘܫܡܗܕܐ ܡܢ ܐܘܡܢܝܢ ܘܥܒܕ[11] ܒܡܕܝܢܬܐ.
5 ܡܢܝܐ[12] ܕܝܢ ܡܬܟܢܝܐ ܕܢܐܡܪ ܥܠ ܡܓܪܘܣ[13] ܐܦܝܣܩܘܦܐ
ܘܫܡܗܕܐ ܕܗܘ ܥܒܕ ܒܠܕܝܘܬܐ. ܘܬܘܒ ܕܝܢ ܥܠ ܦܫܝܪܘܣ[14]
ܦܘܠܟܝܐ. ܘܥܠ ܡܠܝܛܘܢ ܐܦܘܟܣܝܐ ܗܘ ܕܒܪܘܝܢܐ ܕܡܘܕܝܐ

Chap. XXIV. [1] 𝔄 *et cepit ecclesia* [2] In 𝔄 for ի read եղ [3] 𝔄 om. ܕ [4] 𝔄 *sine aliis* [5] In 𝔄 for գործէին read գոր [6] 𝔄 om. ܘ [7] 𝔄 *ab iis* [8] 𝔄 om. ܕܒܗ [9] 𝔄 *et erat* [10] 𝔄 ի Թիրոս [11] 𝔄 om. ܘ [12] 𝔄 om. ܡܢܝܐ [13] In 𝔄 read Սգրոսեայ [14] 𝔄 վասն Պորփիւրոսի

ܡܬܕܒܪ ܗܘܐ ܒܟܠܗ ܘܗܐ ܕܗܘ ܣܝܡ ܒܣܪܕܝܣ. ܘܡܣܟܐ 𝔄 397
6 ܠܣܘܥܪܢܐ ܕܡܢ ܫܡܝܐ ܕܒܗ ܢܩܘܡ ܡܢ ܒܝܬ ܡܝ̈ܬܐ. ܗܠܝܢ
ܟܠܗܘܢ ܢܛܪܘ ܝܘܡܐ ܕܐܪܒܥܣܪ ܕܦܨܚܐ ܐܝܟ ܕܐܡܝܪ
ܒܐܘܢܓܠܝܘܢ. ܘܡܕܡ ܠܐ ܫܚܠܦܘ. ܐܠܐ ܢܩܦܘ ܠܩܢܘܢܐ
ܕܗܝܡܢܘܬܐ. ܬܘܒ ܕܝܢ ܐܦ ܐܢܐ ܦܘܠܝܩܪܛܝܣ ܕܐܝܬܝ ܙܥܘܪܐ
ܕܟܠܟܘܢ. ܐܝܟ ܕܡܫܠܡܬ ܡܢ ܐܚ̈ܝܢ ܕܢܦܫܝ ܠܩܪ̈ܝܒܝ ܕܡܢܗܘܢ.
ܫܒܥܐ ܕܝܢ ܗ̇ܘܝܢ ܗܘܘ ܐܚ̈ܝܢ ܐܦܣܩܘ̈ܦܐ ܘܐܢܐ ܬܡܝܢܝܐ.
ܘܐܡܛܝܢܐܝܬ ܠܗܢܐ ܝܘܡܐ ܥܒܕܝܢ[15] ܗܘܘ ܗ̇ܢܘܢ ܗܠܝܢ ܐܚ̈ܝܢ.
7 ܐܡܬܝ ܕܥܡܐ ܡܥܒܪ ܗܘܐ ܚܡܝܪܐ. ܐܢܐ ܗܟܝܠ ܐܚ̈ܝ.
ܫܬܝܢ ܘܚܡܫ ܫ̈ܢܝܢ ܐܝܬ ܠܝ ܒܡܪܢ. ܘܐܫܬܘܬܦܬ ܥܡ ܐܚ̈ܐ
ܕܐܝܬ ܒܟܠܗ ܥܠܡܐ ܘܥܒܪܬ ܟܠܗܘܢ (B fol. 125 b) ܟܬ̈ܒܐ
ܩܕ̈ܝܫܐ. ܘܠܐ ܡܬܕܚܠ ܐܢܐ ܡܢ ܗ̇ܢܘܢ ܕܡܙܝܥܝܢ. ܐܝܠܝܢ
ܓܒܪ̈ܐ ܕܪ̈ܘܒܝܢ[16] ܡܢܝ ܐܡܪܘ. ܕܠܐܠܗܐ ܗܘ ܘܠܐ ܕܢܬܛܦܝܣ. Acts v 29
8 ܛܒ ܡܢ ܒܢܝ̈ܢܫܐ.[17] ܘܥܠ ܗܠܝܢ ܡܬܗܝܒ. ܘܐܡܪ ܥܠ ܐܦܣܩܘ̈ܦܐ
ܗ̇ܢܘܢ ܕܐܝܬ ܗܘܘ ܥܡܗ ܕܝ ܕܩܪܐ ܗܘܐ. ܡܟܐ[18] ܗܘܝܬ
ܠܝ ܕܐܕܟܪ ܠܐܦܣܩܘ̈ܦܐ[19] ܕܐܬܟܢܫܘ ܗܪܟܐ. ܗ̇ܢܘܢ
ܕܐܢܬܘܢ ܐܦܝܣܬܘܢ ܕܐܩܪܐ ܐܢܘܢ ܘܩܪܝܬ ܐܢܘܢ.
ܕܫܡܗܝܗܘܢ[20] ܐܢ ܟܬܒܬ ܣܓܝܐܝܢ ܐܢܘܢ. ܐܝܠܝܢ ܕܝܢ 𝔄 398
ܕܚܙܝܢ ܠܙܥܘܪܘܬܝ ܫܠܡܘ[21] ܠܗܕܐ ܐܓܪܬܐ. ܕܝܕܥܝܢ ܕܠܐ
ܣܝܒܘܬܝ ܣܪܝܩ ܠܐ ܫܩܠܬ. ܐܠܐ ܒܝܫܘܥ ܡܫܝܚܐ ܒܟܠ
ܙܒܢ ܐܬܕܒܪܬ.[22] ·:· ·:· ·:·

[15] 𝔄 om. ܥܒܕܝܢ ܗܘܘ owing to a lacuna [16] Read with 𝔄 ܕܪܘܪ̈ܒܝܢ
[17] 𝔄 *quam hominibus* [18] 𝔄 = ܡܟܠܐ [19] In 𝔄 read *զեպիսկոպոսոսն*
[20] 𝔄 om. ܕ [21] 𝔄 = ܘܫܠܡܘ [22] In 𝔄 for *յարեցայ* read *վարեցայ*

ܕܒܣܦܪ ܘܡܟܝܟܐ. ܕܐܝܟܢܐ ܗܘܬ ܚܙܐ ܥܒܘܕܘܬܐ ܒܟܠ
ܕܗܘܢ ܡܠܠ ܦܣܩܢ.

9 ܐܦܣܩܘܦܐ ܕܝܢ ܕܗܘܡܟܐ ܕܒܝܬܦܪ. ܝܕܥ ܗܘܐ ܡܢ ܥܠܝ
ܕܠܟܠܗܘܢ ܒܕ̈ܘܟܬܐ ܕܒܐܣܝܐ ܒܗ ܟܠܗܘܢ ܒܥ̈ܕܬܐ ܕܢܣܒ ܠܗܘܢ.
ܕܢܦܩܘܢ ܐܢܘܢ ܠܟܠܗܘܢ ܐܚܝܕܐ ܡܢ ܐܝܟܘܬܐ ܕܟܬܒܐ ܐܝܟ
ܕܠܐܢܫܐ ܩ̈ܠܝܠܐ. ܘܐܡܪ̈ܝܢ ܐܢܘܢ ܒܝܕ ܐܓ̈ܪܬܐ[1]

10 ܐܚܝܕܐ ܠܟܠܗܘܢ ܐܢ̈ܫܐ ܕܐܬܝܢ. ܠܘ ܕܝܢ ܠܟܠܗܘܢ ܐܦܣ̈ܩܘܦܐ
ܥܦܪ̈ܬ ܗܕܐ. ܐܠܐ ܐܬܒܝܢ ܗܘܘ ܘܡܦܩܕܝܢ ܠܗ. ܕܢܬܦܪܫܐ
ܐܝܠܝܢ ܕܕܥܠܡܐ ܐܢܝܢ ܘܕܥܠܡܘܬܐ ܘܕܫܘܒܚܐ ܕܐܢ̈ܫܐ. ܐܝܟ ܕܝܢ
ܐܦ ܡܠܬ̈ܗܘܢ[2] ܒܟܬ̈ܒܬܐ ܕܣܪܝܩܐܝܬ ܐܬܒܘ ܠܗ ܠܒܝܬܦܪ:

11 ܘܡܒܝܢܗܘܢ ܡܢ ܗܠܝܢ ܐܬܚܙܝܘ ܗܘܐ ܐܦ ܐܢܬܝܘܟ. ܕܟܬܒ
ܐܦ ܗܘ ܐܝܟ ܕܡܢ ܦܪܘܣܐ ܕܐܢ̈ܫܐ ܕܐܝܬ ܗܘܘ ܒܟܠܗܘܢ.
ܬܚܝܬ ܐܝܕܗ. ܡܟܝܠ ܗܘܐ ܕܝܢ ܒܠ ܗܕܐ. ܕܒܘܡܐ ܕܫܒܥܐ
ܟܠܗܘܢ ܢܗܘܐ ܡܬܦܪܫ ܐܝܪܐ ܕܡܬܟܬܒܗ ܕܒܬܪ ܒܦܣܩ. 𝔄 399
ܠܒܝܬܦܪ ܕܝܢ ܥܒܕ ܗܘܐ ܠܗ. ܕܠܐ (B fol. 126 a) ܠܐ ܦܠܐ ܕܢܦܩܘܢ
ܗܠܝܢ ܟܠܗܘܢ ܒܕ̈ܘܟܬܐ ܕܐܠܗܐ ܥܠ ܕܢܗܪܝܢ ܡܫܠܡܢܘܬܐ ܕܚܙܘܐ
ܡܢܗܝܐ. ܘܐܫܬܘܕܥܬܐ ܕܝܢ ܡܫܬܘܕܥܬܐ ܟܕ ܗܘܐ ܡܢܗ. ܘܒܗܝܢ

12 ܒܟܠܗܘܢ ܐܘܦܩ ܗܘܐ ܘܐܬܦܪܫ ܡܠܬܐ. ܕܠܘ ܠܡ ܟܠܗܘܢ
ܟܠܗܘܢ ܥܠ ܡܠܟܐ ܐܝܬ[3] ܦܠܓܘܬܐ. ܐܠܐ ܐܦ ܥܠ ܦܘܩܕܢܐ
ܕܝܘܡܢܐ. ܐܝܟ ܕܢ ܕܡܢܝܢ ܒܪܚܡܘܗܝ ܕܚܙ ܡܠܟܐ ܡܬܒܥܐ
ܠܗܘܢ ܕܝܘܡܢܐ. ܘܐܝܬ ܕܐܬܝܢ ܘܐܝܬ ܕܡܬܒܥܐ. ܘܐܝܬ
ܕܐܪܟܢܝܢ ܩ̈ܕܡܝܢ ܕܐܡܠܟܐ ܘܕܠܠܝܐ ܡܚܫܒܝܢ ܠܗ ܠܗܘ ܡܠܟܐ.

13 ܘܗܢܐ ܟܠܗ ܦܘܪܫܢܐ ܐܝܬ ܒܝܬ ܗܠܝܢ ܕܢܗܪܝܢ. ܘܠܐ ܒܥܒܕ̈ܬܐ
ܟܠܗܘܢ ܦܩܕ ܗܕܐ. ܐܠܐ ܐܦ ܒܟܢܝ ܗܠܝܢ ܕܗܘܘ ܡܕܡܝܢ.

Chap. XXV. [1] 𝔄 թղթոյ *epistolae* [2] 𝔄 *nomina eorum* [3] 𝔄 adds *iis*

ܗܢܘܢ ܕܠܘ ܚܬܝܬܐܝܬ ܐܚܝܕܝܢ ܗܘܘ[4] ܠܗ ܠܒܢܝܐ. ܐܠܐ
ܒܫܦܝܐܝܬ ܘܒܫܝܢܐܝܬ. ܘܟܠܗܘܢ ܗܠܝܢ ܐܝܟ ܗܘܐ ܠܗܘܢ
ܫܠܡܐ ܥܡ ܚܕ̈ܕܐ ܐܝܟ ܕܐܦ ܠܢ. ܐܦ ܦܠܓܘܬܐ ܕܨܘܡܐ
14 ܐܝܬ ܗܘܐ. ܐܘܕܝܬܐ ܕܗܝܡܢܘܬܐ ܡܫܪܪܐ ܗܘܬ. ܘܟܠ
ܗܠܝܢ ܒܣܘܦ ܬܫܡܫܬܐ ܕܒܢܝܐ ܗܝ ܕܐܘܩܝܡܘܗ̇ ܗܟܢܐ
ܕܐܬܦܪ̈ܢ ܗܟܢܐ. ܕܠܗܘܢ ܠܡ ܐܦܝܣܩ̈ܘܦܐ ܕܗܕܐ ܒܥܕܬܐ
ܕܡܕܒܪ ܐܢܬ[5] ܕܗܘܘ ܩܕܡ ܣܘܛܝܪ: ܐܢܝܩܛܘܣ ܘܦܝܘܣ ܘܗܘܓܝܢܘܣ 𝔄 400
ܘܛܠܣܦܘܪܘܣ ܘܩܣܘܣܛܘܣ. ܠܐ ܗܢܘܢ ܢܛܪܘܗܝ ܠܗܢܐ
ܢܡܘܣܐ. ܐܦܠܐ ܐܝܠܝܢ ܕܥܡܗܘܢ[6] ܡܢ ܒܬܪܗܘܢ ܡܫܡܫܝܢ ܗܘܘ[7]
ܕܢܛܪܘܢܝܗܝ. ܘܟܕ ܗܢܘܢ ܠܐ ܢܛܪܝܢ ܗܘܘ ܠܗ̇. ܫܠܡܐ ܐܝܬ
ܗܘܐ ܠܗܘܢ ܥܡ ܐܝܠܝܢ ܕܢܛܪܝܢ ܗܘܘ ܠܗ ܒܟܪ̈ܬܐ ܐܚܪ̈ܢܝܬܐ
ܕܐܬܝܢ ܗܘܘ ܠܘܬܗܘܢ. ܐܝܟܢܐ ܕܣܘܓܠܐ ܗܘܐ ܕܢܛܪܘܢ
15 ܘܕܠܐ ܢܛܪܘܢ. ܐܦܠܐ ܡܬܚܪܡܘ (B fol. 126 b) ܐܬܕܚܝܘ ܐܢܫܐ
ܡܛܠ ܗܕܐ ܕܡܘܬܐ. ܐܠܐ ܟܕ ܠܐ ܢܛܪܝܢ ܗܘܘ ܐܦܝܣܩ̈ܘܦܐ
ܕܩܕܡ ܡܢܟ. ܠܗܢܘܢ ܕܢܛܪܝܢ ܗܘܘ ܒܕܘ̈ܟܬܐ ܐܚܪ̈ܢܝܬܐ
16 ܡܫܕܪܝܢ ܗܘܘ ܫܘܬܦܘܬܐ. ܘܛܘܒܢܐ[8] ܦܘܠܝܩܪܦܘܣ ܟܕ ܐܬܐ
ܠܪܗܘܡܐ ܒܝܘ̈ܡܘܗܝ ܕܐܢܝܩܛܘܣ: ܘܐܝܬ ܗܘܐ ܠܗܘܢ ܠܘܬ
ܚܕ̈ܕܐ ܙܥܘܪܐ ܩܠܝܠ ܐܦ ܡܛܠ ܐܚܪ̈ܢܝܬܐ. ܘܡܚܕܐ[9] ܫܪܝܘ
ܫܠܡܐ ܥܡ ܚܕ̈ܕܐ. ܘܥܠ ܗܕܐ ܪܫܐ ܟܘܬܫ̈ܐ ܠܐ ܗܘܐ ܠܗܘܢ
ܫܐܠܐ ܚܕ ܥܡ ܚܕ. ܐܦ ܠܐ ܓܝܪ ܐܢܝܩܛܘܣ ܡܫܟܚ ܗܘܐ
ܕܢܦܝܣܝܘܗܝ ܠܦܘܠܝܩܪܦܘܣ ܕܠܐ ܢܛܪܝܘܗ̇ ܠܗܢܐ ܡܕܡ.
ܡܛܠ ܕܥܡ ܝܘܚܢܢ ܬܠܡܝܕܗ ܕܡܪܢ ܘܥܡ ܫ̈ܠܝܚܐ[10] ܡܬܗܦܟ

[4] In 𝔄 read ունէին  [5] 𝔄 *sicut* (*որպէս*) *tu regis*  [6] 𝔄 pres.
[7] 𝔄 pres.  [8] 𝔄 *ունէր սովոր_ և*, apparently a corruption of *և երանելին*
[9] 𝔄 *et statim*  [10] 𝔄 *et cum aliis apostolis*

ܗܘܳܐ ܘܒܫܡܗܘܢ ܢܛܪܘܗ ܠܗܢܐ ܢܡܘܣܐ. ܐܦܠܐ[11] ܦܘܠܝܛܝܩܘܣ.
ܐܝܟ ܠܐܦܠܛܘܢ ܕܢܛܪܘܢܝ. ܕܐܡܪ ܗܘܐ ܠܗ: ܕܡܬܒܥܐ
17 ܠܝ ܕܢܦܩ ܥܡܐ ܕܐܬܚ̈ܘܬܝ ܐܦܝܣܩܘܦܐ ܕܩܘܡܐ ܡܕܝܢܝܐ. ܘܟܕ
𝔄 401 ܗܠܝܢ ܡܟܝܠ ܐܝܬܝܗܝܢ ܗܘܝ̇ ܐܫܬܘܕܥܘ ܡܢ ܫܪ̈ܪܐ. ܘܒܫܪܪܬܐ
ܗ̇ܝ ܠܗ ܐܦܠܛܘܢ. ܠܦܘܠܝܛܝܩܘܣ. ܕܢܦܪܘܩ ܡܕܝܢܬܐ ܒܡܫܡܫܢܘܬܗ̇.
ܘܒܫܠܡܐ ܦܪܘܩ ܡܢ ܫܪ̈ܪܐ ܗܘ ܒܟܠܗ̇ ܒܪܬܐ[12] ܫܠܡܐ ܠܫܠܡܐ ܐܝܬ
18 ܗܘ̇ܐ. ܕܫܡ̇ܥܘܢ ܕܢܛܪܘܢ ܘܕܫܡ̇ܥܘܢ ܕܠܐ ܢܛܪܘܢ ·:· ·:· ܐܢܐܟܘܣ
ܕܝܢ ܕܫܠܡ ܗܘܐ ܠܡܫܡܗ: ܕܒܒܥ̈ܕܢܐ ܐܝܬܘܗܝ ܗܘܐ ܒܥܕ
ܫܠܡܐ: ܗܘ ܒܪ ܬܘܪܓܡܐ ܕܒܫܡܗ. ܗܠܝܢ ܚܟܡܐ ܗܘܐ
ܘܡܚܫܒ ܥܠ ܢ̈ܦܫ ܫܠܡܐ. ܘܗܘ ܕܝܢ ܗܘ ܠܗ ܒܠܚܘܕ ܠܦܘܠܝܛ.
ܐܠܐ ܐܦ ܠܐܢܫܐ ܙ̈ܕܝܩܐ ܣܓܝܐܐ ܕܐܝܬ ܗܘܘ ܒܟ̈ܪܟܐ.
ܕܕ̈ܝܢ ܠܗܠܝܢ ܕܟܐ ܗܘܐ ܒܐܦ̈ܪܟܘܗ[13] ܡܛܠ ܗܢܐ ܢܦܩܐ.
xxv. ܐܦܝܣܩܘܦܐ ܕܝܢ ܕܗܘܘ ܒܦܠܣܛܝܢܐ. (B fol. 127 *a*) ܗ̇ܢܘܢ ܕܡܢ
ܩܕܡ ܐܡܪܢܢ ܐܢܘܢ: ܢܩܡܘܢ ܘܐܬܩܛܠܘ. ܘܒܫܡܗܘܢ
ܡܫܘܣ ܐܦܝܣܩܘܦܐ ܕܒܡܕܝܢܬܐ ܕܨܘܪ: ܘܣܠܘܢ ܕܦܛܠܡܐܝܣ
𝔄 402 ܘܐܚܪܢܝܢ ܕܐܬܒܚܪܘ ܒܟܘܪ̈ܗܢܐ. ܫܡܫܐ ܡܫܒܚܬܐ[14] ܥܠ ܡܫܠܡܢܘܬܐ
ܕܢ̈ܒܝܐ ܕܩܒܠܘ ܗܘܘ ܡܛܠ ܦܫܛ. ܘܒܫܘܠܡܗ ܕܚܬܡܐ
ܟܗܢܐ ܘܐܣܬܪܝ ܗܠܝܢ ܬܚ̈ܠܬܐ. ܕܦܫܛܗ ܠܗ ܕܗܕܐ ܐܪܬܚܬܐ
ܐܬܦܫܛܘ ܘܒܥܪܘ ܠܒܝ̈ܬܐ ܐܚܪ̈ܢܝܬܐ. ܕܠܐ ܢܗܘܐ ܐܚܕܝܢ ܟܠܘܬܐ
ܠܐܝܠܝܢ ܕܦܫܛܘܗܝ ܡܛܠܒܝܢ ܢܬܚܫܒܘܢ. ܘܡܬܒܕܪܝܢ ܐܚܪ̈ܢܝܢ
ܠܗܘܢ ܕܒܗܢܐ ܥܠܡܐ ܕܒܕܒܝܢ ܒܕܘܟ ܐܦ ܒܐܬܒܕܪܝܢܐ.
ܡܢ ܒܬܪ ܕ̈ܩܠܝܢ[15] ܠܗܘܢ ܒܬܫ̈ܒܚܬܐ ܘܐܦ ܒܫܘܒܚܐ ܠܝ ܐܬܦܛܝܒ.[16]
ܕܒܝܫܐ ܥܒܘܕܘܬܐ ܐܚܪܝܢܐ ܢܗܘܐ[17] ܒܕܝܢ ܠܗ ܠܗܘܢܐ ܘܡܒܝܐ
ܘܡܣܟܐ ·:· ·:· ·:· ·:·

[11] The negative is not rendered in 𝔄 [12] 𝔄 plur. [13] 𝔄 sing.
[14] 𝔄 om. ܡܫܒܚܬܐ [15] 𝔄 pres. [16] 𝔄 pres. [17] 𝔄 *sint*

ܕܥܣܪ̈ܝܢ ܘܫܬܐ. ܕܒܗܢܐ ܡܐܡܪ̈ܝܢ ܡܟܠܝܢ ܡܢ ܣܘܦܓܐܬܗ
ܕܐܝܪܢܐܘܣ.

xxvi. ܒܪ ܗܠܝܢ ܕܝܢ ܡܐܡܪ̈ܐ ܘܐܓܪ̈ܬܐ[1] ܕܐܡܪܝܢ ܕܐܝܬ ܠܗ ܠܐܝܪܢܐܘܣ. ܐܝܬ ܠܗ ܬܘܒ ܡܐܡܪܐ ܠܘܩܒܠ ܚ̈ܢܦܐ ܒܦܣܝܩܘܬܐ ܕܐܝܬ ܒܗ ܘܡܬܘܬܪܢܐ ܣܓܝܐܐ ܘܟܬܝܒ ܥܠܘܗܝ ܕܥܠ Ꝑ 403 ܝܕܥܬܐ. ܘܐܚܪܢܐ ܕܟܬܒ ܠܐܚܐ ܚܕ ܕܫܡܗ ܗܘܐ ܡܪܩܝܢܐ ܥܠ ܬܚܘܝܬܐ ܕܟܪܘܙܘܬܐ ܕܫ̈ܠܝܚܐ. ܘܐܚܪܢܐ ܟܬܒܐ ܕܕ̈ܪܫܐ ܡܫܚ̈ܠܦܐ. ܕܒܗ ܡܕܟܪ ܠܐܓܪܬܐ ܕܥܒ̈ܪܝܐ ܘܠܚܟܡܬܐ[2] ܕܫܠܝܡܘܢ. ܘܐܦ ܒܗ ܡܢ ܡ̈ܠܝܗܝܢ. ܡܬܚܙܝܢ ܕܝܢ ܕܐܝܪܢܐܘܣ ܕܡܛܝܢ ܐܢܫܝܢ ܗܠܝܢ ܐܝܟܢ.

ܕܥܣܪ̈ܝܢ ܘܫܒܥܐ. ܥܠ ܐܚܪ̈ܢܐ[1] ܣܓܝ̈ܐܐ ܕܡܬܝܕܥܝܢ ܗܘܘ
ܒܗܘܢ ܙ̈ܒܢܐ.

ܒܗ ܗܘ ܕܝܢ ܩܘܡܘܕܘܣ ܒܡܠܟܘܬܐ ܬܠܬܥܣܪܐ ܫ̈ܢܝܢ ܘܡܝܬ: ܘܩܡ ܦܪܛܝܢܟܣ ܫܬܐ (B fol. 127 b) ܝܪ̈ܚܝܢ. ܡܢ ܒܬܪ ܡܘܬܗ xxvii. ܕܩܘܡܘܕܘܣ ܣܘܝܪܘܣ ܡܠܟ ܒܬܪܗ. ܡܐܡܪ̈ܐ ܕܝܢ ܣܓܝ̈ܐܐ ܐܝܬ ܕܡܢܗܘܢ ܐܦ ܒܝܕܥܐ ܠܡܕܒܪܢܐ ܠܘܬ ܣܓܝ̈ܐܐ ܕܐܢܫܐ ܒܥܕ̈ܬܐ ܟ̈ܠܗ ܒܕܘܟܬܐ. ܕܫܡܥܝܢ[2] ܒܡܘܦܠܐ ܣܓܝ̈ܐܐ. ܐܝܠܝܢ ܕܝܢ ܕܐܫܟܚܢ ܡܢܗܘܢ ܐܢܫܝܢ. ܐܝܬ ܕܗܪܩܠܝܛܘܣ ܕܐܡܪ ܒܫܠܝܚܐ ܘܡܟܣܝܡܘܣ[3] Ꝑ 404 ܥܠ ܗܝܕܐ ܕܒܝܫܬܐ ܕܡܬܚܫܒܝܢ ܒܗ ܐܢܫܐ ܡܢ ܗܪܣܝܣ. ܕܡܢ ܐܝܟܐ ܗܝ ܒܝܫܬܐ ܘܥܠ ܗܕܐ ܕܡܬܒܪܝܐ ܒܪܝܐ ܗܝܘܠܐ.[4] ܘܬܘܒ ܕܟܢܕܝܕܘܣ ܥܠ ܫܬܬ ܝܘ̈ܡܝܢ[5] ܘܕܐܦܝܘܢ ܡܛܠܬܗ ܕܗܝܢܐ

Chap. XXVI. [1] Ꝑ sing. [2] Ꝑ sing.

Chap. XXVII. [1] Ꝑ *de aliis* [2] In Ꝑ for *կր* read *կն* [3] Ꝑ genit.
[4] Ꝑ Հեղայ *Hela* [5] Ꝑ վեցօրէից աւուրցն lit. *hexamerorum dierum* s. *hexameron dierum*

ܥܒܪܐ. ܘܕܡܫܬܡܠܝܢ ܥܠ ܡܢܬܐ ܕܡܢ ܟܠܗ ܟܬܒܐ. ܘܐܚܪܢܐ
ܥܒܪܐ ܕܐܒܝܘܢܝܘܣ⁶ ܘܕܐܚܪܢܐ ܗܠܝܢܐ. ܗܢܘܢ ܕܡܛܠ
ܕܠܘܬ ܠܝ ܒܠܚܘܕ ܠܐ ܗܘܝܢ ܕܟܬܝܒܢ ܒܗܠܝܢ ܟܬܒܐ ܐܦ ܠܐ
ܕܡܬܚܫܒܝܢ ܒܫܡܗܘܬܐ ܕܡܫܝܚܐ. ܘܐܚܪܢܐ ܗܠܝܢܐ ܗܢܘܢ
ܕܠܐ ܡܬܚܫܒܝܢ ܕܢܦܩܐ ܫܡܗܘܢ ܣܢܝܩ ܒܡܐܡܪܝܗܘܢ.
ܕܐܬܩܪܝܘ ܗܘܘ ܒܡܣܟܢܘܬܐ ܫܪܝܪܬܐ ܟܠ ܒܪܬܐ ܐܝܟ
ܕܡܣܟܝܢ ܬܪܥܝܬܗܘܢ. ܠܐ ܕܝܢ ܡܕܒܪܝܢ ܡܛܠ ܕܠܐ ܒܬܪܝܢ
ܫܡܗܘܢ ܕܗܢܘܢ ܕܒܬܪܗ ܐܝܟ.

A 405 ܕܒܫܢܝܢ ܘܬܡܗܝܢ ܥܠ ܗܢܘܢ ܕܗܘܘ ܡܢ ܫܘܪܝܐ ܡܢ
ܩܪܘܣ. ܕܐܪܬܝܩܘ. ܘܒܐܝܢܐ ܠܦܘܣܐ ܐܬܬܣܝܡܘ ܗܘܘ.
ܘܕܐܝܟܢܐ ܐܡܪܢܘ ܠܡܣܒܠܘ ܟܠܗܘܢ ܡܢܝܢܐ...

xxviii. 1 ܘܡܢ ܗܠܝܢ ܕܢܦܩܘ ܕܐܡܪܝܢ ܒܠܝܢܘܢ. ܒܡܐܡܪܐ ܕܫܡܗ
ܒܦܠܓܘܬܐ ܠܝܬ ܒܗܘܢ ܠܡܥܒܠ ܩܪܝܢܬܘܣ ܕܐܪܬܝܩܘ.
ܗܘ ܕܐܬܦܪܫ ܕܢܬܬܗ ܠܡܥܒܠ ܦܘܠܐ ܫܒܝܠܐ. ܐܝܬ ܒܗ
2 ܬܫܥܝܬܐ ܕܒܡܘܢܐ ܠܡܘܢܐ ܫܪܒܐ ܕܐܡܪܐ ܠܝ. ܗܘܕܐ ܓܝܪ
ܩܪܝܣ[1] ܐܡܪܐ ܥܠ ܦܘܩܝܢ ܕܒܢܝܢܐ ܗܘ ܫܝܢܝܐ.
(B fol. 128 a) ܡܟܝܠ ܠܗ̇ ܕܝܢ ܕܠܗ ܡܢ ܡܕܡ ܘܟܠܐ ܣܓܝܐܐ
ܦܪܘܫ ܡܢ ܒܪܬܐ. ܡܛܠ ܕܡܫܬܒܗܪܝܢ ܗܘܘ ܗܢܘܢ ܕܩܒܠܝܢ
ܥܠ ܩܘܫܬܗ ܕܦܪܘܣܐ ܗܘ. ܘܩܕܡ ܐܦ ܣܓܝܐܬܐ ܠܡܚܡܣܢܘܬܐ
ܕܬܚܘܬܐ ܕܪܘܪܒܝܗܘܢ. ܡܫܬܒܚܐ ܕܝܢ ܒܡܠܘܗܝ ܗܕܝܐ.[2]
3 ܐܡܪܝܢ ܠܗ ܕܠܡܘܢ ܡܢܦܩܝܢ ܐܦ ܗܘܢ ܬܠܝܬܝ[3] ܡܠܘ
A 406 ܘܠܗܘ ܗܘܢ ܗܠܝܢ ܕܐܡܪܝܢ. ܘܐܬܓܠܝ[4] ܠܗ ܫܪܪܐ ܕܒܪܘܪܒܘܬܐ

[6] In 𝔄 read զԷբիոնեանսն

CHAP. XXVIII. [1] In 𝔄 for աղատ read աղանդ. [2] 𝔄 *et narrat ita*

[3] 𝔄 *et ii ab apostolis* [4] 𝔄 *et servaverunt*

ܒܙܒܢܐ ܠܒܬܪܘܗܝ ܕܒܝܩܛܘܪ܆ ܕܐܝܬܘܗܝ ܗܘܐ ܐܦܣܩܘܦܐ
ܕܬܠܬܬܥܣܪ ܒܪܘܡܝܐ ܡܢ ܒܬܪ ܦܛܪܘܣ. ܡܢ ܕܐܬܦܪܣܝ ܕܝܢ
4 ܗ̇ܘ ܕܡܟܠ ܒܬܪܗ ܐܬܥܒܕܬ ܘܐܦܟܐ ܥܠ ܫܪܪܐ. ܗܘܐ ܕܝܢ ܒܪ
ܫܘܝܐ ܗܘܘܬ ܠܗܘܢ. ܐܠܐ ܠܐ ܕܡܩܕܡܐܝܬ ܟܬ̈ܒܐ ܩܕ̈ܝܫܐ
ܩܝܡܝܢ ܠܩܘܒܠܗܘܢ. ܐܝܬ ܕܝܢ ܐܦ ܟܬܝ̈ܒܬܐ ܕܐܚ̈ܐ ܡܢ
ܐܢܫܝܢ ܕܩܕܝܡܝܢ ܡܢ ܙܒ̈ܢܘܗܝ ܕܒܝܩܛܘܪ. ܐܝܠܝܢ ܕܟܬܒܘ ܗܘܘ
ܠܘܩܒܠ ܚܢ̈ܦܐ ܥܠ ܬܘܩܦ ܫܪܪܐ. ܘܠܘܩܒܠ ܗܪ̈ܣܝܣ ܕܐܝܬ ܗܘܐ
ܒܗ̇ܘ ܙܒܢܐ. ܐܡܪ ܐܢܐ ܕܝܢ ܕܝܘܣܛܝܢܘܣ ܘܕܡܝܠܛܝܕܣ.
ܘܕܛܛܝܢܘܣ ܘܕܩܠܝܡܝܣ. ܘܕܐܚܪ̈ܢܐ ܣܓ̈ܝܐܐ.[•] ܕܒܟܠܗܘܢ ܗܠܝܢ
5 ܐܡܪܝܢ ܥܠ ܐܠܗܘܬܗ ܕܡܫܝܚܐ. ܕܐܝܪܢܐܘܣ ܓܝܪ[5] ܘܕܡܝܠܝܛܘܢ
ܘܕܐܚܪ̈ܢܐ ܡܢܘ ܕܠܐ ܝܕܥ ܟܬ̈ܒܝܗܘܢ. ܕܡܟܪܙܝܢ ܥܠ ܡܫܝܚܐ
ܕܐܠܗܐ ܐܝܬܘܗܝ ܘܒܪ ܐܢܫܐ. ܡܙܡ̈ܪܐ ܕܝܢ ܘܬܫܒ̈ܚܬܐ
ܕܐܬܟܬܒܘ ܡܢ ܐܚ̈ܐ ܡܗܝ̈ܡܢܐ ܡܢ ܩܕܝܡ: ܡܫܒܚܝܢ ܠܡܫܝܚܐ
6 ܡܠܬܗ ܕܐܠܗܐ ܘܐܡܪܝܢ ܥܠ ܐܠܗܘܬܗ. ܐ̇ܝܟܢܐ ܗܟܝܠ ܟܕ[6]
ܒܗܠܝܢ ܟܠܗܝܢ ܫܢ̈ܝܐ ܡܟܪܙܬ ܫܪܪܗ̇ ܕܥܕܬܐ ܡܫܝܚܝܬܐ ܕܐܬܗܘܐ
(B fol. 128 b) ܗܕܐ ܕܐܡܪܝܢ ܗܠܝܢ. ܕܥܕܡܐ ܠܙܒ̈ܢܘܗܝ ܕܒܝܩܛܘܪ
ܡܬܟܪܙ ܗܘܐ ܗܢܐ ܪܥܝܢܐ. ܐܦ ܐ̇ܝܟܢܐ ܠܐ ܡܬܢܟܦܝܢ 𝔄 407
ܕܒܕܝܢ ܠܒܝܩܛܘܪ ܒܗܠܝܢ. ܟܕ ܝܕܥܝܢ ܫܪܝܪܐܝܬ ܕܒܝܩܛܘܪ܆
ܠܬܐܘܕܘܛܘܣ ܕܐܝܬܘܗܝ ܗܘܐ ܪܫܐ ܘܐܒܐ ܕܗܕܐ ܡܣܬܠܝܢܘܬܐ
ܕܟܦܪܐ ܒܐܠܗܐ ܐܚܪܡܗ ܗܘܐ ܡܢ ܫܘܬܦܘܬܐ. ܕܥܕܬܐ
ܗ̇ܘ ܐܡܪ ܗܘܐ[7] ܥܠ ܡܫܝܚܐ ܕܒܪ ܐܢܫܐ ܗܘ ܦܫܝܛܐ. ܐܢ
ܓܝܪ ܒܝܩܛܘܪ ܐܝܟ ܕܐܡܪܝܢ ܡܣܒܪܝܢ ܗܘܐ ܐܝܟ ܘܠܗܢܐ
ܕܠܗܕܘܩܝܢ. ܐ̇ܝܟܢܐ ܗܟܝܠ ܚܪܡ ܗܘܐ[7a] ܠܬܐܘܕܘܛܘܣ. ܠܗ̇ܘ ܕܗܘ
ܗܘܐ ܡܫܟܚܢܐ[8] ܕܗܕܐ ܗܪܣܝܣ. ܘܗܠܝܢ ܐܡܪ ܥܠ ܒܝܩܛܘܪ.

[5] 𝔄 *autem* [6] 𝔄 om. ܟܕ [7] 𝔄 *dicebat* [7a] 𝔄 *rejiciebat* [8] In

• 𝔄 for [illegible] read [illegible]

7 ܟܕ ܗܟܢ ܕܝܢ ܒܬܫܡܫܬܗ ܚܣܪ ܥܠܝܢ. ܡܛܠ ܡܢ ܒܬܪܗ
ܠܐܪܡܢܝܘܣ. ܒܫܢܬ ܬܫܥ ܕܡܠܟܘܬܗ ܕܡܟܣܡܝܢܘܣ. ܘܡܟܣܡܣ
ܘܐܡܪ ܗܘ ܕܗܟܢ ܗܘ ܗܘܐ ܡܬܐܡܪܐ ܥܠ ܗܘ ܕܫܢܝ ܒܡܕܢܐ
ܗܪܣܝܣ ܕܐܡܪܝܢ ܥܠܝܗܘܢ. ܐܦ ܗܘܒܪܐ ܐܚܪܢܐ ܐܚܪܢܐ ܕܗܘܐ
8 ܒܥܒܕ ܠܐܪܡܢܝܘܣ. ܘܒܬܪ[9] ܒܗܠܝܢ ܩܠܝܠ ܗܟܢܐ. ܐܬܕܒܪ ܠܗ
ܠܩܪܒܐ ܒܥܠܬܐ ܕܒܩܕܡܝܢ ܐܬܬܚܪܬ݂. ܗܘ ܕܒܥܒܪ ܐܢܐ ܕܐܠܗ[10]
ܐܬܬܚܪܬ ܒܥܘܕܪܢ ܒܪܐ ܡܫܝܚܐ ܗܘܬ ܠܗ. ܟܒܪܐ ܚܕ ܐܝܬ
ܗܘܐ ܕܢܫܬܡܥ ܗܘܐ ܐܢܛܝܘܟܝܣ ܘܐܬܝܬܘܗܝ ܗܘܐ ܡܬܕܒܪܢܐ:
9 ܠܗ ܕܝܢ ܡܢ ܡܕܝܢ ܗܘܐ ܗܘܐ ܐܠܐ ܒܩ̈ܪܒܝܢ ܕܝܠܗ. ܠܗܢܐ 𝔄 408
ܐܠܦܣܗܘܢ ܗܘܘ ܒܗܝܢ ܐܣܛܪܛܝܓܘܣ ܘܬܐܕܘܓܝܣ ܐܚܪܢܐ
ܘܐܬܬܚܕܘ ܗܘܐ ܠܪܘܦܠܐ. ܐܬܬܚܕܘ ܗܘܐ ܕܝܢ ܬܪܝܨܝܢ
ܬܠܬܝܢܘܬܗܘܢ[11] ܕܬܐܕܘܓܝܣ ܗܘ ܕܐܡܪܝܢ ܥܠܘܗܝ ܡܢ ܡܕܡܢ.
ܕܡܛܠ ܗܢܐ ܪܚܝܩܐ ܕܣܓܝܐܬܐ ܦܪܨܗ ܗܘܐ ܡܢ (B fol. 129 *a*)
ܥܒܝܕܬܐ ܪܘܓܙܐ ܒܝܘܡܝܢ ܐܦܘܡܣܩܐ ܐܝܟ ܕܩܕܡܝܬ ܐܡܪܬ.[12]
10 ܐܦܣܘܣܗܘܢ ܗܘܐ ܕܝܢ ܠܐܢܛܝܘܟܣ ܕܢܗܘܘܢ ܢܗܘܘܢ ܠܗ ܡܟܝܟܐ
ܡܕܡܝܢ ܘܬܘܪܐ ܐܦܘܣܩܘܦܐ ܠܗܕܐ ܡܪܗܘܢ. ܘܕܗܘܐ ܥܘܠ
11 ܡܢܗܘܢ ܒܟܠ ܟܦܢܐ ܡܟܐܐ ܘܡܘܬܢܐ ܕܗܠܝܢ. ܒܗ ܕܝܢ ܢܦܩ
ܠܗܘܢ. ܘܟܘܬܐ ܡܫܚܠܦܬܐ ܒܝܕ ܚܝܘܐ ܡܬܩܕܡܐ ܗܘܐ ܗܘܐ ܡܢ
ܡܪܥܐ. ܐܠܗܐ ܒܪ[13] ܡܬܝܡܝܢ ܘܡܕܝܢ ܚܝܘܬ ܡܟܝܟܐ. ܠܐ
ܝܬܒ ܗܘܐ ܕܢܗܘܐ ܠܒܪ ܡܢ ܒܡܕܝܢܬܐ ܘܠܐܒܢ. ܡܛܠ ܕܗܘܐ
12 ܡܘܬܢܐ ܕܢܫܡܗ. ܡܛܠ ܕܝܢ ܕܪܫܝܢܘܬ ܚܝܪ ܗܘܐ ܒܡܗܘܢ
ܒܫܪܒܐ.[14] ܡܛܠ ܕܡܬܚܫܒ[15] ܗܘܐ ܒܝܕ ܪܫܝܢܘܬܐ ܕܠܡܬܘܬܗܘܢ
ܘܕܝܘܬܢܐ ܠܚܝܢܐ ܕܡܟܣܝܢ ܠܩܦܠܝܐ. ܠܚܪܬܗ ܠܚܪܬܐ ܗܟܝܠ

[9] In 𝔄 for գոյ read գրէ [10] 𝔄 om. ܕ [11] In 𝔄 read աշակերտք
[12] 𝔄 om. ܐܝܟ ܕܩܕܡܝܬ ܐܡܪܬ [13] 𝔄 *autem* [14] 𝔄 sing. [15] In 𝔄 for
քան զոր սատակեալն read քանզի որսացեալ

ܐܬܢܓܕ ܡܢ ܡܠܐ̈ܟܐ ܩܕܝ̈ܫܐ. ܘܟܠܗ[16] ܠܠܝܐ ܐܬܢܓܕ ܦܪܘܟܐܝܬ.
ܘܟܣܝܐ ܩܕܡ ܡܢ ܨܦܪܐ ܠܒܫ ܣܩܐ ܘܒܕܪ ܥܠܘܗܝ ܩܛܡܐ.
ܘܒܡܫܦܠܘܬܐ ܣܓܝܐܬܐ ܘܒܕܡ̈ܥܐ ܢܦܠ ܥܠ ܪ̈ܓܠܘܗܝ
ܕܙܦܝܪܝܢܘܣ ܐܦܣܩܘܦܐ. ܘܦܙܪ ܗܘܐ ܢܦܫܗ ܩܕܡ ܟܠ ܐܢܫ.
ܠܐ ܕܢܩܒܠܘܢ ܒܠܒܗܘܢ ܕܐܬܛܥܝܘܗܝ ܒܪܚܡܐ ܕܒܥܝܬܐ. ܐܠܐ ܐܦ 𝔄 409
ܩܕܡ ܟܠܢܐ. ܘܐܡܪ ܗܘܐ ܕܩ̈ܕܡܝܗܘܢ[17] ܩܕܡ ܥܕܬܐ ܡܪܚܡܢܘܬܐ
ܕܡܪܚܡܢܐ ܡܪܚܡܢܝܬܐ. ܘܡܛܠ ܟܕܒܐ ܗܘܐ ܘܡܬܬܒܥ:[18] ܘܡܚܘܐ
ܗܘܐ ܫ̈ܘܚܢܐ ܕܡܚ̈ܘܬܐ ܕܩܒܠ. ܘܠܡܚܫܘܚ ܫܘܚܐ ܠܗ
13 ܫܘܬܦܘܬܐ. ܘܠܗܠܝܢ ܢܦܩ ܠܗܘܢ ܐܦ ܟ̈ܬܒܐ ܐܚܪ̈ܢܝܬܐ ܕܠܗܘ
ܕܗܢܐ ܡܬܬܒܥܢܐ ܕܐܬܡܛܝܢ ܗܟܢܐ. ܟ̈ܬܒܐ ܠܟ ܩܕ̈ܝܫܐ ܕܠܐ
ܕܚܠܬܐ ܚܒܠܘ. ܘܠܡܘܒܠܐ[19] ܕܗܝܡܢܘܬܐ ܩܕܡܝܬܐ ܠܒܬܪܗ.
ܘܠܡܩܒܠܢܘܬܐ ܠܐ ܢܕܥܝܢ. ܘܠܐ ܒܢܝܢ ܕܡܠܬܐ ܐܡܪܝܢ (B fol. 129 *b*)
ܟ̈ܬܒܐ ܕܐܠܗܐ. ܐܠܐ ܕܐܝܟܢܐ[20] ܐܣܟܡܐ ܕܕܝܢܐ ܢܫܟܚܘܢ
ܕܢܦܠ ܐܠܗܘܬܗ ܕܒܪܐ. ܘܡܬܕܪܫܝܢ ܒܗ ܡܫܝܚܝܬܐ.[21] ܘܐܢ
ܐܢܫ ܡܩܪܒ ܠܗܘܢ ܡܠܬܐ ܡܢ ܟܬܒܐ ܕܐܠܗܐ. ܡܫܐܠܝܢ
ܗܢܘܢ ܡܕܡ ܐܝܬ. ܕܗܕܐ ܡܠܬܐ ܕܐܝܢܐ ܐܣܟܡܐ ܕܕܝܢܐ
14 ܡܫܟܚܐ ܠܡܥܒܕ: ܢܣܝܒܐ ܐܘ ܦܪܫܐ. ܫܒܩܘ ܕܝܢ ܟ̈ܬܒܐ
ܩܕ̈ܝܫܐ ܕܐܠܗܐ[22] ܘܡܬܥܠܝܢ ܒܡܫ̈ܚܬܐ[23] ܕܐܪܥܢ̈ܐ. ܐܝܟ ܕܗ̈ܢܘܢ
ܐܪܥܢܐ ܐܢܘܢ ܘܡܢ ܐܪܥܐ ܡܡܠܠܝܢ. ܘܠܗܘ ܕܐܬܐ ܡܢ ܠܥܠ
ܠܐ ܝܕܥܝܢ. ܐܘܩܠܝܕܣ ܓܝܪ ܠܘܬ ܐܢܫܐ ܡܢܗܘܢ. ܢܫܩܦܘܢܬ
ܡܬܝܠܦ. ܐܪܣܛܛܠܝܣ ܕܝܢ ܘܬܐܘܦܪܣܛܘܣ. ܡܛܠ ܫܒܝܚܝܢ ܠܗܘܢ.
ܓܠܝܢܘܣ ܓܝܪ ܠܘܬ ܐܢܫܝܢ ܡܢܗܘܢ ܐܝܟ ܗܘ ܕܡܣܬܓܕܘ
15 ܡܣܬܓܕ.. ܗܢܘܢ ܕܝܢ ܒܐܘܡܢܘܬܐ ܕܗܢܘܢ ܕܠܐ ܡܗܝܡܢܝܢ 𝔄 410

[16] 𝔄 om. ܘ  [17] 𝔄 adds *et*  [18] 𝔄 adds *ab iis*  [19] 𝔄 plur.  [20] In 𝔄 for որպէս 'ի read որպիսի  [21] 𝔄 om. ܘܡܬܕܪܫܝܢ ܒܗ ܡܫܝܚܝܬܐ
[22] 𝔄 om. ܕܐܠܗܐ  [23] 𝔄 sing.

ܡܬܚܫܚܝܢ ܠܬܪܓܡܬܐ ܕܗܪܣܝܣ ܕܝܠܗܘܢ. ܘܥܩܒܘܬܐ ܕܪܘܚܗܘܢ
ܕܕܠܐ ܐܠܗܐ ܐܝܟܢ ܡܟܪܙܝܢ ܒܡܫܝܚܘܬܐ ܦܫܝܛܬܐ ܕܒܪ̈ܢܫܐ
ܕܐܠܗܐ. ܒܪ ܐܦܠܐ ܕܝܢ[24] ܡܟܪܙ ܗܘܝܢ ܠܗ ܠܡܫܝܚܘܬܐ.
ܡܢܗܐ ܡܬܚܒܒܐ ܠܝ ܕܢܐܡܪ ܥܠܝܗܘܢ. ܡܛܠ ܗܢܐ ܕܠܐ
ܕܫܠܝܬܐ ܐܪܡܝܘ ܐܝܕܝܐ ܥܠ ܒܪ̈ܝܬܐ ܕܐܠܗܘܬܐ ܘܐܡܪܝܢ
16 ܡܬܦܢܘ ܡܬܦܢܝܢ ܐܢܫܝܢ ܠܗܘܢ. ܘܕܠܐ ܡܟܣܝܢ ܒܥܒܪ ܐܝܢܐ
ܠܗܘܢ.[25] ܐܝܟܢܐ ܕܢܦܩܐ. ܡܟܣܝܢ ܠܗ. ܐܝܟ ܐܢܫ ܒܪ[26] ܢܘܟܪܝܐ
ܕܢܦܩ ܢܡܘܣܐ ܕܝܢ ܕܝܢ ܡܫܝܚܐ ܘܢܦܩܘ ܐܝܟ ܗܘ ܕܢܡܘܣܐ ܥ̈ܒܕܐ.
(B fol. 130 a) ܡܟܣܝܢ ܠܗܘܢ ܕܦܠܓܝܢ ܚܕ ܥܠ ܚܕ. ܦܠܓܝܢ ܟܬܒ
17 ܕܐܣܘܡܟܘܣ ܥܠ ܕܬܐܘܕܘܛܝܘܢ. ܦܫܛ ܕܝܢ ܡܫܬܟܚܝܢ ܡܢ
ܬܘܒܢܘܗܝ ܡܛܠ ܕܣܦܠܐܝܬ ܒܬܪܟܢ ܠܗܘܢ ܬܠܡ̈ܝܕܘܗܝ.
ܠܦܘܡܢܐ[27] ܕܚܕ ܚܕ ܡܢܗܘܢ ܐܝܟ ܕܗܘܘ ܦܪܝܢ ܠܗܘܢ.
ܐܬܘܗܝ ܕܝܢ ܣܦܪ̈ܐ. ܗܘܒ ܕܝܢ ܕܗܪܡܦܘܠܘܣ ܠܗܠܝܢ
ܠܐ ܥܠܡܝܢ. ܕܐܦܠܘܣܘܣ ܕܝܢ ܐܦܠܐ ܗܘܘ ܠܗܘܢ ܥܠܡܝܢ.
ܐܢ ܚܪ ܐܢܫ ܢܦܫܗ ܠܗܘܢ ܕܡܢ ܩܕܡ ܐܬܬܦܝܘ ܡܢܗܘܢ.
ܠܗܠܝܢ ܕܒܢܝܬܐ ܦܪܝܫ. ܡܟܣܝܢ ܕܐܦ ܗܘܝܘ[28] ܠܐ ܠܐ ܥܠܡܝܢ ܚܕ
18 ܠܚܕ ܀ ܕܒܟܠܐ ܕܝܢ ܐܬܬܢܝ ܡܪܢܘܬܐ ܕܗܢܐ ܫܠܝܚܐ. ܕܡܢܟ
ܕܐܦ ܗܘܘ ܡܕܝܢ. ܐܘ ܚܪ[26] ܠܐ ܡܫܡܥܝܢ ܕܡܢ ܪܘܚܐ
ܕܡܢܕܥܐ ܐܬܐܡܪܘ ܒܟ̈ܬܒܐ ܡܕ̈ܝܢܐ ܘܐܬܢܨܚܘܢ ܕܠܐ
ܗܝܡܢܘܬܐ. ܐܘ ܠܡܕܥܝܢܗܘܢ ܚܟܝܡܝܢ ܕܚܟܝ̈ܡܝܢ ܡܢ ܪܘܚܐ
ܕܡܕܥܐ. ܡܢܐ ܕܝܢ ܐܚܪܝܢ ܐܢܬܘܢ ܐܠܐ ܥܒܪ̈ܐ. ܠܐ
ܚܪ ܡܟܣܝܢ ܕܡܦܪܫܘܢ ܕܠܐ ܕܠܗܘܢ ܗܘ ܡܗܕܐ ܡܪܢܘܬܐ
A 411 ܒܪ ܒܐܬܪ̈ܝܗܘܢ ܒܬܘܟܝܢ.[29] ܡܢ ܗܢܘܢ ܕܝܢ[30] ܕܐܬܬܠܡܕܘ

ܡܢܗܘܢ܂ ܠܐ ܡܟܠܘ ܐܝܟܢ ܗܟܢܐ ܠܟܬ̈ܒܐ. ܘܠܝܬ ܠܗܘܢ
ܕܢܣܒܘܢ ܕܡܢ ܐܝܟܐ ܟܬܒܘ ܐܝܟܢ ܠܢܘܣܚ̈ܝܗܘܢ. ܐܢܫܝܢ 19
ܕܝܢ[31] ܡܢܗܘܢ ܐܦ ܠܐ ܕܢܣܠܦܘܢ ܐܝܟܢ ܡܣܠܦܘ ܢܟܒ.
ܐܠܐ ܡܠܝܐܝܬ ܟܦܪܘ ܒܗܘܢ ܒܢܡܘܣܐ (B fol. 130 *b*) ܘܒܢ̈ܒܝܐ.
ܒܝܘܠܦܢܗܘܢ ܗܘ ܕܕܠܐ ܢܡܘܣ ܗܘ ܘܕܠܐ ܐܠܗܐ. ܘܡܚܠܬܐ
ܕܠܒܘܫܬܐ[32] ܠܡܪܬܐ ܕܐܟܕܢܝܐ ܐܬܚܕܘ. ܘܥܠ ܗܠܝܢ ܒܕܒܐ
ܠܡܪܢܐ ܐܬܚܒܝܢ ܀

ܫܠܡ ܡܐܡܪܐ ܕܫܒܝܥܝܐ ܕܬܫ̈ܥܝܬܐ ܕܥܕܬܐ.

·o:o· ·o:o· ·o:o·

ܫܘܒܚܐ ܠܐܒܐ ܘܠܒܪܐ ܘܠܪܘܚܐ ܕܩܘܕܫܐ.
ܠܥܠܡ ܥܠܡܝܢ ܐܡܝܢ ܘܐܡܝܢ.[33]

* * * * *

* * * *

* * * * *

* * * *

* * * * *

* * * *

* * * * *

[31] Some such words as *զօրինակս բերեանցն՝ իսկ ոմանք* have fallen out in 𝕬 [32] 𝕬 *erroris* = ܕܛܘܥܝܝܐ? [33] The subscription is omitted in 𝕬. Here ends the text of B

* * * * * * * * * * *

Book VII. xxxii.

𝔄 607 (A fol. 85 *a*)[1] ܟܕ ܒܪܝܫ ܗܘܐ ܒܐܬܪ̈ܘܬܐ ܕܦܠܣܛܝܢܐ. ܥܒܕ

29 ܫ̈ܢܝܢ ܫܒܥ ܗܘܐ ܠܗ. ܒܥܕܬܐ[2] ܕܝܢ ܕܐܘܪܫܠܡ ܡܢ ܒܬܪ ܗܡܝܢܐܘܣ

ܐܦܝܣܩܘܦܐ. ܗܘ ܕܩܕܡ ܡܢܢ ܐܬܕܟܪܢ ܥܠܘܗܝ. ܘܙܒܕܐ ܩܒܠ

ܬܫܡܫܬܐ ܕܬܡܢ. ܒܬܪ ܩܠܝܠ ܕܝܢ ܙܒܢܐ ܟܕ ܐܬܢܝܚ ܗܘܐ.

ܗܪܡܘܢ ܐܚܪܝܐ ܩܒܠ ܬܪܘܢܘܣ ܕܫ̈ܠܝܚܐ. ܕܢܛܝܪ ܗܘܐ ܬܡܢ[3]

30 ܒܪܘܡܐ ܠܐܒܢܐ ܕܕܘܦܝܐ. ܒܐܠܟܣܢܕܪܝܐ ܕܝܢ ܟܕ ܡܢ

ܒܐܦܝܣܩܘܦܘܬܐ ܡܩܣܝܡܘܣ[4] ܬܡܢܬܥܣܪ̈ܐ ܫ̈ܢܝܢ. ܡܢ ܒܬܪ ܡܘܬܗ

ܕܕܝܘܢܘܣܝܘܣ. ܬܐܘܢܘܣ ܩܒܠ ܡܢ ܒܬܪܗ. ܘܒܝܘܡ̈ܬܗ ܕܗܢܐ

ܒܐܠܟܣܢܕܪܝܐ. ܥܡ ܦܝܪܝܘܣ[5] ܩܫܝܫܐ ܐܦ ܐܟܝܠܐܣ ܐܢܫ

ܗܘܐ. ܘܡܠܦܢܘܬܐ ܕܗܝܡܢܘܬܐ ܡܩܕܫܬܐ ܐܚܝܕ ܗܘܐ ܬܡܢ.

ܬ̈ܠܝܠܐ ܕܝܢ ܡܫܬܒܚܝܢ ܗܘܘ ܕܒܡܕܒܪܢܘܬܗ. ܕܒܟܬܒ̈ܐ[6] ܕܦܝܠܘܣܘܦܘܬܐ.

31 ܘܒܕܘܒܪ̈ܐ ܕܗܘܠܟܢܐ ܕܡܫܒܚܬܐ ܢܨܝܚܐܝܬ ܩܐܡ ܗܘܐ. ܡܢ

ܒܬܪ ܕܝܢ ܕܫܡܫ ܬܐܘܢܘܣ[7] ܬܫܥܣܪ̈ܐ ܫ̈ܢܝܢ ܩܒܠ ܡܢ ܒܬܪܗ

ܐܦܝܣܩܘܦܘܬܐ ܦܛܪܘܣ ܒܐܠܟܣܢܕܪܝܐ.[7a] ܘܐܫܬܒܚ[8] ܒܬܐܪܝܬ.

𝔄 608 ܬܪܬܥܣܪ̈ܐ ܫ̈ܢܝܢ ܒܐܦܝܣܩܘܦܘܬܐ. ܕܒܪ ܗܘܐ ܕܝܢ ܓܡܝܪ̈ܬܐ ܬܠܬ

ܫ̈ܢܝܢ ܩܕܡ ܕܪܕܘܦܝܐ. ܘܫܪܟܐ ܕܙܒܢܐ ܕܕܘܒܪܗ. ܒܚܦܝܛܘܬܐ ܪܘܚܢܐ

ܦܠܚܘܬܐ ܢܦܫܗ ܡܕܒܪ ܗܘܐ. ܘܐܝܟ ܕܠܬܘܬܦܘܬܐ ܕܟܢ̈ܫܬܐ.[9]

[1] Here ends the great lacuna in A, towards the close of the last chapter of Book VII. [2] 𝔄 genit. [3] 𝔄 om. ܬܡܢ [4] 𝔄 *Maximus* [5] 𝔄 *cum Piario* [6] 𝔄 does not express ܕ before ܒܡܕܒܪܢܘܬܗ or ܒܟܬܒܐ [7] 𝔄 *Theones* [7a] 𝔄 *Alexandrinorum Petrus* [8] 𝔄 = ܕܐܫܬܒܚ [9] 𝔄 = ܕܟܢ̈ܬܐ, and joins the word in construction to ܢܦܫ ܗܘܐ without rendering ܕܠܗܘܢ

ܡܛܠ ܗܘܐ ܕܠܗܘܢ ܪܘܪܒܐܝܬ. ܬܘܒ[10] ܗܟܝܠ ܒܫܢܬ ܬܫܥ
ܕܪܕܘܦܝܐ. ܐܬܦܣܩ ܪܫܗ ܘܐܬܟܠܠ ܒܟܠܝܠܐ ܕܣܗܕܘܬܐ.
32 ܒܗܢܐ ܠܡܐܡܪܐ ܢܫܠܡ ܫܘܕܥܐ ܕܡܫܘܚܠܦܘܬܐ ܕܡܢ ܡܘܬ̈ܒ
ܠܝܠܕܘܬܗ ܕܦܪܘܩܢ. ܒܙܒܢܐ ܕܐܬܣܬܪ ܒ̈ܬܐ ܒܪܕܘܦܝܐ ܕܗ̈ܘܘܢ
ܬܠܬܡܐܐ ܘܫܒܥ ܫ̈ܢܝܢ. ܗܢ ܗܫܐ ܕܝܢ ܢܫܬܥܐ ܥܠ ܐܝܠܝܢ
ܕܐܬܓܒܪܘ ܒܐܓܘܢܐ. (A fol. 85 *b*) ܕܟܠ ܐ̈ܦܝ ܕܫܠܬ ܐܠܗܐ.
ܕܐܝܠܝܢ.[11] ܘܕܐܝܟܢܐ ܐܬܬܫܡܘ ܗܘܘ. ܒܟܬܒܐ ܢܚܘܘ
ܒܗܕܢܐ ܠܐܝܠܝܢ ܕܐܬܝܢ ܒܬܪܢ ⊙

ܫܠܡ ܣܦܪܐ ܕܫܒܥܐ.[12] •

·o· ·o· ·o· ·o·

[10] 𝔄 om. ܬܘܒ [11] 𝔄 = ܘܕܐܝܠܝܢ [12] 𝔄 omits the subscription

܀ ܀ ܀ ܀

ܢܪܟܐ ܡܪܟܢܝܐ. ܥܠ ܐܝܟ ܕܗܘܐ ܡܢ ܐܪܕܘܦܝܐ ܀ ܀

ܕܬܪܝܢ. ܥܠ ܣܬܪܗܘܢ ܕܟܪ̈ܟܬܐ ܀ ܀

ܕܬܠܬܐ. ܥܠ ܕܐܝܟܢܐ ܚܢܢܘ ܐܝܟܘܢܐ ܐܝܟ ܕܗܘܘ ܟܪܘܒܝܐ ܀ ܀

ܕܐܪܒܥܐ. ܥܠ ܣܘ̈ܪܐ ܥܬ̈ܝܩܐ ܕܐܠܗܐ. ܐܝܟ ܡܠܘ ܥܠ ܐܬܪ̈ܘܬܗ ܕܡܕܒܪܢܘܬܗ̇[1] ܘܥܡܠܐ ܩܠܝܠܐ ܦܪ̈ܝܫܐ. ܥܠ ܐ̈ܦܝ ܕܝܠܗ ܐܠܗܐ ܀ ܀

ܕܚܡܫܐ. ܥܠ ܫܡܗ ܕܐܣܘܕܘ ܒܝܣܘܡܝܕܐ.

ܕܫܬܐ. ܥܠ ܫܠܡܝ ܕܐܣܘܕܘ ܗܘܘ ܡܢ ܬ̈ܫܘܒܚܬܗ ܕܡ̈ܠܟܐ ܀ ܀

ܕܫܒܥܐ. ܥܠ ܡܪ̈ܝܐ ܕܐܣܘܕܘ ܒܡܦܘܣܐ ܀

ܕܬܡܢܝܐ. ܥܠ ܐܝܟ ܕܐܣܘܕ ܒܗ ܒܡܪ̈ܝܡ.

ܕܬܫܥܐ. ܥܠ ܫܡܗ ܕܐܣܘܕܘ ܒܬܒܐܣܐ ܀

ܕܥܣܪܐ. ܡܠܦܢܐ ܕܒܬܪ ܦܠܐܘܣ ܣܗܕܐ. ܥܠ ܐܝܟ ܕܐܣܬܒܪ ܒܐܠܟܣܢܕܪܝܐ ܀ ܀

ܕܚܕܥܣܪ. ܥܠ ܫܡܗ ܕܐܣܘܕܘ ܒܦܪܘܓܝܐ ܀ ܀

ܕܬܪܥܣܪ. ܥܠ ܦܘܓܠܐ ܕܓܒܪ̈ܐ ܘܢܫ̈ܐ ܕܒܒܘ ܐܝ̈ܟܘܢܐ[2] ܒܦܘܪܫܢܐ ܦ̈ܓܝܢܐ ܀ ܀

Book VIII. [1] 𝔄 plur. [2] 𝔄 sing.

𝔄 612 ܕܬܠܬܬܥܣܪ. ܥܠ ܗܢܘܢ ܕܩܕܡܝܢ ܗܘܘ ܒܪܝܫܐ ܕܥܕ̈ܬܐ. ܕܣܗܕܘ ܫܪܪܐ ܕܕܚܠܬ ܐܠܗܐ ܕܡܚܒܝܢ̈ ܗܘܘ ܒܥܘܒܕܐ ܕܕܝܠܗܘܢ.

ܕܐܪܒܥܣܪ. ܕܐܝܟܢܐ ܐܝܬܝܗܘܢ ܗܘܘ ܒܥܠܕܒܒܐ ܕܕܚܠܬ ܐܠܗܐ ...

ܕܚܡܫܬܥܣܪ. ܥܠ ܐܝܠܝܢ ܕܓܕܫ ܡܢ ܒܬܪܟܢ ...

ܕܫܬܬܥܣܪ. ܥܠ ܫܘܠܡܐ ܫܦܝܪܐ ܕܫܘܚܠܦܐ[3] ܕܗܘܐ ...

ܕܫܒܥܬܥܣܪ. ܥܠ ܫܘܠܡܐ ܕܡܠܟܐ[4]...

𝔄 615 ܫܪܟܐ ܡܕܝܢܐ. ܥܠ ܐܝܠܝܢ ܕܗܘܘ ܗܘܘ (A fol. 86 a) ܡܕܡ ܐܪܕܘܦܝܐ ܒܥܘܗܕܢ[1]...

Pref. ܡܫܠܡܢܘܬܐ ܕܫܘܥܝܐ ܕܡܢ ܫ̈ܠܝܚܐ. ܒܫܒܥܐ[2] ܣܦܪ̈ܝܢ ܫܠܡܢ.
ܘܒܗܢܐ ܣܦܪܐ ܬܡܝܢܝܐ. ܡܕܡ ܕܐܬܚܙܝ ܒܥܕܢ̈ܝ ܠܗ
ܥܣܩܐܝܬ ܘܠܐ ܕܢܥܠܡܝܘܗܝ ܒܟܬܒܐ. ܠܡܠܦܢܐ ܕܐܝܠܝܢ
i. 1 ܕܗܘܝܢ ܡܢ ܒܬܪ̈ܢ ܢܥܒܪ ܕܝܢ ܗܘ ܡܠܬܐ ܡܢ ܗܪܟܐ. ܕܟܡܐ
ܘܕܐܝܟ ܐܝܕܐ ܦܪܗܣܝܐ ܘܬܫܒܘܚܬܐ. ܐܝܬ ܗܘܐ ܠܡܠܬܐ
ܕܕܚܠܬ ܐܠܗܐ. ܗܝ ܕܐܬܟܪܙܬ ܒܝܕ ܡܫܝܚܐ ܠܥܠܡܐ ܟܠܗ
ܐܢܫܐ. ܒܝܬ ܝܘܢܝܐ ܘܒܝܬ ܒܪܒܪ̈ܝܐ. ܡܕܡ ܕܪܘܕܦܐ ܕܗܘܐ
2 ܒܥܕ̈ܢܝ ܪܒܐ ܗܝ ܡܢ ܠܡܫܬܥܝܘ ܠܗܘܢ ܐܝܟ ܕܫܘܝܐ.
ܘܬܫܒܘܚܬܐ ܢܣܒ ܡܢ ܐܝܡܪܐ ܕܡܝܩܪܝܢ ܗܘܘ ܡ̈ܠܟܐ ܠܐܝܠܝܢ
ܕܡܢ ܕܝܠܢ ܐܝܬܝܗܘܢ ܕܠܗܘܢ[3] ܡܗܝܡܢ ܗܘܘ ܫܘܠܛܢܐ ܕܡܕܒܪܢܘܬܐ[4]
ܥܠ ܥܡܡ̈ܐ. ܘܒܝܘܡܐ ܗܟܢܐ ܕܪܚܡܝܢ ܗܘܘ ܠܗܘܢ ܬܘܒ ܘܠܦܝܢܐ
ܕܡܗܝܡܢ. ܡܢ ܥܘܡܐ ܕܕܝ̈ܢܐ ܡܫܠܡܝܢ ܗܘܘ ܠܗܘܢ ܠܥܡ̈ܡܐ.

[3] In 𝔄 for իւրեանց read իրաց [4] 𝔄 plur.

Chap. I. [1] 𝔄 om. ܒܥܘܗܕܢ [2] In 𝔄 read յեւրն [3] 𝔄 = ܘܠܗܘܢ

[4] 𝔄 om. ܕܡܕܒܪܢܘܬܐ

A 616 ܡܛܠܐ ܕܝܢ ܢܐܡܪ ܥܠ ܐܝܠܝܢ ܕܡܢ ܟܢ̈ܘܫܝܗܘܢ ܕܡ̈ܠܟܐ ܐܝܬܝܗܘܢ 3
ܗܘܘ. ܘܐܦ ܕܘܪ̈ܗܛܐ. ܗܢܘܢ ܕܠܒ̈ܬܝ ܨ̈ܠܘܬܗܘܢ[4a] ܡܛܠ ܢ̈ܦܫܬܗܘܢ
ܡܣܬܟܝܢ ܗܘܘ ܦܪܢܣܝܐ ܕܒܐܠܗܐ. ܒܡܠܬܐ ܘܒܡܥܒܕܐ
ܠܢ̈ܦܫܗܘܢ ܘܩ̈ܢܝܢܗܘܢ ܘܡܕ̈ܒܪܢܘܬܗܘܢ܆ ܘܠܐ[5] ܗܘܐ ܒܠܚܘܕ
ܕܢܬܒܪܘܢ ܒܦܪܗܣܝܐ ܕܗܝܡܢܘܬܐ ܡܦܝܣܝܢ ܗܘܘ ܠܗܘܢ܆
ܐܠܐ ܐܦ. ܕܢܥܒܕܘܢ. ܘܬܘܒ ܡܢ ܐܝܠܝܢ ܕܪܘܒܐ ܒܚܡܬܗܘܢ܆
ܡܫܠܛܝܢ ܗܘܘ ܒܐܬܪ̈ܘܬܐ ܘܫܒܩܝܢ ܗܘܘ ܠܗܘܢ܆ ܐܝܟ ܡܐ 4
ܕܐܬܥܕܪ ܗܘܐ ܕܡܠܟܘܬܗ. ܗܘ ܕܬܘܒ ܡܢ ܥܠ ܐܢܫ ܢܛܪ
ܗܘܐ ܒܥܘܬܗܘܢ ܙܕܩܐ ܘܡܫܡܠܝܢ. ܘܡܛܠ ܗܠܝܢ ܡܢܗ ܗܘܐ
ܡܢ ܟܠܗܘܢ ܐܝܠܝܢ ܕܒܐܪܥܐ ܘܒܡܕܒܪܢܘܬܐ[6] ܐܝܬܝܗܘܢ
ܗܘܘ. ܘܓܪܓܘܪܝܣ[7] ܗܘ ܕܐܝܬܘܗܝ ܗܘܐ ܒܡܫܡܫܢܘܬܐ. ܘܟܠܗܘܢ
ܐܝܠܝܢ ܕܐܝܬܝܗܘܢ܆. ܒܡܫܡܫܝܢ (A fol. 86 *b*) ܗܘܘ ܡܛܠ ܡܠܬܐ
ܕܐܠܗܐ. ܘܕܐܝܬܝܗ ܡܬܒܩܝܢ ܗܘܘ ܡܛܠ ܗܕܐ[8] ܒܐܝܩܪܐ 5
ܬܪܝܨܐ ܙܪ̈ܝܙܐ ܕܒܬܪܗ. ܡܢ ܟܠܗܘܢ ܐܦܣ̈ܩܘܦܐ ܘܡܫܡܫܢܐ .܀

ܕܬܪ̈ܝܢ. ܥܠ ܣܘܬܪܗܝܢ ܕܥܕ̈ܬܐ .܀

ܐܝܟܢܐ ܕܝܢ ܚܙܘ ܐܢܘܢ ܐܝܟ ܠܬ̈ܒܪܬܐ[1] ܕܒ̈ܬܝ ܕܐܠܗܐ
ܕܗܘܝܢ ܗܘܘ. ܕܢܦܠܝܢ[2] ܗܘܘ ܒܟܠ ܡܕܝܢܬܐ. ܘܠܣܦ̈ܪܐ ܕܒ̈ܝܬܐ
ܕܗܘܝܢ ܗܘܘ ܒܝܘ̈ܡܬܐ ܐܬܪ̈ܢܝܬܐ ܒܟ̈ܢܘܫܬܐ.[3] ܐܝܟܢܐ ܕܠܐ
ܗܦܟܝܢ ܗܘܘ ܡܚܝܠ ܗܢܘܢ ܒܢ̈ܝܢܐ ܘܕ̈ܝܪܐ. ܐܠܐ ܡܕܝ̈ܪܝܢ 6
ܡܬܪܘܨܝܢ ܗܘܘ ܘܡܬܦܬܝܢ ܘܒܢܝܢ ܒܥ̈ܕܬܐ ܐܝܟ ܡܕ̈ܝܢܬܐ. ܗܠܝܢ
A 617 ܕܝܢ ܒܗܘܢ ܒܝ̈ܘܡܬܐ ܒܗ ܙ̈ܒܢܝ ܗܘ̈ܝ. ܘܟܠܗܘܢ ܩܕܡܝܢ ܘܒܥܝܢ
ܘܡܬܬܒܥܝܢ ܗ̈ܘܘ. ܠܝܬ ܗܘܐ ܚܫܟܐ ܕܡܟܒܫ. ܐܦܠܐ

[4a] In A read բնտանեացն [5] A = ܠܐ̱ܕ [6] A *et in principatu* [7] A *Gogonius* [8] A om. ܡܛܠ ܗܕܐ

CHAP. II. [1] A sing. [2] A = ܘܗܦܟܝܢ [3] A sing.

ܐܝܟܢܐ ܕܒܢܝܐ ܡܫܟܚܝܢ ܗܘܐ ܠܚܘܫܒܘܗ ܦܓܢܝܗ. ܐܦ ܠܐ
ܕܡܕܒܪܢܘܬܐ ܕܟ̈ܠܗ ܐܢܫܐ ܢܣܘܢ. ܒܗܝ ܕܐܢܫܐ ܕܐܠܗܐ
ܡܢ ܥܒܕܐ ܡܟ̈ܝܠܐ ܗܘܬ ܘܦܠܓܘܬܐ ܠܒܢܝܗ. ܐܝܟ ܕܒܫܘܪܐ ܗܘܐ.
7 ܟܕ ܕܝܢ ܡܢ ܣܘܓܐܐ ܕܫܠܝܐ ܘܕܚܐܪܘܬܐ ܐܬܦܢܝܢ ܒ̈ܨܘܬܐ܆
ܘܣܩܘܒܠܝܢ ܗܘܘ ܘܡܬܚܪܝܢ ܩ̈ܪܒܐ ܠܚ̈ܕܕܐ. ܘܠܐ ܒܠܚܘܕ ܗܕܐ.
ܐܠܐ ܐܝܟ ܗܘ ܕܐܢܫܝܢ ܒܟ ܢܦܩ ܡܦܪܚܝܢ ܗܘܘ. ܒܕܘܒܪܐ
ܘܒܡ̈ܚܐ ܕܡ̈ܠܐ. ܘܪ̈ܫܢܐ ܠܪ̈ܫܢܐ ܒܬܥܝܢ ܗܘܘ܂[4] ܘܥܡܐ ܥܠ
ܥܡܐ ܡܫܬܓܫ ܗܘܐ. ܘܡܫܡܫ ܒܐ̈ܦܐ ܕܠܐ ܦܝܣ. ܘܒܕܘܝܐ
ܕܒܝ̈ܫܬܐ ܣܓ̇ܝ ܗܘܐ ܘܒܥܢ ܒܐܢܘܬܗ ܕܝܢ ܕܐܠܗܐ ܒܢܘܚܐ
ܐܝܟ ܕܐܝܬ ܠܗ. ܟܕ ܒܕܒܝܠ ܒܢ̈ܝܐ ܡܫܪܝܢ ܗܘܘ. ܥܠܝܐܬ
ܘܒܪܘܪܐܝܬ. ܐܝܬܝܗ ܣܘܓܝܐܘܗܝ. ܘܫܪܝ ܗܘܐ ܕܪܕܘܦܝܐ. ܡܢ
8 ܐܚ̈ܐ ܕܦܠܚܝܢ ܗܘܘ ܒܐܣܛܪܛܝܐ. ܟܕ ܕܝܢ ܠܐ ܡܪ̈ܓܫܝܢ ܗܘܘ.
ܘܠܐ ܡܬܪܥܝܢ ܗܘܘ. ܕܐܝܟܢܐ ܢܬܪܥܐ ܠܢ ܘܢܚܣܐ ܥܠܝܢ
ܐܠܗܐ. ܐܠܐ ܐܝܟ ܐܢܫܐ ܕܕܠܐ ܐܠܗ ܐܝܬ ܚܫܒܝܢ ܗܘܘ
ܒ̈ܨܘܬܐ ܕܠܒܗ[5] (A fol. 87 a) ܒܠܚܘܕ ܚܘ̈ܫܒܐ ܘܡܚܫܒܬܐ܂[6] ܘܒܝ̈ܫܬܐ 𝔄 618
ܥܠ ܒܝ̈ܫܬܐ ܐܘܣܦܬܐ ܡܘܣܦܝܢ ܗܘܘ. ܘܐܝܠܝܢ ܕܗܘܘ ܡܬܚܙܝܢ
ܕܐܝܬܝܗܘܢ ܪ̈ܥܘܬܐ. ܕܢܡܘܣܐ ܡܢܗܘܢ ܕܢܡܘܣܐ ܕܕܚܠܬ
ܐܠܗܐ. ܘܒܚܪܝܢܐ ܕܥܡ ܚ̈ܕܕܐ ܡܬܚܡܝܢ ܗܘܘ. ܘܟܠܗܘܢ ܗܢܝܢ
ܗܠܝܢ ܕܚܪܝܢܐ ܘܕܠܘܚܡܐ. ܘܕܦܠܓܘܬܐ ܘܕܒܥܠܕܒܒܘܬܐ. ܘܕܚܣܡܘܬܐ[7]
ܕܠܘܬ ܚ̈ܕܕܐ ܡܪܝܡܝܢ ܗܘܘ. ܘܦܠܓܘܬܐ. ܘܪܚܡܬ ܪܒܘܬܐ܂[8]
ܡܢ ܟܠܗ ܛܪ̈ܘܢܘܗܝ ܡܬܟܒܫܝܢ ܗܘܘ. ܗܝܕܝܢ ܐܝܟ ܡܠܬܗ
ܕܐܪܡܝܐ ܕܐܡܝܪܐ. ܕܐܚܫܟ[9] ܡܪܝܐ[10] ܠܒܪܬ ܨܗܝܘܢ. ܘܐܪܡܝ Lam ii 1 f

[4] 𝔄 *et duces duces seducebant* [5] 𝔄 = ܘܠܒܝܬ [6] For ܚܽܘ̈ܫܒܳܐ and ܡܰܚܫ̈ܒܳܬܳܐ 𝔄 has singulars [7] In 𝔄 read [illegible] [8] 𝔄 *et audaciam et principatum* [9] 𝔄 *quomodo obscuravit* [10] 𝔄 adds սրտմտութեամբ բարկութեամբ իւր

ܡܢ ܥܡܡܐ ܠܐܪܥܐ ܕܬܥܒܘܕܘܬܗ ܕܐܢܛܝܘܟܘܣ. ܘܠܐ ܒܥܘܕ
ܒܡܥܒܕܐ ܕܙܟܘܬܗܘܢ ܒܝܘܡܐ ܕܩܪܒܗ. ܐܠܐ ܠܒܪ ܡܢܗ[11]
9 ܥܠܗ ܪܓܙܬܗ ܕܐܢܛܝܘܟܘܣ.[12] ܘܫܩܠ[13] ܠܗܘܢ ܫܘܠܛܢܗ. ܘܐܝܟ
lxxxix ܕܐܡܪ ܒܡܟܬܒܢܘܬܐ ܒܟܬܒܘܬܐ. ܕܐܝܟ ܢܫܪܐ ܕܒܥܒܗ. ܘܐܬܪܗ
ܥܠ ܐܪܥܐ ܘܩܕܫܗ ܒܬܘܪܝܗܘܢ ܕܡܕܝܢܬܐ[14] ܘܚܒܠ ܫܘܪܝܗܘܢ
ܘܫܡܛ ܫܘܪܝܗܘܢ.[15] ܕܡܫܚܘܢ[16] ܥܠ ܒܢܝܗܘܢ ܐܪܝܟܐ. ܘܥܡ ܗܠܝܢ
A 619 ܘܗܘܐ ܫܘܒܚܐ ܠܫܒܒܘܗܝ. ܘܐܘܪܒ ܡܫܝܚܐ ܕܒܥܠܕܒܒܘܗܝ.
ܐܘܦ ܒܩܪܒܐ ܕܦܣܩܗ. ܘܠܐ ܩܒܠܗ[17] ܒܩܪܒܐ. ܘܟܠܗ
ܦܪܩܗܘܢ. ܘܒܪܘܚܗ ܠܐܪܥܐ ܗܢܐ. ܡܛܠ ܡܪܢܝܬܐ ܕܐܠܗܘܬܗ.
ܘܐܬܚܫܒ ܒܗܕܐ ∴ ∘∘ ∘·∘ ∘∘ ܥܠܡ ܕܝܢ ܒܠܚܘܕ ܗܠܝܢ ii. 1
ܒܠܚܘܕ ܒܗ ܡܩܛܠܐ ܕܓܠܝܬܐ ܡܢ ܝܘܡܐ ܥܠ ܐܪܥܐ ܒܗܕܐ
ܠܬܫܡܫܬܗܘܢ ܡܬܬܦܢܝܢ ܗܘܘ. ܘܩܬܝܠܐ ܩܕܝܫܐ ܕܐܠܗܐ.
ܡܬܚܬ ܥܡܡܐ ܒܗ ܡܢܕܝܢ ܩܕܝܫܝܢ ܚܝܝܢ ܗܘܝܢ. ܘܪܕܘܦܝܐ
ܕܒܗܬܐ[18] ܡܥܒܪܢܝܬ ܠܗܐ ܘܠܗܐ ܡܬܦܠܓܝܢ ܗܘܘ. ܘܡܥܡܕܝܢ
ܒܗ ܡܬܬܥܕܝܢ ܗܘܘ ܒܝܘܡܐ. ܘܡܢ ܒܥܠܕܒܒܐ ܡܬܥܒܕܝܢ ܗܘܘ.
cvii 40 ܘܐܝܟ ܕܐܡܪ ܒܡܟܬܒܐ ܐܚܪܬܐ ܕܡܩܒܝܐ. ܕܐܬܪܒ ܒܥܕܬܐ
2 ܥܠ ܦܠܝܛܘܣ ܘܐܦܠܐ ܐܝܟ ܕܬܫܒܘܚܐ ܕܠܐ ܐܪܘܥܐ. ܕܢܕܥ
ܕܝܢ ܗܠܝܢ ܠܐ ܗܘܬ ܕܠܗ. ܐܦܠܐ ܚܕ ܡܢ ܦܠܓܘܬܐ. (A fol. 87 *b*)
ܕܠܬܗ ܫܪܪܐ. ܘܟܢܫܬܐ ܕܥܡܡ ܪܘܡܝܐ. ܕܠܡ ܗܘܐ ܕܢܥܠܡ
ܫܠܡ ܠܡܠܟܘܬܐ. ܡܛܠ ܗܢܐ ܡܕܡ ܛܒ ܠܐ ܝܕܥܝܢ ܕܢܥܒܕܘܢ
A 620 ܥܠ ܗܠܝܢ. ܐܠܐ ܐܝܠܝܢ ܕܒܗܘܢ ܡܬܝܩܪ ܐܢܫ ܠܒܢܘܗܝ ܒܐܪܥܐ
3 ܕܐܠܗܐ. ܡܕܡ ܐܦܠܐ ܥܠ ܐܝܠܝܢ ܕܐܬܢܨܚܘ ܒܪܘܡܝܐ. ܐܘ
ܥܠ ܐܝܠܝܢ ܕܠܒܒܘ ܠܡܪܘܬ ܘܡܫܬܠܛܢܘܬ. ܘܒܗ ܡܬܚܝܠܝܢ

[11] 𝔄 adds *անխնայ immisericorditer* [12] 𝔄 *Iacobi* [13] 𝔄 om. ܘ [14] 𝔄 sing. [15] 𝔄 *et delevit castella eius et eruit moenia eius* [16] 𝔄 = ܘܪܕܘܗܝ
[17] 𝔄 *recepit eum* [18] 𝔄 plur.

ܐܬܕܝܫܘ ܒܪ̈ܓܠܝܗܘܢ ܕܚܢܦܐ. ܐܝܟ ܕܐܡܪ. ܗܠܝܢ ܕܝܢ ܟܠܗܝܢ ܢܗܘܝܢ ܠܡܫܡܥܬܐ ܡܫܬܠܡܬܐ. ܠܐܝܠܝܢ ܕܡܫܬܡܥܝܢ ܠܝ ܘܠܐܝܠܝܢ[19] ܕܐܬܝܢ ܡܢ ܒܬܪܢ ܗܘܝܢ ܠܡܬܪܥܝܬܐ..

ܕܬܠܬܐ. ܥܠ ܕܐܝܟܢܐ ܗܘܘ ܐܓ̈ܘܢܐ. ܐܝܠܝܢ ܕܗܘܘ ܒܐܪܕܘܦܝܐ.

ܢܐܬܐ ܠܝ ܗܟܝܠ ܡܢ ܗܪܟܐ. ܘܢܪܫܘܡ. ܐܝܟ ܒܦܣܝܩܬܐ
4 ܠܐܓ̈ܘܢܐ ܩܕ̈ܝܫܐ ܕܣܗ̈ܕܐ ܕܡܠܬܐ ܕܐܠܗܐ·:·ܐܝܬܝܗ̇ ܗܘܬ
ܫܢܬ[1] ܬܫܥܣܪܐ ܕܡܠܟܘܬܗ ܕܕܝܘܩܠܛܝܢܘܣ. ܒܐܕܪ ܝܪܚܐ. ܟܕ ܩܪܝܒ ܗܘܐ ܥܐܕܐ ܕܦܨܚܐ ܕܚܫܗ ܕܦܪܘܩܢ ܕܡܠܟܐ. ܘܐܬܦܪܣܘ ܗܘܘ[2] ܒܟܠ ܐܬܪ ܟܬ̈ܒܬܐ ܕܡܠܟܘܬܐ ܕܢܦ̈ܠܢ ܕܥܕ̈ܬܐ ܒܡܫܘܝܐ ܠܐܪܥܐ ܢܬܬܣܚ̈ܦܢ. ܘܟܬ̈ܒܐ[3] ܒܢܘܪܐ ܢܐܩܕܘܢ. 𝔄 621
ܘܐܝܠܝܢ ܕܒܐܝܩܪܐ ܐܚܝܕܝܢ ܗܘܘ ܕܢܬܒܛܠܘܢ. ܘܐܝܠܝܢ ܕܐܝܬܝܗܘܢ ܗܘܘ ܒܥܒܕܘܬܐ ܘܐܬܚܪܪܘ. ܐܦ ܢܗܘܘܢ ܒܥܒܕܐ ܕܡܫܬܥܒܕܘܬܐ
5 ܡܢ ܚܐܪܘܬܗܘܢ ܢܬܥܪܛܠܘܢ. ܟܬܒܐ ܕܝܢ ܩܕܡܝܐ ܕܐܬܦܫܛ ܗܘܐ
ܗܟܢ ܕܐܝܟ ܗܢܐ ܐܝܬܘܗܝ ܗܘܐ. ܒܬܪ ܩܠܝܠ ܕܝܢ. ܐܚܪ̈ܢܝܬܐ ܟܬ̈ܒܬܐ ܫܕ̈ܪܬܐ ܕܦܩܕ ܗܘܐ ܒܗܝܢ. ܕܟܠܗܘܢ ܐܝܠܝܢ ܕܡܕܒܪܝܢ ܪ̈ܫܐ ܕܥܕ̈ܬܐ ܒܟܠ ܐܬܪ. ܠܘܩܕܡ ܢܬܚܒܫܘܢ ܠܐܣܘܪ̈ܐ ܘܒܚܪܬܐ ܒܟܠ ܐܩܕ̈ܡܝܢ ܢܬܐܠܨܘܢ (A fol. 88 *a*) ܕܢܕܒܚܘܢ.
iii. 1 ܗܝܕܝܢ ܒܪ̈ܫܢܐ ܩܕ̈ܝܫܐ ܕܥܕ̈ܬܐ. ܣ̈ܓܝܐܐ ܒܢ̈ܣܐ ܡܕܡ ܐܬܚܙܝܘ ܒܗܘܢ ܕܒܪ̈ܘܬܐ ܕܝܢ ܣ̈ܓܝܐܐ. ܐܬܪܦܝ ܢܦ̈ܫܬܗܘܢ ܡܢ ܕܚܠܬܐ ܘܐܫܬܡܝܬ ܡܢ ܥܘܪܗ ܕܩܪܒܐ ܐܬܚܠܫܘ. ܥܠ ܫܪܟܐ ܕܝܢ ܕܐܚܪ̈ܢܐ ܟܠ ܚܕ ܚܕ ܡܢܗܘܢ ܙܢܐ ܦܪ̈ܝܫܐ ܕܣ̈ܓܝܐܐ ܡܬܚܠܦܝܢ ܗܘܘ ܒܠܚܘܕܘܗܝ ܘܐܝܬ ܕܒܡܢ̈ܓܕܢܘܬܐ ܟܠܗ ܗܘܐ ܦܓܪܗ. ܘܐܝܬ

[19] 𝔄 om. ܘ

CHAP. III. [1] 𝔄 *anno* [2] 𝔄 adds *subito* [3] 𝔄 adds *sanctitatis*

ܕܒܢ̈ܝܢܐ ܘܡܪ̈ܘܡܐ ܕܠܐ ܡܫܬܥܒܕܝܢ ܡܫܡܫ ܒܢܝܐ ܡܡܠܠ ܗܘܐ.
ܕܒܗܘܢ ܗܘܐ̇ ܗܘܐ ܫܘܠܡܐ ܕܫܢܝܐ ܕܠܐ ܫܦܝܪ ܠܦܓܝܢܐ.
𝔄 622 ܐܦܦܝܢܐ ܕܝܢ ܬܘܒ ܐܦܦܝܢܐܝܬ ܢܦܩ ܡܢ ܒܐܝܠܦܢܐ.·.·. 2

ܕܐܪܒܥܐ. ܥܠ ܣܗܕܐ ܥܫܝܢܐ ܕܐܠܗܐ. ܕܐܡܝܢܐ ܡܛܠܘ ܥܠ
ܐܬܪ ܕܦܪ̈ܝܣܘܗܝ.[1] ܘܫܡܠܐ ܠܠܠܐ ܦܪ̈ܝܫܐ. ܥܠ ܫ̈ܦܐ ܕܢܠܬ
ܐܠܗܐ.

ܐܝܬ ܓܝܪ ܕܒܕ ܐܦܦܝܢܐ ܒܦܠܓܪܐ ܕܐܝܟ[2] ܗܘܘ ܠܗ. ܘܠܒܣܝܬܐ[3]
ܡܫܒܚܬܐ ܘܦܠܚܐܬܐ ܡܥܪܒܝܢ ܗܘܘ ܠܗ. ܐܝܟ ܐܢܫ ܕܡܕܒܪܘ
ܕܒܗ ܡܫܬܪܝܐ ܗܘܐ. ܐܦ ܠܐ ܕܒܗ. ܘܐܝܬ ܕܐܦ ܠܐ
ܡܬܦܪܥ ܐܬܦܪܥ. ܐܦ ܠܐ ܐܬܦܠܓ ܠܡܒܪܟ ܕܡܫܡܫ. ܘܒܬܪܗ
ܕܐܦܦܝܢܐ ܐܡܬܘܪ ܕܕܒܗ. ܘܒܠ ܒܫܘܬܐ ܒܪ ܫܬܝܩ ܘܐܙܠ.
ܐܦܦܝܢܐ ܕܝܢ ܒܝܬ ܡܒܝܬ ܠܚܕ ܡܬܒܒܚܢ ܗܘܐ.[4] ܘܐܝܟ ܡܒܝܬܐ
3 ܫܒܩܐ ܗܘܐ. ܘܐܝܬ ܬܘܒ ܕܒܠ ܐܪܒܥܐ ܫܒܩܐ ܗܘܐ ܘܒܪ̈ܓܠܘܗܝ
ܡܬܓܪܪ ܗܘܐ ܠܦܪܓܐ ܦܓܠܝܐ.[5] ܘܡܢ ܐܝܠܝܢ ܕܕܒܗܘ ܫܡܥܝܢ
ܗܘܘ ܠܗ. ܘܐܝܬ ܐܢܫܐ ܕܡܒܐ ܗܘܐ. ܘܒܠܠܐ ܪܒܐ ܡܫܡܫ
ܗܘܐ. ܒܕ[6] ܒܦܪ ܒܕܒ̈ܚܬܐ ܡܫܒ̈ܚܬܐ. ܘܐܦܝܢܐ ܕܒܪܦܠܓܐ
ܐܬܘܗܝ ܡܒܐ ܗܘܐ. ܘܡܬܬܠܫ ܗܘܐ ܒܡܕܒܚܘܬܐ ܕܫܒܩܗ
ܕܦܪ̈ܘܩܝ ܐܦܦܝܢܐ. ܕܠܐ[7] ܕܒܚ ܘܠܐ[8] ܡܕܒܚ ܡܒܐ ܗܘܐ.
ܒܪܡ ܕܝܢ ܦ̈ܓܠܝܐ ܒܠܚܘܕ ܗܘܘ. (A fol. 88 *b*) ܘܡܫܬܬܦܝܢ. ܒܣܘܪ̈ܩܐ
ܦ̈ܓܠܝܐ ܕܡܫܪܬܐ ܕܪ̈ܘܡܝܐ. ܗܘ ܕܒܠ ܗܪܐ ܒܣܒܪܐ ܗܘܬ
ܘܒܠ ܐ̈ܦܣܘܗܝ ܘܦܓ̈ܪܘܗܝ ܒܠܚܘܕ ܗܘܘ. ܘܒܦܠܓܐ ܠܒܪ

CHAP. IV. [1] 𝔄 = ܒܦܪ̈ܕܣܘܗܝ [2] 𝔄 *propellebant* [3] In 𝔄 for [illegible] read [illegible] [4] 𝔄 *cingebatur* (sc. *fascia*) [5] In 𝔄 the rendering of ܘܐܣܝܪ ܡܟܠܐ ܗܘܐ ܗܘܐ is repeated here [6] 𝔄 = ܘܡܢ [7] In 𝔄 for [illegible] read [illegible] [8] 𝔄 om. ܠܐ

4 ܡܬܬܕܝܢ ܗܘܘ. ܗܟܢܐ ܕܝܢ[9] ܥܠ ܦܘܪܫܢ ܒܬܠܡ̈ܝܕܐ ܕܕܝܠܗ
ܐܠܗܐ ܡܬܬܚܦܛܝܢ ܗܘܘ ܗܟܢ. ܕܢܫܬܪܪ ܕܐܫܬܪܪ ܟܝܢܗܘܢ܆ 𝔄 623
ܠܐ ܕܝܢ ܠܘܬ ܗܘܕܐ ܦܘܪ̈ܫܢܐ ܢܦܩ ܗܘܐ ܠܗܘܢ܆ ܗܢܘܢ[10] ܕܠܐ
ܗܟܢܐ ܠܗܘܢ ܡܠܟܬܐ ܠܡܬܬܟܝܢܘ ܚܠܝܨܘܬܗܘܢ ܐܬܬܐܝܬ.
iv. 1 ܒܬܘ̈ܪܬܐ ܕܝܢ ܐܝܬ ܗܘܘ ܕܢܬܬܟܝܢܐ ܐܝܟ ܚܠܝܨܘܬܗܘܢ܆ ܕܢܦܫܗ
ܬܪܬܝܢܬܐ ܬܫܒܘܚܬܐ ܥܠ ܫ̈ܡܐ ܕܝܠܗ ܐܠܗܐ. ܠܘ ܚܠܝܨܐ ܡܢ
ܕܐܬܒܪܝ ܕܘܟܝܐ ܥܠ ܟܠ. ܐܠܐ ܐܦ ܡܢ ܩܕܡ ܙܒܢܐ ܗܟܢܐ
2 ܟܕ ܐܝܬ ܗܘܐ ܚܠܝܨܐ. ܡܢܝܢܐ ܕܝܢ ܩܕܡܝܬ ܐܝܟ ܕܡܢ ܙܒܢܐ
ܒܟܢܫܬ ܐܬܟܢܫ ܗܘܐ. ܗܘ ܕܩܒܠ ܗܘܐ ܫܘܠܛܢܐ ܕܡܠܟܘܬܐ.
ܘܒܠܘܚܐ ܒܫܝܢܐܝܬ[11] ܫܪܝ ܗܘܐ ܐܪܕܘܦܝܐ ܒ̈ܥܕܬܐ. ܡܢ
ܟܬܪ ܕܟܠܗ ܕܗܘܐ ܒܡܫܪܝܬܐ ܡܢ ܟܬܪ ܕܢܚܘܐ ܘܠܒܝܫܐ.
ܘܥܠܝܢ ܡܢ ܥܠܝܐ ܐܝܬ ܢܦܫܗ ܠܡܦܪܫܘ ܒܥܡ ܐܠܐ ܡܕܝܢܬܐ
ܠܗܘܢ ܕܒܐܣܛܪܛܝܘܛܐ ܦܠܚܝܢ ܡܫܟܚܐ ܗܘܐ. ܒܗܕܐ ܕܝܢ
ܗܕܐ ܗܘܐ ܕܡܬܕܟܪܝܢ ܗܘܘ ܫܪܟܐ ܕܐܢܫ̈ܝܐ ܦܪܝܣܐܝܬ. ܐܢ 𝔄 624
ܗܘ ܕܡܬܒܝܢܐܝܬ ܢܬܚܬܫ ܘܢܦܩܐ ܠܗܘܢ܆ ܠܦܘܠܚܢܐ ܗܘܐ ܡܢ
ܦܠܚܝ ܐܣܛܪܛܝܘܛܐ. ܚܙܝ ܗܘܐ ܐܝܟ ܕܢܬܟܬܒ ܒܡܠܟܝܢ
ܚܠܝܨܘܬܗܘܢ ܕܢܬܟܬܪܘܢ܆ ܘܢܗܘܘܢ ܐܝܟ ܫܪܟܐ ܕܐܢܫܝܢ ܕܢܦܩܝܢ
ܫܡܝܐܝܬ. ܕܠܐ ܢܬܕܪܘܢ ܒܩܘܠܣܐ ܕܐܠܗܐ[12] ܒܪܘܚܐ ܕܟܠ.
3 ܟܕ ܕܝܢ ܪܒܘܬܐ ܗܘ ܐܝܟܢܐ ܕܐܬܚܙܝܘ ܗܘܐ ܒܗܘ ܘܟܢܐ
ܕܫܪܝܬܝܢ ܡܕܝܢܬܐ ܐܝܟ ܗܘܐ ܒܐܪܕܘܦܝܐ ܕܦܠܚܝ ܐܣܛܪܛܝܘܛܐ.
ܘܡܦܪܫ ܗܘܐ ܘܡܬܒܟܐ. ܠܐܝܠܝܢ ܕܟܬܒܝܢ ܗܘܘ ܒܫܠܡܘܬܐ
(A fol. 89 a) ܕܐܣܛܪܛܝܘܛܐ. ܘܗܐ ܗܟܝܠ ܗܘܐ ܕܢܦܩܘܢ ܠܗܘܢ܆ ܐܘ
ܕܢܬܦܫܘܢ ܘܢܦܩܘܢ ܒܐܝܪܐ ܕܐܬܚܘܝܘܢ ܗܘܘ ܒܗ. ܐܘ
ܕܐܠܐ ܡܬܦܫܝܢ ܘܢܫܟܢ ܠܗܘܒܠ ܦܘܩܕܢܐ ܢܬܟܠܘܢ ܒܗܘܢ.

[9] 𝔄 om. ܕ  [10] 𝔄 *sed illi*  [11] 𝔄 *furtim et occulte*  [12] 𝔄 om. ܕܐܠܗܐ

ܘܦ̈ܠܚܐ ܐܝܠܝܢ ܕܐܬܬܣܝܡܘܢ ܦܠܚ̈ܐ ܕܡܠܟܘܬܗ ܕܡܫܝܚܐ.
ܠܡܣܕܪܗܘܬܐ[13] ܕܒܗ̇ ܒܬܪܬܝܢ ܕܠܐ ܦܘܠܓܐ ܢܣܒܘ. ܒܬܪ ܡܢ
ܬܫܒܘܚܬܐ ܗ̇ܝ ܕܡܬܚܫܒܢܐ ܗܘܬ. ܘܦܘܬܪܢܐ ܗܘ ܕܐܝܬ ܗܘܐ
ܠܗܘܢ ܕ̇ ܐܝܬ ܗܘܘ ܕܝܢ ܡܢܗܘܢ ܕ̈ܠܠܝܐ. ܕܠܐ ܗܘܐ ܠܒܘܫ 4
ܐܣܝܪܐ ܥܒܕܝܢ ܗܘܘ. ܐܠܐ ܘܐܦ ܡܘܬܐ. ܡܛܠ ܡܫܟܐ
ܬܪ̈ܝܢ ܕܒܝܫܬ ܐܠܗܐ ܡܫܬܒܪܝܢ ܗܘܘ. ܕܗܢܘ ܕܐܬܚܙܝܘ ܗܘܐ
ܡܓܕ̈ܦܢܐ ܕܒܠܐ ܕܟܫܬܐ. ܗܢܝܢ[14] ܗܘ ܒܪܒܠ ܐܡܪܝܢ ܗܘܐ
ܒܥܘܦܐ ܕܗܟܐ ܕ̈ܠܠܝܐ. ܘܕܡܕܝܢܐ ܕܢܦܠ ܗܘܐ ܒܪܒܠ ܡܢ
ܦܘܠܓܐ ܕܡܬܚܙܝܢܐ. ܘܡܬܬܬܘܢ ܗܘܐ ܕܢܦܠܘܢ ܒܩܪ̈ܒܐ[15]
ܕܠܗܬ ܒܠܒܢ .·. .·. .·.

𝔄 625 ܕܚܡܫܐ. ܥܠ ܐܝܠܝܢ ܕܐܣܗܕܘ ܒܢܝܩܘܡܕܝܐ.

ܗܘ ܕܝܢ ܐܬܓܠܝ ܡܫܠܡܢܘܬ. ܠܐ ܡܟܣܝ ܐܢܫ ܕܢܫܬܒܚܐ 5
ܒܡܠܬܐ. ܕܡܢܐ ܘܕܐܝܟ ܐܝܠܝܢ ܣܗ̈ܕܘܗܝ[1] ܕܐܠܗܐ. ܘܗܘ
ܒܢܘ̈ܗܝ ܚܕ ܗܘܐ ܐܢܫ ܒܥܠ ܡܕܝܢܬܐ ܘܒܡܘܪ̈ܐ. ܗܢܝܢ ܓܝܪ v.1
ܡܢ ܐܢܫܐ ܝܕ̈ܝܥܐ. ܡܢ ܐܝܠܝܢ ܕܬܪܬܝܢ ܥܒܝܕܝܢ ܒܕܪ̈ܓܐ
ܕܐܣܦܪܐ ܕܡܠܟܘܬܐ ܒܥܠܡܐ ܡܫܒܚܐ ܕܐܬܦܣܩ ܠܬܒܐ ܗܢܐ
ܥܠ ܒܝ̈ܬܐ ܒܢܝܩܘܡܕܝܐ. ܐܬܬܙܝܕ ܒܛܢܢܐ ܕܐܠܗܐ. ܘܫܩܠ
ܒܬܘܠܐ ܕܗܝܡܢܘܬܐ. ܟܕ ܦܩܕ ܠܬܒܐ ܗܢܐ ܒܐܬܪܐ ܓܠܝܐ
ܒܥܘܡܐ ܘܐܢܫܘܗ ܘܦܪܣܗ. ܐܝܟ ܕܥܠ ܕܛܠܡܘܬܐ ܘܪܘܫܥܐ
ܐܬܬܚܝܒ ܗܘܐ. ܟܕ ܬܪܝܢ ܡܠܟܐ ܒܗ ܒܡܕܝܢܬܐ ܐܝܬܝܗܘܢ
ܗܘܘ. ܗܘ ܕܝܢ. ܗܘ ܕܡܢ ܟܠܗܘܢ ܡܫܒܚ ܗܘܐ. ܘܗܘ ܕܪܒܐ[2]
ܓܒܢܢܐ ܕܓܒܝܢܘܬܐ ܐܚܝܕ ܗܘܐ. ܗܢܐ ܕܝܢ. ܢܨܚܢܐ[3] ܗܘܐ 2

[13] In 𝔄 read զխոստովանութիւնն [14] 𝔄 = ܗܦܟܝܢ? [15] 𝔄 sing.

CHAP. V. [1] 𝔄 merely *quomodo martyres* [2] 𝔄 = ܠܓܒܪ?? [3] 𝔄 առաքինի *fortis* = ܢܨܚܢܐ

ܡܕܒܚܐ ܕܗܢܘܢ ܣܘ̈ܦܪܐ ܕܗܘܘ ܒܗܘ ܘܒܢܝܐ. ܘܒܗܢܐ (A fol. 89 *b*)
ܐܣܛܪܛܐ ܐܫܬܒܚܘ[4]. ܘܫܘܒܚܐ ܣܓܝܐܐ[5] ܠܐܝܠܝܢ ܕܢܣܒܘ ܠܐܝܟ 𝔄 626
ܗܢܐ ܕܒܥܐ. ܘܠܐ ܒܗܕܐ ܘܠܐ ܒܫܘܒܚܐ[6]. ܐܠܐ ܢܦܫܗ
vi. 1 ܒܕܡܐ ܠܢܨܚܢܐ ܐܫܠܡܬܐ. ܬܘܒ ܡܢ ܟܠܗܘܢ ܕܝܢ ܗܘܦܪܐ
ܕܐܬܩܠܣܘ ܬܡܝܗܬ. ܘܐܫܬܡܗܘ ܒܓܒܪܘܬܐ ܕܗܘܘ ܒܗܝ ܙܒܢ.
ܐܦ ܒܗܬ ܡܢܝܢܐ ܐܦ ܒܗܬ ܒܪ̈ܝܬܐ. ܗܘܘ[7] ܒܗܢܐ ܙܒܢܐ
ܗܘܦܪܐ ܥܕ̈ܡܝܢܐ ܕܐܠܗܐ. ܗܢܘܢ ܕܒܗܬ ܕܦܠܛܪܝܢ[8] ܕܐܬܩܛܠܘ
ܗܘܘ ܥܒ̈ܕܘܗܝ ܕܡ̈ܠܟܐ. ܗ̇ܢܘܢ ܕܐܣܬܪܐ ܡܠܟܐ ܐܝܬ
ܗܘܐ ܠܗܘܢ ܡܢ ܠܘܬ ܡܪ̈ܝܗܘܢ܁ ܘܡܢ܂ ܚܘܒܐ ܫܬܝܬܐ[9]
ܕܒ̈ܢܝܗܘܢ ܠܐ ܦܪܝܫܝܢ ܗܘܘ ܠܗܘܢ. ܒܗܬܪܐ ܕܝܢ ܡܬܬܪܐ[9a]
ܐܝܟ ܕܒܢ̈ܝܐ ܫܒܝܚܝܢ ܗܘܘ. ܬܘܒ ܡܢ ܫܘܒܚܐ ܘܦܘܪܢܐ
ܕܒܠܝܐ ܗܢܐ. ܠܡܣܒܪܐ ܘܠܡ̈ܠܟܐ ܕܒܠ ܬܘܒ ܕܢܬܠ ܐܠܗܐ.
ܘܠ̈ܦܘܬܐ ܕܒܗܠ ܐܢܫ ܕܐܬܝܗܒܬ ܗܘܘ ܒܐܝܕܝܗܘܢ܁ ܕܐܡܪܝܢ[10]
ܡܢ ܗܠܝܢ ܐܡܪ ܠܝ. ܕܐܝܢܐ ܫܘܠܛܢܐ ܕܒܠܝܐ[11] ܗܘܐ ܠܗ.
ܕܡܪܢ ܢܦܫܗܘܢ ܐܦ ܡܢ ܕܒܥܐ ܠܚܝ̈ܐ. ܐܝܠܝܢ ܕܗܘܝܢ
2 ܒܗܢܐ ܒܬܒܥܐ. ܐܝܬܘܗܝ ܗܘܐ ܠܗ ܠܡܬܒܬܐ. ܒܗܕܐ
ܡܕܝܢܬܐ ܕܗܕܡ ܐܡܪܝܢ ܥܠܝܗ. ܡܕܡܝܢܘܗܝ ܕܗܠܝܢ ܡ̈ܠܟܐ.
ܘܐܬܦܫܛ ܗܘܐ ܠܗ ܕܢܕܒܚ. ܟܕ ܕܝܢ ܡܫܬܡܥ ܗܘܐ ܐܬܦܫܛ 𝔄 627
ܕܢܬܬܠܐ ܠܥܠ ܒܩܦܠܬ. ܘܢܬܬܪܩ ܥܠܗ ܦܓܪܗ ܒܡܫ̈ܢܘܬܐ.
ܒܕܡܐ ܕܢܕܒܚ. ܕܐܦ ܟܕ ܠܐ ܨܒܐ ܡܕܡ ܕܡܬܦܫܛ ܢܒܒ
3 ܗܘܐ.[12] ܟܕ ܗܠܝܢ ܣܒܪ ܗܘܐ ܘܠܐ ܐܫܬܠܡ.. ܘܓܪ̈ܡܘܗܝ
ܡܟܝܠ ܡܬܚܙܝܢ ܗܘܘ. ܣܠܐ ܫܠܡܐ ܒܚܠܐ ܘܡܥܡܡ ܗܘܘ ܥܠ

[4] 𝔄 sing. [5] 𝔄 sing. [6] 𝔄 om. ܘܕܠܐ ܦܪܨܘܦܐ [7] 𝔄 om. ܗܘܘ
[8] In 𝔄 read Պորփիւրոս [9] 𝔄 *inferiore* = ܠܬܚܬܝܐ [9a] 𝔄 om. ܘܡܬܚܪܐ [10] 𝔄 = ܘܡܫܢܝܢܗܘܢ. [11] 𝔄 om. ܕܡܠܟܐ [12] 𝔄 *si nollet facere ea quae iuberetur*

ܕܩ̈ܒܘܬܐ ܕܒܣܪܐ. ܐܝܠܝܢ ܕܐܬܡܚܝܘ ܗܘܘ.[13] ܟܕ ܕܝܢ ܐܦ ܠܗܠܝܢ
ܒܬ̈ܒܪܐ ܕܐܝܬ ܗܘܐ. (A fol. 90 a) ܠܓܘܫܡܐ ܕܣܗܕܐ[14] ܠܡܣܝܒܪܘܬܐ
ܐܝܬܘܗܝ. ܘܐܝܟ ܒܣܪܐ ܕܡܬܐܟܠ. ܥܙܝܙܐ ܕܦܓܪܗ ܒܗ̇ܝ ܢܘܪܐ
ܡܬܚܦܪ ܗܘܐ ܒܩܠܝܠ ܩܠܝܠ. ܠܘ ܐܚܝܕܐ ܡܢ ܥܠ. ܕܠܐ
ܦܣܘܩܐܝܬ ܢܚܡܐ ܗܘܐ. ܘܠܐ ܥܕܡܝܢ ܗܘܘ ܠܗ ܫܠܝܘ
ܕܣܝܡܘܗܝ ܠܟܠ ܡܢ ܗ̇ܝ ܢܘܪܐ ܕܢܫܩܘ ܡܢܗ. ܒܕܡܐ ܕܐܝܟ
4 ܒܙܡܢܐ ܢܥܘܬܪܐ ܥܠ ܐܝܠܝܢ ܕܡܬܦܫܩ ܗܘܐ ܠܗ. ܟܕ[15] ܕܝܢ ܗܘ
ܡܢ ܬܪܥܝܬܗ ܠܐ ܡܬܬܙܝܥ ܗܘܐ. ܟܕ ܠܒܝܫ ܘܒܗܬܐ[16] ܒܗܘܢ
ܒܢ̈ܝܫܐ ܐܝܟ ܢܦܫܗ. ܘܗܝܡܢܐ ܐܝܬܝܗ̇ ܗܘܬ ܡܣܗܕܘܬܗ ܕܝܫ
ܡܢ ܗ̇ܢܘܢ ܟܠܗ ܒܢ̈ܝܬܗܘܢ ܕܬ̈ܠܡܝܕܐ. ܕܢܣܒ ܗܘܐ ܒܟܪ̈ܐ ܐܦ
5 ܠܚܘܒܗ. ܦܓܪܗ ܓܝܪ[17] ܐܬܬܦܝܣ ܗܘܐ ܥܡܗ. ܠܐ ܕܝܢ
ܒܝܪ̈ܚܐ ܗܘܘ ܡܢ ܗܠܝܢ. ܐܝܠܝܢ ܕܐܬܩܛܠܘ ܒܐܘܪܚܐ.[18] ܕܠܐ
ܕܝܢ ܢܣܬܪ ܦܓܪܗܘܢ. ܢܚܡܘܢ ܥܙܝܙܐ ܘܗܕܐ ܢܚܡܪ. ܕܬܪܬܝܗܘܢ
ܘܡܬܩܒܠܝܢ. ܥܡ ܐܚܪܢܐ ܦܓܪܐ. ܕܐܬܬܣܝܡܘ ܗܘܘ ܥܡ
ܥܠܬܐ ܕܡܠܟܘܬܐ. ܡܢ ܟܠ ܐܠܗܐ[19] ܕܟܠ ܙܒܢ ܕܡܚܠܘ. ܫܠܡ
ܗܠܝܢ. ܫܢܝ ܘܠܠܠܐ ܕܗܘܬܐ ܕܐܠܗܐ ܘܡܚܠܘ[20]·:·:·

ܕܫܬܐ. ܥܠ ܗ̇ܢܘܢ ܕܐܣܗܕܘ ܡܢ ܬ̈ܠܡܝܕܘܗܝ ܕܦ̈ܠܟܐ.

6 ܒܗܢܐ ܕܝܢ ܐܦ ܐܢܬܝܡܘܣ[1] ܕܩܐܡ ܗܘܐ ܒܪܝܫܐ ܕܥܕܬܐ
ܕܢܝܩܘܡܕܝܐ. ܡܛܠ ܣܗܕܘܬܐ ܕܥܠ ܐ̈ܦܝ ܡܫܝܚܐ ܪܝܫܗ

[13] A merely *super ulcera carnis* [14] A = ܘܢܘܪܐ [15] A om. ܡܢ
[16] A om. ܟܕ ܠܒܝܫ ܘܒܗܬܐ [17] A = ܘܡܬܦܪܣ [18] A *in alio loco*
[19] A plur. [20] For the words after ܘܡܚܠܘ we have in A (reading կեանս for կեանքն) *permutaverunt hanc vitam* (= ܫܚܠܦܘ ܗܠܝܢ ܚ̈ܝܐ) *et acceperunt aeternam vitam et incorruptibilem coronam a Christo Deo*

CHAP. VI. [1] A Անթիմոս *Anthimos*

ܐܬܦܫܩܘ ܗܘܐ. ܘܒܬܪܗ ܬܘܒ ܐܬܬܘܣܦܘ[2] ܗܘܘ ܡܢ ܥܠ
ܗܠܝܢ ܕܐܡܪܢ ܒܗܘܢ ܓܒܪ ܒܡܘܬܒܬܐ. ܠܐ ܚܕ ܐܢܫܐ
ܕܐܝܟܢܐ ܢܦܠܬ ܢܘܪܐ ܒܝܬ ܡܠܟܘܬܐ ܕܐܝܬ ܒܢܝܩܘܡܕܝܐ.
ܘܐܝܟ ܕܡܢ ܡܣܒܪܢܘܬܐ[3] ܢܣܩܬ ܡܠܬܐ ܕܡܢ ܚܡܫܐ ܕܗܠܝܢ
ܗܘܐ ܣܘܓܐܐ ܗܢܐ ܕܓܠܝܬ[4] ܡܢܠ ܐܝܟ ܕܡܢ ܙܒܢܐ ܕܡܠܟܐ.
ܟܠܗ[5] ܚܕܐ ܐܚܝܕ ܕܐܝܬ ܗܘܐ ܬܡܢ ܕܕܝܠܗܘܢ ܕܐܠܗܐ. ܐܝܬ
ܕܒܣܝܦܐ ܡܬܩܛܠܝܢ ܗܘܘ. ܘܐܝܬ ܕܒܢܘܪܐ ܡܬܓܡܪܝܢ ܗܘܘ.
ܘܡܬܐܡܪܐ ܡܠܬܐ. (A fol. 90 *b*) ܕܐܝܟ ܕܡܢ ܡܚܒܒܢܘܬܐ
ܕܝܨܦܢܐ ܕܐܠܗܐ ܕܠܐ ܡܬܡܠܠ. ܓܒܪܐ ܥܡ ܢܫ̈ܐ ܠܗܝ
ܢܘܪܐ ܫܘܪܝܢ ܗܘܘ ܘܡܬܐܠܨܝܢ. ܩ̈ܛܠܝܕܒܟܐ ܕܝܢ ܠܡܘܓܐܐ
ܕܐܚܪ̈ܢܐ ܒܩܦܘܦܐ[6] ܥܘܠܝܢ ܗܘܘ. ܘܒܡܝܬܘܬܗܘܢ[6a] ܕܡܢܥܐ ܥܕܡܐ
7 ܗܘܘ ܠܗܘܢ ܠܡܝܘܢ ܕܝܢ ܩ̈ܒܪܝܗܘܢ ܕܡ̈ܠܟܐ. ܡܢ ܒܬܪ
ܡܬܦܬܚܝܢ ܒܬܪ ܕܐܬܠܘܫܘ ܘܐܬܬܣܡܘ[7] ܒܐܪܥܐ ܐܝܟ ܕܕܡ.
ܡܕܪܝܢ ܣܦܪܘ[8] ܘܐܫܩܘ ܐܢܘܢ ܘܩܒܪܘ ܕܢܬܒܪܘܢ ܐܦ ܗܢܘܢ
ܒܝܡܐ. ܘܡܕܘܪ ܩ̈ܠܝܐ ܡܢ̈ܝܗܘܢ. ܕܒܗ ܫܟܝܢ ܒܡܕܪ̈ܫܝܗܘܢ[9] 𝔄 629
ܗܘܝܢ ܡܫܬܝܢ ܠܗܘܢ ܐܢܫܐ. ܘܐ̈ܠܗܐ ܣܓܝܐܝܢ ܠܗܘܢ ܐܝܟ
ܕܐܡܬܬܪ ܕܝܢ ܒܐܬܪܐ ܕܪܘܦܝܐ ܒܡܬܪ̈ܐ[10] ܗܠܝܢ ܘܕܐܝܟ ܗܠܝܢ
ܐܬܥܒܕ ܗ̈ܘܐ ·o· oo · oo · oo · oo · ܒܬܪ ܩܠܝܠ ܕܝܢ ܙܒܢܐ. 8
ܒܐܬܪܐ ܕܡܬܩܪܐ ܕܡܠܛܝܢܐ[11] ܘܬܘܒ ܐܦ ܒܣܘܪܝܐ. ܣܓܝܐܐ
ܐܝܟ ܗܘ ܒܡܠܟܘܬܐ ܗܕܐ. ܘܡܬܦܪܣܝܢ ܗܘܘ. ܕܠܟܠܗܘܢ
ܪ̈ܫܝܢܐ ܕܒ̈ܥܬܐ ܕܒܟܠ ܐܬܪ. ܢܗܘܘܢ ܐܝܟ ܒܝܬ ܐܣܝܪ̈ܐ.

[2] In 𝔄 read յաւելման դարձեալ [3] 𝔄 *et tanquam e falsa opinione* [4] 𝔄 om. ܕܐܓܠܝܬ [5] In 𝔄 the ու before ամենայն should be struck out [6] 𝔄 = ܒܩܦܘܦܐ. Read ܒܩܦ̈ܘܦܐ. [6a] 𝔄 om. ܘ [7] 𝔄 om. ܘ ܒܬܪ ܕܐܬܠܘܫܘ
[8] In 𝔄 read փորեցին [9] 𝔄 does not express the suffix [10] 𝔄 *in Nicomedia*
[11] 𝔄 *Meltine* without ܕ

9 ܒܥܘܕܪܢܐ.[12] ܘܐܬܬܢܝܚܗ̇ ܗܘܬ ܚܕܘܬܐ ܕܒܗܠܝܢ ܡܫܬܒܪܢܘܬܐ ܕܡܠܟܐ
ܡܢ ܟܠ ܬܫܒܝ. ܩܘܠܣܐ ܓܝܪ ܕܪ̈ܘܒܬܐ ܣܓܝܐܝܢ ܗܘܘ ܒܟܠ
ܐܬܪ. ܘܒܝܬ ܚܒܫܐ ܕܐܝܬ ܗܘܐ ܒܟܠ ܕܘܟܐ.[13] ܕܡܛܠܒܝܢ ܗܘܘ
ܡܢ ܩܕܡ ܠܩܛܠܐ ܘܠܡܚܒ̈ܠܝ ܩܒܪ̈ܐ. ܗܫܐ ܕܝܢ ܐܦܝܣܩܘܦܐ
ܘܩܫܝܫܐ ܘܡܫܡܫܢܐ. ܘܩܪ̈ܘܝܐ ܘܡܫܒ̈ܥܢܐ ܡܠܝܢ ܗܘܘ.[14] ܐܝܟ
ܕܠܐ ܬܫܬܟܚ ܬܡܢ ܕܘܟܬܐ ܠܐܝܠܝܢ ܕܡܚܝܒܝܢ ܗܘܘ ܒܥܘܠ̈ܢܐ
10 ܒܬܪ̈ܟܢܐ ·:· ܬܘܒ ܕܝܢ ܟܬܒ̈ܬܐ ܚܪ̈ܝܢܬܐ ܐܕܪܝܟ ܗܘܐ
ܠܩܪ̈ܒܬܐ. ܕܒܗܝܢ ܟܬܝܒ ܗܘܐ ܕܟܠ ܗܠܝܢ ܕܐܣܝܪܝܢ ܗܘܘ.
ܕܐܢ ܢܕܒܚܘܢ. ܢܫܬܪܘܢ ܘܢܐܙܠܘܢ ܒܐܘܪܚܬܗܘܢ ܠܒܪ
ܐܝܟܢ. ܐܢ ܗܘ ܕܡܣܬܪܗܒܝܢ ܕܝܢ ܘܠܐ ܡܬܛܦܝܣܝܢ ܒܫܘܢܩܐ
ܕܫܢ̈ܝܐ ܕܫܘܬܪܘܗܝ ܐܬܦܩܕ (A fol. 91 a) ܗܘܐ. ܘܡܢ ܟܠ ܬܘܒ. ܐܦ
ܗܪܟܐ ܐܢܫܐ ܣܓܝܐܐ ܗܘܐ ܐܝܟ ܠܡܡܢܐ ܩܘܠܣܐ ܕܣܗ̈ܕܐ
ܕܒܟܠ ܐܬܪ ܬܪܬܝ ܠܗܘܢ ܕܐܦܪܝܩܐ. ܘܒܡܘܪܛܢܝܐ ܕܡܘܪ̈ܝܐ.
ܘܬܒܐܝܣ ܘܡܨܪܝܢ. ܫܡܥܢ ܕܡܢ ܬܡܢ ܢܦܩܘ ܐܦ ܠܡܕܝܢ̈ܬܐ.
ܘܠܐܬܪ̈ܘܬܐ ܐܚܪ̈ܢܝܐ[15] ܢܦܩܘ ܗܘܘ. ܘܐܫܬܒܚܘ ܒܣܗܕܘܬܐ.

ܕܫܒܥܐ. ܥܠ ܗܢܘܢ ܐܝܓܘܦܛܝܐ. ܕܐܣܗܕܘ ܒܦܘܢܝܩܐ ·:·

ܡܦܩܝܢ ܚܢܢ ܕܝܢ ܒܗܢܘܢ[1] ܕܡܢ ܡܨܪܝܢ ܐܬܚܙܝܘܢ ܗܘܘ vii. 1
ܘܐܬܚܙܝܘ[2] ܒܦܠܣܛܝܢܐ. ܘܡܕܡ ܕܝܢ ܠܗܢܘܢ[3] ܕܒܨܘܪ ܕܦܘܢܝܩܐ.
ܕܡܢ ܕܚܙܐ ܐܝܟ ܗܢܘܢ ܬܗܪܐ ܐܚܝܕܗ ܗܘܐ. ܒܡܚ̈ܘܬܐ ܕܠܐ
ܡܢܝܢ. ܘܡܣܝܒܪܢܘܬܐ ܕܗܠܝܢ ܐܬܠܝܛܐ ܫܒܝܚܐ. ܒܕܪܐ

[12] 𝔄 adds *regis*   [13] 𝔄 merely *in carceribus*, omitting ܘ and ܕܐܝܬ ܗܘܐ ܒܟܠ ܕܘܟܐ   [14] In 𝔄 for յինէին read յի էին (but 𝔄 has ܩܫܝܫܐ and the following nouns in the nominative)   [15] 𝔄 = ܠܐܬܪ̈ܘܬܐ ܐܚܪ̈ܢܝܬܐ ܘܠܡܕܝܢ̈ܬܐ

CHAP. VII. [1] 𝔄 = ܡܟܝܠ ܚܢܢ ܠܗܘܢ   [2] 𝔄 = ܕܐܬܚܙܝܘ   [3] 𝔄 = ܘܡܦܩܝܢ ܚܢܢ ܒܗܘܢ

ܕܕܚܠܬ ܐܠܗܐ. ܘܒܐܬ̈ܪܘܬܐ ܕܥܒܕܝܢ ܗܘܘ. ܕܡܫܬܐ ܡܢ ܒܬܪ
ܬܫ̈ܢܝܩܬܗܘܢ ܟܠ ܚ̈ܝܘܬܐ ܕܐܟܠܢ ܒ̈ܣܪ ܐܢܫܐ. ܒܓܙܪܬܐ
ܕܢܡ̈ܪܐ ܘܕܕ̈ܒܐ. ܘܕܚܙܝ̈ܪܐ ܒܪܐ ܘܬܘܪ̈ܐ. ܕܡܫܚܢܝܢ ܗܘܘ[4]
ܒܢܘ̈ܪܐ ܕܢܘܪܐ ܘܡܚܪܒܝܢ ܗܘܘ ܠܗܘܢ. ܘܒܡܫܒܚܢܘܬܗܘܢ
ܥܒܝܕܬܐ ܕܛܠܝ̈ܐ ܕܠܘܬ ܚܕܐ ܚܕܐ ܡܢ ܚ̈ܝܘܬܐ. ܘܒܗܠܝܢ ܕܝ[5] 2
ܗܘ̈ܝܢ ܗܘ̈ܝ ܐܦ ܐܢܫܝܢ ܐܣܬܟܠܝܢ. ܕܝ ܚܝܠܗ ܕܐܠܗܐ
ܘܦܪ̈ܘܩܢ ܡܪܢ[6] ܝܫܘܥ ܡܫܝܚܐ. ܗܘ ܕܣܗ̈ܕܘܬܗ ܡܫܡܫܝܢ
ܗܘܘ. ܘܐܝܟ ܗܘܐ ܠܘܬܗܘܢ ܡܚܒܒܐ ܡܫܝܚܐ ܗܘܐ ܗܘܐ ܠܗܘܢ
ܠܡܥܕܪܐ ܢܨ̈ܚܢܐ. ܘܐܢܫܝܢ ܚܣܝܢ ܚ̈ܝܘܬܐ ܒܝ̈ܫܬܐ. ܕܙܒܢܐ
ܣܓܝܐܐ ܗ̈ܘܝܢ ܗ̈ܘܝ. ܘܠܐ ܡܬܩܪ̈ܒܢ ܗ̈ܘܝ[7] ܠܡܬܚܡܨܘ. ܐܦ
ܠܡܬܦܪܥܘ ܠܦܓ̈ܪܝܗܘܢ ܕܪ̈ܚܡܘܗܝ ܕܐܠܗܐ.[7a] ܥܠ ܐܚܪ̈ܢܐ ܕܝܢ
ܢܦ̈ܩܢܐ ܕܐܬܝܢ ܗܘܘ ܡܢ ܒܪ ܕܡܘ.[8] ܒܡܠܠ ܡܘܪܓܐ ܒܠܚܘܕܘܗܝ
ܥܒ̈ܝܢ ܗ̈ܘܝ.[9] ܒܠܚܘܕ ܕܝܢ ܠܐܬ̈ܠܝܛܐ[10] ܥܒܝ̈ܕܐ ܐܦ ܒܗ ܒܪܓܠ
ܡܢܟܝܢ ܗܘܘ. ܘܒܐܬ̈ܪܘܗܝ ܡܚܪܒܝܢ ܗܘܘ ܘܢܟܝܢ ܠܗܘܢ
ܠܗܘܬܗܘܢ ܕܗܕܝܢܐ ܗܘܐ ܡܬܦܩܕ ܠܗܘܢ ܕܢܥܒܕܘܢ ܐܦܠܐ
(A fol. 91 *b*) ܠܚܡܪ̈ܐ ܡܠܝܢ ܗ̈ܘܝ ܠܗܘܢ ܐܝܟ ܕܝܢ ܕܒܢܝܐ ܕܐܦ
ܡܚܫܒܐ ܗܫܝܢ ܗ̈ܘܝ ܒܠܚܘܕܝܗܘܢ ܘܐܝܟ ܕܡܢ[11] ܚܝܠܐ ܐܠܗܝܐ ܕܐܠܗܐ
ܡܬܕܚܩܝܢ ܗܘ̈ܝ. ܘܬܘܒ[11a] ܠܡܣܬܪܗܘܢ ܦܢܝܢ ܗ̈ܘܝ. ܘܗܠܝܢ ܕܝ 3
ܢܘܟܪ̈ܝܐ ܡܣܬܒܪܝܢ ܗ̈ܘܝ. ܬܕܡܘܪܬܐ ܪܒܬܐ ܡܫܡܥܝܢ ܗ̈ܘܝ
ܠܚܙܝܐ. ܘܒܗ ܚܘܬܐ ܡܕܡܝܢܬܐ ܡܕܡ ܠܐ ܥܒܕܐ ܗܘܬ.
ܚܘܬܐ ܕܐܬܬ̈ܝܢ ܒܠܚܘܕܝܗܘܢ ܡܚܪܒܝܢ ܗܘܘ. ܠܡܬܒܪ ܗܘ ܕܝܢ 4
ܒܣܘܓܐܐ ܕܠܐ ܕܘܒܪ ܕܗܠܝܢ ܗܘ̈ܕܐ ܥܒ̈ܝܕܐ. ܘܡܣܝܒܪܢܘܬܐ

[4] 𝔄 *qui exacerbabantur* [5] 𝔄 = ܘܗܠܝܢ ܕܝܢ [6] 𝔄 *vis divini Salvatoris nostri* [7] 𝔄 *quod saepenumero stimulabantur* (omitting ܘܠܐ ܡܬܩܪ̈ܒܢ ܗ̈ܘܝ) [7a] 𝔄 adds *et non audebant* [8] 𝔄 om. ܡܢ ܒܪ ܕܡܘ [9] 𝔄 adds *et statim trucidabant* [10] In 𝔄 read [illegible] [11] 𝔄 om. ܐܝܟ ܕ [11a] 𝔄 om. [illegible]

ܕܠܐ ܡܬܚܫܒܢܐ ܕܢܦܪܘܢܐ ܗܘܬ[12] ܒܦܘܪ̈ܣܐ ܕ̈ܡܠܝܐ. ܚܙܐ ܗܘܬ
ܚܙܪ ܡܫܡܫܢܘܬܐ ܕܟܝܢܐ ܡܢ ܕܒܫܘܪܝܗ ܥ̈ܒܕܝܗ. ܕܐܝܟ ܗܘܐ
ܒܠܒܘܫܐ ܕܠܐ ܦܓܪܐ. ܘܦܫܛ ܗܘܐ ܐܝ̈ܕܘܗܝ ܒܛܘܦܦܐ
632 ܕܙܠܝܩܐ. ܘܡܬܪܚܡܢܘܬܐ ܕܠܐ ܕܫܠܝܐ ܐܘ ܕܡܬܕܘܕܐ ܡܬܚܙܐ ܗܘܐ
ܠܘܬ ܐܠܗܐ ܒܒܥܘܬܐ. ܘܠܐ ܡܬܬܘܝܒ ܗܘܐ ܐܘ ܡܬܬܪܝܡ
ܠܕܘܟ. ܡܢ ܗ̇ܝ ܕܗܘܬܐ ܕܒܗ̇ ܩܐܡ ܗܘܐ. ܟܕ ܕܟ̈ܝܐ ܘܡܬܝܪܐ
ܕܢܫܒܘܢ ܫܘܒܚܬܐ ܕܡܫܒܚܬܐ.[13] ܡܩܒܠ ܗܘܐ ܕܢܬܠܝܢ ܠܦܓܪܗ. ܘܗܟܢ
ܐܝܟ ܕܗܘ[14] ܫܠܝܐ ܕܐܠܗܐ.[15] ܡܫܬܒܪ ܗܘܐ ܦܬܓܡܝܢ ܘܬܘܒ
5 ܠܡܫܬܪܝܘܗܝ ܗܦܟ ܗܘ̈ܘ. ܘܗܢܐ ܐܦ ܕܗܘ ܡܫܢܐ ܐܝܬܘܗܝ
ܗܘܐ. ܬܘܒ ܕܝܢ ܐܚܪ̈ܢܐ ܚܙܐ ܗܘܬ ܕܢܦܠܝܢ ܗܘܘ ܠܬܘܪܐ
ܒܟܪ̈ܣܝܐ.[16] ܗܘ ܕܠܚܝ̈ܘܬܐ ܒܬ̈ܪܐ ܕܡܬܚܪܝܢ ܗܘܘ ܠܗ.
ܒܩܪ̈ܢܘܗܝ ܠܐܪܥܐ ܢܓܕ ܗܘܐ ܘܡܦܪܬ ܠܗܘܢ܆ ܟܕ ܢܚܡ ܗܘܐ
ܠܗܘܢ ܒܚܕ ܚܕ ܠܚܘ.[17] ܟܠ ܚܘܕܪܐ ܕܝܢ ܡܙܝܥܐ ܒܠܚܘܕ.
ܟܕ ܒܡܫܒܚܬܐ ܘܠܘܚܡܐ ܥܒܕ ܗܘܐ.[18] ܐܦܠܐ ܕܢܬܕܪܒ ܠܗܘܢ
ܡܫܚܚ ܗܘܐ. ܒܪ̈ܓܠܘܗܝ ܕܝܢ ܘܒܩܪ̈ܢܘܗܝ ܠܟܐ ܘܠܟܐ ܡܓܪܪ
ܗܘܐ. ܘܡܛܠ ܚܘܪ̈ܒܐ ܕܒܩ̈ܝܐ.[19] ܫܒܘܬܐ ܘܠܘܚܡܐ[20] ܢܚܡ
ܗܘܐ. ܡܢ ܡܦܪܣܝܘܬܐ ܕܝܢ ܕܐܠܗܐ ܠܡܫܬܪܝܘܗ ܗܦܟ ܗܘܐ.
ܕܐܦ ܠܐ ܡܢ ܗܢܐ ܡܕܡ ܡܚܒܠ (A fol. 92 *a*) ܗܘܐ ܠܗܘܢ܆
6 ܐܚܪ̈ܢܝܬܐ ܕܝܢ ܬܘܒ ܚܝ̈ܘܬܐ ܡܩܪܒܝܢ ܗܘܘ ܒܠܚܘܕܝܗܘܢ܆ ܠܢܟܪ̈ܝܬܐ
ܕܝܢ ܡܢ ܟܠܗ ܚܝ̈ܘܬܐ ܒܝ̈ܫܬܐ ܕܟܠ ܐ̈ܢܫ ܕܗܠܝܢ.[21] ܟܫܘܦܐ
ܐܬܦܠܛܘ ܠܗܘܢ܆[22] ܘܒܠܥ ܐܪܒܐ ܘܕܒ̈ܐ[23] ܒܟܘܡܪ̈ܗܘܢ

[12] A om. ܗܘܬ ܚܙܐ  [13] A = ܡܫܘܚܬܐ  [14] In A for *այս* read *այսպէս իբրև*  [15] A adds *որ ոչ պատմելի* *ineffabili*  [16] A orig. ܠܬܘܪܐ ܒܟܪ̈ܣܝܐ, and so A  [17] A om. ܡܢ ܩܕܡ ܗܘܐ ܠܗܘܢ ܒܚܕ ܚܕ ܠܚܘ  [18] A *etsi irascebatur mugiendo*  [19] A om. ܕܒܩ̈ܝܐ  [20] A om. ܘܠܘܚܡܐ
[21] For the words ܡܢ ܟܠܗ......ܕܗܠܝܢ A has *acerbius quam bestiae s. bestiis*
[22] A om. ܠܗܘܢ  [23] A sing.

viii. 1 ܕܣܘܟܐ ܐܫܬܪܝܘ. ܘܐܝܟܢ ܗܢܐ ܗܘܐ ܐܓܘܢܐ ܕܗܠܝܢ
ܡܨܪ̈ܝܐ. ܕܗܘܘ ܬܫܒܘܚܬܐ ܥܠ ܐ̈ܦܝ ܕܟܠܗ ܐܠܗܐ ܒܨܘܪ.܀

𝔄 633 ܕܬܡܢܝܐ. ܥܠ ܗܢܘܢ ܕܐܣܗܕܘ ܒܡܨܪܝܢ.܀

ܠܡܬܕܡܪܘ ܕܝܢ ܒܗܢܘܢ ܕܒܗ̇ ܒܐܪܥܗܘܢ ܐܣܗܕܘ. ܐܝܟܢܐ
ܕܪ̈ܒܘܬܐ ܒܡܚܣܝܢܐ ܓܒܪ̈ܐ ܥܡ ܢܫ̈ܐ ܘܛܠ̈ܝܐ ܥܠ ܐ̈ܦܝ
ܡܠܦܢܘܬܗ ܕܦܪܘܩܢ ܫܛܘ ܗܠܝܢ ܚܝ̈ܐ ܕܙܒܢܐ. ܘܩܒܠܘ ܡܘܬܐ
ܒܟܠ ܐ̈ܦܢܝܢ. ܐܝܬ ܡܢܗܘܢ ܕܡܢ ܒܬܪ ܣܪ̈ܩܐ ܘܬܓ̈ܪܐ 2
ܘܡܫܢ̈ܩܬܐ ܒܢܓ̈ܕܐ. ܘܡܢ ܒܬܪ ܙܢܝܢ ܕܫܢ̈ܩܐ[1] ܕܣܓܝܐܐ. ܒܢܘܪܐ
ܡܬܝܗܒܝܢ ܗܘܘ. ܐܚܪ̈ܢܐ ܒܥܘ̈ܡܩܘܗܝ ܕܝܡܐ ܡܬܛܦܝܢ ܗܘܘ.[2]
ܐܚܪ̈ܢܐ ܬܚܠܝܬ ܩܕ̈ܠܝܗܘܢ ܦܫܝܛܝܢ ܗܘܘ ܠܐܝܠܝܢ[3] ܕܦܣܩܝܢ
ܪ̈ܫܝܗܘܢ܃ ܐܚܪ̈ܢܐ ܒܫܘܢܩ̈ܝܗܘܢ ܡܝܬܝܢ ܗܘܘ. ܘܐܚܪ̈ܢܐ ܒܟܦܢܐ
ܡܬܚܒܠܝܢ ܗܘܘ. ܐܚܪ̈ܢܐ ܡܙܕܩܦܝܢ ܗܘܘ. ܐܝܟ ܕܐܝܟܢ ܥܝܕܐ
ܕܒ̈ܝܫܐ ܒܝܫ̈ܬܐ. ܐܚܪ̈ܢܐ ܒܝܫ[4] ܡܢܗܘܢ ܥܠ ܪܫܗܘܢ
ܡܬܡܚܝܢ ܗܘܘ. ܘܡܬܢܛܪܝܢ ܗܘܘ[5] ܥܕ ܚܝܝܢ. ܒܙܒܢܐ ܕܨܠܝܒܗܘܢ
ܕܗ̇ܢܘܢ ܩܝ̈ܣܐ ܒܟܦܢܐ ܡܬܚܒܠܝܢ ܗܘܘ.܀

𝔄 634 ܕܬܫܥܝܐ. ܥܠ ܗܢܘܢ ܕܐܣܗܕܘ ܒܬܒܐܝܣ.

ix. 1 ܠܒܪ ܗܘ̈ܝ ܕܝܢ ܡܢ ܡܠܬܐ. ܡܫܢ̈ܩܬܐ ܘܟܐ̈ܒܐ ܕܣܒܪܘ
ܗܠܝܢ ܕܗܘܘ ܒܬܒܐܝܣ. ܕܒܚܨ̈ܦܐ ܚܠܦ ܡܣܪ̈ܩܐ ܥܠܗ ܦܓܪ̈ܗܘܢ
ܡܬܦܪܬܝܢ ܗܘܘ. ܥܕܡܐ ܠܫܘܠܡܐ ܕܡܦܩܬܗܘܢ܃ ܘܢܫ̈ܐ ܬܘܒ
ܒܚܕܐ ܡܢ ܪ̈ܓܠܝܗܝܢ ܡܬܬܠܝܢ ܗ̈ܘܝ. ܘܠܥܠ ܒܐܐܪ

CHAP. VIII. [1] 𝔄 = ܘܩܛ̈ܠܐ [2] 𝔄 *immersi sunt* (= ܡܬܛܒܥܝܢ ܗܘܘ) [3] In 𝔄 for *որոյն* read *ողջուն* [4] In 𝔄 read *չար* [5] For ܥܠ ܪܫܗܘܢ ܡܬܡܚܝܢ ܗܘܘ ܘܡܬܢܛܪܝܢ ܗܘܘ 𝔄 has corruptly *de novo quaerebantur* = ܡܢ ܪܝܫ ܡܬܒܥܝܢ ܗܘܘ

ܒܐܘܟܝܢܘܬܐ ܡܬܬܠܝܢ ܗܘܘ ܘܡܬܢܓܕܝܢ ܟܕ ܥܪܛܠܝܢ ܒܥܩܠܐ.[1]
ܚܙܬܐ ܫܢܝܬܐ ܕܠܐ ܢܟܦܘ. ܘܡܟܐܒܐ ܡܢ ܟܠ ܡܕܡ ܠܚܙܝܐ
2 ܐܬܬܣܝܡܘ ܗܘܘ. (A fol. 92 b) ܐܚܪ̈ܢܐ ܬܘܒ ܟܕ ܐܣܝܪܝܢ ܒܐܝܠܢܐ
ܘܒܦܘܩܕܐ. ܒܠܝܬܝܢ ܡܝܬܝܢ ܗܘܘ. ܠܦܘܩܕܐ ܓܝܪ ܡܫܢܝܬܐ
ܕܐܝܠ̈ܢܐ. ܒܐܘܟܝܢܘܬܐ ܕܡܕܡ ܡܢ ܗܢܐ ܓܒܐ ܘܡܢ ܗܢܐ.
ܢܓܕܝܢ ܗܘܘ ܠܗܝܢ ܠܚܕܐ ܕܘܟܐ. ܘܪ̈ܓܠܝܗܘܢ ܕܗܕ̈ܡܐ ܚܕܐ
ܡܢ ܚܕܐ ܘܫܕܐ ܡܚܒܐ ܡܬܬܚܝܢ ܗܘܘ.[2] ܘܥܒܕܝܢ ܗܘܘ ܠܗܝܢ ܠܦܘܩܕܐ
ܕܢܐܙܠܢ ܠܦܘܩܚܬܗܘܢ. ܕܠܡܦܫܩܘ ܡܢ ܟܠ ܗܕ̈ܡܝܗܘܢ
3 ܡܬܢܓܕܝܢ ܗܘܘ. ܗܠܝܢ ܕܝܢ ܡܫܬܡܠܝܢ ܗܘܘ. ܠܘ ܝܘܡ̈ܬܐ ܐܘ
ܙܒܢܐ ܙܥܘܪܐ. ܐܠܐ ܐܦ ܒܝܘܡܬܐ ܕܢܓܝܪܐ. ܐܝܬ ܝܘܡܐ
ܕܡܬܪ ܡܢ ܒܫܪܐ ܒܡܝܬܢܐ ܡܬܬܦܠܠܝܢ ܗܘܘ. ܘܐܝܬ ܕܡܬܪ ܡܢ
ܒܫ̈ܩܝܢ. ܘܒܢܝܢ ܐܦ ܬܬܠܦܝܢ ܐܝܬ ܕܝܢ ܕܐܦ ܒܢܘܪܐ ܠܟܬܝܢ.
ܘܒܢܝܢ ܐܚܪܝܢ ܐܦ ܒܢܘܪܐ ܠܡܝܐ. ܒܣܝ ܡܘܟܐ ܓܒܪ̈ܐ
ܘܢܫ̈ܐ ܒܢ ܬܠܘܬܐ ܡܝܬܝܢ ܗܘܘ. ܘܡܬܬܚܝܢ ܗܘܘ ܒܡܣܡܪ
4 ܒܙ̈ܢܝܐ ܦܘ̈ܢܝܐ ܕܟܠ ܕܘܢ ܐܦ ܐܢܫܝܢ ܕܝܢ ܫܪܝܢ ܒܒ̈ܢܝܢ. ܟܕ
ܐܙܠܝܢ ܠܗܘܢ ܠܐܬܪܘܬܐ ܗܠܝܢ. ܕܦܓ̈ܪܐ ܡܢ ܥܠ ܟܝܢ
ܡܒܐ. ܐܝܟ ܕܢܝܫܘܢ ܦܫܩܝܢ ܗܘܘ. ܘܐܝܟ ܕܡܟܫܦ ܒܙܢܐ
ܕܢܘܪܐ ܡܬܒܠܝܢ ܗܘܘ.[3] ܕܗܘܝ ܗܘܐ ܠܗ ܡܦܩܢܐ ܡܢ ܕܟܫܘ.
ܘܠܐ ܡܥܒܕ ܗܘܐ ܠܡܦܫܩܘ. ܘܗܘܝܘܢ ܡܬܦܠܓܐ ܠܐܝܘܢ
5 ܘܐܡܟܢܐ ܟܕ ܡܬܢܬܫܝܢ ܗܘܘ ܚܕ ܥܠ ܚܕ. ܠܒܡܟܐ ܕܝܢ
ܬܡܝܗܐ ܒܢܟܢܐ ܡܠܝܐ ܒܚܝܠܐ ܕܐܠܗܐ ܚܙܝܢ ܗܘܘ. ܕܗ̈ܢܘܢ
ܕܡܗܝܡܢܝܢ ܗܘܘ ܒܡܫܝܚܐ ܕܐܠܗܐ. ܕܡܬܚܕܐ ܓܝܪ ܕܡܬܩܒܠܝܢ
ܗܘܘ ܩ̈ܛܝܠܐ ܐܦܣܩܘܡ ܦܘܪܩ ܗܘܘ ܒܐܠܝܢ ܐܚܪ̈ܢܐ ܡܢ ܓܒܐ

CHAP. IX. [1] For ܡܬܬܠܝܢ ܗܘܘ ܘܡܬܢܓܕܝܢ ܟܕ ܥܪܛܠܝܢ ܒܥܩܠܐ 𝔄 has *cruciabantur nudae talo* (sc. *suspensae*) [2] 𝔄 = ܡܬܚܢܩܝܢ ܗܘܘ [3] 𝔄 om. ܘܐܝܟ ܕܡܟܫܦ ܒܙܢܐ ܕܢܘܪܐ ܡܬܒܠܝܢ ܗܘܘ

ܐܝܟܢܐ ܕܐܦ ܒܗܝ ܕܐܡܪܢܐ. ܘܡܬܕܪܝܢ ܗܘܘ ܥܠ ܢܦܫܗܘܢ
ܕܢ̈ܦܩܠܛܝܢܐ ܐܢܘܢ ܘܒܥܝܢ ܗܘܘ ܘܡܬܦܠܛܝܢ ܠܗܘܢ ܠܕ̈ܝܢܐ.
ܒܗܘܢ[3a] ܐܬܠܝܛܐ ܘܩܛܘܕܐ ܕܟܠ ܙ̈ܢܝܢ. ܘܕܠܐ[4] ܒܨܘܬܐ.
ܒܦܪܗܣܝܐ[5] ܐܬܘܬܗܘܢ ܗܘܘ ܒܕܘܠܬ ܐܠܗܐ. (A fol. 93 a)
ܘܒܫܒܘܚܬܐ ܘܐܘܪܚܐ ܕܒܫܘܡܠܝܐ[6] ܐܫܬܕܠܘܬܗ ܐܚܪܝܬܐ[7] ܕܒܫܘܬܐ
ܡܫܬܠܠܝܢ ܗܘܘ. ܟܕ ܡܙܕܡܪܝܢ ܗܘܘ. ܘܬܫܒܘܚܬܐ ܘܬܘܕܝܬܐ
ܠܐܠܗܐ ܕܟܠ ܡܫܡܫܝܢ ܗܘܘ. ܒܕܡܐ ܠܚܫܡܬܐ ܐܚܪܝܬܐ.
6 ܬܡܝܗܝܢ ܗܘܘ ܕܝܢ ܗܠܝܢ[8]. ܘܬܗܪܐ ܬܡܝܗܝܢ ܗܘܘ. ܗ̇ܢܘܢ 𝔄 636
ܕܒܥܘܬܪܐ ܘܒܝܘܠܦܢܐ. ܘܒܬܫܒܘܚܬܐ ܘܒܫܠܛܢܐ ܕܦܠܣܘܦܘܬܐ
ܥܫܝܢ ܗܘܘ. ܘܬܘܒ ܡܢ ܟܠ ܡܕܡ ܕܣܠܩ ܐܠܗܐ ܡܝܩܪܝܢ
7 ܗܘܘ. ܘܡܫܒܚܝܢ ܗܘܘ ܕܢܦܘܩܘܢ ܡܢ[9] ܡܛܠ ܡܫܝܚܐ. ܐܝܟ ܗܢܐ
ܕܐܬܘܗܝ ܗܘܐ ܦܝܠܘܪܘܡܘܣ.[10] ܕܠܐ ܗܘܐ ܙܥܘܪܬܐ ܫܘܠܛܢܐ
ܐܝܬ ܗܘܐ ܠܗ. ܐܠܐ ܡܦܪܢܣܘܬܐ ܕܐܠܟܣܢܕܪܝܐ ܐܚܝܕ ܗܘܐ.
ܕܟܕ ܒܗ ܒܪܓܠܗ ܐܝܬܘܗܝ ܗܘܐ. ܘܒܐܝܩܪܐ ܕܢܣܒ ܗܘܐ
ܠܗ ܡܢ ܪ̈ܗܘܡܝܐ. ܟܕ ܡܢ ܦܠܚ̈ܐ ܐܣܦܩܠܛܪܐ ܡܕܒܪ ܗܘܐ.
ܗܘ ܗܢܐ ܒܟܠ ܝܘܡ ܡܬܬܕܝܢ ܗܘܐ. ܘܦܠܐܘܣ[11] ܐܦܝܣܩܘܦܐ
ܕܬܡܘܐܝܣ ܡܕܝܢܬܐ. ܓܒܪܐ ܕܐܬܝܕܥ ܒܪܓܠܐ ܕܐܘܪܚܐ
8 ܕܐܠܗܐ ܒܐܬܪܗ ܘܒܝܘܠܦܢܐ ܕܦܝܠܣܘܦܘܬܐ ܕܝܘܢܝ̈ܐ ܗܠܝܢ ܟܕ
ܩܛܝܠܐ ܗܘ̈ܐ ܠܦܘܩܕܢܗܘܢ ܘܐܚܪ̈ܢܐ ܪ̈ܚܡܝܗܘܢ[12] ܒܥܝܢ ܗܘܘ
ܡܢܗܘܢ ܘܐܦ ܐܝܠܝܢ ܕܐܬܝܗܘܢ ܒܪܓܠܐ ܕܪ̈ܚܡܘܬܐ. ܐܦ
ܗܘ ܕܝܢܐ ܒܥܐ ܗܘܐ ܡܢܗܘܢ ܕܢܬܪ̈ܚܡܘܢ ܥܠ ܢܦܫܗܘܢ.

[3a] 𝔄 = ܠܒܢܘܢ (accus.) [4] 𝔄 om. ܘ [5] 𝔄 = ܘܒܦܪܗܣܝܐ [6] 𝔄 om. ܕܒܫܘܡܠܝܐ [7] 𝔄 om. ܐܚܪܝܬܐ [8] 𝔄 om. ܗܠܝܢ [9] 𝔄 om. ܡܢ [10] 𝔄 Փիլորոմոս *Philoromos* [11] 𝔄 *et Phelias* [12] 𝔄 omits ܒ and ܐܚܪ̈ܢܐ, and does not express the suffix in ܠܦܘܩܕܢܗܘܢ and ܪ̈ܚܡܝܗܘܢ. It also places ܡܢܗܘܢ ܗܘܘ ܒܥܝܢ after ܕܪ̈ܚܡܘܬܐ

ܘܣܘܟܝܗܘܢ ܥܠ ܩܢܝܢܗܘܢ ܘܢܟܣܝܗܘܢ܆ ܗܘܘ ܕܝܢ ܠܐ ܡܬܪܥܝܢ
ܗܘܘ ܠܗܠܝܢ ܟܠܗܘܢ. ܕܝܠܗܘܢ ܘܢܦܫܗܘܢ ܫܢܝܐ ܕܙܒܢܐ.
ܐ 637 ܘܫܒܩܘܢ ܠܡܫܝܚܐ ܕܡܕܒܪܢܘܬܐ ܘܡܦܪܩܢܗܘܢ ܕܦܪܘܩܢ. ܐܠܐ
ܒܡܣܝܒܪܢܘܬܐ ܫܠܝܛܬܐ ܘܫܡܠܝܘܬܐ.[13] ܗܢܘ ܕܝܢ ܕܕܚܠܬ ܐܠܗܐ.
ܘܒܨܒܝܢܐ ܕܪ̈ܚܡܐ ܠܐܠܗܐ. ܟܠܗܘܢ ܠܬܫ̈ܒܘܚܬܗ ܘܝܩܪܗ
ܕܕܝܠܢ ܡܫܬܡܠܝܢ ܗܘܘ. ܘܠܣܗܕܘܬܐ ܐܬܦܫܛܘ ܢܦ̈ܫܐ
ܕܬܠܡ̈ܝܕܘܗܝ ·○:○·

* * * * * * * ܕܒܣܪܐ[1] (A fol. 93 b)
ܡܢ ܟܬ̈ܒܬܐ ܕܦܝܠܐܘܣ. ܕܠܘܬ ܬܡ̈ܘܐܝܐ ·○·
ܐ 638 ܕܗܠܝܢ ܟܠܗܘܢ ܬܚ̈ܘܝܬܐ ܘܫܘܕ̈ܥܐ ܘܡ̈ܥܒܕܐ ܛܘܒ ܫܦܝܪܐ. x. 2
ܣܝܡܝܢ ܠܢ ܒܟܬ̈ܒܐ ܩ̈ܕܝܫܐ ܕܐܠܗܐ. ܣܗ̈ܕܐ ܩ̈ܕܝܫܐ ܕܒܝܢܝܢ
ܡܢ ܡܕܡ ܠܐ ܐܬܟܬܪܘ.[1a] ܐܠܐ ܡܬܘܡ ܒܝܢܝܐ ܕܢܦܫܗܘܢ
ܢܥܝܐܬ ܠܘܬ ܐܠܗܐ ܕܥܠ. ܘܠܡܘܬܐ[2] ܕܒܕܚܠܬ ܐܠܗܐ
ܡܟܠ ܟܠܗܘܢ܆ ܘܠܐ ܐܬܦܢܝܘ ܡܢ ܦܘܬܗܘܢ ܡܬܘܡ ܕܐܬܥܨܝܘ
ܠܚܝ̈ܐ ܢܣܒܘ ܡܫܝܚܐ ܕܠܚܡ ܠܒܪ̈ܢܫܐ ܡܠܟܬ. ܕܢܦܫܗܘܢ
Phil ii 6 ff ܟܠܗ ܫܘܠܦܬܐ. ܘܢܣܒ ܠܢ ܗܕܐ[3] ܠܐܘܪܚܐ ܕܫܡܝܐ ܠܗ ܠܡܪ

[13] ܐ = ܫܠܝܢܘܬܐ ܘܫܠܝܚܘܬܐ

Chap. X. [1] From comparison with ܐ it appears that there is a lacuna in A at the beginning of this chapter. The title is in ܐ *Doctrina quam scripsit Phileas martyr de omnibus quae gesta sunt in Alexandria urbe* (cf. the index, p. 319). The initial words (which have fallen out in A but are given in ܐ) may be thus rendered—*Sed quia diximus de Philea martyre qui magnus et copiosus erat sapientia terrestri, testetur hic de seipso monstrando qui fuerit et unde; et de omnibus quae evenerunt diebus suis in Alexandria urbe in martyriis multorum, quod magis quam nos peritus sciebat narrare vere de iis his verbis.* Then follow the words which stand as title in A. [1a] In ܐ read յաւպաղեցաւ
[2] ܐ om. ܠܘܬ ܐܠܗܐ ܕܒܟܠ. ܘܠܡܗܘܬܐ [3] Read with ܐ ܗܘܐ

ܒܫܘܦܪܐ ܫܡܝܢܗ ܡܠܟܘܬܐ ܕܢܗܘܐ ܦܫܝܛܐ[4] ܕܐܠܗܐ. ܐܢ
ܠܐ ܚܫܒܗ ܗܕܐ ܗܘܐ. ܘܕܡܘܬܐ[5] ܕܥܒܕܐ ܢܣܒ. ܘܒܕܡܘܬܐ[6]
ܕܒܢܝ ܐܢܫܐ[7] ܐܫܬܟܚ. ܘܡܟܟ ܢܦܫܗ ܥܕܡܐ ܠܡܘܬܐ. ܡܘܬܐ
3 ܕܝܢ ܕܙܩܝܦܐ.[8] ܡܛܠ ܗܢܐ ܡܢܗ ܒܟܘܡܪܘܬܐ ܪܘܪ̈ܒܬܐ ܣܗ̈ܕܐ
ܠܛܒ̈ܬܐ ܠܡܫܝܚܐ. ܘܡܫܠܡܘܢ ܟܪ̈ܝܐ ܘܠܒܫܘܢ ܦܘܪ̈ܫܢܐ
ܕܟ̈ܐܒܐ. ܠܐ ܚܕܐ ܙܒܢ. ܐܠܐ ܐܝܬ ܕܐܦ ܬܪ̈ܬܝܢ ܙܒ̈ܢܝܢ ܗܟܢܐ.
ܘܟܠ ܠܘ̈ܛܝܢ. ܠܐ ܕܒ̈ܟܠܐ ܒܠܚܘܕ. ܐܠܐ ܘܐܦ ܕܡ̈ܘܬܐ ܗܟܠܗ.
ܕܡܣܝܒܝܢ ܗܘܘ ܒܠܗܘܢ ܗܢܘܢ ܠܛܒ̈ܬܐ ܕܝܢܐ. ܘܗܘܝܢ ܡܢ
ܪܥܝܢܗܘܢ ܠܐ ܡܬܪܦܝܢ ܗܘܘ. ܡܛܠ ܕܚܘܒܐ. ܡܫܡܠܝܐ ܠܒܪ
4 ܫܕܐ ܠܗ ܠܕܚܠܬܐ. ܕܢܬܐܡܪ[9] ܕܝܢ ܥܠ ܢܨܚܢܘܬܗܘܢ܆[10] ܘܥܠ
ܒܒܪܘܬܐ ܕܟܠ ܥܡ̈ܡܝܢ. ܐܝܟܢܐ ܡܠܬܐ ܡܫܟܚܐ ܠܝ. ܟܕ ܒܪ
ܐܝܬ ܗܘܐ ܫܘܠܛܢܐ ܠܟܠ ܐܢܫ ܕܨܒܐ ܠܡܨܥܪܘ ܐܢܘܢ܆ ܐܝܬ
ܕܒܩ̈ܝܣܐ ܡܚܝܢ ܗܘܘ. ܐܚܪ̈ܢܐ ܕܝܢ ܒܫܒ̈ܛܐ. ܐܚܪ̈ܢܐ
5 ܒܩܘܠܦ̈ܬܐ.[11] ܐܚܪ̈ܢܐ ܕܝܢ ܒܥܪ̈ܩܐ. ܐܚܪ̈ܢܐ ܒܚܒ̈ܠܐ. ܚܙܬܐ
ܕܝܢ[12] ܕܫܢ̈ܕܝܗܘܢ ܒܡܫܚܠܦܐ ܗܘܬ.[13] * * * * *
(A fol. 94 a) ܗܘܐ ܠܗܘܢ ܕܕܠܝܐ ܕܢܠܝܐ ܢܗܘܘܢ܆ ܡܢ ܒܬܪ
ܫܠܡܗ ܒܫܘܠܡܗ ܕܡܟܬܒܢܘܬܐ ·o:o·

ܕܚܕܥܣܪ. ܥܠ ܗܢܘܢ ܕܐܣܗܕܘ ܒܦܪܘܓܝܐ. A 642

12 ܡܢܐ ܡܕܡ ܡܬܒܥܐ ܠܝ ܕܐܡܪ ܡܫܝܚ̈ܬܐ. ܘܠܘܩܒ
ܬܫ̈ܒܚܬܐ ܫܪ̈ܝܪܬܐ ܥܠ ܫܪ̈ܝܪܬܐ. ܕܐܬܓܠܝܐ ܕܬܫ̈ܡܫܬܗܘܢ

[4] A *quod non rapinam putavit se aequalem fieri* [5] A om. ܘ [6] A om. ܘ [7] A *hominum* [8] For ܥܕܡܐ ܠܡܘܬܐ. ܡܘܬܐ ܕܝܢ ܕܙܩܝܦܐ A has *in obedientiam mortis crucis* [9] In A for երկիրպրդ և read երկիրպրդել [10] A plur. [11] A om. ܐܚܪ̈ܢܐ ܒܩܘܠܦ̈ܬܐ [12] A *quod visio* [13] Here a leaf is wanting in A

A 639

ܕܡܫܒܚܐ ܗܘܘ ܒܟܠܗ ܥܠܡܐ. ܕܒܚܟܡܘܬܐ ܕܓܒܪܐ ܦܠܘܣܦܐ
ܕܡܕܝܢܬܐ ܡܬܝܕܥܝܢ ܗܘܘ. ܗܐ ܓܝܪ ܟܠܗ̇ ܚܕܐ ܡܕܝܢܬܐ xi. 1
ܕܟܪ̈ܣܛܝܢܐ ܒܦܪܘܓܝܐ. ܠܓܒܪ̈ܝܗ̇ ܥܡ ܢܫ̈ܝܗ̇ ܘܛܠ̈ܝܐ ܕܒܗ̇.
ܚܕܪܘܗ̇ ܠܦܠ̈ܚܐ ܕܩܪܒܐ ܘܐܪܡܝܘ ܢܘܪܐ[1] ܘܐܘܩܕܘܗ̇. ܟܕ ܩܥܝܢ
ܗܘܘ ܘܡܫܬܘܕܝܢ ܩܕܡ ܐܠܗܐ. ܕܟܠܗ ܒܢܝܐ ܕܒܗ̇ ܟܪܣܛܝܢܐ
ܥܒܪ ܗܘܐ. ܠܘܓܝܣܛܐ ܥܡ ܐܣܛܪ̈ܛܝܓܐ. ܘܪ̈ܒܢܐ ܥܡ
ܟܠܗ ܥܡܐ.[2] ܘܕܪ̈ܘܫܦܠܝܢܐ[3] ܐܬܚܫܘ̈ ܡܚܕܐ ܗܘܘ. ܘܟܕܡܕܡ
ܠܐ ܡܬܛܦܝܣܝܢ ܗܘܘ ܠܐܝܠܝܢ ܕܦܩܕܝܢ ܗܘܘ ܠܗܘܢ ܕܢܦܠܚܘܢ
2 ܠܦܬܟܪ̈ܐ. ܘܐܝܬ ܗܘܐ ܓܒܪܐ ܚܕ܂[4] ܕܐܝܩܪܐ ܕܡܢ ܪ̈ܗܘܡܝܐ
ܐܝܬ ܗܘܐ ܠܗ. ܕܫܡܗ ܗܘܐ ܐܕܘܩܛܘܣ.[5] ܘܐܬܝܕܥܗ ܗܘܐ[6]
ܡܢ ܐܒܗܐ ܡ̈ܢܝܚܐ ܒܐܝܛܠܝܐ ܘܐܬܕܒܪ[7] ܒܟܠܗܘܢ ܕܪ̈ܓܐ
ܕܐܝܩܪܐ ܕܡܢ ܡܠܟܐ ܡܬܝܗܒܝܢ. ܐܝܟܢܐ ܕܐܦ ܡܦܪܢܣܘܬܐ
ܕܓܙܐ. ܐܝܠܝܢ ܕܡܬܩܪܝܢ ܡܢܗܘܢ ܡܓܝܣܛܪܘܬܐ ܘܩܬܘܠܝܩܘܬܐ
A 643 ܕܠܐ ܪܫܡ ܕܒܪ ܗܘܐ. ܘܗܘ[8] ܕܒܗܠܝܢ ܟܠܗܝܢ ܐܫܬܒܚ ܗܘܐ.
ܠܚܪܬܐ ܒܪܘܚܐ ܕܕܚܠܬ ܐܠܗܐ.[9] ܘܒܡܘܕܝܢܘܬܐ ܕܥܠ ܫܡܗ
ܡܫܝܚܐ. ܟܕ ܗܘ ܒܕܪܓܐ ܕܩܬܘܠܝܩܘܬܐ ܐܝܬܘܗܝ ܗܘܐ. ܫܩܠ
ܐܟܠܝܠܐ ܕܥܠ ܫܡܗ ܕܡܫܝܚܐ ܐܠܗܐ. ܘܐܬܟܠܠ ܒܟܠܝܠܐ
ܕܣܗܕܘܬܐ܀

CHAP. XI. [1] A adds *urbi* [2] For ܠܘܓܝܣܛܐ ܥܡ ܐܣܛܪ̈ܛܝܓܐ. ܘܪ̈ܒܢܐ ܥܡ ܟܠܗ ܥܡܐ A has merely *cum urbi praefecto et principibus* [3] A = ܕܪ̈ܘܫܦܠܝܢܐ [4] A adds *illustris* [5] A Օգոստոս i.e. *Augustus* [6] In A for է read էր [7] A = ܕܐܬܕܒܪ [8] In A for այլ read այն [9] In A read առաքինութեամբ աստուածպաշտութեան

ܕܐܬܪܚܡܘ. ܥܠ ܗܘܠܟܐ ܕܐܠܗܐ ܘܢܨܚܐ. ܕܥܒܕܘ ܐܓܘܢܐ
ܒܦܘܪܫܢܐ ܣܓܝܐܐ.[1]

xii. 1 ܡܢܐ ܡܬܡܠܟܐ ܗܢܐ ܕܣܦܩܐ ܐܡܪ ܠܒܪܢܫܐ. ܐܘ
ܕܐܡܢܐ ܗܘܠܟܐ ܕܐܠܗܐ. ܐܘ ܕܐܝܟܢܐ[2] ܣ̈ܓܝܐܐ ܕܟܠ ܙܢܝܢ
ܕܫ̈ܘܕܪܐ ܬܫ̈ܢܝܩܐ. ܕܥܒܕܘܗܝ ܒܚܠ̈ܩܐ ܐܬܦܣܩܘ. ܐܝܟ ܕܒܗ
ܕܗܘܐ ܒܐܪܒܝܐ. ܕܡܢܗܘܢ ܥܩܘ̈ܪܗܘܢ ܐܬܬܒܪ. ܐܝܟ (A fol. 94 b)
ܕܓܪܙ ܠܗܘܢ ܕܟܦܦܘܢܝܐ. ܘܐܢ̈ܫܐ ܡܢ ܕܐܬܥ ܒܪ̈ܓܠܝܗܘܢ
ܒܪܘܡܐ ܐܬܬܠܝܘ. ܘܒܢܘܪܐ ܕܡܗܝܐ ܚܠܝܐ ܗܘܬ ܢܦܫܬܗܘܢ:
ܘܡܬܢܚܐ ܕܡܢܗ ܥܠܗ ܗܘܐ.[3] ܡܬܚܢܩܝܢ ܗܘܘ. ܐܝܟ ܕܒܗ
ܕܗܘܐ. ܠܗܘܢ ܕܒܢܝܬ[4] ܢܗܪܬܐ. ܐܦ ܕܐ̈ܢܫܐ ܪ̈ܒܐ
ܕܢܚ̈ܝܪܝܗܘܢ ܘܕܐܕ̈ܢܝܗܘܢ ܘܕܨ̈ܒܥܬܗܘܢ:[5] ܩܛܠ ܩܛܠ ܚܪܫܘ 𝔄 644
ܗܘܘ. ܘܫܪܟܐ ܕܗܕ̈ܡܝܗܘܢ[6] ܘܫܘܦܬܐ ܕܦܓܪ̈ܝܗܘܢ ܦܣܩܘ.
2 ܐܝܟ ܕܗܘܐ ܠܗܘܢ ܕܒܐܠܟܣܢܕܪܝܐ. ܘܡܢܐ ܡܬܒܥܐ
ܕܐܡܪ ܕܡܢܢܐ ܕܩܠܝܢ ܕܒܐܦܛܘܡܝܐ. ܕܥܠܝܢ ܕܝܘܪܐ. ܠܐ
ܗܘܐ ܠܡܬܐܡܪܘ. ܐܠܐ[7] ܠܡܚܙܐ ܒܥܝܢܐ ܢܗܝܪܐ ܡܬܒܩܝܢ ܗܘܘ.
ܐܢ̈ܫܐ ܕܝܢ ܒܟܒܠ̈ܐ ܡܚܒܫܝܢ ܒܕܘܪܐ ܚܒܝܫܝܢ ܗܘܘ. ܥܠ ܕܠܐ
ܢܦܩܘܢ ܕܚܫܬܐ ܕܡܩܒܠܬܐ. ܫ̈ܢܐ ܕܝܢ ܕܚܒܫܝܢ ܗܘܘ ܡܢ
ܢ̈ܦܘܫܐ ܕܗܠܝܢ. ܡܢ ܕܐܬܚܬܡܘ ܘܟܠܗܘܢ ܒܫܘܐ ܕܡܠܟܘܬܐ.
ܡܢ ܠܟܠ ܡܢ ܪܘܡܐ ܕܐܓܪ̈ܐ[8] ܢܦܠܘܗܘܢ ܫܕܝܢ ܗܘܘ. ܕܡܘܬܐ
ܒܫܘܦܢܐ[9] ܗܢܝܢ ܗܘܐ ܠܗܘܢ: ܘܬܠܬ[10] ܡܢ ܒܫܘܢܩܗܘܢ
3 ܕܥ̈ܒܕܐ ·:· ܐܝܬ ܗܘܐ ܕܝܢ ܐܢܬܬܐ ܚܕܐ ܡܗܝܡܢܬܐ.

CHAP. XII. [1] 𝔄 *qui fecerunt certamina multa electe* (ընտրանաւ) [2] In 𝔄 for նկատել read նկարել [3] 𝔄 om. ܗܘܐ ܥܠܗ ܕܡܢܗ [4] 𝔄 om. ܠܗܘܢ ? [5] 𝔄 *nares et aures signaverunt et digitos truncaverunt et* [6] 𝔄 om. ܘܫܪܟܐ ܕܗܕ̈ܡܝܗܘܢ [7] 𝔄 om. ܠܐ ܗܘܐ ܠܡܬܐܡܪܘ. ܐܠܐ [8] 𝔄 *et de tectis* [9] In 𝔄 read 'ի յափշտակութենէն [10] 𝔄 om. ܘ

ܘܬܫܡܫܬܐ ܒܟܢܘܫܬܐ ܕܥܡܗ̇. ܘܡܫܬܒܗܪܐ ܗܘܬ ܒܐܪ̈ܝܫܘܬܐ.
ܒܐܦܝܣܩܘܦܐ. ܒܡܘܬܪܐ ܘܒܛܠܘܡܝܐ. ܘܡܬܒܐܫܢܘܬܐ ܠܘܬ ܟܠ
ܐܢܫ. ܘܐܝܬ ܗܘܐ ܠܗ̇ ܬ̈ܢܝܬܐ ܬ̈ܠܘܬܐ. ܕܒܫܦܪܐ ܕܦܓܪܐ.
ܘܡܩ̈ܘܡܬܐ ܐܝܟ ܗ̈ܘܘ. ܘܪܒܝܬ ܐ̈ܢܫܝܢ ܒܢ̈ܝܫܘܬܐ ܕܕܝܠܗ ܐܠܗܐ.
ܘܡܛܠ ܕܗܟܢ ܫܡܫܐ ܡܬܪܥܝܢ ܗܘܐ ܟܠܗܘܢ ܡܢ ܛܘܪܚܢܐ.[11]
ܟܠ ܦܘܪ̈ܫܢ ܡܬܪ̈ܥܝܢ ܗܘܐ ܘܡܒܥܒܥ[12] ܠܗܘܢ ܕܡܬܦܠܓܝܢ ܗ̈ܘܘ.
𝔄 645 (A fol. 95 a) ܟܕ ܕܝܢ ܥܒܕ ܕܒܐܬܪܐ ܐܫܝܪܢܐ ܐܬܚܙܝܘ ܗ̈ܘܘ.
ܒܫܠܝܛܘܬܐ[12a] ܠܐܦܝܣܩܘܦܘܬܐ ܦܪܐ ܐܢܝܢ. ܘܟܕ ܕܝܢ[13] ܐܬܬܚܕ
ܗ̇ܘܐ ܒܡܟܝܟܘܬܐ ܕܐܦܝܛܪ̈ܘܦܘܬܐ. ܟܕ[14] ܚܙܬ ܕܠܝܬ ܠܗ̇ ܦܘܪܫܢܐ.
ܕܬܡܢ ܗܘ ܘܒܢܝ̈ܗ̇. ܦܫܟܬ ܒܡܫܡܫܢܘܬܗ̇ ܒܢ̈ܬܐ ܕܡܢ ܒ̈ܢܝ
ܐܢܫܐ. ܘܕܡܠܠܐ ܡܢ ܟܠܗܘܢ ܠܢܒܝܐ ܕܐܪܡܝܐ. ܗ̇ܝ ܕܐܡܪܐ
ܒܐܪ̈ܝܫܗ̇ ܕܬܫܥܒܕ ܘܬܫܚܪ ܕܐܝܟ ܗܠܝܢ ܪܒܝܐ ܗܘܬ. ܐܢ
ܠܐ ܐܦܠܐ[15] ܕܢܥܠܡ ܢܚܫܘܢ ܠܦܘܠܚܢܐ ܕܥ̈ܕܬܐ. ܕܡܬܪܢ ܡܢ ܟܠ
ܬܘܗܝܢ. ܘܒܗܢ ܡܢ ܟܠ ܐܬܪ̈ܘܢ. ܐܡܬܪܐ ܗܘܬ. ܚܕ ܕܝܢ ܥܕܢܐ
ܠܗܠܝܢ ܒܟܠܗܝܢ ܫܡܥܐ ܗܘܬ ܕܐܝܟ. ܗܘ ܕܝܢ ܒܟܠ ܠܟܘܫܐ
4 ܕܒܡܪ̈ܝ ܘܠܢܦܫܗ̇ ܘܠܬ̈ܟܠܬܗ̇ ܡܫܠܡܐ ܗܘܬ. ܘܡܢ ܕܐܫܬܘܝ
ܒܗܢܐ ܙܒܢܐ. ܟܠܗܘܢ ܚܕ ܦܬ̈ܓܡܝܢ ܒܟܬ̈ܒܝܗܘܢ ܢܦܩܬ.[16]
ܘܟܕ ܡܦܩܕ ܗ̈ܘܘ ܠܐܘܪܚܐ. ܫܐܠ ܡܢ ܢܛܘܪ̈ܐ[17] ܠܡܚܪܒܘ
ܡܠܠ. ܘܗܕܝܢ ܒܝܪܚܐ ܕܐܕܪ ܗܘܐ ܢܥܡܝܢ ܬܡܢ ܐܪܒܥ ܗ̈ܘܘ.
5 ܗܢܝܢ ܕܝܢ ܗܠܝܢ ܠܩܘܕ̈ܡܝܗܘܢ ܥܒܕ ܗ̈ܘܘ. ܐܚܪ̈ܢܝܬܐ ܕܝܢ
ܬ̈ܠܘܬܐ ܕܒܗ̇ ܒܐܦܝܣܩܘܦܐ. ܕܟܫܝܪܐ ܐܬܘܬܐ ܐܬܚܙܝܘ
ܗ̈ܘܘ. ܘܟܠ ܡܕܡ ܡ̈ܢܝܢ ܗ̈ܘܘ ܠܐܠܗܐ. ܘܐܬܚܙܝܘ ܗ̈ܘܘ.
ܐܫܘܬܐ ܕܒܪܪ̈ܐ. ܘܡܚܝܢ ܗ̈ܘܘ ܟܠܗܘܢܐ. ܘܬܘܒܗܘܢ ܒܐܘܪܚܐ.

[11] 𝔄 plur. [12] 𝔄 = ܡܬܚܪܝܢ ܗܘܘ ܘܡܬܟܬܫܝܢ [12a] 𝔄 *magna audacia*
[13] 𝔄 om. ܘ and ܕܝܢ [14] 𝔄 = ܘܟܕ [15] 𝔄 = ܐܠܐ ܐܦ [16] For ܢܦܩܬ 𝔄
has և կապեցին *et ligaverunt* [17] 𝔄 sing.

ܘܩܛܠܝܢ ܗܘܘ ܒܢ̈ܝܢܫܐ. ܘܡܩܝܕܝܢ ܗܘܘ ܒܢܘܪܐ. ܘܢܦܩܝܢ ܗܘܘ 𝔄 646
ܒܚܪܒܐ. ܘܐܪܝܡܘܢ ܗ̇ܘܘ ܒܕܚܠܬ ܐܠܗܐ. ܘܬܫܡܫܬܗܘܢ ܗܘ̈ܝ
ܒܣܦܝܩܘܬܗܘܢ.[18] ܘܐܝܟ ܗ̇ܘ ܕܠܐ ܡܣܬܒܪܐ ܗܘܬ ܐܪܥܐ
ܠܡܛܠܡ ܕܐܝܟ ܗܠܝܢ ܗܘ̈ܒܠܐ ܐܬ̈ܠܝܬܐ. ܣܓܝ ܗܘܘ ܦܠܚ̈ܝܗܘܢ
ܕܫ̈ܐܕܐ ܕܢܣܬܕܪܘܢ ܒܗܕܐ. ܘܗܠܝܢ ܕܝܢ ܠܘܬ ܗܠܝܢ ܡܣܬܒܪܝܢ
6 ܗܘ̈ܝ[19] ⁘ ܕܕܚܝܠܝܢ ܕܝܢ ܐܦ ܠܡܣܝܒܪܘܬܐ. ܡܣܝܒܪܝܢ ܗܘܘ ܐܚܪ̈ܢܐ
ܒܣܝܦܐ. ܩܫܝܐ ܓܝܪ ܣܓܝܦܐ ܒܪܫ ܡ̈ܢܬܗܘܢ ܬܘܠܬ
ܠܦܓܪ̈ܝܗܘܢ ܡܕܡܝܢ ܗܘܘ. ܘܐܚܪ̈ܢܐ ܐܚܪܢܐ ܒܢܘܪܐ ܡܩܝܕܝܢ
ܗܘܘ. ܘܟܠܗ ܕܐܬܗܦܟ ܒܢܘܪܐ. (A fol. 95 b) ܥܠ ܣܝ̈ܡܗܘܢ
ܡܥܩܒܝܢ ܗܘܘ. ܘܗܕ̈ܡܐ ܐܝܠܝܢ ܕܡܬܪ ܡܬܘܪܝܢ ܒܩܝܪܐ.
7 ܡܩܠܝܢ ܗܘܘ. ܐܚܪ̈ܢܐ ܕܝܢ ܬܘܒ ܒܗܕ̈ܡܐ ܒܩܛܝܐ ܘܒܪ̈ܓܠܝܗܘܢ
ܫ̈ܩܐ ܩܫܝܐ ܕܠܐ ܕܚܝܢ ܘܕܠܐ ܡܬܪܚܡܝܢ[20] ܡܣܝܒܪܝܢ ܗܘܘ.
ܐܝܠܝܢ ܕܕܝ̈ܢܐ ܕܚ̈ܣܝܐ ܬܚܝܬ ܢܟܣܐ. ܢܣܒܘܬܗܘܢ ܒܗܘܢ
ܡܫܘܝܢ ܗܘܘ. ܘܐܝܟ ܣܛܝܢܬܐ ܥܒܝܕܬܐ ܡܬܦܪܣܝܢ ܗܘܘ
ܘܡܥܩܒܝܢ ܗ̈ܘܘܐ. ܗ̇ܢܘܢ ܕܐܬܕܘܬ ܒܠܒܗܘܢ ܡܥܩܒܝܢ ܗܘܘ.
ܘܐܝܟ ܕܒܐܠܘܨܐ ܢܒܥܘܢ ܠܫ̈ܪܕܐ ܒܪܗܬܐ ܡܩܒܪܝܢ ܗܘܘ.
8 ܣܓܝ ܕܝܢ ܕܐܬܩ̈ܠܝܬܐ.[21] ܒܗ ܒܬܘܪܬܐ ܡܚܒܠ[22] ܕܒܫܘ̈ܬܐ
ܐܣܘܠܐ. ܘܠܐܘܗ ܡܢ ܕܠܡܥܠ. ܘܡܣܒܒ ܘܐܬܡܠܝܘ[23] ܡܢ
ܥܣܩܘܬܐ ܕܕܡܐ. ܐܬܦܠܘܗ ܠܗܘܢ ܐܝܟ ܡܢܐ ܕܡܟܒܪܘ
ܒܪ̈ܢܫܘܗܝ ܠܡܫܝܚܘܬܐ ܘܡܪܝܡܘܬܐ. ܐܚܪܢܐ ܕܡܚܒܠ 𝔄 647
ܐܝܟ ܪ̈ܚܡܘܗܝ ܡܕܡ ܕܫܢܐ ܠܘܬܗ ܠܐ ܢܫܒܩܘܢ. ܒܗ
9 ܐܡܪܝܢ. ܕܠܐ ܠܡ ܙܘܡ ܕܒܚܘܒܐ ܕܟܠ ܐܢܫܝܢ ܢܣܒ ܡ̈ܩܕܫܢܐ

[18] 𝔄 om. ܘܐܡܪܝܢ ܗܘܘ ܒܣܦܝܩܘܬܗܘܢ [19] 𝔄 om. ܗܘܝܢ ܕܝܢ ܠܘܬ ܗܠܝܢ ܡܫܬܡܥܝܢ ܗܘܘ [20] For ܕܠܐ ܕܚܝܢ ܘܕܠܐ ܡܬܪܚܡܝܢ 𝔄 has *et inmisericordem poenam* [21] 𝔄 sing. [22] 𝔄 om. ܡܚܒܠ [23] 𝔄 om. ܘܐܬܡܠܝܘ

ܐܦܠܐ ܕܡܫܝܚܝܘܬܐ ܢܟܦܪ ܫܪܝܪܘܬܐ ܡܚܠܦܬܐ ܕܐܠܗ̈ܐ. ܗ̇ܢܘ
ܕܠܘܬ ܦܠܚܝ ܟܘܟܒܐ ܘܢܘܪܐ. ܘܗܘ ܗܘ ܠܡ ܟܕ ܕܐܬܬܡܚܝܘ
ܡܪܚܡܢܘܬܐ ܕܡܫܠܡܢܐ ܕܐܠܗ̈ܐ ܠܘܬ ܟܠ ܐܢܫ ܒܥܘܕܪܢܐ.
ܕܠܐ ܡܛܠ ܢܗܘܘܢ ܡܬܚܣܕܝܢ ܠܡܠܟܘܬܐ. ܐܠܐ ܕܢܬܪܐ ܗܘܐ
10 ܡܣܡܡ ܥܝ̈ܢܐ ܕܟܠܢ ܡܛܠ ܡܪܚܡܢܘܬܗܘܢ ܕܡ̈ܠܟܐ. ܕܢܫ̈ܘܢ
ܕܝܢ ܡܬܚܫ̈ܒܝܢ ܚܣܝܢܘܢ ܘܡܫܬܒܗܪܝܢ ܣܓܝܐ ܣܓܝܐ ܥܠ ܛܝ̈ܒܘܬܗܘܢ
ܐܬܦܩܕ ܗܘܐ. ܕܡܪܚܡܢܘܬܗܘܢ[24] ܟܕ ܗܠܝܢ ܐܬܥܒܕܝܢ ܗ̈ܘܘ.
ܘܡܣܡܡ ܒܥܝ̈ܢܐ ܩܠܝܠܐ ܕܟܠܢ. ܘܡܫܬܒܩ ܡܛܠ ܗܘܐ
ܡܪܚܡܢܘܬܗܘܢ ܕܪ̈ܫܝܢܐ. ܠܐ ܡܫܟܚ ܗܘܐ ܐܢܫ ܕܢܐܡܪ
ܫܘܐܠܗܘܢ ܕܐܝܠܝܢ ܕܡܫܬܒܪܝܢ ܗܘܘ. ܕܐܝܟ ܕܐܬܪ̈ܢܝܗܘܢ
ܕܡܫܝܚܐ ܒܡܫܚܐ ܡܬܦܫܩܝܢ ܗܘܘ.[25] ܘܡܢ ܒܬܪܟܢ (A fol. 96 a) ܒܢܘܪܐ
ܡܬܦܫܩܝܢ ܗܘܘ. ܘܐܣܝܪܝܢ ܪ̈ܓܠܝܗܘܢ ܕܝܡܝܢܐ. ܒܩ̈ܦܣܝܗܘܢ
ܡܬܦܫܩܝܢ ܗܘܘ ܘܡܬܡܚܝܢ. ܘܒܬܪ ܗܠܝܢ. ܠܡܥܠܠܗܘܢ[26] ܕܢܣܒܐ
ܕܐܝܬ ܒܐܬܪ̈ܘܢ ܐܬܪ̈ܘܢ ܡܬܦܫܩܝܢ ܗܘܘ ܕܢܫܬܥܒܕܘܢ ܠܗ
𝔄 648 ܡܛܠ ܬܫܥܒܕܬܐ ܕܢܣܒܐ. ܐܠܐ ܡܛܠ ܒܣܘܟܐ ܘܥܩܠܐ[26a] ܕܗ̇ܢܘܢ
ܕܡܬܚܫܒܝܢ ܗܘܘ. ܘܟܕ ܗܠܝܢ ܟܠܗܝܢ. ܐܣܝܪܐ ܒܐܝܣܩܘܦܐ
ܐܣܝܪܐ ܢܝܚܝܢ ܗܘܘ. ܗ̇ܢܘܢ ܕܠܐ ܡܥܝܩܝܢ ܗܘ ܠܡܬܘܢ
11 ܐܢܘܢ ܕܝܢ ܐܝܟ ܟܕ ܢܣ̈ܝܢܘܢ ܠܡܠܟܘܬܐ. ܕܡܢܗܝܢ ܐܫܬܟܚܘ
ܦܪ̈ܝܫܐ ܢܣ̈ܝܢܐ ܕܡܫܝܚܐ ܒܟܠܗ ܥܠܡܐ. ܕܐܠܝܢ ܕܣܝܡ ܗܘܘ
ܒܩܪ̈ܒܘܬܗܘܢ ܒܟܠ ܕܘܟܐ ܡܬܚܙܝܢ ܗܘܘ. ܘܬܘܒܬܐ ܕܢܠܗ
ܩܫܝܐ ܕܐܠܗܐ. ܒܫܪܝܪܐ ܕܦܪܘܩܢ[27] ܡܠܟܐ ܡܢܫܝܢ ܗܘܘ ·:·:·

[24] 𝔄 nomin. [25] 𝔄 *quorum oculi* (աչք) *effodiebantur gladio* [26] In 𝔄 the rendering of ܠܡܥܠܠܗܘܢ is wanting [26a] For ܘܥܩܠܐ 𝔄 has նեղութեան *afflictionis* [27] 𝔄 *a vero Salvatore nostro*

ܕܬܬܠܚܡܘܢ. ܟܠ ܗܠܝܢ ܕܡܫܟܚܝܢ ܗܘܘ ܒܪܢܫܐ ܕܒܪ̈ܝܬܐ.
ܕܢܦܩܘ ܥܘܕܪܐ ܕܫܘܠܛܢܐ[1] ܐܠܗܝܐ ܕܡܬܒܪܝܢ ܗܘܘ. ܒܥܘܒܕܐ
ܕܕܝܢܗܘܢ܀

ܕܠܥܠܡܝܢ ܕܝܢ ܒܥܕܢܐ ܐܝܕܐ ܐܝܟ ܐܪܒܥܐ ܗܘ ܬܫܥܝܬܐ.
xiii. 1 ܘܒܬܪ ܐܦܠܐ ܡܫܡܫܢܐ ܕܬܘܗܐ ܕܗܠܝܢ ܕܝܢ ܙܒܢܐ ܕܐܘܣܒܝܘ
ܕܒܪ̈ܝܬܐ ܡܬܢܟܪܝܢ ܢܒܪܝ. ܘܡܕܝܢܬܐ ܒܕܘܟܪܢܐ ܕܡܗܝܡ̈ܢܐ.
ܢܛܪܝܢ ܗܘܕܐ ܕܡܠܘܬܗ ܕܡܫܝܚܐ. ܐܬܢܨܚܘ ܐܦܝܣܩܘܦܐ A 649
ܕܒܢܬܐ ܕܢܘܡܘܣܐ ܡܢܝܢܬܐ. ܕܐܬܦܣܩ ܪܝܫܗ ܒܡܕܝܢܬܐ.
2 ܘܡܢ ܗܕܐ ܕܐܠܟܣܢܕܪܝܐ. ܗܘ ܐܢܫܐ ܕܒܠܥܘܢ ܣ̈ܒܘܣܝ
ܫܠܝܚܐ ܐܬܥܒܕ ܗܘܐ. ܠܦܘܠܘܣ ܡܫܝܚܐ ܕܒܝܬܐ ܕܒܬܪ.
ܕܐܘܣܒܝ ܒܠܘܡܝܕܝܐ[2] ܐܦ ܗܘ. ܒܪ ܡܠܟܐ ܬܘܒ ܗܘܐ.
ܕܐܒܪ[3] ܠܘܡܝܢ ܡܠܘܬܐ ܥܡܠܢܬܐ ܕܡܫܝܚܐ ܒܡܠܬܐ. ܒܪ
3 ܡܥܡ ܒܪܘܚܐ. ܡܢ ܒܬܪ ܕܝܢ ܐܦ ܒܒܕܐ ·⁘· ܡܢ ܗܠܝܢ
ܕܝܢ ܕܐܘܣܒܝܘ ܒܦܠܣܛܝܢܐ ܗܘܘ ܐܢܫܐ ܢܨܝܚܐ. ܘܒܟܠ ܡܢܗܘܢ
(A fol. 96 b) ܕܣܝܠܒܢܘܣ ܕܐܠܗܐ ܐܬܢܨܚܘ ܗܘܘ. ܪ̈ܥܘܬܐ
ܕܟܢܫܗ ܕܡܫܝܚܐ. ܠܛܪܟܢܘܣ[4] ܐܦܝܣܩܘܦܐ ܕܥܕܬܐ ܕܓܙܪ.
ܘܠܟܠܗ ܡܢܝܢܐ ܕܥܕܬܐ ܕܓܙܪ ܣܝܠܒܢܘܣ[5] ܐܦܝܣܩܘܦܐ ܕܥܕܬܐ
4 ܕܐܡܝܢ[6] ܕܗܘ ܗܘܐ ܡܢ ܫܢ̈ܝܐ. ܡܬܓܠܝܬܐ ܠܫܢ̈ܬܐ ܗܘܐ
ܗܘܐ. ܒܫܡܝܢ ܡܕܝܢܬܐ.[7] ܘܐܬܩܠܠ ܠܒܢ̈ܝܐ[8] ܕܗܕ̈ܐ. ܗܠܝܢ
ܕܝܢ ܕܒܗ ܒܐܬܠܘܒܝܐ ܡܛܘ ܠܟܠܝܠ ܐܠܗܐ. ܬܪ̈ܝܗܘܢ
ܒܡܫܝܚܘܬܐ ܕܒܕܡܐ ܠܣܗܕܘܬܐ ܐܬܢܚܫܘ. ܐܦܝܣܩܘܦܐ ܕܝܢ
ܐܬܢܣܒ ܠܡܬܟܡܫܘ ܕܟܠܐ. ܘܠܘܩܝܐ ܕܝܢ ܕܐܬܢܣܒܘ ܗܘܐ
ܐܝܟܐ ܡܕܝܢܬܐ ܕܡܬܩܪܝܐ ܒܩܘܪܐ ܕܡܬܢܣܒ ܗܘܐ ܒܐܠܟܣܘܢܝܐ ܫܠܝܚܬ

CHAP. XIII. [1] A om. ܕ ܐܪܙ [2] In A read [illegible] [3] A om. ܕ [4] A *Tirkanos* [5] A *et iterum Silvianos* [6] A [illegible] [7] A [illegible] *in Ierusalem magna urbe* [8] A sing.

5 ܒܗܘܢ ܒܩܪ̈ܒܝܗܘܢ[9] ܢܨܚܘ. ܡܢ ܗܠܝܢ ܕܝܢ ܕܐܬܟܗܢܘ ܒܦܠܣܛܝܢܐ.
ܣܠܘܢܘܣ[10] ܐܦܝܣܩܘܦܐ ܕܥܕ̈ܬܐ ܕܥܙܐ. ܒܟܠܗܘܢ ܕܫܢܝܐ
ܕܐܝܬ ܒܫܢܝܐ.[11] ܥܡ ܐܚܪ̈ܢܐ ܕܗܘܝܢ ܗܘܘ ܬܠܬܝܢ ܘܬܫܥܐ
𝔄 650 ܒܡܥܢܐ ܐܬܦܣܩܘ ܕܢܚܫܐ̈ ܘܥܡ ܡܨܪ̈ܝܐ ܬܘܒ. ܦܐܠܘܣ
ܘܢܝܠܘܣ ܐܦܝܣܩܘ̈ܦܐ ܥܡ ܣܓܝ̈ܐܐ ܡܢܗܘܢ ܘܡܬܐ ܒܢܘܪܐ.
6 ܘܠܦܡܦܝܠܘܣ[12] ܪܒܐ ܕܥܕܬܐ ܕܩܣܪܝܐ. ܠܫܘܒܚܗ ܒܗܠܝܢ[13]
ܠܦܘܠܚܢܗ ܡܫܝܚܐ. ܕܬܫܒܘܚܬܗ ܗܘܐ ܡܢ ܗܠܝܢ ܕܗܘܘ ܠܘܬܢ.
7 ܗܘ ܐܝܟܐ ܕܫܒܝܚܐ ܕܐܝܬܘܗܝ ܒܟܠܗ ܕܗܢܘܢ ܢܟܬܒ. ܡܢ
ܗܠܝܢ ܕܒܐܠܟܣܢܕܪܝܐ. ܦܛܪܘܣ ܐܦܝܣܩܘܦܐ ܪܒܐ ܕܐܠܗܐ.
ܒܟ̈ܠܗܢܐ ܕܥܝܠܬܗ[14] ܕܡܫܝܚܐ ܢܬܚܬܒ. ܘܦܪ̈ܝܫܐ ܕܒܝܬܗ.
ܦܣܛܘܣ. ܘܕܝܘܣ.. ܘܐܡܘܢܝܘܣ. ܩܫܝ̈ܫܐ ܒܪ̈ܝܐ ܕܡܫܝܚܐ.
ܘܦܝܠܐܘܣ ܘܗܣܘܟܝܘܣ ܘܬܐܕܘܪܘܣ.[15] ܐܦܝܣܩܘ̈ܦܐ ܕܥܕ̈ܬܐ
ܕܡܨܪܝܢ. ܘܦܩܝܚܐܐ ܣܓܝ̈ܐܐ ܥܡ ܗܠܝܢ[16] ܐܚܪ̈ܢܐ ܐܬܢܨܚܘ.
ܗܠܝܢ ܕܡܢ ܟܪ̈ܘܬܐ ܕܒܟܠ ܐܬܪ ܐܬܪ ܘܕܘܟܐ ܕܕܘܟܐ ܐܝܬ ܠܗܘܢ
ܕܘܟܪܢܐ. ܡܛܠ ܕܝܢ ܕܠܐ ܠܟܠܗܘܢ ܐܠܝܢ ܕܗܘܘ ܒܟܠܗ
ܥܠܡܐ. ܐܬܟܬܒܢܐ ܠܝ ܥܠ ܬܫ̈ܒܚ ܕܢܠܗ ܐܠܗܐ. (A fol. 97 *a*) ܕܒܟܬܒܐ
ܢܥܠܡ ܢܨܚܢܝܗܘܢ ܕܒܪ ܚܕ ܡܢܗܘܢ ܚܫ̈ܝܐ. ܠܐ ܕܝܠܝ ܗܘ
ܕܢܬܟܬܒ. ܐܠܐ ܕܗܠܝܢ ܕܚܙܝܬܝܢ ܚܘ ܐܢܐ ܠܡܟܬܒܘܬܐ.
𝔄 651 ܕܗܠܝܢ ܕܝܢ ܕܐܢܐ ܐܬܡܣܟܠܬ. ܒܗܕܐ ܠܡܕܒܪܢ ܕܗܘ
8 ܒܬܪܟܢ ܒܟܠܝܘܡ ܒܟܬܒܐ ܐܚܪܢܐ. ܒܗܕܐ ܕܝܢ ܬܫܒܘܚܬܐ
ܫܘܠܡܐ ܕܡܟܘܡ ܕܐܬܟܬܒ ܟܢ. ܢܦܩ ܠܗܠܝܢ ܕܐܬܐܡܪ. ܡܛܠ[17]

[9] 𝔄 om. ܢܨܚܢܝܗ and ܒܩܪ̈ܒܝܗܘܢ, and for ܒܗܘܢ has ... = ܒܗ [10] 𝔄 *Siulianos* [11] In 𝔄 read '... [12] 𝔄 om. ܘ [13] 𝔄 *cum his et* [14] 𝔄 *ecclesiae* (for ܕܥܝܠܬܗ??) [15] 𝔄 *et Theodotos* [16] The rendering of ܗܠܝܢ has dropped out in 𝔄 [17] 𝔄 = ܘܡܛܠ

ܕܟ̈ܗܢܐ ܡܢ ܥܡܘܪܗ ܕܐܪܘܦܐ. ܕܫܡܫܘ ܠܥܠܡ ܕܡܢܗ ܒܟܠܝܡ
ܬܫ̈ܡܫܬܐ.[18] ܀

ܕܐܪܬܚܫܘ. ܕܐܡܪܝܢܐ ܐܢܬܘܢ ܗܘܘ ܒܬ̈ܠܡܝܕܐ ܕܕܝܠܟ
ܐܠܗܐ..

ܟܠ[1] ܡܕܒܪܢܘܬܐ ܕܝܢ ܕܗܘ̈ܦܟܐ ܕܡܕܡ ܡܢܗܘܢ ܕܚܣܡ. 9
ܒܗܢܐ ܕܒܢܐ ܕܪ̈ܫܝܥܘܢ ܒܫܘܒܐ ܘܒܥܠܡܐ ܠܘܬ ܐܢܬܘܢ
ܗܘܘ. ܕܠܚܡܐ ܚ̈ܠܠܬܐ ܦ̈ܬܓܡܬܐ ܘܒܫܝܢܘܬܐ ܫܘܬ. ܐܝܟܢܐ
ܡܠܬܐ ܒܚܫܐ ܠܡܬܬܒܘ. ܕܝ ܟܢ ܡܢܘܢ ܕܐܫܟܚܢ ܗܘܘ
ܫܘܠܛܢܐ ܕܪ̈ܫܝܥܘܬܐ ܡܠܘ ܒܗܘ ܫ̈ܢܝܢ. ܒ̈ܥܕܢܐ ܘܒܫ̈ܦܝܐ
ܘܒܢ̈ܩܘܡܐ ܦ̈ܪܝܣܐ. ܘܒܟܠܗ[2] ܥܠܡܐ ܒܫܝܢܐ ܒܢܘܪܝܢ ܗܘܘ.[3]
10 ܘܗܢܐ ܕܠܐ ܐܦܪܘܣܐ ܪ̈ܘܚܐ ܗܘܐ. ܘܒܚܠܝܦ ܒܥܡ ܗܘܐ
ܫܘܠܛܢܗܘܢ܇ ܘܒܕ ܐܬܢܝܚ[4] ܡܢ ܥܠ ܡܢ ܥܠܡܐ ܕܠܘܬ܇
ܘܦܪܘܣܐ ܘܫܝܢܐ ܐܢܬܘ ܗܘܘ. ܕܝ ܠܐ ܒܚܝܠ ܡܠܘ ܬ̈ܪܬܝܢ
ܫ̈ܢܝܢ ܒܫܝܢܐ ܦܪܘܣܐ. ܘܡܢܗܘܢ ܬܘܒ ܫܪܝܬ ܗܘܐ ܒܗ̇
11 ܟܢ ܒܝܘ̈ܡܬܐ ܘܒܫ̈ܢܝܢ܇ ܘܐܬܩܝܡ ܠܥܠܡ ܒܚ̈ܪܝܢܐ ܘܫܠܡܬܗܘܢ܇ ܒܡܠܟܘܬܗܘܢ܇ 𝔄 652
ܒܫܢܐ ܐܬܝܗܒܘ ܗܘܘ ܥܠ ܗܘ ܕܐܢܐ ܕܒܫܠܡܐ ܫܠܡܬܗܘܢ܇
ܕܥܝܢܘܗܝ ܡܢ ܒܗܘ̈ܢܐ[5] ܐܝܟ ܬܪ̈ܬܝܢܐ[6] ܐܬܦܠܓܬ ܠܝܘܡܢܐ.
ܚܕ[7] ܗܘ ܐܢܬܐ ܕܒܐܘܪܚܐ ܕܬܪܝܢ ܡܢ ܒܗܬܐ[8] ܐܬܘܕܝܘܗܝ
ܗܘܐ. ܕܗܦܟܬ ܗܘܠܦܢܐ ܐܝܟ ܕܢܒܐ ܕܐܝܟܢܐ ܡܠܟ ܗܘܐ.
ܘܒܕ ܒܚܝܠ ܗܠܝܢ ܗܘܝܐ ܐܬܚܪܝ ܗܘܘ. ܠܬܪܝܢ ܡܠܟܘܬܗܘܢ
ܒܟܠ ܡܕܡ ܐܬܦܠܓܬ ܗܘܬ. ܒܫܘܬܐ ܕܐܒܠܐ ܡܚܬܘܡ.

[18] 𝔄 sing.

CHAP. XIV. [1] The margin of A has the words ܘܡܠܬܐ ܕܝܠܗ ܕܡܟܣܝܢܘܬܐ ܠܒܢ̈ܝ [2] 𝔄 om. ܘ [3] 𝔄 *perficiebant* s. *perficiebantur* = ܗܘܘ ܡܫܬܡܠܝܢ [4] 𝔄 plur. [5] 𝔄 plur. [6] In 𝔄 read *խորհրդակցութ* [7] 𝔄 = ܘܚܕܐ [8] 𝔄 = ܒܚܒܪܘܗܝ

12 (A fol. 97 b) ܡܢ ܩܕܝܡ ܗܘܬ. ܘܒܬܪ ܩܠܝܠ ܙܒܢܐ ܕܗܘܐ ܒܡܪ̈ܥܘܬܐ
ܘܩܘܣܛܢܛܝܢܘܣ. ܗ̇ܘ ܕܢܝܚ ܗܘܐ ܟܠܗܘܢ ܗܘ̈ܦܦܘܗܝ. ܘܠܘܬ
ܗ̇ܘܢ ܕܚܝܬ ܫܘܠܛܢܗ ܒܡܫܝܚܘܬܐ ܐܘܕܝܘܗܝ ܗܘܐ. ܘܠܘܬ
ܐܠܗܐ ܒܫܘܒܚܐ. ܥܒܕ ܡܢ ܒܬܪܗ ܒܪܐ ܚܒܝܒܐ ܚܠܦܘܗܝ.
ܘܩܘܣܛܢܛܝܢܘܣ ܐܘܛܘܩܪܛܘܪ ܣܒܣܛܘܣ. ܘܒܢܡܘܣܐ ܕܟܝܢܐ
ܕܐܒܐ ܥܠܡ ܫܒ̈ܘܗܝ. ܘܗܘ ܡܕܒܪܢܘܬ ܒܐܠܗܐ ܡܫܬܡܗ ܗܘܐ.
ܐܦ ܡܢ ܒܬܪ ܡܘܬܗ. ܟܠܗ ܐܘܪܚܐ ܕܡܬܬܚܫܒ. ܗܘܐ ܠܡܠܟܐ
13 ܐܝܬ ܗܘܐ ܠܗ. ܢܝܚܐ ܘܒܣܝܡܐ ܕܡ̈ܠܟܐ. ܗ̇ܘ ܕܗܘܐ
ܠܥܒܕ̈ܘܗܝ ܒܚܘ̈ܒܬܢ ܐܝܟ ܕܗܘܐ ܠܡܕܒܪܢܘܬܐ ܕܡ̈ܠܟܐ ܥܠܡ
ܕܒܢܐ ܕܪܚܡܘܬܗ. ܘܐܦ ܒܢܝ̈ܚܘܬܐ ܒܗܕܪܐ ܘܠܘܬ ܟܠ ܐܢܫ
ܠܡܘܬܪܐ ܢܦܫܗ ܝܗܒ ܗܘܐ. ܐܦ ܒܗܕܪܐ ܕܠܘܬܢ ܐܦܠܐ
ܩܠܝܠ ܐܬܬܟܦ. ܐܠܐ ܐܦ ܠܕ̈ܚܠܘܗܝ ܕܐܠܗܐ ܕܬܫܝܚܬ ܐܢܫܗ.
ܕܠܐ ܣܘܦܪܢܐ ܘܕܠܐ ܦܠܘܣܘܦܐ ܢܦܪ ܗܘܐ. ܐܦܠܐ ܕܡܢ
ܡܬܠܠܐ ܕܒܬܪ̈ܬܐ ܡܘܬܪ. ܘܠܐ ܫܕܬ ܟܠܡ ܡܕܡ. ܡܛܠ ܗܢܐ
ܫܠܡܐ ܛܒܐ ܕܡܫܡܠܝܐ ܒܛܘܒ̈ܐ[9] ܡܛܠ ܗܘܐ. ܕܡܢ ܗܢܐ
ܟܠܗܐ ܗܘ ܒܠܚܘܕܘܗܝ ܢܦܩ ܒܡܠܟܘܬܗ ܒܐܝܕܘܬܐ ܘܒܫܘܒܚܐ.
14 ܟܕ ܡܛܠ ܡܢܗ ܒܪܐ[10] ܚܒܝܒܐ ܢܦܩܐ ܕܕܚܠ ܡܢ ܐܠܗܐ.
ܕܐܝܬܘܗܝ ܩܘܣܛܢܛܝܢܘܣ. ܕܡܫܪܐ ܒܫܘܪܝܗ ܡܠܟܐ ܡܫܡܠܝܐ
ܣܒܣܛܘܣ. ܡܢ ܦܠܓ̈ܘܗܝ ܕܡܠܟܘܬܗ ܗܘܐ. ܘܡܕܒܪܢܝܢ
ܡܢܗܘܢ[11] ܡܢ ܐܠܗܐ ܡܠܟܐ ܕܟܠ ܐܫܬܡܗ ܗܘܐ. ܘܗܘ
ܐܩܝܡ ܢܦܫܗ ܕܢܘܗܪܐ ܡܕܒܪܢܐ ܕܐܒܘܗܝ ܒܡܠܟܘܬܐ ܕܕܢܚܬ
ܐܠܗܐ. ܘܗܢܐ ܕܝܢ ܗܡܠܟܐ ܐܝܬܘܗܝ ܗܘܐ.·.·.

[9] 𝔄 sing. [10] 𝔄 *filius eius* [11] 𝔄 om. ܡܢܗܘܢ

ܕܡܫܬܥܒܕܝܢ. ܥܠ ܐܝܠܝܢ ܕܒܬܪܟܢ ܠܒܪ ܡܢ ܗܠܝܢ܀

ܘܗܟܢ ܗܠܝܢ ܕܝܢ ܘܐܦ[1] ܠܡܘܣ ܐܝܟ ܕܡܫܬܥܒܕܬܐ ܕܕܝܢܐ
ܕܗܢܘܢ ܕܐܚܝܕܝܢ ܗܘܘ ܡܠܟܘܬܐ ܐܫܬܕܪܗ ܐܘܛܘܩܪܛܘܪ
15 ܡܫܡܫܘܗܝ. ܠܡܫܡܫܢܘܬܗ ܕܝܢ ܪܟܢ[2] * * * * *
* * * * * * * (A fol. 98 a) ܩܠܐ ܟܠܐ ܘܠܓܙܐ. 𝔄 657
ܘܠܚܒܘܫܝܬܐ ܕܦܬܟܪܬܐ ܗܟܢ. ܡܬܚܫܒ ܗܘܐ. ܠܒܪ ܡܢ
ܡܝ̈ܬܐ ܕܝܢ ܘܒܝܫܘܬܐ ܕܐ̈ܢܫܐ. ܐܦܠܐ ܒܩܒܪܐ ܠܦܓܪܐ ܕܢܦܫ
xiv. 9 ܡܫܒܩ ܩܒ̈ܪܐ ܗܘܐ. ܘܡܛܠܠܝܢܐ ܐܦ ܙܕܘܩܝܐ ܒܐܢܫܝܬ
ܘܐܦܩܐܝܬ. ܡܬܪ ܡܢ ܗܢܘܢ ܕܡܬܕܡܘܗܝ. ܐܘܣܦ ܗܘܐ.
ܐܝܢܐ ܕܒܥܠ ܬ̈ܪܝܢ ܢܦܫܐ ܡܒܝܢܐ ܗܘܐ. ܘܒܝܬ ܦܬܟܪ̈ܐ
ܐܝܠܝܢ ܕܒܟܪܟܐ ܦܓܪܐ ܐܫܬܪܝ. ܘܬܫܡܫܬܗ ܒܫܘܦܢܘܬܐ
ܦܩܕ ܗܘܐ. ܘܡܩ̈ܪܒܐ ܕܦܬܟܪ̈ܐ ܒܟܠ ܐܬܪ ܘܡܕܝܢܐ ܡܩܝܡ
ܗܘܐ. ܘܗܟܢ ܗܠܝܢ. ܒܟܠ ܡܦܪܢܣܐ ܚܕ ܟܘܡܪܐ ܡܢ ܐܢܫܐ
ܡܩ̈ܪܒܢܐ ܬ̈ܢܝܢ ܡܢܝܢܘܬܐ. ܐܝܢܐ ܕܐܬܒܚܝܪ. ܒܬܫܡܫܬܐ ܕܕܝܠܗ
ܕܐܡܘܪ̈ܐ ܕܢܗܘܘܢ ܦܩܕ ܗܘܐ. ܥܡ ܡܫܝܪܘܬܐ ܕܐܣܛ̈ܪܛܝܘܛܐ
ܘܠܩ̈ܛܪܐ ܕܙܝܢܐ. ܠܗܠܝܢ ܕܝܢ ܫܛܝ̈ܐ. ܐܝܟ ܕܠܐܢܫܐ
ܒܢ̈ܝܐ ܘܢܝܫܘ. ܐܠܗܐ. ܗܝܡܢܘܬܐ ܘܫܘ̈ܠܛܢܐ ܙܘ̈ܕܪܐ
10 ܡܥܒܪ ܗܘܐ. ܘܒܗ ܒܗܠܝܢ ܐܬܚܘܝ ܗܘܐ. ܒܟܠ ܐܬܪ ܘܡܕܝܢܐ
ܒܟܘܠ ܡܦܪܢܣܐ[3] ܕܐܬܚܝܬ ܫܘܠܛܢܗ. ܟܠܡܘܬܐ ܕܕܗܒܐ 𝔄 658
ܘܕܣܐܡܐ. ܘܕܩܢܝܢܐ ܕܠܐ ܡܬܚܫܒܢܝܢ ܘܒܚܠܝܢܐ ܢܡܘܣܐ
ܕܡܦܪܢܣܐ ܐܠܝ ܗܘܐ ܘܡܗܡܣ. ܘܡܢ ܒܬܪ̈ܐ. ܩܢܝܢܐ ܕܗܢ
ܐܒ̈ܗܝܗܘܢ ܕܐܚܝܕܝܢ ܗܘܘ ܢܣܒ ܗܘܐ. ܘܒܥܘܬܪܐ ܕܗܢ ܥܠ.
11 ܘܒܥ̈ܠܬܐ ܕܩܢܝܢܐ ܠܡܩ̈ܪܒܘܗܝ ܝܗܒ ܗܘܐ. ܒܪܘܚܬܐ ܕܝܢ

Chap. XV. [1] 𝔄 om. ܘܐܦ [2] Here a leaf is wanting in A [3] 𝔄 om. ܒܟܘܠ ܡܦܪܢܣܐ

ܗܟܢܐ ܡܫܬܪܚ ܗܘܐ. ܐܝܟܢܐ ܕܒܝܬ ܡܫܬܝܐ ܐܦ ܗܢ ܗܘܝܘ
ܢܦܫ ܗܘܐ. ܘܐܝܟܢ ܡܠܝܢ ܦܘܡܗ ܗܘܐ ܒܪܘܝܘܬܗ. ܕܟܠܐ
ܕܢܦܩܗ ܫܒܪܝܢܗ. ܒܬܪ ܗܟܢܐ ܠܬܘܬ ܢܦܫܐ ܐܬܐ ܗܘܐ.
ܒܝܕܘܬܗ ܕܝܢ ܕܡܠܟܘܬܐ ܕܐܘܣܛܘܬܐ[4] ܠܟܠ ܐܢܫ ܒܟܪ[5] ܗܘܐ.
ܘܡܠܘܐܐ ܕܥܒ̈ܕܐ ܠܐܢܫܘܗܝ ܘܡܫܬܡ̈ܫܢܘܗܝ ܗܘ ܐܬܘܗܝ
ܗܘܐ. ܘܠܘܩܒܠ ܐܣܦܪܓܐ ܠܡܬܪܦܘ ܒܗ ܦܘ̈ܠܝܐ ܘܦܫܝܛܘܬܐ
ܡܫܬܘܫܬ ܗܘܐ. ܠܡܟܫ̈ܦܢܐ ܕܝܢ ܘܠܐ̈ܒܝܠ ܣܠܐ. ܒܣܦܝܩܐ
ܘܠܡܘܒܩܬܐ ܠܡܬܒܥܝܘ[6] ܠܐ ܐܝܟܢ ܕܝܬܝܪܬ ܐܬܪ̈ܝܗܘܢ ܡܬܚ̈ܦܟ
ܗܘܐ. ܕܫܡܗ ܐܠܗܘܬܗ ܒܦܪܘܫܘܬܐ ܢܬܚܫܒܘܢ. ܡܛܠܐ (A fol. 98 b) 12
ܕܝܢ ܘܠܟ̈ܐ ܠܗ ܦܘܪ̈ܫܢܘܬܗ ܕܗܘ̈ܝ ܚܒܪ̈ܐ[6a] ܢܦܝ̈ܫܬܐ ܠܡܥܒܕܗ. ܐܘ
ܠܡܥܒܕܐ ܗܘܟܐ ܕܢܒ̈ܝܐ ܕܒܗܘܢ ܟܐܢ ܗܘܐ. ܕܠܐ ܒܥܒܪ ܗܘܐ
ܡܕܝܢܬܐ ܕܠܐ ܒܥܒܪ ܗܘܐ ܒܗ ܣܘܟܠܐ ܕܢܒ̈ܝܐ. ܘܣܦܩܘܬܐ
13 ܬܘܒ[7] ܕܫ̈ܬܘܬܐ. ܘܒܡܠܝܢ ܡܫܠܚ ܗܘܐ ܠܘܬ ܟܠܢܫ. ܠܒܪ ܡܢ 𝔄 659
ܒܘ̈ܦܠܝܐ ܗܢܘܢ ܕܢܦܩ ܠܗܘܢ[8] ܒܥܝܢܬܐ. ܘܐܝܟܢ[9] ܠܐ ܡܕܡ
ܢܦܩܐ ܗܘܬ ܠܗܘܢ ܗܕܐ ܟܠܗ ܠܦܪܘܣܘܬܗ. ܚܒܪ̈ܐ[10] ܟܕ
ܦܠܘ ܡܢܗ ܢܘܪܐ ܘܦܣܩܐ ܘܦܘܩܕ ܬܪ̈ܝܢ. ܘܕܘܠܘ ܠܫܢ̈ܝܬܐ.
ܘܕܢܬܘܢ ܒܡܘ̈ܦܬܗܘܢ. ܕܡܚܐ. ܘܦܣܩܐ ܕܗ̈ܕܡܐ ܘܒ̈ܢܝܐ.[11]
ܘܕܬܬܚܝܢ ܚ̈ܢܝܢܘܢ. ܘܕܬܠܬܠ ܡܠܠ ܢܦܬܪ ܟܠܗ ܦܓ̈ܪܝܗܘܢ.
ܘܡܢ ܡܠܝܢ ܘܐܦ ܒܥܝܢܐ ܘܡܠܠܘܢ ܘܐܘܣܪܐ. ܘܒܟܠܗܘܢ ܣܘܦ
ܡܫܡܫܢܘܬܐ ܕܟܠ ܩܕܝܫ ܕܢܠܗ ܐܠܗܐ. ܐܘ ܟܢܝ[12] ܕܢܠܦܘܢ
14 ܡܫܡܫܘܬܗ ܕܐܠܗܐ[13] ܒܦܬܓܡܐ. ܢܦܩܐ ܕܝܢ ܠܗ ܒܝܘܡ ܡܢ ܚܒܪ̈ܐ[14]

[4] 𝔄 = ܒܝܕܥܘܬܐ ܕܝܢ ܕܦܩ̈ܘܕܬܐ ܘܡܐܘܣܛܘܬܐ [5] Read ܒܟܪ̈ with 𝔄
[6] 𝔄 *confortabat* [6a] 𝔄 om. ܚܒܪ̈ܐ [7] 𝔄 om. ܬܘܒ [8] 𝔄 *in oculis eorum*
[9] 𝔄 om. ܘ [10] In 𝔄 for ܟܪ read ܟܕ [11] In 𝔄 for ܢ read ܬ [12] 𝔄
om. ܟܢܝ [13] 𝔄 *cultum omnem* [14] 𝔄 om. ܡܢ ܚܒܪ̈ܐ

ܗܟܠ. ܐܫܬܪܪ ܓܒܪ ܡܢ ܢܘܠܦܢܐ ܕܡܠܟܘܬ ܐܠܗܐ. ܘܐܫܬ
ܕܒܡܫܡܫܢܘܬܐ ܕܓܒܪܐ ܗܟܠ ܐܪܬܕܘܟܣܐ. ܘܩܒܠ ܩܠܝܠܐ[15] ܐܫܬܘܬܗ
ܕܡܫܝܚܐ. ܘܐܬܠܝ ܕܢܣܒܠܐ ܣܘܓܐܐ ܗܘܘ. ܒܓܠ ܢܨܚܢܗܘܢ.
15 ܠܡܘܬܐ ܡܫܠܡܝܢ ܗܘܘ. ܐܘ ܦܓܪܝܗܘܢ ܠܣܘܟܠܐ ⁘ ܚܕܐ
ܕܝܢ ܐܢܬܬܐ. ܡܛܠ ܕܡܢ ܟܠܗܘܢ ܐܝܠܝܢ ܕܫܡܗܝܢ ܥܠܝܗ ܗܘܐ
ܦܪܢܣܐ. ܕܐܝܬܝܗ ܗܘܬ ܒܪܘܦܣܝܢܘܬܐ. ܡܢ ܐܠܟܣܢܕܪܝܐ.
ܘܝܕܝܥܐ ܗܘܬ ܘܫܡܝܥܐ. ܫܒܝܚܘܬܗ ܠܚܣܝܢܘܬܐ ܕܢܦܫܗ ܕܡܗܝܡܢܘܬܗ
ܒܠܘܩܒܐ ܕܚܒܪܘܬܗ. ܥܫܝܢܐ ܗܘܬ ܐܦ ܒܐܣܛܪܛܝܓܘܬܐ[16]. 𝔄 660
ܒܥܘܬܪܐ ܘܒܠܘܡܐ. ܘܒܡܪܕܘܬܐ ܕܣܒܪܬܐ. ܥܠ ܡܕܡ ܕܝܢ
ܬܪܝܢܐ ܕܢܟܦܘܬܐ ܫܥܒܕ ܗܘܐ ܠܗ. ܗܘ ܕܒܗ ܗܟܢ ܡܫܬܠ
ܗܘܐ ܠܗ. ܕܡܟܠ ܕܝܢ ܢܬܠܗ ܠܐ ܡܨܝܐ ܗܘܐ. ܡܛܠ
ܕܪܟܢܬܐ ܗܘܬ ܡܢ ܣܡܟܐ ܚܝܠܐ ܗܘܬ ܠܗ. ܒܗ ܗܘ ܠܡܡܬ
ܡܛܠܒܐ ܗܘܬ. ܡܪܝܡܐ ܕܝܢ ܐܪܝܡܗ ܘܩܒܠ ܟܠܗ[17] ܡܢܝܢܗ ⁘
16 ܡܫܟܢܬܐ ܕܝܢ ܐܣܛܪܛܝܓܘܬܐ (A fol. 99 *a*) ܕܠܐ ܡܟܡܝܢ ܗܘܘ ܠܡܫܟܢܘ
ܘܠܡܥܒܕ ܠܣܘܓܐܐ[18] ܕܢܫܘܬܐ. ܥܠ ܕܝܢ ܕܡܘܢܐ ܘܐܩܠܝܢܐ
ܘܡܘܬܢܐ[19] ܗܟܢ ܗܘܘ ܡܢ ܕܝܠܐ ܕܟܠ ܚܕܚܕܢ ܬܚܘܡܗܘܢ ܗܘܝ
ܕܝܢ[20] ܗܠܝܢ. ܡܛܠ ܓܒܪ[21] ܬܘܟܠܢܐ ܗܘܬ ܐܢܬܬܐ ܚܕܐ ܢܦܫܬܐ.
ܘܫܒܝܚܬ ܒܠܘܡܐ ܕܡܢ ܪܘܡܐ. ܗܝ ܕܝܨܒܐ ܗܘܐ
ܠܡܓܘܪܘܬܗ ܡܡܫܠܛܢܐ ܗܘ ܦܪܢܣܐ ܕܬܡܢ. ܗܘ ܕܐܒܘܬܗ
17 ܕܡܫܡܠܝܢܘܬܐ ܕܗܠܝܢ ܡܬܦܪܫ ܗܘܐ. ܒܗ ܓܒܪ ܫܡܥܬ ܕܐܬܘ
ܘܩܡܘ ܥܠ ܬܪܥܗ ܡܫܡܫܢܐ. ܗܢܘܢ[22] ܕܐܝܟ ܗܠܝܢ ܠܦܪܢܣܐ[23]
ܡܫܡܫܝܢ ܗܘܘ. ܘܗܝ ܚܙܬ ܠܒܝܠܗ ܕܡܢ ܕܠܩܘܡ ܐܝܟ ܕܢܒܥܘܢ

[15] 𝔄 sing. [16] In 𝔄 read [illegible] [17] For ܘܩܒܠ ܟܠܗ 𝔄 has *et res et*
[18] 𝔄 sing. [19] For ܘܡܘܬܢܐ 𝔄 has *malae mortis* [20] 𝔄 om. ܕܝܢ [21] 𝔄 *sed magis* [22] 𝔄 *ministri eius* [23] 𝔄 om. ܠܦܪܢܣܐ

ܘܩܛܠܘܬܗ. ܟܕ ܐܦ ܗܘ ܗܦܪܟܐ ܕܪܗܘܡܝܐ ܐܬܬܘܣܦ ܗܘܐ.
ܗܝ ܕܝܢ ܡܛܠ ܕܪܘܡܝܣܛܝܐ ܐܬܬܘܗܝ ܗܘܬ. ܐܫܬܐܠܬ ܥܠܠ
𝔄 661 ܒܕܒܪܐ ܐܝܟ ܕܐܬܩܛܠܬ. ܘܒܠܥܬ ܠܗ ܠܬܘܒܐ. ܘܟܕ ܗܘܬ
ܠܒܘܕܝܗ ܥܡܠܬ ܗܘܦܐ ܘܡܘܫܬ ܠܟܬܗ. ܘܟܕ ܡܣܬܬ. ܥܒܕܬ
ܥܠܕܗ ܠܗܘܢ ܕܡܣܡܝܢ ܗܘܘ ܕܢܒܪܘܢܗ.[24] ܒܒܒܪܐ[25] ܕܝܢ ܕܡܒܪܝܢ
ܗܘܘ ܦܠܓ ܡܢ ܡܠܟܐ ܣܘܡܬ. ܕܢܬܪ ܡܢ ܟܠ ܡܫܝܢ ܒܒܘܬܐ
ܕܪܘܡܢܝܐ ܘܚܡܐ[26] ܘܠܐ ܡܬܚܫܠܐ. ܠܗܬ ܟܠܗܘܢ ܩܢܐ ܐܢܫܐ.
18 ܐܝܠܝܢ ܕܗܫܐ ܐܬܬܘܣܦܘܢ ܘܐܝܠܝܢ ܕܡܢ ܩܕܡ ܗܘܘ. ܕܐܝܟ[27]
ܗܕܐ ܟܠܗ ܫܘܒܘܬܐ ܕܒܝܫܬܐ[28] ܐܬܒܝܫܬ ܘܐܬܡܬܚܬ[29] ܒܝܫ
ܘܒܝܢܐ ܡܢ ܬܘܪܣܘܢ ܦܬܘܪܐ ܕܡܢܝܫܐ ܐܦ ܡܕܪܟܐ ܐܫܝܡ
ܗܘܘ. ܟܕ ܐܝܟ ܕܢ[30] ܢܘܡܘ ܒܠܬܐ ܕܗܠܝܢ ܡܢ ܐܢܫܐ ܐܢܫܐ ܐܬܬܝܗ
ܠܐ ܡܫܟܚ ܠܡܬܡܠܟܘ. ܟܕ ܐܡܪ ܕܡܢ ܐܪܕܘܦܝܐ ܕܠܝ[31] ܗܘܐ.
ܕܠܐ ܥܠ ܗܢܐ ܠܗ ܒܠܚܘܕ. ܒܒܝܫܐ ܕܡܠܘ ܒܪܘܡܢܝܐ
ܦܪܘܣܝܐ. ܐܡܫܢܝܬܐ ܕܝܢ ܒܗܦܟ ܫܢܝܢ ܕܪܕܘܦܝܐ. ܠܐ ܐܝܟ ܥܠܘܗ[32] xv. 1
ܠܡܬܢܚܠܘ. ܘܠܡܬܩܪܒܘ ܒܗ ܫܢܕܐ. ܠܐ ܒܪ ܡܫܟܚ ܗܘܐ
(A fol. 99 b) ܐܝܟ ܠܡܬܕܪܐ ܒܫܝܢܐ. ܕܡܢ ܟܠ ܐܬܪ ܕܒܝܬܐ ܗܘܐ.
𝔄 662 ܐܠܐ[33] ܡܬܬܚܫܒ ܗܘܐ ܒܗܘܠ[34] ܩܘܕܡܝܢ ܕܐܩܠܝܢܐ[35] ܢܦܠ ܗܘܐ.
ܘܡܬܚܝܪܝܢ ܗܘܘ ܘܡܬܗܬܪܝܢ ܒܩܠܝܢܘܬܗܘܢ[36] ܘܡܬܚܫܠܝܢ ܗܘܘ
ܕܐܠܗܐ ܡܢ ܒܥܠܕܒܒܐ ܐܬܬܕܪܘ. ܘܠܫܪܟܐ ܡܬܟܠܝܢ ܗܘܘ.
2 ܐܦ ܒܡܪܕܐ ܠܬܘܚܡܐ ܐܝܠܝܢ ܗܘܘ. ܘܡܘܕܪܐ ܘܫܒܝܢܐ ܡܦܠܓܝܢ

[24] The preceding sentence, from ܘܡܢ ܚܙܐ ܠܡܠܟܘܬܗ, is freely rendered in 𝔄
[25] In 𝔄 for սրբ. եկեղ. որ read սրբեկեղեցիք. The ܕܝܢ is not rendered [26] 𝔄 = ܕܐܚܝܐ [27] 𝔄 = ܘܕܐܝܟ [28] 𝔄 plur. [29] 𝔄 = ܕܐܬܡܟܢܫܬ (omitting ܐܬܒܥܠܬ)
[30] 𝔄 = ܕܝܢ [31] 𝔄 om. ܕܝܠܗ [32] 𝔄 sing. [33] Before ܐܠ 𝔄 inserts
*videbatur* [34] 𝔄 = ܘܩܕܡܝ [35] 𝔄 sing. [36] 𝔄 nomin.

ܗܘܘ. ܘܓܐܪ̈ܐ ܘܫܢ̈ܩܐ. ܘܥܪ̈ܒܐ ܕܐܢܫܐ ܕܡܪܕܐ.[37] ܘܡ̈ܠܟܐ
ܕܒܗܝܢ ܐܢܫܐ ܕܡܪܕܐ ܒܟܠ ܐܬܪ ܡܫܬܓܪ̈ܝܢ ܗ̈ܘܘ. ܘܠܝܬ ܗܘܐ
ܡܕܡ ܐܚܪܝܢ ܠܡܚܙܝܘ[38] ܠܟܠ ܐܢܫ ܒܥܠܡܐ ܐܠܐ ܐܢ ܡܪܕܐ.
ܘܟܕ ܗܠܝܢ. ܒܬܪܝܢ ܫܢܝܐ ܕܪܕܘܦܝܐ[39] ܐܙܕܥܪ ܗܘܐ. ܕܒܛܝܒܘܬܗ
xvi. 1 ܐܫܬܒܩܝܢ ܠܟܠܗܘܢ ܡܕܡ ܕܠܐ ܗܘܐ. ܗܠܝܢ ܘܕܐܝܟ ܗܠܝܢ
ܐܬܚܫܚܢ ܗ̈ܘܘ. ܐܝܠܝܢ ܕܒܟܠܗ ܪܕܘܦܝܐ ܐܫܬܪܪ ܗ̈ܘܘ ܀

ܕܫܬܬܥܣܪ. ܥܠ ܫܘܠܡܐ ܫܦܝܪܐ ܕܪ̈ܕܘܦܝܐ ܕܗܘܐ.

ܟܕ ܕܝܢ ܫܠܡ ܗܠܝܢ ܒܥܣܪ ܫܢܝܢ ܡܫܬܠܡܢܘܬ[1] ܒܛܝܒܘܬܗ ܕܐܠܗܐ.
ܫܪܝ ܗ̈ܘܐ ܕܝܢ[2] ܠܡܬܢܝܚ ܡܢ ܒܬܪ ܫܢܬܐ ܬܡ̈ܢܝܢ. ܟܕ ܚܘܝܬ
ܛܝܒܘܬܐ ܫܡܝܢܬܐ ܕܐܠܗܐ ܠܘܬܢ ܣܥܪܬܗ ܒܥܠܡܐ.

ܕܫܒܥܣܪ. ܥܠ ܫܘܠܡܐ ܕܡ̈ܠܟܐ.. 𝔄 663

ܗܕܝܢ ܕ̈ܝܢܐ ܗ̇ܢܘܢ ܕܗܘܘ ܠܡܩܛܠ. ܗ̇ܢܘܢ ܕܡܢ ܩܕܡ
ܒܐܪ̈ܥܬܗܘܢ ܐܫܬܪܪ ܡܪܕܐ ܠܘܬܢ ܬܡܝܗܐܝܬ ܐܫܬܢܝܘ
ܪ̈ܥܝܢܝܗܘܢ. ܘܐܗܦܟܘ ܡ̈ܠܝܗܘܢ ܘܦܬ̈ܓܡܬܐ ܒܫܘ̈ܒܚܬܐ
ܕܠܘܬܢ. ܘܡܦܘ̈ܩܕܢܐ ܢܝ̈ܚܐ. ܢܘܪܐ ܪܒܬܐ ܕܐܬܓܘܙܬ ܗܘܬ
2 ܒܪܕܘܦܝܐ ܕܥܒܕܘ ܗܘܘ. ܠܐ ܕܝܢ ܡܢ ܒܢܝ ܐܢܫܐ ܗܘܬ ܥܠܬܗ̇
ܕܗܕܐ. ܐܠܐ ܪܘܚܐ. ܐܠܐ ܪ̈ܚܡܐ ܕܡ̈ܠܟܐ. ܗܘܐ ܓܝܪ
ܒܝܘܡܝ ܗܘܘ ܡܢ ܗܕܐ. ܡܬܬܪܐܝܬ ܓܝܪ ܒܥܠܡܐ. ܡܢ ܫܘܪܝܐ
ܕܪܕܘܦܝܐ ܠܗܘ ܕܒܝܐ. ܒܡܫܒ̈ܬܐ ܒܠܝܢ[1] ܡܬܓܠܓܠܝܢ ܗܘܘ.

[37] The preceding clause, beginning with ܘܓܐܪ̈ܐ, is freely rendered in 𝔄, which in the following omits ܘܡ̈ܠܟܐ and ܐܢܫ ܕܡܪܕܐ [38] Read with 𝔄 ܠܡܚܙܝܘ [39] Read with 𝔄 ܪܕܘܦܝܐ

CHAP. XVI. [1] In 𝔄 for ܡܫ read ܫ [2] 𝔄 om. ܕܝܢ

CHAP. XVII. [1] 𝔄 = ܕܠܝܢ

ܒܐܘܡܢܘܬܐ ܕܝܢ ܕܟܠ ܫܘܠܛܢܝܢ ܪ̈ܘܪܒܢܐ ܕܟܠܝܢ ܒܟܘܠ ܐܬ̈ܪܝܢ
ܡܬܦܪܣܝܢ ܗܘܘ. ܐܠܐ ܗܘܦܟܐ ܗܘ ܠܗܠܝܢ (A fol. 100 *a*)
ܕܡܦܪܢܣܘܬܗ[1a] ܕܐܠܗܐ. ܕܐܬܪܥܝ ܠܥܡܗ. ܘܠܗܘ ܪܫܐ[2]
3 ܕܒܘܠܫܠܐ ܕܪ̈ܕܘܦܝܐ ܐܝܬܝ ܥܠܘܗܝ[3] ܐܘܠܨܢܐ ܕܬܫܢܝܩܐ[4]. ܕܒܣܪܗ
4 ܡܢ ܦܓܪܗ ܘܐܬܚܠܠ ܒܡܚܐ ܠܢܦܫܗ. ܡܢ ܥܠ ܕܝܢ ܒܗ̈ܕܡܐ
ܒܟ̈ܣܝܐ ܕܓܘܫܡܗ. ܗܘܐ ܠܗ ܡܚܘܬܐ. ܘܡܢ ܒܬܪܟܢ ܒܟܐ
ܒܡܘܢܐܬ ܕܐܬܥܒܕ̈ܘܗܝ ܦܪܘܓܠܐ. ܘܗܘܐ ܒܗ[5] ܢܘܟܝܐ ܕܒܫܝܢܐ
664 ܕܠܐ ܐܣܝܘ ܒܡܥ̈ܘܗܝ. ܕܡܢܗ ܕܝܢ ܩ̈ܡܝ ܬܘܠܥܐ ܣܘܓܐܐ
ܕܠܐ ܡܢܝܢ. ܘܪܝܚܐ ܕܡܘܬܐ ܐܬܝܐ ܗܘܐ ܡܢ ܦܓܪܗ. ܕܡܢ
ܣܘܓܐܐ ܕܡ̈ܐܟܠܬܐ. ܡܢܩ[6] ܒܟܘܪܗܢܗ ܠܡܬܪܦܘܬܐ ܕܒܫܘܢܝܐ
ܐܫܬܠܦ ܗܘܐ. ܘܗܝܕܝܢ ܒܗ ܐܬܚܒܠ. ܕܢܠܬܐ ܕܠܐ ܡܬܬܠܠܐ
5 ܠܐܝܠܝܢ ܕܡܬܦܪܣܝܢ ܠܗ ܐܝܬܝܗ̇ ܗܘܬ ܣܢܝܬܗ. ܐܣ̈ܘܬܐ ܕܝܢ
ܐܝܠܝܢ ܕܠܐ ܡܫܟܚܝܢ ܗܘܘ ܠܡܣܝܒܪܘ ܪܝܚܗ ܣܪܝܐ ܡܬܩܛܠܝܢ
ܗܘܘ. ܒܗ ܕܝܢ ܦܓܪܗ ܡܬܡܟܟܐ ܗܘܐ. ܘܕܠܐ ܡܣܒܪܐ ܕܫܢ̈ܝܐ
ܐܬܚܘܝ ܗܘܐ. ܡܛܠ ܕܠܐ ܡܫܟܚܝܢ ܗܘܘ ܐܣ̈ܘܬܐ ܐܣ̈ܝܐ
xvii. 1 ܠܡܥܕܪܘܬܗ. ܕܠܐ ܢ̈ܣܒܝܢ ܡܬܩܛܠܝܢ ܗܘܘ. ܘܟܕ ܒܗܠܝܢ ܚܠܝܢ
ܒܝܫܬܐ ܐܘܪܟܐ ܗܘܐ. ܐܬܚܫܒ ܒܐܝܠܝܢ ܕܒܪ̈ܝܠܘܗܝ ܕܐܠܗܐ
ܐܡܪܝܢ ܗܘܐ. ܟܢܫ ܕܝܢ ܠܘܬܗ ܪ̈ܚܡܘܗܝ. ܘܡܘܕܐܐܝܬ ܠܐܠܗܐ
ܕܟܠ ܡܘܕܐ ܗܘܐ. ܘܡܢ ܒܬܪܟܢ ܦܩܕ ܠܡܫܡ̈ܫܢܘܗܝ ܘܐܡܪ
ܠܗܘܢ ܕܢܫܠܘܢ ܕܪ̈ܕܘܦܝܐ[7] ܕܡܫܝ̈ܚܝܐ ܕܠܐ ܒܡܘܬܐ. ܘܐܦ
ܕܡܢ ܢܡܘܣܐ ܘܦܘܩܕܢܐ ܕܡܠܟܐ ܢܦܪܣܘܢ ܠܡܒܢܝܐ ܒ̈ܬܝܗܘܢ
665 ܘܒܢ̈ܝܢܝܗܘܢ ܢܬܒܢܘܢ ܘܢܨܠܘܢ ܥܠ ܫ̈ܝܢܐ ܕܡܠܟܘܬܐ ܕܢܒܥܘܢ
2 ܟܕ ܗܘܐ. ܘܗܢܝܢ ܒܥܒܕܐ ܒܬܪ ܡܠܬܐ ܪܕܐ ܗܘܐ. ܘܦܘܩܕܢܐ

[1a] In 𝔄 read տէրութեանն  [2] 𝔄 plur.  [3] 𝔄 *super eos*  [4] 𝔄 *cruciatu*  [5] 𝔄 om. ܒܗ  [6] 𝔄 = ܩܘܡܐ  [7] 𝔄 *ut finirent persecutionem*

ܕܡ̈ܠܟܐ[8] ܒܟܠ ܡܕܝܢܐ ܦܪ̈ܝܫܝܢ ܗܘܘ. ܕܫ̈ܘܠܛܢܐ[9] ܕܡܠܟܘܬܗܘܢ
3 ܕܟܠܗܝܢ. ܕܐܝܬ ܗܘܐ ܒܗܘܢ ܗܕܝܢܐ ·:·:· ܐܘܛܘܩܪܛܘܪ ܩܣܪ.
ܡܟܣܡܝܢܘܣ[10] ܓܪܡܢܝܩܘܣ. (A fol. 100 b) ܘܣܪܡܛܝܩܘܣ.[11] ܐܘܛܘܩܪܛܘܪ
6 ܩܣܪ. ܘܩܘܣܛܢܛܝܢܘܣ ܐܘܓܘܣܛܘܣ ܘܠܝܩܝܢܝܘܣ.. ܠܡ ܓܪܒܐ
ܕܝ̈ܘܬܪܢܐ ܕܡܠܟܘܬܐ. ܐܡܠܝܢ ܕܟܠ ܫ̈ܘܦ ܥܠܝܬܐ ܕܡܘܬܪܢܐ[12]
ܕܢܦܫܐ. ܚܢܢ[13] ܨܒܝܢ ܗ̈ܘܝܢ ܡܬܩܢܬ. ܕܐܝܟ ܢ̈ܡܘܣܐ ܩ̈ܕܡܝܐ. 𝔄 666
ܘܐܝܟ ܠܫܘ̈ܠܐ ܕܡܠܟܘܬܐ ܕܪ̈ܗܘܡܝܐ ܒܠ ܡܕܡ ܢܬܩܢ. ܕܐܦ
ܥܠ ܗܕܐ ܢܝܢܒ ܣܝܦܘܬܐ. ܕܟܪ̈ܣܛܝܢܐ ܕܫܒܩܘ ܕܣܠܝܬܐ
7 ܕܐܒ̈ܗܝܗܘܢ ܕܠܗ̇ ܢܫܒܩܘܢ. ܘܐܠܐ ܒܐܝܕܐ ܡܫܟܚܬܐ.
ܕܐܝܟ ܗܕܐ ܒܗܠܝܢ ܠܒܥܝܬܐ[14] ܐܬܪܬܬ ܐܢܘܢ ܕܒܬܪ[15] ܐܝܠܝܢ
ܕܣܘܘ ܡܕ̈ܝܢܐ ܠܐ ܢܬܕܘܢ ܒܗ ܐܒ̈ܗܝܗܘܢ ܡܢ ܡܕܡ ܒܗܘܢ
ܡܢܗܝܢ ܗܘܘ. ܐܠܐ ܕܐܝܟ ܬܪܥܝܬܗܘܢ ܘܐܝܟ ܕܒܠ ܚܕ ܚܕ
ܒܢܦܫܗ ܨܒܐ ܗܘܢܐ ܒܗܕܐ. ܕܢܡܘܣܐ ܕܠܗܘܢ ܢܛܪܘܢ
8 ܘܒܟܠ ܦ̈ܘܪܫܝܢ ܫ̈ܢܝܐ ܦ̈ܘܪܫܐ[16] ܢܟܢܫܘܢ ܡܬܚܠܦܢܐ[17] ܗܟܝܠ
ܕܐܝܟ ܗܢܐ ܦܘܩܕܢܐ ܐܬܬܣܝܡ ܗܘܐ. ܕܠܐܝܠܝܢ ܕܡܢ ܡܕ̈ܝܢܐ
ܐܬܬܣܝܡ ܢܗܦܟܘܢ ܐܢܘܢ ܘܣ̈ܓܝܐܐ ܒܢܝܫܐ ܠܡܕܝܢܬܗܘܢ
ܐܫܬܠܡܘ. ܘܣ̈ܓܝܐܐ ܐܫܬܓܫܘ. ܘܒܠ ܙܢܝܢ ܕܡܘܬܐ ܡܝܬܘ.
9 ܘܡܛܠ ܕܠܣ̈ܓܝܐܐ ܚܙܝܢ ܕܒܗ̇ ܒܕܡܘܬܐ ܩܘܝܘ. ܕܠܐ ܠܐ ܠܐܠܗ̈ܐ
ܕܫܡܝܐ ܦܘܠܚܢܐ ܕܡܬܚܝܒ ܠܗܘܢ ܡܩܪܒܝܢ. ܘܐܦ ܠܐ
ܒܦܘܠܚܢܐ ܕܟܪ̈ܣܛܝܢܐ ܒܐܠܗܐ.[18] ܚܢܢ ܒܡܪܚܡܢܘܬܢ ܘܡܛܠ[19]
ܐܡܝܢܐ ܕܡܬܕܡܝܢ ܚܢܢ. ܫܩܠܬܐ ܠܡܬܒܥ ܠܟܠܗܘܢ ܒܢ̈ܝ ܐܢܫܐ. 𝔄 667

[8] 𝔄 sing. [9] 𝔄 sing. [10] 𝔄 om. ܡܟܣܡܝܢܘܣ [11] 𝔄 om. ܘ
[12] 𝔄 *propter dignum lucrum* [13] 𝔄 *et nos* [14] 𝔄 և իբրև զի այսպիսի զլացութիւն *et quasi talis negatio* [15] In 𝔄 om. the և after եթէ [16] 𝔄 *et omnes distinctos coetus* (omitting ܒܟܠ ܦܘܪ̈ܫܢܝܢ) [17] 𝔄 om. ܡܬܚܠܦܢܐ
[18] 𝔄 պինդ կան *perseverant* [19] In 𝔄 for ժողովրդեան read սովորութեան

ܐܦ ܒܗܕܐ ܗܘ ܙܒܢ ܡܠܟܐ. ܐܬܪ̈ܚܡ ܕܢܬܠ ܠܗܘܢ ܫܘܒܩܢܐ.
ܕܬܘܒ ܢܗܘܘܢ ܒܦܪ̈ܘܦܝܣܐ. ܘܗܝ̈ܟܠܐ ܕܒܢܝܢ ܗܘܘ ܒܗܘܢ
ܢܬܒܢܘܢ܆ ܘܗܘ ܡܕܡ ܕܫܘܡܠܝܐ ܗܘ ܕܨܒܝܢܐ[20] ܠܐ
ܢܣܬܪܘܢ܆[21] ܘܒܐܘܪ̈ܚܬܐ ܐܚܪ̈ܢܝܬܐ ܡܬܕܒܪܝܢ ܗܘܘ ܠܥܡ̈ܡܐ ܕܡܗܝܡܢܐ
10 ܡܬܒܥܝܐ ܠܗܘܢ ܕܢܦܪܩܘܢ܆ ܡܛܠܗܝܢܐ ܐܒܗܬܗܘܢ ܕܗܝܡܢܐ ܫܘܒܩܢ܆
ܣܓܝ ܐܝܟ ܕܬܬܒܥܘܢ ܟܠ ܬܘܒ ܫܢܝ ܕܠܐ ܠܐܠܗܘܬܗ܆
ܘܕܪ̈ܒܘܬܐ ܕܡܠܟܘܬܐ. ܘܟܠ ܬܘܒ ܢܫܬܡܗܘܢ܆[22] ܕܗܢ ܟܠ
ܒܦܪ̈ܘܩܢ (A fol. 101 a) ܐܦ ܠܪ̈ܒܘܬܐ ܕܡܠܟܘܬܐ ܘܫܠܛܢܐ ܢܬܝܗܒ.
ܘܗܢܘܢ ܕܠܐ ܝܕܥܘ ܢܦܫܗܘܢ ܠܡܫܝܚܐ ܗܘ ܒܡܘܕܝܢܘܬܗܘܢ܆[23]
11 ܗܠܝܢ ܗܟܝܠ ܠܥܝܢܐ ܙܗܝܪܘܬܐ ܠܢܦܫܐ ܐܫܬܠܡ ܐܝܟ ܕܡܫܬܡܥܢܐ
ܗܘܬ. ܕܐܝܬ ܗܘܐ ܒܗ ܗܘܦܟܐ. ܕܗܢ ܗܠܝܢ ܕܝܢ ܡܢܐ ܗܘܐ.
ܘܒܢܝܐ[24] ܗܘ ܠܝ ܕܢܬܒܥܐ ·܀·

ܫܠܡ ܣܦܪܐ ܕܬܐܘܦܢܝܐ.[25]

··o· ·o· ·o· ·o· ·o··

[20] 𝔄 կամաց *voluntatis* [21] In 𝔄 for պարծեցքին read զարծեցեն [22] 𝔄 om. the suffix and the following ܕ [23] In 𝔄 for արարեալն ելեալ 'ի կեանս իւրեանց read կարեացեն կեալ 'ի բնակութեան իւրեանց [24] 𝔄 = ܒܘܚܢܐ
[25] 𝔄 om. the subscription

.. ..

ܙܪܥܐ ܘܢܨܒܐ. ܥܠ ܚܝܐ ܫܒܝܠܐ ܕܗܘܐ ܗܘܐ..

ܕܬܘܪܐ. ܥܠ ܫܘܠܛܢܐ ܗܘ ܕܗܘܐ ܡܢ ܒܬܘܪܐ..

ܕܬܐܡܐ. ܥܠ ܝܠܕܐ ܗܘ ܕܐܬܝܠܕ ܚܕܬܐܝܬ ܒܐܦܝܣܩܘܦܐ·ܘ·

ܕܐܪܝܐ. ܥܠ ܣܘܓܐܐ ܕܟܠܗ̇ ܐܬܪܘܬܐ ·ܘ·ܘ·

ܕܣܪܛܢܐ. ܥܠ ܡܫܬܡܥܢܘܬܐ ܕܪܒܒܐ ܥܠ ܡܢ ·ܘ·ܘ·

ܕܫܒܬܐ. ܥܠ ܐܝܠܝܢ ܕܐܚܝܕܝܢ ܒܡܘܬܐ ܘܒܝܫܐ ·ܘ·

ܕܫܒܒܐ. ܥܠ ܡܬܢܝܬܐ ܕܐܬܬܩܝܡ ܥܠܝܗ ܥܠ ܗܝܟ̈ܠܗ ·ܘ·

ܕܡܣܐܬܐ. ܥܠ ܐܝܠܝܢ ܕܢܦܠܘ ܡܢ ܡܠܟܐ. ܒܟܦܢܐ ܘܒܡܘܬܢܐ

ܘܒܩܪܒܐ[2] ·:· ·:·

ܕܥܩܪܒܐ. ܥܠ ܡܫܘܠܬܐ ܒܢܝܬܐ ܕܚܝ̈ܘܗܝ ܕܦܪ̈ܘܢܐ.

ܘܕܐܝܠܝܢ ܕܒ̈ܠܐ ܐܬܚܫܘ ܡܢܗ ܡܠܘܬܗܘܢ ·ܘ·ܘ·

ܕܩܫܬܐ. ܥܠ ܐܝܢܘܬܐ ܕܡܠ̈ܟܐ ܕܝܘܡܢܘܢ ܕܐܠܗܐ...

ܕܓܕܝܐ. ܥܠ ܐܢܫܝܢ ܐܚܪ̈ܢܐ[3] ܕܡ̈ܠܟܘܬܐ ܕܒܝܬ

ܐܠܗܐ ·ܘ·ܘ·

Book IX. [1] 𝔄 om. ܬܘܒ [2] 𝔄 *fames et pestis in bello* [3] 𝔄 = ܡܠܟܐ

ܬܪܥܐ ܡܕܡܢܝܐ. ܥܠ ܚܢܐ ܬܡܝܢܝܐ. ܗܘ ܕܗܘܐ ܗܘܐ ܀

i. 1 ܫܘܒܚܐ ܕܝܢ ܕܪܚܝܡܗ ܕܡܠܟܐ ܕܐܬܬܟܒܬ. ܦܪܝܫ ܗܘܐ
ܒܐܢܫܐ ܟܠ ܡܦܪܢܣܐ. ܘܥܕ ܗܠܝܢ ܡܢܝܢܐ ܐܫܬܒܚܪ ܗܘ̈ܘ.
ܡܫܡܫܢܘܬܗ ܦܪܘܢܐ ܗܘ ܕܐܝܬ ܗܘܐ ܒܡܕܝܢܬܐ. ܕܪ̈ܫܢܐ
ܗܘܐ ܡܢ ܟܠ. ܘܪܕܘܦܝܐ ܐܬܬܘܣܦ ܗܘܐ ܕܕܚܠܬ ܐܠܗܐ.
ܠܐ ܥܙܝܪ ܗܘܐ ܠܗ ܡܕܡ ܕܐܬܬܥܒܕ ܗܘܐ. ܘܣܠܩ ܒܬܫ̈ܒܚܬܐ
ܕܐܬܬܚܡܨ ܗܘ̈ܘ. ܒܡܠܬܐ ܦܡܪ ܗܘܐ ܠܢ̈ܟܝܐ ܕܬܫܝܬ ܐܝܟܢܐ
2 ܕܢܥܠܘܢ ܘܢ̈ܟܐ[1] ܕܚܠܝܢ. ܡܛܠ ܓܝܪ ܕܠܐ ܚܠܝܦ ܗܘܐ ܕܢܡܘܣ
ܐܪܝܟܘܬ. ܠܗܘܢܠ (A fol. 101 *b*) ܦܘܠܝܐ ܕܗܘܢܘܢ ܕܪܘ̈ܟܝܢ
ܡܢܗ. ܫܬܘܗ ܗܘܐ ܠܡܫܘܚܐ ܗܢܐ ܕܐܬܬܚܡܨ ܗܘܐ. ܘܐܝܟ
ܕܠܓܠܝܐ ܠܐ ܬܐܬܐ ܗܕܐ. ܒܐܬܪ̈ܘܬܐ[2] ܕܬܫܝܬ ܫܘܠܛܢܗ.
ܘܕܠܐ ܚ̈ܘܒܝܢ ܦܡܪ ܠܢ̈ܟܝܐ ܕܬܫܝܬ ܐܝܟܢܐ ܕܢܥܠܘܢ ܪ̈ܕܘܦܝܐ
ܕܠܝܢ. ܗܢܘܢ ܕܝܢ ܦܘܠܝܐ ܟܕ ܒܬܫ̈ܒܚܬܐ ܐܘܕܝܘ ܠܬܪ̈ܕܐ ܀:܀
3 ܗܢܘܢ ܕܝܢ ܗܘ ܕܟܫܠܓܝܐ ܡܢܬܪܐ ܕܡܦܪܢܣܘܬܐ ܡܢܝܪ
ܗܘܐ ܒܡܠܟܘܬܐ. ܠܡܕܒܪ̈ܢܐ ܕܟܠ ܥܡ ܓܠܐ ܘܗܘܝ ܬܪܥܝܬܗ
7 ܕܡܠܟܐ ܒܐܓܪ̈ܬܐ ܪܘܚܡܐܝܬ. ܗܢܘܢ ܕܝܢ ܪ̈ܒܝܢܐ ܕܐܬܬܒܥܒ
ܠܗܘܢ ܡܢܪܘ[3] ܕܒܙ̈ܪܐ ܗܘ. ܘܠܠܓ̈ܡܘܢܐ[4] ܘܠܡܦ̈ܓܠܐ
ܘܐܠܝܢ ܕܦܘܩܕܝܢ ܥܠ ܥܘܪ̈ܢܐ. ܓܢܝܢܗ ܕܡܠܟܐ ܒܬ[5] ܒܬܫ̈ܒܚܬܐ
ܟܠܗ ܘܐܘܪܚܗ. ܠܗ ܕܝܢ ܒܬܫ̈ܒܚܬܐ ܗ̈ܘܘ ܟܠܝܘܡ ܗܠܝܢ. ܐܝܠܝܢ
ܘܐܦ ܒܒܝܬܐ ܡܢܢ ܒܬܫ̈ܒܚܬܐ. ܡܕܝܢ ܕܢܥܠܘܢ ܠܦܘܠܝܐ
ܕܡܠܟܐ. ܠܟܠ[6] ܐܝܠܝܢ ܕܡܢܚܝܢ ܗܘܘ ܠܗܘܢ ܒܬ ܐܦܣܬ̈ܪܐ.
ܡܛܠ ܡܕܝܢܘܬܐ ܕܟܠ ܓ̈ܒܐ ܡܢܚܝܢܐ[7] ܐܦܘܗ ܐܢܘܢ ܠܓܠܝܐ
ܘܡܢܗ ܐܢܘܢ ܟ̈ܠܗ ܣܓܝ̈ܐ. ܐܦ ܠܐܝܠܝܢ ܕܐܝܬ ܒܡܓܠܝܘܢ.

CHAP. I. [1] 𝔄 sing. [2] In 𝔄 read *այն յայտնապէս* [3] In 𝔄 read *Համարեցան* [4] 𝔄 sing., and om. ܘ [5] 𝔄 = ܒܝܬ [6] 𝔄 = ܘܠܟܠ
[7] For ܡܩܒܠܝܢ ܗܘܘ ܐܝܟ ܕܠܐ ܚܪܡܢ 𝔄 has *[Armenian]* = ܘܠܐ ܡܣܬܟܠ ܗܘܐ??

ܕܡܬܡܣܟ[8] ܒܢܝܫܐ ܐܬܬܣܝܡܘ[9] ܠܗܘܢ. ܗܢܘ ܓܝܪ ܕܟܫܝܪܐ ܡܠܟܐ[10]

8 ܐܝܟ ܗܢܐ. ܘܟܕ ܗܠܝܢ ܗܟܢܐ ܐܣܬܥܪ ܗ̈ܘܝ. ܡܢ ܥܠ

ܐܝܟ ܡܢ ܠܠܝܐ ܒܡܨܥܬܐ ܢܘܗܪܐ ܕܢܚ ܗܘܐ. ܘܒܟܠ[11] ܩ̈ܘܪܝܢ

ܟܢ̈ܘܫܬܐ[12] ܕܡܬܟܢܫܝܢ ܣܓܝܐ[13] ܣܓܝܐ ܗܘܐ ܐܢܫ. ܘܐܦ ܗܘܠܟܐ

ܕܒ̈ܢܝܫܐ. ܘܕܘܒܪ̈ܐ ܕܡܬܗܦܟܝܢ ܒܟ̈ܢܘܫܝܗܘܢ[14] ܘܡ̈ܠܟܐ. ܬܗܪ 𝔄 673

ܗܘܐ ܕܝܢ ܙܘܪܒܐܝܬ ܘܡܬܕܡܪ ܒܟܠܢ. ܥܠ ܐܝܟܐ ܕܗܢ ܫ̈ܘܦܐ

ܕܠܐ ܡܬܗܡܢܝܢ[15] ܐܬܥܒܕܘ ܗܘܐ. ܥܠ ܗܢܐ ܫܘܠܡܐ ܬܗܘܡܐ

ܕܗܘܐ. ܘܡܢܗܘܢ ܗܘܘ ܘܐܡܪܝܢ.[16] ܕܐܠܗܗܘܢ ܕܟܪ̈ܣܛܝܢܐ

9 ܐܬܬܗܘܝ ܒܠܚܘܕ ܐܠܗܐ ܕܫܪܝܪܐ. ܘܐܚܪܢ ܕܒܠܢ ܐܢܫ ܐܢܬ

ܐܚܪܢ ܕܐܬܚܙܝܘ ܒܐܪ̈ܓܘܢܐ[17] ܕܪ̈ܕܘܦܝܐ ܡܗܝܡܢܘܬܐ[18]

ܘܟܢܪܐܢܬ. ܘܦܪܗܣܝܐ ܕܐܝܬ ܗܘܐ ܠܗܘܢ ܠܘܬ (A fol. 102 a)

ܟܠܢܫ ܡܕܡܝܢ ܡܠܘ ܗܘܘ. ܥܠ ܐܚܪܢ ܕܝܢ ܕܐܬܟܦܪܘ ܗ̈ܘܘ

ܢܦܫ̈ܬܗܘܢ ܡܢ ܗܝܡܢܘܬܐ ܘܒܡܫܡܠܝܢܐ[19] ܡܨܠܝܢ ܗܘܘ. ܘܝܡܝܢ

ܗܘܘ ܒܝܘܡܐ ܥܠ ܐܘܫܥܬܐ ܕܢܦܫ̈ܬܗܘܢ ܘܒܟܝܢ ܗܘܘ ܗܘܘ ܡܢ

ܬܠܡ̈ܝܕܐ. ܘܡܥܢܝܢ ܕܒܪ̈ܘܢܝܐ ܫܐܠܝܢ ܗܘܘ ܡܢܗܘܢ ܘܡܬܒܥܝܢ 𝔄 674

10 ܗܘܘ ܠܐܠܗܐ ܕܢܬܪܚܡ ܠܗܘܢ ܬܘܒ ܕܝܢ ܐܦ ܐܬܠܠܐ ܢܨ̈ܝܚܐ

ܕܕܚܠܬ ܐܠܗܐ. ܟܕ ܐܬܚܙܝܘ ܡܢ ܡܦܩܢܐ ܕܢܦ̈ܫܐ ܕܡܠܠܝܢ.

ܟܠܗܘܢ[20] ܠܐܬܪ̈ܘܬܗܘܢ ܦܢܝܢ ܗܘܘ. ܘܟܕ ܣܓܝ ܗܘܘ ܘܦܪܝܣܝܢ

ܒܕܝܪ ܗܘܘ ܒܟܠ ܡܕܝܢܐ. ܒܒܘܣܡܐ ܙܒܢܐ. ܘܠܐ ܡܟܣܝܢܐ

11 ܕܡܫܠܡܬܐ ܬܐܘܕܪܝܬ ܦܪܗܣܝܐ ܕܐܝܬ ܗܘܐ ܠܗܘܢ ܒܡܢܫܐ ܕܝܢ

ܕܐܢܫܐ ܩ̈ܠܝܠܐ ܒܐܘܪܚܬܐ ܘܒܫܘ̈ܩܐ. ܟܕ ܡܫܒܚܝܢ ܠܐܠܗܐ

[8] In 𝔄 for ուր read որ [9] 𝔄 *coniecti erant* = ܐܬܪܡܝܘ [10] In 𝔄 read *թագաւորն* [11] 𝔄 om. ܘ [12] In 𝔄 read *եկեղեցիք* [13] The first ܣܓܝ should be omitted: so 𝔄 [14] 𝔄 sing. [15] 𝔄 om. ܕܠܐ ܡܬܗܡܢܝܢ [16] 𝔄 om. ܘܐܡܪܝܢ [17] 𝔄 sing. [18] In 𝔄 for *հաւատարապակս* read *հաւատարմնակս*; ܡܗܝܡܢܘܬܐ is omitted [19] 𝔄 om. ܘ [20] 𝔄 om. ܟܠܗܘܢ

ܒܬܫܥܝܬܐ ܘܒܡܕܝ̈ܢܬܐ ܪ̈ܕܝܢ ܗܘܘ.[21] ܘܗ̇ܢܘܢ ܕܡܬܩܪܝܢ ܒܢ̈ܝܐ ܡܫܝܚܐ. ܡܢ ܡܕܡ ܡܛܠ ܒܐܘܪ̈ܚܐ ܡܢ ܐܬܪ̈ܘܬܗܘܢ ܪ̈ܕܝܢ ܗܘܘ. ܚܙܐ ܗܘܝܬ[22] ܠܗܘܢ ܒܦܪ̈ܘܩܐ ܚܕ̈ܝܬܐ ܘܫܕ̈ܝܐ
675 ܕܡܫܒܠܝܢ ܒܡܫܪ̈ܝܬܗܘܢ܆ ܐܝܟܢܐ ܕܐܦ ܗ̇ܢܘܢ ܕܡܢ ܩܕܝܡ ܡܬܩ̈ܠܝܢ[23] ܐܢ̈ܬܬܗܘܢ ܗܘܘ. ܒܪ ܚܢܘ ܬܕܡܘܪܬܐ[24] ܕܗܘܬ. ܕܠܐ ܫܒܩܝܢ ܗܘܘ ܕܢܗܘܐ ܗܘܬ. ܚܙܝܢ ܗܘܘ ܒܗܢ ܒܗܢܐ ܡܕܡ ܕܗܘܐ ܀

ܕܬܪܝܢ. ܥܠ ܫܘܠܦܐ ܕܗܘܐ ܡܢ ܒܬܪܟܢ ܀

ii. 1 ܠܗܠܝܢ ܕܝܢ ܕܐܡܪܢܢ. ܠܐ ܐܫܟܚ ܗܘܐ ܕܢܫܒܘܪ ܗ̇ܘ ܦܘܪܫܐ. ܕܗܢܐ ܗܘܐ ܫܦܝܪܬܐ. ܘܡܫܡܠܝܐ ܕܟܠܗܝܢ ܦܪ̈ܥܬܐ ܐܝܬܘܗܝ ܗܘܐ. ܗ̇ܘ ܕܐܡܪܢ[1] ܒܠܗܘܢ ܕܐܝܬܘܗܝ ܗܘܐ ܪܫܝܐ ܒܐܬܪ̈ܘܬܐ ܕܡܕܢܚܐ. ܕܐܝܠܝܢ ܥܠܬܐ ܢ̈ܣܝܢ ܕܬܫܬܥܪ ܗܘܬ ܗܕܐ ܗܘܢܐ[2] ܡܫܡܥܪ ܗܘܐ. ܗܟܢ ܕܝܢ[3] ܐܝܟܢܐ ܗܘܐ ܕܢܬܠܠܗܘܢ ܠܥܠܡܐ. ܘܡܕܡܐܝܬ ܕܢܠܡ ܗܘܐ ܒܠܠܬܐ ܡܢ
2 ܒܢ̈ܝܐ[4] ܕܒܝܬ ܫܘܕ̈ܐ ܐܬܦܪܫ ܗܘܐ. ܬܘܒ ܕܝܢ ܒܗ ܐܢܫܐ ܒܢ̈ܝܐ ܗܘ ܗܘܐ ܠܢܦܫܗ ܐܝܟܚܕܐ ܠܡܩܠܡ. ܕܟܠܗ ܗܘܐ ܠܐܦܝܣܩܘܦܐ ܕܒܫܡܫܝܢܘܗܝ ܕܢܟܘܣ. (A fol. 102 b) ܕܠܦܠܚܐ ܐܝܟ ܠܐ ܢܣܒܪ ܡܢ ܒܦܠܓܘܬܐ ܒܐܬܪܐ ܕܐܘܣܬܪܘܢ܆ ܐܝܟ ܡܣܬܢܐ
676 ܒܗܘܢ ܠܦܠܚܘܬܐ ܪܒܬܐ. ܘܠܐܣܛܪ̈ܛܝܐ ܕܝܢ ܬܘܒ ܐܦܣ ܗܘܐ ܕܢܒܕܩܘܢ ܕܐܝܟ ܗܕܐ.[5] ܕܡܡܣܝܢܐ ܘܪܒܐ ܕܗܕܐ ܒܐܦܠܚܘܬܐ ܐܬܚܙܝ ܗܘܐ ܬܦܠܚܘܗ. ܒܬܪ ܒܢܝܐ ܘܫܪܝܐ. ܕܢܒܪܝ

[21] The words from ܒܡܕܝܢܬܐ ܙܕܐ to ܪܕܝܢ ܗܘܘ are freely rendered in 𝔄
[22] 𝔄 *videbant* [23] 𝔄 om. the suffix [24] 𝔄 plur.

CHAP. II. [1] 𝔄 *sed sicut diximus* [2] 𝔄 om. ܗܘܢܐ [3] 𝔄 om. ܕܝܢ

ܗܘܐ ܠܚܘܝܢܗ. ܐܝܬܘܗܝ ܗܘܐ ܕܝܢ ܠܘܓܣܛܐ. ܒܗ
ܒܡܕܝܢܬܐ ܀ ܀

ܕܬܠܬܐ. ܥܠ ܨܠܡܐ ܕܐܬܩܝܡ ܗܘܐ ܚܕܬܐܝܬ ܒܐܢܛܝܘܟܝܐ.

iii. ܗܢܐ ܕܝܢ[1] ܐܝܟܢ ܗܘܐ ܗܘ ܗܢܐ ܕܐܡܪܢ ܥܠܘܗܝ ܠܡܦܪܥܘ
ܒܗܘܢ. ܘܒܟܠ[2] ܦܘܪܣܝܢ ܠܟܠܗܝܢ ܕܕܠܡ ܐܝܟܢ ܐܝܟ ܐܢܫܐ
ܡܗܝܡܢ̈ܐ ܗܢܘܢ ܕܡܬܛܫܝܢ ܒܚܫܘܟܐ ܠܚܪ̈ܝ ܡܬܚܫܒ ܗܘܐ.
ܒܡܐܟܠ ܡܢܓܐ ܕܝܢ[3] ܘܦܠܛܪܘܬܐ[4] ܕܟܠܡ ܒܟܠܗܕܐ ܡܢܓܢܐ
ܗܘܐ. ܘܥܠܬܐ ܕܡܘܬܐ ܗܘܐ ܠܦܓܥܝܢܐ. ܠܚܪܬܐ ܕܝܢ ܨܠܡܐ
ܕܒܠܥܕܡ[5] ܦܝܠܘܣ ܐܩܝܡ ܗܘܐ. ܘܒܐܘܣܡܘܬܐ[6] ܕܚܪܫܘܬܐ
ܘܒܬܡܗܬܐ ܡܢܟܦܬܐ. ܘܐܪ̈ܙܐ ܕܠܐ ܫܦܝܪܝܢ. ܘܕ̈ܘܟܝܐ
ܠܦܩܐ ܐܝܟ ܕܠܒ ܗܘܐ ܘܐܬܒܛܠ. ܒܚܢܟܐ ܕܐܦ ܠܡܠܟܐ
ܐܬܡܢܝܢܘܬܐ ܬܫܒܘܚܬܐ ܕܡܫܬܡܥ ܡܫܟܚ ܗܘܐ. ܐܦ ܗܘ ܕܝܢ
ܗܢܐ ܐܝܟ ܕܠܦܘܪܩܢܐ ܕܟܠܗܘܢ ܕܡܬܕܚܠܝܢ ܗܘܐ. ܗܘ ܕܐܚܝܕ
ܗܘܐ ܫܘܠܛܢܐ ܐܚܝܕ ܥܠ ܒܪ̈ܘܠܢܐ ܠܐܪܥܐ. ܒܗ ܐܡܪ ܗܘܐ.
ܕܐܠܗܐ ܠܗ ܦܩܕ. ܕܠܒܪ ܡܢ ܬܚܘܡܐ ܕܡܕܝܢܬܐ ܘܕܐܬܪܘܬܗ
ܕܢܬܪ̈ܘܢ. ܢܬܪ̈ܕܘܢ ܒܪ̈ܘܠܢܐ. ܕܟܠܗܘܢ ܐܝܟ ܠܗ
ܕܐܠܗܐ ܀ ܀

ܕܐܪܒܥܐ. ܥܠ ܫ̈ܘܥܕܐ ܕܟܠܗ ܐܬܥܒܕܘ ܀

iv. 1 ܟܕ ܕܝܢ ܥܒܕ[1] ܗܘ ܗܢܐ ܡܕܡ ܐܝܬ ܐܝܟ ܨܒܝܢܗ. ܐܦ
ܫܪܟܐ ܕܟܠܗܘܢ ܕ̈ܫܢܝܐ ܕܒܫܪܝܢ ܒܡ̈ܕܝܢܬܐ ܕܐܝܬ ܬܚܝܬ

Chap. III. [1] 𝔄 om. ܕܝܢ [2] 𝔄 om. ܘ [3] 𝔄 om. ܕܝܢ [4] In 𝔄 for ամբարտաւանութեամբ read ամբարտաւնութեամբ [5] In 𝔄 read բեղջիւնան [6] 𝔄 om. ܘ

Chap. IV. [1] 𝔄 *fecit* = ܥܒܕ

ܘܫܠܛܢܗ ܕܗܘܝܐ ܡܠܟܐ. ܕܐܝܟ ܗܕܐ ܒܫܥܒܕܬܐ ܐܬܪܥܝܘ
ܠܡܥܒܕ. ܕܢܗܘܘ ܗܦ̈ܟܘܬܐ ܕܐܬܬܪ̈ܬܐ ܕܒܗܘܪܐ ܫܢܝ (A fol. 103 a)
ܡܠܟܐ. ܘܣܒܪܘ[2] ܠܐܠܝܢ ܕܬܚܝܬ ܐܝܕܝܗܘܢ ܐܝܟܢ ܗܘ ܗܕܐ
2 ܠܡܗܡܢܘ. ܐܦ ܬܪܥܝܬܗܘܢ ܕܝܢ ܕܫ̈ܠܝܢ ܒܫܘܬܦܘܬܐ ܐܦܣ
ܦܪܘܣܐ ܒܝܕ ܡܬܚ̈ܙܝܢܗ ܕܬܫܬܡܫ. ܘܗܕܝܢ ܗܘ ܕܪܝܫ ܕܘܟܣܐ[3]
ܐܬܒܛܠ ܗܘܐ. ܒܡܕܝ̈ܢܬܐ ܕܝܢ[4] ܐܦ ܙ̈ܒܢ ܒܡܕܝ̈ܢܬܐ ܕܬܫܒ̈ܘܚܬܐ.
ܒܟܠ ܡܕܝܢܐ ܡܢܗ ܡܢ ܡܫܡܫܢܘܬܐ ܡܬܦܫܩܝܢ ܗܘܘ. ܐܝܠܝܢ
ܕܬܚܝܬ ܐܝܕܗܘܢ ܒܕ̈ܪܓܐ ܕܐܘܡܢܘܬܐ ܒܟܠ ܡܕܡ.[5] ܗ̈ܢܘܢ
ܕܗܟܢ ܐܝܬ ܗܘܐ ܠܗܘܢ ܫܦܝܪܘܬܐ. ܥܠ ܦܘܠܚܢܐ ܕܬܫܒ̈ܘܚܬܐ
3 ܗ̈ܢܘܢ ܕܡܫܬܡܫܝܢ ܗܘܘ ܠܗܘܢ. ܙܒܢܘܬܗ ܕܝܢ ܕܠܐ ܡܫܬܘܕܥܘܬܐ
ܕܦܪܘܣܐ. ܠܟܠܗܘܢ ܪ̈ܫܢܐ. ܘܠܐܠܝܢ ܕܬܚܝܬ ܐܝܕܝܗܘܢ
ܐܝܟܢ ܠܗܕܐ ܡܦܪ̈ܥܢܐ ܗܘܬ ܠܗܘܢ. ܕܟܠܗܘܢ ܢܣܒܪܘܢ
ܠܗܝܟܠ ܐܝܟ ܕܠܝܫܗ ܕܠܗ. ܗܕܐ ܦܬܟܪܬܐ[6] ܡܩܪܒܝܢ ܗܘܘ
ܠܗ. ܫܠܘ ܦܬܟ̈ܪܐ ܕܝܩܝܪܝܢ ܗܘܘ ܕܢܬܒܠܘܢ ܡܢܗ. ܕܡܗܝܡܢܘܬܐ
ܫܠܦ ܡܗܝܡܢܘܬܐ ܡܠܠܐ ܕܠܐ ܢܣܒܝܢ ܗܘܘ. ܘܒܫܘܚܬ ܪ̈ܫܢܐ
ܕܠܘܬ ܒܫܘܚܝܢ ܗܘܘ ܀܀

ܕܣܗܕܐ. ܒܢܝܩܘܡܕܝܐ ܕܗܘܘ ܥܠ ܡܢܢ ܀

v. 1 ܙܒܢܐ ܕܝܢ ܒܢܝܩܘܡܕܝܐ. ܕܦܘܡ ܘܕܫܠܝܛܐ. ܕܡܠܟ ܗܘܐ
ܒܕܦܐ[1] ܥܠ ܡܫܝܚܐ. ܘܐܝܟ ܕܡܢ ܓܒܪܐ ܕܡܠܟܐ ܐܬܟܪܙ.
ܠܥܠܡܗ ܒܝܬ ܐܘܪܚܗ. ܘܦܩܕ ܒܡܕܝ̈ܢܬܐ.[2] ܕܒܟܠ ܐܬܪ
ܒܡܕ̈ܝܢܬܐ ܐܦ ܒܐܓܪ̈ܬܐ. ܠܟܠ ܐܢܫ. ܓܠܝܐ ܐܬܦܫܩܘܢ

[2] A om. ܘ [3] A adds *nostrum* [4] A om. ܕܝܢ [5] A om. ܒܟܠ ܡܕܡ [6] A adds *magnam*

CHAP. V. [1] In A read *ի եկն հալածութեամբ* [2] A adds *in edictis suis*

𝔄 679 ܘܢܨܠܘܢ ܐܦ ܠܗܘܢ[3] ܫ̈ܦܝܪܐ ܕܟܠܗܝܢ ܡܦܪܐ. ܕܢܦܩ
ܘܠܦܘܬܐ ܒܗܘܢ ܢܬܡܠܟܘܢ܆ ܘܢܐܡܪܘܢ ܒܡܗܕܝܢܘܬܗܘܢ܆ ܘܟܕ 2
ܗܠܝܢ ܗܟܢܐ ܐܬܟܬܒ ܗܘ̈ܐ. ܐܝܢܐ ܬܘܒ ܕܟܬܝܒܐ ܗܘ̇[4]
ܕܗ̈ܘܦܡܢܐ ܕܗܘܐ ܡܢܝ ܠܗ. ܒܕܪܡܣܘܩ[5] ܕܦܘܢܝܩܐ. ܢܬܠ
ܗܘܐ ܘܐܬܬܝ ܡܢ ܥܡܘܕܐ ܢܚ̈ܫܐ ܦܠ̈ܛܐܬܐ. ܘܦܩܕ ܕܢܦܪܩܘܢ
ܠܗܝܢ ܝܠ̈ܕܐ ܕܥܒܕܬ. ܘܐܠܝ ܗܘܐ ܠܗܝܢ ܕܢܐܡܪܢ ܒܡܬܒ̈ܬܐ.
(A fol. 103 b) ܕܡܢ ܡܕܡ ܒܙ̈ܦܠܣܝܘܬܐ ܐܬܬܣܝܡ ܗܘ̈ܐ. ܘܗܢܝܢ
ܣܝܡ ܗܘ̈ܐ ܒܗܘܢ ܫܘܥܒܕܐ[6] ܕܠܐ ܢܟܦܘܬ. ܕܒܗܘܢ ܠܡ
ܒܟ̈ܬܐ ܕܬܠܡܝܕܘܬܗܘܢ܆ ܚܒܝܫܝܢ ܗܘܘ ܫܘܥܒ̈ܕܐ ܕܦܠܝܦܘܬܐ.
ܘܐܣܛܪ̈ܛܬܐ ܐܝܠܝܢ ܕܗܘܘ ܝܕܥܐ ܗܘܐ ܕܢܐܡܪܢ ܐܝܟ ܕܠܝܒܪܐ
ܕܡܣܟܝܢ[7] ܐܦ ܗܘ ܕܝܢ ܗܢܐ. ܗܟ ܐܝܟ ܠܗܠܝܢ ܬܠ̈ܬܐ[8]
ܒܗܘܦܘܡܢ̈ܛܐ ܘܐܘܕܥ[9] ܠܟܠܗܝܢ. ܘܦܩܕ ܕܟܠ ܐܬܪ ܘܡܕܝܢܐ.
ܢܬܒܪܘܢ ܗܠܝܢ ܒܡܬܒ̈ܬܐ.[10] ܗܘ ܕܝܢ ܗܢܐ ܙܒ ܣܠܩܐ. ܒܬܪ vi. 1
ܥܠܠ ܙܒܢܐ ܗܘ ܒܬ̈ܪܘܗܝ ܡܠܠ ܢܦܩܘ. ܘܐܬܦܪܥ ܕܝܢܐ
ܕܒܝܫܘܬܗ ·ܘ܀ܘ·

𝔄 680 ܕܐܫܬܐ. ܥܠ ܐܝܠܝܢ ܕܐܣܗܕܘ ܒܗܢܐ ܙܒܢܐ.

ܬܘܒ ܕܝܢ ܒܪܘܡܝܐ ܕܝܠܝ ܐܬܝܕܥ ܗܘܐ ܘܪܕܘܦܝܐ ܒܢܫܐ.
ܘܗܓܡܘܢ̈ܐ ܕܟܠ ܗܦܪܟܝܐ. ܒܡܫܝܚܝܘܬܐ ܬܘܒ ܟܠܝܢ ܡܣܟܝܢ
ܗܘܘ. ܘܩ̈ܛܠܐ[1] ܐܬܬܚܝܒܘ ܡܢ ܐܝܠܝܢ ܕܕܝܢܝܢ ܗܘܘ. ܒܡܠܬܐ
ܕܕܚܠܬ ܐܠܗܐ. ܘܡܩܒܠ ܕܝܢܐ ܕܡܘܬܐ ܒܬܘܕܝܬܐ. ܬܠܬܐ ܕܝܢ
ܡܢܗܘܢ ܒܚܡܨ ܡܕܝܢܬܐ ܕܦܘܢܝܩܐ. ܕܐܘܕܝܘ ܕܐܦܝܣܩܘܦܐ

[3] 𝔄 om. ܠܗܘܢ [4] 𝔄 om. ܗܘ̇ [5] 𝔄 'ի Դամասկոս in *Damasco* [6] 𝔄 plur. [7] In 𝔄 for ուխտի տեսան read ուխտադրութեան [8] 𝔄 om. ܗܟ ܐܝܟ ܠܗܠܝܢ ܬܠ̈ܬܐ [9] 𝔄 om. ܘ [10] 𝔄 = ܒܡܬܒ̈ܬܐ

CHAP. VI. [1] 𝔄 om. ܘ

ܐܝܟܢ ܠܝܘܢܝܬܐ ܐܬܐܡܪܘ. ܕܐܝܟܢܘܗܝ ܚܕ ܡܢܗܘܢ ܐܦܝܣܩܘܦܐ
ܐܬܘܗܝ ܗܘܐ. ܕܒܩ̈ܪܝܢܐ ܪܒܐ ܐܬܘܗܝ ܗܘܐ.[2] ܘܐܪܒܥܝܢ
2 ܫ̈ܢܝܢ ܕܝܢ ܠܡܕܒܪܘܬܗ.[3] ܘܒܗ[4] ܒܥܘܢܝܐ ܘܒܪܝܐ. ܦܪܩܘܗܝ. ܐܦܝܣܩܘܦܐ
ܕܗܢ ܒܒܪ̈ܬܐ ܕܐܠܡܘܙܪܝܢܐ ܚܣܝܘܬܗ. ܗܘ ܕܒܐܝܢܐ ܗܘܐ
ܕܐܠܗܐ ܡܛܠ ܚܣܝܘܬܐ ܕܦܠܚܘܬܗ[5] ܕܡܫܠܡܬܐ ܕܐܠܗܐ.
ܕܠܐ ܠܒܬܐ ܕܝܢ ܐܬܢܓܕ ܗܘܐ. ܟܕ ܠܝܬ ܗܘܐ ܡܫܟܚܢܘܬܐ
ܕܡܕܡ ܡܢ ܡܕܡ. ܘܡܢ[6] ܥܠ ܕܠܐ ܕܝܕܥܐ ܐܝܟܢ ܕܗܢ ܦܩܘܕܝܗ
ܕܡܫܡܫܢܘܬܗ. ܪܫܗ ܐܬܦܣܩ. ܒܬܪܗ ܕܝܢ ܐܦ ܫ̈ܢܝܐ ܦ̈ܠܓܐ
3 ܐܦܝܣ̈ܩܘܦܐ ܡܢ ܡܬܚ̈ܡܝܢ. ܕܐܝܟܢ ܗܘܐ ܫܒܠܘ. ܘܠܕܝܘܣ. ܬܘܒ
ܒܬܪܗ ܕܟܠܡܕܡ ܢܝܫ ܗܘܐ ܒܡܘܒܪܐ ܕܢܦܫܗ. ܘܒܘܠܦܢܐ
ܡܕܝܢܐ ܡܕܒܪ ܗܘܐ. ܕܐܬܘܗܝ ܗܘܐ ܡܫܝܢܐ ܕܒܕܒܪܬܐ
ܕܒܐܦܝܣܩܘܦܐ. ܐܬܘܗܝ ܠܡܫܡܫܢܘܬܐ ܡܕܝܢܬܐ. ܕܬܘܒ ܒܗܘ
ܘܒܢܐ ܡܠܟܐ ܡܬܗܦܟ ܗܘܐ. ܘܒܕ[7] (A fol. 104 *a*) ܢܗܘ ܒܗ ܡܟܝܠ
ܒܘܣܝܐ ܡܢܗ ܕܒܢܝܐ ܥܠ ܫ̈ܢܝ ܘܠܐܦܐ ܗܘ ܕܡܫܡܫ ܗܘܐ.
4 ܐܬܬܠܡ ܠܒܝܬ ܐܣܝܪ̈ܐ ܘܐܬܦܫܛ. ܘܗܒܢܐ ܒܗܠܝܠ ܘܒܢܐ
ܒܝܕ ܡܫܒܚܬܐ ܕܒܠܗ ܕܡܫܡܫܢܘܬܗ ܗܢܐ ܥܒܝ̈ܕܬܐ.
ܘܐܪܘܒܝܐ ܕܐܒܗ̈ܝ ܥܠܝܗ ܒܝܕ ܗܘܐ ܡܢ ܗܘ ܡܕܒܪܐ ·○:○·

ܕܫܒܥܐ. ܥܠ ܡܬܥ̈ܢܝܬܐ ܕܐܬܬܣܝܡ ܥܠܝܗ. ܥܠ ܡܬܠܟܐ ·○·

ܡ̈ܠܟܐ ܕܝܢ ܕܒܥܒܕܐ ܕܡ̈ܕܝܢܬܐ ܕܠܗܘܢ. ܘܡܕܡܗܘܢ ܐܦ vii. 1
ܦܩ̈ܘܕܐ[1] ܕܡܠܟܐ. ܡܢܟܬ ܡ̈ܕܝܢܬܐ ܥܠ ܡܠ̈ܟܘܗܝ ܕܢܥܒܐ
ܡܬܬܒܥܝܢ ܗܘܘ. ܡܛܠ ܕܡܬܬܩܢ ܠܐ ܗܘܐ. ܘܡ̈ܠܟܐ ܒܝܬ

[2] A om. ܕܒܩ̈ܪܝܢܐ ܪܒܐ ܐܬܘܗܝ ܗܘܐ [3] A = ܠܡܕܒܪܘܬܐ [4] A *sicut in eo* [5] For ܡܛܠ ܚܣܝܘܬܐ ܕܦܠܚܘܬܗ A has *propter mirabilem vitam suam et continuam curam* [6] A om. ܘ [7] A om. ܒ

CHAP. VII. [1] A sing.

ܘܠܐܠܗܐ ܒܡܘܣܬܪܩܘܬܐ ܕܪܒܒܐ ܗܘܘ ܕܦܪܘܣ ܘܕܩܝܠܝܩܝܐ. 𝔄 682

2 ܐܝܟ ܕܐܠܝܨܝܢܐ ܒܟܠܝܘܡ. ܒܡܘܟܣܘܗܝ ܗܟܢ ܗܘܘ. ܗܪܟܐ

ܕܝܢ[2] ܡܬܚܙܐ ܠܝ ܕܙܕܩ ܕܢܫܡܥܘܢ ܠܗ ܠܦܬܓܡܗ ܕܡܟܣܡܝܢܘܣ.

ܗܘ ܕܡܣܩ[3] ܥܠ ܦܘܠܚܢܗ. ܕܐܒܗܝܐ ܡܪܝܡܘܬܗ ܘܪܒܘܬܗ

ܘܪܒܘܪܒܢܘܬܗ. ܘܡܣܬܐܬܗ ܕܐܠܗܘܬܐ ܐܠܗܐ ܕܗܘܐ ܓܒܪܐ ܟܠܝܐ

ܬܬܝܕܥ. ܘܐܝܟܢܐ ܒܐܝܕܐ ܕܐܙܕܗܪܗ ܡܫܝܚܐ. ܗܘ ܕܠܐ ܠܐ ܕܡܟܢ

ܡܢ ܦܘܪܥܢܐ ܕܪܫܝܥܐ. ܕܟܕ ܐܫܬܘܝ ܡܢܗ ܥܒܪ ܡܠܠ ܙܕܝܩܐ.

ܫܘܒܚܐ ܕܗܠܝܢ ܚܠܦ[4] ܐܬܚܠܝܢ ܗܘܐ ܘܡܬܚܫܒܬܐ ܢܦܫܬܐ

ܐܚܪܢܐ ܚܠܦ ܦܘܩ ܗܘܐ ·o· ܦܪܢܓܠܝܐ ܕܦܘܩܕܢܐ ܗܢܐ

ܕܦܩܝܕܘܗܝ[5] ܕܡܟܣܡܝܢܘܣ ܩܣܪ[6] ܕܦܩܕ ܠܡܩܒܠ ܩܠܝܐ

ܕܢܩܘܫܬܐ ܕܚܠܝܦ ܕܐܬܟܬܒ ܠܗ.[7] ܕܐܬܢܣܒ ܡܢ ܦܘܠܚܢܗ ܕܐܢܬ

3 ܗܘܐ ܨܘܪ. ܗܐ ܐܦ ܡܢ ܡܕܡ ܗܟܢܐ ܡܪܚܘܬܐ ܪܚܡܬܐ

ܕܬܪܥܝܬܐ ܕܐܢܫܘܬܐ ܐܬܚܝܠܬ.[8] ܘܕܚܙܬ ܘܒܠܠܬ ܡܢܗ ܥܠܘܗ

ܢܦܫܐ ܕܒܥܠܕܒܒܐ[9] ܕܦܠܚܘܬܐ. ܗܝ ܕܗܕܡ ܥܠܠ ܒܐܒܕܢܐ

ܕܢܦܫܐ ܕܦܠܚܘܬܐ ܐܬܬܪܝܨܬ ܘܫܒܩܬ[10] ܠܙܒܢܐ. ܘܐܬܬܪܝܨܬ

ܠܗܝܢܝܢ ܕܠܐܠܗܐ ܐܠܗܐ ܐܝܢܐ ܡܢ ܗܕܐ ܕܙܕܝܩܘܬܗ ܘܫܒܩܘܢ[11] 𝔄 683

ܕܒܫܠܝܘܬܐ ܕܢܦܫܬ ܠܒܘܬܐ ܕܐܠܗܐ ܗܢܘܢ ܕܠܐ ܡܬܚܡܝܢ.

4 ܥܠ ܡܕܡ ܡܬܦܪܫܢ ܘܡܬܬܩܢܝܢ ܗܕܐ ܗܝ ܕܥܒܘܬܐ. ܠܐ

(A fol. 104 b) ܡܬܘܡܬܝܬܐ ܒܗ ܬܬܐܡܪܝܢ.[11a] ܕܐܝܟ ܡܚܠܡ ܠܒܘܬܐ

ܒܫܝܢܘܬܐ ܘܒܫܝܢܐ. ܕܐܝܟܢܐ ܡܫܬܥܠܝܢ ܫܠܝܘܬܐ ܕܬܪܥܝܬܗܘܢ

ܕܒܫܝܢܘܬ ܐܠܗܐ.[12] ܟܕ ܐܦ ܡܕܡ ܗܕܐ ܢܗܝܪܐ ܗܘܬ ܠܟܠܢܫ.

[2] 𝔄 om. ܕܝܢ [3] 𝔄 adds *de nobis* [4] 𝔄 om. ܚܠܦ [5] 𝔄 om. ܗܢܐ ܕܦܩܝܕܘܗܝ [6] 𝔄 om. ܩܣܪܐ [7] 𝔄 *de eo* [8] In 𝔄 read *գործոյս* [9] In 𝔄 for *մեռ* read *մուծ* [10] In 𝔄 for *գնոյ* read *գեղեցկոյ* [11] 𝔄 om. ܥܠ ܗܕܐ ܕܫܒܩܘܢܗ [11a] In 𝔄 read *առկքն* [12] 𝔄 = ܐܠܗܐ. For *որբութեանն* read *սրբութեանն*

ܕܒܐܝܕܝܐ ܢܦܪܬܐ. ܘܒܝܫܬܐ ܐܬܝܗܒܘܢ ܗܘܝܬܘܢ ܠܘܬ
ܐ̈ܠܗܐ ܕܠܐ ܡܬܚܡ. ܗܢܘܢ ܕܠܐ ܗܘܐ ܒܟ̈ܝܢܐ ܚܫܝܚܬܐ
ܘܦܘܪ̈ܫܢܬܐ ܡܫܬܘܕܝܢ ܗܝܡܢܘܬܐ ܕܐܢܫܐ. ܐܠܐ ܒܒ̈ܢܝܐ
5 ܕܝ̈ܢܐ ܘܥܢ̈ܝܢܐ ܘܐܣܟ̈ܡܐ. ܡܦܠܠܢܐ ܐܝܟ ܕܒܥܘܢܐ ܡܕܝܢܬܟܘܢ
ܡܬܡܢܝܐ. ܘܒܢܬ ܡܡܢܝܪܐ ܕܐ̈ܠܗܐ ܕܠܐ ܡܬܚܡ ܬܬܦܪܐ.
ܠܐܝܟ ܗܘ ܗܒܠ ܠܬܚܘ̈ܬܐ ܩܕ̈ܡܐܝܬܐ. ܕܒܫܝܢܘܬܐ ܕܐ̈ܠܗܐ
𝔄 684 7 ܫܪ̈ܝܪܐ ܡܗܝܡܢܐ[13] * * * * * ܡܛܠ ܗܝܡܢܘܬܟܘܢ
ܗܘ ܗܒܠ ܐܠܗܐ ܪܒܐ ܘܡܪܐ ܒܥܠܡܝܢ.[14] ܗܘ ܕܝܗܒ
ܒܡܠܟܘܬܟܘܢ ܠܗܝܪܬܐ. ܗܘ ܕܠܐܠܗܐ[15] ܕܐܒܗ̈ܝܟܘܢ ܘܕܒܢ̈ܝܟܘܢ
ܘܕܢܫ̈ܝܟܘܢ[16] ܘܠܡܫܡܫܢܝܟܘܢ ܘܒ̈ܢܝܟܘܢ ܦܩܕ ܗܘ ܠܗ ܐܟܚܕܐ
ܕܢܛܠܐ. ܒܢܦ̈ܫܬܟܘܢ ܐܚܝܕ ܗܘܐ ܝܘܡܢܐ ܡܢܝܚܐ. ܗܕ ܟܠܐ
ܘܡܫܘܐ ܕܐܝܬܝܗ ܡܬܦܪܐ ܗܕܐ ܘܡܫܢܝܐ ܘܡܫܢܝܐ. ܕܒܡܬܦܠܓܘܬܐ
ܕܡܬܚܫܒܐ ܢܦܘܩ ܠܟܘܠܫܢܐ ܘܠܡܫܡܫܬܐ[17] ܕܕ̈ܝܢܐ ܕܐ̈ܠܗܐ
8 ܕܠܐ ܡܬܚܡ. ܒܗܘ ܓܝܪ[18] ܗܢܐ ܕܗܒܢܐ ܐܬܝܗܘܝ ܕܠܐ ܒܕܒܪܐ.
ܕܡܬܒܥܐ ܕܢܗܘܐ ܢܦܪܘܫ ܠܡܦܫܡܐ ܟܠܗ. ܕܠܐ ܡܬܒܪܙ
ܕܒܢܦܩܬܐ ܕܢܫܬܬܐ ܕܦܠܓܘܬܐ ܕܐ̈ܠܗܐ ܗܘܝܐ ܗܕܐ. ܕܠܐ
ܐܪܒܐ ܬܦܩܘܪ ܒܕ̈ܪܒܐ ܕܡܬܦܠܓܝܢ ܠܗ. ܘܡܒܪܐ ܕܩ̈ܠܝܐ
ܬܦܩܘܪ ܘܢܬܦܠܓ ܡܡܫܡܫܗܘܢ ܐܦܠܐ ܕܦܘܪܫܐ ܕܪ̈ܫܝܢܐ ܡܢ
ܡܢܘܠ ܢܬܒܝ[19] ܥܠ ܐܪܒܐ ܕܠܐ ܥܠܝܬܐ. ܘܬܬܚܒܠ ܡܦܠܓܐ[20]
ܕܒܡܢܐ. ܘܬܦܪܘܫܘܢ ܦܪ̈ܝܐ ܠܡܦܘܬܐ ܒܫܠܐ. ܐܦ ܠܐ ܠܐ
ܕܢܒܥܐ ܬܥܠܐ ܒܡܫܡܠܝܘܗܝ ܒܡܢܥܐ ܕܪ̈ܘܚܐ ܫܦܝܬܐ. ܐܦ
𝔄 685 ܠܐ ܬܠܬܠܐ ܕܡܢ ܥܠ (A fol. 105 *a*) ܢܦܩܘܢ ܘܢܬܘܢ ܘܦܬܚܐ

[13] A here omits some sentences, which are given in 𝔄 [14] In 𝔄 read [illegible] [15] 𝔄 plur. [16] 𝔄 rightly *et uxores et filios vestros* [17] 𝔄 om. ܘ ܠܟܘܠܫܢܐ [18] 𝔄 = ܒܪ? [19] 𝔄 *de longinquo mitteretur* [20] 𝔄 plur.

ܕܥܠܡܐ. ܐܦܠܐ ܬܘܒ ܐܪܥܐ ܐܡܐ ܡܪܒܝܢܝܬܐ[21] ܕܟܠ.
ܟܕ ܫܠܝܬܐ ܕܐܘ̈ܚܝܗ̇ ܡܢ ܒܢ̈ܝܫܐ ܬܬܠܒܟ. ܐܦ ܠܐ ܠܦܘܪܐ ܙܪ̈ܥܐ
ܢܥܬܕܘܢ[22] ܒܣܘܬܐ ܕܣܘܟܐ. ܕܗܠܝܢ[23] ܟܠܗܘܢ ܒܢ̈ܥܡܬܐ. ܘܕܒ̈ܫܝܢ 9
ܡܢ ܗܠܝܢ. ܡܢ ܦܘܪܫ ܩܠܝܠ ܥܠ ܐܢܫ ܡܦܣܣ ܕܗܘܝܢ ܗ̈ܘܘ.
ܘܒܠܗܘܢ ܗܠܝܢ ܐܚܝܕܐ. ܡܛܠ ܠܛܝܒܘܬܐ ܕܐܒܕܢܐ
ܕܗܪ̈ܣܘܬܗܘܢ ܕܗ̇ܢܘܢ ܐܢܫܐ. ܕܠܐ ܢܦܩܘ ܗܘ̈ܝܢ ܗ̈ܘܘ.
ܟܕ ܠܟܠ ܡܢ ܢܦܫ̈ܬܗܘܢ ܥܒܕܐ ܗܘܬ. ܘܐܝܟ ܗܘ̇ ܕܠܟܠܗ̇
ܬܒܝܠ ܒܗܬܬܐ ܐܚܝܕܐ ܗܘܬ. ·○⁘○· ܘܢܚܪ ܩܠܝܠ ܐܡܪ ܬܘܒ. 10
ܣܓܕܘܢ ܠܗ ܒܥܒ̈ܕܬܐ ܢܘܟܪ̈ܝܬܐ. ܕܢܘܕܘܢ ܠܒ̈ܘܬܗܘܢ[24] ܒܛ̈ܠܠܐ
ܥ̈ܢܢܐ ܕܚ̈ܫܟܐ. ܘܡܬܪ̈ܟܢܐ ܕܗܘܝܢ ܒܦ̈ܬܟܪܬܐ ܕܫ̈ܐܕܐ. ܡܛܠ
ܥܒܕܘܬܐ ܕܛܘܥܝܐ. ܘܬܫܡܫܬܐ ܕܐܝܪ ܕܡܥܒܕܐ ܗܘܐ ܒܟܪ̈ܝܘܬܐ[24a]
ܢܗܘܐ. ܢܫܕܐ ܥܠ ܐܢܫ ܒܫܠܝܬܐ[25] ܠܦܘܬܐ ܕܝܠܝ. ܘܒܬܫܡܫܬܐ 11
ܕܕܒ̈ܚܐ ܘܕܩܘ̈ܪܒܢܐ.[26] ܐܫܬܥܝܬ ܐܠܗܘܬܗ ܘܫܠܝܛܘܬܗ ܕܐܝܪ
ܘܡܪܘܬܗ.[26a] ܡܛܠ ܗܢܐ ܝܗܒܘ ܠܢ ܟܕ ܡܬܝܣܝܢ ܒܡܗܝܡܢܘܬܐ
ܕܫܠܡܐ ܒܢܝܚܐ ܫܪܝܪܬܐ.[27] ܘܥܠ ܐܝܠܝܢ ܕܡܢ ܗܘ ܒܥܘܪܬܐ 𝔄 686
ܕܛܟܣܘܬܐ[28] ܐܬܦܣܘ. ܘܐܬܚܪܘ[29] ܒܡܫܟܠܢܘܬܐ ܘܐܬܦܢܝܘ ܠܬܪܝܨܘܬܐ
ܬܪܝܨܬܐ ܘܡܬܬܪܝܨܬܐ. ܪܘܪܒܐܝܬ ܚܕܝܘܢ ܕܐܬܒܪܝܘ ܐܝܟ ܕܡܢ[30]
ܡܫܝܢܘܬܐ. ܐܘ ܐܝܟ ܕܡܢ ܒܘܪܗܢܐ ܣܓܝܐܐ. ܘܡܢ ܗܫܐ
ܒܐܪ̈ܥܐ ܕܒܡܫܡܥܐ ܕܫ̈ܢܐ ܡܬܚܝܣܝܢ. ܐܢ ܕܝܢ ܢܡܣܘܢ 12
ܒܗܪ̈ܣܘܬܗܘܢ ܠܦܬܐ. ܒܪܘܫܥܐ ܡܚܒܠܐ[31] ܡܢ ܡܕܝܢ̈ܬܟܘܢ
ܘܡܢ ܐܬܪ̈ܘܬܗܝܢ. ܐܝܟ ܕܐܬܦܫܝܬܘܢ ܢܬܦܪܥܘܢ ܘܢܬܪ̈ܕܦܘܢ
ܕܗܟܢܐ ܐܒܘܬܗ̇ ܕܡܫܬܠܦܘܬܗܘܢ ܕܒܗܪܐ. ܗܝ ܕܒܥܢܐ

[21] 𝔄 *et nutrix* [22] 𝔄 = ܢܬܠܘܢ [23] In 𝔄 read *qh myu* [24] 𝔄 *corda eorum* [24a] 𝔄 = ܡܟܪ̈ܘܬܐ [25] 𝔄 = ܕܒܝܣܠܬܐ [26] 𝔄 *et per cultum et sacrificia et honorem* [26a] 𝔄 is slightly corrupt [27] 𝔄 *et pace verae tranquillitatis* [28] 𝔄 om. ܕܛܘܟܣܐ [29] 𝔄 om. ܘ [30] 𝔄 om. ܐܝܟ ܕ [31] 𝔄 plur.

ܠܥܠܡܐ. ܬܬܪܘܡ ܡܕܝܢܬܟܘܢ ܡܢ ܟܠ ܫܘܒܚܐ ܘܪܘܒܐ.
ܐܝܟ ܟܝܢܐ ܕܢܙܕܩ ܗܘܐ ܒܗ̇. ܘܡܫܬܒܗܪܬܐ ܐܝܟ ܐܝܢܐ ܕܡܬܬܚܝܒܐ
ܠܐ̈ܠܗܐ ܗ̇ܘܝܢ ܕܠܐ ܡܬܚܡ. ܬܬܚܒܪܐ ܒܦܘܠܚܢܐ ܕܕ̈ܝܢܐ.
(A fol. 105 b) ܕܬܕܥܘܢ[32] ܕܝܢ ܡܕܚܝܢ. ܕܐܘܒܕܢܐ ܘܚܒܝܒܐܝܬ ܡܩܒܠܝܢ 13
ܗܢܐ ܦܘܩܕܢܟܘܢ ܕܐܦ ܕܠܐ ܦܘܣܐ. ܘܕܠܐ ܒܥܘܬܐ. ܡܢ
ܟܝܢܐ ܡܕܡܝܐ ܒܗ ܚܙܝܬ ܐܢܐ.[33] ܢܩܒܠ ܙܒܢܬ ܠܒ̈ܥܘܬܐ[34]
ܠܡܬܪܥܝܢܘܬܟܘܢ ܕܐܝܕܐ ܕܡܗܝܡܢܘܬܐ ܕܪܢܬܐ[35] ܕܬܬܝܗܒ ܠܟܘܢ ܕܬܫܐܠܘܢ
ܫܠܘ ܗܢܐ ܟܝܢܐ ܪܚܡ ܐܠܗܐ[36] ܘܡܚܝܕܐ[37] ܗܘ ܗܕܐ ܠܡܥܒܕ 14
ܘܠܡܥܒܕ ܐܦܝܣ.[38] ܕܠܐ ܟܠܢܫܐ ܓܒܪ ܡܩܒܠܝܢ ܐܢܬܘܢ ܗܘ.
687 ܕܟܕ ܗܕܐ ܬܬܝܗܒ ܠܡܕܝܢܬܟܘܢ ܬܬܠ ܠܟܘܢ ܣܗܕܘܬܐ
ܠܒܢܬܐ[39] ܠܟܠܢ. ܕܡܫܬܒܚܘܢ[40] ܕܠܘܬ ܐ̈ܠܗܐ ܗ̇ܘܝܢ[41] ܕܠܐ
ܡܬܚܡ. ܘܡܠܬܟܘܢ ܡܗܝܡܢܬܐ ܡܢ ܙܒܢܬ ܠܒܢܝܟܘܢ ܐܝܟ
ܕܐܒ̈ܐ ܢܥܒܕܘܢ ܫܠܘ ܗܕܐ ܬܪܥܝܬܐ ܕܝ̈ܢܝܟܘܢ ܬܬܝܗܒ
ܠܒ̈ܢܝܟܘܢ ܘܠܒ̈ܢܝ ܒ̈ܢܝܟܘܢ܀ ○·○·○·

ܕܬܫܢܝܩܐ. ܥܠ ܐܝܠܝܢ ܕܓܕܫ ܡܢ ܒܬܪ ܗܢ.[1] ܒܟܦܢܐ.
ܘܒܡܘܬܢܐ. ܘܒܩܪܒܐ.[2]

ܗܠܝܢ ܗܟܝܠ ܒܟܠ ܗܦܪܟܝܐ ܥܠܝܢ ܡܬܟܬܒܢ ܗܘ̈ܝ 15
ܘܡܬܩܒܥܢ̈ ܕܐܝܟ ܕܡܢ ܒܢܝ̈ ܐܢܫܐ. ܡܢ ܟܠܗ ܣܒܪܐ ܗܘܐ ܠܒܢܐ
iv 24 ܕܢܣܒ ܗܘܐ ܠܗ. ܕܐܝܟ ܗ̇ܝ ܡܠܬܐ ܕܐܠܗܐ ܕܐܡܪܐ. ܕܐܢ

[32] 𝔄 om. ܕ  [33] In 𝔄 read *խնդալի և ցնծալի*  [34] 𝔄 adds *համարձակիմք մեք* confidimus  [35] In 𝔄 *և* after *պարգև* should be omitted  [36] 𝔄 = ܐ̈ܠܗܐ  [37] 𝔄 om. ܘܡܚܝܕܐ  [38] 𝔄 *iubete*  [39] In 𝔄 for *տացէ քաղաքս ձերում այն այս մնալ 'ի ձեզ վկայութիւն բանի որ* read *տացի քաղաքի ձերում այն այս տացէ ձեզ վկայութիւն բարիոք*  [40] 𝔄 *et adorationis vestri*  [41] 𝔄 adds *habetis*

Chap. VIII. [1] 𝔄 om. ܡܢ ܒܬܪ ܗܢ  [2] 𝔄 *fames et pestis in bello*

16 ܡܫܡܫܢܐ ܒܗܠܝܢ ܘܐܦ ܠܒ̈ܢܝܐ ܢܬܚܫܠܘܢ܆ ܟܕ ܕܝܢ ܐܘܣܠܘ ܥܠ
ܡܒܪܝܐ ܡܫܠܡܢܐ.[3] ܟܕ ܡܒܝܠ ܒܗ̇ ܒܐܘܪܚܐ ܪ̈ܕܝܢ ܗܘܘ.
ܒܐܬܪ̈ܘܬܐ ܐܬܪ̈ܘܬܐ܆ ܕܡܫܡܫܝܢ ܗܘܘ ܠܗܢܐ ܚܝܠܐ ܕܐܬܚܙܝ
ܚܠܝܡ ܡܢ ܥܠܝ. ܐܠܗܐ ܗܘ ܕܗܘܘ ܡܕܒܪܢܐ ܕܒܕܝܬܗ. ܠܗ
ܠܚܘܕ ܥܘܗܕܢܗ ܕܦܘܪܢܐ ܕܚܠܝܡ ܟܠ. ܐܠܐ ܐܦ ܒܡܕܒܪܢܘܗ
viii. 1 ܥܡܝܢܐ ܗܘܐ. ܡܦܪܐ ܗܘܐ ܕܒܝܢܬܐ ܕܫܥܬܐ ܢܦܫ ܗܘܐ[3a] 𝔄 688
ܐܬܟܠ ܡܢ ܐܪܒܐ. ܒܒܢܝܐ ܕܝܢ ܐܢܫ ܗܘܐ ܚܫܝܫܐܝܬ.
ܘܒܗܘ ܐܦ ܒܥܘܪܢܐ ܕܡܘܬܐ. ܘܐܚܪܢܐ ܒܥܘܪܢܐ ܕܐܬܬܘܗܝ
ܗܘܐ ܥܡܝܩܐ. ܕܐܒܘܬܗ ܡܟܠ ܘܒܕܝܢ (A fol. 106 a) ܡܬܥܬܕܢܗ
ܗܘܐ ܠܡܘܪܬܐ. ܗܕܐ ܗܘܐ.[4] ܘܟܕ ܒܟܠܗܘܢ ܦܠܓܐ
ܡܕܝܢܬܐ ܕܡܘܬܐ ܟܕܒ ܗܘܐ. ܒܐܝܠܝܢ ܕܚܫܝܢ ܒܗ. ܐܠܐ
ܒ̈ܢܝܐ ܕܦܠܓܝܐ ܐܬܝܐܬ ܗܘܐ ܗܘܐ. ܘܠܒ̈ܘܬܐ ܕܟܒ̈ܪܐ
2 ܡܢ ܢ̈ܦܫܐ ܘܦܠ̈ܓܐ ܡܬܚܝܐ ܒܒܕ ܗܘܐ.[5] ܘܒܡ[6] ܗܠܝܢ ܡܢ ܗܘܐ
ܒܠܗܘܢ ܒܠ ܦܘܪܢܐ ܡܪܒܐ. ܗܘ ܕܠܘܬ ܐܪ̈ܡܝܐ. ܒܒܪܐ
ܕܡܢ ܥܘܪܐ ܪ̈ܫܝܐ ܘܡܕܒ̈ܪܐ ܕܪ̈ܗܘܡܝܐ ܐܬܡܗܘܢ ܗܘܘ.
ܗܠܝܢ ܕܐܦ ܗܘܘ[7] ܒܦ̈ܠܓܐ ܐܬܡܗܘܢ ܗܘܘ. ܘܗܕܒܪܬܐ
ܕܠܘܬ ܐܠܗܐ ܒܡܫܠܡܘܬܐ ܒܒܪܝܡ ܗܘܘ. ܗܘ ܕܝܢ ܗܘܐ ܗܢܐ ܗܢܐ
ܕܐܠܗܐ. ܕܝܢܟܐ[8] ܗܘܐ ܕܢܐܠܘܢ ܐܢܘܢ ܕܢܒܣܘܢ ܠܬܒܪܐ.
ܘܠܓ̈ܐܕܐ ܬܠܕܒܒܐ. ܘܠܦ ܡܕܒ̈ܪܐ ܒܡܪܒܐ ܠܡܟܠܗ ܐܢܫ
3 ܐܢܘܢ܆ ܘܡܢ ܥܠܠ ܕܝܢ ܒܗܠܝܢ ܗܠܝܢ ܒܢܫ ܘܒܢܐ ܪ̈ܕܝܢ ܗܘܘ
ܘܐܬܝܢ. ܘܡܪܚܫܘܬܗ ܕܦܘܪܢܐ ܘܥܘܒܠܝܗ ܕܠܘܬ ܐܠܗܐ ܒܗܘܢ
ܗܘ̈ܝ ܘ ܘ ܘ ܘ ܘ ܘ ܕܡܫܬܟܚܢ[9] ܗܘܐ ܡܟܠ ܡܬܚܫܒܬܗ[10] ܕܒܠ 𝔄 689
ܦܬܓܡܐ. ܘܡܟܠ ܙܕܘܩܝܐ ܕܚܠܝܡ. ܠܐ ܒܒܢܐ ܘܠܐ ܒܡܘܬܢܐ.

[3] 𝔄 plur. [3a] 𝔄 adds *in terram*, and om. the following ܥܠ ܐܪܥܐ [4] 𝔄 adds *super eos* [5] In 𝔄 read [Armenian] [6] 𝔄 om. ܘ [7] 𝔄 om. ܕܐܦ ܗܘܘ [8] 𝔄 om. ܕ [9] 𝔄 om. ܕ [10] In 𝔄 for [Armenian] read [Armenian]

ܐܦܠܐ ܡܪܒܐ ܒܡܘܬ̈ܪܗ ܗܘܐ ܗܘܐ. ܗܠܝܢ ܕܝܢ ܐܒܝܫܐ ܒܝܫ
4 ܘܒܢܐ ܦܠܓ ܗ̈ܘܘ. ܘܐܝܟ ܗ̈ܘܘ ܫܘܪܝܐ ܕܐܒܕܢܗ. ܗܘ ܡܚܝܠ
ܡܢ ܟܠܗ[10a] ܚܝܠܗ. ܒܡܪܒܐ ܕܠܘܬ ܡܪ̈ܕܘܬܐ ܡܬܥܦܫ ܗܘܐ.
ܠܥܪܒܐ ܕܝܢ ܠܐܝܠܝܢ ܕܬܚܝܬ ܫܘܠܛܢܗ ܕܕܝܢܝܢ ܟܠ ܕ̈ܘܟܝܢ.
ܒܦܓܥܐ ܕܡܘܬܐ[11] ܣܥܡ ܗܘܐ. ܐܝܟ ܕܒܝܫ ܡܕܡܐ ܕܩ̈ܛܠܐ.
5 ܒܬܪܟܝܢ[12] ܬ̈ܠܬܝܢ ܘܫܒܥܡܐܐ ܓ̈ܒܪܝܢ ܡܬܩܛܠ ܗܘܐ. ܢ̈ܫܘܬܐ ܕܝܢ
ܐܬܩܛܠܘܢ ܗܘܘ. ܗ̇ܢܘܢ ܕܒܒܠ ܡܕܝܢܬܐ ܡܢܬܝܢ ܗܘܘ.
ܘܦܠܓܐܝܢ ܡܢܗܘܢ ܗܢܘܢ ܕܒܡܘܪ̈ܬܐ ܘܒܐܠܦܘܪ̈ܣܐ. ܐܚܪ̈ܢܐ
ܕܐܝܠܝܢ ܕܡܢ ܩܕܡ ܒܒܣܦܪܐ ܡܬܬܒܥܝܢ ܗܘܘ. ܕܦܠܓܐܝܢ ܗܘܘ.
ܒܪܓܠ ܦܠܓ ܐܦ ܡܬܬܠܝܢܘ ܐܬܬܠܝܢܘ ܗܘܘ. ܕܡܢ ܥܠ ܡܢ
ܢܦܝܪܘܬܐ ܕܬܪܘܦܣܝܐ. ܘܡܢ ܒܘܪܗܢܐ ܕܡܡܘܬܐ. (A fol. 106 *b*)
6 ܐܬܬܚܠܘ ܗܘܘ. ܬ̈ܢܝܢ ܕܝܢ ܐܦ ܬ̈ܢܝܢܘܢ ܣ̈ܟܝܢܐ. ܒܠܝܠ
ܡܟܘܠܬܐ ܠܒ̈ܬܪܐ ܡܬܟܢܫܝܢ ܗܘܘ. ܐܚ̈ܪܢܐ ܕܝܢ ܡܢܝܢܗܘܢ
ܒܠܝܠ ܡܠܠ ܡܬܟܢܫܝܢ ܗܘܘ. ܒܕܡܐ ܕܐܬܘ ܠܩܕܡܐ ܕܢܨܚܢܘܬܐ
ܕܐܓܘܢܐ ܘܣ̈ܕܪܐ ܒܡܢܝܢܐ ܡܠܟܫܝܢ ܗܘܘ. ܘܒܫܡܐ ܢܫܦܠܐ
A 690 ܕܚܕܐ ܣܓܠܐ ܐܟܠܝܢ ܗܘܘ.[13] ܘܡܫܡܠܐ ܕܦܓܪ̈ܝܗܘܢ ܡܣܟܠܝܢ
7 ܗܘܘ ܘܡܬܡܕܝܢ. ܐܦ ܢ̈ܦܫܐ ܕܝܢ ܐܣܬܝ̈ܕܬܐ ܒܕ ܐܬܕܪܦ ܡܢ
ܐܢܫܐ ܕܐܓܘܢܐ. ܕܠܐ ܒܗܬܬܐ ܢܦܩܝܢ ܗ̈ܘܘ ܠܦ̈ܘܡܐ ܘܣܕܪܝܢ.
ܒܕ ܬܘܣܝܬܐ ܕܡܐܠ̈ܬܐ ܕܚܝܕܘܬܐ[14] ܡܕܡܝܢܬܐ. ܒܢܝܕ ܢܘܡܐܐ
8 ܕܦ̈ܓܘܫܝܗܘܢ ܘܠܘܒܒܐ ܕܠܒ̈ܝܫܝܗܘܢ ܡ̈ܢܝܘܢ ܗ̈ܘܘ. ܘܐܝܠܝܢ ܕܝܢ
ܕܐܝܟܫܘ ܡܢ ܒܦܢܐ. ܐܝܟ ܕ̈ܠܡܟܐ ܬ̈ܚܝܬܐ ܠܟܐ ܘܠܟܐ ܢܕܝܢ
ܗܘܘ. ܒܕ[15] ܛܪܝܢ ܒܗܘܢ ܢܦ̈ܩܬܗܘܢ ܘܡܬܬܥܠܝܢ. ܘܕܠܐ
ܡܫܥܒܝܢ ܗܘܘ ܕܢܡܘܡܘܢ ܡܬܚܫܒܝܢ ܘܢܦܠܝܢ ܒܦ̈ܘܡܐ.

[10a] A om. ܟܠܗ [11] A = ܘܡܘܬܐ [12] In A for կ երկուց read յերկուց
[13] In A read *մտանէին* [14] A *libertatis*: read ܕܚܐܪܘܬܐ [15] A = ܘܡܢ

ܒܢ̈ ܢܫ̈ܝܢ ܘܡܬܟܫܦ̈ܢ[16] ܕܢܬܝܗܒ ܠܗܘܢ ܦܬܬܐ ܒܫܘܩܐ
ܕܠܚܡܐ. ܘܒܗ̇[17] ܢܫܒܘܢ ܬܘܒ ܦܪܚܐ ܗܘܬ. ܕܒܗܝܢ ܠܟܝܢ
9 ܗܘܘ. ܘܠܗܘܢ ܐܠܐ ܒܠܚܘܕ ܚܙܘܐ ܫܠܝܛܝܢ ܗܘܘ. ܐܝܠܝܢ ܕܝܢ
ܕܟܬܝܪܝܢ ܗܘܘ. ܬܩܝܦܝܢ ܗܘܘ ܥܠ ܡܣܟܢ̈ܘܬܗܘܢ ܕܗܢܘܢ
ܕܫܐܠܝܢ. ܡܢ ܒܬܪ ܕܗܘܝܘ ܗܘܘ ܗܟܢ ܠܬܚܘܡܐ ܡܘܬܐ. ܕܠܐ
ܢܫܬܡܠܢ ܐܢܬܘ ܗܘܘ. ܕܢܦܠܝܢ ܗܘܘ ܕܕܠܡܐ ܝܗܒ ܠܗܘܢ ܐܦ
ܠܗܘܢ ܐܢܫ ܕܠܚܘܢ ܕܫܐܠܝܢ.[18] ܘܡܚܒܠ ܡܪܝܪܬ ܥܩܘܬܐ
ܦܓܪ̈ܐ ܚܢ̈ܝܬܐ ܘܡܝ̈ܬܐ.[19] ܒܢ̈ ܥܠܝܡܝܢ ܥܕܡ، ܗܘܘ. ܒܕܠܐ
ܡܚܝܢ ܡܬܟܬܫܐ ܩܛܢܐ. ܐܦ ܚܝܬܐ ܥܪܦܬܐ ܠܫܢ̈ܝܐ ܡܗܡܝܢ A 691
10 ܗܘܘ. ܩܛܢܐ ܗܢܘ ܐܦ. ܡܚܒܠܬܐ ܠܟܠܒ̈ܐ ܗܘܘ. ܘܡܛܠ
ܗܕܐ ܚܠܬܐ. ܐܝܠܝܢ ܕܚܝܝܢ ܠܡܩܛܠܘ ܠܟܠܒ̈ܐ ܐܬܦܢܝܘ ܗܘܘ.
ܡܢ ܕܚܠܬܐ. ܕܠܐ ܢܗܦܟܘܢ ܘܢܗܘܘܢ ܠܡܐܟܠ ܦܓܪ̈ܐ ܐܢܫܐ.
11 ܐܦ ܡܘܬܢܐ ܕܝܢ[20] ܒܟܠ ܒ̈ܬܝܢ ܪܒܐ ܗܘܐ. ܘܡܬܢܝܐܝܬ
ܠܗܘܢ ܕܠܐ ܡܟܝܣ ܗܘܐ ܒܥܠܡܐ ܕܚܒܠ. ܡܛܠ ܕܡܬܩܪܝܢ
ܗܘܐ ܠܗܘܢ ܬܘܩܢܐ. ܬܪܬܝܢ ܗܝܟܠ (A fol. 107 a) ܒܥܘܬܪܐ[21]
ܘܗܟܢܐ. ܘܣܓܝܐܐ ܕܐܝܬܝܗ ܢܘܟܪܝܐ ܘܐܬܝܬܝܢ ܗܘܘ ܡܢ
ܒܟܢܐ. ܗܢܘܢ ܕܢܦܫܬܐ ܒܟܘܪܗܢܐ ܕܡܘܬܐ ܢܦܫܐܝܬ
ܘܡܠܠܐܝܬ ܡܟܝܢ ܗܘܘ. ܥܠ ܐܬܪ[22] ܕܝܢ ܒܡܘܬܐ ܡܠܝܐ ܗܘܐ.[23]
ܒܥܩܬܐ ܘܒܒܟܝܬܐ.[24] ܘܠܝܬ ܗܘܐ ܡܕܡ ܠܡܚܙܐ. ܐܠܐ
ܒܟܝܐ[25] ܗܢ ܘܡܪܢܐ ܘܡܪܘܕܘܬܐ ·܀· ܗܟܢܐ ܕܝܢ ܐܢܫ ܕܡܬܚܡ
12 ܐܢܫ̈ܐ ܐܝܟ ܡܘܬܐ ܒܗܠܝܢ ܬܪܝܢ ܙܒܢܝܢ. ܗܢܘܢ ܕܝܢ ܒܟܦܢܐ

[16] A *supplicabantur* (omitting ܘ) [17] A om. ܘ [18] A om. ܘܫܐܠܝܢ [19] Read with A ܘܡܝ̈ܬܐ ܦܓܪ̈ܐ ܦܬܝ̈ܚܐ [20] A = ܕܝܢ [21] A *et divites* [22] A *ex omnibus locis*: the words are joined to the preceding sentence [23] In A read [illegible] [24] A – ܡܩܒܠܬܐ ܘܡܩܒܠܬܐ [25] The rendering of ܒܟܝܐ has fallen out in A

ܘܒܒܘܪ̈ܗܢܐ. ܘܪܚܐ[26] ܒܡܠܠ ܘܒܢܐ ܠܟܠ ܥܕ̈ܡܝܢ ܕܒܢܝ̈ܢܫܐ.
ܐܝܟܢܐ ܕܬܪ̈ܝܢ ܘܬܠܬܐ ܦܓܪ̈ܝܢ ܐܟܚܕܐ. ܒܚܕܐ ܡܡܘܬܐ ܚܕܐ
13 ܗܘܐ ܐܢܫ ܕܝܢ ܡܬܠܝܢ ܗܘܘ. ܘܐܝܟ[26a] ܗܢܐ ܗܘܐ ܦܘܪܥܢܐ
ܕܢܘܟܪܗ ܕܡܬܚܡܣܢܘܬܗ ܡܠܟܐ. ܘܕܫܘܚܠ̈ܦܐ ܕܡ̈ܟܝܢܬܐ
ܕܡܬܚܫܒܝܢ ܗܘܘ ܥܠܝܗ. ܟܕ ܣܓܝܐܬܐ ܘܒܐܢܘܬܐ ܕܟܪ̈ܣܛܝܢܐ
𝔄 692 14 ܕܟܠ ܡܕܡ. ܒܟܠ ܒܬ̈ܘܢܝܢ ܐܬܬܕܒܪܬ ܬܫܥܝܬܗ̇. ܗ̇ܢܘܢ ܗܟܝܠ
ܒܠܚܘܕ. ܒܕܐܝܟ ܗܢܐ ܒܠܗ ܐܘܠܨܢܐ ܕܟܢ̈ܫܬܐ. ܫܪܝܐ ܒܗ
ܡܢܫܟܢܘܬܐ ܕܒܒܪܐ[27] ܒܠܝܘܦ ܡܫܘܡ ܗܘܘ. ܐܝܬ ܕܡܠܘܢ
ܡܠܝܢ ܗܘܘ ܘܡܒܪܝܢ ܠܗܘܢ ܕܡܬܬܝܢ. ܕܒܗܬܐ ܕܝܢ ܐܝܬ ܗܘܐ
ܗ̇ܢܘܢ ܕܠܝܬ ܗܘܐ ܠܗܘܢ ܐܢܫ ܕܢܬܒܠܠ ܠܗ ܒܠܚܘܕܝܗܘܢ܆ ܘܐܝܬ
ܕܝܢ ܕܠܗ̇ܢܘܢ ܕܡܫܬܟܚܝܢ ܗܘܘ ܒܒܘܣܐ ܒܟܠ ܡܕܝܢܬܐ. ܠܚܕ
ܓܘܒܐ ܡܬܚܫܒܝܢ ܗܘܘ. ܘܠܚܫܟܐ ܠܟܠܗܘܢ ܡܗܝܡܢ ܗܘܘ
ܘܡܦܠܓܝܢ[28] ܗܘܘ ܗܕܐ ܓܘܒܬܐ. ܠܘܬ ܟܠܗܘܢ ܒ̈ܢܝ ܐܢܫܐ
ܡܬܒܪ̈ܝܐ ܗܘܬ ܘܡܬܬܕܒܪܐ. ܘܠܐܠܗܐ ܕܟܪ̈ܣܛܝܢܐ ܡܫܒܚܝܢ
ܗܘܘ. ܟܕ ܡܘܕܝܢ ܕܗܠܝܢ ܐܝܟ ܟܠܗܘܢ ܒܟ̈ܬܒܐ. ܘܕܬ̈ܠܐ[29]
ܐܠܗܐ ܒܥܒ̈ܕܐ. ܐܝܠܝܢ ܕܡܗܝܡܢܝܢ ܕܢܨ̈ܚܢܬܐ ܐܬܬܕܒܪܘ
ܕܐܬܬܚܘܢ܆ ܀

ܬܫܥܐ. ܥܠ ܡܦܘܠܬܐ ܒܫܢܬܐ ܕܫܬ̈ܝܗܘܢ ܕܦܪ̈ܘܣܐ.

15 ܘܒܕ ܗܠܝܢ ܗܒܝܐ ܡܫܬܘܕܥܢ ܗ̈ܘܝ. ܐܠܗܐ ܪܒܐ ܘܡܫܒܚܐ
ܘܡܟܪܙܢܘܬܗܘܢ ܕܟܪ̈ܣܛܝܢܐ. ܟܕ ܚܙܘ ܠܘܣܒܐ ܒܗܠܝܢ ܕܐܬܐܣܪܘ
ܠܘܬ ܟܠܗܘܢ ܒ̈ܢܝ ܐܢܫܐ. ܣܠܩ ܗܠܝܢ ܕܫܘܘ[1] ܠܘܬ܆
ܡܫܐܝܬ. ܗܕܝܢ ܒܟܬܝܒܬܐ ܕܟܠܗܝܢ. ܒܫܘܒܚܐ (A fol. 107 *b*)

[26] 𝔄 om. ܘ [26a] 𝔄 om. ܘ [27] 𝔄 plur. [28] For ܗܘܘ ܡܦܠܓܝܢ ܘܡܦܠܓܝܢ 𝔄 has only *distribuebant* [29] 𝔄 om. ܘ

Chap. IX. [1] 𝔄 *quae dixerunt*

ܘܒܫܘܒܚܬܐ ܬܘܒ ܦܫܛ ܠܗ̇. ܘܐܝܟ ܕܒܡܠܟܘܬܐ ܕܫܡܝܐ
ܢܘܗܪܐ ܕܥܠܡܐ ܐܢܫ ܗܘܐ ܠܗ ܫܘܬܐܣܬ. ܘܫܘܝ ܠܟܠ ܐܢܫ
ܕܗܘܘ ܐܠܗܐ. ܘܗܘܘ ܒܟܘܠ ܙܒ̈ܢ ܡܫܘܕܝܢ ܠܗ ܐܡܝܢܐܝܬ.
ܕܡܠܟܐ ܒܟܠ ܐܬܠܝܢ. ܘܕܪܐ ܠܗܘܢ ܒܟܠ ܕܒܢܝ. ܘܬܘܒ ܟܠܗ 𝔄 693
ܡܕܒܪܢܘܬܐ ܕܡܠܟܘܬܐ[2] ܡܢܐܬܗ ܘܡܬܦܪܢܐ. ܠܗܘܢ ܕܗܘ ܡܫܒܚܝܢ.
ix. 1 ܗܟܢܐ ܕܝܢ[3] ܟܕ ܡܢ ܩܘܣܛܢܛܝܢܘܣ ܗܘ ܕܐܡܪܢ ܒܠܗܘܢ
ܕܗܘܐ ܡܠܟܐ ܒܪ ܡܠܟܐ. ܘܒܐܢܐ ܒܪ ܒܐܢܐ. ܘܒܟܠ ܡܕܡ
ܢܟܦܐ. ܗܘ ܕܒܝܘܡ ܡܢ ܐܠܗܐ ܡܠܟܐ ܕܟܠ ܘܡܢ ܦܪܘܩܢ[4]
ܠܡܟܠ ܗܢܘܢ ܛܘܪܢܐ ܘܪ̈ܫܝܥܐ ܡܢ ܗܘܐ.[4a] ܘܐܝܟ ܕܒܡܢܘܬܐ
ܕܦܪܟܐ ܐܘܪܒ ܒܡܗܘܢ ܟܕ[5] ܐܠܗܐ ܗܘܐ ܡܥܕܪܢܗ ܬܡܗܢܐܝܬ.
ܘܢܦܠ ܒܪܗܘܡܐ[6] ܡܟܣܝܢܛܝܢܘܣ ܛܘܪܢܐ ܡܢܗ ܡܢ ܩܘܣܛܢܛܝܢܘܣ.
ܗܘ ܕܝܢ ܛܘܪܢܐ ܕܡܬܩܪܒܢܐ. ܟܕ ܩܠܝܠ ܙܒܢܐ ܚܝܐ ܡܢ ܒܬܪܗ.
ܘܐܦ ܗܘ ܡܫܬܪܝܬ ܡܝܬ ܡܢ ܠܝܩܢܘܣ. ܡܢ ܗܘ ܕܗܝܕܝܢ
ܒܥܒܠ ܠܐ ܥܢܐ ܗܘܐ܀

ܕܢܨܚܢܐ. ܥܠ ܙܟܘܬܐ ܕܡ̈ܠܟܐ ܪ̈ܚܡܘܗܝ ܕܐܠܗܐ. 𝔄 694

ܡܕܝܢ ܬܘܒ ܩܘܣܛܢܛܝܢܘܣ. ܗܘ ܕܒܐܡܪܢ ܘܩܛܝܪܐ 2
ܕܡܠܟܘܬܐ ܡܕܝܢܐ ܐܬܝܗܒܬ ܗܘܐ. ܚܫ ܗܘܐ ܥܠ ܗܠܝܢ
ܕܡܬܩܪܒܝܢ ܒܪܗܘܡܐ ܡܢ ܛܘܪܢܐ. ܘܩܪܐ ܒܨܠܘܬܐ ܠܐܠܗܐ
ܕܫܡܝܐ. ܘܠܡܠܬܗ ܕܗܘܘ ܦܪܘܩܐ ܕܟܠ. ܡܪܝ ܝܫܘܥ
ܡܫܝܚܐ. ܕܢܗܘܐ ܠܗ ܡܥܕܪܢܐ. ܘܫܩܠ ܠܦܪܟܐ ܒܟܠ ܗܝܠܗ
ܚܝܠܐ. ܕܐܬܟܠܠ ܗܘܐ ܠܗ ܠܡܦܠܚܘ ܠܛܘܪܢܐ ܛܘܪܢܐ
ܕܐܬܗܘܝ ܡܟܣܝܢܛܝܢܘܣ. ܕܝܢ ܥܠ ܐܘܡܢܘܬܐ ܕܩܪܒܐ ܬܘܒ 3

[2] In 𝔄 read ܕܡܠܟܘܬܐ    [3] 𝔄 om. ܗܟܢܐ ܕܝܢ    [4] 𝔄 adds *Iesu Christo*
[4a] 𝔄 adds *bello*    [5] 𝔄 = ܘܟܕ    [6] 𝔄 *in Roma urbe fugitivus*

ܗܘܐ. ܡܬܪ ܕܝܢ ܚܘܒܐ ܕܫܘܚܢ ܕܡܫܬܡܥܝܢ ܗܘܘ ܠܗ.
ܕܢܣܒܘܢ ܕܝܢ ܐܦܠܐ ܡܠܟܐ ܠܒܪ ܡܢ ܡܕܝܢܬܐ ܡܕܒܪܢ ܗܘܐ.[1]
ܠܡܕ̈ܝܢܬܐ ܐܝܟ ܕܝܢ ܗܘܠܟܐ ܕܠܐ ܡܬܡܢܝܢ ܘܪ̈ܒܘܬܐ[2] ܕܚܝ̈ܠܐ
ܕܦܪ̈ܫܐ. ܥܠ[3] ܐܬܪ ܘܡܕܝܢܬܐ ܕܐܝܬ (A fol. 108 a) ܚܕ̈ܪܘܗܝ ܕܪ̈ܗܘܡܝܐ
ܘܕܐܝܛܠܝܐ. ܘܡܫܥܒܕܝܢ[4] ܗܘܝܬ ܐܚ̈ܝܕܘܗܝ ܐܝܟ ܗܘܐ.[5]
ܘܡܦܠܛܝܢ ܕܝܢ ܡܠܟܐ. ܗܘ ܕܒܡܕܝܢܬܐ ܕܝܢ ܐܠܗܐ ܐܬܬܠܠ[6]
ܗܘܐ. ܐܬܒܪܝ ܠܥܡܐ ܘܠܬ̈ܪܬܝܢ. ܘܠܬܠܬ ܡܫܪ̈ܝܬܗ ܕܦܪ̈ܘܥܐ.
ܘܚܒܫ ܐܝܟ ܚܫܝܫܬ. ܘܡܬܦܪܥ ܗܘܐ ܘܒܟܠ ܒܐܦ̈ܠܐ.

𝔄 695 ܕܥܒܕܗܘܢ. ܥܠ ܐܒܕܢܗܘܢ ܐܪ̈ܢܝܐ[1] ܕܒ̈ܥܠܕܒܒܐ ܕܥܝܠܬ
ܐܠܗܐ.

4 ܟܕ ܕܝܢ ܡܟܝܠ ܗܘܐ ܠܗ ܠܪ̈ܗܘܡܝܐ. ܕܠܐ[2] ܒܠܚܘܕܘܗܝ ܕܦܪܘܣܝܐ
ܢܬܐܠܨ ܠܡܫܥܒܕܘ ܒܥܒܕܘܢ ܕܪ̈ܗܘܡܝܐ. ܗܘ ܐܠܗܐ ܗܘ ܐܝܟ
ܕܒܐܣܘܪܐ. ܟܕ ܐܢܫ ܠܦܪܘܣܝܐ ܠܒܪ ܡܢ ܬܪܥܐ ܕܡܕܝܢܬܐ.
ܘܐܝܠܝܢ ܕܡܢ ܩܕܡ ܐܚܝܕܝܢ ܥܠ ܬ̈ܪܥܐ. ܘܐܝܟ ܕܒܥܒܕܘܬܐ
ܚܒܝܫܝܢ ܗܘܘ ܠܦܠܚܢܘܬܐ. ܕܒܬܚܝܬ ܒܥܠ̈ܕܒܒܐ ܩܕ̈ܡܝܐ. ܘܠܐ
ܡܬܗܡܡܝܢ ܗܘܘ ܐܠܐ ܐܦ ܠܡܫܒ̈ܝܢܐ. ܗܢܝܢ ܒܗ ܒܥܘܒܕܢܐ.[3]
ܠܡܫܒ̈ܝܢܐ ܘܐܝܠܝܢ ܕܠܐ ܡܫܬܡܥܝܢ ܐܬܗܡܝܢ ܟܕ ܡܟܝܠ
5 ܘܐܝܟ ܒܫܢܝܩܘܬܗܘܢ ܬܫܥܒܕܬܐ. ܐܟܘܬܐ ܠܒܪ[4] ܕܒܡܘ̈ܫܐ ܡܨܪܝܐ.
xv 4 f. ܘܦܘܠܚܢܐ ܡܪܟܒܬܐ ܕܒܪ̈ܝܬܐ. ܡܪ̈ܟܒܬܗ ܕܦܪܥܘܢ ܘܚܝܠܗ[5]
ܛܒܥܐ ܒܝܡܐ. ܘܓܒ̈ܝܐ ܕܓܒܪ̈ܘܗܝ ܓܒܪܘ ܒܝܡܐ ܕܣܘܦ.[6]

Chap. X. [1] In 𝔄 for [illegible] read [illegible] [2] 𝔄 *myriades* accus. (omitting ܘ) [3] 𝔄 = ܥܠ ܟܠ [4] 𝔄 *et (myriades?) Italicorum qui subiecti erant* [5] In 𝔄 for [illegible] read [illegible] [6] In 𝔄 for *վարեցաւ* read *վերացաւ*

Chap. XI. [1] 𝔄 = ܦܘܠܚܢܐ [2] 𝔄 wrongly renders ܕܠܐ twice [3] 𝔄 plur. [4] 𝔄 *et quemadmodum* [5] 𝔄 *quod currus et equos Pharaonis* [6] 𝔄 *in mare rubrum*

ܬܫܒܘ̈ܚܬܐ[7] ܒܠܒܗ ܐܝܟܢ ܗ̇ܘ ܕܡܚܝܠܐ ܐܦ ܡܚܣܢܘܬܗ ܘܠܒ̈ܢܝ ܐܢܫܐ
ܕܒܥܘܗܝ. ܠܟܠܗ ܥܡܘܡܐ ܐܝܟ ܥܒ̈ܕܐ. ܟܕ ܢܣܟܐ ܗܘܐ ܚܝܐ
ܠܫܠܝܐ ܕܐܠܗܐ ܕܐܝܬ ܗܘܐ ܥܡ ܩܘܣܛܢܛܝܢܘܣ. ܘܗܘ ܟܕ ܚܙܐ
ܗܘܐ ܥܠ ܢܨܚܐ ܗ̇ܘ ܕܗܘܐ ܒܗ̇ ܒܗ ܦܘ̈ܩܕܢܐ ܘܥܒܕ ܠܓܒܪܐ
6 ܠܟܠ ܡܕܡ. ܘܟܬܒ ܐܘܡܢܘܬܐ ܕܐܟܙܢܐ ܠܢܨܚܗ. ܕܒܠܘܗܝ A 696
ܢܐܡܪ. ܕܟܪܝܐ ܚܦܪ ܘܥܡܩܗ̇. ܘܢܦܠ ܒܓܘܡܨܐ ܕܥܒܕ. Ps vii 15
7 ܢܗܦܘܟ ܥܡܠܗ ܒܪܫܗ. ܘܥܠ ܩܕܩܕܗ ܥܘܠܗ[8] ܢܚܘܬ.[9] ܕܗܘܐ
ܗܢܐ ܙܒܢܐ ܕܒܝ̈ܫ ܥܠ ܢܨܚܐ. ܟܕ ܐܬܚܒܠܬ ܡܥܒܪܢܝܬܐ
ܓܫܪܐ. ܗܝ ܥܠܝܐ ܐܚܬܝ̈ܐ.[10] ܘܐܬܦܫܛܬ ܗܘ̈ ܦܘܫܐ
ܒܡܥܒܪܬܐ ܟܕ ܡ̈ܠܝܢ[11] ܓܒܪ̈ܐ. ܘܗܘܐ ܗܢܐ ܙܒܢܐ. ܗܘ
ܡܬܚܙܐ ܘܟܠܗܘܢ ܙ̈ܐܢܝܗܘܢ ܥܡܗ. ܘܐܝܟ[12] ܕܐܡܝܪܐ ܡܠܬܐ
ܕܐܬܟܬܒ. ܕܛܒܥܘ (A fol. 108 *b*) ܐܝܟ ܐܒܪܐ ܒܡ̈ܝܐ ܥܫܝܢܐ ܬܩܝܦܐ. Ex xv 10
8 ܘܡܛܠ ܐܦ ܠܐ ܒܡ̈ܠܟܐ. ܐܠܐ ܒܗܘܢ ܒܡܫܪܝܬܐ. ܐܝܟ
ܗ̇ܘܢ ܕܥܡ ܡܘܫܐ ܥܒܕܗ[13] ܕܐܠܗܐ. ܕܢܨܚܘ ܡܢ ܐܠܗܐ
ܢܨܚܬܐ. ܘܗܟܢܐ ܡܠܟ ܕܟܠ ܗ̇ܘ ܦܘܪܢܐ ܪܒܥܐ ܡܪܕܝܐ.[14]
ܢܫܒܚ ܘܢܐܡܪ ܐܦ ܗܢܐ. ܫܒܚܘ[15] ܠܡܪܝܐ ܠܐܠܗܐ. ib 1 f.
ܕܐܬܓܐܝ[16] ܥܠ[17] ܪ̈ܟܫܐ ܘܪ̈ܟܒܝܗܘܢ ܐܪܡܝ ܒܝܡܐ.[18]
ܡܥܕܪܢܐ ܘܡܫܘܙܒܢܐ.[19] ܡܪܝܐ ܗܘܐ[20] ܠܝ ܠܦܘܪܩܢܐ.[21] ܡܢܘ ib 11
ܐܟܘܬܟ ܡܪܝܐ. ܡܢܘ ܐܟܘܬܟ ܒܐܠܗ̈ܐ. ܡܢܘ ܐܟܘܬܟ
9 ܗܕܝܪ ܒܩܘܕܫܗ. ܕܚܝܠ ܘܡܫܒܚܐ ܘܥܒܕ ܬܕܡܪ̈ܬܐ. ܗܠܝܢ
ܟܕ ܘܕܐܟܘܬܗܝܢ[22] ܘܕܡܛܝܬܗܝܢ ܡܛܘܝܢ. ܩܘܣܛܢܛܝܢܘܣ ܒܗܘܢ

[7] A = ܬܫܒܘ̈ܚܬܐ [8] A does not render the suffixes in ܩܕܩܕܗ ܥܘܠܗ [9] A om. ܢܚܘܬ [10] In A read [illegible] [11] In A for [illegible] read [illegible] [12] A om. ܘ [13] A = ܥܒ̈ܕܘܗܝ [14] A adds *dictum est* [15] A = ܢܫܒܚ [16] For ܕܐܬܓܐܝ ܓܐܝ. A has *qui gloria est glorificatus* [17] A om. ܥܠ [18] A om. ܒܝܡܐ [19] A adds *meus* [20] A = ܗܘܐ [21] A *redemptio* [22] A om. ܘ ܐܝܟ

ܒܡܘܕܝܢܘܬܐ. ܟܕ ܡܫܬܐܠ. ܗܘܐ ܠܐܠܗܐ ܡܨܠܝܢܐ ܕܟܠ
ܘܡܫܒܚܐ ܕܒܗܬܬܐ. ܠܪܘܗܡܐ ܒܐܝܠ ܗܘܐ ܒܡܫܒܚܢܘܬܐ
𝔄 697 ܕܒܗܬܐ. ܘܒܠܗܘܢ ܡܢ ܟܠ ܒܢ ܢ̈ܫܐ ܘܠܒܪܐ. ܘܒܗ
ܒܠܐ[23] ܕܡܘܠܦܢܘܬܐ. ܘܐܢܫܐ ܡܫܘ̈ܪܐ ܡܢ ܒܢܝܐ ܠܘܬ ܕܐܘܡܢܐ.
ܒܛ̈ܘܒܐ ܦܢܝܬܐ ܟܕ ܙܘܪܢ ܕܦ̈ܬܟܘܢ: ܐܝܟ ܕܠܦܪܘܣܘܢ
ܘܡܣܝܒܘܢ ܘܒܒܕ ܠܦܬܟܘܢ: ܒܡܬܚ̈ܫܢܘܬܐ ܘܒܣܝܒܘܬܐ
ܫܦܝܪܬܐ ܡܠܬܗܘܢ. ܗܘ ܕܝܢ ܕܫܡܐ ܗܘܐ ܠܢܫܐ ܐܠܗܐ. 10
ܐܝܟ ܗܘ ܕܡܟܪ ܢܟܘܬܐ ܗܘܬ ܒܗ. ܠܐ ܡܬܦܢܐ ܗܘܐ ܡܢ
ܩ̈ܠܐ. ܐܘ ܡܬܪܥܡ ܗܘܐ ܡܢ ܡ̈ܠܘܗܝ. ܡܛܠ ܕܫܟܝܢ ܡܢܝܚ.
ܗܘܐ ܒܡܘܕܝܢܘܬܐ ܕܐܠܗܐ. ܘܡܚܕܐ ܦܩܕ ܗܘܐ. ܕܐܒܘܬܗ
ܕܫܟܢܐ[23a] ܕܢܦܪܘܩ ܒܐܣܘܢܐ[24] ܕܠܗ ܬܬܪܫܡ. ܟܕ ܐܝܬܝ ܠܗ
ܒܫܒܝܠܐ ܠܐܬܪܐ ܕܦܘܪܣܝܢ. ܗܘ ܕܝܢ ܠܝܠܕܐ. ܘܐܫܬܡܥ[25]
ܒܐܬܪܐ ܕܝܗܒܐ ܒܡܘܬܐ ܒܢܘܡܘܣܐ. ܘܡܬܒܥ ܠܟܠ ܡܢܗ
ܒܠܝܐ ܘܢܘܡܘܣܐ ܡܝܬܐ. ܒܗܕܐ ܐܬܪܐ ܕܦܘܪܢܝܐ ܕܐܬܝܬܗ 11
ܒܚܘܒܐ ܕܫܪܒܬܐ. ܠܡܫܡܫܘܬܗܘܢ ܡܢ ܚܝܗ ܕܦܪܙܘܢܐ ܦܘܪܬ
ܘܫܪܬܗ. ܘܐܦ[26] ܠܡܘܠܦܢܘܬܐ ܘܠܥܡܐ[27] ܕܪܘܡܝ̈ܐ. ܠܥܒܝܕܘܬܐ
𝔄 698 (A fol. 109 a) ܘܫܪܝܪܘܬܐ ܕܡܫܝܚܘܬܐ ܐܘܟܝܢ. ܘܡܢ ܗܠܝܢ. ܐܦ[28] 12
ܘܡܘܠܦܢܘܬܐ. ܘܡܛܠ ܗܢܐ ܐܦ[29] ܠܢܘܡܘܣ. ܗܘ ܕܗܘܝܢ ܒܟܠ ܠܐ
ܢܦܠ ܗܘܐ ܒܫܒܝܠܘܬܐ. ܗܘ ܕܠܡܬܪܬܐ ܐܬܬܐ ܗܘܐ ܠܗ ܟܕ
ܐܬܟܒܫܬ ܬܪܥܝܬܗ. ܬܪܥܝܬܗܘܢ ܠܐܠܗܐ ܗܘ ܕܗܘ ܗܘܐ
ܠܗܘܢ[30] ܒܠܬܐ ܠܚܠܡܝ ܦܬ̈ܓܡܐ ܫܒܝܠ. ܘܒܢܝ ܡܠܟܐ ܘܒܢܝ
ܓܒܢܐ. ܢܡܘܣܐ ܡܫܡܠܝܐ ܗܘܐ ܠܗ ܒܦ̈ܬܓܡܐ. ܡܢ ܐܠܝܢ
ܕܐܬܚܒܪ ܡܢ ܐܠܗܐ. ܒܬܫܡܫܬܐ ܕܢܒܝܘܬܐ ܕܗܘܬ ܠܗܘܢ ܡܢ

[23] 𝔄 om. ܘܟܠܗ ܥܡܐ [23a] 𝔄 *signi* [24] In 𝔄 for կայսերսու read պատկերս
[25] 𝔄 = ܘܐܫܬܡܥ [26] 𝔄 om. ܘܐܦ [27] 𝔄 *et totum populum* [28] 𝔄 om. ܐܦ
[29] 𝔄 om. ܐܦ ܗܢܐ [30] 𝔄 om. ܠܗܘܢ

ܛܪܘܢܐ. ܘܠܗ ܠܗܢܐ ܢܡܘܣܐ. ܠܡܫܝܚܝܘܬܐ. ܠܗܘ ܕܗܘܐ
ܕܥܕܟܝܠ ܫܠܝܛ ܗܘܐ ܒܥܡ̈ܡܐ ܕܡܕܢܚܐ. ܫܕܪܘ ܗܘܘ.
13 ܕܟܕܡܐ ܪܚܡܘܬܐ ܠܘܬܗܘܢ ܡܚܘܐ ܗܘܐ ܒܢܟܠܐ. ܗܘ ܕܝܢ ܗܘ
ܡܛܠ ܕܛܪܘܢܐ ܗܘܐ ܒܥܐ ܠܗ ܒܟܠܗ̇ ܕܗܘܐ. ܕܠܐ[31] ܕܝܢ
ܕܢܐ ܗܘܐ ܕܢܬܚܙܐ ܕܠܬܪܝܢ ܐܬܟܒܫ. ܐܦܠܐ ܕܝܢ ܕܢܥܒܕܘܗܝ
ܠܡܬܒܪ ܕܐܬܦܩܕ ܡܫܬܡܥ ܗܘܐ.[32] ܡܢ ܕܚܠܬܐ ܕܡܢܗܘܢ ܕܦܩܕܘ.
ܗܢܘܢ ܐܝܟ ܕܡܢ ܨܒܝܢܐ ܕܢܦܫܗ. ܠܗܓܡܘܢܐ ܟܬܒ ܗܘܐ
ܟܬܒܐ ܩܕܡܝܐ. ܐܝܟ ܕܡܢ ܐܢܫܐ ܕܠܗ ܟܬܝܒܬܐ. ܘܡܩܕܡ
ܕܡܢ ܡܬܒܥ ܒܗ̇[33] ܠܐ ܐܫܬܪܝ. ܫܐܠܬܐ ܠܗ ܟܠ ܢܦܫܗ

14 ܕܟܠ ·:·:· ܦܘܩܕܢܐ ܕܦܘܫܩܐ ܕܐܓܪܬܗ ܕܛܪܘܢܐ ܡܟܣܡܘܣ

ܡܟܣܡܝܢܘܣ ܣܒܣܛܘܣ ܠܣܒܝܢܘܣ[34]:· ܐܦ ܠܘܬ ܡܝܪܘܬܐ A 699
ܕܠܟ ܘܠܘܬ ܟܠܗܘܢ ܒ̈ܢܝ ܐܢܫܐ. ܕܝܗܘܐ ܝܕܝܥ ܒܕܒܪܝ.[35]
ܕܡܪ̈ܢ ܘܐܒ̈ܗܝܢ ܕܝܘܠܝܘܣ ܘܡܟܣܡܝܢܘܣ. ܟܕ ܚܙܘ ܕܡܢ
ܟܠܗܘܢ ܟܡܐ ܐܢܫܐ ܐܫܬܒܩ ܦܘܠܚܢܐ ܕܐ̈ܠܗܐ. ܘܫܠܦܘ
ܢܦܫܗܘܢ ܒܥܡܐ ܕܟܪ̈ܣܛܝܢܐ. ܦܩܕܘ ܬܪܝܨܐܝܬ. ܕܟܠܗܘܢ
ܟܠ ܐܢܫܐ ܕܢܦܩ ܡܢ ܦܘܠܚܢܐ ܕܐ̈ܠܗܐ ܕܠܐ ܚܛܝܢ. ܒܫ̈ܢܕܐ
15 ܡܫ̈ܢܕܐ ܘܡܫܡܪ ܒܫ̈ܢܐ. ܢܬܦܢܘܢ ܠܦܘܠܚܢܐ ܕܐ̈ܠܗܐ. ܐܠܐ
ܟܕ ܐܬܝܬ ܐܢܐ ܡܕܢܚܐܝܬ ܠܐܘܪܚܐ ܕܡܕܢܚܐ. ܘܥܠܬ ܕܐܢܬ
ܒܕܘܟ[36] ܕܗܘܟ. (A fol. 109 b) ܣܘܓܐܐ ܕܒ̈ܢܝ ܐܢܫܐ ܕܡܫܡܫܝܢ
ܡܬܬܪܝܢ ܠܝܘ̈ܢܬܐ ܕܡܠܟܘܬܐ. ܕܡܬܬܪܕܝܢ ܡܢ ܕܝ̈ܢܐ ܡܛܠ ܗܕܐ
ܥܠܬܐ ܕܐܬܐܡܪܬ ܡܢ ܟܠ. ܠܟܠ ܚܕ ܚܕ ܡܢ ܕܝ̈ܢܐ ܡܫܟܚܬ
ܦܩܘܕܐ. ܕܡܢ ܗܫܐ[37] ܠܐ ܢܬܩܪܒܘܢ[38] ܠܐܢܫ ܡܢܗܘܢ
ܡܫܝܐܝܬ. ܠܒ̈ܢܝ ܐܬܪܘܬܐ.[39] ܐܠܐ ܒܫܘܕܠܐ ܘܒܡܘܪܟܐ

[31] In A for այն զի read քանզի [32] In A read կարէր [33] A = ܡܠܘܗܝ
[34] In A read առ. Մաքսիմոս [35] A *quod fecimus* [36] In A 'ի should be added after ետ [37] A om. ܠܐ ܗܘܐ [38] A sing. [39] A sing.

16 ܠܦܘܠܚܢܐ ܕܐܠܗ̈ܐ ܢܦܩܘܢ ܐܢܘܢ܆ ܗܝܕܝܢ ܒܗ[40] ܐܝܟ ܕܦܩܕܬ
ܡܬܢܟܦܝܢ ܗܘܘ ܡܢ ܕܢܬ̈ܠܐ. ܘܐܢܫ ܡܢ ܐܬܪ̈ܘܬܐ ܕܡܫܝܚܝܐ ܠܐ
ܡܬܕܪܫ ܗܘܐ ܐܘ ܡܬܦܠܓ. ܐܠܐ ܡܢ ܗܕܐ ܕܠܐ ܐܬܚܫܒܪ
ܠܗܘܢ ܡܛܠ ܕܡܫܟܚܐ. ܐܬܬܪܐܬ ܠܦܘܠܚܢܐ ܕܐܠܗ̈ܐ ܦܢܝ ܗܘܘ.
ܐ 700 17 ܡܢ ܒܬܪ ܩܠܝܠ ܕܝܢ. ܒܗ[40] ܠܥܕܬܐ ܐܚܪܬܐ ܒܠܚܘܕ ܠܡܫܡܫܢܐ. ܘܬܘܒ
ܡܬܗܦܟܝܢ ܗܘܘ. ܐܦ ܠܗܘܢ ܒ̈ܬܝ ܡܫܟܢܬܐ ܕܡ ܬ̈ܠܡܝܐ
ܕܡܬܕܪ̈ܫܘܢ܆ ܘܐܬܬܪܐܬ ܒܚܝܠ ܗܘܘ ܡܢܗ. ܕܡܢ ܟܠ ܦܘܪ̈ܣܝܢ
ܕܠܐܝܟ ܗܢܐ ܚܛܝܐ ܠܐ ܬܗܘܐ ܠܗ ܡܦܩܣܘܬܐ. ܕܢܬܚܪܘܢ
18 ܒܐܬܪܐ ܕܐܘܣܬܘܢ܆ ܐܢܫ ܕܝܢ ܗܘ ܐܬܬܒܕ ܐܢܘܢ ܦܬܓܡܐ.
ܕܠܗܕܐ ܚܫܝܒܘܬܗܘܢ ܦܠܓܘܬܐ ܡܚܠܬ. ܐܠܐ ܚܝܬ ܕܠܐ ܗܘܐ
ܡܢ ܒܠܚܘܕ ܗܘܬ ܗܝ ܗܕܐ ܚܫܝܒܘܬܐ. ܐܠܐ ܕܝܢ ܐܝܬ ܐܢܫ̈ܝܢ
ܕܡܘܡܝܢ ܒܗ ܒܗܕܐ ܕܝܠܬܐ. ܡܚܒܠܐ ܒܟܠ ܚܕ ܚܕ ܡܢܗܘܢ
ܐܝܟ ܕܫܒܘ. ܢܗܘܐ ܥܠܝܗ ܒܠ ܨܒܝܢܗ. ܘܐܢ ܨܒܝܢ ܐܦ
19 ܠܦܘܠܚܢܐ ܕܐܠܗ̈ܐ ܢܬܦܢܘܢ܆ ܒܝܫ ܕܝܢ ܐܦ. ܠܗܘܢ ܠܟܢ.
ܡܫܝܚܬܐ ܕܡܫܡܫܢܐ. ܘܠܥܒ̈ܕܐ ܕܡܫ̈ܝܚܬܐ ܚ̈ܝܒܬܐ. ܐܝܠܝܢ
ܕܐܦ ܗܢܝܢ ܕܐܝܟ ܗܢܐ ܫܘܦܠܐ ܕܫܐܠܬܐ ܗܘܐ ܠܗܘܢ
ܠܗܬܝ. ܕܠܐ ܐܢܫ ܡܢ ܒܪܘܫܠܝܢܐ ܢܥܒܪ ܒܡܫܝܚܘܬܗܘܢ܆[41]
ܐܢܫܐ ܗܘܬ[42] ܠܡܬܒܥܘ ܐܢܘܢ ܦܬܓܡܐ ܒܫܘܒܚܐ. ܡܛܠ ܕܗܝ
ܗܕܐ. ܐܦ ܬ̈ܠܡܝܐ ܡܕ̈ܝܢܐ ܠܗܘܢ ܢܬܪܘܗ. ܐܦ ܠܗܘܢ[43]
ܠܐ̈ܠܗܐ. ܫܘܝܢ ܕܐܬܕ̈ܢܘܢ ܡܢܝܢ[44] ܠܗܘܢ ܒܢ̈ܝܢܐ.
ܘܦܘܪܣܢܐ ܕܝܩܘܬܐ ܕܡܠܟܘܬܐ. ܥܒܪ ܠܗܘܢ ܕܕܐܝܟ ܗܕܐ
ܥܠܬܐ. ܕܟܠ ܫ̈ܢܝ (A fol. 110 *a*) ܦܘܠܚܢܐ ܕܠܐܠܗܘܬܗܘܢ
ܐ 701 20 ܡܥܪܒܝܢ ܐܚܪܢ ܡܟܝܠ. ܐܦ ܡܢ ܗܢܐ ܕܝܢܐ ܐܦ ܠܡܥܪܒܘܬܟ
ܐܚܪ̈ܢܐ ܒܡܬ̈ܠܬܐ. ܘܐܦ ܒܡܫܡܫܢܘܬܐ ܐܬܦܩܕ ܕܠܐ ܢܬܢܟܦ

[40] 𝔄 om. ܒ  [41] 𝔄 plur.  [42] 𝔄 adds *mihi*  [43] In 𝔄 'ի should be omitted  [44] In 𝔄 for կեան read կան

ܗܘܐ ܚܝܕܐ. ܟܠ ܩܕܡ ܐܬܪܘܬܐ ܕܡܦܪܫܝܢ ܕܬܘܗܐ
ܟܬܝܒܬܐ ܟܠܗܘܢ܇ ܕܠܐ ܒܡܫܘܕܥܘܬܐ ܐܠܐ ܒܢܝܚܘܬܐ
ܡܡܠܟܐܝܬ ܬܬܦܪܣ ܠܗܘܢ܇ ܒܪܡ ܕܝܢ. ܕܠܐ ܡܢ ܒܢܟܦܘܬܐ
ܘܠܐ ܡܢ ܣܢܝܐ. ܝܕܥܝܢ ܐܘ ܫܘܦܪܢܐ ܢܩܒܠ܇ ܐܬܪܐܝܬ
ܗܟܢܐ ܕܐܦ ܟܠܗܝܢ[45] ܒܬܚܘܬܐ ܠܡܬܪܘܬܟ ܐܡܪܬ. ܕܬܬܐܪܐܝܬ
ܒܡܕܠܐ ܘܟܘܪܗܢܐ ܬܬܕܒܪ ܠܟܠ ܐܬܪܘܬܐ ܕܠܟ. ܕܢܬܕܒܪܘܢ
21 ܦܘܠܚܢܐ ܕܐܠܗ̈ܐ. ܡܛܠ ܗܢܐ ܐܢ ܐܢܬ ܐܢܫ ܕܨܒܝܢܗ
ܨܒܐ ܒܦܘܠܚܢܐ ܕܐܠܗ̈ܐ. ܠܗܢܐ ܙܕܩ ܠܗ ܕܢܩܒܠܘܗܝ ܐܢ
ܕܝܢ ܐܝܬ ܐܢܫܐ ܕܨܒܐ ܠܡܛܪ ܒܦܘܠܚܢܐ ܕܕܝܠܗܘܢ.
22 ܒܡܘܠܟܢܐ ܕܐܝܪܬܘܬܗܘܢ ܢܥܒܕܘܢ[46] ܐܝܟ ܨܒܝܢܗ܇ ܡܛܠ ܗܢܐ
ܡܦܩܕܘܬܟ ܗ̇ܘ ܡܕܡ ܕܐܬܦܩܕ ܠܗ̇ ܣܓܝܐ ܕܬܛܪ. ܘܠܐ
ܢܬܡܨܐ[47] ܠܐܢܫ ܫܘܠܛܢܐ ܕܠܟܠ ܐܢܫܝܢ ܒܚܐܪܐ ܘܫܘܦܪܢܐ
ܢܥܒܕ. ܐܝܟ ܕܡܕܡ ܐܬܚܙܝܬ ܒܟܘܪܗܢܐ ܘܩ̈ܕܡܐ.[48] ܬܬܐܪܐܝܬ
ܠܟܠ ܐܢܫܝܢ[49] ܠܦܘܠܚܢܐ ܕܐܠܗ̈ܐ ܘܠܐ[50] ܠܡܟܣܘ. ܕܢܬܚܝܒ 𝔄 702
ܕܝܢ ܗܢܐ[51] ܦܩܕܝܢ ܠܟܠܗܘܢ ܩܕܡ ܐܢܫܝܢ.[52] ܒܦܘܩܕܢܐ
ܕܡܬܬܣܝܡ ܡܢܝ. ܐܝܟ ܗܢܐ ܡܕܡ ܕܐܬܦܩܕ. ܙܕܩ ܠܝ
23 ܕܬܬܥܒܪ. ܗܕܐ ܕܝܢ ܡܢ ܐܢܫܐ ܐܬܚܙܝ ܘܩܡ. ܘܠܐ ܡܢ
ܨܒܝܢܗ. ܘܡܛܠ ܠܐ ܐܢܫ ܡܬܒܣܡ ܗܘܐ ܘܡܬܒܪ[53] ܠܗ. ܡܛܠ
ܗ̇ܘ ܫܘܒܩܢܐ ܡܬܗܡܢܐ ܕܗܘܐ ܗܘܐ ܐܚܪܝܬܗ ܕܗܢܐ. ܘܗܦܟ
24 ܐܬܦܢܝ ܘܕܒܪ ܒܨܒܝܢܗ. ܡܕܡ ܠܐ ܐܢܫ ܡܢ ܕܠܡ ܡܬܟܪܝ.
ܗܘܐ ܠܡܚܒܠܘ ܒܢܫܐ. ܐܦ ܠܐ ܕܒܫܠܝܐ ܚܙܘܐ ܢܦܫܗ. ܐܠܐ
ܕܝܢ ܗܘ ܒܬܪܗ ܕܐܝܟ[54] ܗܕܐ ܦܩܕ ܗܘܐ. ܐܠܐ ܗܕܐ ܒܠܚܘܕ.

[45] 𝔄 om. ܘܟܠܗܝܢ [46] 𝔄 sing. [47] 𝔄 act. [48] 𝔄 = ܒܩܘ̈ܕܡܐ, omitting ܒܟܘܪܗܢܐ [49] 𝔄 om. ܠܟܠ ܐܢܫܝܢ [50] 𝔄 has *eos* instead of ܘܠܐ [51] 𝔄 om. ܗܢܐ [52] 𝔄 *omnibus hominibus* [53] 𝔄 om. ܘܡܬܒܪ
[54] In 𝔄 [illegible] has fallen out after [illegible]

ܕܠܝܩܢܝܘܣ[55] ܡܢ ܡܠܟܘܬܐ ܐܦܣ ܗܘܐ. ܘܠܐ ܕܢܕܒܪ (A fol. 110 b)
ܒܝܫܐ ܦܩܕ ܗܘܐ.[56] ܐܦ ܠܐ ܕܡܫܬܠܛܢܐ[57] ܕܒܪ̈ܝܬܐ ܢܗܘܐ.[58] ܐܦ
25 ܠܐ ܡܕܡ ܐܚܪ̈ܢܝܢ ܕܒܝܫܐ ܗܘ ܕܠܝܬ ܠܡܥܒܕ. ܒܗ ܗܘܘ[59]
ܬ̈ܠܬܐ ܙ̈ܒܢܐ ܕܫܠܡܐ ܘܕܫܝܢܬܐ ܐܠܗܝܐ. ܐܦ ܠܗ ܫܠܡܘ ܗܘܘ
ܘܐܦܣܘ ܕܐܝܟܢ ܗܕܐ. ܘܠܟܠܗܘܢ ܐܝܠܝܢ ܕܬܫܥܝܬ ܫܘܠܛܢܗܘܢ
ܐܝܟ ܒܝܕ ܦܘܩܕܢܐ[60] ܘܢܘܡܘܣܐ. ܢܣܒܘ ܗܘܘ ܫܘܒܩܢܐ[61] ܗܢܐ.
ܙܒܢܐ ܕܝܢ ܗܢܐ ܠܐ ܪܒܐ ܗܘܐ ܕܫܬܝܫܬܐ ܒܗܕܐ. ܒܕܝܢܐ
ܕܐܬܦܪܣ ܡܢ ܕܝܠܗ[62] ܒܐܝܕܐ ܕܐܠܗܐ. ܠܣܢܝܬܐ ܕܝܢ ܒܗ ܠܐ
x. 1 ܡܢܐ ܐܘܬܐ ܗܘܐ ܠܗܕܐ. ܗܘܬ ܠܗ ܠܚܢ ܕܐܝܟܢ ܗܕܐ ܚܠܦܬܐ.
ܡܛܠ ܕܝܢ[63] ܕܠܐ ܡܫܬܡܥ ܗܘܐ ܕܢܫܬܪܐ ܠܪܒܘܬܐ ܕܡܫܬܪܪܢܘܬܐ A 703
ܕܐܫܬܠܛܬ ܠܗ. ܗܝ ܕܠܐ ܫܦܝܪ ܗܘܐ ܠܗ. ܐܠܐ ܡܛܠ
ܕܠܐ ܡܕܝܪ ܗܘܐ ܒܡܫܒܚܐ ܢܦܫܐ ܕܡܠܟܘܬܐ. ܕܠܐ ܒܥܠܬܐ
ܠܚ̈ܘܬܐ ܡܬܦܢܐ ܗܘܐ. ܘܒܡ[64] ܠܟܠܗܘܢ. ܐܦ ܒܟܐܒܘܬܐ
ܘܒܫܘܒܗܪܐ ܐܬܝܚܕ ܗܘܐ ܐܦ ܥܠ ܗܢܘܢ ܕܦ̈ܬܘܬܐ ܗܘܘ
ܕܠܗ ܒܫܠܡܘܬܐ ܘܒܟܠ ܡܕܡ ܡܢܗ ܡܫܬܡܪ ܗܘܘ. ܘܐܦ[65]
ܒܠܒܘܬܐ ܐܦ ܒܬܪܥܝܬܐ. ܘܒܡܕܪ̈ܘܬܐ. ܐܦ ܒܐܝܣܪܐ
ܕܫܠ̈ܝܛܢܐ ܘܒܡܫܠܐ. ܘܐܦ ܒܢܒܝܫܘܬܐ ܙܒܢܐ ܕܫܠܡܘܢ.
ܘܒܫܘܠܛ ܐܠܗܐ ܕܢ̈ܪܐ. ܘܡܫܬܪܝܢ[66] ܗܘܐ ܕܢܫܬܠܡܐ ܘܢܫܡܗ
2 ܢܫܡܗ ܘܕܗܒܐ ܒܐܝܣܪܐ. ܐܬܚܠܛ ܗܘܐ ܕܝܢ ܒܪܫܢܘܬܐ
ܕܫܘܬܦܗ. ܘܒܟܠ ܒܡܫܝܚܐ ܗܘ ܕܐܡܝܢ ܗܘܐ ܥܡ ܠܝܩܢܝܘܣ.[67]
ܘܒܥܠܕܒܒܘܬܐ ܘܩܪܒܐ[68] ܠܡܘܒܠܗ ܦܩܪ ܗܘܐ. ܘܡܛܠܠ ܘܒܢܐ

[55] A = ܕܠܝܩܝܢܝܘܣ [56] A om. the words from ܐܦܣ ܗܘܐ to ܦܩܕ ܗܘܐ
[57] In A for 'ի սատանայ read զսատանայ [58] In A for չինէր read չինել [59] A om. ܗܘܘ [60] A plur. [61] In A for զխոստովանութիւն read զխոստովանութիւնն
[62] A plur. [63] A om. ܕܝܢ [64] In A for իրս read և [65] A om. ܘܐܦ
[66] A om. ܘ [67] A cum Liciano [68] A et bellum et inimicitiam

ܒܟܠ ܐܬܪ ܐܬܪ̈ܘܬܗ ܘܡܕ̈ܝܢܬܐ ܥܠ ܩܕ̈ܡܝܢ.[69] ܘܒܬܪ ܟܠܗ[70] ܣܠܩܐ 𝔄 704
ܕܪ̈ܒܘܬܐ ܕܠܐ ܡܬܡܢܝܢܐ. ܘܗܟܢ ܗܘܐ ܘܥܒܪ ܠܬܚܘܡܗ ܡܪܝܐ
ܒܡܪܝܐ ܕܦ̈ܓܪܐ ܗ̇ܢܘܢ ܕܐܠܗܐ ܡܢܨܚ ܗܘܐ ܠܗ. ܘܡܪ̈ܟܒܬܐ
3 ܕܠܒ̈ܢܝ ܐܢܫܐ ܡܬܦܪܣ ܗܘܐ ܒܢܦܫܗ. ܟܕ ܕܝܢ[71] ܐܬܦܪܥ ܐܢܬܘܢ
ܡܢ ܐܠܗܐ ܕܠܐ ܗܘܦܟܐ ܘܐܬܬܫܝܛ ܒܗܬܬܐ ܡܢ ܚܕ ܐܠܗܐ.
ܠܗܘ ܕܗܘܝܘ (A fol. 111 a) ܕܥܠܝܗ ܗܘܐ ܐܘܣܝܢܐ ܕܡܠܟܘܬܐ.
4 ܘܐܘܒܕ ܗܘܐ ܡܬܟܐܒܬ ܠܢܦܫܗ ܕܠܒ̈ܢܝ ܐܢܫܐ ܗܘ ܕܬܚܒܠ
ܗܘܐ ܠܗܘܢ. ܘܡܚܘܝܘܗܝ ܠܒ̈ܢܝܐ ܗ̇ܢܘܢ ܕܣܓܕܝܢ ܗܘܘ ܠܗ
ܒܪܦܠܐ.[72] ܘܒܗ̇ܘ ܕܐܣܝܪ ܒܦܠܓܐ ܐܬܚܙܝܘ. ܘܐܬܚܫܒ
ܕܫܒܩܬܐ ܡܢ ܟܕܘ ܐܬܘܬܐ ܕܡܠܟܘܬܐ ܗܘ ܕܠܐ ܫܘܐ ܗܘܐ ܠܗ
ܡܠܝܠܐܝܬ. ܘܕܫܠܝܛܢܐܝܬ ܘܒܥܠܐܝܬ. ܘܡܫܠܛܐܝܬ ܐܬܦܫܛ
ܒܡܫܟܢܐ ܕܒܥܝܐ. ܘܒܬܪ ܗܘܐ ܘܡܬܦܫܛܐ ܒܡܘܪ̈ܝܐ
ܘܒܐܟܣܢܝܐ. ܘܠܡܣܩܡ ܐܬܪ ܡܢ ܐܢܫܐ ܕܡܬܒܢܝܐ ܘܡܫܐ.
ܘܡܟܒܕܐ ܗܘܐ ܥܠ ܫ̈ܠܘܗܝ ܕܐܠܗܐ ܕܒܪ̈ܝܢ ܘܡܫܡܫܝܢ.
5 ܕܐܡܪ. ܕܡܠܟܐ ܠܐ ܡܬܦܪܩ ܒܣܘܓܐܐ ܕܚܝܠܐ[73] ܐܦ ܠܐ Ps xxxiii 16 ff.
ܓܢܒܪܐ ܡܬܦܨܐ[74] ܒܣܘܓܐܐ ܕܚܝܠܗ.[75] ܕܓܠ ܗܘ ܦܘܪܩܢܗ 𝔄 705
ܕܣܘܣܝܐ.[76] ܕܒܣܘܓܐܐ ܕܚܝܠܗ[77] ܠܐ ܡܬܦܨܐ ܠܪܟܒܗ.[78] ܒܢ̈ܘܗܝ
ܕܡܪܝܐ ܥܠ ܕܚ̈ܠܘܗܝ.[79] ܕܡܣܟܝܢ[80] ܠܛܝܒܘܬܗ. ܕܢܦܨܐ
6 ܢܦ̈ܫܬܗܘܢ[81] ܡܢ ܡܘܬܐ. ܗܟܢܐ ܕܝܢ ܡܠܟܐ ܒܗܬܬܐ ܠܦܪܘܢܐ.[82]
ܐܬܐ ܗܘܐ ܠܐܪܬܘܬܐ ܗ̇ܢܘܢ ܕܬܫܝܬ ܐܝܕܗ. ܘܡܚܒܫܬ

[69] 𝔄 *omnes provincias et urbes* [70] 𝔄 om. ܟܠܗ [71] 𝔄 om. ܕܝܢ
[72] In 𝔄 for [illegible] read [illegible] [73] 𝔄 = ܕܚܝܠܗ [74] 𝔄 om. ܡܬܦܨܐ [75] 𝔄 = ܕܚܝܠܐ [76] 𝔄 *fallax est equus in salvatione* [77] 𝔄 = ܕܚܝܠܐ [78] 𝔄 *non servatus est* (omitting ܠܪܟܒܗ) [79] 𝔄 does not express the suffix [80] 𝔄 = ܘܡܣܟܝܢ: for [illegible] read [illegible] [81] 𝔄 does not express the suffixes in ܠܛܝܒܘܬܗ (read [illegible]) and ܢܦ̈ܫܬܗܘܢ [82] 𝔄 *sic autem turpis factus est princeps terrae*, and om. the clause ܐܬܐ ... ܐܝܕܗ

ܒܣܡܝܬܐ ܕܒܝܝܬܗ. ܒܗܕܪܐ ܩ̈ܠܝܐܐ ܘܩܛܝܠܐ. ܕܗܢܘܢ
ܬ̈ܠܡܐ ܕܐܬܒܣܡܝܢ ܗܘܘ ܒܚܝ̈ܘܗܝ ܡܢ ܡܕܡ. ܕܒܒܝܘܬܗܘܢ
ܐܫܬܕܝ ܗܘܐ ܘܐܘܣܝܪ ܦܪܟܐ. ܐܝܟ ܕܠܣ̈ܛܪܐ ܘܩ̈ܛܠܝܢܐ.[83]
ܘܕܗܘܘ ܡܫ̈ܠܡܢܐ ܕܣܒ̈ܘܗܝ ܡܛܠ ܗܘܐ ܐܝܟܢ ܘܡܢ ܒܬܪܗ
ܒܗܘ ܗܘܐ ܬܫܒܘܚܬܐ ܠܐܠܗܐ ܕܦܪ̈ܨܘܦܐ. ܘܦܘܫ ܗܘܐ[84]
ܥܠܘ ܥܢܘܗܝ ܢܨܚܐ ܡܫܒܚܐ ܘܙܟܘܬܐ. ܢܦܠ ܠܗ ܗܘܐ ܕܝܢ
ܒܩܘܪܝܐ ܢܝܩܘܡܕܝܐ ܕܒܝܬܘܢܝܐ. ܘܟܕ ܠܐ ܐܬܡܨܝ ܠܗ ܙܒܢܐ
ܠܚܝ̈ܐ ܢܦܩ ܡܢ ܚܠܡܐ. ܢܚܘܫܐ ܕܝܢ ܗܘ ܕܐܫܬܪܪ ܗܘܐ
7 ܡܟܢܗ. ܗܟܢܐ ܐܝܬܝܗܘܢ ܗܘܐ ·ܘ·ܘ· ܐܦܠܝܩܪܦܘܣ ܘܦܘܪ.
ܐܢܛܘܣ ܘܠܝܪܘܣ ܡܫܡܫܢܘܗܝ. ܦܪܡܢܘܣ ܦܪܘܛܘܦܘܣ.[85]
𝔄 706 ܐܘܣܛܘܣ ܐܘܛܘܟܘܣ.. ܐܢܛܘܟܘܣ[86] ܡܦܝܠܘܣ. ܒܟܠ ܡܕܡ
ܡܬܚܪܐܬ ܢܓܕܝܢ ܚܝ. ܫܠܘ ܘܬܪ̈ܥܐ (A fol. 111 b) ܕܐܬܪ̈ܘܬܐ
ܕܠܝ. ܘܗܠܝܢ ܢܓܕܝܢ ܚܝ ܠܡܫܟܢ ܠܗܘܢ ܐܝܠܝܢ ܕܡܫܡܫܬ ܒܟܠ
ܡܕܡ ܡܬܟܢܫܢ. ܐܝܠܝܢ ܕܥܠܝܢ ܠܬܫܡܫܬܐ ܕܓ̈ܘܢܬܐ ܕܡܠܟܘܬܐ
ܘܠܬܪ̈ܝܢܘܬܐ ܕܟܠ ܐܢܫ ܡܬܚܫܒܢ ܒܡܕܡ ܕܡܫܬܟܚܝܢ ܠܗܘܢ
ܕܢܗܘܘܢ[87] ܡܢܗܘܢ ܕܟܠܗܘܢ ܒܫܢ̈ܝܐ ܘܡܟܬܫܝܢ ܒܗܘܢ ܡܫܬܡܠܝܢ
8 ܚܝ. ܟܕ ܐܦ ܡܕܡ ܗܕܐ ܥܠܝܐ ܗܘܬ ܠܕܒܟܬܗܝܢ ܕܡܢ ܗܕܐ
ܥܠܬܐ ܕܦܫܛ ܗܘܘ ܐܝ̈ܕܝܗܘܢ ܥܠ̈ܝܫܐ. ܕܢܦܠܘܢܝܗܘܢ ܘܡܫܡܫܢܝܗܘܢ.
ܕܢܬܒܛܠܘܢ ܗܘܘ ܒܢ̈ܝܐ ܕܦܪ̈ܨܘܦܐ. ܘܣܘܓܐܐ[88] ܦܓܠܐܐ
ܗܘܐ ܠܗܘܢ ܡܢ ܐܘܦܩ̈ܠܐ. ܘܒܙܒܢܐ ܠܗܢܐ ܗܘ ܗܕܐ
ܐܬܚܙܝܬ ܠܒܢ̈ܝ ܐܬܪ̈ܘܬܐ ܕܠܝ. ܚܝܝܢ ܕܡܬܚܫܒܝܢ ܐܢܫܝܢ
ܕܢܐܙܦ ܕܠܗܘܢ ܐܝܟ ܗܕܐ ܕܙܕܩ. ܥܠ ܕܡܫܬܚܫܚܝܢ
ܡܢܝܗܘܢ ܐܬܡܣܒ ܒܬܫܬܐ ܠܚܙܘܩܝܐ ܕܟܠ ܗܦܟܐ

[83] 𝔄 = ܕܠܩ̈ܛܠܝܢܐ ܘܣܪ̈ܝܩܐ [84] In 𝔄 for ընդ read ից [85] In 𝔄 read Սարփիանփիոս [86] 𝔄 Antikos [87] 𝔄 = ܘܕܢܗܘܘܢ [88] 𝔄 = ܕܣܘܡܪ̈ܐ

ܡܛܠ ܗܕܐ ܗܘܐ ܥܠܬܐ.[89] ܕܫܡܥܝܢ ܢܫܡܥܘܢܐ. ܕܐܢ ܐܢ[90] ܐܢܬ
ܐܢܫ ܕܢܦܫܐ ܕܒܗܢܐ ܚܝܕܐ. ܐܘ ܒܕܐܡܝܟ ܗܕܐ ܢܛܪܘܬܐ
ܕܦܘܠܚܢܐ ܠܡܬܢܣܒܘ. ܗܢܐ ܕܠܐ ܒܠܝܬܐ ܢܗܘܐ ܥܠܝܟ ܟܠ 𝔄 707
ܝܘܡܬܗ. ܕܟܢ[91] ܐܢܫ ܠܐ ܢܬܒܠܐ ܐܘ ܢܬܟܪܐ. ܘܕܬܗܘܐ
ܦܬܘܡܐ ܕܠܐ ܕܢܠܐ ܘܕܠܐ ܡܢܦܐ. ܠܟܠ ܚܕ ܚܕ ܡܢܗܘܢ
ܠܡܥܒܕ[92] ܡܕܡ ܕܫܦܪ ܠܗ. ܒܪܡ ܕܝܢ ܐܦܠܐ ܗܟܢܐ ܡܫܬܢܝܐ 9
ܗܘܬ ܬܬܚܡܐ ܡܢ ܗܕܐ. ܕܐܢܫܝܢ ܡܢ ܕܢܝܐ ܡܬܦܠܓܝܢ ܗܘܘ
ܥܠ ܦܘܩܕܢܝ. ܕܕܢܬܟܪܘܢ ܗܘܘ[93] ܟܢ ܐܢܫܐ ܥܠ ܦܘܩܕܢܝ
ܒܕܘܟ ܗܘܘ ܠܗܘܢ ܕܒܐܬܩܢܘܬܐ[94] ܢܬܦܪܫܘܢ ܠܦܘܠܚܢܐ
ܕܕܫܠܬܐ. ܐܝܟ ܕܫܦܪ ܠܗܘܢ[95] ܕܢܥܒܕܘܢ ܠܗܘܢ ܕܐܢܫܐ 10
ܕܡ ܢܬܦܠ ܥܠ[96] ܡܢܦܐ ܘܦܘܠܚܢܐ ܕܕܫܠܬܐ. ܫܡܥܝܢ ܢܫܡܥܘܢܐ.
ܕܗܢܐ ܦܘܩܕܢܐ ܢܬܬܩܦ ܕܢܗܘܐ ܠܗܘܢ ܥܘܠܢܐ. ܠܐܝܠܝܢ
ܕܝܢܝܢ ܠܡܬܦܪܫܘ ܒܗܢܐ ܪܚܡܐ ܘܒܗܕܐ ܕܫܠܬܐ. ܡܢ ܗܕܐ
ܡܬܚܙܝܐ ܕܠܡ. ܐܝܟ ܕܢܦܫܐ ܟܠ ܚܕ ܚܕ ܡܢܗܘܢ. ܘܡܢܚ
ܠܡܬܢܣܒܘ ܠܗܢܐ ܦܘܠܚܢܐ. ܕܐܝܟ ܕܡܢ (A fol. 112 a) ܚܢܢܐ
ܚܒܐ ܠܗ ܠܡܦܠܚ ܒܗ. ܘܡܬܚܠܐ ܕܒܙܬܐ ܕܠܗܘܢ ܕܢܗܘܘܢ
ܟܠܗ ܡܦܩܐ[97] ܠܗܘܢ ܀ ܕܬܗܘܐ ܕܝܢ ܪܒܐ ܗܕܐ ܡܬܗܘܝܬ 11
ܐܦ ܗܕܐ ܝܗܒ ܕܢܦܩܘܢ. ܕܐܢ ܐܢܬ ܒܬܬܐ ܐܘ ܕܦܢܝܬܐ.
ܕܐܝܟ ܕܡܢ ܕܐܦܐ ܐܬܢܝܚܘܢ ܗܘܘ ܡܢ ܡܛܠ ܕܒܝܬܦܠܓܢܐ.
ܘܐܝܟ ܕܡܢ ܦܘܩܕܢܐ ܕܐܩܝܡܬ ܠܕܘܟܐ ܫܢܝܐ ܐܫܬܠܛܘ.
ܐܘ ܡܢ ܚܕܐ ܡܢ ܡܕܝܢܬܐ ܐܬܢܣܒܘ. ܐܘ ܡܕܝܢܬܐ ܐܚܪܢܝܬܐ. 𝔄 708
ܐܘ ܕܒܐܝܕܐ ܐܬܢܣܒܘ ܠܐܢܫ. ܟܠܗܘܢ ܗܠܝܢ. ܠܕܘܟܐ ܡܕܡܟܐ

[89] In 𝔄 for ܥܠܬܗܘܢ read ܥܠܬ [90] The second ܐܢ should be omitted, with 𝔄 [91] 𝔄 = ܘܟܠ [92] 𝔄 om. ܠܡܥܒܕ [93] 𝔄 *et quod dubitaverunt* [94] 𝔄 *et pigritia* = ܘܡܡܛܠܢܘܬܐ [95] 𝔄 om. ܠܗܘܢ [96] 𝔄 om. ܥܠ [97] 𝔄 *imperatum est*

ܕܒ̈ܝܫܬܐ ܦܘܪܢܝ ܕܐܬܦܢܝܢ. ܕܐܦ ܒܗܕܐ ܚܠܝܨ ܢܦܠܢ
12 ܒܡܫܒܚܘܬܐ ܕܝܠܢ ܘܒܡܬܪܥܝܢܘܬܢ.[98] ܗܠܝܢ ܓ̈ܝܪ ܟ̈ܠܗܘܢ
ܕܦ̈ܘܪܢܐ. ܕܐܦܠܐ ܚܕܐ ܥܒܕܬܐ ܡܠܒܬ ܡܢ ܙܒܢܐ ܕܗܘ ܦܘܪܢܐ[99]
ܠܒ̈ܝܫܬܐ ܠܐ ܦܠܚ̈ܢܢ. ܡܢ ܗ̇ܘ ܕܡܢ ܩܕܡ ܡܠܠ ܐܝܟ
ܢܒ̈ܝܐ ܫܒܝܚܝܢ ܗ̈ܘܝܢ ܠܗ. ܘܕܠܐ ܐܠܗܐ. ܘܐܝܬܝܢ ܗܘܝܢ
ܚܠܦܐ ܠܥܠܡܐ. ܠܟܠ ܐܚ̈ܪܢܝܢ.[1] ܕܠܐ ܒܡ̈ܨܥܝܬܐ ܘܠܐ ܒܦܘܪ̈ܫܐ.
ܘܠܐ ܒܝܕܥܬܐ ܠܡܬܒܥܘ ܡܛܠ ܗܕܐ ܠܝ ܡܢܗ.[2] ܡܢ ܗܢܐ
ܢ̈ܦܫܬܐ ܘܦܘܩ̈ܕܢܐ ܚܠܦ ܒ̈ܝܫܬܐ ܡܬܦܫܩܝܢ ܗܘܘ. ܘܠܗ̇ܘܢ
ܕܡܢ ܩܕܡ ܡܠܠ ܠܢܘܪܐ ܘܠܫܝܕܐ. ܘܡܐܟܘܠܬܐ ܠܚܝܘܬܐ ܩܕܡ
ܚܝܘܗܝ ܡܬܬܪܝܡ ܗܘܘ. ܘܒܟܠ ܙܢܝܢ ܕܫ̈ܢܕܐ ܘܡܣܩܢ ܒ̈ܝܫܐ.
ܡܢ ܥܠܡܐ ܓܙܪܬ ܢܦܩܝܢ ܗܘܘ. ܘܐܝܟ ܢ̈ܒܝܐ ܗܢܘܢ
ܕܕܠܐ ܐܠܗܐ ܐܢܘܢ ܡܫܬܪܝܢ ܗܘܘ ܗܠܝܢ[3]·܀· ܠܗܘܢ ܠܗܘܢ ܠܗܠܝܢ
ܗܘ ܡܘܡܝܐ ܡܒܕܐ ܠܗܘܢ. ܕܢܦܠܘܢ ܒܫܠܛܢܗܘܢ ܘܕܢܒܥܘܢ
𝔄 709 ܬ̈ܪܬܐ ܐܦܣ ܠܗܘܢ.[4] ܘܕܢܡܠܟܘܢ ܘܗܘܐ ܕܡܢ ܕܐܝܬ ܗܘܐ 607 𝔄
13 ܠܗܘܢ܂ ܟܕ ܕܝܢ ܐܘܕܝ ܕܐܝܟ ܗܠܝܢ. ܐܝܟ[5] ܒܡܕܝܢܬܐ ܡܢܕܡ
ܗܘܐ ܠܗ. ܡܛܠ ܗܠܝܢ. ܕܒܝܘܡ[6] ܡܢ ܡܢܐ ܕܡܬܚܫܒ ܗܘܐ[7]
ܕܢܫܬ. ܫܒ ܒܡܫܝܚܘܬܐ ܕܐܠܗܐ ܕܡܢ ܥܠ. ܒܐܒܕܢܬܐ ܕܝܢ
14 ܕܐܬ̈ܬܝܢ ܕܦܪ̈ܘܫܐ ܐܬܚܙܝ. ܗܕܐ ܕܝܢ ܗܘܬ ܡܦܩܬܗ ܕܡܢ
ܚܠܡܐ. ܠܐ ܗܘܐ ܓܝܪ ܐܝܟ ܙ̈ܒܢ ܫܢ̈ܝܐ ܘܡܬܢܝܚܐ[8] ܕܦܘܪܫܢܐ.
ܕܟܠ ܓ̈ܒܐ ܢܝܫ̈ܐ (A fol. 112 b) ܡܬܚܪ̈ܐ ܡܬܦܢܝܢ ܒܗ ܒܦܘܪܫܢܐ.
ܕܥܠܡܐ ܥܒܝܫܐ ܫܠܛܢܘܬܗ ܓܒܪ ܠܗ ܕܢܫܒܘܩ. ܐܠܐ ܐܝܟ
ܢܒ̈ܝܐ ܘܡܠܟ̈ܐ ܕܐܠܗܐ. ܟܕ ܓܒܪ[9] ܡܬܪܢܝܬܐ ܒܡܫܡܥܬܐ

[98] 𝔄 om. ܘ [99] 𝔄 plur. [1] 𝔄 *et eramus in omni mundo causa perditionis* [2] 𝔄 joins ܡܢܗ to the following clause [3] 𝔄 *et ferebant haec omnia* [4] 𝔄 om. ܐܦܣ ܠܗܘܢ [5] 𝔄 om. ܐܝܟ [6] 𝔄 = ܕܒܝܘܡ [7] In 𝔄 read *որ չափն էր* [8] 𝔄 om. ܘܡܬܢܝܚܐ [9] 𝔄 om. ܓܒܪ

ܡܚܛܐ ܗܘܬ. ܗܘ[10] ܕܒܒܫܘܬܐ ܠܗ ܡܬܓܠܝܐ ܗܘܐ. ܘܡܛܘܠ
ܒܢܓܫܐ ܐܝܟ ܕܢܦܘܪ ܡܛܠ ܗܘܐ ܒܡܫܘܚܬܐ ܕܐܠܗܐ ܕܡܢ
ܥܠ ܟܠܗ ܦܓܪܗ ܡܬܦܫܛ ܗܘܐ.[10a] ܘܡܬܦܪܕ ܗܘܐ ܒܒܣ̈ܪܐ
ܒܬ̈ܫܐ ܘܫܚܠܝܐ. ܘܗܘܝܘ ܗܘܐ ܘܫܪܐ ܘܐܟܠ ܠܚܘܒܐ ܘܟܠܗ
ܦܓܪܗ ܒܟܘܪܐ ܕܠܐ ܡܬܐܣܝܐ ܕܡܢ ܐܠܗܐ ܐܬܕܪܬ ܟܠܗܘܢ
ܡܬܢܨܚܢ ܗܘܐ. ܘܟܕ ܐܬܕܟܪ ܟܠܗ.[11] ܗ̇ܝ ܕܡܘܬܐ ܡܪܝܪܬܐ
ܐܬܚܙܝܬ ܗܘܬ ܠܡܚܙܐ ܕܝܢ ܚܕ. ܗܘܐ ܒܟܠܝܗ̈. ܘܐܝܟ
ܕܡܢܘܢܐ[12] ܢܘܪܐ ܠܫܡܝܐ ܡܢܘܚܐ ܐܬܚܙܝ ܗܘܐ. ܕܐܟܠܐ ܕܝܢ
ܕܡܬܚܫܚܐ ܘܡܢ ܗܘܘ ܠܗ. ܠܐ ܗܘܐ ܡܕܡ ܡܫܟܚܝܢ ܗܘܘ
ܟܠܗܘܢ. ܐܠܐ ܕܡܒܪܐ ܠܢܦܫܗ ܦܓܪܗ ܐܬܥܒܕ ܗܘܐ. 𝔄 710
15 ܘܡܒܪܐ ܐܝܟ ܡܬܘܠ ܕܐܬܕܟܪ ܡܣܬܟܠܢܘܬ. ܘܫܘܚܕ ܕܝܢ[13]
ܐܬܚܐ ܐܝܟ ܕܡܢ ܒܡܘܡܬܐ ܕܚܘܒܗ. ܒܡܘܕܐ ܗܘܬ ܠܗ.
ܘܚܢܘܢܗ ܫܒܪ ܘܢܦܩ ܡܢ ܕܡܚܫܒܬܗ ܘܢܦܠ. ܘܐܫܬܒܩ ܗܘ ܒܪ
ܫܡܝܐ. ܗܘ ܕܝܢ[14] ܢܦܫܗ ܒܗ ܠܓܘܪܐ ܗܘܬ. ܘܡܘܕܐ[15] ܗܘܐ
ܠܡܪܝܐ[16] ܘܫܐܠ ܗܘܐ ܡܘܬܐ. ܘܠܣܘܪܬܐ ܒܪ[17] ܡܘܕܐ ܕܡܠܟ
ܦܓܪܗ ܕܡܫܝܚܐ ܗܠܝܢ ܣܓܝ ܗܘܐ. ܒܪܒܐ ܒܐܝܕܐ. ܢܦܩܬ ܗ
xi. 1 ܢܦܫܗ. ܗܟܢ ܕܝܢ ܢܦܩ ܡܢ ܥܠܡܐ. ܡܟܡܫܟܢܘܬܐ. ܗܘ̇ ܕܗܘܐ
ܟܠܗܘܢ ܡܢ ܡ̈ܠܟܘܒܐ ܕܕܚܠܬ ܐܠܗܐ. ܐܫܬܢܝ ܗܘܐ
ܕܒܢܝܐ[18] ܗܘܐ ܡܢ ܟܠܗܘܢ ܒܪ̈ܬܐ ܕܝܢ ܟܠܒܘܬܗ ܕܐܠܗܐ
ܐܣܪܚܠ. ܡܢ ܬ̈ܐܘܡܝܢ ܡܬܚܙܝܬ ܗܘ̈ܝ. ܘܡܠܬܐ ܕܡܫܝܚܐ
ܕܝܫܘܥ ܗܘܬ ܠܫܒܘܚܗ ܕܐܠܗܐ. (A fol. 113 *a*) ܘܫܪܬ ܡܢ
ܕܡܫܡܫܬܐ ܦܪܗܣܝܐ ܕܐܝܬ ܗܘܐ ܠܗ ܡܠܟܬ. ܙܢܝܢܘܬܗܘܢ
ܕܝܢ ܕܩ̈ܠܝܒܒܐ ܕܚܝܠܬ ܐܠܗܐ ܒܡܬܬܐ ܘܦܓܪܐ ܐܬܡܠܟܬ 𝔄 711

[10] 𝔄 = ܘܗܘ [10a] In 𝔄 read [illegible] [11] 𝔄 adds *caro* [12] 𝔄 om. ܐܣܝܪ ?
[13] 𝔄 om. ܕܝܢ? [14] 𝔄 adds *dum* [15] 𝔄 om. ܘ [16] 𝔄 *Domino Deo nostro*
[17] 𝔄 om. ܒ [18] 𝔄 = ܘܒܢܝ

2 ܗܘܬ. ܘܡܕܒܪܢܘܬ ܡܚܫܒܢܘܬܗ̈. ܗ̇ܘ ܕܣܘܩܒܠܐ ܕܒܠܘܗܝ
ܟ̈ܝܢ ܐܢܫܐ ܐܬܘܗܝ ܗܘܐ. ܐܝܟ ܕܡܢ ܗ̇ܠܝܢ ܕܐܫܬܡܥ ܗܘܘ
ܡܠܟܘܬܐ. ܪ̈ܘܚܢܐ ܕܝܢ[19] ܘܡܟܪܙܢ̈ܐ. ܘܫܢܝܐ ܕܐܠܗܐ ܦܘܪܢܣܐ
ܒܬ̈ܚܬܝܬܐ ܐܬܦܪܣ ܗܘܐ ܠܟܠ ܐܬܪ ܘܐܬܚܒܠܗ. ܘܐܦ̈ܝܢܐ
ܐܝܠܝܢ ܕܠܐܝܣܘܪܗ[20] ܟܠ ܬ̈ܕܝܪܝܢ ܚܫܝܡ ܗܘܘ ܘܕܒܢ̈ܘܗܝ.. ܐܝܬ
ܕܡܢ ܪ̈ܘܚܐ ܠܐܪ̈ܒܥܐ ܡܫܬܕܪܝܢ ܗܘܘ ܘܡܫܬܠܚܝܢ. ܘܐܝܬ
ܕ̈ܐܦܝܗܘܢ ܡܫܬܚܪܝܢ ܗ̈ܘܝ ܒܐܣܒܣܒܐ.[21] ܘܐܒܪ̈ܝܦܠܐ ܕܐܝܟ
ܕܠܐܝܣܘܪܗ ܡܢܝܢ ܗܘܘ. ܗܟܘܬ ܡܫܬܕܪܝܢ ܗܘܘ ܘܡܫܬܠܚܝܢ.
ܘܦܘܠܚܢܐ ܘܠܫܒܬܐ ܕܐܝܠܝܢ ܕܝܘܡܝܢ ܕܫ̈ܢܝܘܗܝ ܘܢܒܝܫܘܗܝ
3 ܣܓܝܐܝܢ ܗܘܘ. ܬܘܒ ܕܝܢ ܐܦ ܐܣܛܪ̈ܐ[22] ܕܫܡܝܐ ܐܫܬܢ̈ܝܐ
ܬ̈ܠܝܒܒܐ ܕܕܝܠܗ ܐܠܗܐ ܡܬܟܠܝܢ ܗܘܘ. ܡܬܡܠܠܝܢ ܗܘܘ ܕܝܢ
ܒܗܠܝܢ ܐܝܠܝܢ ܕܡܬܝܪ̈ܬܐ ܒܪ̈ܝܬܐ[23] ܕܫܡܠܝܢܐ ܡܢܗ
ܐܬܚܙܝ ܗܘܘ. ܡܛܠ ܫܦܝܪܐ ܕܐܠܗ ܒܢܝܢܬܐ ܡܫܒܚܝܢ ܗܘܘ
ܒܡܠܦܢܐ ܕܠܝ. ܗܘ ܕܝܢ. ܗ̇ܘ ܕܡܫܪܪ ܗܘܐ ܠܗ[24] ܝܬܝܪ ܡܢ
4 ܟܠ. ܘܡܫܝܚܐ ܗܘܐ ܘܡܝܩܪ ܝܬܝܪ ܡܢ ܐܢܫܐ. ܦܪܩܐܕܝܩܘܣ
ܕܬܪ̈ܬܝܢ ܘܬܠܬ ܕܫܢܝܢ ܗܘܐ ܡܦܩܘܣ. ܘܟܠ ܡܢ ܒܬܠ ܡܢܝܢ.
ܗܦܪܟܐ ܗܘܢ ܐܬܡܨܝ ܗܘܐ. ܘܦܘܠܝܩܢܘܣ.[25] ܬܘܒ ܕܟܠܗ̇ A 712
ܪ̈ܥܝܘܬܐ ܕܫܡܠܝܢܐ ܕܒܪ ܗܘܐ. ܗ̇ܘ ܕܐܦ ܗܘ. ܒܢܒܝܐ
ܗܕܝܐ ܕܒܪܘܣܝܢܐ ܕܐܢܫ ܗܘܐ ܒܟܝܢܝܗ ܡܫܬܡܪ ܗܘܐ.
ܘܐܣܝܪܐ ܡܢ ܗܠܝܢ ܠܐ ܕܡܘܢܝ.[26] ܕܒܐܝܪ̈ܘܗܝ ܦܘܪܢܘܣܗ
5 ܕܡܫܡܫܢܘܬܐ ܪ̈ܒܐ ܗܘܬ ܘܒܢܝܐ. ܩܪܒ ܗܘܐ[27] ܕܝܢ ܕܝܢܐ
ܒܐܝܢܐ ܗ̇ܘ ܕܡܚܕܐ ܠܐ ܫܒܩܐ ܠܗ. ܐܦ ܠܡܬܦܠܓܘ. ܐܝܠܝܢ
ܕܥܒܕ ܗܘܐ[28] (A fol. 113 b) ܒܟܪ̈ܘܣܝܢܐ. ܗ̇ܘ ܫܪ ܢܨܠܐ

[19] A om. ܕܝܢ? [20] In A [illegible] has fallen out before [illegible] [21] A *fuligine nigratae sunt* [22] A sing. [23] A plur. [24] A om. ܠܗ [25] A *et Kalikanēs* [26] A om. ܠܐ ܕܡܘܢܝ [27] A *vocavit* [28] A *propter omnia quae fecerat*

ܕܐܘܣܛ ܗܘܐ ܒܐܦܛܪܘܦܘܬܐ ܕܟܘ ܗܦܪ ܕܐܝܟ. ܕܐܦ ܗܓܡܘܢܘܬܐ
6 ܡܢ ܡܫܡܫܢܘܬܗ ܐܬܡܪ ܗܘܐ ܡܛܠܠܬܗ. ܠܝܩܝܢܣ[29] ܕܝܢ ܟܕ ܥܠ
ܗܘܐ ܠܐܦܛܘܩܝܐ ܡܕܝܢܬܐ. ܟܕ ܐܬܐ[30] ܕܣܓܝܐ ܒܗ ܗܘܐ.
ܠܗܘܢ ܢܟܪܝܐ ܘܡܫܪܝܐ ܕܗܘ ܥܠܝܐ ܣܓܝܐܬܐ ܕܣܡ ܗܘܐ.
ܒܫ̈ܪܐ[30a] ܡܫܠܡ ܗܘܐ. ܘܡܫܐܠ ܗܘܐ ܠܗܘܢ ܕܒܐܝܕܐ ܡܠܬܐ
ܗܕܐ ܠܡܚܒܬܐ ܡܫܬܡ ܗܘܐ. ܘܟܕ ܠܐ ܕܝܢ ܡܫܟܚܝܢ ܗܘܘ
ܠܡܦܠܚܘ ܕܡܬܪܕܦܝܢ ܗܘܘ ܡܢ ܫ̈ܪܪܐ.[31] ܟܠܗ[32] ܘܐܘܕܝܘ ܕܟܠܗ
ܐܪܐ ܕܦܠܚܘܬܐ. ܐܬܦܬܚܘ[33] ܒܐܘܡܢܘܬܐ ܕܐܝܟܠܝܢ
ܬܐܦܠܘܣ.[34] ܘܟܪܝܗ ܐܦ[35] ܗܘܢ ܫܒ̈ܝܬܐ ܕܝܫܪܘܗܝ. ܡܢ
7 ܒܬܪ ܫܢ̈ܝܐ ܩܠܝܠܐ ܠܡܠܟܘܬܐ ܐܫܬܠܡܘ. ܘܟܠ ܗܠܝܢ ܟܠܗܘܢ
ܐܬܬܘܣܦܘ ܐܦ ܒ̈ܢܝܗܝ ܕܡܫܡܫܢܘܬܗ ܕܗܘܢ ܕܐܦ ܒܗ
ܗܫܐ ܒܐܘܪܚܐ ܕܡܠܟܘܬܐ ܘܒܐܘܦܢܝܐ ܕܢܘܡܣܐ ܗܘܘ[36] ܠܗܘܢ:
ܫ̈ܒܩܘܗܝ ܐܬܬܘܗܝ ܗܘܘ. ܬܘܒ ܕܝܢ ܐܦ ܐܝܠܝܢ ܕܡܦܠܚܝܢ ܠܗ ܗܘܘ
ܕܦܘܪܢܐ ܡܬܒܥܝܢ ܗܘܘ ܡܢ ܕܝܢܐ. ܐܦ ܡܫܬܪܝܢ ܗܘܘ
ܘܫܦܝܪ ܠܟܠܗܘܢ ܟܕ ܐܢܫܐ. ܐܦ ܗܢܘܢ ܐܟܘܬܗܘܢ
ܕܗܢܘܢ ܕܩܕܡܝܢ ܐܡܪܝܢ ܟܠܗܘܢ:[37] ܒܟܪܝܐ ܒܢܫܐ ܡܬܩܠܝܢ
ܗܘܘ. ܥܠ ܕܠܐ ܡܟܠ ܡܢ ܡܪܘܬܐ. ܘܠܐ ܐܝܟܢܐ ܘܐܬܩܛܠܘ
8 ܠܡܠܬܐ ܕܐܡܪܐ ܒܟܬܒܐ ܩܕܝܫܐ. ܕܠܐ ܬܬܩܛܠܘܢ ܥܠ
ܥܠܬܐ[38] ܘܥܠ ܒܪ[39] ܐܢܫܐ. ܕܠܝܬ ܒܐܝܕܗ[39] ܦܘܪܩܢܐ. ܕܢܦܩܐ
ܪܘܚܗ ܘܢܗܦܘܟ ܠܐܪܥܗ. ܘܒܗܘ ܝܘܡܐ ܐܒܕܝܢ ܟܠܗܘܢ
ܡܚܫܒܬܗ.[40] ܦܠܓܘ ܕܝܢ ܠܗ ܠܐܠܗܐ ܥܠ ܟܘܠܗܘܢ. ܕܗܘܘ

[29] 𝔄 *Likinēos* [30] 𝔄 = ܘܟܕ ܐܬܐ [30a] 𝔄 om. ܒܫ̈ܪܐ [31] 𝔄 om. ܡܢ ܠܐ
? ܕܝ ܡܫܡܫܝܢ ܗܘܘ ܠܡܦܠܚܘ ܕܡܬܪܕܦܝܢ ܗܘܘ ܡܢ ܫ̈ܪܪܐ [32] 𝔄 om.
ܟܠܗ [33] 𝔄 om. ܐܬܦܬܚܘ [34] 𝔄 adds *et tunc omnes secundum merita sua iudicati sunt* (ընկալան զդատաստանս). *Et primus ipse Theoteknos* [35] 𝔄 om. ܐܦ [36] In 𝔄 for *էր* read *էին* [37] For ܕܩܕܡܝܢ ܐܡܪܝܢ ܟܠܗܘܢ 𝔄 has *priorum* [38] 𝔄 plur. [39] 𝔄 = ܒܐܝܕܗܘܢ [40] 𝔄 sing. and does not express the suffix

ܐܚܝܕܟܠ ܘܡܠܟܐ ܕܟܠ. ܘܠܦܪܘܩܢ ܘܡܫܘܕܥܢܐ ܕܦܘܩ̈ܕܢܘܗܝ ܝܫܘܥ
ܡܫܝܚܐ. ܚܝܠܗ ܕܐܠܗܐ ܘܚܟܡܬܗ. ܗܘ̇ ܕܒܐܒܘܗܝ[41] ܕܬܫܒܘܚܬܐ
ܠܗ ܫܘܒܚܐ ܒܥܠܡܝܢ ܡܥܠܡܝܢ. ܟܕ. ܡܫܪܪ ܘܠܐ ܡܬܬܙܝܥ ܡܢ
ܫܘ̈ܪܝܐ ܕܠܒܪ. ܐܦ ܡܢܗ ܕܪܚܡܢܐ.ܘ.ܘ.

ܫܠܡ ܡܐܡܪܐ ܕܬܫܥܝܬܐ.[42]

[41] 𝔄 om. ܗܘ̇ ܕܒܐܒܘܗܝ [42] 𝔄 om. the subscription.

·ܘ· ·ܘ· ·ܘ· ·ܘ· ·ܘ·

ܪܫܐ ܩܕܡܝܐ. ܥܠ ܫܝܢܐ ܕܡܢ ܐܠܗܐ ܐܬܝܗܒ ܠܢ·ܘ·ܘ·

ܕܬܪܝܢ. ܥܠ ܚܘܕܬܐ ܕܥ̈ܕܬܐ.[2] ܘ···ܘ·

ܕܬܠܬܐ. ܥܠ ܒܢ̈ܝܢܐ ܕܚܘܕܬܐ ܕܥ̈ܕܬܐ ܕܗܘܝ ܗܘܘ ܒܟܠ ܐܬܪ.

ܕܐܪܒܥܐ. ܡܐܡܪܐ ܥܠ ܢܨܚܘܬܐ ܕܨ̈ܒܘܬܐ· ܀

ܕܚܡܫܐ. ܦܘܪ̈ܫܢܐ ܕܢܡܘܣܐ ܕܡܠܟܐ.[3] ܥܠ ܐܝܠܝܢ ܕܗܘܘ ܠܟ̈ܪܣܛܝܢܐ. ܘܬܫܥܝܬܐ ܥܠ ܠܝܩܢܘܣ.[4]·ܘ·ܘ

𝔄 717 ܪܫܐ ܩܕܡܝܐ. ܥܠ ܫܝܢܐ ܕܡܢ ܐܠܗܐ ܐܬܝܗܒ ܠܢ.

i. 1 ܫܘܒܚܐ ܕܝܢ ܠܗ ܠܐܠܗܐ ܥܠ ܟܠܗܝܢ. ܠܐܒܐ ܘܡܠܟܐ ܕܟܠ.
ܘܠܦܪܘܩܢ ܘܡܫܘܙܒܢܐ[1] ܕܢܦܫܬܢ ܠܝܫܘܥ ܡܫܝܚܐ. ܝܚܝܕܝܗ
ܕܐܠܗܐ ܘܡܠܬܗ. ܗܘ ܕܒܐܝܕܗ[1a] ܕܢܬܢܛܪ ܠܢ ܫܝܢܐ ܒܠܒܝܡ
ܡܫܠܡܢ. ܕܗܘ[2] ܡܫܪܪ ܘܠܐ[3] ܡܬܬܙܝܥ ܡܢ ܫܘܓܫܐ ܕܠܒܪ.
2 ܐܘ ܡܢܗ ܕܪܚܝܡܐ. ܘܥܡ[4] ܗܠܝܢ ܢܝܚܐ. ܕܐܦ ܗܢܐ ܣܦܪܐ
ܕܥܣܪܐ ܢܫܡܠܘܗܝ ܥܠ ܗܠܝܢ[5] ܣ̈ܦܪܐ ܐܚܪ̈ܢܐ. ܕܬܫ̈ܥܝܬܐ
ܕܥܕ̈ܬܐ ܕܥܒܕ ܐܬܝܗܒ. ܥܠ ܥܒܕܐ ܕܝܢ ܕܗܠܝܢ ܢܫܡܠܘܗܝ

Book X. [1] 𝔄 om. ܬܘܒ [2] 𝔄 sing. [3] 𝔄 plur. [4] 𝔄 *de Likiano*

Chap. I. [1] 𝔄 om. ܘ [1a] 𝔄 adds ܐܝܬ *est* [2] 𝔄 om. ܕ [3] 𝔄 om. ܘ [4] 𝔄 om. ܘ [5] 𝔄 om. ܗܠܝܢ

ܦܘܠܚܢܐ[6] ܣܓܝܐܐ. ܘܐܝܟ ܕܠܫܘܬܦܐ ܕܟܠܗ ܡܫܡܫܢܘܬܐ[7] ܠܟ
3 ܢܫܡܫܘܢ. ܒܡܠܬܐ ܕܝܢ ܠܡܐܡܪܐ ܕܢܒܝܐ[8] ܫܠܡܐ. ܠܫܘܕܥܬܐ
ܕܫܘܡܠܝܐ ܕܒܪܝܬܐ ܢܦܩ ܗܘܐ. ܟܕ ܡܬܦܠܓܝܢ ܐܢܫܝܢ ܡܢ
s xcviii f. ܙܘܢܐ ܕܐܠܗܐ ܕܦܩܕܐ ܗܘܐ. ܥܒܝܕ ܠܡܬܪܐ ܡܫܬܥܒܕܢܘܬܐ
𝔄 718 ܫܪܝܬܐ. ܡܛܠ ܕܡܬܕܒܪܢܘܬܐ[8] ܚܕܐ. ܘܦܪܘܫܬܗ[9] ܡܫܝܚܗ ܘܡܪܢܗ[10]
ܣܓܝܐܐ. ܗܘ ܡܪܢܐ[11] ܦܪܘܩܢܢ.[12] ܘܠܟܠܗܘܢ ܥܡ̈ܡܐ[13] ܟܠܗ
4 ܕܫܘܬܦܘܬܗ.[14] ܘܒܬܪ ܡܠܬܐ ܕܦܘܩܕܐ ܠܡܫܡܫܘ ܡܫܬܥܒܕܢܘܬܐ ܫܪܝܬܐ.
ܢܒܝܐ ܘܐܦ ܚܕ ܘܐܡܪ. ܕܡܢ ܒܬܪ ܡܬ̈ܢܝܬܐ ܘܐܦ̈ܐ
ܫ̈ܢܝܬܐ ܘܩ̈ܫܬܐ. ܐܬܟܝܢ ܕܐܝܟ ܗܠܝܢ ܠܡܢܝܐ. ܘܠܡܚܒܕ
ܒܛ̈ܪܐ. ܕܩܛ̈ܠܐܐ ܘܕܘ̈ܟܐ ܘܡܫ̈ܩܪܐ ܕܐܠܗܐ ܕܡܕܝܢ. ܐܬܦܪܦܪܘ
ܠܡܢܝܐ ܟܠ ܐܪܒܥܐ ܘܠܐ ܫܘ. ܘܠܡܥܒܕܟ. (A fol. 114 *b*) ܘܠܐ
5 ܥܒܕܘ. ܐܠܐ ܗܘܝ̣ ܡܠܠܐܝܬ ܩܪܝܒܘ ܘܐܬܥܒܕܘ ܠܐܠܗܝܢ
ܕܡܬܢܝܪ̣[15] ܡܢ ܗܠܝܢ. ܐܬܚܠܦܘ ܠܥܡ̈ܡܐ ܘܠܦܪ̈ܕܣܐ
ܠܡܬܟܡܫܘ ܒܐܠܗܐ. ܐܝܟ ܕܝܢ ܡܘܕܝܢ ܕܐܦ ܗܠܝܢ ܡܬܢܝܪ̣
ܡܢ. ܘܡܬܕܡܪܝܢ ܒܠܒܘܬܐ ܕܡܘܗܒܬܗ ܕܡܘܫܐ. ܬܗܘܝܢ
ܚܝܢ ܕܝܢ ܐܝܟ ܡܢܐ ܕܗܠܐ. ܘܟܠܗ ܢܦܫ ܘܚܙܝ ܡܠܟܕܝܢ.
ܘܡܬܗܕܝܢ ܚܝܢ ܟܠ ܥܕܪܐ ܕܐܠܗܝܢ ܕܐܬܐܡܪ ܒܢܒܝܘܬܐ
Ps xlvi 8f. 6 ܒܟܬܒܐ. ܕܐܡܪ ܗܟܢܐ. ܕܬܘ ܚܙܘ ܒܥ̈ܒܕܘܗܝ ܕܐܠܗܐ.
ܕܥܒܕ ܬܕܡܪ̈ܬܐ ܒܐܪܥܐ. ܘܡܒܛܠ ܩܪ̈ܒܐ[16] ܡܢ ܣܘ̈ܦܝܗ
ܕܐܪܥܐ.[17] ܩܫ̈ܬܐ ܬܒܪ ܘܡܬܒܪ ܢ̈ܝܙܟܐ.[18] ܘܡܬܪ̈ܣܐ[19]
𝔄 719 ܡܘܩܕ ܒܢܘܪܐ.[20] ܘܟܕ ܫܡܥ ܚܠ ܒܗܠܝܢ ܕܒܟܒܕܐ ܐܫܬܟܠܠ. ܡܢ.
ܡܢ ܒܬܪ ܢܘܗܪܐ ܒܗ ܒܬܫܒܘܚܬܐ·○·○··

[6] Read with 𝔄 ܦܘܠܚܢܐ [7] 𝔄 plur. [8] 𝔄 plur. [9] 𝔄 = ܦܪܘܫ ܠܗ (omitting ܘ) [10] 𝔄 om. the suffixes in ܡܫܝܚܗ and ܡܪܢܗ [11] 𝔄 om. ܡܪܢܐ [12] 𝔄 om. the suffix [13] 𝔄 sing. [14] 𝔄 om. the suffix [15] 𝔄 om. ܠܐܠܗܝܢ ܕܡܬܢܝܪ [16] 𝔄 sing. [17] 𝔄 *a finibus usque in fines terrae* [18] 𝔄 *arcus fregit, arma confringit* [19] 𝔄 *et scuta* [20] 𝔄 om. ܒܢܘܪܐ

ܕܬܪܝܢ. ܥܠ ܫܘܒܚܐ ܕܡܪܝܐ.

7 ܐܬܚܠܦ ܗܘܐ ܠܗ ܕܝܢ ܠܘܩܒܠ ܕܡܫܝ̈ܚܘܗܝ ܕܐܠܗܐ. ܐܝܟ
ܕܡܢ ܠܟܠ ܐܚܪ̈ܢܐ. ܘܫܘܬܐ ܕܥܘܠܗܘܢ ܐܢܫܐ ܡܢ ܥܠ ܐܬܓܒܪܬ.
ܐܝܟ ܕܐܬܬܥܠܝܐ ܬܘܒ ܡܠܟܬܐ ܕܐܠܗܐ ܕܐܡܪܐ ܗܟܢܐ.
ܕܚܙܝܬ ܠܗ ܠܪ̈ܫܝܥܐ[1] ܕܡܫܬܥܠܝܢ ܘܡܬܪ̈ܝܡܝܢ ܐܝܟ ܐܪ̈ܙܐ Ps xxxvii 35 f.
ܕܠܒܢܢ.[2] ܘܟܕ ܥܒܪܬ ܠܘܬܗܘܢ.[3] ܘܒܥܝܬܗ[4] ܘܠܐ ܐܫܟܚܬܗ.[4a]
8 ܘܡܟܝܠ ܢܘܗܪܐ ܗܘ ܦܨܝܚܐ ܘܢܗܝܪܐ. ܕܠܝܬ ܒܗ[5] ܐܦܠܐ ܛܠܠܐ
ܕܒܢ̈ܝܢܐ.[6] ܕܠܒܫܐ ܕܢܘܗܪܐ ܥܡܝܩܐ. ܐܢܗܪܘ ܠܒܪܝܬܐ ܟܠܗ̇
ܒܒܪܬܗ ܕܡܫܝܚܐ. ܘܠܝܬ ܫ̈ܡܫܐ[7] ܕܢܬܬܘܬܒܘܢ̇ ܗܟܝܠ ܒܡ̈ܠܬܐ
ܐܡܠܝܢ ܕܡܢ ܐܠܗܐ ܐܬܝܗܒ ܠܢ. ܐܦ ܐܡܠܝܢ ܕܠܒܪ ܡܢ
ܗܝܡܢܘܬܐ ܐܝܟܢ ܕܠܢ. ܕܐܦ ܠܐ ܒܥܘܬܐ ܐܠܐ ܐܦ
ii. 1 ܡܠܠ ܒܡܐ ܕܗܘ. ܠܟܠܗܘܢ ܕܝܢ ܟ̈ܠܢ ܐܢܫܐ ܐܬܝܗܒܬ ܚܕܘܬܐ
ܡܢ ܥܘܒܕܗܘܢ ܕܛܘܪ̈ܢܐ. ܘܐܝܟܢܐ ܡܢ ܒܝ̈ܫܬܐ ܡܕܒ̈ܪܬܐ.
ܘܐܢܫ. ܐܢܫ ܡܘܕܝܢ ܗܘܘ ܕܝܢ ܗܘ ܐܠܗܐ ܒܥܙܝܐ. ܗܘ̇ ܕܗܘܝܘ 𝔄 720
ܡܕܒܪܢܐ ܕܕ̈ܚܠܘܗܝ. ܘܡܬܪܐܝܬ ܕܝܠܢ. ܕܐܡܠܝܢ ܕܬܠܝܢ[8] ܗܘܝܢ
ܒܡܫܝܚܗ (A fol. 115 a) ܕܐܠܗܐ. ܒܒܘܣܡܐ ܗܘ̇ ܕܠܐ ܡܬܡܠܠ.[9]
ܘܚܕܘܬܐ ܕܐܠܗܐ ܒܟܠ ܐܢܫ ܡܫܒܚܐ ܗܘܬ. ܘܥܠ ܐܬܪ
ܕܒܕܡ ܡܠܠ ܚܙܝܐ ܐܬܝܗܘܢ ܗܘܐ ܒܪܝܫܝܬܗܘܢ ܕܛܘܪ̈ܢܐ.
ܐܝܟ ܕܡܢ ܒܘܪܟܐ ܡܕܝ̈ܢܬܐ ܕܚܘܒܬܐ ܚܙܝܢ ܗܘܘ ܕܡܬܚܕܬܢ
ܗܘܝ. ܘܗܝܟܠܐ ܡܢ ܫܬܐܣܘܗܝ ܡܬܒܢܝܢ ܗܘܘ ܘܡܫܬܟܠܠܝܢ.
ܘܡܝܬܪܐܝܬ ܬܫܒܘܚܬܐ ܡܬܡܠܝܢ ܗܘܘ. ܐܡܠܝܢ ܕܡܢ ܩܕܡ.
2 ܐܬܚܒܠܘ ܗܘܘ. ܐܠܐ ܐܦ ܩ̈ܠܝܐ ܗܘܢ ܚܠܦܐ. ܒܢ̈ܝܢܐ

CHAP. II. [1] 𝔄 sing. [2] 𝔄 *ut cedros Libani* [3] 𝔄 *praeterii et ecce non erat* [4] 𝔄 om. ܘܒܥܝܬܗ [4a] 𝔄 *et non inventus est* [5] 𝔄 = ܒܗܘܢ [6] 𝔄 sing. [7] 𝔄 sing. [8] In 𝔄 read կախեալք [9] 𝔄 *et gaudium erat laetum*

ܐܒ̈ܘܦܐ ܕܢܠܦ[10] ܒܪܘܚܢܝܐ. ܡܗܝܡܢܘܬܐ[11] ܕܐܠܗܐ ܡܫܪܪܝܢ ܗܘܘ
ܠܗ̇ ܒܪܘܚܬܐ ܘܒܡܫܝܢܐ. ܫ̈ܠܡܝܢ ܗܘܘ ܕܝܢ ܐܦ ܒܠܚ̈ܘܕܬܐ
ܕܩ̈ܠܝܐ ܥܠ ܫܘܒܚܐ ܕܐܦܣܩܘܦܐ. ܘܐܝܩܪ̈ܐ ܘܡܗܝܡܢܘܬܐ
ܘܚܝܠܐ[12] ܕܗܘܝܐ. ܒܝܘܡܐ ܕܝܘܡܢ ܠܗ ܠܡܠܟܘܬܐ. ܐܝܟ
ܕܐܣܛ̈ܠܐ[13] ܩ̈ܕܝܫܬܐ. ܢܥܫܘܢ ܬܠܡ̈ܝܕܘܗܝ ܒܗܢܐ ܙܒܢܐ.
ܕܢܗ̈ܘܝܢ ܐܢ̈ܫܝܢ ܠܬܘܕܝܬܐ ܕܐܠܗܐ ܕܐܝܬܘܗܝ ܡܢ ܥܠܡ ·ܘ·ܘ:ܘ·ܘ·

A 721 ܕܬܠܬܐ. ܥܠ ܒܥ̈ܐܕܐ ܕܚܘܕܬܐ ܕܥܕܬܐ.[1] ܕܗܘܝܢ ܗܘܘ
ܒܟܠ ܐܬܪ.

iii. 1 ܘܡܢ[2] ܗܠܝܢ ܗܘܬ ܚܙܝܬܐ ܗܝ ܕܟܠܢ ܡܣܬܟܝܢ ܘܡܨܠܝܢ
ܡܬܠܬܠܗ̇. ܡܬܚܙܝܢ ܗܘܘ ܓܝܪ ܒܥܐ̈ܕܐ[3] ܕܚܘܕܬܐ ܒܟܠ ܡܕܝܢܐ.
ܘܗܝܟܠܐ ܚ̈ܕܬܐ ܕܐܬܒ̈ܢܝܬܐ[4] ܡܬܒܢܝܢ ܗܘܘ. ܘܐܦܣܩܘܦܐ
ܡܬܟܢܫܝܢ ܗܘܘ ܐܟܚܕܐ. ܘܢܘܟܪ̈ܝܐ ܕܒܥܒܪܐ ܕܡܢ[5] ܐܬܪ̈ܘܬܐ
ܪ̈ܚܝܩܬܐ. ܘܚܘܒܐ ܕܠܘܬ ܚܕ̈ܕܐ[6] ܡܬܚܙܐ ܗܘܐ. ܒܫܘܠܡܐ ܕܗܕ̈ܡܐ
ܕܦܓܪܗ ܕܡܫܝܚܐ. ܠܚܕܐ ܓܝܪ ܐܚܝܕܘܬܐ ܘܫܘܠܡܘܬܐ ܢܦܩܝܢ ܗܘܘ
2 ܘܡܬܚܒܪܝܢ. ܐܝܟ ܕܐܡܝܪ ܒܢܒܝܘܬܐ. ܕܐܝܟ ܕܒܐܪܙܐ ܐܘܕܥܬ
Ez xxxvii 7 ܥܠ ܡܢ ܕܡܝܬܐ ܗܘܐ ܠܡܘܬܐ. ܡܬܢܒܐ ܗܘܐ ܓܪܡܐ
ܠܓܪܡܐ. ܘܫܪܝܬܐ ܠܘܬ ܫܪܝܬܐ. ܘܫܪܝܢܐ ܐܝܠܝܢ ܕܡܬܦܪܕܝܢ
ܐܬܒܪܝܬ ܡܠܬܐ ܕܐܠܗܐ ܒܪܡܙܐ ܒܢܒܝܘܬܐ. ܘܠܐ ܕܓܠܝܬܐ
3 ܡܬܬܩܢܝܢ ܗܘܘ.. ܘܚܕ ܚܝܠܐ ܕܪܘܚܐ ܕܐܠܗܐ ܕܒܟܠܗܘܢ[7]
ܗܕ̈ܡܐ ܡܫܡܫ ܗܘܐ. ܘܢܦܫܐ ܚܕܐ ܠܟܠܗܘܢ: ܘܚܕܐ ܚܕܝܘܬܐ
A 722 (A fol. 115 b) ܕܗܝܡܢܘܬܐ. ܘܡܢ ܟܠܗܘܢ ܚܕ ܫܘܒܚܐ ܪܒܐ ܗܘܐ.
ܘܒܠܚܘܕ ܡܫܡܠܝܐ ܕܡܕܒܪ̈ܢܐ ܕܒ̈ܕܬܐ ܕܐܝܟ ܠܐܠܗܐ.

[10] A om. ܢܠܦ [11] A plur. [12] A = ܘܚܝܠܐ؟ [13] A *ut in stolis*

Chap. III. [1] A plur. [2] A om. ܘ [3] A *in festa* [4] A *et templa quae propter preces* [5] A om. ܕ [6] A inserts *non* [7] A om. ܕ

ܘܡܙܡܘܪ̈ܐ[8] ܕܥܢܝ̈ܢܐ ܘܢܡܘ̈ܣܐ ܕܥܕܬܐ ܕܝܗܝܒ ܠܐܠܗܐ. ܐܝܬ
ܕܘܟܬܐ ܕܡܫܡܫܢܘܬܐ.[9] ܘܡ̈ܠܐ ܕܥܡ ܐܠܗܐ ܐܬܐܡܪܝ[10] ܠܡ
ܡܬܥܒܕܝܢ[11] ܗܘ̈ܝ ܡܢܗ. ܘܐܝܬ ܕܘܟܬܐ. ܕܬܫܒ̈ܘܚܬܐ ܕܐܪܙܘܗܝ
ܕܐܠܗܐ ܡܬܓܡܪܝܢ ܗܘ̈ܝ ܒܗ. ܕܐܝܬܘܗܝ ܦܠܐܬܐ ܒܡܫܝܚܐ
ܕܢܦܫܗ ܕܦܪܘܩܢ. ܘܐܚܝܕܐ ܕܝܢ ܥܠ ܟܠܗ ܘܡܘܡܝܐ[12] ܕܟܘܪ̈ܝܐ 4
ܘܕܝܢ̈ܐ. ܒܟܠܗ ܚܝܠܐ ܕܪܚܡܘܬܐ. ܒܥ̈ܠܬܐ ܘܬܫܒܘܚܬܐ.[13] ܒܢܦܫܐ
ܘܡܕܒܚܐ ܚܕ ܙܘܥܝ. ܠܐܠܗܐ ܡܩܪܒܐ ܕܠܒ̈ܬܐ ܡܩܕܫܝܢ ܗܘܘ.
ܘܟܠܗܘܢ ܐܝܟ ܕܒܚܝܢ ܗܘܘ ܡܩܪܒܝܢ ܗܘܘ[14] ܡܩܪ̈ܒܢܐ ܕܫܘܕܥܬܐ
ܕܟ̈ܗܢܐ. ܐܝܟ ܚܝܠܐ[15] ܕܐܝܬ ܗܘܐ ܒܗ ܚܕ ܚܕ ܡܢܗܘܢ.
iv. 1 ܘܡܩܪܒܝܢ ܗܘܘ ܘܡܫܡܫܝܢ ܠܒܢܝܢܐ ܕܟ̈ܗܢܐ. ܘܚܕ ܡܢܗܘܢ
ܕܝܢ ܡܢ ܐܝܠܝܢ ܕܒܝܢܬܗܘܢ ܒܗܘܢ ܡܢ ܗܘܐ ܒܡܨܥܬܐ. ܘܡܠܠ
ܗܘܐ ܡܐܡܪܐ ܐܝܟ ܕܒܢܝܢܐ ܕܥܕܬܐ.[16] ܟܕ ܒܢܝܢ ܗܘܘ
ܕܥܕ̈ܬܐ ܩܕܝܫ̈ܬܐ. ܘܒܢܝܢܐ ܘܒܥܘܕܪܢܘܬܐ ܡܦܠܚܢܐ ܗܘܬ 𝔄 723
ܡܫܬܒܚܢܘܬܗ. ܘܐܝܟ[17] ܠܗܘܢ ܦܪܘܣܐ ܕܚܕ ܐܦܝܣܩܘܦܐ.
ܗܘ ܕܒܗܠ[18] ܡܕܡ ܢܝܚ ܗܘܐ ܘܐܝܟ ܠܐܠܗܐ. ܗܘ ܗܘ ܕܡܫܝܚ
ܗܘܐ ܒܢܦܫܘܬܗ. ܢܬܪܬ ܡܛܠ ܕܩܕܝܫܘܬܐ. ܘܡܫܠܡ
ܡܬܐܪܬ ܒܗܘ ܗܘܐ ܬܡܢ. ܡܠܠ ܗܘܐ ܕܝܢ ܕܐܝܟ ܗܢܐ
ܡܐܡܪܐ܀

ܕܐܪܒܥܐ. ܡܐܡܪܐ ܥܠ ܢܨܚܘܬܐ ܕܡܨ̈ܥܬܐ ܕܥܕܬܐ[1]܀
ܡܐܡܪܐ ܕܥܠ ܒܢܝܢܐ ܕܥܕ̈ܬܐ. ܠܘ[2] ܒܢ̈ܝܢܐ ܕܥܕܬܐ. 2
ܕܐܡܝܪ ܥܠ ܦܘܠܝܢܐ ܕܦܠܘܠܝܢ[3] ܐܦܝܣܩܘܦܐ ܕܥܕܬܐ ܕܨܘܪ܀

[8] 𝔄 sing. [9] 𝔄 = ܕܡܫܡܫܢܘܬܐ [10] In 𝔄 for [illegible] read [illegible] (sc. [illegible]) ... ܠܡ is omitted [11] 𝔄 = ܡܬܡܠܠܝܢ [12] For ܘܡܘܡܝܐ 𝔄 has *communiter* [13] In 𝔄 read զոհութեամբք [14] 𝔄 *faciebant* [15] In 𝔄 read կարի [16] 𝔄 plur. [17] 𝔄 om. ܘ [18] 𝔄 om. ܕ

CHAP. IV. [1] 𝔄 plur. [2] 𝔄 = ܘܠܘ [3] 𝔄 Պօղինէ

ܐܘ ܗܢܐ ܕܡܫܟܢܗ ܕܐܠܗܐ. ܗܢܘܢ ܕܠܒܢܝܢ ܠܒܢܝܢܐ
ܘܒܢܝܢܐ ܘܗܝܟܠܐ ܩܕܝܫܐ ܕܬܫܡܫܬܐ. ܘܡܫܡܫܢܘܬܐ ܕܐܠܗܐ
ܘܐܣܛܠܐ ܕܟܗܢܘܬܐ ܘܛܟܣ ܘܩܘܕܫܐ. ܘܐܝܬ ܐܘ (A fol. 116 a)
ܘܫܘܠܛܢܐ ܕܗܝܟܠܐ ܡܩܕܫܐ ܕܐܠܗܐ.[4] ܕܡܥܝܪ ܒܬܫܡܫܬܐ ܕܡܢ
ܐܠܗܐ.[5] ܕܒܟܗܢܐ ܘܒܡܫܡܫܢܐ ܡܝܬܪܐ ܕܒܢܝܢܘܬܐ ܚܕܬܐ
ܘܓܘܝܣܘܬܐ[6] ܓܒܝܐ ܐܝܬ. ܕܗܘ ܐܠܗܐ ܐܡܪ[7] ܠܟܠܗ ܠܥܠܡܐ.
ܒܡܗܝܡܢܘܬܐ[8] ܡܫܬܪܪܬܐ ܢܦܪܟ. ܕܟܠ ܐܪܥܐ ܬܒܝܠܐ ܒܢܝܬܐ
A 724 ܠܡܫܝܚܐ ܡܠܟܗ ܘܦܘܪܩܢܗ. ܘܠܥܕܬܗ ܡܩܕܫܬܐ ܥܡܗ ܫܘܝܬ ܠܐܠܗܐ.
ܐܦ ܐܝܟ ܗܠܝܢ ܕܐܡܪܢ ܒܡܠܬܐ ܚܕܬܐ. ܗܝ ܕܒ ܐܘܪܝܬܐ 3
ܕܡܫܝܚܐ ܕܐܠܗܐ. ܐܘ ܥܠܝܗܘܢ ܕܠܐ ܕܐܘܪܫܠܡ ܚܕܬܐ
ܘܡܬܩܪܝܐ. ܐܘ ܕܬܬܒܢܐ ܚܕܬܐ. ܗܝ ܕܐܘܪܚ ܬܫܒܘܚܬܗ
ܐܡܪܬܐ ܕܗܝܟܠܐ ܠܗ ܡܢ ܡܩܕܫܬܐ.·○:○· ܐܠܐ ܐܦ ܐܝܬܘܗܝ 4
ܐܘ ܐܡܪܐ ܕܡܬܒܢܝܐ ܕܐܠܗܐ.[9] ܒܝܬ ܡܫܝܚܐ ܕܡܠܟܐ
ܠܥܠܡ. ܘܒܝܬ ܡܕܝܢܬܐ ܕܒܩܘܕܫܐ ܘܡܫܡܫܢܘܬܐ[10] ܘܫܘܒܚܬܐ
ܕܕܝܠܗ ܐܠܗܐ. ܗܢܘܢ ܕܡܢ ܩܕܡ ܒܡܫܡܫܢܘܬܗܘܢ ܡܫܠܡ 5
ܗܘܘ ܒܟܗܢܐ ܐܠܗܝܐ. ܬܫܡܫܬܐ ܕܕܝܠܗ ܐܠܗܐ. ܘܬܕܡܝܬܗ
ܕܡܢ. ܘܒܗܕܪܐ ܕܠܘܬ ܒܢܝ ܐܢܫܐ. ܘܬܫܡܫܬܐ ܠܐܠܗܐ
ܡܫܡܫܝܢ ܗܘܘ. ܡܛܠ ܗܢܐ ܠܡܐܡܪ ܐܦ. ܒܗ ܡܙܡܘܪܐ ܚܢ.
Ps xliv 1 ܕܐܠܗܐ ܫܡܥܢ ܒܐܕܢܝܢ. ܐܦ ܐܒܗܝܢ ܐܫܬܥܝܘ ܠܢ.[11] ܡܕܡ
ܕܥܒܕܬ[12] ܒܝܘܡܬܗܘܢ[13] ܒܝܘܡܬܐ ܩܕܡܝܐ. ܐܠܐ ܗܫܐ ܠܐ 6
ܗܘܐ ܐܝܟ ܕܡܢ ܫܘܒܚܐ. ܘܠܐ ܐܝܟ ܕܡܢ ܩܕܡܐ ܕܡܠܟܐ.
ܕܪܒܐ ܪܡܐ. ܘܐܡܪܐ ܫܡܫܘܬܐ ܕܟܠܗ ܩܕܡܐ[14] ܘܐܠܗܐ

[4] A *novi templi Dei sancti* [5] A om. ܕܢܦܫܐ ܕܒܝܬ ܐܠܗܐ ܡܫܡܫܢܘܬܐ
[6] For ܓܒܝܘܬܐ ܚܕܬܐ ܘܓܘܝܣܘܬܐ A has *et praeclara electione* [7] A = ܐܡܝܪ
[8] A plur. [9] A *Christi* [10] A om. ܘ [11] A om. ܠܢ [12] A *opus quod operatum est* [13] A om. ܒܝܘܡܬܗܘܢ [14] A om. ܩܕܡܐ

ܘܡܫܠܡܝܢ ܚܝ܂ ܒܒܪܟܐ ܕܝܢ ܒܗܝܢ ܒܬܫ̈ܒܚܢ ܫܘܠܡ ܕܬܪ̈ܬܝܢ
ܘܡܫܡܫܝܢ ܚܝ ܐܝܠܝܢ ܕܡܢ ܩܕܡ ܐܫܬܠܡ ܠܥܘܗܕܢܐ܂[15] ܫܡܥܢܐ
ܕܡܢ ܕܬܘܒܐ ܕܥܒܘܕܘܬܐ ܢܫܡܥ܂ ܘܐܝܟ ܕܫܡܥܢ ܕܫܘܡܥܢܐ ܢܫܡܥ 𝔄 725
ܘܐܡܪ܂ ܕܐܝܟ[16] ܕܫܡܥܢ ܗܟܢܐ ܚܙܝܢ ܒܡܕܝܢܬܗ ܕܡܪܝܐ Ps xlviii 8
7 ܚܝܠܬܢܐ܂ ܒܡܕܝܢܬܗ ܕܐܠܗܢ܁ ܒܐܝܕܐ ܕܝܢ ܡܕܝܢܬܐ܂ ܐܠܐ
ܒܗܕܐ ܕܐܬܒܢܝܬ ܚܕܬܐܝܬ܂ (A fol. 116 *b*) ܘܐܬܬܩܢܬ ܠܐܠܗܐ܂
ܕܐܬܝܗ̇ ܒܝܬܐ ܕܐܠܗܐ ܚܝܐ܂ ܒܗܕܐ ܬܘܒ ܢܒܝܐ ܕܢܒ̈ܝܐ܂ ܥܠ
ܗ̇ܝ ܕܐܦ ܡܠܬܐ ܐܚܪܬܐ ܕܐܠܗܐ ܡܣܗܕܐ ܥܠܝܗ̇܂ ܕܡܫܒ̈ܚܬܐ ib lxxxvii 3
ܐܬܡܠܠ ܥܠܝܟܝ ܡܕܝܢܬܗ ܕܐܠܗܐ܂ ܗ̇ܝ ܕܠܗ̇ ܒܢܝܢ ܐܠܗܐ[17]
ܟܢܘܫܬܐ ܕܚܢܢܘܗ܂ ܘܥܠ[18] ܚܕ ܚܕ ܡܢ ܐܝܠܝܢ ܕܐܬܟܢܫܘ ܢܫܒܚ
ܘܢܫܒܚ ܘܢܐܡܪ܂ ܚܕܝܬ ܒܗ̇ ܕܐܡܪܝܢ ܗܘܘ ܠܝ܂ ܕܠܒܝܬܗ ib cxxii 1
ܕܡܪܝܐ ܐܙܠܝܢ܂ ܘܡܪܝܐ[19] ܪܚܡܬ ܠܬܫܡܫܬܗ ܕܒܝܬܟ[20] ܘܐܬܪܐ ib xxvi 8
8 ܕܡܫܟܢܗ ܕܫܘܒܚܟ܂[21] ܘܠܐ ܗܘܐ ܒܠܚܘܕ ܡܢܗ ܘܠܗ ܟܠ ܚܕ
ܚܕ ܡܢܢ܂ ܐܠܐ ܐܦ ܟܠܢ ܡܢ ܥܠ܂ ܒܚܕܐ ܪܘܚ ܘܒܚܕܐ ܢܦܫ܂
ܢܙܡܪ[22] ܘܢܫܒܚ ܠܡܫܝܚܐ܂ ܗ̇ܘ ܕܗܘܝܘ ܡܪܢ ܘܡܫܒܚ[23] ܪܒܐܝܬ ib xlviii 1
ܡܕܝܢܬܗ ܕܐܠܗܐ܂[24] ܘܒܛܘܪܗ[25] ܩܕܝܫܐ ܘܡܫܒܚܐ܂ ܐܦ ܪܒ
ܗܘ ܓܝܪ ܒܪܝܐ܂ ܘܪܒ ܗܘ ܡܗܠܠ ܘܪܡ ܘܡܫܒܚ܂ ܘܣܓܝ ܚܝܠܗ
ܡܢ ܟ̈ܠ ܐܢܫܐ܂ ܗܐ ܗܘ ܡܪܢ[26] ܕܥܒܕ ܬܕܡܪ̈ܬܐ ܒܠܚܘܕܘܗܝ܂ 𝔄 726
ܗܐ ܗܘ ܕܥܒܕ ܬܕܡܪ̈ܬܐ ܕܠܐ ܣܟ܂ ܘܬܡܝ̈ܗܬܐ[27] ܕܠܐ ܡܢܝܢ܂ Job ix 10
ܗܐ ܗܘ ܗ̇ܘ ܕܡܫܚܠܦ ܥܕ̈ܢܐ ܘܙܒ̈ܢܐ܂ ܡܥܒܪ ܡ̈ܠܟܐ ܘܡܩܝܡ Dan ii 21
ܡ̈ܠܟܐ܂[28] ܕܡܩܝܡ ܡܢ ܥܦܪܐ[29] ܠܡܣܟܢܐ܂ ܘܡܢ ܩܩܠܬܐ Ps cxiii 7

[15] Read with 𝔄 ܠܥܘܗܕܢܐ [16] 𝔄 om. ܕ [17] 𝔄 adds *beneficus* [18] 𝔄 om. ܘ [19] 𝔄 = ܘܡܪܝܐ [20] For ܠܬܫܡܫܬܗ ܕܒܝܬܟ 𝔄 has *decentiam* [21] 𝔄 om. the suff. [22] In 𝔄 read *պատուեսցուք* [23] For ܠܡܫܝܚܐ. ܗ̇ܘ ܕܗܘܝܘ ܡܪܢ ܘܡܫܒܚ 𝔄 has *et dicemus, Magnus est Dominus et benedictus est* [24] 𝔄 *Dei nostri* [25] 𝔄 om. ܘ [26] 𝔄 *Dominus* [27] For ܘܬܡܝ̈ܗܬܐ 𝔄 has *et potentiam et artes* [28] 𝔄 om. ܘܡܩܝܡ ܡ̈ܠܟܐ [29] 𝔄 *a terra*

Lk i 52 f. ܘܡܦܩ ܠܥܬܝܪܐ. ܐܝܬ[30] ܬܘܩܦܐ ܡܢ ܒܪܘܪܒܢܘܬܗܘܢ ܘܐܪܝܡ
ܡܟܝܟܐ ܡܢ ܐܪܥܐ. ܘܣܒܥ ܠܟܦܢܐ ܛܒܬܐ. ܘܥܬܝܪܐ
ܕܥܡ̈ܘܪܐ ܡܢܟ. ܕܠܐ ܠܡܗܝܡܢܐ ܒܠܚܘܕ. ܐܠܐ ܘܐܦ 9
ܠܥܠܡ ܕܠܐ ܡܗܝܡܢܝܢ ܕܡܟܪܙܢܐ ܕܬܫܒܘܚܬܐ ܕܡܫܝܚܐ ܫܕܪ. ܗܘ
ܕܥܒܕ ܬܕܡܪ̈ܬܐ ܪ̈ܘܪܒܬܐ. ܡܕܒܪܢܐ. ܘܒܪܘܝܐ ܕܟܠܗ ܥܠܡܐ.
ܐܠܗܐ ܕܟܠ ܘܡܠܟ ܥܠ ܟܠ. ܗܘ ܕܝܢ ܗܘ ܐܠܗܐ ܒܠܚܘܕܘܗܝ.
ܗܘ ܕܠܗ ܬܫܒܘܚܬܐ ܚܕܬܐ ܡܫܡܫܝܢ. ܒܗ ܒܠܡ ܐܢܫܝܢ ܘܐܡܪܝܢ
Ps cxxxvi 4, 17 f., 23 ܐܢܫܝܢ. ܕܥܒܕ ܬܕܡܪ̈ܬܐ ܪ̈ܘܪܒܬܐ ܒܠܚܘܕܘܗܝ. ܕܠܥܠܡ
ܛܝܒܘܬܗ.[31] ܕܡܚܐ[32] ܠܡܠܟܐ ܪ̈ܘܪܒܐ ܘܩܛܠ ܡ̈ܠܟܐ ܥܫ̈ܝܢܐ
ܕܠܥܠܡ ܛܝܒܘܬܗ. ܕܐܬܕܟܪܢ ܒܡܟܝܟܘܬܢ[33] * * * * *
16 * * * * * (A fol. 117 a) ܗܠܝܢ ܕܟܠ ܐܪܥܐ ܡܚܠܡ
ܢܘܕܘܢ ܒܗ. ܠܐ ܗܘܐ ܕܐܝܟ ܒܢܝܢܐ ܐܢܫܝܐ ܐܝܬܘܗܝ.
ܡܠܟܐ. ܐܠܐ ܐܝܟ ܒܪܐ ܝܚܝܕܝܐ ܕܐܠܗܐ. ܘܐܝܟ ܕܗܘ
17 ܡܠܟ ܐܠܗܐ ܢܣܒ ܒܝܕܗ. ܡܛܠ ܕܒܪ ܡܢ ܡܠܟܐ ܡܫܬܠܛ
ܕܐܝܟ ܗܕܐ ܥܒܝܕܘܬܐ ܗܘܬ ܠܗ. ܕܠܥܠܡܐ ܘܡܫܡܫܢܘܬܐ
ܕܠܗܘܢ ܒܢ̈ܝܢܫܐ ܕܟܠ ܐܪܥܐ ܢܚܬ ܡܢ ܫܡܝܐ. ܡܛܠ ܗܢܐ ܡܠܟܐ
ܕܗܘܝܐ ܫܡ ܢܬܩܫܐ ܒܥ̈ܡܐ ܘܢܬܦܫܐ ܘܫܘܪ. ܕܡܢ ܫ̈ܩܘܫܗ
ܕܐܪܥܐ ܒܕܡܐ ܠܫܡܗ ܕܒܪܬܐ ܢܗܘܘܢ ܡܬܩܪܝܢ ܐܡܡܝܢܐܝܬ
18 ܒܡܫܡܫܢܘܬܐ ܕܠܗܘܢ ܒܢ̈ܝܢܫܐ ܐܦ ܡܛܠ ܗܢܐ ܕܠܐܡ̈ܘܬܐ ܡܕ̈ܝܢܐ
ܒܢܝܐ ܒܪܝܬܐ ܘܡܕܝܢܬܐ. ܒܫ̈ܘܩܘܗܝ ܒܡܕ̈ܝܢܬܐ ܕܒܠܗ ܐܪܥܐ
ܫܡ. ܡܛܠ ܕܒܪ ܗܘ ܡܬܝܕܥ ܒܠܗܘܢ ܒܥ̈ܡܡܐ. ܕܐܝܟ ܗܕܐ
ܥܒܝܕܘܬܐ ܡܢ ܟܠܗܘܢ ܟܪ̈ܝܢ ܐܢܫܐ ܗܘܘ. ܕܒܠܗܘܢ ܢܗܘܐ
19 ܒܗܕܐ ܘܡܬܚܙܝܐ ܒܠܗ ܥܠܡܐ ܡܠܟܘܬܗ. ܡܛܠ ܕܐܝܟ ܗܢܐ

[30] 𝔄 *solvit* [31] 𝔄 om. the suffix [32] 𝔄 om. ܕ [33] Here a leaf is lost in A. The text of 𝔄 comes to an end before the conclusion of this gap

ܒܒܐ ܡܢܗ. ܕܗܝ ܟܠܗ ܠܐ ܐܫܬܡܗ ܐܒܘܬܗ. ܕܠܐ ܒܡܢܘܬܗ
ܕܐܪܒܥܐ ܦܢܝܢ. ܐܠܐ ܒܟܠܗ̇ ܒܪܝܬܐ ܕܬܚܝܬ ܫܡܝܐ ܡܫܡܥ.
ܘܒܗ ܕܗܕܝܐ ܣܝܡ ܒܢܝܐ ܕܒܐܝܬ ܠܥܕܬܗ̈ܘܢ. ܕܗܡ ܐܕܪܗܘܣ
ܢܗܘܘܢ ܥܒܪ̈ܝܢ ܢܦ̈ܫܬܗܘܢ ܒܐܓܘܢܐ ܕܠܗܘܒܠ ܒܚܠܒܒܒܐ.
20 ܘܒܗ ܡܠܒܫܐ ܕܐܝܟ ܗܢܐ ܢܝܫ ܘܪܒܐ ܒܡܕܒܪܢܐ ܐܦ ܒܬܪ
ܡܛܘܬܗ. ܘܢܣܒ ܕܒܘܬܐ ܡܢ ܒܬܠܒܒܒܐ. ܘܟܠ ܐܬܪ ܘܡܕܒܪܢܐ
ܒܢܬ ܢܩ̈ܝܐ ܘܒܪ̈ܝܬܐ ܡܠܐ ܫ̈ܡܠܐ ܕܡܠܟܘܬܗ. ܘܢ̈ܦܫܐ ܕܦܪ̈ܫܝܢ
ܠܐܠܗܘܬܗ. ܐܝܟ ܗܠܝܢ ܬ̈ܘܦܪܐ ܘܙ̈ܒܢܬܐ ܘܦܘܪ̈ܒܢܐ ܕܗܢܐ
ܗܝܟܠܐ. ܕܫܒܝܚܝܢ ܒܫܪܪܐ ܘܪܘܪܒܝܢ ܘܫܡܝܢ ܠܬܕܡܘܪܬܐ.
ܘܐܝܟ ܗܠܝܢ ܬ̈ܫܘܒܚܬܐ ܕܒܒܕܐ ܕܡܠܟܘܬܗ ܕܦܪܘܩܢ. ܡܛܠ
ܕܐܦ ܗܢܐ ܗܘ ܐܡܪ ܘܗܘܘ. ܘܗܘ ܦܩܕ ܘܐܬܩܝܡ. ܡܛܠ
ܓܒܪ ܡܫܒܚܪ ܗܘܐ ܕܢܬܩܝܡ ܒܪܡܙܗ. ܕܗ̇ܘ ܕܗܘܘ ܡܠܟܐ
ܕܟܠ ܘܡܕܒܪܢܐ ܕܟܠ. ܕܗ̇ܘ ܡܠܬܐ ܕܡܠܦܢܐ ܕܐܠܗܐ.
21 ܕܬ̈ܠܡܝܕܘܗܝ. ܒܬܫܒܘܚܬܐ ܫܡܝܠܐ ܘܦܘܫܩܐ ܡܬܒܥܐ ܠܗ. ܘܠܐ
ܗܘܐ ܐܝܟ ܪ̈ܚܡܐ ܕܐܝܠܝܢ ܕܒܟܠܝܢ ܒܗ ܟܠܗܘܢ. ܕܐܝܬܘܗܝ
ܐܦ ܠܬܗ ܕܗܢܐ ܕܡܫܬܡܗ ܘܐܝܬܘܗܝ ܐܠܗܐ. ܕܗ̇ܘ ܚܝ̈ܐ
ܠܗ̈ܘܠܐ ܕܒܢܦ̈ܫܬܐ ܕܥܠܡܗܘܢ܆ ܘܗܘ ܡܬܬܢܝܚ ܒܒܝܬܐ ܕܡܬܬܒܢܐ
ܡܢ ܟ̈ܐܦܐ ܚܝ̈ܬܐ ܕܐܬܒܢܝ. ܗ̇ܘ ܕܒܢܝܢܐܝܬ ܬܩܝܢ ܥܠ ܫܬܐܣܬܐ
ܕܫ̈ܠܝܚܐ ܘܕܢ̈ܒܝܐ. ܕܗܘܝܘ ܝܫܘܥ ܡܫܝܚܐ ܗܘܐ ܪܫ ܩܪܢܐ
ܕܒܢܝܢܐ. ܗ̇ܘ ܕܐܣܠܝܘܗܝ ܠܐ ܗܘܐ ܒܠܚܘܕ ܒܢ̈ܝܐ ܗ̇ܢܘܢ
ܡܕܒ̈ܪܢܐ. ܗ̇ܢܘܢ ܕܡܫܟܚ ܠܐ (A fol. 117 b) ܐܫܬܡܥܘ܆ ܐܠܐ ܐܦ
ܗܠܝܢ ܕܒܕܡܘܬܐ ܠܗܡܢܐ ܐܫܬܡܥܘ ܒ̈ܢܝܐ ܒܢ̈ܝܐ ܕܒܢܝܢܐ ܕܒ̈ܢܝ
ܐܢܫܐ ܒܢ̈ܝܐ. ܐܬܟܫܪ ܕܝܢ ܡܢ ܐܠܗܐ ܗܕܝܢ ܘܐܦ ܗܢܐ.
22 ܕܢܗܘܐ ܪܫ ܩܪܢܐ ܕܒܢܝܢܐ ܕܗܕܐ ܒܥܕܬܐ ܕܥܡܡ̈ܐ. ܕܐܝܟܢ
ܗܟܝܠ ܗܢܐ ܗܝܟܠܐ ܚܝܐ ܕܚܝ̈ܐ ܐܬܒܢܝ ܠܐܠܗܐ ܚܝܐ.

ܕܝܢ ܘܡܠܐ ܠܐܠܗܐ ܘܡܕܡ ܥܒܪܬܝܬ. ܗܘ ܕܡܫܘܬܗ ܠܐ
ܡܬܚܫܒܐ ܠܟܠܢܫ. ܐܦ ܡܬܬܢܝܐ. ܕܐܝܬܝܗ̇ ܥܒܪܬܝܬ ܘܡܕܡ
ܡܩܪܒܐ. ܘܐܦ ܡܡܠܠ ܕܢܣܒܘܗܝ ܐܘ ܢܠܒܫܘܗܝ. ܟܠܗ ܕܝܢ
ܡܫܡܫ ܕܢܫܘܠ ܒܡܠܝܬܐ ܠܟܘ ܡܢ ܡܩܪܒܐ. ܐܠܐ ܠܐ ܗܘ ܕܗܘܐ
ܒܠܚܘܕܘܗܝ ܕܝ ܒܗܡܬܐ ܕܝܢ. ܗܘ ܕܠܗ ܒܠܚܘܕ ܐܝܬ
23 ܥܘܠܡܢܐ. ܕܒܢܝܢܐ ܒܥܘܬܐ ܕܒܥܝܢܐ ܪܘܚܢܝܬܐ. ܗܟܢ ܕܝܢ ܐܦ
ܐܚܪܢܐ ܬܪܝܢܐ ܒܬܪܗ ܡܫܡܫ ܕܢܫܘܠ ܠܟܘ. ܚܕ ܒܠܚܘܕܘܗܝ.
ܗܢܐ ܡܕܒܪܢܐ ܕܟܠ ܒܪܝܬܗ ܕܗܕܐ ܡܕܒܪܢܘܬܐ. ܗܢܐ ܕܗܘܐ
ܝܕ ܒܗܡܬܐ ܡܕܒܪܢܐ ܘܪܒܐ ܒܟܠܗܘܬܐ. ܕܡܢ ܒܬܪܗ ܒܗܕܐ
ܒܝܬܐ ܢܘܪܗ. ܘܒܒܝܬܗ ܝܒܫܐ ܕܗܕܐ ܡܕܒܪܢܘܬܐ ܕܐܠܗܐ
ܕܡܠܟܘ̈ ܕܒܡܫܡܫܢܘܬܐ ܘܕܢܝܐ ܕܐܘܟܝܘܗܝ ܕܐܘܠܝܘܗܝ ܥܠ ܒܥܒܐ
ܕܡܠܟܘ̈ ܕܢܗܘܐ ܠܗ ܡܫܡܫܢܐ ܘܒܢܝܐ ܠܗܢܐ ܐܚܪܢܐ
ܫܪܬܐ. ܐܘ ܡܠܟܝܢܘܬܐ ܕܒܥܐ ܠܒܪܗ ܕܐܠܗܐ. ܕܢܗܘܐ
24 ܘܢܬܟܠܦ ܡܫܗ ܠܟܠܡ ܒܝܠܘܬܐ ܕܟܠ.:. ܠܗܢܐ ܗܟܝܠ
ܒܠܚܘܕܘܗܝ ܢܗܘܐ ܥܘܠܡܢܐ. ܡܢ ܒܬܪ ܕܒܗܡܪܐ ܕܟܐ
ܘܡܕܒܪܢܐ ܕܢܣܒ ܘܒܩܒܪ ܗܘܠܐ ܕܟܘܠܬܐ ܕܡܬܩܢ̈ܢ
ܕܒܢܝܢܐ ܘܒܡܠܟܘܬܐ ܕܒܢܝܢܐ ܕܢܗܘܐ ܠܗ ܥܠ ܐܢܫ ܫܬܝܬܬ.
ܒܫܦܠܘܬܗ ܕܝܢ ܘܒܪܝܫܘܬܗ. ܠܟܠܗܘܢ ܒܬܪܬܝܢܘܬܐ ܘܡܟܠܬܐ
ܕܒܚܝܠܐ ܐܠܗܐ ܡܥܒܕ. ܘܗܘܐ ܡܢܐ ܒܚܝܠܐ ܬܘܒ ܡܢ ܟܠܢܫ.
ܕܐܠܗܐ ܕܒܚܝܠܐ ܕܐܠܗܐ. ܕܐܦ ܟ̈ܠܗ ܕܒܫܡܝܐ ܠܡܫܒܚܘܬܗ
John v 19 25 ܢܦܫܐ. ܗܘ ܓܝܪ ܕܝ ܒܗܡܪܐ ܕܠܐ ܝܕܥܐ ܘܡܕܒܪܢܐ. ܟܠ ܡܕܡ
ܕܝܠܗ ܠܐܒܘܗܝ ܕܥܒܕ ܐܦ ܗܘ ܒܗ ܡܬܕܡܐ. ܘܐܦ ܗܢܐ
ܕܝܢ ܡܠܦܢܐ ܡܕܒܪܢܐ. ܒܚܝܠܐ ܢܦܫܬܐ ܕܡܕܒܪܐ ܡܬܚܡܐ ܒܗ.
ܡܬܢܣܒܐ ܘܦܩܕܢܐ ܡܕܒܪܢܐ. ܘܐܝܟ ܕܒܚܝܠܐ ܒܚܝܠܐ ܕܡܢ
ܘܒܢܝܐ ܘܡܕܪ. ܘܠܐ ܐܬܚܙܝ ܡܢ ܒܝܠܐܝܬ ܒܥܒܕܐ. ܗܘ ܕܗܘ

ܐܠܗܐ (A fol. 118 a) ܟܠܝܘܡܝ ܪܘܚܐ ܕܡܫܡܫܢܘܬܐ ܘܡܫܡܠܝܐ
ܘܐܝܕܝܬܐ ܕܐܘܡܢܘܬܐ ܕܬܘܩܢܐ ܕܡܫܒܚܐ. ܗܘ ܕܒܦܠܣܦܣܐ
26 ܫܒܝܚܐ ܘܡܫܠܡ̈ܢܬܐ ܐܬܬܣܝܡ ܗܝܟܠܐ ܕܡܢ ܐܦ ܗܢܐ. ܠܡܫܝܚܐ.
ܠܡܠܬܐ ܕܐܠܗܐ ܘܡܫܒܚܬܐ ܘܢܗܝܪܐ. ܠܒܪ ܡܢ ܟܠܗܘܢ ܒܢܦܫܗ.
ܘܠܐ ܡܢ̈ܝܢܐ ܕܬܬܐܡܪ ܕܐܝܟܢ ܐܬܬܣܝܡ ܕܢܬܒܢܐ ܠܗ.
ܟܡܫܡܫܢܘܬܐ ܠܡܬܪܝܨܘܬܐ ܘܡܫܠܡܘܬ ܢܦܫܐ. ܟܡܫܬܪܝܨܘܬܐ
ܕܢܦܫܬܐ. ܠܗܢܐ ܗܝܟܠܐ ܪܒ ܕܐܝܬܘܗܝ ܕܐܠܗܐ ܕܟܠ
ܟܬܝܒܘܬܐ ܡܫܝܪܬܐ. ܕܗܘ ܡܟܡ ܕܠܐ ܡܬܚܙܝܢܐ ܒܗܝܢܐ
ܒܢܝܐ ܡܬܢܝܚܢܐ ܥܡܝܩܘܬ ܬܡܢ. ܘܟܡ ܗܕܐ ܕܟܘܬܐ ܡܫܟܢܬ
ܘܗܘ ܕܢܝܫܪ ܟܠܗ. ܕܠܦܪܢܣܐ ܗܘܬ ܒܢ̈ܘܬܐ ܡܫܝ̈ܚܬܐ.
ܡܪܢܫܢܘܬܐ ܕܡ̈ܠܟܒܐ. ܠܐ ܐܡܪܬ ܡܢܗ ܐܘ ܐܝܠܝܢ
ܠܡܫܡܬܐ ܕܢ̈ܒܝܐ ܦ̈ܠܚܬܐ. ܕܡܫܡܫ ܗܘܐ ܕܦ̈ܠܚܬܐ ܢܗ̈ܝܪܬܐ
ܦ̈ܠܚܬܐ ܡܫܝ̈ܚܬܐ. ܘܡܬܢܝܚ[34] ܡܢ ܥܡܠܐ ܕܡܠܟܐ ܦܨܝܚܘܬ.
27 ܗܘ ܕܡܢ ܡܕܡܐܝܬ ܐܚܝܪ ܢܦܫܗ ܠܡܒܢܐ. ܘܠܟܠܗ ܒܢܝܢܐ ܚܝܠ
ܒܪܝܫܗ ܡܠܟܐ. ܘܟܕ ܡܢ ܟܠܗܘܢ ܚܕܐ ܐܚܕܐ ܪܥܝܬܐ.
ܘܫܘܝܢܐ ܕܐܝܟܢܐ ܡܕܡܝܐ ܕܒܢܐ ܗܢܐ ܐܬܟܘܗܢ ܗܘܐ.
ܕܠܗ ܠܒܪܬܐ ܗܝ ܕܡܢ ܟܠ̈ܒܝܢܐ ܐܫܬܡܥܬ ܘܐܬܓܠܝܬ.
ܘܡܬܠܝܬ ܪ̈ܘܫܐ ܐܦ. ܡܕܡܝܢ ܐܟܘܬ̈ܗ ܗܝ ܕܒܡܕܡܝܘܬ ܐܢܫܐ
ܐܬܓܠܝܬ ܡܢ ܫ̈ܡܝܐ. ܐܬܪܒ ܕܝܘܡ ܗܘ ܕܬܫܡܠ ܫܪܘܬܐ ܒܢܝ.
28 ܒܡܗܡܢܘܬܐ ܪܒܬܐ ܕܬܘܩܢܗ ܕܐܠܗܐ. ܡܛܠ ܓܝܪ ܕܪܒܝܢܐ
ܪܒܐ ܕܗܘ ܫܘܬܐ ܘܕܐܒܐ. ܘܥܠ ܓܝܪ ܕܡܪܐ ܘܒܪܝܐ.
ܘܬܒܪ ܫ̈ܢܐ ܕܐܪ̈ܝܘܬܐ. ܐܝܟ ܕܐܡܪ ܒܡܠܬܐ ܕܐܠܗܐ ܘܫܢܐ Ps lviii 6
ܠܫ̈ܢܝܗ ܕܟܐܬܐ. ܕܡܢܐ ܗܘܬ ܕܐܦ ܗܘ ܠܦܪܘܗ ܕܒܢܐ ܢܬܡܘܡ.
ܕܒܗܘܬ ܒܠܝܒܒܐ ܕܢܬܡܘܡ. ܕܐܝܟ ܕܠܒܘܢܐ ܕܡܪܢܘܬܗܘܢ

[34] Read ܘܬܬܢܝܚ

29 ܕܪ̈ܫܝܥܐ ܬ̈ܠܡܝܕܘܗܝ ܕܐܠܗܐ ܐܘܒܕܘܗܝ. ܘܗܫܐ ܠܐ
ܐܬܬܚܡܘܢ ܗܘܘ ܒܬ̈ܠܡܝܕܘܗܝ ܕܐܠܗܐ. ܡܛܠ ܕܐܦ ܠܐ ܓܝܪ
ܡܢ ܩܕܝܡ ܐܬܬܚܡܘܢ ܗܘܘ. ܒܡܠܝܠ ܓܝܪ ܕܒܢܝ ܐܢܫܐ ܥܡܗ
ܘܐܫܬܘܕܥܘ. ܘܡܛܠ ܗܢܐ ܒܪܢܫܐ ܕܚܙܘ ܠܗ ܒܕܡܘܬܐ ܐܢܫܐ.
ܕܗܢܘܢ ܘܪ̈ܚܡܘܗܝ ܘܬ̈ܠܡܝܕܘܗܝ ܐܝܟ ܐܢܫܐ ܐܚܕܘ. ܐܝܟܢܐ
ܕܐܡܝܪ ܕܐܬܡܢܝ ܥܡ ܥܘܠܐ ܒܢܒܝܘܬܐ ܒܟ̈ܬܒܐ ܩ̈ܕܝܫܐ.
ܢܒܐ ܕܟܬܒܐ ܐܬܗܝܡܢ. ܗܐ ܐܦ ܒܫܪ̈ܝܪܘܬܐ ܡܬܗܝܡܢܢܐ
ܡܠܬܗ ܕܐܠܗܐ. ܐܠܐ ܐܦ ܒܗܠܝܢ ܕܦܫܩܘ ܥܠܝܗܘܢ
30 (A fol. 118 *b*) ܗܐ ܐܡܪ ܕܗܦܟܐ ܫܠܦܘ ܪ̈ܫܝܥܐ ܘܡܬܚܘ ܩܫܬܐ. Ps xxxvii 14 f.
ܕܢܦܠܘܢ ܠܡܣܟܢܐ ܘܠܒ̈ܝܫܐ. ܘܠܐܝܠܝܢ ܕܬ̈ܪܝܨܝܢ
ܐܘܪ̈ܚܬܗܘܢ܆ ܣܝܦܗܘܢ ܬܥܘܠ ܒܠܒܗܘܢ܆ ܘܩܫ̈ܬܬܗܘܢ
ܬܬܬܒܪ܆ ܘܬܟܐ ܕܐܒܕ ܕܡܕܝܢܬܗܘܢ ܘܠܝܬ. ܘܫܡܗܘܢ ܐܬܥܛܝ *ib* ix 6
ܡܢ ܟܠܗ ܘܡܕܒܪܢܐ ܠܟܠܢ. ܘܗܐ ܐܝܟ ܗܘܘ ܒܢܒܝܘܬܐ. ܩܥܘ *ib* xviii 41
ܘܠܐ ܗܘܐ ܠܗܘܢ ܦܪܘܩܐ. ܘܩܥܘ ܡܢ ܡܪܝܐ ܘܠܐ ܥܢܐ
ܐܢܘܢ܆ ܐܠܐ ܗܢܘܢ ܒܪܗ ܘܩܛܠܘ. ܘܥܠ ܕܝܢ ܡܢ ܘܐܬܛܠܡܘ.
ܘܐܝܟ ܕܐܡܝܪ܆ ܟܠ ܗܠܝܢ. ܕܡܕܝܢܬܐ ܒܡܕܝܢܬܐ ܨܠܡܝܗܘܢ *ib* lxxiii 20
ܬܒܣܪ. ܕܐܝܟ ܕܒܚ̈ܠܡܐ ܡܢܗ ܚ̈ܙܘܐ ܕܚܠܡܐ ܐܬܕܒܪܬ ܗܕܐ.
31 ܐܠܐ ܗܠܝܢ ܕܦܠܣܛܝܢܐ ܕܡܕܝܢܬܐ ܐܘܪܫܠܡ ܡܪܟܐ ܕܡܠܟܘܬܐ
ܕܟܠ ܐܠܗܐ. ܕܐܝܟ ܗܢܐ ܗܘܦܟܐ ܕܡܕܝܢܬܐ ܗܘܐ ܠܗܘܢ܆܀
ܠܒܝܬܐ ܕܝܢ ܕܢܒܝܐ ܘܐܬܗܠܟܬ ܡܢ ܩ̈ܢܝܢܐ. ܕܐܝܟ ܗܢܐ
ܫܘܠܡܐ ܕܡܫܝܚܐ ܗܘܐ ܠܗ. ܡܛܠ ܡܫܒܪܢܘܬܐ ܕܟܠ ܐ̈ܢܫ.
ܐܠܗܐ. ܕܢܩܒܐ ܠܗ ܘܢܐܡܪ ܢܒܝܘܬܗ ܕܐܝܟܢܐ ܕܐܡܪ.
32 ܗܟܢܐ. ܢܚܕܐ ܡܕܒܪܐ ܨܗܝܐ ܘܬܕܘܨ ܦܩܥܬܐ. ܘܬܕܘܨ Is xxxv 1 ff.
ܐܝܟ ܫܘܫܢܬܐ. ܘܬܦܩܐ ܘܬܘܨ ܡܕܒܪܐ. ܐܬܝܗܒ ܐܝܩܪܐ
ܕܠܒܢܢ. ܘܫܘܒܚܐ ܕܟܪܡܠ ܐܬܝܗܒ. ܐܡܪܘ ܠܡܟ̈ܪܝ ܠܒܐ

ܐܬܫܝܠܘ ܘܠܐ ܬܕܫܠܘܢ܂ ܗܘܐ ܐܠܗܘܢ ܐܬܪ̈ ܘܡܚܒ̈ ܕܡܢܗܘܢ܂
ܗܘ ܐܬܪ̈ ܘܦܪܩ ܠܗܘܢ܂ ܡܛܠ ܕܐܬܬܪܒܘ ܬ̈ܢܝܢܐ ܒܡܕܒܪܐ܂
ܘܢܘܗܪܬܐ ܒܐܪܥܐ ܡܢܒܥܬܐ܂ ܡܛܠ ܕܐܬܗܦܟ ܡܕܒܪܐ
33 ܠܐܓܡ̈ܐ܂ ܘܐܪܥܐ ܨܗܝܬܐ ܠܡܒܘܥܐ ܕܡ̈ܝܐ܂ ܗܠܝܢ ܕܝܢ ܡ̈ܠܐ
ܐܬܐܡܪ̈ ܒܢܒܝܘܬܐ ܡܢ ܩܕܝܡ ܘܐܬܟܬܒ ܒܟܬܒ̈ܐ ܩ̈ܕܝܫܐ܂
ܒܥܒ̈ܕܐ ܕܝܢ ܠܘ ܐܝܟ ܕܡܢ ܫܡܥܐ܂ ܐܠܐ ܒܗܘܢ ܒܣܘ̈ܥܪܢܐ
ܐܫܬܠܡܘ ܠܢ܂ ܘܗܕܐ ܕܐܝܟ ܡܕܒܪܐ ܘܐܝܟ ܐܪܥܐ ܨܗܝܬܐ܂
ܘܐܝܟ ܐܪܡܠܬܐ ܕܠܐ ܐܢܫ ܐܝܬܝܗ̇ ܗܘܬ܂ ܗ̇ܝ ܕܐܝܟ ܒܥܒܐ Ps lxxiv 5f.
ܕܩܝܣܗ̇ ܒܢܪ̈ܓܐ ܦܣܩܘ ܬܪ̈ܥܝܗ̇܂ ܘܐܟܚܕܐ ܒܦܠܩܐ ܘܒܟܘ̈ܠܒܐ܂
ܬܒܪܘ ܘܣܚܦܘ ܟܬ̈ܠܝܗ̇܂ ܘܐܘܩܕܘ ܒܢܘܪܐ ܡܩܕܫܗ ܕܐܠܗܐ܂
ܘܦܠܓܘ ܒܐܪܥܐ ܡܘܥܕ̈ܐ ܕܡܢܗ܂ ܗ̇ܝ ܕܩܛܦܝܢ ܠܗ̇ ܟܠ ܥܒܪ̈ܝ ib lxxx 12f.
ܐܘܪܚܐ܂ ܘܚܒܠܗ̇ ܦܠ̈ܓܝܗ̇ ܘܐܟܠܗ̇ ܚܙܝܪܐ ܕܥܒܐ܂ ܘܚܝܘܬܐ
ܕܒܪܐ ܪ̈ܥܝܗ̇܂ ܗܘܐ ܒܫܘܠܛܢܐ ܬܫܒܘܚܬܐ ܕܡܫܝܚܢܐ܂ ܗܟܢܐ[35]
50 * * * * * * * (A fol. 119 a) ܕܡܕܒܪ̈ܢܐ ܗܘܐ ܠܗ̇ ܡܢ Is li 18
ܟܠܗܘܢ ܒ̈ܢܝܗ̇ ܕܝܠܕܬ܂ ܘܠܝܬ ܕܐܚܕ ܗܘܐ ܒ̈ܐܝܕܝܗ̇܂ ܗܐ ib 22f.
ܢܣܒܬ ܡܢ ܐ̈ܝܕܝܟܝ ܟܣܐ ܕܬܘܠܐ ܘܟܣܐ ܕܪܘܓܙܝ܂ ܠܐ
ܬܘܣܦܝܢ ܬܘܒ ܠܡܫܬܝܗ܂ ܘܐܫܡܝܘܗܝ ܒܝܕ ܡܡܟ̈ܟܢܝܟܝ܀
51 ܐܬܬܥܝܪܝ ܐܬܬܥܝܪܝ ܘܠܒܫܝ ܒܥܘܫܢܐ ܕܬܫܒܘܚܬܐ܂ ܐܬܢܦܨܝ ib lii 1f.
ܡܢ ܥܦܪܐ ܘܩܘܡܝ ܬܒܝ܂ ܫܪܝ ܫܝܐ ܡܢ ܨܘܪܟܝ܂ ܐܪܝܡܝ ib xlix 18ff.
ܥ̈ܝܢܝܟܝ ܠܚ̈ܕܪܝܟܝ܂ ܘܚܙܝ ܕܡܬܟܢܫܝܢ ܒ̈ܢܝܟܝ ܘܐܬܝܢ ܠܟܝ܂ ܚܝܐ
ܐܢܐ ܐܡܪ ܡܪܝܐ܂ ܕܟܠܗܘܢ ܐܝܟ ܨܒܬܐ ܬܠܒܫܝܢ܂ ܘܬܬܨܒܬܝܢ
ܐܝܟ ܟܠܬܐ܂ ܡܛܠ ܕܚܘܪ̈ܒܝܟܝ ܘܨ̈ܕܝܘܬܟܝ܂ ܘܐܪܥܐ ܕܡܚܒܠܬܟܝ
52 ܬܬܐܠܨ ܡܢ ܥܡܪܐ܂ ܘܢܬܪܚܩܘܢ ܒ̈ܠܥܝܟܝ܂ ܘܢܐܡܪܘܢ
ܒܐܕ̈ܢܝܟܝ ܒ̈ܢܝ ܬܟܠܘܬܟܝ܂ ܐܠܝܨ ܗܘ ܠܝ ܐܬܪܐ ܠܡܬܒ܃

[35] Here two leaves are wanting in A

ܩܪܘܒ ܠܝ ܐܬܪܐ ܕܐܬܒ. ܘܬܐܡܪܝܢ ܒܠܒܟܝ. ܕܡܢܘ ܝܠܕ ܠܝ ܗܠܝܢ.
ܕܐܢܐ ܡܬܟܠܬܐ ܐܢܐ ܘܐܪܡܠܬܐ. ܗܠܝܢ ܡܢ ܪܒܝ. ܕܐܢܐ
53 ܐܫܬܚܪܬ ܒܠܚܘܕܝ. ܐܝܟܢܐ ܗܘܘ. ܗܠܝܢ ܐܫܟܚܢܐ ܡܕܡ
ܐܬܚܙܝ.·:·. ܗܠܝܢ ܡܢ ܡܕܡ ܕ̈ܟܬܝܒܢ ܗ̈ܘܝ ܠܝ ܒܢ̈ܒܝܘܬܐ
54 ܦ̈ܫܝܩܐ. ܘܡܬܒܥܝܐ ܗܘܐ ܕܢܬܪ̈ܓܡܘܢ ܒܒܕܘܐ ܢܡܟܠ. ܐܠܐ
ܗܠܝܢ ܐܡܪ ܫܬܝܐ ܕܐܬܘܗܝ ܡܠܬܐ ܕܐܠܗܐ. ܠܒܠܬܗ
ܕܐܬܘܗ̈ܝ ܒܢ̈ܬܐ ܕܡܫܬܐ ܗܢܐ ܕܡܢ ܪܫܝܬܗ ܕܫܬܝܐ. ܠܗ̇ ܠܗܕܐ
ܕܝܕܥܐ ܗܘܬ ܘܡܫܡܫܐ. ܘܐܬܘܗ̈ܝ ܕܠܐ ܡܒܪܐ ܠܘܬ ܟ̈ܠ
ܐܢܫܐ. ܒܢ̈ܝܬܐ ܕܟܠܝܢ ܐܘܟܝ ܐܪ̈ܥܐ ܕܠܒܘܢ ܘܐܡܫܡܗ.
ܒܡܪܝܐ ܕܝܚܝܕܗ ܕܐܠܗܐ ܡܠܟܐ ܕܟܠ. ܘܒܝܘܡܐ ܪܒܐ
ܕܠܒܘܫܗ ܕܫܘܒ ܡܫܝܚܐ. ܐܘܣܝܗ ܘܪܒܪܗ ܡܫܝܚܐ. ܐܝܟ
55 ܡܢܐ ܕܠܦ ܗܘܐ ܡܢ ܒܬܪܐ ܕܒܢܘܬܐ. ܬܕܡܘܪܬܐ ܗܝ ܗܕܐ
ܪܒܬܐ ܘܕܡܘܪܐ ܡܫܝܚܝܐ. ܠܐܝܠܝܢ ܕܐܝܟ ܒܫܘܬܐ ܒܪ̈ܬܐ
ܒܪ̈ܚܡܘܗܝ ܒܠܚܘܕ ܣܓܝܐ ܒܗ̇. ܬܕܡܘܪܬܐ ܕܝܢ ܕܡܒܠܥܐ ܡܢ
ܬܕܡܘܪܬܐ. ܚܘܕܬܐ ܕܒܦܫܐ ܕܒܝܠܬ ܐܠܗܐ. ܕܐܬܘܗܝ
56 ܬܫܘܒܚܬܐ ܕܝܒܒܬܐ ܕܐܠܗܐ. ܕܗܠܝܢ ܠܦܘܫܩܐ ܘܫܘܪܐ. ܗ̇ܝ
ܕܗܘ ܒܪܗ ܕܐܠܗܐ ܒܪܗ ܒܝܠܕܗ. ܘܟܠ ܡܕܡ ܫܒܝ ܠܗ
ܠܓܠܗ ܐܠܗܐ. ܒܢܝܐ ܕܠܐ ܡܬܚܒܠ ܘܠܐ ܡܬܒܥܡ. ܘܡܫܒܪܐ
ܡܢ ܟܠܗ ܕܡܘܬܐ ܐܪܒܥܝܬܐ. ܡܠܘܡܐ ܕܡܕܒܪܐ ܢܘܗܪܐ
ܕܡܠܬܐ. ܗܘ ܕܫܪܐ ܕܡ ܡܕܡܐܬ. ܡܢ ܠܐ ܡܕܡ ܕܫܘܪܐ
ܐܬܘܗܝ. ܬܦܢܝ ܘܒܒܪܗ ܒܠܬܐ ܘܗܘܠܐ ܡܕܥܐ ܠܗ
ܘܠܐܡܗܘܗܝ. ܐܝܟ ܕܗܘ ܦܫܝܩܐܝܬ. ܡܕܪܐ ܘܡܫܘܚܐ ܒܗ
Lev xxvi 12 ܐܡܪ (A fol. 119 *b*) ܕܐܬܒܥܡܪ ܒܗܘܢ ܘܐܗܘܐ ܐܠܗܗܘܢ
ܘܗܢܘܢ ܢܗܘܘܢ ܠܝ ܒܥܡܐ. ܘܗܟܢܐ ܐܬܘܗܝ ܢܦܫܐ ܕܝܫܬܐ
ܘܡܫܪܝܬܐ ܕܡܢ ܪܝܫܬܐ ܗܘܡ ܐܬܒܪܝܬ. ܕܬܗܘܐ ܠܒܝܬܐ

57 ܓܠܒܐ ܕܡܠܬܐ ܫܒܝܚܝܬܐ. ܐܠܐ ܕܝܢ ܒܣܡܟܐ ܘܒܦܠܓܐ
ܕܐܝܕܐ ܪܘܡ ܒܫ̈ܢܬܐ. ܡܢ ܬܪܥܝܬܐ ܕܓܒܝܗ ܪܘܡܬ ܫ̈ܒܐ
ܘܪܘܡܬ ܫܘ̈ܬܐ. ܗܘܬ ܘܐܫܬܟܚܬ ܡܢ ܐܠܗܐ ܐܝܟ ܡܕܒܪܐ.
ܕܢܗܘܐ ܕܢܒܠ ܠܐܝܠܝܢ ܕܢܥܡܝܢ ܒܗ̇ ܠܡܥܠܝܢܗ̇ ܘܠܡܫܒܚܗ̇.
ܕܐܬܚܙܝܬ ܒܓ̈ܪܬܐ ܕܐܘܢ̈ܩܝܬܐ ܕܟ̈ܠܒܒܐ ܒܥ̈ܝܢܐ. ܘܗܘܬ
ܡܫܠܡܬܐ ܬܫܒܘܚܬܐ. ܒܕܡܐ ܕܠܐ ܐܫܬܪܝܬ ܒܗ̇ ܒܐܦܐ
ܟܠ ܒܐܦܐ ܕܚ̈ܝܠܐ ܕܕܡܘܬܐ. ܐܦ ܐܫܬܕܪܬ ܠܘܬ ܐܪܥܐ
ܐܝܟ ܡܢܚܬܐ. ܒܕ ܓܠܝܐ ܡܫܟܠܠܬ ܡܢ ܓܠܘܢܗܘܢ ܠܗܘܢ ܢܩ̈ܫܒܐ
58 ܬܪ̈ܓܡܐ ܕܒܝܬܐ. ܒܕ ܕܝܢ ܦܫܝܩܐ ܗܘܬ ܗܝ ܗܕܐ ܢܦܫܐ
ܕܐܬܒܪܝܬ ܒܨܠܡ ܐܠܗܐ. ܐܠܗ̇. ܠܐ ܗܘܐ ܚܝܪܐ ܕܒܪܐ
ܕܡܬܚܙܝܐ ܠܘܬ ܢ̈ ܐܠܐ ܥܒܪܐ ܒܒܘܪܗ ܕܫܡܠܐ. ܘܫ̈ܘܝܬܐ
ܒܩ̈ܝܬܐ ܕܕܒܪܐ. ܘܥܒܪܘ ܒܗ̇ ܠܟܐܪ̈ܐ ܢܩ̈ܕܐ ܕܒܝܫܘܬܗܘܢ̈
ܘܐܪ̈ܒܥܘ ܘܐܘܩܕܘ ܒܢܘܪܐ ܡܬܕܒܪܗ̇ ܕܐܠܗܐ. ܘܦܫܛܘ ܒܐܪܥܐ
ܡܫܟܢܐ ܕܒܝܫܘ. ܘܥܒܕܘ ܘܦܩܪܘܗ̇ ܠܕܘܟܬܐ ܒܬܠܠܐ ܕܒܝܫܘܬܗܘܢ̈
59 ܘܫܠܦܘܗ̇ ܘܒܕܪܘܗ̇ ܕܠܐ ܗܒܪܐ ܕܫܢܝܐ. ܐܠܐ ܕܝܢ ܡܠܬܐ
ܐܠܗܐ. ܢܘܗܪܐ ܘܦܪܘܩܐ. ܚܝܪܗ̇ ܘܫܩܠ ܠܦܢܝܗ̇. ܒܕ ܡܚܠܬ
ܦܘܪܢܣܐ ܕܫܘ̈ܚܐ ܠܢܦ̈ܫܬܗ̇. ܬܘܒ ܡܕܪܝܫ ܫܘܠܗ̇. ܒܪܚܡܘܗܝ
60 ܕܐܒܘܗܝ ܡܪܚܡܢܐ. ܘܡܕܒܚܬ ܒܟܐ ܠܗ ܠܢܦ̈ܫܬܐ ܕܡ̈ܠܟܐ
ܗ̇ܘܢ ܕܡܠܝܢ. ܘܒܐܒ̈ܝܗܘܢ ܕܗ̇ܘܢ ܕܪܚܡܝܢ ܠܐܠܗܐ.
ܕܒܗ̇ ܠܒܪܝܬܐ ܡܢ ܓܠܘܗܘܢ ܐܝܟܢܐ ܡܫ̈ܩܒܠܐ ܘܐܬܒ̈ܕܐ. ܘܡܢ
ܓܪ̈ܘܢܐ ܒܝܟܐ ܫܠ̈ܝܚܘܗܝ ܕܐܠܗܐ ܀ ܬܘܒ ܕܝܢ ܠܐܝܟܐ
ܢ̈ܕܒܪܘܗܝ ܗܠܝܢ ܕܡܢ ܩܕܡ ܡܚܡܠܝܢ ܗܘܘ ܠܗ ܒܦܘܫܩܐ.
ܘܡܫܬܬܪܝܢ ܗܘܘ ܒܢܘܦܗ. ܟܠܐ ܘܐܚܝܕ ܐܝܟ ܠܢܘܗܪܐ.
ܘܒܩ̈ܘܡܬܐ ܪ̈ܘܪܒܬܐ ܕܐܝܟܐ ܢܗܪ ܐܝܟ ܐܡܝܢܐ ܕܫܘܝܢ.
ܘܬܘܒ ܒܐܝ̈ܕܝܗܘܢ ܕܗܠܝܢ ܠܢܦ̈ܫܬܐ ܕܐܬܟܬܫ ܗܘ̈ܝ ܡܢ ܡܕܡ

ܡܠܠ. ܘܦܠܚܝܢ ܗܘܘ ܒܡܠܬܐ ܕܡܣܒܪܢܘܬܐ ܕܦܪܘܫܐ. ܒܡܐܬܐ
ܕܢܘܠܦܘܢ ܕܝܢ ܘܢܚܙܘܢ ܟ̈ܠܢܫ. ܘܢܕܥܘܢܗ ܘܢܘܕܘܢܗ ܠܐܬܪܐ ܕܡ̈ܫܝܚܝܢܘܢ 61
ܘܐܫܠܡܘܗ ܡܫܠܠ ܠܥܡܐ ܡܕܒܪܢܐ ܢܚܡܬܐ ܕܫܐܐ (A fol. 120a)
ܠܐܠܗܐ. ܕܒܗ ܘܒܐܝܬܝܘܬܐ ܦܪܘܫܐ ܐܬܝܬܘܗܝ ܘܡܫܡܠܝܘܬܐ.
ܐܠܐ ܠܢܦܩܬܐ ܐܝܠܝܢ ܕܐܬܬܟܠ ܠܗ ܚܕ ܦܠܚܐܝܬ. ܘܡܦܩܕ
ܘܡܒܢܐ ܡܢ ܗܘܢܐ ܡܕܡܟܐ ܘܡܕܒܪܐ ܠܥܡܐ. ܒܡܠܐ ܥܠܐ.
ܘܒܐܝܕܝܢ ܕܗܘܐ ܠܢܘܗܪܐ ܘܒܘܝܐܐ ܡܢܦܫܬܐ ܘܥܒ̈ܕܝܘܬܐ
ܒܦܩܬܘܗܝ̈ ܗܘܢ ܡܟܕ. ܐܡܝܢܐ ܕܬܘܒ ܐܪܙܐ ܕܒܝܬܘܬܐ ܡܕܝܢܬܐ.
Is liv 11 ff. ܒܡܕܒܪܐ ܒܗܘܢ ܢܬܡܠܟܐ. ܕܗܘ ܐܡܪ ܗܘܐ. ܕܗܐ ܐܢܐ 62
ܒܕܒ ܐܢܐ ܒܦ̈ܘܟܐ ܒܗܘܠܐ. ܘܐܬܐܣ ܫ̈ܬܐܣܝܟܝ ܒܟ̈ܐܦܐ
ܕܣܦܝܠܐ. ܘܐܥܒܕ ܐܣ̈ܝܟܝ ܒܟܐܦܐ ܕܐܝܣܦܐ ܘܬ̈ܪܥܝܟܝ
ܒܟ̈ܐܦܐ ܓܒܝܬܐ. ܘܟܠܗܘܢ ܒ̈ܢܝܟܝ ܝܕܘܥܝ. ܘܣܓܝܐܐ ܫܠܡܐ
ܕܒ̈ܢܝܟܝ. ܘܒܝܕܥܘܬܐ ܐܬܬܘܒܝ[36] ܘܗܟܢܐ ܐܬܚܙܝ ܗܝܟܠܐ 69
ܙܒܢܐ. ܗܘ ܕܒܟܠܗ ܒܪܝܬܐ ܕܬܚܝܬ ܫܡܝܐ ܩܝܡ. ܘܟܠܬܐ
ܐܠܗܐ ܒܪܘܚܐ ܕܟܠ. ܠܟܠ ܡܢ ܫܡܝܐ. ܐܦ ܟܠ ܐܪܥܐ ܬܒܥ.
ܕܡܬܬܗ ܠܥܝܪܬܐ ܟܒܪ. ܕܡܢ ܟܠܗ ܒܪܝܬܐ. ܘܡܢ ܟܠܗܘܢ
ܟ̈ܠܢ ܐܢܫܐ ܬܬܒܢܐ ܐܒܗܘܗܝ ܘܢܬܦܠܓ. ܗܘ ܕܝܢ ܐܬܪܐ ܕܠܟܠ 70
ܡܢ ܫܡܝܐ. ܕܐܝܬ ܗܪܟܐ ܬܘܬܒܘܬܗ ܐܘܪܫܠܡ ܕܠܟܠ. ܘܐܝܟܢܘ
ܠܦܘܪܐ ܫܡܝܢܐ. ܘܡܕܝܢܬܐ ܫܡܝܢܬܐ ܕܐܠܗܐ ܚܝܐ. ܕܒܗ
ܐܝܬ ܡܫܪܝܬܐ ܪܘܚܢܝܬܐ ܕܡ̈ܠܐܟܐ. ܘܕܝܪܬܐ ܕܒܘ̈ܟܪܐ ܕܟܬܝܒܝܢ
ܒܫܡܝܐ. ܕܒܬܫܒܘܚܬܐ ܡܫܝܪܬܐ ܕܠܐ ܡܬܡܠܠ ܡܫܒܚܝܢ
ܠܡܪܘܢܘܗܝ ܠܗܘ ܡܕܒܪܢܐ ܕܟܠ. ܘܐܢܫ ܡܢ ܦ̈ܬܘܟܬܐ ܠܐ
1 Cor ii 9 ܡܫܟܚ ܕܢܫܟܚܘܢܗܝ ܐܝܟ ܕܟܬܝܒ. ܡܛܠ ܕܚܙܝܐ ܠܐ ܚܙܬ.
ܘܐܕܢܐ ܠܐ ܫܡܥܬ. ܘܥܠ ܠܒܐ ܕܒܪܢܫܐ ܠܐ ܣܠܩ. ܗܢܝܢ

[36] Here a considerable passage is wanting in the Syriac version.

71 ܗܠܝܢ ܕܦܠܓ ܐܠܗܐ ܠܐܝܠܝܢ ܕܢܫܡܥܘܢ ܠܗ ܀ ܕܐܫܬܘܕܝܘ ܕܝܢ
ܠܗܘܢ ܡܠܠ ܡܢ ܫܡܝܐ. ܒܢ̈ܝܢܐ ܡܢ ܢܦܫܐ. ܘܡ̈ܠܠܐ ܕܚܘܪܐ
ܡܢ ܙܘ̈ܪܒܐ. ܒܗܠܝܢ ܡܢ ܥܠ ܒܢܝܢܐ ܙܘܥ ܘܒܢܝܢܐ ܢܦܫ. ܠܐ
ܕܝܢ ܢܓܠܐ ܒܪ ܡܗܘܝܢ ܘܡܫܒܚܝܢ. ܠܗܘ ܕܗܘ ܗܘܐ ܠܝ ܒܠܬܐ
ܠܗܠܝܢ ܒܠܗܘܢ ܚ̈ܛܗܬܐ. ܠܗܘ ܕܫܒܩ ܚܛܗܐ ܕܟܠܢ. ܠܗܘ Ps ciii 3 ff.
ܕܡܐܣܐ ܒܟܘ̈ܪܗܢܐ ܕܟܠܢ. ܠܗܘ ܕܦܪܩ ܚ̈ܝܝܢ ܡܢ ܚܒܠܐ.
ܠܗܘ ܕܡܟܠܠ ܠܝ ܒܪ̈ܚܡܘܗܝ ܘܒܚܢܢܗ. ܠܗܘ ܕܡܣܒܥ ܒܛܒ̈ܬܐ
ܪ̈ܓܝܓܬܢ. ܕܠܘ ܐܝܟ ܚܛܗܝܢ ܥܒܕ ܠܢ. ܐܦܠܐ ܐܝܟ ܥܘܠܢ ܦܪܥ.
ܡܛܠ ܕܐܝܟܢܐ ܕܪܚܝܩܐ ܡܕܢܚܐ ܡܢ ܡܥܪܒܐ. ܗܟܢܐ
(A fol. 120 *b*) ܐܪܚܩ ܡܢܢ ܚܘܒܝܢ. ܘܐܝܟ ܕܡܪܚܡ ܐܒܐ ܥܠ
72 ܒܢ̈ܘܗܝ. ܡܪܚܡ ܡܪܝܐ ܥܠ ܕܕ̈ܚܠܘܗܝ. ܗܢܘܢ ܐܦ ܗܫܐ
ܘܒܟܠ ܙܒܢ. ܒܪ ܡܬܚܕܬܝܢ ܒܕܘ̈ܒܪܘܗܝ ܕܗܠܝܢ ܐܡܝܢܐܝܬ.
ܐܦ ܥܠ ܗܢܐ ܒܐܪܐ ܕܚܕܘܬܐ. ܘܡܘܗܒܬܐ ܦܪܝܫܬܐ ܘܢܗܝܪܐ.
ܠܗܘ ܕܗܘܘ ܠܒܬܐ ܘܪܒܐ ܕܠܗ ܕܗܢܐ ܒܐܪܐ. ܒܐܡܝܡܘܬܐ
ܘܒܠܠܝܐ. ܘܒܟܠ ܥܕܢ ܘܒܟܠ ܢܩܡܐ. ܢܗܘܐ ܚܙܝܢ ܠܗ ܗܘܐ
ܚܕܝܢ. ܒܪ ܡܫܒܚܝܢ ܘܡܫܒܚܝܢ ܚܢ ܒܟܠܗ ܚܝܠܐ ܘܢܦܫܐ. ܐܦ
ܗܫܐ ܢܗܘܐ ܘܒܟܠܗ ܕܥܘܒܐ ܢܬܒܥ ܠܗ. ܕܬܘܕܝܬ ܦܘܪܥܢܗ
ܢܣܬܪ ܘܢܚܙ ܒܕܡܘܬܐ ܠܡܠܟܘܬܐ. ܘܢܬܒܪ ܠܝ ܥܠܡܐ ܕܡܢ
ܠܗܘܢ ܕܠܥܠܡ. ܕܠܐ ܡܬܒܪܐ ܐܘ ܡܫܬܢܝܐ. ܒܢܘܢ ܡܫܝܚܐ
ܡܪܢ ܕܒܝܕܗ ܠܗ ܫܘܒܚܐ ܒܥܠܡܝ ܥ̈ܠܡܝܢ ܐܡܝܢ[37] ܀

ܕܫܠܡܐ. ܢܗܘܐ ܕܡ̈ܠܟܐ. ܥܠ ܐܝܠܝܢ ܕܪܕܘ ܠܟܢܘܫܬܐ.
ܘܡܫܒܚܬܐ ܥܠ ܢܨܚܢܐ.

viii. 1 ܕܐܝܟ ܗܠܝܢ ܗܘܬ ܠܛܝܒܘܬܐ ܥܒܝܕܬܐ ܕܐܠܗܐ ܒܕܝܠܗ
ܕܦܪܘܩܢ. ܘܕܐܝܟ ܗܠܝܢ ܚ̈ܛܗܬܐ ܥܒܝ̈ܕܬܐ ܐܬܥܒܕ ܠܟܠܗܘܢ.

[37] The next three chapters are omitted in the Syriac version

ܒܚܢ̈ܩܐ ܒܥܠܡܐ ܕܝܠܗ. ܗܪܟܐ ܕܝܢ ܒܬܐܒܝܣ ܕܒܡ̈ܕܝܢܬܐ ܒܒܢܝܢ
2 ܗ̈ܘܘ. ܠܐ ܕܝܢ ܡܫܟܚ ܗܘܐ ܠܡܫܬܥܝܘ ܒܡܠܬܐ ܫܢ̈ܝܩܬܐ ܕܗܠܝܢ
ܚܫ̈ܐ ܘܚܫܐ ܠܓܘ̈ܬܐ. ܘܡܐܕܐ ܕܚܙ ܒܩܘ̈ܒܬܐ. ܐܝܟܢܐ
ܕܐܦܠܐ ܠܠܗܘܢ ܗܘܘ ܠܡܢܝܢܗ ܡܫܟܚܝܢ. ܐܝܠܝܢ ܕܓܪ̈ܕ
ܠܦܪ̈ܘܣܐ ܗܠܝܢ ܕܡܣܪܩܝܢ ܐܡܪ̈ܝܢ ܒܠܚܘܕܝܗܘܢ ܗ̇ܘ ܕܒܪ ܡܬܠܚܡܐ
ܗܘܬ ܠܗ ܪܫܝܡܘܬܐ ܕܐܬܪ̈ܘܢܐ ܒܐܣܘܪܐ ܘܣܘܬܐ ܒܪ ܠܦܘܡܗܐ
ܕܡܣܠܦܠܝܢ ܡܠܟܐ ܪܒܐ ܐܬܩܘܡܘ ܗܘܐ. ܡܢ ܕܡܘܬܐ ܕܝܢ
ܕܢܦܫ̈ܬܐ ܗܟܢ ܡܒܪ̈ܝܐ ܗܘܐ ܡܢܗ. ܒܗܘܦܟܐ ܕܝܢ
ܕܒܫܘܬܗܘܢ̈ ܕܦܠ̈ܘܢܐ ܙ̈ܒܢܐ ܡܫܪܐ ܗܘܐ. ܘܕܪ̈ܗܘܢ
ܕܢܫܐ ܒܚ̈ܝܘܗܝ ܡܫܘܠܬܐ ܕܢܫ̈ܝܗܘܢ ܠܡܪܕܐ ܒܬܪ ܬܪܥܝܬܗܘܢ
ܢ̈ܟܐ ܗܘܐ. ܬܘܪ ܡܢ ܕܢܘܗܐ ܒܪܫܡܬܐ ܘܫܘܒܐ ܕܡܠܟܐ ܗ̇ܘ
3 ܕܡܬܢܬܪ ܗܘܐ. ܚܫܫ ܗܘܐ ܒܗ ܕܝܢ ܒܗ̇ܘ ܕܒܟ̈ܐ ܠܓ̈ܘܬܐ
ܐܬܩܘܡܘ ܗܘܐ. ܘܦܪܟܐ ܚܫܝܐ ܘܡܪ̈ܙܐ ܠܡܘܒܠܗ ܫܪܪ ܗܘܐ.
ܘܠܐ ܚܫ ܥܠ ܢܦܫܗ ܕܚܝܐ. ܘܠܐ ܥܠ ܡܘܡܬܐ. ܘܠܐ
ܥܠ ܕܡܐ. ܐܦܠܐ ܠܡܘܬܐ ܕܒܫܘܬܗܘܢ (A fol. 121 a) ܐܬܕܒܪ
4 ܒܪ̈ܚܡܘܗܝ. ܗܘ ܓܝܪ ܦܝܠܘܪܘܡܘܣ ܡܟܝܟ ܗܘܐ ܠܗ ܐܬܪܐ ܕܚܘܒܐ
ܕܡܪ̈ܝܐ. ܐܝܟ ܡܠܟܐ ܠܓܘܐ. ܘܠܐ ܚܫܫ ܕܢܦܕܘܢܗ ܠܗ
ܒܪ ܦܘܡܗܐ. ܐܠܐ ܡܟ ܗܘܐ ܠܗ ܚܝܘܗ ܠܐܚܪܬܐ. ܐܠܐ
ܐܦ ܒܦܘܡܗܐ. ܕܡܢ ܐܣ̈ܘܗܘܢ.. ܘܟܢܫܐ ܕܡܠܟܘܬܐ ܕܡܢ
ܡܢܟ. ܫܘܬܦܐ ܕܡܕܒܪܢܘܗܝ ܠܗ ܐܫܘܢܗ ܗܘܐ. ܘܕܚܝܠܘܬܐ
ܪܫܐ ܥܠ ܥܠ ܐܝܟ ܚܝܘܗ ܘܒܪ ܡܠܟܘܬܗ ܫܘܠܛܢܐ ܡܟܝܟ
ܗܘܐ ܠܗ. ܘܐܫܘܬܗ ܠܡܕܒܪܘ ܘܠܡܦܪܢܣܘ ܠܡܫܝ̈ܚܐ ܕܚܫܝܫܬ
5 ܐܝܟܐ ܕܪ̈ܘܗܡܝܐ ܐܫܠܛܗ ܗܘܐ. ܗܟܢܐ ܕܝܢ ܘܦܩܘܕܐ ܕܗܠܝܢ
ܗܪܟ ܗܘܐ. ܘܡܠܝܘܣ ܡܬܠܒܒ ܗܘܐ ܠܗ̇ܘ ܕܡܬܢܬܪ ܡܢܗ.
ܘܥܠ ܐܘܣܝ̈ܡܝܢ ܕܟܠܗ ܡܬܦܪܫ ܗܘܐ. ܕܒܫܬܗ ܢܦܪܩܝܘܗܝ.

ܠܒܒܐ ܦܬܟܪ̈ܐ. ܘܡܕܡܝܢܘܬ ܡܟܣܝܐ ܗܘܐ ܦܘܪ̈ܣܐ ܕܢܟܠܗ. ܘܡܛܠ
ܕܢܣܒܐ ܠܗܘܬܗ ܡܬܚܙܝܐ ܗܘܐ. ܒܢܟܠܐ ܕܝܢ ܘܒܦܠܚܢܘܬܐ ܕܟܘ̈ܢܬܐ
ܡܫܡ̈ܫܢܝܬܐ ܐܘܪܚܐ ܒܠܗܘܢ. ܘܡܟܪ ܦܓܘܥܝܬ ܗܘܐ̇ ܠܗ ܡܕܡ
6 ܕܟܝܐ. ܕܠܝܩܢܝܘܣ ܕܝܢ ܐܠܗܐ ܐܝܬܘܗܝ ܗܘܐ ܕܢܣܒܗ
ܘܢܘܒܕܗ ܘܢܦܠܘܢܗ. ܕܢܟܠܐ ܕܟܡܝܢܐ ܘܒܚܫܘܟܐ ܡܬܚܫܠ ܗܘܐ
ܒܠܗܘܢ.. ܠܢܘܗܪܐ ܐܝܬܝ ܘܒܗ̇ ܡܚܒܐ ܕܝܢ ܐܝܬܘܗܝ ܗܘܐ
ܠܗ ܐܢܫ ܗܢܐ ܕܕܚܠܬ ܐܠܗܐ. ܠܦܘܪܥܢ ܒܥܠܕ̈ܒܒܘܗܝ.
ܘܠܣܠܩܐ ܢܛܘܪܐ ܕܫܘܒܗܘܢ. ܕܗܘ ܡܫܝܚܗܘܢ ܗܘ̣ܐ ܡܠܟ ܕܢܣܒ
ܠܐܠܗܐ. ܘܡܢ ܪܘܒܒܐ ܕܢܟܠܗ ܕܗܘܝܐ ܢܗܝܪܐ ܡܚܒܒ ܗܘܐ.
7 ܗܘ ܕܝܢ ܒܪ ܚܝܐ ܕܢܟܠܗ ܡܦܠܓܐ ܠܐ ܡܬܚܫ ܐܝܟ ܢܟܝܫܗ.
ܡܛܠ ܕܐܠܗܐ ܒܠܗ ܢܟܠܗ. ܘܒܫܘܒܬ ܪܒܢܐ ܓܠܐ ܠܐ ܗܘܐ
ܠܡܠܟܐ ܕܐܝܟ ܠܐܠܗܐ. ܘܡܚܒܠ ܠܗ ܗܘܐ ܒܦܘܫܩܐ.
8 ܐܠܐ ܡܢܟܝܐ ܓܠܝܐ ܐܝܟ ܗܘܐ ܐܒܝܫܐ. ܠܘܩܒܠ ܠܝܩܢܝܘܣ
ܘܠܘܩܒܠ ܐܠܗܐ. ܡܛܠ ܕܡܟܣܣ ܗܘܐ ܕܠܗ ܫܒܩ ܗܘܐ[1].
ܘܗܕܡܝܢ ܠܕܝ̈ܠܗܘܢ ܕܐܠܗܐ ܕܟܪ.. ܡܚܬܘܡ ܠܐ ܐܝܫܘ....
ܠܡܣܪܒ ܒܝܢ ܗܘܐ. ܘܕܡܐܬ ܕܝܢ ܒܟܠ.... ܘܗܠܝܢ ܚܕܐ ܗܘܐ
ܢܩܕ... ܕܡܬܐܠܨ ܗܘܐ .... ܒܢܫܬܐ ܕܢܝܚܐ ܗ.... ܒܗ.
9 ܕܠܐ ܫܡ ...... ܚܛܗ̈ܘܗܝ ܒܗܘܢ ܕܡܢ ܡܕܡܗܘܢ
...... ܠܟܪ̈ܣܛܝܢܐ. ܐܦ ....... ܕܗܘ ܐܘܟܡ ܗ... ......
ܐܘܦ̇ ܐܠܐ ܒܪ ܐܬܗܦܟ ܡܢ ܚܘܫܒܐ ܢܦܫܐ (A fol. 121 b)
ܘܫܒܐ ܡܕܡܗ. ܒܗ ܐܠܗܐ ܕܡܕܒܪܢܗ ܗܘܐ ܕܠܝܩܢܝܘܣ
10 ܡܘܪܕ ܗܘܐ. ܣܠܩ ܗܘ̇ ܕܡܚܘܗ ܡܬܒܪܬ. ܘܡܕܡܝܢܘܬ ܠܟܪ̈ܣܛܝܢܐ
ܗܘܐ ܕܐܝܬ ܗܘܐ ܒܒܝܬܗ ܪܒܐ ܗܘܐ. ܘܟܠ ܢܦܫܗ ܒܒܝܫܐ
ܡܢ ܓܠܝܬܐ ܕܠܐܠܗܐ ܡܓܠܝܢ ܗܘܘ ܠܗܘܢ. ܐܝܟܢܐ ܕܡܒܠܘ

CHAP. V. [1] Part of this leaf is torn away.

ܡܢ ܐܟܣܢܝܘܬܗܘܢ ܗܝ ܗܕܐ ܒܝܘܠܦܢܐ. ܕܢܗܘܘܢ ܡܟܝܠ ܣܠܩ
ܥܠ ܐܢܫ ·ܘ:ܘ· ܡܢ ܒܬܪܟܢ ܕܝܢ ܐܦ ܠܩܠܝܐ ܕܟܠ ܡܕܝܢܬܐ.
ܕܬܦܪܥܘܢ ܘܢܣܬܟܠܘܢ ܡܢ ܐܝܣܪܐ ܕܕܪܓܗܘܢ ܦܩܕ ܗܘܐ.
ܐܦ ܗܘ ܕܠܐ ܢܪܟܢ ܠܡܫܡܫܘ ܠܫܐܕܐ. ܘܗܠܝܢ ܕܗܘܝܢ
11 ܗܘܘ ܒܗ ܬܚܘܝܬܐ ܒܥܘܒܕܝܢ ܡܫܝܚܝܐ. ܡܛܠ ܕܝܢ ܦܠܐ ܠܝ
ܠܡܥܒܪܘ ܚܕ ܚܕ ܡܢ ܣܘܓܐܗܘܢ ܕܗܢܐ ܦܘܪܣܐ ܕܐܠܗܐ.
ܘܕܐܝܟ .... ܚܝ ܢܦܫܗ ܡܢ ܢܨܚܢܐ .... ܘܠܐ ܗܢܐ ܒܒܪ
ܥܠ ܢܨܚܢܐ. ܒܠ ܫܡܗܘܢ ܓܒܪ .... ܗܘܘ ܒܬ ܐܣܝܪܐ ...
.... ܗܘܐ ܢܨܚܢܐ. ܕܐܝܟ ܒܡܕܝܢܬܐ ܕܠܡܐܬܐ .....
... ܠܫܡܗܘܢ ܘܠܐ ܐܢܫ ....... ܗܠܝܢ ܕܐܟܪܙܢ .......ܪܐ
ܒܒܘܟܐ. ܐܝܠܐ ܕܢܗܘܐ ܐܢܫ ܠܟ. ܐܘ ܕܢܡܪܘܢ ܡܢܗܘܢ
ܕܠܟ. ܫܡܗܘܢ ܕܡܚܝܘ ܡܢ ܚܝܠܐ ܡܬܓܒܪܝܢ ܠܡܪܕܝܬܗ ܥܠ
ܡܪܝܢܘܬܗܘܢ ܘܐܬܬܘܗܝ ܗܘܐ ܣܘܒܠܐ ܕܢܨܚܢܐ ܕܠܐ
ܬܫܒܘܚܬܐ. ܘܣܓܝܐ ܗܘܐ ܘܡܬܒܥܪܝ ܡܢ ܟܠܗ ܚܝܠܐ ܡܫܝܚܝܐ.
ܕܗܟܢ ܗܘܐ ܡܫܟܚ ܒܪܝܫܐ ܥܠ ܐܝܠܝܢ ܕܡܬܪܝܡܝܢ. ܕܐܬܒܬܗܘܢ
ܕܗܠܝܢ ܕܡܪܝܡܝܢ ܒܠܒܗܘܢ ܕܢܗܘܐ ܠܗܘܢ ܘܬܬܐܡܪܘܢ
ܘܬܬܚܒܫܘܢ ܒܬ ܐܣܝܪܐ. ܘܢܬܒܠܘܢ ܦܘܪܥܢܐ ܥܡܐܝܬ
ܐܝܠܝܢ ܕܡܫܡܫܝܢ ܡܪܝܡܘܬܐ. ܕܐܝܟ ܗܠܝܢ ܐܬܝܗܘܢ ܗܘܘ
12 ܦܘܩܕܢܘܗܝ ܕܠܝܩܝܢܝܘܣ ·ܘ· ·ܘܘܘ·ܘܘܘ· ܡܛܠ ܕܝܢ ܡܬܬܒܥܐ ܠܝ
ܠܡܟܬܒ ܢܨܚܢܐ ܣܓܝܐܐ ܕܗܟܢ ܗܘܐ ܥܠ ܙܘܓܐ. ܘܥܠ
ܐܝܠܝܢ ܕܢܦܩܝܢ ܡܢ ܥܠܡܐ. ܕܒܗܘܢ ܒܗܠܝܢ ܠܢܨܚܢܐ ܒܬܘܠܬܐ
ܕܪܘܚܢܝܬܐ ܕܗܢܘܢ ܓܒܪܐܝܬ ܘܢܟܦܐܝܬ ܐܚܪܢ ܠܡܫܡܠܝܘ.
ܘܗܟܢ ܫܠܝܛܘܗܝ ܒܪܒܪܐ ܘܩܫܝܐ ܕܒܒܪ ܢܨܚܢܐ. ܘܦܘܪܥܢܐ
ܡܠܟܐ ܡܬܦܪܥ ܗܘܐ. ܘܡܚܪܒܐ ܥܠ ܐܝܠܝܢ ܕܬܒܬ ܐܝܟܢܐ
ܐܝܟ ܒܚܝܠܬܐ ܕܟܠ ܙܒܢ. ܕܕܗܒܐ ܘܕܐܣܐܡܐ. ܘܒܡܒܥܬܐ

ܕܐܪܥܐ. ܘܡܘܬܐ ܪܒܐ ܕܐܢܫܐ. (A fol. 122 a) ܕܡܫܬܡܠܝܐ ܗܘܬ ܗܘܐ
13 ܒܡܕܝܢܬܐ ܡܢ ܡܕܡ ܕܟܢܫܐ ܒܒܢܝ̈ܐ ܗܘܐ. ܘܟܕ ܗܠܝܢ. ܠܐܠܝܢ
ܕܡܫܟܚܝܢ ܗܘܘ ܗܢܐ ܗܢܐ ܕܐܢܫܐ. ܟܕ ܡܕܡ ܠܐ ܡܫܟܚ
ܠܗܘܢ ܝܗܒ ܗܘܐ ܠܗܘܢ ܡܢ ܐܬܬܪܝܬܗܘܢ܆ ܘܠܐܢܫܐ
ܡܝܘܬܐ ܡܢ ܐܝܠܝܢ ܕܡܝܬܝܢ ܕܠܦܘܩܕܢܐ ܝܗܒ ܗܘܐ. ܘܢܣܒܘܢ
ܡܢܗܘܢ ܡܟܪܙ ܗܘܐ. ܘܠܒܢ̈ܝܐ ܡܫܡܗ̈ܐ ܐܝܟ ܕܠܡܫܒܝܢܘܬܐ
ܢܣܒܐ ܡܫܠܡ ܗܘܐ ܠܗܘܢ. ܘܠܡܫܡܫܐ ܢܩܦ ܒܢ̈ܬܐ ܘܡܠܟ̈ܘܬܐ
ܡ̈ܠܟܬܐ ܡܩܪܒ ܗܘܐ ܗܘ ܗܢܐ ܗܢܐ ܡܫܒܚܐ. ܘܡܫܡܠܐ
ܪ̈ܓܬܐ ܕܢܦܫܗ ܕܦܫܝܩܘ. ܡܛܠܐ ܕܝܢ ܘܠܐ ܠܝ ܠܡܦܪܥܘ
ܬܫܒܘܚܬܗ ܕܗܠܝܢ. ܕܡܬܝܪ̈ܬܐ ܕܡܫܡܫܢܘܬܗ ܣܓܝܐܐ. ܐܝܟ
14 ܠܐ ܡܕܡ ܟܕܢܐ ܠܗܘܢ ܠܦܪ̈ܚܝܐ. ܠܫܪܝܬܗ ܕܝܢ ܕܩܕܝܫܘܬܗ
ܥܠ ܐܦܝܣܩܘܦܐ ܐܡܪܝܢ ܗܘܐ. ܠܗܠܝܢ ܕܝܢ ܐܝܟ ܕܠܡܫܡ̈ܫܢܘܬܗܘܢ
ܕܐܠܗܐ ܘܡܫܡܫܢܐ ܕܟܢܫܐ ܕܡܫܪܐ ܗܘܐ ܢܣܒ ܗܘܐ ܐܝܟ ܕ܆
ܟܕ ܒܟܢܝܫ ܡܢ ܕܢܠܦܬܐ ܕܗܘ ܕܡܫܬܪ ܗܘܐ ܡܢܗ. ܠܐ ܗܘܐ
ܟܠܢܫ. ܐܠܐ ܠܐ ܒܣܓܝܐܐ ܢܚܠ ܗܘܐ ܟܠܗܘܢ ܒܢܝܢܬܐ.
ܡܣܬܠܠ ܗܘܐ ܕܝܢ ܠܐܠܝܢ ܕܠܐܝܬܝܢ ܗܘܘ ܒܗܘܢ܆ ܒܢܚܠܐ ܕܝܢ
ܕܡܫܒܚܢܐ. ܐܦ ܦܘܠܚܢܐ ܕܡܫܡܫܢܘܬܗܘܢ ܢܛܪ ܗܘܐ. ܕܠܐ
15 ܐܫܬܟܚ ܗܘܐ ܡܬܘܡ ܐܦܘܬܗ. ܠܩܕ ܐܦܘܡܐ ܕܝܢ ܡܕܡ
ܕܐܬܘܪ ܒܪܝܐ ܕܡܬܝܒܘܬܐ ܕܦܠܘܣ ܟܕ ܠܟܠܗ ܡܫܝܚܘܬܐ.
ܐܝܟܢܐ ܕܒܝ̈ܬܐ ܕܐܠܗܐ. ܐܝܟ ܕܡܢ ܦܘܡܐ ܠܒܣܘܡܐ
ܡܫܬܝܫܝܢ ܗܘ̈ܘ. ܘܐܝܟ ܬܘܒ ܕܬܬܬܝܫܢ ܗܘܘ܆ ܕܠܐ ܐܢܫ
ܢܫܢܐ ܒܗܝܢ ܐܘ ܢܫܬܚܐ ܒܗܝܢ. ܐܘ ܕܢܫܐ ܒܗܝܢ ܠܐܠܗܐ
16 ܡܫܬܡܫܢܘܬܐ ܕܠܗ ܡܬܬܚܫܒܐ. ܡܬܝܚܕ ܗܘܐ ܟܕ ܕܠܐ ܗܘܐ
ܫܠܡܘܗܝ ܡܫܬܡܫܝܢ ܒܗܝܢ ܥܠܝܬܐ. ܐܠܐ ܡܫܡܫ ܗܘܐ. ܕܫܠܡ
ܘܡܬܬܚܫܒܘ ܡܠܟܐ ܢܫܝܢ ܠܐܠܗܐ. ܒܒܝܬ ܗܘܘ ܥܠ ܡܕܡ

ܠܬܪܒܘܬܗ ܕܐܠܗܐ. ܡܢ ܗܪܟܐ ܕܝܢ ܫܪܟܐ ܗܘܐ ܟܠܗܝܢ
ܒܡܫܪܬܗ. ܘܗ̈ܘܦܟܢܐ ܥܘܬܪ̈ܢܐ ܕܡܬܦܫܩܝܢ ܗܘܘ ܒܐܝܠܝܢ 17
ܕܡܫܝܚ ܡܫܝܚܐ ܕܢܫܡܥܘܢ ܐܝܬ ܒܟܬܒܘܗܝ ܕܠܐܦܣܩܘܦܐ.
ܐܝܟ ܕܟܬܝܒܐ ܕܐܢܫܐ ܩ̈ܕܝܫܐ. ܡܛܠ ܒܢ̈ܫܐ ܪܥܝܢ ܗܘܘ
ܟܠܗܘܢ ܘܡܬܕܒܪܝܢ ܗܘܘ ܘܡܬܚܫܒܝܢ ܕܠܐ ܟܠܐ. ܒܕܡܘܬܐ
ܕܩ̈ܛܠܐ ܬ̈ܫܡܫܬܐ. ܟܕ ܡܕܡ ܒܝܫ ܠܐ ܚܫܒ ܗܘܐ ܠܗܘܢ
ܐܚܪ̈ܢܐ ܕܝܢ ܒܫܠܡܐ ܡܬܢܚܢܐ ܘܒܢܝܚܐ ܡܫܡܠܝܢ ܗܘܘ.
ܘܡܬܦܣܩܝܢ (A fol. 122 b) ܗܘܘ ܦ̈ܓܪܝܗܘܢ ܒܣܘܦܐ ܩܠܝܠ ܩܠܝܠ.
ܘܡܢ ܒܬܪ ܗܕܐ ܚܙܬܐ ܕܚܠܬܐ. ܠܡܕܝܢܬܐ ܕܬܘܢܐ ܒܝܫܐ
ܡܬܥܕܪܝܢ ܗܘܘ. ܘܡܬܬܪܕܝܢ ܗܘܘ ܬܘܒ ܘܡܬܪܡܝܢ ܗܘܘ ܐܢܫܐ 18
ܕܫ̈ܠܡܘܗܝ ܕܐܠܗܐ. ܘܬܘܒ ܐܠܦܘܪ̈ܣܐ ܘܕܒܪܐ. ܘܦܘܪ̈ܐ
ܘܪ̈ܡܬܐ ܡܢ ܚ̈ܕܪܘܗܝ ܕܡܕܝܢܬܐ ܡܢ ܡܬܡܠܝܢ ܗܘܘ. ܘܡܬܦܠܠ
ܕܒܗܠܝܢ ܡܬܠܫ ܗܘܐ ܒܗܝܢ ܪ̈ܒܝܬܐ ܗܘ. ܡܛܠ ܒܠܚܘܕ ܐܬܪܐ
ܥܠ ܥܠܬܐ ܕܒܫܝܢ ܪ̈ܘܚܢܝܬܐ ܐܬܚܫܒ ܒܬܪܥܝܬܗ. ܐܠܐ ܠܐ 19
ܕܐܠܗܐ ܒܥܠܠ ܡܕܒܪܢܐ ܕܦܩ̈ܕܢܬܐ ܐܝܟ ܡܢ ܫܘܒܚܐ ܘܡܢ
ܒܡܠܟܐ ܕܠܠܝܐ. ܐܕܝܫ ܡܢ ܥܠܝ ܢܘܗܪܐ ܪܒܐ ܘܦܪܘܩܐ
ܠܟܠ. ܠܩܘܣܛܢܛܝܢܘܣ ܒܒܪܗ. ܘܒܪܒܐ ܪܒܐ ܕܒܪܗ ܗܘܐ xx. 1
ܐܝܬܘܗܝ. ܘܡܢ ܠܗ ܫܡܥܐ ܦܐܪܐ ܕܟܐܢܘܬܐ ܕܒܥ̇ܐ ܗܘܐ.
ܠܗ. ܘܒܗܬܐ ܥܠ ܪ̈ܒܝܥܐ ܝܗܒ ܠܗ. ܠܗܢܐ ܕܝܢ ܡܫܡܥܐ.
ܒܚܝܘܗܝ ܒܗ ܩ̈ܠܝܠ ܡܠܟܘܬܗ. ܘܟܠܗܘܢ ܪ̈ܚܡܘܗܝ. ܡܛܠ
ܪ̈ܚܡܘܗܝ ܕܩܘܣܛܢܛܝܢܘܣ ܗܘܐ ܐܪܝܘܣ. ܟܕ ܓܝܪ ܠܗܝܪܬܐ 2
ܕܫܝܢܘܬܐ ܠܡܩܒܠܘ ܗܕܐ ܗܘܐ. ܐܬܚܫܒ ܗܢܐ ܪܚܡܗ
ܕܐܠܗܐ ܫܘܒܚܐ ܠܒܦܐ. ܘܒܪܝܪܘܬܐ ܕܫܝܢܘܬܐ ܫܠܛ
ܒܡܪܫܥܘܬܐ. ܘܗܘܝܢ ܐܬܚܫܒ ܕܒܒܝܬ ܬܟܒܬܐ ܠܐܝܠܝܢ
ܕܡܬܐܠܝܢ ܗܘܘ ܡܢ ܦܘܪܢܐ. ܘܦܓܪ ܠܥܡܗ ܓܒܪܐ ܦܫܝܛܐ

3 ܕܒ̈ܢܝܢܐ. ܒܐܒܕܢܐ ܕܡܠܠ ܐܢܫܐ ܬ̈ܢܝܢܐ. ܒܡܪܡܚܘܬܐ
ܠܒܪ ܟܠܗܘܢ ܡܕܡ ܗܢܐ ܘܒܢܐ ܡܬܚܫܒ ܗܘܐ. ܒܗ ܗ̇ܘ ܕܠܐ
ܫܦ̇ܝܪ ܗܘܐ. ܒܗ̣ ܗܘ ܡܢ ܒ̈ܢܝܬܗ ܠܐ ܡܫܬܘܕܥ ܗܘܐ. ܐܠܐ
ܗܟܢܐ ܗܘܬ ܚܫܝܫܘܬܗ ܡܬܐܡܪܬ ܥܠ ܒ̈ܢܝܢܐ ܕܐܝܬܝܗ
ܫܘܠܛܢܗ. ܕܠܗܘܢ ܕܐܝܟ ܕܡܬܟܐܒܝܢ ܗܘܘ. ܠܐ ܐܫܬܘܝ ܗܘܐ
ܠܗܘܢ ܗܒܪܐ ܘܫܢܝܐ. ܡܛܠ ܕܣܡܝܐ ܗܘܬ ܠܗܘܢ ܦܪܘܫܘܬܗ
4 ܕܫܘܝܐ ܒܢܫܐ. ܡܛܠ ܗܢܐ ܝܠܕ ܒܝܫܘܬ ܦܠܓܘܬܐ ܗܝܡܢܘܬܐ
ܕܒܥܘܬܐ. ܗ̇ܘ ܕܡܕܒܪܢܐ ܕܦܠ̈ܓܘܬܐ ܐܝܬܘܗܝ ܗܘܐ. ܘܒܗ
ܗܘܐ ܠܡܫܬܟܚܘ ܡܢܝܢܐ ܕܫ̈ܢܐ. ܠܟܠܗܘܢ ܐܝܠܝܢ ܕܐܒܕܝܢ
ܗܘܘ. ܘܗܕܝܢ ܡܢܐ ܠܐܠܗܐ ܡܠܟܐ ܕܟܠ. ܘܠܒܪܗ ܦܪܘܩܐ
ܕܟܠ. ܕܢܗܘܐ ܠܗ ܡܕܒܪܢܐ ܐܦ ܡܕܒܪܢܐ. ܘܩܠܝܠ ܣܕܪ̈ܘܗܝ
ܠܡܕܒܪܢܘܬܐ ܠܗܘܟܠ ܦܩ̈ܐܘܗܝ ܕܐܠܗܐ. ܘܕܠܠܐܝܬ ܡܢ ܟܠ
ܘܒܗܬܬܐ. ܘܐܫܬܟܠ ܡܕܒܪܢܘܗܝ ܡܢ ܐܠܗܐ. ܟܘܠ ܡܕܡ
5 ܒܡܪܒܐ ܡܢ ܥܠ ܟܠܟܠ. (A fol. 123 a) ܘܗܘܢܘܢ ܕܐܬܡܠܠ ܡܕܡ
ܡܪܚܐ ܠܡܫܡܥ ܕܡܫܘܬܐ ܢܫܡܥܘܢ ܗܘܘ. ܘܐܦ ܠܐ ܫܡܥܘܢ
ܒܡܕܒܪܢܐ ܐܫܬܘܝ ܗܘܐ. ܘܡܫܩ̈ܠܝܢܗܘܢ ܡܢ ܐܫܩ̈ܠܝܢܗܘܢ[2]
ܒܗܬܬܐ ܕܥܡܝܢ ܗܘܘ ܠܗ̇ ܡܠܬܗ. ܘܐܟܠܝܢ ܕܢܝܫܐ ܒ̈ܢܝܗܘܢ
ܠܢܦܫܗ ܒܢܦܫܗܘܢ ܦܘܪܢܣܐ ܡܬܩܢܢܐ ܘܬܩܢܐ. ܗܢܝܢ ܗܠܝܢ
ܒܫܢܝܗܘܢ. ܡܛܠ ܕܐܦ ܠܐ ܗܘ ܡܕܡ ܡܬܬܦܪܢܬܐ. ܘܠܐ
ܐܬܒܥܒ ܒܫܡ̈ܫܘܬܐ ܕܡܫܝ̈ܚܘܗܝ. ܘܟܠ ܕܐܢܪ̈ܐ ܒܐܘܪܚܐ
6 ܕܪܥܒܘܬܗܘܢ ܕܡܠܘ̈ܢ ܒܫܡܫܐ ܕܢܫܡܥܘܢ ܐܬܚܫܒ. ܐܠܐ
ܕܝܢ ܗܢܐ ܗܕܟܢܐ ܫܦܝܪ ܗܘܐ ܒܗ ܗܘܝܘ. ܗ̇ܘ ܕܒܡܠܬܗ
ܒܫܡܘܬܐ ܕܗܝܠܟ ܐܠܗܐ ܥܒܕ ܗܘܐ. ܘܡܫܠܡܢܘܬܐ ܘܒܢܐ.
ܡܢ ܒ̈ܢܘܗܝ ܕܢܫܡܥܘܢ ܠܐܠܗܐ. ܕܕܡܝܢ ܗܘܘ ܠܐܒܘܗܘܢ ܒܟܠ

[2] Read ܐܣ̈ܩܝܗܘܢ?

ܡܕܡ. ܢܩܒܠ ܐܬܪܐ ܕܡܕܢܚܐ ܕܝܠܗܘܢ܆ ܘܐܝܟ ܕܡܢ ܩܕܝܡ.
ܚܕܐ ܦܪܢܣܘܬܐ ܕܗܘܦܟܐ ܩܒܠܘ ܗܘܘ. ܘܡܢ ܡܕ̈ܒܚܝܗܘܢ
ܕܡܫܡܫܐ ܒܗ ܚܕ ܒܟܠܗܘܢ ܒܢܦܫܗ ܕܒܪܢܫܬܐ. ܥܠܡܐ ܕܝܠܗܘܢ
7 ܚܙܝ ܗܘܐ ·܀· ܘܐܬܡܠܝܬ ܗܘܬ ܡܢ ܒ̈ܢܝ ܐܢܫܐ ܒܥܠܬܗ
ܕܫܠܝܬܐ ܕܐܚܝܕܝܢ ܗܘܘ ܒܗ ܡܢ ܩܕܝܡ. ܘܡܘ̈ܩܕܬܐ ܕܒ̈ܣܪܐ
ܕܡܫܝܚܐ ܒܒܝܬܝ ܗܘܘ. ܘܦܪܝܫ ܗܘܐ ܢܘܗܪܐ ܒܟܠ ܕܘܟ.
ܘܟܦܪ̈ܘܩܐ ܚܕܝܐ ܘܒܟܝܢܐ ܦܪ̈ܝܫܘܬܐ ܕܡܢ ܩܕܝܡ[3] ܗܘ̈ܝ.
ܠܣ̈ܗܕܐ ܥܠ ܐܢܫ ܚܕܐ ܗܘܐ. ܐܦ ܒܬܫܒ̈ܘܚܬܐ ܘܒܡܫܡܫܢܘܬܐ
ܒܟܠ ܫ̈ܦܝܪ ܘܐܣܛܪ̈ܘܬܗܘܢ. ܠܐܠܗܐ ܡܠܟܐ ܕܟܠ ܡܕܡ ܥܠ
ܡܕܡ ܡܫܒܚܝܢ ܗܘܘ. ܐܝܟ ܡܢܐ ܕܐܠܗܐ. ܘܡܢ ܒܬܪܗ.
ܠܡܠܟܐ ܕܕܚܠ ܠܐܠܗܐ. ܒܠܗܘܢ ܐܠܝܢ ܕܐܫܬܟܚܘ ܠܐܠܗܐ
8 ܡܫܠܡܝܢ ܗܘܘ ܠܗ. ܘܐܬܬܟܠܘ ܗܘ̈ܝ ܒܢ̈ܟܬܐ ܡܪ̈ܝܪܬܐ
ܘܣ̈ܓܝܐܐ. ܘܟܠܦ̈ܬܐ ܕܡܢܗܘܢ ܗܘ̈ܝ ܡܬܒܣܡܝܢ ܗܘܘ. ܘܠܐܝܠܝܢ
ܕܒܬܪܟܢ ܡܬܩܒܠܝܢ ܗܘܘ. ܦܪܝܫܝܢ ܗܘܘ ܕܝܢ ܒܟܠ ܐܬܪ
ܦܘ̈ܩܕܢܝܗܘܢ ܕܡܠܟܐ ܘܕܝܢܐ. ܕܢܦܩܘܢ ܗܘܘ ܡ̈ܫܝܚܐ ܘܢܬܦܘܫܐ
ܪܘܪ̈ܒܐ. ܘܐܝܬ ܗܘܐ ܒܗܘܢ ܡܗܝܡܢܘܬܐ. ܘܬܫܘ̈ܒܚܬܐ ܕܣ̈ܓܝܐܐ
9 ܕܕܚܠܬ ܐܠܗܐ. ܘܗܟܢܐ ܒܗ ܒܠܥܘ ܦܪܘܣܘܦܐ ܐܬܕܒܝܚܘ. ܠܗܘܢ
ܒܠܘܚܕܝܗܘܢ ܐܬܦܪܣܬ ܡܠܟܘܬܐ ܕܕܘܟܐ ܠܗܘܢ܆ ܒܗ ܡܫܪܪܐ
ܕܠܐ ܚܫܘܟ. ܠܗܘܦܦܝܣܘܣ ܘܠܩܕܝܫܘܗܝ ܠܗܘܢ ܕܡܪܘܡ ܡܢ
ܒܠܚܘܕ ܚܝܐ ܘܕܠܐ ܡܝܘܬ ܕܡܠܟܐ. ܕܒܠܗܘܢ ܡܫܒܚܐ. ܘܐܬܒܨܝܪ
ܟܠܦ̈ܬܐ ܕܡܢ ܐܠܗܐ ܐܬܒܗܒ ܠܗܘܢ܆ ܐܝܟ ܡܢܐ (A fol. 123 b)
ܕܐܦ ܗܘܘ ܚܝܘ ܒܪܘܚܐ ܒܫܘܠܛܢܐ ܘܒܪܘܚܗ ܕܐܠܗܐ.
ܬܘܕܝܬܐ ܘܫܘܒܚܐ ܕܠܘܬ ܐܠܗܐ ܒܟܠܝܢ. ܠܟܠܗܘܢ ܒܢܝ
ܐܢܫܐ ܚܝܘ ··܀··

[3] The rendering of κατηφεῖς is wanting

ܫܠܡ ܠܡܟܬܒ ܣܦܪܐ ܥܣܪܐ ܕܬܫ̈ܥܝܬܐ ܕܥܕܬܐ. ܕܟܬܒ
ܠܐܘܣܒܝܣ ܩܣܪܝܐ. ܣܦܪܐ ܩܕܡܝܐ. ܬܠܬܡܐܐ ܬܫܥܝܢ
ܕܒܪ̈ܬܐ.܀.܀ ܣܦܪܐ ܕܬܪ̈ܝܢ. ܒܡܐ̈ܬܝܢ ܘܬܫܥ ܬܫܥܝܢ ܕܒܪ̈ܬܐ..
ܣܦܪܐ ܕܬܠܬܐ. ܬܠܬܝܢ ܘܬܫܥ ܬܫܥܝܢ ܕܒܪ̈ܬܐ. ܣܦܪܐ
ܕܐܪܒܥܐ. ܒܡܐ̈ܬܝܢ ܘܬܫܥ ܬܫܥܝܢ ܕܒܪ̈ܬܐ.. ܣܦܪܐ ܕܚܡܫܐ.
ܒܡܐ̈ܬܝܢ ܘܬܡܢܝܐ ܬܫܥܝܢ ܕܒܪ̈ܬܐ. ܣܦܪܐ ܕܫܬܐ. ܐܪܒܥܝܢ
ܘܫܒܥ ܬܫܥܝܢ ܕܒܪ̈ܬܐ.. ܣܦܪܐ ܕܫܒܥܐ. ܬܠܬܝܢ ܬܫܥܝܢ
ܕܒܪ̈ܬܐ.܀.܀ ܣܦܪܐ ܕܬܡܢܝܐ. ܥܣܪܝܢܐ ܬܫܥܝܢ ܕܒܪ̈ܬܐ.܀
ܣܦܪܐ ܕܬܫܥܐ. ܫܒܥܣܪܐ ܬܫܥܝܢ ܕܒܪ̈ܬܐ.܀ ܣܦܪܐ ܕܥܣܪܐ.
ܫܒܥ ܬܫܥܝܢ ܕܒܪ̈ܬܐ.... ܗ̈ܘܝܢ ܕܝܢ ܬܫ̈ܥܝܬܐ ܟܠܗܝܢ ܒܡܢܝܢܐ
ܡܐ̈ܬܝܢ ܘܐܪܒܥܝܢ ܕܟܬܒ ܡܪܝ ܐܘܣܒܝܣ. ܐܦܝܣܩܘܦܐ ܕܩܣܪܝܐ
ܕܦܠܣܛܝܢܐ...

ܫܘܒܚܐ ܠܐܒܐ ܘܠܒܪܐ ܘܠܪܘܚܐ ܕܩܘܕܫܐ ܠܥܠܡ ܥܠܡܝܢ
ܐܡܝܢ ܘܐܡܝܢ.

ܒܪܝܟ ܗܘ ܐܠܗܐ ܘܡܫܒܚܐ ܕܝܗܒ ܠܟܬܒܗ ܚܝܠܐ ܕܢܫܠܡ
ܐܫܘܝܢ ܘܥܡܗ ܟܬܝܒܐ ܗܢܐ ܠܡܘܪܝܐ ܘܡܫܝܚܗ ܘܠܒܝܬܗ
ܕܐܠܗܐ ܡܪܝ ............[4] ܒܠ ܗܒܝܠ ܕܡܪܐ ܘܠܒ.
ܬܘܕܝ ܠܐܒܐ ܘܠܡܫܝܚܐ ܘܠܪܘܚܐ ܕܩܘܕܫܐ ܐܠܗܐ ܗܘ ܢܛܪ
ܐܝܟ ܐܬܪܐ ܗܘ ܕܚܝܠܐ ܕܢܦܫ ܡܠܦܢܐ ܘܡܦܩܢ ܐܝܟ
ܠܟܠܗܘܬܐ ܕܢܦܫ ܘܫܪܝܪܗ ܡܢ ܢܣܒ ܡܫܝܚܐ ܘܡܦܩܢ
ܐܝܟ ܥܠ ܦܘܬܪ ܡܫܝܚܘܬܗ ܒܟ ܒܪܘܚܗ ܡܪܝܐ ܥܡ
ܕܡܬܢܦܚܝܢ ܡܢ ܡ̈ܠܐܟܐ ܡܫܒܚܐ ܐܡܝܢ ܘܐܡܝܢ ܘܐܡܝܢ.܀.܀

ܟܬܒ ܕܝܢ ܘܫܠܡ ܒܝܪܚ ܢܝܣܢ ܕܫܢܬ ܫܒܥܡܐܐ ܘܬܫܥܝܢ
ܘܬܠܬ ...[5] ܡܕܒܝܬܐ. ܕܒܝܢ ܟܠܗܘܢ ܕܫܠܡܘܢ ܕܡܫܝܚܝܐ

[4] The original reading has been altered into ܒܗ ܐܠܗܐ ܘܡܪܝܐ ܐܠܗܐ ܗܘ

[5] Erasure.

ܠܥܠܡܝܢ ܐܡܝܢ. ܕܡܕܝܢܬܐ ܠܒܬܐ ܢܗܘܐ ܦܬܓܡ ܐܠܗܐ ܐܡܝܢܘܬܐ.
ܠܡܪܢ ܡܫܝܚܐ.........[6]ܦܢܝܬܐ ܕܐ.........ܫܢܬܗ ܕܠܗ
ܕܡܪܢ ܦ...ܠ.......[7]ܐܡܝܢ ܘܐܡܝܢ.. ܒܝܠܘܬ ܠܘܬ ܠܗܘܢ
ܡܪܢܐ ܘܡܠܟܐ. ܕܝܫܘܥ ܢܗܘܘܢ ܥܠ ܟܠܗܘܢ ܡܘܬܒܐ ܕܒܬܒ
ܕܡܠܠܘܬܐ ܐܝܟ ܕܡܪܢ ܐܡܝܢ ܘܐܡܝܢ.

[6] Altered into ܠܡܫܝܚܐ ܡܠܟܐ ܕܠܥܠܡ ܘܡܪܝܐ [7] Erasure

# APPENDIX.

THE 16TH, 17TH, AND 25TH CHAPTERS OF THE SIXTH BOOK AS GIVEN IN ADD. 14620, A BRITISH MUSEUM MS OF THE NINTH CENTURY.

ܫܘܪܒܐ ܐܚܪܢܐ: ܡܛܠ ܡܫܠܡܢܘܬܐ ܡܬܪ̈ܓܡܢܘܬܐ ܕܟܬ̈ܒܐ ܐܠܗ̈ܝܐ. ܡܢ
ܕܐܘܪܓܢܣ ܥܒܕ. ܡܢ ܥܠܠܗ ܕܗ̄ ܕܗܟ̄ ܘ̄ ܕܐܘܟܬܘܦܠܐ.
ܕܐܝܟܢܐ ܡܬܬܢܝܚ ܗܘܐ ܗܘ ܐܘܪܝܓܢܣ ܥܠ ܟܬ̈ܒܐ ܩܕ̈ܝܫܐ.

xvi. 1 ܗܟܢܐ ܕܝܢ ܡܚܦܛ ܗܘܐ ܗܘ ܐܘܪܝܓܢܣ ܠܡܬܒܥ ܥܠ ܟܬ̈ܒܐ ܩܕ̈ܝܫܐ.
ܐܝܟܢܐ ܕܐܦ ܠܠܫܢܐ ܥܒܪܝܐ ܢܠܦ ܗܘܐ. ܘܩܢܐ ܗܘܐ ܐܦ ܟܬ̈ܒܐ ܕܐܝܬ ܠܘܬ
ܝܗܘܕ̈ܝܐ ܒܥܒܪ̈ܝܬܐ ܒܟܬܝܒܬܐ. ܘܡܚܦܛ ܗܘܐ ܐܦ ܡܦܩܢܘܬܐ ܕܬܘܪ̈ܓܡܐ
ܩܕ̈ܝܫܐ:¹ ܕܬܪ̈ܓܡܘ ܐܚܪ̈ܢܐ ܠܒܪ ܡܢ ܫܒܥܝܢ ܡܬܪܓܡܢܐ. ܘܬܘܪ̈ܓܡܐ ܐܚܪ̈ܢܐ
ܕܟܬ̈ܒܐ ܩܕ̈ܝܫܐ ܕܡܫܠܡܢܝܢ ܡ̈ܢܗܘܢ ܕܐܩܘܠܐ ܘܕܣܘܡܟܘܣ ܘܬܐܕܘܛܝܘܢ
ܐܫܟܚ ܗܘܐ. ܕܟܕ² ܟܣܝܢ ܗܘܘ ܐܝܟ ܣܝܡܬܐ ܘܡܬܛܫܝܢ ܗܘܘ:³ ܠܙܒܢ
2 ܘܐܝܬܝ ܐܢܘܢ ܠܢܘܗܪܐ. ܘܡܛܠ ܕܠܐ ܝܕܥܝܢ ܗܘܘ ܕܡܢܘ ܬܪ̈ܓܡ ܐܢܘܢ:
ܗܕܐ ܒܠܚܘܕ ܐܘܕܥ ܗܘܐ ܒܟܬܒܗܘܢ: ܕܚܕ ܡܢܗܘܢ ܐܫܟܚܗ ܗܘܐ
3 ܒܢܝܩܘܦܘܠܝܣ. ܐܚܪܢܐ⁴ ܕܝܢ ܒܩܘܒܐ ܐܚܪܬܐ ܘܒܬܪܓܡܬܐ ܕܝܢ ܕܡܬܩܪܝܐ
ܕܝܚܝܢ ܠܗ: ܡܢ ܒܬܪ ܗܠܝܢ ܐܪܒܥܐ ܬܪ̈ܓܡܐ ܕܬܪ̈ܓܡܘ. ܢܣܒ ܕܐܝܟ ܗܘ 𝔄 454
ܬܪ̈ܓܡܐ ܐܚܪܢܐ ܕܫܒܥܝܢ ܘܕܐܩܘܠܐ ܘܕܣܘܡܟܘܣ. ܡܟܪܙ ܕܝܢ ܥܠ ܚܕ ܡܢܗܘܢ:
ܕܐܫܟܚܗ ܐܡܪ ܒܐܝܪܝܚܘ ܒܕܢܐ. ܒܙܒܢܘܗܝ ܕܐܢܛܘܢܝܢܘܣ ܦܠܓܐ ܒܪܗ

CHAP. XVI. ¹ 𝔄 *de traditione interpretationis librorum sanctorum* ² 𝔄 om. ܟܕ ³ 𝔄 om. ܘܡܬܛܫܝܢ ܗܘܘ ⁴ 𝔄 sing.

ܕܣܘܪܘܣ. ܗܠܝܢ ܕܝܢ ܠܬܘܪܓܡܐ ܕܠܗܘܢ ܟܢܫ ܐܝܟ ܐܚܕܐ. ܘܦܠܓ ܐܢܘܢ ܘܣܡ ܐܢܘܢ ܚܕ ܠܘܩܒܠ ܚܕ. ܟܕ ܦ̈ܘܣܩܐ ܦܣܝܩܐ. ܘܥܒܕ[5] ܢܘܣܚܐ ܕܗܠܝܢ ܕܡܬܩܪܝܢ ܐܟܣܦܠܐ. ܘܥܒܕܗ ܘܠܗ[6] ܗܘ ܠܚܘܕ. ܕܐܩܘܠܘܣ[7] ܘܕܣܘܡܟܘܣ ܘܕܬܐܘܕܘܛܝܘܢ. ܥܡ ܕܝܠܗ ܕܫܒܥܝܢ ܘܬܪܝܢ[8]

ܡܢ ܗܘ̇ ܕܝ̈ܢ ܥܠ ܣܘܡܟܘܣ ܗܘ ܕܬܪܓܡ ܟܬܒ̈ܐ ܀

xvii. ܘܳܠܐ ܠܟ ܕܝܢ ܕܬܕܥ. ܕܣܘܡܟܘܣ ܚܕ ܡܢ (fol. 5 b) ܗܢܘܢ ܕܬܪܓܡܘ ܟܬܒ̈ܐ. ܐܒܝܘܢܝܐ[1] ܗܘܐ. ܗܪܣܝܣ ܕܝܢ ܐܝܬܝܗ ܗܕܐ ܕܡܬܩܪܝܐ ܕܐܒܝܘܢܝܐ. ܗܢܘܢ ܕܐܡܪܝܢ ܥܠ ܡܫܝܚܐ ܕܗܘܐ ܡܢ ܝܘܣܦ ܘܡܢ ܡܪܝܡ. ܘܣܒܪܝܢ ܥܠܘܗܝ ܕܒܪܢܫܐ ܗܘܐ ܦܫܝܛܐ. ܘܐܡܪܝܢ ܕܡܬܒܥܐ ܕܢܛܪ ܢܡܘܣܐ ܝܗܘܕܐܝܬ. ܐܝܟ ܕܐܡܪܢܢ ܐܘܕܥܢ ܒܡܟܬܒܢܘܬܐ ܗܕܐ. ܘܡܐܡܪ̈ܐ ܐܝܬ ܠܗ ܠܣܘܡܟܘܣ: ܕܡܫܬܟܚܝܢ ܥܕܡܐ ܠܗܫܐ. ܕܐܡܪ ܒܗܘܢ ܠܘܩܒܠ ܐܘܢܓܠܝܘܢ ܕܡܬܝ. ܐܝܟ ܕܢܥܫܢ ܗܕܐ ܗܪܣܝܣ. ܡܘܕܐ ܕܝܢ ܥܠ ܗܠܝܢ. ܐܘܪܝܓܢܣ ܕܟܕ ܠܬܘܪܓܡܐ ܐܚܪܢܐ ܕܟܬܒܐ ܕܒܝܕ ܣܘܡܟܘܣ. ܕܢܣܒ ܐܢܘܢ ܡܢ ܐܢܬܬܐ ܚܕܐ ܕܡܬܩܪܝܐ ܝܘܠܝܢܐ. ܘܐܡܪ ܒܟܠܗܘܢ: ܕܗܘ ܦܩܕܗ ܐܢܘܢ ܠܗܠܝܢ ܟܬܒ̈ܐ ܡܢ ܣܘܡܟܘܣ

ܡܢ ܗܘ ܕܥ̄ܡܗ ܕܐܚܪܢܐ ܡܬܕܟܪ ܐܘܪܝܓܢܣ ܠܟܬܒ̈ܐ ܕܡܬܩܒܠܝܢ ܒܥܕܬܐ.

xxv. ܟܕ ܕܝܢ ܦܫܩ ܗܘܐ ܠܡܙܡܘܪܐ ܗܘ ܩܕܡܝܐ. ܣܡ ܗܘܐ ܡܢܝܢܐ ܕܢܘܡܘܣܐ[1] ܕܟܬܒ̈ܐ ܩܕ̈ܝܫܐ: ܕܕܝܬܩܐ ܥܬܝܩܬܐ. ܐܡܪ ܕܝܢ ܗܟܢܐ + + + ܕܠܐ ܠܡ ܕܢܕܥ ܕܟܬ̈ܒܐ ܕܡܬܩܒܠܝܢ ܐܝܟ[2] ܕܐܫܠܡܘ ܠܢ ܥܒܪ̈ܝܐ. ܗܘܝܢ

2 ܥܣܪܝܢ ܘܬܪܝܢ. ܐܝܟ ܡܢܝܢܐ ܕܐܬܘܬܐ ܕܠܗܘܢ. ܘܡܢ ܒܬܪܟܢ ܐܘܣܦ ܘܐܡܪ. ܕܐܝܬܝܗܘܢ ܟܕ ܥܣܪܝܢ ܘܬܪܝܢ ܒܬ̈ܪܝܢ ܒܗ ܟܬܒ̈ܐ ܗܠܝܢ + ܗܕܐ

[5] 𝔄 adds *nobis* [6] 𝔄 *et alium quoque seorsum* [7] 𝔄 *et Aquilae* [8] 𝔄 om. ܘܬܪܝܢ

Chap. XVII. [1] 𝔄 wrongly *Abionaeorum*

Chap. XXV. [1] 𝔄 = ܘܢܘܡܘܣܐ [2] 𝔄 om. ܐܝܟ

ܕܡܫܠܡܢܐ ܠܗܠܝܢ ܒܪܘܚܐ. ܠܗܘܢ ܒܒܝܬ ܙܡܘܗ[3] ܕܫܠܡ ܡܫܠܡܢܐ. ܗܘܘ ܕܝܢ
ܒܪܘܫܠܡ + ܘܡܫܟܢܐ ܡܫܠܡܢܐ ܒܒܒܝܐ. ܘܐܫܬܪܬ[4] ܕܐܫܠܘܗܝ ܣܝܡܘܗ.
ܘܗܠܝܢ[4a] ܡܫܬܐ + ܕܒܗܢܐ[5] ܕܝܢ: ܘܢܡܪܐ.[6] ܗܘܘ ܕܝܢ ܘܒܪܐ + + + ܠܡܫܢܝܢܐ
ܕܝܢ ܦܪܐ. ܐܡܣܦܩܘܕܝܡ[7] + ܠܐܝܢ ܢܡܘܣܐ ܕܝܢ. ܐܠܠܕܒܪܝܡ.[8] ܗܘܘ ܕܝܢ
ܗܠܝܢ ܦܩܝܕܐ + ܠܝܫܘܥ ܒܪܗ ܕܢܘܢ. ܝܫܘܥܒܢܘܢ[9] + ܘܪ̈ܝܫܐ ܘܬܪܬܝܢ[10]
ܡܫܠܡܝܢ. ܐܢܘܣܦܛܝܡ[11] + ܦܩܕ ܦ̈ܠܚܐ ܕܝܢ ܠܬܪܝܢ. ܡܫܠܡܝܢ. ܐܢܐ +
ܕܒܪܢܫܝܢ ܝܘܡ.[12] ܗܘܘ ܕܝܢ ܦ̈ܠܐ ܕܢܦܫܬܐ + ܘܡܬܪܐ ܠܬܪܝܢ. ܕܡܫܐܡܝܢ ܠܗܬܘܢ
ܐܢܚܕܪܐ. ܕܡܫܠܡܐ ܚܘܪܐ + ܦܫܪܐ ܕܡܬܡܫܬܐ ܕܡܫܠܡܐ. ܦܩܕ ܠܡܠܝܬ +
ܘܩܘܠܐ ܕܡܠܝܫܝܢ ܡܫܠܡܝܢ ܩܠܝܬ[13] + ܘܐܡܠܝܫܦܫܝܫ ܕܡܫܠܡܐ 𝔄 472
ܩܘܗܕܬ[14] + ܘܬܫܝܚܐ ܠܩܕܝܫܬܐ ܦܪܝܫ.[15] ܣܐܪ ܣܐܪܝܡ[16] + ܐܫܥܝܐ ܢܒܝܐ[17] +
ܐܪܡܝܐ ܥܡ ܐܦܠܝܛܐ[18] ܕܝܠܗ. ܐܢܝܪܡܝܐ[19] + ܕܝܢܐܝܠ + ܣܪܒܝܘܬ
ܣܪܒܢܐܝܠ[20] + ܐܝܟ ܐܢܘܢ + ܐܫܠܡ ܐܫܠܡ + ܐܢܫ ܕܝܢ ܠܟܠ ܡܢ ܗܠܝܢ
3 ܬܘܒ ܕܡܩܕܫܐ. ܕܫܠܡ ܠܟܠܗܘܢ ܣܦܪܐ ܐܢܠܝܢ[21] + ܗܠܝܢ[22] ܕܝܢ ܫܡܫ
ܒܡܬܪܐ ܗܘ ܕܐܡܪܝܢ ܠܟܠܗܘܢ + + + ܒܡܬܪܐ ܕܝܢ ܩܪܝܒܐ ܕܫܠܡ ܥܠ
ܐܘܢܓܠܝܘܢ[22a] ܕܡܫܠܡ. ܢܛܪ ܦܩܘܕܐ ܕܝܠܗ ܘܐܫܬܘܕܝ. ܕܐܪܥܐ ܐܘܢܓܠܝܐ
4 ܒܠܝܘܕ ܢܘܢ. ܫܠܡ ܕܝܢ ܗܒܠܐ. ܕܡܢ ܡܫܠܡܢܘܬܐ ܠܗܘ ܢܠܦܫ ܥܠ
ܐܪܥܐ ܐܘܢܓܠܝܐ. ܕܗܢܘܢ ܒܠܝܘܕ ܐܝܟ ܕܠܐ ܫܘܠܛܢܐ. ܒܒܠܝ ܒܬܪܗ[23]

[3] 𝔄 = ܡܢ ܙܡܘܗ [4] 𝔄 [Armenian] *Zmavōth* [4a] 𝔄 om. ܘ [5] 𝔄 plur. [6] 𝔄 [Armenian] *Vikarea* [7] 𝔄 [Armenian] *Amspakodim* [8] 𝔄 [Armenian] *Aleldaberim* [9] 𝔄 [Armenian] *Iesuabnun* [10] 𝔄 adds *apud eos* [11] 𝔄 [Armenian] *Naëos phatim* [12] For ܕܒܪܢܫܝܢ ܝܘܡ. ܐܢܐ 𝔄 has [Armenian] *Anachadpriamen* [13] In 𝔄 read [Armenian] *vocantur Mlath* [14] 𝔄 [Armenian] *Kohdath* [15] 𝔄 om. ܦܪܝܫ [16] 𝔄 [Armenian] *Sēr sērim* [17] 𝔄 [Armenian] *Isaiea* [18] 𝔄 adds *et epistolis* s. *epistola* and om. ܕܝܠܗ [19] 𝔄 [Armenian] *Aniramia* [20] 𝔄 om. ܣܪܒܝܘܬ ܣܪܒܢܐܝܠ [21] In 𝔄 read [Armenian] *Srbiuth Sabnaiēl* [22] 𝔄 adds *omnia* [22a] 𝔄 *in evangelio* [23] 𝔄 = ܒܒܠܝ ܒܬܪ̈ܗ

ܕܐܠܗܐ ܕܐܬܠ ܠܢܝܫܐ ܫܡܝܢܐ ܀ ܘܡܪܩܘܣ ܦܫ ܒܒܝܬ ܡܠܟܐ. ܗܘ ܕܡܢ
ܩܪܝܒ ܐܬܠܗܘܢ ܗܘܐ ܦܘܪܩܢܐ: ܘܡܫܝܚܘܬܐ ܗܘܐ ܡܫܝܚܗ ܕܢܗܘܐ ܡܫܡܫܢܐ.
ܘܠܐܒܘܗ ܗܘܐ ܕܝܢ ܠܗܠܝܢ ܕܘܡܝܐ ܡܢ ܝܗܘܕܝܘܬܐ. ܒܒܠܬܘܒܐ ܒܒܪܝܬܐ +
5 ܕܐܬܪܐ ܕܝܢ ܡܪܩܘܣ.[24] ܗܘ ܕܐܒܠܒ ܐܝܟ ܕܐܡܠܟܝ ܠܗ ܦܛܪܘܣ. ܗܘ
1 Pet v 13 ܕܠܗ ܩܪܐ ܒܪܐ ܕܝܠܝ. ܒܐܓܪܬܗ ܩܬܘܠܝܩܝܐ: ܒ, ܒܒܝܠ[25] ܕܫܐܠܐ ܫܠܡܟܐ
ܕܝܠܗܘܢ. ܥܕܬܐ[26] ܓܒܝܬܐ ܕܐܒܠܬܒܘܢ ܗܢܐ ܕܒܒܠ.[27] ܘܡܪܩܘܣ ܒܪܝ
6 ܕܝܠܝ ܀ + ܀ ܕܬܠܬܐ ܕܝܢ. ܐܘܢܓܠܝܘܢ ܕܠܘܩܐ: ܗܘ ܕܦܘܠܘܣ ܡܫܒܚ
ܠܗ. ܕܒܪܝܗ ܗܘܐ ܠܗܘܢ ܕܐܫܬܘ ܡܢ ܒܫܩܐ ܀ ܘܡܬܘ ܒܠܗܘܢ
7 ܕܢܘܗܪܐ + + . . + + ܘܒܫܘܒܚܐ ܕܢܡܘܣܐ ܗܘ ܕܐܡܪ ܥܠ ܐܘܢܓܠܝܘܢ[27a] ܕܢܘܗܪܐ.
2 Cor iii 6 ܐܡܪ ܥܠ ܐܘܢܓܠܝܘܢ ܕܡܫܝܚܐ ܗܘܢܐ + ܕܦܘܠܘܣ ܠܗܡ ܗܘ ܕܐܬܒܥܝ ܕܢܗܘܐ
𝔄 473 ܡܫܡܫܢܐ ܕܕܝܬܩܐ ܚܕܬܐ: ܠܐ[28] ܕܗܘܐ ܕܒܬܒܐ:[29] ܐܠܐ ܕܪܘܚܐ ܕܡܪܘܚܐ: ܗܘ
Rom xv 19 ܕܡܠܐ ܗܘܐ[30] ܐܘܢܓܠܝܘܢ ܡܢ ܐܘܪܫܠܡ ܕܡܛܐ ܠܐܠܘܪܝܩܘܢ. ܐܦ[31] ܠܒܠܟܘܢ
ܬܪܬܐ ܕܟܠܗ ܒܢܘܗܝ ܒܒܝܬ ܗܘܐ ܐܢܬܬܐ. ܐܠܐ ܐܦ ܬܪܝܢ[32] ܗܠܝܢ ܕܒܠܒ.
Mt xvi 18 8 ܐܪܒܥܝܢ ܦܛܪܘܣ ܕܝܠܗܘܢ.[32a] ܦܛܪܘܣ ܕܝܢ ܗܘ ܕܐܬܟܢܝ ܟܐܦܐ ܗܘܬ
ܒܪܬܗ ܕܡܫܝܚܐ: ܗܢܐ ܕܠܐ ܢܫܟܚܢ ܠܗ ܬܪܥܐ ܕܫܝܘܠ. ܚܕܐ ܐܓܪܬܐ
ܟܬܒܗ ܡܢܝܢ ܕܡܘܕܐ ܒܗ ܟܬܒܐ. ܢܗܘܐ ܕܝܢ ܕܐܦ ܬܪܬܝܢ.[33] ܡܛܠ
9 ܕܐܬܠ ܗܘ ܒܟܬܒܗ ܦܛܪܘܣ + (fol. 6 a) ܡܟܝܠ ܕܝܢ ܕܐܡܪ ܥܠ ܝܘܚܢܢ. ܗܘ
ܕܥܠ ܗܘܐ ܥܠ ܚܕܝܗ ܕܝܫܘܥ. ܕܝܢ ܐܘܢܓܠܝܘܢ ܟܬܒܗ.[34] ܡܢܝܢ. ܒ
John xxi 25 ܡܘܕܐ[35] ܕܡܫܟܚ ܗܘܐ ܕܢܒܥܝ ܩܠܝܠܐ. ܕܟܬܒܐ ܠܐ ܦܫܛ ܗܘܐ ܠܗܘܢ.
Rev x 4 ܒܒܝܬ ܕܝܢ ܐܦ ܝܘܚܢܢ. ܘܐܬܦܩܕ ܗܘܐ ܕܢܚܬܘܡ. ܘܠܐ ܢܟܬܘܒ ܗܘܐ
10 ܩܠܝܗܘܢ ܕܪܥܡܐ ܫܒܥܐ + ܡܢܝܢ ܕܝܢ ܐܦ ܐܓܪܬܐ ܚܕܐ. ܕܐܪܒܥܝܢ ܦܛܪܘܣ
ܕܝܠܗ. ܢܗܘܐ ܕܝܢ ܕܐܬܪܝܢ ܘܬܠܬ. ܡܛܠ ܕܠܗ ܟܠܗܝܢ ܡܘܕܐ ܕܕܝܠܗ

[24] 𝔄 = ܕܡܪܩܘܣ [25] 𝔄 om. ܒܒܝܠ ܒ [26] 𝔄 om. ܥܕܬܐ [27] 𝔄 *in Babel*, omitting ܗܢܐ ܕ [27a] 𝔄 *in evangelio* [28] 𝔄 *sed non* [29] 𝔄 = ܕܒܬܒܐ [30] In 𝔄 for ܗ read ܗܘ [31] 𝔄 adds *non* [32] 𝔄 = ܒܢܘܗܝ [32a] 𝔄 = ܕܝܠܗ [33] In 𝔄 for որպէս read երկուք [34] 𝔄 om. ܟܬܒܗܘ [35] 𝔄 *et confessus est*

11 ܐܝܬܝܗܘܢ. ܒܪܡ ܕܝܢ ܠܐ ܐܝܬ ܒܡܠܝܗܘܢ܆ ܐܦܠܐ ܡܕܡ ܒܬܘܪܓܡܐ + ܐܡܪ ܕܝܢ
ܠܗܘܢ ܥܠ ܐܝܟܢܐ ܕܒܥܕܬܐ ܒܗ ܡܫܬܡܫ ܠܗ.[36] ܕܬܚܫܒܐ ܕܡܠܠܘܬܗ ܕܗܢܐ
ܐܝܟܢܐ ܕܒܥܕܬܐ. ܠܐ ܗܘܐ ܗܕܝܘܛܘܬܐ ܫܡܫܘܗܝ. ܐܝܟ ܕܗܘ ܡܠܝܠܐ ܡܫܪܐ
ܒܡܠܠܘܬܗ[37] ܥܠ ܢܫܡܫܘܗܝ. ܕܗܕܝܘܛܘܬܐ ܗܘܐ ܒܡܠܠܘܬܗ. ܡܫܪܝܐ[37a] ܗܘ ܐܝܟܢܐ 2 Cor xi 6
ܗܕܐ ܐܝܟܢܐ ܒܪܘܚܐ ܕܡܠܠܬܐ ܒܠܫܢܐ ܢܘܚܐ ܝܗܒ ܡܢ ܐܝܟܢܐ ܗܘܝܘ ܐܬܬܩܢܬܐ 𝔄 474
12 ܕܡܠܝܠܐ. ܘܡܘܕܐ ܥܠ ܕܡܦܫ ܕܝܠܗ ܫܘܪܐ ܕܫܘܩܐ. ܠܗܘܢ ܕܝܢ
ܩܕܝܫܐ ܕܐܝܬ ܒܗ. ܠܩܕܝܫܘܗܝ ܐܝܬܝܗܘܢ. ܘܠܐ ܡܬܚܝܢ ܡܢ ܗܠܝܢ ܕܒܥܬ
ܡܠܝܠܐ. ܘܕܗܘܐ ܡܣܒܪܢܐ ܗܘܐ. ܦܠܟ ܗܘܐ ܥܠ ܕܢܦܘܩ ܕܢܚܘܪ ܒܡܫܝܚܘܬܗ
13 ܕܡܠܝܠܐ + ܘܒܠܥܕ ܗܠܝܢ ܡܫܬܥܒܕ ܘܐܡܪ. ܕܐܢܐ ܠܥܠ ܫܡܫܬ ܐܢܐ ܘܐܡܪ
ܐܢܐ. ܕܩܕܝܫܐ ܕܐܝܬ ܒܗܕܐ ܐܝܟܢܐ. ܕܡܠܝܠܐ ܐܝܬܝܗܘܢ. ܫܡܫܘܗܝ ܕܝܢ
ܕܡܠܠܬܐ ܘܙܒܢܗ ܐܝܬܘܗܝ. ܕܐܝܟ[38] ܕܢܗܘܐ ܗܕܐ ܗܘܐ ܗܠܝܢ ܕܐܡܪ ܗܘܐ
ܡܠܝܠܐ. ܘܐܝܟ ܠܠܡܝܕܐ ܥܠܬ ܗܘܐ ܗܠܝܢ ܕܐܡܪ ܗܘܐ ܙܒܢܗ. ܐܝܟ
ܟܠ ܗܢܐ ܗܒܠܠ ܕܐܝܬ ܒܗ ܗܕܐ ܐܝܟܢܐ. ܐܝܟ ܕܕܡܠܝܠܐ ܐܝܬܝܗ ܢܗܘܘܢ
14 ܐܣܝܪܝܢ ܠܗ. ܕܩܕܡ ܕܝܢ ܒܠܒܗ ܠܗܕܐ ܐܝܟܢܐ ܒܥܕܢܐ. ܐܠܗܐ ܒܠܚܘܕ
ܢܬܠ. ܠܫܠܝܚܐ ܕܝܢ ܡܒܗܠ[39] ܠܗܝܢ ܡܬܒܠܠܬܐ. ܕܐܝܬ ܕܐܡܪܝܢ[40] ܕܡܠܠܝܢ
ܒܠܒܗ. ܗܘ ܕܡܬܐܡܪ ܕܐܝܬܘܗܝ ܐܦܣܩܘܦܐ ܕܟܢܐ ܕܙܒܢܐ. ܐܚܪܢܐ
ܕܝܢ ܐܡܪ. ܕܠܘܬ ܒܠܒܗ. ܗܘ ܕܒܗܬ ܐܘܪܫܠܡ. ܘܦܪܣܝܗ. ÷
ܗܠܝܢ ܕܝܢ ܐܬܐܡܪܝܢ ܒܝܬ ܠܗܕܐ[41]....

[36] 𝔄 om. ܠܗ [37] 𝔄 om. ܒܡܠܠܘܬܗ [37a] For ܡܫܪܝܐ 𝔄 has կուռութեամբն արգելեալ և յարմարեալ *facundiâ clausa et aptata* [38] 𝔄 *alii cuiusdam* [39] 𝔄 = ܕܡܬܒܠܠ [40] 𝔄 om. ܕ ܕܐܝܬ [41] 𝔄 adds *sufficiat*

www.ingramcontent.com/pod-product-compliance
Lightning Source LLC
Chambersburg PA
CBHW020540300426
44111CB00008B/735
*9783337227371*